固定收益
证券分析

Fixed Income Analysis (4th Edition)

| 原书第4版 |

[美] 詹姆斯·F. 亚当斯 (James F. Adams)
唐纳德·J. 史密斯 (Donald J. Smith)　著　陈焕华 译

机械工业出版社
CHINA MACHINE PRESS

James F. Adams, Donald J. Smith. Fixed Income Analysis, 4th Edition.

ISBN 978-1-119-62728-9

图书在版编目(CIP)数据

固定收益证券分析 : 原书第 4 版 / (美)詹姆斯·F. 亚当斯(James F. Adams),(美)唐纳德·J. 史密斯 (Donald J. Smith) 著 ; 陈焕华译. -- 北京 : 机械工业出版社,2025. 1. -- (CFA 协会投资系列). -- ISBN 978-7-111-76899-9

Ⅰ. F830. 91

中国国家版本馆 CIP 数据核字第 20243ZZ365 号

机械工业出版社(北京市百万庄大街 22 号 邮政编码 100037)
策划编辑:张竞余   责任编辑:张竞余 戴樟奇
责任校对:王小童 杨 霞 景 飞 责任印制:郜 敏
三河市国英印务有限公司印刷
2025 年 3 月第 1 版第 1 次印刷
185mm×260mm · 40.75 印张 · 1009 千字
标准书号:ISBN 978-7-111-76899-9
定价:199.00 元

电话服务   网络服务
客服电话:010-88361066   机 工 官 网:www.cmpbook.com
          010-88379833   机 工 官 博:weibo.com/cmp1952
          010-68326294   金 书 网:www.golden-book.com
封底无防伪标均为盗版   机工教育服务网:www.cmpedu.com

我们很高兴为你带来这本书，它讲解了投资专业人士如何分析和管理固定收益投资组合。与 CFA 协会投资系列的许多其他作品一样，本书的内容来自 CFA 项目的官方课程。因此，读者可以相信本书内容的时效性、全球性和实用性。

本书内容是由许多杰出学者和从业者合作编写的，他们都是各自领域公认的专家，并在 CFA 协会的指导下完成写作。本书是专门为投资从业者编写的，并提供了大量案例，以提升学习效果和在现实世界中的适用性。

根据 CFA 课程的要求，本书的内容经过严格的审查，以确保其满足以下要求：

- 符合我们在持续的行业实践中发现的结果
- 对协会会员、行业雇主和投资者是有价值的
- 跟全球市场相关
- 以培养通才（而不是专家）为目标
- 配以足够的案例
- 便于教学

我们希望读者能发现本书和 CFA 协会投资系列的其他书籍有助于增加你的投资知识，无论你是一位新手还是一位经验丰富的老手，只要你努力在不断变化的市场环境中保持与时俱进。作为一个投资行业的长期参与者和一个非营利性的全球协会，CFA 协会很高兴为你提供帮助。

CFA 课程

如果你对这本书的主题感兴趣，并且还没有成为 CFA 证书持有人，我们希望你能考虑注册 CFA 课程，并开始朝着获得注册金融分析师资格的方向前进。CFA 证书是全球公认的衡量投资专业人士能力和诚信的卓越标准。要获得 CFA 证书，候选人必须成功完成 CFA 课程，这是一个全球性的研究生水平的自学课程，结合了各种专业课程和专业规范要求，可以帮助有志于从事各种投资类职业的人员做好准备。

CFA 课程以实践为导向，课程体系反映了专业人士认为对投资决策过程至关重要的知识、技能和能力，通过对全球执业 CFA 持证人进行定期、广泛的调查来保持课程的时效性。课程涵盖了 10 个一般主题领域，从股票和固定收益分析到投资组合管理，再到公司融资，所有主题都非常强调职业道德在专业实践中的应用。CFA 课程以其严谨和内容广泛而闻名，突出了各国市场的共同原则，从而使获得 CFA 资格的专业人士具有完整的全球投资视角和对全球市场的深刻理解。

致谢

作者

我们要感谢许多杰出的作者，他们在各自的专业领域奉献了完美的章节，他们是：

莱斯利·阿布里欧,金融工程硕士

詹姆斯·F. 亚当斯，博士，CFA

唐·M. 钱斯，博士，CFA

摩纳德·乔杜里，博士，FRM，FCSI

弗兰克·J. 法博齐，博士，注册会计师，CFA

扬尼斯·乔治乌，CFA

坎普·古德曼，CFA

克里斯托弗·L. 古蒂凯德，CFA

贝恩德·汉克，博士，CFA

布赖恩·J. 亨德森，博士，CFA

托马斯·S. Y. 霍，博士

安德鲁·考洛陶伊，博士

罗伯特·W. 科普拉施，博士，CFA

李桑彬，博士

史蒂文·V. 曼，博士

奥列格·梅伦特耶夫，CFA

布赖恩·罗斯

唐纳德·J. 史密斯，博士

拉弗恩·F. 惠特默，CFA

斯蒂芬·E. 威尔科克斯，博士，CFA

审稿人

特别要感谢所有的审稿人、课程顾问等，他们提供的帮助确保了本教材的高度实用性、严谨性和可理解性。

工作人员

我们还要感谢在本书的启动和写作过程中发挥过作用的众多其他人员： CFA 协会的课程和学习体验团队，特别感谢前任和现任课程主管，是他们与作者和审稿人一起工作完善了本书的各个章节，以及 CFA 协会的认证产品营销团队。

关于"CFA 协会投资系列"

CFA 协会很荣幸向你献上这套"CFA 协会投资系列",本丛书涵盖投资领域的主要研究方向。我们编写该系列丛书的原因,与我们 50 多年来一直坚持推动投资专业人士认证项目发展的原因相同:通过提升最高标准的道德、教育和专业水平,引领全球的投资专业人士,最终造福全社会。

"CFA 协会投资系列"中的各册图书都包含高度实用和全球视角的材料。它们既适用于正考虑进入竞争激烈的投资管理领域的新人,也适用于希望能与时俱进的老手。本系列丛书的设计目标是用户友好和高度相关。

我们希望该丛书对你投资知识的增长有所帮助,无论你是新手还是经验丰富的老手,都有责任在瞬息万变的市场环境中与时俱进。作为一个长期致力于提供优质服务的投资行业参与者和一个非营利性的全球协会, CFA 协会很高兴为你提供这方面的帮助。

丛书简介

《公司金融:实用方法》:对于那些希望帮助企业实现业务持久增长的管理者来说,本书是一个坚实的基础。在当今竞争激烈的商业环境中,公司必须找到创新性方法来实现快速和可持续的增长。本书为读者提供了制定明智的商业决策和战略以最大化公司价值的基础知识和工具。其内容涵盖了从管理利益相关者之间的关系,到为并购和收购合理估值,以及评估背后的公司价值等。通过大量使用现实世界的例子,读者将学会如何用批判性的视角来理解公司的财务数据、评估项目,并以增加公司价值的方式来分配资金。本书读者有机会深入了解现代企业财务管理中使用的工具和策略。

《股权估值:原理、方法与案例》:对于任何从事证券价值评估和解释证券定价的人来说,本书是一个特别有说服力且重要的资源。见多识广的专业人士都知道,股票估值的常见形式(股息贴现模型、自由现金流模型、价格/收益模型和剩余收益模型)都可以在某些假设下相互转换。有了对基本假设的深刻理解,专业投资者可以更好地理解其他投资者在给股票估值时隐含的假设。本书面向包括新兴市场在内的全球市场。

《国际财务报表分析》：本书旨在满足投资专业人士和相关专业学生日益增长的以全球视角进行财务报表分析的需求。本书是财务报表分析的实践性入门教材，其特点在于拥有真正的国际视角、结构化的呈现风格和丰富的图表，且覆盖了书中所引入概念的各种工具。作者全面地阐述了这一学科，并致力于帮助读者在复杂的财务报表分析领域取得成功。

《投资学》：提供了一份易于理解且严谨的投资组合和股权分析的入门材料。本书在最新的时代背景下呈现了投资组合规划和投资组合管理，覆盖全球的证券市场，以及各种与现实交易和市场相关的概念和产品。本书还对股票分析和估值的要点进行了详细的解释和大量的说明。本书涵盖了一些对从业者而言非常重要但经常被忽视的主题，如行业分析。本书始终将重点放在关键概念的实际应用上，并使用了大量新兴市场和发达市场的实际案例。此外，本书每一章都为读者提供了许多自我测试的机会，以确保读者对主题完全理解。

《投资组合管理：动态过程》：马金和塔特尔的这本杰作多年以来都是投资管理行业最著名的教材之一。跟1990年出版的第2版相比，第3版更新了一些关键概念。我们协会的一些资深成员已经拥有了本书的前两个版本，但仍然愿意将第3版添加到他们的书单中。这本开创性的著作不仅从其他读物中广泛汲取相关概念，并将它们放在投资组合的背景下进行介绍，而且还更新了另类投资、业绩展示标准、投资组合执行，以及非常重要的个人投资者投资组合管理等内容。将注意力从机构投资组合转向个人投资者，使这一版成为一个重要且及时的作品。

《新财富管理》：本书是哈罗德·埃文斯基的财富管理指南的最新版本。本版作者哈罗德·埃文斯基、斯蒂芬·M.霍伦和托马斯·R.罗宾逊更新了1997年第1版的核心内容，并添加了大量新材料，以充分反映当今投资业务面临的挑战。本书提供了覆盖财富管理方面面的权威材料，可以作为金融顾问的全面指南。本书熟练地融合了投资理论和现实世界的应用，并保持了第1版详尽且易读的风格。

《量化投资分析》：本书重点介绍了现在的专业投资者需要的一些关键工具。除了经典的货币时间价值、贴现现金流应用和概率方面的材料之外，本书还包含两个比传统思维更有价值的工具。第一个工具包含在处理相关性和回归等问题的章节中，最终归结为如何构造可用于检验的假设。这就涉及一项对许多专业人士构成挑战的关键技能——从海量可用数据中提取有用信息的能力。本书最后一章介绍了投资组合的相关概念，并将引导读者超越传统的资本资产定价模型（CAPM），了解更符合现实世界的多因子模型和套利定价理论。

目录

第一部分

固定收益概要

固定收益证券：基本概念

摩纳德·乔杜里，博士，金融风险管理师，加拿大证券学院院士

斯蒂芬·E. 威尔科克斯，博士，注册金融分析师

■ 学习目标

学完本章内容后，你将有能力完成以下任务：

- 描述固定收益证券的基本特征。
- 描述债券合约的一般内容。
- 了解债券合约中的肯定性条款和否定性条款，并能在具体案例中对两者进行辨别。
- 描述法律、监管和税收方面的考虑会如何影响固定收益证券的发行和交易。
- 描述固定收益证券的现金流结构。
- 描述固定收益证券中影响未来现金流的时间和性质的或有条款，并判断该条款是有利于借款人还是有利于贷款人。

1.1　本章内容简介

以总市值衡量，投资固定收益证券现在已经是全球最流行的融资方式。固定收益证券是一种金融工具，允许政府、公司和其他类型的发行人从投资者那里借入资金。任何借款都会形成债务。一般来说，按照固定收益证券合约的承诺偿还借款，是证券的发行人对其投资者的合同义务或法定义务。发行固定收益证券不需要像发行普通股那样让渡公司的部分所有权；但与普通股的投资者相比，固定收益证券的息票支付和本金（即贷款额）偿还可以享受公司利润和资产的优先追索权。因此，从理论上讲，一家公司的固定收益证券与该公司的普通股相比风险会更低一点。

在投资组合管理领域，固定收益证券扮演着重要的角色。作为投资者（无论是个人投资者还是机构投资者）的主要投资手段，它具备一定程度的安全性，适合用来匹配一些已知的未来义务的资金需求，比如子女的教育经费或养老金支出。不同的固定收益证券与普通股的相关性很不一样，但是在包含普通股的投资组合中添加固定收益证券，通常是获得分散化收益的有效途径。

本章将讨论下列问题：

- 哪些特征定义了固定收益证券？这些特征如何决定持有证券的现金流结构？
- 与固定收益证券相关的法律、监管和税收方面的考虑有哪些？为什么这些考虑对投资者来说是重要的？

- 在支付利息和偿还本金方面有哪些常见的结构？
- 哪些类型的条款可能会影响固定收益证券的处置或赎回？

在研究固定收益证券时要注意一个问题："固定收益证券""债务工具""债券"这几个术语经常被专家或非专家无差别使用。我们也将遵循这一惯例，但会在任何需要表达含义的细微差别时做出明确的说明。⊖

本章的其余部分内容如下。1.2 节将大致描述投资者在投资固定收益证券时需要知道的一些相关概念。1.3 节将介绍债券的发行人和持有人之间的合同的性质，以及该合同所适用的法律、监管和税收框架。1.4 节将介绍固定收益证券典型的本金和息票支付结构。1.5 节将讨论会影响债券现金流的时间和性质的一些或有条款。最后一节将对本章的内容做一些总结。

1.2　固定收益证券概览

债券是其发行人和持有人之间的一种契约性协议。投资者在投资债券时应该了解下面三个方面的重要信息：

- 债券的基本特征。包括债券的发行人、到期期限、债券面值、票面利率、付息频率和计价货币。这些特征决定了债券的现金流结构，也是决定投资者预期收益和实际收益的关键因素。
- 法律、监管和税收规定。这些规定限定了债券发行人和持有人之间契约性协议的性质。
- 可能影响债券现金流的或有条款。或有条款赋予了债券发行人或持有人在处置或赎回债券方面的某些期权，拥有期权的一方可能会在对自己有利的时机行使这些期权。

接下来我们先介绍债券的基本特征和收益率的度量方法。法律、监管和税收考虑以及或有条款将分别放到 1.3 节和 1.5 节中讨论。

1.2.1　债券的基本特征

所有债券，无论是传统债券还是资产支持证券，都可以用相同的一组基本特征来进行描述。**资产支持证券**（ABS）是通过证券化过程创建的"合成债券"。在资产证券化过程中，首先要将一些基础资产从其所有者手中转移到一个特殊法律实体的账下，然后该特殊法律实体会用这些资产作为担保发行一类特殊的债券，也就是资产支持证券。通常用于创建资产支持证券的基础资产包括住房抵押贷款、商业地产抵押贷款、汽车贷款、学生贷款、银行贷款和信用卡债务等。本章中讨论的诸多特征既适用于传统债券，也适用于资产支持证券。关于资产支持证券特有的一些考量因素将在第 4 章"资产支持证券简介"中进行讨论。

⊖　注意，"固定收益"一词不能仅从字面上理解：一些固定收益证券的利息支付会随着时间的推移而变化。一些专家会将优先股视为固定收益证券的一种，但没有人将其视为一种债券。最后，在某些情况下，债券一词专指期限较长的债务证券，而不包括期限较短的货币市场证券。

1.2.1.1 发行人

各种不同类型的实体都可以发行债券,包括:个人,比如音乐家大卫·鲍伊;国家政府,比如新加坡政府或意大利政府;公司,比如英国石油、通用电气或塔塔集团等。

可以基于发行人的相似之处和特点对债券进行分类。发行人的主要类型包括:

- 超国家组织,如世界银行或欧洲投资银行;
- 主权(国家)政府,如美国政府或日本政府;
- 非主权(地方)政府,如美国的明尼苏达州、西班牙的加泰罗尼亚地区或加拿大的埃德蒙顿市;
- 准政府实体(即由政府拥有或赞助的机构),包括许多国家的邮政服务部门,例如巴西邮政、法国邮政或印度尼西亚邮政;
- 公司。通常公司又会进一步分为金融行业发行人(如银行和保险公司)和非金融行业发行人;
- 特殊法律实体,即将资产进行证券化并创建资产支持证券,再将其出售给投资者的特殊目的实体。

市场参与者通常会根据发行人的类型将固定收益证券市场划分为不同的部门,按照此方法可以将其分为 3 个部门:政府债和政府机构债(即上面所列的第一类到第四类发行人)、公司债(上文所列的第五类发行人)和结构融资债(上文所列的最后一类发行人)。

债券持有人面临着信用风险,即发行人不能及时、足额支付利息和偿还本金而给债券持有人带来损失的风险。信用风险是所有债务投资都固有的一种风险。有鉴于此,债券市场通常会引入信用评级机构,这些机构会根据债券发行方的信用等级及其他因素,将债券分为不同的信用级别。根据信用级别对债券进行分类后,最重要的两类就是投资级债券和非投资级债券,后者也被称为高收益债券或投机级债券。[一]通常来说投资级债券比非投资级债券的风险更小,在对两者进行划分时会考虑多种影响因素,最重要的是债券发行人的盈利能力和债券的流动性。一些受监管的金融中介机构,如银行和人寿保险公司,在持有非投资级债券时可能面临着明文或隐性的限制。一些专业投资机构的投资政策声明中也可能包含对投资低等级债券的禁止或限制条款。从发行人的角度来看,如果发行人的信用等级能被认定为投资级,其将会比信用等级为非投资级的公司更容易进入债券市场发债,债券利率也会更低。[二]

1.2.1.2 债券的到期期限

债券到期日是指发行人依照合约规定必须偿还债券本金或赎回债券的日期。债券的**到期期限**是指当前时点距离债券到期日的时间长度。在债券分析中,到期期限是一个非常重要的因素,表明了债券持有人收到息票支付以及全额本金所需的预计时间长度。

债券到期期限的范围通常从隔夜到 30 年或更长不等。在发行时期限为 1 年或更短的固定收益证券被称为**货币市场证券**。货币市场证券的发行人既有政府也有公司。商业票据和存托凭证是货币市场证券的两个例子。原始期限超过 1 年的固定收益证券被称为**资本市场证券**。

[一] 美国三大信用评级机构分别是穆迪投资者服务公司、标准普尔和惠誉国际评级。穆迪评级为 Baa3 或以上、标准普尔和惠誉评级为 BBB 或以上的债券被认为是投资级的。

[二] 不同信用评级的债券之间还有其他几个不同之处,我们将在第 6 章中对此进行更深入的讨论。

尽管非常罕见，但也存在没有规定到期日的**永续债券**，英国主权政府就曾经发行过永续债券。

1.2.1.3　债券面值

债券发行人按照约定需要在到期日偿还债券持有人的资金金额被称为债券的**本金**，也可称为**票面价值**（简称为**面值**）。在有些情况下也可以用名义本金、赎回价值或到期价值来称呼它。面值的大小通常可以任意设定。

在债券投资实践中，债券价格通常是以票面价值的百分比来进行报价的。例如，假设某债券的面值是 1000 美元，报价为 95 就意味着该债券的实际价格是 950（=95%×1000）美元。当债券的价格恰好等于面值时，可以称该债券在以平价交易；如果债券的报价低于 100，就像上面的例子一样，则称该债券在以折价交易；如果债券的价格高于票面价值，则称该债券在以溢价交易。

1.2.1.4　票面利率和付息频率

按照债券合约的规定，债券发行人一般需要在债券到期前每年支付固定数额的利息，债券的利率被称为票面利率或名义利率。每年支付的利息通常被称为息票，金额为债券的票面价值乘以票面利率。例如，一张票面利率为 6%、面值为 1000 美元的债券，每年需要支付 60 美元的利息（即 1000 美元的 6%）。

息票的支付频率可能是每年一次，比如德国政府债券。也有许多债券是每半年支付一次的，比如在美国发行的政府债券和公司债券，或在英国发行的政府金边债券等。甚至有一些债券要求每季度或每月支付利息。每季度支付利息的债券被摩根士丹利称为季度利息债券（QUIBS），而高盛则用季度收入债务证券（QUIDS）来指代它们。许多**抵押贷款支持证券**（MBS），即由房贷或商业地产抵押贷款作为基础资产的资产支持证券，会按月支付利息，以匹配作为支持资产的房贷或抵押贷款的现金流。如果债券的票面利率是 6%，票面价值是 1000 美元，那么每年支付一次的定期利息是 60 美元，每半年支付一次的定期利息为 30 美元，每季度支付一次的定期利息是 15 美元，每月支付一次的定期利息则是 5 美元。

利率固定的债券被称为**普通债券**或**传统债券**。它们的息票支付额度在债券的整个偿还期内不会发生变化。当然也有利率浮动的债券，这种债券被称为**浮动利率债券**。浮动利率债券的票面利率包括两个部分：参考利率和利差。利差，也称为加点，通常被设定为常数并且用基点数（bps）来表示。一个基点就是 0.01%，换句话说，1% 的利率里面包含 100 个基点。利差通常是在债券发行时根据发行人的信用等级而设定的：发行人的信用等级越高，利差就越低。但参考利率是随着市场利率的变化而定期调整的，因此浮动利率债券的票面利率和息票支付额度会随着参考利率的调整而变化。

长久以来，被最广泛使用的浮动利率债券参考利率一直是**伦敦银行同业拆借利率**（Libor）。Libor 是涵盖不同货币、不同期限（从隔夜到 1 年不等）的一系列利率报价的统称。其他常见的参考利率还有欧洲银行同业拆借利率（Euribor）、香港银行同业拆借利率（Hibor）和新加坡银行同业拆借利率（Sibor），分别适用于以欧元、港元和新加坡元为计价货币的债券。与 Libor 一样，Euribor、Hibor 和 Sibor 的报价包括不超过 1 年的各种不同期限的利率。我们将在本书第 2 章 "固定收益证券市场：发行、交易和融资" 中讨论目前正在进行的逐步去 Libor 化的趋势和转向新的参考利率的进程。

我们来看一个具体的例子。假设某个浮动利率债券每半年支付一次利息，时间在每年的 6

月和 12 月，其票面利率为"6 个月期 Libor+150 个基点"。如果在 20×0 年 12 月，6 个月期 Libor 为 3.25%，那么计算 20×1 年 6 月的息票应该使用的利率就是 4.75%(＝3.25%+1.50%)。假设到了 20×1 年 6 月，6 个月期 Libor 下降到了 3.15%，那适用于 20×1 年 12 月息票的利率将下降到 4.65%(＝3.15%+1.50%)。1.4.2.1 节将讨论关于浮动利率债券的更多细节。

　　几乎所有债券都要定期支付息票，不管是以固定利率还是浮动利率的形式，但**零息票债券**除外——这种债券因为不付利息而得名。零息票债券以低于票面价值的价格发行，并要求发行人按票面价值赎回，有时也被称为**纯贴现债券**。零息票债券的利息是隐含的，大小等于票面价值与购买价格之间的差额。例如，如果票面价值是 1000 美元，购买价格是 950 美元，隐含的利息就是 50 美元。

1.2.1.5　计价货币

　　理论上债券可以任何货币的形式发行，但市场上大量的债券都是以欧元或美元发行的。选择不同的发行货币可能会影响债券的吸引力。如果所选的货币缺乏流动性或不能自由交易，或者相对于主要货币波动性很大，那么以该货币发行的债券可能就无法吸引太多的投资者。因此，发展中国家的借款人往往也会选择以欧元或美元等非本国货币来发行债券，因为这样做更容易向国际投资者投放债券。如果发行人预期现金流为外币，他们也会选择以外币的形式发行债券，因为息票支付和本金偿还可以作为一种天然的对冲，降低自己的汇率风险。如果只针对国内投资者发行债券，则很有可能以本国货币发行债券。

　　双货币债券以一种货币支付息票，到期时以另一种货币支付本金。例如，假设一家日本公司需要为在美国的一个长期项目提供资金，该项目预计需要数年时间才能盈利，那么该公司可以发行一只日元/美元双货币债券。以日元支付的息票可以用来自日本业务的现金流来支付，而等到项目开始盈利后，就可以用在美国赚取的现金流来支付该债券的本金。

　　可选货币债券则可以看作单一货币债券和外币期权的组合。这种债券允许持有人选择他们想要获得息票支付和本金偿还的货币。债券持有人可以在每次支付之前从两种货币中选择一种作为支付货币。

　　图 1-1 展示了债券的所有基本特征，并说明了这些特征如何决定普通债券的现金流模式。该债券是一只期限为 5 年的日本政府债券（JGB），票面利率为 0.4%，面值为 1 万日元。利息每半年支付一次。债券以平价发行，并按票面价值赎回。

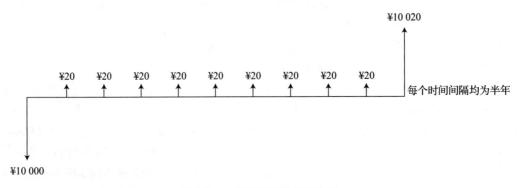

图 1-1　一只普通债券的现金流

　　图 1-1 中向下的箭头表示债券投资者在债券发行当天支付（给债券发行人）的现金流，

数额为 10 000 日元。向上的箭头是债券持有人在债券存续期间收到的现金流（由债券发行人支付）。由于付息频率为每半年一次，因此在这 5 年中每 6 个月要支付息票 20[=（0.004×10 000）÷2] 日元，也就是说一共有 10 次 20 日元的息票支付。最后一次现金流的支付额为10 020 日元，因为它包括了最后一次息票和债券本金。

⚡ 例 1-1

1. 主权债券可能的发行方包括：
A. 世界银行　　　　　　　　B. 纽约市政府　　　　　　　　C. 德国政府
2. 发行人未能及时足额支付利息而造成损失的风险被称为：
A. 信用风险　　　　　　　　B. 系统性风险　　　　　　　　C. 利率风险
3. 货币市场证券最可能的到期期限是：
A. 一年或更短　　　　　　　B. 1~10 年　　　　　　　　　C. 10 年以上
4. 如果债券的价格大于其名义本金，则称该债券在以：
A. 平价交易　　　　　　　　B. 折价交易　　　　　　　　C. 溢价交易
5. 债券的票面价值为 100 英镑，票面利率为 5%。息票支付频率为每半年一次。其息票支付额度和周期分别为：
A. 2.50 英镑，一年支付两次
B. 5.00 英镑，一年支付一次
C. 5.00 英镑，一年支付一次
6. 某浮动利率票据在每年 6 月和 12 月支付利息，其票面利率为 "6 个月期 Libor+25 个基点"。假设在 20××年 6 月底 6 个月期 Libor 为 3.00%，在 20××年 12 月底为 3.50%，那么在 20××年 12 月到期的款项适用的利率为：
A. 3.25%　　　　　　　　　B. 3.50%　　　　　　　　　C. 3.75%
7. 允许债券持有人选择以何种货币支付利息和偿还本金的债券类型是：
A. 纯贴现债券　　　　　　　B. 双货币债券　　　　　　　C. 可选货币债券

解答 1：C 是正确答案。主权债券是由一个国家的政府发行的债券，比如德国政府。A 是错误的，因为世界银行是一个超国家组织。B 是错误的，因为纽约市政府作为地方政府发行的债券不是主权债券。

解答 2：A 是正确答案。信用风险是指发行人未能及时足额支付利息或偿还本金而造成损失的风险。B 是错误的，系统性风险是金融系统出现整体危机的风险。C 是错误的，利率风险是指市场利率变化影响债券价值的风险。系统性风险和利率风险分别在本书 1.5.3 节和 1.4.2.1 节中界定。

解答 3：A 是正确答案。货币市场证券和资本市场证券的主要区别在于发行时的期限。货币市场证券会在一年以内到期，而资本市场证券的期限在一年以上。

解答 4：C 是正确答案。如果债券的价格高于其票面价值，那么该债券就是溢价交易的。A 是错误的，如果债券的价格等于其面值，那么它就是按面值交易的。B 是错误的，如果债券的价格低于票面价值，它就在以折价交易。

解答 5：A 是正确答案。每年支付的息票是 5.00(=5%×100) 英镑。息票每半年支付一次，所以每年支付两个 2.50 英镑。

解答6：A是正确答案。适用于20××年12月到期利息的利率是20××年6月底的6个月伦敦银行同业拆借利率再加上25个基点的利差。在这个例子里就是3.25%（=3.00%+0.25%）。

解答7：C是正确答案。可选货币债券允许债券持有人选择他们想要获得息票支付和本金偿还的货币。A是不正确的，纯贴现债券是以低于票面价值的价格发行并按票面价值赎回的不支付利息的债券。B是不正确的，双货币债券是以一种货币支付利息，在到期时以另一种货币支付票面价值的债券。

1.2.2　债券收益率的衡量方法

债券的收益率有各种不同的衡量方法，本节将介绍市场参与者常用的几个衡量指标。**当前收益率**或**实时收益率**等于债券每年支付的息票额除以债券价格。例如，如果债券的票面利率为6%，面值为1000美元，价格为1010美元，那么当前收益率为5.94%（=60÷1010）。当前收益率是一种衡量收入的指标，类似于普通股的股息率或分红率。

而最常用的收益率衡量指标应该是**到期收益率**，也称为**赎回收益率**。到期收益率是根据债券的预期现金流计算得到的内部收益率，即能够使债券预期现金流的现值恰好等于当前债券价格的那个贴现率。到期收益率可以被认为是债券预期收益率的估计值，它反映了如果投资者今天购买该债券并持有至到期，预计能从该债券获得的年回报率。在其他条件相同的情况下，债券价格与到期收益率成反比。也就是说，债券的到期收益率越高，债券价格就越低；反过来说，如果债券价格越高，则到期收益率就越低。预期未来将进入低利率环境（即投资者会要求更低的到期收益率）的投资者会买入债券，希望从价格上涨中获得正的回报。在"理解固定收益的风险和回报"一章中将进一步介绍这些基本原理。

1.3　法律、监管和税务考虑

既然债券是债券发行人和持有人之间的契约性协议，那么市场参与者就有必要考虑法律方面的影响因素。除此之外，固定收益证券的投资者还应该了解与他们所投资或希望投资的债券有关的监管和税务方面的规定。

1.3.1　债券契约

债券信托书是规定债券的形式、发行人的义务和债券持有人的权利的法律合同。市场参与者经常将该法律合同称为**债券契约**，尤其是在美国和加拿大。债券契约以发行人的名义发布，规定了所发债券的各种参数和特征，如每张债券对应的名义本金、应当支付的利率或票面利率、息票支付的具体日期、应当偿付债券本金的到期日以及债券附带的任何或有性条款。债券契约还会写明与用于支付利息和偿还本金的资金来源相关的信息，以及与抵押品、信用增级相关的信息和其他约定事项。**抵押品**是指用于降低债券发行者信用风险的抵押资产或金融担保。**信用增级**是指可用于降低债券发行的信用风险的承诺条款。**其他约定事项**包括对债券持有人权利的详细规定以及对任何债券发行人有义务履行或禁止从事的行为的规定。

让债券发行人与数量众多的债券持有人直接——签订协议是不切实际的，因此债券契约通常由某个受托人统一持有。受托人通常是具有信托资格的金融机构，如银行或信托公司的信托部门。受托人通常由债券发行人选定，但其信托责任却是代表债券持有人的。受托人的主要职责是监督发行人遵守债券契约中规定的义务，并在必要时代表债券持有人采取行动。受托人还要履行一些行政管理方面的职责，通常包括维护债券的相关文件和记录、持有和保全抵押品（如有）并进行估值、息票支付和本金还款的清算服务以及在清算完成之前暂时持有资金等（但在具体实践中通常会由一个专门的本金清算机构来处理现金从发行者到受托人的实际资金流动）。在发生违约的时候，受托人的自由裁量权会大大增加。此时受托人要负责召开债券持有人会议，讨论应采取的行动。受托人还可以代表债券持有人对发行人提起法律诉讼。

普通债券的契约通常是根据标准模板拟定的，只要在标准模板的基础上添加某只债券的特定条款和条件就得到了相应的契约文件。对于其他的特殊债券，契约文件通常需要量身定制，其文本可能长达几百页。

要正确评估债券的风险和回报等情况，投资者应当了解其债券契约的主要内容。他们要特别注意自己在债券发生违约时拥有什么权利。除了识别前面提到的那些债券的基本特征外，投资者还应仔细审查以下方面：

- 债券发行人的法律身份及其法定形式；
- 偿付的资金来源；
- 资产担保或抵押品的形式（如有）；
- 信用增级措施（如有）；
- 附加契约（如有）。

我们将在下面几节中分别考察这些方面的细节。

1.3.1.1　债券发行人的法律身份及其法定形式

按照债券合同的规定支付款项是债券发行者的法律义务。在债券契约中，债券发行者必须使用自己的法定名称。对于主权债券来说，法定发行机构通常是负责管理国家预算的机构，例如英国的财政部。但具体执行发行程序的机构可能与债券的法定发行人不一致。以英国为例，金边债券偿付的法律义务由英国财政部承担，但具体的债券发行由英国债务管理办公室执行，该办公室是英国财政部下属的一个执行机构。

公司债券的发行人通常是公司法人实体，如沃尔玛、三星电子、大众汽车等。但有的债券是母公司法人的一家子公司发行的。在这种情况下，投资者应该注意关注子公司的信用质量，除非债券合同明确规定该债务由母公司担保。子公司的信用评级通常会低于母公司，但也并非总是如此。

有一些债券不是由集团公司中实际运营的公司发行的，而是由其控股公司发行的，后者是该集团公司的母公司法人。此时投资者需要慎重考察，因为控股公司的评级可能不同于其下属的运营公司，而投资者可能没有对其下属运营公司所持资产的追索权。如果这些债券是由控股公司发行的，而该控股公司在债券违约时可赎回的资产更少（甚至没有），那么投资者面临的信用风险就会高于由集团中某个运营公司发行的债券。

对于资产支持证券来说，向债券持有人支付利息和偿还本金的法律义务通常由一个特殊法律实体承担。该实体是由负责证券化过程的金融机构创建的，该金融机构被称为创建人或发起人。特殊法律实体在美国通常被称为特殊目的实体（SPE），在欧洲通常被称为特殊目的载体（SPV），有时也被称为特殊目的公司（SPC）。特殊法律实体的法定形式可以是有限合伙公司、有限责任公司或信托公司。通常情况下，特殊法律实体的资本很少，没有独立的管理人员或雇员，除了完成交易之外，没有其他运营目的。

在证券化过程中，发起人会将资产转移到特殊法律实体，以完成一次或一系列特定的交易。建立特殊法律实体的关键原因之一是实现破产隔离。发起人转让资产到该实体的过程会被视为合法出售，一旦资产被证券化，发起人就不再拥有该资产的所有权。如果发起人破产，任何索赔方都无权从特殊法律实体收回资产或收益。因此，即使发起人破产，特殊法律实体偿还利息和本金的能力也不会受到影响。因此，特殊法律实体也被称为"破产隔离工具"。

1.3.1.2　偿付的资金来源

债券契约中通常会写明发行人打算如何筹集支付利息和偿还本金的资金。超国家组织所发债券的偿还来源，要么是该组织以前发放贷款的偿还款项，要么是来自其成员国的实收资本。有时各国政府也会充当这些债券的担保人。如果需要额外偿还来源，超国家组织通常可以要求其成员国提供额外的资金。

主权债券的偿还基础是国家政府的"全部决心和信用"，也就是政府收税和印钞的能力。以本币计价的主权债券通常被认为是所有投资中最安全的，因为政府有权提高税收以支付利息和偿还本金。在这种情况下，按时足额支付利息和本金的可能性极高。因此，主权债券的利率通常会低于其他发行人发行的类似债券。

非主权政府债券的偿付资金有三个主要来源，通常会根据这些来源对债券进行分类。第一个来源是发行人手中的收税权。第二个来源是发行债券以融资的项目的现金流。第三个来源是专门为支付利息和偿还本金而设立的特殊税收或收费。

公司债券的偿付来源通常是发行人产生现金流的能力，主要是其运营收入。这些现金流取决于发行人的财务实力和职业操守。公司债券比其他方面类似的主权债券和非主权政府债券具有更高的信用风险，通常也会获得更高的收益率。

与公司债券不同，决定资产支持证券偿付能力的不是其发行者的经营能力，而是用于抵押的一项或多项基础金融资产（如抵押贷款或汽车贷款）所产生的现金流。因此资产支持证券的投资者需要特别注意用于抵押的资产质量状况。

1.3.1.3　有资产或抵押品担保的债券

用资产担保和抵押品支持是降低信用风险的一种常见方式。如果债券契约中有类似条款，投资者需要评估在债券发生违约时，自己与其他债权人相比的偿付优先级，并分析所持债券的担保品质量。

1. 高等级债券

有担保债券是有资产抵押或财务担保支持以确保在违约发生时债务也能得到偿还的债券。与之相对的是没有抵押品的**无担保债券**，该债券的持有人对发行人的资产和现金流只有一般索取权。在发生违约的时候，无担保债券只能在有担保债券偿付完成之后才能得到支付。抵押品和财务担保的存在降低了债券的信用风险，因而可以提高债券的信用等级并降低利率。

有时债券的抵押品不是可明确识别的具体资产，而是被描述为以发行人的"一般厂房和基础设施"作为抵押。在这种情况下，投资者能否得到偿付依赖于债券的优先级排序，也就是说，在银行破产或清算时各债权人得到偿还的系统性法定安排。对此类债券投资者来说，重要的是他们与其他债权人相比的排名，而不是发行方是否有足够质量和价值的资产来覆盖他们的债权。优先级债务是偿付优先级高于次级债务和低等次级债务的债务。金融机构会在全球范围内大规模发行优先级和次级的无担保债券，无论是大型银行还是小型银行，此类发行都并不少见。例如，规模大如英国的苏格兰皇家银行，规模小如孟加拉国的普莱姆银行，都曾向机构投资者发行过高级无担保债券。

公司信用债券是一种既可能有担保也可能无担保的债券。在许多国家此类债券属于无担保债券，不会向债券持有人提供任何担保。但在英国和印度等英联邦国家，使用该名称的债券通常会安排某项资产或资产池作为专门的抵押品支持，并与其他债权人的剩余索取权分离。因此对投资者来说，仔细审查此类债券的契约以确定其是有担保的还是无担保的是非常重要的。如果债券是有担保的，债券持有人的优先级就在公司的无担保债权人之上；在违约发生的时候，他们可以要求托管方用特定的资产或资产池来偿还债务。

2. 抵押品的类型

使用各种形式的抵押品作为信用支持的债券种类繁多。一些公司会发行抵押信托债券和设备信托凭证。**抵押信托债券**是用股票、债券或其他金融资产等有价证券作为抵押物的债券。用作抵押物的证券通常会由发行人质押到受托人的名下。**设备信托凭证**是用特定类型的设备或实物资产作为抵押物的债券，抵押品类型包括飞机、火车车厢、集装箱或石油钻塔等。发行设备信托凭证的理由之一是享受融资租赁的税收优惠。例如，假设一家航空公司以发行设备信托凭证的方式为购买新飞机筹措资金，该飞机的法定所有权由某个受托人持有，受托人再向投资者发行设备信托凭证，金额与飞机的购买价格相当。然后受托人将飞机租给航空公司，并向航空公司收取租金以支付设备信托凭证的利息。当凭证到期时，受托人会将飞机出售给航空公司并解除飞机租赁合同，用出售所得收益偿还设备信托凭证的本金。

最常见的资产支持证券是用按揭贷款作为抵押品的抵押贷款支持证券。抵押贷款支持证券是一种债务凭证，其持有者得到的支付来自某个抵押贷款资产池的现金流，最常见的是住房抵押贷款。抵押贷款由银行、抵押公司或其他放贷方发放，再由政府、准政府机构或私人实体将之打包组合，形成资产池。

金融机构，尤其是欧洲的金融机构，喜欢发行资产担保债券。**资产担保债券**是一种由被称为担保池的分离资产池支持的债务凭证。资产担保债券类似于资产支持证券，但如果金融机构违约，债券持有人将得不到额外的保护。支持资产支持证券的金融机构将支持债券的资产转移到一个特殊的法律实体。如果该金融机构违约，持有该金融机构债券的投资者对该特殊法律实体及其资产池无追索权，因为该特殊法律实体是破产远程载体；他们仅对金融机构本身有追索权。相反，资产担保债券的资产池则保留在金融机关的资产负债表上。在违约发生的时候，债券持有人对金融机构和担保池都有追索权。这样，担保池是作为抵押品的。如果担保池中的资产变成不良资产（即资产不能产生承诺的现金流），发行人必须用优良资产替换它们。因此，资产担保债券通常比类似的资产支持证券具有更低的信用风险和收益率。

1.3.1.4 信用增级

信用增级是用来降低债券信用风险的各类条款。所以这类条款可以提高债券的信用质量，降低债券的利率。在创建各类资产支持证券时也经常会使用信用增级。

信用增级方法总体来说可以分为两个大类：内部信用增级和外部信用增级。内部信用增级依赖于债券发行时设定的结构性特征。外部信用增级通常是指从第三方获得的财务担保，该第三方通常被称为财务担保方。接下来我们将分别介绍这两类信用增级手段。

1. 内部信用增级

最常见的内部信用增级方式包括等级化、超额担保和储备账户。

等级化又称**信用分层**，是目前最常用的内部信用增级方式。具体做法是将债券分为多个等级（层级），不同等级债券的持有者拥有的本金或利息的索取优先级是不同的。由资产产生的现金流将按照不同的优先级分配给各个等级的债券。该等级系统也被称为高级/次级结构，较高的等级被称为高级或优先级，较低的等级被称为次级或劣后级。次级层的存在可以为高级层的投资者提供信用保护，因为高级层的投资者拥有可用现金流的第一索求权。这种保护结构通常也被称为瀑布型结构，因为在违约发生的时候，清算资产的收益将首先用于偿还高级层的债权人，在他们得到完全偿付之后才能轮到次级层的债权人。换句话说，在发行人违约时损失是由下层到上层依次分配的，层级最低的债权人先承担损失。如果损失的额度没有超过次级层债券的总额，高级层债券的投资者是不会承担损失的，所以不难理解为什么高级层债券通常可以得到 Aaa 甚至 AAA 的信用评级。

超额担保是指为了获得或确保融资成功而提供超过通常所需的抵押品的过程。它也是内部信用增级的一种方式，因为额外的抵押品可以吸收损失。例如，如果发行债券的本金为 1 亿美元，而抵押品的价值为 1.1 亿美元，那么超额担保量就为 1000 万美元。随着时间的推移，超额担保量可能会发生变化。在按揭抵押证券的例子中，这可能是由按揭贷款人分期偿还、提前偿付或违约等造成的。超额担保的一个主要问题是抵押品的估值变化。例如，导致 2007～2009 年次贷危机的最重要因素之一，就是支持按揭抵押证券的那些房产等相关资产的估值问题。当时许多用于抵押的房产或房贷的最初价值是高于所发行证券的价值的。但随着房价下跌和房主开始拖欠抵押贷款，许多按揭抵押证券的信用质量急剧下降。结果就是收益率迅速上升和投资者的恐慌性抛售。

储备账户或**储备基金**是另一种内部信用增级的方式，又可分为现金储备基金和超额利差账户两种形式。现金储备基金是用来吸收潜在损失的现金存款。超额利差账户是指在向债券持有人支付利息后，将剩余的资金分配到一个专门账户中。超额利差，有时也称为超额利息现金流，是指从用于保证债券偿付的资产中获得的现金流与实际支付给债券持有人的利息之间的差额。将超额利差保留下来并存入准备金账户有利于防止潜在违约带来的损失。在一个被称为"涡轮增压"的过程中，超额的利差还可以用来赎回本金，当然高级层的债权人依然拥有这些资金的第一索取权。

2. 外部信用增级

最常见的外部信用增级方式是银行担保、履约保险、信用证和现金担保账户。

银行担保和**履约保险**在性质上非常相似，它们都承诺在发行人违约时补偿债券持有人的任何损失，但通常会设定一个最大的担保（保险）赔付金额，称为罚金总额。银行担保和履约保险的主要区别在于前者是由银行承担担保责任，而后者是由有评级且受监管的保险公司承担保险责任。专门提供财务担保的保险公司通常被称为单一险种保险公司或单一险种保险方。在 2007~2009 年次贷危机之前，单一险种保险公司在资产证券化过程中发挥着重要作用。但自次贷危机爆发以来，多数单一险种保险公司遭遇了财务困难和信用评级下调，来自单一险种保险公司的财务担保已变成一种不太常见的信用增级方式。

由金融机构发行的**信用证**是发行债券时可以采用的另一种外部信用增级方式。金融机构为发行机构提供信用额度，以弥补发行资产带来的现金流不足。自信用危机以来，由于几家提供信用证的主要金融机构的信用评级被下调，信用证也已成为一种不太常见的信用增级方式。

银行担保、履约保险和信用证都会让债券投资者面临第三方风险（交易对手方风险），即担保人无法履行其义务的可能性。**现金担保账户**可以缓解这种担忧，因为使用该方式进行信用增级时，债券发行机构会立即借入信用增级所需的资金，然后将之投资于高评级的短期商业票据中。由于现金担保账户依靠实际的现金存款提供担保，而不仅仅是现金索取权，因此现金担保账户提供商的评级下调并不一定会导致该提供商支持的债券评级下调。

1.3.1.5　债券条款

债券条款是借款人和贷款人在债券发行时达成的一系列可在法律意义上执行的规则。债券条款通常分为肯定性（或积极性）条款和否定性条款。肯定性条款会列举发行人被要求做到的事项，而否定性条款则规定发行人被禁止从事的事项。

肯定性条款通常是一些跟管理相关的义务。例如，肯定性条款通常包括发行方如何使用通过发行债券募集的资金，以及按合同条款规定支付款项的承诺。条款可能还会要求发行人承诺遵守所有相关的法律法规、维持其当前的业务模式、担保并维持目前持有的资产以及按时缴纳税款等。这类条款通常不会给发行人带来额外的成本，也不会对发行人在如何经营其业务等方面的自由裁量权造成实质性限制。

相反，否定性条款通常代价高昂，并往往在实质上限制了发行方潜在的商业决策。否定性条款的目的是保护债券持有人不受债权被稀释、资产被转移或替换以及发行人投资未尽责等问题的影响。否定性条款的例子包括：

- **债务限制条款**控制了额外债务的发行规模。该条款通常会规定最高可接受的债务利用比率（有时也称为杠杆比率或资本负债比率）和最低可接受的利息覆盖比率，只允许发行人在证明自身财务状况良好的情况下发行新债务。
- **负面承诺条款**可以阻止发行人发行优先级高于持有人手中债券的新债券。
- **优先索取权限制条款**通过禁止发行人将目前未抵押的资产（也称未定用途资产）用于抵押来保护无担保债券的持有人。
- **股东分红限制条款**可以限制向股票持有者支付股息或其他类型的款项（比如股票回购）。该条款通常会参照借款人的盈利能力进行操作，也就是说，会规定一个基准日期，通常是债券发行的时刻或临近发行的时刻，规定只允许将该日期之后的各期利润或累计利润的一定百分比用于支付股息和股票回购。
- **资产处置限制条款**规定了发行人在债券存续期内累计可以处置的资产数量，该限额通常被设定为一定百分比的公司总资产。该条款通常用于保护债券持有人免受公司分拆带来的损失。

- **投资限制条款**通过阻止发行人从事投机性过高的投资来限制投资风险。该条款实质上会迫使发行人将资本投入到其持续经营的业务中。该条款可能会伴随一个要求发行人保持其现有业务的条款。
- **并购限制条款**阻止发行人参与合并和收购，除非该公司是并购后继续存在的公司，或者收购方向受托人交付一份补充契约并明确承认旧有债券及旧有条款。这类条款可以有效地防止公司通过将自身出售给另一家公司来逃避对现有债券持有人的义务。

上面所列的只是众多否定性条款的几个例子。所有否定性条款的设立目的都是确保发行人不会从事任何会显著降低其支付利息和偿还本金能力的行为。但债券持有人一般也不希望对发行人应该如何经营其业务做太过具体的规定，因为这样做意味着债券持有人获得了债券发行人一定程度的控制权，这本来是债券持有人想要避免的法律义务。此外，过于严格的条款可能会迫使发行人在可以避免的情况下选择违约，这也不符合债券持有人的最佳利益。例如，对债务规模的严格限制可能会阻止发行人筹集履行合同义务所必需的新资金；严格限制资产处置可能会导致发行人无法出售资产或者业务部门，因而无法获得必要的流动性以支付利息或者偿还本金；而对合并和收购的严格限制可能会阻止发行人被更强大的公司收购，后者将有能力履行原发行人的合同义务。

例1-2

1. 下述术语中最可能代表发行债券所依据的法律合同的是：

A. 债券契约　　　　　　　　B. 公司信用债券　　　　　　　C. 信用证

2. 下述个人或实体中最有可能承担债券发行中受托人角色的是：

A. 由发行人指定的金融机构

B. 发行人的财务主管或首席财务官

C. 由管理当局指定的金融机构

3. 下述个人或实体中最有可能负责及时向债券持有人支付利息和偿还本金的是：

A. 信托公司

B. 发行人的主要银行或领投银行

C. 发行人的财务主管或首席财务官

4. 通过一个特殊法律实体来发行债券的主要优势是：

A. 破产隔离

B. 税收优惠

C. 更高的流动性和更低的发行费用

5. 最可能从发行人之前所发行贷款的还款中得到偿还的债券类别是：

A. 主权债券　　　　　　　　B. 超主权债券　　　　　　　C. 非主权政府债券

6. 抵押信托债券最可能使用的担保品是：

A. 有价证券　　　　　　　　B. 按揭贷款　　　　　　　　C. 实物资产

7. 第三方风险最小的外部信用增级方式是：

A. 履约保险　　　　　　　　B. 信用证　　　　　　　　　C. 现金担保账户

8. 以下哪个最可能是肯定性条款的例子：

A. 股息发放不能超过利润的60%

B. 对融资资产进行担保并定期维护

C. 负债权益比不超过0.4，利息收入倍数不低于8.0

9. 保护债券持有人债权不被稀释的条款是：

A. 债务限制条款　　　　　B. 投资限制条款　　　　　C. 并购限制条款

解答1：A是正确答案。债券发行人和债券持有人之间的合同通常被称为债券契约。债券契约中会规定与发行相关的条款，包括本金金额、票面利率和付款期限。其中还会提供关于合同付款的资金来源的信息，并说明是否有任何抵押品、信用增级方式或其他条款。B是不正确的，因为公司信用债券只是债券的一种。C是不正确的，因为信用证只是外部信用增级方式的一种。

解答2：A是正确答案。发行人会选择具有信托业务资格的金融机构，例如银行的信托部门或信托公司，作为债券发行的受托人。

解答3：A是正确答案。虽然发行方是合同付款的最终来源，但确保及时付款的是受托人。具体方法是向发行人开具息票支付和本金偿还的发票，获取并持有相关资金，直到它们被支付给债权人。

解答4：A是正确答案。特殊法律实体是一种破产隔离工具，通过将资产从债务人转移到特殊法律实体来实现破产隔离。一旦转让完成，债务人将不再拥有该资产的所有权。如果债务人违约，其他债权人不得追偿债务人已经转让到特殊法律实体的资产及该资产的收益。

解答5：B是正确答案。超国家组织发行债券的支付来源有两个，要么是该组织之前所发放贷款的还款，要么是其成员国的实收资本。A是错误的，因为主权政府一般依靠自己的税收权力和货币创造来偿还债务。C是错误的，因为非主权政府债券通常用发行人的税收收入或所融资项目的现金流偿还。

解答6：A是正确答案。抵押信托债券由有价证券担保，如普通股、债券或其他金融资产。B是错误的，因为由按揭贷款担保的债券是抵押贷款支持证券。C是错误的，因为由实物资产（如飞机、火车、集装箱或石油钻塔）担保的债券是设备信托凭证。

解答7：C是正确答案。履约保险和信用证的第三方（交易对手方）风险都来自以未来的付款承诺作为增信手段。相比之下，现金担保账户要求发行人立即借入信用级所需的金额并投资于高等级债券。

解答8：B是正确答案。肯定性条款规定了发行人"必须做"的事情，通常是行政和管理方面的义务。要求发行人对融资资产进行担保和定期维护的条款就是肯定性条款的一个例子。A和C是不正确的，因为它们是否定性条款，规定了发行人不能从事的事项。

解答9：A是正确答案。债务限制条款通常会规定最高可接受的债务利用比率或最低可接受的利息覆盖比率。此类条款限制了发行人发行新债券的能力，后者将稀释原债券持有人的债权。B和C是不正确的，因为它们分别是通过限制公司投资行为或并购行为来限制发行人业务活动的条款。

1.3.2　法律和监管方面的考虑

根据发行和交易所在地以及持有者的不同，固定收益证券受到的法律和监管方面的约束也各不相同。不幸的是，不存在全球适用的统一的法律和监管要求。

对于投资者来说，一个重要的考虑因素是债券是在哪里发行和交易的，因为它与适用的法律法规密切相关。**全球债券市场**由国家债券市场和欧洲债券市场组成。**国家债券市场**包括在某一特定国家以该国货币计价的所有发行和交易的债券。由在该国成立的公司发行的债券称为**国内债券**，而由在另一个国家成立的公司发行的债券称为**外国债券**。如果福特汽车公司在美国发行以美元计价的债券，这些债券将被归类为国内债券；如果大众集团或丰田汽车公司（或它们的德国或日本子公司）在美国发行以美元计价的债券，这些债券将被归类为外国债券。外国债券经常被按国别冠以昵称。例如，在澳大利亚被称为"袋鼠债券"，在加拿大被称为"枫叶债券"，在中国被称为"熊猫债券"，在日本被称为"武士债券"，在韩国被称为"泡菜债券"，在俄罗斯被称为"套娃债券"，在西班牙被称为"斗牛士债券"，在英国被称为"斗牛犬债券"，在美国被称为"扬基债券"。各国监管机构可能会在居民和非居民发行人之间做出区分，并在发行过程、披露要求、债券发行人限制和可购买债券的投资者限制等方面实行不一样的监管要求。

从19世纪开始，许多国家的政府和公司就陆续在伦敦发行过外国债券；在20世纪80年代，美国、日本和瑞士等国的外国债券发行规模迅速扩大。但自20世纪60年代开始兴起的是另一种债券市场：欧洲债券市场。建立欧洲债券市场的初衷主要是绕过对债券发行者和投资者施加的法律、监管和税收限制，尤其是来自美国的限制。在欧洲债券市场上发行和交易的债券被称为**欧洲债券**，以各个不同国家的货币计价并依此命名。例如，欧洲美元债券和欧洲日元债券分别以美元和日元计价，而以欧元计价的欧洲债券被称为"欧元计价的欧洲债券"。

与国内债券和外国债券相比，通常欧洲债券受到的监管会更少，因为它们的发行范围不局限于任何单一国家的管辖范围之内。它们通常是无担保债券，可以以任何货币计价，包括发行人所在国的本国货币。[⊖]通常会组织一个国际辛迪加来负责承销，该辛迪加由多家来自不同司法管辖区的金融机构组成。在过去，欧洲债券通常是不记名债券，这意味着受托人没有记录谁拥有着这些债券，只有清算系统知道债券的所有者是谁。目前大多数欧洲债券跟国内债券和外国债券一样，都以登记债券的形式发行，其所有权会以姓名或序列号的形式记录在案。

有时你可能会看到全球债券这个名称。全球债券是指同时在欧洲债券市场和至少一个国内债券市场发行的债券。同时在多个市场发行债券，可以确保大规模债券发行有足够的需求方，并确保世界各地的投资者都有机会购买该债券。例如，世界银行是全球债券的定期发行人。许多市场参与者将外国债券、欧洲债券和全球债券统称为国际债券，以区别于国内债券。

国内债券、外国债券、欧洲债券和全球债券之间的差异对投资者来说是非常重要的，因为这些债券受制于不同的法律和监管要求，以及即将在1.3.3节介绍的税收要求。它们在支付利息的频率和支付利息的方式等方面也有所不同，这会影响债券的现金流结构，进而影响债券的价格。要特别注意的是，债券的计价货币对其价格的影响要大于债券发行或交易所在地的影响。这是因为市场利率对债券价格有很大的影响，而对债券价格影响最大的市场利率是与债券计价货币相关的利率。

正如欧洲债券市场的出现和快速发展所表明的那样，法律和监管方面的考虑影响着全球

⊖　以美元计价的欧洲债券在发行时不能出售给美国投资者，因为它们没有在美国证券交易委员会注册。大多数欧洲美元债券会被卖给欧洲、中东和亚太地区的投资者。

固定收益证券市场的动态。表 1-1 比较了截至 2017 年 12 月底，15 个最大的债务发行国的总债务和国际未偿债务总额。报告金额以发行人的所在地为准。

表 1-1　总外债和国际债务证券存量（按发行人所在地统计，截至 2017 年 12 月底）

发行方	债务证券总量（10 亿美元）	国际债务证券（10 亿美元）
美国	39 336	2430
日本	12 666	395
中国	11 757	193
英国	6024	3183
法国	4597	1531
德国	3712	1292
意大利	3298	853
加拿大	2428	914
荷兰	2181	2106
澳大利亚	2149	610
西班牙	2015	546
卢森堡	984	788
爱尔兰	863	846
丹麦	819	132
瑞典	803	506

资料来源：根据国际清算银行的数据计算（2018 年 6 月 25 日更新）。

例 1-3

1. 下面哪只债券属于国内债券：

A. 发行方韩国 LG 集团，以英镑计价，在英国出售

B. 发行方英国债务管理办公室，以英镑计价，在英国出售

C. 发行方美国沃尔玛集团，以美元计价，在北美、欧洲、中东和亚太等多地出售

2. 索尼公司在日本发行了一只债券，以美元计价，但没有在美国证券交易委员会登记，卖给中东的机构投资者，该债券最有可能属于以下哪种债券：

A. 欧洲债券　　　　B. 全球债券　　　　C. 外国债券

解答 1：B 是正确答案。国内债券由本国发行人发行，以本国货币计价，在国内市场销售。金边债券是由英国债务管理办公室在英国发行的以英镑计价的债券，属于英国的国内债券。A 是错误的，来自韩国的 LG 集团在英国发行的以英镑计价的债券是典型的外国债券（斗牛犬债券）。C 是错误的，来自美国的沃尔玛公司发行的以美元计价的债券，并在北美、欧洲、中东和亚太地区的多个国家出售，如果该债券同时在欧洲债券市场出售的话，这更有可能是全球债券的一个例子。

解答 2：A 是正确答案。欧洲债券是一种在国际范围发行的债券，不受任何单一国家的管辖。日本索尼公司发行的这种债券以美元计价，但未在美国证券交易委员会注册，是一只典型的欧洲债券。B 是错误的，全球债券是同时在欧洲债券市场和至少一个国内债券市场发行的债券。C 是错误的，因为如果索尼发行的债券是外国债券（扬基债券），它将在美国证券交易委员会登记。

1.3.3 税收考虑

一般来说，从债券投资中获得的收入要按普通所得税税率纳税，通常与个人薪金收入的税率相同。免税证券是一个例外，例如美国地方政府债券（又称市政债券）的持有人所获得的利息收入，通常可以免交联邦所得税和债券发行所在州的所得税。债券收入的课税规则也可能会因债券的发行地和交易地不同而不同。例如，在一些国家国内债券支付利息前会提前扣除所得税，而包括欧洲债券在内的其他一些债券支付的利息则是不含税的。

除了利息收益外，债券投资还可能产生资本利得或资本损失。如果债券在到期日之前被出售，其价格与购买时相比很可能发生了变化。如果债券价格上升，则会产生资本利得，如果债券价格下降，则会产生资本损失。从税收的角度来看，资本利得和资本损失对应税收入的影响是不一样的。此外，在一些国家，对长期和短期资本利得会实行不同的税率。比如说，在购买之后持有超过 12 个月才确认的资本利得可以按长期资本利得税率征税，而在购买之后持有不足 12 个月就确认的资本利得则作为短期资本利得征税。通常情况下，长期资本利得的税率要低于短期资本利得的税率，而短期资本利得的税率与普通所得税税率相等，尽管也有一些例外。当然并非所有国家都有资本利得税，而不同国家和地方立法体系的差异往往会导致各国的资本利得税政策存在巨大的差异。

对于折价发行的债券还要考虑一个额外的税收问题，这与初始发行折价的税收规则有关。初始发行折价是指票面价值与初始发行价格之间的差额。在一些国家，比如美国，必须在每一个纳税年度将该折扣的一定比例计算进利息收入当中。在其他国家，比如日本，情况则并非如此。专栏 1-1 表明这种税收考虑有时是非常重要的。

▌专栏 1-1

初始发行折价的税收规定

假设有一个虚构的国家曾国，当地货币为曾币。曾国的市场利率是 10%，利息收入和资本利得都要征税。A 公司和 B 公司都发行了面值为 1000 曾币的 20 年期债券。A 公司发行的是年化票面利率为 10% 的息票债券，初始投资者以 1000 曾币的价格购买该债券，每年收到 100 曾币的利息，并在债券到期时收到金额为 1000 曾币的本金。公司 B 的债券是以折扣价发行的零息票债券，投资者以 148.64 曾币的价格购买该债券，除了在债券到期时 1000 曾币的本金外不会收到任何现金流。

A 公司债券和 B 公司债券的期限相同（20 年），到期收益率也相同（10%），从经济上看两者是等价的。但是，A 公司的债券每年都会支付利息，而 B 公司的债券只在到期时才有现金流支付，所以 A 公司债券的投资者每年的应纳税收入中会包含每年支付的利息。而当他们在到期时收回最初的 1000 曾币本金时，没有发生资本利得或损失。如果没有初始发行折价的税收规定，B 公司债券的投资者在债券到期之前无须缴纳所得税。在债券到期收取本金时，他们获得了资本利得，金额为 851.36(=1000-148.64) 曾币。初始发行折价税收规定的目的是对 B 公司债券的投资者征收与 A 公司债券的投资者缴纳额度相同的税。在执行该规定时，会要求 B 公司债券的投资者在债券到期之前的每一个纳税年度，按照最终资本利得 851.36 曾币的一定摊销比例计算应纳税收入，以便将初始发行折价的影响纳入考虑。这也允许 B 公司债券的投资者逐年提高持有债券所花费的成本，从而避免在到期时再面对资本利得或资本损失带来的税收问题。

一些司法管辖区对溢价购买的债券也有税收规定。这些规定可能会允许投资者选择是否在每一纳税年度从其应纳税收入中扣除超过债券面值的部分，直到到期。例如，如果一个投资者支付 1005 美元购买了面值为 1000 美元的债券，5 年后到期，那她可以选择在这 5 年的每个纳税年度从应纳税收入中扣除 1 美元。但扣减不是强制性的，该投资者可以选择每年按比例扣除一部分，或者选择不做任何扣除并在债券到期时计入当年的资本损失。

▌例 1-4

1. 利息收入最有可能按下列哪种方式缴税：

A. 普通收入

B. 短期资本利得

C. 长期资本利得

2. 假设一家公司在曾国发行了债券，当地货币是曾币。在曾国的税法中有初始发行折价的税收规定。该公司发行的是面值为 1000 曾币的 10 年期零息债券，以 800 曾币的价格出售。在发行时购买该零息债券并持有至到期的投资者可能需要：

A. 在接下来的 10 个纳税年度每年增加 20 曾币的应纳税收入，并在债券到期时计入 200 曾币的资本利得

B. 在接下来的 10 个纳税年度每年增加 20 曾币的应纳税收入，在债券到期时无须计入资本利得

C. 在接下来的 10 个纳税年度无须增加应纳税收入，但在债券到期时需计入 200 曾币的资本利得

解答 1：A 是正确答案。利息收入通常按普通所得税税率纳税，这可能与个人工资和薪金收入适用的税率相同。

解答 2：B 是正确答案。初始发行折价的税收规定要求投资者在每个纳税年度将初始发行折价带来的资本利得按比例计入其应纳税收入中，直至到期。发行折价为票面价值与发行价之差，即 1000 曾币减去 800 曾币，等于 200 曾币。债券的期限是 10 年，因此每年必须按比例计入的部分是 200 曾币除以 10，也就是 20 曾币。初始发行折价的税收规定允许投资者逐年提高持有债券所花费的成本，这样当债券到期时将不会再面临资本利得或资本损失带来的税收问题。

1.4　债券的现金流结构

目前我们讲到的债券大多数都是普通债券，其现金流支付结构通常与图 1-1 中所展示的一样。这些债券会定期支付固定利息，到期时再一次性支付本金。但在进行本金偿还和息票支付时，还存在很多其他形式的现金流支付结构。本节将讨论在全球固定收益证券市场上一些主流现金流支付结构。对于属于同一特定类型的债券，比如 30 年期美国国债，其本金偿还和息票支付的现金流支付结构通常是相似的。但不同类型债券之间（如政府债券和公司债券）的现金流支付结构可能差别很大。

1.4.1　本金的现金流支付结构

对于债券投资者来说，本金如何偿还是一个重要的考虑因素，因为这将影响他们所持债券的信用风险水平。任何能提前收回部分本金的条款都是降低信用风险的一种方式。

1.4.1.1　子弹债券、完全摊销债券和部分摊销债券

几乎所有的政府债券和大多数公司债券的本金支付都采用了普通债券的现金流支付结构。这种债券也被称为**子弹债券**，因为全部本金都是在债券到期时一次性偿付的。

与之相对的是**摊销债券**，其现金流支付结构不仅要求定期支付利息，还要求分期偿还本金。完全摊销债券的本金在到期日会减少到零；而部分摊销债券只会在到期日前分期支付一部分本金，因此在到期日还会发生一笔大额的支付以偿还剩余的本金，这笔支付被称为**期末整付**。

表 1-2 展示了子弹债券、完全摊销债券和部分摊销债券在现金流支付结构上的不同。案例中的三只债券本金都是 1000 美元，期限都是 5 年，票面利率都是 6%，利息均按年支付，用于预期现金流贴现的市场利率均假定为 6%。所有债券都是按面值发行和赎回的，部分摊销债券的期末整付为 200 美元。[⊖]

表 1-2　子弹债券、完全摊销债券和部分摊销债券的现金流支付结构案例

（单位：美元）

子弹债券

年度	投资者现金流	息票支付	本金支付	年末未偿付本金
0	-1000.00			1000.00
1	60.00	60.00	0.00	1000.00
2	60.00	60.00	0.00	1000.00
3	60.00	60.00	0.00	1000.00
4	60.00	60.00	0.00	1000.00
5	1060.00	60.00	1000.00	0.00

完全摊销债券

年度	投资者现金流	息票支付	本金支付	年末未偿付本金
0	-1000.00			
1	237.40	60.00	177.40	822.60
2	237.40	49.36	188.04	634.56
3	237.40	38.07	199.32	435.24
4	237.40	26.11	211.28	223.96
5	237.40	13.44	223.96	0.00

部分摊销债券

年度	投资者现金流	息票支付	本金支付	年末未偿付本金
0	-1000.00			
1	201.92	60.00	141.92	858.08
2	201.92	51.48	150.43	707.65
3	201.92	42.46	159.46	548.19
4	201.92	32.89	169.03	379.17
5	401.92	22.75	379.17	0.00

⊖ 本章中的示例是在 Microsoft Excel 中创建的。由于四舍五入的关系，具体数字可能与使用计算器得到的结果略有出入。

投资者可以花费 1000 美元购买这三种债券中的任何一种。如果购买的是子弹债券，他会在 5 年内每年收到 60 美元的利息（1000 美元的 6%）。在债券到期时，他收到的最后一笔款项为 1060 美元，包括了最后一期的利息和全部的本金。

如果购买上述案例中的完全摊销债券，每年支付的现金流数额是一样的，其中包括了每期的利息和一定数量的本金。因此这种债券也可以视为一种年金类产品。年金的期限为 5 年，其现值以 6% 的市场利率贴现的话刚好等于债券的价格 1000 美元。该年金每年的支付额都是237.40 美元。在第 1 年，支付额中的利息部分是 60 美元（1000 美元的 6%），这意味着偿还的本金是 177.40（=237.40-60）美元。总本金扣除本期偿还的本金就是未偿付本金，这将成为计算下一年利息的基础，其数额为 822.60（=1000-177.40）美元。第 2 年，支付额中的利息部分为 49.36 美元（822.60 美元的 6%），偿还的本金部分为 188.04（=237.40-49.36）美元，未偿付的本金部分为 634.56（=822.60-188.04）美元。依此类推，到第 5 年时所有本金全部偿还完毕。请注意，虽然每年的总支付额是恒定不变的，但随着时间的推移，支付额中利息的比例会减少，而本金的比例会增加。

案例中的部分摊销债券可以看作两个成分的组合：一份 5 年期的年金加上一笔期末整付。两个成分的现值之和恰好等于债券的价格 1000 美元。跟前面的完全摊销债券一样，用于贴现的市场利率为 6%，年金金额恒定为 201.92 美元，这也是前 4 个年度每年支付给投资者的金额。从第 1 个年度到第 4 个年度，利息和本金的分配方式与完全摊销债券相同。每年支付的利息部分等于上年末未偿付本金乘以 6% 的利率；而每年支付的本金部分则等于 201.92 美元减去当年的利息部分；年末的未偿付本金等于前一年年末的未偿付本金减去当年偿还的本金。在第 5 年，投资者获得的款项为 401.92 美元；要得到这个金额有两种计算方法，一种是用当年应该支付的利息（22.75 美元）加上未偿付的本金（379.17 美元），另一种是用年金的每年固定支付（201.92 美元）加上期末整付（200 美元）。跟完全摊销债券一样，随着时间的推移，支付额中息票支付的比例会减少，本金偿还的比例会增加。但由于本金在到期时尚未全部摊销，部分摊销债券的息票支付比完全摊销债券的息票支付更高，只有在第 1 年时两者是相等的。

表 1-2 并没有完全展现债券本金的现金流支付结构的复杂性可以达到的程度，例如许多资产支持证券本金的现金流支付结构就比这复杂得多。抵押贷款支持证券的投资者会面临提前偿还风险，即抵押贷款的借款人可能会提前偿还抵押贷款本金。借款人有权提前偿还抵押贷款，这种情况通常会出现在当前房主购买新房或房主因为市场利率下降选择重新贷款的时候。

▎**例 1-5**

1. 下列债券中在到期时偿还本金最多的是：

A. 子弹债券   B. 完全摊销债券   C. 部分摊销债券

2. 一只普通债券的期限为 10 年，面值为 100 英镑，票面利率为 9%，每年支付一次利息。假定市场利率恒定为 9%，债券是以平价发行和赎回的，则第一个年度偿还的本金最接近下列哪一个金额：

A. 0 英镑   B. 6.58 英镑   C. 10 英镑

3. 相对于完全摊销债券，其他特征相似的部分摊销债券的息票支付会：

A. 一样或更低   B. 一样   C. 一样或更高

解答 1：A 是正确答案。子弹债券（普通债券）的全部本金都是在到期日偿还的，而完全摊销债券或部分摊销债券则要求提前逐期偿还本金。因此到期时偿还本金最多的是子弹债券。

解答 2：A 是正确答案。普通债券（子弹债券）在到期日之前不会偿还本金。B 是不正确的，6.58 英镑是完全摊销债券每年的本金偿还额。

解答 3：C 是正确答案。在到期日之前，部分摊销债券每期的本金偿还额要低于完全摊销债券。因此，在其他条件相同的情况下，部分摊销债券每期的未偿付本金和息票支付金额都要高于完全摊销债券。唯一的例外是支付第一笔利息的时候，这时还没有发生过任何本金支付，因此两种债券的未偿付本金是一样的，所以息票支付也一样。

1.4.1.2　偿债基金安排

偿债基金安排是另一种定期收回债券本金的方法，可以用来达到与摊销债券相同的目标。偿债基金是债券发行公司的一项偿债计划，在一定时间内定期向某个储备账户汇入资金用于回收其发行的债券。偿债基金刚出现时特指一类现金储备账户，这些账户会与发行公司的其他业务隔离，以保证发行公司的偿债能力。现在偿债基金安排这个概念通常用来指代一类还款计划，该计划要求发行人在整个债券存续期内或在某个特定日期之后每年定期偿还一定比例的本金，比如 5%。无论是否实际建立隔离的现金储备账户，都必须按照计划完成还款。

一般来说，发行公司会先将还款资金转交给某个受托人。受托人在收到资金后，要么直接赎回相同面值的债券，要么通过抽签来选择要偿付的债券编号。可供赎回的债券可以刊登在商业报纸上，如《华尔街日报》或《金融时报》。

除了上述标准版本以外，还有一种偿债基金安排会稳步增加每年赎回的债券名义本金（总金额），并在到期时赎回剩余的本金。美国、英国和一些英联邦国家的公用事业和能源公司发行的债券经常包含这一类型的偿债基金。

偿债基金安排的另一种常见变化是在债券发行中包含赎回条款，让发行人在债券到期前能赎回债券，详细内容将在本章的 1.5.1 节讨论。发行人通常可以选择按市价、票面价格或特定的偿债基金价格中最低的一个价格来回购债券。为了在债券持有人之间公平地分配赎回权带来的义务，通常会根据债券编号随机选择被赎回的债券。通常，发行人只能回购其所发行债券中的一小部分。但是也有一些债券契约允许发行方使用加倍期权，回购两倍数量的债券。

偿债基金安排的好处是，它确保存在一个正式的还款计划以清偿债务。对于投资者来说，偿债基金安排降低了发行人在本金到期时违约的风险，从而降低了债券的信用风险。但投资者也可能会因为偿债基金安排而受到潜在的不利影响。首先，投资者会面临再投资风险，即必须以低于当前到期收益率的利率对现金流进行再投资的风险。如果投资者的债券编号在提前偿付时被选中，债券就会提前终止，投资者必须将收益再投资。如果自投资者购买债券以来，市场利率已经下降，那么投资者可能无法购买到相同收益率的债券。其次，如果发行人有权以低于市场价格的价格回购债券，投资者还将面临另一个潜在的不利情况。例如，发行人可能会行使赎回权并以票面价格回购债券，而此时债券价格已经高于其票面价格。在这种情况下，投资者将蒙受损失。

表 1-3 展示了一个偿债基金安排的例子。

表 1-3　偿债基金安排案例

年度	年初未偿付本金 （百万英镑）	偿债基金支付额 （百万英镑）	年末未偿付本金 （百万英镑）	到期偿还本金额 （百万英镑）
0			200.00	
1 to 9	200.00	0.00	200.00	
10	200.00	10.00	190.00	
11	190.00	9.50	180.50	
12	180.50	9.03	171.48	
13	171.48	8.57	162.90	
14	162.90	8.15	154.76	
15	154.76	7.74	147.02	
16	147.02	7.35	139.67	
17	139.67	6.98	132.68	
18	132.68	6.63	126.05	
19	126.05	6.30	119.75	
20	119.75			119.75

债券发行的名义本金为 2 亿英镑。偿债基金安排要求在第 10 年至第 19 年期间每年偿还未偿付本金的 5%，未偿付本金余额会在第 20 年到期时全部付清。

在前 9 年中没有偿还本金安排。从第 10 年开始，偿债基金安排要求每年偿还未偿付本金的 5%。第 10 年的偿还本金额为 1000 万英镑（2 亿英镑的 5%），未偿付本金余额为 1.9 亿英镑。第 11 年的偿还本金额为 950 万英镑（1.9 亿英镑的 5%）。最终的本金余额为 1.1975 亿英镑，在到期日以期末整付的形式一次性付清。

1.4.2　息票支付结构

息票是债券发行者支付给债券持有人的利息。普通债券在到期前会在事先指定的时点支付固定金额的定期息票。在美国、英国和英联邦国家（如孟加拉国、印度、新西兰），常见的主权债券和公司债券每半年支付一次息票。欧洲债券通常每年支付一次息票，但也有一些欧洲债券按季度支付息票。欧元区发行的债券通常也是每年支付一次息票，尽管也有例外。

但这种固定金额的定期息票并不是唯一的息票现金流支付结构。在全球固定收益证券市场上，存在各种各样的息票支付安排。这些品种的存在是为了满足发行人和投资者的不同需求。

1.4.2.1　浮动利率债券

浮动利率债券没有固定额度的息票，其票面利率会与某个外部参考利率（如欧洲银行同业拆借利率）挂钩，所以浮动利率债券的利率时常会随着参考利率的变化而波动。因此浮动利率债券的息票现金流量无法事先确定。大型的浮动利率债券发行人包括很多政府资助公司，包括美国的联邦住房贷款银行、联邦国家抵押贷款协会（房利美）和联邦住房贷款抵押公司（房地美），以及欧洲和亚太地区的众多银行和金融机构。各国政府很少发行浮动利率债券，因为主权债券的投资者通常更喜欢固定息票债券。

几乎所有浮动利率债券都是按季度支付息票的，尽管也存在一些反例。浮动利率债券的票面利率通常设定为指定的参考利率加上一个固定的利差。以美元计价的浮动利率债券票面利率可能采取 3 个月美元 Libor 加 20 个基点的形式（即 Libor+0.20%），而以欧元计价的浮动利率债券可能采用 3 个月欧元 Libor 加 20 个基点的形式。

与固定利率的普通债券不同，浮动利率债券虽然在利率上升时价值也会下降，但受到的影响较小，因为它们的票面利率会跟随市场利率而变化，并定期重新设定。所以浮动利率债券几乎没有利率风险，即市场利率变化影响债券价值的风险。浮动利率债券经常受到那些预计利率将上升的投资者的青睐。尽管如此，投资者在投资浮动利率债券时仍面临信用风险。如果债券发行者的信用风险没有在下一个重新设定票面利率的日期发生变化，浮动利率债券的价格一般会接近面值。但是如果发行公司的信用等级发生了变化，进而影响债券的信用风险，浮动利率债券的价格就会偏离其面值。更高的信用风险水平将导致债券价格下跌。

浮动利率债券的其他常见特征可能包括利率底或利率顶。利率底可以防止票面利率跌到规定的最低利率以下。这是一种有利于债券持有人的特征，可以保证在利率下降的时候债券的票面利率不会低于某个下限。与之相对的是利率顶，它可以防止票面利率上升到某个指定的最高利率之上。这是对发行者有利的特征，因为它设置了一个在利率上升时期为债务支付利息的上限。还有一些浮动利率债券会包含利率领特征，也就是既有利率底又有利率顶。

逆浮动利率债券，简称逆浮动债券，指的是票面利率与参考利率成反比关系的债券。除票面利率调整方向相反外，其基本结构与普通浮动利率债券相同。当利率下降时，普通浮动利率债券的票面利率会下降，但逆浮动利率债券的票面利率反而会上升。在美国，逆浮动利率债券通常受到那些预期利率将下降的投资者的青睐。

1.4.2.2 升息债券

升息债券既可以采用固定利率也可以采用浮动利率，其票面利率会在一些事先设定的日期以一定的幅度逐渐增加。联邦住房贷款银行于 2016 年 8 月 3 日发行的 10 年期可赎回债券就是升息债券的一个例子。该债券最初的票面利率为 1.25%，之后就会逐渐上升，在 2018 年 8 月 3 日上升为 1.50%，在 2020 年 8 月 3 日上升为 2.00%，在 2022 年 8 月 3 日上升为 2.50%，在 2023 年 8 月 3 日上升为 3.00%，在 2024 年 8 月 3 日上升为 4.00%，并在存续期的最后一年也就是 2025 年 8 月 3 日上升为 6.00%。该债券为可赎回债券，其发行者有权在 2018 年 8 月 3 日第一次上调票面利率时按票面价值赎回债券。

升息债券在利率上升时为债券持有人提供了一些保护，这对于可赎回债券来说是一个非常重要的特征。因为当利率上升时，发行人不赎回债券的可能性更大，尤其是固定利率债券。升息债券让债券持有人能够按照较高的市场利率获得更高的息票。而当利率下降或保持稳定时，升息债券的发行人有动机在票面利率上升导致利息费用上升之前赎回债券。

息票增加时债券的赎回并不是自动发生的，发行方可能选择继续保留债券，尽管其利息成本在不断上升。如果对债券进行再融资的其他选择对发行人不利，这种情况就可能发生。例如，金融危机可能会导致发行人再融资困难，或者发行人的信用等级下降导致其债券的收益率上升。这些情况下，即使升息债券的票面利率在上升，新发行债券的成本也会比现有的债券高。尽管发行人不一定会赎回债券，但投资者会有一种隐性预期，即如果债券的市场价格高于看涨期权执行价格，发行人就会行使赎回权。如果发行人不这样做，市场参与者可能会对该公司产生负面印象，今后投资者对该公司债券的兴趣也会下降。

1.4.2.3　信用联结息票债券

信用联结息票债券的票面利率随着该债券信用等级的变化而变化。信用联结息票债券的一个例子是英国电信发行的一只于 2020 年到期的债券。该债券的票面利率为 9%，如果发生信用评级下调，与其发行时的初始信用评级相比每低一级，其票面利率就上升 50 个基点；如果发生信用评级上升，与其发行时的初始信用评级相比每高一级，其票面利率就下降 50 个基点。

信用联结息票债券对那些担心发行人未来信誉的投资者很有吸引力。由于信用评级在经济衰退时下降的幅度最大，因此，该类债券也可以提供一些针对经济低迷的一般性保护。与这类债券相关的一个潜在问题是，评级下调导致的息票支付增加，可能会导致发行人的信用评级进一步恶化，甚至可能导致违约。

1.4.2.4　实物息票债券

实物息票债券允许发行方以非现金的形式支付利息，通常是以额外数量的该债券代替现金。这样的债券受到那些担心自己未来可能面临现金流问题的发行人青睐。一些高负债的公司会用这种债券进行融资，例如那些进行杠杆收购（一种主要依赖借债融资完成收购的方式）的公司。由于投资者意识到这类债券可能伴随额外的信用风险，他们通常会对实物息票债券要求更高的收益率。

也存在其他形式的实物支付方式，例如向债券持有人支付与息票价值相等的普通股。还有一种实物"切换"票据，借款人在每个付息期间可以选择是以现金还是以实物的形式支付利息，或者两者兼用。用现金支付还是实物支付通常由借款人决定，但也可以由债券合同中设定的利润或现金流量触发器决定。

1.4.2.5　递延息票债券

递延息票债券，有时也称为**分离息票债券**，在最初的几年里不支付息票，但随后会在剩余的时间里支付比正常情况下更高的息票。递延息票债券的发行人通常在债券发行后的几年内设法保留更多现金，这可能意味着较差的信用质量。递延息票债券在项目融资中也很常见，比如那些处于开发阶段且没有产生任何收入的项目。递延息票债券允许发行人推迟支付利息直到项目完成，此后项目产生的现金流可以用来偿还债务。

投资递延息票债券的一个主要优点是，这些债券的定价与面值相比通常会有很大的折扣。投资者还可能会发现递延息票债券对自己的税务管理很有帮助。如果允许对利息收入应缴的税款延期缴纳，投资者就可以降低自己当期的税负。但这种税收优势的大小取决于其所在的司法管辖地以及当地的税收规则对递延息票支付是如何处理的。

零息票债券可以被视为递延息票债券的一种极端形式。这类证券不向投资者支付任何利息，因此会以远低于面值的价格发行。在到期时，债券持有人会收到等于债券面值的支付。实际上，零息票债券相当于将所有息票支付都推迟到了到期日。

1.4.2.6　指数联结债券

指数联结债券的息票支付和本金偿还与某一特定指数挂钩。从理论上讲，挂钩的对象可以是任何公开发布的变量，包括各种反映价格、收益、经济产出、商品或外汇的指数。**通货膨胀联结债券**是指数联结债券的一个例子，其投资者通过将债券的息票支付和本金偿还与某个消费者价格指数（如英国零售价格指数（RPI）或美国消费者价格指数（CPI）挂钩来保护自己免受通货膨胀的影响。使用 RPI 或 CPI 的好处是这些指数是众所周知且透明的，并会定期发布。

政府是通货膨胀联结债券的最大发行人。英国是最早发行通货膨胀联结债券的发达国家之一，于 1981 年开始发售与英国零售价格指数（RPI）挂钩的金边债券，零售价格指数是英国政府衡量通货膨胀的主要指标。1997 年，美国财政部推出了与美国消费者价格指数（CPI）挂钩的财政部通货膨胀保值债券（TIPS）。如今，公司发行人（包括金融和非金融公司）也在越来越频繁地发售通货膨胀联结债券。

一般债券的票面利率代表的都是债券持有人所能获得的名义利率，但是通货膨胀会降低他们所获利息的实际价值。扣除通货膨胀影响后，债券持有人实际得到的利率被称为实际利率，它近似等于名义利率减去通货膨胀率。通货膨胀联结债券在价格指数上升时会同步增加息票支付和本金偿还，通过这种方式可以降低通货膨胀风险。通货膨胀联结债券的一个例子是 2048 年 2 月 15 日到期的"美国 TIPS1%"，其票面利率恒定为 1%，但其本金会每 6 个月根据 CPI 的变化进行调整。

图 1-2 列举了一些大规模发行通货膨胀联结债券的国家。它展示了每个国家通货膨胀联结债券的发行量和其占总债务的百分比。这些主权债券发行国可分为三类。第一类包括巴西和哥伦比亚等国，它们之所以发行通货膨胀联结债券是因为在借贷时经历了极高的通货膨胀率，只有通过发行通货膨胀联结债券才能够筹集到资金。第二类包括英国和澳大利亚，发行通货膨胀联结债券，不仅为政府的反通货膨胀政策承诺增加了可信度，而且还能满足仍然担心通货膨胀风险的投资者的需求。第三类包括美国、加拿大和德国，这些国家关心的是通货膨胀联结债券带来的社会福利方面的好处。从理论上讲，通货膨胀联结债券为投资者提供了一种优质的长期资产，这种资产具有固定的实际回报，没有通货膨胀风险。

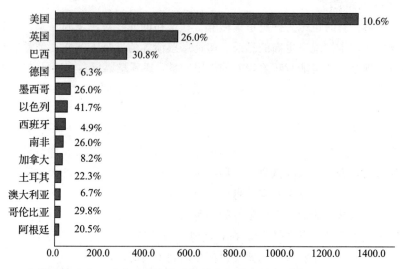

图 1-2　2017 年第四季度各国政府通货膨胀联结债券规模及其占总债务比例（单位：十亿美元）
资料来源：基于国际清算银行的数据整理得到（数据下载日期为 2018 年 6 月 28 日）

将指数联结债券的现金流与特定的指数挂钩可以使用很多不同的方法；这种挂钩既可以通过改变利息支付来完成，也可以通过改变本金偿还来完成，或两者同时进行。下面的一些例子描述了现金流和指数之间的联结是如何实现的，以通货膨胀联结债券为例。

- **零息指数化债券**不支付息票，所以通货膨胀调整只能通过改变本金偿还来进行：在债券存续期内，到期时待偿还的本金金额会随着价格指数的上升而增加。瑞典政府发行过此类债券。
- **利息指数化债券**在到期日支付固定的名义本金，但在债券的存续期中会支付与指数挂钩的可变息票，因此通货膨胀调整都是通过改变利息支付来完成的。它本质上是一种浮动利率债券，其参考利率是通货膨胀率，而不是像欧洲银行同业拆借利率这样的市场利率。此类债券往往由保险公司和一些主要商业银行发行，政府较少发行此类债券。
- **资本指数化债券**的票面利率是固定的，但其名义本金会在债券存续期内随着指数的上升而增加，因此息票支付和本金偿还都会根据通货膨胀进行调整。澳大利亚、加拿大、新西兰、英国和美国政府都发行过此类债券。
- **指数化年金债券**是一种完全摊销的债券，而前面提到的利率指数化债券和资本指数化债券属于非摊销债券。年金支付中包含了支付利息和偿还本金，两者的金额在债券存续期内都会随通货膨胀率上升而增加。澳大利亚的一些地方政府已经发行了与价格指数挂钩的指数化年金债券，但目前还没有中央政府发行此类债券。

专栏 1-2 展示了将通货膨胀与债券挂钩的不同方法。

▌专栏 1-2

通货膨胀联结债券的例子

假设有一个虚拟国家利民国，当地货币为利民币。该国发行了一只与国内消费者价格指数（CPI）挂钩的 20 年期债券，债券的名义本金是 1000 利民币。利民国以前一直没有受到过通货膨胀的困扰，但最近 6 个月的 CPI 上涨了 5%。

如果该债券是零息指数化债券，即永远不支付任何息票。那么随着 CPI 上涨 5%，待偿还本金金额将增至 1050（＝1000×1.05）利民币，并将随着后续的通货膨胀持续增加，直至到期。

如果该债券是利息指数化债券，年利率为 4%，每半年支付一次利息。无论在债券到期时物价指数水平如何，本金都将是 1000 利民币，但息票支付将根据通货膨胀情况进行调整。在没发生通货膨胀的时候，每半年支付的息票为 20（＝1000×4%÷2）利民币。在 CPI 上涨 5% 后，每半年支付的息票将增加到 21（＝20×1.05）利民币。之后的息票支付也将根据通货膨胀的变化进行调整。

如果该债券是资本指数化债券，即使年利率仍为 4%，本金金额也会随着通货膨胀变化而调整，息票支付额也要基于调整后的本金金额来计算。在 CPI 上涨 5% 之后，本金也会随通货膨胀调整到 1050（＝1000×1.05）利民币，每半年支付的息票调整为 21（＝20×1.05）利民币。在到期前，本金会随着 CPI 的上涨而持续增加，息票也会随之增加。

如果该债券是指数化年金债券，则其会在到期时被完全摊销。在没有发生通货膨胀的时候，每半年支付一次的年金支付额为 36.56 利民币，该金额是根据 1000 利民币的本金、40 次半年支付和 4% 的贴现率等数据计算得到的。在 CPI 上涨 5% 之后，年金支付额将增加到 38.38（＝36.56×1.05）利民币。之后的年金支付也将以类似的方式根据通货膨胀情况进行调整。

▌例 1-6

1. 浮动利率债券的息票支付频率最有可能是：

A. 一年一次　　　　　　B. 一季度一次　　　　　　C. 半年一次

2. 零息债券可以被认为是一种：

    A. 升息债券　　　　　　　B. 信用联结息票债券　　　　　　C. 递延息票债券

3. 下列哪种债券不能保护投资者免受市场利率上升的影响：

    A. 升息债券　　　　　　　B. 浮动利率债券　　　　　　　　C. 逆浮动利率债券

4. 美国财政部发行了一种通货膨胀保值债券（TIPS）。该 TIPS 的本金随通货膨胀而增加，随通货紧缩而减少，其依据是美国消费者价格指数的变化。当该 TIPS 到期时，投资者可以选择获得初始本金或经通胀调整后的本金，以两者中金额较大的为准。该 TIPS 每年按固定的实际票面利率支付两次利息，以经通胀调整的本金为基础计算利息。该 TIPS 最有可能属于：

    A. 资本指数化债券　　　　B. 利息指数化债券　　　　　　　C. 指数化年金债券

5. 假设有一个虚拟国家利民国发行了与其国内消费者价格指数（CPI）挂钩的 20 年期资本指数化债券。利民国之前一直没有发生通货膨胀，但最近 6 个月出现了 CPI 上升的情况。随着通货膨胀率的上升：

    A. 资本指数化债券本金不变，但票面利率上升

    B. 资本指数化债券票面利率不变，本金增加

    C. 资本指数化债券息票支付不变，但本金增加

解答 1：B 是正确答案。多数浮动利率债券按季度支付利息，并与 3 个月 Libor 等参考利率挂钩。

解答 2：C 是正确答案。零息债券可以被认为是利息支付被推迟到到期日的递延息票债券。A 和 B 是不正确的，因为升息债券和信用联结息票债券都定期支付息票。升息债券的息票在特定日期以特定的幅度增加，信用联结息票债券的息票则会随债券信用评级的变化而变化。

解答 3：C 是正确答案。逆浮动利率债券的票面利率与参考利率成反比关系，因此逆浮动利率债券并不能在市场利率上升时提供保护，但可以在市场利率下降时提供保护。A 和 B 是不正确的，因为升息债券和浮动利率债券都对市场利率上升有保护作用。

解答 4：A 是正确答案。该 TIPS 有固定的票面利率，本金则会根据 CPI 的变化进行调整，这是典型的资本指数化债券。B 是错误的，因为利息指数化债券的本金是固定的，而息票则与通胀指数挂钩。C 是错误的，因为指数化年金债券是完全摊销债券，其年金支付（包含息票和本金）是根据指数的变化调整的。

解答 5：B 是正确答案。在通货膨胀率上升后，资本指数化债券的票面利率保持不变，但本金将随通货膨胀率向上调整。而息票支付等于固定的票面利率乘以经通货膨胀调整后的本金，因此也会随通货膨胀率的上升而增加。

1.5　附带或有条款的债券

"或有"的意思是未来有可能发生但现在还不能确定的事件或情况。**或有条款**是一个法律术语，指的是法律文件中允许一方在某个事件或情况确实发生时采取某种行动的条款。就

债券而言，通常用**嵌入式期权**一词指代债券契约中的各种或有条款。这些条款赋予债券发行人或债券持有人采取某种行动的权利，但不是义务。这些权利被称为"期权"，它们不是独立于债券的，不能单独交易，因此冠以"嵌入式"这个术语。常见的带有嵌入式期权的债券包括可赎回债券、可回售债券和可转换债券。这些债券所包含的期权授予债券发行人或债券持有人一些处置或赎回债券的权利。

1.5.1　可赎回债券

债券中最常见的嵌入式期权是可赎回条款。**可赎回债券**赋予债券发行人在指定到期日之前赎回全部或部分债券的权利。发行人选择发行可赎回债券的主要原因是保护自己免受利率下降的影响。利率下降的常见原因有两种，一种是市场利率下降，另一种是发行人的信用质量改善。如果确实发生了市场利率下降或发行人信用质量改善的情况，可赎回债券的发行者就可以选择发行成本更低的新债券来更换成本高昂的旧债券。也就是说，可赎回债券的发行者可以从利率下降中获益，因为他们能够以较低的利率对债务进行再融资。例如，假设一家公司发行债券时市场利率是 6%，债券票面利率为 7%，即市场利率加上 100 个基点的利差。假设现在市场利率下降为 4%，公司的信用质量没有变化，它仍然可以以市场利率加 100 个基点的利率发行新的债券。如果原来的债券是可赎回的，该公司可以选择行使赎回权，并用票面利率为 5% 的新债券来替换旧债券。如果原来的债券是不可赎回的，公司就必须继续支付每年 7% 的利息，无法从市场利率的下降中获益。

正如上面的例子所显示的那样，可赎回债券对债券发行者有潜在的好处。换句话说，赎回权对发行人是有价值的。而对投资者来说，可赎回债券比不可赎回债券具有更高的再投资风险，也就是说，如果债券被赎回，债券持有人必须在利率更低的环境下进行再投资。因此可赎回债券必须比其他条件相似的不可赎回债券提供更高的收益率和更低的价格以吸引投资者购买。较高的收益和较低的价格可以补偿债券持有人赋予债券发行人的看涨期权的价值。

可赎回债券是一种历史悠久的产品，发行人通常以公司为主。虽然最早出现在美国市场，但现在各大债券市场都在频繁以各种形式发行此类证券。

赎回条款的具体细节会在债券契约中进行详细说明。这些细节包括看涨期权执行价格，即赎回债券时支付给债券持有人的价格。还有赎回溢价，这是发行人在赎回债券时支付的超过票面价值的额度。还可能包括一些限制条件，满足这些条件才可以赎回债券；或者一些在不同的条件下执行不同看涨期权执行价格的规定。赎回时间表规定了可以执行赎回的具体日期和价格。一些可赎回债券还带有"赎回保护期"，也称为锁定期、缓冲期或延迟期。赎回保护期可以防止发行人在债券存续期的早期就赎回债券，该设计是为了激励投资者购买债券。可以赎回债券的最早日期又被称为赎回日。

"打包补偿赎回权"条款首次出现在 20 世纪 90 年代中期的美国公司债券市场，此后逐步普及。典型的打包补偿赎回权条款会要求发行人在执行赎回权时向债券持有人支付一次性的打包补偿，金额等于因提前赎回而未支付的未来息票和本金的现值。计算现值所使用的贴现率通常是某一主权债券的到期收益率加上一个预先确定的利差。该条款会使债的看涨期权执行价格明显高于当时的市场价格。与普通赎回条款相比，打包补偿赎回权条款对债券持有人的损害较小，因为他们可以在赎回时得到补偿。但发行方很少执行该类条款，因为在到期日之前赎回带有打包补偿赎回权条款的债券成本很高。发行方之所以选择在债券契约中包含一个打包补偿赎回权条款，通常是将其作为一种"甜头"以使债券对潜在买家更具吸引力，从而接受较低的票面利率。

可赎回债券的常见执行方式包括：

- 美式赎回权，有时也被称为连续赎回权，允许发行人在第一个赎回日之后的任何时间赎回债券。
- 欧式赎回权，发行者只在赎回日拥有一次赎回债券的权利。
- 百慕大式赎回权，发行人有权在赎回保护期结束之后的几个指定日期赎回债券。这些日期通常与息票支付日期重合。

例 1-7

假设 2019 年 8 月 15 日发行的 30 年期债券价格为 98.195（价格占面值的百分比）。每张债券的票面价值为 1000 美元。自 2029 年起，发行人可选择在每年的 8 月 15 日全部或部分赎回该债券。赎回价格如表 1-4 所示。

表 1-4

年度	赎回价格	年度	赎回价格
2029	103.870	2035	101.548
2030	103.485	2036	101.161
2031	103.000	2037	100.774
2032	102.709	2038	100.387
2033	102.322	2039 年及以后	100.000
2034	101.955		

1. 赎回保护期长度为：
   A. 10 年　　　　　　　B. 11 年　　　　　　　C. 20 年
2. 在 2033 年的赎回溢价（每 1000 美元面值）最接近：
   A. 2.32 美元　　　　　B. 23.22 美元　　　　　C. 45.14 美元
3. 该赎回条款的执行方式最可能属于：
   A. 百慕大式赎回权　　B. 欧式赎回权　　　　　C. 美式赎回权

解答 1：A 是正确答案。债券发行于 2019 年，最早可赎回日期是 2029 年。因此赎回保护期长度为 10 年。

解答 2：B 是正确答案。赎回价格是以面值的百分比报价的。因此 2033 年的赎回价格为 1023.22（= 102.322%×1000）美元。赎回溢价等于赎回价格高于面值的部分，也就是 23.22 美元。

解答 3：A 是正确答案。该债券从 2029 年开始每年的 8 月 15 日均可赎回，也就是说可以在赎回保护期之后的几个指定日期赎回。因此该嵌入式期权属于百慕大式赎回权。

1.5.2 可回售债券

可回售条款赋予债券持有人在指定日期以预先确定的价格将债券卖回给发行者的权利。

可回售债券有利于债券持有人，赋予了他们预先确定的卖价。如果债券发行后市场利率上升，债券持有人可以把债券返售给发行者并获得现金。这些现金在更高的市场利率环境下可以被再投资于收益率更高的债券。

因为可回售权对债券持有人是有价值的，所以可回售债券的价格会高于没有可回售条款的类似债券。换句话说，有可回售条款的债券的收益率也会低于其他方面类似的不带可回售条款的债券。较低的收益率补偿了发行人向投资者让渡的看跌期权的价值。

可回售债券的债券契约中会明确列出可选的回售日期和对应的看跌期权执行价格，看跌期权执行价格通常会被设定为债券的票面价值。根据契约的具体条款，债券在存续期内可以回售一次或多次。只能回售一次的可回售债券中内嵌的是欧式看跌期权，又被称为一次性可回售债券。允许多次回售的可回售债券内嵌的是百慕大式看跌期权，又被称为多重可回售债券。多重可回售债券赋予投资者更大的灵活性，所以通常比一次性可回售债券更贵。[⊖]

常见的可回售债券会赋予投资者在 1~5 年内回售债券的权利。可回售债券在市场上越来越受欢迎，因为投资者希望保护自己免受债券价格大幅下跌的影响。看跌期权的保护功能吸引了大量较为保守的投资者，让这些债券的市场流动性有所改善。但 2008 年全球金融危机表明，此类债券往往会加剧债券发行人的流动性问题，因为其投资者拥有发行人资产的优先索取权。可回售条款使这些债券的持有人有机会先于其他债权人将手中的债权转换为现金。

1.5.3　可转换债券

可转换债券是一种兼具债权和股权特征的混合证券。它赋予债券持有人用债券交换一定数量的发行公司普通股的权利。因此，可转换债券可以被视为一份普通债券（未嵌入期权的债券）和一份嵌入式股票看涨期权的组合。可转换债券还可以同时包含其他嵌入式条款，最常见的是可回售条款。

从投资者的角度看，可转换债券相对于不可转换债券有几个优点。首先，它使债券持有人能够在股价上涨时将债券转换为股票，从而从股价上涨中获利。与此同时，与直接投资股票相比可转换债券的持有人还能获得股价下行的保护，即如果股价不涨，还能享受普通债券定期支付息票和到期偿还本金的权利。即使股票价格下跌以致股票看涨期权的价值下降，可转换债券的价格也不可能低于普通债券的价格。因此普通债券的价值是可转换债券价值的下限。

由于转股条款对债券持有人来说是有价值的，所以可转换债券的价格要高于没有转股条款的类似债券。同样，可转换债券的收益率也要低于其他方面类似的非可转换债券。但在投资者看来大多数可转换债券仍然有收益率上的优势，因为可转换债券的票面利率通常会高于普通股的股息率。

从发行者的角度来看，可转换债券有两大优势。第一个是减少利息支出。发行者通常能够获得低于市场利率的票面利率，因为转股特征对投资者是有吸引力的。第二个好处是，如果投资者行使转股权，发行人就不需要再偿付债权了。但转股会稀释现有股东的股份。

与可转换债券有关的关键条款包括：

⊖　虽然理论上也可以发行美式的可回售债券，但在实际操作中没有这类案例。没有人发行持续可回售债券的原因可能是，发行人不愿意承担在不确定的时间筹集现金以赎回债券的风险。

- **转股价格**是指将可转换债券转换为股票的每股价格。
- **转股比率**是指每只债券可以转换成普通股的数量。有时不规定具体的转股比率，而只提到转股价格，实际转股比率则等于债券的票面价值除以转股价格。例如，如果票面价值为 1000 欧元，转股价格为 20 欧元，那么转股比率为 1000 除以 20，也就是 50 比 1，即每张债券可以转换为 50 股普通股。
- **转股价值**，有时也称为平价值，是当前股价乘以转股比率。例如，当前股价为 33 欧元，转股比率为 30 比 1，则转股价值为 33 欧元乘以 30，也就是 990 欧元。
- **转换溢价**是指可转换债券的价格与其转股价值之间的差额。例如，如果可转换债券的价格为 1020 欧元，转股价值为 990 欧元，那么转换溢价就为 1020 欧元减去 990 欧元，也就是 30 欧元。
- **转换平价**会出现在转股价值与可转换债券的价格刚好相等的时候。在前面的两个例子中，如果当前股价是 34 欧元而不是 33 欧元，那么可转换债券的价格和转股价值都等于 1020 欧元（即转换溢价为 0），则称该可转换债券处于转换平价状态。如果普通股以低于 34 欧元的价格出售，则该可转换债券是处于低于平价状态。相比之下，如果普通股的售价超过 34 欧元，则称该可转换债券是处于高于平价状态。

一般来说，可转换债券的期限为 5~10 年。首次或较新的可转换债券发行人通常只能发行期限不超过 3 年的可转换债券。尽管可转换债券在到期前达到转换平价状态是很常见的，但债券持有人很少在到期前行使转股期权。提前转换将消除继续持有可转换债券的收益优势，投资者从股票中收到的股息通常会少于他们从债券上收到的息票。出于这个原因，可转换债券通常会设计成允许发行人在一组特定日期赎回该债券。如果可转换债券包含赎回条款，同时转股价值又高于看涨期权执行价格，发行人就能迫使债券持有人在到期前将其转换为普通股。因此，可赎回可转换债券必须比其他条件类似的不可赎回可转换债券提供更高的收益率和更低的价格。一些债券契约会规定，只有当股价超过某一特定价格时，债券才能被赎回，这让因发行人赎回导致投资者强制转股时的股价有了更多的可预测性。

债券发行时附赠的**认股权证**在设计目的上与可转股期权有些类似，但它实际上不是一种嵌入式期权，而是一种附随期权。认股权证的持有者有权在其到期之前以固定的行权价格购买债券发行公司的股票。认股权证是一种收益率增强手段，经常作为一种"甜味剂"来提高债券的吸引力。在某些金融市场上认股权证的交易非常活跃，比如德国证券交易所和香港联合交易所。

一些欧洲银行一直在发行一种名为**或有可转换债券**的可转换债券。该债券的昵称为"Co-Cos"，是一种带有或有减记准备金功能的债券。或有可转换债券与传统可转换债券有两个主要区别。传统可转换债券是由债券持有人选择是否转股，所以转股多发生在发行方股价上升的时候。相比之下，或有可转换债券的转股往往发生在发行方股价下跌的时候。以 CoCos 为例，转股会在特定事件发生时自动进行，比如银行的核心一级资本金比率（一种用于衡量银行可用于吸收损失的核心资本的比率）低于监管机构设定的最低要求的时候。因此，在银行因遭受损失而使其股本低于最低监管要求时，CoCos 可以降低发行银行违约的可能性，从而降低系统性风险，即整个金融系统失败的风险。如果银行的核心一级资本不足，其发行的 Co-Cos 会立即转换为股本，自动调整其资本结构，从而减轻债务负担，降低违约风险。由于转换不是债券持有人的自主选择，而是自动进行的，CoCos 可能会迫使债券持有人承担损失。因为这个原因，CoCos 必须具备比同类债券更高的收益率。

⌐ 例1-8

1. 下面哪一个不属于嵌入式期权：

A. 认股权证　　　　　　　B. 可赎回条款　　　　　　C. 可转换条款

2. 某个有嵌入期权的债券很可能比没有嵌入期权的同类债券以更低的价格出售，该债券可能为：

A. 可回售债券　　　　　　B. 可赎回债券　　　　　　C. 可转换债券

3. 可赎回债券固有的额外风险是：

A. 信用风险　　　　　　　B. 利率风险　　　　　　　C. 再投资风险

4. 可回售债券的回售条款：

A. 降低了发行人面临的风险

B. 降低了持有人面临的风险

C. 对发行人和持有人面临的风险没有实质性影响

5. 假设韩国某公司发行的可转换债券的票面价值为100万韩元，目前的价格为110万韩元。假设公司的普通股价格为4万韩元，转股比率为25比1。该可转换债券处于：

A. 转换平价状态　　　　　B. 高于平价状态　　　　　C. 低于平价状态

解答1：A是正确答案。认股权证是一种独立的、可交易的证券，持有者有权购买发行公司的普通股。B和C是错误答案，因为可赎回条款和可转换条款都是嵌入式期权。

解答2：B是正确答案。可赎回条款是一种对发行者有利的期权，因此可赎回债券相对于其他条件类似的不可赎回债券价格更低、收益率更高。A和C是错误答案，因为可回售条款和可转换条款都是对投资者有利的期权。与其他缺乏上述条款的同类型债券相比，可回售债券和可转换债券的价格更高、收益率更低。

解答3：C是正确答案。再投资风险是指以较低的利率将从早期投资中收回的现金流再投资的风险。因为赎回通常发生在市场利率下降的时候，所以再投资风险对可赎回债券的持有者来说尤为重要。A是错误答案，信用风险是指发行人未能按时足额支付利息或偿还本金而导致损失的风险。B是错误答案，利率风险是利率变化影响债券价值的风险。

解答4：B是正确答案。可回售债券允许债券持有人以预先设定的价格出售债券，降低了持有人面临的风险。

解答5：C是正确答案。债券的转股价值为4万韩元乘以25，也就是100万韩元，而可转股债券的价格是110万韩元。因此转股价值低于债券价格，这种情况称为可转换债券处于低于平价状态。

本章内容小结

本章介绍了固定收益证券的一些主要特征，以及这些特征在不同类型的证券中的差异。本章要点包括：

- 在投资固定收益证券时，投资者需要了解三个方面的重要信息：①债券的基本特征，它们决定了债券的现金流结构，从而决定了债券持有人的预期收益和实际回报；②用于限定债券发行人和债券持有人之间的债券契约性质的法律、监管和税收规定；③可能影响债券现金流的或有条款。

- 债券的基本特征包括发行人、到期期限、债券面值（本金）、票面利率、付息频率以及计价货币。
- 债券发行人包括超国家组织、主权政府、非主权政府、准政府实体和公司。
- 债券持有人面临信用风险，可以用债券信用评级来评估债券的信用质量。
- 债券的本金是发行人承诺在债券到期时支付给债券持有人的回报。
- 票面利率是发行人同意每年支付给债券持有人息票的利率。票面利率既可以采用固定利率的形式，也可以采用浮动利率的形式。根据债券种类和发行地点的不同，债券可以按年、半年、季度、月的频率支付息票。
- 债券可以与任何计价货币挂钩。双货币债券和可选货币债券同时与两种货币挂钩。
- 到期收益率是使债券的现金流现值等于债券价格的内部收益率。到期收益率可以看作市场对债券收益率的预期。
- 普通债券有一个已知的现金流结构。它有固定的到期日，并在债券的存续期内定期支付固定利息。
- 债券契约或债券信托书是描述债券形式、发行人义务和投资者权利的法律合同。债券契约通常由一个被称为受托人的金融机构持有，受托人负责监督发行方履行债券契约中规定的各种职责。
- 发行人在债券契约中必须使用自己的法定名称，并有义务及时支付利息和偿还本金。
- 对于资产支持证券来说，向债券持有人支付利息和偿还本金的法律义务通常由一个单独的特殊法律实体承担，该实体负责持有用作抵押的资产并保证债券还款，也被称为破产隔离工具。
- 发行人打算如何清偿债务并偿还本金，应当在债券契约中载明。具体偿还资金的来源会因债券种类不同而不同。
- 抵押品支持是降低信用风险的一种方式。有担保债券是用资产抵押或财务担保的方式来确保债务偿还的债券。抵押支持债券则包括抵押信托债券、设备信托凭证、资产支持证券和资产担保债券等。
- 信用增级分为内部信用增级和外部信用增级。内部信用增级的方式包括信用分层、超额担保和储备账户。银行担保、履约保险、信用证和现金担保账户都是外部信用增级的方式。
- 债券契约条款是借款人和贷款人在发行新债券时达成的法律上可执行的规则。肯定性条款会列举发行人被要求做的事，而否定性条款则会列举发行人被禁止做的事。
- 对于投资者来说，一个重要的考虑因素是债券的发行地和交易地，因为这决定了债券适用的法律、法规和税收规定。在某国以当地货币发行的债券，如果是由在该国注册的实体发行的，则为国内债券；如果是由在另一个国家注册的实体发行的，则为外国债券。欧洲债券在国际上发行，不受任何单一国家的管辖，与国内债券和外国债券相比，其上市、披露和监管要求都较低。全球债券同时在欧洲债券市场和至少一个国家的国内市场发行。
- 虽然也有一些债券会享受特殊的税收优惠，但一般来说债券的利息收入需要按普通所得税税率交税。一些国家还有资本利得税。对于折价或溢价发行的债券，税收规则取决于管辖地的具体相关规定。

- 摊销债券是一种分期偿还本金的债券。这与子弹债券不同，后者要等到期时才会一次性支付全部本金。完全摊销债券的未偿付本金在到期日会减少到零，而部分摊销债券的未偿付本金在到期日尚未减少到零。

- 偿债基金安排提供了另一种定期收回债券本金的方法，可以在债券的整个存续周期或某个特定日期之后，每年偿还一定数额的本金。

- 浮动利率债券的票面利率是根据参考利率加上一定利差来确定的。浮动利率债券可以附带利率底、利率顶和利率领等条款。逆浮动利率债券是指票面利率与参考利率成反比关系的债券。

- 其他息票支付结构包括升息债券，其票面利率会在一些事先设定的日期以一定的幅度逐渐增加；信用联结息票债券，其票面利率会随着债券信用等级的变化而变化；实物息票债券允许发行人通过发行额外债券等非现金形式来支付息票；还有递延息票债券，其在发行后的头几年不支付息票，但在此后会支付更高的息票。

- 各国的指数联结债券的现金流支付结构差别很大。最常见的指数联结债券是通货膨胀联结债券，其息票支付和本金偿还与某个价格指数挂钩。指数联结债券按现金流支付结构可以分为零息指数化债券、利息指数化债券、资本指数化债券和指数化年金债券。

- 带有嵌入式期权的债券包括可赎回债券、可回售债券和可转换债券。这些嵌入式期权会根据债券契约的规定授予债券发行人或债券持有人处置或赎回债券的某些权利，它们不是单独交易的证券。

- 可赎回债券赋予发行人在债券到期前回购债券的权利，从而增加了债券持有人的再投资风险。因此，可赎回债券必须具备更高的收益，并以比其他方面类似的不可赎回债券更低的价格出售，以补偿债券持有人赋予债券发行人的看涨期权价值。

- 可回售债券赋予债券持有人在到期前将债券卖回给发行方的权利。与其他方面类似的不可回售债券相比，可回售债券拥有较低的收益率和较高的价格，以补偿债券发行者将看跌期权赋予债券持有人的价值。

- 可转换债券让债券持有人有权将债券转换为发行公司的普通股。由于这种期权对债券持有人有利，可转换债券比其他方面类似的不可转换债券有着更低的收益率、更高的价格。

固定收益证券市场：发行、交易和融资

摩纳德·乔杜里，博士，金融风险管理师，加拿大证券学院院士

史蒂文·V. 曼，博士

拉弗恩·F. 惠特默，注册金融分析师

■ 学习目标

学完本章内容后，你将有能力完成以下任务：

- 描述全球固定收益证券市场的分类。
- 描述如何使用银行同业拆借利率作为浮动利率债务的参考利率。
- 描述在一级市场发行债券的可用机制。
- 描述债券的二级市场。
- 描述主权政府发行的证券。
- 描述由非主权政府、准政府实体和超国家机构发行的证券。
- 描述公司发行的债务工具类型。
- 描述结构性金融工具。
- 描述银行可选的短期融资方式。
- 描述回购协议（repos）及其相关风险。

2.1 本章内容简介

以发行数量和市值来衡量，固定收益证券市场是全球金融市场中最大的一部分。该市场是借款人和贷款人沟通的桥梁，以最有效的方式在全球配置资本。固定收益证券市场不仅包括公开交易的证券，如商业票据、中期票据和长期债券，也包括许多非公开交易的证券。国际金融研究所的一份报告发现，截至2018年第一季度，全球债务市场规模已经超过了247万亿美元。[一]

对于债券发行者和投资者来说，了解固定收益证券市场的结构和运作方式非常重要。债券发行者迫切希望自己的融资需求能够得到满足。例如，政府可能需要为基础设施项目、新建医院或新建学校提供资金；公司可能需要资金来扩大业务；金融机构也有大量的资金需求，它们也是固定收益证券最大的发行者之一。与此同时，固定收益证券对于个人和机构投资者来说都是一个重要的资产类别。因此投资者有必要了解固定收益证券的各种特征，包括它们是如何发行和交易的。

[一] 国际金融研究所全球债务监测中心，2018年7月9日。

本章将讨论如下问题：

- 债券市场主要由哪些板块组成？
- 债券在一级市场如何出售，在二级市场如何交易？
- 政府、政府相关实体、金融公司和非金融公司分别会发行什么类型的债券？
- 银行还有哪些额外的资金来源？

本章的其余部分组织如下。2.2 节概述全球固定收益证券市场情况以及这些市场是如何分类的，包括对不同债券市场部门规模的一些描述性统计。2.2 节还介绍了固定收益证券的主要发行人和投资者，以及与固定收益相关的一些指数。2.3 节讨论固定收益证券是如何在一级市场发行的，以及这些证券是如何在二级市场交易的。2.4 节至 2.7 节分别考察了几个不同的债券市场部门。2.8 节讨论了可供银行使用的其他短期融资方案，包括回购协议。最后一节对本章内容进行回顾和总结。

2.2　全球固定收益证券市场概况

虽然没有标准的分类方法，但投资者和市场参与者会各自使用一些标准来对固定收益证券市场进行分类，并将之划分成不同的债券市场部门。本节首先介绍一些最广泛使用的固定收益证券市场分类方法。

2.2.1　固定收益证券市场分类

固定收益证券市场的常见分类依据包括发行人的类型、债券的信用质量、到期期限、计价货币及息票类型，还有发行和交易的地点。

2.2.1.1　按发行人类型分类

固定收益证券市场分类的一种方法是依照发行人的类型，一般可以分为四个债券市场部门：家庭、非金融公司、政府和金融行业。表 2-1 展示了按发行人类型划分的全球债务市场数据，截止时间为 2018 年第一季度末。每个部门又进一步分为了成熟市场（包括美国、欧元区、日本和英国）和新兴市场。尽管从总体规模看各个市场部门的占比大致相当，但在新兴市场中非金融公司的债务比例要高于成熟市场，而金融行业的债务比例则低于成熟市场。

表 2-1　2018 年第一季度末按发行人类型划分的全球债务市场

万亿美元（占总量的百分比）	家庭	非金融公司	政府	金融行业	总量
成熟市场	34.7	42.0	51.3	50.3	178.3
	(19.5%)	(23.6%)	(28.8%)	(28.2%)	(100.0%)
新兴市场	11.9	31.5	15.2	10.4	68.9
	(17.3%)	(45.7%)	(22.1%)	(15.1%)	(100.0%)
全球债务	46.5	73.5	66.5	60.6	247.2
	(18.8%)	(29.7%)	(26.9%)	(24.5%)	(100.0%)

资料来源：国际金融研究所全球债务监测中心，2018 年 7 月 9 日。

表 2-2 显示了 2018 年第一季度末一些发达国家和新兴市场国家按发行人类型划分的全球债务占 GDP 的百分比。总的来说，发达国家的债务占 GDP 的比例更高。但债务的具体形式在不同的国家也有所不同。

表2-2　2018 年第一季度末按发行人类型划分的全球债务占 GDP 的百分比

占 GDP 的百分比	家庭	非金融公司	政府	金融行业	总量
美国	76.4	72.3	101.0	80.0	329.7
日本	54.7	98.8	223.8	149.2	526.5
英国	86.3	84.2	104.8	180.9	456.2
中国	49.2	162.9	47.8	39.4	299.3
韩国	95.6	99.2	37.9	82.6	315.3
巴西	24.9	44.3	83.9	33.8	186.9
墨西哥	16.5	27.4	35.4	16.8	96.1
以色列	42.3	69.7	60.3	9.6	181.9
尼日利亚	3.9	13.6	24.3	3.0	44.8

资料来源：国际金融研究所全球债务监测中心，2018 年 7 月 9 日。

2.2.1.2　按信用质量分类

持有债券的投资者都会面临信用风险，即由于发行人未能及时足额支付利息和本金而造成损失的风险。债券市场可以根据发行人的信用等级进行分类，后者可以从信用评级机构那里获得。穆迪公司评级 Baa3 或以上、标准普尔公司和惠誉公司评级 BBB 或以上的等级被认为是投资级。相应地，低于这些级别的评级被称为非投资级、高收益级、投机级或垃圾级。但有一点是值得注意的，信用评级不是买进或卖出某个发行人所发行证券的建议，只是对该发行人在某一特定时点的信誉的评估。而且信用评级不是一成不变的，如果信用评级机构认为发行人违约的可能性发生了变化，它们就会调整其信用等级。

投资级债券和高收益债券的区别是非常重要的，原因之一是机构投资者可能被禁止或限制投资质量较低或评级较低的证券。这些投资者的投资目标和投资约束条款可能对于风险回报的限制更为严格，因而禁止或限制了它们对高收益债券等低级别资产的持有。例如，受监管的银行和人寿保险公司通常仅能投资评级非常高的证券。但也有一些特例，如卡塔尔和科威特的主权财富基金对其可持有的资产类型或债券种类的比例没有正式的限制。在全球范围内，投资级债券市场的流动性往往比高收益债券市场更好。

2.2.1.3　按到期期限分类

还可以根据债券发行时的初始剩余期限对固定收益证券市场进行分类。发行时的剩余期限（初始剩余期限）从隔夜到 1 年不等的证券被称为货币市场证券。其中一些是由主权政府发行的，比如美国国库券。一些公司也会发行短期固定收益证券，例如商业票据和可转让存单。初始剩余期限超过 1 年的证券则被称为资本市场证券。

2.2.1.4　按计价货币分类

另一种常见的固定收益证券市场分类方法是通过计价货币来区分。债券的计价货币不同，债券价格的市场利率也会不同。例如，如果债券是以日元计价的，那么其价格将主要由发行方的信用质量和日本的利率所推动。

表 2-3 显示了 2018 年第一季度末几个新兴市场国家以本币和外币计价的债务占其 GDP 的百分比数据。可以看到，政府债务几乎全部是以本币计价的，而公司和银行债务则因国家而异。

表 2-3　2018 年第一季度末几个新兴市场国家的本币和外币债务

占 GDP 的百分比	非金融公司		政府		金融行业	
	本币	外币	本币	外币	本币	外币
巴西	28.3	16.0	81.1	2.8	25.9	7.8
印度	37.7	8.9	66.6	1.7	1.1	3.9
墨西哥	7.2	20.2	29.8	5.6	13.8	3.0
土耳其	28.7	36.8	17.0	11.2	4.5	21.6

资料来源：国际金融研究所全球债务监测中心，2018 年 7 月 9 日。

2.2.1.5　按息票类型分类

另一种对固定收益证券市场进行分类的方法是按息票类型进行区分。一些债券按照固定利率支付息票；另一些则是浮动利率债券，简称为 floater 或 FRN，其利率会根据市场利率定期调整（比如每月调整一次）。

1. 固定利率与浮动利率债务的供求分析

浮动利率债务供求的大部分变化可以用资产负债表风险管理方面的考虑来解释。例如，银行的融资通常以短期为主，主要是银行从公司和个人处吸收的存款，其利率会经常发生变化或被重新设定。当为负债（银行借的钱）支付的利息和在资产（银行贷款或投资）上收到的利息错配时，银行就会面临利率风险，即市场利率变化造成损失的风险。为了降低由利率风险引起的资产净值波动，拥有浮动利率债务的银行往往也倾向于发放浮动利率贷款，或者投资浮动利率债券或其他浮动利率资产。除了这些有短期融资需求的金融机构外，认为利率将会上升的投资者也有购买浮动利率债券的需求，如果到时候利率确实上升了，他们在浮动利率资产中的投资收益将会高于那些投资固定利率债券的投资者。

在供应方面，浮动利率债券的发行方包括一些需要为短期贷款融资的机构，比如消费金融公司。此外，公司借款人也可能会将浮动利率债券当作银行提供的流动性工具（如信贷额度）的另一种选择，特别是当这些债券成本较低时，或者在预计利率即将下降时将它们作为固定利率长期借款的另一种选择。

2. 参考利率

浮动利率债券的票面利率通常以参考利率加上一定利差或加点的形式来表示。利差通常在债券发行时就被确定，并保持不变直至到期，其大小主要是由发行人在发行时的信用风险决定的：发行人的信用等级越低（信用风险越高），利差就越高。但参考利率是定期调整的。在每次调整参考利率后，浮动利率债券的票面利率也将跟随市场利率变动。参考利率是浮动利率债券票面利率的主要驱动因素，因此其选择是至关重要的，发行人的融资成本和投资者投资债券的回报都取决于这个参考利率。

根据债券发行地点和计价货币的不同，会使用不同的参考利率。**伦敦银行同业拆借利率**（Libor）长期以来都是大多数浮动利率债券的参考利率，特别是对于在美国市场和欧洲债券市场发行的债券来说。例如，以英镑作为计价货币、每半年支付一次息票的浮动利率债券，通常会使用 6 个月期的 Libor 加上一定数额的利差作为票面利率。在每 6 个月期计息周期结束时，支付息票的利率是根据这个计息周期开始时的 6 个月期英镑 Libor 确定的，并在整个计息周期保持不变。每过 6 个月，债券的票面利率都会根据重置日当天的 6 个月期英镑 Libor 进行调整。以美元作为计价货币的浮动利率债券，通常会用美元 Libor 作为参考利率。如果债券的息票是按季度支付的，则会使用 3 个月期美元 Libor；如果债券的息票是按年支付的，则会用 12 个月期美元 Libor。

从上面的例子可以看到，Libor 其实是一系列利率的统称。Libor 反映了各家银行认为自己在伦敦银行间货币市场获取无担保资金时所适用的利率，包括以各种不同的货币计价、借贷期限从隔夜到一年不等的一系列利率。银行之间进行期限不超过 1 年的资金拆借的市场被称为银行间市场。但目前 Libor 正逐渐退出历史舞台，下面的补充材料介绍的就是该趋势的一些详细情况。

▌专栏 2-1

逐步消亡的 Libor [○]

从 1986 年开始，各种货币和期限的每日 Libor 报价都是由英国银行家协会（BBA）计算并公布的。在每个工作日，一组选定银行会向英国银行家协会提交它们认为自己可以从伦敦银行间市场上的其他银行借款的利率。随着时间的推移，提交利率的覆盖范围逐渐扩大到包含 10 种货币和 15 个期限的利率。将同样货币和期限的提交利率按从高到低的顺序排列，丢弃最高和最低的 4 个，其余利率的算术平均值就成了该货币在该期限的 Libor 子利率。全部 150 个 Libor 子利率将被提供给市场参与者，作为许多不同类型债务（包括浮动利率债券）的参考利率。

Libor 首次出现问题是在 2007~2009 年的全球金融危机期间，当时一些主要国际银行的违约概率和流动性风险明显上升。据称，一些选定银行人为降低其提交利率，以影响市场对其信用等级的看法。此外还有一些选定银行通过修改提交利率来提高其与 Libor 挂钩的金融衍生品头寸的估值。2014 年，英国监管当局将 Libor 的管理权从英国银行家协会转移到了伦敦洲际交易所（ICE）。随后伦敦洲际交易所将 Libor 报价的范围降至 5 种货币和 7 个期限。

到 2017 年，银行间借贷活跃度明显下降，这意味着选定银行的 Libor 报价更多的是基于对自己市场状况的主观判断，而非实际交易利率。因此，伦敦洲际交易所决定不再要求各选定银行在 2021 年后继续提交利率报价。由于预期 Libor 即将迎来消亡，市场参与者和监管机构一直在努力寻找可用于替代的货币市场参考利率。在美国，新的参考利率似乎将由 SOFR（有担保隔夜融资利率）担任。美联储已经开始每天报告 SOFR，该利率是基于回购市场的实际交易数据计算的（回购市场的细节在本章 2.8.3 节中介绍）。2018 年 7 月，美国抵押贷款二级市场巨头房利美（Fannie Mae）以 SOFR 加少量利差作为票面利率，发行了 60 亿美元的浮动利率债券。

虽然 Libor 报价中也包含欧元和日元等货币的利率，但以这些货币计价的浮动利率债券还有其他可选的参考利率，例如欧洲银行同业拆借利率（Euribor）和东京银行同业拆借利率

○ 本专栏基于来自 Numerix 的白皮书 "*Libor: Its Astonishing Ride and How to Plan for Its End*"，作者梁武，2018 年 2 月。

（Tibor）。其他一些辖区也有类似的银行同业拆借利率，包括新加坡的 Sibor、孟买的 Mibor 和韩国的 Koribor 等，可以相应作为新加坡元、印度卢比和韩元等浮动利率债券的参考货币。这些银行同业拆借利率都对应着一组不同期限（最长为 1 年）的利率，其确定过程与 Libor 相似，只是负责报价的选定银行和负责计算发布的管理机构有所不同。随着 Libor 逐渐被淘汰，这些利率也会被新的对应货币的参考利率所取代。

货币市场参考利率的作用不仅限于为浮动利率债务设定票面利率。这些利率被广泛用作其他债务工具的参考利率，包括抵押贷款、利率互换和货币互换等衍生品，以及许多其他金融合约和金融产品。据估计，在 2018 年，有近 350 万亿美元的金融工具是与 Libor 挂钩的。随着 Libor 即将退出历史舞台，未来的一项主要任务是对这些合约的相关条款进行重新谈判。

2.2.1.6　按地理位置分类

市场参与者常常把债券市场分为国内债券市场、外国债券市场和欧洲债券市场。在某国发行、以该国的货币计价并在该国销售的债券，如果发行人也来自该国就被称为国内债券，如果发行人是注册在另一国家的实体则被称为外国债券。国内债券和外国债券都需要满足发行地国家的法律、监管和税收要求。相比之下，欧洲债券是在国际上发行的，不在债券发行地司法管辖范围内的债券。与国内债券市场和外国债券市场相比，欧洲债券市场的传统特点是报表、监管和税收方面的限制较少。较少的限制可以解释为什么大约 80% 在原籍国以外发行债券的实体会选择欧洲债券市场，而不是发行外国债券。此外，欧洲债券市场还能让发行人接触到更多的全球投资者。能够接触到更广泛的投资者群体通常意味着可以让发行人以更低的成本筹集更多资本。

投资者还会将拥有成熟资本市场的国家（发达市场）和资本市场处于早期发展阶段的国家（新兴市场）区分开来。对于新兴债券市场，以本币发行的债券还会和以欧元或美元等外币发行的债券做进一步区分。

新兴债券市场的规模目前还远小于发达债券市场。但随着本地和国际投资者投资需求的增加，新兴市场债券发行和交易的总量和金额都有所上升。国际投资者之所以对新兴市场债券感兴趣，是希望通过在不同国家进行投资以分散风险，他们相信不同国家债券市场的投资回报相关性不高。此外，新兴债券市场通常能提供比发达债券市场更高的收益率（回报率），因为一般人都认为其风险会更高。新兴国家通常在政治稳定、产权保护和合同执行等方面落后于发达国家，这会带来更高的信用风险和更高的收益率。但其实许多新兴国家的负债率水平低于发达国家，而且拥有较好的增长前景，这对许多投资者都是有吸引力的。

2.2.1.7　固定收益证券市场的其他分类方法

对固定收益证券市场分类的其他方法数不胜数。市场参与者可以根据固定收益证券的任何特征对固定收益证券市场进行分类。一些投资者对通货膨胀联结债券有特别大的兴趣，在另外一些司法管辖区大家更喜欢免税债券。通常只有特定类型的发行人才会发行这两种债券。通货膨胀联结债券（也称"linker"）通常由政府、政府相关实体和拥有投资级评级的公司发行。这类债券将息票支付和本金偿还与某个消费者价格指数挂钩，让投资者在遇到通货膨胀时得到保护。

免税债券只能在承认此类免税的司法管辖区发行。以美国为例，政府或非营利组织发行的部分债券可以免征所得税，比如地方政府发行的免税**市政公债**（也称 munis，也有需要缴税的 munis，但免税 munis 更加常见）。其他国家也有类似的免税债券。例如，印度国家公路局也会发行免税债券。在实行资本利得税的国家，某些类型的债券可以免交此税，比如英国政府发行的金边债券就无须缴纳资本利得税。

▌ 例 2-1　固定收益证券市场分类

1. 下列哪项最可能是债券的发行方？

A. 对冲基金　　　　　　　B. 养老基金　　　　　　　C. 地方政府

2. 某个城市发行的债券很可能被归类为：

A. 超主权债券　　　　　　B. 准政府债券　　　　　　C. 非主权政府债券

3. 发行期限为 9 个月的固定收益证券最有可能被归类为：

A. 资本市场证券　　　　　B. 货币市场证券　　　　　C. 证券化债务工具

4. 一家英国公司在美国发行的以美元计价的债券，其价格最有可能：

A. 随美国基准利率变动而变动

B. 随英国基准利率变动而变动

C. 不受美国或英国基准利率影响

5. 下面对银行同业拆借利率最好的描述是：

A. 银行发行短期债务的利率

B. 银行从其他主要银行进行无担保拆借的利率

C. 银行从其他主要银行进行有抵押拆借的利率

6. 一家公司发行了浮动利率债券，票面利率为 3 个月期 Libor 加上一定的利差。在下列哪种情况下其息票支付最有可能增加：

A. Libor 上升的时候

B. 利差上升的时候

C. 公司的信用等级下降的时候

解答 1：C 是正确答案。债券的主要发行方包括主权政府（国家）、非主权（地方）政府、准主权机构、超主权机构、金融企业和非金融企业等。A 和 B 是错误的，因为对冲基金和养老基金通常是债券的投资者而不是发行方。

解答 2：C 是正确答案。非主权（地方）政府债券发行人包括省、地区、州、市等各级政府。A 是错误的，因为超主权债券是由国际组织发行的。B 是错误的，因为准政府债券是由政府拥有或赞助的机构发行的。

解答 3：B 是正确答案。货币市场证券的发行期限从隔夜到 1 年不等。A 是错误的，因为资本市场证券的发行期限在 1 年以上。C 是错误的，因为证券化债务工具是在证券化过程中形成的，与债券的期限无关，证券化是将借款人和贷款人之间的私人交易转化为公开交易证券的过程。

解答 4：A 是正确答案。债券的计价货币决定了哪个国家的利率会对债券价格产生影响。英国公司发行的以美元计价的债券价格将会受到美国基准利率的影响。

解答 5：B 是正确答案。银行同业拆借利率是指各大银行认为自己可以在银行间货币市场从其他主要银行借入无担保资金的利率，包含不同计价货币和不同借款期限（从隔夜到 1 年不等）。

解答 6：A 是正确答案。与 3 个月 Libor 挂钩的浮动利率债券的息票支付将根据 Libor 的变化每三个月重新调整一次。随着 Libor 的上升，息票利率也会上升。B 是错误的，因为浮动利率债券的利差通常是在债券发行时被设定且固定不变的。C 是错误的，因为虽然发行人的信用质量的确会影响利差，从而影响票面利率和息票支付，但该影响只发生在债券发行时。

2.2.2　固定收益指数

固定收益指数具有很多用途，可以被投资者和投资经理用于描述给定债券市场或行业的状况，还可以被用于评估某项债券投资和某个投资经理的表现。大多数固定收益指数是根据反映特定债券市场或行业的证券组合计算得到的。指数的具体构造过程，即成分证券的选择和其在指数中的权重因指数而异。权重计算既可以基于价格也可以基于价值（市值）。

全球范围内有几十个常用的固定收益指数，涵盖了前面讨论的固定收益证券市场的不同方面。彭博巴克莱全球综合债券指数是最流行的指数之一，该指数是全球投资级固定利率债券市场状况的常用衡量指标。该指数的历史始于 1990 年 1 月 1 日，包含三个重要成分：美国综合债券指数（前身为雷曼综合债券指数）、泛欧综合债券指数和亚太综合债券指数。这三个指数分别反映了美国、欧洲和亚太市场的投资级债券的综合表现。

对于新兴市场债券，最受关注的指数是摩根大通新兴市场债券指数（EMBI），其成分包含以美元计价的布雷迪债券（20 世纪 80 年代末主要由拉丁美洲国家根据一项债务重组计划发行的债券，目的是将这些国家积欠的银行贷款转换为可交易的证券）、欧洲债券以及一些新兴市场国家的主权和准主权实体的贷款。

其他受欢迎的指数还包括富时全球债券指数系列，该指数系列涵盖了包括政府债券和公司债券在内的不同类别的债券，包括全球政府债券指数、新兴市场以欧元计价的政府债券指数、以英镑和欧元计价的投资级公司债券指数，以及德国和其他欧盟发行方的有担保债券指数。有担保债券是由银行发行并由一组单独隔离的资产池作为支持（担保）的债务。

市场上还存在许多其他的固定收益指数，可供投资者和投资经理用来衡量和报告投资业绩。

2.2.3　固定收益证券的投资者

到目前为止，本章对固定收益证券市场的介绍主要集中在供应端。在更详细地分析债券发行方之前，考察一下需求端的情况是非常重要的，因为对特定类型债券或发行方的需求可能会影响它们的供应。毕竟市场价格是需求与供给相互作用的结果，不能孤立看待任何一端。例如，由于一些投资者希望保护其投资组合的价值免受通货膨胀风险的影响，对通货膨胀联结债券的需求会增加，这可能会导致政府发行更多这类债券。通过提高相对有需求的通货膨胀联结债券的发行比例，政府不仅能够卖出所发行的债券并获得所需的资金，而且还可能从更低的融资成本中获益。

固定收益证券投资者有许多不同的类型。主要的债券投资者类型包括中央银行（简称"央行"）、机构投资者和散户投资者。前两类投资者可以直接投资于固定收益证券市场，而散户投资者通常需要通过固定收益共同基金或交易所交易基金（ETF）进行间接投资。

中央银行常常会用公开市场操作的方式来执行货币政策。公开市场操作是指购买或出售债券的操作，交易的券种通常是该国政府发行的主权债券。中央银行通过购买（出售）国内债券，可以增加（减少）经济中的基础货币。中央银行也可以通过购买和出售外币计价的债券来管理本国货币的汇率和本国的外汇储备。

机构投资者包括养老基金、对冲基金、慈善基金会、捐赠基金、保险公司和银行等，是固定收益证券的最大投资者群体。另一个主要的投资者群体是主权财富基金，这是一种国有投资基金，投资期限往往很长，目的是替后世子孙保存或创造财富。

最后一个大量投资于固定收益证券的群体是散户投资者，他们被固定收益证券相对稳定的价格和收益所吸引。

固定收益证券市场是由机构投资者主导的，部分原因是较高的入门信息障碍和较高的最小交易规模。由于发行方和证券类型的多样性，固定收益证券的多样化程度远超股票类证券。此外，与主要在高度组织化的市场中发行和交易的普通股不同，债券的发行和交易经常发生在场外（OTC）市场。所以固定收益证券比股票证券的进入门槛更高。由于这些原因，机构投资者倾向于直接进行债券投资，但大多数散户投资者更喜欢利用共同基金和 ETF 等投资工具间接参与投资。

▌例 2-2　固定收益证券的投资者

1. 公开市场操作描述的是中央银行通过买卖债券达到下述哪个目的的行为：

A. 实施财政政策　　　　　　　B. 控制货币供应　　　　　　　C. 发行和偿还政府债务

2. 个人投资者通常会选择：

A. 不投资固定收益证券

B. 直接投资固定收益证券

C. 通过共同基金或交易所交易基金的形式间接投资固定收益证券

解答 1：B 是正确答案。公开市场操作是指央行购买或出售债券（通常是本国中央政府发行的主权债券）的行为，作为执行货币政策的一种手段。通过购买（出售）债券，中央银行增加（减少）了经济中的基础货币，从而控制了货币供应。A 是不正确的，因为公开市场操作属于货币政策而不是财政政策，后者指的是政府的税收和支出政策。C 是不正确的，因为尽管财政部和部分中央银行可能会参与政府债务的发行和偿还，但公开市场操作指的是货币政策的执行过程。

解答 2：C 是正确答案。散户投资者经常投资固定收益证券，因为其相对稳定的价格和收益具有吸引力。然而，由于大多数散户投资者缺乏对固定收益证券进行估值的专业知识，也没有足够大的投资金额，所以他们通常不会直接买卖固定收益证券，而是通过共同基金或交易所交易基金间接投资固定收益证券。

2.3　债券的一级和二级市场

债券一级市场是发行人直接向投资者出售债券以筹集资金的市场，而债券二级市场是投资者之间进行现有债券的二手交易的市场。与所有其他金融市场一样，债券的一级市场和二级市场都会受到整体金融监管体系的管辖。通常会确定一个独立的监管机构来负责监督和审核市场结构和市场参与者的资质。

2.3.1　债券一级市场

债券一级市场上的发行非常频繁。根据发行人的类型和所发行债券的类型，可以采用不同的债券发行机制。债券发行可以采用公开发行的方式，即任何公众都可以购买该债券；或采用私募发行的方式，即只有选定的投资者或投资者团体可以购买该债券。

2.3.1.1　公开发行

投资银行在债券公开发行中发挥着关键作用，它们协助发行人进入一级市场，并提供一系列金融服务。最常见的债券发行模式是包销、代销和拍卖。**包销发行**也可称为"坚定承诺式发行"，投资银行保证以与发行方协商好的价格全额出售债券。负责包销的投资银行也被称为承销商，负责承担与债券出售相关的风险。相比之下，**代销发行**也可称为"尽力而为式发售"，投资银行只发挥经纪商的作用，它们在收取佣金之后，只保证在情况允许的前提下，以协商好的价格尽量出售债券。因此，代销模式下投资银行的风险更小，尽力出售债券的动机也不如在包销模式下。**拍卖发行**是一种采用投标形式的债券发行模式。

1. 包销发行

包销发行是公司债券、一些地方政府债券（如美国的市政债券）和一些资产支持证券（如抵押贷款支持证券）的典型发行模式。包销发行过程通常包括六个阶段。

包销发行过程的第一阶段是确定资金需求。在一个或多个顾问机构的帮助下，发行人要决定需要筹集的资金量、发行何种类型的债券以及是否需要以包销方式发行债券。

一旦发行人决定以包销方式发行债券，第二阶段就是选择一个承销商，通常由一家投资银行担任承销商。承销商需要承担债券发行的风险，它们先从发行人手中购买待发行的债券，然后将其转售给投资者，或先分销给经销商再由后者将债券转售给投资者。承销商购买待发行债券的价格和其转售给投资者的价格之间的差额就是承销商的收入。规模相对较小的债券发行可能由一家投资银行包销。但更常见的大型债券发行需要由一组投资银行或投资银行辛迪加负责包销。这种情况下的债券发行也被称为**辛迪加发行**。会有一个主承销商负责邀请其他投资银行加入辛迪加并协调大家的行动。辛迪加中的成员共同负责确定债券发行的价格和向投资者出售债券等事项。

包销发行过程的第三阶段是安排和组织交易。在公开发行债券之前，债券发行人和主承销商会讨论债券的名义本金（总金额）、票面利率、预期发行价格等发行条件。承销商或承销辛迪加要根据监管要求编写必要的披露文件，准备载有债券发行有关条款的招募说明书或发售说明书。发行人必须选择一个受托人来负责债券协议的保管和监督，通常由一家信托公司或某个银行的信托部门担任。债券发行正式开始的标志是交易公告的公开发布，通常以新闻发布会的形式公开发布交易公告。公告内容包括债券的到期期限、计价货币、预期票面利率范围等，以及预期发行价格。发行人还会同时发布招募说明书或发售说明书。由于公告日到定价日期间市场情况还有发生变化的可能，最终的发行条款与公告中的条款可能会有所不同。

债券发行能否成功取决于承销商或辛迪加对市场状况及债券定价的洞察力，因此包销发行的一个重要阶段是对所发行的债券进行估价。理想情况下，债券定价应使计划发行的债券数量等于投资者对该债券的需求量。如果发行价格定得过高,债券发行时就会出现认购不足,也就是对债券的需求低于预期发行量的情况。此时承销商或承销辛迪加将无法出售全部待发行的债券。而如果发行价格定得太低,债券发行时就会出现超额认购。承销商可能希望出现少量的超额认购,因为这可以降低无法出售全部债券的风险。但大量的超额认购可能表明出售条款对发行人不利,因为发行人本来能以更低的票面利率筹集所需的资金。

在债券交易公告发布之后到投资者申购之前,承销商或承销辛迪加必须预估债券的需求量并决定发行价格,以确保债券顺利发售的同时不出现大量的超额认购。承销商可以使用不同的方式来做到这一点。一种方法是向潜在的目标投资者进行推介,具体的方式可以因发行人和投资者类型不同而随机应变。家喻户晓的大牌发行人可以选择直接在报纸上登广告,针对养老基金和保险公司等机构投资者可以直接上门推销和路演。承销商或承销辛迪加也可以直接与大型机构投资者接洽,询问它们愿意购买的债券类型。这些投资者被称为"锚点"。承销商可以使用的另一种判断投资者兴趣的方法是通过所谓的灰色市场,该方法对于一些(但不是所有)债券发行来说是有用的。**灰色市场**又称"假定发行"市场,指的是即将发行(但尚未发行)的债券的远期市场。灰色市场上的交易有助于承销商确定最终的发行价格。

定价日是投资者提交债券购买申请的最后一天,在这一天必须要就债券发行的最终条款达成一致。定价日之后的那一天被称为"发行日",要签署确定债券发行最终条款的包销协议。此后包销流程就进入了发行阶段。承销商或承销辛迪加从发行人手中购买所有待发行债券,交付相关款项,然后开始通过自己的销售网络来转售债券。

到大约 14 天后的交割日,包销发行过程就接近结束了,债券将在这一天被交付给投资者。投资者不需要接收纸质版债券,因为现在的债券是一种全球性票据,通常由某个支付代理机构代持。

2. 储架式发行

储架式发行允许已被授权的发行人直接发行额外的债券,不必为每次债券发行准备新的单独的招募说明书。发行方只需要准备一份总招募说明书,并在该文件中写明打算在未来执行的一系列债券发行计划。总招募说明书在被替换或更新前可以使用多年,且可以被用来覆盖多次债券发行。

在储架式发行过程中,每次单独发行开始时只需要提供一份简短的公告文档。该文档必须确认自总招募说明书提交以来,发行人的业务要素没有发生任何变化,如果发行人财务状况发生过任何变化则需提供详细描述。与标准的公开发行相比,储架式发行受到的审查程度较低,因此只有那些已经让监管当局相信其财务实力的成熟发行人才有资格选择储架式发行。某些辖区可能只允许"合格投资者"参与储架式发行,也就是说只有符合由监管机构设定的一套标准的机构投资者可以购买。

3. 拍卖发行

拍卖发行是一种以投标形式发行的方式。拍卖有助于价格发现(因为在确定价格的过程中可以揭示供求关系)和债券分配。在许多国家,大多数主权债券都会通过公开拍卖向公众出售。以美国国债为例,2017 年共进行了 277 次公开拍卖,发行了约 8.5 万亿美元的新证券,包括短期国库券、中期国库票据、长期国库债券和通货膨胀保值债券。美国国债使用的公开拍卖方式是**单一价格拍卖**,在这种方式下,所有中标的竞标者会支付相同的价格,获得相同的债券票面利率。相比之下，加拿大和德国采用的公开拍卖方式是**多价格拍卖**，同一债券发行时会产生多个价格和收益率。

鉴于美国主权债券市场是全球规模最大、流动性最强的债券市场之一，我们将举例说明美国采用的单一价格拍卖的具体过程。该过程分为公告、招标、发行三个阶段。首先由美国财政部宣布要进行一次国债拍卖，并公布此次债券发行的相关信息，如待售证券的数量、拍卖日期、发行日期、债券到期日、投标截止时间等。

拍卖公告发布后，债券经纪商、机构投资者和个人投资者可以进行竞争性或非竞争性投标。在竞争性投标中，投标者就自己可以接受的利率（收益率）进行投标；如果在拍卖中确定的利率低于其竞标利率，投资者将不会得到任何证券配售额。相比之下，在非竞争性投标中，竞标者同意接受拍卖所确定的任何价格；非竞争性竞标者一定能得到证券配售额。在拍卖结束时，美国财政部接受所有非竞争性投标并按照利率出价从低到高的顺序接受竞争性投标，直到中标金额与发行人想要募集的金额相等为止。所有投标人会得到相同的利率，大小等于投标入围报价中最高的那一个利率。因为所有中标的竞标者支付相同的价格，单一价格拍卖过程可以鼓励投标人采用激进的投标策略，这可能会让美国财政部以更低的成本融资（即更低的票面利率）。

在发行日，美国财政部把证券交付给中标方，并从投资者那里收取相应金额的资金。在拍卖过程完成后，这些证券可以像其他证券一样在二级市场交易。

图 2-1 显示了美国财政部一次公开拍卖债券的相关材料。

国债新闻

美国财政部财政服务局

2018 年 7 月 23 日即时发布　　　　　　　　　　　　　　　　　审计投诉电话：202-504-3550

国债拍卖结果

期限和券种：	182 天国库券
美国证券统一辨识码：	912796QU6
最高利率：	2.140%
最高利率投标比例：	29.02%
债券价格：	98.918 111
等效票面利率：	2.193%
投标利率中位数：	2.110%
最低投标利率：	2.085%
发行日：	2018 年 7 月 26 日
到期日：	2019 年 1 月 24 日

	投标额（亿）	中标额（亿）
竞争性投标：	1289.288 692	432.066 292
非竞争性投标：	7.935 401	7.935 401
外国央行和国际货币当局（非竞争性）：	10	10
分项合计：	1307.224 093	450.001 693
公开市场操作账户	0	0
总计：	1307.224 093	450.001 693
	投标额（亿）	**中标额**（亿）
一级交易商：	989.35	201.225 6
直接投标：	61.05	52.05
间接投标：	238.888 692	178.790 692
竞争性投标总计：	1289.288 692	432.066 292

图 2-1　2018 年 7 月 23 日美国财政部债券公开拍卖的结果

资料来源：美国财政部网站。

从拍卖结果中可以看到，此次拍卖确定的利率为 2.140%。短期国库券是纯贴现债券，它们以低于票面价值的价格发行，以票面价值赎回。投资者需要支付票面价值的 98.918 111%，即要获得 10 000 美元票面价值现在需支付 9891.81 美元。美国财政部共收到了 1307 亿美元的投标，但只筹集了 450 亿美元。所有非竞争性投标（7.935 亿美元）均中标，但竞争性投标中只有 1/3（1289 亿美元中的 432 亿美元）中标。请注意，有一半的竞争性投标的投标利率低于 2.110%（投标利率中位数），但是所有成功中标者得到的利率都是 2.140%，这是单一价格拍卖的基本特征。

图 2-1 还列出了竞标者的类型。大多数国债被一级交易商竞得。**一级交易商**是被授权分销新发行美国国债的金融机构，它们可以与执行美国货币政策的纽约联邦储备银行直接开展业务。一级交易商作为纽约联邦储备银行的交易对手方，被要求积极参与后者实施的公开市场操作和美国国债拍卖。它们还要为纽约联邦储备银行提供市场信息。机构投资者和各国央行是美国国债的最大投资者，只有很小一部分国债是由个人投资者直接购买的。

2.3.1.2 私募发行

以私募的形式发行的通常是无包销、未登记的债券，只出售给单个投资者或一小部分投资者。私募债券的典型投资者是大型机构投资者。私募发行过程可以在发行人和投资者之间直接完成，也可以通过投资银行来完成。由于私募发行的债券是未登记的，可能属于只面向特定类型投资者的限制性证券，因此通常在二级市场中交易并不活跃。但在某些条件下仍然可以进行交易。例如，在美国根据 144A 规则发行的受限制证券不能向公众出售，但可以在合格机构投资者之间进行交易。即使可以交易，私募发行的债券通常也比公开发行的债券流动性更低。保险公司和养老基金是私募债券的主要买家，因为它们不要求投资组合中的每一种证券都具有流动性，而且它们通常也很喜欢这些债券带来的额外收益。

私募发行有时代表着公司的融资方式正从**辛迪加贷款**（一群贷款人向单个借款人提供的贷款，2.6.1 节中将进一步讨论该内容）向公开发行过渡。私募发行的债券通常总金额不大，有时是由不知名的发行人发行的。许多投资者可能不愿意承担新发行人所需的信用分析，尤其是在贷款金额很小的情况下。在公开发行时，债券通常以"要么接受，要么离开"的方式出售给投资者，但在私募发行中投资者可以就债券发行的结构与发行人协商，包括资产和抵押品支持、信用增级和债券契约等方面。私募发行的债券通常比公开发行的债券有更多的定制化和限制性条款。除了能够按照自己的需求协商债券的条款，私募发行的投资者还能确保自己获得所需的债券，而公开发行的投资者是无法确定自己何时能获得债券或能分配到多少数量的债券的。

需要定期发行债券的发行人也会进行私募发行，特别是那些需要以美元、欧元或英镑等主要货币筹集规模较小的资金的发行人。因为私募发行通常比公开发行更灵活，允许发行人根据自己的需要调整债券发行的节奏。

2.3.2 债券二级市场

二级市场，也被称为"发行后市场"，是投资者交易已发行证券的地方。投资者之间可以直接进行证券交易，也可以通过经纪商或做市商进行交易。全球债券二级市场的主要参与者是大型机构投资者和各国央行。与股票二级市场不同，债券二级市场的散户投资者数量有限。

　　理解债券二级市场的结构和功能的关键是理解流动性这个概念。流动性是指以接近公平市场价值的价格快速、轻松地交易（购买或出售）证券的能力。流动性涉及的远不只"将债券转换为现金的速度"，因为该论述隐含了投资者处于多头状态的假设，但一些市场参与者需要的是在补仓过程中快速买入的能力。流动性的另一个经常被忽视的方面是只有交易速度并不能构成一个流动性好的市场。人们总是可以通过报出一个非常高的价格快速买到某样东西，或者通过接受一个非常低的价格快速出售某样东西。在流动性好的市场中，交易可以以接近公平市价的价格迅速达成。

　　二级市场主要有两种结构安排方式：有组织的交易所和场外交易市场。**有组织的交易所**提供了一个买卖双方见面并安排交易的场所。尽管买卖指令可能来自任何地方，但具体交易必须根据交易所的规则在交易所内完成。相比之下，在场外交易市场，来自不同地点的买入和卖出指令通过通信网络进行匹配。因此场外交易市场需要一个电子交易平台，用户可以在上面提交买卖指令。"彭博固定收益电子交易平台"就是这样一个平台，做市商们可以通过该平台随时在全球多个债券市场上交易。虽然世界上许多股票交易所都能交易一些政府债券和非常活跃的公司债券，但绝大多数的债券交易是在场外交易市场完成的。

　　自 20 世纪 90 年代初以来，固定收益证券投资者的流动性需求一直在变化。曾经在固定收益证券市场占主导地位的那些购买并持有债券直至到期的投资者，已经被交易更活跃的机构投资者所取代。全球固定收益证券市场的一些动态反映了相对流动性需求的这种变化。

　　我们以欧洲债券为例来说明二级市场是如何运作的。欧洲债券最大的交易中心在伦敦，但也有大量市场参与者分布在布鲁塞尔、法兰克福、苏黎世和新加坡。欧洲债券做市商负责提供流动性，其中约有 35 家在国际资本市场协会（ICMA）注册。ICMA 是一个由银行和其他金融机构组成的协会，为国际债券市场提供监管框架，欧洲债券市场的所有市场参与者都会遵守许多既定的统一做法。

　　不同市场的流动性水平因做市商而异。**买卖价差**反映了做市商从客户处买入债券的价格（买价）和将债券卖给客户的价格（卖价）的差额，经常被用作衡量流动性的指标。流动性非常强的债券，比如世界银行发行的债券，其买卖价差可能低至 5 个基点；而流动性不强的债券则可能完全没有报价。合理的买卖价差约为 10~12 个基点，而超过 50 个基点的买卖价差可能意味着流动性很差。当没有做市商报出买价或卖价时，债券就完全缺乏流动性，无法进行交易。

　　交易完成之后就进入了结算阶段。债券将被移交给买方，卖方会收到付款。政府和准政府债券的二级市场结算通常采用现金收付制或以 $T+1$ 的方式结算。如果采用现金收付制，交易和结算在同一天进行。如果采用 $T+1$ 结算，结算会发生在交易日之后的第二天。公司债券的二级市场通常采用 $T+2$ 或 $T+3$ 的方式结算，在部分辖区可能会递推到 $T+7$。对于欧洲债券，主要的清算系统有两个，欧洲清算系统（Euroclear）和明讯清算系统（Clearstream），欧洲债券交易后会在其中的一个或两个清算系统完成清算。结算过程发生在清算系统的账簿上，以债券与现金同时交割的方式完成。连接欧洲清算系统和明讯清算系统的电子桥梁可以将债券从一个系统转移到另一个系统，因此没有必要在两个系统都拥有账户。两个系统都是在无纸化、计算机化的簿记上操作的，尽管债券发行仍然有实物文件，比如全球票据。这两个系统的所有参与者将需要开通内部账户，这两个系统也可以充当没有账户的买家或卖家进行交易的代理。

▌**例2-3 债券市场**

1. 以下哪一项最好地描述了一级债券市场?

A. 首次发行债券以筹集资金的市场

B. 有一个债券交易的特定地点的市场

C. 现有债券在个人和机构之间交易的市场

2. 美国国债通常通过何种方式向公众出售?

A. 拍卖　　　　　　　　B. 一级交易商　　　　　　C. 二级债券市场

3. 在单一价格债券拍卖中,投资者的出价如果有竞争力,且确定的利率高于拍卖时确定的利率,则最有可能:

A. 未拍得任何债券

B. 按拍卖时确定的利率拍得债券

C. 按照投资者竞争性投标中指定的利率拍得债券

4. 在二级市场购买的债券最有可能来自下列哪方:

A. 债券发行人　　　　B. 该债券的主承销商　　　　C. 该债券的另一个投资者

5. 公司债券最有可能的结算日为:

A. 交易日当天　　　　B. 交易日后一个工作日　　　C. 交易日后三个工作日

解答1:A是正确的。一级债券市场是首次发行债券以筹集资金的市场。B是不正确的,因为一级债券市场并不需要一个进行债券交易的特定地点。C是不正确的,因为个人和机构之间交易现有债券的市场是二级市场,而不是一级市场。

解答2:A是正确的。美国国债通常通过拍卖的方式出售给公众。B是不正确的,因为一级交易商通常是拍卖中的投标人,它们是活跃于美国国债交易的金融机构。C是不正确的,因为任何直接进入市场的债券发行都被认为是在一级市场,而不是二级市场。

解答3:A是正确的。在单一价格债券拍卖中,参与竞争性竞价的投标者指定愿意接受的利率(收益率)。如果竞争性出价利率高于拍卖时确定的利率(收益率),投资者将不会拍得任何证券。

解答4:C是正确的。二级债券市场是投资者之间进行债券交易的地方。A和B是不正确的,因为从发行公司或主承销商处购买债券发生在一级市场,而不是二级市场。

解答5:C是正确的。公司债券通常以$T+2$或$T+3$的形式结算,即在交易日后的第二天或第三天结算,尽管在某些地方结算日可延长到$T+7$。A和B是不正确的,政府债券和准政府债券通常采用当天或$T+1$的形式结算,而非公司债券。

2.4 主权债券

各国政府发行债券主要是出于财政原因——在税收不足以覆盖支出时筹集资金。为了达到目标,各国政府会发行不同类型和数量的债券。这一节将讨论这些由主权政府发行的债券,通常称之为**主权债券**或主权债。

2.4.1　主权债券的特点

以本币计价的主权债券在不同的国家有不同的名称。例如美国国债被称为财政部券，日本国债被称为日本公债（JGBs），英国国债被称为金边债券（gilts），德国国债被称为码头券（Bunds），法国国债被称为燕麦券（OATs）。部分投资者或市场参与者将主权债券称为"国库券"或"财政部券"，因为负责管理各国政府资金需求的通常都是财政部。

主权债券的名称也可能因初始期限的不同而不同。例如，美国国债中初始期限为 1 年或更短的称为国库券（T-bills），初始期限为 1 年至 10 年的称为国库票据（T-notes），初始期限为 10 年以上的称为国库债券（T-bonds）。西班牙发行的主权债券则根据期限分别被命名为"letras del Tesoro""bonos del Estado""obligation del Estado"。虽然非常罕见，但也有一些债券没有规定的到期日，如英国的统一公债。

在二级市场上，大多数交易的券种都是最近发行的主权债券。这些证券被称为**新券**。对于某个到期期限来说，最近一期的主权债券发行通常被称为**基准发行**，因为它可以作为具有相同特征但类型不同的发行人发行的债券的衡量基准，相同特征包括到期期限、息票类型和频率以及计价货币等。一般来说，主权债券的交易频率会随着券龄的增长而降低。

货币市场有价证券（如国库券）与资本市场有价证券（如国库票据和国库债券）之间的一个显著区别体现在息票支付上。短期国库券是纯粹的贴现债券，它们相对票面价值以折价发行，票面价值和发行价格的差额作为借款的利息。相比之下，资本市场证券通常是有息债券，这些证券会定期支付息票，并在到期时偿还本金。德国国债每年支付一次息票，而美国国债、日本国债、英国国债和法国国债每半年支付一次息票。

2.4.2　主权债券的信用等级

主权债券通常是其发行人的无担保债务，也就是说它们是没有抵押品的，纯粹由国家的税务当局提供担保。当一个国家的政府出现预算盈余时，超出支出的税收收入可以作为支付利息和偿还本金的主要资金来源。相比之下，当一个国家出现预算赤字时，用于支付利息和偿还本金的资金要么来自额外的税收收入，要么来自现有债务展期形成的新债务（再融资）。

以本币计价的高评级主权债券几乎没有信用风险。信用评级机构会对主权债券进行评级，这些评级也被称为主权评级。最高等级（信用等级最高和信用风险最低）是标准普尔公司的 AAA 级或穆迪公司和惠誉公司的 Aaa 级。在 2018 年，只有少数主权发行人的评级达到了上述等级，包括德国、新加坡、加拿大、瑞典、挪威、丹麦、卢森堡、澳大利亚、瑞士、荷兰和英国。值得一提的是，标准普尔在 2011 年将美国主权债券的评级从 AAA 级下调至 AA+级。

信用评级机构会严格区分以本国货币发行的主权债券和以外国货币发行的主权债券。从理论上讲，政府可以通过其对公民征税的无限权力（至少在短期内）产生本币现金流来支付利息并偿还本金。一个国家政府也有印制自己货币的能力，但其用出口收入换取或在金融市场上兑换外币的能力是有限的。因此以本币发行的主权债券的信用评级通常高于以外币发行的主权债券。但是，政府减轻债务负担的能力是有限的。正如全球金融危机之后的主权债务危机所显示的那样，对公民征税来偿还债务会让税收成为经济发展的严重负担，而印钞会逐渐使本国货币相对于其他货币贬值。

如果一个国家拥有强大的国内储蓄基础，就有能力发行本币债券并将其出售给国内投资者。如果当地货币具有流动性并且可以自由交易，那么外国投资者也可能会愿意持有这些债券，并获得该国货币的风险敞口。如果外国投资者对某国的债券有需求，该国政府也可以选择以外币发行主权债券。例如，来自海外投资者的需求让瑞士和瑞典等国家选择发行以美元和欧元计价的主权债券。国际投资者可能愿意接受新兴市场国家的信用风险，但不愿意接受这些国家的外汇（货币）风险，所以新兴市场国家也可能不得不发行以主要货币计价的债券。当一个国家以外币发行主权债券时，它通常会将筹集的资金转换成自己本国的货币。

2.4.3　主权债券的类型

各国政府发行了众多不同类型的债券，其中一些的利率是固定的，另一些的利率是浮动的，还有一些政府发行了通货膨胀联结债券。

2.4.3.1　固定利率债券

固定利率债券（即债券的利率是固定的）是目前最常见的主权债券类型。各国政府通常发行两种固定利率债券：零息票债券（或纯贴现债券）和息票债券。零息票债券不付利息，它以低于票面价值的价格发行，并在到期时按票面价值赎回。息票债券按一定的票面利率发行，并定期支付利息，比如半年一次或一年一次，其最后一期现金流等于最后一次息票支付加上债券的票面价值。如前所述，初始到期期限在 1 年或 1 年以下的主权债券大多为零息票债券，而初始到期期限在 1 年以上的债券一般为息票债券。

2.4.3.2　浮动利率债券

固定利率债券价格的变化方向与利率的变化方向是相反的，这一关系将在第 5 章中进行详细分析，该章的重点是如何理解固定收益证券的风险和回报。因此持有固定利率债券的投资者面临着利率风险：如果利率上升，债券价格将下跌，进而降低其投资组合的价值。为了应对公众降低利率风险的需求，一些国家的政府发行了浮动利率债券，其利率会根据参考利率（如 Libor）的变化定期调整。虽然浮动利率债券仍然存在一些利率风险，但远不如固定利率债券那么明显。

发行浮动利率债券的国家包括发达市场的德国、西班牙和比利时，以及新兴市场的巴西、土耳其、墨西哥、印度尼西亚和波兰。最大的主权债券发行国美国也于 2014 年 1 月开始发行浮动利率债券。另外两大主权债券发行国日本和英国则尚未发行过票面利率与参考利率挂钩的债券。

2.4.3.3　通货膨胀联结债券

固定收益证券投资者还面临着通货膨胀风险。按照债券契约，固定利率债券的现金流是固定的。如果某个国家遭受了通货膨胀，固定现金流的购买力就会随着时间的推移而下降。为了满足投资者降低通货膨胀风险的需求，许多国家发行了通货膨胀联结债券，其现金流会根据通货膨胀进行调整。最早发行通货膨胀联结债券的国家是阿根廷、巴西和以色列。美国也在 1997 年 1 月推出了通货膨胀联结债券，被称为财政部通货膨胀保值债券。发行通货膨胀联结债券的其他国家包括发达市场的英国、瑞典、澳大利亚和加拿大，以及新兴市场的巴西、南非和智利。

在第 1 章中我们介绍过，通货膨胀联结债券的息票支付和本金偿还通常会与某个消费者价格指数挂钩。通货膨胀联结债券可以采用多种方式与通货膨胀挂钩：可以通过调整息票、调整本金或两者同时进行。美国使用的指数是城市居民消费价格指数（CPI-U），英国用的是零售价格指数（RPI，包含所有商品）。在法国，有两种不同的通货膨胀联结债券，它们分别使用法国消费者价格指数（CPI，剔除烟草价格）和欧元区消费者价格指数（HICP，剔除烟草价格）。虽然将现金流支付与消费者价格指数挂钩可以降低通货膨胀风险，但不一定能完全消除通货膨胀的影响，因为消费者价格指数可能不是通货膨胀的完美代理变量。

> **例 2-4 主权债券**
>
> 1. 下列哪项最可能是发行期限小于 1 年的主权债券？
> A. 浮动利率债券   B. 零息票债券   C. 息票债券
> 2. 各国政府发行浮动利率债券是为了降低何种风险？
> A. 信用风险   B. 通货膨胀风险   C. 利率风险
> 3. 支付的息票或本金会根据消费者价格指数调整的主权债券最有可能被称为：
> A. linker   B. floater   C. consol
>
> 解答 1：B 是正确答案。大多数由各国政府发行的期限（发行时）小于 1 年的债券都采用零息票债券的形式。A 和 C 是不正确的，因为浮动利率债券和息票债券通常都是期限超过 1 年的主权债券。
>
> 解答 2：C 是正确答案。浮动利率债券的票面利率会根据参考利率（比如 Libor）水平的变化定期调整，这降低了利率风险。A 是不正确的，因为尽管主权债券的信用风险较低，但无法通过将票面利率与参考利率挂钩来降低信用风险。B 是不正确的，因为尽管浮动利率债券的通胀风险低于固定利率债券，但浮动利率债券在降低通胀风险方面不如通货膨胀联结债券。
>
> 解答 3：A 是正确答案。支付的息票或本金会根据消费者价格指数调整的主权债券称为通货膨胀联结债券（也称为 linker）。B 是不正确的，因为浮动利率债券（floater）是指票面利率与 Libor 等参考利率挂钩的浮动利率债券。C 是不正确的，因为 consol 是由英国政府发行的没有指定到期日的主权债券。

2.5 非主权政府债券、准政府债券和超国家债券

本节将讨论地方政府和与政府相关的实体发行的债券。

2.5.1 非主权政府债券

国家级以下的省、地区、州、市发行的债券被称为**非主权政府债券**或非主权债券。地方政府发行债券的目的通常是为学校、高速公路、医院、桥梁、机场等公共项目融资。支付利息和偿还本金的资金来源于地方政府的税收、融资项目的现金流或者为还本付息专门设立的

专项税费。非主权债券通常不会得到国家级政府的担保。

如2.2.1.7节所述，在美国由州等地方政府发行的债券被称为市政债券，它们通常享有所得税减免的优惠。在英国，非主权债券被称为地方当局债券。其他非主权债券包括被称为"Lander"的德国地方政府债券等。

根据信用和担保品质量的差异，不同非主权债券的信用级别相差很大。由于目前非主权债券的违约率处于历史低位，它们常常会获得较高的信用评级。但与具有类似特征的主权债券相比，非主权债券通常具有更高的收益率和更低的价格。超额收益率的大小跟信用等级、债券流动性以及国家级政府的隐性或显性担保和融资承诺相关。如果非主权债券的信用质量高、流动性好并且有国家级政府担保，其超额收益率会比较低。

2.5.2　准政府债券

各国政府建立了各种组织，协助履行各种职能。这些组织通常既有公共性质也有私营性质，但它们并不是真正的政府实体，可以将它们统称为准政府实体，在不同的国家可能还有不同的叫法。这些准政府实体经常发行债券来满足特定的融资需求，这些债券被称为**准政府债券**或**机构债券**。

美国的政府支持公司（GSE）都属于准政府实体，比如联邦国家抵押贷款协会（房利美）、联邦住房贷款抵押公司（房地美）和联邦住房贷款银行（FHLB）。其他发行过债券的准政府实体包括加拿大的魁北克水电公司和日本的国际合作银行。日本国际合作银行的债券由日本政府出面保证利息和本金的及时偿还，但大多数准政府债券并没有得到国家级政府的明确担保，尽管投资者往往认为存在某种形式的隐性担保。

由于准政府实体通常没有直接收税的权力，债券的偿还只能依赖该实体自身产生的现金流，或来自债券发行所融资的项目产生的现金流。准政府债券可能有抵押品作为担保，但情况并非总是如此。准政府债券通常被信用评级机构评为非常高的评级，因为它的长期违约率非常低。政府担保债券的信用等级最高，与没有政府担保的同类债券相比，收益率更低，价格更高。

2.5.3　超国家债券

另一种常见的高评级债券是由所谓超国家组织（国际组织）发行的。最著名的超国家组织是国际复兴开发银行（世界银行）、国际货币基金组织（IMF）、欧洲投资银行（EIB）、亚洲开发银行（ADB）和非洲开发银行（AFDB）。由这些机构发行的债券被称为超国家债券。

超国家债券通常采用普通债券的形式，但有时也会发行浮动利率债券和可赎回债券。世界银行等评级较高的超国家机构经常大规模发行债券，在缺乏流动性好的主权债券的时候，也可以使用这些债券作为基准债券。

▌例2-5　非主权政府债券、准政府债券和超国家债券

1. 与主权债券相比，具有类似特征的非主权政府债券的收益率很可能：

A. 更低　　　　　　　　B. 一样　　　　　　　　C. 更高

2. 政府发起机构发行的债券最有可能：

A. 用该机构产生的现金流偿还

　　B. 由发起该机构的国家政府担保

　　C. 由发起该机构的国家政府的征税权支持

　　解答 1：C 是正确答案。与具有类似特征的主权债券相比，非主权政府债券通常以更高的收益率和更低的价格交易。收益率较高，是因为与主权债券发行人相比，非主权政府债券发行人的信用风险更高。尽管地方政府的违约率处于历史低位，信用质量通常较高，但无法与中央政府相比。收益率较高也可能是由于非主权政府债券的流动性低于具有类似特征的主权债券。

　　解答 2：A 是正确答案。政府发起机构发行的大多数债券由该机构产生的现金流或债券发行所融资的项目产生的现金流偿还。B 和 C 是不正确的，因为尽管政府机构发行的部分债券是由国家政府担保或有赞助机构的国家政府的税收权力支持，但债券偿还最有可能的来源是该机构本身产生的现金流。

2.6　公司债务

　　公司与政府和政府相关实体有很大的不同，它们的首要目标是赚钱，必须保持盈利才能生存下去。因此在公司决策过程中是否有利于提高盈利能力是一个重要的考虑因素，做融资决策的时候当然也是如此。公司经常将举债作为调整整体资本结构的手段，可能是为了满足短期的支出需求（如营运资本），也可能是为了获取长期的资本投资资金。本章到目前为止介绍的都是公开发行的债券，但对于公司来说，来自银行和其他金融机构的贷款是其债务的重要组成部分。以欧洲的公司为例，据估计它们 75% 的借款需求由银行满足，只有 25% 是利用金融市场完成的。在日本，这两个比例分别是 80% 和 20%。但在美国，债券市场位于更加重要的位置，美国公司的借款 80% 来自金融市场，只有 20% 来自银行贷款。[⊖]

2.6.1　银行贷款和辛迪加贷款

　　双边贷款是指单一贷款人向单一借款人发放的贷款。公司经常使用银行的双边贷款，这种贷款必须符合银行贷款文件的要求。在债券市场不发达的国家，大部分债券发行来自政府、政府相关实体和金融机构，中小型公司甚至大型公司都只能依靠银行贷款作为债务融资的主要来源。能否顺利获得银行贷款取决于公司特征和财务状况，还取决于市场条件和银行资金的可得性。

　　辛迪加贷款是指多个贷款机构组团（也称辛迪加）向单一借款人发放的贷款。辛迪加贷款相当于关联贷款和公开发行债务的混合体。辛迪加贷款主要由银行发起，不仅面向公司，也面向政府和政府相关实体。由一家银行充当协调银行或牵头银行，负责发起贷款、组织辛迪加并处理资金划拨。除银行外，参与辛迪加的贷款机构还有养老基金、保险公司和对冲基金等。辛迪加贷款是上述机构投资者参与公司债务的一种形式，可以让多个贷款人分担信用风险。

　　⊖　数据来源为《美国证券业和金融市场协会 2018 年展望》。

近年来，辛迪加贷款的二级市场也逐渐发展起来了。这些贷款被打包重组或证券化，然后在二级市场上出售给投资者。

大多数双边贷款和辛迪加贷款是浮动利率贷款，票面利率等于某个参考利率加上一定的利差。参考利率可以是 Libor 或某个国家主权债券的利率（如美国国库券），也可以使用银行的最优惠贷款利率。最优惠贷款利率以前是指银行贷款给最高信用等级客户的利率，但现在往往指银行相互之间进行隔夜拆借的利率。银行贷款可以根据借款人的需要进行定制化调整，可以设定不同的期限、不同的息票支付方式和本金偿还结构。银行贷款的息票支付频率各不相同。有些贷款采用子弹贷款的形式，在到期日一次性偿还本金；有些贷款采用摊销贷款的形式，在到期前就要分期偿付本金。

对于信用评级较高的公司来说，双边贷款和辛迪加贷款的成本可能都高于它们在金融市场上发行债券，因此公司往往希望能转到货币市场或资本市场筹集资金，以实现融资来源的多元化。

2.6.2　商业票据

商业票据是公开发行或私募发行的短期无担保本票，代表发行人凭票给付的义务承诺。商业票据是一个多世纪前在美国首次发行的。后来英国和其他欧洲国家也开始采用商业票据，随后又扩展到了世界其他地方。

2.6.2.1　商业票据的特点

商业票据是一种灵活、方便且成本相对较低的短期资金宝贵来源，经常被用于筹措流动资金和满足季节性现金需求。它也是**过桥融资**的重要来源，所谓过桥融资是指在获得长期性融资之前用于过渡的临时性融资。假设一家公司想在中国东南部建立一个新的配送中心，并打算通过发行长期债券来为这笔投资融资。但目前长期债券市场可能正经历波动，导致短暂的借贷成本高企。所以该公司决定放弃立即发行长期债券，改用商业票据筹集一笔短期资金，等到市场环境更有利时再发行长期债券。

商业票据最大的发行者是金融机构，但一些非金融机构也会定期发行商业票据。虽然本节重点介绍的是公司借款人，但一些主权政府和超国家机构也会定期发行商业票据。

商业票据的到期期限从隔夜到 1 年不等，大部分不会超过 3 个月。

2.6.2.2　商业票据的信用等级

传统上，只有规模最大、最稳定的公司才发行商业票据。而现在，虽然仍然只有实力最强、评级最高的公司才能发行低成本的商业票据，但其他风险等级的公司也可以发行收益率更高的商业票据。因此商业票据的投资者会因发行人的信用等级不同而面临不同程度的信用风险。虽然一些投资者也会进行信用分析，但大部分投资者会利用信用评级机构提供的信用等级来评价商业票据的信用风险。表2-4展示了主要信用评级机构对商业票据的信用等级划分。评级为"足够安全"或以上（见表2-4阴影部分）的商业票据称为"优质票据"，它们也常常被投资者视为投资级证券。

表2-4　商业票据信用等级

信用质量	穆迪公司	标准普尔公司	惠誉公司
非常安全	P1	A1+/A1	F1+/F1
安全	P2	A2	F2
足够安全	P3	A3	F3
投机级	NP	B/C	F4
违约中	NP	D	F5

　　在大多数情况下，到期商业票据的偿付是通过发行新的商业票据完成的，这种做法被称为"票据展期"。这种做法让发行人在到期时面临无法发行新票据的风险，这种风险被称为展期风险。为了防范展期风险，信用评级机构经常要求商业票据发行者从银行获得**备用信贷额度**。设置备用信贷额度的目的是在无法展期的情况下，确保发行人有足够的流动性偿还即将到期的商业票据。因此，备用信贷额度有时被称为流动性增强额度或备用流动性额度。商业票据发行人可能会因为市场整体原因或公司自身的特定事件而无法展期。例如，市场可能正处于一场金融危机之中，让发行新的票据变得十分困难。发行公司也可能正陷入财务困境，以至于它只能以比平时高得多的利率发行新的商业票据。在这种情况下，公司就可以动用其备用信贷额度，而无须将其票据展期。大多数商业票据发行者会保持100%的支持额度，也有一些大型、信用质量高的债券支持额度不足100%。备用信贷额度通常会包含一项"重大不利变化条款"，允许银行在发行人的财务状况大幅恶化时取消备用信贷额度。

　　从历史上看，商业票据违约的情况相对较少，主要是因为商业票据的到期期限较短。每次现有票据到期时，投资者都有机会再次评估发行人的财务状况，如果他们认为发行人的信用风险太高，可以拒绝购买新发行的票据。在美国，商业票据市场能比长期证券市场更迅速地反映发行人信用质量的变化。这种灵活性降低了商业票据市场的违约风险。此外，发行公司的管理层非常清楚，商业票据违约可能会让自己的公司在未来失去这种宝贵的融资渠道。

　　商业票据的期限较短，信用风险相对较低，发行人数量众多，吸引了各种各样的投资者，包括货币市场共同基金、银行流动性管理部门、公司财务部门和其他有流动性约束的机构投资者。大多数商业票据投资者会持有头寸直至到期。所以除了一些发行规模特别大的商业票据，几乎没有商业票据在二级市场交易。希望在商业票据到期前出售的投资者也可以将票据卖回给券商或其他投资者，或者在某些情况下直接卖回给发行人。

　　商业票据的收益率通常高于相同期限的短期主权债券，主要有两方面原因。第一，与大多数高评级的主权债券不同，商业票据面临一定的信用风险。第二，商业票据市场的流动性通常不如短期主权债券市场。所以商业票据的投资者会要求更高的收益率，以弥补流动性的不足。由于税收方面的原因，商业票据的收益率通常也高于短期市政债券。投资商业票据产生的收入通常要缴纳所得税，而许多市政债券的收入是免税的。为了吸引投资者，缴纳所得税的债券必须比免税债券提供更高的收益率。

2.6.2.3　美国商业票据与欧洲商业票据

　　美国商业票据（USCP）市场是世界上最大的商业票据市场，其他国家也有一些活跃的商业票据市场。在国际市场上发行的商业票据被称为欧洲商业票据（ECP）。虽然ECP与USCP相当类似，但两者之间也存在一些区别。这些差异如表2-5所示。

表 2-5　美国商业票据 vs 欧洲商业票据

特征	美国商业票据	欧洲商业票据
计价货币	美元	任何货币均可
到期期限	隔夜到270天不等[①]	隔夜到364天不等
息票支付	纯贴现	付息或贴现
结算	$T+0$（交易当天结算）	$T+2$（交易后两个交易日）
可流通性	可以出售给第三方	可以出售给第三方

① 在美国初始到期期限超过270天的证券需要在美国证券交易委员会注册。为了避免与注册相关的时间成本和费用，美国商业票据的到期期限很少超过270天。

USCP 和 ECP 之间的一个差异与息票支付方式有关。USCP 通常是贴现发行的，也就是说 USCP 是按票面价值折价发行的，并在到期时按票面价值全额支付本金。票面价值与发行价格之间的差额相当于为借款所支付的利息。相比之下，ECP 在发行和交易时既可以付息也可以贴现。专栏 2-2 展示了付息和贴现的区别。专栏中用到的一些概念，如日期计算规则，将在第 3 章中进行讨论。

▌专栏 2-2

息票支付方式：贴现 vs 付息

一家美国银行和一家德国工业公司都发行了商业票据，规模均为 5000 万美元，到期期限均为 180 天，利率均为 5%。美国银行在美国国内发行，而德国工业公司则选择发行面向国际市场的欧洲商业票据。

美国银行：

发行 5000 万美元 180 天 USCP。

利息为 125（=5000×0.05×(180/360)）万美元。

USCP 的息票支付方式是贴现。发行票据所得收入为 4875（=5000−125）万美元。

到期时，美国银行按票面价值 5000 万美元偿还本金。

德国工业公司：

发行 5000 万美元 180 天 ECP。

利息为 125（=5000×0.05×(180/360)）万美元。

ECP 的息票支付方式是付息。发行票据所得收入即为票面价值 5000 万美元。

到期时，公司需偿还 5125（=5000+125）万美元。

可以看到，虽然两个投资者支付的利息是一样的，但 USCP 的投资者通过折价购买债券获得利息，而 ECP 的投资者通过获得票面价值以外的额外支付来获得利息。注意投资者的回报率是不一样的。投资 180 天 USCP 的回报率为 2.56%（125 万美元除以 4875 万美元），而投资 180 天 ECP 的回报率为 2.50%（125 万美元除以 5000 万美元）。

一般来说，ECP 的典型交易规模比 USCP 小得多，而且很难将长期的 ECP 推销给投资者。ECP 市场的流动性也低于 USCP 市场。

2.6.3 公司票据及公司债券

很多公司也是全球资本市场的积极参与者，会定期发行公司票据和公司债券。这些证券可以通过私募发行方式直接向特定投资者配售，也可以在公开证券市场上出售。本节将讨论公司票据和公司债券的各种特征。

2.6.3.1 到期期限

对于哪些到期期限能被称为短期、中期和长期没有普遍接受的分类方法。就我们的目的而言，短期指的是初始到期期限为 5 年或 5 年以下，中期指的是初始到期期限为 5 年以上至 12 年，而长期指的是初始到期期限超过 12 年。期限在 1 年到 12 年之间的证券通常被称为票据，而期限大于 12 年的证券被称为债券。但不管最初的到期期限是多少年，将所有证券统称为债券的命名方式也是很常见的。

在实践中，大多数公司债券的期限从 1 年到 30 年不等。但在欧洲，也有期限为 40 年甚至 50 年的债券。也有一些公司和国家发行了 100 年期的债券，它们被称为"世纪债券"。例如 2017 年奥地利发行了总额 35 亿欧元的债券，要到 2117 年才到期。

首单世纪债券是由迪士尼公司于 1993 年发行的，作为其"中期票据计划"的一部分。可以看到在这个例子中，"中期票据"（MTN）这个词严重偏离了其字面意思。迪士尼的例子表明，被称为 MTN 的债券可能实际上有很长的到期期限。MTN 最初是发行人为了填补期限介于商业票据与长期债券之间的资金缺口而使用的融资手段，这也是它们名称里"中期"的含义。MTN 市场可分为三个部分：采用浮动或固定利率的短期证券、主要采用固定利率的中长期证券和结构性票据。MTN 有一个独有的特征，发行人可以通过代理机构连续向投资者出售证券。因为可以连续发行，借款人在发行过程中具有非常高的灵活性。金融机构是 MTN（尤其是短期）的主要发行人。人寿保险公司、养老基金和银行是 MTN 最大的买家，它们可以根据自己的需求要求发行人进行定制化调整，使发行证券的数量和特征能满足它们的需求。这类投资者通常愿意接受较低的流动性以换取更高的收益率。更低的注册和承销成本也是 MTN 受到众多发行人青睐的一个原因。

2.6.3.2　息票支付方式

公司票据和公司债券可以采用不同的息票支付方式。金融公司和非金融公司经常发行在存续期内定期支付固定息票的常规付息债券。它们也会发行息票支付随着市场状况的变化和发行人信用质量的变化而调整的债券，这类债券让投资者有机会减少某些风险的敞口。例如，可以让票面利率根据市场利率水平的变化而调整，这是减少利率风险的一种方法；也可以与通货膨胀挂钩，让息票支付随着消费者价格指数水平的变化而调整，从而降低通货膨胀风险；还有能根据发行人信用等级变化而调整息票支付金额的信用联结息票债券，可以降低投资者面临的信用风险。无论是固定息票还是浮动息票，支付频率都可以按每季度、每半年或每年支付一次，不同类型、发行地和交易地的债券有不同的惯例。

还存在其他类型的息票支付方式。零息票债券不支付息票。递延息票债券在最初的一段时间不支付息票，但之后会支付更高的息票。实物支付息票债券可能定期支付息票，但不一定是以现金的形式，其发行人可以用债券、普通股等有价证券来支付利息。这些类型的息票支付结构让发行人在偿还债务的过程中具有了更大的灵活性。

2.6.3.3　本金支付结构

公司票据或公司债券的到期日结构可以采用序贯模式或终期模式。在**序贯到期日结构**下，债券拥有多个到期日，分散在债券存续期内的不同年份，因此在到达最后一个到期日之前，每年都会有一定数量的债券到期并得到偿付。在**终期到期日结构**下，债券只有一个到期日，在该到期日一次性偿还本金。由于终期到期日结构没有在债券的整个存续期内定期偿还本金的安排，其信用风险比序贯到期日结构更大。

偿债基金安排是一种通过要求发行人提留资金来逐步赎回所发行的债券以降低信用风险的方法。例如，某公司在发行公司债券时被要求每年按照固定比例赎回一定的未偿付本金。债券发行人可以通过两种方式来满足这一要求。最常见的方式是随机抽取一定比例的债券，然后从这些债券的持有人手中赎回债券，强制赎回的价格被称为偿债基金价格，通常等于债券的面值。另一种方式是由发行人定期向某个信托交付债券，数量等于被要求赎回的债券数量。要做到这一点，发行人可能需要在公开市场购买这些债券。终期到期日结构的偿债基金安排能够实现与序贯到期日结构相同的效果，即每年都有一部分债券得到偿还。但在序贯到期日结构中债券持有人知道哪些债券会提前到期并被赎回，而偿债基金安排中每年被赎回的债券是随机抽取的。

2.6.3.4 资产担保或抵押品支持

与大多数评级较高的主权债券不同，公司债券都面临着不同程度的信用风险。因此公司债务在结构安排上要考虑这一风险。投资者需要考虑的一个重要问题是偿付优先级，也就是在发行人违约时，不同债权人得到偿付的系统性安排。如果是有担保债务，则存在某种形式的抵押品来保证债务的偿付。如果是无担保债务，就要根据债券契约中约定的偿付优先级，依照法律或合同依次用公司的一般资产进行清偿。无论是有担保债务还是无担保债务，都能划分为不同的信用等级，我们将在第6章中讨论相关细节。

很多债券都有某种形式的抵押品作为担保。要购买大型设备或投资实物资产的公司经常发行以这些设备或实物资产作为担保的设备信托凭证。也有公司选择发行用普通股、债券或其他金融资产等有价证券作为担保的抵押信托债券。银行，尤其是欧洲的银行，可能会发行资产担保债券，这是一种由某个单独的资产池作为担保的债券。资产支持证券也是一种有担保的债务形式。

公司的确有违约的可能，历史上的相关案例数不胜数。虽然在有抵押品作为担保的情况下，债权人仍然有可能遭受损失，但在违约发生时，有担保债务的投资者通常比无担保债务的投资者情况好得多。跟承担较低风险的投资者相比，面临较高信用风险的投资者通常会要求更高的收益率。

2.6.3.5 或有条款

或有条款是债券契约中赋予发行人或债券持有人期权，允许他们处分或赎回债券的条款。有三种常见的或有条款，分别是可赎回条款、可回售条款和可转换条款。

可赎回债券允许发行人在债券到期前就将债券赎回。他们这么做最可能的理由是利用借款利率降低的机会。通过在债券到期日之前赎回债券，发行人可以用一只新的、成本更低的债券来替代那只旧的、成本更高的债券。发行人赎回债券的其他可能原因还包括摆脱限制性条款的约束，或调整资本结构以提高融资的灵活性。由于可赎回条款提供的期权对于发行人来说是有价值的，投资者会要求预先（在投资债券时）获得补偿。在其他条件相同的情况下，投资者对可赎回债券的收益率要求比类似的不可赎回债券更高（因而只愿意支付更低的价格）。

有些公司还会发行可回售债券，该类债券的持有人有权在到期前的特定日期以预定价格将债券卖回给发行人。大多数可回售债券的利率是固定的，也有一些债券采用在特定日期按特定比率增加息票的递增息票形式。由于可回售条款提供的期权对债券持有人来说是有价值的，可回售债券比类似的不可回售债券的收益率更低（因此价格更高）。发行可回售债券的公司以投资级公司为主，它们使用可回售债券融资的成本更低。当公司认为较低的票面利率带来的好处超过了可回售条款带来的相关风险时，就可能会选择发行可回售债券。

可转换债券是一种介于债权和股权之间的混合证券，可以将它看成是一份不含期权的普通债券多头和一份转股期权的组合。转股期权赋予债券持有人将债券转换成指定数量的发行方普通股的权利。可转换债券让一些发债困难的公司也有机会利用债券融资，如果没有转股期权带来的激励，它们的债券很可能会滞销。最常见的可转换债券发行人是尚未在债务资本市场建立业务的新公司，可转换债券通过分享股价上涨带来的好处，向机构投资者提供了更有吸引力的投资组合选择。老道的债券发行人也可能会发行可转换债券，因为可转换条款对投资者有吸引力，可转换债券的票面利率通常比类似的不可转换债券低。但如果债券被转换成股票，就存在潜在的股权稀释效应。从投资者的角度来看，可转换债券可以作为一种挖掘发行人股票上涨潜力的手段，但风险更低，因为它同时提供了固定的息票支付作为保底。

2.6.3.6　发行、交易和结算

在电子结算之前的时代，公司债券的发行和结算过程因证券登记地点的不同而有所不同。现在情况不再如此，在全球范围内，债券发行和结算的过程基本上是相同的。新发行的公司债券通常以投资银行包销的方式出售给投资者，或由经纪商以代销的方式出售给投资者，然后通过当地的结算系统进行结算。这些地方结算系统通常拥有通往两个欧洲债券系统——欧洲清算系统和明讯清算系统的电子入口。各类公司发行的欧洲债券都是以同样的方式发行、交易和结算的，无论其发行人是谁或所在国是哪里。

大多数债券以基点的形式报价。绝大多数公司债券都是通过一群做市商在场外市场进行交易的，它们会用自己的债券库存进行买卖。做市商通常不会收取佣金或交易费用，而是从买卖价差中赚取利润。

就公司债券而言，结算差异主要存在于新发行的债券和债券的二手交易之间。以包销方式发行的新债券通常需要几天时间才能完成交易。因此新发行债券的结算时间比二手交易的债券要长，后者的结算时间通常为 $T+2$ 或 $T+3$。

▌例 2-6　公司债务

1. 由多家银行向单一公司提供的贷款最有可能被称为：

　A. 双边贷款　　　　　　　B. 辛迪加贷款　　　　　　　C. 证券化贷款

2. 以下哪一项关于商业票据的说法最准确？公司发行商业票据：

　A. 仅用于提供营运资金

　B. 只是作为临时资金来源

　C. 为营运提供资金和作为临时资金来源

3. 欧洲商业票据的到期日范围是：

　A. 隔夜到 3 个月　　　　　B. 隔夜到 1 年　　　　　　C. 3 个月到 1 年

4. 如果某债券发行后每年都会有一定数量预先确定的债券到期并在最终到期日来临前偿还，该债券的到期日结构很可能是：

　A. 终期模式　　　　　　　B. 序贯模式　　　　　　　C. 偿债基金安排

解答 1：B 是正确答案。由一群贷款人向一个借款人提供的贷款是辛迪加贷款或银团贷款。A 是不正确的，因为双边贷款是一个贷款人向一个借款人提供的贷款。C 是不正确的，因为证券化涉及将资产从资产所有者转移到一个特殊法律实体。

解答 2：C 是正确答案。公司会将商业票据作为营运资金和季节性现金需求的资金来源，以及在能够安排永久融资之前的临时融资来源。

解答 3：B 是正确答案。欧洲商业票据的期限通常从隔夜至 364 天不等。

解答4：B是正确答案。在到期日结构的序贯模式中，每年都会有一定数量的债券到期，并在每年的最后期限前偿还。A是不正确的，因为到期日结构为终期模式的债券会在到期时一次性付清本金。C是不正确的，偿债基金安排虽然与序贯模式结构一样每年会有一部分发行的债券到期，但在序贯模式结构中债券持有人提前知道哪些债券将到期，而偿债基金安排下到期债券是通过随机抽签确定的。

2.7 结构性金融工具

结构性金融工具是被广泛使用的金融工具门类。该门类下最有名的品种当属资产支持证券和担保债务凭证（CDO）。担保债务凭证是由一种或多种债务组成的多元化资产池支持的证券，将与资产支持证券一起在本书第4章中讨论。这些金融工具的一个共同特征是都涉及资产再打包和风险再分配。

本节的重点是介绍资产支持证券和担保债务凭证之外的结构性金融工具。这些金融工具通常有定制化的结构，将债券和至少一种衍生品组合在一起。其中一些工具被称为结构性产品。衍生工具的加入使结构性金融工具持有人面临对一种或多种基础资产（如股票、债券和大宗商品）的风险敞口。结构性金融工具的赎回价值通常也包括息票，会通过一个公式与基础资产的表现联系在一起。因此结构性债券的支付结构跟传统债券不同，其收益不是与发行人的现金流挂钩，而是取决于某个基础资产的表现。虽然结构性金融工具没有普遍接受的分类方法，我们暂且在本章中按照四个大类进行介绍：保本类金融工具、收益增强型金融工具、参与型金融工具和杠杆型金融工具。

2.7.1 保本类金融工具

假设一个投资者有10万美元可以投资。投资者购买了某主权债券发行人发行的零息票债券，一年后将获得10万美元的本金偿付。再假设其购买零息票债券的成本是9.9万美元，那么投资者购买零息票债券后还剩下1000美元，可以将其用来购买1年后到期的某资产的看涨期权。购买看涨期权使投资者有权在1年后以约定价格购买相关资产。当零息票债券到期时，投资者将获得10万美元，并有可能从看涨期权的上涨潜力中获利。投资者拥有一份零息票债券和看涨期权的组合，可以打包为一种被称为**担保凭证**的结构性金融工具。零息票债券能确保投资者保本，到期时投资者将从中获得100%的初始资金，即使看涨期权在到期时分文不值。当基础资产价格上涨时，看涨期权提供了上行潜力；当基础资产价格下跌时，看涨期权不会带来额外的损失。下行风险仅限于购买看涨期权所支付的价格，通常称为期权的权利金。在上面的例子中，投资者面临的最大损失是1000美元，也就是购买看涨期权的价格。

保本类金融工具能提供不同程度的本金保护。担保凭证提供全额本金保护，其他结构性金融工具可能只提供部分本金保护。请注意，本金保护的效果受限于票据的发行人的信用。如果担保凭证的发行人破产，投资者可能会损失全部资金。

2.7.2 收益增强型金融工具

收益增强是指通过增加风险敞口的方式换取更高的预期收益率。**信用联结票据**（CLN）是收益增强型金融工具的一个例子。具体来说，这种债券的息票也是定期支付的，但其赎回价值（即本金支付额）取决于预先指定的参考对象是否发生了信用事件，比如基础资产评级下调或基础资产违约。如果指定的对象没有发生信用事件，投资者将在到期时全额收到信用联结票据的本金。但如果发生了信用事件，投资者收到的金额将等于信用联结票据的本金减去信用联结票据所关联的参考资产遭受的名义价值损失。

信用联结票据允许发行人将信用事件的不利影响转移给投资者。因此发行人相当于保护的买方，投资者是保护的卖方。投资者之所以愿意购买信用联结票据，是因为这些证券的票面利率比其他类似证券更高。此外，信用联结票据通常是折价发行的。因此，如果指定的信用事件没有发生，购买信用联结票据的投资者将获得可观的资本收益。

2.7.3 参与型金融工具

顾名思义，参与型金融工具是一种允许投资者参与基础资产回报的工具。浮动利率债券可被视为一种参与型金融工具。前面介绍过，浮动利率债券与固定利率债券的不同之处在于，浮动利率债券的票面利率会根据预先设定的公式定期调整。息票公式通常表示为根据利差调整的参考利率的函数。浮动利率债券的利率风险几乎为零，因为其现金流会随着市场利率的变化而变化，使得其价格几乎不会受到利率变化的影响。因此浮动利率债券让投资者有机会参与利率的变动。例如，意大利政府在 2005 年 6 月发行了将于 2020 年 6 月到期的浮动利率债券，每年支付一次息票，票面利率按 10 年期固定期限互换利率的 85% 计算，后者是一种广泛使用的参考利率。持有该浮动利率债券的投资者可以部分参与 10 年期固定期限互换利率的变动。

大多数参与型金融工具的设计目的是为投资者提供间接参与特定指数或资产价格的渠道。例如，不能直接投资股票的投资者可以通过投资参与型金融工具获得间接股权敞口，这些参与型金融工具的收益通过某个公式与股票指数的表现挂钩。许多出售给个人的结构性产品都属于与股票指数挂钩的参与型金融工具。与保本类金融工具相比，参与型金融工具通常不会提供本金保护。

2.7.4 杠杆型金融工具

杠杆型金融工具是一种被用于放大回报，提供以小博大可能性的结构性金融工具。**逆浮动利率债券**是杠杆型金融工具的一个例子。顾名思义，逆浮动利率债券是传统浮动利率债券的镜像。其现金流也会定期调整，但与参考利率的变化方向相反。因此，当参考利率降低时，逆浮动利率债券的息票支付会增加。

逆浮动利率债券票面利率的一般公式是：

$$\text{逆浮动利率债券的票面利率} = C - (L \times R)$$

其中 C 为最大票面利率，在参考利率为零时达到最大票面利率，L 为息票杠杆率，R 为重置日当天的参考利率。息票杠杆率表示参考利率变动 100 个基点时，票面利率变动的倍数。

例如，如果息票杠杆率为 3，那么当参考利率上升 100 个基点时，逆浮动利率债券的票面利率将下降 300 个基点。

息票杠杆率大于 0 但小于 1 的逆浮动利率债券被称为去杠杆逆浮动利率债券，息票杠杆率大于 1 的逆浮动利率债券被称为杠杆逆浮动利率债券。例如，巴克莱银行在 2010 年 1 月发行了 15 年期的债券，按季度支付息票，头三年的票面利率固定在 7.50%，然后在 2013 年 1 月转变为杠杆逆浮动利率债券，票面利率变为 7.50% 减去 3 个月期欧元 Libor。该债券的息票杠杆率是 1。如果 3 个月期欧元 Libor 上升 100 个基点，杠杆逆浮动利率债券的票面利率将下降 100 个基点。逆浮动利率债券通常会指定一个最低票面利率。例如可以将最低票面利率设定为零，以避免出现负利率。逆浮动利率债券通常不设最大票面利率。以上面的债券为例，在 2018 年 7 月重新设定票面利率的时候，3 个月期欧元 Libor 为 -0.32%，因此下一季度的票面利率被调整为 7.82%。

▌例 2-7　结构性金融工具

1. 如果投资者持有信用联结票据，而信用事件没有发生，投资者将会收到：

A. 计划中所有承诺的现金流

B. 计划中所有定期的息票支付，但到期时不会收到本金

C. 计划中所有定期的息票支付和到期时的本金，但要减去与信用事件挂钩的参考资产的名义价值

2. 票面利率由公式 "5%-(0.5×Libor)" 确定的结构性金融工具最有可能属于：

A. 杠杆逆浮动利率债券

B. 参与型金融工具

C. 去杠杆逆浮动利率债券

解答 1：A 是正确答案。如果信用事件没有发生，发行方必须如期支付所有承诺的现金流，即定期的息票支付和到期时的本金。

解答 2：C 是正确答案。票面利率与参考利率成反比的结构性金融工具称为逆浮动利率工具。由于息票杠杆率为 0.5，大于 0 但小于 1，题目中的结构性金融工具是一种去杠杆的反向浮动工具。在本题中，如果参考利率上升 100 个基点，票面利率只会下降 50 个基点。A 是不正确的，杠杆逆浮动利率债券的息票杠杆率必须高于 1。B 是不正确的，因为参与型金融工具的设计目的是让投资者间接建立特定基础资产的敞口。

2.8　银行可用的其他短期融资工具

融资是指满足某一特定项目或公司经营所需的资金或资源。相应地，融资市场是指债券发行者通过借贷来满足其财务需求的市场。公司有一系列的融资选择，包括银行贷款、商业票据、中期票据和长期债券。由于银行等金融机构的业务性质，其融资需求比非金融公司更大。这一节将讨论可供它们使用的其他融资方式。这些融资方式中的大多数期限较短。

银行作为可以吸收存款（或储蓄）的机构，通常可以从资金零售市场获得资金，也就是

其客户的存款。但银行发放的贷款往往会超过其吸收的零售存款。因此当零售存款不足以满足它们的融资需求时，银行还需要到资金批发市场上融资。批发市场的资金包括中央银行的资金、银行同业存款以及大额定期存单。除了填补贷款和存款之间的缺口，银行还会利用批发市场的资金来最大限度地降低融资成本。从边际成本看，批发市场的资金可能比储户的存款更便宜（利息更低）。最后，金融机构还可以将批发市场的资金作为资产负债表风险管理工具，以降低利率风险。

2.8.1　零售存款

有资格吸收存款的银行的主要资金来源之一是各类客户的存款，包括来自个人和公司储户的资金。零售存款账户分为几种类型。活期存款账户，也被称为支票账户，其客户可以随时要求提现。储户可以即时使用存款账户中的资金，并将其用作交易的支付形式。由于资金可以立即获得，活期存款账户几乎不支付利息。相比之下，定期储蓄账户会支付更高的利息，允许储户牺牲流动性来换取更大的财富积累，但它们没有活期存款那么便利。货币市场账户最初是为了与货币市场共同基金竞争而被设计出来的，能提供一定的回报率，储户也可以在较短时间内且无须通知银行的情况下提取资金。对储户来说，货币市场账户的功能介于活期存款账户和定期储蓄账户之间。

2.8.2　短期大额融资

银行可获得的短期大额资金包括存款准备金、银行同业拆借资金和可转让大额定期存单。

2.8.2.1　存款准备金

许多国家会要求吸收存款的银行向该国的中央银行存入一定比例的存款准备金。当存款人要求提取资金时，存款准备金的存在有助于确保足够的流动性。当某家银行无法获得短期资金时，大多数国家都会允许该银行向中央银行借款。总的来说，存款准备金制度起到了增强流动性的作用，能让储户和投资者安心，因为央行可以扮演最后贷款人的角色。

存款准备金利息的处理方法因国家而异，从低息票支付到无息票支付，再到收取资金保管费用的都有。此外，银行向央行缴纳存款准备金还存在机会成本，因为这些资金不能以更高的利率投资，也不能被贷给消费者或工商公司。一些银行的准备金会超过最低准备金要求，其他银行可能面临法定准备金不足的问题。通过**中央银行基金市场**，准备金过剩的银行可以将准备金借给需要资金的银行，期限最长为1年。这类资金被称为中央银行基金，期限为1天的称为"隔夜基金"，期限为2天至1年的称为"定期基金"。购买（借入）和出售（出借）中央银行基金的利率是由市场决定的短期利率，但会受到中央银行公开市场操作的影响。这些利率被称为**中央银行基金利率**。

美国的中央银行是联邦储备系统，因此其中央银行基金和中央银行基金利率分别称为联邦基金和联邦基金利率。其他短期利率，如国库券收益率，与联邦基金利率高度相关。最受关注的利率是联邦基金有效利率，这是纽约市主要经纪商每天进行联邦基金交易的交易量加权平均利率。银行和全球许多其他金融机构都可以参与联邦基金交易，有的机构可以直接交易，也可以通过货币市场经纪商进行交易。

2.8.2.2 银行同业拆借资金

银行同业拆借市场或银行间市场是银行之间进行相互借贷的市场。银行间贷款或存款的期限从隔夜到1年期不等，贷款或存款的利率的报价基于某个参考利率，例如银行间贷款利率或固定利率。银行间存款是无担保的，因此一家银行在向另一家银行贷款时，需要为该机构提供银行间信贷额度。一些大银行通常会进行双向报价，声明自己愿意在特定期限内向其他机构提供贷款和存款的利率。这些存贷款通常会在到期时支付利息。许多银行间交易是在路透电子交易系统上进行的，因此交易双方无须面对面交谈。

由于没有担保，银行间借贷实际上是建立在对银行系统的信心之上的。在压力较大的时候，比如2008年雷曼兄弟破产后，许多银行会停止对其他银行的融资，很容易造成市场流动性枯竭。

2.8.2.3 可转让大额定期存单

大额定期存单是以规定的期限和利率存入一定数额资金的一种工具。定期存单是金融机构重要的资金来源。定期存单有两种形式：不可转让的和可转让的。如果定期存单是不可转让的，那么存款加上利息会在到期时被支付给初始存款人。如果存款人在到期日之前提款，需要缴纳罚款。

而可转让定期存单允许（初始或后续）存款人在到期日之前在公开市场上出售存单。可转让定期存单于20世纪60年代初在美国推出，当时各种类型的存款都面临法定利率上限的限制。银行存款并不是一项有吸引力的投资，因为投资者获得的利率低于市场水平，除非他们愿意将资金长期投入其中。在引入可转让定期存单后，银行客户可以持有可转让定期存单3个月或更长时间，按市场利率获得收益，然后以在市场上出售的方式收回本金。该创新提高了银行在货币市场上筹集资金的能力。它还促进了吸收存款机构之间的竞争。

有两种类型的可转让定期存单：大面额定期存单存单和小面额定期存单。不同国家区分小面额存单和大面额存单的标准不同。在美国，大面额定期存单的单张发行面值通常在100万美元或100万美元以上。小面额定期存单是一种零售产品，作为备用融资渠道，处于次要地位。相比之下，大面额定期存单是批发资金的重要来源，通常在机构投资者之间交易。

与其他货币市场证券一样，定期存单在国内债券市场和欧洲债券市场上都可以买到。大多数定期存单的期限低于1年，到期时支付利息。期限更长的存单被称为"固定期限存单"。

定期存单的收益率主要受发行银行的信用风险影响，受到期日的影响较小。由于信用风险而产生的利差会因经济状况和人们对银行系统，尤其是发行银行信心的不同而有所不同。与所有债务工具一样，在金融动荡时期，由于风险厌恶情绪的增加，利差会显著增大。

2.8.3 回购和逆回购

回购协议不仅是银行的重要资金来源之一，也是其他市场参与者的重要资金来源。**回购协议**或**回购**是指卖方在卖出某种证券的同时，同意以约定的价格和约定的日期从买方手中购回证券的协议。⊖在实际操作中，回购协议可以被看作一种质押式贷款，先被出售随后被购回的证券充当了质押品的角色。一方借款并提供证券作为质押物，利率略低于其他情况类似的

⊖ 也可以在回购协议中加入定制化结构，以便根据需要随时终止交易。

普通银行贷款。另一方接受这些证券作为贷款的质押品，并借出资金。

回购协议在许多国家是债券做市商在货币市场融资的常见渠道。每一个流动性高的债券市场背后都有一个活跃的回购市场作为支撑。大量金融公司和非金融公司根据各自的情况，作为卖方或买方积极参与回购市场。央行在日常公开市场操作中也会积极使用回购市场，有时向市场放贷以增加资金供应，有时通过借款从市场中撤出过剩资金。

2.8.3.1　回购和逆回购协议的结构

假设一家政府证券做市商购买了期限为 3 年、利率为 2.25% 的英国金边债券。该做市商希望为持续到下一个营业日的隔夜头寸获取融资。做市商可以用自己的资金为交易融资，在类似情况下，保险公司或养老基金等市场参与者可能会这么做。但证券做市商更习惯使用杠杆（也就是借钱）来为头寸融资。做市商不用从银行借款，只需要签订一份回购协议，将购买的金边债券作为贷款的质押物即可获得融资。

回购协议可以这样构建：当前做市商将 3 年后到期的利率为 2.25% 的英国金边债券出售给交易对手以换取现金，同时承诺在下一个交易日以商定的价格从对手那里购买同样数量的该金边债券。做市商购回金边债券的价格称为**回购价格**。购回金边债券的日期（在本例中为下一个营业日）称为**回购日**。如果回购协议的期限是 1 天，就叫作"隔夜回购"。如果协议期限超过 1 天，则称为"固定期限回购"。持续到债券最后到期日的回购协议被称为"到期回购"。

在任何借贷交易中，贷款利率必须在签署协议时就商定好。回购协议的利率称为**回购利率**。影响回购利率的因素包括：

- 与质押物相关的风险。对于信用等级较高的质押物，如高等级主权债券，回购利率通常较低。利率会随着质押物信用风险水平的增加而增加。
- 回购协议的期限。回购利率通常会随着期限增加而上升，因为在正常情况下，长期利率通常高于短期利率。
- 质押物交割与否。当借方需要向贷方实际交付质押物时，回购利率通常较低。
- 质押物的供求情况。用于质押的证券的需求越大，用它作为质押物的回购利率就越低。因为放款人可能出于特定原因想临时获得借款人手中的某种质押物，可能是因为该质押物的市场需求很大。通常将有超额需求的质押物称为"特别质押物"。不特别的质押物称为一般质押物。想获得特别质押物的一方通常被要求以低于市场回购利率的利率出借资金。
- 货币市场其他融资方式的利率。

回购的利息在回购日即协议结束时支付。请注意，在回购协议期间，被质押的证券支付的任何息票都属于证券的卖方（即现金的借款人）。

当从借款方的交易对手的角度来看待回购协议时，这种交易被称为**逆回购协议**或**逆回购**。例如在上面例子中证券做市商的交易对手方（机构或个人）同意现在购买做市商手中的票面利率为 2.25% 的 3 年期英国金边债券，并承诺在下一个交易日以商定的价格出售给做市商。该对手方实际上向证券做市商提供了一份质押贷款。逆回购协议经常被用来融券以补回空头头寸。

交易是"回购协议"还是"逆回购协议"，取决于交易双方的视角。标准的做法是从做市商的角度来看待交易。如果做市商向交易对手借入现金，并提供有价证券作为质押物，这种交易被称为回购协议。如果做市商融券并将现金借给对手方，这种交易被称为逆回购协议。

2.8.3.2　与回购协议有关的信用风险

无论使用何种质押物，回购协议中的每个市场参与者都面临着交易对手违约的风险。即使质押物是高等级的主权债券，也存在信用风险。假设做市商（即现金借款人）违约，无法在指定的回购日期购回质押物。此时资金出借人手上有质押物并可以保管其带来的所有收益（这些收益是属于借款人的），但风险在于质押物的价格在回购协议生效后下跌，导致质押物的市场价值低于未支付的回购价格。相反，如果投资者（即现金贷出方）违约，无法在回购日交付质押物，风险就来自于质押物的价格自回购协议生效以来已经上升，导致做市商借到的现金数额低于质押物的市场价值。在这种情况下，投资者有责任向做市商补偿重新购入质押证券中成本高于回购价格的部分。

尽管回购协议的双方都面临信用风险，但协议的结构决定了资金出借方是更脆弱的一方。因为在实际操作中，贷款金额通常是低于质押物的市场价值的。被用作质押物的证券市场价值与贷款价值之间的差额被称为**回购保证金**，还有一个更常用的称呼是"**折扣**"，尤其是在美国。回购保证金的设计是为了预防市场恶化，在质押物的市场价值下降时为现金出借人提供安全保证金。回购保证金因交易而异，并由交易双方协商确定。影响回购保证金水平的因素包括：

- 回购协议的期限。回购协议期限越长，回购保证金越高。
- 质押物的质量。质押物质量越高，回购保证金越低。
- 交易对手的信用质量。交易对手的资信越高，回购保证金越低。
- 质押物的供求情况。如果质押物供应不足或需求旺盛，回购保证金就会较低。

> **例2-8　银行可用的其他短期融资工具**
>
> 1. 以下哪一种不属于资金批发市场？
> A. 银行间资金　　　B. 中央银行基金　　　C. 回购协议
> 2. 一张可转让大额存单很可能会：
> A. 在公开市场上交易　　　B. 由散户购买　　　C. 对提前提取资金罚款
> 3. 从交易商的观点来看，回购协议最好被描述为一种：
> A. 短期抵押贷款　　　B. 有抵押的短期借款　　　C. 无担保的短期借款
> 4. 回购协议的利率被称为：
> A. 回购利率　　　B. 回购收益率　　　C. 回购保证金
> 5. 回购保证金水平在以下哪种情况下会更高：
> A. 质押物质量更高的时候
> B. 交易对手的信用质量更高的时候
> C. 回购协议的期限更长的时候
>
> 解答1：C是正确答案。批发资金是指金融机构间相互拆借的资金。包括中央银行基金、银行间资金和定期存单。尽管回购协议是银行重要的资金来源，但它们并不被视为批发资金。

解答 2：A 是正确答案。可转让大额存单可以在公开市场上交易。B 是不正确的，因为主要由散户投资者购买的是小面额的可转让存单，而不是可转让大额存单。C 是不正确的，因为可转让大额存单是不可提前提取资金的存单。

解答 3：B 是正确答案。在回购协议中，出售证券的同时，卖方同意在未来以更高的价格从买方手中买回该证券。因此回购协议类似于有抵押的短期借款，其中先出售随后回购的证券相当于抵押品。A 是不正确的，因为短期抵押贷款适合用于描述逆回购协议。C 是不正确的，因为回购协议涉及抵押品，它是一种有担保的短期借款。

解答 4：A 是正确答案。回购利率是回购协议的利率。B 是不正确的，因为回购协议的利率被称为回购利率，而不是回购收益率。C 是不正确的，因为回购保证金是指作为抵押品的证券的市场价值与贷款价值之间的差额。

解答 5：C 是正确答案。回购协议的期限越长，回购保证金越高。A 是不正确的，因为质押物的质量越高，回购保证金越低。B 是不正确的，因为交易对手的信用质量越高，回购保证金越低。

本章内容小结

债务融资是家庭、政府、政府相关实体、金融机构和非金融公司的重要资金来源。运转良好的固定收益证券市场有助于确保资本有效配置。本章要点包括：

- 最广泛使用的固定收益证券市场分类方法包括按发行人类型分类；按债券的信用质量、到期期限、计价货币及息票类型分类；按债券发行地和交易地分类。
- 根据发行人的类型，可以将债券市场分为四大部门，分别是家庭部门、非金融公司部门、政府部门和金融行业部门。
- 投资者根据债券发行公司的信用等级将债券分为投资级债券和高收益债券。
- 货币市场发行和交易原始到期期限从隔夜到 1 年不等的证券，而资本市场发行和交易原始到期期限超过 1 年的证券。
- 大多数债券以欧元或美元计价。
- 债券可以分为固定利率债券和浮动利率债券。浮动利率债券的票面利率通常表示为参考利率加上一定的利差的形式。以 Libor 为代表的银行同业拆借利率历来是浮动利率债券和其他金融工具最常用的参考利率，但目前正逐步被其他参考利率所取代。
- 根据债券的发行和交易地点，可以将债券市场分为国内债券市场和国际债券市场。后者也包括欧洲债券市场，该市场不在任何单个国家的管辖范围，其特点是报表、监管和税收限制较少。投资者还会将市场分为发达债券市场和新兴债券市场。
- 固定收益指数常常被投资者和投资经理用来描述债券市场或行业的总体情况，或被用来衡量某项投资或某个投资经理的业绩。
- 债券市场的主要投资者包括：央行；机构投资者，如养老基金、对冲基金、慈善基金会、捐赠基金、保险公司、共同基金、ETF 和银行；散户投资者，他们通常只能进行间接投资。
- 一级市场是指发行人首次向投资者出售某只债券以筹集资金的市场。二级市场是指投资者之间进行现有债券的交易的市场。

- 一级市场发行债券可以采用两种机制：公开发行，即任何公众都可以购买这些债券；私募发行，即只有一个或一小群投资者可以直接从发行者或某个投资银行处购买这些债券。
- 公开发行机制包括包销发行、代销发行、储架式发行和拍卖发行。
- 当投资银行包销债券时，它会买下所有发行的债券，并承担将其转售给投资者或做市商的风险。而在代销发行中，投资银行只充当经纪商的角色，只在能力允许的前提下尽量售出债券。公司债券的发行经常使用包销和代销。
- 包销过程通常包括六个阶段：确定资金需求、选择承销商、安排和组织交易、定价、发行和结算。
- 储架式发行是一种发行证券的方法，在这种方法中，发行人通过向监管机构提交一份文件，描述并安排未来的一系列发行。
- 拍卖发行是一种包含投标的公开拍卖方式，它有助于价格发现和债券分配，经常被用于主权债券的发行。
- 大多数债券在场外市场（OTC）交易，机构投资者是债券二级市场的主要买家和卖家。
- 主权债券主要由各国政府出于财政原因发行。它们有不同的名称和形式，取决于其发行地点、到期期限和息票类型。大多数主权债券是固定利率债券，但也有一些国家的政府发行浮动利率债券和通货膨胀联结债券。
- 地方政府、准政府实体和超国家组织发行的债券分别被称为非主权政府债券、准政府债券和超国家债券。
- 公司可以用双边贷款、辛迪加贷款、商业票据、中期票据和长期债券等形式筹集资金。
- 商业票据是一种短期无担保证券，被公司用作短期融资和过桥融资的手段。商业票据的投资者面临一定的信用风险，尽管违约并不常见。许多商业票据发行人会定期对其进行展期。
- 公司债券和公司票据的到期期限、息票支付方式和本金偿还结构可以采用不同的形式。是否包含抵押品和或有性条款也需要重点考察。
- 中期票据是一种由发行人的代理机构连续向投资者提供的证券。它们的到期日可长可短。
- 结构性金融工具包括资产支持证券、担保债务凭证和其他结构性金融工具。所有这些看似不相干的金融工具都有一个共同特征，即都涉及资产再打包和风险再分配。
- 许多结构性金融工具都采用定制化结构，通常会将债券和至少一种衍生工具结合在一起。这些结构性金融工具的本金偿还和息票支付通常会通过一个公式与某种基础资产的表现联系在一起。因此债券的支付结构跟传统债券不同，其收益不是与发行人的现金流挂钩，而是取决于某个基础资产的表现。结构性金融工具的典型例子包括保本类金融工具、收益增强型金融工具、参与型金融工具和杠杆型金融工具。
- 金融机构可以使用许多其他的短期融资工具，如零售存款、放在中央银行的存款准备金、银行同业拆借资金、大额定期存单和回购协议。
- 回购协议与质押贷款类似。具体过程是卖方（借方）在卖出一种证券（质押物）的同时，同意在未来以约定的价格从买方（借方）买回同一种证券。回购协议是证券做市商最常使用的融资方式，也可以被用于融券来建立空头头寸。

固定收益估值简介

詹姆斯·F. 亚当斯，博士，注册金融分析师

唐纳德·J. 史密斯，博士

■ 学习目标

学完本章内容后，你将有能力完成以下任务：

- 根据市场贴现率计算债券价格。
- 明确债券价格、票面利率、到期期限和市场贴现率（到期收益率）之间的关系。
- 明确即期利率的定义并会根据即期利率计算债券价格。
- 描述并掌握债券价格、应计利息和全价的计算方法。
- 描述并掌握矩阵定价方法。
- 计算不同频率复利债券的年收益率。
- 计算和解释固定利率债券和浮动利率债券的各种收益率指标。
- 计算和解释货币市场工具的各种收益率指标。
- 明确和区分即期利率曲线、息票债券收益率曲线、平价利率曲线和远期利率曲线的定义。
- 明确远期利率的定义，学会根据远期利率计算即期利率、根据即期利率计算远期利率和根据远期利率计算债券价格。
- 比较、计算和解释收益率利差的各种衡量指标。

3.1 本章内容简介

从融资端看，固定收益证券市场是全球范围内公司和政府融资的一个关键来源。实际上，公司和政府债券的总市场价值远高于股票类证券的总市场价值。从投资端看，固定收益证券市场也被称为债务市场或债券市场，是机构投资者和个人投资者的重要投资渠道。养老基金、共同基金、保险公司和主权财富基金等是主要的固定收益证券投资者。希望获得相对稳定收入的退休人员也非常需要持有固定收益证券。显然，理解如何为固定收益证券估值对投资者、发行人和金融分析师都很重要。这一章的重点是传统固定利率债券（无内嵌期权）的估值，但也会介绍其他一些债务类证券，如浮动利率债券和货币市场工具等。

3.2 节描述和说明了债券的基础估值方法，包括对每一笔未来现金流用同一个市场贴现率定价，以及使用一系列即期利率为债券定价。使用即期利率为债券定价时，相当于对每一笔未来现金流用与之相对应的利率进行贴现。这种未来现金流贴现的估值方法应用范围远远超出固定收益证券市场。此外，本节还介绍了债券价格、票面利率、到期期限、市场贴现率（到期收益率）之间的关系。

3.3 节描述了在实践中债券价格和收益率是如何报价和计算的。当债券交易活跃时，投资者可以观察其价格并计算各种收益率指标，但采用何种收益率指标因债券类型而异。在实践中，固定利率债券、浮动利率债券和货币市场工具各自采用了不同的衡量指标。当债券交易不活跃时，通常用从类似证券价格中得到的定价矩阵来为债券估值。

3.4 节讨论利率的到期日结构（期限结构）。该讨论涉及对收益率曲线的分析，它被用来说明具有类似特征的债券的到期收益率和到期时间之间的关系。本节将介绍各种类型的收益率曲线。

3.5 节重点讨论各种收益率与基准利率之间的利差。如果投资者想获得相对较高的收益率，就必须准备承担更多的风险。利差是衡量投资者因承担额外风险而获得的预期额外收益率的指标，所谓额外收益率是指收益率超出基准证券（通常是政府债券）的部分。最后一节是本章重点和一些实践问题的小结。

3.2 债券价格和货币的时间价值

债券定价是现金流贴现分析法的一种应用。定价过程的复杂性取决于被定价债券的特征和用于贴现的利率。本节从对所有未来现金流使用单一贴现因子开始，到债券估值的最一般方法结束。债券估值的最一般方法是使用与每一期未来现金流相对应的一系列即期利率进行贴现。

3.2.1 使用单一市场贴现率为债券定价

对于传统的固定利率债券（无内嵌期权），未来现金流是由一系列息票支付和到期时的全额本金偿还组成的。息票是在预先固定的日期支付的，例如一只期限为 5 年、每年支付一次息票的债券可能在每年的 6 月 15 日支付息票，最后一次息票通常在到期日连同全部本金一并支付。进行货币的时间价值计算时，使用**市场贴现率**来贴现，债券发行时的价格应该等于上述全部现金流的现值。市场贴现率是指投资者在考虑债券的投资风险后所要求的回报率。它也被称为**要求收益率**，或**要求回报率**。

来看一组例子。假设一只债券的票面利率是 4%，每年支付一次息票。如果到期期限为 5 年，市场贴现率为 6%，则债券价格为每 100 美元票面价值售价 91.575 美元。票面价值就是债券的本金。具体计算公式如下：

$$\frac{4}{(1.06)^1}+\frac{4}{(1.06)^2}+\frac{4}{(1.06)^3}+\frac{4}{(1.06)^4}+\frac{104}{(1.06)^5}=$$
$$3.774+3.560+3.358+3.168+77.715=91.575$$

最后一笔现金流为 104 美元，是偿付的本金（100 美元）加上当天应付的息票（4 美元）。债券价格等于 5 笔现金流的现值之和。每 100 美元票面价值的价格也可以看作价格占票面价值的百分比。如果总票面价值是 10 万美元，每年支付的息票是 4000 美元，则债券价格是 91 575 美元。因为债券价格应是票面价值的 91.575%。我们称债券是**折价交易**的，因为其市场价格低于票面价值。

假设另一只 5 年期债券票面利率为 8%，每年支付一次息票。如果市场贴现率仍为 6%，则债券价格为 108.425。计算方法如下：

$$\frac{8}{(1.06)^1}+\frac{8}{(1.06)^2}+\frac{8}{(1.06)^3}+\frac{8}{(1.06)^4}+\frac{108}{(1.06)^5}=$$

$$7.547+7.120+6.717+6.337+80.704=108.425$$

此债券是**溢价交易**的，因为其市场价格高于票面价值。

假设第三只 5 年期债券支付 6% 的年化票面利率，市场贴现率仍然是 6%，则此债券为**平价交易**。其价格为：

$$\frac{6}{(1.06)^1}+\frac{6}{(1.06)^2}+\frac{6}{(1.06)^3}+\frac{6}{(1.06)^4}+\frac{106}{(1.06)^5}=$$

$$5.660+5.340+5.038+4.753+79.209=100.000$$

票面利率规定了发行人承诺每年支付给债券持有人的息票金额。市场贴现率反映了想要让投资者平价购买债券每年需要支付的息票金额。因此，假设上面三种债券具有相同的风险，它们在定价时可以使用相同的市场贴现率。票面利率为 4% 的债券所付的息票金额"不足"。因此其价格低于票面价值，差额等于息票不足部分的现值，即每年票面价值的 2%。使用市场贴现率计算不足部分的现值，其结果为 -8.425。

$$\frac{-2}{(1.06)^1}+\frac{-2}{(1.06)^2}+\frac{-2}{(1.06)^3}+\frac{-2}{(1.06)^4}+\frac{-2}{(1.06)^5}=-8.425$$

因此票面利率为 4% 的债券价格为 91.575（=100-8.425）美元。同样，票面利率为 8% 的债券所付的息票"过高"，因为在该风险水平下投资者只要求 6% 的收益率。该债券溢价的金额为现金流超额部分的现值，其数值为 8.425。因此票面利率为 8% 的债券价格为 108.425（=100+8.425）美元。

这些例子表明，固定利率债券的价格与票面价值的关系，取决于票面利率与市场贴现率的关系。以下是对该关系的总结：

- 当票面利率小于市场贴现率时，债券以低于票面价值的折价交易。
- 当票面利率大于市场贴现率时，债券以高于票面价值的溢价交易。
- 当票面利率等于市场贴现率时，债券按票面价值平价交易。

在前面的例子中，我们都假设定价发生在债券的息票支付日。如果定价发生在息票支付日期之间，支付的价格将包括应计利息，即已经获得但尚未支付的利息。应计利息将在 2.3.1 节详细讨论。

式（3-1）是在给定市场贴现率下计算债券价格的一般公式：

$$PV=\frac{PMT}{(1+r)^1}+\frac{PMT}{(1+r)^2}+\cdots+\frac{PMT+FV}{(1+r)^N} \tag{3-1}$$

式中　PV——现值，或债券价格；

　　　PMT——每一期的息票支付；

　　　FV——债券到期时支付的本金，或债券的票面价值；

　　　r——市场贴现率，或每一期的要求收益率；

　　　N——至到期日为止的计息周期数量。

目前为止我们分析的都是一年支付一次息票的债券，这是大多数欧洲债券的惯例。亚洲和北美的债券一般每半年支付一次息票，但报价的票面利率仍然是年利率。假设债券的票面利率为8%，一年支付两次息票（每半年一次），分别在6月15日和12月15日支付息票。债券的票面价值为100（FV=100），每个计息周期支付的息票为4（PMT=4）。如果到期期限为3年，则为期半年的计息周期数量为6个（$N=6$）。如果市场贴现率是每半年3%（$r=0.03$），使用定价公式可得债券价格为105.417。

$$\frac{4}{(1.03)^1}+\frac{4}{(1.03)^2}+\frac{4}{(1.03)^3}+\frac{4}{(1.03)^4}+\frac{4}{(1.03)^5}+\frac{104}{(1.03)^6}=105.417$$

如果债券的计价货币是新加坡元，实际面值为10万新元，那么价格就是10.5417万新加坡元。该债券相对于票面价值是溢价交易的，因为每半年4%的票面利率大于每半年3%的市场贴现率。通常来说，年化利率的计算方法是将每个计息周期的利率乘以1年内的计息周期数量。因此，一个等价的说法是，该债券是溢价交易的，因为其8%的年化票面利率大于6%的年化市场贴现率。除非另有说明，本书提到的利率通常都是指年化利率。

▌ 例3-1 折价交易、溢价交易和平价交易

请判断表3-1中各债券是折价、平价还是溢价交易。用式（3-1）计算每100面值债券的价格，如果票面利率与市场贴现率相比不足或过高，请计算每期利息的不足金额或超额金额。

表 3-1

债券	每个计息期支付的票面利率	到期前的计息期数量	每个计息期的市场贴现因子
A	2	6	3%
B	6	4	4%
C	5	5	5%
D	0	10	2%

解答：

债券 A 的价格为：

$$\frac{2}{(1.03)^1}+\frac{2}{(1.03)^2}+\frac{2}{(1.03)^3}+\frac{2}{(1.03)^4}+\frac{2}{(1.03)^5}+\frac{102}{(1.03)^6}=94.583$$

低于100，属于折价交易。该债券的价格低于票面价值，是因为每期票面利率（2%）低于每期的要求收益率（3%）。每期利息的不足金额等于票面利率减去市场贴现率再乘以票面价值，即：

$$(0.02-0.03)\times100=-1$$

如果用每个时期的要求收益率（市场贴现率）贴现，不足金额的现值是-5.417，计算方法为：

$$\frac{-1}{(1.03)^1}+\frac{-1}{(1.03)^2}+\frac{-1}{(1.03)^3}+\frac{-1}{(1.03)^4}+\frac{-1}{(1.03)^5}+\frac{-1}{(1.03)^6}=-5.417$$

也可以根据不足部分的现值来计算债券的价格：

$$100-5.417=94.583$$

债券 B 的价格为：

$$\frac{6}{(1.04)^1}+\frac{6}{(1.04)^2}+\frac{6}{(1.04)^3}+\frac{106}{(1.04)^4}=107.260$$

高于 100，属于溢价交易，因为债券 B 的票面利率（6%）大于每期市场贴现率（4%）。每期超额部分等于票面利率减去市场贴现率再乘以票面价值，即：

$$(0.06-0.04)\times100=2$$

超额部分的总现值是 7.260，可以用每个时期的要求收益率贴现得到：

$$\frac{2}{(1.04)^1}+\frac{2}{(1.04)^2}+\frac{2}{(1.04)^3}+\frac{2}{(1.04)^4}=7.260$$

也可以根据超额部分的现值来计算债券的价格：

$$100+7.260=107.260$$

债券 C 的价格为：

$$\frac{5}{(1.05)^1}+\frac{5}{(1.05)^2}+\frac{5}{(1.05)^3}+\frac{5}{(1.05)^4}+\frac{105}{(1.05)^5}=100.000$$

恰好等于面值，所以债券 C 是以平价交易的，其票面利率等于市场贴现率。息票支付额相对于债券的风险而言不高也不低。

债券 D 的价格为：

$$\frac{100}{(1.02)^{10}}=82.035$$

债券 D 是一种零息票债券，它总是以低于票面价值折价交易（在要求收益率大于零的时候）。每一时期票面支付的不足部分是：

$$(0-0.02)\times100=-2$$

总现值为：

$$\frac{-2}{(1.02)^1}+\frac{-2}{(1.02)^2}+\frac{-2}{(1.02)^3}+\frac{-2}{(1.02)^4}+\frac{-2}{(1.02)^5}+$$

$$\frac{-2}{(1.02)^6}+\frac{-2}{(1.02)^7}+\frac{-2}{(1.02)^8}+\frac{-2}{(1.02)^9}+\frac{-2}{(1.02)^{10}}=-17.965$$

该债券的价格也可以用不足部分总现值计算：

$$100-17.965=82.035$$

3.2.2　到期收益率

如果已知债券的市场价格，则可用式（3-1）计算其到期收益率（有时也称为兑回收益率或赎回收益率）。到期收益率是指现金流的内部收益率，当将所有的未来现金流均以该利率贴现时，现值之和刚好等于债券价格。它其实是隐含的市场贴现率。

在以下三个关键假设条件下，到期收益率就是投资者购买债券所获得的回报率：

（1）投资者持有债券直至到期。

（2）债券发行人按约定的日期足额支付所有息票及本金。因此，到期收益率是承诺的收益率，即假定发行人不发生任何支付拖欠情况下的收益率。

（3）投资者能够以同样的收益率将获得的息票再投资。这是所谓内部收益率特征之一。

例如，假设某 4 年期债券的票面利率为 5%，1 年付息一次，每 100 美元面值的发行价格为 105 美元，则到期收益率是下述方程中利率 r 的解：

$$105 = \frac{5}{(1+r)^1} + \frac{5}{(1+r)^2} + \frac{5}{(1+r)^3} + \frac{105}{(1+r)^4}$$

通过试错法或使用金融计算器上的"时间价值键"来求解,得到的结果是 $r = 0.036\,34$。该债券是溢价交易的,因为它的票面利率(5%)大于投资者要求的收益率(3.634%)。

到期收益率与固定收益投资组合的实际名义本金的大小是没有关系的。例如,假设一家日本机构投资者持有面值为 1 亿日元的 3 年期且年化票面利率为 2.5% 的债券,半年付息一次。该债券目前的价格为 98 175 677 日元。每半年的到期收益率可以通过解下面这个方程得到:

$$98.175\,677 = \frac{1.25}{(1+r)^1} + \frac{1.25}{(1+r)^2} + \frac{1.25}{(1+r)^3} + \frac{1.25}{(1+r)^4} + \frac{1.25}{(1+r)^5} + \frac{101.25}{(1+r)^6}$$

计算结果为每半年到期收益率为 1.571%($r = 0.015\,71$),年化后为 3.142%($= 0.015\,71 \times 2$)。一般来说,只要是期限为 3 年期的年利率为 2.5% 且付息频率为半年的债券,发行价格为票面价值的 98.175 677%,那么无论名义本金是多少,其年化到期收益率均为 3.142%。

▌例 3-2　折价交易、溢价交易和平价交易债券的到期收益率

请计算表 3-2 中各债券的到期收益率。表中的债券价格都是每 100 面值的价格。

表　3-2

债券	每个计息期支付的票面利率	到期前的计息期数量	债券价格
A	3.5	4	103.75
B	2.25	6	96.50
C	0	60	22.375

解答:

债券 A 的到期收益率计算过程为:

$$103.75 = \frac{3.5}{(1+r)^1} + \frac{3.5}{(1+r)^2} + \frac{3.5}{(1+r)^3} + \frac{103.5}{(1+r)^4}, \quad r = 0.025\,03$$

该债券是溢价交易的,所以其到期收益率(2.503%)低于每期的票面利率(3.5%)。

债券 B 的到期收益率计算过程为:

$$96.50 = \frac{2.25}{(1+r)^1} + \frac{2.25}{(1+r)^2} + \frac{2.25}{(1+r)^3} + \frac{2.25}{(1+r)^4} + \frac{2.25}{(1+r)^5} + \frac{102.25}{(1+r)^6}, \quad r = 0.028\,94$$

该债券是折价交易的,所以其到期收益率(2.894%)高于每期的票面利率(2.25%)。

债券 C 的到期收益率计算过程为:

$$22.375 = \frac{100}{(1+r)^{60}}, \quad r = 0.025\,27$$

债券 C 是一只零息票债券,以大幅低于票面价值的价格折价交易,其到期收益率为 2.527%。

3.2.3　债券价格与债券特征的关系

当市场贴现率发生变化时,固定利率债券的价格会随之变化。债券价格与市场贴现率的变化呈现出四种关系:

（1）债券价格与市场贴现率成反比。当市场贴现率增加时，债券价格下降（反向变化效应）。

（2）对于相同的票面利率和到期期限，当市场贴现率下降时，债券价格的变化百分比（绝对值，这意味着不考虑变化的正负符号）大于市场贴现率上升时的变化百分比（凸性效应）。

（3）在到期日相同的情况下，当市场贴现率变动相同的幅度时，低息债券的价格变动百分比比高息债券的大（息票效应）。

（4）一般来说，对于相同的票面利率，当市场贴现率变动相同的幅度时，长期债券的价格变动百分比比短期债券的大（期限效应）。

表 3-3 展示了 9 只债券，付息频率均为每年一次，从中可以看到上述关系。这些债券有不同的票面利率和到期期限，但与风险有关的其他方面是一样的。到期期限为 10 年、20 年和 30 年的债券票面利率分别是 10%、20% 和 30%。首先我们用 20% 的市场贴现率为这些债券定价，根据式（3-1）来计算它们的价格。然后将市场贴现率下调 1 个百分点，由 20% 降至 19%，再计算一次价格。最后计算市场贴现率由 20% 提高至 21% 的情况。

表 3-3　债券价格与债券特征的关系

债券	票面利率	到期期限	市场贴现率为 20% 时的价格	市场贴现率下降时		市场贴现率上升时	
				市场贴现率为 19% 时的价格	变化百分比	市场贴现率为 21% 时的价格	变化百分比
A	10.00%	10	58.075	60.950	4.95%	55.405	-4.60%
B	20.00%	10	100.000	104.339	4.34%	95.946	-4.05%
C	30.00%	10	141.925	147.728	4.09%	136.487	-3.83%
D	10.00%	20	51.304	54.092	5.43%	48.776	-4.93%
E	20.00%	20	100.000	105.101	5.10%	95.343	-4.66%
F	30.00%	20	148.696	156.109	4.99%	141.910	-4.56%
G	10.00%	30	50.211	52.888	5.33%	47.791	-4.82%
H	20.00%	30	100.000	105.235	5.23%	95.254	-4.75%
I	30.00%	30	149.789	157.581	5.20%	142.716	-4.72%

第一种关系是债券价格与市场贴现率成反比。当市场贴现率从 20% 下降到 19% 时，所有债券的价格都会上升，当市场贴现率从 20% 上升到 21% 时，所有债券的价格都会下降。这是因为固定利率债券提供固定现金流。当市场贴现率上升或下降时，式（3-1）中的分子保持不变，所以债券价格（PV）与市场贴现率（r）成反比。

第二种关系反映了凸性效应。在表 3-3 中，价格变动百分比是用下面这个公式计算的：

$$变动百分比 = \frac{新价格 - 旧价格}{旧价格}$$

例如，当债券 A 的市场贴现率下降时，价格从 58.075 上升到 60.950。价格涨幅为 4.95%。

$$变动百分比 = \frac{60.950 - 58.075}{58.075} = 0.0495$$

对于每一种债券，价格上涨的百分比在绝对值上大于价格下跌的百分比。这表明债券价格与市场贴现率之间的关系不是线性的，而是呈现出弯曲的形状。我们称这种关系为"凸性的"。图 3-1 显示了票面利率为 10% 的 10 年期债券价格表现出的凸性效应。

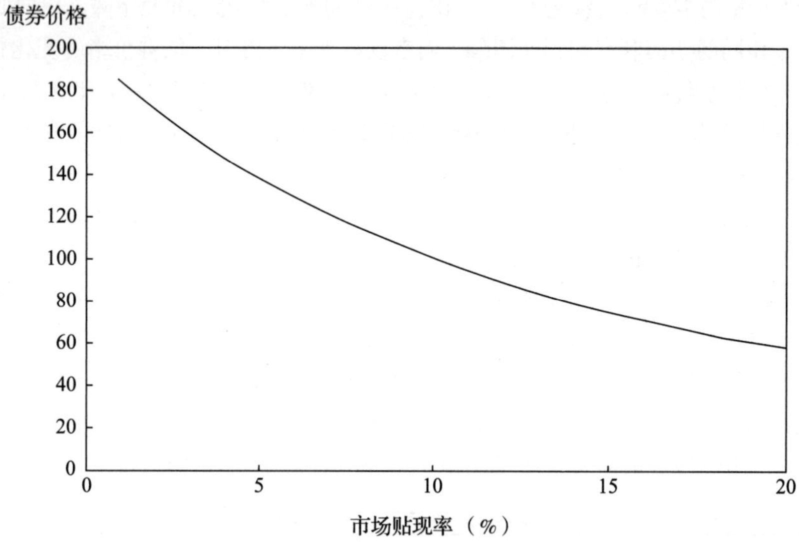

图 3-1　市场贴现率与债券价格之间的凸性关系（到期期限为 10 年，票面利率为 10%）

第三种关系是息票效应。以债券 A、债券 B 和债券 C 为例，它们的到期期限均为 10 年，但票面利率由低到高。无论在市场贴现率下降还是上升的时候，A 债券的价格变动百分比都大于 B 债券，B 债券的价格变动百分比又大于 C 债券。到期期限为 20 年和 30 年的债券的价格变动比例也呈现相同的规律。因此，可以看到在其他条件不变的情况下，低息债券的价格波动比高息债券更大。

第四种关系是期限效应。分别配对比较债券 A 和债券 D、债券 B 和债券 E 以及债券 C 和债券 F。可以看到在其他方面类似的情况下，20 年期债券的价格变化百分比均大于对应的 10 年期债券，不管市场贴现率是在上升还是下降。一般来说，其他方面一样的长期债券价格波动大于短期债券。

期限效应也有一些例外的情况。这也是为什么本节在开始介绍四种关系时在第四条的陈述中要用到"一般来说"这个词。比较表 3-3 中债券 D 和债券 G、债券 E 和债券 H 以及债券 F 和债券 I。对于溢价交易的高票面利率债券 F 和债券 I，30 年期债券的价格变动百分比大于 20 年期的债券。债券 E 和债券 H 也表现出了相同的模式，这两只债券最初的价格属于平价交易。但债券 D 和债券 G 的情况出现了例外，这两种债券的票面利率低于市场贴现率，都以折价交易。20 年期 10% 票面利率的债券 D 的价格变动百分比要比 30 年期同样 10% 票面利率的债券 G 的价格变动百分比更大。在现实实践中，不满足期限效应的债券很少。只有票面利率很低（但不为零）、折价交易的长期债券才会出现这种情况。零息票债券总是存在期限效应的，平价交易和溢价交易的债券也一样。

表 3-3 中最后值得注意的一点是，债券 B、债券 E 和债券 H 的票面利率均为 20%，当市场贴现率为 20% 时，它们都以平价交易。票面利率等于市场贴现率的债券在息票支付日的价格就等于其票面价值，无论其到期期限是多少。

例3-3　根据票面利率和到期期限判断债券价格变化百分比

如表 3-4 所示，一个投资者考虑投资下面 6 只政府债券，所有债券均为每年付息一次。

表 3-4

债券	票面利率	到期期限	到期收益率	债券	票面利率	到期期限	到期收益率
A	0%	2 年	5.00%	D	0%	4 年	5.00%
B	5%	2 年	5.00%	E	5%	4 年	5.00%
C	8%	2 年	5.00%	F	8%	4 年	5.00%

1. 根据债券价格与债券特征之间的关系判断，当所有债券的收益率都从 5.00% 下降到 4.90% 时，哪一只债券的价格上涨比例最大？

2. 根据债券价格与债券特征之间的关系判断，当所有债券的收益率都从 5.00% 上升到 5.10% 时，哪一只债券的价格下跌比例最小？

解答 1：债券 D 的价格上涨比例最大，因为它的票面利率最低（息票效应），且到期期限较长（期限效应）。这些债券的期限效应没有例外的情况，因为没有折价交易的低息票债券。

解答 2：债券 C 的价格下跌比例最小，因为它有最高的票面利率（息票效应）和较短的到期期限（期限效应）。期限效应不会出现例外情况，因为债券 C 和债券 F 的定价高于其票面价值。

图 3-1 展示了在到期期限不变的情况下市场贴现率对债券价格的影响。它显示了市场贴现率发生瞬时变化时下一刻债券价格的变化。

但即使市场贴现率保持不变，债券价格也会随着时间的推移而变化。随着时间的推移，债券持有人越来越接近到期获得票面价值的状态。**固定收益价格轨迹**描述了固定收益债券的价格随时间推移发生的变化。该轨迹显示，无论是溢价交易还是折价交易，债券价格都有被"拉向面值"的趋势。如果发行人没有违约，债券的价格会随着剩余期限趋向于零而趋向于债券的票面价值。

图 3-2 展示了两只债券的固定收益价格轨迹，票面利率分别为 4% 和 12%，付息频率均为每年一次，到期期限均为 10 年。两只债券的市场贴现率都是 8%。票面利率为 4% 的债券初始价格是每 100 票面价值卖 73.160。该债券的价格逐年上涨，随着到期日的临近而越来越接近票面价值。票面利率为 12% 的债券初始价格为 126.840，随着到期日的临近逐年下跌，同样逐渐趋近于面值。两个价格都展现出被拉向面值的趋势。

3.2.4　使用即期利率为债券定价

之前使用市场贴现率为固定利率债券定价时，对所有的现金流使用了同一个贴现率。计算债券价格更一般的方法是使用市场贴现率序列，让不同的现金流日期对应一个不同贴现率。这种市场贴现率序列被称为**即期利率**序列。即期利率是指对应到期日零息票债券的到期收益率，有时也被称为"零息债利率"。根据即期利率序列计算得到的债券价格（或价值）也被称为债券的"无套利价值"。如果某只债券的价格与无套利价值存在差异，那么在不考虑交易成本的情况下存在套利机会。

假设一年期即期利率为 2%，两年期即期利率为 3%，三年期即期利率为 4%。那么一只票面利率为 5%，每年付息一次的三年期债券，使用即期利率定价的价格是 102.960。计算方法如下：

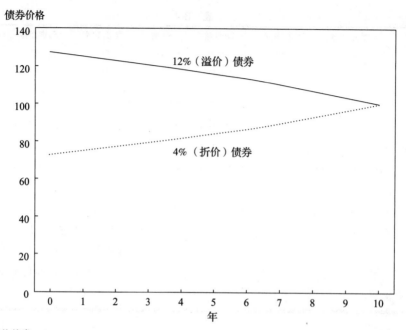

| | 折价债券 | 73.160 | 75.012 | 77.013 | 79.175 | 81.508 | 84.029 | 86.751 | 89.692 | 92.867 | 96.296 | 100.00 |
| | 溢价债券 | 126.84 | 124.98 | 122.98 | 120.82 | 118.49 | 115.97 | 113.24 | 110.30 | 107.13 | 103.70 | 100.00 |

图 3-2 固定收益价格轨迹，债券票面利率分别为 4% 和 12%，到期期限均为 10 年，市场贴现率为 8%

$$\frac{5}{(1.02)^1}+\frac{5}{(1.03)^2}+\frac{105}{(1.04)^3}=4.902+4.713+93.345=102.960$$

该三年期债券的价格高于票面价值，因此其到期收益率必定小于 5%。根据式（3-1）可以得到，该债券的到期收益率为 3.935%。

$$102.960=\frac{5}{(1+r)^1}+\frac{5}{(1+r)^2}+\frac{105}{(1+r)^3},\quad r=0.039\,35$$

如果使用到期收益率为息票和本金现金流贴现，可以得到相同的价格。

$$\frac{5}{(1.039\,35)^1}+\frac{5}{(1.039\,35)^2}+\frac{105}{(1.039\,35)^3}=4.811+4.629+93.520=102.960$$

请注意，单笔现金流使用即期利率贴现的现值与使用到期收益率贴现的现值是不一样的。第一期息票支付的现值用 2% 的即期利率贴现为 4.902，但用 3.935% 的到期收益率贴现为 4.811。最后一笔现金流（包含本金）的现值分别为 93.345（用 4% 贴现）和 93.520（用 3.935% 贴现）。不过，使用这两种方法的所有现金流现值之和均为 102.960。

式（3-2）是给定即期利率序列计算债券价格的一般公式：

$$PV=\frac{PMT}{(1+Z_1)^1}+\frac{PMT}{(1+Z_2)^2}+\cdots+\frac{PMT+FV}{(1+Z_N)^N} \tag{3-2}$$

式中 Z_1——第 1 期的即期利率，或零息债利率；

Z_2——第 2 期的即期利率，或零息债利率；

Z_N——第 N 期的即期利率，或零息债利率。

> **例 3-4　根据即期利率计算债券的到期收益率**
>
> 　　如表 3-5 所示，根据以下两个即期利率序列，计算 4 年期、票面利率 3%、一年付息一次的债券的价格（每 100 票面价值）和到期收益率。
>
> 表　3-5
>
> | 到期期限 | 即期利率序列 A | 即期利率序列 B | 到期期限 | 即期利率序列 A | 即期利率序列 B |
> | --- | --- | --- | --- | --- | --- |
> | 1 年 | 0.39% | 4.08% | 3 年 | 2.50% | 3.70% |
> | 2 年 | 1.40% | 4.01% | 4 年 | 3.60% | 3.50% |
>
> **解答：**
>
> 根据即期利率序列 A 计算债券价格：
>
> $$\frac{3}{(1.0039)^1}+\frac{3}{(1.0140)^2}+\frac{3}{(1.0250)^3}+\frac{103}{(1.0360)^4}=$$
>
> 2.988+2.918+2.786+89.412=98.104
>
> 所以在即期利率序列 A 下 4 年期债券的价格为 98.104。将价格表达到期收益率的形式：
>
> $$98.104=\frac{3}{(1+r)^1}+\frac{3}{(1+r)^2}+\frac{3}{(1+r)^3}+\frac{103}{(1+r)^4},\quad r=0.035\,16$$
>
> 因此债券的到期收益率为 3.516%。
>
> 根据即期利率序列 B 计算债券价格和到期收益率的过程如下：
>
> $$\frac{3}{(1.0408)^1}+\frac{3}{(1.0401)^2}+\frac{3}{(1.0370)^3}+\frac{103}{(1.0350)^4}=$$
>
> 2.882+2.773+2.690+89.759=98.104
>
> $$98.104=\frac{3}{(1+r)^1}+\frac{3}{(1+r)^2}+\frac{3}{(1+r)^3}+\frac{103}{(1+r)^4},\quad r=0.035\,16$$
>
> 所以在即期利率序列 B 下 4 年期债券的价格也为 98.104，到期收益率是 3.516%。
>
> 　　这个例子表明，两个差异很大的即期利率序列可以带来相同的债券价格和到期收益率。在即期利率序列 A 中利率随时间上升，而在即期利率序列 B 中利率随时间下降。

3.3　价格和收益率：跟报价和计算有关的市场惯例

　　当投资者购买股票时，报价多少他们就支付多少。但对于债券来说，报价和支付的价格之间可能存在差异。本节将解释为什么会出现这种差异，以及如何计算报价和应当支付的价格。本节还将介绍如何估算交易不活跃的债券的价格，并演示了如何计算固定利率债券、浮动利率债券和货币市场工具的收益率指标。

3.3.1　净价、应计利息和全价

　　当债券在息票支付日期之间进行交易时，它的价格分为两个部分：净价（PV^{Flat}）和应计利息（AI）。这两个部分之和被称为全价（PV^{Full}），也被称为发票价格或脏价。净价，即全价

减去应计利息，也被称为报价或实价。

$$PV^{Full} = PV^{Flat} + AI \tag{3-3}$$

债券经纪商通常会报净价。如果发生交易，买方需要向卖方支付净价加上**结算日**当天的应计利息，也就是说需要以全价进行结算。结算日期是债券买方支付现金、卖方交付证券的日期。

之所以采用净价来报价，是为了避免投资者对债券的市场价格走势产生误解。如果做市商以全价报价，即使到期收益率没有变化，投资者也会看到债券价格在逐日上涨。但这只是因为应计利息每天都在增加。当付息日结束后，报价会大幅下降。在报价时使用净价可以避免这种误解。图3-2中被"拉向面值"的固定收益价格轨迹用的就是净价。

应计利息是下一次息票支付的比例份额。假设付息周期为 T 天，而结算日距离上次支付日已经过去了 t 天。则可以根据式（3-4）来计算应计利息：

$$AI = \frac{t}{T} \times PMT \tag{3-4}$$

式中　t——从上一次付息到结算日的天数；

　　　T——一个付息周期的天数；

　　t/T——自上次付息以来本付息周期已经过去的百分比；

　　PMT——本付息周期的息票支付。

请注意，全价中的应计利息部分并不取决于到期收益率。因此，受市场贴现率变化影响的是净价部分。

在债券市场上计算天数有不同的惯例。两种最常见的天数计算惯例是"实际/实际"和"30/360"。如果采用"实际/实际"的计算方法，使用的都是实际的天数，其中包含了周末、节假日和闰日等。例如，假设一只半年付息一次的债券在每年的5月15日和11月15日支付利息。如果要计算6月27日结算的应计利息，则使用5月15日至6月27日的实际天数（$t = 43$ 天）除以5月15日至11月15日的实际天数（$t = 184$ 天），再乘以息票支付额。如果票面利率为4.375%，则应计利息为每100票面价值0.511 209。

$$AI = \frac{43}{184} \times \frac{4.375}{2} = 0.511\,209$$

日期计算的惯例因市场而异。"实际/实际"的方法在政府债券中最为常见。

"30/360"日期计算惯例经常用于公司债券中。它假设每个月都有30天，全年有360天。因此，如果使用这种方法，则5月15日至6月27日为42天，其中5月15日至5月30日为15天，6月1日至6月27日为27天。而5月15日至11月15日的6个月期间计为180天。所以每半年支付4.375%息票的公司债券，应计利息为每100票面价值0.510 417。

$$AI = \frac{42}{180} \times \frac{4.375}{2} = 0.510\,417$$

给定每一时期的市场贴现率（r），固定收益债券在息票支付日之间的全价可由式（3-5）计算得到：

$$PV^{Full} = \frac{PMT}{(1+r)^{1-t/T}} + \frac{PMT}{(1+r)^{2-t/T}} + \cdots + \frac{PMT+FV}{(1+r)^{N-t/T}} \tag{3-5}$$

式（3-5）和式（3-1）很像。不同之处在于下一次息票支付（PMT）按照剩余的计息周期来贴现，即贴现期为 $1-t/T$。第二次息票支付的贴现期则等于剩余的计息周期再加上一个完整的计息周期，即 $2-t/T$。

可以通过分子和分母同时乘以表达式 $(1+r)^{t/T}$ 来化简式（3-5）。其结果为式（3-6）：

$$PV^{Full} = \left[\frac{PMT}{(1+r)^1} + \frac{PMT}{(1+r)^2} + \cdots + \frac{PMT+FV}{(1+r)^N} \right] \times (1+r)^{t/T} = PV \times (1+r)^{t/T} \qquad (3-6)$$

式（3-6）的一个优点是，PV 的取值，也就是括号中的表达式，很容易使用财务计算器上的"货币时间价值"按键计算，因为其中包含 N 个间隔均匀的贴现周期。这里的 PV 和式（3-1）中一样，都不是净价。

例如，考虑 2028 年 2 月 15 日到期的政府债券，半年付息一次，票面利率为 5%。该债券的应计利息采用"实际/实际"的日期计数惯例，息票支付日为每年的 2 月 15 日和 8 月 15 日。以 2019 年 5 月 14 日作为结算日进行定价，181 天的计息周期已经过去了 88 天。因为根据实际天数计算，从 2 月 15 日的上一次息票支付到 5 月 14 日有 88 天，从 2 月 15 日到 8 月 15 日的下一次息票支付有 181 天。假设年到期收益率为 4.80%，对应的每半年市场贴现率为 2.40%。从 2019 年 2 月 15 日的息票支付日开始，到到期前将有 18 个平均间隔的半年周期。第一步我们用式（3-1）求解 PV，其中 PMT=2.5，$N=18$，FV=100，$r=0.0240$。

$$PV = \frac{2.5}{(1.0240)^1} + \frac{2.5}{(1.0240)^2} + \cdots + \frac{102.5}{(1.0240)^{18}} = 101.447\,790$$

用每期 2.40% 的到期收益率贴现，债券在上一个付息日的价格将是每 100 面值 101.447 790。这不是该债券当天的实际价格。这是一个假设价格，是使用对应于 2019 年 5 月 14 日结算日的要求收益率计算得到的。

可以用式（3-6）来求该债券的全价。

$$PV^{Full} = 101.447\,790 \times (1.0240)^{88/181} = 102.624\,323$$

每 100 面值债券的全价是 102.624 323，应计利息是 1.215 470。

$$AI = \frac{88}{181} \times 2.5 = 1.215\,470$$

每 100 面值的净价为 101.408 853。⊖

$$PV^{Flat} = PV^{Full} - AI = 102.624\,323 - 1.215\,470 = 101.408\,853$$

▌例 3-5　计算债券的全价、应计利息和单价

票面利率 6% 的德国公司债券将于 2019 年 6 月 18 日结算。该债券每半年支付一次息票，付息日为每年的 3 月 19 日和 9 月 19 日，并于 2030 年 9 月 19 日到期。公司债券的应计利息采用"30/360"日期计数惯例。在到期收益率分别为（A）5.80%、（B）6.00% 和（C）6.20% 时，计算每 100 欧元面值该债券的全价、应计利息和净价。

解答：在"30/360"日期计数惯例下，从上一个付息日 2019 年 3 月 19 日到结算日 2019 年 6 月 18 日共有 89 天（3 月 19 日至 3 月 30 日共有 11 天，加上 4 月和 5 月两个完整月份的 60 天，再加上 6 月的 18 天）。因此该计息周期已经过去的百分比为 89/180。在计息周期开始时，债券还有 11.5 年（或 23 个半年度）到期。

⊖ Microsoft Excel 用户可以使用财务函数"PRICE"来计算净价，具体命令为：PRICE(DATE(2019,5,14), DATE(2028,2,15),0.05,0.048,100,2,1)。输入的数据是结算日、到期日、票面利率、年到期收益率、票面价值、每年的计息周期数量和日期计算惯例对应的代码（0 代表"30/360"，1 代表"实际/实际"）。

（A）在年到期收益率为 5.80% 或每半年 2.90% 时：

计息周期开始时每 100 欧元票面价值的债券价格为 101.661 589 欧元。

$$PV = \frac{3}{(1.0290)^1} + \frac{3}{(1.0290)^2} + \cdots + \frac{103}{(1.0290)^{23}} = 101.661\,589$$

6 月 18 日的全价是 103.108 770 欧元。

$$PV^{Full} = 101.661\,589 \times (1.0290)^{89/180} = 103.108\,770$$

应计利息为 1.483 333 欧元，净价为 101.625 437 欧元。

$$AI = \frac{89}{180} \times 3 = 1.483\,333$$

$$PV^{Flat} = 103.108\,770 - 1.483\,333 = 101.625\,437$$

（B）在年到期收益率为 6.00% 或每半年 3.00% 时：

计息周期开始时债券按平价交易，因为票面利率等于市场贴现率。

$$PV = \frac{3}{(1.0300)^1} + \frac{3}{(1.0300)^2} + \cdots + \frac{103}{(1.0300)^{23}} = 100.000\,000$$

6 月 18 日的全价是 101.472 251 欧元。

$$PV^{Full} = 100.000\,000 \times (1.0300)^{89/180} = 101.472\,251$$

应计利息为 1.483 333 欧元，净价为 99.988 918 欧元。

$$AI = \frac{89}{180} \times 3 = 1.483\,333$$

$$PV^{Flat} = 101.472\,251 - 1.483\,333 = 99.988\,918$$

尽管票面利率和到期收益率相等，但债券的净价略低于票面价值，因为应计利息没有考虑到货币的时间价值。应计利息是债券持有人从上一个付息日到结算日期间所赚取的利息，在这里是每 100 欧元票面价值 1.483 333 欧元。但这些利息收入要到下一个付息日才会收到。从理论上说，应计利息应为 1.483 333 欧元的现值。但在实践中，会计和财务报告需要考虑实质性和可行性的问题。由于这些原因，实际中应计利息的计算忽略了货币的时间价值。因此，与理论相比，报告中的应计利息略微偏高，因此净价有点偏低。但全价没有这些问题，因为它等于未来现金流现值的总和，用市场贴现率贴现。

（C）在年到期收益率为 6.20% 或每半年 3.10% 时：

计息周期开始时每 100 欧元票面价值的债券价格为 98.372 607 欧元。

$$PV = \frac{3}{(1.0310)^1} + \frac{3}{(1.0310)^2} + \cdots + \frac{103}{(1.0310)^{23}} = 98.372\,607$$

6 月 18 日的全价是 99.868 805 欧元。

$$PV^{Full} = 98.372\,607 \times (1.0310)^{89/180} = 99.868\,805$$

应计利息为 1.483 333 欧元，净价为 98.385 472 欧元。

$$AI = \frac{89}{180} \times 3 = 1.483\,333$$

$$PV^{Flat} = 99.868\,805 - 1.483\,333 = 98.385\,472$$

在每种到期收益率情形下，应计利息都是相同的，因为它不依赖于到期收益率。净价的差异反映了投资者所要求的收益率的差异。

3.3.2　矩阵定价法

部分固定利率债券的交易并不活跃，因此没有可用的市场价格来计算投资者的要求收益率。同样的问题也会出现在尚未发行的债券上。在这些情况下，通常会根据其他交易更活跃的可比债券的报价或价格来估计市场贴现率和价格。选取的可比债券应该具有相似的到期日、票面利率和信用等级。该估值过程被称为**矩阵定价法**。

例如，假设分析师需要为一只期限为 3 年、票面利率为 4%、半年付息一次的公司债券 X定价。如果债券 X 的交易不活跃，而且最近一段时间没有关于这种证券的交易记录。但幸好可以找到 4 种信用等级非常相似的公司债券的报价：

- 债券 A：2 年期、半年付息一次、票面利率 3%，交易价格 98.500
- 债券 B：2 年期、半年付息一次、票面利率 5%，交易价格 102.250
- 债券 C：5 年期、半年付息一次、票面利率 2%，交易价格 90.250
- 债券 D：5 年期，半年付息一次、票面利率 4%，交易价格 99.125

可以根据票面利率和到期日将上述债券排列成矩阵形式。该矩阵如表 3-6 所示。

表 3-6　矩阵定价实例

	票面利率 2%	票面利率 3%	票面利率 4%	票面利率 5%
2 年期		98.500		102.250
		3.786%		3.821%
3 年期			债券 X	
4 年期				
5 年期	90.250		99.125	
	4.181%		4.196%	

在表 3-6 中，列在债券价格下方的是对应债券的到期收益率。计算方法为先求半年期到期收益率再乘以 2。例如，半年付息一次、票面利率 3%的 2 年期公司债券的到期收益率为3.786%，其计算过程如下：

$$98.500=\frac{1.5}{(1+r)^1}+\frac{1.5}{(1+r)^2}+\frac{1.5}{(1+r)^3}+\frac{101.5}{(1+r)^4},\quad r=0.018\,93,\quad 0.018\,93\times2=0.037\,86$$

接下来，分析师可以分别计算出每一个到期期限债券的平均收益率：2 年期债券为3.8035%，5 年期债券为 4.1885%。

$$\frac{0.037\,86+0.038\,21}{2}=0.038\,035$$

$$\frac{0.041\,81+0.041\,96}{2}=0.041\,885$$

通过线性插值法可以估计出 3 年期债券的市场贴现率。插值结果为 3.9318%。

$$0.038\,035+\left(\frac{3-2}{5-2}\right)\times(0.041\,885-0.038\,035)=0.039\,318$$

用 3 年期债券的市场贴现率 3.9318%计算，期限为 3 年、票面利率为 4%、半年付息一次的公司债券的估计价格为 100.191，过程如下：

$$\frac{2}{(1.019\,659)^1}+\frac{2}{(1.019\,659)^2}+\frac{2}{(1.019\,659)^3}+\frac{2}{(1.019\,659)^4}+\frac{2}{(1.019\,659)^5}+\frac{102}{(1.019\,659)^6}$$
$$=100.191$$

请注意，3.9318%是年化后的收益率，将它除以2可以得到每半年的收益率（0.039 318/2 = 0.019 659）。

矩阵定价也被用于新债券的承销过程中，用以估计相对于**基准利率**的**要求收益率利差**。基准利率通常是指具有相同或接近到期时间的政府债券的到期收益率，而利差是指新债券的到期收益率与基准利率之间的差额。该利差是投资者对新发债券相对于政府债券在信用风险、流动性风险和税收待遇等方面的差异所要求的额外补偿，有时也被称为**对基利差**。利差通常以基点（bps）的形式表示，一个基点等于百分之一个百分点。例如，如果到期收益率为2.25%，而基准利率为1.50%，那么对基利差为0.75%，也就是75个基点。本章后面将会对利差进行更详细的介绍。

假设一家公司即将发行一只5年期债券。目前，该公司的账面上已经有一只期限为4年、每年支付3%息票的债券。该债券的价格是面值102.400。这个价格是全价，但也刚好等于净价，因为应计利息为零。这表明息票支付刚刚完成，距离到期还有4年整。投资者购买该债券的4年预期收益率为2.36%，可以根据下式计算：

$$102.400=\frac{3}{(1+r)^1}+\frac{3}{(1+r)^2}+\frac{3}{(1+r)^3}+\frac{103}{(1+r)^4},\quad r=0.0236$$

假设没有恰好为4年期的政府债券作为基准来计算这种证券的利差，但有3年期和5年期政府债券，到期收益率分别为0.75%和1.45%。两个到期收益率的平均值为1.10%，可以作为4年期政府债券的估计收益率。因此，使用隐含基准利率得到的利差估计值为126个基点（0.0236－0.0110 = 0.0126）。

通常每个到期期限和信用评级都有不同的利差。通常将"无风险"债券的到期收益率和到期期限之间的关系称为无风险利率的期限结构，我们将在3.4节对其做进一步讨论。我们在"无风险"中加了引号是为了提醒大家不存在真正没有风险的债券。债券利差的主要部分是对信用风险的补偿，而不是对到期时间的补偿。因此，利差反映了**信用利差的期限结构**。信用利差的期限结构是指一般债券的要求收益率高于无风险（基准）利率的差额与到期期限之间的关系。该期限结构将在第7章中进行更详细的介绍。

该债券发行者现在得到了4年期利差的估计值，大小为126个基点。可以将该利差作为估算新发行的五年期债券的信用利差的一个参考点。假设该公司债券的信用利差期限结构显示，5年期信用利差要比4年期信用利差高出约25个基点，那么5年期信用利差的估计值就为151个基点（0.0126+0.0025 = 0.0151）。如果五年期国债的到期收益率为1.45%，那么预计新发行债券的市场贴现率应该为2.96%（0.0145+0.0151 = 0.0296）。该公司可以将债券的票面利率设定为3%，并预期可以以比票面价值稍高的价格出售该债券。

▌例3-6　用矩阵定价法估计债券价格

分析师需要给流动性较差的某4年期、票面利率4.5%、一年付息一次的公司债券定价。这位分析师找到了两种信用质量相似的公司债券：一种是3年期、票面利率5.5%、一年付息一次的债券，每100票面价值的价格为107.500；另一种是5年期、票面利率4.50%、一年付息一次的债券，每100票面价值的价格为104.750。如果采用矩阵定价法计算，这只流动性较差的债券每 100 票面价值的估价最接近下面哪个数值？

　　A. 103.895　　　　　　　B. 104.991　　　　　　　C. 106.125

解答：正确答案是 B。

首先确定待定价债券的到期收益率。价格为 107.500 的 3 年期、票面利率为 5.50% 的债券的要求收益率是 2.856%：

$$107.500 = \frac{5.50}{(1+r)^1} + \frac{5.50}{(1+r)^2} + \frac{105.50}{(1+r)^3}, \quad r = 0.028\,56$$

价格为 104.750 的 5 年期、票面利率为 4.50% 的债券的要求收益率为 3.449%：

$$104.750 = \frac{4.50}{(1+r)^1} + \frac{4.50}{(1+r)^2} + \frac{4.50}{(1+r)^3} + \frac{4.50}{(1+r)^4} + \frac{104.50}{(1+r)^5}, \quad r = 0.034\,49$$

具有相同信用质量的 4 年期债券的市场贴现率的一个合理估计值是上述两个要求收益率的平均值：

$$\frac{0.028\,56 + 0.034\,49}{2} = 0.031\,525$$

根据 3.1525% 的到期收益率估计值计算，待估值公司债券的价格估计值为每 100 票面价值 104.991：

$$\frac{4.50}{(1.031\,525)^1} + \frac{4.50}{(1.031\,525)^2} + \frac{4.50}{(1.031\,525)^3} + \frac{104.50}{(1.031\,525)^4} = 104.991$$

3.3.3　不同复利计算周期的年收益率

衡量固定利率债券投资收益率的方法有很多。考虑一只 5 年期零息票政府债券，今天的买入价是 80 英镑，投资者可以在 5 年后获得 100 英镑的赎回款。一种衡量收益率的方法是用总收益 20 英镑除以投资金额 80 英镑，得到的值为 25%。但投资者需要一个标准化的收益率指标，允许对不同到期期限的债券进行比较。因此，收益率指标通常会被年化。上述零息票债券可能的一个年化收益率是 5%，计算方法是将 25% 的总收益率除以 5 年。但对这种期限超过 1 年的债券，投资者希望获得年化复利到期收益率。期限为 1 年或更短的金融工具的收益率被称为货币市场利率，通常以年化非复利的形式表述。它们是以单利的形式报价的，我们将在本章稍后对其进行介绍。

一般来说，固定利率债券的年化复利收益率与 1 年中假定的复利计算周期数有关，后者也被称为年化利率的复利计算频率。通常，复利计算频率与息票支付的频率是一致的。半年期债券在报告年收益率时所用的复利计算频率为 2，其数值等于半年期的利率乘以 2。按季度支付息票的债券年收益率的复利计算频率为 4，其数值等于每季度的利率乘以 4。所以搞清楚年利率对应的复利计算频率是很重要的。

零息票债券的年化市场贴现率的复利计算频率可以取任意值，因为它不支付任何息票。以前面提到的期限为 5 年、价格为 80 英镑的零息票债券为例，如果采用半年计一次复利的形式，则年化到期收益率为 4.5130%。该年化收益率的复利计算频率为 2，因此有：

$$80 = \frac{100}{(1+r)^{10}}, \quad r = 0.022\,565, \quad 0.022\,565 \times 2 = 0.045\,130$$

如果采用每季度计一次复利的形式，则年化到期收益率为 4.4880%。该年化收益率的复利计算频率为 4，因此有：

$$80 = \frac{100}{(1+r)^{20}}, \quad r = 0.011\,220, \quad 0.011\,220 \times 4 = 0.044\,880$$

如果采用每月计一次复利的形式，则年化到期收益率为 4.4712%。该年化收益率的复利计算频率为 12，因此有：

$$80 = \frac{100}{(1+r)^{60}}, \quad r = 0.003\,726, \quad 0.003\,726 \times 12 = 0.044\,712$$

如果采用每年计一次复利的形式，则年化到期收益率为 4.5640%。该年化收益率的复利计算频率为 1，因此有：

$$80 = \frac{100}{(1+r)^{5}}, \quad r = 0.045\,640, \quad 0.045\,640 \times 1 = 0.045\,640$$

该年化收益率也被称为**有效年化收益率**。有效年化收益率的复利计算频率为 1，因为 1 年只有一个复利计算周期。

在这个零息票债券的例子中，以 2.2565% 的收益率计复利 2 次、以 1.1220% 的收益率计复利 4 次和以 0.3726% 的收益率计复利 12 次都是同样的结果，都等于有效年化收益率 4.5640%。因此不同年化收益率表达方式对应的复利总收益率都是一样的，不同之处在于一年之中复利计息周期的数量，即年化收益率的复利计算频率。对于给定的一组现金流，年化收益率和复利计算频率是负相关的。

以美元计价的债券，最常用的收益率复利计算频率是 2，因为美国市场上大多数债券每半年支付一次息票。复利计算频率为 2 的年化收益率被称为**半年计息债券式收益率**，或**半年计息债券等价收益率**。因此，半年计息债券式收益率就等于每半年期的收益率乘以 2。有一点很重要，"半年计息债券式收益率"和"每半年的收益率"的含义是不同的，前者是年化过的。例如，如果某只债券的每半年的收益率为 2%，那么其半年计息债券式收益率为 4%。

固定收益分析的一个重要工具是收益率周期转换器，可以将一种复利计算频率的收益率转换为另一种复利计算频率的收益率。这种转换称为复利计算频率转换或复利周期转换。要将复利计算频率为每年 m 次的年化收益率（APR_m）转换为复利计算频率为每年 n 次的年化收益率（APR_n），可以使用式（3-7）来完成：

$$\left(1 + \frac{\text{APR}_m}{m}\right)^{m} = \left(1 + \frac{\text{APR}_n}{n}\right)^{n} \tag{3-7}$$

举个例子，假设某 3 年期、半年付息一次、票面利率 5% 的公司债券的价格为 104。如果以半年计息债券式收益率报价，其年化到期收益率为 3.582%（0.017 91 乘以 2）：

$$104 = \frac{2.5}{(1+r)^{1}} + \frac{2.5}{(1+r)^{2}} + \frac{2.5}{(1+r)^{3}} + \frac{2.5}{(1+r)^{4}} + \frac{2.5}{(1+r)^{5}} + \frac{102.5}{(1+r)^{6}}, \quad r = 0.017\,91$$

为了将该债券与其他债券进行比较，一位分析师要将该年化到期收益率转换为季度复利和月度复利。可以用式（3-7）将计息周期 $m=2$ 的年化收益率变换为 $n=4$ 和 $n=12$ 的年化收益率：

$$\left(1 + \frac{0.035\,82}{2}\right)^{2} = \left(1 + \frac{\text{APR}_4}{4}\right)^{4}, \quad \text{APR}_4 = 0.035\,66$$

$$\left(1+\frac{0.035\,82}{2}\right)^2=\left(1+\frac{APR_{12}}{12}\right)^{12}, \quad APR_{12}=0.035\,56$$

半年复利的年化到期收益率为 3.582%，而等效的季度复利和月度复利的年化收益率分别为 3.566% 和 3.556%。计息周期转换的一般规律是，以较低的年化利率较频繁地计算复利，等价于以较高的年化利率较不频繁地计算复利。该规律可以用来检查收益率周期转换计算的准确性。

式（3-7）同样适用于收益率为负的债券。包括瑞士、德国、瑞典和日本在内的几个国家，最近几年政府债券的收益率持续为负。举个简单的例子，假设一只 5 年期零息票债券的价格为 105。如果计息周期为 1，则其年化到期收益率也就是有效年化收益率，经计算其值为 -0.971%：

$$105=\frac{100}{(1+r)^2}, \quad r=-0.009\,71$$

可以利用公式将其转换为复利计算频率分别为 2 和 12 的半年度和月度复利收益率，年化收益率分别为 -0.973% 和 -0.975%：

$$\left(1+\frac{-0.009\,71}{1}\right)^1=\left(1+\frac{APR_2}{2}\right)^2, \quad APR_2=-0.009\,73$$

$$\left(1+\frac{-0.009\,71}{1}\right)^1=\left(1+\frac{APR_{12}}{12}\right)^{12}, \quad APR_{12}=-0.009\,75$$

可以看到同样是复利越频繁，到期收益率就越低（负得越多）。

例 3-7 基于复利计算周期的收益率转换

一只 5 年期、票面利率 4.50%、半年付息一次的政府债券定价为每 100 票面价值 98。计算该债券以半年复利为基准的年化到期收益率，四舍五入到最接近的基点。然后将该收益率换算为：

A. 可与按季度支付息票的其他可比债券进行直接比较的年化收益率。

B. 可与每年支付息票的其他可比债券进行直接比较的年化收益率。

解答：以半年复利为基准的年化到期收益率为 4.96%：

$$98=\frac{2.25}{(1+r)^1}+\frac{2.25}{(1+r)^2}+\frac{2.25}{(1+r)^3}+\frac{2.25}{(1+r)^4}+\frac{2.25}{(1+r)^5}+\frac{2.25}{(1+r)^6}+$$

$$\frac{2.25}{(1+r)^7}+\frac{2.25}{(1+r)^8}+\frac{2.25}{(1+r)^9}+\frac{102.25}{(1+r)^{10}}, \quad r=0.0248$$

将 0.0248 乘以 2 即可。

A. 将复利计算周期从 2 转换为 4：

$$\left(1+\frac{0.0496}{2}\right)^2=\left(1+\frac{APR_4}{4}\right)^4, \quad APR_4=0.0493$$

半年复利的年化收益率为 4.96%，季度复利的年化收益率为 4.93%。这符合前面总结的规律，因为增加复利的频率会降低年化收益率的数值。

B. 将复利计算周期从 2 转换为 1：

$$\left(1+\frac{0.0496}{2}\right)^2=\left(1+\frac{APR_1}{1}\right)^1, \quad APR_1=0.0502$$

半年复利的年化收益率为 4.96%，有效年化收益率为 5.02%。从更频繁的复利频率转换为更不频繁的复利频率会提高年化收益率的数值。

3.3.4 固定利率债券的收益率衡量指标

债券到期收益率报价和计算中的一个重要问题是现金流的实际发生时间。以 2028 年 3 月 15 日到期、半年支付一次息票、票面利率 6% 的公司债券为例。假设在 2020 年 1 月 23 日结算时，该债券的价格为每 100 票面价值卖 98.5，半年计息债券式收益率为 6.236%。其息票支付时间定于每年的 3 月 15 日和 9 月 15 日。收益率的计算隐含息票的实际支付在这些日期进行的假设，这忽略了 2020 年 3 月 15 日是周日，2025 年 3 月 15 日是周六的现实。事实上，息票是在下一个周一支付给投资者的。

华尔街惯例收益率是一种忽略周末和假日的收益率衡量指标。如果使用华尔街惯例收益率，那么到期收益率是在严格按照预定日期支付现金流的假设下得到的内部收益率。该假设简化了债券价格和收益率的计算，在实际报价中经常被采用。但有时也会使用**真实到期收益率**的方式报价。真实到期收益率是考虑了周末和假期，根据现金流发生的实际日历时间计算的内部收益率。真实到期收益率永远不会高于华尔街惯例收益率，因为周末和节假日只会延迟支付时间。两者的差异通常很小，不超过一两个基点。因此，真实到期收益率并不常用。有时，公司债券的报价会采用**政府债券等价收益率**的形式。政府债券等价收益率就是在计算到期收益率时将 "30/360" 的日期计算惯例更改为 "实际/实际" 的日期计算惯例。公司债券采用政府债券等价收益率方式报价可提高其与政府债券收益之间利差的可比性，因为这样做可以让两者使用相同的日期计算惯例。

固定利率债券常用的另一个收益率指标是**当期收益率**，也称为直接收益率或运行收益率。当期收益率的计算方法是将一年内收到的息票总额除以债券的报价。例如，某只 10 年期、半年付息一次、票面利率 2% 的债券，价格为每 100 票面价值报价 95，则其当期收益率为 2.105%：

$$\frac{2}{95} = 0.021\ 05$$

当期收益率是对投资者收益率的一个粗略估计，因为它在分子上忽略了支付息票的频率，在分母上忽略了应计利息。它只关注利息总收入。除了息票支付及其再投资收入，如果以折扣价购买债券并按票面价值赎回，投资者也可以获得资本收益。如果以溢价购买债券并按票面价值赎回，投资者就会蒙受资本损失。有些债券报价也会使用所谓**简单收益率**，它等于息票支付的总和加上按线性规则平摊的资本收益或资本损失，再除以净价。简单收益率主要用于日本政府债券（JGB）的报价。

📋 例 3-8 比较不同计息频率的收益率

一位分析师观察了两种债券的报告数据，见表 3-7。

表 3-7

	债券 A	债券 B
年票面利率	8.00%	12.00%
利息支付频率	半年一次	每季度一次
到期期限	5 年	5 年
价格（每 100 面值）	90	105
当期收益率	8.889%	11.429%
到期收益率	10.630%	10.696%

　　1. 分别确认两只债券的两种收益率指标的计算结果。

　　2. 这位分析师认为，债券 B 的风险比债券 A 略高。以到期收益率衡量，债券 B 的买家与债券 A 的买家相比，承担这种风险能获得多少额外补偿？

解答 1：

债券 A 的当期收益率为：

$$\frac{8}{90} = 0.088\ 89$$

债券 A 的到期收益率为：

$$90 = \frac{4}{(1+r)^1} + \frac{4}{(1+r)^2} + \cdots + \frac{104}{(1+r)^{10}}, \quad r = 0.053\ 15, \quad 0.053\ 15 \times 2 = 0.106\ 30$$

债券 B 的当期收益率为：

$$\frac{12}{105} = 0.114\ 29$$

债券 B 的到期收益率为：

$$105 = \frac{3}{(1+r)^1} + \frac{3}{(1+r)^2} + \cdots + \frac{103}{(1+r)^{20}}, \quad r = 0.026\ 74, \quad 0.026\ 74 \times 4 = 0.106\ 96$$

解答 2：

债券 A 的到期收益率为 10.630%，是半年付息一次的年化收益率。债券 B 的到期收益率为 10.696%，是每季度付息一次的年化收益率。收益率的差异不能直接用两者之差，或者说 6.6 个基点来衡量。为了得出相对有价值的结论，必须比较同一付息周期的收益率。

可以将一年两个付息周期的收益率 10.630% 转化为一年四个付息周期的收益率，其结果为 10.492%：

$$\left(1 + \frac{0.106\ 30}{2}\right)^2 = \left(1 + \frac{APR_4}{4}\right)^4, \quad APR_4 = 0.104\ 92$$

也可以将一年四个付息周期的收益率 10.696% 转化为一年两个付息周期的收益率，其结果为 10.839%：

$$\left(1 + \frac{0.106\ 96}{4}\right)^4 = \left(1 + \frac{APR_2}{2}\right)^2, \quad APR_2 = 0.108\ 39$$

当用半年付息一次的年化收益率衡量时，债券 B 的风险的额外补偿为 20.9 个基点：

$$0.108\ 39 - 0.106\ 30 = 0.002\ 09$$

当用每季度付息一次的年化收益率衡量时，额外补偿为 20.4 个基点：

$$0.106\ 96 - 0.104\ 92 = 0.002\ 04$$

　　如果固定利率债券包含**嵌入式期权**，还需要用到其他的收益率指标。嵌入式期权是债券的一部分，不能移除或单独出售。例如，可赎回债券包含一个内置的**看涨期权**，赋予了发行人在预定日期以指定价格从投资者手中回购债券的权利。预定日期通常与**回购行权保护期**之后的息票支付日一致。回购行权保护期为投资者提供了一段保护期，此期间内不允许债券发行者行使看涨期权。

　　假设一只 7 年期、年化票面利率为 8% 的债券，在发行满 4 年后首次可赎回。也就是说投资者有为期 4 年的回购行权保护期。回购行权保护期结束后，如果发行人的融资利率下降或信用等级提高，就可能对看涨期权行权。因为在这些情况下，发行人可以以较低的成本再融资。发行人行权的价格通常被设定为高于债券的票面价值。例如，上述债券的"看涨期权执行价格时间表"可能被设定为在 4 年后第一次可赎回时为 102，在 5 年后第二次可赎回时为101，在更晚的息票支付日则以面值赎回。

可以使用到期收益率等传统指标来衡量该 7 年期可赎回债券的收益率。但也可以使用"首次赎回收益率""第二次赎回收益率"等特有的收益率指标。如果该债券目前的价格是每100 面值卖 105，则 4 年后的首次赎回收益率是 6.975%：

$$105 = \frac{8}{(1+r)^1} + \frac{8}{(1+r)^2} + \frac{8}{(1+r)^3} + \frac{8+102}{(1+r)^4}, \quad r = 0.069\,75$$

而 5 年后的第二次赎回收益率为 6.956%：

$$105 = \frac{8}{(1+r)^1} + \frac{8}{(1+r)^2} + \frac{8}{(1+r)^3} + \frac{8}{(1+r)^4} + \frac{8+101}{(1+r)^5}, \quad r = 0.069\,56$$

同理，第三次赎回收益率是 6.953%：

$$105 = \frac{8}{(1+r)^1} + \frac{8}{(1+r)^2} + \frac{8}{(1+r)^3} + \frac{8}{(1+r)^4} + \frac{8}{(1+r)^5} + \frac{8+100}{(1+r)^6}, \quad r = 0.069\,53$$

最后，该债券的到期收益率为 7.070%：

$$105 = \frac{8}{(1+r)^1} + \frac{8}{(1+r)^2} + \frac{8}{(1+r)^3} + \frac{8}{(1+r)^4} + \frac{8}{(1+r)^5} + \frac{8}{(1+r)^6} + \frac{8+100}{(1+r)^7}, \quad r = 0.070\,70$$

上面的每个计算都利用了式（3-1），其中的看涨期权执行价格（或者面值）作为远期价格放在公式的左边。包括到期收益率在内的"赎回收益率序列"中最低的一个被称为"**最差收益率**"。在这个例子中，最差收益率为 6.953%。设置这个收益率的目的是让投资者知晓最保守假设下的收益率是多少。

债券做市商和投资者经常使用最差收益率来衡量固定利率可赎回债券的收益。但更精确的方法是使用期权定价模型和关于未来利率波动率的假设来评估内嵌看涨期权的价值。将内嵌看涨期权的价值加到债券的净价之上，就得到了**期权调整价格**。投资者承担了被回购的风险（债券发行者拥有回购的权利），因此从投资者的角度看，看涨期权降低了债券的价值。投资者愿意为可赎回债券支付的价格要低于不含期权债券的价格。所以如果债券是不可赎回的，它的价格会更高。可以根据期权调整价格来计算**期权调整收益率**。期权调整收益率是将债券价格对嵌入式看涨期权的价值进行调整后，计算得到的投资者要求市场贴现率。看涨期权的价值等于不含期权的债券价格减去可赎回债券的价格。

3.3.5 浮动利率债券的收益率衡量指标

浮动利率债券与固定利率债券有很大的不同。浮动利率债券也被称为浮息债或 FRN，其支付的息票额是不固定的，会根据参考利率水平的变化而变化。息票支付既有可能上升也有可能下降，这也是它们名字中"浮动"一词的含义。推出浮动利率债券的目的是创建一种比固定利率债券利率风险更小的证券，在市场利率波动时为投资者提供保护。从理论上说，即使在利率波动时期，浮动利率债券也能保持稳定的价格。而传统的固定利率债券的价格会受利率波动的影响，因为未来的现金流是不变的。对于浮动利率债券来说，利率波动只会影响未来的息票支付。

浮动利率债券的参考利率通常是短期货币市场利率，如 3 个月期伦敦银行同业拆借利率。浮动利率债券的本金一般不会摊销，在到期时一次性全额赎回。对每一个计息周期，都在期初确定参考利率，在期终支付息票。这种支付结构被称为"到期延付"。浮动利率债券最常见的日期计算惯例是"实际/360"和"实际/365"。

浮动利率债券的种类很多，这里只介绍一些最常见和最传统的。这些浮动利率债券的利率都被设定为参考利率加上或减去一个预先设定的利差。例如，某只浮动利率债券的利率可能为 3 个月期伦敦银行同业拆借利率（Libor）加 0.50%，具体取值每个季度都根据市场利率进行调整。在基准利率之上的固定利差被称为浮动利率债券的**报价利差**。报价利差的作用是向投资者补偿债券发行人的信用风险与参考利率所隐含的信用风险的差异。例如，信用评级高于伦敦银行同业拆借利率成分银行的公司，其借入资金的成本可能低于 Libor，从而导致报价利差为负。比如一家信用评级为 AAA 的公司发行的浮动利率债券的利率可能为 3 个月期 Libor 减去 0.25% 的报价利差。

要求利差是指高于或低于参考利率的利差，使得浮动利率债券的价格在利率重置日等于其票面价值。假设一只传统的浮动利率债券以票面价值发行，息票支付的利率为 3 个月期 Libor 加 0.50%，其报价利差为 50 个基点。如果发行人的信用风险没有变化，要求利差会保持在 50 个基点。在每个季度重置日期，该浮动利率债券的价格都等于其票面价值。在两个付息日之间，如果 Libor 发生了上升或下降，债券的净价将高于或低于票面价值。但是，如果要求利差继续与报价利差相同，那么随着下一个重置日期临近，其净价将被"拉回面值"。因为在重新设定息票的那一天，Libor 发生过的任何变动都会计入下一次息票支付当中。

要求利差的变化通常源于发行人信用风险的变化。流动性或税收状况的变化也可能影响要求利差。假设在重新设定息票日，由于发行人的信用等级下降，某只浮动利率债券的要求利差上升到了 75 个基点。继续按照 50 个基点的报价利差向投资者支付利息而提供的现金流显然有点"不足"，因此该浮动利率债券将以低于票面价值的折价销售。折价金额为未来现金流不足部分的现值，也就是在债券的剩余生命期内，每个付息周期 25 个基点的利差。它是要求利差和报价利差的差额。反之如果要求利差从 50 个基点降至 40 个基点，则该浮动利率债券将进入溢价状态。溢价金额等于每一计息周期"超额"支付的 10 个基点利差的现值。

固定利率债券和浮动利率债券的价格在信用风险变化时的表现是基本相同的。对于固定利率债券，溢价还是折价取决于其固定的票面利率和投资者要求的到期收益率之间的差额。而浮动利率债券的溢价或折价则是由报价利差和要求利差之间的差额决定的。在基准利率发生变化时，固定利率债券和浮动利率债券的表现是非常不同的。

为浮动利率债券估值需要一个定价模型。式（3-8）是一个简化版的浮动利率债券定价模型。按照市场惯例，要求利差被称为贴现利差。

$$PV = \frac{\frac{(Index+QM) \times FV}{m}}{\left(1+\frac{Index+DM}{m}\right)^1} + \frac{\frac{(Index+QM) \times FV}{m}}{\left(1+\frac{Index+DM}{m}\right)^2} + \cdots + \frac{\frac{(Index+QM) \times FV}{m}+FV}{\left(1+\frac{Index+DM}{m}\right)^N} \tag{3-8}$$

式中　PV——现值或浮动利率债券的价格；

　　　Index——参考利率，以每年若干百分比的形式表示；

QM——报价利差，以每年若干百分比的形式表示；

FV——到期支付的未来价值或债券的面值；

m——浮动利率债券的复利计算频率，即每年的计息周期数；

DM——贴现利差，以每年若干百分比的形式表示的要求利差；

N——至到期日为止的计息周期数，等长且均匀分布。

该公式与式（3-1）类似，后者是给定市场贴现率下固定利率债券的基本定价公式。在式（3-1）中，每个时期的息票支付是 PMT，而这里用的是每年多少百分比的形式。第一笔息票支付等于这个计息周期的年利率（Index+QM）乘以票面价值 FV，再除以一年的计息周期数 m。在式（3-1）中，我们用每个时期的市场贴现率对对应的现金流进行贴现。而在这里，每个时期的贴现率等于参考利率加上贴现利差（Index+DM），再除以复利计算频率 m。

这个浮动利率债券定价模型是简化版的，原因有几个。首先，该公式计算的只是利率重置日的现值，因为有 N 个等长且均匀分布的计息周期。因此不需要考虑应计利息，净价就等于全价。其次，该模型假定采用"30/360"的日期计算惯例，因此计息周期都是整数。最后，也是最重要的一点，所有的参考利率（Index）用的都是同一个值，每个支付周期的分子和分母都是一样的。更复杂的浮动利率债券定价模型会在分子中使用参考利率的远期利率，在分母中则使用即期利率。所以 DM 的计算依赖于该定价模型的简化假设。

来看一个例子。假设某 2 年期浮动利率债券的利率为 6 个月期 Libor 加上 0.50%，目前 6 个月期 Libor 为 1.25%。则式（3-8）中的 Index=0.0125，QM=0.0050，m=2。所以如果忽略本金偿还，式（3-8）中的分子为 0.875：

$$\frac{(\text{Index}+\text{QM})\times\text{FV}}{m}=\frac{(0.0125+0.0050)\times100}{2}=0.875$$

假设投资者的要求利差比参考利率高 40 个基点，则 DM=0.0040。所以每个计息周期的贴现率均为 0.825%：

$$\frac{\text{Index}+\text{DM}}{m}=\frac{0.0125+0.0040}{2}=0.00825$$

令 N=4，使用式（3-8），可以得到该浮动利率债券的价格为每 100 面值 100.196：

$$\frac{0.875}{(1+0.00825)^1}+\frac{0.875}{(1+0.00825)^2}+\frac{0.875}{(1+0.00825)^3}+\frac{0.875+100}{(1+0.00825)^4}=100.196$$

该浮动利率债券的价格高于其票面价值，因为它的报价利差大于贴现利差。

一个类似的计算方法是根据浮动利率债券的市场价格估计其贴现利差。假设某 5 年期浮动利率债券利率为 3 个月期 Libor 加上 0.75%，目前 3 个月期 Libor 为 1.10%。该浮动利率债券的价格是每 100 票面价值 95.50，相对其票面价值处于折价状态，这是发行人信用等级下降的结果。

$$\frac{(\text{Index}+\text{QM})\times\text{FV}}{m}=\frac{(0.0110+0.0075)\times100}{4}=0.4625$$

在式（3-8）中，令 PV=95.50，N=20，可以得到：

$$95.50=\frac{0.4625}{\left(1+\frac{0.0110+\text{DM}}{4}\right)^1}+\frac{0.4625}{\left(1+\frac{0.0110+\text{DM}}{4}\right)^2}+\cdots+\frac{0.4625+100}{\left(1+\frac{0.0110+\text{DM}}{4}\right)^{20}}$$

上述公式的形式与式（3-1）相同，可以用于求解每个计息周期的市场贴现率，其结果为

$r = 0.7045\%$：

$$95.50 = \frac{0.4625}{(1+r)^1} + \frac{0.4625}{(1+r)^2} + \cdots + \frac{0.4625+100}{(1+r)^{20}}, \quad r = 0.007\,045$$

进而可求出 DM = 1.718%：

$$0.007\,045 = \frac{0.0110+\text{DM}}{4}, \quad \text{DM} = 0.017\,18$$

如果该浮动利率债券最初是以平价发行的，说明当时投资者只要求获得比 3 个月期 Libor 高 75 个基点的利差。现在，在发行人信用评级下调后，投资者要求的贴现利差估计值为 171.8 个基点。由于报价利差保持在 75 个基点，所以该浮动利率债券处于折价交易中。这个贴现利差也只是一个估计值，因为它基于一个简化的浮动利率债券定价模型。

▌例 3-9　计算浮动利率债券的贴现利差

某 4 年期法国浮动利率债券的票面利率为 3 个月期 Euribor 加 1.25%。该浮动利率债券的价格是每 100 票面价值 98。假设 3 个月期 Euribor 稳定在 2%，计算该债券的贴现利差。假设用 "30/360" 天数计算惯例和均匀间隔的计息周期。

解答：根据假设，每次支付的利息为每 100 票面价值的 0.8125。

$$\frac{(\text{Index}+\text{QM}) \times \text{FV}}{m} = \frac{(0.0200+0.0125) \times 100}{4} = 0.8125$$

通过求解下面方程中的 DM，可以估计出该债券的贴现利差。

$$98 = \frac{0.8125}{\left(1+\frac{0.0200+\text{DM}}{4}\right)^1} + \frac{0.8125}{\left(1+\frac{0.0200+\text{DM}}{4}\right)^2} + \cdots + \frac{0.8125+100}{\left(1+\frac{0.0200+\text{DM}}{4}\right)^{16}}$$

而下式中 r 的解为 0.9478%。

$$98 = \frac{0.8125}{(1+r)^1} + \frac{0.8125}{(1+r)^2} + \cdots + \frac{0.8125+100}{(1+r)^{16}}, \quad r = 0.009\,478$$

所以 DM = 1.791%。

$$0.009\,478 = \frac{0.0200+\text{DM}}{4}, \quad \text{DM} = 0.017\,91$$

其报价利差比参考利率 Euribor 高出了 125 个基点。根据简化版的浮动利率债券定价模型，估计投资者需要 179.1 个基点的利差才能接受以票面价格定价的浮动利率债券。

3.3.6　货币市场工具的收益率衡量指标

货币市场工具是指期限较短的债权类证券，其期限从隔夜拆借和回购协议到一年期的银行定期存单不等。货币市场工具还包括商业票据、一年期及以下的政府债券、银行承兑汇票以及基于伦敦银行同业拆借利率（Libor）或欧洲银行同业拆借利率（Euribor）等指数的短期定期存单。货币市场共同基金是这类证券的主要投资者。受限于法规和章程，这类共同基金只能投资一些符合条件的货币市场证券。

货币市场和债券市场所用的收益率指标有几个重要的不同点：

（1）债券的到期收益率一般采用年化复利收益率形式。货币市场收益率也会年化，但一般不采用复利的形式。相反，货币市场工具的收益率往往采用简单利率的形式。

（2）债券的到期收益率可以通过标准的货币时间价值分析和金融计算器内置的公式来计算。货币市场工具通常使用非标准的利率来报价，其定价公式不同于一般的债券。

（3）债券的到期收益率通常会将不同的到期期限转化为一个共同的复利计算频率，而不同到期期限的货币市场工具在计算年化收益率时使用的复利计算频率往往不同。

一般来说，货币市场利率的报价要么采用**贴现率**（DR）的形式，要么采用**附加利率**（AOR）的形式。尽管世界各地的市场惯例各不相同，但商业票据、国库券（期限为一年或更短的政府债券）和银行承兑汇票往往采用折扣率的形式，而银行存单、回购协议以及 Libor 和 Euribor 等利率指数则采用附加利率的形式。有一点非常重要，货币市场上使用的"贴现率"一词有一个独特的含义。贴现率的一般含义是用于计算现值的利率，例如本章前面使用过的市场贴现率。但在货币市场上，贴现率指的是一种特殊的报价利率。下面的一些例子将阐明这一点。

式（3-9）是以贴现率的形式报价的货币市场工具的定价公式。

$$PV = FV \times \left(1 - \frac{Days}{Year} \times DR\right) \tag{3-9}$$

式中　PV——现值，即货币市场工具的价格；

　　　FV——到期时支付的未来价值或货币市场工具的票面价值；

　　Days——结算日到到期日之间的天数；

　　Year——一年的总计息天数；

　　　DR——贴现率，以年利率表示。

假设一只面值为 1000 万美元的 91 天期美国国库券以 2.25% 的贴现率报价，一年的总计息天数为 360 天。在上述公式中输入 FV = 1000 万，Days = 91，Year = 360，DR = 0.0225，可以得到该美国国库券的价格是 9 943 125 美元。

$$PV = 10\,000\,000 \times \left(1 - \frac{91}{360} \times 0.0225\right) = 9\,943\,125$$

货币市场报价所用的贴现率的独特性可以根据式（3-10）来分析，它是将式（3-9）进行代数变换，分离出的 DR 项。

$$DR = \left(\frac{Year}{Days}\right) \times \left(\frac{FV - PV}{FV}\right) \tag{3-10}$$

可以看到 DR 可以拆成两项的乘积，第一项代表年化收益率的复利计算频率，第二项则揭示了货币市场贴现率的奇怪之处。第二项的分子（FV−PV）是 91 天的到期期限内获得的国债利息，在本例中其大小为 56 875 美元（1000 万美元减去 9 943 125 美元）。但分母用的是 FV 而不是 PV。从理论上讲，收益率应该等于利息除以初始投资额（PV），而不是包含了利息的到期总收益（FV）。因此，由于奇怪的设定，货币市场贴现率低估了投资者的收益率，也低估了发行人借入资金的成本。因为一般来说 PV 是小于 FV 的（如果 DR 大于零的话）。

式（3-11）是采用附加利率形式报价的货币市场工具的定价公式。

$$PV = \frac{FV}{\left(1 + \frac{Days}{Year} \times AOR\right)} \tag{3-11}$$

式中　PV——现值，即货币市场工具的价格；

　　　FV——到期时支付的未来价值或货币市场工具的票面价值；

　　Days——结算日到到期日之间的天数；

　　Year——一年的总计息天数；

　　AOR——附加利率，以每年若干百分比的形式表示。

假设一家加拿大养老基金购买了一份到期期限为 180 天的银行承兑汇票，以附加利率形式的报价为 4.38%，一年计息天数采用 365 天。若初始本金为 1000 万加元，则对式（3-11）重排并将 PV = 10 000 000，Days = 180，Year = 365，AOR = 0.0438 代入，可以得到到期的赎回金额 FV：

$$FV = 10\ 000\ 000 + \left(10\ 000\ 000 \times \frac{180}{365} \times 0.0438\right) = 10\ 216\ 000$$

到期时，养老基金将收到 1021.6 万加元的总收益，其中包含 1000 万加元的本金与 21.6 万加元的利息。利息的计算方法是本金乘以到期期限占一年的比例，再乘以附加利率。本金加上利息就确定了赎回金额。

假设 45 天后，养老基金又将该银行承兑汇票卖给了一家经纪商。此时市场上期限为 135 天的汇票报价为 4.17% 的附加利率。可以再次利用式（3-11）来计算此次售价。将 FV = 10 216 000，Days = 135，Year = 365，AOR = 0.0417 代入式（3-11），可以得到售价为 10 060 829 加元：

$$PV = \frac{10\ 216\ 000}{\left(1 + \frac{135}{365} \times 0.0417\right)} = 10\ 060\ 829$$

附加利率的特性可以根据式（3-12）来分析，它是将式（3-11）进行代数变换后分离得到的 AOR 的计算式。

$$AOR = \left(\frac{Year}{Days}\right) \times \left(\frac{FV-PV}{PV}\right) \tag{3-12}$$

该公式表明附加利率是货币市场投资收益率的一个合理的衡量指标。同样分为两项的乘积，第一项是年化收益率的复利计算频率，第二项是赚取的利息再除以投资金额。

可以根据式（3-12）来计算养老基金投资银行承兑汇票 45 天的回报率。将 Year = 365，Days = 45，FV = 10 060 829，PV = 10 000 000 代入公式即可。注意，这里的 FV 是出售价格，而不是赎回金额。

$$AOR = \left(\frac{365}{45}\right) \times \left(\frac{10\ 060\ 829 - 10\ 000\ 000}{10\ 000\ 000}\right) = 0.049\ 34$$

以 365 天附加利率的形式，收益率的值是 4.934%。这相当于复利计算频率为 8.11（即 365 除以 45）的年化收益率。这里隐含的假设是，该投资在一年内可以获得 8.11 次复利收入。

对货币市场证券进行投资分析困难重重，主要有两方面原因。一是一些货币市场投资工具的报价采用了贴现率形式，而另一些采用了附加利率形式。二是一些投资工具假设一年计息 360 天，而另一些则假设一年计息 365 天。另一个重要区别是，以贴现率形式报价的货币市场工具的"数额"通常是用到期时偿付的本金来衡量的；但以附加利率形式报价的"数额"通常是以期初支付的本金或者说发行价格来衡量的。要做出正确的货币市场投资决策，必须在一个统一的分析框架中比较各种金融工具。下面的例子说明了这一点。

假设一个投资者正在比较两种货币市场工具：（A）期限为 90 天的商业票据，一年计息

360 天，贴现率为 5.76%；（B）期限为 90 天的银行定期存款，一年计息 365 天，贴现率为 5.90%。在假设信用风险相同的情况下，哪一个提供了较高的预期收益率？商业票据的价格是每 100 面值 98.560，使用式（3-9）计算 PV，将 FV = 100，Days = 90，Year = 360，DR = 0.0576 代入公式：

$$PV = 100 \times \left(1 - \frac{90}{360} \times 0.0576\right) = 98.560$$

接下来，用式（3-12）求解假设一年计息 365 天时该票据的 AOR，将 Year = 365，Days = 90，FV = 100，PV = 98.560 代入公式：

$$AOR = \left(\frac{365}{90}\right) \times \left(\frac{100 - 98.560}{98.560}\right) = 0.05925$$

所以贴现率为 5.76% 的 90 天期商业票据，转换一年计息 365 天的附加利率为 5.925%。转换后的这个利率被称为**债券等价收益率**，有时也被直接称为投资收益率。债券等价收益率是货币市场利率，以一年计息 365 天的附加利率的形式计算。如果上面两种货币市场工具的风险相同，则商业票据的年收益率比银行定期存款高了 2.5 个基点。

> ▌**例 3-10　比较货币市场工具的债券等价收益率**
>
> 如表 3-8 所示，假设货币市场投资者观察到了以下 4 种 180 天货币市场工具的报价利率：
>
> 表　3-8
>
> | 货币市场工具 | 报价方式 | 假设一年天数 | 报价利率 |
> | --- | --- | --- | --- |
> | A | 贴现利率 | 360 | 4.33% |
> | B | 贴现利率 | 365 | 4.36% |
> | C | 附加利率 | 360 | 4.35% |
> | D | 附加利率 | 365 | 4.45% |
>
> 计算每种工具的债券等价收益率。在信用风险相同的情况下，哪种投资工具为投资者提供了最高的收益率？
>
> 解答：
>
> A. 用式（3-9）计算货币市场工具 A 每 100 票面价值的价格，输入参数 FV = 100，Days = 180，Year = 360 以及 DR = 0.0433。
>
> $$PV = 100 \times \left(1 - \frac{180}{360} \times 0.0433\right) = 97.835$$
>
> 然后用式（3-12）计算债券等价收益率，输入参数 Year = 365，Days = 180，FV = 100 以及 PV = 97.835。
>
> $$AOR = \left(\frac{365}{180}\right) \times \left(\frac{100 - 97.835}{97.835}\right) = 0.04487$$
>
> 因此货币市场工具 A 的债券等价收益率为 4.487%。
>
> B. 用式（3-9）计算货币市场工具 B 每 100 票面价值的价格，输入参数 FV = 100，Days = 180，Year = 365 以及 DR = = 0.0436。
>
> $$PV = 100 \times \left(1 - \frac{180}{365} \times 0.0436\right) = 97.850$$
>
> 然后用式（3-12）计算债券等价收益率，输入参数 Year = 365，Days = 180，FV = 100

以及 PV = 97.850。

$$AOR = \left(\frac{365}{180}\right) \times \left(\frac{100-97.850}{97.850}\right) = 0.044\ 56$$

因此货币市场工具 B 的债券等价收益率为 4.456%。

C. 首先确定每 100 票面价值的赎回金额，输入参数 PV = 100，Days = 180，Year = 360 以及 AOR = 0.0435。

$$FV = 100 + \left(100 \times \frac{180}{360} \times 0.0435\right) = 102.175$$

然后用式（3-12）计算债券等价收益率，输入参数 Year = 365，Days = 180，FV = 102.175 以及 PV = 100。

$$AOR = \left(\frac{365}{180}\right) \times \left(\frac{102.175-100}{100}\right) = 0.044\ 10$$

因此货币市场工具 C 的债券等价收益率为 4.410%。

另一种获得债券 C 的债券等价收益率的方法是观察到年度（360 天）AOR 为 4.35%，将 Year = 365，Days = 180，FV = 102.175 以及 PV = 100 代入式（3-12）可以得到。

$$AOR = \left(\frac{360}{180}\right) \times \left(\frac{102.175-100}{100}\right) = 0.0435$$

只需将 360 天的附加利率乘以 365/360 的因子，就可以得到 365 天的等价收益率。

$$\frac{365}{360} \times 0.0435 = 0.044\ 10$$

D. 债券 D 的报价利率 4.45% 就是债券等价收益率，它被定义为一年期（365 天）的附加利率。

如果这些货币市场工具的风险相同，按债券等价收益率计算，债券 A 的收益率最高，为 4.487%。

货币市场收益率和债券市场收益率衡量指标的第三个差异是年化收益率的复利计算频率。由于债券到期收益率是用复利的形式计算的，因此会有一个明确的复利计算频率。例如，半年复利形式的债券到期收益率的复利计算频率均为一年两次。但货币市场的报价利率用的是简单利率而不是复利。按照货币市场的惯例，复利计算频率指的是一年的计息天数除以到期期限的天数。因此，不同到期期限的货币市场利率具有不同的复利计算频率。

假设一位分析师倾向于将货币市场利率转换为半年期债券利率，使其与每半年支付一次息票的债券收益率直接比较。90 天期货币市场工具的报价利率为 10%，作为债券等价收益率报价，这意味着它的复利计算频率是 365/90。可以使用式（3-7），将复利计算频率为 365/90 的收益率 0.10 转化为复利计算频率为 2 的收益率：

$$\left(1+\frac{0.10}{365/90}\right)^{365/90} = \left(1+\frac{APR_2}{2}\right)^2, \quad APR_2 = 0.101\ 27$$

因此，复利计算频率为 365/90 时 10% 的年化收益率，就对应着复利计算频率为 2 时 10.127% 的年化收益率。两者差异高达 12.7 个基点。一般来说，该差异的大小取决于年化收益率的水平。当整体利率较低时，不同复利计算频率的年化收益率之间的差额就会减少。

3.4　利率的期限结构

造成两种债券的到期收益率不同的原因有很多。假设债券 X 的到期收益率高于债券 Y，这两种债券收益率差异的可能原因包括：

- 计价货币——债券 X 的计价货币目前的预期通货膨胀率可能高于债券 Y 的计价货币。
- 信用风险——债券 X 的信用等级可能为非投资级的 BB 级，而债券 Y 为投资级的 AA 级。
- 流动性——债券 X 可能缺乏流动性，而债券 Y 却交易活跃。
- 税收待遇——债券 X 的利息收入可能需要缴税，而债券 Y 的利息收入可以免税。
- 复利计算频率——债券 X 可能每年支付一次息票，其到期收益率以 1 为复利计算频率报价。债券 Y 每月支付一次息票，年化到期收益率报价的复利计算频率为 12。

当然，还有一个可能原因是债券 X 和债券 Y 的到期期限不同。由这个因素导致的收益率差异被称为**利率期限结构**，简称**期限结构**。期限结构涉及对收益率曲线的分析，即到期收益率和到期期限之间的关系。根据标的债券的特征，有不同类型的收益率曲线。

从理论的角度出发，对于其他特征相似但到期期限不同的债券，应该重点分析其期限结构。这些债券应使用相同的计价货币，并具有相同的信用风险、流动性状况和税收待遇。它们的年化收益率应该按相同的复利计算频率报价。同样，它们应该有相同的票面利率，这样就有相同的息票再投资风险。但在实践中，经常对一组并不符合上述强假设的债券进行期限结构分析。

进行期限结构分析最理想的数据集是一组不同期限的零息政府债券的到期收益率。可以利用该数据集得到政府债券的**即期利率曲线**，有时也称零息债曲线或"剥离"曲线（因为在分析过程中"剥离"了债券的息票支付）。即期利率曲线、零息债曲线或"剥离"曲线都是零息票债券到期收益率的序列。通常，这些政府即期利率被解读为无风险收益率，但这里的风险仅指违约风险。政府债券的投资者仍然可能面临相当大的通货膨胀风险以及流动性风险。

图 3-3 展示了到期期限从 1 年到 30 年的政府债券即期利率曲线，其年化收益率是以半年一次的复利计算频率计算的，以便与每半年支付一次利息的有息债券进行比较。

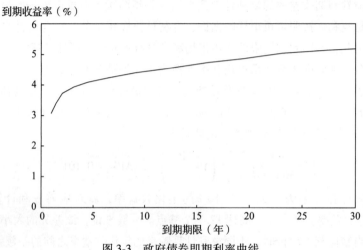

图 3-3　政府债券即期利率曲线

该即期利率曲线是向上倾斜的，随到期期限增加而趋于平坦。长期政府债券的到期收益率通常高于短期债券。这是正常市场条件下的典型形态。但有时即期利率曲线也会向下倾斜，说明此时短期债券的收益率比长期债券高。向下倾斜的即期利率曲线被称为倒挂的收益率曲线。解释收益率曲线形状形成的原因及其对未来金融市场状况影响的理论将在第 14 章中进行介绍。

即期利率曲线虽然是在一些严格的假设下构建的，但它是分析利率期限结构的理想曲线，因为它最符合"其他条件相同"的要求。这些假想中的政府债券具有相同的计价货币、信用风险、流动性状况和税收待遇。最重要的是，因为没有息票，它们也没有息票再投资的风险。但在现实中，交易最活跃的政府债券和公司债券都会支付息票。因此，现实中的期限结构分析通常基于支付息票的政府债券的价格数据。这些付息债券的流动性状况和税收待遇也可能不尽相同。旧债券往往比新发行的债券流动性差，因为它们已经在买入并持有的机构和散户投资者手中了。政府发行的新债券会采用固定的到期期限，例如 5 年期和 10 年期债券，所以目前市场上的 6 年期债券可能是 4 年前发行的 10 年期债券。此外，随着利率的波动，较早发行的债券的价格也会出现相对于票面价值的折价或溢价，进而导致税额差异。因为在一些国家，资本利得、资本损失和利息收入有不同的税收待遇。

债券分析师通常只使用最近发行且交易活跃的政府债券来构建即期利率曲线。这些债券具有类似的流动性，而且由于定价更接近票面价值，由税收因素引发的差异更小。但还是存在一个问题，该方法能获得的数据有限，难以覆盖所有的到期期限。因此，有必要在观测到的收益率之间进行插值。图 3-4 展示了某国的政府债券收益率曲线，该国发行了半年付息一次的 2 年期、3 年期、5 年期、7 年期、10 年期和 30 年期的政府债券。在债券收益率曲线上，

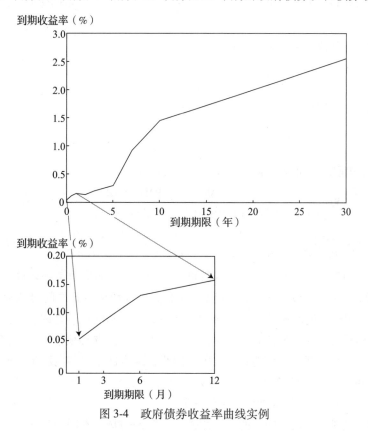

图 3-4 政府债券收益率曲线实例

这些期限之间的点使用线性插值的方法得到。

图 3-4 中还包含了到期期限为 1 个月、3 个月、6 个月和 12 个月的短期政府债券的收益率。虽然这些收益率对应的货币市场工具可能是以贴现率的形式进行发行和交易的，但它们的报价通常采用债券等价收益率的形式。对于分析师来说，重要的是要将年化收益率转换为与长期政府债券相同的复利计算频率。如果不这样做的话，观察到的收益率曲线可能会产生误导，因为一年的计息周期数量不同的收益率不能直接比较。

除了付息债券的收益率曲线和零息票债券的即期利率曲线外，还可以使用**平价收益率曲线**来进行期限结构分析。平价收益率曲线也是一系列不同到期期限债券的到期收益率序列，这些债券的价格都等于其票面价值。当然这些债券也必须具有相同的计价货币、信用风险、流动性状况、税收待遇和同一复利计算频率下计算的年化收益率。在息票支付日期之间，也假设这些债券的净价（而非全价）等于票面价值。

平价收益率曲线也可以由即期利率曲线得到。在息票支付日，可以用下列公式计算给定即期利率序列的平价收益率。

$$100=\frac{PMT}{(1+z_1)^1}+\frac{PMT}{(1+z_2)^2}+\cdots+\frac{PMT+100}{(1+z_N)^N} \tag{3-13}$$

式（3-13）与式（3-2）非常相似，其中，PV = FV = 100。只要根据公式解出 PMT，对应期限的平价收益率就等于 PMT/100。

下面用一个例子来说明如何根据即期利率曲线得到平价收益率曲线。假设根据国债价格得到的 1 年期即期利率为 5.263%，2 年期即期利率为 5.616%，3 年期即期利率为 6.359%，4 年期即期利率为 7.008%。这些利率都是有效年化收益率。那么可以根据式（3-13）计算 1 年期的平价收益率，其值为 5.263%：

$$100=\frac{PMT+100}{(1.05263)^1}, \quad PMT=5.263$$

同理可得到 2 年期的平价收益率，其值为 5.606%：

$$100=\frac{PMT}{(1.05263)^1}+\frac{PMT+100}{(1.05616)^2}, \quad PMT=5.606$$

3 年期和 4 年期的平价收益率分别为 6.306% 和 6.899%：

$$100=\frac{PMT}{(1.05263)^1}+\frac{PMT}{(1.05616)^2}+\frac{PMT+100}{(1.06359)^3}, \quad PMT=6.306$$

$$100=\frac{PMT}{(1.05263)^1}+\frac{PMT}{(1.05616)^2}+\frac{PMT}{(1.06359)^3}+\frac{PMT+100}{(1.07008)^4}, \quad PMT=6.899$$

目前介绍的所有固定收益证券均为**现货市场证券**。其中的货币市场证券通常采用"当天结算"或"现金结算"的方式结算。其他证券的交易日和结算日之间可能存在一定的时间差。例如采用"T+1"的形式发行的政府债券，在交易日和结算日之间有 1 天的时间差。而以"T+3"的形式交易的公司债券，在卖方交付债券后，买方必须在 3 个工作日内支付。现货市场也被称为即期市场，这可能会让人感到困惑，因为这让"即期利率"有了两种可能的含义。它可以指"在现货市场或现金市场交易中的债券利率"，也可以指"零息票债券的收益率"，后者才是本章中使用的即期利率的含义。

远期市场指的是在一段时间后的未来才进行交割的市场，不同于当场交割或在较短时间内完成交割的现货市场。关于交易条款的协议是在交易当天生效的，但证券的交付和支付则被推迟到未来的某个日期。**远期利率**是指在远期市场交易的债券或货币市场工具的利率。例如，假设在现货市场，某 5 年期零息票债券的价格为每 100 面值卖 81，则其年化到期收益率为 4.2592%，采用 1 年两次的复利计算频率：

$$81 = \frac{100}{(1+r)^{10}}, \quad r = 0.021\,296, \quad 0.021\,296 \times 2 = 0.042\,592$$

假设一个做市商同意在 2 年后以面值的 75% 的价格卖出该 5 年期债券。假设在远期市场交易的债券在信用风险、流动性状况和税收待遇等方面与现货市场上交易的债券相同，那么可以计算出远期利率为 5.8372%：

$$75 = \frac{100}{(1+r)^{10}}, \quad r = 0.029\,186, \quad 0.029\,186 \times 2 = 0.058\,372$$

理解远期利率的表示方式是很重要的。尽管不同金融教科书的作者使用了不同的表达方式，但最常见的市场惯例是将上面例子中的远期利率表达为"2y5y"。该表达式可以读作"2 年后进入 5 年期的利率"，或者简称为"2 年乘 5 年"。表达式中的第一个数字"2"代表远期交易交割日到今天的距离，第二个数字"5"代表标的债券的**票期**。票期是指债券或衍生品合约的剩余期限。因此，前面得到的 5.8372% 是零息票债券的"2y5y"远期利率，即 2 年后交割的 5 年期零息票债券的收益率。请注意，2 年后剩余期限为 5 年期的零息票债券目前还有 7 年才到期。在货币市场上，远期利率前面的数字通常指月份。例如，可能有分析师询问欧洲银行同业拆借利率（Euribor）的"1m6m"远期利率是多少，这是指 1 个月后执行的 6 个月期欧洲银行同业拆借利率。

隐含远期利率（也称为远期收益率）可以根据即期利率计算得到。隐含远期利率是一种盈亏平衡的再投资利率。它将短期零息票债券的投资收益与长期零息票债券的投资收益联系起来。假设一只短期债券在 A 个计息周期后到期，一只长期债券在 B 个计息周期后到期，两只债券在每个计息周期的收益率分别用 z_A 和 z_B 表示。首先在现货市场卖出交易期限为 A 个计息周期的零息票债券，接着在现货市场买入交易期限为 B 个计息周期的零息票债券，就相当于进行了一次远期债券交易。将 A 个计息周期之后开始、B 个计息周期之后结束的隐含远期利率表示为 $\mathrm{IFR}_{A,B-A}$，它就是于 A 个计息周期后开始并于 B 个计息周期后结束的远期债券的利率，其票期为 $B-A$。

式（3-14）是表示两种即期利率与隐含远期利率关系的一般公式。

$$(1+z_A)^A \times (1+\mathrm{IFR}_{A,B-A})^{B-A} = (1+z_B)^B \tag{3-14}$$

假设某 3 年期零息票债券的到期收益率为 3.65%，某 4 年期零息票债券的到期收益率为 4.18%，两者均为半年计息债券式收益率。某分析师想知道这两个收益率中隐含的"3y1y"远期利率，也就是未来 3 年后开始的 1 年期隐含远期利率。将 $A=6$，$B=8$，$B-A=2$，$z_A = 0.0365/2$，$z_B = 0.0418/2$ 代入式（3-14）：

$$\left(1+\frac{0.0365}{2}\right)^6 \times (1+\mathrm{IFR}_{6,2})^2 = \left(1+\frac{0.0418}{2}\right)^8, \quad \mathrm{IFR}_{6,2} = 0.028\,89,$$

$$0.028\,89 \times 2 = 0.057\,78$$

因此"3y1y"隐含远期利率为 5.778%，年化收益率所用的复利计算频率为 2。

可以利用式（3-14）来构造**远期利率曲线**。远期利率曲线是一个远期利率的序列，每一个利率都有相同的时间跨度。在衍生品市场的交易中可以观察到这些远期利率，但更常见的方法是从现货市场的交易中计算隐含的远期利率。图 3-5 展示了一个远期利率曲线的例子，其中的远期利率是根据图 3-3 中的政府债券即期利率曲线计算得到的。这些远期利率的时间跨度均为 1 年，均为半年计息债券式收益率。

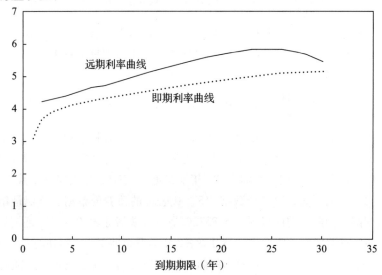

图 3-5 政府债券即期利率曲线和远期利率曲线实例

可以将远期利率解读为将债券的到期时间延长一段时间，所获得的增量收益率或边际回报率。假设一个投资者的投资期限为 4 年，他可以购买收益率为 3.65% 的 3 年期零息票债券，或者购买收益率为 4.18% 的 4 年期零息票债券。第 4 年的增量收益率或边际回报率为 5.778%，也就是 "3y1y" 隐含远期利率。如果投资者认为 3 年后 1 年期债券的收益率会低于 5.778%，就有可能直接购买 4 年期债券。但如果投资者认为到时候 1 年期债券的收益率将超过预期的远期利率，那么投资者可能会选择 3 年期债券，这样可以保留以预期的更高收益率进行再投资的机会。这也解释了为什么隐含远期利率是**盈亏平衡再投资利率**。隐含远期利率对投资者和债券发行人的债券期限选择都非常有用。

例 3-11 计算远期利率

假设投资者观察到如表 3-9 所示的政府零息票债券的价格和到期收益率：

表 3-9

到期期限	价格	到期收益率
1 年	97.50	2.548%
2 年	94.25	2.983%
3 年	91.75	2.891%

价格是每 100 票面价值的报价。到期收益率按半年付息一次的债券计算。

1. 计算 "1y1y" 和 "2y1y" 隐含远期利率，以半年付息一次的债券为基准。

2. 一个投资者的投资期限为 3 年，他正在下面两个方案中选择：（1）购买 2 年期零息票债券，并在 2 年后再投资另一个 1 年期零息票债券；（2）购买 3 年期零息票债券并持有至到期。最终该投资者决定购买 2 年期零息票债券。基于该投资者的投资决定，以下哪一个是他对 2 年后 1 年期零息票债券到期收益率的最低期望值？

A. 2.548%   B. 2.707%   C. 2.983%

解答 1：

"1y1y" 隐含远期利率为 3.419%。将 $A=2$，$B=4$，$B-A=2$，$z_2=0.025\,48/2$ 以及 $z_4=0.029\,83/2$ 代入式（3-14）（所有数据均为每期）：

$$\left(1+\frac{0.025\,48}{2}\right)^2\times(1+\text{IFR}_{2,2})^2=\left(1+\frac{0.029\,83}{2}\right)^4, \quad \text{IFR}_{2,2}=0.017\,095,$$

$$0.017\,095\times2=0.034\,19$$

"2y1y" 隐含远期利率为 3.419%。将 $A=4$，$B=6$，$B-A=2$，$z_4=0.025\,48/2$ 以及 $z_6=0.029\,83/2$ 代入式（3-14）（所有数据均为每期）：

$$\left(1+\frac{0.029\,83}{2}\right)^4\times(1+\text{IFR}_{4,2})^2=\left(1+\frac{0.028\,91}{2}\right)^6, \quad \text{IFR}_{4,2}=0.013\,536,$$

$$0.013\,536\times2=0.027\,07$$

解答 2：B 是正确答案。投资者的观点是，2 年后的 1 年期政府债券收益率将大于或等于 2.707%。

"2y1y" 隐含远期利率等于 2.707% 是盈亏平衡再投资利率。如果投资者预计 2 年后 1 年期利率会低于这一水平，他会倾向于购买 3 年期零息票政府债券。如果投资者预计 2 年后 1 年期利率将高于 2.707%，那么他可能更倾向于购买 2 年期零息票政府债券，并将到期的现金流进行再投资。

远期利率曲线在固定收益证券分析中有许多应用。远期利率可以用于期限选择的决策过程。它们也可以被用于识别债券现货市场和衍生品市场之间的套利机会。远期利率对衍生品的估值至关重要，尤其是利率互换和利率期权。对远期利率曲线的这些应用将在其他章节中详细介绍。

远期利率也可以跟即期利率一样用于固定收益证券的估值，因为这种利率是相互关联的。可以利用即期利率曲线计算出远期利率曲线，也可以用远期利率曲线计算出即期利率曲线。这两种曲线都可以用来给固定利率债券定价。下面的例子将说明这个过程。

假设目前 1 年期利率的远期利率序列如表 3-10 所示：

这些远期利率都是年化过的，复利计算频率为 1 年一次，所以都是有效年化收益率。第一个利率 "0y1y" 就是 1 年期的即期利率，其他都是期限间隔为 1 年的远期利率。有了这些远期利率，即期利率曲线就可以通过计算远期利率的几何平均值得到。

2 年期隐含即期利率可以用下式计算，其值为 2.3240%：

$$(1.0188\times1.0277)=(1+z_2)^2, \quad z_2=0.023\,240$$

3 年期和 4 年期的隐含即期利率可以根据下式计算：

表 3-10

期限区间	远期利率
0y1y	1.88%
1y1y	2.77%
2y1y	3.54%
3y1y	4.12%

$$(1.0188 \times 1.0277 \times 1.0354) = (1+z_3)^3, \quad z_3 = 0.027\,278$$

$$(1.0188 \times 1.0277 \times 1.0354 \times 1.0412) = (1+z_4)^4, \quad z_4 = 0.030\,741$$

可以得到 3 年期隐含即期利率为 2.7278%，4 年期隐含即期利率为 3.0741%。

假设一名分析师需要评估一只期限为 4 年、年票面利率为 3.75% 的债券，该债券与用于计算远期利率曲线的债券具有相同的风险。根据前面得到的隐含即期利率计算出该债券的价格是每 100 面值 102.637：

$$\frac{3.75}{(1.0188)^1} + \frac{3.75}{(1.023\,240)^2} + \frac{3.75}{(1.027\,278)^3} + \frac{103.75}{(1.030\,741)^4} = 102.637$$

该债券也可以用远期利率曲线来估值：

$$\frac{3.75}{(1.0188)} + \frac{3.75}{(1.0188 \times 1.0277)} + \frac{3.75}{(1.0188 \times 1.0277 \times 1.0354)} + \frac{103.75}{(1.0188 \times 1.0277 \times 1.0354 \times 1.0412)}$$

$$= 102.637$$

3.5　利差

一般来说，利差这个术语指的是不同固定收益证券之间收益率的差。本节介绍一些常见的利差衡量指标。

3.5.1　相对于基准利率的利差

在固定收益证券分析中，理解债券价格和到期收益率变化的原因是很重要的。要做到这一点，将到期收益率分解成**基准利率**和**利差**两个部分是一种很有用的方法。固定收益证券在特定到期期限的基准利率指的是某种同期限基本证券的收益率，最常用的是政府债券的收益率。其他债券的到期收益率和基准利率之间的差值被称为该债券的利差。

这样划分的原因是要区分影响债券价格和到期收益率的宏观经济因素和微观经济因素。基准利率用于捕捉宏观经济因素，包括债券计价货币的预期通货膨胀率、总体经济增长和商业周期、汇率变化以及货币政策和财政政策等方面的影响。这些因素的变化会影响市场上的所有债券，主要体现在基准利率的变化上。利差则反映了债券发行者和债券本身特有的微观经济因素，包括债券发行者的信用风险和债券评级的变化、流动性状况和其他可比证券的情况，以及债券的税收待遇等。但需要指出的是，不同发行人发行的证券之间的利差可能也会随着宏观经济因素的变化而扩大或缩小。

图 3-6 展示了到期收益率的组成部分，在基准利率和利差的基础上，又进行了进一步的划分。基准利率通常也被称为无风险收益率，可以进一步分解为经济体的预期实际利率和预期通货膨胀率。利差被称为在无风险收益率上的风险溢价。风险溢价为投资者提供了承担信用风险和流动性风险的补偿，以及持有特定债券可能受到的税收因素的影响。

不同金融市场使用的基准利率各不相同。固定利率债券通常使用与债券到期日相同或最接近的政府债券的收益率，一般是最近发行的政府债券，也被称为**新券**。新券往往是同类政府债券中交易最活跃的，其票面利率也最接近该期限的政府债券当前的市场贴现率，这意味着它的价格更接近票面价值。发行时间较早的政府债券则被称为**旧券**。与相同到期期限的旧

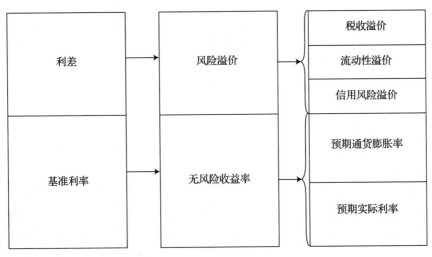

图 3-6 到期收益率的组成部分

券相比，新券的到期收益率通常会略低一点，这可能是因为对该债券的需求更高，有时也因为在回购市场上为该债券融资的成本不同。

长期以来，浮动利率债券最常使用的基准利率一直是 Libor。作为一种综合性银行同业拆借利率，Libor 并不是无风险利率。以特定基准利率作为参照的利差被称为相对该基准利率的**基准利差**，通常以基点的形式表示。如果某债券的对应期限不存在基准利率，或债券的到期期限是非常规期限，则可以用插值法推导其隐含基准利率。此外，期限特别长的债券通常用市场上可获得的期限最长的基准债券收益率作为基准利率。例如，美国市场上的 100 年期债券（也称世纪债券）通常会用 30 年期美国国债的收益率作为基准利率。

在英国、美国和日本，固定利率债券的基准利率分别是各自国家的政府债券收益率。以实际交易或根据插值得到的政府债券收益率作为基准的基准利差被称为 **G 利差**。G 利差是投资者承担比主权债券更大的信用风险、流动性风险和其他风险的回报。以欧元计价的公司债券则更可能使用欧元互换利率作为基准利率。例如，新发行的 5 年期欧元债券的报价可能为互换利率的中间价加 150 个基点，其中互换利率中间价是互换买入利率和卖出利率的平均值。这里使用的基准利率是 5 年期欧元互换利率，而不是政府债券的利率。请注意，公司债券的基准利率是采用政府债券利率还是互换利率，可能会随着该债券剩余期限的变化而变化。

某债券以同一期限同一计价货币的标准互换利率作为基准利率的利差被称为 **I 利差**或**插值利差**。以 Libor 作为基准利率的利差，可以反映债券的信用风险和流动性风险与银行同业贷款的差异。发行方常以 Libor 为基准的利差来衡量发行固定利率债券和浮动利率替代品（如浮动利率债券或商业票据）的相对成本。投资者则用以 Libor 为基准的利差来衡量债券的信用风险。如果标准利率互换相当于定期用固定现金流交换浮动现金流，那**资产互换**则定期用特定债券的固定息票交换 Libor 加上或减去一定的利差。如果互换所用债券的价格接近其票面价值，我们就得到了一只信用风险与 Libor 指数相当的固定利率债券。图 3-7 是一个彭博固定收益相对价值的页面，上面展示了前面提到的这些利差。

图 3-7 中展示的是一只苹果公司发行的债券，到期日为 2047 年 11 月 13 日，票面利率为 3.75%。在页面的左上角展示了该债券各种利差的大小。在 2018 年 7 月 12 日，该债券的报价

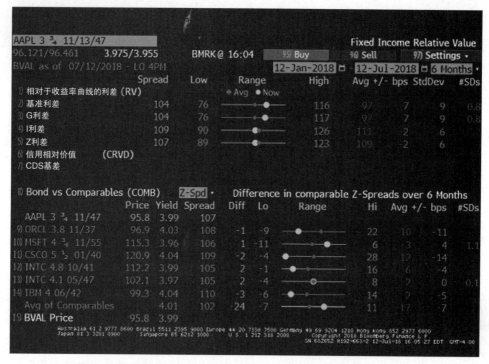

图 3-7　苹果债券的彭博固定收益相对价值，票面利率为 3.75%
注：已得到彭博授权，版权所有，请勿转载。

为每 100 票面价值 96.461，到期收益率为 3.955%。左上角第二行展示了"基准利差"，表明以真实交易的期限最相近的美国国债作为基准，当日该债券的利差为 104 个基点。第三行展示了"G 利差"，表明以相同期限的政府债券插值收益率作为基准，该债券的利差也是 104 个基点。这两个利差并非总是相等的，有时会相差几个基点，特别是当基准债券的到期日与标的债券的到期日不同时。债券的 I 利差为 109 个基点，略高于其 G 利差，因为当天的 30 年期国债收益率略高于 30 年期 Libor 互换利率。这些利差在投资者策略中的作用将在后面的章节中进行更详细的介绍。笼统言之，债券分析师可以跟踪这些利差的平均值以及历史高点和低点，以确定目前利差的相对高低。

3.5.2　以收益率曲线作为基准的利差

收益率曲线可以展示具有类似风险证券的到期收益率和到期期限之间的关系。例如，政府债券收益率曲线展示了政府债券即期收益率与其到期期限之间的关系，而互换收益率曲线则是固定互换利率与其到期期限之间的关系。

这两个收益率曲线都属于基准利率的期限结构，无论是无风险的政府债券收益率还是有风险的固定互换利率。基准收益率曲线通常是向上倾斜的，因为持有较长期限债券的投资者通常会要求一定的溢价。一般来说，长期债券的投资者在收益率变化时面临着更大的价格风险。这一主题将在第 5 章进一步讨论。利率的期限结构处于动态变化之中，其中短期利率受央行货币政策的驱动，长期利率则受到长期经济增长率和通货膨胀预期的影响。

将每个信用等级的借款者的不同到期期限的信用风险溢价提取出来，就得到了该信用等级的信用利差期限结构。前面介绍的 G 利差和 I 利差对债券的所有现金流使用了相同的贴现率。信用利差也可以采用这种形式，所以另一种衡量信用利差的方法假设信用债的收益率相对政府债券（或利率互换）的即期利率曲线有一个固定的收益率利差。这样计算出来的信用利差也被称为该债券相对于基准利率的**零波动率利差**，简称为 **Z 利差**。在图 3-7 中，该苹果公司债券的 Z 利差为 107 个基点。

以即期利率曲线作为基准的 Z 利差可用式（3-15）计算：

$$PV = \frac{PMT}{(1+z_1+Z)^1} + \frac{PMT}{(1+z_2+Z)^2} + \cdots + \frac{PMT+FV}{(1+z_N+Z)^N} \tag{3-15}$$

公式中的 z_1，z_2 等为对应期限的即期基准利率，可以从政府债券收益率曲线中得到（或从利率互换的固定端提取）。Z 是各个现金流发生日的 Z 利差，对每个计息期都是一样的。在式（3-15）中，N 是一个整数，所以计算应该发生在息票支付日，此时债券的应计利息为零。有时，Z 利差被称为"静态利差"，因为它在不同计息期都是常数（且没有波动性）。在实践中，通常可以使用"目标求解函数"或类似的求解函数在电子表格软件中计算 Z 利差。

Z 利差也被用来计算可赎回债券的**期权调整利差**（OAS）。与期权调整收益率一样，OAS 的计算基于一定的期权定价模型和对未来利率波动的假设。在设定好模型和假设后，计算出每年的基点数表示的内嵌看涨期权的价值，再从利差中减去该值就得到了 OAS。作为特例，也可以从 Z 利差中减去期权价值：

$$OAS = Z 利差 - 期权价值（以每年的基点数表示）$$

这是一个非常重要的话题，将在后面的章节中进行详细讨论。

例 3-12 G 利差和 Z 利差

还有两年到期的一年付息一次，票面利率 6% 的公司债券的交易价格为 100.125。同为两年期的票面利率 4% 的政府基准债券的交易价格为 100.750。一年期和两年期政府债券即期收益率分别为 2.10% 和 3.635%，以有效年化收益率表示。

1. 计算 G 利差，即相同期限的公司债券与政府债券的到期收益率之差。

2. 证明 Z 利差为 234.22 个基点。

解答 1：该公司债券的到期收益率为 5.932%。

$$100.125 = \frac{6}{(1+r)^1} + \frac{106}{(1+r)^2}, \quad r = 0.05932$$

政府基准债券到期收益率为 3.605%。

$$100.750 = \frac{4}{(1+r)^1} + \frac{104}{(1+r)^2}, \quad r = 0.03605$$

所以 G 利差为 232.7 个基点：

$$0.05932 - 0.03605 = 0.02327$$

解答 2：根据 $z_1 = 0.0210$，$z_2 = 0.03635$ 和 $Z = 0.023422$ 计算公司债券的价值：

$$\frac{6}{(1+0.0210+0.023422)^1} + \frac{106}{(1+0.03635+0.023422)^2}$$

$$= \frac{6}{(1.044422)^1} + \frac{106}{(1.059772)^2} = 100.125$$

恰好等于其市场价格。所以债券的 Z 利差为 234.22 个基点。

本章内容小结

这一章的内容涵盖了在固定利率债券、浮动利率债券和货币市场工具的估值中使用的原则和技术，它们作为基石在固定收益证券分析中被广泛使用。以下是本章要点：

- 市场贴现率是指投资者在考虑了债券的各种投资风险后所要求的收益率。
- 当票面利率大于市场贴现率时，债券的价格高于其票面价值。
- 当票面利率低于市场贴现率时，债券的价格低于其票面价值。
- 债券溢价或折价的金额，等于其息票支付率相对于要求收益率的"超额"或"不足"部分的现值。
- 到期收益率是债券现金流的内部收益率，即给定的债券价格所隐含的市场贴现率。
- 债券价格与市场贴现率成反比。
- 债券价格与市场贴现率之间的关系是"凸"的。
- 在其他条件相同的情况下，低票面利率的债券比高票面利率的债券价格波动更大。
- 一般来说，在其他条件不变的情况下，长期债券的价格比短期债券的价格波动更大。这种现象的一个例外是某些价格低于票面价值的低息债券（但非零息票债券）。
- 假设没有发生违约，随着到期日的临近，溢价债券和折价债券的价格都会被"拉向面值"。
- 即期利率是零息票债券的到期收益率。
- 到期收益率可以近似为各期限即期利率的加权平均值。
- 在两个息票支付日之间，债券的全价（也称发票价格或脏价）包含净价（也称报价）和应计利息两个部分。
- 采用净价的方式报价是为了避免因利息累积而逐日增加的全价带来误导。
- 应计利息按天数比例进行计算，可以使用"实际/实际"或"30/360"等方法来计算。
- 矩阵定价法利用具有相同或类似信用风险、票面利率和到期期限的可比证券的价格和收益率，来对流动性不好的债券进行估值。
- 年化收益率的复利计算频率是指一年之中的复利计算周期数。
- 半年计息债券式收益率是以半年为一个复利计算周期的年化收益率。它等于每半年的实际收益率乘以 2。
- 收益率周期转换的一般规则是，以较低的年利率较频繁地计算复利，等价于以较高的年利率较不频繁地计算复利。
- 华尔街惯例收益率假定支付是严格在预定的日期进行的，忽略了周末和节假日的影响。
- 当期收益率是将每年得到的息票总额直接除以债券价格或票面价值而得到的收益率，如果用该指标作为投资者收益率的衡量指标，就会忽略货币的时间价值、应计利息、折价买入的资本收益和溢价买入的资本损失等因素的影响。
- 简单收益率类似于当期收益率，但考虑了按线性规则平摊的资本收益或资本损失。
- 可赎回债券的最差收益率是指首次赎回收益率、第二次赎回收益率等赎回收益率序列中最低的一个，它是根据债券契约中规定的未来看涨期权执行价格和可赎回日期计算得到的。
- 可赎回债券的期权调整收益率是将内嵌看涨期权的实际价值加到债券价格中，重新进行收益率计算所得到的到期收益率。
- 浮动利率债券的价格比固定利率债券更稳定，因为前者的息票支付会随着市场利率的变化而调整。

- 浮动利率债券的报价利差是指其预设收益率与参考利率（比如伦敦银行同业拆借利率）之间的固定差额。
- 浮动利率债券的贴现利差是指当时市场中投资者的要求利差，当债券的报价利差等于其贴现利差的时候，债券价格会在利率重置日等于其票面价值。
- 一年期或更短期限的货币市场工具，是以贴现率或附加利率的形式进行报价的。
- 货币市场的报价贴现率低估了投资者的收益率（以及借款人的资金成本），因为它的计算方法是将利息收入除以债券面值或到期时赎回的总金额，而不是除以实际投资金额。
- 比较不同的货币市场工具时需要转换到统一的分析框架。
- 货币市场债券的债券等价收益率是假设一年计息 365 天时票据的附加利率。
- 货币市场工具的复利计算频率是将一年中假设的计息天数除以票据的实际到期天数。因此，不同到期期限的货币市场工具的年化收益率报价使用了不同的复利计算频率。
- 从理论上讲，利率期限结构或期限结构是指具有相同计价货币、信用风险、流动性状况、税收待遇和复利计算频率的债券年化到期收益率和到期期限之间的关系。
- 即期利率曲线是一系列不同期限的零息票债券的到期收益率。
- 市场中经常使用的收益率曲线是付息债券的到期收益率。
- 平价收益率曲线是一系列以票面价值交易的债券的到期收益率。
- 在现货市场上，证券交付和现金支付发生在结算日，按照不同的惯例在交易日之后的几天内完成，例如 "$T+3$"。
- 在远期市场上，证券交付和现金支付要等到预先确定的某个未来日期才会发生。
- 远期利率是指在远期市场上交易的债券或货币市场工具的利率。
- 隐含远期利率（或远期收益率）是指根据短期零息票债券的投资收益与长期零息票债券的投资收益计算得到的盈亏平衡再投资利率。
- 由即期利率曲线可以计算出隐含的远期利率曲线。
- 隐含即期利率可以看作远期利率的几何平均数。
- 固定收益债券可以用市场贴现率、一系列即期利率或一系列远期利率来估值。
- 债券的到期收益率可以拆分为基准利率和利差两个部分。
- 基准利率的变化反映了影响市场中所有债券的宏观经济因素——通货膨胀率、经济增长率、汇率变化以及货币政策和财政政策。
- 利差的变化通常反映影响特定债券的微观经济因素——信用风险、流动性状况和税收效应。
- 基准利率通常采用政府债券的到期收益率或利率互换的固定端利率。
- G 利差是以政府债券利率作为基准的利差，I 利差是以利率互换利率作为基准的利差。
- G 利差或 I 利差可以基于实际基准利率，也可以基于基准利率曲线插值的结果。
- Z 利差（零波动率利差）是基于整条基准即期利率曲线计算的。它将一个固定的利差加到每个期限的即期利率上，使现金流的现值与债券的价格相一致。
- 可赎回债券的期权调整利差（OAS）等于该债券的 Z 利差减去其内嵌看涨期权的理论价值。

资产支持证券简介

弗兰克·J. 法博齐，博士，注册会计师，注册金融分析师

■ 学习目标

学完本章内容后，你将有能力完成以下任务：

- 了解资产证券化对经济和金融市场的好处。
- 描述资产证券化的过程，包括资产证券化过程中涉及的各参与方及其所扮演的角色。
- 描述典型的资产证券化结构，包括信用分层和时间分层。
- 描述经常被用于资产证券化的住房抵押贷款的类型和典型特征。
- 描述住房抵押贷款支持证券的类型和特征，包括抵押贷款过手证券和抵押担保债券，并解释各类型证券的现金流和风险特征。
- 了解提前还款风险的定义，描述抵押贷款支持证券的提前还款风险。
- 描述商业地产抵押贷款支持证券的特征和风险。
- 描述非抵押贷款资产支持证券的类型和特征，包括各类型证券的现金流和风险特征。
- 描述担保债务凭证，包括它们的现金流和风险特征。

4.1 本章内容简介

前面几章研究了各种固定收益工具的风险特征，以及它们的到期期限、票面利率和收益率变化之间的关系。本章将引入一个额外的复杂性因素，介绍通过资产证券化过程创建的固定收益工具。这一过程需要将一些资产的所有权从其原始所有者手中转移到一个特殊法律实体，然后再由该特殊法律实体发行以这些资产作为支持的证券，并用这些资产的现金流支付证券的利息并偿还证券的本金。这样的证券一般被称为**资产支持证券**（ABS），作为资产支持证券现金流来源的资产池被称为抵押资产池，用于创建资产支持证券的原始资产则被称为**待证券化资产**。待证券化资产通常是贷款和应收账款，包括住房抵押贷款、商业地产抵押贷款、汽车贷款、教育贷款、银行贷款、公司应收账款和信用卡应收账款等。证券化领域的发展和创新催生出了由各种类型的收益资产（包括机场停机位和收费公路）支持或担保的证券。

这一章将讨论资产证券化的好处，描述资产证券化的具体过程，并解释不同类型资产支持证券与投资有关的特征。跟资产支持证券有关的术语因各国司法规定的不同而不同。**抵押贷款支持证券**（MBS）是以房地产抵押贷款作为待证券化资产的资产支持证券，有时人们会将抵押贷款支持证券和用非抵押贷款作为抵押资产池的资产支持证券区分开来。例如在美国，抵押贷款支持证券特指由高等级房地产抵押贷款支持的证券，而资产支持证券则指由其他类型的资产支持的证券。因为美国的资产支持证券市场是世界上最大的，所以本章的很多讨论

和例子都是基于美国市场的。顺便说一下，许多非美国的投资者也会在其投资组合中持有包括抵押贷款支持证券在内的美国资产支持证券。

为了从宏观经济的角度了解资产证券化的重要性，4.2 节讨论了资产证券化对经济和金融市场的好处。4.3 节描述了资产证券化的具体过程，并介绍了资产证券化过程中涉及的各参与方及其扮演的角色。本节还讨论了典型的资产证券化结构，包括信用分层和时间分层。4.4 节至 4.6 节讨论由房地产抵押贷款支持的证券。4.4 节描述了世界范围内各种类型的住房抵押贷款的设计安排。4.5 节和 4.6 节分别介绍住房抵押贷款支持证券和商业地产抵押贷款支持证券。4.7 节讨论了由两种非房地产抵押贷款支持的资产支持证券，待证券化资产为在全球范围内经常被证券化的两种贷款：汽车贷款和信用卡应收账款。4.8 节介绍了担保债务凭证（CDO）。最后一节对本章内容进行了总结。

4.2　资产证券化对经济和金融市场的好处

将贷款和应收账款资产证券化为各种证券对经济和金融市场有诸多好处。

购买房屋和汽车等资产的传统资金来源是商业银行等金融机构发放的贷款。投资者要想获得这些贷款的敞口，就必须持有银行发行的存款、债务或普通股的一种或组合。于是在借款人和投资者之间隔着一个额外的中介机构（即银行）。此外，投资者以银行存款和其他证券的方式分享贷款收益是有局限性的，因为投资者的风险敞口不仅限于贷款，还会受到银行在其经营活动中所承担的经济风险的影响。

资产证券化能解决上述大部分问题。它允许投资者对贷款和应收账款组合获得更直接的法律权利，并根据自己的需要调整利率风险和信用风险的敞口。由于资产证券化的去中介化属性（即削弱了中介的作用），借款人支付的成本被有效降低，而投资者的经风险调整后的回报显著增大。同时，银行可以通过增加贷款发放规模和收取相关费用来提高自身的盈利能力。如果银行能够用自己的存款、债务和股票进行再融资活动，它们就能贷出比之前更多的贷款。资产证券化通过为银行增加可供放贷的资金，最终使需要借款的个人、政府和公司受益。

资产证券化对投资者也有好处。资产证券化让金融创新成为可能，为投资者提供与他们的风险、回报和期限需求相匹配的证券，而类似证券在没有资产证券化的时候可能是无法直接参与的。例如，有长期投资需求的养老基金可以通过投资住房抵押贷款支持证券来参与长期房地产贷款，以避免直接投资银行的债务或股票。虽然机构投资者或个人投资者不能直接发放或购买房地产贷款、汽车贷款或信用卡应收账款，但他们可以投资于通过将此类贷款或应收账款资产证券化而形成的证券。以这些贷款和应收账款作为待证券化资产而创建的资产支持证券具有与标准债券类似的特征，不需要投资者拥有专门的资源和专业知识来应付基础贷款和应收账款的放贷、管理和收贷等业务。因此，如果投资者愿意，他们可以在自己的投资组合中增加更多类型的资产所提供的风险回报特征。但请注意，在许多国家，资产支持证券和类似工具的销售仅针对某些符合特定资格条件的投资者，例如符合一定净资产条件的投资者。

资产证券化创造了流动性比银行资产负债表上的原始贷款更好的可交易证券。通过使贷款和应收账款变得可交易，资产证券化让金融市场变得更加有效。它还提高了流动性，从而降低了金融体系中的流动性风险。资产证券化具体是如何提高流动性的，将在本章 4.3 节的详细介绍后变得更加清晰。

资产证券化对公司的一个重要好处是，资产支持证券提供了一种债券、优先股和普通股发行之外的替代性融资方式。发放销售贷款和应收账款的公司可以比较与各种融资方式相关的融资成本，然后选择最优的一种。正如本章 4.3.4 节所讨论的那样，资产证券化通常比用该过程中相同的抵押品担保的公司债券融资成本更低。

由于以上原因，资产证券化有利于经济和金融市场的发展，世界各地的许多主权政府都接受了资产证券化。例如，意大利政府自 20 世纪 90 年代末以来就一直在利用资产证券化进行公共资产私有化。在新兴市场，资产证券化也被广泛使用。例如，在南美洲，信用评级较高的公司和银行会利用资产证券化将通过石油出口等方式得到的应收款项打包出售，以降低自己的融资成本。

尽管资产证券化给经济带来了许多好处，但它并非没有风险，其中一些风险被广泛认为是 2007~2009 年金融市场动荡的原因。总的来说，这些风险可分为两类：主要与资产支持证券现金流的时变性相关的风险，如收缩和扩展的风险；支持资产支持证券的贷款和应收款项的固有信用风险。本章也会一一介绍这些风险，还会讨论一些用于减轻它们的影响以及重新分配风险的结构。

4.3 资产证券化的原理

资产证券化的过程必须满足若干法律和监管条件。这个过程需要众多参与方的参与，以促进交易并确保上述条件得到满足。本节通过一个虚构的例子来介绍一个典型的资产证券化的具体过程。这个例子描述了资产证券化所涉及的各参与方及其扮演的角色。例子中也介绍了典型的资产证券化结构，如信用分层和时间分层。

4.3.1 一个资产证券化的例子

假设有一家名为梅迪公司的虚拟公司。这是一家医疗设备制造商，其产品成本从 5 万美元到 30 万美元不等。梅迪公司的大部分销售都以向客户提供贷款的方式进行，而出售的医疗设备则作为贷款的抵押品。这些贷款是梅迪公司的一项资产，期限为 5 年，利率固定。它们都是按月分期偿还的；也就是说，借款人每个月支付相同的款项，里面包含息票支付和部分本金偿还。贷款的 60 笔还款（12 个月乘以 5 年）必须在贷款期限结束时全部偿还。

梅迪公司的信用证券部门负责向客户提供信贷和贷款服务。贷款服务是指贷款管理的任何方面，包括向借款人收取款项，通知可能拖欠的借款人，以及在借款人未在规定时间内按期支付款项时回收和处理医疗设备。如果其中一个客户违约，梅迪公司可以收回医疗设备并再次出售，以试图收回贷款的剩余本金。尽管此类贷款服务的提供者不一定是贷款的发起者，但本例中假设梅迪公司就是服务提供者。

下面介绍将这些贷款资产证券化的过程。假设梅迪公司共有 2 亿美元的销售贷款。这些贷款将在梅迪公司的资产负债表上作为资产显示。再假设梅迪公司想要筹集 2 亿美元的资金，这恰好是这些贷款的数额。由于梅迪公司的财务主管意识到资产证券化可能可以降低融资成本，他决定通过对医疗设备的销售贷款进行证券化来筹集这 2 亿美元，而不是通过发行公司债券。

为此，梅迪公司成立了一个名为医疗设备信托（MET）的独立法律实体，并向其出售医疗设备的销售贷款。这样的法律实体被称为**特殊目的实体**（SPE），有时也称为特殊目的的载体（SPV）或特殊目的的公司。SPE 的法律形式因所在国的法律规定而异，但在几乎所有情况下，贷款的最终所有者，比如本例中的 MET，在法律上是独立于贷款的卖方的，也就是具有破产隔离的特性。设立一个独立的法律实体，是为了确保即使贷款的发起人梅迪公司申请破产，MET 发行的资产支持证券所依赖的销售贷款仍然是安全的，梅迪公司的债权人没有向 MET 索赔的权利。值得注意的是，在某些国家，SPE 可能需要将贷款转让给某个信托公司或有限责任公司。

资产证券化的具体过程如图 4-1 所示。由梅迪公司建立的 SPE 就是 MET。图 4-1 最上面一行反映了梅迪公司的商业模式，如上所述，公司通过销售贷款将医疗设备出售给了客户（第一个椭圆形）。接下来梅迪公司向 MET 出售了 2 亿美元的销售贷款（第二个椭圆形），并从 MET 收到了 2 亿美元的现金（第三个椭圆形）。在这个简化的例子中，我们忽略了与资产证券化相关的成本。MET 负责发行和销售由证券化贷款池支持的证券（第四个椭圆形），并接收相关出售款（第五个椭圆形）。这些证券就是前面提到的资产支持证券，2 亿美元的贷款就是抵押资产。抵押资产产生的定期现金流支付，也就是梅迪公司的客户每月偿付的现金流，包括息票支付和部分本金（第六个椭圆形），将用于满足证券持有者，也就是购买了资产支持证券的投资者的定期现金流支付（第七个椭圆形）。

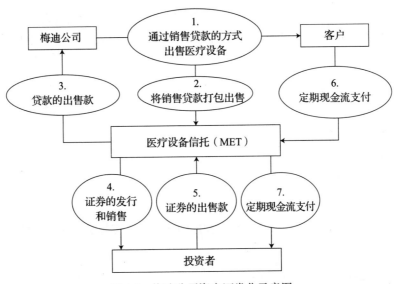

图 4-1　梅迪公司资产证券化示意图

4.3.2　资产证券化的各参与方及其作用

资产证券化要求发布公开招股说明书，以及一份包含资产证券化所有相关信息的文件[⊖]。资产证券化的三个主要参与方是：

⊖　比如说，在美国，需要向证券交易委员会（SEC）提交一份基本招股说明书和一份补充招股说明书。基本招股说明书提供相关定义、资产证券化参与方以及被证券化资产的相关信息，后者包括被证券化资产的类型、打算采用的资产证券化结构类型和采用的信用增级手段（后面两项将在 4.5.3 节中讨论）。补充招股说明书提供此次资产证券化的相关细节。

- 抵押资产的卖方，有时也称为存款人（在我们的例子中是梅迪公司）；
- 特殊目的实体（SPE），负责购买贷款或应收账款，并将它们作为抵押品来发行资产支持证券。比如前面的例子中的 MET（在招股说明书中，SPE 通常被称为发行者，因为它是发行证券的名义实体。如果 SPE 是以信托的方式建立的，也可以被称为信托方）；
- 贷款管理服务方（在我们的例子中仍然是梅迪公司）。

资产证券化还涉及其他参与方：独立会计师事务所、律师事务所、受托人、承销商、信用评级机构和财务担保方。所有这些参与方，包括不同于抵押资产卖方的贷款管理服务方，都被称为资产证券化过程的第三方。

资产证券化涉及大量的法律文件，由律师事务所负责准备。其中一个重要的法律文件是卖方和 SPE 之间的购买协议，该协议规定了卖方对所售资产的说明和相关保证。这些说明和保证向投资者担保了资产的质量，这是评估资产支持证券相关风险时的一个重要考虑因素。

另一个重要的法律文件是招股说明书，它描述了资产证券化的结构，包括偿付优先级和支付给服务机构、管理人和资产支持证券持有人的金额数量。证券化通常会使用某种形式的信用增级手段，这些也要记载在招股说明书中。信用增级是用来降低债券信用风险的条款。它们包括：①内部信用增级，如信用分层、超额担保和储备账户；②外部信用增级，如银行或保险公司的财务担保、信用证和现金担保账户。资产证券化过程中最常使用的信用增级方法是信用分层，这将在 4.4 节进一步讨论。在 2007~2009 年的次贷危机之前，许多资产证券化产品都引入了第三方的财务担保。最常见的第三方财务担保人是单一险种保险公司或单一险种保险商。单一险种保险公司是只提供金融工具担保服务业务的私人保险公司，比如为资产支持证券提供担保。在 2007 年年中的金融危机之后，主要的单一险种保险公司都遭受了财务损失和信用降级的打击，所以近年来已经很少有机构使用单一险种保险公司的财务担保作为信用增级手段了。

受托人或受托代理机构通常是具有信托业务资质的金融机构，在待证券化资产被出售给 SPE 后，它们负责对资产进行安全保护，代持要支付给资产支持证券持有人的资金直到支付，并定期向资产支持证券持有人提供相关信息。信息以定期报告的形式被发送给持有人，可以每月、每季度或按照招股说明书条款约定的频率发布。

承销商和评级机构在资产证券化过程中发挥的作用与在普通债券发行过程中相同。

📕 例 4-1　二手豪华汽车公司的证券化

假设有一家名为二手豪华汽车公司（ULA）的公司，它建立了一个全国性的业务，购买二手豪华汽车，然后用最新的电子设备（如 USB 端口和后视镜）来翻新它们。然后 ULA 会在零售市场销售这些汽车，并通过其下属公司 ULA 信贷公司向汽车买家提供本票融资。

以下信息来自 ULA 向证券交易委员会提交的证券化文件（理论上存在该文件）：

发行人：ULA 信托 2020

卖方和服务方：ULA 信贷公司

债券：

①本金 5 亿美元，票面利率 4.00%，ULA 信托合约支持的 AAA 级票据（A 类票据）

②本金 2.5 亿美元，票面利率 4.80%，ULA 信托合约支持的 A 级债券（B 类票据）

合约：支持票据的标的资产是与购买 ULA 公司翻新的二手车有关的固定利率本票。

1. 本次资产证券化的抵押品是：

A. ULA 信托合约支持的 A 类和 B 类票据

B. 由 ULA 公司翻新的二手汽车

C. 由 ULA 公司提供的与购买二手车有关的固定利率本票

2. 本次资产证券化的特殊目的实体为：

A. ULA 公司　　　　　B. ULA 信贷公司　　　　　C. ULA 信托 2020

3. ULA 信贷公司负责：

A. 向特殊目的实体出售抵押品，并向借款人收取本票的付款

B. 翻新二手豪华汽车，并从借款人那里收取潜在的本票

C. 向投资者出售合同支持的 A 类和 B 类票据，并向他们支付利息和本金

解答 1：C 是正确的。抵押品是能产生现金流的证券化资产池，或者被证券化的债务。在本例中是汽车贷款，称为本票，提供给购买 ULA 公司翻新的二手汽车的买家。

解答 2：C 是正确的。ULA 信托 2020 是资产支持证券的发行人，也是特殊目的实体。该特殊目的实体从汽车翻新商 ULA 公司购买本票作为抵押品，而 ULA 信贷公司是贷款持有者，也是抵押品的卖家。ULA 信贷公司同时也是这些债务的服务商。

解答 3：A 是正确的。ULA 信贷公司是抵押品的卖家。作为服务者，它负责从借款人那里收回款项，通知可能拖欠的借款人，并在必要时从拖欠的借款人那里收回和处理汽车。

4.3.3 资产证券化的结构安排

一次简单的资产证券化可能只会生成和销售一种类别的债券或资产支持证券。让我们称该债券为 A 类债券。回到梅迪公司的例子，MET 可能融资了 2 亿美元，并发行了 20 万份 A 类债券，每份债券的票面价值为 1000 美元。因此在支付了相关服务费和其他管理费用后，每份债券的持有人有权获得抵押资产现金流的二十万分之一。具体相关费用将在 4.5.11 节中讨论。

资产证券化的结构往往会采用比单一等级资产支持证券更复杂的形式。前面也提到过，资产证券化过程通常会采用一种内部信用增级技术，被称为信用分层，或简称为分层。在采用了该技术后，会产生不止一个类别或层级的债券，在抵押资产的借款人违约时，不同类别的债券在分担损失等方面存在差异。资产证券化产生的债券被按等级分为高级别债券和次级债券等层级，因此这种结构也被称为高级/次级结构。次级债券有时又称为非高级债券或非优先级债券。它们的存在是要为更高级的债券提供信用保护。换句话说，在高级别债券的投资者承担损失之前，次级债券的投资者要先行承担损失。这样的信用保护结构通常被称为瀑布型结构，因为在违约发生的情况下，不同等级债券的偿付按照优先级自上而下地先后被满足，就像瀑布一样。

例如，假设 MET 发行了两种类别的债券，总票面价值为 2 亿美元。其中 A 类债券为高级债券，票面价值为 1.2 亿美元；B 类债券为次级债券，票面价值为 8000 万美元。采用这种高级/次级结构或信用分层结构后，B 类债券将吸收最高 8000 万美元的损失。只要梅迪公司客

户的违约金额不超过 8000 万美元，A 类债券的投资者都将得到 1.2 亿美元的全额偿付。这种结构的目的是重新分配与抵押资产相关的信用风险。通过在一系列债券层级中选择投资的对象，投资者可以选择自己愿意承担的信用风险水平。

还可以创建更多的次级债券层级。假设 MET 采用的分层结构如表 4-1 所示。

在该结构中，A 类债券为高级债券，B 类债券和 C 类债券均为次级债券。损失分配规则如下：抵押资产遭受的损失首先由 C 类债券的投资者承担，超出的部分继续由 B 类债券的投资者承担，最后才轮到 A 类债券的投资者。因

表 4-1 假设 MET 采用的分层结构

债券类别	票面价值（百万美元）
A 类（高级）	180
B 类（次级）	14
C 类（次级）	6
总计	200

此，只要损失额不超过 600 万美元，A 类债券或 B 类债券的投资者不承担任何损失；如果损失额超过 600 万美元，B 类债券的投资者继续吸收最高为 1400 万美元的额外损失。例如，如果抵押资产的总损失额为 1600 万美元，则 C 类债券的投资者将损失 600 万美元的全部票面价值，B 类债券的投资者将损失 1400 万美元票面价值中的 1000 万美元，而 A 类债券的投资者不会遭受任何损失。显然，只有当担保资产的总损失额超过 2000 万美元时，A 类债券才会亏损。

还可以通过资产证券化的分层结构安排重新分配另一种类型的风险，即提前还款风险。**提前还款风险**是指由于抵押贷款的借款人因为利率变动等原因改变偿付计划，造成待证券化资产的实际现金流不同于贷款协议中申明的预计现金流，所带来的不确定性。例如，当利率下降时，借款人倾向于偿还部分或全部已有贷款，然后以较低的利率再贷款。创建具有不同预期到期日的债券类别的资产证券化结构被称为**时间分层**，我们将在 4.5.2 节中进一步讨论。

资产证券化过程有可能同时采用信用分层和时间分层的结构，这也是很常见的。

▌ 例 4-2 债券类别和分层

回到例 1-1 中描述的 ULA 公司证券化。根据前面所提供的信息，该交易最可能包括的信用增级形式为：

A. 时间分层　　　　　　　B. 信用分层　　　　　　　C. 财务担保

解答：B 是正确答案。ULA 公司证券化包含了两个债券类别：A 类和 B 类。每个债券类别有固定但不同的利率，从 A 类票据的 4.00% 到 B 类票据的 4.80%。在我们看来，该交易很可能采用了信用分层，两种债券类别形成了高级/次级结构，A 类债券优先级高于 B 类债券。当信用风险从 A 类债券转移到 B 类债券时，反映投资者承担额外信用风险所需的额外补偿的利率也随之增加。所提供的资料并没有显示任何时间分层或财务担保的特点。

4.3.4 特殊目的实体的关键作用

SPE 在资产证券化过程中起着举足轻重的作用。事实上，在任何想要实现资产证券化的国家，允许建立在保护资产支持证券持有人权利方面与 SPE 作用相同的法律实体都是一个先

决条件。事实上，如果一个国家的法律体系不允许建立与 SPE 类似的实体，那么利用资产证券化募集资金的好处就不复存在。让我们回到梅迪公司和 MET 的例子来解释其中的原因。

假设梅迪公司从某个信用评级机构获得了信用评级，比如标准普尔公司、穆迪投资者服务公司或惠誉国际评级公司。信用评级反映了信用评级机构对某个实体和该实体发行的债务类证券的信用质量的看法。假设梅迪公司的信用评级为 BB 或 Ba2。这样的信用评级意味着梅迪公司的信用等级是低于投资级的。

再假设梅迪公司的财务主管想要筹集 2 亿美元，并且正在考虑通过发行五年期公司债券而不是将贷款证券化来做到这一点。该财务主管当然关心融资成本，并希望能获得相对于某些基准利率的最低利率。五年期公司债券的利率与基准利率之间的差额称为利差。利差反映了投资者购买公司债券所需的额外报酬，以补偿公司债券高于基准债券的风险。影响该利差的主要因素是发行人的信用等级，因此也被称为信用利差。

影响信用利差的另一个因素是债券是否有抵押品做担保。有抵押品的公司债券通常被称为有担保债券。抵押品可以降低信用利差，因此有担保债券的信用利差低于其他条件相同的无担保债券。在我们的例子中，梅迪公司的财务主管可以将自己向客户提供的医疗设备贷款作为发行有担保公司债券的抵押品。因此，如果梅迪公司发行五年期公司债券来筹集 2 亿美元，其信用利差将主要反映其信用评级的高低，并略微反映其抵押资产的质量。我们后面会解释为什么抵押品对信用利差的影响微乎其微。

现在假设，梅迪公司不是将这些贷款作为发行有担保公司债券的抵押品，而是以一种独立交易的方式将贷款合同出售给溢价单独成立的 SPE，即前面例子中的 MET。在交易完成后，是 MET 而不是梅迪公司合法拥有这些贷款合同。因此，如果梅迪公司在这些贷款未完全偿付的情况下破产，其债权人将无权收回这些贷款。因为它们在法律上属于其他实体。但请注意，破产隔离工具之所以不被质疑为欺诈便利工具，是建立在破产隔离有效的前提之下的。建立 MET 的法律含义是，投资者在考虑购买任何类别的、由医疗器械贷款作为资产池支持的债券时，只需要考虑这些贷款本身的信用风险，而无须考虑梅迪公司的信用等级。

资产证券化过程创建的各种类别的债券都可以被评定一个信用等级。这取决于抵押资产的质量，也就是评级机构如何评估被资产证券化的贷款或应收账款的信用风险。根据资产证券化的结构，每个类别的债券都会得到反映其信用风险的信用评级，其中一些债券的信用评级可能比正在融资的公司的信用评级还要高。因此资产证券化的融资成本可能低于用公司债券融资的成本。产生更低的融资成本正是 SPE 在资产证券化中的一个关键作用。

一个合理的问题是，为什么资产证券化的融资成本可以比由相同抵押资产担保的公司债券更低？原因就是 SPE 不受抵押资产卖方破产的影响。如上所述，抵押资产的所有权属于 SPE，而不属于向 SPE 出售资产的实体。在美国和其他一些国家，当公司清算时，债权人根据绝对优先原则获得剩余资产的分配权。绝对优先原则是优先级债权人在次级债权人得到任何偿付之前优先得到全额偿付的原则。绝对优先原则也保证了债权人相对于股权持有人的优先偿付地位。

虽然绝对优先原则一般来说适用于所有清算，但在债务重组中法院并不总是支持该原则。因此，尽管一家公司的债务投资者可能认为自己拥有优先于股权持有人和其他类别债权人的优先权，但债务重组的实际结果可能与债务协议中的条款大相径庭。也就是说，不能保证只要有抵押品，公司债券持有人的权利就会得到尊重。因此，有抵押品担保的公司债券的信用利差不会大幅下降。

但在资产证券化的情况下，在大多数国家的司法实践中，法院没有改变优先级的自由裁量权，因为公司的破产不能影响 SPE。资产证券化的法律文件中规定的各债券类别如何吸收损失的规则不会受该公司破产影响。将融资实体的信用风险与通过 SPE 发行的债券脱钩是非常重要的步骤，这也解释了为什么 SPE 的法律角色是至关重要的。

SPE 与抵押品卖方的破产隔离意味着抵押品卖方的破产不会影响 SPE 通过担保品支持所发行证券的持有人。这些证券持有人面临的唯一信用风险来自 SPE 购买的那些抵押贷款的借款人。只要借款人支付了贷款的利息和本金，SPE 向证券持有人支付现金流的能力就不会受到影响。

但并非所有的国家都采用相同的法律框架。在全球范围内，有些国家的信托法律不像在美国和其他发达国家那样受重视，在资产支持证券发行时可能会遇到一些阻碍。[○]因此投资者应该意识到在购买资产支持证券时需要考虑在管辖区适用的法律情况。

▌例 4-3　特殊目的实体和破产

总部位于意大利贝尔加莫的工业机床制造商阿涅利工业公司拥有 5 亿欧元未偿付公司债券。这类债券的信用评级低于投资级。同时阿涅利工业公司的资产负债表上有 4 亿欧元应收账款，它希望将其证券化。应收账款是指阿涅利工业公司预计未来能从已购买其机床的客户处收到的款项。阿涅利工业公司将这些应收账款出售给阿涅利信托（一家特殊目的实体）。然后阿涅利信托发行了由应收账款池支持的资产支持证券，其结构如表 4-2 所示：

表 4-2　阿涅利信托发行的资产支持证券的结构

债券类别	本金（百万欧元）
A 类（高级）	280
B 类（次级）	60
C 类（次级）	60
总计	400

其中 A 类债券由信用评级机构给予投资级的信用评级。

1. 为什么 A 类债券的信用评级高于阿涅利工业公司的公司债券？

2. 如果阿涅利工业公司在资产支持证券发行后申请破产，那么：

A. A 类、B 类、C 类债券都不会受到影响

B. A 类、B 类、C 类债券都将损失全部本金

C. 损失将首先由 C 类债券兑现，多余的部分由 B 类债券兑现，最后再由 A 类债券兑现

3. 如果阿涅利工业公司的客户拖欠 6000 万欧元的货款：

A. A 类、B 类、C 类债券将各损失 2000 万欧元

B. C 类债券将损失 6000 万欧元，但 A 类债券和 B 类债券将不受影响

C. B 类债券和 C 类债券各损失 3000 万欧元，A 类债券不受影响

解答 1：A 类债券由阿涅利信托发行，这是一家跟阿涅利工业公司存在破产隔离的 SPE。因此，持有阿涅利工业公司的债券和普通股的投资者对作为资产支持证券抵押品的

○　许多欧盟国家会承认在资产证券化过程中资产被真实出售给 SPE，所以债权人能得到保护。SPE 对这些证券化资产拥有完全的合法所有权，并将它们从卖方的资产负债表中注销。在卖方或贷款管理方发生违约事件时，SPE 可以任命一个机构替代它们的角色，继续获得待证券化资产的收入并支付给资产支持证券的持有人。

证券化应收账款的现金流没有法律上的索取权。阿涅利信托仍然能够向资产支持证券投资者支付现金。由于信用分层，即使阿涅利工业公司的一些客户拖欠货款，损失将首先由 B 类债券和 C 类债券这两只次级债券承担，在其本金耗尽之前不会造成高级债券 A 类债券的损失。因此，A 类债券的信用风险低于 B 类债券、C 类债券和公司债券，这说明了其获得投资级信用评级的合理性。

解答 2：A 是正确答案。该资产支持证券是由阿涅利信托发行的，这是一家跟阿涅利工业公司存在破产隔离的 SPE。如果证券化是通过真实的抵押品出售完成的，阿涅利工业公司申请破产的事实并不会影响资产支持证券的持有人。这些资产支持证券持有人面临的唯一信用风险是购买机床的阿涅利工业公司客户不履行货款义务。只要客户继续支付，这三种类别的债券都将获得预期的现金流。这些现金流在法律上完全独立于阿涅利工业公司发生的任何情况。

解答 3：B 是正确答案。根据损失分配规则，抵押品的所有损失先由 C 类债券吸收，然后才轮到 B 类债券和 A 类债券。因此，如果抵押品的损失为 6000 万欧元，等于 C 类债券的本金，那么 C 类债券将损失所有本金，而 B 类债券和 A 类债券不受影响。

4.4 住房抵押贷款

在介绍各种类型的住房抵押贷款支持证券之前，先简要讨论它的基础资产（住房抵押贷款）的基本特征。本节介绍的住房抵押贷款是那些最经常被资产证券化的类型。

住房抵押贷款，简称抵押贷款，是一种以特定不动产作为抵押品的贷款，其借款人（通常是想买房子的人）有义务向贷款人（通常是银行或抵押贷款公司）持续支付预先确定的一系列款项。抵押品的存在使贷款人有权在借款人违约时终止贷款合约；也就是说，贷款人享有**止赎权**，允许他们在一定条件下获得抵押品的处置权，并出售它们以收回资金和抵偿债务。

一般情况下，贷款的金额要低于被抵押房产的市场购买价格。借款人在购买房产时会支付一定数额的首支付，所以其实际借款金额为购房价格与首支付之差。在贷款时，借款人拥有的房产权益净值等于其首支付。随着时间的推移，房产的市场价值会发生变化，借款人的房产权益净值也会发生变化。当借款人偿还抵押贷款的本金和利息时，房产权益净值也会发生变化。

抵押贷款的金额与被抵押房产的价值的比率称为**房贷价值比率**（LTV）。房贷价值比率越低，借款人的权益比例就越高。从贷款人的角度看，借款人在房产中的权益比例越高，其违约的可能性就越小。此外，房贷价值比率越低，在借款人违约时，贷款人收回贷款的保护垫就越厚。

在美国，市场参与者通常会根据借款人的信用质量将抵押贷款分为两种类型：优惠级贷款和次级贷款。一般来说，要申请优惠级贷款，借款人必须拥有很高的信用质量。也就是说，借款人必须有良好的工作和信用记录，有足够的收入承担贷款义务，并有大量的其他资产。如果借款人的信用质量较低，或者抵押贷款不享有该房产的第一留置权（也就是说当前贷款人以外的另一方拥有对该基础财产的优先索取权），则该贷款会被视为次级贷款。

在世界范围内，各国采用了多种多样的抵押贷款设计。抵押贷款设计的具体可变因素包括：①贷款的到期期限，②利率是如何决定的，③如何偿还本金（即分期摊销安排），④借款人是否可以提前还款，提前还款时是否需要缴纳罚金，⑤贷款人的止赎权。

4.4.1 到期期限

在美国，住房抵押贷款的期限一般在 15～30 年。在大多数欧洲国家，住房抵押贷款的期限通常在 20～40 年。但在法国和西班牙等国，期限可能长达 50 年。日本是一个极端的例子，其抵押贷款的期限最高可达 100 年。[⊖]请注意，抵押贷款期限通常是指贷款到期的年数。

4.4.2 利率的确定

住房抵押贷款的利率也被称为**按揭利率**、**合同利率**或**票据利率**。住房抵押贷款利率的确定方式在各国之间差别很大，基本方式包括以下四种。

- 固定利率：抵押贷款利率在贷款存续期内保持不变。美国和法国的住房抵押贷款大多采用这种方式确定利率。尽管这不是德国抵押贷款的主要利率确定方式，但偶尔也会被采用。
- 可调利率或可变利率：抵押贷款利率会定期重新设定，调整周期可能为每天、每周、每月或每年。可调利率（ARM）抵押贷款的利率调整发生在所谓的利率重置日，新利率的确定可以基于某个参考利率或指数（在这种情况下，它被称为指数参考 ARM），也可以由贷款人事先决定（在这种情况下，它被称为人为预设 ARM）。在澳大利亚、爱尔兰、韩国、西班牙和英国，住房抵押贷款利率都以可调利率为主。在澳大利亚、爱尔兰和英国，标准形式是人为预设 ARM；而在韩国和西班牙，标准形式是指数参考 ARM。加拿大和美国也采用了一些与某个指数或参考利率挂钩的可变利率，但并不是这些市场决定利率的主要方式。ARM 的一个重要特征是，它通常会设计两种利率上限，一种规定了在某个具体的重置日可以达到的最高利率，另一种规定了在整个抵押贷款存续期所能达到的最高利率。
- 初始固定利率：抵押贷款利率在初始的一段时间采用固定形式，之后会进行调整。调整后的利率既可以是一个新的固定利率，也可以采用可变利率的形式。如果调整为固定利率，则可将此住房抵押贷款称为展期抵押贷款或再议价抵押贷款。这种形式的抵押贷款设计在加拿大、丹麦、德国、荷兰和瑞士占主导地位。如果抵押贷款一开始是固定利率，在一定期限后转换为可调利率，则称此抵押贷款为混合抵押贷款。混合抵押贷款在英国很流行。
- 可转换利率：抵押贷款利率最初采用固定利率或可调利率，但在某个预定时点，借款人有权将其转换为新的固定利率或可调利率，直到贷款到期为止。日本几乎一半的抵押贷款是可转换的。

⊖ 住房抵押贷款的期限通常与最后一期贷款偿付时借款人的年龄挂钩，通常会以借款人距离退休年龄的年限作为上限。

4.4.3 分期摊销安排

在大多数国家，住房抵押贷款都采用**摊销贷款**的形式。摊销贷款是指贷款的本金随着时间的推移逐渐减少的贷款。即使借款人没有选择提前还款，摊销贷款借款人每一期的还款也会包含息票支付和提前偿付的本金两个部分。提前偿付的本金是本次还款造成的待偿付抵押贷款余额的减记额，因此也被称为摊销额。在第 1 章我们介绍过，摊销有两种类型：完全摊销和部分摊销。在完全摊销贷款中，本金在抵押贷款的存续周期中被平均摊销，使得在最后一次抵押贷款支付时，贷款就已经被全部偿还了。在美国，大多数住房抵押贷款是完全摊销贷款。在部分摊销贷款中，提前偿还的本金之和小于贷款的总金额，最后一次还款包含未偿付的抵押贷款余额，因此这最后一笔还款也被称为"期末整付"。

如果住房抵押贷款在一定年限内没有提前偿付本金计划，该贷款就会被称为**纯付利息抵押贷款**。澳大利亚、丹麦、芬兰、法国、德国、希腊、爱尔兰、荷兰、葡萄牙、韩国、西班牙、瑞士和英国都有纯付利息抵押贷款。在美国也有部分抵押贷款采用这种形式。有一种特殊类型的纯付利息抵押贷款，在其整个贷款存续期限内都没有提前偿付本金的安排。在这种情况下，期末整付就等于其原始贷款的金额。这样的抵押贷款被称为"终身纯付利息抵押贷款"或"子弹贷款"，在丹麦、荷兰和英国都存在。

4.4.4 提前还款选项和提前还款罚金

提前还款是指借款人在预定还款计划之外的任何超额本金偿付。抵押贷款的部分条款可能会允许借款人有权在偿还本金的预定到期日之前提前偿还全部或部分未偿付的抵押贷款本金。这类合同条款被称为**提前还款选项**或**提前还款期权**。从借款人或投资者的角度来看，提前还款期权的影响在于它让人无法精准确定抵押贷款的现金流数额和支付时间。由此带来的风险就是提前还款风险。提前还款风险对允许提前还款的任何类型的抵押贷款均有影响，不仅限于等额本息、固定利率和完全摊销的贷款。

抵押贷款的条款还可以规定对借款人在某些时间段行使提前还款期权施加一定数额的货币惩罚，该期限最长可延至贷款的全部存续期限。使用这种设计的抵押贷款被称为**提前还款罚金抵押贷款**。因为借款人更有可能在利率下降时提前还款，所以规定提前还款罚金的目的是补偿贷款人合同利率与当前市场利率之间的差额。因此，提前还款罚金实际上是一种保证贷款人收益的机制。罚金数额计算的方法各不相同。提前还款罚金抵押贷款在欧洲很常见。尽管所占比例很小，但在美国该类型抵押贷款也确实存在。

4.4.5 止赎过程中贷款人的权利

抵押贷款可以是有追索权的贷款也可以是无追索权的贷款。借款人不履行借款合同义务时，贷款人可以收回抵押资产并进行变卖，但变卖所得的价款可能不足以弥补损失。对有追索权的贷款，贷款人就抵押贷款的未偿付余额与出售抵押资产所得款项之间的差额，对借款人拥有追索权。对无追索权的贷款，贷款人没有这样的权利，因此其收回抵押贷款未偿付余额的方式仅限于处理抵押的不动产。在美国，是否拥有追索权通常由所在州的法律决定，而住房抵押贷款在大部分州都属于无追索权的贷款。相比之下，大多数欧洲国家的住房抵押贷款是有追索权的贷款。

抵押贷款是否有追索权会影响借款人违约的概率，尤其是对于那些"处于水下的抵押贷款"，即那些担保资产的价值已经下降到低于借款人所欠金额的抵押贷款。例如在美国，典型的抵押贷款是无追索权的，因此借款人可能有拖欠处于水下的抵押贷款的动机，并允许贷款人对房产行使止赎权，即使在其仍有能力继续偿付抵押贷款的情况下。这种借款人违约的类型被称为"战略性违约"。但战略性违约也会对借方产生负面影响，借方的信用评分会因此降低，其未来的借贷能力也会受到影响。因此并非所有面临类似情况的借款人都会违约。在住房抵押贷款是有追索权贷款的国家，战略性违约的可能性较小，因为贷款人可以继续从借款人的其他资产和收入中寻求补偿。

现在跟住房抵押贷款相关的基础设定已经介绍完毕，让我们把注意力转向这些抵押贷款是如何证券化的，或者说它们是如何被组装成住房抵押贷款支持证券的。在接下来的章节中，我们重点介绍美国的住房抵押贷款支持证券市场，因为它是世界上最大的住房抵押贷款支持证券市场，许多非美国的投资者也会在他们的投资组合中持有美国的住房抵押贷款支持证券。

例4-4　住房抵押贷款的设计

1. 在纯付利息抵押贷款中，下面哪个关于借款人的描述是正确的？

A. 只要他支付利息，就不必偿还本金

B. 在一定的年限内不需要偿还本金，在这之后开始偿还最初的贷款金额

C. 在抵押贷款的整个期限内不必偿还本金，并在到期时以一次性大额付款的方式支付最初的贷款金额

2. 一家银行公布了一项抵押贷款。其利率为2.99%（=12个月 Euribor+2.50%），每年重置一次。该抵押贷款最可能属于：

A. 混合抵押贷款　　　　B. 可变利率抵押贷款　　　　C. 初始固定利率抵押贷款

3. 如果无追索权抵押贷款的借款人未能支付合同款项，贷款人：

A. 不能收回房产

B. 只能通过出售房产来收回未偿付的抵押贷款余额

C. 可通过出售房产及借款人的其他资产或收入收回未偿付的按揭贷款余额

解答1：B是正确的。在纯付利息抵押贷款中，在一定年限内无须进行本金还款，所以借款人只在纯付利息还款期之后才开始偿还原始贷款金额。有些（但不是全部）纯付利息抵押贷款在整个贷款周期内都没有安排本金偿还。这些抵押贷款被称为终身纯付利息抵押贷款或子弹贷款，它们要求借款人在到期时一次性偿还原始贷款金额。

解答2：B是正确的。可变利率抵押贷款的利率基于某些参考利率或指数（指数参考ARM）或贷款人自行决定的利率（人为预设ARM），并会定期重置。12个月 Euribor 加上2.50%的抵押贷款利率，每年重置一次，表明该抵押贷款是一个指数参考ARM。2.99%的利率是当前的抵押贷款利率（即当前的一年期 Euribor 0.49% 加上2.50%），因此该贷款不应被视为固定利率、初始固定利率或混合抵押贷款。

解答3：B是正确的。在无追索权抵押贷款的情况下，如果借款人未能按合同约定支付抵押款项，贷款人可以提前收回房产。但贷款人只能用该房产来抵偿未偿付的抵押贷款余额。

4.5　住房抵押贷款支持证券

由住宅类房地产抵押贷款证券化产生的证券被称为住房抵押贷款支持证券（RMBS）。在美国、加拿大、日本和韩国等国，此类证券通常会分为由政府或准政府实体担保的证券和非政府担保的证券。准政府实体通常由政府创建，并代替其履行各种职能。准政府实体包括众多政府支持公司（GSE），比如美国的房利美（前身为联邦国民抵押贷款协会）、房地美（前身为联邦住宅贷款抵押公司），以及日本的住房金融厅。

在美国，住房抵押贷款支持证券分为三类：①由联邦机构担保的，②由政府支持公司担保的，③由私营实体发行且没有由联邦机构或政府支持公司提供担保的。其中，前两类证券被称为代理住房抵押贷款支持证券，最后一类被称为非代理住房抵押贷款支持证券。本节大篇幅介绍了美国的代理住房抵押贷款支持证券和非代理住房抵押贷款支持证券，因为这些证券占据了投资级债券市场的很大一部分，并被包含在大多数美国或非美国投资者的投资组合中。

代理住房抵押贷款支持证券包括各联邦政府机构发行并担保的抵押贷款支持证券，最典型的是美国政府国民抵押贷款协会，一般被简称为 Ginnie Mae 或 GNMA。GNMA 其实是美国联邦政府的一个机构，辖于美国住房与城市发展部名下。因此由该机构担保的住房抵押贷款支持证券在能否及时支付利息和偿还本金方面具有跟美国政府一样的信任度和信用等级。

代理住房抵押贷款支持证券还包括房利美和房地美等政府支持公司发行的住房抵押贷款支持证券。由这两家政府支持公司发行的住房抵押贷款支持证券不具备美国政府等级的信任度和信用等级。 ⊖政府支持公司发行的代理住房抵押贷款支持证券与非代理住房抵押贷款支持证券有两个不同之处。首先，房利美和房地美发行的住房抵押贷款支持证券可以由政府支持公司自身提供担保服务，从而降低其信用风险，政府支持公司也会就该服务收取一定费用。相比之下，非代理住房抵押贷款支持证券的发行方不能自己为自己担保，只能通过使用其他信用增级手段来降低信用风险。我们将在 4.5.3 节中进一步讨论相关细节。政府支持公司发行的代理住房抵押贷款支持证券与非代理住房抵押贷款支持证券的第二个区别在于它们的待证券化贷款池。一笔贷款要加入代理住房抵押贷款支持证券的贷款池，必须符合由众多政府部门制定的各类标准。这些标准规定了单笔抵押贷款的最大额度、必备的贷款文件、最高房贷价值比率以及是否需要保险等。如果一笔贷款满足成为代理住房抵押贷款支持证券抵押品的标准，它就被称为"合格抵押贷款"。未能满足这些标准的则被称为"非合格抵押贷款"。

本节先讨论代理住房抵押贷款支持证券，包括抵押贷款过手证券和抵押担保债券；然后再讨论非代理住房抵押贷款支持证券。 ⊜

4.5.1　抵押贷款过手证券

抵押贷款过手证券是由一个或多个抵押贷款持有人建立抵押贷款池，并直接出售该贷款

⊖　2008 年 9 月，这两家 GSE 都被美国政府接管了。被接管的意思是，由法院指定一个单位负责另一个单位的财务事宜。截至 2018 年，它们仍处于被美国政府接管的状态。

⊜　一个颇受欢迎的债券市场指数——彭博巴克莱美国综合债券指数，有一个名为"抵押贷款部门"的板块。该抵押贷款部门只包含代理住房抵押贷款支持证券，并且都是抵押贷款过手证券。

池的份额或参与凭证而产生的证券。一个抵押贷款池可以包含多达几千笔抵押贷款，也可以只有少数几笔抵押贷款。当一笔抵押贷款被置入抵押贷款过手证券的抵押贷款池时，我们称该抵押贷款被证券化了。

4.5.1.1 特征

抵押贷款过手证券的现金流由基础抵押贷款池的现金流决定，后者包括各借款人每月支付的抵押贷款利息、按计划偿还的本金和可能的提前还款。抵押贷款过手证券的持有人每个月可以收到相应的现金支付，但现金流的数量和支付时间不一定与抵押贷款池完全相同。事实上，抵押贷款过手证券的每月现金流比抵押贷款池的要低，其差额等于服务费和其他管理费的总和。

服务费是指为完成抵押贷款还款流程而产生的服务费用。这些服务包括从贷款的借款人处收取每月待还款、将还款转给贷款的持有者、向借款人发送还款通知、在还款逾期时提醒借款人、维护抵押贷款的待偿付余额记录、在必要时启动止赎程序以及向借款人发送相关税务信息等。抵押贷款利息的一部分要用于支付此类服务费。其他管理费包括发行机构或抵押贷款过手证券的财务担保人收取的担保费用和管理费用。

抵押贷款过手证券的票面利率又被称为**过手利率**。过手利率比基础抵押贷款池的抵押贷款利率低，这也是服务费和其他管理费造成的结果。投资者获得的过手利率又被称为净利息或净票面利率。

证券化抵押贷款池中通常包含多笔抵押贷款，这些抵押贷款可能拥有不同的贷款利率和到期期限。因此对抵押贷款过手证券来说，有必要计算其加权平均票面利率（WAC）和加权平均到期期限（WAM）。加权平均票面利率的计算方法是，以抵押贷款池中每笔贷款的未偿付贷款余额占整个抵押贷款池的总未偿付贷款余额的百分比为权重，通过加权得到抵押贷款的利率。类似地，加权平均到期期限也是通过将池中每笔抵押贷款的剩余月数加权计算得到的，权重同样是每笔贷款的未偿付贷款余额占整个贷款池的总未偿付贷款余额的百分比。例4-5给出了计算加权平均票面利率和加权平均到期期限的一个例子。

📘 例4-5　加权平均票面利率和加权平均到期期限

如表4-3所示，假设一个抵押贷款池包括具有以下特征的三笔抵押贷款：

表　4-3

抵押贷款	未偿付贷款本金（美元）	票面利率（%）	距离到期的总月数
1	1000	5.1	34
2	3000	5.7	76
3	6000	5.3	88

三笔抵押贷款的总未偿本金为10 000美元。因此抵押贷款1、抵押贷款2和抵押贷款3的权重分别为10%、30%和60%。

加权平均票面利率为：

$$10\% \times 5.1\% + 30\% \times 5.7\% + 60\% \times 5.3\% = 5.4\%$$

加权平均到期期限为（单位为月）：

$$10\% \times 34 + 30\% \times 76 + 60\% \times 88 = 79$$

4.5.1.2　提前还款风险

由于抵押贷款的未来现金流受到借款人提前还款的影响，抵押贷款过手证券的投资者无法准确知道自己的未来现金流。这种风险就是前文提到过的提前还款风险。提前还款风险有两种形态：缩期风险和延期风险，两者都在很大程度上受到市场总体利率水平变化的影响。

缩期风险是指当利率下降时，实际发生的提前还款率比预期值更高的风险。因为借款人有动力以较低的利率再融资，其结果就是抵押贷款支持证券的实际存续期限将比发行时预期的更短。在利率下降时，持有的证券期限变短对投资者有两个不利的后果。首先，投资者必须在较低的利率环境下将提前兑现的收益再投资。其次，因为手中的证券是可提前还款或可赎回的，其价格的升值幅度不会像其他条件类似但不可提前还款或赎回的债券那样大。

延期风险是指当利率上升时，提前还款率比预期值更低的风险。因为借款人不愿放弃相比当前利率更低的合同利率带来的好处，抵押贷款支持证券的实际存续期限将比发行时预期的更长。从投资者的角度来看，因为利率上升造成价格下降，所持证券的价值下降了。而投资者获得的现金流和可能的再投资收入通常受限于抵押贷款预设的息票支付和本金偿还安排。

4.5.1.3　提前还款率的度量

为了分析提前还款的影响，市场参与者创造了各种衡量提前还款率或提前还款速度的指标。两个关键的提前还款率衡量指标是单月提前还款率（SMM），还有其对应的年化指标条件提前还款率（CPR）。

单月提前还款率反映了在考虑了本月的计划本金偿付额之后，本月的实际提前还款金额占资产池中抵押贷款总余额的比例。其计算公式如下：

$$\text{单月提前还款率} = \frac{\text{本月提前还款金额}}{\text{本月期初未偿付抵押贷款总余额} - \text{本月计划本金偿付额}} \times 100\% \quad (4\text{-}1)$$

注意，单月提前还款率通常以百分比的形式表示。

当市场参与者提到住房抵押贷款池的预期提前还款率时，他们通常是指年化后的单月提前还款率，即条件提前还款率。例如，6%的条件提前还款率意味着在年初的时候预计会有约6%的未偿付抵押贷款余额将在年底前提前还款。

在为抵押贷款过手证券和其他抵押贷款池衍生品估值时，一个关键步骤是预测未来的提前还款率。该任务涉及对提前还款率的建模。提前还款率模型是利用抵押贷款池的特征和其他因素来预测提前还款率未来变化的统计模型。

在美国，市场参与者会用一个标准模型或者说基准模型为参照点，来衡量抵押贷款池在整个存续周期中的提前还款率。该模型就是公众证券协会（PSA）提前还款基准，由证券业和金融市场协会（SIFMA）计算并发布。PSA 提前还款基准表示为一系列的月度提前还款率。基于历史数据，该模型假设新发放的抵押贷款的提前还款率较低，随着券龄的提高提前还款速度会逐渐加快。或快或慢的提前还款速度都被表示为 PSA 提前还款基准的一定百分比。本书将沿用 PSA 的一些假设，但不会对相关细节进行讨论。首先要记住的是，与 PSA 提前还款基准完全一致的标准提前还款率被称为 100 PSA。也就是说，投资者购买 100 PSA 的抵押贷款证券时，可以预期自己面临的提前还款率跟 PSA 提前还款基准完全一致。标准模型假设抵押贷款的初始期限为 30 年，前 30 个月的提前还款率从 0.20%开始逐月上升，在第 30 个月时达到6%的峰值。大于100 PSA 的 PSA 值意味着提前还款的速度比标准模型更快，小于100 PSA 的 PSA 值意味着提前还款的速度比标准模型更慢。

4.5.1.4 现金流构建

让我们用一个虚构的抵押贷款过手证券为例看看如何构建每月的预期现金流。我们的假设如下：

- 抵押贷款池的票面价值为8亿美元。
- 贷款池中的住房抵押贷款都是固定利率、等额支付和完全摊销的贷款。
- 贷款池中抵押贷款的加权平均票面利率是6%。
- 贷款池中抵押贷款的加权平均到期期限是357个月。
- 过手利率为5.5%

表4-4显示了该抵押贷款过手证券的持有人在特定月份的现金流，假设提前还款率为165 PSA。表4-4中第3列单月提前还款率和第4列抵押贷款还款额是给定的。第5列净息票支付是扣除了服务费和其他行政费用之后支付给证券持有人的实际金额，该数额等于第2列未偿付抵押贷款总余额乘以5.5%的过手利率再除以12。第6列计划内本金还款额等于第4列抵押贷款还款额和总息票支付之间的差额。总息票支付等于第2列未偿付抵押贷款总余额乘以6%的加权平均票面利率再除以12。第7列提前还款额是通过式（4-1）计算出来的，输入的变量是第3列提供的单月提前还款率、第2列的未偿付抵押贷款总余额和第6列的计划内本金还款额。[⊖]第8列总本金偿还额等于第6列的计划内本金还款额和第7列的提前还款额之和，从本月初未偿付抵押贷款总余额中减去这个金额，就得到了下一个月月初的未偿付抵押贷款总余额。第9列是抵押贷款过手证券的预计现金流，等于第5列的净息票支付和第8列的总本金偿还额之和。

表4-4 抵押贷款过手证券持有人的每月现金流（本金8亿美元，加权平均票面利率为6.0%，加权平均到期期限为357个月，过手利率为5.5%，假设提前还款率为165 PSA）

(1)	(2)	(3)	(4)	(5)	(6)	(7)	(8)	(9)
月份	未偿付抵押贷款总余额（美元）	单月提前还款率（%）	抵押贷款还款额（美元）	净息票支付（美元）	计划内本金还款额（美元）	提前还款额（美元）	总本金偿还额（美元）	预计现金流（美元）
1	800 000 000	0.111	4 810 844	3 666 667	810 844	884 472	1 695 316	5 361 982
2	798 304 684	0.139	4 805 520	3 658 896	813 996	1 104 931	1 918 927	5 577 823
3	796 385 757	0.167	4 798 862	3 650 101	816 933	1 324 754	2 141 687	5 791 788
⋮								
29	674 744 235	0.865	4 184 747	3 092 578	811 026	5 829 438	6 640 464	9 733 042
30	668 103 771	0.865	4 148 550	3 062 142	808 031	5 772 024	6 580 055	9 642 198
⋮								
100	326 937 929	0.865	2 258 348	1 498 466	623 659	2 822 577	3 446 236	4 944 702
101	323 491 693	0.865	2 238 814	1 482 670	621 355	2 792 788	3 414 143	4 896 814
⋮								

⊖ 因为第3列的 SMM 经过了四舍五入处理，所以在计算第7列的提前还款额、第8列的总本金偿还额和第9列的预计现金流时会出现一些四舍五入的误差。

（续）

(1)	(2)	(3)	(4)	(5)	(6)	(7)	(8)	(9)
月份	未偿付 抵押贷款 总余额 （美元）	单月提前 还款率 （%）	抵押贷款 还款额 （美元）	净息 票支付 （美元）	计划内本金 还款额 （美元）	提前 还款额 （美元）	总本金 偿还额 （美元）	预计 现金流 （美元）
200	103 307 518	0.865	947 322	473 493	430 784	889 871	1 320 655	1 794 148
201	101 986 863	0.865	939 128	467 440	429 193	878 461	1 307 654	1 775 094
⋮								
300	19 963 930	0.865	397 378	91 501	297 559	170 112	467 670	559 172
301	19 496 260	0.865	393 941	89 358	296 460	166 076	462 536	551 893
⋮								
356	484 954	0.865	244 298	2223	241 873	2103	243 976	246 199
357	240 978	0.865	242 185	1104	240 980	0	240 980	242 084

注：因为加权平均到期期限为 357 个月，抵押贷款池的平均券龄为 3 个月，所以根据 165 PSA 计算，第一个月的条件提前还款率为 0.132%，并在第 27 个月时达到 6% 的上限。

4.5.1.5　加权平均寿命

债券市场的标准做法是将债券的到期期限作为其利率风险的衡量指标。抵押贷款支持证券市场没有遵循这一做法，因为其本金偿还（包括计划内本金还款和提前还款）在证券的整个存续周期内都会发生。尽管抵押贷款支持证券也有一个法定最后期限，即最后一次预期本金偿还日，但法定期限并不能揭示与抵押贷款支持证券相关的提前还款风险和利率风险。例如，期限为 30 年的无内嵌期权公司债券和法定期限同为 30 年的抵押贷款支持证券面临的利率风险并不相同。当然可以分别计算公司债券和抵押贷款支持证券的有效久期，以评估它们对利率变动的敏感性。但市场参与者广泛使用的抵押贷款支持证券衡量标准是其**加权平均寿命**，或简称为抵押贷款支持证券的**平均寿命**。这个指标可以告诉投资者，假设利率保持在当前水平，因而提前还款率也跟预期的一样，他们手中的抵押贷款支持证券预计多久会被偿还。换句话说，抵押贷款支持证券的平均寿命是根据标准模型的预测，预计回收本金（包括计划内本金还款和预期提前还款）的平均时间。

抵押贷款过手证券的平均寿命取决于对提前还款率的假设。下面的表格提供了表 4-4 中的抵押贷款过手证券在不同提前还款率下的平均寿命。可以看到，假设提前还款率为 165 PSA 时，抵押贷款过手证券的平均寿命为 8.6 年。平均寿命随着提前还款率的下降而延长，在提前还款率上升时迅速下降。在 600 PSA 的提前还款率下，抵押贷款过手证券的平均寿命只有 3.2 年。

PSA 假设	100	125	165	250	400	600
平均寿命（年）	11.2	10.1	8.6	6.4	4.5	3.2

例 4-6　抵押贷款过手证券

1. 非合格抵押贷款：

A. 不能作为住房抵押贷款支持证券的抵押品

B. 不符合作为机构住房抵押贷款支持证券抵押品的标准

C. 在借款人拖欠抵押贷款的情况下，贷款人无权就未偿付抵押贷款余额与出售房产所得款项之间的差额向借款人提出索赔

2. 抵押贷款过手证券的每月现金流最有可能：

A. 是常数　　　　B. 当利率下降时改变　　　　C. 等于基础抵押贷款池的现金流

3. 提前还款率为 80 PSA 意味着投资者可以预期：

A. 抵押贷款过手证券票面价值的 80% 在证券到期前被偿还

B. 抵押贷款过手证券的抵押品中包含的抵押贷款有 80% 的借款人会提前还款

C. 抵押贷款过手证券中包含的抵押贷款的提前还款率为 PSA 模型预测的单月提前还款率的 80%

4. 在其他条件不变的情况下，当利率下降时：

A. 抵押贷款过手证券的投资者面临延期风险

B. 抵押贷款过手证券的加权平均期限会延长

C. 抵押贷款过手证券的价格涨幅小于没有提前支付期权的其他债券

解答 1：B 是正确答案。非合格抵押贷款是指不满足作为机构住房抵押贷款支持证券抵押品标准的抵押贷款。该标准规定了单笔抵押贷款的最大额度、必备的贷款文件、最高房贷价值比率以及是否需要保险等。

解答 2：B 是正确答案。抵押贷款过手证券的每月现金流取决于基础抵押贷款池的现金流，但由于提前还款的存在，它们的金额和发生时间不能完全匹配。当利率下降时，借款人很可能会提前支付全部或部分未偿还抵押贷款余额，这将影响抵押贷款过手证券的每月现金流。此外，抵押贷款的服务和担保等费用也会减少抵押贷款过手证券相对于基础抵押贷款池的每月现金流。

解答 3：C 是正确答案。80 PSA 的提前还款率意味着投资者可以预期抵押贷款过手证券的资产池中的抵押贷款的提前还款率为 PSA 模型预测的单月提前还款率的 80%。例如，如果 PSA 模型预测前 30 个月的提前还款率每月增加 0.20%，直至 6% 的峰值。那么 80 PSA 的提前还款率就会每月增加 0.16%，并在第 30 个月达到 4.80%。因此，投资者可以预期比 PSA 提前还款基准更低的提前还款率。

解答 4：C 是正确答案。当利率下降时，抵押贷款过手证券的提前还款率上升，因为买房者会以现在更低的利率再融资。所以投资者面临缩期风险，也就是说他们收到现金流的速度比预期的要快。继续持有证券的投资者面临不得不以相对较低的利率再投资的前景，而决定出售证券的投资者将不得不以低于没有提前还款期权的类似债券的价格出售。

4.5.2　抵押担保债券

在前文我们提到，提前还款风险是投资抵押贷款过手证券时需要重点考虑的一个因素。一些机构投资者会担心缩期风险，另一些则担心延期风险。我们可以通过证券化结构安排来重新分配抵押贷款类资产（包括抵押贷款过手证券或抵押贷款池）的现金流，生成不同的债券类别或层级，创造出具有不同提前还款风险敞口的证券。与初始的抵押贷款相关产品相比，这些新创造的证券可以拥有不同的风险回报模式。

将抵押贷款类资产的现金流重新分配到不同的层级，而生成的证券被称为**抵押担保债券**（CMO）。作为现金流来源的抵押贷款类资产被称为抵押品。请注意，与抵押贷款过手证券的抵押品不同，抵押担保债券的抵押品不一定是某个抵押贷款池，也可以是一个抵押贷款过手证券池。事实上，在实践中，抵押品通常都是抵押贷款过手证券池，因此市场参与者有时会将"抵押品"和"抵押贷款过手证券"两个术语互换使用。

创建抵押担保债券不能消除或改变提前还款风险，但能将各种形式的风险分配到不同的证券层级中。抵押担保债券在金融上的主要创新在于，可以通过创建不同的证券来精准满足不同机构投资者的资产负债需求，从而扩大抵押贷款支持类产品的吸引力。

抵押担保债券结构的类型很多，我们将讨论其中最主要的几种。

4.5.2.1　序贯支付抵押担保债券结构

我们要介绍的第一个抵押担保债券结构是这样的，每当抵押贷款本金被偿还的时候，不同的层级按顺序依次吸收其造成的影响。这种结构被称为"序贯支付抵押担保债券"。在这种结构中，每月本金偿还（计划内加提前还款）分配到各层级的规则如下。首先，将所有偿还的本金分配给第 1 层级的证券，直到该部分的本金余额为零。在第 1 层的本金被全部清偿后，将其余所有本金偿付分配给第 2 层级的证券，直到第 2 层级的本金余额也减至零为止。依此类推。

为了说明序贯支付抵押担保债券的具体细节，让我们以一个名为 CMO-01 的虚构抵押担保债券作为例子。假设 CMO-01 的抵押品是表 4-4 中描述的那个抵押贷款过手证券。因此抵押品的总票面价值为 8 亿美元，过手票面利率为 5.5%，加权平均票面利率为 6%，加权平均到期期限为 357 个月。我们用这 8 亿美元的抵押品创建了四个抵押担保债券层级，具体情况如表 4-5 所示。在这个简单的例子中，我们假设每个层级的票面利率都是一样的，都等于抵押贷款过手证券的票面利率。这是一个简化的假设，在现实中不同层级的票面利率通常是不同的。[⊖]

抵押担保债券的创建基于一系列现金流再分配规则，将抵押品的息票支付和本金偿还重新分配到不同的抵押担保债券层级。表 4-5 下面的支付规则详细介绍了如何将抵押贷款过手证券的现金流分配给抵押担保债券的四个层级。CMO-01 的息票支付和本金偿还各自有单独的规则，后者包括计划内本金偿还和提前还款。

虽然本金还款的分配规则是确定的，但每个月的具体本金偿还额仍然是未知的。

表 4-5　CMO-01，拥有四个层级的序贯支付抵押担保债券结构

层级	名义本金（百万美元）	票面利率（%）
A	389	5.5
B	72	5.5
C	193	5.5
D	146	5.5
总计	800	

注：每月息票支付规则为根据各层级的月初本金余额支付每月息票。本金偿付规则为支付本金给 A 层级，直到完全清偿。在 A 层级被完全清偿后，支付本金给 B 层级，直到完全清偿。在 B 层级被完全清偿后，支付本金给 C 层级，直到完全清偿。在 C 层级被完全清偿后，支付本金给 D 层级，直到完全清偿。

⊖ 要记住，债券的票面利率往往受利率（收益率）期限结构的影响，通常期限越长收益率就越高。CMO 的不同层级有不同的平均寿命，常见的设定是平均寿命越长息票率就越高。因此，在如表 4-5 所示的序贯支付抵押担保债券结构中，更可能的情况是 A 层级的息票率为 4.2%、B 层级为 4.8%、C 层级为 5.2%、D 层级为 5.5%。通常来说，投资者会根据感知到的风险来评估对应的债券层级的价格是否合理。也就是说，投资者愿意为某层级支付的价格反映了在给定票面利率下的预期收益率。此外，基础资产池提供的息票率在扣除服务费和其他行政费用后仍然高于各层级支付的息票率，该利息差额可以用于创设被称为"结构化只计利息层级"的证券。关于这些层级的详细分析不在本章的讨论范围之内。

该数额取决于抵押品的实际现金流,后者又取决于抵押品的实际提前还款率。根据假设的提前还款率(比如表4-4中的165 PSA)只能计算预计的现金流,而非实际现金流。

考虑一下在这个例子中通过创建序贯支付抵押担保债券结构的CMO-01所达到的效果。前面我们计算过,在提前还款率为165 PSA时,原抵押贷款过手证券的平均寿命是8.6年。表4-6展示了在不同提前还款率假设下,抵押品和四个抵押担保债券层级的平均寿命。可以看到,与抵押品相比,四个层级的平均寿命或短或长,因此可以吸引对不同平均寿命有偏好的投资者。例如,一只退休基金可能预计自身多年以后才会有大量的现金支出,因为到时候退休人数可能将大幅增加,所以它可能会选择平均寿命较长的那些层级作为投资标的。

表4-6 在不同的提前还款率假设下CMO-01的抵押品和四个层级的平均寿命

提前还款率	平均寿命(年)				
	抵押品	层级A	层级B	层级C	层级D
100 PSA	11.2	4.7	10.4	15.1	24.0
125 PSA	10.1	4.1	8.9	13.2	22.4
165 PSA	8.6	3.4	7.3	10.9	19.8
250 PSA	6.4	2.7	5.3	7.9	15.2
400 PSA	4.5	2.0	3.8	5.3	10.3
600 PSA	3.2	1.6	2.8	3.8	7.0

但仍然存在一个主要问题,那就是各层级的实际平均寿命仍存在相当大的可变性。如何处理这个问题将在后文展示,但从本节的介绍可以看出,抵押担保债券的结构设计可以为不同的层级提供一些对提前还款风险的保护。保护的原理是优先分配提前偿付的本金(根据本金偿还的支付规则)降低了平均寿命较短的层级(比如表4-6中的层级A)面临的延期风险。这种保护不是凭空产生的,实际上这些风险被转移给了平均寿命较长的层级。同样,层级C和层级D为层级A和层级B抵挡了延期风险,从而提供另一种形式的保护。与此同时,层级C和层级D也获得了抵御缩期风险的保护,这种保护来自层级A和层级B。CMO-01通过序贯支付抵押担保债券结构为担心延期风险的投资者提供了层级A和层级B,为担心缩期风险的投资者提供了层级C和层级D。

4.5.2.2 包含计划还本层级和支持层级的抵押担保债券结构

抵押担保债券的另一种常见结构包含一个**计划还本层级**(PAC层级),在抵押品存续周期内,只要提前还款率处于事先指定的区间内,计划还本层级的投资者就可以获得较大的现金流可预测性。再次强调,在抵押贷款支持证券的创建过程中,无论是抵押贷款过手证券还是抵押担保债券,都不能消除提前还款风险。那么,计划还本层级投资者的提前还款风险(包括延期风险和缩期风险)是被谁承担了?答案是那些计划还本层级以外的层级,通常被称为**支持层级**或伴随层级。抵押担保债券的结构被设计成让支持层级先吸收提前还款风险。由于计划还本层级对延期风险和缩期风险都有一定(但非完全)的保护,它们也被称为享受提前还款双向保护的层级。

计划还本层级的现金流之所以具有更大的可预测性,是因为按计划偿还该层级的本金被置于更优先的地位。只要提前还款率在指定的区间内,也就是在所谓计划还本区间内,所有的提前还款风险都会由支持层级吸收。如果抵押品的提前还款速度低于预期,支持层级不能在计划还本层级完成其全部本金偿还计划之前收到任何提前偿还的本金。这个规则降低了计划还本层级的延期风险。同样，如果抵押品的提前还款速度超过预期，支持层级将吸收超出预定本金偿还率的所有提前偿还。该规则降低了计划还本层级的缩期风险。即使提前还款率超出了计划还本区间，提前还款风险也会首先由支持层级来承担。因此，计划还本层级的投资者能享受多大程度的提前还款保护，取决于尚未偿付的支持层级的规模。如果支持层级由于提前还款率高于预期而迅速被全部清偿，就不能再为计划还本层级提供任何保护。

支持层级的投资者面临着最高水平的提前还款风险。因此，投资者必须特别小心地评估支持层级的现金流特征，以减少因提前还款而导致的投资组合表现不尽如人意的可能性。

为了说明如何创建包含计划还本层级和支持层级的抵押担保债券结构，我们再次使用表 4-4 中的抵押贷款过手证券作为抵押品，其票面价值为 8 亿美元，过手票面利率为 5.5%，加权平均票面利率为 6%，加权平均到期期限为 357 个月。创建计划还本层级需要预设两个 PSA 提前还款率：一个较低的 PSA 提前还款率作为下限，一个较高的 PSA 提前还款率作为上限。这两个 PSA 提前还款率形成的区间被称为"初始 PAC 领"或"初始 PAC 带"。初始 PAC 领的具体取值通常会根据市场条件来确定。在我们的例子中，可以假设 PSA 提前还款率的上下限分别为 100 PSA 和 250 PSA，因此初始 PAC 领为 100 PSA~250 PSA。

表 4-7 展示了该抵押担保债券的结构，可以称之为 CMO-02，它只包含两个层级：一个是票面利率为 5.5% 的计划还本层级，其初始 PAC 领为 100 PSA~250 PSA；另一个是支持层级。

表 4-7　CMO-02，由一个计划还本层级和一个支持层级组成的抵押担保债券结构

层级	名义本金（百万美元）	票面利率（%）
P 层（PAC 层）	487.6	5.5
S 层（支持层）	312.4	5.5
总计	800.0	

注：每月息票支付规则为根据各层级的月初本金余额支付每月息票。本金偿付规则为根据本金支付计划将提前还款分配给 P 层的投资者。对于当前和未来的一切本金支付，优先满足 P 层的本金支付计划。在 P 层的本金支付计划得到满足后，所有额外的本金还款都支付给 S 层的投资者。在 S 层被完全清偿之后，所有的本金支付都支付给 P 层的投资者，不管是否符合其本金支付计划。

表 4-8 展示了在不同的实际提前还款率假设下，CMO-02 的计划还本层级和支持层级的平均寿命。可以看到，在实际提前还款率处于 100 PSA 和 250 PSA 之间时，计划还本层级的平均寿命保持在 7.7 年。但在更高或更低的实际提前还款率下固定平均寿命会被打破，在实际提前还款率小于 100 PSA 时平均寿命被延长了，在实际提前还款率大于 250 PSA 时平均寿命被压缩了。但与支持层级相比，计划还本层级平均寿命的可变性还是要小得多。

表 4-8　在不同的实际提前还款率假设下 CMO-02 的计划还本层级和支持层级的平均寿命，初始 PAC 领均为 100 PSA~250 PSA

提前还款率	平均寿命（年）		提前还款率	平均寿命（年）	
	计划还本层级（P 层）	支持层级（S 层）		计划还本层级（P 层）	支持层级（S 层）
50 PSA	10.2	24.9	250 PSA	7.7	3.3
75 PSA	8.6	22.7	400 PSA	5.5	1.9
100 PSA	7.7	20.0	600 PSA	4.0	1.4
165 PSA	7.7	10.7			

大多数包含计划还本层级和支持层级的抵押担保债券都有不止一个计划还本层级，多至

六个计划还本层级的抵押担保债券（这些计划还本层级的本金偿付计划会按照预先设定的优先级依次得到满足）也并不罕见。例如表 4-9 中的 CMO-03，它包含四个计划还本层级（P-A 层、P-B 层、P-C 层和 P-D 层）和一个支持层级。各计划还本层级和支持层级的总本金与表 4-7 中的 CMO-02 一样，唯一不同的是计划还本层级的数量由一个增加到了四个，每一个层级都有自己的本金偿付计划。如表 4-9 下方的支付规则所述，这些计划还本层级的本金偿付计划会按优先级被依次满足。

表 4-9 CMO-03，由多个计划还本层级和一个支持层级组成的抵押担保债券结构

层级	名义本金（百万美元）	票面利率（%）
P-A 层（PAC 层）	287.6	5.5
P-B 层（PAC 层）	90.0	5.5
P-C 层（PAC 层）	60.0	5.5
P-D 层（PAC 层）	50.0	5.5
S 层（支持层）	312.4	5.5
总计	800.0	

注：每月息票支付规则为根据各层级的月初本金余额支付每月息票。本金偿付规则为根据本金支付计划将提前还款分配给 P-A 层的投资者，当前和未来的一切本金支付优先满足 P-A 层的本金支付计划。在 P-A 层的本金支付计划得到满足后，所有额外的本金还款都支付给 S 层的投资者。在 P-A 层被完全清偿之后，根据本金支付计划将提前还款分配给 P-B 层的投资者，当前和未来的一切本金支付优先满足 P-B 层的本金支付计划。在 P-B 层的本金支付计划得到满足后，所有额外的本金还款都支付给 S 层的投资者。P-C 层和 P-D 层依此类推。在 S 层被完全清偿后，所有的本金支付都支付给尚未清偿的各 PAC 层的投资者，不管是否符合其本金支付计划。

4.5.2.3 其他抵押担保债券结构

经常会有投资者想要采用浮动利率的层级。尽管抵押品是支付固定利率的，但仍然可以创建一个支付浮动利率的层级。这可以通过将抵押担保债券结构中的某个固定利率层级拆成一个浮动利率层级和一个逆浮动利率层级来完成。浮动利率层级在市场利率上升时支付更高的利率，而逆浮动利率层级在市场利率上升时支付更低的利率，它们可以相互抵消。因此固定利率层级也能满足构造浮动利率层级的需求。

使用类似的方法，其他各种类型的层级都可以被创造出来，以满足投资者的各种需求。

▌例 4-7 抵押担保债券

1. 抵押担保债券：

A. 消除了提前还款风险

B. 是基于合格抵押贷款池创建的

C. 在不同的债券类别中分配不同形式的提前还款风险

2. 抵押担保债券 PAC 层的平均寿命相对于抵押贷款池中抵押贷款过手证券的平均寿命而言：

A. 更低　　　　　　　　B. 相同　　　　　　　　C. 更高

3. 参考表 4-9，CMO-03 中最适合担心缩期风险的投资者的层级是：

A. P-A 层（PAC 层）　　　B. P-D 层（PAC 层）　　　C. S 层（支持层）

4. 最适合预期市场利率下降的投资者的抵押担保债券层级是：

A. 固定利率层　　　　　　B. 逆浮动利率层　　　　　C. PAC 层

5. 对于愿意且能够接受重大提前还款风险的投资者来说，最适合的投资是：

A. 抵押贷款过手证券

B. 抵押担保债券的支持层

C. 抵押担保债券的逆浮动利率层

解答 1：C 是正确答案。抵押担保债券是根据一套支付规则，将抵押贷款相关产品（包括抵押贷款过手证券）的现金流重新分配到不同债券类别或层级而产生的。

解答 2：A 是正确答案。在抵押担保债券中创建不同债券类别的目的是提供一种比作为资产池的抵押贷款过手证券的风险回报组合更适合投资者的风险回报组合。在平均寿命上，PAC 层的可变性比抵押贷款过手证券要小得多。相比之下，支持层的可变性比抵押贷款过手证券更大。

解答 3：B 是正确答案。缩期风险是指市场利率下降时提前还款的金额超过预期的风险，此时债券的期限会比购买时预期的更短。PAC 层为投资者提供了对缩期风险（和延期风险）的保护。最适合关注缩期风险的投资者的 PAC 层是 P-D 层，因为它是最后受提前还款影响的层级，也就是说，任何超出预期偿还本金的还款都由支持层吸收，然后是 P-A 层，再是 P-B 层，最后才轮到 P-D 层。

解答 4：B 是正确答案。最适合预期市场利率下降的投资者的抵押担保债券层级是逆浮动利率层。逆浮动利率层支付的票面利率与市场利率成反向变动。如果市场利率下降，其支付的票面利率就会上升。

解答 5：B 是正确答案。对于愿意且能够接受重大提前还款风险的投资者来说，最适合的投资是抵押担保债券的支持层。因为 PAC 层在 PAC 区间内的提前还款率下有一个稳定的平均寿命，所有的提前还款风险都被支持部分所吸收。即使是在 PAC 区间之外的提前还款率，提前还款风险也会首先被支持层所吸收。支持层的投资者将因承担提前还款风险而得到补偿，所以如果定价合理，支持层的预期收益率将高于 PAC 层。

4.5.3　非代理住房抵押贷款支持证券

在美国，由吉利美、房利美和房地美等机构发行的住房抵押贷款支持证券被称为代理住房抵押贷款支持证券，任何其他实体发行的住房抵押贷款支持证券都被称为非代理住房抵押贷款支持证券。经常发行非代理住房抵押贷款支持证券的实体包括储蓄机构、商业银行和私营通道。私营通道可以购买一定数量的非合格抵押贷款，把它们放在一个资产池中，然后以这个"非合格抵押贷款资产池"为基础来创设抵押贷款过手证券。由于没有政府或政府支持公司的担保，所以在投资非代理住房抵押贷款支持证券时，信用风险是一个重要的考虑因素。

非代理住房抵押贷款支持证券与代理抵押担保债券有许多共同的特点和构造技术，但由于非代理住房抵押贷款支持证券没有政府或政府支持公司的担保，无法在资产池遭受损失时提供足够的保护。为了提高这些证券对投资者的吸引力，某种形式的内部或外部信用增级手段是必要的。信用增级手段可以降低信用风险或者在不同债券层级之间转移信用风险，从而让投资者有机会选择最符合自己需求的风险回报组合。信用增级也能让证券获得更高的信用评级，这使得非代理住房抵押贷款支持证券对投资者更具市场吸引力。信用增级手段的强度可以根据发行人希望证券所能达到的信用评级来确定。值得一提的是，在 2007～2009 年的次贷危机之后，信用增级手段的整体强度明显上升。

如前文所述，高级/次级结构或信用分层是一种常见的信用增级形式。次级保护垫（即为优先级债券提供信用保护的次级债券的名义本金额）是在发行时设定的，但随着提前还款或违约的发生，次级保护垫的大小会随时间变化。为了保护非代理住房抵押贷款支持证券的投资者，可以用某些证券化手段来防止信用增级的强度随时间推移而减弱。如果优先级债券的信用增级强度会因为抵押品表现不佳而恶化，一种名为"转移利息机制"的证券化手段可以起到一定的保护作用，该机制可以在一段时间内阻止其他次级债券的偿付。许多非代理住房抵押贷款支持证券还会使用其他信用增级手段，如超额担保和储备账户等。

在预测非代理住房抵押贷款支持证券的未来现金流时，投资者必须考虑两个重要因素。第一个是抵押品的预期违约率，第二个是回收率。因为即使抵押品违约，也不一定会让所有抵押贷款余额损失殆尽。通过回收并重新出售一些财产可以提供一些现金流，并用于支付债券持有人，其预期金额取决于采用的回收率假设。

本节我们讨论的都是住房抵押贷款池支持的证券，下一节将讨论由商业地产抵押贷款池支持的证券。

4.6 商业地产抵押贷款支持证券

商业地产抵押贷款支持证券（CMBS）是由一组可产生收入的商业地产抵押贷款支持的，这些商业地产包括多户住宅物业（如公寓大楼）、办公楼、工业物业（包括仓库）、购物中心、酒店和医疗设施（如老年护理设施）。商业地产抵押贷款支持证券的抵押品是一个商业地产抵押贷款池，其来源既可以是新购入商业地产的贷款，也可以是旧贷款的再融资。

4.6.1 信用风险

在美国和其他一些国家，商业地产抵押贷款会采用无追索权贷款的形式，贷方只能指望商业地产本身产生的收入来支持贷款的利息和本金偿还。如果发生违约，贷款人可以收回用于抵押的商业地产，但只能用出售该地产的收益来收回未偿付本金，对借款人的其他资产和收入没有追索权。因此贷款人必须对每一项商业地产单独评估，他们在评估时会使用一些被证明有效的信用风险衡量指标。

两个关键的衡量指标是前文讨论过的房贷价值比率（LTV）以及偿债保障比率（DSC）。偿债保障比率等于商业地产的年净经营收入（NOI）除以当年的债务偿还额（即每年的利息和本金偿还额）。年净经营收入等于租金收入减去运营费用和资产重置准备金，其中资产重置准备金反映了房产随时间流逝的折旧。偿债保障比率超过1.0表明来自该商业地产的现金流足以偿还债务，并覆盖使该物业保持初始状态的维护费用。偿债保障比率越高，借款人就越有可能利用地产本身的现金流满足偿债要求。

4.6.2 商业地产抵押贷款支持证券的常见结构

信用评级机构会根据发行方想要达到的理想信用评级给出所需的信用增级手段。例如，如果要达到某个信用评级需要特定的房贷价值比率和偿债保障比率，而商业地产抵押贷款无法满足这些条件，那评级机构可能就会建议使用高级/次级结构来实现所需的信用评级。

所有本金尚未全部偿还的债券层级都可以收到相应的息票，但贷款违约所造成的损失将首先侵蚀优先级最低的层级的未偿付本金。该层级可能不会委托信用评级机构来评级，在这种情况下，这些未评级的层级被称为"第一损失层级""剩余层级"或"权益层级"。总损失包含提前计提的损失准备和出售贷款的抵押房产时发生的实际损失。

商业地产抵押贷款支持证券结构特有的两个常见特征是提前还款保护措施和大额整付展期条款。

4.6.2.1　提前还款保护措施

商业地产抵押贷款支持证券与住房抵押贷款支持证券的一个重要区别在于提前还款风险，商业地产抵押贷款支持证券有各种**提前还款保护措施**来保护投资者。住房抵押贷款支持证券的投资者面临相当大的提前还款风险，因为借款人有权在预定的还款日期之前提前偿还全部或部分贷款本金。如前文所述，在美国借款人通常无须为提前还款支付任何罚金。在抵押担保债券的讨论中我们强调了投资者如何通过购买特定类型的层级（如序贯支付中的优先层级和计划还本层级）的债券来改变或减少提前还款风险。

商业地产抵押贷款支持证券的投资者通常能享受程度很高的提前还款保护。事实上，这种保护使得商业地产抵押贷款支持证券在市场上的表现更接近公司债券而不是住房抵押贷款支持证券。提前还款保护措施可以施加在结构层面或贷款层面。结构层面的保护可以通过商业地产抵押贷款支持证券的序贯支付结构安排，让不同的层级获得不同的信用等级。低等级的层级在高等级的层级被完全清偿之前不会得到偿付，因此 AAA 级债券必须在 AA 级债券之前偿还，依次类推。违约造成的损失则从低等级开始依次向上影响。

在贷款层面有四种常见的提前还款保护措施：

- 提前还款锁定期，在特定时间段内禁止任何提前还款。
- 提前还款罚息，想要提前还款再融资的借款人必须为此行为支付一定额度的罚息，比如所有提前偿付本金的 1%。具体额度需提前设定。
- 收益率维持费，又称"提前赎回补偿"，针对利用较低的抵押贷款利率进行再融资的借款人，让他们提前还款的行为变得不再划算。用通俗的语言来说，收益率维持费的目的是让贷款人觉得借款人是否以及何时提前还款都无所谓。
- 预回收准备，由借款人提供足够的资金，让商业地产贷款的服务商投资于政府债券组合，用该组合来满足在不发生提前还款的情况下商业地产抵押贷款支持证券的现金流。借款人需要支付的金额可以根据贷款条款来预测。通过合理地构造该政府债券投资组合达到如下效果：投资组合的息票支付和本金恰好可以偿还商业地产抵押贷款支持证券的每一笔预期现金流。当最后一笔款项被偿付时，投资组合的价值恰好减为零（即没有剩余资金）。建立这样一个投资组合的成本，就等于发行方随时回收待偿还贷款的成本。⊖

⊖　这也是保险公司用来保证债务偿还的投资组合策略。在美国，它也被市政债券发行人使用，由此产生的债券称为"预回收债券"。

▌例 4-8 一个商业地产抵押贷款支持证券的例子

表 4-10 中的信息来自"花旗商业地产抵押贷款信托 2013-GCJ11"的发行文件,于 2013 年 4 月向美国证券交易委员会提交。该商业地产抵押贷款支持证券的抵押品是由 72 个固定利率抵押贷款组成的资产池,由各种类型的商业地产、住宅和厂房的第一留置权(优先索取权)作为担保。

表 4-10

发行的凭证类别	初始本金额(美元)	初始过手利率(%)	发行的凭证类别	初始本金额(美元)	初始过手利率(%)
A-1	75 176 000	0.754	X-A	948 816 000	1.937
A-2	290 426 000	1.987	A-S	104 083 000	3.422
A-3	150 000 000	2.815	B	75 423 000	3.732
A-4	236 220 000	3.093	C	42 236 000	
A-AB	92 911 000	2.690			

文件中包括下列声明:

如果你持有 B 类凭证,那么你就抵押贷款收取或预支的款项的索取权将次于 A-1 类凭证、A-2 类凭证、A-3 类凭证、A-4 类凭证、A-AB 类凭证、X-A 类凭证和 A-S 类凭证的持有者。如果你持有 C 类凭证,你就抵押贷款收取或预支款项的索取权将次于 B 类凭证和所有其他类别凭证的持有人。

"提前还款罚金说明"或"提前还款条款"是指该抵押贷款从第一个可还款日开始到到期日为止需满足的一些规定,可能包括以下内容:①是否有提前还款锁定期,②在非计划还款与提前还款时是否需要支付提前还款罚息或收益率维持费,③是否需要进行预回收准备。

1. 根据所提供的信息,该商业地产抵押贷款支持证券:

A. 不包含任何信用增级措施

B. 包含内部信用增级措施

C. 包含外部信用增级措施

2. 根据所提供的信息,该商业地产抵押贷款支持证券的投资者的提前还款保护发生在:

A. 贷款层面　　　　　　B. 结构层面　　　　　　C. 贷款层面和结构层面

3. 对"预回收准备"的最好描述是:

A. 借款人想要再融资时必须支付的预先确定的罚款

B. 一种禁止在一定时间内提前还款的协议

C. 借款人必须提供足够的资金,以覆盖在没有提前还款的情况下会发生的现金流

4. 投资者持有商业地产抵押贷款支持证券时通常面临的一个风险是:

A. 赎回风险　　　　　　B. 大额整付风险　　　　　C. 缩期风险

5. 下面哪种情况下商业抵押贷款支持证券的信用风险较低:

A. DSC 低且 LTV 低　　B. DSC 低且 LTV 高　　C. DSC 高且 LTV 低

解答 1:B 是正确答案。该商业地产抵押贷款支持证券包括高级/次级结构,这是一种内部信用增级的措施。B 类债券为优先级高于它的所有债券类别提供了保护。同样,C 类

债券为所有其他债券类别提供保护，包括 B 类债券。这两个类别的债券是首先损失的层级，也被称为剩余层级或权益层级。请注意，由于是剩余层级，C 类债券没有特定的过手利率。C 类债券的投资者将根据一些模型预期剩余层级的收益率来为其定价，其表现可能比预期更好，也可能比预期更差，这取决于利率变动和违约率对其他类别债券表现的影响。

解答 2：C 是正确答案。该商业地产抵押贷款支持证券为投资者在结构层面和贷款层面都提供了提前还款保护。结构层面提前还款保护的实现依赖于序贯支付的层级。在贷款层面，该商业地产抵押贷款支持证券包含了四种类型的提前还款保护中的三种，即提前还款锁定期、收益率维持费和预回收准备。

解答 3：C 是正确答案。预回收准备是一种贷款层面的提前还款保护，要求借款人提供足够的资金，让服务机构投资于政府债券组合，以覆盖在没有提前还款的情况下可能发生的现金流。

解答 4：B 是正确答案。由于支持商业地产抵押贷款支持证券的许多抵押贷款面临大额的期末一次性偿还，商业地产抵押贷款支持证券的投资者通常面临大额整付风险，也就是借款人不能安排再融资也无法出售房产来应对大额整付的风险。此时商业地产抵押贷款支持证券可能会被延期，因为贷款人必须等待更长的时间才能获得未偿还本金，直到借款人能够支付大额整付的金额。大额整付风险是一种延期风险。

解答 5：C 是正确答案。DSC 和 LTV 是判断潜在信用表现的关键指标，使投资者能够评估商业地产抵押贷款支持证券的信用风险。DSC 等于商业地产每年的年净经营收入除以每年的利息偿还额和本金偿还额。因此，DSC 越高，商业地产抵押贷款支持证券的信用风险就越低。LTV 等于抵押贷款金额除以房产价值。因此，LTV 越低，商业地产抵押贷款支持证券的信用风险就越低。

4.6.2.2 大额整付展期条款

许多用于支持商业地产抵押贷款支持证券的商业地产抵押贷款是期末整付贷款，需要在贷款到期时偿还一笔大额本金。如果借款方不能完成这笔大额支付，就会发生违约。在这种情况下贷款人可以选择将贷款期限延长一段时间，这段时间被称为"偿债准备期"。在此过程中，贷款人可以修改原有的贷款条件，并在偿债准备期内要求更高利率，也就是所谓"滞纳利率"。

商业地产抵押贷款借款人再融资失败或无法通过出售商业地产来产生足够的资金以偿还本金，因而无法完成期末整付的风险被称为"期末整付风险"。由于贷款期限被贷款人延长，因此期末整付风险是一种延期风险。

目前为止，我们已经讨论了房地产的证券化，包括住房和商业地产。后文将讨论非房地产债务的证券化。

4.7 非抵押贷款资产支持证券

除了抵押贷款外，还有许多类型的非抵押贷款资产可以用作资产证券化的抵押品。在大多数国家，用得最多的是汽车贷款或租赁的应收账款、信用卡应收账款、个人贷款和商业贷款。需要记住的是，如果没有政府或准政府实体担保，不管以哪种类型的资产为基础，生成的资产支持证券都会面临信用风险。

资产支持证券可以根据抵押品偿还的方式进行分类，即抵押品是摊销贷款还是非摊销贷款。传统住房抵押贷款和汽车贷款是摊销贷款的两个例子。摊销贷款每一期的现金流包括息票支付、计划内本金偿还和提前还款（如果贷款合约允许的话）。如果贷款的还款计划没有分期偿还本金的安排，它就是一笔非摊销贷款。由于非摊销贷款在到期前的计划现金流不涉及本金偿还，以非摊销贷款为基础的资产支持证券不受提前还款风险的影响。信用卡应收账款资产支持证券是以非摊销贷款为基础的资产支持型证券的一个例子。

考虑由 1000 笔摊销贷款作为抵押资产池、总面值 1 亿美元的资产支持证券。随着时间的推移，资产池中的贷款会逐渐得到偿还；从计划内本金还款和任何提前还款中收到的款项将根据支付规则分配给不同的债券层级。因此，随着时间的推移，抵押资产池中的贷款将从1000 笔逐渐减少，总金额也会降低到 1 亿美元以下。

现在假设资产支持证券的抵押品是 1000 笔非摊销贷款，会发生什么呢？其中一些贷款将在资产支持证券到期之前被全部或部分偿还。当这些贷款发生提前还款时，发生的情况取决于这是发生在锁定期内还是锁定期之后。在锁定期或循环期中，本金偿还的现金流会被再投资，也就是用于购买与偿还本金额相等的额外贷款。再投资之后，抵押资产池中的贷款数量可能会超过或少于 1000 笔，但贷款的总票面价值仍为 1 亿美元。当锁定期结束后，本金偿还的现金流将不会再投资于新的贷款，而是会根据规则分配给不同债券层级的投资者。

这一章不会涵盖所有类型的非抵押贷款资产支持证券，而是重点介绍在大多数国家最流行的两种非抵押贷款资产支持证券：汽车贷款资产支持证券和信用卡应收账款资产支持证券。

4.7.1　汽车贷款资产支持证券

汽车贷款资产支持证券以汽车贷款和汽车租赁应收账款作为抵押资产池。本节重点讨论汽车证券化中最大的一个类型，即以汽车贷款作为抵押资产池的资产支持证券。在一些国家，汽车贷款资产支持证券是证券化市场的最大或第二大证券类型。

汽车贷款资产支持证券的现金流包括计划内的每月还款（息票支付和计划内本金偿还）和任何提前还款。提前偿还汽车贷款的可能原因包括车主出售和以旧换新时需要全额偿还贷款，金融公司回收和转售汽车，汽车损失或毁坏后的保险处理以及其他提前偿还贷款的情形。

汽车贷款资产支持证券都会使用某种形式的信用增级，通常是高级/次级结构。此外，许多汽车贷款资产支持证券也会采用超额担保和储备账户，后者通常采用超额利差账户的形式。回想一下我们在第 1 章中介绍过的超额利差，有时也被称为超额利息现金流，是由将抵押资产的部分收入留存并存入储备账户而产生的，可以作为抵御损失的第一道防线。

为了说明汽车贷款资产支持证券的典型结构，让我们以阿根廷第六汽车信托金融公司发行的一只证券为例。该证券的抵押品是 827 笔以阿根廷比索计价的汽车贷款。这些贷款是由邦克金融租赁发放的。通过资产证券化生成了三个债券层级，如表 4-11 所示。

表　4-11

债券类别	名义本金余额（ARS）
A 类浮动利率债务证券	22 706 000
B 类浮动利率债务证券	1 974 000
保险凭证	6 008 581
总计	30 688 581

保险凭证为 B 类证券提供信用保障，而 B 类证券又为 A 类证券提供信用保障。该汽车贷款资产支持证券还用了超额担保和超额利差账户作为信用增级手段。浮动利率债务证券的参考利率为 BADLAR（布宜诺斯艾利斯大额存款利率），这是阿根廷的基准利率。该参考利率的定义是 30 天内 100 万阿根廷比索及以上存款的平均利率。案例中 A 类证券的利率为 BADLAR 加 450 个基点，并规定最低利率为 18%，最高利率为 26%；B 类证券的利率为 BADLAR 加 650 个基点，并规定最低利率为 20%，最高利率为 28%。

例 4-9　汽车贷款资产支持证券的一个例子

以下信息来自美国信贷汽车应收账款信托公司 2013 年第 4 季度发行的 87 767 万美元汽车贷款资产支持证券的发售说明书补充条款。

本次证券化的抵押品是一批次级汽车贷款合同，以贷款购买的新车和二手车以及轻型卡车和货车作为担保。

发行实体将根据本合同发行七个类别的资产支持票据，采用序贯支付结构。这些票据分别为 "A-1 类票据" "A-2 类票据" "A-3 类票据" "B 类票据" "C 类票据" "D 类票据" 和 "E 类票据"。其中 A-1 类票据、A-2 类票据和 A-3 类票据统称为 "A 类票据"。A 类票据、B 类票据、C 类票据和 D 类票据按照本发售说明书补充条款发行，有时被称为公开发行债券。E 类票据不按照本次发售说明书补充条款发行，最初将由存托人或者存托人的关联公司保留。E 类票据有时被称为私募票据。

每类票据的初始票据本金、票面利率和最终计划分配日如表 4-12 与表 4-13 所示。

表　4-12

公开发行票据			
债券类别	初始票据本金（美元）	票面利率（%）	最终计划分配日
A-1（优先级）	168 000 000	0.25	2014 年 8 月 8 日
A-2（优先级）	279 000 000	0.74	2016 年 11 月 8 日
A-3（优先级）	192 260 000	0.96	2018 年 4 月 9 日
B（次级）	68 870 000	1.66	2018 年 9 月 10 日
C（次级）	85 480 000	2.72	2019 年 9 月 9 日
D（次级）	84 060 000	3.31	2019 年 10 月 8 日

表　4-13

私募发行票据			
债券类别	初始票据本金（美元）	票面利率（%）	最终计划分配日
E（次级）	22 330 000	4.01	2021 年 1 月 8 日

每个类别票据的利息都将在每个计息期按适用的利率支付。

超额担保是指汽车贷款合同的总本金余额超过票据本金余额的数额。到截止日期为止，超额担保的初始金额约为 49 868 074 美元，占截止日期汽车贷款合同总本金余额的 5.25%。

在截止日期，汽车贷款合同的预期初始总本金余额的 2.0% 将存入储备账户，金额约为 18 997 361 美元。

1. 汽车贷款合同前面的次级意味着：

A. 这些资产支持债券的评级低于投资级

B. 这些汽车贷款合同是为那些没有或无法证明自己具有良好信用的借款人制定的

C. 一些汽车贷款合同是由质量低劣的汽车担保的，一旦借款人违约，这些汽车可能难以出售

2. 根据所提供的资料，如果在第一个分配日，汽车贷款发生了1000万美元的损失，那么：

A. 任何一个类别的票据都不会发生损失

B. E类票据将发生1000万美元的损失

C. B类、C类、D类和E类票据将按其初始票据本金余额比例发生损失

3. 根据所提供的信息，如果在内部信用增级提供的保护之外，这些汽车贷款损失了4000万美元，并且发生在2014年1月，那么哪一类别的票据承担了损失？

A. 先是E类，然后是D类

B. 所有的次级票据按其本金余额的比例承担

C. 先是E类，然后所有剩余类别的票据按本金余额比例承担

解答1：B是正确答案。次级贷款是授予信用质量较低的借款人的贷款，这些借款人通常之前经历过信用事件，或者没有其他能证明信用良好的记录。

解答2：A是正确答案。损失的数额（1000万美元）低于超额担保和储备账户的总和（49 868 074美元+18 997 361美元=68 865 435美元）。因此，没有任何类别的票据会发生损失。

解答3：A是正确答案。一旦损失超过了超额担保和储备账户提供的保护额，损失就会被较低等级的债券类别所吸收。由于采用了序贯支付结构，E类票据是最先吸收损失的票据，其本金2233万美元低于总损失额。这意味着还有1767万美元需要被其他类别票据吸收，也就是D类票据。

4.7.2　信用卡应收账款资产支持证券

当用信用卡购买商品时，信用卡的发卡人（贷方）向持卡人（借款方）发放了贷款。信用卡可以由银行、信用卡公司、零售商、旅游和娱乐公司发行。在刷卡消费时，默认持卡人同意偿还所借金额（即消费额）和任何相关的财务费用。持卡人同意向信用卡发卡人支付的金额，在信用卡发卡人看来是应收账款。信用卡应收账款可以被用作发行信用卡应收账款资产支持证券的抵押品。

信用卡应收账款的现金流包括融资费用、其他费用和本金偿还。融资费用是指信用卡借款人在免息期后对未付余额应付的定期利息，其利率既有可能是固定的也有可能是浮动的。如果是浮动利率，则可能是带利率顶的，也就是说利率会有一个上限，因为一些国家有限制高利贷的法律。其他费用包括滞纳金和年费等。

利息会被定期（如每月、每季度或每半年）支付给信用卡应收账款资产支持证券的持有人。如前所述，信用卡应收账款资产支持证券的抵押品是一个非摊销贷款池。这种贷款池是有锁定期的，在此期间提前偿还的本金会被用于再投资，支付给证券持有人的现金流仅包含收取的融资成本和其他费用。当锁定期结束后，持卡人偿还的本金不再用于再投资，所以也

会被分配给信用卡应收账款资产支持证券的投资者。

一些信用卡应收账款资产支持证券的条款会要求在发生特定事件时提前摊销本金。这些条款被称为"提前摊销条款"或"加速摊销条款",目的是解决信用质量的问题。跟本金有关的现金流只有在触发提前摊销条款时才会被改变。

为了说明信用卡应收账款资产支持证券的典型结构,可以参考 2013 年 3 月发行的"通用金服信用卡信托票据"。这些信用卡应收账款的发起人是通用金融零售银行,即现在的辛克莱尼银行,服务机构是通用电气金融服务公司。抵押品是来自一些私人品牌和联合品牌信用卡发卡机构的信用卡应收账款池,包括杰西潘尼百货、劳氏家居、山姆会员店、沃尔玛、Gap和雪佛龙。本次本金总额为 9.7 亿美元的应收账款资产证券化的结构如下:A 类票据 8 亿美元,B 类票据 1 亿美元,C 类票据约 0.7 亿美元。显而易见,该资产支持证券采用了高级/次级结构。其中 A 类票据是高等级票据,被穆迪评为 Aaa 级,被惠誉评为 AAA 级;B 类票据的穆迪评级是 A2 级,惠誉评级为 A+级;C 类票据的穆迪评级为 Baa2 级,惠誉评级为 BBB+级。

> **例 4-10 信用卡应收账款资产支持证券与汽车贷款资产支持证券**
>
> 信用卡应收账款资产支持证券与汽车贷款资产支持证券的不同之处在于:
>
> A. 信用卡贷款是有追索权贷款,而汽车贷款是无追索权贷款
>
> B. 信用卡应收账款资产支持证券的抵押品是一个非摊销贷款池,而汽车贷款资产支持证券的抵押品是一个摊销贷款池
>
> C. 信用卡应收账款资产支持证券有定期的本金偿还,而汽车贷款资产支持证券有一个锁定期,在此期间本金偿还的现金收入会被再投资于额外的应收账款
>
> 解答:B 是正确的。信用卡应收账款资产支持证券和汽车贷款资产支持证券的主要区别在于支持证券的贷款类型。对于信用卡应收账款资产支持证券,抵押品是一组非摊销贷款。在锁定期内,从本金偿还中获得的现金收入被再投资于额外的信用卡应收账款。当锁定期结束后,本金偿还将用于偿还未偿付本金。对于汽车贷款资产支持证券,抵押品是摊销贷款池。证券持有人会定期得到本金偿还。因此,未偿付本金余额会随着时间的推移而下降。

4.8 担保债务凭证

担保债务凭证(CDO)是一个通用术语,用于描述由一种或多种债务组成的多元化资产池支持的证券:由公司债券和新兴市场债券支持的担保债务凭证被称为担保债券凭证(CBO);由银行杠杆贷款支持的担保债务凭证被称为担保信贷凭证(CLO);由资产支持证券、住房抵押贷款支持证券、商业地产抵押贷款支持证券和其他担保债务凭证支持的担保债务凭证被称为结构性融资担保债务凭证;由其他结构性证券的信用违约互换组合支持的担保债务凭证被称为合成担保债务凭证。

4.8.1 担保债务凭证的结构

构建担保债务凭证也需要创建一个特殊目的实体。需要聘请一位担保债务凭证管理人,

也称为"抵押品管理人",由其负责购买和出售担保债务凭证的抵押品(即担保资产),以产生足够的现金流来履行对担保债务凭证持有人的支付义务。

通过发行担保债务凭证获得的资金被用于购买担保资产。一个担保债务凭证中包含不同的债券类别或债券层级,包括高级债券、中级债券(即信用评级介于高级债券和次级债券之间的债券类别)和次级债券(通常称为剩余部分或股权层级)。投资者投资高级或中级债券的动机是通过增加他们之前无法购买的债务产品的风险敞口,获得比同信用评级的公司债券更高的潜在收益率。投资股权层级债券的投资者有可能获得类似于股票的高回报,从而补偿其投资次级资产所承担的额外风险。一种担保债务凭证是否畅销,关键在于能否创造出一种结构,使其次级债券能提供有竞争力的回报。

担保债务凭证的基本经济学原理是,通过出售各种层级的债券筹集资金,再由担保债务凭证管理人将这些资金投资于收益率更高的资产。担保债务凭证管理人需要获得高于担保债务凭证的各层级债券总成本的收益。如果收益超过了对各层级债券投资者的支付,那么股权层级债券的持有者和担保债务凭证管理人就会得到收益。换句话说,投资担保债务凭证是一种杠杆交易,通过这种交易,发行人使用(通过发行各种等级的债券)借来的资金投资,希望能获得高于融资成本的回报。

与资产支持证券一样,每个担保债务凭证的层级都为投资者提供了特定的风险水平。在构建担保债务凭证时,担保债务凭证管理人必须在一定的限制条件下通过一些测试,以保证在满足不同投资者风险偏好的同时为高等级债券层级提供足够的保护。如果担保债务凭证管理人未能通过预先指定的测试,就会触发一个条款,要求其降低高等级债券层级的本金,直到测试通过为止。该过程能有效降低担保债务凭证的杠杆水平,因为担保债务凭证的低成本资金来源高级债券的数量被减少了。

担保债务凭证管理人支付利息和偿还本金的能力取决于抵押品的表现。履行担保债务凭证各层级债券兑付义务的现金流可以来自以下一个或多个途径:抵押品资产的息票支付、抵押品资产的到期本金偿付以及抵押品资产的出售。下面的例子能很好地说明担保债务凭证的现金流特点和信用风险。

4.8.2 一个担保债务凭证交易的例子

发行人创建担保债务凭证可能基于各种不同的动机,但下面例子中的担保债务凭证,其目的是捕捉"担保债务凭证套利交易"的机会。这里的"套利"是市场参与者错误贴上的标签,不是传统意义上的套利概念。传统意义上的套利是指一种无风险的交易,在不需要净投资的情况下获得预期为正的净利润。下面例子中的套利的含义要更宽泛一点,描述的是这样一种交易,其动机是获取抵押品可能获得的预期收益率与融资成本之间的差价。

要了解担保债务凭证交易的结构及风险,请参考如下结构的担保债务凭证(见表4-14),总名义本金为1亿美元。

假设抵押品由一些10年期债券组成,其票面利率为10年期美国国债利率加400个基点。由于抵押品的利率是固定的,而高级债券部分的利率是浮动的,

表 4-14

层级	名义本金 (百万美元)	息票率
高级债券	80	Libor[①]加70个基点
中级债券	10	10年期国债利率加200个基点
股权层级债券	10	—

① 指美元伦敦银行同业拆借利率。

担保债务凭证管理人需要与另一方签订利率互换协议。利率互换协议只是一种定期交换息票支付的协议，可以用固定利率的利息交换浮动利率的利息。按照结构，利率互换的名义金额是高级债券部分的票面价值，在本例中为8000万美元。我们假设通过利率互换，担保债务凭证管理人同意做以下事情：①每年支付相当于10年期美国国债利率加100个基点的固定利率。②每年收取伦敦银行同业拆借利率。

假设该担保债务凭证发行时10年期美国国债利率为7%，考虑第一年的年度现金流。首先，让我们看看抵押品。假设没有发生违约，抵押品将以相当于10年期美国国债利率（7%）加400个基点的利率（即11%）支付利息。因此支付的利息是11%乘以1亿美元，即1100万美元。

现在，让我们来确定高级债券和中级债券必须支付的利息。高级债券的票面利率为Libor加70个基点，票面利率乘以8000万美元的本金就是应付的利息。中级债券的票面利率为10年期美国国债利率加200个基点，即9%。因此中级债券的息票支付金额为9%乘以1000万美元，即90万美元。

最后考虑利率互换。在该协议中，担保债务凭证管理人同意向利率互换的交易对手支付10年期美国国债利率加100个基点，利息为名义金额8000万美元的8%。因此第一年支付给利率互换交易对手的金额为640万美元。从利率互换交易对手处收到的金额是名义本金8000万美元乘以Libor。

我们现在把所有这些信息汇总。

担保债务凭证的现金流流入为（单位为万美元）：

抵押品的利息	1100
利率互换对手支付	8000×Libor
总利息收入	1100+8000×Libor

担保债务凭证的现金流流出为（单位为万美元）：

支付给高级债券	8000×（Libor+70bps）
支付给中级债券	90
支付给利率互换对手	640
总利息支出	730+8000×（Libor+70bps）

将总利息收入（1100+8000×Libor）和总利息支出（730+8000×（Libor+70bps））相减，可以得到净收益为314万美元。支付完担保债务凭证管理人的费用之后，余额就是可以支付给股权层级债券投资者的金额。假设担保债务凭证管理人的费用为64万美元，则第一年可支付给股权层级债券投资者的现金流为250万美元（314万美元减去64万美元）。由于股权层级债券的票面价值为1000万美元，假定按票面价值出售，其年回报率为25%。

显然，在这个例子中做了一些简化的假设。例如假设不会出现任何违约，还假设担保债务凭证管理人购买的所有证券都是不可赎回的，因此票面利率不会因为证券被赎回而下降。尽管有这些简化的假设，但这个例子确实展示了担保债务凭证套利交易的经济意义、使用利率互换的必要性，以及股权层级债券将如何实现收益。

在实践中，担保债务凭证所面临的实际风险是投资者应该意识到的。例如，如果抵押品发生违约，管理人有可能无法获得足够的收益来偿付高级债券和中级债券的投资者，从而导致这些投资者蒙受损失。股权层级债券的投资者有损失全部投资的风险，即使获得支付，其收益也可能不是在购买时预期的收益。

此外，在一段时间后，担保债务凭证管理人必须开始偿还高级债券和中级债券的本金。利率互换的结构必须考虑这一点，因为高级债券的未偿付名义金额在抵押品的存续期内并不是固定的。

▌例 4-11　担保债务凭证

相对于投资资产支持证券，投资担保债务凭证套利的额外风险是：

A. 抵押资产的违约风险

B. 担保债务凭证管理人无法获得足够的收益来偿付高级债券和中级债券投资者的风险

C. 因以固定利率支付利息的抵押品与以浮动利率支付利息的债券类别之间的错配而产生的风险

解答：B 是正确答案。除了与投资资产支持证券类似的风险，例如抵押品资产的违约风险，以及以固定利率支付利息的抵押品与以浮动利率支付利息的债券类别可能不匹配所带来的风险，担保债务凭证投资者面临的额外风险是担保债务凭证管理人无法获得足够的收益以偿付高级债券和中级债券投资者。在资产支持证券中，来自抵押品的现金流被支付给债券持有者，而不需要对抵押品进行主动管理，也就是说，不需要一个管理人来改变支持证券化的池子中的债务的组成。相比之下，在担保债务凭证套利中，担保债务凭证管理人买卖债务有两个目的：偿付所有类别债券的持有人以及为股权层级债券投资者和管理人创造有吸引力和竞争力的收益。

本章内容小结

- 资产证券化过程将贷款或应收账款等债权类资产汇聚成抵押资产池，并以此为基础创建资产支持证券（ABS）。债权类资产的现金流会被用于向资产支持证券的持有人支付利息和偿还本金。
- 资产证券化的好处包括：它让投资者有机会参与某些流动性资产和现金流，如果所有融资都要通过银行等机构进行，这是无法实现的。它也让银行有能力将放贷规模扩大到突破自身表内资产组合规模的限制。此外，证券化有助于降低融资实体的借贷成本，提高投资者经风险调整后的收益率，并提高银行部门的资金利用效率和盈利能力。
- 资产证券化的参与方包括抵押资产的卖方、贷款管理服务方和特殊目的实体（SPE）。其中特殊目的实体在资产证券化过程中起着举足轻重的作用。
- 资产证券化最常见的结构安排是信用分层，通过该结构可以创建多个债券类别或层级。在分担抵押品资产的借款人违约所造成的损失时，不同债券类别的优先级是不一样的。各债券类别的信用评级取决于信用评级机构如何评估抵押品的信用风险，以及采用的信用增级手段。
- 资产证券化创建过程采用不同类型的结构，是为了在生成的各债券类别间更有效率地重新分配提前还款风险和信用风险。提前还款风险是指借款人可能会在利率发生有利变动时提前偿还本金，从而导致实际现金流与贷款协议中规定的预期现金流不同的不确定性。

- 借助特殊目的实体的法律地位，公司有可能通过资产证券化发行一些信用等级高于自身，或高于自己发行的公司债的债券。因此通过资产证券化筹集资金的成本通常低于用公司债券筹资的成本。
- 住房抵押贷款是一种以房产作为抵押品的贷款，其借款人需要按照还款计划向贷款人支付一系列现金流。抵押贷款的现金流包括①利息，②计划本金偿付，③提前还款（包含所有超出计划本金偿付的本金偿付）。
- 世界各地的各种抵押贷款设计都会明确规定：①贷款期限；②利率确定方式（是固定利率还是可变利率）；③本金偿还方式（包括是否采用摊销贷款形式，是全额摊销还是部分摊销，后者涉及一笔大额的期末整付）；④借款人是否有权提前还款，如果有的话是否需要缴纳提前还款罚金；⑤贷款人在止赎过程中的权利（是有追索权贷款还是无追索权贷款）。
- 在美国，住房抵押贷款支持证券分为三种类型：①联邦机构（比如美国政府国民抵押贷款协会）担保的证券，这类证券享受美国政府的全额担保，信用等级被认为与美国政府一致。②由政府支持公司（比如房利美和房地美）但不由美国政府担保的证券。③没有联邦机构或政府支持公司担保，由私营实体发行的证券。前两类证券被称为代理住房抵押贷款支持证券，第三类证券被称为非代理住房抵押贷款支持证券。
- 抵押贷款过手证券是由一个或多个抵押贷款持有人建立抵押贷款池，并直接出售该贷款池的份额或参与凭证而产生的证券。抵押贷款过手证券的现金流取决于基础抵押贷款池的现金流，包括每月收到的抵押贷款利息、计划偿还的本金和任何提前支付，但要扣除服务费和其他管理费用。
- 市场参与者使用两种方法来衡量提前还款率：单月提前还款率（SMM）和其对应的年化指标条件提前还款率（CPR）。在评估抵押贷款支持证券的有效久期时，市场参与者最广泛使用的指标是加权平均寿命，也可简称为抵押贷款支持证券的平均寿命。
- 在描述提前还款率时，市场参与者会使用公众证券协会（PSA）的提前还款模型作为基准。大于 100 PSA 意味着提前还款的速度要比基准模型更快，小于 100 PSA 则意味着提前还款的速度要比基准模型慢。
- 提前还款风险包含两种形态：缩期风险和延期风险。前者是指在利率下降时证券的实际期限会比购买时预期的更短，因为贷款的房主会利用更低的利率环境进行再融资。后者是指在利率上升时提前还款的速度将比购买时预期的要慢，因为房主不会放弃较低的合同利率带来的好处。
- 通过创建抵押担保债券（CMO），可以将提前还款风险的不同形态分配给不同的债券层级，从而帮助债券持有人管理其提前还款风险。抵押担保债券的主要金融创新是创造了能更精确地满足机构投资者对具备某种特征的资产或负债需求的证券，从而增加了抵押贷款支持类产品的吸引力。
- 最常见的抵押担保债券层级包括序贯支付层级、计划还本层级、支持层级和浮动利率层级。
- 非代理住房抵押贷款支持证券与代理抵押担保债券有许多共同的特点和构造技术，它们都会采用两个互为补充的机制。第一个针对正常现金流的分配，决定息票支付和本金偿还在不同优先级的各层级上的分配。第二个针对已实现损失的分配，一般会规定次级债券层级的偿付优先级低于高级债券层级。

- 为了获得更高的信用评级，非代理住房抵押贷款支持证券和非抵押贷款资产支持证券需要采用一个或多个信用增级手段。最常见的内部信用增级手段是高级/次级结构、超额担保和储备账户。如果采用外部信用增级手段，在出现违约导致贷款池损失的情况下，可以由第三方以财务担保的形式为交易提供信贷支持。
- 商业地产抵押贷款支持证券（CMBS）是一种由一组可产生收入的商业地产抵押贷款支持的证券。
- 商业地产抵押贷款支持证券潜在信用绩效的两个关键指标是偿债保障比率（DSC）和房贷价值比率（LTV）。偿债保障比率等于商业地产的年净经营收入除以当年的债务偿还额。
- 商业地产抵押贷款支持证券有相当多的提前还款保护措施，这使得商业地产抵押贷款支持证券在市场上的表现更接近公司债券而不是住房抵押贷款支持证券。提前还款保护措施有两种形式：在结构层面和在贷款层面。序贯支付结构安排是结构层面上的提前还款保护措施的一个例子。在贷款层面，可以采用四种机制保护措施：提前还款锁定期、提前还款罚息、收益率维持费和预回收准备。
- 资产支持证券可以使用多种类型的资产作为抵押品。最受欢迎的非抵押贷款资产支持证券是汽车贷款资产支持证券和信用卡应收账款资产支持证券，抵押品分别是采用摊销贷款形式的汽车贷款以及采用非摊销贷款形式的信用卡应收账款。
- 担保债务凭证（CDO）是一个通用术语，用于描述由一种或多种债务（如公司债券和新兴市场债券、银行杠杆贷款、资产支持证券、住房抵押贷款支持证券和商业地产抵押贷款支持证券）组成的多元化资产池支持的证券。
- 构建担保债务凭证需要创建一个特殊目的实体。支付给各层级债券投资者的资金来自资产池中的贷款。担保债务凭证管理人通过购买和出售担保债务凭证资产池中的资产，产生足够的现金流以履行对担保债务凭证各层级债券持有人的义务，并努力为股权层级债券的持有人提供收益。
- 担保债务凭证的结构包含高级债券、中级债券、次级债券和股权层级债券。

理解固定收益的风险和回报

詹姆斯·F. 亚当斯，博士，注册金融分析师

唐纳德·J. 史密斯，博士

■ 学习目标

学完本章内容后，你将有能力完成以下任务：

- 计算并解释投资固定利率债券的收益来源。
- 定义、计算和解释麦考利久期、修正久期和有效久期。
- 解释为何有效久期才是对内嵌期权债券的利率风险最合适的衡量指标。
- 定义关键利率久期，并描述如何使用关键利率久期来衡量债券对基准收益率曲线形状变化的敏感性。
- 说明债券的期限、票面利率和收益率水平如何影响其利率风险。
- 计算投资组合的久期，并解释用久期衡量投资组合利率风险的局限性。
- 计算和解释债券的货币久期和基点价值（PVBP）。
- 计算和解释近似凸性，并区分近似凸性和有效凸性。
- 在给定债券的近似久期和凸性的条件下，估计债券在收益率发生特定变化时价格变化的百分比。
- 描述收益率波动率的期限结构如何影响债券的利率风险。
- 描述债券持有期收益率、久期和投资期限之间的关系。
- 解释信用利差和流动性的变化如何影响债券的到期收益率，以及如何使用久期和凸性来估计这些变化对价格的影响。

5.1 本章内容简介

对分析师来说，了解如何分析固定收益投资的风险和回报特征是很重要的。除了庞大的全球公开和私募发行的固定利率债券的市场外，许多具有已知未来现金流的金融资产和负债也可以使用同样的原则进行评估。这一分析的起点是到期收益率，或未来现金流的内部收益率，我们在第3章中曾经介绍过这个概念。固定利率债券的收益受到许多因素的影响，其中最重要的是在约定的日期收到的利息和本金金额。即使没有发生违约，收益也会受到市场利率变化的影响，利率变化还会影响债券的息票再投资，以及在债券到期前出售债券的价格。根据计算债券价格的数学公式可以推导出引起价格变化的各种衡量指标。其中一个指标（久期）代表利率变化一定幅度时债券价格的变化幅度，另一个指标（凸性）通过考虑固定利率债券的价格和到期收益率之间的非线性关系，改进了单独使用久期精度不足的问题。

5.2 节通过几个例子来说明投资固定利率债券的收益来源，包括债券的息票支付和再投资，以及债券持有至到期时的本金偿付。其他收益来源包括在债券到期前将其出售的资本收益或损失。5.2 节还表明，持有同一固定收益债券的投资者，如果投资期限不同，可能会有不同的利率风险敞口。关于信用风险的讨论虽然对投资者来说也很重要，但我们把它放到了5.5 节，以便将注意力集中在利率风险上。

5.3 节详细介绍了债券的久期和凸性，并展示了如何计算它们，以及如何将它们作为利率风险的度量指标。虽然存在计算久期和凸性的一般程序和公式，但也可以用一些基本的债券定价技术和金融计算器来进行近似计算。久期常用版本包括麦考利久期、修正久期、有效久期和关键利率久期。基于债券到期收益率变化（收益率久期和收益率凸性）和基于基准收益率曲线变化（利率曲线久期和利率曲线凸性）的风险度量指标也是不同的。

5.4 节考虑投资期限的问题。当投资者的投资期限较短时，用久期（和凸性）来估计债券价格的变化是合适的。在这种情况下，收益率的波动也很重要。特别要注意的是，到期期限不同的债券，收益率的波动程度也不同。当投资者有较长的投资期限时，需要重点考虑息票再投资风险与市场价格风险之间的相互作用。本节还探讨了利率风险、债券久期与投资期限之间的关系。

5.5 节讨论了如何将久期和凸性工具扩展到信用风险和流动性风险的分析中，并强调了这些不同的因素如何影响债券的收益和风险。

5.2 固定利率债券的收益来源

固定利率债券的投资者有三种收益来源：①在预定日期收到的承诺息票和本金支付。②息票再投资的收益。③在债券到期前将其出售的潜在资本收益或资本损失。在本节中，我们假设发行人会如期支付息票和本金。本章我们主要关注利率风险（利率变化带来的风险）。如果债券在到期前出售，利率风险将影响息票再投资和债券的市场价格。信用风险将在本章后面的内容中讨论，这也是本书第 6 章的主题。

如果以溢价或折价购买债券，收益还会受到另一个因素的影响。回顾第 3 章，折价债券给投资者提供的票面利率"不足"，或者说低于市场贴现率。但随着时间的推移，折价总量会被逐渐摊销，使得债券的账面价值被"拉向面值"，债券的收益率也会趋向于市场贴现率。同样地，虽然溢价债券的票面利率高于市场贴现率，使得其市场价格高于票面价值，但溢价的摊销也会使其收益率逐渐向市场贴现率的方向变化。受摊销的影响，溢价债券和折价债券的价格都会在到期时逐渐接近票面价值。

我们将通过一系列的例子来展示利率变化对两名投资者的实际收益率的影响。这里所说的利率既是将息票收入用于再投资的利率，也是购买债券和债券没有持有至到期而出售债券时的市场贴现率。在例 5-1 和例 5-2 中，利率保持不变，但两名投资者持有债券的时间长度不同。例 5-3 和例 5-4 展示了利率上升对两名投资者总收益的影响；例 5-5 和例 5-6 则展示了利率下降的影响。在六个例子中，投资者最初都以每 100 面值 85.503 075 的价格购买了债券，债券的到期期限为 10 年，票面利率为 8%，每年付息一次。经过计算可知，该债券的到期收益率为 10.40%。

$$85.503\,075 = \frac{8}{(1+r)^1} + \frac{8}{(1+r)^2} + \frac{8}{(1+r)^3} + \frac{8}{(1+r)^4} + \frac{8}{(1+r)^5} +$$

$$\frac{8}{(1+r)^6} + \frac{8}{(1+r)^7} + \frac{8}{(1+r)^8} + \frac{8}{(1+r)^9} + \frac{108}{(1+r)^{10}}, \quad r = 0.1040$$

例 5-1

第一名投资者采用买入并持有的策略。投资者将获得共计 10 次息票支付，每次息票支付款为 8（每 100 面值），共收到 80，再加上到期日的本金支付 100。除了收取息票和本金，投资者还可以将收到的现金流再投资。如果再投资的收益率等于初始到期收益率，即仍然是 10.40%，则全部息票收益的未来价值之和为每 100 面值 129.970 678。

$$[8\times(1.1040)^9] + [8\times(1.1040)^8] + [8\times(1.1040)^7] + [8\times(1.1040)^6] +$$

$$[8\times(1.1040)^5] + [8\times(1.1040)^4] + [8\times(1.1040)^3] + [8\times(1.1040)^2] +$$

$$[8\times(1.1040)^1] + 8 = 129.970\,678$$

将第一次支付的息票 8 以 10.40% 的利率再投资 9 年直至到期，第二次支付的息票再投资 8 年，以此类推。年金的未来价值很容易通过金融计算器得到，将周期数量为 10、每期现金流为 8 输入即可。这个金额比息票总额高了 49.970 678（= 129.970 678 - 80），这是根据复利计算的"利息的利息"。

投资者获得的总收益是 229.970 678，即息票再投资的总收益（129.970 678）和到期时赎回的本金（100）之和。已实现收益率为 10.40%。

$$85.503\,075 = \frac{229.970\,678}{(1+r)^{10}}, \quad r = 0.1040$$

例 5-1 表明，用购买时的到期收益率衡量投资者的收益率需要做三个假设：①投资者会持有债券至到期。②不会发生发行人违约的情况。③息票可以以同样的利率进行再投资。

例 5-2 将考虑另一名投资者，他也购买了同样的债券，支付了相同的价格。但该投资者的投资期限为 4 年，因此只有 4 年的息票需要进行再投资。该投资者在收到第 4 次息票支付后立即出售了该债券。

例 5-2

第二名投资者也购买了该 10 年期、票面利率为 8% 的债券，但在持有 4 年后出售。假设这 4 年的息票均以 10.40% 的利率再投资，则全部息票的未来价值为每 100 面值 37.347 111。

$$[8\times(1.1040)^3] + [8\times(1.1040)^2] + [8\times(1.1040)^1] + 8 = 37.347\,111$$

根据复利计算的利息为 5.347 111（= 37.347 111 - 32）。4 年后，该投资者出售该债券时，离到期还有 6 年。如果到期收益率保持在 10.40%，则届时该债券的售价为 89.668 770。

$$\frac{8}{(1.1040)^1} + \frac{8}{(1.1040)^2} + \frac{8}{(1.1040)^3} + \frac{8}{(1.1040)^4} +$$

$$\frac{8}{(1.1040)^5} + \frac{108}{(1.1040)^6} = 89.668\,770$$

因此该投资者获得的总收益是 127.015 881(= 37.347 111+89.668 77)，已实现收益率为 10.40%。

$$85.503\ 075 = \frac{127.015\ 881}{(1+r)^4}, \quad r=0.1040$$

在例 5-2 中，投资者的**持有期收益率**为 10.40%。持有期收益率是根据债券的总收益（包括息票的再投资收益和出售或赎回债券的收益）和债券的购买价计算的内部收益率。债券投资的持有期收益率等于持有期间债券的年化收益率。

例 5-2 表明，当满足下列条件时，实现的持有期收益率与初始到期收益率一致：①息票可以以与初始到期收益率相同的利率再投资。②债券以固定收益价格轨迹上的价格出售，这意味着投资者在出售债券时没有任何资本收益或损失。

如果以高于固定收益价格轨迹上的价格出售债券，就会产生资本收益；如果以低于固定收益价格轨迹上的价格出售债券，就会产生资本损失。固定收益价格轨迹是根据购买债券时的到期收益率计算的债券价格随时间推移的轨迹。图 5-1 展示了前面例子中的债券的固定收益价格轨迹。

固定收益价格轨迹上的每一个点代表对应时点上债券的**账面价值**。如果以低于票面价值的价格购买债券，其账面价值等于购买价格加上到对应时点为止摊销的折价额。如果以高于票面价值的价格购买债券，其账面价值就是购买价格减去到对应时点为止摊销的溢价额。

固定收益价格轨迹上两点之间的价格变化代表了每一年的折价或溢价摊销额。

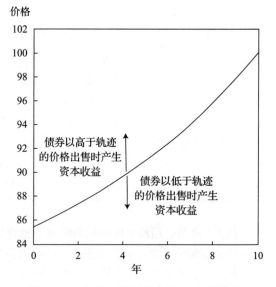

图 5-1　10 年期、票面利率为 8% 的债券的固定收益价格轨迹

该债券的初始价格为每 100 面值 85.503 075，用 10.40% 的初始到期收益率计算，一年后的价格（账面价值）是 86.393 394，因此第一年的摊销额为 0.890 319(= 86.393 394−85.503 075)。如果价格沿着固定收益价格轨迹运动，第 4 年债券价格会从 85.503 075 上升到 89.668 770。例 5-2 的投资者出售债券的价格也是 89.668 770，因此没有出现资本收益或资本损失。

例 5-3 和例 5-4 将展示如果利率上升 100 个基点（bps），投资者的已实现持有期收益率受到的影响。假设债券市场贴现率由 10.40% 上升至 11.40%，息票再投资利率也上升 100 个基点。

例 5-3

买入并持有的投资者再次以 85.503 075 的价格购买该 10 年期、年化票面利率为 8% 的债券。但在购买该债券之后，收到第一次息票之前，利率上升到了 11.40%。如果以

11.40%的利率再投资，10 年当中收取的全部息票的未来价值为每 100 面值 136.380 195。

$$[8\times(1.1140)^9]+[8\times(1.1140)^8]+[8\times(1.1140)^7]+[8\times(1.1140)^6]+$$
$$[8\times(1.1140)^5]+[8\times(1.1140)^4]+[8\times(1.1140)^3]+[8\times(1.1140)^2]+$$
$$[8\times(1.1140)^1]+8=136.380\ 195$$

该投资者的总收益为 236.380 195（=136.380 195+100），已实现收益率为 10.70%。

$$85.503\ 075=\frac{236.380\ 195}{(1+r)^{10}},\quad r=0.1070$$

通过例 5-3 可以看到，买入并持有的投资者受益于较高的息票再投资利率。受此影响，已实现的持有期收益率为 10.70%，跟例 5-1 中利率保持不变的情形相比高出了 30 个基点。因为债券被持有至到期，本例中没有出现资本收益或资本损失。在到期日债券账面价值等于其票面价值，与赎回金额相同。

例 5-4

第二名投资者以 85.503 075 的价格购买该 10 年期、年化票面利率为 8% 的债券，并在 4 年后出售。购买债券后，利率上升到 11.40%。如果以 11.40% 的利率再投资，这 4 年当中收取的全部息票的未来价值为每 100 面值 37.899 724。

$$[8\times(1.1140)^3]+[8\times(1.1140)^2]+[8\times(1.1140)^1]+8=37.899\ 724$$

4 年后债券的合理售价为 85.780 408。

$$\frac{8}{(1.1140)^1}+\frac{8}{(1.1140)^2}+\frac{8}{(1.1140)^3}+\frac{8}{(1.1140)^4}+$$
$$\frac{8}{(1.1140)^5}+\frac{108}{(1.1140)^6}=85.780\ 408$$

该投资者的总收益为 123.680 132（=37.899 724+85.780 408），4 年的已实现持有期收益率为 9.67%。

$$85.503\ 075=\frac{123.680\ 132}{(1+r)^4},\quad r=0.0967$$

从例 5-4 可以看到，第二名投资者的已实现收益率低于例 5-2 中利率不变的情形。由于利率上升，息票再投资的未来价值每 100 面值上升了 0.552 613（=37.899 724−37.347 111）。但投资者遭受了资本损失，每 100 面值为 3.888 362（=89.668 770−85.780 408）。请注意，该资本损失是相对于债券的账面价值（即固定收益价格轨迹上的点）来计算的，而不是相对于最初的购买价格。该债券现在以低于固定收益价格轨迹的价格出售。4 年期间的已实现持有期收益率从 10.40% 下降到了 9.67%，是因为遭受的资本损失大于在更高的利率下息票再投资收益的增长，从而降低了投资者的总收益。

例 5-5 和例 5-6 仍然是关于这两名投资者的收益率计算，这次利率下降了 100 个基点。在两名投资者购买该债券后，市场要求收益率从 10.40% 降至 9.40%，息票再投资的利率也相应下降。

例 5-5

　　买入并持有的投资者以 85.503 075 的价格购买该 10 年期债券，并持有该证券直至到期。购买债券后，在收到第一次息票支付之前，利率下降到了 9.40%。以 9.40% 的利率再投资，10 年当中收取的全部息票的未来价值为每 100 面值 123.888 356。

$$[8\times(1.0940)^9]+[8\times(1.0940)^8]+[8\times(1.0940)^7]+[8\times(1.0940)^6]+$$
$$[8\times(1.0940)^5]+[8\times(1.0940)^4]+[8\times(1.0940)^3]+[8\times(1.0940)^2]+$$
$$[8\times(1.0940)^1]+8=123.888\,356$$

　　总收益为 223.888 356，即息票再投资的未来价值与赎回的本金之和。投资者的已实现收益率为 10.10%：

$$85.503\,075=\frac{223.888\,356}{(1+r)^{10}}, \quad r=0.1010$$

　　在例 5-5 中，买入并持有的投资者受到了较低的息票再投资利率的影响。这次的持有期收益率为 10.10%，比例 5-1 中利率不变的情形低了 30 个基点。因为债券被持有至到期，没有出现资本收益或损失。例 5-1、例 5-3 和例 5-5 表明，买入并持有的投资者的利率风险完全来自息票再投资利率的变化。

例 5-6

　　第二名投资者以 85.503 075 的价格买入该 10 年期债券，并在 4 年后卖出。购买债券后，利率降至 9.40%。如果以 9.40% 的利率再投资，则这 4 年当中收取的全部息票的未来价值为每 100 面值 36.801 397。

$$[8\times(1.0940)^3]+[8\times(1.0940)^2]+[8\times(1.0940)^1]+8=36.801\,397$$

　　息票的未来价值的减少被更高的债券售价抵消了，4 年后债券的合理售价为每 100 面值 93.793 912。

$$\frac{8}{(1.0940)^1}+\frac{8}{(1.0940)^2}+\frac{8}{(1.0940)^3}+\frac{8}{(1.0940)^4}+$$
$$\frac{8}{(1.0940)^5}+\frac{108}{(1.0940)^6}=93.793\,912$$

　　该投资者的总收益为 130.595 309（=36.801 397+93.793 912），4 年的已实现收益率为 11.17%。

$$85.503\,075=\frac{130.595\,309}{(1+r)^4}, \quad r=0.1117$$

　　例 5-6 中的投资者赚取的资本收益为 4.125 142（=93.793 912−89.668 770）。该资本收益是相对于固定收益价格轨迹上对应的价格计算的，也是利率保持不变时的那个时点上债券的账面价值。该资本收益足以抵消息票再投资收益的降低，因为该资本收益只降低了 0.545 714（=37.347 111−36.801 397）。因此总收益比例 5-2 中更高，在例 5-2 中利率保持在 10.40%。

在这些例子中，投资者的利息收入指的都是随着时间的推移而产生的回报。因此利息收入包括收取的息票支付和息票再投资的收益，还包括以低于票面价值的价格购买债券的折扣的摊销（或以高于票面价值的价格购买债券的溢价的摊销）。资本收益或损失是投资者在证券价值变化中获得的回报。对于固定利率债券，价值的变化来自到期收益率的变化，即隐含市场贴现率的变化。在实践中，利息收入和资本损益的具体计算和报告方式取决于财务和税务的会计规则。

上面一系列例子说明了固定利率债券的一个重要特点：投资期限是理解利率风险与回报的核心。影响债券投资者的利率风险有两种类型：息票再投资风险和市场价格风险。当利率上升时，息票（以及投资组合中在组合投资期结束前到期的债券本金）再投资的未来价值会增加，当利率下降时则会减少。在投资期结束之后才到期（因而届时需出售）的债券的售价在利率上升时会下降，在利率下降时会上升。当投资者的投资期限较长时，息票再投资的风险就会更加重要。例如，买入并持有的投资者只面临息票再投资风险。当投资者的投资期限较短时，市场价格风险更为重要。例如，在收取第一次息票之前出售债券的投资者只面临市场价格风险。因此，即使两名投资者持有相同债券（或债券投资组合），如果投资期限不同，也会面临不同的利率风险敞口。

▌例 5-7

投资者购买了一只期限为 4 年、票面利率为 10%、一年付息一次的债券，收益率为 5.00%。投资者计划在 2 年后收到第二笔息票后出售该债券。假设购买债券后的息票再投资利率和出售时的到期收益率分别为 3.00%、5.00%、7.00%，计算债券的购买价格和售出债券时的到期收益率。

解答：购买价格是 117.729 753，计算公式如下。

$$\frac{10}{(1.0500)^1}+\frac{10}{(1.0500)^2}+\frac{10}{(1.0500)^3}+\frac{10}{(1.0500)^4}=117.729\,753$$

1. 到期收益率为 3.00% 时，息票再投资的未来价值为 20.300。

$$(10\times1.0300)+10=20.300$$

该债券的售价为 113.394 288。

$$\frac{10}{(1.0300)^1}+\frac{110}{(1.0300)^2}=113.394\,288$$

总收益：20.300+113.394 288 = 133.694 288。

如果利率从 5.00% 下降到 3.00%，则 2 年投资期限的已实现收益率为 6.5647%，高于原来 5.00% 的到期收益率。

$$117.729\,753=\frac{133.694\,288}{(1+r)^2},\quad r=0.065\,647$$

2. 到期收益率为 5.00% 时，息票再投资的未来价值为 20.500。

$$(10\times1.0500)+10=20.500$$

该债券的售价是 109.297 052。

$$\frac{10}{(1.0500)^1}+\frac{110}{(1.0500)^2}=109.297\,052$$

总收益：20. 500+109. 297 052 = 129. 797 052。

如果息票再投资的利率和债券的市场要求收益率保持在 5. 00%，则 2 年投资期限的已实现收益率等于到期收益率（5. 00%）。

$$117. 729 753 = \frac{129. 797 052}{(1+r)^2}, \quad r = 0. 050 000$$

3. 到期收益率为 7. 00% 时，息票再投资的未来价值为 20. 700。

$$(10 \times 1. 0700) + 10 = 20. 700$$

该债券的售价为 105. 424 055。

$$\frac{10}{(1. 0700)^1} + \frac{110}{(1. 0700)^2} = 105. 424 055$$

总收益：20. 700+105. 424 055 = 126. 124 055。

$$117. 729 753 = \frac{126. 124 055}{(1+r)^2}, \quad r = 0. 035 037$$

如果利率从 5. 00% 上升到 7. 00%，则 2 年投资期限的已实现收益率为 3. 5037%，低于到期收益率 5. 00%。

5.3   固定利率债券的利率风险

本节介绍两种常用的利率风险度量指标：久期和凸性。我们将分别基于债券本身的到期收益率变化（收益率久期和收益率凸性）和基准收益率曲线变化（利率曲线久期和利率曲线凸性）介绍这些风险指标。

5.3.1   麦考利久期，修正久期和近似久期

久期是衡量债券的全价（包含应计利息）对债券到期收益率变化的敏感性的指标，或者更一般地说，是衡量对基准利率变化的敏感性的指标。根据久期可以在假设除到期收益率或基准利率之外的变量保持不变的情况下，估计债券价格的变化幅度。最重要的是到期期限不能发生变化。因此，久期度量的是债券价格的瞬时（或至少是当天的）变化。这么短的时间内应计利息几乎没有变化，所以全价的变化是报价的上升或下降引发的。久期是一个非常有用的度量指标，因为它代表在只有利率发生变化的情况下，为获得购买债券时的市场贴现率，必须持有债券的大致时间。如果持有债券的时间跟久期的数值相当，在利率上升时息票再投资收益的增加会被债券价格的下降所抵消，在利率下降时息票再投资收益的减少会被债券价格的上升所抵消。

债券久期有几种类型，一般来说，可分为**收益率久期**和**利率曲线久期**。收益率久期是指债券价格对债券本身的到期收益率的敏感性。利率曲线久期是债券价格（或一般金融资产和负债的市场价值）对基准收益率曲线的敏感性。基准收益率曲线可以是附息政府债券的收益率曲线，也可以是即期利率曲线或远期利率曲线，但在实际操作中经常使用的是政府债券平价收益率曲线。固定收益分析中经常使用的收益率久期指标包括麦考利久期、修正久期、货币久期和基

第 5 章 理解固定收益的风险和回报 157

点价值；经常使用的利率曲线久期指标是有效久期。我们将在 5.3.2 节介绍有效久期。

"麦考利久期"（MacDur）是以加拿大经济学家弗雷德里克·麦考利的名字命名的，他在 1938 年出版的一本著作中首次提出了这个指标。[⊖]式（5-1）是计算传统固定利率债券的麦考利久期的一般公式。

$$\text{MacDur} = \left[\frac{\frac{(1-t/T)\times\text{PMT}}{(1+r)^{1-t/T}} + \frac{(2-t/T)\times\text{PMT}}{(1+r)^{2-t/T}} + \cdots + \frac{(N-t/T)\times(\text{PMT}+\text{FV})}{(1+r)^{N-t/T}}}{\frac{\text{PMT}}{(1+r)^{1-r/T}} + \frac{\text{PMT}}{(1+r)^{2-t/T}} + \cdots + \frac{\text{PMT}+\text{FV}}{(1+r)^{N-t/T}}} \right] \quad (5\text{-}1)$$

式中　t——自上一次付息到结算日的天数；

　　　T——一个付息周期的天数；

　　t/T——自上一次付息以来的当前付息周期已过去的比例；

　　PMT——每个付息周期支付的息票；

　　FV——到期日支付的未来价值，或债券的面值；

　　　r——到期收益率或市场贴现率；

　　　N——从当前开始至债券到期日为止的等距付息周期数。

式（5-1）中的分母是债券的全价（PV^{Full}），包含应计利息。它等于全部息票和本金的现值之和，每笔现金流以相同的市场贴现利率 r 贴现。

$$\text{PV}^{\text{Full}} = \frac{\text{PMT}}{(1+r)^{1-t/T}} + \frac{\text{PMT}}{(1+r)^{2-t/T}} + \cdots + \frac{\text{PMT}+\text{FV}}{(1+r)^{N-t/T}} \quad (5\text{-}2)$$

式（5-3）是式（5-1）和式（5-2）的结合，它揭示了麦考利久期的一个重要特点：麦考利久期是债券现金流的支付时间的加权平均值，权重为该时点现金流的现值占债券全价的份额。

$$\text{MacDur} = \left\{ \begin{array}{l} (1-t/T)\left[\dfrac{\frac{\text{PMT}}{(1+r)^{1-t/T}}}{\text{PV}^{\text{Full}}}\right] + (2-t/T)\left[\dfrac{\frac{\text{PMT}}{(1+r)^{2-t/T}}}{\text{PV}^{\text{Full}}}\right] + \cdots + \\[20pt] (N-t/T)\left[\dfrac{\frac{\text{PMT}+\text{FV}}{(1+r)^{N-t/T}}}{\text{PV}^{\text{Full}}}\right] \end{array} \right\} \quad (5\text{-}3)$$

现金流的支付时间为 $1-t/T$，$2-t/T$，$\cdots$，$N-t/T$。权重是每笔现金流的现值除以债券的全价。因此，麦考利久期的单位就是时间的单位。下面的几个例子将阐明该计算过程。

首先考虑例 5-1 到例 5-6 中使用的 10 年期、票面利率为 8%、一年付息一次的债券。该债券的到期收益率为 10.40%，其价格为每 100 面值 85.503 075。该债券有 10 个等距付息周期。假设结算是在息票支付日，因此 $t/T=0$。表 5-1 展示了该债券的麦考利久期的计算。

表 5-1　某 10 年期、年化票面利率为 8%的债券的麦考利久期

付息周期	现金流	现金流现值	权重	付息周期×权重
1	8	7.246 377	0.084 75	0.0847
2	8	6.563 747	0.076 77	0.1535
3	8	5.945 423	0.069 53	0.2086

⊖　弗雷德里克·R. 麦考利，《自 1856 年以来美国的利率、债券收益率和股票价格变动的一些理论问题》（纽约：美国国家经济研究局，1938 年 6 月）。

（续）

付息周期	现金流	现金流现值	权重	付息周期×权重
4	8	5.385 347	0.062 98	0.2519
5	8	4.878 032	0.057 05	0.2853
6	8	4.418 507	0.051 68	0.3101
7	8	4.002 271	0.046 81	0.3277
8	8	3.625 245	0.042 40	0.3392
9	8	3.283 737	0.038 40	0.3456
10	108	40.154 389	0.469 63	4.6963
		85.503 075	1.000 00	7.0029

表 5-1 的前两列显示了收到现金流的付息周期数和每 100 面值债券的现金流金额，第 3 列是这些现金流的现值。例如，最后一笔现金流是 108（最后一次息票支付加上本金），它的现值是 40.154 389。

$$\frac{108}{(1.1040)^{10}} = 40.154\ 389$$

现值之和就是债券的全价。第 4 列是权重，即每笔现金流在债券全价中所占的份额。比如最后一笔现金流是每 100 面值支付 108，相当于债券全价的 46.963%。

$$\frac{40.154\ 389}{85.503\ 075} = 0.469\ 63$$

权重之和为 1。第 5 列是收到现金流的付息周期数（第 1 列）乘以权重（第 4 列）。这一列的加总之和为 7.0029，这就是这只 10 年期、年化票面利率为 8% 的债券的麦考利久期。该指标有时会被报告为 7.0029 年，尽管在大多数情况中不需要添加时间单位。

现在参考一个在息票支付日之间进行计算的例子。假设某投资者购买了一只 2027 年 2 月 14 日到期的公司债券，年化息票率为 6%，每半年付息一次。在 2019 年 4 月 11 日要进行结算。每 100 面值的债券，每一期的息票额为 3，于每年 2 月 14 日及 8 月 14 日支付。以半年计息债券式收益率报价，到期收益率为 6.00%。该债券的全价包括报价和应计利息。该债券的报价为每 100 面值 99.990 423，应计利息使用"30/360"天数计算惯例。结算日为 180 天半年付息周期的第 57 天，故 $t/T = 57/180$。所以应计利息为每 100 票面价值 0.95（= 57/180×3）。因此该债券的全价为 100.940 423（= 99.990 423+0.95）。表 5-2 展示了该债券的麦考利久期的计算过程。

表 5-2 某 8 年期，半年化票面利率为 6% 的债券的麦考利久期

付息周期	收现时间	现金流	现金流现值	权重	发现时间×权重
1	0.6833	3	2.940 012	0.029 13	0.019 903
2	1.6833	3	2.854 381	0.028 28	0.047 601
3	2.6833	3	2.771 244	0.027 45	0.073 669
4	3.6833	3	2.690 528	0.026 65	0.098 178
5	4.6833	3	2.612 163	0.025 88	0.121 197
6	5.6833	3	2.536 080	0.025 12	0.142 791
7	6.6833	3	2.462 214	0.024 39	0.163 025

（续）

付息周期	收现时间	现金流	现金流现值	权重	发现时间×权重
8	7. 6833	3	2. 390 499	0. 023 68	0. 181 959
9	8. 6833	3	2. 320 873	0. 022 99	0. 199 652
10	9. 6833	3	2. 253 275	0. 022 32	0. 216 159
11	10. 6833	3	2. 187 645	0. 021 67	0. 231 536
12	11. 6833	3	2. 123 927	0. 021 04	0. 245 834
13	12. 6833	3	2. 062 065	0. 020 43	0. 259 102
14	13. 6833	3	2. 002 005	0. 019 83	0. 271 389
15	14. 6833	3	1. 943 694	0. 019 26	0. 282 740
16	15. 6833	103	64. 789 817	0. 641 86	10. 066 535
			100. 940 423	1. 000 00	12. 621 268

第 1 列是付息周期数，自 2019 年 2 月 14 日支付上一次息票，至 2027 年 2 月 14 日债券到期，共有 16 个为期半年的付息周期。第 2 列是现金流的收现时间，第一笔现金流还要 0.6833 个（=1-57/180）付息周期才会支付，第二笔距结算日 1.6833 个（=2-57/180）付息周期，以此类推。第 3 列是每个时点收到的现金流。年化到期收益率为 6.00%，因此，每半年的收益率为 3.00%。使用该收益率计算每笔现金流的现值并加总，可以得到债券的全价为 100.940 423，即第 4 列最后一行的总和值。权重是每笔现金流在债券全价中所占的份额，在表中的第 5 列显示。第 6 列是权重乘以收到每笔现金流的时间，该债券的麦考利久期就是该列各项之和，其结果是 12.621 268。与票面利率和到期收益率类似，在实践中通常也是以年化的形式报告久期。因此，可以将该债券的麦考利久期报告为 6.310 634 年（=12.621 268/2）。[一]（在实际操作中，不需要对久期进行如此精确的计算。一般来说，报告为 6.31 年就足够了。这里采用较高的精度是为了展示计算过程。）

另一种计算麦考利久期的方法是使用微积分和代数方法推导的闭式方程。式（5-4）是该方法推导的固定利率债券麦考利久期的一般公式，其中 c 为每个付息周期的息票率。[二]

$$\text{MacDur} = \left\{ \frac{1+r}{r} - \frac{1+r+[N\times(c-r)]}{c\times[(1+r)^N-1]+r} \right\} - (t/T) \tag{5-4}$$

要用该公式计算前面的 10 年期、年化票面利率为 8% 的债券的麦考利久期，只需将 $r=0.1040$，$c=0.0800$，$N=10$，$t/T=0$ 代入式（5-4）。

$$\text{MacDur} = \frac{1+0.1040}{0.1040} - \frac{1+0.1040+[10\times(0.0800-0.1040)]}{0.0800\times[(1+0.1040)^{10}-1]+0.1040} = 7.0029$$

要用该公式计算前面的 8 年期、半年化票面利率为 6% 的债券的麦考利久期，只需将 $r=0.0300$，$c=0.0300$，$N=16$，$t/T=57/180$ 代入式（5-4）：

$$\text{MacDur} = \left[\frac{1+0.0300}{0.0300} - \frac{1+0.0300+[16\times(0.0300-0.0300)]}{0.0300\times[(1+0.0300)^{16}-1]+0.0300} \right] - (57/180)$$

$$= 12.621 268$$

[一]　微软 Excel 软件用户可以通过金融函数 "DURATION" 计算麦考利久期。

[二]　公式的详细推导过程可参考唐纳德·史密斯的《债券计算：公式背后的逻辑》第 2 版，约翰·威利父子出版公司，2014 年。

式（5-4）使用了每一付息周期的到期收益率、每一付息周期的息票率、至到期日为止的付息周期数，以及收现时间占付息周期的比例作为输入变量。所以通过该式计算得到的是跟付息周期相关的麦考利久期。将它除以每年的付息周期数就能转换为年化久期。

在计算债券的**修正久期**时，需要对麦考利久期进行简单的调整。修正久期等于麦考利久期除以 1 加上每一期收益率的和。

$$\mathrm{ModDur} = \frac{\mathrm{MacDur}}{1+r} \tag{5-5}$$

例如，前面例子中的 10 年期、年化票面利率为 8% 的债券的修正久期为 6.3432。

$$\mathrm{ModDur} = \frac{7.0029}{1.1040} = 6.3432$$

前面例子中 2027 年 2 月 14 日到期的 8 年期、半年化票面利率为 6% 的债券的修正久期为 12.253 658。

$$\mathrm{ModDur} = \frac{12.621\,268}{1.0300} = 12.253\,658$$

该债券的年化修正久期为 6.126 829（= 12.253 658/2）。[⊖]

虽然修正久期可能只是对麦考利久期做了一点微调，但它在风险度量方面有非常重要的意义：修正久期提供了在债券到期收益率发生变化的情况下，债券价格变化百分比的估计值。

$$\%\Delta \mathrm{PV}^{\mathrm{Full}} \approx -\mathrm{AnnModDur} \times \Delta \mathrm{Yield} \tag{5-6}$$

式（5-6）左边是价格变动百分比，这里的价格是包含应计利息的全价。右边的 "AnnModDur" 项为年化修正久期，"$\Delta \mathrm{Yield}$" 项为年化到期收益率的变化量。约等于符号表明此计算式为近似估算，负号表示债券价格和到期收益率成反比。

以 2027 年 2 月 14 日到期的 8 年期、半年化票面利率为 6% 的债券为例，如果年化收益率从 6.00% 上升至 7.00%，那么利用式（5-6）可得，该债券的全价损失估计值为 6.1268%：

$$\%\Delta \mathrm{PV}^{\mathrm{Full}} \approx -6.126\,829 \times 0.0100 = -0.061\,268$$

如果到期收益率没有上升，而是下降了 100 个基点，跌至 5.00%，该债券的全价收益估计值也为 6.1268%：

$$\%\Delta \mathrm{PV}^{\mathrm{Full}} \approx -6.126\,829 \times -0.0100 = 0.061\,268$$

修正久期提供了价格变化百分比的一个"线性"估计值。因为只要到期收益率 r 变化的绝对值一样，无论到期收益率是增加还是减少，债券全价的变化都是相同的。回顾第 3 章的内容，对于给定的票面利率和到期期限，当市场贴现率下降同样的幅度时，债券价格变化的百分比（绝对值）要比市场贴现率上升时更大。在本章后面的内容中我们将介绍久期的"凸性调整"。将凸性纳入考虑可以提高该估计的准确性，特别是在到期收益率发生较大幅度的变化时（例如 100 个基点）。

如果已知麦考利久期，则很容易得到固定利率债券的修正久期。另一种方法是直接计算近似修正久期。式（5-7）为年化近似修正久期的计算公式。

$$\mathrm{ApproxModDur} = \frac{(\mathrm{PV}_-) - (\mathrm{PV}_+)}{2 \times (\Delta \mathrm{Yield}) \times (\mathrm{PV}_0)} \tag{5-7}$$

该计算公式的原理是估算价格 - 收益率曲线的切线斜率。切线斜率和其近似值的概念如

⊖ 微软 Excel 用户可以通过金融函数 "MDURATION" 计算修正久期。

图 5-2 所示。

为了估算该斜率，假设到期收益率上下变化与 ΔYield 相同的幅度，再在新的到期收益率下分别计算债券价格。假设当到期收益率增加时，债券价格为 PV_+；在到期收益率降低时，债券价格为 PV_-；到期收益率变化之前的债券价格为 PV_0。这些价格都是全价，包含应计利息。根据 PV_+ 和 PV_- 计算得到的直线斜率，就是价格 - 收益率曲线切线斜率的近似值。下面的例子说明了这种近似值所能达到的准确性。事实上，当 ΔYield 接近于 0 时，该近似值非常接近于真实的修正久期。

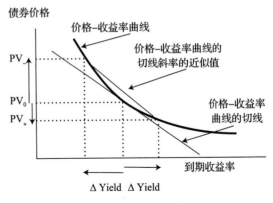

图 5-2　修正久期近似值

以 2027 年 2 月 14 日到期的 8 年期、票面利率为 6%、半年计息一次的公司债券为例。假设在 2019 年 4 月 11 日进行结算，根据 6.00% 的年化到期收益率计算，初始全价 PV_0 为 100.940 423。

$$PV_0 = \left[\frac{3}{(1.03)^1} + \frac{3}{(1.03)^2} + \cdots + \frac{103}{(1.03)^{16}} \right] \times (1.03)^{57/180} = 100.940\ 423$$

如果将年化到期收益率提高 5 个基点，从 6.00% 提高到 6.05%，那么每半年的到期收益率增加 2.5 个基点，从每半年的 3.00% 增加到 3.025%。新的全价 PV_+ 为 100.631 781。

$$PV_+ = \left[\frac{3}{(1.030\ 25)^1} + \frac{3}{(1.030\ 25)^2} + \cdots + \frac{103}{(1.030\ 25)^{16}} \right] \times (1.030\ 25)^{57/180} = 100.631\ 781$$

如果将年化到期收益率降低 5 个基点，从 6.00% 降至 5.95%，那么每半年的到期收益率下降 2.5 个基点，从 3.00% 下降到 2.975%。新的全价 PV_- 为 101.250 227。

$$PV_- = \left[\frac{3}{(1.029\ 75)^1} + \frac{3}{(1.029\ 75)^2} + \cdots + \frac{103}{(1.029\ 75)^{16}} \right] \times (1.029\ 75)^{57/180} = 101.250\ 227$$

将这些结果和 ΔYield = 0.0005 代入式（5-7），可以得到修正久期近似值为 6.126 842。

$$\text{ApproxModDur} = \frac{101.250\ 227 - 100.631\ 781}{2 \times 0.0005 \times 100.940\ 423} = 6.126\ 842$$

该债券的"精确"年化修正久期为 6.126 829，与"近似值"6.126 842 几乎相同。因此，尽管可以使用表 5-1、表 5-2 中的方法，用现金流现值为权重对时间加权来计算久期；也可以利用式（5-4）的闭式方程。但使用债券基本定价方程和金融计算器已经可以相当准确地估算久期了。麦考利久期的近似值也可以用近似修正久期计算。

$$\text{ApproxMacDur} = \text{ApproxModDur} \times (1+r) \tag{5-8}$$

近似公式得出的修正久期和麦考利久期都是年化值，因为在债券价格的计算公式中已经考虑了息票支付频率和到期收益率的周期。

例 5-8

假设 2041 年 8 月 15 日到期、票面利率为 3.75% 的美国国债，在 2020 年 10 月 15 日结算时的收益率为 5.14%。息票每半年支付一次，支付日为每年的 2 月 15 日和 8 月 15 日。

到期收益率是半年计息债券式收益率。该结算日为 184 天付息周期的第 61 天,使用"实际/实际"天数计算惯例。假设到期收益率变化 5 个基点,计算该国债的近似修正久期和近似麦考利久期。

解答:每半年的到期收益率为 0.0257(=0.0514/2)。每次息票支付为 1.875(=3.75/2)。在当前计息周期开始时,剩余期限为 21 年(42 个半年期)。当前计息周期已经过去的比例是 61/184。在该到期收益率下的全价是每 100 票面价值 82.967 530,计算过程如下。

$$PV_0 = \left[\frac{1.875}{(1.0257)^1} + \frac{1.875}{(1.0257)^2} + \cdots + \frac{1.875}{(1.0257)^{42}}\right] \times (1.0257)^{61/184} = 82.967\ 530$$

将到期收益率从 5.14% 提高到 5.19%,即每半年从 2.57% 提高到 2.595%,价格就变成每 100 票面价值 82.411 395。

$$PV_+ = \left[\frac{1.875}{(1.025\ 95)^1} + \frac{1.875}{(1.025\ 95)^2} + \cdots + \frac{1.875}{(1.025\ 95)^{42}}\right] \times (1.025\ 95)^{61/184}$$
$$= 82.411\ 395$$

将到期收益率从 5.14% 降低到 5.09%,即每半年从 2.57% 降低到 2.545%,价格就变成每 100 票面价值 83.528 661。

$$PV_- = \left[\frac{1.875}{(1.025\ 45)^1} + \frac{1.875}{(1.025\ 45)^2} + \cdots + \frac{1.875}{(1.025\ 45)^{42}}\right] \times (1.025\ 45)^{61/184}$$
$$= 83.528\ 661$$

因此该债券的近似年化修正久期为 13.466。

$$ApproxModDur = \frac{83.528\ 661 - 82.411\ 395}{2 \times 0.0005 \times 82.967\ 530} = 13.466$$

近似年化麦考利久期为 13.812。

$$ApproxMacDur = 13.466 \times 1.0257 = 13.812$$

因此,根据上述统计量,投资者知道,如果市场贴现率突然从 5.14% 上升到 6.14%,债券的市场价值损失幅度估计值为 13.466%(修正久期),而收到利息和本金的加权平均时间是 13.812 年(麦考利久期)。

5.3.2 有效久期

评估债券利率风险的另一种方法是估算基准收益率曲线(例如政府债券平价收益率曲线)变化时债券价格变化的百分比。该指标被称为**有效久期**,具体公式与计算修正久期近似值的公式非常相似。债券的有效久期是指债券价格对基准收益率曲线变化的敏感性,可以根据式(5-9)来计算:

$$EffDur = \frac{(PV_-) - (PV_+)}{2 \times (\Delta Curve) \times (PV_0)} \tag{5-9}$$

有效久期计算公式与近似修正久期计算公式的区别在于分母。修正久期属于到期收益率久期,根据债券本身的到期收益率的变化($\Delta Yield$)来衡量利率风险;有效久期是一种利率曲线久期,根据基准收益率曲线的平移变化($\Delta Curve$)来衡量利率风险。

在衡量复杂债券的利率风险时,有效久期起着非常重要的作用。例如内嵌看涨期权的可赎回债券，其久期并不是债券价格对最差收益率（即到期收益率、首次赎回收益率、第二次赎回收益率等赎回收益率序列中最低的一个）的敏感性。问题是此类债券未来的现金流是不确定的，它们的现金流取决于未来的利率。因为发行人是否决定赎回债券，取决于到期是否有能力以较低的资金成本再融资。简而言之，可赎回债券没有一个明确定义的内部收益率（到期收益率），因此，修正久期和麦考利久期等到期收益率久期指标并不适用，有效久期才是最合适的久期度量指标。

可赎回债券的有效久期计算方法依赖于具体的期权定价模型，该模型将在后面的章节中介绍。这里先举一个简单的例子。假设某期权定价模型的输入变量包括：①看涨期权保护期的长度。②可赎回日期及对应的看涨期权执行价格安排表。③相对基准收益率的信用利差（以及流动性利差）假设。④未来利率波动率的假设。⑤市场利率水平（如政府债券平价收益率曲线）。保持前四项输入变量不变，提高或降低第五项输入变量。假设政府债券平价收益率曲线整体上升或下降 25 个基点，模型输出的可赎回债券新全价分别为 99.050 120 和 102.890 738，而初始全价为 101.060 489。将 PV = 101.060 489，PV_+ = 99.050 120，P_- = 102.890 738，$\Delta Curve$ = 0.0025 代入式（5-9），可计算出可赎回债券的有效久期为 7.6006。

$$EffDur = \frac{102.890\,738 - 99.050\,120}{2 \times 0.0025 \times 101.060\,489} = 7.6006$$

利率曲线久期衡量了在信用利差不变的情况下，债券价格对基准收益率曲线，即上面例子中的政府债券平价收益率曲线的敏感性。在实践中，可赎回债券发行人在两种情况下会将看涨期权行权并以更低的成本融资：①基准收益率下降但发行人的信用利差保持不变。②基准收益率保持不变但发行人的信用利差收窄了（比如发行人的信用评级提高时）。跟上面的思路类似，也可以用定价模型来确定"信用久期"，即债券价格对信用利差变化的敏感性。对于传统的固定利率债券，可以用修正久期来衡量基准收益率和信用利差变化引发的价格变化百分比。但有些债券没有内部收益率，因为未来现金流并不是固定值，例如可赎回债券和浮动利率债券。这时候必须使用定价模型来考察基准利率和信用风险变化时债券价格的变化。

还有一种固定收益证券也不能使用修正久期和麦考利久期等传统收益率久期来衡量利率风险，那就是抵押贷款支持债券。这些证券产生于住房抵押贷款或商业房产抵押贷款的证券化过程。衡量抵押贷款支持债券利率风险的关键问题是，它们的现金流取决于房主以较低的利率再融资的能力，因为房主往往拥有提前还款的权利。

使用有效久期需要考虑的另一个实际问题是如何设定基准收益率曲线的变化。在计算近似修正久期时，我们通过让到期收益率发生微小的变化来提高精度。但对于更复杂的证券，如可赎回债券和抵押贷款支持债券，其定价模型需要针对公司发行人、公司或房主的行为进行假设。由于发行新债涉及交易成本，利率变化通常被设定为超过某个最小数额，以影响可赎回债券或抵押贷款再融资的决定。因此，在分析利率风险时让基准利率发生小幅变动不一定会改善其有效久期的估计精度。有效久期不仅是传统债券的财务分析重要工具，也逐渐在一般金融负债的财务分析中发挥越来越大的作用。下面的例子展示了有效久期在这方面的应用。

▌ 例 5-9

"固定福利养老金计划"通常根据参保人员退休时的工资水平每月支付其一笔养老金，金额可以约定为固定值，也可以与通货膨胀挂钩。根据"美国一般公认会计准则"或"国际财务报告准则"，这样的养老金被称为"固定福利养老金计划"。而在澳大利亚，这种养老金被称为"退休基金"。

英国的一项固定福利养老金计划的管理者试图衡量其养老金计划负债对市场利率变化的敏感性。他打算聘请一名精算顾问，在三种利率情景下为其负债的现值建模：①基准利率为 5%。②基准利率上升 100 个基点，涨至 6%。③基准利率下降 100 个基点，降至 4%。

该精算顾问使用了一个复杂的估值模型，其中包含了关于员工留职率、提前退休率、工资增长率、死亡率和预期寿命的假设。表 5-3 显示了分析的结果。

表 5-3

利率假设	负债的现值
4%	9.735 亿英镑
5%	9.261 亿英镑
6%	8.718 亿英镑

请计算该养老金计划负债的有效久期。

解答：将 $PV_0 = 926.1$，$PV_+ = 871.8$，$PV_- = 973.5$，$\Delta Curve = 0.0100$ 代入式（5-9）可得该养老金计划负债的有效久期为 5.49。

$$EffDur = \frac{973.5 - 871.8}{2 \times 0.0100 \times 926.1} = 5.49$$

通过养老金计划负债的有效久期，管理者可以更好地做出资产配置决策，购买合适的股票、固定收益证券和替代资产来构造投资组合。

虽然有效久期是内嵌期权债券等复杂固定收益证券最合适的利率风险度量指标，但对于传统债券而言，它也可作为麦考利久期和修正久期的有效补充。图 5-3 显示了某只 2028 年 5 月 15 日到期、息票率为 2.875% 的美国国债的彭博收益率和利差分析页面。

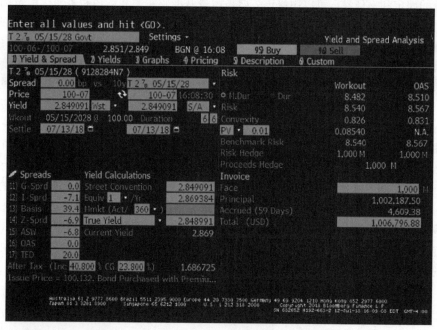

图 5-3 美国国债的彭博收益率和利差分析页面

注：经《彭博商业周刊》许可使用。版权所有。

在图 5-3 中，债券在 2018 年 7 月 13 日的报价为 100-07 美元，即每 100 美元面值的价格为 100 美元加 7 个 1/32 美元。大多数债券价格都以小数形式表示，但美国国债通常以分数形式表示。如果转化为小数，该债券的价格是 100.218 75 美元。应计利息采用"实际/实际"天数计算惯例。结算日为 184 天付息周期的第 59 天，所以应计利息为 0.460 937 5（=59/184×0.028 75/2×100）美元。该债券的全价是 100.679 688 美元，到期收益率为 2.849 091%（按华尔街惯例计算的半年计息债券式收益率）。

从图 5-3 中可以看到，该债券的修正久期为 8.482，这是传统收益率久期。但其利率曲线久期是 8.510，这是债券价格对美国国债平价收益率曲线变化的敏感性。在彭博终端界面，有效久期又被称为"OAS 久期"，因为它是基于期权定价模型计算的，该模型也可以用于计算期权调整利差。两个久期的差异是政府债券平价收益率曲线的不平坦造成的。当模型中的平价收益率曲线发生平移时，政府债券即期收益率曲线也会发生变化，但不一定是以同样的平移方式。因此，如果债券本身的到期收益率与政府债券平价收益率曲线变化同样的幅度，那债券价格的变化幅度就不会完全相同。一般来说，传统无内嵌期权债券的修正久期和有效久期并不相同。如果收益率曲线越平坦、到期时间越短、债券价格越接近其票面价值（因此票面利率和到期收益率之间的差值就越小），那么这个差异就会越小。只有在收益率曲线绝对平坦的情况下，无内嵌期权债券的修正久期和有效久期才会完全相等。

5.3.3　关键利率久期

在上面的例子中，可赎回债券的有效久期计算为：

$$\text{EffDur} = \frac{102.890\ 738 - 99.050\ 120}{2 \times 0.0025 \times 101.060\ 489} = 7.6006$$

该久期衡量的是在所有期限的收益率变化幅度相同的情况下，债券对基准收益率曲线的敏感性。有时我们需要进一步了解债券价格对基准收益率曲线上某些关键期限利率变化的敏感性。**关键利率久期**（或部分久期）是衡量债券价格对基准收益率曲线上特定期限的利率变化的敏感性指标。与有效久期相比，关键利率久期有助于识别债券面临的收益率曲线"形变风险"，即债券对基准收益率曲线形状变化的敏感性（例如收益率曲线变得更陡或更平坦）。

前面分析有效久期的时候我们假设所有期限的收益率一起平行移动了 25 个基点。但分析师可能想知道，如果短期基准利率（如 2 年期）上升 25 个基点，而长期基准利率保持不变，可赎回债券的价格将如何变化。假设收益率曲线一开始是向上倾斜的，这意味着收益率曲线变得更加平坦了。使用关键利率久期时，债券价格变化的预期值将近似等于短期利率段的关键利率久期（加负号），乘以该利率段的利率变化 0.0025。当然，对于基准收益率曲线的平行移动，关键利率久期将表现出与有效久期相同的利率敏感性。

5.3.4　债券久期的性质

传统固定利率债券的麦考利久期和修正久期等收益率久期是以下输入变量的函数：息票率或每个付息周期的现金流支付、每笔现金流的到期收益率、至到期日为止付息周期数，以及当前付息周期已经过去的比例。通过改变其中一个变量，同时保持其他变量不变，可以分析债券久期的性质。因为久期是衡量固定利率债券利率风险的基本指标，所以理解这些性质是非常重要的。

我们使用麦考利久期的公式，也就是式（5-4），来分析久期的这些性质。

$$\text{MacDur} = \left\{ \frac{1+r}{r} - \frac{1+r+[N\times(c-r)]}{c\times[(1+r)^N-1]+r} \right\} - (t/T)$$

这些性质对于修正久期也是成立的。首先考虑当前付息周期已经过去的比例，即 t/T。麦考利久期和修正久期跟计算到期收益率所用的日期计算惯例有关。对于同样的债券，使用"实际/实际"惯例和使用"30/360"惯例得到的久期指标会略有不同。关键的地方在于，如果到期收益率 r 为常数且保持不变，公式中大括号里面的表达式不会随着时间的推移而改变。因此，当 t 从 $t=0$ 变化到 $t=T$ 时，麦考利久期会平滑下降，最终形成一个"锯齿"模式。典型固定利率债券的麦考利久期随 t 变化的模式如图5-4所示。

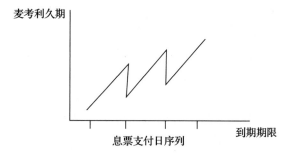

图5-4　固定到期收益率下息票支付日之间的麦考利久期变化

从图5-4中可以看到，在两个息票支付日之间，麦考利久期随着时间的推移（在图5-4中从右向左移动）平滑下降，然后在支付息票后跳跃式上升。

债券久期与票面利率、到期收益率和到期期限变化相关的特征如图5-5所示。

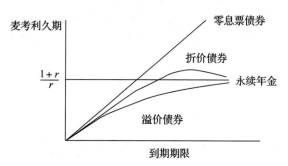

图5-5　麦考利久期的性质

图5-5展示的是息票支付日当天（$t/T=0$）的久期性质，因此不显示息票支付日之间的锯齿模式。从图中可以看到，零息票债券的麦考利久期与到期期限的关系为45度线，因为将 $c=0$ 和 $t/T=0$ 代入式（5-4）可得 $\text{MacDur}=N$。因此，零息票债券的麦考利久期就是其到期期限。

永续年金也叫永续债券，是一种永远不会到期的债券，可以永远不偿付本金。除非债券是可赎回的，否则投资者将永远得到固定的息票。不可赎回的永续债券虽然很少见，但它有一个有趣的麦考利久期性质：当 N 趋于无穷大时，$\text{MacDur}=(1+r)/r$。实际上，式（5-4）中大括号里的第二个表达式随着到期期限的增加接近于零，因为分子是 N 的线性函数，而分母是 N 的指数函数，随着 N 的增大，分母的增长速度比分子更快。

图5-5中的溢价债券和折价债券是典型的固定利率附息债券，它们都有一个固定的到期期限。它们的麦考利久期通常会随着到期期限的增加而变大。对于溢价债券和平价债券，式（5-4）大括号内的第二项是一个正数。分子是正数，因为票面利率大于或等于到期收益率，而分母总是正数。溢价债券和平价债券的麦考利久期总是小于 $(1+r)/r$，并且会随着到期期限的增加从下往上接近该极限值。

图5-5中最有意思的是折价债券的久期模式。总体来看，其麦考利久期会随着到期期限的延长而增加。但过了某一个点之后，当到期期限足够长时，麦考利久期会超过 $(1+r)/r$，

并达到某个最大值，然后又开始下降并由上往下接近该极限值。在式（5-4）中，当周期数 N 较大并且票面利率 c 低于到期收益率 r 时，大括号内的第二个表达式的分子可以变成负数，此时就会出现这种模式。这也解释了为什么第 3 章在介绍债券价格和到期收益率之间关系的"期限效应"时，需要加上"一般来说"这个定语。一般来说，对于相同的票面利率，当到期收益率变化相同的幅度时，长期债券的价格变化百分比大于短期债券。例外情况就发生在这里，折价长期债券的久期可能会降低。

票面利率和到期收益率都与麦考利久期成反比。从图 5-5 可以看出，在到期日和到期日收益率相同的情况下，零息票债券的麦考利久期高于折价交易的低息债券；此外折价交易的低息债券比溢价交易的高息债券的麦考利久期高。因此可以得出结论，在其他条件相同的情况下，低息债券比高息债券具有更长的久期和更大的利率风险。到期收益率也表现出同样的特点。较高的到期收益率减少了获得现金流的加权平均时间。如果以更高的到期收益率进行贴现，在短期内收到的现金流的现值降低得比较少，因而权重相对变大；而需要较长时间才能收到的现金流的现值降低得更多，因而权重相对变小。

总之，固定利率债券的麦考利久期和修正久期的大小主要取决于它们的票面利率、到期收益率和到期期限。更高的票面利率或到期收益率对应着更短的久期；较长的到期期限则通常会带来更长的久期。对于溢价或平价的债券，这些结论总是成立的。但如果债券处于折价状态，更长的到期期限也有可能带来更短的久期，仅当票面利率低于到期收益率但不为零且到期期限足够长时才会出现这种情况。

例 5-10

某基金经理管理着一家专门投资新兴市场主权债券的对冲基金。这位基金经理认为，隐含的违约概率太高，这意味着当前市场上此类债券是"廉价"的，信用利差太高。该对冲基金可以在下面债券（见表 5-4）中的一种上建立头寸。

表 5-4

债券	到期期限	票面利率	价格	到期收益率
A	10 年	10%	58.075 279	20%
B	20 年	10%	51.304 203	20%
C	30 年	10%	50.210 636	20%

息票每年支付一次。到期收益率是有效年化利率。价格按每 100 票面价值计算。

1. 使用 1 个基点的到期收益率变化来计算这三种债券的近似修正久期，并保持精度为 6 位的小数（因为近似久期统计量对四舍五入非常敏感）。

2. 如果到期收益率各下降相同幅度（例如从 20% 下降 10 个基点至 19.90%），那么，这三种债券中哪一种有望有最高的价格涨幅？

解答 1：

债券 A：

$$PV_0 = 58.075\ 279$$

$$PV_+ = 58.047\ 598$$

$$\frac{10}{(1.200\ 1)^1} + \frac{10}{(1.200\ 1)^2} + \cdots + \frac{110}{(1.200\ 1)^{10}} = 58.047\ 598$$

$$PV_- = 58.102\ 981$$

$$\frac{10}{(1.1999)^1}+\frac{10}{(1.1999)^2}+\cdots+\frac{110}{(1.1999)^{10}}=58.102\ 981$$

所以债券 A 的近似修正久期是 4.768。

$$ApproxModDur=\frac{58.102\ 981-58.047\ 598}{2\times0.0001\times58.075\ 279}=4.768$$

债券 B：

$$PV_0 = 51.304\ 203$$

$$PV_+ = 51.277\ 694$$

$$\frac{10}{(1.2001)^1}+\frac{10}{(1.2001)^2}+\cdots+\frac{110}{(1.2001)^{20}}=51.277\ 694$$

$$PV_- = 51.330\ 737$$

$$\frac{10}{(1.1999)^1}+\frac{10}{(1.1999)^2}+\cdots+\frac{110}{(1.1999)^{20}}=51.330\ 737$$

所以债券 B 的近似修正久期是 5.169。

$$ApproxModDur=\frac{51.330\ 737-51.277\ 694}{2\times0.0001\times51.304\ 203}=5.169$$

对于债券 C：

$$PV_0 = 50.210\ 636$$

$$PV_+ = 50.185\ 228$$

$$\frac{10}{(1.2001)^1}+\frac{10}{(1.2001)^2}+\cdots+\frac{110}{(1.2001)^{30}}=50.185\ 228$$

$$PV_- = 50.236\ 070$$

$$\frac{10}{(1.1999)^1}+\frac{10}{(1.1999)^2}+\cdots+\frac{110}{(1.1999)^{30}}=50.236\ 070$$

所以债券 C 的近似修正久期是 5.063。

$$ApproxModDur=\frac{50.236\ 070-50.185\ 228}{2\times0.0001\times50.210\ 636}=5.063$$

解答 2：

尽管到期期限（10 年、20 年和 30 年）有显著差异，但这三种债券的近似修正久期大致相当（4.768、5.169 和 5.063）。由于到期收益率如此之高，20 年期和 30 年期债券获得利息和本金支付的长期限现金流权重较低。到期期限为 20 年的债券 B 的修正久期最高。如果每一种债券的到期收益率下降相同的幅度，比如下降 10 个基点，从 20% 下降到 19.90%，债券 B 将有望有最高的价格涨幅。这个例子再现了在图 5-5 中折价债券的麦考利久期和到期期限之间的关系。20 年期债券的久期比 30 年期债券的久期更长。

对于可赎回债券而言，因为麦考利久期和修正久期无法正常计算，所以需要使用有效久期。可赎回债券的到期收益率没有很好的定义，因为其未来现金流是不确定的。图 5-6 展示了基准收益率曲线的变化（ΔCurve）对可赎回债券价格与可比的不可赎回债券价格的影响。

这两种债券具有相同的信用风险、票面利率、付息频率和到期期限。纵轴是债券价格，横轴是某个特定的基准收益率，例如政府债券平价收益率曲线上的一个点。

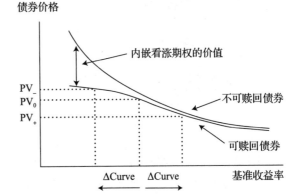

从图 5-6 可以看出，不可赎回债券的价格总是大于具有相同特征的可赎回债券的价格，两者的差价是后者内嵌的看涨期权的价值。因为看涨期权是发行人拥有的期权，而不是债券持有人的期权。当利率比票面利率高时，看涨期权的价值就比较低。当利率变低时，看涨期权的价值会变高，因为发行人更有可能行使该期权，以较低的资金成本为债务再融资。投资者要承担债券被赎回的风险，因为赎回都发生在利率较低的时候，所以投资者必须以更低的利率将收益再投资。

图 5-6 还显示了计算可赎回债券有效久期需要的输入变量。假设整个基准收益率曲线水平上升和下降相同的幅度 ΔCurve，得到两个新的可赎回债券价格，将三个价格和 ΔCurve 代入式（5-9）就可以计算有效久期。当基准收益率较高时，可赎回债券和不可赎回债券的有效久期非常接近，与价格-收益率曲线的切线斜率大致相同。但当利率很低时，可赎回债券的有效久期明显比不可赎回债券的有效久期短。因为在基准收益率下降时，可赎回债券价格的上涨幅度没有那么大，价格-收益率曲线的切线将会变得更平坦。看涨期权的存在限制了价格上升的幅度。因此，内嵌的看涨期权缩短了债券的有效久期，特别是在利率下降、债券更有可能被赎回的情况下。较低的有效久期也可以用较短的预期期限来解释，即收到现金流的加权平均时间减少了。

图 5-7 展示了另一只内嵌期权债券的利率风险特征，这次是内嵌看跌期权的可回售债券。

可回售债券允许投资者在债券到期前以票面价值将债券出售给发行人，这可以保护投资者免受基准收益率上升或信用利差扩大的影响，否则这些事件会造成债券价格下跌至票面价值以下。因此可回售债券的价格总是高于其他可比的不可回售债券，差价就是内嵌看跌期权的价值。

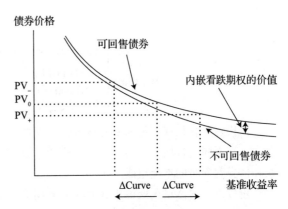

图 5-7　可回售债券的利率风险特征

内嵌的看跌期权缩短了债券的有效久期，尤其是在利率上升的情况下。如果市场利率比票面利率低很多，看跌期权的价值就会处于较低的水平，基准收益率的变化对可回售债券价格的影响非常类似于对不可回售债券价格的影响。当基准利率逐渐上升，看跌期权对投资者来说就变得越来越有价值了。按票面价值出售债券的能力限制了利率上升时可回售债券贬值的速度。综上所述，假设信用风险不变，内嵌看跌期权的存在会降低可回售债券价格对基准收益率曲线变化的敏感性。

5.3.5 债券投资组合的久期

与股票类似，债券通常以投资组合的形式被持有。可以用以下两种方法来计算债券投资组合的久期：①计算收到的总现金流的加权平均时间。②计算组成投资组合的各只债券的久期的加权平均值。第一种方法在理论上是正确的，但在实际应用中存在一定的困难。第二种方法是固定收益投资组合分析的常用方法，但有其自身的局限性。这两种计算债券投资组合久期的方法之间的差异可以用下面的例子来检验。

假设投资者持有以下两只零息票债券的投资组合，如表 5-5 所示。

表 5-5

债券	到期期限	价格	收益率	麦考利久期	修正久期	面值	市值	权重
X	1 年	98.00	2.0408%	1	0.980	10 000 000	9 800 000	0.50
Y	30 年	9.80	8.0503%	30	27.765	100 000 000	9 800 000	0.50

价格按每 100 票面价值报价，到期收益率是有效年化利率，投资组合的总市值为 19 600 000。该投资组合的两只成分债券的市值各占一半，也就是说市值权重是一样的。

第一种方法直接将该投资组合视为一系列现金流的加总。经计算其**现金流收益率**为 7.8611%。现金流收益率是全部现金流的内部收益率，通常用于抵押贷款支持债券或固定利率债券组合等复杂证券。它是下式中 r 的解。

$$19\ 600\ 000 = \frac{10\ 000\ 000}{(1+r)^1} + \frac{0}{(1+r)^2} + \cdots + \frac{0}{(1+r)^{29}} + \frac{100\ 000\ 000}{(1+r)^{30}}, \quad r = 0.078\ 611$$

使用这种计算方法，将投资组合的麦考利久期视为收到各现金流的时间的加权平均。根据现金流收益率来计算各现金流的权重，计算方法与式（5-1）相似。经计算投资组合期限为 16.2825：

$$MacDur = \left[\frac{\dfrac{1 \times 10\ 000\ 000}{(1.078\ 611)^1} + \dfrac{30 \times 100\ 000\ 000}{(1.078\ 611)^{30}}}{\dfrac{10\ 000\ 000}{(1.078\ 611)^1} + \dfrac{100\ 000\ 000}{(1.078\ 611)^{30}}} \right] = 16.2825$$

该投资组合只有两笔未来的现金流，即两只零息票债券的本金赎回。在更复杂的投资组合中，在不同的日期可能会发生一系列的息票支付和本金支付，总现金流由其成分债券的息票和债券到期时的本金组成。

投资组合的修正久期等于其麦考利久期除以 1 加每个周期的现金流收益率（在这里周期为 1 年）。

$$ModDur = \frac{16.2825}{1.078\ 611} = 15.0958$$

经计算投资组合的修正久期为 15.0958，该指标代表在现金流收益率变化一定幅度的情况下，投资组合市值变化的百分比。如果现金流收益率增加或减少 100 个基点，预计投资组合的市值将减少或增加约 15.0958%。

虽然这种方法在理论上是正确的,但在实践中很难使用。第一,有些债券投资组合的现金流收益率难以计算。第二,如果投资组合包含可回售债券、可赎回债券或浮动利率债券,则未来息票和本金支付的金额和时间都是不确定的。第三,利率风险通常指对基准利率变化的敏感性,而不是现金流收益率的变化。第四,投资组合现金流收益率的变化不一定与其成分债券到期收益率的变化一致。例如在上面的例子中,如果该投资组合中的两只成分零息票债券的到期收益率都增加或减少 10 个基点,那投资组合的现金流收益率只会增加或减少 9.52 个基点。

在实践中,通常会使用投资组合久期的第二种计算方法,将投资组合成分债券的麦考利久期和修正久期的加权平均值作为投资组合的相应统计量,以各债券市值占投资组合总市值的份额为权重。该加权平均值只是投资组合久期真实理论值的近似值,第一种方法得到的才是其真实理论值。该近似值在投资组合成分债券的到期收益率差异较小时相对更加精确。当收益率曲线平坦时,两种方法得到的投资组合久期是相同的。

在这个简单的例子中,两只债券的权重为"50/50",因此,久期很容易计算:

$$平均麦考利久期 = (1×0.50)+(30×0.50)=15.50$$
$$平均修正久期 = (0.980×0.50)+(27.765×0.50)=14.3725$$

请注意,$0.980=1/1.020\,404$,$27.765=30/1.080\,503$。

采用第二种方法的一个优点是,对于可赎回债券、可回售债券和浮动利率债券可以使用其有效久期,然后再加权平均。

第二种方法的另一个主要优点是用它衡量利率风险非常方便。比如上面例子中的投资组合,如果到期收益率增加了 100 个基点,那么投资组合价值的预计跌幅为 14.3725%。但该优势也表明了其存在的限制:衡量投资组合久期的指标隐含地假设了收益率曲线是**平行移动**的。收益率曲线的平行移动意味着所有期限的利率向同一方向变动且幅度相同。在现实中,在利率变化时收益率曲线经常会变得更陡峭或更不平坦。本章后面将讨论收益率波动的问题。

▌例 5-11

投资基金持有以下三种固定利率政府债券的投资组合(见表 5-6):

表 5-6

	债券 A	债券 B	债券 C
票面价值	2500 万欧元	2500 万欧元	5000 万欧元
票面利率	9%	11%	8%
到期期限	6 年	8 年	12 年
到期收益率	9.10%	9.38%	9.62%
债券市值	24 886 343 欧元	27 243 887 欧元	44 306 787 欧元
麦考利久期	4.761	5.633	7.652

投资组合的总市值为 96 437 017 欧元。每只债券都处于付息日,因此没有应计利息。市值是给定票面价值的全价。息票每半年支付一次。到期收益率以半年期债券为基准,即一年计息两次的年化利率。麦考利久期是年化的。

1. 用市值的份额作为权重,计算投资组合的平均(年化)修正久期。

2. 如果每只债券的(年化)到期收益率上升 20 个基点,估计投资组合市值损失的百分比。

解答1：

该投资组合的平均（年化）修正久期为 6.0495。

$$\left(\frac{4.761}{1+\frac{0.0910}{2}}\times\frac{24\,886\,343}{96\,437\,017}\right)+\left(\frac{5.633}{1+\frac{0.0938}{2}}\times\frac{27\,243\,887}{96\,437\,017}\right)+$$

$$\left(\frac{7.652}{1+\frac{0.0962}{2}}\times\frac{44\,306\,787}{96\,437\,017}\right)=6.0495$$

请注意，每只债券的年化修正久期等于给定的年化麦考利久期除以 1 加上半年期的到期收益率。

解答2：

如果每只债券的（年化）到期收益率上升 20 个基点，市值的下降幅度预计是 1.21%：

$$-6.0495\times0.0020=-0.0121$$

5.3.6　债券的货币久期和基点价值

修正久期是指在债券到期收益率变化给定幅度的情况下，债券价格变化的百分比。另一个与之相关的统计量是**货币久期**。债券的货币久期也是衡量债券价格变化的，但不是以百分比的形式而是以计价货币变化多少个单位的形式。货币久期可以报告为每 100 面值债券的变化量，也可以根据投资组合中债券的实际仓位大小来报告。在美国，货币久期通常被称为"美元久期"。

货币久期（MoneyDur）的计算方法为年化修正久期乘以债券的全价（PV^{Full}），后者包含应计利息。

$$MoneyDur = AnnModDur \times PV^{Full} \tag{5-10}$$

而以计价货币单位计量的债券价格变化的估计值可以根据式（5-11）来计算。式（5-11）与式（5-6）非常相似，不同之处在于，对于给定的年化到期收益率变化（$\Delta Yield$），式（5-6）根据修正久期来估计价格变化的百分比，式（5-11）根据货币久期来估计以货币计量的价格变化。

$$\Delta PV^{Full} \approx -MoneyDur \times \Delta Yield \tag{5-11}$$

以货币久期为例，考虑某 2027 年 2 月 14 日到期的债券，票面利率为 6%，半年付息一次。在 2019 年 4 月 11 日，用 6.00% 的到期收益率为该债券定价。债券的全价为 100.940 423，年化修正久期为 6.1268。假设在内罗毕的一家人寿保险公司持有票面价值为 1 亿肯尼亚先令的该债券，投资总市值为 100 940 423 肯尼亚先令。该债券的货币久期为 618 441 784（= 6.1268 × 100 940 423）肯尼亚先令。如果到期收益率从 6.00% 上升 100 个基点至 7.00%，预计货币损失约为 6 184 418（= 618 441 784 × 0.0100）肯尼亚先令。按百分比计算，预计损失约为 6.1268%。下一节介绍的凸性调整可以使这些估值更加准确。

货币久期的另一个版本是债券的**基点价值**（PVBP）。基点价值是在到期收益率变化 1 个基点的情况下，对债券全价变化的估计量。基点价值可以用近似修正久期的公式来计算。式（5-12）是基点价值的公式。

$$PWBP = \frac{(PV_-)-(PV_+)}{2} \tag{5-12}$$

PV_- 和 PV_+ 是通过将到期收益率降低和提高 1 个基点计算出来的债券全价。基点价值也被称为"PV01"，代表"01 的价格"或"01 的现值"，其中 01 就表示 1 个基点。在美国，它通常被称为"DV01"或"01 的美元价值"。一个相关的统计量，有时被称为"基点值"（或 BPV），等于货币久期乘以 0.0001（也就是 1 个 bp）。

关于基点价值计算的一个例子，参考图 5-3 中的 2028 年 5 月 15 日到期，票面利率为 2.875%，半年付息一次的美国国债。从该债券的彭博收益率和利差分析页面可以看到，其基点价值为 0.0854，到期收益率为 2.849 091%，结算日为第 59 天，付息周期为 184 天。为了验证基点价值，可以通过增加和减少到期收益率来计算新的债券价格。首先，将到期收益率提高 1 个基点（0.01%），从 2.849 091% 提高到 2.859 091%，解出 PV_+ 为 100.594 327。

$$PV_+ = \left[\frac{1.4375}{\left(1+\dfrac{0.028\,590\,91}{2}\right)^1}+\cdots+\frac{101.4375}{\left(1+\dfrac{0.028\,590\,91}{2}\right)^{20}}\right] \times \left(1+\frac{0.028\,590\,91}{2}\right)^{59/184}$$

$$= 101.594\,327 \,^{\ominus}$$

接着，将到期收益率降低 1 个基点，从 2.849 091% 降低到 2.839 091%，解出 PV_- 为 100.765 123。

$$PV_- = \left[\frac{1.4375}{\left(1+\dfrac{0.028\,390\,91}{2}\right)^1}+\cdots+\frac{101.4375}{\left(1+\dfrac{0.028\,390\,91}{2}\right)^{20}}\right] \times \left(1+\frac{0.028\,390\,91}{2}\right)^{59/184}$$

$$= 100.765\,123$$

将这些结果代入式（5-12）得到基点价值。

$$PVBP = \frac{100.765\,123-100.594\,327}{2} = 0.0854$$

彭博收益率和利差分析页面上的另一个货币久期指标被称为"风险"。该指标就是基点价值乘以 100，图 5-3 中债券的风险指标为 8.540。

▌例 5-12

一家人寿保险公司持有 1000 万美元（票面价值）多米尼加共和国 5.95% 债券，2027 年 1 月 25 日到期。该债券的定价（净价）为每 100 美元票面价值 101.996 美元，以华尔街惯例的半年债券为基准的收益率为 5.6511%，将于 2018 年 7 月 24 日结算。总市值（包含应计利息）为 10 495 447 美元，或每 100 美元票面价值 104.495 447 美元。该债券的（年化）麦考利久期为 6.622。

1. 计算该主权债券每 100 美元面值的货币久期。

2. 使用货币久期估计结算日到期收益率每增加 1 个基点的头寸损失。

解答 1：

货币久期等于每年的修正久期乘以债券每 100 美元票面价值的全价。

⊖ 原书该数据疑似有误，应为 100.594 327。——译者注

$$\left(\frac{\dfrac{6.622}{1+\dfrac{0.056\,511}{2}}}{}\right)\times104.954\,472=675.92(\text{美元})$$

解答 2：

到期收益率每增加 1 个基点，损失估计为每 100 美元票面价值 0.067 592 美元：

$$675.92\times0.0001=0.067\,592(\text{美元})$$

假设持仓规模为 1000 万美元的票面价值，收益率每增加 1 个基点损失估计为 6759.20 美元。货币久期是按每 100 美元票面价值计算的，所以要将 1000 万美元的头寸规模除以 100 美元。

$$0.067\,592\times\frac{10\,000\,000}{100}=6759.20(\text{美元})$$

5.3.7 债券凸性

修正久期衡量的是到期收益率的给定变化对债券价格变动百分比的一阶效应，二阶效应则需要用**凸性**统计量来衡量。图 5-8 展示了一只传统（无内嵌期权）固定利率债券的凸性。

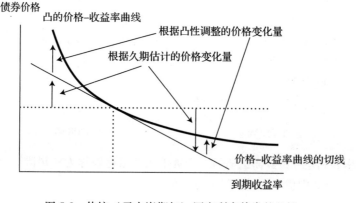

图 5-8 传统（无内嵌期权）固定利率债券的凸性

图 5-8 中的价格-收益率曲线代表债券价格和到期收益率之间的真实关系。这是一个凸的曲线，曲线上的点表示给定的市场贴现率下的实际债券价格。如图 5-8 所示，久期（特别是货币久期）衡量的只是债券价格沿着价格-收益率曲线的切线的直线变化，与债券价格的真实变化之间存在差异。当到期收益率变化很小时，两者之间的差异不大；但对于更大的变化，该差异会显著变大。

债券的凸性可以用来改进单凭修正久期估计价格变化百分比时精度不足的问题。式（5-13）是考虑了凸性调整后债券全价变化百分比的估计公式。[⊖]

$$\%\Delta\mathrm{PV}^{\mathrm{Full}}\approx(-\mathrm{AnnModDur}\times\Delta\mathrm{Yield})+\left[\frac{1}{2}\times\mathrm{AnnConvexity}\times(\Delta\mathrm{Yield})^{2}\right] \tag{5-13}$$

⊖ 学过微积分的读者会认识到这个公式是泰勒级数展开式的前两项。第一项修正久期是债券价格对收益率变化的一阶导数；第二项凸性则是二阶导数。

第一个括号中的表达式即收益率变化的"一阶效应",与式(5-6)相同,等于(年化)修正久期"AnnModDur"乘以(年化)到期收益率的变化"ΔYield"。第二个括号中的表达式即收益率变化的"二阶效应",也就是**凸性调整**项。凸性调整项等于年化凸性统计量"AnnConvexity"乘以 1/2,再乘以到期收益率变化的平方。对于传统(无内嵌期权)固定利率债券来说,无论到期收益率增加或减少,该项都是一个正数。在图 5-8 中,在根据久期计算的线性估计量上加了该调整项,使得调整后的估计值非常接近曲线上的实际债券价格。但它仍然是一个估计值,所以使用了约等于符号。

与麦考利久期和修正久期类似,可以通过几种方法来计算年化凸性统计量。它可以使用表格来计算,如表 5-1 和表 5-2;也可以使用微积分和代数方法推导固定利率债券在付息日或付息日之间凸性的封闭表达式。[⊖]但就像修正久期一样,凸性可以被相当精确地估计。式(5-14)是近似凸性统计量"ApproxCon"的估算公式。

$$\text{ApproxCon} = \frac{(\text{PV}_-) + (\text{PV}_+) - [2 \times (\text{PV}_0)]}{(\Delta \text{Yield})^2 \times (\text{PV}_0)} \tag{5-14}$$

式(5-14)与式(5-7)有相同的输入变量,包括到期收益率增加相同数量后的新债券价格 PV_+,到期收益率减少相同数量后的新债券价格 PV_-,以及原债券价格 PV_0。这些债券价格都是指全价,包含应计利息。

我们用一个零息票债券的具体例子来证明这种近似值的准确性。因为零息票债券不支付任何息票,其久期就等于到期期限,即 $N-t/T$,单位为付息周期数。式(5-15)是零息票债券的精确凸性统计量的计算公式,也以付息周期数为单位。

$$\text{Convexity}(零息票债券) = \frac{[N-(t/T)] \times [N+1-(t/T)]}{(1+r)^2} \tag{5-15}$$

N 为从当前付息周期起点开始至债券到期日为止的总付息周期数;t/T 为当前付息周期已过去的比例;r 为每个付息周期的到期收益率。

考虑一只长期的零息票美国国债,彭博收益率和利差分析页面如图 5-9 所示。

该债券于 2048 年 2 月 15 日到期,在 2018 年 7 月 13 日的报价为每 100 美元票面价值 42.223 649 美元。它的到期收益率为 2.935%,以华尔街惯例半年付息一次的债券为基准。其到期收益率的天数计算惯例为"实际/实际",结算日为 181 天付息周期的第 148 天。年化修正久期为 29.163。

对于该债券,$N = 60$,$t/T = 148/181$,$r = 0.029\,35/2$。将这些输入变量代入式(5-15),可以得到其以半年期计算的凸性为 3459.45。

$$\frac{[60-(148/181)] \times [60+1-(148/181)]}{\left(1+\dfrac{0.029\,35}{2}\right)^2} = 3459.45$$

与其他债券的统计指标一样,凸性在实践中通常以年化的形式报告,再用于式(5-13)中的凸性调整。年化的方法是除以计息频率的平方。该零息票债券的到期收益率为半年付息一次的收益率,所以计息频率为 2。因此该债券的年化凸性统计量为 864.9。

⊖ 该公式的详细推导过程可参考唐纳德·史密斯的《债券计算:公式背后的逻辑》第 2 版,约翰·威利父子出版公司,2014 年。

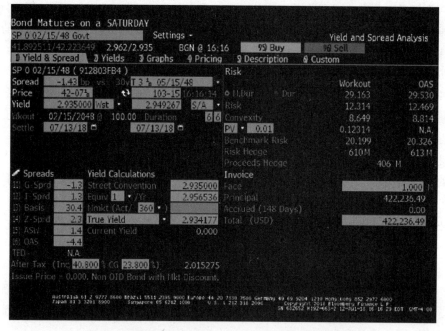

图 5-9 零息票美国国债的彭博收益率和利差分析页面

注：经《彭博商业周刊》许可使用，版权所有。

$$\frac{3459.45}{4} = 864.9$$

假设到期收益率预计下降 10 个基点，从 2.935% 下降到 2.835%。根据年化修正久期 29.163 和年化凸性 864.9，预期债券价格涨幅百分比为 2.9595%。

$$\%\Delta PV^{Full} \approx \left[-29.163 \times -0.0010 \right] + \left[\frac{1}{2} \times 864.9 \times (-0.0010)^2 \right]$$

$$= 0.029\ 163 + 0.000\ 432$$

$$= 0.029\ 595$$

仅根据修正久期估计的价格涨幅为 2.9163%，经凸性调整后增加了 4.32 个基点。

图 5-9 所示的长期零息票债券展示了收益率久期和凸性与利率曲线久期和凸性之间的差异，即使是无内嵌期权债券也很明显。据彭博页面信息，其修正久期为 29.163，而有效久期为 29.530；其收益率凸性为 8.649，而有效凸性为 8.814（请注意，彭博页面的凸性统计数据除以了 100）。一般来说，当基准收益率曲线不平坦、债券期限较长或债券的定价有明显折价或溢价时，这种差异就会更加显著。

要获得这只长期零息票债券的近似凸性，假设 $\Delta Yield = 0.0001$，分别计算 2.935%、2.945% 和 2.925% 的到期收益率对应的债券价格 PV_0、PV_+ 和 PV_-。

$$PV_0 = \frac{100}{\left(1 + \frac{0.029\ 35}{2}\right)^{60}} \times \left(1 + \frac{0.029\ 35}{2}\right)^{148/181} = 42.223\ 649$$

$$PV_+ = \frac{100}{\left(1 + \frac{0.029\ 45}{2}\right)^{60}} \times \left(1 + \frac{0.029\ 45}{2}\right)^{148/181} = 42.100\ 694$$

$$PV_{-} = \frac{100}{\left(1+\dfrac{0.029\,25}{2}\right)^{60}} \times \left(1+\frac{0.029\,25}{2}\right)^{148/181} = 42.346\,969$$

在图 5-9 中的彭博页面中可以看到，该债券的修正久期为 29.163。为确认估算公式的正确性，将上面的计算结果输入式（5-7），计算出该债券的近似修正久期。

$$\text{ApproxModDur} = \frac{42.346\,969 - 42.100\,694}{2 \times 0.0001 \times 42.223\,649} = 29.163$$

同样可以使用式（5-14）计算近似凸性，结果为 864.9。

$$\text{ApproxCon} = \frac{42.346\,969 + 42.100\,694 - (2 \times 42.223\,649)}{(0.0001)^2 \times 42.223\,649} = 864.9$$

结果 864.9 是年化凸性的近似值，因为前面的价格计算中使用的是年化收益率。在这个零息票债券的特殊例子中，近似值与使用封闭表达式得到的准确值几乎相同，没有出现在实际应用中有意义的差异。

对于同一只零息票债券，如果到期收益率下降 50 个基点至 2.435%，很容易计算出其新价格。

$$\frac{100}{\left(1+\dfrac{0.024\,35}{2}\right)^{60}} \times \left(1+\frac{0.024\,35}{2}\right)^{148/181} = 48.860\,850$$

实际价格涨幅百分比为 15.7192%。

$$\frac{48.860\,850 - 42.223\,649}{42.223\,649} = 0.157\,192$$

而考虑凸性调整的债券价格变化估计值为 15.6626%。

$$\%\Delta PV^{Full} \approx (-29.163 \times -0.0050) + \left[\frac{1}{2} \times 864.9 \times (-0.0050)^2\right]$$

$$= 0.145\,815 + 0.010\,811$$

$$= 0.156\,626$$

二者存在比较明显的差异，说明当到期收益率变化较大时估计值的误差也会变大。

▌例 5-13

一家意大利银行持有大量 2034 年 4 月 4 日到期的年化票面利率为 7.25% 的公司债券。该债券到期收益率为 7.44%（有效年化收益率），于 2019 年 6 月 27 日结算。结算日为 360 天付息周期的第 83 天，使用 "30/360" 天数计算惯例。

1. 计算每 100 面值债券的全价。

2. 根据到期收益率增加和减少 1 个基点后的价格计算近似修正久期和近似凸性。

3. 根据估算得到的凸性计算到期收益率增加 100 个基点后债券价格变化百分比的估计值。

4. 比较价格变化百分比的估计值与实际变化值的差异，假设在结算日到期收益率跃升至 8.44%。

解答：

从 2019 年 4 月 4 日计息周期开始到 2034 年 4 月 4 日共有 15 年。

1. 债券的全价是每 100 票面价值 99.956 780。

$$PV_0 = \left[\frac{7.25}{(1.0744)^1} + \cdots + \frac{107.25}{(1.0744)^{15}} \right] \times (1.0744)^{83/360} = 99.956\ 780$$

2. 到期收益率增加和减少 1 个基点后的价格为

$$PV_+ = \left[\frac{7.25}{(1.0745)^1} + \cdots + \frac{107.25}{(1.0745)^{15}} \right] \times (1.0745)^{83/360} = 99.869\ 964$$

$$PV_- = \left[\frac{7.25}{(1.0743)^1} + \cdots + \frac{107.25}{(1.0743)^{15}} \right] \times (1.0743)^{83/360} = 100.043\ 703$$

近似修正久期为 8.6907。

$$\text{ApproxModDur} = \frac{100.043\ 703 - 99.869\ 964}{2 \times 0.0001 \times 99.956\ 780} = 8.6907$$

近似凸性为 107.157。

$$\text{ApproxCon} = \frac{100.043\ 703 + 99.869\ 964 - (2 \times 99.956\ 780)}{(0.0001)^2 \times 99.956\ 780} = 107.157$$

3. 经凸性调整后，到期收益率增加 100 个基点所导致的价格下降百分比估计为 8.1555%。单独考虑修正久期的价格下降百分比估计为 8.6907%。所以凸性调整使其增加了 53.52 个基点。

$$\%\Delta PV^{\text{Full}} \approx (-8.6907 \times 0.0100) + \left[\frac{1}{2} \times 107.157 \times (-0.0100)^2 \right]$$

$$= -0.086\ 907 + 0.005\ 358$$

$$= -0.081\ 549$$

4. 如果到期收益率在结算日从 7.44% 上升到 8.44%，新的全价为 91.780 921。

$$PV^{\text{Full}} = \left[\frac{7.25}{(1.0844)^1} + \cdots + \frac{107.25}{(1.0844)^{15}} \right] \times (1.0844)^{83/360} = 91.780\ 921$$

$$\%\Delta PV^{\text{Full}} = \frac{91.780\ 921 - 99.956\ 780}{99.956\ 780} = -0.081\ 794$$

债券价格的实际变动百分比为 −8.1794%。考虑凸性调整后的估计值为 −8.1549%，而仅使用修正久期的估计值为 −8.6907%。

　　债券的货币久期衡量了在给定到期收益率变化下，以计价货币表示的债券全价受到的一阶效应。**货币凸性**（MoneyCon）统计量是二阶效应。债券的货币凸性等于其年化凸性乘以全价，全价的货币价值变化量估算公式为：

$$\Delta PV^{\text{Full}} \approx -(\text{MoneyDur} \times \Delta \text{Yield}) + \left[\frac{1}{2} \times \text{MoneyCon} \times (\Delta \text{Yield})^2 \right] \tag{5-16}$$

　　为说明货币凸性的使用方法，参考中国香港的一家人寿保险公司，该公司持有 1 亿港元的 2027 年 2 月 14 日到期的债券，票面利率为 6.00%。债券的货币久期为 618 441 784 港元，仅以货币久期计算，若到期收益率增加 100 个基点，损失估计为 6 184 418 港元。可以通过加入凸性调整项来提升估计效果。在到期收益率发生 5 个基点变化（$\Delta \text{Yield} = 0.0005$）时，$PV_0 = 100.940\ 423$，$PV_+ = 100.631\ 781$，$PV_- = 101.250\ 227$。将这些值代入式（5-14）来计算凸性的近似值。

$$ApproxCon=\frac{101.250\,227+100.631\,781-(2\times100.940\,423)}{(0.000\,5)^2\times100.940\,423}=46.047$$

所以货币凸性为债券市值的 46.047 倍，即 100 940 423 港元。如果修正久期估计值为 6.1268，到期收益率上升 100 个基点，经凸性调整后的损失估计值为 5 952 018 港元。

$$-[(6.1268\times100\,940\,423)\times0.0100]+$$

$$\left[\frac{1}{2}\times(46.047\times100\,940\,423)\times(0.0100)^2\right]$$

$$=-6\,184\,418+232\,400$$

$$=-5\,952\,018(港元)$$

导致凸性增大的因素与导致久期增大的因素大致相同。期限较长、票面利率较低、到期收益率较低的固定利率债券比期限较短、票面利率较高、到期收益率较高的债券具有更大的凸性。另一个因素是现金流在时间上的分散程度，即支付随时间的推移而分散的程度。如果两种债券的久期相同，现金流分散度越大的债券凸性越大。债券凸性更大对投资者的影响如图 5-10 所示。

我们假设图 5-10 中的两种债券目前具有相同的价格、到期收益率和修正久期。因此，它们在当前条件下与价格-收益率曲线的切线是重合的。当到期收益率发生变化时，更大凸性的影响就会显现出来。在到期收益率下降时，凸性越大的债券价格增加得越多；而在到期收益率上升时，凸性越大的债券价格下降得越少。所以结论是凸性更大的债券无论在牛市（价格上涨）还是熊市（价格下跌）中都优于凸性更小的债券。但该

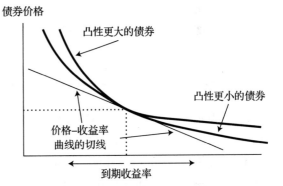

图 5-10　传统（无内嵌期权）债券凸性变大后的性质变化

结论是在假设该属性的影响没有反映到债券价格当中的情况下做出的。如果市场参与者考虑到了凸性带来的好处，凸性更大的债券的价格就会更高（到期收益率也会更低）。这并不会降低凸性的价值，但投资者必须为此买单。正如经济学家所说："天下没有免费的午餐。"

例 5-14

一位英国固定福利养老金计划的投资经理正在考虑投资一家大型人寿保险公司即将发行的两种债券。第一种是 30 年期、票面利率为 4%、半年支付一次息票的债券。第二种是 100 年期、票面利率为 4%、半年支付一次息票的"世纪"债券。预计这两种债券在发行时将按票面价值交易。

让年化到期收益率上升和下降 5 个基点，计算每只债券的近似修正久期和近似凸性。每 100 票面价值结果保留 6 位小数。

解答：

在计算中，每半年的收益率上升 2.5 个基点至 2.025%，下降 2.5 个基点至 1.975%。30 年期债券的近似修正久期为 17.381，近似凸性为 420.80。

$$PV_+ = \frac{2}{(1.020\,25)^1} + \cdots + \frac{102}{(1.020\,25)^{60}} = 99.136\,214$$

$$PV_- = \frac{2}{(1.019\,75)^1} + \cdots + \frac{102}{(1.019\,75)^{60}} = 100.874\,306$$

$$ApproxModDur = \frac{100.874\,306 - 99.136\,214}{2 \times 0.0005 \times 100} = 17.381$$

$$ApproxCon = \frac{100.874\,306 + 99.136\,214 - (2 \times 100)}{(0.0005)^2 \times 100} = 420.80$$

而世纪债券的近似修正久期为 24.527，近似凸性为 1132.88。

$$PV_+ = \frac{2}{(1.020\,25)^1} + \cdots + \frac{102}{(1.020\,25)^{200}} = 98.787\,829$$

$$PV_- = \frac{2}{(1.019\,75)^1} + \cdots + \frac{102}{(1.019\,75)^{200}} = 101.240\,493$$

$$ApproxModDur = \frac{101.240\,493 - 98.787\,829}{2 \times 0.0005 \times 100} = 24.527$$

$$ApproxCon = \frac{101.240\,493 + 98.787\,829 - (2 \times 100)}{(0.0005)^2 \times 100} = 1132.88$$

世纪债券具有更高的修正久期（24.527 对 17.381）和更大的凸性（1132.88 对 420.80）。

正如基准收益率曲线偏移对债券价格的主要影响或一阶效应用有效久期来衡量一样，其次要影响或二阶效应可以用**有效凸性**来衡量。债券的有效凸性是一个利率曲线凸性统计量，它衡量了基准收益率曲线变化的二阶效应。假设当基准收益率曲线向上和向下移动相同幅度（$\Delta Curve$）时，使用定价模型得到的新债券价格分别为 PV_+ 和 PV_-。以上变化都是在保持信用利差等其他因素不变的情况下发生的。在给定初始债券价格 PV_0 的情况下，可以用式（5-17）计算有效凸性。

$$EffCon = \frac{[(PV_-) + (PV_+)] - [2 \times (PV_0)]}{(\Delta Curve)^2 \times (PV_0)} \qquad (5\text{-}17)$$

式（5-17）与收益率的近似凸性统计量的计算式式（5-14）非常相似。在这里分母的第一项换成了基准收益率曲线变化的平方 $(\Delta Curve)^2$。

再次考虑 5.3.2 节中可赎回债券的例子。假设使用期权定价模型得到了该可赎回债券的三个价格：$PV_0 = 101.060\,489$，$PV_+ = 99.050\,120$，$PV_- = 102.890\,738$。再假设 $\Delta Curve = 0.0025$，可以计算该可赎回债券的有效久期，结果为 7.6006。

$$EffDur = \frac{102.890\,738 - 99.050\,120}{2 \times 0.0025 \times 101.060\,489} = 7.6006$$

将这些值代入式（5-17），得到的有效凸性为 -285.17。

$$EffCon = \frac{102.890\,738 + 99.050\,120 - (2 \times 101.060\,489)}{(0.0025)^2 \times 101.060\,489} = -285.17$$

负凸性或者说"凹性"是可赎回债券的一个重要特征。可回售债券总是具有正凸性。有效凸性是一个二阶效应，它表示随着基准收益率曲线的变化，一阶效应（即有效久期）本身的变化。在图 5-6 中，随着基准收益率下降，不可赎回债券曲线的切线变陡，这表明其具有正凸性。但当基准收益率下降时，可赎回债券曲线的切线会趋于平缓，说明此时其具有负凸性。因为在基准收益率非常大时，可赎回债券和不可赎回债券的表现是类似的。所以从技术上讲，可赎回债券的凸性会到达一个拐点，也就是存在一个有效凸性由正变负的点。

综上所述，当基准收益率较高而内嵌看涨期权价值较低时，可赎回债券和不可赎回债券受利率变化的影响非常相似，它们都具有正凸性。但随着基准收益率的下降，两者出现了差异。在某一时刻，可赎回债券会进入负凸性区间，这表明内嵌看涨期权对发行人来说价值较高，期权很有可能被执行。这也限制了利率下降使可赎回债券价格上升的潜力，无论下降是由于基准收益率下降还是信用利差下降。

另一种理解可赎回债券为何具有负凸性的方法是重新整理式（5-17）：

$$\text{EffCon} = \frac{[(PV_-)-(PV_0)]-[(PV_0)-(PV_+)]}{(\Delta \text{Curve})^2 \times (PV_0)}$$

分子中，第一个中括号内的表达式是当基准收益率曲线下降时债券价格的涨幅，第二个中括号内的表达式是当基准收益率曲线上升时债券价格的跌幅。对于不可赎回债券来说，如果基准收益率上升或下降同样的幅度，其价格涨幅（绝对值）总是大于跌幅。这就是债券价格与到期收益率之间关系的"凸性效应"。而对于可赎回债券来说，涨幅的绝对值是有可能小于跌幅的，所以会表现出负凸性，如图 5-6 所示。

5.4 利率风险与投资期限的关系

本节将探讨收益率波动对投资期限的影响，以及投资期限、市场价格风险和息票再投资风险之间的相互作用。

5.4.1 收益率波动率

理解固定利率债券的利率风险和收益特征的一个重要方面是考察投资期限的影响。我们先来考虑投资期限较短的情况。短期投资者最关心的是到期收益率的突然变化（比如说一天以内的变化）造成的债券价格变化。此时应计利息不会改变，因此到期收益率变化影响的是债券的价格。在 5.4.2 节考虑长期投资时，息票再投资则成为投资者收益率的一个关键影响因素。

衡量到期收益率变化所产生风险的主要指标是债券久期，次要指标是凸性。在讨论债券价格受到的影响时，"到期收益率"一词被反复使用。例如，给定的到期收益率变化可能是 1 个基点、25 个基点或 100 个基点。在比较两种债券时，假设给定的"到期收益率变化"对两种债券是相同的。当将政府平价债券收益率曲线上移或下移相同幅度以计算有效久期和有效凸性时，这些事件被描述为收益率曲线的"平行"移动。因为收益率曲线几乎不会出现直线形态，这种变化也可以被描述为收益率曲线的"形状不变"的变化。其中一个关键的假设是，整个曲线上不同期限的到期收益率都有相同的涨跌幅度。

虽然在固定收益分析中，收益率曲线平行移动的假设很常见，但它在现实中很少发生。实际上，收益率曲线的形状会随着影响短期或长期债券供求关系的因素而变化。事实上，债券收益率的期限结构（也称为利率期限结构）通常是向上倾斜的。但**收益率波动率的期限结构**可能会有不同的形状，并取决于许多因素。收益率波动率的期限结构是指债券的到期收益率波动率与到期期限之间的关系。

例如，实行扩张性货币政策的央行会通过降低短期利率使收益率曲线变陡。但这一政策可能会让短期债券收益率具有比长期债券更大的波动，导致收益率波动率的期限结构向下倾斜。长期债券收益率主要由通货膨胀预期和经济增长预期等因素决定，这些预期的波动性往往较小。

收益率波动率在衡量利率风险方面的重要性在于，债券价格的变化是两个因素的乘积：①到期收益率每变化一个基点的影响。②到期收益率变化的预计基点数量。第一个因素可以表达为久期或久期和凸性的组合，第二个因素跟收益率波动率有关。例如，考虑一只久期为4.5的5年期债券和一只久期为18.0的30年期债券。显然，对于到期收益率的给定变化，30年期债券对短期投资者来说利率风险更大。事实上，根据修正久期，30年期债券的利率风险似乎是5年期债券的4倍。但这一假设忽略了一种可能性：30年期债券的收益率波动率可能只有5年期债券的一半。

可以用式（5-13）总结这两个因素的影响，我们把它重新写在下面：

$$\%\Delta PV^{Full} \approx (-AnnModDur \times \Delta Yield) + \left[\frac{1}{2} \times AnnConvexity \times (\Delta Yield)^2\right]$$

债券价格变化百分比的估计值取决于修正久期和凸性，以及到期收益率的变化。在固定收益分析中，经常假设两种债券的收益率或基准收益率曲线发生平行变动，但债券分析师必须意识到非平行变动在实践中是经常发生的。

例 5-15

一位固定收益分析师被要求根据利率风险对三种债券（见表5-7）进行评级。这里的利率风险是指在金融市场状况突然发生变化的情况下，潜在价格下降的百分比。到期收益率的上升代表了正在考虑的情况中的"最坏情况"。

表 5-7

债券	修正久期	凸性	到期收益率变化值
A	3.72	12.1	25个基点
B	5.81	40.7	15个基点
C	12.39	158.0	10个基点

其中修正久期和凸性统计量都是年化的。到期收益率变化值是年化到期收益率的增加量。请根据利率风险对债券进行排序。

解答：计算每只债券的价格变动百分比。

债券A：

$$(-3.72 \times 0.0025) + \left[\frac{1}{2} \times 12.1 \times (0.0025)^2\right] = -0.009\,262$$

债券B：

$$(-5.81 \times 0.0015) + \left[\frac{1}{2} \times 40.7 \times (0.0015)^2\right] = -0.008\,669$$

债券 C：

$$(-12.39\times0.0010)+\left[\frac{1}{2}\times158.0\times(0.0010)^2\right]=-0.012\ 311$$

基于到期收益率的变化、修正久期和凸性统计量，债券 C 的利率风险最高（潜在损失为 1.2311%），其次是债券 A（潜在损失为 0.9262%），最后是债券 B（潜在损失为 0.8669%）。

5.4.2　投资期限，麦考利久期和利率风险

一些投资者担心短期利率风险，其他投资者则着眼于更长的期限。债券价格的日常变动会导致未实现的资本损益，因此可能需要在财务报表中说明这些未实现的损益。本节考虑的是一个长期投资者，他只关心整个投资期限内的总收益。利率风险对该投资者也很重要。如果债券需要在到期前出售，投资者既面临息票再投资风险，也面临市场价格风险。

前面的例 5-3 中我们以一只 10 年期债券为例讨论了长期投资者的利率风险，该债券票面利率为 8%，一年付息一次，价格为每 100 面值 85.503 075，到期收益率为 10.40%。例 5-3 的一个关键结论是，持有至到期的 10 年期投资者只关注息票再投资风险。当然我们假设发行人如期支付了所有的息票和本金。如果利率上升，买入并持有至到期的投资者的总收益会上升（见例 5-3）；如果利率下降，其总收益会下降（见例 5-5）。而例 5-4 和例 5-6 的短期投资者则完全不同。他的投资期限是 4 年，除了息票再投资风险还面临市场价格风险。事实上，市场价格风险占主导地位，因为如果利率下降，该投资者的总收益会更高（见例 5-6）；如果利率上升，该投资者的总收益则更低（见例 5-4）。

现在，再考虑第三位投资者，他的投资期限为 7 年。如果利率保持在 10.40%，息票再投资的未来价值是每 100 票面价值 76.835 787。

$$[8\times(1.1040)^6]+[8\times(1.1040)^5]+[8\times(1.1040)^4]+[8\times(1.1040)^3]+$$
$$[8\times(1.1040)^2]+[8\times(1.1040)^1]+8=76.835\ 787$$

假设价格保持在固定收益价格轨迹上，并继续被拉向票面价值，则 7 年后该债券的价格为 94.073 336。

$$\frac{8}{(1.1040)^1}+\frac{8}{(1.1040)^2}+\frac{108}{(1.1040)^3}=94.073\ 336$$

该投资者的总收益为 170.909 123（=76.835 787+94.073 336），持有期收益率等于初始到期收益率，亦为 10.40%。

$$85.503\ 075=\frac{170.909\ 123}{(1+r)^7},\quad r=0.1040$$

跟例 5-3 和例 5-4 一样，假设债券的到期收益率上升到 11.40%，再假设息票再投资利率也变为 11.40%，则息票再投资的总未来价值变为 79.235 183。

$$[8\times(1.1140)^6]+[8\times(1.1140)^5]+[8\times(1.1140)^4]+[8\times(1.1140)^3]+$$
$$[8\times(1.1140)^2]+[8\times(1.1140)^1]+8=79.235\ 183$$

在收到第七笔息票支付后，该债券以 91.748 833 的价格被出售。此时出现了资本损失，因为尽管债券价格远高于买入价格，但低于固定收益价格轨迹上的价格。

$$\frac{8}{(1.1140)^1}+\frac{8}{(1.1140)^2}+\frac{108}{(1.1140)^3}=91.748\,833$$

总收益为 170.984 016(=79.235 183+91.748 833)，持有期收益率为 10.407%。

$$85.503\,075=\frac{170.984\,016}{(1+r)^7}, \quad r=0.104\,07$$

跟例 5-5 和例 5-6 一样，假设债券到期收益率和息票再投资利率都下降到 9.40%，则息票再投资的总未来价值为 74.512 177。

$$[8+(1.0940)^6]+[8+(1.0940)^5]+[8+(1.0940)^4]+[8+(1.0940)^3]+$$

$$[8+(1.0940)^2]+[8+(1.0940)^1]+8=74.521\,77\,^{\ominus}$$

债券以 96.481 299 的价格出售，出现了资本收益，因为其价格高于固定收益价格轨迹上的价格。

$$\frac{8}{(1.0940)^1}+\frac{8}{(1.0940)^2}+\frac{108}{(1.0940)^3}=96.481\,299$$

总收益为 170.993 476(=74.512 177+96.481 299)，持有期收益率为 10.408%。

$$85.503\,075=\frac{170.993\,476}{(1+r)^7}, \quad r=0.104\,08$$

表 5-8 总结了该投资者的投资结果，结果相当惊人：投资者的总收益和持有期收益率几乎没有发生变化。与投资期限为 4 年或 10 年的投资者不同，投资期限为 7 年的投资者在利率上升、下降或保持不变的情况下的收益率是相同的。

表 5-8

利率	息票再投资的总未来价值	售价	总收益	持有期收益率
9.40%	74.512 177	96.481 299	170.993 476	10.408%
10.40%	76.835 787	94.073 336	170.909 123	10.400%
11.40%	79.235 183	91.748 833	170.984 016	10.407%

这个特殊的例子展示了麦考利久期的一个重要属性：在特定收益率波动率假设下，麦考利久期等于息票再投资风险和市场价格风险相互抵消的投资期限。在 5.3.1 节中，那只期限为 10 年，每年付息一次、票面利率为 8% 的债券，其麦考利久期恰好是 7.0029 年。这是久期的一种应用方法，此时以年作为单位是有意义的，但必须使用麦考利久期而不是修正久期。所谓特定收益率波动率假设是，在下一个付息日之前，收益率曲线会出现一次性的"平行"移动。图 5-11 说明了债券久期的这一特性，假设该债券一开始以平价交易。

从图 5-11a 可以看到，当利率上升时，债券出售价格立即下降。"出售债券的资本损失"在一开始为负，但随着时间的推移，债券价格被拉向面值，该值越来越大。"息票再投资的未来价值收益"开始时很小，但随着时间的推移，收到的息票越来越多，息票再投资的未来价值收益也越来越大。注意图中的该指标表示由于利率升高，息票再投资的未来价值的额外增加值。在债券存续期内的某个时点，这两者会刚好相互抵消，此时息票再投资的收益等于出售债券的资本损失。该时点即麦考利久期对应的时点。

⊖ 原书该数据疑似有误，应为 74.512 177。——译者注

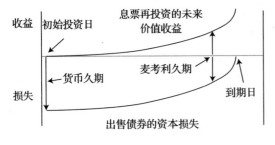

图 5-11a 利率风险，麦考利久期和投资期限
（利率上升的情况）

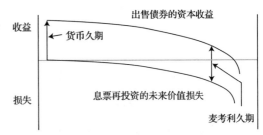

图 5-11b 利率风险，麦考利久期和投资期限
（利率下降的情况）

从图 5-11b 可以看到，当利率下降导致债券收益率和息票再投资利率下降时也有类似的模式。在货币久期影响下，债券出售价格会立即上涨，但随着时间的推移，"拉向面值"效应会使出售价格持续下降。以较低利率进行再投资的影响开始时很小，但随着时间的推移会变得越来越显著。这里的息票再投资损失是相对利率下降前的未来价值而言的。该债券的麦考利久期再次标识了两者相互抵消的时间点，此时出售债券的资本收益与息票再投资的损失相匹配。

从前面的例子和图 5-11 我们总结出利率风险、麦考利久期和投资期限之间的一般关系。

①当投资期限大于债券的麦考利久期时，息票再投资风险高于市场价格风险。投资者面临的是利率降低的风险。

②当投资期限等于债券的麦考利久期时，息票再投资风险与市场价格风险相互抵消。

③当投资期限小于债券的麦考利久期时，市场价格风险高于息票再投资风险。投资者面临的是利率升高的风险。

在前面的例子中，债券的麦考利久期为 7.0 年。关系①对应了投资期限为 10 年的投资者；关系②对应了投资期限为 7 年的投资者；关系③对应了投资期限为 4 年的投资者。

债券的麦考利久期与投资期限之间的差异被称为**久期缺口**。久期缺口等于债券的麦考利久期减去投资期限。投资期限为 10 年的投资者的久期缺口为负数，当前面临利率下降的风险；投资期限为 7 年的投资者的久期缺口为零，当前已经对冲掉了利率风险；投资期限为 4 年的投资者的久期缺口为正数，当前面临利率上升的风险。"当前"这个词非常重要，因为利率风险与债券到期收益率和息票再投资利率的即时变化有关。随着时间的推移，投资期限会变短，债券的麦考利久期会变化，久期缺口也会随之发生变化。

例 5-16

一位投资者计划在 10 年后退休。作为为退休生活准备的投资组合的一部分，投资者购买了新发行的 12 年期、年化票面利率为 8% 的债券。该债券是按票面价值购买的，因此其到期收益率也为 8.00%，均为有效年化收益率。

1. 计算债券的麦考利久期，使用到期收益率增加和减少 1 个基点的债券价格变化，并计算每 100 票面价值的新价格，精确到小数点后六位。

2. 计算购买时的久期缺口。

3. 这种债券在购买时是否面临利率升高或降低的风险？这里的利率风险是指收益率曲线立即的、一次性的、平行的移动。

解答 1：该债券的修正久期约为 7.5361。

$$PV_+ = \frac{8}{(1.0801)^1} + \cdots + \frac{108}{(1.0801)^{12}} = 99.924\,678$$

$$PV_- = \frac{8}{(1.0799)^1} + \cdots + \frac{108}{(1.0799)^{12}} = 100.075\,400$$

$$ApproxModDur = \frac{100.075\,400 - 99.924\,678}{2 \times 0.0001 \times 100} = 7.5361$$

近似麦考利久期为 8.1390(= 7.5361×1.08)。

解答 2：考虑到投资期限为 10 年，该债券在购买时的久期缺口为负数。

$$8.1390 - 10 = -1.8610$$

解答 3：负的久期缺口意味着面临利率下降的风险。准确地说，这种风险是立即的、一次性的、平行的收益率曲线向下移动，因为息票再投资风险超过了市场价格风险。以低于 8% 的利率再投资的损失大于以高于固定收益价格轨迹上的价格出售债券的收益。

5.5　流动性风险和信用风险

本章的重点是展示在到期收益率变化时，根据债券久期和凸性来估计债券价格的变化，无论是以百分比还是计价货币来衡量。本节讨论到期收益率变化的来源。一般来说，公司债券的到期收益率由基准收益率和高于该基准收益率的利差组成。债券到期收益率的变化可能源于其中任何一个组成部分，也可能源于两者的组合。

关键的一点是，对于传统的（无内嵌期权）固定利率债券，基准收益率的变化与利差变化适用的是相同的久期和凸性。在第 3 章中我们介绍过，到期收益率的变化可以被进一步分解。基准收益率的变化可能来自预期通货膨胀率或预期实际利率的变化；利差的变化可能由发行人信用风险的变化或债券流动性的变化引起。因此，对于固定利率债券来说，"通货膨胀久期""实际利率久期""信用久期"和"流动性久期"都对应同一个数字。如果预期的通货膨胀率发生一定程度的变化，那么可以根据通货膨胀久期计算债券价格的变化量。同样地，如果实际利率上升或下降一定幅度，那么可以根据实际利率久期计算债券价格的变化量。信用久期和流动性久期则表明到期收益率中这些组成部分的变化带来的价格敏感性。如果债券修正久期为 5.00，凸性为 32.00，其到期收益率下降 25 个基点，则无论到期收益率的变化来源是什么，其价值都将上升约 1.26%，因为：

$$\left[-5.00 \times (-0.0025) \right] + \left[\frac{1}{2} \times 32.00 \times (-0.0025)^2 \right] = +0.0126$$

假设公司债券的到期收益率为 6.00%。如果基准收益率为 4.25%，则利差为 1.75%。一位分析师认为，信用风险占利差的 1.25%，流动性风险占剩余的 0.50%。信用风险取决于违约发生的概率以及发生违约后的资产回收率水平。借款人的信用评级下调或评级展望发生不利变化，反映其违约风险增加。流动性风险是指与出售债券相关的交易成本。一般来说，交易活跃、成交量大的债券为固定收益投资者提供了更多的机会买卖该债券，因此流动性风险较小。在实践中，债券的买入价和卖出价之间存在差异，该差异取决于债券的类型、交易的规模以及执行的时间等因素。比如政府债券的买卖价差往往只有几个基点，而交易较为寡淡的公司债券的买卖价差则可能会大得多。

固定收益分析师面临的问题是，到期收益率各组成部分的变化很少单独发生。在实践中，分析师关注的是基准收益率和利差变化、预期通货膨胀和预期实际利率变化以及信用风险和流动性风险变化之间的相互作用。例如，在金融危机期间，随着信用利差扩大，对优质资产的追逐可能会导致基准收益率下降；公司债券的信用评级意外降低可能会同时导致更大的信用风险和流动性风险等。

▌例 5-17

由于收益不佳和发行人评级意外下调，固定利率公司债券的价格从每 100 面值 92.25 跌至 91.25。该债券的（年化）修正久期为 7.24。在假设基准收益率不变的情况下，下列哪个选项最接近公司债券信用利差变化的估计值？

A. 15 个基点   B. 100 个基点   C. 108 个基点

解答：价格从每 100 面值 92.25 下降到 91.25，价格下降百分比为 1.084%

$$\frac{91.25 - 92.25}{92.25} = -0.010\,84$$

假设年化修正久期为 7.24，到期收益率的变化为 14.97 个基点。

$$-0.010\,84 \approx -7.24 \times \Delta \text{Yield}, \quad \Delta \text{Yield} = 0.001\,497$$

因此，答案是 A。价格的变化反映了债券的信用利差增加了约 15 个基点。

本章内容小结

本章介绍了固定利率债券的风险和收益特征，重点是用各种久期和凸性指标衡量债券的利率风险。这些统计量被广泛用于各种固定收益产品的分析。下面是本章要点：

- 平价购买固定利率债券的三个收益来源是：①在预定日期收到的承诺息票和本金支付。②息票再投资的收益。③在到期前出售债券的潜在资本收益或资本损失。
- 对于折价或溢价购买的债券，在假定没有发生违约的时候，收益受到随着到期日临近债券价格被"拉向票面价值"的影响。
- 债券总收益是息票再投资收益和债券出售收入（或本金偿付，如果债券被持有至到期的话）的未来价值。
- 持有期收益率是指债券总收益与债券的购买价格之间的内部收益率。
- 票面利率越高、再投资期限越长，息票再投资风险就越大。
- 资本收益和资本损失是根据债券的账面价值而不是购买价格来计算的。账面价值是固定收益价格轨迹上与出售时间相对应的价格。如果债券以低于或高于票面价值的价格被购买，则账面价值包含折价或溢价的摊销。
- 债券的利息收益是与时间推移相关的回报，资本收益和资本损失是到期收益率变化造成债券价值变化带来的回报。
- 固定利率债券的利率风险分为息票再投资风险和市场价格风险，两者会在一定程度上相互抵消。如果利率上升,投资者可以从息票再投资中获得更高的收益,但如果此时出售债券会遭受资本损失,因为债券价格低于固定收益价格轨迹上的水平。反之如果利率下降,投资者的息票再投资收益下降,但可以通过出售债券获得资本收益,因为债券价格高于固定收益价格轨迹上的水平。

- 当投资者的投资期限较短时(相对于债券的到期期限),其承受的市场价格风险高于息票再投资风险。
- 当投资者的投资期限较长时(相对于债券的到期期限),例如那些买入并持有的投资者,息票再投资风险高于市场价格风险。
- 债券久期通常是用来衡量全价(包含应计利息)对利率变化的敏感性的指标。
- 衡量债券全价对债券到期收益率敏感性的久期被称为收益率久期,包括麦考利久期、修正久期、货币久期和基点价值。
- 衡量债券全价对基准收益率曲线敏感性的利率曲线久期被称为有效久期。
- 麦考利久期是收到票面利息和本金支付等现金流的支付时间的某种加权平均,其中权重是该时点现金流的现值占债券全价的比重。可以通过将该指标除以计息频率(一年的息票支付次数)来进行年化。
- 修正久期提供了债券到期收益率发生变化时对债券价格变化百分比的一个线性估计。
- 当到期收益率的变化趋近于零时,近似修正久期会趋近于修正久期的真实值。
- 有效久期与近似修正久期非常相似。不同的是,近似修正久期是一个收益率久期指标,它衡量债券本身到期收益率的变化导致的利率风险;而有效久期则是一个利率曲线久期指标,衡量的是基准收益率曲线发生平行变化时的利率风险。
- 关键利率久期衡量了债券价格对基准收益率曲线上特定期限的利率变化的敏感性。关键利率久期可以用来衡量债券对收益率曲线形状变化的敏感性。
- 由于未来的现金流存在不确定性,带有内嵌期权的债券没有一个有意义的内部收益率,因此无法使用修正久期。有效久期是更合适的利率风险度量指标。
- 传统(无内嵌期权)固定利率债券的有效久期是其价格对基准收益率曲线的敏感性,这可能与价格对其自身到期收益率的敏感性不同。因此,传统(无内嵌期权)固定利率债券的修正久期和有效久期不一定相等。
- 在两次息票支付日之间,假设到期收益率不变,麦考利久期和修正久期沿直线平滑下降。在息票支付时,久期会向上跳跃,最终呈现出锯齿状。
- 麦考利久期和修正久期均与票面利率和到期收益率呈负相关关系。
- 债券的麦考利久期和修正久期通常都与其到期期限正相关。平价债券或溢价债券总是正相关的,折价债券大多数情况下也是正相关的。但某些长期低息的折价债券存在例外,它们的久期可能低于其他条件类似的短期债券。
- 与其他条件类似的不可赎回债券相比,内嵌看涨期权的存在降低了可赎回债券的有效久期。当利率较低且发行人更有可能行权时,有效久期的降低幅度更大。
- 与其他条件类似的不可回售债券相比,内嵌看跌期权的存在降低了可回售债券的有效久期。当利率较高且投资者更有可能行权时,有效久期的降低幅度更大。
- 债券投资组合的久期可以用两种方法计算:①收到的总现金流的加权平均时间。②组成投资组合的各只债券的久期的加权平均。

- 第一种计算投资组合久期的方法基于其现金流收益率，即全部现金流的内部收益率。该方法不能用于带有内嵌期权的债券或浮动利率债券。
- 当收益率曲线相对平坦时，第二种方法比较简单，也比较准确。它的主要限制是需要假设收益率曲线是平行移动的，即投资组合中所有债券的收益率发生相同的变化。
- 货币久期是以计价货币单位形式衡量债券价格变化的指标。
- 基点价值是在到期收益率变化 1 个基点的情况下，对债券全价变化的估计量。
- 在给定到期收益率变化的情况下，久期衡量了债券价格变动的一阶效应；凸性衡量了二阶效应。凸性也是到期收益率变化时修正久期的变化量。
- 货币凸性等于凸性乘以债券的全价。货币凸性与货币久期相结合，可以在给定到期收益率变化的情况下，更精确地估计债券全价以计价货币单位形式发生的变化。
- 凸性是债券的一个积极属性。在其他条件相同的情况下，当收益率下降时，凸性较高的债券比凸性较低的债券价格上涨得更多；而当收益率上升时，凸性较高的债券比凸性较低的债券价格下降得更少。
- 有效凸性是基准收益率曲线变化对债券价格的二阶效应，类似于近似凸性。不同之处在于，近似凸性是基于到期收益率的变化，而有效凸性是基于基准收益率曲线的变化。
- 当利率较低时，可赎回债券具有负的有效凸性，因为基准收益率下降时可赎回债券的价格涨幅绝对值，小于基准收益率上升时可赎回债券的价格跌幅绝对值。
- 债券价格的变化是以下因素的乘积：①到期收益率每变化 1 个基点的影响大小。②到期收益率变化的预计基点数量。第一个因素可以表达为久期或久期和凸性的组合，第二个因素跟收益率波动率有关。
- 在衡量固定利率债券的利率风险时，投资期限是一个关键的考虑因素。
- 在特定收益率波动率的假设下，麦考利久期等于息票再投资风险和市场价格风险相互抵消的投资期限。这个特定假设就是收益率曲线只发生了一次性平移，即到期收益率和息票再投资利率在同一方向上发生了相同幅度的变化。
- 当投资期限大于债券的麦考利久期时，息票再投资风险高于市场价格风险。投资者面临的是利率降低的风险，久期缺口为负数。
- 当投资期限等于债券的麦考利久期时，息票再投资风险与市场价格风险相互抵消，久期缺口为零。
- 当投资期限小于债券的麦考利久期时，市场价格风险高于息票再投资风险。投资者面临的是利率升高的风险，久期缺口为正数。
- 信用风险取决于违约发生的概率和违约发生后的资产回收率水平，而流动性风险是指与出售债券相关的交易成本。
- 对于传统（无内嵌期权）固定利率债券，基准收益率发生变化或利差发生变化对应相同的久期和凸性指标。利差变化可能是由信用风险或流动性风险的变化引起的。
- 在实践中，基准收益率的变化和与相对基准收益率的利差变化往往存在相互作用。

信用分析基础

克里斯托弗·L. 古蒂凯德，注册金融分析师

■ 学习目标

学完本章内容后，你将有能力完成以下任务：

- 描述公司债券的信用风险和信用相关风险。
- 描述信用风险的组成部分：违约概率和违约损失率。
- 描述公司债务的优先级，并解释破产法律程序中可能违反债权优先级的情形。
- 区分公司发行人的信用评级和发行人所发行的公司债券的信用评级，描述评级机构的评级实践。
- 解释过度依赖信用评级机构评级的风险。
- 解释传统信用分析的"4C"（能力、抵押、契约和品质）准则。
- 计算并解释信用分析中经常使用的财务比率。
- 根据公司债券发行者和所在行业的关键财务比率，评估公司债券发行者和其发行的公司债券的信用状况。
- 描述影响信用利差水平和信用利差波动的因素。
- 解释在评估高收益债券、主权债券和非主权政府债券发行人和所发债券时特有的考虑因素。

6.1 本章内容简介

目前全球债券发行总规模达数万亿美元，债券市场在全球经济中发挥着关键作用。公司和政府在债券市场上筹集资金以购买设备，为当前业务提供支持，建造工厂、道路、桥梁、机场、医院和收购各类资产等。通过将储蓄用于生产和投资，债券市场促进了经济的增长。信用分析通过对信用风险进行合理评估、给出合理的定价以及在风险变化时及时重新定价，对在债务资本市场中有效配置资本起着至关重要的作用。固定收益证券投资者是如何评定某项债务的风险的？他们又是如何决定需要收取多少额外收益作为承担这种风险的补偿？

本章将介绍信用分析的一些基本原则，可以宽泛地将信用分析定义为信用风险的评估过程。本章将介绍信用风险的定义、信用评级的含义、传统信用分析的 4C 准则，以及信用分析中使用的关键财务指标和比率。这一章还解释了如何比较特定行业内或不同行业的债券发行人的信用状况，以及信用风险在债券市场上是如何被定价的。

本章主要对公司债务进行分析，也会涉及对主权债券和非主权政府债券，特别是市政债券的信用分析。结构性金融工具的信用分析，包括由住房抵押贷款和商业地产抵押贷款以及

其他消费贷款等资产池支持的资产支持证券，虽然也是债务市场的重要组成部分，但不在本章的讨论范围内。

下一节将介绍信用风险的关键成分——违约概率和违约损失率，以及与信用风险相关的利差扩大风险、信用评级迁移风险和流动性风险。6.3 节讨论信用风险与公司资本结构的关系；6.4 节讨论信用评级和信用评级机构的作用；6.5 节侧重于对公司进行信用风险分析的过程；6.6 节研究信用利差对风险和收益的影响；6.7 节讨论高收益（低质量）的公司债券和政府债券信用分析中的特殊考虑因素；最后一节做一个简短的总结。

6.2 信用风险

信用风险是指借款人（或债务发行人）未能及时足额支付利息或本金而导致投资者损失的风险。信用风险有两个组成部分。第一个组成部分被称为**违约风险**，或**违约概率**，即借款人发生违约（未能按照债券契约的条款履行其全额及时支付本息的义务）的概率。第二个组成部分是违约事件发生后投资者的**违约损失率**，即债券价值中未得到偿付的部分（包括未支付的利息）。违约可能导致不同程度的损失。在大多数情况下，即使发生违约事件，债券持有人也能收回一些价值，所以不会损失其全部投资。因此，信用风险跟违约发生时投资者因为未得到足额偿付而产生的潜在损失的概率分布有关。$^\ominus$ 尽管考虑潜在损失的整个分布和不同损失的概率有时很重要，但用单一的违约概率和违约损失率来概括，并集中讨论某个单一指标通常更加方便，该指标被称为**预期损失**：

$$预期损失 = 违约概率 \times 违约损失率$$

违约损失率和预期损失可以用损失的货币金额（例如 45 万英镑）或本金金额的百分比（例如 45%）来表示。后一种表达形式通常对分析更有用，因为它与投资额无关。违约损失率通常用（1-回收率）的形式表示，其中回收率是指在发生违约的情况下能回收的本金金额的百分比。

由于大多数优质债券发行者的违约概率（违约风险）相当低，债券投资者往往主要关注该概率的大小，而较少投入精力评估违约损失率。但是违约风险较高的发行人发生违约的可能性更高，回收率将成为投资者关注的焦点。这个问题将在后面进行更详细的讨论。重要的与信用相关的风险包括以下几点：

- **利差扩大风险**。与美国国债或德国政府债券等被认为无违约风险的债券相比，公司债券和其他有信用风险的债务工具的市场收益率通常包含信用溢价（信用利差）。造成利差（以基点表示）扩大的主要因素有两个：①发行人信用评级下降，有时也被称为信用迁移风险或降级风险。②市场流动性风险增加。这两种风险的定义不同，但往往是相关的。

- **信用迁移风险**或**降级风险**，即债券发行人的信用状况恶化或信用评级下降的风险，会导

$\ominus$ 例如，在分析结构性金融工具的信用风险时，考虑潜在损失的整个分布是很重要的，因为不同层级在分担信用损失时通常是不相同的。一个特定层级可能在潜在损失达到一定程度之前不承担任何损失，然后开始承担所有新的潜在损失，直到该层级的本金被全部侵蚀。一些层级的损失很可能要么是百分之零，要么是百分之百，中等程度损失的概率相对较小。这种情况不能用单一的违约损失率指标来描述。

致投资者认为发行人违约风险变高，进而导致债券利差扩大和债券价格下跌。"降级"一词指的是债券评级机构采取的行动，债券评级机构的作用将在6.4节详细介绍。

- **市场流动性风险**，是指投资者的实际成交价格与市场上的报价不同的风险。为了补偿市场流动性不足导致投资者无法购买或出售他们想要交易的数量的债券的风险，公司债券的利差或收益率溢价除了包含信用利差，还包括补偿市场流动性风险的溢价。与在交易所交易的股票不同，大多数债券主要在柜台交易，投资者必须通过自己的经纪商间接交易。买卖价差反映了经纪商的做市能力和意愿，是市场流动性风险的一个重要决定因素。影响市场流动性风险的两个基于发行人特征的主要因素是：①发行规模（即发行人已发行的可公开交易的债务金额）。②发行人的信用评级。一般而言，发行人的未偿债务越少，其债务交易的频率就越低，市场流动性风险就越高；而发行人的信用评级越低，市场流动性风险就越高。

在金融压力或危机时期，比如2008年底，市场流动性可能大幅下降，导致公司债券和其他有信用风险的债券利差扩大，价格下跌。一些研究试图量化当时的市场流动性风险变化[一]，在金融危机之后还进行了更多的相关研究。

例6-1　信用风险的定义

1. 以下哪一项是信用风险的最佳定义？
A. 违约概率乘以违约损失率
B. 破产时本金和利息的损失
C. 不能及时收到全部利息和本金的风险
2. 下列哪项是衡量信用风险的最佳方法？
A. 预期损失　　　　　B. 违约损失率　　　　　C. 违约概率
3. 下列哪项不是信用风险或与信用有关的风险？
A. 违约风险　　　　　B. 利率风险　　　　　C. 降级风险或信用迁移风险

解答1：C是正确答案。信用风险是借款人不能按时足额还款的风险。

解答2：A是正确答案。预期损失包含了信用风险的两个关键组成部分：违约概率和违约损失率。这两个部分中的任何单独一个都不能完全反映信用风险。

解答3：B是正确答案。一般利率变动引起的债券价格变动不被认为是信用风险。

6.3　资本结构、优先级和回收率

某一借款人的各种债务在清偿时并不一定都有相同的**优先级**。在本节中，我们将介绍发行人的资本结构，并讨论由于资本结构而产生的各种类型的债务、它们的优先级，以及在违约发生时债务的优先级是如何影响债务回收率的。

[一]　例如，弗朗西斯·A. 兰斯道夫等人2005年10月发表于《金融研究期刊》第60卷第5期的文章《信用违约互换市场的新证据》。

6.3.1　资本结构

一个公司的债务和股权（包括银行贷款、各种级别的债券、优先股和普通股）的构成及其在各经营部门的分布被称为资本结构。一些公司和行业的资本结构很简单，所有债务都有同样的优先级，由同一个主要的经营实体发行。另一些公司和行业，由于频繁收购和剥离（如传媒公司或大型集团），或面临严格监管（如银行和公用事业），往往会采用更复杂的资本结构。这些行业的公司通常有很多不同的子公司或运营公司，各子公司和母公司控股公司都会发行债务，这些债务具有不同的优先级。同样，大型跨国公司跨国经营，其资本结构也会更加复杂。

6.3.2　优先级

借款者可以发行许多不同到期期限和票面利率的债务，这些债务可能有不同的优先级（见图 6-1）。优先级是指获得支付的优先顺序，优先级最高的债务的债权人⊖对发行人的现金流和资产拥有第一索取权。在发生违约和债务重组时，优先级的高低会影响投资者的债权价值。广义上可以将债务分为有担保债务和无担保债务。有担保债务的债权人对发行人的某些资产及其相关现金流有直接索取权。无担保债务的债权人对发行人的任何资产和现金流都只有一般索取权。在违约发生的时候，无担保债务的债权人的**偿债优先级**排在有担保债务的债权人之后，也就是说在后者获得全部偿付后才轮到前者。

每一类债务都有进一步细分的类型和等级。在有担保债务中，有第一抵押债务和第一留置权债务，这两种是偿还优先级最高的债务。**第一抵押债务**是指以某一特定房产（如公用事业单位的特定发电厂或博彩公司的特定赌场）作为抵押的债务。**第一留置权债务**是指以建筑物、财产、设备、许可证、专利、品牌等作为抵押的债务。也可以有**第二留置权债务**，甚至第三留置权债务，顾名思义就是指有抵押资产，但在担保和支付优先权上低于第一留置权债务的债务子等级。

无担保债务也可以有不同的等级和优先级。优先级最高的无担保债务是优先无担保债务，它是所有公司债券中最常见的一种。其他低等级债务还包括**次级债务**和低等级次级债务。在不同的债务类别中，这些债务属于优先级最低的等级，在违约发生的时候这些债务的债权人往往只能得到很少偿付或根本得不到偿付。也就是说，这些债务的损失程度可能高达 100%（详见图 6-1 中的优先级排名）。出于监管和补充资本金等目的，欧洲和美国的一些银行还

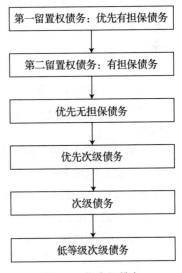

图 6-1　优先级排名

⊖　"债权人"一词在本章中是指债券和银行贷款等债务工具的持有人。除非特别说明，否则本章的"债权"不包括诸如商业信用、税收留置权或就业有关义务等。

发行了比次级债务级别更低的债务和债务类证券[⊖]，目的是在发生金融危机的时候提供资本缓冲。在始于 2008 年的金融危机期间，许多工具没有按照预期发挥作用，多数被逐步淘汰，或被能自动转换为股权的更有效的工具所取代。

公司发行不同级别债务的原因有很多。发行人可能想优化自己的资本成本，根据它们的行业特点和业务类型找到各类债务和股权的正确组合。发行人可能会选择有担保债务，因为出于对公司风险的担忧，市场（即投资者）只愿意购买有担保债务；或者因为优先级更高的有担保债务的融资成本较低。发行人也可能会选择发行次级债务，因为①它们认为发行次级债务比发行股票更便宜（且不会稀释现有股东的权益）[⊜]，而且通常来说比发行优先债务的限制更少；②投资者愿意购买次级债务，因为他们认为次级债务提供的额外收益足以补偿他们感知到的信用风险。本章将详细讨论信用风险与收益的关系。

▌ 例 6-2　债券优先级

Acme 公司在其资本结构中有优先无担保债券以及第一留置权债务和第二留置权债务。优先无担保债券和第二留置权债务哪个优先级更高？

解答：第二留置权债务的优先级高于优先无担保债券，因为其有优先就担保资产索赔的权利。

6.3.3　回收率

在资本结构中处于同一级别的所有债权人都被视为一类。因此在发行人破产时，到期期限为 30 年的优先无担保债券持有人与 6 个月内到期的优先无担保债务的债权人具有相同的剩余资产索取权优先级。该条款也被称为同等级债券支付权的"**平等对待条款**"（也称同等权利条款）。

投资者和经纪自营商经常会继续交易已违约公司的债券，因为他们认为在破产公司的资产清算或重组过程中，这些债券具有一定的回收价值。在整顿或重组过程中（无论是司法强制执行还是自愿），公司可能会用新的债务、股权、现金或它们的某种组合来置换原来的违约债务。

正如前面所讨论的，破产索赔时在资本结构中处于不同优先级的债务，其回收率是不一样的。在过去的几十年里，已经发生过足够多的违约事件，据此生成了统计上有意义的回收率历史数据。表 6-1 是北美地区非金融公司按债务优先级排序的回收率[⊜]。例如，根据表 6-1 右数第二列的数据，2016 年违约的优先有担保债券的平均回收率为 46.9%，但这一年违约的优先无担保债券的平均回收率只有 29.2%。

⊖ 它们有各种各样的名称，如混合证券、信托优先证券、上层和下层二级证券。在某些情况下，不支付或延期支付利息并不构成违约事件，在其他情况下，它们可能会转换成永续证券，即没有到期日的证券。

⊜ 债券持有者对发行公司的现金流和资产拥有优先索取权，因此要求的收益率比股票持有者低。也就是说债务成本低于权益成本。在大多数国家，债务的利息支付可抵税，这种成本差异会更大。

⊜ 2016 年和 2017 年违约年份的回收率应该被视为初步数据，因为其中一些数据基于相对较少的违约，而在穆迪进行研究时，这些违约的最终回收率已经确定。例如，2017 年和 2016 年的次级债券的回收率分别只反映了两种债券和一种债券。

表 6-1 用最终回收率衡量的公司债务平均回收率

优先级等级	重组年份①			违约年份		
	2017	2016	1987~2017	2017	2016	1987~2017
银行贷款	81.3%	72.6%	80.4%	80.2%	78.3%	80.4%
优先有担保债券	52.3%	35.9%	62.3%	57.5%	46.9%	62.3%
优先无担保债券	54.1%	11.7%	47.9%	47.4%	29.2%	47.9%
次级债券	4.5%	6.6%	28.0%	—	8.0%	28.0%

① 重组年份通常指违约公司完成破产重组的年份。违约年份下面的数据是在该年度（如 2016 年、2017 年）或年份区间（如 1987~2017 年）发生违约的相应等级债务的回收率。数据来自北美的非金融公司。

资料来源：穆迪投资者服务公司的"终极回收率数据库"。

关于回收率，有以下几点需要注意：

①**不同行业的回收率差别很大**。处于长期衰退行业（如报纸出版业）的破产公司的回收率，很可能比那些仅仅遭受周期性经济衰退的行业更低。

②**信贷周期不同阶段的回收率可能不同**。[⊖] 如图 6-2 所示，在信贷周期的底部或接近底部时（几乎总是与经济周期中的衰退期重合），回收率将比信贷周期的其他阶段更低。这可能是因为此时有大量公司接近破产或已经破产，导致资产估值水平下降。

③**这里提到的回收率都是指平均值**。事实上在不同的行业之间以及特定行业内的公司之间，回收率可能存在很大的差异。影响因素可能包括发行人资本结构中债务的构成和比例，大量有担保债务的存在将导致低等级债务的回收率变得更低。

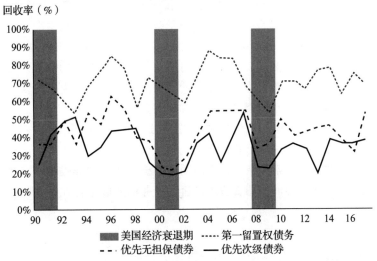

图 6-2 全球市场不同优先级债券的历史回收率（1990~2017 年）

资料来源：基于来自标准普尔金融服务有限公司的"终极回收率数据库"的数据绘制。

理解回收率是非常重要的，因为它是信用分析和信用风险的一个关键要素。前面提到过，信用风险的最佳衡量指标是预期损失，即违约概率乘以发生违约后的违约损失率。违约损失

⊖ 信贷周期描述了信贷的可获得性和定价的变化。当经济强劲或复苏时，贷款机构以优惠条件发放信贷的意愿很高。相反，当经济疲软或下滑时，贷款机构通过降低信贷的可获得性和提高信贷成本来收缩信贷，这会导致房地产等资产的价值进一步下降，导致经济更加疲软和更高的违约率。央行经常对银行进行调查，以评估它们的放贷标准是过紧还是过松。这些信息，以及公司债券违约率的水平和变化趋势，有助于人们更好地了解自己处于信贷周期的哪个阶段。

率等于 1 减去回收率。在违约风险上升之际,我们应了解自己在违约后可能会遭受的损失的大小,这是评估信用状况(尤其是低信用等级资产的信用状况)的一个关键因素。

剩余索取权的优先级并不总是绝对的。破产中的剩余索取权的优先级是指,债务等级最高的债权人首先得到清偿,然后是下一级别的债权人,依次向下,就像瀑布一样。该原则的法律基础是相当坚实的,经常被描述为绝对的。原则上破产或清算必须遵守如下规则:

- 有担保债务的债权人有权在其他债权人之前获得质押财产的价值。如果质押财产的价值低于债权人索取的金额,那么差额索取权的等级变更为优先无担保。
- 无担保债权人有权在公司股东(普通股和优先股的持有者)获得权益价值之前获得全额偿付。
- 优先无担保债权人优先于所有次级债权人获得偿付。对于没有明确声明等级的债务,其债权人都属于优先无担保债权人。

然而,在实践中,优先级较低债务的债权人(甚至是公司股东),都有可能在更高等级债务的债权人没有得到全额偿付的情况下获得一些补偿。为什么会这样呢?因为在破产清算的过程中有不同类别的索赔人,所有受损的索赔人(即收到的索赔金额少于全部索赔金额)都有确认重组计划的投票权。虽然该投票无法否定绝对优先权,但是在最终方案中,当事人同意或法官的命令可能使得绝对优先权不能得到严格执行。因为在破产清算中,关于各种资产的价值(例如某个工厂或某个专利的价值)、现值流支付的时间等问题可能存在争议。例如,如果破产公司进行债务重组,之前的各项旧债务的债权人分别将得到多少价值的新债务。

解决这些纠纷需要时间,破产过程可能会拖延数月甚至数年。在这个过程中会产生大量的法律费用和会计费用;因为关键员工离开、客户流失等,公司的价值也可能进一步下降。为了避免这些时间和费用上的浪费,以及各类财产价值、某些索赔的合法性等争议问题上的不确定性,不同优先级的索赔人有协商和妥协的动机。这经常导致优先级较低的债权人(甚至是股东)获得的补偿金额高于他们合法应得的补偿金额。

值得注意的一点是,在美国,倾向于对破产公司进行重组和恢复;而在英国等其他国家,倾向于对破产公司进行清算,使银行和其他优先级债权人的价值最大化。值得注意的另一点是,破产过程和破产法律是非常复杂的,不同国家的破产法律差异很大,因此很难用三言两语概括债权人的处境。正如前面的图表所示,违约债务的回收率存在巨大的可变性,每一个案例都是不同的。

▌ 例 6-3 优先索取权

1. 在下面哪种情况下,次级债券持有人最有可能在破产中回收部分价值,而优先级债权人却得不到全额偿付?

A. 执行绝对优先级规则时

B. 不同优先级的索赔人达成一致时

C. 违约公司被清算而不是被重组

2. 在破产情况下,在资本结构中处于同一级别的债权:

A. 在平等的基础上偿付,不论规模、到期期限或债务的发生时间如何

B. 按到期期限由短到长的顺序偿付,不论规模或债务的发生时间如何

C. 以先进先出（FIFO）的方式偿付，发生时间最长的债权首先得到偿付，无论其规模或到期期限如何

解答 1：B 是正确答案。所有受损相关人都可以对重组计划进行投票。在漫长的破产过程中，谈判和妥协往往比支付巨额的法律费用和会计费用的司法过程更可取，后者会减少所有索赔人获得的财产价值。这一过程可能会使优先级更低的债权人（例如次级债券持有人）获得部分价值，即使更高级的债权人尚未得到全额偿付。

解答 2：A 是正确答案。在资本结构中处于同一水平上的所有债权都是同等权益的（在平等基础上偿付）。

6.4　信用评级机构、信用评级以及它们在债务市场中的作用

世界上有三大信用评级机构，包括穆迪（Moody's）、标准普尔（S&P）和惠誉国际（Fitch），它们在信用市场上发挥着非常核心的作用，尽管也面临不少争议。世界上绝大多数现存债券都至少拥有其中两家信用评级机构给出的信用评级，信用评级是一种用特定符号衡量特定债券或债务发行人潜在违约风险的方法。在公开和准公开债券发行市场上，[一]发行人无法发行没得到穆迪、标准普尔和惠誉国际评级的债券，投资者也无法购买。该规则适用于所有类型的政府债券或主权债券、政府支持债券[二]、超国家债券[三]、公司债券、非主权政府债券，以及抵押贷款和资产支持债券。信用评级机构是如何在信用市场上获得如此主导地位的？什么是信用评级，它们是什么意思？市场上的参与者如何使用信用评级？完全依赖或过度依赖信用评级机构会带来什么风险？本节将一一回答这些问题。

主要信用评级机构的历史可以追溯到 100 多年前。约翰·穆迪于 1909 年开始发表关于美国铁路债券的信用分析和意见。标准普尔则于 1916 年首次公布其评级。从那时起，它们的规模和声望逐渐壮大。许多债券投资者喜欢它们提供的服务，因为它们可以派出独立的分析师与发行人会面，有机会获取普通投资者无法获取的重大非公开信息，还可以进行专业的财务分析。另一个对投资者非常有吸引力的地方在于，信用评级提供了所有债券发行人的相对信用风险指标，让不同的行业和债券类型之间有了可比性，可以进行简单直接的比较，尽管这种可比性还存在一些争议。[四]

许多因素共同导致了债券市场中几乎普遍使用信用评级，以及主要信用评级机构在债券市场中起到了主导作用。这些因素包括以下几个方面：

- 独立评估信用风险
- 便于在不同债券、发行人和细分市场之间进行比较

[一] 也就是由投资银行承销的债券，而不是以代销形式发行的私募债。

[二] 即政府支持的机构或部门发行的债券，或者由政府提供隐性或显性担保的债券。比如美国的吉利美（Ginnie Mae）债券和德国的政府担保抵押贷款债券（Pfandbriefe）。

[三] 超国家债券的发行主体是国际金融机构，如国际复兴开发银行（世界银行）、亚洲开发银行和欧洲投资银行等。这些金融机构是根据国际条约建立的，由多个成员国政府共同拥有。

[四] 比如 2008 年末 2009 年初金融危机后进行的调查表明，在同样的信用评级下，市政债券的违约率比公司债券要低。

- 监管和法规要求[◯]
- 发行人承担评级费用[◯]
- 债务市场的快速发展
- 债券投资组合管理及相关债券指数的发展和扩张

但在 2008~2009 年的金融危机之后，信用评级机构对次级抵押贷款支持证券评级过度乐观被认为是危机的原因之一，削弱几家主要信用评级机构的作用，改变它们的主导地位的呼声开始出现。各国新通过的监管规则、条例和法律要求各信用评级机构更加透明，减少利益冲突并引入更多的竞争。新的信用评级机构纷纷出现，并试图挑战穆迪、标准普尔和惠誉国际的主导地位。一些在本地市场上已经建立了良好的声誉但尚未全球知名的信用评级机构，比如加拿大的道明债券评级服务公司（DBRS）和日本的日本信用评级公司（JCR）等开始登上更大的舞台，试图提高自己的知名度。但三家大型信用评级机构在全球市场上的主导地位基本未受影响。

6.4.1 信用评级

全球三大主要信用评级机构穆迪、标准普尔和惠誉国际使用类似的、基于符号的信用评级，基本都是对所发行债券的违约风险的评估。表 6-2 显示了它们的长期债券信用评级等级，从最高到最低。[◯]

表 6-2 长期债券信用评级矩阵：投资级与非投资级

		穆迪	标准普尔	惠誉国际
投资级	优质级	Aaa	AAA	AAA
		Aa1	AA+	AA+
		Aa2	AA	AA
		Aa3	AA−	AA−
	中高级	A1	A+	A+
		A2	A	A
		A3	A−	A−
	中低级	Baa1	BBB+	BBB+
		Baa2	BBB	BBB
		Baa3	BBB−	BBB−

[◯] 监管机构通常会参考信用评级机构发布的信用评级。然而，鉴于信用评级机构在次贷危机中所扮演的角色，一些国家正在采取行动减少此类参考。尽管如此，2009 年开始制定的全球银行监管框架"巴塞尔Ⅲ"仍保留了上述引用。

[◯] 发行人付费模式让更多的投资者能够使用信用评级机构的信息，这无疑增加了对信用评级机构的依赖。这一模式的公正性也存在争议，一些人认为它造成了信用评级机构、投资者和发行人之间的利益冲突；相关研究却表明信用评级并不会偏向付费方，而且投资者付费等替代支付模式也有其自身的缺陷，比如信息可得性差和搭便车问题等。因此，尽管存在潜在的问题，建立新支付模式的呼吁声不断，但发行人付费模式仍根深蒂固地存在于市场中。

[◯] 评级机构还提供了对短期债务工具的评级，如银行定期存单和商业票据等。但它们对这些工具使用的评级代码有所不同：穆迪使用的代码最高到最低评级为 P-1、P-2、P-3 等；标准普尔使用的是 A-1+、A-1、A-2、A-3 等；惠誉国际使用的是 F-1、F-2、F-3 等。低于上述等级的就是次级债务工具了。货币市场基金是短期债务评级的主要使用者，它们持有的绝大多数短期金融工具都必须拥有最高评级（或标准普尔的最高或次高评级）。这些最高评级基本对应长期金融工具的 A 级或更高评级。

（续）

		穆迪	标准普尔	惠誉国际
非投资级（垃圾级或高收益级）	劣质级或投机级	Ba1	BB+	BB+
		Ba2	BB	BB
		Ba3	BB-	BB-
		B1	B+	B+
		B2	B	B
		B3	B-	B-
		Caa1	CCC+	CCC+
		Caa2	CCC	CCC
		Caa3	CCC-	CCC-
		Ca	CC	CC
		C	C	C
	违约中	C	D	D

评级为 3A 级（Aaa 或 AAA）的债券被认为是最高质量的、信用风险最低的债券，违约的可能性极低；[⊖]评级为双 A 级（Aa 或 AA）的债券被认为是高质量的，也有较低的违约风险；评级为单 A 级的债券被称为"中高级"债券；评级为 Baa（穆迪）或 BBB（标准普尔和惠誉国际）的债券被称为"中低级"债券。评级为 Baa3/BBB-或更高等级的债券被归为一个大类，统称为投资级债券。穆迪评级为 Ba1 及以下、标准普尔和惠誉国际评级为 BB+及以下的债券投机性明显、违约风险较高，被归为另一个大类，这类债券有各种各样的名称：低等级债券、投机级债券、非投资级债券、低于投资级的债券和高收益债券等。为了反映其极端的风险水平，一些观察人士称它们为垃圾债券。标准普尔和惠誉国际的评级 D 对应那些已经违约的证券。对穆迪来说，评级为 C 的债券已经出现违约或接近违约状态。一般来说，投资级债券的发行人能够更稳定地在债券市场发债，而且能以比低于投资级债券的发行人更低的利率借入资金。

此外，三大信用评级机构通常会就其各自的评级提供正面、稳定或负面的展望，并可能在某些情况下提供有关其评级可能走向的其他指标，例如"负面观察"或"正面观察"等。[⊖]还应注意的是，为了支持其发布的评级，信用评级机构还会对其评级的债务人提供大量的书面评论和财务分析，以及行业统计汇总。

6.4.2　发行人评级和发行评级

信用评级机构通常会同时提供发行人评级和发行评级，特别是在那些与公司债务相关的证券的发行过程中。发行人评级系列和发行评级系列对应的术语可能分别用公司家族评级（CFR）和公司信用评级（CCR），或发行人信用评级和发行信用评级来冠名。发行人信用评级旨在评估发行人的整体信用状况，以及其及时支付债务利息和本金的能力和意愿。发行人信用评级的等级通常和该发行人发行的优先无担保债务的等级一样。

发行评级是指发行人的某项具体的债务的评级，会考虑到诸如债务在资本结构中的优先级（例如是否有担保或是否为次级债务）等因素。虽然存在**交叉违约条款**，即一种债券的违

⊖　该说法的来源是穆迪投资者服务公司的《评级符号和定义》（2018 年 6 月）。

⊖　关于三大信用评级机构的评级定义、方法和标准的其他详细信息，可以参见它们的网站。

约[⊖]会触发该发行人所有未偿债务的违约,这意味着其所有债务的违约概率是相同的。[⊜]但同一发行人发行的不同证券仍然会被赋予不同的信用评级,有些高有些低,造成这一现象的原因在于被称为**微调**的信用评级调整方法。

微调。对于信用评级机构而言,违约可能性是其评级的首要考虑因素,但信用评级机构也要考虑其他次要因素。其他次要因素包括在违约发生时的偿付优先权(例如,有担保与优先无担保与从属)以及在违约发生时潜在损失的严重程度。信用评级机构考虑的另一个因素是公司的结构性从属关系,当采用控股公司结构的公司同时以母公司和子公司的名义发行债务时,就会出现这种情况。子公司的债务将优先用子公司的现金流和资产来支付,剩余的资金才可以传递(上行)给控股母公司,以支付母公司的待偿债务。

考虑到同一发行人的不同债券具有不同的支付优先级,以及在违约发生时的违约损失率可能有高有低,信用评级机构采取了一种被称为微调的方法,对单次发行的债务的信用评级可以在发行人评级的基础上上调或下调,发行人评级通常等于其优先无担保债务的评级。一般来说,优先无担保债务的评级越高,微调的幅度就越小。因为评级越高,预期违约风险就越低,因此对信用评级进行微调以衡量违约损失率潜在差异的必要性大大降低。但是,信用评级较低的发行人发生违约的可能性比较大,在评估信用风险时,优先级高低带来的潜在损失差异是一个较重要的考虑因素。因此,信用评级机构通常会对其发行的债务进行更大规模的评级调整。例如,标准普尔使用的微调准则为:

"一个关键的原则是,投资级评级更注重时效性,而非投资级评级则对回收率给予额外权重。例如,信用评级为非投资级的公司,次级债务评级可以比公司本身的信用评级低两个等级;但如果公司的信用评级是投资级,则最多低一个等级。相应地,3A级公司发行的债券无须进行微调,而3C级公司的微调力度要进一步加大。

这一惯例的基本原理很简单:随着违约风险的增加,有多少资产可供回收这一问题是关注的重点,因此具有更强的评级重要性。因此在评级过程中,最终回收率指标的权重会随着评级等级的下降而增加。"[⊜]

表6-3是体现标准普尔的微调标准的一个例子,评级对象是营富软件有限公司(Infor)。营富是一家总部位于美国的全球软件和服务公司,标准普尔对该公司本身的信用评级为B。请注意,该公司的优先有担保债券被评为B级,而其优先无担保债券的评级则低了两个等级,为CCC+,营富的控股公司的债务评级甚至又低了一个等级,为CCC。

**表6-3 标准普尔对营富的评级细节
(截至2018年12月)**

公司信用等级	B-/稳定
优先有担保债券(共3只)	B
优先无担保债券(共2只)	CCC+
控股公司债务(共1只)	CCC

资料来源:标准普尔金融服务有限公司。

6.4.3 过度依赖信用评级机构评级的风险

信用评级机构在全球债务市场的主导地位,以及它们对债务类证券的信用评级几乎被普

⊖ 这一问题将在关于债券契约的一节中做更详细的介绍。
⊜ 几乎所有债券都有交叉违约条款,少数的例外包括深度次级债和债务类证券。
⊜ 标准普尔,"评级问题",《公司信用评级准则2008年版》。

遍使用的事实，表明投资者相信它们在评估信用风险方面的能力。事实上，作为衡量违约风险的相对指标，除了少数失误案例（例如事后的风险事件表明，2005 年前后发行的美国次级抵押贷款支持证券的信用评级过高），它们的信用评级被证明是相当准确的。表 6-4 显示了 1998~2017 年的 20 年间，按标准普尔评级类别统计的全球公司年度违约率的历史数据。[⊖]

表 6-4　按评级类别划分的全球公司年度违约率　　（单位：%）

	AAA	AA	A	BBB	BB	B	CCC/C
1998	0.00	0.00	0.00	0.41	0.82	4.63	42.86
1999	0.00	0.17	0.18	0.20	0.95	7.29	33.33
2000	0.00	0.00	0.27	0.37	1.16	7.70	35.96
2001	0.00	0.00	0.27	0.34	2.96	11.53	45.45
2002	0.00	0.00	0.00	1.01	2.89	8.21	44.44
2003	0.00	0.00	0.00	0.23	0.58	4.07	32.73
2004	0.00	0.00	0.08	0.00	0.44	1.45	16.18
2005	0.00	0.00	0.00	0.07	0.31	1.74	9.09
2006	0.00	0.00	0.00	0.00	0.30	0.82	13.33
2007	0.00	0.00	0.00	0.00	0.20	0.25	15.24
2008	0.00	0.38	0.39	0.49	0.81	4.09	27.27
2009	0.00	0.00	0.22	0.55	0.75	10.94	49.46
2010	0.00	0.00	0.00	0.00	0.58	0.86	22.62
2011	0.00	0.00	0.00	0.07	0.00	1.67	16.30
2012	0.00	0.00	0.00	0.00	0.03	1.57	27.52
2013	0.00	0.00	0.00	0.00	0.10	1.64	24.50
2014	0.00	0.00	0.00	0.00	0.78	17.42	
2015	0.00	0.00	0.00	0.00	0.16	2.40	26.51
2016	0.00	0.00	0.00	0.00	0.47	3.70	33.17
2017	0.00	0.00	0.00	0.00	0.08	0.98	26.23
中位数	0.00	0.03	0.07	0.19	0.69	3.82	27.98
最大值	0.00	0.38	0.39	1.01	2.96	11.53	45.45
最小值	0.00	0.00	0.00	0.00	0.00	0.25	9.09

资料来源：标准普尔金融服务有限公司。

　　从表 6-4 中可以看到，最高信用评级的债券类别违约率极低。除了极少数例外，信用评级越低，年度违约率越高，信用评级为 CCC 和更低的债券的违约率是所有类别中最高的。

　　然而，过度依赖信用评级机构的评级存在一定的局限性和风险，包括以下几点：

- **信用评级会随着时间的推移而改变。**在时间跨度较长的时候（例如多年之中），信用评级可能会相较债券发行时的等级大幅上升或下降。再次以标准普尔的数据为例，表 6-5 展示了 1981~2017 年间平均每三年发生的信用评级迁移（或转移）情况。可以看到，信用评级越强，评级稳定性越强。但即使是 AAA 级信用评级的债务，在三年内保持在该评级的比例也只有大约 65%。（当然，AAA 级信用评级的迁移只有下降一

⊖　标准普尔在这里使用了静态池方法，即用某一特定年度发行的债券在年初时的评级来衡量违约率。

个方向。）有一小部分 AAA 级债务甚至会在三年内变为非投资级或违约级。对于信用评级为 B 的债务，只有 41% 的比例能在三年的时间内保持在该级别。引用信用评级变化的数据并不是要批评信用评级机构，只是提醒债券投资者不要以为债券的信用评级从购买之日起，在整个持有期间都是一成不变的。

表 6-5　1981~2017 年全球公司信用评级平均转移率　　　（单位：%）

从/到	AAA	AA	A	BBB	BB	B	CCC/C	D	NR[①]
AAA	65.48	22.09	2.35	0.32	0.19	0.08	0.11	0.13	9.24
AA	1.21	66.14	18.53	2.06	0.35	0.22	0.03	0.12	11.33
A	0.06	4.07	68.85	11.72	1.30	0.44	0.09	0.25	13.21
BBB	0.02	0.28	8.42	64.66	7.11	1.64	0.30	0.87	16.70
BB	0.01	0.06	0.51	11.08	47.04	11.58	1.25	3.96	24.51
B	0.00	0.03	0.21	0.78	10.23	41.46	4.67	12.57	30.05
CCC/C	0.00	0.00	0.14	0.61	1.63	16.86	10.54	40.65	29.57

① NR 表示未评级，即某些公司发行人不再被标准普尔评级。出现该情况的原因有很多，包括发行人完全清偿债务并不再需要评级等。

资料来源：《2017 年度全球公司违约研究》，第 53 页。

● **信用评级往往滞后于市场对信用风险的定价**。与信用评级机构上调或下调评级（乃至相关展望）相比，市场上债券价格和信用利差的变化往往更快，因为人们对相关主体的信用预期是实时变化的。债券价格和相对估值可能每天都在变动，而债券信用评级的变动则没有那么频繁。而且常常发生市场价格已经变化了很长一段时间后，信用评级依然未能及时对应变化的情况。图 6-3 显示了美国汽车制造商福特公司在 2008 年金融危机之前、期间和之后的债券价格和穆迪评级走势。值得注意的是，在穆迪多次下调其信用评级之前，福特公司的债券价格已经大幅下跌；而在穆迪上调福特公司债券的信用评级之前，该债券的价格已经开始恢复并持续上涨。

图 6-3　福特汽车公司优先无担保债券的价格与穆迪评级（2005~2011 年）

资料来源：彭博财经有限责任公司和穆迪投资者服务公司。

　　此外两只信用评级相似的债券可能会以非常不同的估值进行交易，特别是某些投机级债券。部分原因是信用评级主要评估债券的违约风险，但对于低信用评级的债券，市场定价更关注预期损失（即违约概率乘以违约损失率）。因此，违约风险相当但回收率不同的两只债券，信用评级可能差不多，但交易价格有明显差异。[○]

　　因此，如果债券投资者一定要等到信用评级机构改变信用评级，然后再对自己的投资组合做出买卖决定，那么他们的投资表现可能会落后于其他投资者——后者在信用评级机构行动之前就采取了行动，或者不会完全根据信用评级机构的行动对投资组合做出买卖决定。

- **信用评级机构可能会犯错。** 对数十亿美元的次级抵押贷款支持证券的错误评级就是一个例子。其他历史案例还包括对美国安然公司、世通集团以及欧洲发行人帕玛拉特的错误评级。与许多投资者一样，信用评级机构未能及时识别这些公司的会计欺诈行为。
- **有些风险很难在信用评级中体现出来。** 这些风险包括诉讼风险，比如可能对烟草公司有影响的诉讼，或者化学公司和公用事业公司旗下发电厂面临的环境风险和商业风险。当然还包括自然灾害的影响。此外，杠杆交易（如债务融资收购和大规模股票回购）的结果往往难以预测，因此在信用评级中难以体现。

　　如前所述，在投资债券时，过度依赖信用评级机构存在风险。因此，尽管信用评级机构大概率会继续在债券市场发挥重要作用，但是投资者有自己的信用分析，能就某一特定债务或发行人的信用风险得出自己的结论，这一点很重要。

▍例 6-4　信用评级

1. 按照标准普尔的评级标准，投资级债券可能具有以下哪一种评级？

A. AAA 到 EEE　　　　　　B. BBB-到 CCC　　　　　　C. AAA 到 BBB-

2. 使用穆迪和标准普尔的评级标准，以下哪一种评级被认为是高收益级（也被称为"低于投资级""投机级"或"垃圾级"）？

A. Baa1/BBB-　　　　　　B. B3/CCC+　　　　　　C. Baa3/BB+

3. 发行人评级与发行评级的区别是什么？

A. 发行人评级适用于发行人的所有债券，而发行评级则考虑债券的优先级

B. 发行人评级是对发行人整体信用的评估，而发行评级总是高于发行人评级

C. 发行人评级是对发行人整体信用的评估，通常反映为其优先无担保债券评级，而发行评级还要考虑债券的优先级（例如，是有担保债券还是次级债券）

4. 根据信用评级机构评级的惯例，发行人评级为 BB 的公司发行的次级债券可能会获得什么评级？

A. B+　　　　　　　　　　B. BB　　　　　　　　　　C. BBB-

5. 与你共事的固定收益投资组合经理问你，当惠誉国际将你所投资的一家发行机构的债券的信用评级从 B+升级到 BB 时，为什么它的价格没有上涨？以下哪一项是最有可能的解释。

○　参见克里斯托弗·L. 古特金德的《21 世纪固定收益管理》（*Fixed-Income Management for the 21st Century*）一书中的"改善信用风险分析"章节，由弗吉尼亚州夏洛茨维尔市投资管理和研究协会于 2002 年出版。

A. 债券价格从来不会对评级的变化做出反应

B. 该债券交易不频繁，所以价格还没有随着评级的变化而调整

C. 市场已经预料到评级的调整，因此它已经"反映在"债券的价格中

6. Amalgamated 公司和 Widget 公司的未偿还债券的票面利率和到期期限都差不多。这两种债券分别被穆迪、标准普尔和惠誉国际评级为 B2、B– 和 B。但这两种债券的交易价格非常不同——Amalgamated 公司债券的交易价格为 89 欧元，而 Widget 公司债券的交易价格为 62 欧元。对价格（和收益率）差异最有可能的解释是以下哪一项？

A. Widget 公司的信用评级落后于市场对该公司信用恶化的评估

B. 这两种债券的违约风险相似（在信用评级中有所反映），但市场认为，如果发生违约，Amalgamated 公司债券的预期损失会更高

C. 这两种债券的违约风险相似（在信用评级中有所反映），但市场认为，如果发生违约，Widget 公司债券的预期回收率更高

解答 1：C 是正确答案。

解答 2：B 是正确答案。请注意，评级为 Baa3/BB+（即选项 C）的发行人被称为"跨界者"，因为一个评级是投资级（穆迪的 Baa3 评级），另一个是高收益级（标准普尔的 BB+ 评级）。

解答 3：C 是正确答案。

解答 4：A 是正确答案。次级债券的评级将比该公司的 BB 评级低两级，这反映出在信用评级过程中低于投资级的债券的违约损失率被赋予了更高的权重。

解答 5：C 是正确答案。当市场预期债券的信用评级将上调，就会将其反映在价格中。债券价格通常会对信用评级的变化做出反应，尤其是信用评级的大幅变化。即使债券不交易，它们的价格也会根据交易商提供给债券定价服务机构的报价进行调整。

解答 6：C 是正确答案。Widget 公司债券的信用评级可能落后于市场对其不断恶化的信用的评估。选项 B 和选项 C 都会带来相反的情况。如果市场相信 Amalgamated 公司债券在违约的情况下有更高的预期损失，那么该债券的交易价格将会更低，而不是更高。同样，如果市场相信 Widget 公司债券在违约的情况下有更高的预期回收率，那么该债券的交易价格将会更高，而不是更低。

6.5 传统信用分析：公司债券

信用分析的目标是评估发行人履行其债务义务的能力，债务义务包括债券和其他债务，如银行贷款。债务义务是合同义务，合同条款规定了发行人支付的利率、支付的频率和时间、到期日，以及发行人被允许和要求从事的行为。由于公司债券是法定合同，可以通过法律手段强制执行，信用分析师通常不考虑发行人的支付意愿，而专注于评估其支付能力。因此信用分析的重点是了解一个公司在其债务期限内产生现金流的能力。在此过程中，分析师必须评估公司的信用质量以及该公司所处行业的基本面。传统的信用分析会分析公司可以用于偿还债务的现金流的来源、可预见性和可持续性。本节将考察公司信用分析，特别是非金融公

司的信用分析。与工业公司和公用事业公司相比，金融机构有着非常不同的商业模式和融资情况。

6.5.1　信用分析与股票分析：相似之处和差异

前面对信用分析的描述表明，信用分析和股票分析应该非常相似。在许多方面确实如此。但股票投资者和固定收益投资者的投资动机有明显差异，这是信用分析的一个重要方面。严格地说，管理层是为公司股东工作的，其主要目标是使公司所有者的价值最大化。然而，管理层对包括债券持有人在内的债权人的法律义务仅仅是履行合同规定的偿债义务。公司的利润和现金流的大幅增长使股东受益，而对债券持有人来说，最好的结果就是在到期时得到全额、及时的利息和全额偿还的本金。相反，如果公司的利润和现金流下降，股东更容易受到价值下降的影响，因为债券持有人拥有对公司现金流和资产的优先索赔权。但如果公司的利润和现金流下降到无法偿还债务的程度，债券持有人也有面临损失的风险。

总而言之，作为对现金流和资产的优先索取权的交换，债券持有人无法分享公司价值的增长（除了信用评级提高的好处），且在违约发生的时候也面临公司价值下跌的风险。相比之下，理论上股东拥有无限的上行获利机会，但一旦公司违约，他们通常会在债券持有人遭受损失之前失去自己的投资资金。这与金融期权的回报模式非常相似。事实上，近年来发展起来的信用风险模型是建立在期权定价理论的基础上的。虽然这超出了本主题介绍的范围，但它是机构投资者和信用评级机构都感兴趣的一个不断扩大的领域。

股票分析和信用分析虽然有很多相似之处，但关注的视角并不一致。股票分析师关心的是能够提高公司价值和每股收益的战略和投资，经常会将公司的盈利和增长潜力与某一特定行业的其他公司进行比较。信用分析师更关注下行风险，通过比较债务水平和利息支出与公司现金流的相对大小，来衡量公司的可持续性。对信用分析师来说，重要的是资产负债表中发行人债务的构成——债务总规模、即将到期的债务规模和到期时间，以及按优先级排序的债务优先级配比情况。一般来说，股票分析师会更关注利润表和现金流量表，而信用分析师则更关注资产负债表和现金流量表。

6.5.2　信用分析的 4C 准则：一个有用的分析框架

许多分析师用于评估信用可靠性的框架是传统信用分析的 4C 准则[⊖]，4C 指的是：

- 能力（capacity）
- 抵押（collateral）
- 契约（covenants）
- 品质（character）

能力是指发行人按时偿还债务的能力，这是本节的重点。**抵押**是指支持发行人负债的资

⊖　4C 准则不止这一个版本。除了这里列出的，还可以在特定作者的列表中看到其他的"C"，比如资本（capital）或条件（conditions）。条件通常是指整体经济状况。资本是指公司的资本积累和特定资本资产，本质上属于能力和抵押的范畴。请记住，"C"清单是总结分析框架的一种便捷方式，但不是一个机械的清单。

产的质量和价值。**契约**是指贷款协议的条款和条件，是发行人必须遵守的。**品质**是指公司管理层的可靠性。下面我们详细地介绍这些准则。

6.5.2.1 能力

能力是指发行人按时偿还债务的能力。为了对其进行分析，信用分析可以采用类似于股票分析的过程，从行业分析开始，然后再进行对特定发行人的分析（即公司分析）。

行业结构。兼任商学院教授和咨询师两职的迈克尔·波特开发了一个有用的行业结构分析框架。这个框架[⊖]被称为"五力模型"，考虑了五种竞争力量对行业的影响。

- 新进入者的威胁。新进入者的威胁取决于进入行业壁垒的大小和行业内现有公司对新进入者的预期反应。与进入门槛低的行业相比，进入门槛高的行业往往利润更高，信用风险更低，因为现有公司不需要通过压低价格或采取其他措施来阻止新进入者。高进入壁垒可以表现为多种形式，包括资本投入高，比如航空航天行业；依赖大型、成熟的分销系统，比如汽车经销行业；存在专利保护和技术壁垒，比如制药行业；面临高度监管，比如公用事业领域。
- 供应商的讨价还价能力。与拥有多个供应商的行业相比，仅依赖少数供应商的行业往往利润更低，信用风险也更高。只有少数供应商的行业和公司通过谈判来阻止供应商提高原材料价格的能力有限，而有很多供应商的行业可以让其相互竞争来控制原材料价格。
- 客户的讨价还价能力。严重依赖少数几个主要客户的行业有更高的信用风险，因为议价权在买方手上。例如，如果一家工具制造商必须将50%的产品卖给一家大型全球零售商，那么它面对其主要客户的谈判能力可能很有限。
- 替代品的威胁。那些依靠产品和服务为客户提供巨大价值的行业和公司，以及没有好的或具有成本竞争力的替代品的行业和公司，通常具有强大的定价权，能够产生大量现金流，比其他行业或公司的信用风险更低。某些有专利保护的药物就是一个例子。然而，随着时间的推移，颠覆性的技术和发明会增加现有优势产品被替代的风险。例如，飞机对火车和轮船的取代；又例如，报纸曾被认为拥有几乎不可动摇的市场地位，直到电视和互联网成为人们接收新闻和信息的新渠道；随着时间的推移，音乐的载体也从唱片依次转向了磁带、光盘、mp3和其他形式的数字媒体。
- 行业内现有竞争者的竞争。与现有竞争对手较少的行业相比，现有竞争对手多、行业增长缓慢或退出壁垒高的行业往往现金流可预测性更低，因此具有更高的信用风险。监管会影响竞争格局和竞争的激烈程度。例如，受监管的公用事业公司通常在局部市场中处于垄断地位，这使得其现金流相对稳定和可预测。

更重要的是要考虑一个行业中的公司是如何产生收入和赚取利润的。它是一个固定成本和资本投入高的行业，还是一个固定成本适中的行业？不同结构的行业产生收入和赚取利润的方式截然不同。固定成本高的行业也被称为"经营杠杆高"的行业，两个典型的例子是航空公司和大型酒店。这两个行业的许多运营成本是固定成本（经营酒店用的建筑、驾驶的飞机），所以它们不能轻易地削减成本。如果入住酒店或乘坐飞机的人数不足，已经投入的固定运营成本可能无法得到补偿，并可能承受重大损失。酒店的入住率、航班客座率越高，这

⊖ 参见迈克尔·波特《塑造战略的五种竞争力》，《哈佛商业评论》2008年第1期，第78~93页。

两个行业中公司的收入就越高，就越有可能弥补固定成本，也就越有可能获得利润。

行业基本面。了解一个行业的结构后，下一步是评估行业基本面情况，包括对宏观经济因素的敏感性、增长前景、盈利能力以及其商业模式是否具有高信用质量。可以通过以下几个方面的分析来做出判断。

- 周期性或非周期性。周期性是一个至关重要的评估因素，周期性行业对宏观经济的整体表现有更强的敏感性，收入、利润率和现金流更不稳定，因此比非周期性行业的信用风险更高。消费品公司和医疗保健公司通常被认为是非周期性的，而汽车公司和钢铁公司的周期性可能很强。如果在一整个经济周期中产生现金流的能力相当，强周期性行业公司的债务水平应该低于弱周期性行业公司或非周期性行业公司。
- 增长前景。虽然股票分析师比信用分析师更关注增长，但债券投资者也需要适当地分析行业的增长前景。增长缓慢或根本没有增长的行业倾向于通过合并和收购进行公司之间的整合。根据融资方式（发行股票或债务）和合并后的经济效益不同，合并和收购对公司债券投资者可能有利，也可能不利。在增长缓慢的行业中，较弱的竞争者可能难以满足自身的财务需求，进而对自身的信用价值产生不利影响。
- 公布的行业统计数据。信用分析师可以通过研究统计数据来了解一个行业的基本情况和表现，这些统计数据可以从许多不同的来源获取，包括信用评级机构、投资银行、行业出版物，通常还包括政府机构。

公司基本面。在分析完行业结构和行业基本面后，下一步是评估发行人，也就是公司的基本面。分析师应该研究以下几点：

- 竞争地位
- 历史业绩
- 管理层的战略和执行力
- 比率和比率分析

竞争地位。分析师要结合自己对行业结构和行业基本面的了解，评估公司在行业内的竞争地位。它的市场份额是多少？随着时间的推移，市场份额是如何变化的？是增加、减少，还是保持稳定？市场份额是否远高于（或低于）自己的同行？它的成本结构有没有优势？它可以通过什么战略改变自己的竞争地位？执行这一战略需要多少资金？

历史业绩。公司过去的业绩如何？回顾过去几年发生了什么，分析公司在经济增长期和经济收缩期的财务状况是非常有用的。公司的收入、利润率和现金流的变化趋势是怎样的？资本支出占收入的百分比是多少？负债和权益在资产负债表上有怎样的变化趋势？目前的业绩是在当前管理团队的领导下达成的吗？如果不是，那么当前的管理团队是什么时候接手的？

管理层的战略和执行力。公司的管理层采用了什么样的竞争和发展战略？这些战略有意义吗，有道理吗，风险有多大，与同行的区别有多大？公司是否在涉足无关的业务？分析师对管理层的执行能力有信心吗？这家公司的业绩和以前的管理层相比变得更好了吗？信用分析师也想知道和了解管理层的战略将如何影响公司的资产负债表。管理层是否谨慎地管理资产负债表，以一种不会对债券持有人产生不利影响的方式执行其战略？分析师可以从各种评论、讨论和分析中了解管理层的策略。这些评论、讨论和分析可以来自公司向监管机构提交的财务报表，关于公司业绩发布或其他重大事项公告（例如收购）的电话会议，公司网站的业绩发布信息和各种行业会议的幻灯片，分析师直接访问公司并与管理层进行的面对面交谈，等等。

例6-5 行业分析和公司分析

1. 假设要分析一家酒店行业公司、一家化工行业公司和一家消费品行业公司，哪一家公司最有可能在一整个经济周期内承受高额债务？

A. 酒店行业公司，因为人们在旅行时需要一个住的地方

B. 化工行业公司，因为化学品是许多产品的关键原料

C. 消费品行业公司，因为消费品通常对经济衰退有抵抗力

2. 受到严格监管的垄断公司，如公用事业公司，往往会背负高额债务。以下哪一个关于这些公司的陈述是最准确的？

A. 监管机构要求它们背负高额债务

B. 它们能产生强劲而稳定的现金流，使它们能够承担高额债务

C. 它们利润不高，需要大量借款来维护它们的工厂和设备

3. XYZ公司在竞争激烈的行业中生产某种商品，在这个行业中没有任何一家公司有很大的市场份额，行业进入门槛很低。以下哪一项最好地描述了XYZ承担债务的能力？

A. 它的负债能力非常有限，因为具有这些特征的行业中的公司通常无法承受高额债务负担

B. 它的负债能力可能很强，因为具有这些特征的行业中的公司通常拥有较高的利润率和现金流，能够承担巨额债务

C. 我们没有足够的信息来回答这个问题

解答1：C是正确答案。消费品公司被认为是非周期性的，而酒店行业和化工行业公司的周期性更强，因此更容易受到经济低迷的影响。

解答2：C是正确答案。由于此类垄断公司的财务回报通常由监管机构决定，它们能产生持续的现金流，因此能够承担高额负债。

解答3：C是正确答案。具有这些特征的行业中的公司通常利率较低，现金流有限，因此无法承担高额负债。

比率和比率分析。为了分析和理解公司基本面，包括公司所在行业、竞争地位、战略和执行力等，分析师会根据公司的基本财务报表提炼出各种财务指标（通常以比率的形式）。信用分析师通过计算一系列比率来评估公司的财务健康状况，确定一段时间内的趋势，并与同行业的公司进行比较，获得对公司相对信用水平的判断。值得特别注意的是，在不同的行业中，这些比率的典型值存在很大差异，与前面提到的竞争结构、经济周期、监管等行业特征有关。

我们把关键的信用分析指标分为以下三个不同的类别。

- 盈利能力和现金流指标
- 杠杆比率
- 偿债保障比率

盈利能力和现金流指标。公司之所以能够偿还债务，靠的是盈利能力和产生的现金流。信用分析师通常会考察公司的营业利润率和营业利润，以了解一家公司的潜在盈利能力，并观察其随时间的变化趋势。营业利润被定义为营业收入减去营业费用，通常被称为"息税前利润"（EBIT）。信用分析师之所以关注息税前利润，是因为它有助于确定公司在支付资本（即负债与权益的比例）成本之前的业绩。之所以用"税前"，是因为利息费用是在计算所得税之前支付的。

以下是信用分析中使用的几种现金流指标，有些指标比其他指标更保守，它们对用于管理和维持业务或支付给股东的现金流进行了一定的调整。下面讨论的现金流指标，以及后面要介绍的杠杆率指标和偿债能力指标，都不是源于国际会计准则，因为国际会计准则没有给出这些指标的官方定义。在大多数情况下，这些概念、名称和定义都有多种用法，本书的用法可以为其中的任意一种。

- **税息折旧及摊销前利润（EBITDA）**。EBITDA 是一种常用的衡量现金流的方法，它等于营业利润加上折旧和摊销费用，因为后面两项是非现金项目。该指标是对公司现金流的粗略衡量，但公司经营过程中的某些现金支出并没有被包含在内，如资本支出和（非现金）营运资本的变化。尽管 EBITDA 作为一种衡量现金流的指标颇受欢迎，但分析师还会关注除 EBITDA 外的其他指标。
- **营运资金（FFO）**。⊖标准普尔将营运资金定义为持续经营的净收入加上折旧、摊销、递延所得税和其他非现金项目。
- **股息前自由现金流**。⊖该指标是指公司在给股东分红前产生的自由现金流（不包括非经常性项目）。计算方法为净收入（不包括非经常性项目）加上折旧、摊销，减去非现金营运资本的增加（加上非现金营运资本的减少），再减去资本支出。根据现金流量表中对股息和利息的处理方法，可以近似为经营活动现金流减去资本支出。在向股东支付股息前自由现金流为负数的公司将消耗现有现金，或需要向银行、债券投资者或股权投资者进行额外融资，这显然代表较高的信用风险。
- **股息后自由现金流**。该指标等于股息前自由现金流减去股息支付。如果这个数字是正的，代表公司支付股息后还有多余的现金，可以用来偿还债务或增加公司资产负债表上的现金。这两种行动都可以被视为去杠杆，从信用风险的角度来看是有利的。一些信用分析师认为，虽然现金不一定会用于偿还债务，但从总债务中减去资产负债表上的现金，就可以计算出净负债。用自由现金流减去实际偿付的债务额是一个更好的去杠杆化指标。一些分析师还会扣除股票回购，以获得"最真实"的自由现金流指标，因为他们认为股票回购既可以降低总债务也可以降低净债务；但另一些分析师认为跟股息相比，股票回购更容易被操纵，在时间上更不确定，因此在计算自由现金流时会对这两种类型的股东支付采取不同的处理方式。

杠杆比率。下面介绍信用分析师使用的几种杠杆衡量指标。最常见的指标是债务资本比

⊖ 营运资金与另一个常用指标营运现金流略有不同，短期营运资金不包括营运资本的变动。在信用分析中使用 FFO 指标的目的是消除短期波动和季节性的影响。短期波动和季节性可能会扭曲公司产生的营运现金流的数量。当时间跨度较大时，营运资本的波动预计将趋于平稳。分析师倾向于同时关注 FFO 和营运现金流，尤其是对于营运资本波动较大的公司（例如周期性很强的制造业公司）。

⊖ 此概念与 CFA 一级教材的阅读材料"理解现金流量表"中的公司自由现金流（FCFF）类似。

率、债务/EBITDA 以及现金债务比。需要注意的是，许多分析师会将类似债务的其他负债纳入考虑，比如未拨备养老金、退休人员的其他福利以及经营租赁等，并根据上述项目在公司公布的债务水平上进行调整。在对租赁进行调整时，分析师通常会将估算的利息或租金费用加到各种现金流指标中。

- **债务资本比率**。其中资本等于总债务加上股东权益。该"比率"表示通过债务筹集的资金在公司总资本中所占的比率。较低的债务资本比率表明较低的信用风险。这是一个传统比率，一般用于投资级发行人。当商誉或其他无形资产非常重要（且面临冲销、损耗或减值风险）时，假定这些资产的税后价值被冲销，计算新的债务资本比率通常也能提供有用的信息。
- **债务/EBITDA**。该比率是常用的杠杆衡量指标。分析师用它来做一些简要的分析，也用它来观察一段时间内的趋势和做预测，并在特定行业的公司间进行比较。信用评级机构经常将它作为调整信用评级行动的信号，银行也会在贷款合约中引用它。该比率越高，说明公司的杠杆率越高，信用风险也就越高。请注意，对于现金流波动较大的公司，如那些周期性行业公司和高经营杠杆（高固定成本）的公司，这一比率可能非常不稳定。
- **FFO/债务**。信用评级机构经常使用该指标来衡量杠杆率。它们会按评级类别公布该指标的中位数和平均值，这样分析师就能了解为什么发行人会被评为某个信用评级，并能根据关键比率的变化，判断信用评级可能变动的方向。该比率越高说明利用营运资金偿还债务的能力越强。
- **股息后自由现金流/债务**。该比率越高说明在支付股息后剩余的自由现金流能偿还的债务越多。

偿债保障比率。偿债保障比率可以衡量发行人支付利息的能力。最常见的两种指标是 EBITDA 利息覆盖率和 EBIT 利息覆盖率。

- **EBITDA 利息覆盖率**。该指标对利息覆盖程度的衡量比 EBIT 利息覆盖率要宽松一些，因为它没有扣除折旧和摊销费用的影响。该比率越高，信用越好。
- **EBIT 利息覆盖率**。由于 EBIT 不包括折旧和摊销，该指标被认为是一种更保守的利息覆盖指标。该比率现在的使用频率低于 EBITDA 利息覆盖率。

表 6-6 是彭博巴克莱指数使用上市公司数据计算的工业公司按信用评级划分的关键信用比率平均值，时间为从 2017 年第三季度至 2018 年第三季度的 12 个月。[⊖]

表 6-6 工业公司的信用比率比较

信用评级	EBITDA 利润率（%）	资本回报率（%）	EBIT 利息覆盖率	EBITDA 利息覆盖率	FFO/债务（%）	自由营运现金流/负债（%）	债务/EBITDA	债务/债务加股东权益（%）
Aaa								
US	66.4	6.5	4.2	21.3	51.9	43.5	-0.2	43.3

⊖ 需要注意的是，AAA 评级的公司屈指可数，所以过小的样本量可能会扭曲一些关键信用指标的平均比率。很明显，总体而言，信用评级较高的发行人拥有更好的信用指标。

（续）

信用评级	EBITDA 利润率（%）	资本回报率（%）	EBIT 利息覆盖率	EBITDA 利息覆盖率	FFO/债务（%）	自由营运现金流/负债（%）	债务/EBITDA	债务/债务加股东权益（%）
Aa								
US	21.9	10.8	15.4	45.0	109.9	58.1	1.2	50.6
A								
US	26.0	13.5	13.3	18.9	49.1	31.8	1.8	51.2
Baa								
US	23.9	11.5	7.2	—	40.7	20.3	3.9	49.4
Ba								
US	21.7	3.5	4.6	—	27.7	11.0	4.1	64.0
B								
US	21.2	3.7	2.5	—	20.3	1.8	5.2	69.3
Caa								
US	16.0	0.2	-0.6	1.3	10.0	-6.6	9.3	95.3

注：截至 2018 年 12 月 19 日。

资料来源：彭博巴克莱指数公司。

对发行人流动性的评估。 发行人的流动性状况也是信用分析的一个重要考虑因素。在其他因素相当的情况下，流动性强的公司比流动性弱的公司信用风险更低。2008~2009 年的金融危机表明，不应想当然地认为可以随时通过债券市场和股票市场获得流动性，特别是那些没有强劲的资产负债表或稳定的经营现金流的公司。

在评估发行人的流动性时，信用分析师倾向于关注以下几点：

- **资产负债表上的现金。** 持有足够的现金是具备足够的流动性以履行付款承诺的最大保证。
- **净营运资本。** 美国大型汽车制造公司曾经有一段时间净营运资本为负数，尽管同期资产负债表上的现金水平很高。2008 年金融危机来袭，经济急剧萎缩时，该状况被证明是灾难性的。汽车行业销售和收入下降，汽车制造公司选择减产，却不得不动用数十亿美元的现金来补充营运资本，因为应付账款会在公司最需要流动资金的时候到期。
- **经营性现金流。** 分析师会预测这一指标值未来几年的发展趋势，并考虑它是否有低于预期的风险。
- **银行已授信额度。** 一旦公司无法在公开债券市场上获得其他更廉价的融资，已获得承诺但尚未使用的银行信贷额度将成为一个可能的流动性来源。
- **即将到期的债务以及承诺在未来一到两年内进行的资本支出。** 分析师将流动性来源与即将到期的债务规模以及承诺的资本支出进行比较，以确保公司能够偿还债务，并在资本市场无法提供融资的情况下仍有能力对业务进行投资。

与投资级公司相比，对于高收益评级的公司来说，发行人的流动性是更重要的考虑因素，6.7 节会更详细地讨论该问题。

例 6-6

马林克罗特有限公司是一家在爱尔兰注册的专业制药公司。作为一名信用分析师，你被要求评估该公司的信用，与该行业的竞争对手进行比较，并与不同行业中信用评级相似的公司进行比较。表 6-7~表 6-9 是该公司 2015 年、2016 年和 2017 年发布的财务报表。仔细阅读财务报表并回答下列问题。

1. 计算马林克罗特公司的营业利润率、EBITDA 和股息后自由现金流。根据这些指标评价马林克罗特公司的盈利能力和现金流。

2. 确定马林克罗特公司的杠杆率，使用债务/EBITDA，债务/资本，息债后自由现金流等指标。评论一下这些杠杆率指标对马林克罗特公司的信用水平有何影响。

3. 用 EBIT 和 EBITDA 分别计算马林克罗特公司的利息覆盖率。评论这些覆盖率显示的马林克罗特公司的信用状况。

4. 使用表 6-8 中强生公司的信用比率，比较马林克罗特公司与强生公司的信用状况。

5. 将全球最大的钢铁制造商之一、总部位于卢森堡的安赛乐米塔尔公司的信用比率与马林克罗特公司的信用比率进行对比，评价两家公司信用比率的波动性。哪家公司的周期性看起来更强？哪些行业因素可以解释这些差异？在比较这两家公司的信用时，还有哪些因素可能会抵消信用比率的较大波动？

表 6-7a　马林克罗特公司财务报表

合并业务报表（百万美元，每股指标除外）	截至 9 月 30 日①	截至 12 月 31 日	
	2015	2016	2017
净收入	**2923.1**	**3399.5**	**3221.6**
经营支出：			
销售成本	1300.2	1549.6	1565.3
研发费用	203.3	267.0	277.3
销售、一般及行政费用	1023.8	1070.3	920.9
重组费用净额	45.0	33.0	31.2
非重组减值费用	—	231.2	63.7
转让所有权和许可证收益	(3.0)	—	(56.9)
经营支出总额	**2569.3**	**3151.1**	**2801.5**
营业收入	**353.8**	**248.4**	**420.1**
其他（费用）收入			
利息费用	(255.6)	(378.1)	(369.1)
利息收入	1.0	1.6	4.6
其他收入（费用）净额	8.1	(3.5)	6.0
其他收入（费用）总额	(246.5)	(380.0)	(358.5)
EBITDA	**107.3**	**(131.6)**	**61.6**
所得税准备（盈余）	(129.3)	(340.0)	(1709.6)
净收入	**236.6**	**208.4**	**1771.2**
非持续经营收益（税后）	88.1	71.0	363.2
归属于普通股股东的净收入	**324.7**	**279.4**	**2134.4**

① 马林克罗特公司将每财年结束日由 9 月 30 日调整为 12 月 31 日。

资料来源：卢米斯塞尔斯公司提供的公司财务文档。

<table>
<tr><td colspan="2" style="text-align:center">表 6-7b　马林克罗特公司财务报表</td></tr>
</table>

合并资产负债表（百万美元）	截至 9 月 30 日①	截至 12 月 31 日	
	2015	2016	2017
资产			
流动资产：			
现金和现金等价物	365.9	342.0	1260.9
应收账款	489.6	431.0	445.8
存货	262.1	350.7	340.4
递延所得税	139.2	—	—
预提费用和其他流动资产	194.4	131.9	84.1
应收票据	—	—	154.0
待售流动资产	394.9	310.9	—
流动资产总额	**1846.1**	**1566.5**	**2285.2**
财产，厂房和设备（净值）	793.0	881.5	966.8
商誉	3649.4	3498.1	3482.7
无形资产净值	9666.3	9000.5	8375.0
其他资产	225.7	259.7	171.2
待售的长期资产	223.6		
资产总额	**16 404.1**	**15 206.3**	**15 280.9**
负债和股东权益			
流动负债：			
一年内到期的长期负债	22.0	271.2	313.7
应付账款	116.8	112.1	113.3
应计工资及与工资有关的费用	95.0	76.1	98.5
待付利息	80.2	68.7	57.0
应缴所得税	—	101.7	15.8
应计和其他流动负债	486.1	557.1	452.1
待售的流动负债	129.3	120.3	—
流动负债总额	**929.4**	**1307.2**	**1050.4**
长期负债	6474.3	5880.8	6420.9
养老金和退休后福利义务	114.2	136.4	67.1
环境负债	73.3	73.0	73.2
递延所得税	3117.5	2398.1	689.0
其他所得税负债	121.3	70.4	94.1
其他负债	209.0	356.1	364.2
待售的长期负债	53.9	—	
负债总额	**11 092.9**	**10 222.0**	**8758.9**
股东权益：			
普通股	23.5	23.6	18.4
按成本价入库的普通股	(109.7)	(919.8)	(1564.7)
额外的实收资本	5357.6	5424.0	5492.6
留存收益	38.9	529.0	2588.6
累计其他综合收入	0.9	(72.5)	(12.9)
股东权益总额	**5311.2**	**4984.3**	**6522.0**
负债和股东权益总额	**16 404.1**	**15 206.3**	**15 280.9**

① 马林克罗特公司将每财年结束日由 9 月 30 日调整为 12 月 31 日。

资料来源：卢米斯塞尔斯公司提供的公司财务文档。

表 6-7c 马林克罗特公司财务报表

合并现金流量表（百万美元）	截至 9 月 30 日[①]	截至 12 月 31 日	
	2015	2016	2017
经营活动现金流：			
净收入（亏损）	324.7	279.4	2134.4
折旧和摊销	672.5	831.7	808.3
股权激励	117.0	45.4	59.2
递延所得税	(191.6)	(528.3)	-1744.1
非现金减值费用	—	231.2	63.7
存货减值计提	—	8.5	34.1
已终止业务处置收益	—	1.7	-418.1
其他非现金项目	(25.5)	45.5	-21.4
营运资本变动	33.4	153.7	-188.8
经营活动净现金流	**930.5**	**1068.8**	**727.3**
投资活动现金流：			
资本支出	(148.0)	(199.1)	-186.1
并购和无形资产（扣除获得的现金）	(2154.7)	(247.2)	-76.3
资产剥离收益（扣除现金）	—	3.0	576.9
其他	3.0	(4.9)	3.9
投资活动净现金流	**(2299.7)**	**(448.2)**	**318.4**
融资活动现金流：			
发行外债	3010.0	226.3	1465
偿还外债和资本租赁	(1848.4)	(525.7)	-917.2
债务融资成本	(39.9)	—	-12.7
行使股票期权所得收益	34.4	10.8	4.1
回购股份	(92.2)	(536.3)	-651.7
其他	(28.1)	(21.8)	-17.7
融资活动净现金流	**1035.8**	**(846.7)**	**-130.2**
汇率变动对现金流的影响	(11.6)	(1.2)	2.5
现金和现金等价物净增加（减少）额	(345.0)	(227.3)	918
期初现金及现金等价物	777.6	588.4	361.1
期末现金及现金等价物	432.6	361.1	1279.1

① 马林克罗特公司将每财年结束日由 9 月 30 日调整为 12 月 31 日。
资料来源：卢米斯塞尔斯公司提供的公司财务文档。

表 6-7d 马林克罗特公司信用比率

	2015	2016	2017
营业利润率	12.1%	7.3%	13.0%
债务/EBITDA	6.3x	5.7x	5.5x
EBITDA/利息	4.0x	2.9x	3.3x
自由现金流量/债务	12.0%	14.1%	8.0%
债务/资本	55.0%	55.2%	50.8%

资料来源：卢米斯塞尔斯公司提供的公司财务文档。

表 6-8　强生公司信用比率

	2015	2016	2017
营业利润率	26.2%	29.5%	25.8%
债务/EBITDA	0.9x	1.1x	1.4x
EBITDA/利息	40.1x	34.4x	27.1x
自由现金流量（扣除股息）/债务	81.1%	57.3%	51.4%
债务/资本	22.0%	28.1%	36.5%

资料来源：卢米斯塞尔斯公司提供的公司财务文档。

表 6-9　安塞乐米塔尔公司信用比率

	2015	2016	2017
营业利润率	0.3%	5.5%	7.7%
债务/EBITDA	5.8x	2.3x	1.6x
EBITDA/利息	2.5x	5.0x	9.2x
自由现金流量（扣除股息）/债务	-2.8%	1.9%	13.5%
债务/资本	41.8%	29.7%	24.0%

资料来源：卢米斯塞尔斯公司提供的公司财务文档。

解答：

1. 营业利润率（%）= 营业收入/净收入，所以三年中马林克罗特公司的该指标为：

2015 年是 12.1 个百分点：

$$353.8/2923.1 = 0.121(12.1\%)$$

2016 年是 8.4 个百分点：

$$248.4/3399.5 = 0.084^{\ominus}(8.4\%)$$

2017 年是 13.0 个百分点：

$$420.1/3221.6 = 0.130(13\%)$$

EBITDA = 营业收入+折旧和摊销，所以三年中马林克罗特公司的该指标为：

2015 年是 1026.3 美元：

$$353.8+672.5 = 1026.3(美元)$$

2016 年是 1080.1 美元：

$$248.4+831.7 = 1080.1(美元)$$

2017 年是 1228.4 美元：

$$420.1+808.3 = 1228.4(美元)$$

股息后自由现金流 = 经营活动净现金流-资本支出-股息，所以三年中马林克罗特公司的该指标为：

2015 年是 782.5 美元：

$$930.5-148-0 = 782.5(美元)$$

2016 年是 869.7 美元：

$$1068.8-199.1-0 = 869.7(美元)$$

2017 年是 541.2 美元：

$$727.3-186.1-0 = 541.2(美元)$$

⊖　应为 0.073，原书疑似有误。——译者注

马林克罗特公司 2015~2016 年营业利润率下降，2016~2017 年营业利润率上升。与此相反，2015~2016 年股息后自由现金流增加，2016~2017 年下降。EBITDA 从 2015 年到 2017 年均有所增加。2015~2016 年，销售额增长了 16.3%，营业费用增长了 22.6%。因此，虽然 EBITDA 和自由现金流增加了，但营业利润率下降了。而且从 2016 年到 2017 年，销售额下降了 5.2%，营业费用下降了 11.1%。因此，营业利润率和 EBITDA 在增加，而股息后自由现金流在减少。

2. 债务总额＝短期负债和长期负债的流动部分＋长期负债，所以三年中马林克罗特公司的债务/EBITDA 指标为：

2015 年是 6.3 倍：

$$债务 = 22.0 + 6474.3 = 6496.3$$
$$债务/EBITDA = 6496.3/1026.3 = 6.3$$

2016 年是 5.7 倍：

$$债务 = 271.2 + 5880.8 = 6152.0$$
$$债务/EBITDA = 6152.0/1080.1 = 5.7$$

2017 年是 5.5 倍：

$$债务 = 313.7 + 6420.9 = 6734.6$$
$$债务/EBITDA = 6734.6/1228.4 = 5.5$$

资本＝债务＋股东权益，所以三年中马林克罗特公司的债务/资本指标为：

2015 年是 55.0%：

$$资本 = 6496.3 + 5311.2 = 11\,807.5$$
$$债务/资本 = 6496.3/11\,807.5 = 55.0\%$$

2016 年是 55.2%：

$$资本 = 6152.0 + 4984.3 = 11\,136.3$$
$$债务/资本 = 6152.0/11\,136.3 = 55.2\%$$

2017 年是 50.8%：

$$资本 = 6734.6 + 6522.0 = 13\,256.6$$
$$债务/资本 = 6734.6/13\,256.6 = 50.8\%$$

最后是马林克罗特公司三年的息债后自由现金流。

2015 年是 12.0%：

$$息债后自由现金流 = 782.5/6496.3 = 12.0\%$$

2016 年是 14.1%：

$$息债后自由现金流 = 869.7/6152 = 14.1\%$$

2017 年是 8.0%：

$$息债后自由现金流 = 541.2/6734.6 = 8.0\%$$

虽然马林克罗特公司的债务/EBITDA 和债务/资本比率在 2015 年至 2017 年期间有所改善，但非经常性业务的损失导致营运现金流下降，股息后自由现金流/债务比率显著恶化。考虑到损失很可能是非经常性事件，马林克罗特公司的信用状况在 2015 年至 2017 年期间可能有所改善。

3. 马林克罗特公司三年中的 EBIT 利息覆盖率分别为:

2015 年是 1.4 倍:

$$EBIT\ 利息覆盖率 = 353.8/255.6 = 1.4$$

2016 年是 0.7 倍:

$$EBIT\ 利息覆盖率 = 248.4/378.1 = 0.7$$

2017 年是 1.1 倍:

$$EBIT\ 利息覆盖率 = 420.1/369.1 = 1.1$$

马林克罗特公司三年中的 EBITDA 利息覆盖率分别为:

2015 年是 4.0 倍:

$$EBITDA\ 利息覆盖率 = 1026.3/255.6 = 4.0$$

2016 年是 2.9 倍:

$$EBITDA\ 利息覆盖率 = 1080.1/378.1 = 2.9$$

2017 年是 3.3 倍:

$$EBITDA\ 利息覆盖率 = 1228.4/369.1 = 3.3$$

根据这些利息覆盖率指标,马林克罗特公司的信用质量在 2015 ~ 2016 年下降,2017 年略有改善。2017 年的利息覆盖率仍低于 2015 年,表明息税前利润和息税后利润的增长速度均没有跟上利息支出的增长速度。

4. 强生公司的营业利润率较高,杠杆率较低,债务/EBITDA、三年内自由现金流(扣除股息)/债务较高,债务/资本较低,以 EBITDA/利息衡量的利息覆盖率较好。总的来说,这些比率表明强生公司的信用质量高于马林克罗特公司。

5. 马林克罗特的营业利润率高于安塞乐米塔尔公司,且波动较小。但马林克罗特的杠杆率指标一直在恶化,而安塞乐米塔尔的杠杆率指标一直在改善。基于其现金流和营业利润率的波动,安塞乐米塔尔公司的信用水平似乎周期性更强。然而,由于债务水平明显较低,人们可以预期安塞乐米塔尔公司的信用评级会更高。

一家钢铁制造商可能有大量的长期资产是通过债务融资的。钢铁制造业是一个竞争激烈的行业,钢铁制造商几乎没有能力将产品与其他竞争对手的产品区分开来。为了减轻其更不稳定的信用比率的影响,安塞乐米塔尔公司可能会保持更高的流动性水平。它在规模和全球多样性上也可能具有优势。考虑到规模,它可能更有能力与供应商和客户谈判,拿到对自己有利的合同,并通过规模经济来降低成本。

6.5.2.2 抵押

抵押品价值分析或资产价值分析通常在分析信用水平较低的公司时更为重要。如前所述,信用分析师主要关注违约的可能性,这主要取决于发行人产生足够现金流以支持其偿债的能力,以及为到期债务再融资的能力。通常只有当违约概率上升到一定程度,需要判断违约后损失的严重程度时,分析师才会考虑资产或抵押品的价值。

分析师可以考虑公司资产的价值和质量,但有些资产的价值是很难直接观察到的。首要考虑的因素包括资产负债表上无形资产的性质和价值。一些资产,如专利,显然是有价值的,如果有必要可以出售以弥补负债。一些其他的资产,如商誉,一般不被认为是优质资产。事实上，持续疲弱的财务表现极有可能意味着公司商誉的价值也在同时下降，这会加剧公司资产质量恶化的程度。另一个需要考虑的因素是资本支出与折旧费用的相对规模：资本支出低于折旧费用可能意味着管理层对其业务的投资不足，这将导致资产质量下降，可能会降低未来的经营性现金流，并在违约发生时造成更高的违约损失率。

信用分析师用来判断上市公司资产质量和偿债能力的一个市场信号是公司的股票市值。如果一家公司的股票市值低于其账面价值，那么其实际资产质量可能低于资产负债表上报告的金额反映的资产质量。

随着经济变得更加以服务和知识为主，这类公司发行的债券也越来越多。重要的是要明白，这类发行人更多地依赖人力资本和知识产权，而不是硬资产。在利润和现金流的来源上，这些公司不是资本密集型的。软件公司就是一个例子，另一个例子是投资管理公司。以人力资本和知识产权为基础的公司可能会产生大量的现金流，但它们的抵押品价值值得怀疑。除非公司有专利、其他类型的知识产权，以及没有直接出现在资产负债表上，但在财务困境或违约发生的时候可能会有价值的无形资本。

无论公司业务的性质如何，抵押品价值分析的重点是在考虑发行人的债务水平和债务优先级的背景下，评估发行人资产的价值。

6.5.2.3   契约

签订契约的目的是保护债权人，同时给予管理层足够的灵活性，让他们能代表股东的利益经营业务。无论对于债券还是银行贷款，这些都是信贷契约不可或缺的组成部分。它们阐明了发行人的管理层：①有义务做什么；②在做什么时受到限制。前者被称为"肯定性条款"，而后者被称为"否定性条款"或"限制性条款"。发行人的义务包括按时支付利息和本金，以及提交经审计的财务报表和其他相关文件。契约还可能要求公司在被收购的情况下提前偿还债务，⊖或保持债务/EBITDA 的比率低于某些规定的数值。对发行人的限制可能包括相对于收益，可以支付给股东的现金金额的上限，或者可额外发行的有担保债务的规模。违反契约条款是一种违约行为，可以被认定为违约事件，除非违约行为在短时间内得到纠正或获得豁免。

公司债券的契约条款被写入**债券发售说明书**中，该文件的发布是新债券发行的必经步骤。债券发售说明书描述了债券发行的有关条款，以及配套的财务报表历史数据，方便投资者进行分析并就是否提交订单购买新债券做出决定。实际上，债券契约是法定信用协议，按照监管要求通常会被纳入招股说明书中。

契约分析是信用分析的重要组成部分，但尚未得到充分重视。强力的契约条款可以保护债券投资者免受公司管理层可能采取的损害发行人信用的行动的影响。例如，如果没有适当的契约，管理层可能会支付大量股息，进行远远超过自由现金流覆盖的规模的股票回购，以杠杆收购⊖的方式出售公司，或者发行大量虽然优先级低于无担保债券持有人但有担保的债务。所有这些行动都将以牺牲债券持有人的利益为代价，让股东从中获利。回想一下前面提过的，管理层是为股东工作的，而债券只是需要履行的合同，管理层对债券持有人唯一的实际义务是按合同条款办事。在合同中加入和信用相关的契约可以保护债券持有人。

⊖ 此类通常被称为"控制权变更"条款。
⊜ 杠杆收购（LBO）是指投资者利用高比例的债务和相对较少的股权收购一家公司。

购买债券的投资者群体非常庞大和多样化,尤其是对于投资级债券来说,其投资者包括保险公司、投资管理公司、养老基金、共同基金、对冲基金、主权财富基金等机构投资者。虽然有一些规模很大的机构投资者,但买家群体是分散的,在法律上也不能作为财团统一行动。因此债券持有人通常无法在大多数新债券发行时达成强有力的契约。在经济或市场疲软时,新发行债券的契约的约束性往往会更强,因为在这种时候投资者会寻求更多保护。有一些机构投资者成立的组织专注于加强契约的约束,比如美国的信贷圆桌会议和英国的欧洲示范性契约倡议会。

契约的文字通常是非常专业的,并且采用法律术语,所以在进行相关分析时,由有法律背景的内部人员来审查和解释具体的契约条款和措辞是很有帮助的,也可以使用专门从事契约分析的第三方服务,比如"债券契约分析公司"。

我们将在 6.7 节更详细地讨论关于契约的一些具体问题。

6.5.2.4 品质

公司借款人的品质可能很难观察。把品质作为信用分析中的一个因素可以追溯到贷款主要面向个人独资公司的时候。目前,大多数公司债券发行人都是由公众公开持股,或由私募股权公司等多家资本持有的。管理层通常不会持有大量公司股权,因此对管理层品质的分析和评估与对公司所有者品质的分析和评估是不同的。信用分析师可以通过以下方式对管理层的品质做出判断。

- 管理层采用的经营战略是否合理。
- 管理层执行战略的历史记录,特别关注那些导致公司破产或重组的案例。由曾经导致业务陷入严重困境的高管经营的公司可能仍然能够在债务市场上借到钱,但必须提供担保或支付更高的利率。
- 管理层是否使用过激进的会计手法或税收策略。比如使用大量的表外融资、将即时费用项目资本化、过早确认收入或频繁更换审计师等。这些都是可能对发行人信用产生不利影响的行为或潜在的警示信号。
- 管理层的任何欺诈或渎职的历史记录都是对信用分析师的重大警示。
- 以往对债券持有人不利的不当行为,比如导致信用评级重大下调的管理行为。这些行为可能包括债务融资收购、向股东派发大量特别股息或大规模使用债务融资的股票回购。

■ 例 6-7 "4C"准则

1. 下列哪一项不是债券契约的内容?

A. 发行人必须及时向债券托管人报送财务报表

B. 公司可以无限制地回购自己的股票

C. 如果公司向任何债权人提供担保,它必须同时向这次发行的债券提供担保

2. 如果一家公司的股价低于账面价值,信用分析师为什么要担心呢?

A. 这意味着这家公司可能要破产了

B. 这意味着该公司可能会背上大量债务,以回购其估值偏低的股票

C. 这是一个信号,表明该公司资产负债表上的资产价值可能受损,必须进行减记,这意味着债权人得到的抵押品保护降低

3. 如果管理层有问题，投资者如何将这种评估纳入他们的信用分析和投资决策？

A. 他们可以因为信用风险的增加选择不投资

B. 他们可以坚持要求提供抵押品（证券）或要求更高的回报

C. 他们可以选择不投资，或者坚持要求额外的担保或更高的回报

解答 1：B 是正确答案。债券契约描述了借款人：①有义务做什么；②在做什么时受到限制。允许公司无限制回购自己的股票是债券契约缺少相应条款的表现。如果债券契约像 C 选项描述的那样，要求公司在向其他债权人提供担保时也对本次发行的债券提供担保则启用了"被动担保条款"。

解答 2：C 是正确答案。

解答 3：C 是正确答案。如果投资者对债券或发行人的信用风险感到不安，他们总是可以说"不"。他们也可以决定只在有担保的条件下借钱给品行可疑的借款人，并要求更高的回报以应对他们所认为的较高风险。

6.6 信用风险与回报：收益率与利差

本节内容适用于所有存在信用风险的债券。为简单起见，以下所有论述都用公司债券作为代表。

与其他类型的投资一样，承担更高的信用风险可以提高潜在回报率，但会面临更大的波动性，获得回报的确定性也更低。将信用评级作为信用风险的代表，表 6-10 展示了美国和欧洲债券市场按评级类别划分的所有期限债券的综合到期收益率[⊖]，数据来自最大的固定收益证券市场指数提供商之一彭博巴克莱指数公司。

表 6-10 按评级类别划分的公司债券收益率　　　　　　　　　　（单位：%）

彭博巴克莱指数	投资级债券				非投资级债券			
	AAA	AA	A	BBB	BB	B	CCC	CC-D
美国	3.63	3.52	3.86	4.35	5.14	6.23	8.87	19.51
欧洲[①]	1.25	0.76	1.18	1.67	2.92	5.63	8.78	54.95

注：数据日期为 2018 年 9 月 30 日。

① 由于欧洲央行当时正在执行"量化宽松"（QE），整个欧洲的收益率可能被人为降低了。

可以看到，信用水平越低，收益率报价就越高。由于利率的变化和前面讨论过的与信用有关的其他风险的影响，实际的投资收益率或回报总是和收益率报价不同。例如，总体信用违约造成的损失就会抵消一些低信用评级债券相对于高信用评级债券的收益率溢价。按信用评级类别追踪持有债券 12 个月的收益率，以及这些收益率的波动率（标准差），如图 6-4 所示。

⊖ 高收益债券通常以赎回收益率（YTC）或最差收益率（YTW）为基准报价，因为许多高收益债券在到期前可以赎回，而大多数投资级债券是不可赎回的，或者可以以惩罚性的溢价赎回，发行人不太可能行使这一选择权。

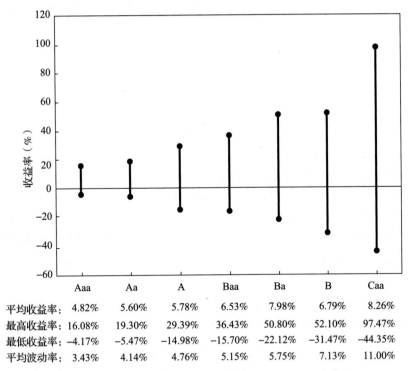

	Aaa	Aa	A	Baa	Ba	B	Caa
平均收益率:	4.82%	5.60%	5.78%	6.53%	7.98%	6.79%	8.26%
最高收益率:	16.08%	19.30%	29.39%	36.43%	50.80%	52.10%	97.47%
最低收益率:	-4.17%	-5.47%	-14.98%	-15.70%	-22.12%	-31.47%	-44.35%
平均波动率:	3.43%	4.14%	4.76%	5.15%	5.75%	7.13%	11.00%

图 6-4 追踪持有 12 个月的美国债券收益率（按信用评级分类，
1996 年 12 月 31 日至 2018 年 9 月 30 日）

资料来源：彭博巴克莱指数公司和卢米斯塞尔斯公司。

从图 6-4 中可以看出，债券的信用风险越高，收益率的潜力就越大，但收益率的波动性也越大。该模式与其他类型投资的风险和收益率模式是一致的（尽管在这个例子中，B 评级债券的平均收益率略有异常）。

对于那些被认为几乎没有违约风险的、流动性极强的债券（例如德国政府债券），其收益率是实际利率加上预期的通货膨胀率和期限溢价。当然，公司债券的收益率也包括这些。除了这些，公司债券的收益率还包括流动性溢价和信用利差，以补偿投资者所承担的额外风险和预期的信用损失。公司债券的收益率可以分解为：

公司债券收益率 = 无风险利率 + 预期通货膨胀率 + 期限溢价 + 流动性溢价 + 信用利差

任何组成部分的变化都会造成公司债券的收益率、价格和回报的变化。

公司债券的投资者主要关注的是公司债券相对于其他类似的无违约债券的收益率利差，收益率利差由流动性溢价和信用利差组成：

收益率利差 = 流动性溢价 + 信用利差

市场对风险的偏好变化会影响上述每一个组成部分。但一般来说，无法直接观察到市场对各组成部分的估计值，分析师只能观察到总的收益率利差。

所有公司债券的利差都会受到各种因素的影响，而信用评级较低的发行人通常会经历更大的利差波动。这些因素包括以下几个方面，经常交织在一起。

- **信用周期**。随着信用周期向好，信用利差将会缩小。相反，信用周期进入恶化阶段将导致信用利差扩大。利差在信用周期的顶部及附近是最窄的，此时金融市场认为总体违约风险较低；而利差在信用周期底部及附近是最宽的，此时金融市场认为总体违约风险较高。

- **宏观经济状况**。一般来说，疲弱的宏观经济将促使投资者要求获得更高的风险溢价，并推动整体信用利差扩大。相反，经济走强将使得信用利差收窄，因为投资者预期信用指标将因公司现金流增加而改善，从而降低违约风险。

- **包括股票在内的金融市场的整体表现**。金融市场疲弱时信用利差将扩大，市场强劲时信用利差将缩小。在稳定、低波动性的市场环境中，信用利差通常也会收窄，因为此时投资者可能会陷入被称为"收益率追逐"的状态。

- **债券经纪商为做市提供充足资本的意愿**。债券交易主要是场外交易，因此投资者需要债券经纪商提供的做市服务，而这需要投入资金。在 2008~2009 年的金融危机期间，几家大型债券经纪商要么倒闭，要么被收购。加上几乎所有其他债券经纪商共同面临的金融压力和监管压力，可用于做市的总资本和买卖信用风险债券的意愿都大大降低。未来的监管改革很可能导致债券经纪商愿意提供的做市资本持续甚至永久减少。

- **市场总体供求关系**。在新债供应旺盛的时期，如果需求不足，信用利差就会扩大；而在债券需求旺盛的时期，利差将会收窄。

前四个因素在 2008~2009 年的金融危机中都发挥了作用，导致信用利差大幅扩大，如图 6-5 所示。之后，随着政府干预和市场稳定，利差大幅收窄。图 6-5 中展示了两组信用利差的走势，一组是投资级债券的，另一组是高收益债券的。高收益债券的利差波动更大，特别是信用评级为 CCC 级的债券。纵坐标采用的利差范围考虑到了不同信用评级债券的利差波动率的差异。期权调整利差（OAS）是一种经过期权调整的利差，它包含了某些公司债券中嵌入的看涨期权的价值，发行方有权在到期前行使这些期权⊖。

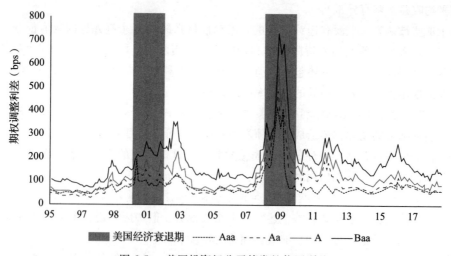

图 6-5a　美国投资级公司债券的信用利差

⊖ 关于内嵌期权债券估值和 OAS 计算的细节在 CFA 二级教材中有详细介绍。

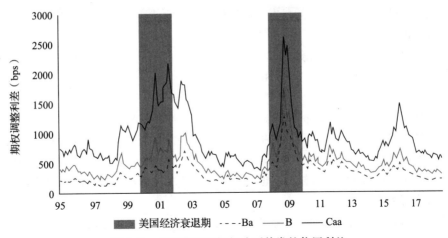

图 6-5b　美国高收益评级公司债券的信用利差

资料来源：彭博巴克莱指数公司和卢米斯塞尔斯公司。

> **例 6-8　收益率利差**
>
> 1. 哪些债券可能表现出最大的利差波动？
> A. 信用评级为 AA 的发行人发行的债券
> B. 信用评级为 BB 的发行人发行的债券
> C. 信用评级为 A 的发行人发行的债券
> 2. 如果投资者对经济越来越担心——可能正如股价下跌所显示的那样，那么对信用利差最有可能产生怎样的影响？
> A. 信用利差不会改变，它不受股票市场的影响
> B. 信用利差将会缩小，投资者将从股票转投债券
> C. 信用利差将会扩大，投资者担心的是信用水平的下降
>
> 解答 1：B 是正确答案。信用水平较低的债券比信用水平较高的债券表现出更大的信用利差波动。所有影响信用利差的因素——信用周期、经济状况、财务表现、市场势力和供需状况，都倾向于对低信用水平债券的定价产生更大的影响。
>
> 解答 2：C 是正确答案。投资者将要求更高的收益率作为对信用质量恶化（或信用损失）的补偿，这更可能发生在经济疲软时期。

我们已经讨论了公司债券等信用风险较高的债务的收益率利差是如何随着各种因素的变化而波动的，包括市场对发行方特有风险的看法的变化。下一个问题是这些利差的变化如何影响债券的价格和回报。

尽管债券投资者确实担心违约风险，但请记住，高信用评级债券的违约概率通常非常低：对于投资级以上的债券，在一年之内违约的概率总是远低于 1%（见表 6-4）。此外，信用较差的发行人违约的概率可能非常高，尽管不同的发行人可能因信用周期等因素而存在很大差异。除了违约风险，大多数投资级债券的投资者更关注利差风险，也就是信用利差变化对债券价格和收益率的影响。

信用利差变化对债券价格的影响取决于两个因素：债券的修正久期（衡量了债券价格对

利差变化的敏感性）和利差变化的幅度。信用利差变化对债券持有人收益率的影响取决于用于计算收益率的持有期长短。

最简单的例子是考虑利差的瞬时微小变化。在这种情况下，利差对价格的影响，即价格变化的百分比（包含应计利息），可以用下式近似计算：

$$价格影响 \approx -\text{MDur} \times \Delta\text{Spread}$$

其中 MDur 为修正久期，ΔSpread 为利差的变化。这个等式中的负号反映了这样一个事实：由于债券价格和收益率的变动方向相反，较窄的利差对应更高的债券价格，而较宽的利差对应更低的债券价格。请注意，如果利差变化以基点表示，那么价格影响也以基点表示；而如果利差变化以小数表示，价格影响也以小数表示。无论哪种方式，结果都很容易被重新整理为百分比的形式。

对于更大的利差变化（因而也导致更大的收益率变化），需要考虑凸性的影响以提高近似精度：

$$价格影响 \approx -(\text{MDur} \times \Delta\text{Spread}) + \frac{1}{2}\text{Cvx} \times (\Delta\text{Spread})^2$$

在使用该公式时，要注意将凸性（Cvx）缩放到合适的数量级，以与利差变化的表达方式一致。一般来说，对于没有嵌入期权的债券，人们可以将凸性进行缩放，使其具有与久期的平方相同的数量级，然后用小数来表示利差变化。例如，如果债券的久期为 5.0，凸性为 0.235，可以将凸性缩放为 23.5，再应用该公式。如果利差增加 1%（即 100 个基点），结果是：

$$价格影响 = (-5.0 \times 0.01) + \frac{1}{2} \times 23.5 \times (0.01)^2 = -0.048\,825 \text{ 或} -4.8825\%$$

表 6-11 以英国电信公司的两种债券为例，说明了瞬时利差变化对价格的影响。这些债券以英镑计价，其定价较期限相近的英国政府债券（即金边债券）有一定的利差。从起始信用利差开始，依次增减 25 个基点的信用利差，然后计算每次信用利差变化后的新价格和实际收益率。另外，表 6-11 中还分别展示了有凸性调整和没有凸性调整的近似结果。可以看到，仅使用久期的近似结果对于较小的利差变化是相对准确的，但对于较大的利差变化，进行凸性调整通常可以显著改善近似结果的精度。

表 6-11 在给定信用利差变化幅度的情况下，久期对债券价格的影响

发行人：英国电信公司，票面利率为 5.75%，2028 年 12 月 7 日到期		
净价：122.978 英镑	修正久期：7.838	与金边债券的利差：150.7bps
应计利息：0.958 英镑	凸性：77.2	到期收益率：3.16%

				信用利差变化场景				
利差变化（bps）	−100	−75	−50	−25	0	25	50	75	100
利差（bps）	50.7	75.7	100.7	125.7	150.7	175.7	200.7	225.7	250.7
净价（英镑）	131.62	129.12	126.68	124.29	122.98	119.69	117.47	115.30	113.18
净价+应计利息（英镑）	132.58	130.08	127.64	125.25	123.94	120.65	118.43	116.26	114.14
价差（英镑）	8.64	6.14	3.70	1.31	0.00	−3.29	−5.51	−7.68	−9.80
收益率（%）									
实际收益率	6.97%	4.96%	2.99%	1.06%	0.00%	−2.65%	−4.44%	−6.20%	−7.91%
只用久期近似	7.84%	5.88%	3.92%	1.96%	0.00%	−1.96%	−3.92%	−5.88%	−7.84%
用久期和凸性近似	8.22%	6.10%	4.02%	1.98%	0.00%	−1.94%	−3.82%	−5.66%	−7.45%

（续）

发行人：英国电信公司，票面利率为 3.625%，2047 年 11 月 21 日到期		
净价：94.244 英镑	修正久期：17.144	与金边债券的利差：210.8bps
应计利息：2.185 英镑	凸性：408.4	到期收益率：4.11%

信用利差变化场景

利差变化（bps）	−100	−75	−50	−25	0	25	50	75	100
利差（bps）	110.8	135.8	160.8	185.8	210.8	235.8	260.8	285.8	310.8
净价（英镑）	111.28	106.38	101.77	97.41	93.24	89.41	85.75	82.30	79.04
净价+应计利息（英镑）	113.47	108.57	103.96	99.60	95.43	91.60	87.94	84.48	81.22
价差（英镑）	18.04	13.14	8.53	4.17	0.00	−3.83	−7.49	−10.95	−14.21
收益率（%）									
实际收益率	18.90%	13.77%	8.93%	4.37%	0.00%	−4.02%	−7.85%	−11.47%	−14.89%
只用久期近似	17.14%	12.86%	8.57%	4.29%	0.00%	−4.29%	−8.57%	−12.86%	−17.14%
用久期和凸性近似	19.19%	14.01%	9.08%	4.41%	0.00%	−4.16%	−8.06%	−11.71%	−15.10%

资料来源：彭博金融数据服务公司（结算日为 2018 年 12 月 13 日）。

　　可以看到，在给定信用利差的变化幅度的情况下，期限较长的债券（表 6-11 中为 2047 年到期的债券）价格变化幅度大于期限较短的债券。一般来说，期限较长的公司债券具有更强的利差敏感性，也就是说，它们的价格和回报在信用利差发生变化时更不稳定。这本质上与债券久期的概念相同：债券的久期越长，利率或信用利差同样幅度的变化造成的债券价格波动越大。

　　此外，该现象也和长期投资者希望得到额外信用风险补偿的事实有关，因为距离债券到期的时间越长，发行人未来信用可靠性的不确定性越大。根据信用分析的结论，投资者可能认为发行人短期的违约风险较低；但展望未来多年的情况时，投资者感受到的不确定性增强，因为除了完全不可能的因素，一些因素越来越难以预测（比如战略失败或执行力弱化、技术被取代、自然或人为灾难、公司被去杠杆）。信用风险随时间推移而增强的情况如表 6-12 所示，其数据来自标准普尔的一项相关研究[○]。可以看到，所有发行于 2017 年，且信用评级为 BB 及以上的债券，在一年内违约的概率为 0%。发行于 2015 年的债券在三年内违约的概率明显更高，连最初信用评级为 BBB（即低投资级）的债券也有一定的违约率。发行于 2013 年的债券在五年内违约的概率又高于在三年内违约的概率。除了违约风险随着时间的推移而上升，数据还相当确凿地表明，信用评级越低，违约风险越高。最后，值得注意的一点是，评级为 CCC 及以下的债券，它们在所有期限范围内的违约风险都非常高。这与本章的表 6-5 一致，该表显示低等级债券在三年内发生信用评级变动的可能性较大，其中大部分变动都是向更低的信用评级迁移（也就是说违约风险变得更高了）。

表 6-12　按信用评级类别划分的违约概率（非金融类公司）　　　　（单位:%）

信用评级	1 年内（2017 年发行）	3 年内（2015 年发行）	10 年内（2013 年发行）
AAA	0.00	0.00	0.00
AA	0.00	0.00	0.00
A	0.00	0.00	0.00
BBB	0.00	0.08	0.27
BB	0.10	2.46	3.33

○ 《2010 年度全球公司违约研究和评级转移报告》，标准普尔公司，2018 年 4 月 5 日。

（续）

信用评级	1 年内（2017 年发行）	3 年内（2015 年发行）	10 年内（2013 年发行）
B	0.95	10.11	12.90
CCC/C	27.15	41.43	44.70

同样值得注意的是，长期债券的买卖价差（按收益率计算）更大，这对应着更高交易成本，投资者也希望在这方面得到补偿。

由于这些原因，利差曲线（通常称为信用利差曲线）通常是向上倾斜的，和收益率曲线一样，也就是说同一发行人的较长期债券与同期限政府债券的信用利差通常大于较短期债券与同期限政府债券的信用利差。[⊖]图 6-6 以美国电话电报公司为例，绘制了反映其债券收益率与到期期限关系的曲线，这是一条典型的向上倾斜的信用利差曲线。（作为一家频繁发行债券的大型公司，美国电话电报公司在各到期期限上都有大量未偿付债券。）

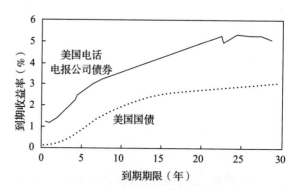

图 6-6　美国电话电报公司债券与
美国国债的信用利差

资料来源：彭博财经公司 2011 年 10 月 5 日的数据。

▌例 6-9　对价格的影响

计算信用利差变化对某 10 年期公司债券价格的影响。该债券的票面利率为 4.75%，票面价值为 100。由于发行人宣布将增加大量债务为收购融资（导致信用评级机构将其信用评级下调了两个级别），公司债券信用利差瞬间扩大了 50 个基点。假设债券的修正久期为 7.9，凸性为 74.9。

解答：信用利差扩大 50 个基点对该公司债券价格的影响为-3.86%。

$$价格影响 \approx -(MDur \times \Delta Spread) + \frac{1}{2}Cvx \times (\Delta Spread)^2$$

$$= -(0.0050 \times 7.9) + (0.5 \times 74.9) \times (0.0050)^2$$

$$= -0.0386 \text{ 或} -3.86\%$$

由于收益率和债券价格走势相反，信用利差扩大会导致债券价格下跌。使用债券定价计算器，准确的结果是-3.85%，所以这个近似值非常准确。

综上所述，在给定的持有期限内，信用利差的变化会对信用债的价格和表现产生显著影响，债券的修正久期越长，信用利差的变化对债券价格的影响越大。信用利差扩大会造成债券价格下降，而利差缩小会造成债券价格上涨。对于主动管理投资组合的债券投资者（不同

⊖　也有例外的情况，比如由于票面利率远高于到期收益率而以高于票面价格的价格进行交易的债券，以及接近违约的债券。许多投资者不愿购买有信用风险的溢价债券，因为一旦发生信用事件乃至违约，债券价格下跌的幅度会更大。因此高息票中期债券的信用利差与更长期的债券差不多，甚至会更大。对于接近违约的债券，高违约风险导致同一发行人的所有债券都转向相同的预期回收价格。在这种情况下，期限较短的债券的报价跟期限较长的债券差不多，因此到期收益率更高，信用利差也更大。

于购买债券并持有至到期的投资者），成功预测单只债券及债券投资组合的信用利差变化和预期信用损失，是提高投资业绩的重要策略。

6.7　关于高收益评级的公司债券、主权债务和非主权政府债券信用分析的特别考虑

到目前为止，我们主要关注的是信用分析和信用债投资的一般原则，关注的重点是高质量、投资级的公司债券。虽然这些原则中的许多原则也适用于债券市场中其他有信用风险的资产，但在对部分资产进行信用分析时，需要考虑一些特殊情况。本节侧重于在以下三个细分市场评估债券发行人信用风险时的特殊考虑：高收益评级的公司债券、主权债务和非主权政府债券。

6.7.1　高收益评级的公司债券

前面提到过，高收益级公司债券是那些被主要信用评级机构评定为级别低于 Baa3 或 BBB- 的债券。这些债券有时也被称为垃圾债券，因为其发行人薄弱的资产负债表和糟糕或未得到证明的商业前景隐藏着更高的风险。

公司的信用评级低于投资级的原因有很多，包括：

- 高杠杆的资本结构
- 盈利历史较短或历史盈利表现较差
- 自由现金流很少甚至为负
- 业务的周期性很强
- 管理不善
- 高度危险的融资策略
- 没有规模优势或竞争力
- 大额表外负债
- 处于夕阳行业（如报纸出版业）

相对于质量更高的投资级公司，资产负债表较弱或业务状况较差的公司出事的概率更高，违约风险更大。违约风险越大，就意味着越需要关注其回收率（或者说在违约发生时损失的严重程度）。因此，高收益债券的信用分析通常比投资级债券更深入，有一些独有的考虑因素，包括以下内容：

- 更加关注发行人的流动性和现金流
- 进行更详细的财务预测
- 详细了解和分析发行人的债务结构
- 理解发行人的公司结构
- 分析合同条款
- 采用类似股票分析的方法进行高收益分析

流动性。这里的流动性是指公司拥有的现金数量和产生或筹集现金的能力，这对高收益评级的公司来说绝对至关重要。投资级公司的资产负债表上通常有大量现金，公司运营产生的大量现金足以覆盖它们的债务（否则它们就不该是投资级公司!），或者被认为有其他流动性来源，如银行授信额度和发行商业票据⊖的能力。基于这些原因，投资级公司可以更容易地将到期债务展期（再融资），而高收益评级的公司可能没有这些选择。比如，不存在"高收益"商业票据市场，银行信贷安排往往也会对高收益评级的公司施加更严格的限制。公司层面的突发坏消息或金融市场状况恶化都可能导致高收益评级的公司无法进入债券市场，而且绝大多数投资级债券发行人都有公开交易的股票，因此可以将增发股票作为一种融资选择，但许多高收益评级的公司只有私募股权，因此无法进入公开股票市场。

因此发行人的流动性是高收益债券信用分析的一个关键点。最强到最弱的流动性来源依次是：

1. 资产负债表上的现金
2. 营运资本
3. 经营性现金流
4. 银行授信额度
5. 发行股票
6. 出售资产

不言自明，资产负债表上的现金是最便捷的偿还债务的流动性来源。⊖。正如本章提到的，营运资本是流动资金的一个重要来源，其对流动性的作用取决于营运资本的规模、在公司现金周转循环中的使用情况以及在公司经营中所起的作用。经营性现金流是一种现成的流动性来源，因为销售的产品会在很短的时间内变成应收账款，而应收账款会在很短的时间内变成现金。银行授信额度可以是一个重要的流动性来源，尽管发行人在使用银行授信额度时可能会受到相关合约条款的约束，这是至关重要的，稍后我们再讨论。发行股票可能不是一个可靠的流动性来源，因为高收益债券发行人要么只能发行私募股权，要么股票的流动性不佳（如果公司确实有公开交易的股票）。出售资产是最不可靠的流动性来源，因为资产出售价格和实际交割时间都可能高度不确定。

应该将这些流动性来源可以提供的资金规模与即将到期的债务规模和债务到期时间进行比较。如果未来 12 个月将有大量债务到期，而流动性来源较少，这对债券投资者来说是一个警示信号，说明发行人很有可能会违约，因为届时其他投资者可能不会购买为偿还现有债务而发行的新债券。流动性不足——没有现金或者无法通过外部融资来偿还现有债务，是发行人违约的主要原因。流动性对制造业公司很重要，对金融公司来说则是绝对必要的，看一看2008 年金融危机期间雷曼兄弟和其他陷入困境的金融公司遭受的情况就知道了。金融机构的杠杆率很高，经常依赖短期融资为长期资产提供资金。

财务预测。由于高收益评级的公司的犯错空间较小，因此重要的是预测未来几年的利润和现金流流出，分析可能出现的情况，以评估发行人的信用状况是稳定、改善还是恶化，进

⊖ 商业票据是许多大型投资级公司每天使用的金融工具，可以提供少于 270 天的短期资金。在实践中，发行商业票据需要可靠的、长期的、投资级的评级，至少是 A 级或更高，BBB 级公司则很难利用该途径。

⊖ 请注意，由于某些税收、商业或监管原因，一些在其他国家的现金可能会被管制，或者将现金带回本国时会触发预扣税。

而判断是否需要其他流动性来源或是否存在违约风险。还应该考虑持续的资本支出和营运资本的可能变动，要特别关注可能暴露发行人弱点的发行人面临压力的情境。

债务结构。高收益评级的公司的资本结构往往包含多个层级的债务，它们的优先级各不相同，因此在发生违约时，它们的潜在回收率也不同（回想一下表 6-1 中不同信用评级债券的回收率历史数据）。高收益债券发行人通常在其债务结构中包含以下几种债务：

- （抵押）银行贷款[一]
- 第二留置权债务
- 优先无担保债务
- 次级债，可能包括可转换债券[二]
- 优先股[三]

在债务结构中排名越低，信用评级越低，违约时预期回收率也越低。为了补偿更高的相关风险，投资者通常会要求更高的收益率。

正如 6.5 节介绍的那样，信用分析师常用的衡量杠杆的指标是债务/EBITDA。对于一个债务层级多、债务预期回收率各异的发行人，高收益级发行人的信用分析师应该计算债务结构中每个层级的杠杆率。杠杆率可以采用总杠杆率或净杠杆率的形式，总杠杆率计算不对现金做调整，净杠杆率计算会将现金从债务中扣除。

例 6-10 债务结构和杠杆率

西克森公司是一家专业化工企业。由于一系列的并购以及 2005 年的杠杆收购，该公司拥有复杂的高收益级债务结构，包括第一留置权债务（贷款和债券）、有担保债券、第二留置权债务和优先无担保债务。表 6-13 是对该公司债务结构的简化描述，以及一些关键的与信用相关的统计量。

根据上述信息回答下列问题：

1. 计算西克森公司的总杠杆率，以债务/EBITDA 衡量，包括每个类别的债务和总债务。

2. 计算总债务的净杠杆率，以（债务-现金）/EBITDA 衡量。

3. 为什么西克森公司的有担保债务相对于无担保债务（包括优先级和次级债务）会有这么多？（注：回答该问题需用到前几节提到的概念。）

表 6-13 西克森公司的债务和杠杆结构（2017 年底）

财务信息（百万美元）	
现金	115
总债务	3668
净债务	3553
利息费用	329
EBITDA	365
负债结构（百万美元）	
第一留置权债务（贷款和债券）	2607
有担保债券	225
第二留置权债券	574
优先无担保债券	263
总债务	3669

资料来源：卢米斯塞尔斯公司提供的公司财务文档。

[一] 由于违约风险较高，在大多数情况下，银行贷款会要求高收益级发行人提供抵押品。
[二] 可转换债券是一种债务工具，持有者有权将其转换成固定数量的普通股。它可以处于资本结构的任何层级，但经常以优先次级债的形式发行。
[三] 优先股既像债权又像股权。它像债券一样收取固定的利息，并且比普通股拥有更高的偿付优先级。但作为一种股权，它的偿付优先级排在债权之后。

解答 1 和解答 2 见表 6-14:

表 6-14

	总杠杆率: 债务/EBITDA	净杠杆率: (债务-现金)/EBITDA
有担保债务杠杆率		
(第一留置权债务+有担保债务)/EBITDA		
(2607+225)/365	7.8	
第二留置权债务杠杆率		
(第一留置权债务+有担保债务+第二留置权债务)/EBITDA		
(2607+225+574)/365	9.3	
总债务杠杆率(包括无担保债务)		
(总债务/EBITDA)		
3669/365	10.1	
净杠杆率(从整个债务结构中扣除现金的杠杆率)		
(总债务-现金)/EBITDA		9.7

解答 3:西克森公司之所以会有这么多有担保债务,可能是因为:

①发行有担保债务比发行额外的无担保债务成本更低,投资者可能会对后者要求更高的收益率。

②考虑到业务的风险(化学品是周期性业务)、业务模式的高杠杆率,以及资产负债表的风险(杠杆收购带来的大量债务),投资者只愿意在有担保的前提下借钱给公司。

拥有大量有担保债务(通常是银行贷款)的高收益评级的公司被认为具有头重脚轻的资本结构。在这种结构下,一旦出现财务压力,获取银行贷款的能力就会降低。与其他类型的债务相比,银行贷款的契约条款通常更为严格,期限通常也更短。这意味着大量依赖银行贷款的发行人更容易违约,所发行的高收益债券的回收率也更低。

公司结构。许多发行债务的公司,包括高收益评级的公司,采用的是一个母公司和几个子公司的控股公司结构。了解发行人的债务在哪里(母公司还是子公司),以及现金如何从子公司流向母公司、从母公司流向子公司,对分析高收益发行人来说至关重要。

在控股公司结构中,母公司拥有子公司的股份。通常情况下,母公司本身的利润和现金流并不多,主要依靠从子公司获得的股息。在子公司履行了所有其他义务(如债务偿付)后,剩余的利润可以用来支付股息。在利润和现金流不足的情况下,子公司向母公司支付股息的能力可能会受到限制。此外,背负大量债务的子公司通过股息或其他方式(如通过公司间贷款)向母公司提供的现金数量可能会受到相关契约的限制。对母公司和子公司之间现金流动的限制可能对二者履行债务义务的能力产生重大影响。由于母公司依赖子公司的现金流,因此在结构上,母公司债务的优先级排在子公司债务之后,因此母公司债务在违约发生时的回收率通常更低。

控股结构非常复杂的公司,可能会有一个或多个中间控股公司,每个公司都有自己的债务,在某些情况下,它们可能不会持有子公司 100% 的股份。这样的结构经常出现在高收益评

级的公司中，可能是通过多次并购和杠杆收购形成的。[○]

图 6-7 展示了营富公司的资本结构，这是一家高收益评级的软件和服务公司，经常被用作展示信用评级机构评级过程的例子。营富公司的资本结构包括母公司的债务（在图 6-7 中是可转换优先票据）以及子公司的不同优先级的多层级未清偿债务。

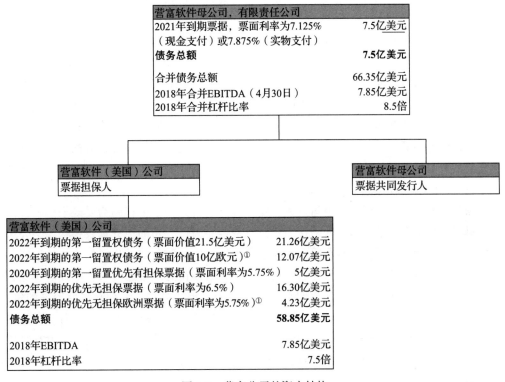

图 6-7　营富公司的资本结构

① 欧元金额已换算为美元。
资料来源：卢米斯塞尔斯公司。

因此，高收益债券的投资者应该分析和了解发行人的公司结构，包括母公司和子公司之间的债务分配情况。投资者要按各发债主体分别计算杠杆率，也要合并计算杠杆率。

还有一点需要注意，尽管子公司的债务可能拥有子公司特定资产的优先索取权，因而有更好的担保，但母公司的信用水平仍然有可能高于子公司。虽然没有特定资产的直接担保，但母公司仍然可以受益于集团结构带来的现金流的多样性和可获得性。简而言之，不能仅凭债务有无担保和留置权优先级来决定信用水平。

契约分析。前面提到过，对契约条款的分析对所有债券来说都是非常重要的，对于高收益债券尤其重要，因为它们的安全边际更低。高收益债券发行人的契约中与信用风险相关的条款包括：

- 控制权变更看跌期权
- 限制支付

[○] 对于具有复杂法人结构的控股公司，比如拥有多家子公司且子公司又有各自的资本结构的情况，一家子公司的违约未必会引发交叉违约。有经验的分析师会仔细在契约和其他法律文件中搜寻相应条款。

- 留置权债务和额外负债限制
- 受限子公司或非受限子公司

如果使用了**控制权变更看跌期权**条款，在发生并购（即控制权变更）的情况下，债券持有人有权要求发行人以票面价格或较票面价值略有溢价的价格回购其债务（这是一个看跌期权）。该条款旨在保护债权人，使其免于因并购而暴露在面临信用更差、负债更多的借款人的风险之下。对于投资级发行人来说，这一条款的触发通常需要满足两个条件：借款人被并购并且因此导致公司信用评级被下调至高收益级别。

限制支付条款旨在通过限制发行人在一段时间内可以向股东支付的现金数量来保护债权人。限制支付的金额上限通常与发行人的现金流和未偿债务或打算募集的债务总额有关，而且该金额可以随着留存利润或现金流的增长而增长，让管理层在支付股息时有更大的灵活性。

留置权债务和额外负债限制条款旨在限制发行人可以拥有的有担保债务的规模。该条款对优先级低于有担保债权人的无担保债权人很重要，因为一旦发生违约，排在他们前面兑付的债务越多，他们能收回的资本就越少。

根据**受限子公司或非受限子公司**条款，发行人可以将某些子公司归为受限子公司，而将其他子公司归为不受限子公司，区别在于子公司是否能为母公司的债务提供担保。子公司的担保对母公司的债权人可能非常有用，因为这将让母公司的债务与子公司的债务处于同等地位，而不再是债务结构上的次级债务。受限子公司应该被视为通常通过某种形式的担保，偿还母公司债务的子公司。它们往往是母公司发行人的大型子公司，并拥有价值较高的资产，如工厂和其他设施，或大量的现金流。子公司是否受限可能出于税收或法律原因（可能跟注册地有关）。分析师应该仔细阅读契约中受限子公司与不受限子公司的定义，因为有时这些文字写得非常宽泛，以至于公司可以通过董事会或受托人的简单投票将子公司从一种类型重新划分为另一种类型。

对于高收益级投资者来说，了解发行人的银行贷款协议条款很重要。这些协议通常要提交给起草贷款协议所在国家的证券委员会。银行契约可能比债券契约更具限制性，可能包含所谓的**维持条款**，例如杠杆测试，即债务/EBITDA的比率不能超过一定数值。一旦条款被违反，银行很可能会中止协议约定的下一步贷款，直到重新满足条款条件。如果发行人不采取补救措施，银行可能会要求发行人加速全额偿还贷款，从而引发违约事件。

采用类似股票分析的方法进行高收益债券信用分析。高收益债券有时被认为是高质量债券（如投资级公司债券）和股票的混合体。与高质量债券相比，高收益债券波动性较大的价格和信用利差受利率变化的影响较小，与股市波动的相关性更强。事实上，如图6-8所示，高收益债券的历史收益率及收益率的标准差介于投资级债券和股票之间。

因此，用类似股票分析的方法来分析高收益债券发行人的信用可能是有用的。一种方法是计算发行人的公司价值。公司价值（EV）通常是将股票总市值加上总债务，然后减去超额现金⊖得到的⊜。公司价值衡量了公司被收购时的价值（但不包含收购溢价），因为收购方会获得被收购方的现金，并偿还或承担被收购方的债务。

⊖   超额现金等于总现金减去负的营运资本的绝对值。
⊜   与绝大多数投资级公司不同，许多高收益债券发行人没有公开交易的股票。对于这些发行人，人们可以使用可比的上市公司股权数据来估计公司价值。

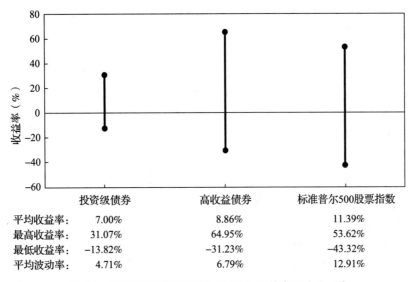

	投资级债券	高收益债券	标准普尔500股票指数
平均收益率:	7.00%	8.86%	11.39%
最高收益率:	31.07%	64.95%	53.62%
最低收益率:	−13.82%	−31.23%	−43.32%
平均波动率:	4.71%	6.79%	12.91%

图 6-8　美国按信用评级划分的 12 个月债券跟踪收益率
（1988 年 12 月 31 日至 2018 年 9 月 30 日）

资料来源：彭博巴克莱指数公司和卢米斯塞尔斯公司。

债券投资者喜欢使用公司价值这个指标，因为它展示了债务之下的股本缓冲金额。它还可以让人们了解管理层为了提高股权回报能增加多少杠杆；或者会破坏信用的杠杆收购发生的可能性、付出的代价有多大。与股票投资者看待权益乘数的方式类似，债券投资者可能会计算和比较发行人的公司价值/EBITDA 和债务/EBITDA，作为他们分析的一部分。某一特定发行人的公司价值/EBITDA 与债务/EBITDA 之间的差距较小，表明其股本缓冲较小，因此债券投资者面临的风险可能更高。

6.7.2　主权债务

世界各地的政府都会使用债务工具来为其正常运转提供补充资金，用于覆盖政府雇员工资等当前支出，以及基础设施建设和教育投入等长期投资。传统上，发达国家的政府债券被认为是无违约风险的债券，其利率被称为无风险利率，所有其他债券都以此为基准定价。但 2008 年全球金融危机和 2011～2012 年的欧元危机让发达国家的财政也面临挑战，这让人们对无风险利率的概念产生了质疑，即使那些信用最好的政府借款人也是如此。随着资本市场的发展，越来越多的主权政府既能在外国市场发行债券（通常以美元或欧元而非本国的货币计价），也能在国内市场发行债券（以主权政府自己的货币计价）。在国内市场发行的债券，由于受本国法律的约束，通常以本国货币计价，而且理论上可以通过印钞来偿还，因此一般不会违约。20 年前，许多新兴市场国家[⊖]只能在外国市场发行债券，因为当时它们的国内市场还不存在。如今许多国家都能在国内发行债券，并成功构建了跨越所有期限的国内政府债券收益率曲线。如果主权国家政府能实现"双顺差"，即政府预算盈余和经常账户盈余，它们就有足够能力偿还外债和国内债务。

⊖ 新兴市场国家没有被普遍接受的定义。世界银行认为人均 GDP 是一个有用的衡量标准，经济开放程度和成熟程度、政治稳定性等也是重要的因素。

即使在金融全球化和国内债券市场快速发展的背景下，主权政府债务违约的事件也时有发生。违约通常是由诸如战争、政治动荡、货币贬值、贸易急剧恶化或国家主要出口商品的价格急剧下降等事件引发的。一些发达国家政府在2009年之后也出现了违约风险，因为2008年金融危机后，政府收入急剧下降，支出激增，人口老龄化造成医疗和社会保障需求不断增强，金融市场开始怀疑公共财政的长期可持续性。欧元区一些实力较弱、负债较高的成员国无法以可负担的利率进入债务市场，不得不向国际货币基金组织和欧盟寻求贷款。由于它们是欧盟成员国并使用欧元，这些实力较弱的成员国政府此前能够以低得多的利率借入资金。但全球金融危机给各个国家的公共财政带来了沉重打击，一些国家的银行体系成了政府的或有负债，造成欧元区内部各国间利差扩大，一些国家被债券市场拒之门外。比如，爱尔兰政府为大部分银行债务提供了担保，这破坏了爱尔兰政府自身的财政稳定性。

与公司分析一样，主权债务信用分析也基于定性分析和定量因素的结合。主权债务信用分析的两个关键问题是：①政府的支付能力。②政府的支付意愿。支付意愿之所以重要，是因为根据主权豁免原则，投资者通常无法强迫主权国家偿还债务。主权豁免让政府无法成为被起诉的对象。迄今为止，旨在建立有序主权债务重组和违约处理机制的全球倡议尚未取得进展。

为了说明主权债务信用分析中有哪些重要的考虑因素，我们将介绍一个评估主权债务信用和给主权债务评级的基本框架[⊖]。该框架介绍了分析师应该预期的高质量主权债务表现出的一些具体特征，其中一些特征是不言自明的（例如政府不腐败）。我们还补充了一些简要的基本原理和特征的取值范围，以便让问题更加简明清楚。这些项目中的大部分因素（但不是全部）都包含在信用评级机构标准普尔的主权债务评级方法中。

1. 制度和经济概况

（1）制度分析

- 政府维持公共财政健康和经济平衡增长的能力。
- 政策制定机构的有效性和可预测性。
- 以往管理政治、经济和金融危机的记录。
- 实施改革以应对财政挑战的能力和意愿。
- 透明、负责、腐败程度较低的政府部门。
- 统计部门和媒体的独立性。
- 政府机构之间的相互制衡。
- 公正执行合同，尊重法治和财产权。
- 按时偿还债务的文化。
- 潜在的国内外安全风险。

（2）经济分析

- 人均收入：经济更繁荣的国家通常有更广泛、雄厚的税基来支撑债务。

⊖ 该框架是根据标准普尔公司2017年12月发布的《主权债务评级方法论》发展出来的。

- 经济增长前景：能跨越商业周期的可持续且持久的经济增长趋势意味着国家有更高的信用水平。
- 经济增长模式的多样性和稳定性：经济增长模式单一的主权国家更脆弱。单一的经济增长模式往往表现出更大的增长波动性，并可能损害政府的资产负债表。

2. 灵活性和偿债能力

（1）外债分析

- 货币地位：本国货币为国际储备货币或本国货币交易非常活跃的主权国家能够在许多国际交易中使用本国货币，因而不太容易受到全球投资者投资组合调整的不利影响。
- 外部流动性：拥有大量外汇供应（外汇储备加经常账户收入）并足以应对外汇融资需求（经常账户支出加到期债务）的国家不太容易受到外部流动性中断的影响。
- 外债规模：在同样的经常账户收入下，外债规模较小的国家能够有保障地偿还外债。该指标类似于公司的偿债覆盖率。

（2）财政分析

- 财政表现和灵活性：可以观察政府债务净额占国内生产总值百分比的变化趋势。债务净额占国内生产总值的百分比稳定或下降，表明信用较好；百分比上升可能代表债务是不可持续的，因此是信用变差的一个迹象。
- 长期财政趋势：政府增加收入或削减支出以确保偿债的意愿和能力。
- 债务负担与结构：一般来说，政府债务净额低于其财政收入的 30% 为好，超过 100% 说明非常危险；政府利息支出占财政收入的比例低于 5% 为好，超过 15% 说明非常危险。
- 获得融资的便利度，对来自金融部门、国有公司和政府担保的摊销债务和或有负债的管理能力。

（3）货币分析

- 有能力在不影响国内经济目标（如经济增长率）达成的同时通过货币政策来应对经济失衡或冲击。
- 汇率制度：拥有储备货币的主权国家具有最大的灵活性；汇率自由浮动可以使货币政策发挥最大效力；固定汇率制度限制了货币政策的有效性和灵活性；而像货币局制度或货币联盟这样的钉住汇率制度没有独立实施货币政策的空间。
- 货币政策的可信度：可以用低而稳定的通货膨胀率历史记录来衡量。可信的货币政策需要一个在实际运行、法律上独立、具有明确使命的中央银行来支持。中央银行作为金融系统最后贷款人的能力也能提高货币政策的稳定性。
- 对中央银行的信任为人们对货币作为一种价值储存手段的信心奠定了基础，也为中央银行在危机中有效地管理货币政策奠定了基础。
- 最有效的政策传导发生在拥有健全的银行系统和发达的国内资本市场（包括活跃的货币市场和公司债券市场）的国家，满足这些条件后，政策制定者就可以依靠基于市场的政策工具（如公开市场操作）而不是行政政策工具（如准备金要求）实施政策。

考虑到一个主权政府的各种权力——税收、监管、货币政策,以及作为终极手段,主权国家通过印钞来偿还以本币计价的债务的能力,以本国货币计价的债务的信用应该至少与以外国货币计价的债务的信用一样好。因此信用评级机构经常会将同一个主权国家的本国债券和外国债券区别对待,本国债券的信用评级有时会高出一级。当然,如果一个主权政府严重依赖印钞来偿还债务,就会加剧通货膨胀或引发恶性通货膨胀,并增加国内债务的违约风险。[⊖]

例 6-11　主权债务

表 6-15 展示了葡萄牙主权债务的几项主要统计数据。

表 6-15　葡萄牙主权债务主要统计数据

(单位:10 亿欧元,特别注明的除外)

	2006	2008	2010	2012	2014	2015	2016	2017
名义国内生产总值(GDP)	160.3	171.2	172.6	168.4	173.1	179.8	186.5	194.6
人口(百万)	10.6	10.6	10.6	10.5	10.4	10.3	10.3	10.3
失业率(%)	8.6	8.5	12	15.6	13.9	12.4	11.1	8.9
出口占 GDP 比重(%)	22.2	22.6	21.3	26.8	27.8	27.6	26.8	28.3
经常项目占 GDP 比重(%)	−10.7	−12.6	−10	−2.1	0.2	0.3	0.7	0.6
政府收入	64.8	70.7	71.8	72.2	77.2	78.8	79.9	83.1
政府支出	71.4	77.1	88.7	81.7	89.6	86.7	83.5	88.9
预算结余(盈余/赤字)	−6.5	−6.4	−16.9	−9.5	−12.4	−7.9	−3.6	−5.8
政府利息支出	4.2	5.5	5.2	8.2	8.5	8.2	7.8	7.4
基本财政收支(盈余/赤字)	−2.2	−1.1	−11.7	−1.3	−3.9	0.3	4.2	1.6
政府债务	102.4	123.1	161.3	212.6	226	231.5	241	242.8
新发债务利率(%)	3.9	4.5	5.4	3.4	3.8	2.4	3.2	3.1

资料来源:哈沃分析、欧盟统计局、葡萄牙国家统计局。

根据上述数据完成下列任务:

1. 计算葡萄牙 2014~2017 年以及 2006 年、2008 年、2010 年和 2012 年的政府债务/GDP 比率。

2. 计算与第一问同期的葡萄牙人均 GDP。

3. 根据这些计算以及表 6-15 中的其他数据,你对葡萄牙的信用水平趋势有何看法?

解答 1 和解答 2 如表 6-16 所示:

表 6-16

	2006	2008	2010	2012	2014	2015	2016	2017
政府债务/GDP	64%	72%	93%	126%	131%	129%	129%	125%
人均 GDP	15 123	16 151	16 283	16 038	16 644	17 456	18 107	18 893

解答 3:

葡萄牙的信用状况趋稳。政府债务/GDP 比率在 2014 年达到峰值后一直在下降。政

⊖ 卡门·莱因哈特和肯尼斯·罗格夫在他们的著作《这次不一样》中指出,从 1800 年到 2009 年,发生了超过 250 起外国主权债务违约和至少 68 起国内主权债务违约。莱因哈特和罗格夫使用了更广泛的违约定义,比如过高的通货膨胀率(超过 20%)。

府的预算赤字适度，基本财政收支在过去 3 年一直处于盈余状态。葡萄牙的经常账户盈余非常小，这有助于减少葡萄牙对外部资金的依赖，提高葡萄牙出口占 GDP 的比重。失业率虽然仍然相当高，但在过去几年已经下降。政府利息支出的绝对值和占 GDP 的百分比都已经开始下降。由于欧洲中央银行的量化宽松政策，新发债务利率趋于稳定。综合来看，有明显的迹象表明，葡萄牙政府的信用状况已经稳定，如果目前的趋势持续下去，可能会得到进一步改善。

6.7.3　非主权政府债务

主权国家是政府债务的最大发行者，但一些非主权政府（有时也被称为亚主权政府或地方政府），以及一些由政府创建的准政府实体也发行债券。非主权政府包括州、省、地区和城市的政府。例如东京都政府、意大利伦巴第大区、阿根廷布宜诺斯艾利斯市和美国加利福尼亚州都有未偿债务。地方政府发行的债券可以称为市政债券。

然而，人们谈论市政债券时，通常指的是美国的市政债券，美国市政债券市场是世界上最大的债券市场之一。截至 2017 年底，美国市政债券市场规模约为 3.9 万亿美元，约占美国债券市场总规模的 9%⊖。美国市政债券市场既包括州政府和市政府及其机构发行的免税债券⊖，也包括应税债券（比例较小）。市政债券的发行人也可以替一些私有实体发行债券，如非营利大学或医院。从历史上看，市政债券的违约率比同等信用评级的公司债券低得多。根据穆迪投资者服务公司的数据，从 1970 年到 2017 年，市政债券的 10 年平均累计违约率为 0.17%，而公司债券的 10 年平均累计违约率为 10.24%⊜。

大多数地方政府债券，包括市政债券，采用一般债务债券或收益担保债券的形式。一般债务债券（GO）是无担保债券，发行基础为非主权政府的信用，还款来源为发行人的税收收入。收益担保债券是为特定项目融资而发行的债券（例如为建设新的下水道系统、收费公路、桥梁、医院、体育场馆等融资），还款来源为相应项目的收入。

一般债务债券信用分析的考虑因素与主权债务信用分析有一些相似之处（例如，地方政府征收税金和其他费用以保证偿还债务的能力），但也有一些不同之处。例如，几乎无一例外，美国地方政府每年都必须平衡其运营预算（不包括长期资本项目）。此外，地方政府无法像主权国家政府那样利用货币政策。

对非主权政府债务（包括美国市政债券）进行经济分析，重点是就业率、人均收入（及其随时间的变化趋势）、人均债务（及其随时间的变化趋势）、税基（深度、广度、多样化、稳定性等）、人口总量和人口净增长，以及发行债券的政府所在地区是否具备吸引和支持新就业的基础设施和有利的地理位置。在分析时，应考虑经济繁荣和衰退时期收入的波动性和变化性。过度依赖一种或两种税收收入，尤其是不稳定的税收收入，如资本利得税或销售税，可能是信用风险增加的信号。退休金和其他对退休人员的义务可能不会直接显示在非主权国

⊖　数据来源为美国证券业和金融市场协会（SIFMA）发布的《2017 年美国债券市场总体情况数据》，发布时间为 2018 年第 2 季度。

⊖　免税的意思是指这些债券的利息不用缴纳美国联邦所得税。在许多情况下，州内居民持有者也可以免缴州政府和市政府征收的所得税。

⊜　数据来源为穆迪投资者服务公司的《美国市政债券违约和回收率统计，1970~2017 年》。

家政府的资产负债表上,但很多地方政府都存在养老金不足的问题。如果在债务中加上退休金缺口和其他对退休人员的义务,就可以更真实地反映出发行人的债务规模和长期债务规模。完成年度预算计划的困难程度以及政府在预算范围内持续运作的能力也是信用分析的重要考虑因素。

非主权国家政府的信息披露差异很大,一些较小的发行人提供的财务信息有限。监管对于报告的要求也不一致,因此财务报告可能在报告期结束后的六个月或更长时间内都无法提供给公众。

表 6-17 比较了美国两个较大的州:伊利诺伊州和得克萨斯州关键的几个债务统计数据。伊利诺伊州的信用评级是所有州中最低的,而得克萨斯州的信用评级是最高的。请注意两个州政府在几个衡量指标上的差距,包括总债务、债务/人均债务、债务/个人收入以及债务占州 GDP 的百分比。如果算上政府雇员和退休人员的养老金净负债,州政府债务负担甚至更大,尤其是伊利诺伊州。这里没有显示的是,伊利诺伊州的税务负担比得克萨斯州更重,在平衡年度预算方面也更困难。

表 6-17 市政债务比较:伊利诺伊州与得克萨斯州

	伊利诺伊州	得克萨斯州
信用评级:		
穆迪	Baa3	Aaa
标普	BBB–	AAA
惠誉国际	BBB	AAA
失业率(%)[1]	4.20	3.70
家庭收入中位数(美元)[2]	$61 229	$57 051
债务净负担(美元/全国排名)[3]		
总债务(百万美元)	37 374(5)	11 603(13)
人均债务	2919(6)	410(42)
占 2016 年个人收入百分比	5.60(5)	0.90(42)
占 2016 年州 GDP 百分比	4.70(6)	0.73(42)
养老金净义务(美元/全国排名)[4]		
总义务(百万美元)	250 136(1)	140 253(3)
人均义务	19 539(1)	4955(19)
占 2017 年个人收入百分比	37.00(1)	10.60(19)
占 2017 年州 GDP 百分比	30.50(1)	8.30(20)

① 数据来源:美国劳工统计局,2018 年 10 月。
② 数据来源:美国人口普查局,2017 年。
③ 数据来源:穆迪投资者服务公司债券数据,2017 年。
④ 数据来源:穆迪投资者服务公司调整养老金净义务数据,2017 年。

收益担保债券是为特定项目融资而发行的债券,由于依赖单一的还款来源,其风险程度高于一般债务债券。对这些债券的信用分析是项目分析和围绕项目的财务分析的结合。项目分析的重点是项目的需求和预计利用率,以及支持项目的经济基础。财务分析与公司债券的分析有一些相似之处,因为它关注的是经营结果、现金流、流动性、资本结构和偿债能力。非主权政府收益担保债券的一个关键信用指标是偿债覆盖率(DSC),该指标衡量了除去运营成本后,有多少收入可用于偿还债务(包括本金和利息)。许多收益担保债券都有一个最低偿债覆盖率,这个值越高的话债券的信用评级就越高。

本章内容小结

在这一章中,我们向读者介绍了信用分析的基本原理。我们介绍了信用债市场的重要性以及违约风险和其他与信用相关的风险,讨论了信用评级的作用和重要地位,介绍了信用评级机构进行信用评级的相关方法,以及过度依赖信用评级机构的风险。本章还介绍了信用分析的关键要素和评估信用可靠性的财务分析方法。

我们还讨论了投资信用类产品的风险与回报,以及信用利差的变化如何影响持有期收益率。

此外，我们还讨论了在对高收益债券发行人、主权债务和非主权政府债务进行信用分析时需要考虑的一些特殊因素。

- 信用风险是指借款人未能及时足额支付利息或本金而导致损失的风险。
- 信用风险的主要组成部分是违约风险和违约后的违约损失率。两者的乘积被称为预期损失。优质债券的投资者往往不关注损失的严重程度，因为这些证券的违约风险较低。
- 违约损失率的计算方法为"1-回收率"。
- 其他与信用相关的风险包括降级风险（又称信用迁移风险）和市场流动性风险。这两种风险都可能导致收益率利差（信用溢价）扩大和债券价格下跌。
- 降级风险是指发行人的信用状况恶化信用评级下降的风险。信用评级下降将导致债券利差扩大和债券价格下跌。
- 市场流动性风险是指发行人所发债券的买卖价差扩大的风险。信用水平较低的债券往往比信用水平较高的债券具有更大的市场流动性风险。在市场或经济面临压力的时期，市场流动性风险会上升。
- 发行人的债务和股权构成被称为资本结构。就偿付优先级而言，债务排在所有类型的股权之前，但不同的债务可以有不同级别的优先级。
- 就债务的偿付优先次序而言，有担保债务优先于无担保债务；在无担保债务中，优先级债务优先于次级债务。由于在大多数债券契约中有交叉违约条款，同一个发行人的所有债券都有相同的违约概率。但债务的偿付优先级越高，在违约发生时的回收率就越高，损失严重程度也就越低。
- 对于公司结构比较复杂的发行人，比如有子公司的母公司，一般来说母公司债务的优先级低于子公司本身发行的债务；但由于资产多样化和其他现金流来源的存在，其他方面类似的母公司的实际信用水平可能仍然比子公司更高。
- 回收率因发行人和行业的不同而有很大差异。它们受以下因素的影响：发行人的资本结构、发生违约时经济周期和信用周期所处的阶段，以及市场对发行人及其行业未来前景的看法。
- 破产中的债权优先顺序并不总是绝对的。它可能受到一些因素的影响而发生改变，包括破产处理法官被赋予的自由裁量权、政府干预等。也可能优先级较高的债权人希望与优先级更低的债权人达成和解，允许发行人摆脱破产成为持续经营公司，而不是冒着延迟回收债务和回收更少的债务的风险将借款人清算。
- 大型信用评级机构，如穆迪、标准普尔和惠誉国际在信用市场中发挥着核心作用。各债券市场上发行的债券几乎都会通过它们来获取信用评级，这些信用评级是对债券的可靠程度的评价。信用评级使投资者能够比较同行业、跨行业和跨地域的债券和发行人的信用风险。
- 穆迪评级为 Aaa 至 Baa3、标准普尔和惠誉国际评级为 AAA 至 BBB-的债券被称为"投资级债券"。穆迪评级为 Ba1 以下或标准普尔和惠誉国际评级为 BB+及以下的债券被称为"非投资级债券"或"投机级债券"。非投资级债券也被称为高收益债券或垃圾债券。
- 信用评级机构同时对发行人及其发行的债券进行评级。发行人信用评级旨在评估发行人的整体信用状况及其违约风险。发行债券的信用评级还要考虑该债券在发行人资本结构中的优先级等因素。

- 信用评级机构会根据债券有无担保、优先级还是次级以及资本结构等因素，对同一发行人的不同债券进行信用评级微调，以反映在发生违约时不同的回收率。微调也可能出于公司的结构性从属关系等原因。

- 过度依赖信用评级机构的信用评级也存在风险。信用评级可能会随时间的推移而改变，最初或当前的信用评级未必能反映发行人或债券在投资者整个持有期内的信用风险。在信用评级机构调整信用评级之前，市场估值通常会率先调整，信用评级微调可能无法充分反映在资本结构中优先级排名较低债券的大幅折价。由于评级主要反映的是违约的概率，对违约发生时的违约损失率反映不足，因此相同信用评级的债券可能有明显不同的预期损失（违约概率乘以违约损失率）。和股票分析师一样，信用评级机构可能很难提前预测某些事件对信用造成的负面冲击，比如不利诉讼、杠杆化交易，以及像地震和飓风这样低概率、高破坏性的事件。

- 对公司进行信用分析的作用是评估公司及时支付利息和到期偿还本金的能力。

- 信用分析类似于股票分析。但需要注意的是债券的合同属性，公司管理层对债券持有人和其他债权人的责任是受合同条款限制的。与此相反，管理层对股东的责任是通过努力使公司所有者的价值最大化，以股东的最佳利益为目标行事，有时甚至会不惜牺牲债券持有人的利益。

- 考虑到信用风险和回报的不对称性，信用分析师往往更关注下行风险，而股票分析师则更关注收益增长带来的上行机会。

- 信用分析的4C准则一般指能力、抵押、契约和品质，该准则为评估信用风险提供了一个有用的框架。

- 信用分析的重点是发行人产生现金流的能力。信用分析从行业分析开始，包括分析行业结构和行业基本面；接着分析发行人的竞争地位、管理策略和历史业绩。

- 信用分析指标被用来衡量发行人的信用水平，以及在同行业公司中的相对位置。关键的信用分析指标分为盈利能力和现金流指标、杠杆比率和偿债保障比率，使用的具体指标包括EBITDA、自由现金流、经营性现金流、利息支出和资产负债表债务总额等。

- 对发行人流动性的评估也是信用分析的一个重要方面。

- 信用风险越高，投资者要求的收益率和潜在回报就越大。随着时间的推移，信用风险较高的债券比信用风险较低的债券收益更高，但收益的波动性更大。

- 信用风险债券的收益率可以被拆成两个部分，一部分是同期限无违约风险债券的收益率，另一部分是由信用利差和流动性溢价组成的收益率溢价或"收益率利差"。收益率利差旨在补偿投资者所冒的信用风险，即违约的可能性和违约后的违约损失率，以及可能导致收益率利差扩大和债券价格下降的其他信用相关风险，比如降级风险和市场流动性风险。

  收益率利差＝流动性溢价＋信用利差

- 在金融市场承受压力的时期，流动性溢价会急剧增加，导致所有信用债券的收益率利差扩大，信用较差的发行人受到的影响更大。但在信用改善或金融市场稳定的时期，信用利差也可能大幅收窄，从而提供有吸引力的投资回报。

- 信用利差曲线是指同一发行人发行的不同到期期限的信用债券的利差形成的曲线，该曲线通常是向上倾斜的。但高溢价债券和不良债券的信用利差曲线有可能发生倒挂，因为这些债券的违约概率较高，而当债券发生违约事件时，优先级相同的债权人将获得相同的回收率，不管其债务期限是长还是短。

- 利差变化对信用风险债券持有期收益的影响程度受以下两个主要因素的影响：利差变化的基点数和债券价格对利差的敏感性，后者取决于债券的修正久期和凸性。利差收窄会提高债券持有期收益率，而利差扩大会对持有期收益产生负向影响。长期债券价格对利差变化的敏感性比短期债券价格更高。

$$价格影响 \approx -(\text{MDur} \times \Delta\text{Spread}) + \frac{1}{2}\text{Cvx} \times (\Delta\text{Spread})^2$$

- 对于违约风险较高的高收益债券，不仅要分析发行人的债务结构和公司结构，还应重视发行人的流动性来源。根据优先级高低，不同债务的信用风险可能会有很大差异。许多高收益评级的公司拥有复杂的资本结构，如果债务的发行主体不同（子公司或母公司），债务的信用风险水平也不同。

- 契约分析对高收益债券尤其重要。信用分析中关键的契约条款包括：限制支付、留置权债务和额外负债限制、控制权变更看跌期权、维持条款（通常只有银行贷款协议才有）以及禁止受限子公司担保的条款。契约使用的文字可能是非常技术性和法律性的，所以分析中可能需要寻求法律专家或专业机构的帮助。

- 用类似股票分析的方法进行高收益债券信用分析可能会有所帮助。计算和比较公司价值/EBITDA 和债务/EBITDA 可以分析出发行人债务的股本缓冲金额或对债务的支持水平。

- 主权债务信用分析需要评估发行人支付债务的能力和意愿。支付意愿之所以很重要，是因为根据主权豁免原则，投资人无法强迫主权国家偿还债务。

- 评估主权债务的信用风险的基本框架关注五个领域的因素：①制度有效性和政治风险。②经济结构和经济增长前景。③外部流动性和国际投资状况。④财政表现、财政灵活性和债务负担。⑤货币政策灵活度。

- 能发行高质量主权债务的国家具有以下特点：没有腐败；政治秩序没有面临挑战；各部门之间存在制衡机制；尊重法治和财产权；履行债务的承诺；人均收入较高、经济增长前景稳定；货币为国际储备货币或交易活跃；货币政策具有灵活性；外债规模和对外融资需求低于外汇收入；债务占 GDP 比重稳定或下降；债务利率较低；净债务与 GDP 之比较低；独立的中央银行；低而稳定的历史通货膨胀率记录；健全的银行体系和活跃的货币市场。

- 包括市政债券在内的非主权政府债券或地方政府债券通常采用一般债务债券或收益担保债券的形式。

- 一般债务债券（GO）是无担保债券，还款来源为地方政府的税收收入。一般债务债券的信用分析与主权债务有一些相似之处，分析的指标包括人均债务负担、人均收入、税收负担、人口结构和经济多样性等。此外还要注意一些未尽义务和表外负债，如公职人员和退休人员的养老金等，这些义务本质上都与债务类似。

- 发行收益担保债券的目的是支持特定项目，如收费公路、桥梁、机场和其他基础设施。还款来源也是对应项目的使用费和通行费等收入。

第二部分

固定收益期限结构：高级估值技巧和信用分析

期限结构和利率的动态变化

托马斯·S. Y. 霍，博士

李桑彬，博士

斯蒂芬·E. 威尔科克斯，博士，注册金融分析师

■ 学习目标

学完本章内容后，你将有能力完成以下任务：

- 描述即期利率、远期利率、到期收益率、债券预期收益率和已实现收益率等概念之间的关系，以及收益率曲线的常见形状。
- 描述远期定价模型和远期利率模型，并会用这些模型计算远期价格、即期价格、远期利率、即期利率。
- 描述如何通过靴襻法从平价收益率曲线推导零息票利率（即期利率）。
- 描述在主动债券投资组合管理中与隐含远期利率相关的即期利率演变的假设。
- 描述收益率曲线骑乘策略。
- 描述利率互换曲线，解释市场参与者在估值中使用该曲线的原因和方式。
- 计算并解释给定期限的互换利差。
- 描述 Z 利差。
- 描述 TED 利差和 Libor-OIS 利差。
- 了解利率期限结构的传统理论，并描述每种理论对远期利率和收益率曲线形状的隐含假设。
- 描述现代期限结构模型以及如何使用它们。
- 解释如何衡量债券对影响收益率曲线的各风险因子的敞口，以及如何利用这些敞口来管理收益率曲线风险。
- 解释利率波动率的期限结构及其对债券价格波动率的影响。

7.1 本章内容简介

利率既是经济的晴雨表，又是调控经济的重要工具。利率的期限结构（即不同到期期限的市场利率）是许多金融产品估值的重要输入变量。本章的目标是解释利率期限结构及利率的动态变化，也就是债券的收益率和价格随时间和到期期限变化的过程。

即期利率是指今天发行并在未来某个时间点进行一次性支付的证券的利率。远期利率是指在今天为将来某一天才发行的进行一次性支付的证券设定的利率。7.2 节解释了这两种利率之间的关系，以及为什么远期利率对主动型债券投资组合经理很重要。7.2 节还简要介绍

了其他重要的收益率概念。

利率互换曲线是从互换市场中推导得到的收益率曲线。7.3 节详细地描述了利率互换曲线和另一个相关的概念——互换利差，并介绍了它们在证券估值中的应用。

7.4 节和 7.5 节分别描述了利率期限结构的传统理论和现代理论。传统理论对可能影响利率期限结构形状的经济因素提出了各种观点，以定性的方式为主。现代利率期限结构理论对期限结构进行了更严格的建模。

7.6 节描述了收益率曲线的因子模型。本节重点介绍了一个常见的三因子模型，在该模型中，收益率曲线的变化可以用三个因子的独立运动来描述：水平因子、斜率因子和曲率因子。这些因子可以从历史利率变动的方差-协方差矩阵中提取出来。

最后一节对本章的要点进行总结。

7.2　即期利率和远期利率

在这一节中，首先，我们将介绍即期利率、远期利率、到期收益率、债券预期收益率和已实现收益率之间的关系，以及收益率曲线的常见形状。然后，我们将讨论在主动债券投资组合管理过程中对远期利率所做的假设。

在任何时间点，在时间 T 支付 1 单位货币（如 1 美元、1 欧元或 1 英镑）的无风险证券的价格被称为期限 T 的**贴现因子**，用 $P(T)$ 表示。该证券的收益率称为**即期利率**，用 $r(T)$ 表示。

$$P(T) = \frac{1}{[1+r(T)]^T} \tag{7-1}$$

对于 $T>0$ 的期限范围，贴现因子 $P(T)$ 和即期利率 $r(T)$ 形成的曲线，分别称为**贴现函数**和**即期收益率曲线**（或简称为**即期利率曲线**）。即期利率曲线代表了任意时间点的利率期限结构。请注意，贴现函数可以完全决定即期利率曲线，反之亦然。贴现函数和即期利率曲线包含了同一组关于货币时间价值的信息。

即期利率曲线显示了不同期限的无内嵌期权、无违约风险的**零息票债券**（或简称为零息债）的年化收益率，零息票债券只有在到期日才有一次性偿还本金的现金流。即期利率作为一个收益率概念，避免了附息证券需要对再投资利率做假设所带来的复杂性。由于即期利率曲线由这些无内嵌期权的零息票债券在各个时点的市场价格决定，因此即期利率曲线的形状和水平是动态变化的，也就是说，会随着时间的推移不断变化。

如式（7-1）所示，无违约风险的即期利率曲线可以作为未来任何时间点收到的现金流的货币时间价值的基准，由资金市场的供求关系决定。它被视为最基本的利率期限结构，因为其中不涉及再投资风险；如果将零息票债券持有至到期，则报价收益率就等于实际实现的收益率。因此，在 T 年后到期的零息票债券的收益率可以被认为是 T 年期利率最准确的表示。

远期利率是今天约定的一笔未来一段时间之后才会启动的贷款的利率。在特定起始日期的贷款的远期利率的期限结构称为**远期利率曲线**。远期利率和远期利率曲线可以用数学方法从当前的即期利率曲线推导出来。

用 $f(T^*,T)$ 表示在今天约定从 T^* 年后开始、期限为 T 年（即自贷款生效开始再过 T 年）的贷款的远期利率。考虑一个远期合约，合约买方承诺从今天开始 $T*$ 年后，以合约约定的远期价格向合约的卖方提供一只期限为 T 年、本金为 1 单位货币的零息票债券，其中远期价格用 $F(T^*,T)$ 表示。这份协议在签署的时候，只是约定在未来做一些事情，因此一开始双方之间没有金钱交换。在 T^* 年后，买方将向卖方支付相当于合约中约定的远期价格的现金，并在 T^*+T 年后从卖方收到债券的本金，在这个例子中为 1 单位货币。

远期合约的价格可以通过**远期定价模型**得到。该模型的推导基于无套利原理，该原理在现代金融理论中有着广泛的应用。该模型也可以用于利率期货合约及其他相关工具的估值，如利率期货期权。

无套利原理相当简单。它说的是未来现金流完全相同的可交易证券必须有相同的价格。否则，交易者将能够获得无风险套利利润。要利用这一原理推导远期合约的价格，我们考虑两个贴现因子，即远期合约定价公式会用到的 $P(T^*)$ 和 $P(T^*+T)$。远期合约的价格 $F(T^*,T)$ 必须遵循式（7-2），也就是我们所知的远期定价模型。

$$P(T^*+T)=P(T^*)F(T^*,T) \tag{7-2}$$

为了理解式（7-2）背后的原理，考虑两种备选投资方案：①以 $P(T^*+T)$ 的价格购买 T^*+T 年后到期的零息票债券。②以 $F(T^*,T)$ 的远期价格签订远期合约，以获得在 T^* 年后以 $P(T^*)F(T^*,T)$ 的价格购买在 T^* 年时剩余期限为 T 的零息票债券的资格。两种投资方案在 T^*+T 时刻的收益是相同的，因此它们的初始成本也必须是相同的，也就是说式（7-2）必须成立。否则，任何交易者都可以卖出高估的投资，并用得到的收益买入低估的投资，在净投资为零的情况下获得无风险利润。

解决例 7-1 中的问题应该有助于你理解贴现因子和远期价格。请注意，例子中的解决方案可能会四舍五入到小数点后两位或四位。

📘 例 7-1 即期、远期价格和利率（1）

考虑一笔一年后开始（即 $T^*=1$）的两年期贷款（即 $T=2$），一年期即期利率为 $r(T^*)=r(1)=7\%=0.07$。三年期即期利率为 $r(T^*+T)=r(1+2)=r(3)=9\%=0.09$。

1. 计算一年期贴现因子：$P(T^*)=P(1)$。
2. 计算三年期贴现因子：$P(T^*+T)=P(1+2)=P(3)$。
3. 计算一年后发行的两年期债券的远期价格：$F(T^*,T)=F(1,2)$。
4. 解读问题 3 答案的含义。

解答：1. 使用式（7-1）：

$$P(1)=\frac{1}{(1+0.07)^1}=0.9346$$

2. 使用式（7-1）：

$$P(3)=\frac{1}{(1+0.09)^3}=0.7722$$

3. 使用式（7-2）：

$$0.7722=0.9346\times F(1,2)$$
$$F(1,2)=0.7722\div0.9346=0.8262$$

4. 远期价格 $F(1,2)=0.8262$ 是今天约定的、一年后到期的两年期债券的价格，债券到期时的无风险本金支付为 1 货币单位（如 1 美元、1 欧元或 1 英镑）。如问题 3 答案所示，该远期价格等于三年期贴现因子 $P(3)=0.7722$ 除以一年期贴现因子 $P(1)=0.9346$。

7.2.1 远期利率模型

本节将使用远期利率模型证明,当即期利率曲线向上倾斜时,远期利率曲线位于即期利率曲线的上方;当即期利率曲线向下倾斜时,远期利率曲线位于即期利率曲线的下方。

远期利率 $f(T^*,T)$ 是今天约定从 T^* 年开始到 T^*+T 年结束的远期无风险零息债的贴现率,对于到期支付 1 货币单位本金的债券,该贴现率使债券现值恰好等于远期合约价格 $F(T^*,T)$。根据该定义:

$$F(T^*,T) = \frac{1}{[1+f(T^*,T)]^T} \tag{7-3}$$

将式(7-1)和式(7-3)代入式(7-2),可以得到用利率表示的远期定价模型,如式(7-4)所示,该公式也被称为**远期利率模型**:

$$[1+r(T^*+T)]^{(T^*+T)} = [1+r(T^*)]^{T^*}[1+f(T^*,T)]^T \tag{7-4}$$

可以看到,期限为 T^*+T 年的即期利率 $r(T^*+T)$ 和期限为 T^* 年的即期利率 $r(T^*)$,隐含了一个 T^* 年到期的 T 年期远期利率 $f(T^*,T)$。式(7-4)非常重要,因为它展示了如何用即期利率推导出远期利率;换句话说,远期利率隐含在对应时点的即期利率中。 ⊖

式(7-4)隐含了两种解释远期利率的方法。例如,假设 $f(7,1)$ 为今天商定的一笔 7 年后发放的一年期贷款,远期利率为 3%。那么这个 3% 的利率可以看作:

- 再投资利率。可以将该远期利率看作使投资者直接购买 8 年期零息票债券,或购买 7 年期零息票债券并在到期时将所有收益再投资一年,两种投资方案的再投资利率相同。从这个意义上说,该远期利率可以被视为一种盈亏平衡利率。

- 被锁定的一年期利率。可以将该远期利率看作在现在的时点,通过购买 8 年期零息票债券将一只 7 年期零息票债券的期限延长一年而锁定的一年期利率。从这个意义上说,该远期利率可以被看作通过延长债券期限而锁定的一年期利率。

例 7-2 展示了远期利率的含义以及即期利率和远期利率之间的关系。

▌例 7-2 即期、远期价格与利率(2)

假设期限分别为 1 年、2 年、3 年的零息票债券的即期利率如表 7-1 所示:

表 7-1

到期期限(T)	1	2	3
即期利率	$r(1)=9\%$	$r(2)=10\%$	$r(3)=11\%$

1. 计算一年后的一年期远期利率 $f(1,1)$。
2. 计算两年后的一年期远期利率 $f(2,1)$。
3. 计算一年后的两年期远期利率 $f(1,2)$。
4. 根据你对问题 1 和问题 2 的回答,描述即期利率之间的大小关系及其对隐含的 1 年

⊖ 对式(7-4)两边取自然对数可以得到一个远期利率的近似计算式,$f(T^*,T) \approx [(T^*+T)r(T^*+T)-T^* r(T^*)]/T$,其中用到了近似式 $\ln(1+x) \approx x$。比如,例 7-2 中的远期利率 $f(1,2)$ 可以近似为 $(3\times11\% - 1\times9\%)/2 = 12\%$。

期远期利率的影响。

解答：1. 根据式（7-4）可以计算 $f(1,1)$：

$$[1+r(2)]^2 = [1+r(1)]^1[1+f(1,1)]^1$$

$$(1+0.10)^2 = (1+0.09)^1[1+f(1,1)]^1$$

$$f(1,1) = \frac{(1.10)^2}{1.09} - 1 = 11.01\%$$

2. $f(2,1)$ 计算方法如下：

$$[1+r(3)]^3 = [1+r(2)]^2[1+f(2,1)]^1$$

$$(1+0.11)^3 = (1+0.10)^2[1+f(2,1)]^1$$

$$f(2,1) = \frac{(1.11)^3}{(1.10)^2} - 1 = 13.03\%$$

3. $f(1,2)$ 计算方法如下：

$$[1+r(3)]^3 = [1+r(1)]^1[1+f(1,2)]^2$$

$$(1+0.11)^3 = (1+0.09)^1[1+f(1,2)]^2$$

$$f(1,2) = \sqrt[2]{\frac{(1.11)^3}{1.09}} - 1 = 12.01\%$$

4. 向上倾斜的即期零息票债券收益率曲线对应着一条同样向上倾斜的远期利率曲线（一年期远期利率会依次上升，比如 13.03% 大于 11.01%），本节会对此做出进一步解释。

可以利用远期利率模型来分析即期利率与期限为一期的远期利率序列之间的关系，即从式（7-5a）推导式（7-5b）：

$$[1+r(T)]^T = [1+r(1)][1+f(1,1)][1+f(2,1)][1+f(3,1)]\cdots[1+f(T-1,1)] \tag{7-5a}$$

$$r(T) = \{[1+r(1)][1+f(1,1)][1+f(2,1)][1+f(3,1)]\cdots[1+f(T-1,1)]\}^{(1/T)} - 1 \tag{7-5b}$$

式（7-5b）表明，期限 $T>1$ 的债券的即期利率，可以表示为期限 $T=1$ 的债券的即期利率和一系列期限为 1 的远期利率的几何平均。

式（7-5b）中利率之间的关系在实践中是否成立，是主动投资组合管理的一个重要考虑因素。如果主动策略交易者判断一系列短期债券的实际收益率将超过现在的远期利率报价，那么就可以采用滚动购买短期债券的策略，最后获得的总收益将超过买入并持有一个期限匹配的长期债券的策略。后面我们会用同样的概念来讨论动态对冲策略和局部预期理论。

例 7-3 和例 7-4 探讨了即期利率和远期利率之间的关系。

例 7-3 即期、远期价格与利率（3）

假设例 7-2 中的 $r(1)$，$f(1,1)$ 和 $f(2,1)$ 分别变成了

$$r(1) = 9\%$$

$$f(1,1) = 11.01\%$$

$$f(2,1) = 13.03\%$$

请验证两年期即期利率 $r(2) = 10\%$，三年期即期利率 $r(3) = 11\%$ 都是一年期即期利率与一些远期利率的几何平均。

解答：使用式（7-5a）。

$$[1+r(2)]^2 = [1+r(1)][1+f(1,1)]$$

$$r(2) = \sqrt[2]{(1+0.09)(1+0.1101)} - 1 \approx 10\%$$

$$[1+r(3)]^3 = [1+r(1)][1+f(1,1)][1+f(2,1)]$$

$$r(3) = \sqrt[3]{(1+0.09)(1+0.1101)(1+0.1303)} - 1 \approx 11\%$$

例 7-4　即期、远期价格与利率（4）

假设例 7-2 和例 7-3 中的 $r(1)=9\%$，$r(2)=10\%$，$r(3)=11\%$。

1. 判断远期利率 $f(1,2)$ 是大于还是小于长期利率 $r(3)$。

2. 判断当远期利率递增时，远期利率随着远期起始日 T^* 递增还是递减。

解答：1. 即期利率组成一条向上倾斜的收益率曲线，即 $r(3)>r(2)>r(1)$，或者更一般来说，$r(T^*+T)>r(T^*)$。因此远期利率应该比长期即期利率更大，即 $f(T^*,T)>r(T^*+T)$。根据例 7-2 可知 $f(1,2)=12.01\%>r(1+2)=r(3)=11\%$。

2. 即期利率组成一条向上倾斜的收益率曲线，所以远期利率会随远期起始日 T^* 递增。这也可以从例 7-2 的数据中看到，即 $f(1,1)=11.01\%$，而 $f(2,1)=13.03\%$。

为了加深对即期利率和远期利率的认识，现在我们来推导即期利率曲线和远期利率曲线之间的重要关系。可以将远期利率模型式（7-4）表示为式（7-6）：

$$\left\{\frac{[1+r(T^*+T)]}{[1+r(T^*)]}\right\}^{\frac{T^*}{T}}[1+r(T^*+T)] = [1+f(T^*,T)] \tag{7-6}$$

为了更好地说明，假设 $T^*=1$，$T=4$，$r(1)=2\%$，$r(5)=3\%$；式（7-6）的左边为：

$$\left(\frac{1.03}{1.02}\right)^{\frac{1}{4}}(1.03) = (1.0024)(1.03) = 1.0325$$

所以 $f(1,4)=3.25\%$。如果收益率曲线向上倾斜，即 $r(T^*+T)>r(T^*)$ 时，式（7-6）表明从 T^* 到 T 的远期利率将高于到期期限为 (T^*+T) 的长期即期利率，即 $f(T^*,T)>r(T^*+T)$。从例子中的数据也可以看到，$3.25\%>3\%$。反之，如果收益率曲线向下倾斜，即 $r(T^*+T)<r(T^*)$ 时，则 T^* 到 T 的远期利率将低于长期即期利率，即 $f(T^*,T)<r(T^*+T)$。式（7-6）还表明，如果即期利率曲线是平坦的，则所有远期利率都等于即期利率。如果即期利率曲线向上倾斜，则远期利率随着 T^* 的增加而上升；如果即期利率曲线向下倾斜，则远期利率随着 T^* 的增加而下降。

这些关系可以从图 7-1 中的实际数据中得到证实。图 7-1 中的利率是根据 2013 年 7 月 31 日的美国国债数据计算并插值得到的，最低的曲线是即期利率曲线，可以看到当天的即期利率曲线是向上倾斜的。远期的起始时间分别为 2014 年 7 月、2015 年 7 月、2016 年 7 月和 2017 年 7 月的远期利率曲线也在图 7-1 中呈现。由于即期利率曲线向上倾斜，这些远期利率曲线都位于即期利率曲线之上，并随着起始时间后移逐步升高。最高的远期利率曲线是以 2017 年 7 月为起始时间的。注意远期利率曲线会随着起始时间后移而逐渐变平，这是因为即期利率曲线会随着期限变长而变平。

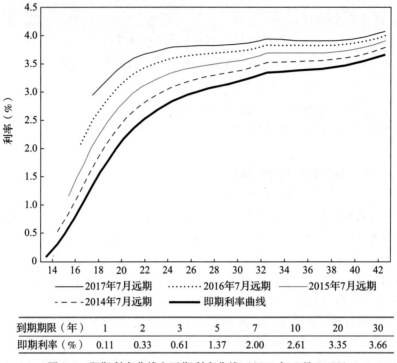

到期期限（年）	1	2	3	5	7	10	20	30
即期利率（%）	0.11	0.33	0.61	1.37	2.00	2.61	3.35	3.66

图 7-1　即期利率曲线和远期利率曲线（2013 年 7 月 31 日）

　　当即期利率曲线向下倾斜时，远期利率曲线将位于即期利率曲线下方。图 7-2 是根据 2006 年 12 月 31 日美国国债的数据绘制的，同样进行了线性插值，可以看到当天的即期利率曲线是向下倾斜的。为了更好地展示，我们对即期利率曲线的数据进行了一定程度的调整，使即期利率曲线向下倾斜的幅度更大。远期起始时间分别为 2007 年 12 月、2008 年 12 月、2009 年 12 月和 2010 年 12 月的远期利率曲线也一并展示在图中。

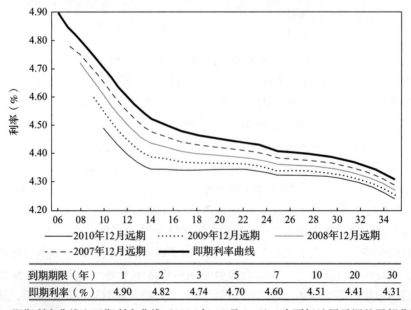

到期期限（年）	1	2	3	5	7	10	20	30
即期利率（%）	4.90	4.82	4.74	4.70	4.60	4.51	4.41	4.31

图 7-2　即期利率曲线和远期利率曲线（2006 年 12 月 31 日，为更好地展示调整了部分数据）

最高的曲线为即期利率曲线，是向下倾斜的。各远期利率曲线均低于即期利率曲线。随着起始时间的推迟，远期利率曲线逐渐降低，最低的远期利率曲线的起始时间是 2010 年 12 月。

从图 7-1 和图 7-2 可以推断出一个重要的结论，即能推断的远期利率延伸期限不会超过即期利率曲线上的最远期限。例如，如果今天能观察到的即期利率的最长期限为 30 年，那么对于 3 年后开始的远期利率，我们最长可以预测的就是期限为 27 年的远期债券的利率。同理，对于 4 年后开始的远期利率，能预测的最长期限将是 26 年，即 $f(4,26)$。

综上所述，当即期利率曲线向上倾斜时，远期利率曲线将位于即期利率曲线之上。反之，当即期利率曲线向下倾斜时，远期利率曲线将位于即期利率曲线之下。这种关系反映了一个基本的数学真理，即当平均值上升（下降）时，边际值必然高于（低于）平均值。在这里，即期利率曲线代表整个时间段内的平均值，远期利率曲线代表未来时间段的边际变化。[⊖]

到目前为止，我们已经讨论了即期利率曲线和远期利率曲线。另一条在实践中很重要的利率曲线是**平价收益率曲线**。平价收益率曲线由不同到期期限的平价政府债券的到期收益率组成。在实践中，通常会用最近发行的债券（"新券"）来构建平价收益率曲线，因为新券通常以票面价值或接近票面价值的价格发行。

平价收益率曲线在估值中非常重要，因为它可以被用来构建零息票债券利率曲线。构建过程利用了一个事实，即附息债券可以被视为零息票债券的组合。利用平价收益率曲线计算零息票债券利率的具体过程是一种被称为"靴襻法"的远期迭代过程，按照从最短期限到最长期限的顺序，逐一求解各期限的零息票债券利率。

▮ 专栏 7-1

"靴襻法"是什么？

推导零息票债券利率的具体细节不在本章讨论范围之内。但我们可以通过一个包括实际数据的例子来理解靴襻法的含义。假设各期限的平价主权债券均每年付息一次，观察到的收益率如表 7-2 所示。

表　7-2

期限	1 年	2 年	3 年	4 年
收益率	5%	5.97%	6.91%	7.81%

从这些收益率出发，我们可以运用"靴襻法"提取零息票债券的利率。

零息票债券利率

一年期零息票债券利率与一年期平价政府债券的到期收益率相同，因为在一年付息一次的假设下，一年期平价债券实际上是一年期纯贴现工具。但两年期和更长期的平价债券会在到期前支付息票，与零息票债券不同。

推导零息票债券利率的过程从两年期债券开始。要得到两年期零息票债券利率，考虑本金为 1 的两年期平价政府债券，因为是平价债券，债券价格亦为 1。其定价公式可以写成关于两年期零息票债券利率的方程：

$$1 = \frac{0.0597}{(1.05)} + \frac{1+0.0597}{[1+r(2)]^2}$$

⊖ 扩展一下，我们还可以得出以下结论：如果即期利率曲线先上升然后下降，远期利率曲线也会先上升后下降。

其中 0.0597 和 1.0597 分别为该债券第一年和第二年的利息和本金支付，$r(1)=5\%$。求解该方程可知 $r(2)=6\%$，这就是通过靴襻法得到的两年期即期利率。继续重复此过程，利用已经得到的一年期和两年期零息票债券即期利率，三年期零息票债券利率可以通过求解下面的方程得到：

$$1=\frac{0.0691}{(1.05)}+\frac{0.0691}{(1.06)^2}+\frac{1+0.0691}{[1+r(3)]^3}$$

因此，$r(3)=7\%$。同理可得四年期零息票债券利率满足的方程为：

$$1=\frac{0.0781}{(1.05)}+\frac{0.0781}{(1.06)^2}+\frac{0.0781}{(1.07)^3}+\frac{1+0.0781}{[1+r(4)]^4}$$

求解可得 $r(4)=8\%$。

综上所述，根据靴襻法得到的即期利率为 $r(1)=5\%$，$r(2)=6\%$，$r(3)=7\%$，$r(4)=8\%$。

在前面的讨论中，我们分析过一条向上倾斜的即期利率曲线（图 7-1）和一条倒挂或者说向下倾斜的即期利率曲线（图 7-2）。在发达国家市场，即期利率曲线通常是向上倾斜的，并且随着期限的增长，即期利率的边际增长率递减；也就是说，即期利率曲线在期限较长时会"趋于平坦"。因为名义利率中包含对未来通货膨胀的预期，所以一条向上倾斜的即期利率曲线通常被解释为反映了市场对未来通货膨胀率上升或至少持平的预期（通常伴随着相对强劲的经济增长）。利率风险溢价（较长期限债券的利率风险较大）也是即期利率曲线斜率为正的原因之一。

收益率曲线倒挂在某种程度上并不常见。这样的期限结构可能反映了当前的通货膨胀率水平较高，市场对未来的通货膨胀率有下降的预期。对经济下行的担忧可能是预期通货膨胀率下降的一个原因，因此在经济衰退之前，人们经常会观察到向下倾斜的收益率曲线。[⊖] 在从向上倾斜的收益率曲线过渡到向下倾斜的收益率曲线时，通常会暂时出现平坦的收益率曲线，反之亦然。当中间期限的利率高于短期和长期的利率时，就会出现相对少见的驼峰形收益率曲线。

7.2.2 到期收益率与即期利率、债券预期收益率和已实现收益率的关系

到期收益率（YTM）可能是债券市场上最常用的定价概念。在本节中，我们的目标是阐明它与即期利率、债券预期收益率和已实现收益率之间的关系。

到期收益率与即期利率的关系是怎样的？在债券市场，大多数债券都会支付息票，许多债券还有各种各样的内嵌期权，比如可赎回债券。因此期限为 T 的债券的到期收益率不会恰好等于期限为 T 的债券的即期利率。但是从数学意义上看，到期收益率应该与即期利率正相关。因为无套利原理表明，债券的价值等于其所有现金流的现值之和，每笔现金流以对应的即期利率贴现。所以债券的到期收益率应该等于这些即期利率的某种加权平均值。

例 7-5 展示了即期利率和到期收益率之间的关系。

> **▌ 例 7-5　即期利率和到期收益率**
>
> 假设一年期、两年期、三年期即期利率分别为 $r(1)=9\%$，$r(2)=10\%$，$r(3)=11\%$；$y(T)$ 是期限为 T 的债券的到期收益率。

⊖ 比如 2006 年 8 月美国国债收益率曲线出现倒挂，比 2007 年 12 月的经济衰退早了一年多。

1. 假设某两年期附息债券一年付息一次，票面利率为 6%，面值为 1000 美元，根据即期利率计算该债券的价格。然后根据债券价格与到期收益率的关系式，计算债券的到期收益率 $y(2)$。$r(2)$ 与 $y(2)$ 相比哪个大？为什么？

2. 假设某三年期附息债券一年付息一次，票面利率为 5%，面值为 100 英镑，根据即期利率计算该债券的价格。然后根据债券价格与到期收益率的关系式，计算债券的到期收益率 $y(3)$。$r(3)$ 与 $y(3)$ 相比哪个大？为什么？

解答：1. 根据即期利率计算两年期债券价格的公式为：

$$债券价格 = \frac{60}{(1+0.09)^1} + \frac{1060}{(1+0.10)^2} = 931.08(美元)$$

债券价格与到期收益率的关系为：

$$债券价格 = \frac{60}{[1+y(2)]^1} + \frac{1060}{[1+y(2)]^2} = 931.08(美元)$$

第一年和第二年的现金流都是用 $y(2)$ 贴现的。因为债券只有一个价格，所以 $y(2)$ 是 $r(1)$ 和 $r(2)$ 的加权平均值，又因为收益率曲线是向上倾斜的，所以 $r(1)<y(2)<r(2)$。使用金融计算器可以计算出到期收益率 $y(2)=9.97\%$，它小于 $r(2)=10\%$，大于 $r(1)=9\%$，正如我们预期的那样。注意，$y(2)$ 更接近 $r(2)$ 而不是 $r(1)$，因为债券最大的一笔现金流发生在第二年，所以在通过加权平均得到 $y(2)$ 时，$r(2)$ 比 $r(1)$ 的权重更大。

2. 根据即期利率计算三年期债券价格的公式为：

$$债券价格 = \frac{5}{(1+0.09)^1} + \frac{5}{(1+0.10)^2} + \frac{105}{(1+0.11)^3} = 85.49(英镑)$$

债券价格与到期收益率的关系为：

$$债券价格 = \frac{5}{[1+y(3)]^1} + \frac{5}{[1+y(3)]^2} + \frac{105}{[1+y(3)]^3} = 85.49(英镑)$$

第一年、第二年和第三年的现金流都是用 $y(3)$ 贴现的。因为债券只能有一个价格，所以 $y(3)$ 是 $r(1)$、$r(2)$ 和 $r(3)$ 的加权平均值，又因为收益率曲线是向上倾斜的，所以 $y(3)<r(3)$。使用金融计算器可以计算出到期收益率 $y(3)=10.93\%$，它小于 $r(3)=11\%$，大于 $r(1)=9\%$。正如我们所预期的那样，到期收益率落在最大即期利率和最小即期利率之间。注意，$y(3)$ 更接近 $r(3)$ 而不是 $r(2)$ 或 $r(1)$，因为债券最大的一笔现金流发生在第三年，所以在通过加权平均得到 $y(3)$ 时，$r(3)$ 比 $r(2)$ 和 $r(1)$ 的权重更大。

那债券的到期收益率等于债券的预期收益率吗？一般来说不是，除非在极其严格的假设下。预期收益率是投资者对一项投资要求的回报率。但到期收益率只是将债券持有至到期的预期收益率，并且要假设在到期时所有的息票和本金都得到全额偿付、所有息票被以原始到期收益率再投资。但息票可以以原始到期收益率再投资的假设通常是不成立的。

在以下四种情形下，到期收益率都不是预期收益率的良好估计值：①利率水平波动较大；②收益率曲线较陡峭，不管向上倾斜还是向下倾斜；③债券存在重大违约风险；④该债券有一个或多个内嵌期权（如看涨期权、看跌期权或转股期权）。在情形①或情形②下，息票可以以原始到期收益率再投资的假设是不成立的。情形③意味着实际现金流与到期收益率计算中假设的现金流不同。在情形④下，内嵌期权一旦行权，会导致投资者实际持有债券的期限比债券的原始期限更短。

已实现收益率是指投资者持有债券期间的实际收益率。它是基于实际的再投资利率和持有期结束时的即期利率曲线计算得到的。在完全符合预期的情况下，债券的预期收益率将等于已实现收益率。

为了说明这些概念，假设即期利率为 $r(1)=5\%$，$r(2)=6\%$，$r(3)=7\%$，$r(4)=8\%$，$r(5)=9\%$。考虑票面利率为 10%，一年付息一次的五年期债券。由即期利率推导得到的远期利率为 $f(1,1)=7.0\%$，$f(2,1)=9.0\%$，$f(3,1)=11.1\%$，$f(4,1)=13.1\%$。根据即期利率计算得到的债券价格为 105.43，债券的到期收益率可以通过求解下面的方程得到：

$$105.43 = \frac{10}{[1+y(5)]} + \frac{10}{[1+y(5)]^2} + \cdots + \frac{110}{[1+y(5)]^5}$$

解得，债券的到期收益率为 8.62%，这也是该债券在不发生违约、持有至到期、再投资利率为 8.62% 的情况下的债券预期收益率。但如果假设远期利率是未来的即期利率，情况会如何呢？

如果将远期利率作为每年的再投资利率，在第 5 年末，债券的所有息票和本金通过再投资获得的总现金流可以用下式计算：

$$10(1+0.07)(1+0.09)(1+0.111)(1+0.131)+10(1+0.09)(1+0.011)(1+0.131)+$$
$$10(1+0.111)(1+0.131)+10(1+0.131)+110 \approx 162.22$$

因此，债券预期收益率为 (162.22−105.43)/105.43 = 53.87%，通过下式求解 x 可得预期年化收益率为 9.00%。

$$(1+x)^5 = 1+0.5387$$

从这个例子中，我们可以看到，即使我们做出远期利率就是未来的即期利率这一假设，预期收益率也不等于到期收益率。将到期收益率作为预期收益率的潜在估计值，隐含的是收益率曲线平坦的假设。因为在刚刚使用的包含到期收益率的债券价格公式中，每一笔现金流都以 8.62% 贴现，无论其期限如何。

▌例 7-6 收益率和回报率的概念

1. 当即期利率曲线向上倾斜时，远期利率曲线：

A. 位于即期利率曲线上方

B. 位于即期利率曲线下方

C. 与即期利率曲线重合

2. 关于无违约风险债券的到期收益率，下列哪项表述最为准确？

A. 如果持有债券至到期，则等于债券的预期回报

B. 可以看作适用于其现金流的即期利率的加权平均值

C. 如果即期利率曲线向上倾斜，则在债券的整个持有期内更接近已实现收益率

3. 当即期利率曲线向下倾斜时，起始日期的推移会导致远期利率曲线发生何种变化？

A. 更接近即期利率曲线

B. 在即期利率曲线上方且距离更大

C. 在即期利率曲线下方且距离更大

解答 1：A 是正确答案。即期利率曲线上的点可以被看作特定期限内单期利率的平均值，而远期利率反映的是未来时间段之间利率的边际变化。

解答 2：B 是正确答案。到期收益率是一种贴现率，用于对债券承诺的现金流贴现，将这些现金流与债券的市场价格联系起来，债券市场价格应等于以适当的即期利率贴现的债券承诺的现金流的现值。

解答 3：C 是正确答案。该答案为式（7-6）所示的远期利率模型的结果。如果即期利率曲线向下倾斜（向上倾斜），起始日期推移将导致远期利率曲线向即期利率曲线下方（上方）偏离更大的距离。参考图 7-1 和图 7-2。

7.2.3　收益率曲线移动与远期利率曲线

本节介绍关于远期价格和即期收益率曲线的几个重要观察结果，为后面讨论主动型债券投资者使用的远期利率曲线理论做一些铺垫。

第一个观察结果是，只要未来的即期利率按照今天的远期利率曲线那样发展，远期价格就会保持不变。因此，远期价格的变化反映了即期利率曲线与远期利率曲线隐含的预测的偏离。如果主动型投资者预期未来的即期利率将低于当前的远期利率曲线隐含的预测，那么远期合约的价值就有望增加。为了利用这一预期，该投资者可以现在就购买远期合约。相反，如果投资者预期未来的即期利率会高于当前远期利率曲线隐含的预测，则远期合约价值可能会下降。在这种情况下，就可以通过卖出远期合约获利。

利用式（7-2）定义的远期定价模型，我们可以得到确定在 T^* 时刻交割一份 T 年期零息票债券的远期合约的远期价格的公式，即式（7-7）：

$$F(T^*,T)=\frac{P(T^*+T)}{P(T^*)} \tag{7-7}$$

现在假设时间过去了 t，未来的贴现因子与今天的贴现因子所隐含的远期贴现因子相同，也就是式（7-8）所示：

$$P^*(T)=\frac{P(t+T)}{P(t)} \tag{7-8}$$

因为时间过去了 t，此时距离远期合约到期的剩余时间为 T^*-t，远期合约的价格 $P^*(t,T^*,T)$ 由式（7-9）决定：

$$F^*(t,T^*,T)=\frac{P^*(T^*+T-t)}{P^*(T^*-t)} \tag{7-9}$$

利用式（7-8）可以得到式（7-9）的分子、分母，代入式（7-9）就得到了式（7-10）：

$$F^*(t,T^*,T)=\frac{\dfrac{P(t+T^*+T-t)}{P(t)}}{\dfrac{P(t+T^*-t)}{P(t)}}=\frac{P(T^*+T)}{P(T^*)}=F(T^*,T) \tag{7-10}$$

式（7-10）表明，只要未来的即期利率等于今天的远期利率曲线所预测的利率，远期合约价格就保持不变。因此，远期合约价格的变化是即期利率曲线偏离今天远期利率曲线所预测的利率的结果。

为了使这些观察结论具体化，我们考虑一条所有期限利率均为4%的平坦收益率曲线。根据式（7-1），一年期、两年期和三年期的贴现因子分别为：

$$P(1) = \frac{1}{(1+0.04)^1} = 0.9615$$

$$P(2) = \frac{1}{(1+0.04)^2} = 0.9246$$

$$P(3) = \frac{1}{(1+0.04)^3} = 0.8890$$

根据式（7-7），在2年后交割一年期债券的远期合约的价格为：

$$F(2,1) = \frac{P(2+1)}{P(2)} = \frac{P(3)}{P(2)} = \frac{0.8890}{0.9246} = 0.9615$$

假设1年后的贴现因子与一开始时即期利率曲线所隐含的远期贴现因子相同，那么根据式（7-8），1年后的一年期和两年期贴现因子分别为：

$$P^*(1) = \frac{P(1+1)}{P(1)} = \frac{P(2)}{P(1)} = \frac{0.9246}{0.9615} = 0.9616$$

$$P^*(2) = \frac{P(1+2)}{P(1)} = \frac{P(3)}{P(1)} = \frac{0.8890}{0.9615} = 0.9246$$

根据式（7-9），1年后的远期合约价格为：

$$F^*(1,2,1) = \frac{P^*(2+1-1)}{P^*(2-1)} = \frac{P^*(2)}{P^*(1)} = \frac{0.9246}{0.9616} = 0.9615$$

可以看到，远期合约价格没有变化。只要未来的贴现因子与今天远期利率曲线隐含的远期贴现因子相同，情况就会是这样。

从这个例子我们可以看到，如果即期利率曲线保持不变，那么持有债券的投资者就会沿着该曲线"往下滚"，赚取其中隐含的远期利率。具体来说，3年期债券在第一年的收益率为（0.9246-0.8890）/0.8890=4%，等于当前的一年期即期利率；而在第二年债券的收益率为（0.9615-0.9246）/0.9246=4%，等于即期利率曲线中隐含的从今天算起一年后的一年期远期利率。

7.2.4　主动债券投资组合管理

主动债券投资组合经理都试图跑赢债券市场的平均回报，一种可行的方式是预测利率的变化，尤其是在未来的即期利率不同于当前远期利率曲线所反映的预期利率时。

远期利率模型（式7-4）提供了对该问题的一些见解。通过重新排列式（7-4），并将时间长度调整为一个周期，即令$T^*=1$，我们可以得到式（7-11）：

$$\frac{[1+r(T+1)]^{T+1}}{[1+f(1,T)]^T} = [1+r(1)] \tag{7-11}$$

先看式（7-11）的左侧，其分子表示初始期限为$T+1$的债券的收益率，经过一个周期之后，该债券的剩余期限为T。假设一段时间后，实际的即期利率曲线就是当前的远期利率曲线，那由式（7-11）可知，该债券的总收益率等于一年期无风险利率。也就是说，如果即期利率按照当前的远期利率曲线所预期的那样演变，不同到期期限的债券在未来一年的收益率都等于目前的一年期即期利率（或一年期无风险利率）。

当即期利率按照当前远期利率曲线演变时会发生什么

跟前面的例子一样，我们假设：

$$r(1) = 9\%$$
$$r(2) = 10\%$$
$$r(3) = 11\%$$
$$f(1,1) = 11.01\%$$
$$f(1,2) = 12.01\%$$

如果一年后的即期利率曲线反映了当前的远期利率曲线，那么无论零息票债券的期限多长，持有一年的回报率均为 9%。下面的计算假设票面金额为 100，将债券价格和远期利率四舍五入到最接近的百分比，回报率都在 9% 左右。如果不考虑四舍五入，所有的答案都恰好是 9%。

一年期零息票债券的购买价格为 91.74，到期时的价值为债券面值 100。在一年的持有期内获得的收益率为：

$$\left(100 \div \frac{100}{1+r(1)}\right) - 1 = \left(100 \div \frac{100}{1+0.09}\right) - 1 = \frac{100}{91.74} - 1 = 9\%$$

两年期零息票债券的购买价格为 82.64，一年后该债券的剩余期限为一年，价格为 90.08。在一年的持有期内获得的收益率为：

$$\left(\frac{100}{1+f(1,1)} \div \frac{100}{[1+r(2)]^2}\right) - 1 = \left(\frac{100}{1+0.1101} \div \frac{100}{(1+0.10)^2}\right) - 1 = \frac{90.08}{82.64} - 1 = 9\%$$

三年期零息票债券的价格为 73.12，一年后该债券的剩余期限是两年，价格是 79.71。在一年的持有期内获得的收益率为：

$$\left(\frac{100}{[1+f(1,2)]^2} \div \frac{100}{[1+r(3)]^3}\right) - 1 = \left(\frac{100}{(1+0.1201)^2} \div \frac{100}{(1+0.11)^3}\right) - 1 = \frac{79.71}{73.12} - 1 \cong 9\%$$

上面的例子表明，如果即期利率按照当前远期利率曲线的趋势演变，各期限债券的一年期持有期收益率总是一年期即期利率。

但如果一年后的即期利率曲线与当前的远期利率曲线有所不同，那么各债券的一年期持有期收益率就不会都是 9%。为了证明这一点，我们假设 1 年后即期利率曲线发生了变化，所有期限的收益率均为 10%。

一年期零息票债券的持有期收益率保持不变：

$$\left(100 \div \frac{100}{1+0.09}\right) - 1 = 9\%$$

两年期零息票债券的持有期收益率发生了变化：

$$\left(\frac{100}{1+0.10} \div \frac{100}{(1+0.10)^2}\right) - 1 = 10\%$$

三年期零息票债券的持有期收益率同样发生了变化：

$$\left(\frac{100}{(1+0.10)^2} \div \frac{100}{(1+0.11)^3}\right) - 1 = 13.03\%$$

式（7-11）为追求总收益率的投资者提供了一种评估不同期限债券的价格是否被高估或

低估的方法。如果投资者预期未来某个期限的即期利率将低于目前同一期限的远期利率，那么（在其他条件相同的情况下）该投资者可以认为该债券的价格被低估了，因为市场对于该债券的实际有效贴现率要高于投资者对该债券的预期贴现率，或者说该债券的市场价格低于投资者感知到的债券内在价值。

另一个例子说明这样一种观点，即如果投资组合经理预期未来的即期利率曲线将高于（低于）当前的远期利率曲线，而他的预期被证明是正确的，那么债券的回报率将低于（高于）期限为 1 个周期的无风险利率。

为了简单起见，假设收益率曲线是水平的，所有期限的利率均为 8%，交易者持有票面利率为 8%、一年支付一次息票的三年期债券。假设票面价值为 100，那么目前该债券的市场价格也是 100。如果今天的远期利率曲线就是一年后的即期利率曲线，交易者将获得 8% 的回报率。

如果该交易者预测一年后的即期利率曲线将高于今天的远期利率曲线，例如 9% 的水平收益率曲线，那么该交易者对债券的预期回报率为 6.24%，小于 8%：

$$\frac{8+\dfrac{8}{1+0.09}+\dfrac{108}{(1+0.09)^2}}{100}-1=6.24\%$$

如果交易者预测一年后的即期利率曲线为 7% 的水平收益率曲线，那么该交易者对债券的预期回报率为 9.81%，大于 8%：

$$\frac{8+\dfrac{8}{1+0.07}+\dfrac{108}{(1+0.07)^2}}{100}-1=9.81\%$$

预测的未来即期利率和当前远期利率之间的差距越大，交易者的预期收益率与 8% 的原始到期收益率之间的差距也会越大。

这种逻辑是一种流行的收益率曲线交易方式的基础，该交易方式被称为**收益率曲线骑乘策略**或**收益率曲线滚动策略**。之前我们也提到过，当收益率曲线向上倾斜时，远期利率曲线总是高于当前的即期利率曲线。如果交易者相信即期利率曲线的水平和形状不会在其投资期限内发生改变，那么购买期限长于自己投资期限的债券将能获得高于购买期限等于投资期限的债券的总收益。债券的总收益将取决于远期利率和即期利率之间的利差以及债券的到期期限。债券的到期期限越长，其总收益对利差越敏感。

在 2008 年金融危机之后的几年里，世界各地的许多央行都采取了货币宽松行动，将短期利率维持在非常低的水平。因此，收益率曲线出现了一个陡峭向上的形态（见图 7-1）。对于主动管理投资者而言，这为他们采取融入短期资金并投资于长期债券的套利交易策略提供了很大的动力。当然，这种交易面临着巨大的利率风险，尤其是未来短期即期利率意外上升的风险（例如，由通货膨胀率飙升引发），交易者通常会在收益率曲线向上倾斜的环境下进行这种套利交易。[⊖]

综上所述，当收益率曲线向上倾斜并保持不变时，随着债券逐渐到期或"沿收益率曲线

⊖ 套利交易有多种形式。在这里我们指的是一种利差期限套利，交易者借入同一种货币的空头，借出多头，两者只是期限不同。除此之外还有跨货币套利交易和信用利差套利交易。本质上讲，只要交易者同时借入和借出资金以利用有利可图的利差的交易都可以称作套利交易。

"滚动"，债券会逐渐拥有更低的收益率和更高的价格。此时可以使用购买长期债券的策略，持有价格逐渐升高的债券一段时间，然后在债券到期前卖出，以获得更高的回报。只要利率保持稳定，收益率曲线保持向上倾斜，使用这种策略就可以增加债券投资组合的总收益。

> **例 7-7　主动债券投资组合管理**
>
> 1. 使用"收益率曲线骑乘策略"，投资者购买的债券的期限：
> A. 等于投资者的投资期限　B. 长于投资者的投资期限　C. 短于投资者的投资期限
> 2. 如果某债券的价格被高估，则预期即期利率：
> A. 等于当前的远期利率　　B. 低于当前的远期利率　　C. 高于当前的远期利率
> 3. 假设平坦的收益率曲线水平为6%。三年期面值100英镑的债券以票面价格发行，年化票面利率为6%。如果投资组合经理预测一年后的收益率曲线水平将上升为7%，那么她的预期收益率是多少？
> A. 4.19%　　　　　　　　B. 6.00%　　　　　　　　C. 8.83%
> 4. 以下哪种情况将导致远期合约价格上涨：
> A. 未来的即期利率按照当前远期利率的预测演变
> B. 未来的即期利率低于当前远期利率的预测值
> C. 未来的即期利率高于当前远期利率的预测值
>
> 解答1：B是正确答案。使用"收益率曲线骑乘策略"，投资者购买期限比自己的投资期限更长的债券，并在投资期限结束前出售这些债券。如果收益率曲线向上倾斜，且收益率水平不变，则随着时间的推移，逐渐以更低的收益率和更高的价格进行估值。该策略的总收益将超过投资于期限与自己的投资期限相等的债券。
>
> 解答2：C是正确答案。如果预期未来的即期利率高于当前的远期利率，则债券价格将被高估。债券的预期价格低于用远期利率贴现得到的价格。
>
> 解答3：A是正确答案。如果收益率上升到7%，预期收益率将低于当前6%的到期收益率。预期收益率为4.19%，计算过程如下：
>
> $$\frac{6+\dfrac{6}{1+0.07}+\dfrac{106}{(1+0.07)^2}}{100}-1\approx 4.19\%$$
>
> 解答4：B是正确答案。远期利率模型可以用来说明当远期合约价格变化一定幅度时，即期利率曲线需要偏离当前远期利率曲线预测值的幅度。如果未来的即期利率低于目前远期利率曲线的预测值，远期合约价格就会上涨，因为实际贴现利率低于原本的预期利率。

7.3　利率互换曲线

在 7.2 节中，我们将无风险债券的即期利率曲线作为衡量货币时间价值的指标。利率互换曲线，简称互换曲线，是国际固定收益证券市场上经常用来衡量货币时间价值的另一个重要指标。在本节中，我们将讨论如何在估值中使用互换曲线。

7.3.1 利率互换

利率互换是固定收益证券市场一个非常重要的部分。这是一种利率衍生品合约，通常约定以固定利率支付换取浮动利率支付，是投资者进行投机或管理风险时必不可少的工具之一。利率互换支付的金额取决于浮动端的利率和固定利率的相对大小、本金金额（即名义金额）和互换的到期期限。利率互换固定端的利率被称为**互换利率**。互换利率的水平要满足下述条件：在互换合约启动时，互换的价值为零。浮动端的利率通常基于一些短期参考利率，比如3个月或6个月的美元Libor；其他参考利率包括以欧元计价时使用的Euribor和以日元计价时使用的Tibor。需要注意的是，各种浮动参考利率所固有的风险会因为利率报价的银行承担的风险不同而有所不同。例如2013年10月，日本银行间拆借利率（Tibor）与日元Libor之间的利差为正，这反映了为Tibor报价的银行承担了更高的风险。不同期限的互换利率组成的收益率曲线被称为**利率互换曲线**，简称**互换曲线**。因为互换曲线是基于所谓的平价互换计算的，即在合约创建时，固定端利率被设定为无须支付利差的利率，也就是使固定端支付和浮动端支付的现值相等的利率，所以互换曲线也是一种平价收益率曲线。但我们在本章中提到"平价收益率曲线"时，指的都是平价政府债券的收益率曲线。

互换市场是一个流动性很强的市场，原因有二。其一，与债券不同，互换不牵涉多个借款人或贷款人，只涉及交换现金流的交易对手。这样的安排使互换合约的设计具备很强的灵活性和定制性。其二，互换是对冲利率风险的最有效方式之一。据国际清算银行估计，截至2012年12月，利率互换的未偿本金名义余额约为370万亿美元。[○]

在许多国家，期限超过一年的政府债券往往缺乏足够的流动性，因此需要使用互换曲线作为利率的市场基准。在公司债券规模远超政府债券的国家，在衡量货币的时间价值时，互换曲线是一个比政府融资成本更有用的指标。

在亚洲，互换市场和政府债券市场是并行发展的，两者都被用于债券市场的估值。在韩国，活跃的互换市场中互换合约最高期限可至10年期，而日本互换市场中30年期的互换交易也很活跃。日本互换市场的互换期限之所以更长，是因为这个市场存在的时间比韩国的互换市场长得多。

根据美国中央情报局（CIA）发布的《2013年世界概况》，就政府债券市场规模相对于GDP这一指标，日本为214.3%，韩国仅为46.9%，美国和德国分别为73.6%和81.7%，世界平均水平为64%。尽管日本的利率互换市场非常活跃，但以未偿本金余额计算，美国的利率互换市场规模更大，几乎是日本的3倍。

7.3.2 为什么市场参与者在为债券估值时会使用互换利率

政府债券的即期利率曲线和利率互换曲线都可以作为固定收益产品估值的参考曲线。两者之间的选择可能取决于多种因素，包括两个市场的相对流动性等。在美国，既有活跃的国债市场，也有活跃的互换市场，货币时间价值基准的选择往往取决于使用该基准的机构的实际业务运作情况。大型银行往往会使用互换曲线对资产和负债进行估值，因为这些机构用互

○ 由于未偿付金额是名义本金，其代表的信用风险敞口远低于370万亿美元。

换对资产负债表上的很多项目进行了对冲。而很少参与互换市场的零售银行，则更有可能使用政府债券的即期利率曲线作为估值基准。

我们用一个例子来说明金融机构是如何利用互换市场进行内部操作的。考虑一个使用可转让定期存单筹集资金的银行，假设银行以定期存单的形式借到了 1000 万美元，利率为 1.5%，期限为两年。另一种本金为 1000 万美元的定期存单期限为三年，利率为 1.7%。银行可以进行两个互换：①银行在固定端收取 1.5% 的利率，在浮动端支付 3 个月 Libor 减去 10 个基点的利率，期限为两年，本金名义金额为 1000 万美元。②银行在固定端收取 1.7% 的利率，支付 3 个月 Libor 减去 15 个基点的利率，期限为三年，本金名义金额为 1000 万美元。

在发行上述两张定期存单并进行两个互换后，银行筹集了 2000 万美元，前两年每年的融资成本为 3 个月 Libor 减去 12.5 个基点。通过将从互换交易对手方收到的固定端利息支付给定期存单的投资者，该银行实际上将自己的固定利率负债转化为了浮动利率负债。浮动利率的利差可以作为银行评估总融资成本时衡量货币时间价值的标准。

如果使用互换曲线作为衡量货币时间价值的标准，投资者可以通过调整互换利差，从而在给定利差的情况下对互换进行公平定价。反过来说，如果给定互换利差，投资者也可以为债券确定一个公平的价格。在下一节中，我们将使用互换利差来确定债券的价值。

7.3.3　市场参与者如何在估值中使用互换曲线

互换合约是非标准化的，是场外市场交易双方之间的定制合约。固定支付的方式可以由标准化的时间表规定，也可以是相关非标准化息票的支付方式。在本节中，我们将重点介绍零息票债券。这些债券的收益率决定了互换曲线，而互换曲线又可以用来确定债券的价值。图 7-3 给出了平价利率互换曲线的历史数据。

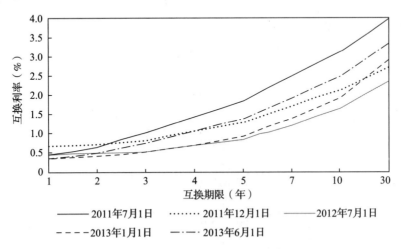

图 7-3　平价利率互换曲线历史数据

注：横轴未按比例绘制。

每个远期日期都有一个对应的贴现因子，它代表在该远期日期收到的一笔数额为 1 的支付在今天的现值。如果我们预计在一年后收到 1 万韩元，而对应的证券目前的价格是 9259.30 韩元，那么一年期的贴现因子将是 0.925 93（=9259.30/10 000）。请注意，与这个贴现因子对应的利率是 1/0.925 93−1≈8.00%。

为了给互换定价，我们需要确定互换的固定端和浮动端的现金流的现值。在利率互换中，固定端的定价是相当直接的，因为现金流由合约设定的票面利率确定。浮动端的定价更为复杂，因为根据合约，其现金流会随着参考利率的变化而变化。在每个浮动利率的支付日，浮动端的现金流是根据当时的远期利率曲线计算的。

设 $s(T)$ 表示时刻 T 的互换利率，因为要使互换在开始时价值为零，所以互换利率必须满足式（7-12）。值得注意的是，互换利率可以由即期利率决定，而即期利率也可以由互换利率决定。

$$\sum_{t=1}^{T} \frac{s(T)}{[1+r(t)]^t} + \frac{1}{[1+r(T)^T]} = 1 \tag{7-12}$$

式（7-12）的右侧是浮动端的价值，其初始值总是 1。互换利率是通过让左侧的固定端价值与右侧的浮动端价值相等来确定的。

例 7-8 阐明了利率互换曲线和即期利率曲线之间的关系。

▍例 7-8　确定利率互换曲线

假设政府债券即期利率曲线隐含的贴现因子为：

$$P(1) = 0.9524$$
$$P(2) = 0.8900$$
$$P(3) = 0.8163$$
$$P(4) = 0.7350$$

请确定利率互换曲线。

解答：根据式（7-1）：

$$P(T) = \frac{1}{[1+r(T)]^T}$$

可得：

$$r(T) = \left\{ \frac{1}{[P(T)]} \right\}^{(1/T)} - 1$$

$$r(1) = \left(\frac{1}{0.9524} \right)^{(1/1)} - 1 = 5.00\%$$

$$r(2) = \left(\frac{1}{0.8900} \right)^{(1/2)} - 1 = 6.00\%$$

$$r(3) = \left(\frac{1}{0.8163} \right)^{(1/3)} - 1 = 7.00\%$$

$$r(4) = \left(\frac{1}{0.7350} \right)^{(1/4)} - 1 = 8.00\%$$

使用式（7-12），当 $T=1$ 时：

$$\frac{s(1)}{[1+r(1)]^1} + \frac{1}{[1+r(1)]^1} = \frac{s(1)}{(1+0.05)^1} + \frac{1}{(1+0.05)^1} = 1$$

因此 $s(1) = 5\%$。

当 $T=2$ 时：

$$\frac{s(2)}{[1+r(1)]^1} + \frac{s(2)}{[1+r(2)]^2} + \frac{1}{[1+r(2)]^2} = \frac{s(2)}{(1+0.05)^1} + \frac{s(2)}{(1+0.06)^2} + \frac{1}{(1+0.06)^2}$$

因此 $s(2)=5.97\%$。

当 $T=3$ 时：

$$\frac{s(3)}{[1+r(1)]^1}+\frac{s(3)}{[1+r(2)]^2}+\frac{s(3)}{[1+r(3)]^3}+\frac{1}{[1+r(3)]^3}=$$

$$\frac{s(3)}{(1+0.05)^1}+\frac{s(3)}{(1+0.06)^2}+\frac{s(3)}{(1+0.07)^3}+\frac{1}{(1+0.07)^3}=1$$

因此 $s(3)=6.91\%$。

当 $T=4$ 时：

$$\frac{s(4)}{[1+r(1)]^1}+\frac{s(4)}{[1+r(2)]^2}+\frac{s(4)}{[1+r(3)]^3}+\frac{s(4)}{[1+r(4)]^4}+\frac{1}{[1+r(4)]^4}=$$

$$\frac{s(4)}{(1+0.05)^1}+\frac{s(4)}{(1+0.06)^2}+\frac{s(4)}{(1+0.07)^3}+\frac{s(4)}{(1+0.08)^4}+\frac{1}{(1+0.08)^4}=1$$

因此 $s(4)=7.81\%$。

请注意，互换利率、即期利率和贴现因子在数学上是联系在一起的，通过这系列的数据中的一个可以计算出其他两个。

7.3.4 互换利差

互换利差是衡量市场信用利差的常用指标。**互换利差**的定义是利率互换固定端利率与相同期限的"新增"政府债券（即最近发行的政府债券）的利率之差。$^{\ominus}$

在"SWAPS+"客户端可以看到互换固定端价格，其利率就是同期限政府债券的收益率加上互换利差。例如，五年期"固定换 Libor"互换的固定端利率为 2.00%，五年期国债收益率为 1.70%，则互换利差为 2.00%-1.70%=0.30%，即 30 个基点。

对于以欧元计价的互换，最常见的政府债券收益率基准是同期限的德国国债收益率，在英国则使用金边债券收益率作为基准。芝加哥商品交易所于 2011 年上市了以欧元计价的利率互换。

以 Libor 作为浮动端的互换曲线可能是应用最广泛的利率曲线，因为它通常被认为可以反映信用评级在 A1/A+左右的非国有实体的违约风险，大致相当于大多数商业银行的信用评级。（互换曲线还会受到政府债券市场供求状况等因素的影响。）互换市场受欢迎的另一个原因是，它不受政府控制，因此不同国家的互换利率更具可比性。与政府债券市场相比，互换市场可以用于构建更多期限的收益率曲线。Libor 通常用于衡量短期收益率，欧洲美元期货合约的利率通常用于衡量中期收益率，互换利率通常用于衡量到期期限超过一年的收益率。使用的互换利率通常是浮动端参考利率为 3 个月 Libor 的互换合约中的固定端利率。$^{\ominus}$

$\ominus$ "互换利差"这个术语有时也被用来指债券相对于利率互换曲线的基点利差，可以作为对债券信用风险和/或流动性风险的一种衡量指标。这种互换利差最简单的形式是债券到期收益率与利率互换曲线上的利率之差，其中利率互换曲线由互换利率线性插值得到。这种利差也被称为 I 利差、ISPRD 或插值利差，因为它是对线性插值收益率的利差。本章中的"互换利差"是指互换利率超过政府债券收益率的部分，而 I 利差是指债券收益率中超过相同期限的互换利率的部分。

$\ominus$ 美元市场使用 3 个月 Libor，但其他货币市场可能使用 1 个月或 6 个月 Libor。

▌专栏 7-3

美国国债互换利差的历史（2008~2013 年)

通常情况下，国债互换利差为正，这反映了一个事实，即政府通常能获得比私人实体更低的借款利率。但在 2008 年 9 月雷曼兄弟公司倒闭后，30 年期美国国债互换利差转为负值。金融危机期间，信贷市场的流动性蒸发殆尽，导致投资者对一些衍生品交易对手方的安全性产生怀疑。2008 年 11 月，30 年期美国国债互换利差跌至 62 个基点的历史低点。2013 年中，30 年期美国国债互换利差再次转为负值。自 2013 年 5 月初以来，市场对美联储前景的看法发生了巨大的转变，这是多数债券遭遇抛售的关键催化剂。当时美国国债收益率的急剧上升推高了公司的融资成本和对冲成本，这反映在互换利差的上升上。

为了说明互换利差在固定收益证券定价中的应用，考虑通用电气金融服务公司的一笔本金为 100 万美元的投资，2015 年 7 月 2 日到期，票面利率为 1.625%，每半年支付一次息票。我们在 2012 年 7 月 12 日为其定价，故此时的剩余期限为 2.97 年。假设此时两年期和三年期国债利率分别为 0.525% 和 0.588%，通过简单插值法可以得到 2.97 年的国债利率为 0.586%［= 0.525%+(350/360)(0.588%−0.525%)]。如果同期限的互换利差为 0.918%，那么该债券的到期收益率为 1.504%（= 0.918%+0.586%）。以到期收益率计算，这笔 100 万美元投资的全价（含应计利息）为：

$$\frac{1\,000\,000\left(\frac{0.016\,25}{2}\right)}{\left(1+\frac{0.015\,04}{2}\right)^{\left(1-\frac{10}{180}\right)}}+\frac{1\,000\,000\left(\frac{0.016\,25}{2}\right)}{\left(1+\frac{0.015\,04}{2}\right)^{\left(2-\frac{10}{180}\right)}}+\cdots+\frac{1\,000\,000\left(\frac{0.016\,25}{2}\right)}{\left(1+\frac{0.015\,04}{2}\right)^{\left(6-\frac{10}{180}\right)}}+\frac{1\,000\,000}{\left(1+\frac{0.015\,04}{2}\right)^{\left(6-\frac{10}{180}\right)}}$$

= 1 003 954.12（美元)

算式左边为所有现金流的现值，包括每一笔息票支付和最后一笔本金支付。应计利息为 451.39 美元，因此净价为 1 003 502.73（= 1 003 954.12−451.39）美元。

互换利差有助于投资者确定债券到期收益率的时间价值、信用利差和流动性利差的组成。如果债券没有发生违约，那么互换利差可以作为该债券的流动性指标，也可以为市场错误定价提供证据。互换利差越高，投资者对信用风险和流动性风险要求的回报就越高。

尽管互换利差为衡量风险提供了一种方便的方法，但衡量信用水平和流动性的一种更准确的指标是被称为 Z 利差的零息票债券利差。Z 利差是指需要在隐含即期利率曲线上加上的恒定利差，以使债券的现金流现值等于其当前的市场价格。Z 利差比线性插值的收益率更准确，特别是在利率互换曲线较为陡峭的时候。

▌专栏 7-4

在定价中使用 Z 利差

再来看看 GECC 半年期债券，期限为 2.97 年，票面价值为 100 万美元。隐含的即期利率曲线为：

$$r(0.5)=0.16\%$$
$$r(1)=0.21\%$$
$$r(1.5)=0.27\%$$
$$r(2)=0.33\%$$

$$r(2.5) = 0.37\%$$

$$r(3) = 0.41\%$$

假设 Z 利差为 109.6 个基点。使用即期利率曲线和 Z 利差计算，债券净价为：

$$\frac{1\,000\,000\left(\dfrac{0.016\,25}{2}\right)}{\left(1+\dfrac{0.0016+0.010\,96}{2}\right)^{\left(1-\frac{10}{180}\right)}} + \frac{1\,000\,000\left(\dfrac{0.016\,25}{2}\right)}{\left(1+\dfrac{0.000\,21+0.010\,96}{2}\right)^{\left(2-\frac{10}{180}\right)}} + \cdots +$$

$$\frac{1\,000\,000\left(\dfrac{0.016\,25}{2}\right)}{\left(1+\dfrac{0.0041+0.010\,96}{2}\right)^{\left(6-\frac{10}{180}\right)}} + \frac{1\,000\,000}{\left(1+\dfrac{0.0041+0.010\,96}{2}\right)^{\left(6-\frac{10}{180}\right)}}$$

$$= 1\,003\,954.12(美元)$$

7.3.5　利差报价惯例

我们前面提到过国债利率曲线和互换曲线都可以作为固定收益证券估值的基准，但它们通常是不一样的。因此在给债券报价时，究竟使用国债利率还是互换利率作为基准就成了一个报价惯例的问题。

由于各种原因，同一期限的国债利率与互换利率通常是不同的。首先，与美国国债不同，互换的现金流面临的违约风险更高。其次，在不同的期限下，两者的市场流动性可能也不同。例如，在利率期限结构的某些部分，互换交易可能比国债交易更活跃。最后，这两个市场之间的套利无法完美执行。

互换利率与国债利率之间的利差（不同于 I 利差，I 利差是同期限互换利率与国债利率之差）是互换利率与特定期限国债利率之间的差值。定义互换利差的一个问题是，10 年期互换的期限正好是 10 年，而通常没有剩余期限正好是 10 年的国债。按照惯例，10 年期互换利差被定义为 10 年期互换利率与期限接近 10 年的国债新券利率之间的利差。其他期限的互换利差的定义也类似。

为了生成图 7-4 中的曲线，我们使用了恒定期限的国债来精确匹配相应的互换利率。10

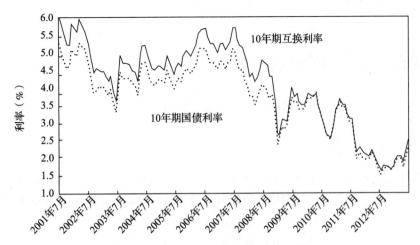

图 7-4　10 年期互换利率与 10 年期国债利率

年期互换利差是 10 年期互换利率减去 10 年期固定期限国债的利率。因为互换利率反映了交易对手的违约风险，而美国国债被认为几乎没有违约风险，所以互换利率通常大于对应的国债利率，10 年期互换利差通常为正，但也有特例。

TED 利差是衡量经济整体信用风险高低的指标，得名于美国国库券的简称 T 和欧洲美元期货的交易代码 ED。TED 利差的定义是同期限 Libor 与美国国库券收益率之差（见图 7-5）。TED 利差的增加（减少）是银行间贷款违约风险增加（减少）的信号。由于它与互换市场有关，TED 利差也可以被认为是衡量交易对手风险的一个指标。与 10 年期互换利差相比，TED 利差能更准确地反映银行体系的风险，而 10 年期互换利差更大程度上是市场供求状况的反映。

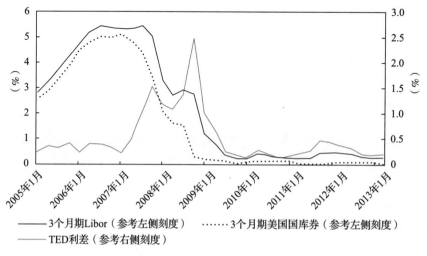

图 7-5　TED 利差

另一个衡量风险的常用指标是 **Libor-OIS 利差**，即 Libor 与隔夜指数互换（OIS）利率之间的利差。OIS 是一种利率互换，使用隔夜拆借利率（也称为隔夜指数利率）的几何平均值作为浮动利率。隔夜指数利率是银行间无担保隔夜拆借的利率，例如美国的联邦基金利率、欧洲的欧元隔夜平均指数（Eonia）、英国的英镑隔夜平均指数（Sonia）。Libor-OIS 利差被认为是一个衡量货币市场证券的风险和流动性的指标。

7.4　利率期限结构的传统理论

本节介绍关于影响收益率曲线形状的经济因素的四种传统理论。

7.4.1　局部预期理论

传统期限结构理论的一个分支侧重于从投资者预期的角度来解释收益率曲线的形状。历史上第一个相关理论是**无偏预期理论**或**纯预期理论**。该理论认为远期利率是对未来即期利率的无偏预测，其最宽泛的假设是，任何期限的债券都是彼此的完美替代品。也就是说，购买期限为 5 年的债券并持有 3 年，与直接购买 3 年期债券，或连续 3 年滚动购买 1 年期债券，三者的预期收益是相同的。

　　无偏预期理论与风险中性的假设是一致的。在一个风险中性的世界里，投资者不受不确定性的影响，风险溢价不存在。每一种证券都是无风险的，并在特定期限内获得无风险收益率。尽管这样的假设会带来一些有趣的结论，但它显然与大量表明投资者是风险厌恶者的证据相冲突。

　　一个与无偏预期理论相似但更严谨一点儿的理论是**局部预期理论**。该理论没有主张任何期限的债券在所有给定的投资期限内具有相同的预期回报率，而是主张各种债券在很短期限内的预期回报率均为无风险利率。这一结论源于一系列无套利假设，在该假设下，债券定价应当不允许交易者赚取套利利润。

　　局部预期理论与无偏预期理论的主要区别在于，它可以扩展到一个有风险的世界。虽然该理论要求在非常短的持有期内不存在风险溢价，但对更长期限的投资没有这样的限制。因此，该理论既适用于无风险债券，也适用于有风险的债券。

　　利用式（7-1）中的贴现因子和式（7-5）中的远期利率模型，我们可以得到式（7-13），其中 $P(t,T)$ 是期限为 T 的证券在 t 时刻的贴现因子：

$$\frac{1}{P(t,T)}=\left[1+r(1)\right]\left[1+f(1,1)\right]\left[1+f(2,1)\right]\left[1+f(3,1)\right]\cdots\left[1+f(T-1,1)\right] \quad (7\text{-}13)$$

　　从式（7-13）出发，我们可以得出，如果远期利率得以实现，长期债券的当期收益率就是 $r(1)$，即单期无风险证券的收益率，如式（7-14）所示：

$$\frac{P(t+1,T-1)}{P(t,T)}=1+r(1) \quad (7\text{-}14)$$

　　局部预期理论扩展了这个公式，将不确定性纳入其中，同时仍然假定短期内满足风险中性。当我们放松确定性假设时，式（7-14）就变成了式（7-15），其中的"~"表示该值为一个带有不确定性的结果。也就是说，长期风险债券的当期收益率就是当期无风险利率：

$$\frac{E\left[\tilde{P}(t+1,T-1)\right]}{P(t,T)}=1+r(1) \quad (7\text{-}15)$$

　　虽然局部预期理论是很有吸引力的经济学理论，但在现实中人们经常观察到的是长期债券的短期持有回报确实超过了短期债券。流动性的需求和更低的风险基本上确保了对短期证券的需求将超过对长期证券的需求。因此，短期债券的收益率和实际回报率通常都低于长期债券。

7.4.2　流动性偏好理论

　　无偏预期理论没有考虑现实中投资者表现出的风险厌恶，而流动性偏好理论试图弥补这一点。**流动性偏好理论**认为，为了补偿投资者在购买长期债券时所面临的额外利率风险，长期债券必须提供一定的**流动性溢价**，而且该溢价会随着债券期限的延长而增加。$^{\ominus}$因此，即使在短期即期利率不变的预期下，根据流动性偏好理论，收益率曲线也是向上倾斜的。远期利率仍然是对未来即期利率的一个估计值，但该估计值由于流动性溢价的存在而高估未来的即期利率，这造成了无偏预期理论的失效。

　　$\ominus$　对该理论更技术性的一种描述是这些溢价相对债券期限的序列是单调增加的。说一个序列是单调增加的，意思是序列中的每一项都大于或等于它前面的一项。如果用 $\mathrm{LP}(T)$ 表示期限 T 对应的流动性溢价，那么溢价单调增加意味着 $\mathrm{LP}(T+t)>=\mathrm{LP}(T)$ 对于任意 $t>0$ 都成立。

例如，美国财政部发行了期限为30年的债券，但大多数投资者的投资期限都在30年以下。持有这些债券的投资者会要求更高的回报率，因为他们要承担收益率曲线变化的风险，也就是必须在到期前以不确定的价格出售债券的风险。他们要求的随债券期限渐进式增加的额外回报率就是流动性溢价。注意不要将这里的流动性溢价与交易清淡的债券由于缺乏交易流动性而获得的额外收益率混淆。这里的流动性溢价适用于所有的长期债券，包括那些流动性较强的债券。

流动性偏好理论未能为期限结构提供完整的解释，因为它只主张流动性溢价的存在。比如，向下倾斜的收益率曲线仍然与流动性溢价的存在不矛盾，如果影响曲线形状的因素之一是对通缩的预期（比如由于货币政策或财政政策而导致的负预期通货膨胀率）。如果预期未来利率的下降幅度严重到足以抵消流动性溢价的影响，即使存在流动性溢价，也可能出现收益率曲线向下倾斜的情况。

综上所述，流动性偏好理论认为投资者需要获得流动性溢价作为对长期投资的激励。因此，从当前的即期利率曲线推导出的远期利率会高估未来的即期利率。虽然不能排除出现向下倾斜或驼峰状收益率曲线的可能性，但流动性溢价的存在意味着收益率曲线通常都会向上倾斜。

7.4.3 市场分割理论

与预期理论和流动性偏好理论不同，**市场分割理论**允许投资者和借款人的偏好影响收益率曲线的形状。该理论认为，不同期限的收益率既不是对即期利率的预期也不是对流动性溢价的反映，它们仅仅是对应期限资金供求关系的函数。也就是说，不同期限的债券可以被视为一个个被分割的市场，每个期限收益率的决定过程都独立于其他期限。

这一理论能够与存在资产负债管理约束的世界并存，这些约束可以来自监管部门的要求，也可以是自我施加的约束。在这样的世界里，投资者可能会将自己的投资范围限制在期限与负债期限最匹配的投资品种，以规避资产负债期限错配带来的风险。

例如，由于人寿保险公司以人寿保险合同的形式承担了大量长期负债，所以它们通常是长期债券市场最活跃的买家。同样，由于养老基金的大多数负债都是长期的，它们通常也会投资长期证券。既然短期债券的回报可能会下降，而它们持有的负债的成本却保持不变，它们为什么还要投资短期债券呢？与之相对，货币市场基金一般只会投资期限为一年或一年以下的债务。

综上所述，市场分割理论假设市场参与者要么不愿意，要么不能投资不能匹配其负债期限的债务，因此某一特定期限债券的收益率完全由该期限的资金供求情况决定。

7.4.4 习惯优先理论

习惯优先理论与市场分割理论类似，它认为一些借款人和贷款人对特定期限的债券有强烈的偏好，但没有断言不同期限债券的收益率是彼此独立的。

与市场分割理论不同，习惯优先理论认为，如果预期能获得足够的额外收益，投资机构也愿意偏离它们的首选投资期限或者说投资习惯。例如，如果长期证券的预期收益远远超过

⊖ 要验证该观点只需检查一下拍卖会上长期国债与短期国债的典型需求。

短期证券，货币市场基金也会延长其投资期限；而如果购买短期证券的预期超额收益足够大，人寿保险公司也可能不会将自己的投资标的局限于长期证券，会转而将投资组合的更大比例用于配置短期投资。

习惯优先理论基于一个在现实中能观察到的现象，即投资者和投资机构愿意接受额外的风险以换取额外的预期收益。习惯优先理论接受了市场分割理论和无偏预期理论的部分假设，拒绝了它们过于极端的假设，所以能更好地解释现实世界的现象。在这一理论中，市场预期和市场分割理论中强调的投资者的特别偏好都可以影响利率的期限结构。

■ 专栏 7-5

习惯优先理论和量化宽松政策的效果

"量化宽松"（QE）是指在基准利率或银行间利率已经接近零的情况下，央行为了增加经济中货币供应的一种非常规货币政策。在次贷危机后，美国实施了三次量化宽松政策。第一次开始于 2008 年底，当时联邦基金利率目标区间已经被设定到接近零。美联储通过一系列资产购买计划，大幅增持了长期证券，目的是对长期利率施加下行压力，从而使金融环境更加宽松。表 7-3 展示了实施量化宽松政策前后美联储持有各类证券的情况，包括 2007 年 9 月 20 日（当时美联储持有的证券基本都是美国国债）和 2013 年 9 月 19 日（实施第三轮量化宽松政策一年后）的数据。

表 7-3　美联储持有的证券　　（单位：百万美元）

	2007 年 9 月 20 日	2013 年 9 月 19 日
美联储持有的证券总量	779 636	3 448 758
美国国债	779 636	2 047 534
国库券	267 019	0
中长期国债	472 142	1 947 007
中长期通货膨胀保值国债	35 753	87 209
通货膨胀补偿	4723	13 317
联邦机构证券	0	63 974
抵押贷款支持证券	0	1 337 520

从表 7-3 可以看到，在 2007 年 9 月 20 日，美联储持有的证券几乎全部都是美国国债，其中约 34% 是国库券。而到了 2013 年 9 月 19 日，美联储持有的证券中只有约 59% 是美国国债，其中没有任何国库券。此外，美联储持有超过 1.3 万亿美元的抵押贷款支持证券（MBS），几乎占了证券持有总量的 39%。

在量化宽松政策出台之前，MBS 的收益率通常在 5%～6%。到 2012 年底，该数值下降到了不足 2%。习惯优先理论可能有助于解释这种收益率下降的现象。

美联储购买抵押贷款支持证券的行为大大减少了可供私人购买的类似证券数量。假设投资者或投资机构因为掌握的专业技术主要与 MBS 市场相关或持有与该市场相关的负债而不愿或无法退出 MBS 市场，那么可以说 MBS 是这些投资者的一个"习惯优先"的投资品种。在 MBS 供应减少时，这些买家会继续高价买入 MBS，压低 MBS 的收益率。

还有另外一种解释，就是美联储购买 MBS 的行为有助于降低 MBS 提前还款风险，这也导致了 MBS 的收益率下降。如果房主提前偿付抵押贷款，这些还款将按比例冲销 MBS 投资者的投资本金。虽然何时发生提前还款带有不确定性，但在利率下降的环境下，提前还款的可能性更大。

可以用例7-9来测试你对传统利率期限结构理论的理解。

例7-9 传统利率期限结构理论

1. 2010年，欧洲证券监管委员会将短期货币市场基金的加权平均寿命（WAL）限制在120天。这一限制的目的是限制货币市场基金投资长期浮动利率证券的比例。最可能导致该行动的理论是：

    A. 习惯偏好理论　　　　　　B. 市场分割理论　　　　　　C. 局部预期理论

2. 某个利率期限结构理论认为，投资者不可能被诱导持有期限与其投资期限不匹配的债务类证券，该理论最有可能是：

    A. 习惯偏好理论　　　　　　B. 市场分割理论　　　　　　C. 无偏预期理论

3. 无偏预期理论假设投资者是：

    A. 风险厌恶型　　　　　　　B. 风险中性型　　　　　　　C. 风险喜好型

4. 市场上的证据表明远期利率是：

    A. 对未来即期利率的无偏预测

    B. 对未来即期利率的过高预测

    C. 对未来即期利率的过低预测

5. 市场证据表明，短期债券的短期持有收益通常：

    A. 低于长期债券　　　　　　B. 等于长期债券　　　　　　C. 高于长期债券

解答1：A是正确答案。习惯偏好理论认为，如果有足够的动机，投资者愿意放弃他们的优先投资期限。这一限制的提出是监管机构关注长期浮动利率证券的利率风险和信用风险的结果。在这一限制下一个可能的推论是如果有足够的回报，一些货币市场基金就愿意放弃它们更习惯的短期投资。

解答2：B是正确答案。市场分割理论认为，资产负债管理的约束迫使投资者购买期限与其负债期限匹配的证券。相比之下，习惯偏好理论认为，如果收益率差异的激励足够大，投资者愿意偏离他们的偏好期限。无偏预期理论没有对期限偏好做任何假设，相反，它只假设远期利率是未来即期利率的无偏预测。

解答3：B是正确答案。无偏预期理论认为，不同的投资策略，如滚动投资策略、期限匹配策略和收益率曲线骑乘策略，都具有相同的预期收益率。根据定义，风险中性的投资者对同样预期收益率的不同选择没有偏好，即使其中一个选择的风险更高。因此，该理论的预测与风险中性投资者的假设是一致的。

解答4：B是正确答案。流动性溢价的存在使得远期利率是对未来即期利率的高估。市场证据清楚地表明流动性溢价的存在，这从根本上反驳了无偏预期理论的假设。

解答5：A是正确答案。尽管局部预期理论假设所有债券的短期回报率将等于无风险利率，但大多数事实反驳了这一说法。长期债券的回报率通常高于短期债券，即使在相对较短的投资期限内也是如此。该市场证据与风险和预期回报相匹配的金融学核心理论是一致的，也和未来即期利率存在不确定性一致。

7.5　现代利率期限结构模型

现代利率期限结构模型定量且精确地描述利率是如何演变的。这些模型建立在一组假设的基础上，对真实世界的现象进行（有时是）简化的描述，经常被用来解决特定的问题。这些假设在描述真实世界时不可能完全准确，只要它们对于真实世界现象的捕捉足以解决特定的问题就够了。

现代利率期限结构模型都试图捕捉利率变动的统计特性，详细描述这些模型所要用到的数学和统计知识远远超出了一般投资者的知识储备。但这些模型在复杂的固定收益工具和债券衍生品的估值中非常重要。因此，我们会在本章中对这些模型进行概述。我们也给出了一些模型的公式和实例，供有兴趣的读者参考。

7.5.1　均衡期限结构模型

均衡期限结构模型是一种试图用可以影响利率的基本经济量来解释利率期限结构动态的模型，在建模过程中通过推导债券的均衡价格和利率来获得相关变量的约束条件。这些模型会设定利率漂移项（稍后会解释这个概念）和利率波动率的函数形式。最著名的均衡期限结构模型是 Cox-Ingersoll-Ross（CIR）模型[一]和 Vasicek 模型[二]，接下来的两个小节中我们会分别讨论这两个模型。

均衡期限结构模型有以下几个特点：

- 它们是单因子模型或多因子模型。单因子模型假设收益率曲线的所有运动均由一个单一的可观测因子（有时称为状态变量）所驱动。Vasicek 模型和 CIR 模型都是单因子模型，二者使用了同一个因子，即短期利率 r。这样设定有一定的可靠性，因为从经验上看，水平因子通常可以解释超过 90% 的收益率曲线变化。相比之下，多因子模型也许能够更准确地刻画收益率曲线的曲率变化，但代价是更加复杂。
- 它们对因子的行为做出了一定的假设。例如，如果我们使用以短期利率作为唯一因子的单因子模型，那对其建模时是否应该考虑其均值回归的特性？是否应该考虑其发生跳跃的可能？短期利率的波动率又该如何建模？
- 一般来说，与无套利期限结构模型相比，均衡期限结构模型需要估计的参数数量更少，更加精简。这种参数数量上的相对经济性也是有代价的，一般来说，无套利模型能更精确地拟合实际观测到的收益率曲线。[三]

均衡期限结构模型一个很好的例子是下面讨论的 CIR 模型。

7.5.1.1　Cox-Ingersoll-Ross 模型

CIR 模型假设投资者需要用有限的资本预算做出消费和投资决策。将预算用于投资可能

[一]　参见 Cox、Ingersoll 和 Ross（1985）。
[二]　参见 Vasicek（1977）。
[三]　两者之间还有一些其他的技术性区别，比如均衡期限结构模型使用真实概率，而无套利期限结构模型使用所谓的风险中性概率。

会带来更高的未来消费，但这需要牺牲当前的消费。假设投资者可以在资本市场上以同样的利率自由借出或借入资金，并确定自己的最优决策，利率最终将达到市场均衡。CIR 模型既可以从个人在投资和消费之间偏好的角度，也可以从经济生产过程的风险和回报的角度来解释利率的变化。

该模型显示了短期利率如何与经济的生产过程面临的风险相关。假设个人在投资长期债券时要求期限溢价，该模型表明短期利率足以决定整个利率期限结构和以利率为标的的或有索取权的估值。CIR 模型的具体形式如式（7-16）所示：

$$dr = a(b-r)dt + \sigma\sqrt{r}dz \tag{7-16}$$

在式（7-16）中，"dr" 和 "dt" 分别表示短期利率和时间的极其微小的（瞬时）增量，因此 CIR 模型是一种所谓的连续时间金融模型。该模型认为利率的变化由两个部分组成：①确定性部分（有时也被称为"漂移项"），即包含 dt 的那一项。②随机部分，即包含 dz 的表达式，用来对风险建模。

式（7-16）中的确定性部分为 $a(b-r)dt$，这样的形式确保了利率有向长期利率均值 b 回归的趋势，回归速度受到参数 a 的控制，a 是严格为正的。a 比较高（低），意味着利率向长期利率均值 b 回归的速度较快（慢）。为了简化，式（7-16）的 CIR 模型假设期限溢价为零。[一]因此，CIR 模型假设经济有一个固定的长期利率，随着时间的推移，短期利率会逐渐收敛到这个水平。

均值回归是利率的一个基本特征，使利率区别于许多其他的金融数据，比如股票价格。与股票价格不同，利率不可能无限上升，因为过高的利率水平会阻碍经济活动，最终导致利率下降。同样，除了一些在历史上很少出现的例外情况，名义利率是非负的。因此，短期利率往往在一个有限的范围内波动，并显示出向长期利率均值回归的趋势。

可以看到在式（7-16）中，短期利率的演变过程只包含一个随机驱动因子，即 dz；不那么严格地说，dz 可以被认为是"随机漫步"中一次增量无限小的运动。$\sigma\sqrt{r}dz$ 项被称为随机项或波动项，服从均值为零、标准差为 1、标准差乘数为 $\sigma\sqrt{r}$ 的正态分布。标准差乘数使短期利率的波动率与短期利率的平方根成正比，这使得波动率会随着短期利率水平的增加而增加。它还避免了调整 a 和 b 的取值时出现非正短期利率的可能性。[二]

注意，a、b 和 σ 都是模型参数，必须以某种方式指定。

专栏 7-6

CIR 模型的一个实例

再次假设当前的短期利率 $r = 3\%$，短期利率的长期均值 $b = 8\%$，调整速度 $a = 0.40$，年化波动率 $\sigma = 20\%$。根据式（7-16），CIR 模型下短期利率变化的过程为：

$$dr = 0.40(8\%-r)dt + (20\%)\sqrt{r}dz$$

假设用随机数生成器产生的标准正态随机误差项序列为 0.50，-0.10，0.50 和 -0.30。利用 CIR 模型模拟的短期利率演变过程如表 7-4 所示。表 7-4 的下半部分展示了与短期利率的演

[一] 均衡期限结构模型假设长期利率包含一个期限溢价项。期限溢价是指相对于以短期利率持续滚动投资同样的期限，投资者对长期债券要求的额外回报。

[二] 只要 $2ab > \sigma^2$，详见 Yan（2001）第 65 页。

变相一致的债券到期收益率。

表 7-4　CIR 模型下短期利率的演变

参数	时间				
	$t=0$	$t=1$	$t=2$	$t=3$	$t=4$
r	3.000%	6.732%	6.720%	9.825%	7.214%
$a(b-r)=0.40(8\%-r)$	2.000%	0.507%	0.512%	-0.730%	
dz	0.500	-0.100	0.500	-0.300	
$\sigma\sqrt{r}\,dz=20\%\sqrt{r}\,dz$	1.732%	-0.519%	2.592%	-1.881%	
dr	3.732%	-0.012%	3.104%	-2.611%	
$r(t+1)=r+dr$	6.732%	6.720%	9.825%	7.214%	
零息票债券的到期收益率					
1 年期	3.862%	6.921%	6.911%	9.456%	7.316%
2 年期	4.499%	7.023%	7.015%	9.115%	7.349%
5 年期	5.612%	7.131%	7.126%	8.390%	7.327%
10 年期	6.333%	7.165%	7.162%	7.854%	7.272%
30 年期	6.903%	7.183%	7.182%	7.415%	7.219%

模拟的短期利率初始值为 3%，这远低于 8% 的长期均值，所以模型模拟的短期利率迅速向长期均值移动。注意，标准正态变量 dz 在 $t=0$ 和 $t=2$ 时都为 0.50，但波动项 $\sigma\sqrt{r}\,dz$ 在 $t=2$ 时远高于在 $t=0$ 时。这是因为在 CIR 模型中，波动率会随着短期利率水平的增加而增加。

注意，这个例子是简化过的，仅用于说明目的。实际应用中使用的参数通常与例子所用参数存在显著差异。

7.5.1.2　Vasicek 模型

尽管与 CIR 模型不同，最早提出 Vasicek 模型的论文不是按照投资者寻求最优消费和投资决策的一般均衡框架建立模型的，但该模型也被视为一个均衡期限结构模型。与 CIR 模型类似，Vasicek 模型也刻画了利率的均值回归。

式（7-17）给出了 Vasicek 模型的具体形式：

$$dr=a(b-r)\,dt+\sigma dz \tag{7-17}$$

可以看到，Vasicek 模型的漂移项与 CIR 模型相同，短期利率 r 也有向均值回归的倾向；但随机项或波动项与 CIR 模型不同，不会随 r 的增加而变大，而是在整个分析期间保持不变，服从均值为零、标准差为 1 的正态分布。与 CIR 模型一样，利率期限结构由一个随机因子 dz 驱动，而 a、b 和 σ 是必须以某种方式指定的模型参数。Vasicek 模型的主要缺点是，理论上利率有变为负值的可能性。

▍专栏 7-7

Vasicek 模型的一个实例

假设当前的短期利率 $r=3\%$，短期利率的长期均值 $b=8\%$，调整速度 $a=0.40$，年化波动率 $\sigma=2\%$。根据式（7-17），Vasicek 模型下短期利率变化的过程为：

$$dr=0.40(8\%-r)\,dt+(2\%)\,dz$$

随机项 dz 可以从均值为零、标准差为 1 的标准正态分布中生成。假设用随机数生成器产生的标准正态随机误差项序列为 0.45，0.18，−0.30 和 0.25，利用 Vasicek 模型模拟的短期利率演变过程如表 7-5 所示。

表 7-5　Vasicek 模型下短期利率的演变

参数	时间				
	$t=0$	$t=1$	$t=2$	$t=3$	$t=4$
r	3.000%	5.900%	7.100%	6.860%	7.816%
$a(b-r)$	2.000%	0.840%	0.360%	0.456%	
dz	0.450	0.180	−0.300	0.250	
σdz	0.900%	0.360%	−0.600%	0.500%	
dr	2.900%	1.200%	−0.240%	0.956%	
$r(t+1)=r+dr$	5.900%	7.100%	6.860%	7.816%	
零息票债券的到期收益率					
1 年期	3.874%	6.264%	7.253%	7.055%	7.843%
2 年期	4.543%	6.539%	7.365%	7.200%	7.858%
5 年期	5.791%	7.045%	7.563%	7.460%	7.873%
10 年期	6.694%	7.405%	7.670%	7.641%	7.876%
30 年期	7.474%	7.716%	7.816%	7.796%	7.875%

模拟的短期利率初始值为 3%，远低于 8% 的长期均值。所以模型模拟的短期利率迅速向长期均值移动，短期利率只在第三期下跌了，这与模型漂移项均值回归的假设是相符的。

注意，例子是简化过的，仅用于说明目的。实际应用中使用的参数通常与例子所用参数存在显著差异。

请注意，因为 Vasicek 模型和 CIR 模型都要求短期利率遵循一定的过程，所以通过估计得到的收益率曲线可能与实际观察到的收益率曲线不匹配。但如果投资者认为模型的参数是正确的，那么就可以使用模型来发现错误定价。

7.5.2　无套利模型：Ho-Lee 模型

在**无套利模型**中，分析的起点是从市场上观察到的金融工具的价格，其基本假设是，用于参考的金融工具的定价是准确的。从价格出发，用一个带有漂移项和波动项的随机过程来生成整条收益率曲线。具体计算过程是这样的：通过调整随机过程的参数，使模型对参考金融工具的估值与金融工具的市场价格相同。这些模型之所以被称为"无套利模型"，是因为它们生成的价格与市场价格是完全相同的。

能够通过校准，让模型的预测值与市场数据完全相同是一个不错的特征，这一事实也反映了 Vasicek 模型和 CIR 模型的主要缺点之一：它们只有有限数量的自由参数，因此不可能通过调整这些参数让模型的估计值与观察到的市场价格完全吻合。通过允许参数随时间发生非随机变化，无套利模型克服了这一问题，这也让市场收益率曲线的模型精度可以达到为利率衍生品和内嵌期权债券定价所需的精度。

第一个无套利模型是 Ho 和 lee 提出的,[一]使用了与由布莱克、斯科尔斯和默顿等人提出的期权定价模型类似的相对估值原理。也就是说,这类模型假设或有索取权的估值完全取决于收益率曲线的形状及其移动,而收益率曲线的移动方式与无套利条件相一致。

在 **Ho-Lee 模型**中,短期利率遵循一个服从正态分布的随机过程,如式(7-18)所示:

$$dr_t = \theta_t dt + \sigma dz_t \qquad\qquad (7\text{-}18)$$

可以根据债券的市场价格调整时变的漂移项 θ_t,将模型校准到与市场数据相一致。这意味着该模型可以精确地生成当前的利率期限结构。这种校准通常是通过某种二叉树模型进行的,在这些模型中利率曲线在每个节点都以一定的概率向上或向下移动。这个概率被称为"隐含风险中性概率",但"风险中性概率"这个词在一定程度上是一种误导,因为无套利模型并不像局部预期理论那样,假设市场参与者是风险中性的。类似于经典的布莱克-斯科尔斯-默顿期权模型,这只是对复杂动态定价过程的一种简化,在满足一定的技术性条件时,我们可以在对证券进行定价时"假装"市场投资者是风险中性的。

为了使讨论具体化,我们来看一个具体的例子。这是一个两期的 Ho-Lee 模型,假设当前短期利率为4%,时间步长为一个月,每期时变的漂移项由当时的市场债券价格确定,第一个月为 $\theta_1 = 1\%$,第二个月为 $\theta_2 = 0.80\%$。年化波动率参数为2%。接下来,我们来为短期利率建立二叉树模型。在离散变化的二叉树模型中,dz 的取值有两种可能的结果:如果利率上升就为+1,如果利率下降就为-1。月度波动率为:

$$\sigma\sqrt{\frac{1}{t}} = 2\%\sqrt{\frac{1}{12}} = 0.5774\%$$

而时间步长为:

$$dt = \frac{1}{12} = 0.0833$$

因此,短期利率的随机过程为[二]:

$$dr_t = \theta_t dt + \sigma dz_t = \theta_t(0.0833) + (0.5774)dz_t$$

如果利率在第一个月上升:

$$r = 4\% + (1\%)(0.0833) + 0.5774\% = 4.6607\%$$

如果利率在第一个月上升,在第二个月也上升:

$$r = 4.6607\% + (0.80\%)(0.0833) + 0.5774\% = 5.3047\%$$

如果利率在第一个月上升,在第二个月下降:

$$r = 4.6607\% + (0.80\%)(0.0833) - 0.5774\% = 4.1499\%$$

如果利率在第一个月下降:

$$r = 4\% + (1\%)(0.0833) - 0.5774\% = 3.5059\%$$

如果利率在第一个月下降,在第二个月上升:

$$r = 3.5059\% + (0.80\%)(0.0833) + 0.5774\% = 4.1499\%$$

如果利率在第一个月下降,在第二个月也下降:

$$r = 3.5059\% + (0.80\%)(0.0833) - 0.5774\% = 2.9951\%$$

㊀　参见 Ho 和 Lee(1986)。
㊁　此公式中的 0.5774% 应为 0.5744%,原书可能有误。——译者注

据此我们可以得到短期利率演变的二叉树（见图 7-6，这里每一步利率上升或下降的风险中性概率都是 0.5）：

根据二叉树模型生成的短期利率可以计算零息票债券价格和即期利率曲线。因为在构建过程中是用市场上的债券价格确定漂移率的，所以模型输出与市场价格是一致的。由于 Ho-Lee 模型的简单性，Ho-Lee 模型有助于说明无套利模型的大部分显著特征。因为该模型假设未来利率服从对称（即"钟形"或正态）分布，所以可能出现负利率。请注意，尽管每个周期的利率波动率在图中每个节点上都是常数，但随时间变化的利率波动率（与收益率曲线运动的历史行为一致）

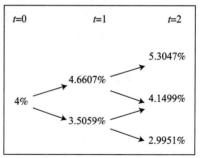

图 7-6　短期利率演变的二叉树

也可以纳入 Ho-Lee 模型中建模，只需要将 $\sigma(t)$（利率波动率）设定为时间的函数即可。考虑波动率的期限结构的更复杂例子超出了本章的讨论范围。

我们在前面提到过，模型及其假设是用来描述某些现象，并为手头的问题提供解决方案的。现代利率期限结构理论在很大程度上是为了解决内嵌期权债券的估值问题，因为内嵌期权的价值往往取决于利率的动态变化。前面介绍的均衡期限结构模型将收益率曲线的运动描述为由单一的短期利率变化驱动。它们被称为单因子模型，总体来说在很多应用上是比较令人满意的。无套利模型不试图解释在市场上观察到的收益率曲线，它们简单地认为市场上观察到的收益率曲线就是合理的。出于这个原因，它们有时也被称为**局部均衡模型**。

基本的无套利原理可以被用来解决更广泛的问题。这些模型可以扩展应用于对多种债券类型的估值，也可以考虑波动率的期限结构、收益率曲线形状的不确定变化、债券信用风险的调整等。但这些扩展万变不离其宗，仍然基于利率变化满足无套利原理。这些模型背后的原理构成了现代金融建模取得的诸多进展的基础。

例 7-10　现代利率期限结构模型

1. 对于市场上观察到的利率期限结构，下列哪一个模型有望提供最精确的拟合？

A. CIR 模型　　　　　　　B. Ho-Lee 模型　　　　　　C. Vasicek 模型

2. 下列哪一项关于 Vasicek 模型的陈述是最准确的？

A. 只有一个因子，即长期利率

B. 只有一个因子，即短期利率

C. 有两个因子，短期利率和长期利率

3. 下列哪一项关于 CIR 模型的陈述是最准确的？

A. 假设利率不是均值回归的

B. 拥有一个与 Vasicek 模型不同的漂移项

C. 假设利率波动率随着利率水平的上升而增加

解答 1：B 是正确答案。CIR 模型和 Vasicek 模型都属于均衡期限结构模型，而 Ho-Lee 模型属于无套利期限结构模型。无套利期限结构模型的一个好处是，它们是根据当前市场上的利率期限结构校准的。换句话说，证券的起始价格是目前市场上的价格。相比之下，均衡期限结构模型经常生成与当前市场数据不一致的当前利率期限结构。

解答 2：B 是正确答案。Vasicek 模型需要对短期利率做出一些假设，这些假设通常来自对描述整体经济情况变量的更一般的假设。在设定了短期利率的随机过程后，人们可以通过观察长期利率的期望路径来确定长期债券的收益率。

解答 3：C 是正确答案。CIR 模型的漂移项与 Vasicek 模型的漂移项设定相同，两个模型都假设利率是均值回归的。这两个模型的最大区别在于，CIR 模型假设利率波动率随利率水平的上升而增加，而 Vasicek 模型假设利率波动率为常数。

7.6 收益率曲线的因子模型

收益率波动率对债券价格的影响是固定收益投资的一个重要考虑因素，尤其是在风险管理和投资组合评估过程中。在本节中，我们将介绍如何衡量和管理债券的利率风险。

7.6.1 债券对收益率曲线变动的敞口

形变风险是指债券价格对收益率曲线形状变化的敏感性。收益率曲线的形状会不断发生变化，收益率曲线的平行移动只是其中很少的一部分。采用主动债券管理策略的债券投资者可能希望通过预测收益率曲线的形状来进行交易，或者希望对冲债券投资组合的收益率曲线风险。形变风险也会影响很多期权的价值，这一点非常重要，因为很多固定收益工具都有内嵌期权。

图 7-7~图 7-9 展示了从 2005 年 8 月到 2013 年 7 月，美国、日本和韩国政府债券收益率曲线的历史变化。这些图表明，收益率曲线的形状随着时间推移发生了相当大的变化。在美国和韩国，央行应对衰退的政策导致了 2007~2009 年短期收益率显著下降。最终长期收益率也随之下降，收益率曲线趋平。日本的短期收益率和长期收益率在相当长的一段时间内都处于低位。请注意，三张图的纵轴刻度值是不同的。

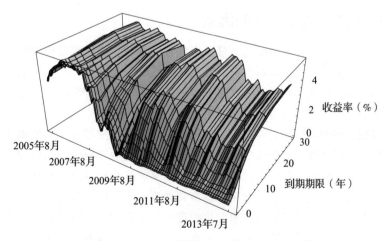

图 7-7 美国政府债券收益率曲线的历史变化

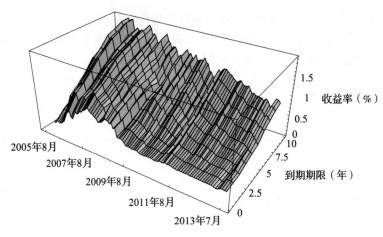

图 7-8 日本政府债券收益率曲线的历史变化

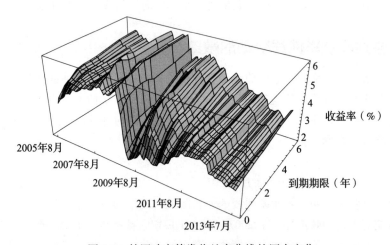

图 7-9 韩国政府债券收益率曲线的历史变化

7.6.2 影响收益率曲线形状的因素

上一小节已经讲过，收益率曲线几乎可以变成任何形状。固定收益投资组合经理面临的挑战是设计一个流程来管理其投资组合中的收益率曲线形变风险。一种方法是找到一种模型，用几个标准化的收益率曲线变动模式的概率组合来描述绝大多数可能发生的收益率曲线变动。本小节介绍其中一个最著名的收益率曲线因子模型。

收益率曲线因子模型是指相对符合历史数据的关于收益率曲线变动的模型或描述。研究表明，有一些模型在描述收益率曲线变动时能达到一定程度的准确性。一个例子是利特曼和沙因克曼提出的三因子模型，他们发现历史上的收益率曲线变动可以很好地用三个独立变动的因子描述，并将这三个因子命名为**水平**、**斜率**和**曲率**。水平因子指的是收益率曲线整体向上或向下移动。斜率因子是指当短期利率变化幅度大于长期利率，或者长期利率变化幅度大于短期利率时，收益率曲线的非平行移动。曲率因子指的是收益率曲线的三个分段非同步运动：短期利率和长期利率上升，中期利率下降；反之亦然。

要确定因子的数量和它们的经济解释，首先要考察收益率曲线上关键利率的变化，比如考察收益率曲线上 10 个不同的点，如表 7-6 和图 7-10 所示，然后得到这些关键利率历史数据变动的方差-协方差矩阵。接下来，尝试发现一些能够解释观察到的方差-协方差矩阵的相互独立的因子（因子数量不超过变量的数量——在本例中是收益率曲线上选定点的数量）。用于确定最能解释历史方差的因子的方法被称为**主成分分析法**（PCA）。通过主成分分析法，可以创建许多被定义为（或计算为）在统计上彼此独立的合成因子。如何解释这些因子的经济含义对研究人员来说是一个挑战，一种思路是将这些因子（在本讨论中我们将称其为主成分）的变动与一些可观察的、容易理解的变量的变动联系起来。

在将这些分析应用于 2005 年 8 月至 2013 年 7 月的历史数据时，我们可以发现一些非常典型的结果，如表 7-6 和图 7-10 所示。可以看到，第一个主成分（或者说因子）解释了大约77%的总方差协方差，第二个、第三个主成分分别解释了17%和3%。这些百分比通常被称为R^2。利用主成分分析法的基本原理，可以简单总结发现，前三个因子的线性组合可以解释样本中近97%的总收益率曲线变化。

表 7-6　美国国债收益率曲线的前三个因子 2005 年 8 月至 2013 年 7 月　（单位:%）

到期期限（年）	0.25	0.5	1	2	3	5	7	10	20	30
因子 1 "水平因子"	-0.2089	-0.2199	-0.2497	-0.2977	-0.3311	-0.3756	-0.3894	-0.3779	-0.3402	-0.3102
因子 2 "斜率因子"	0.5071	0.4480	0.3485	0.2189	0.1473	-0.0371	-0.1471	-0.2680	-0.3645	-0.3514
因子 3 "曲率因子"	0.4520	0.2623	0.0878	-0.3401	-0.4144	-0.349	-0.1790	0.0801	0.3058	0.4219

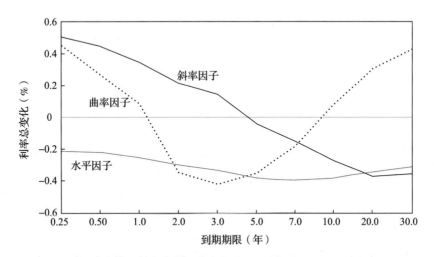

图 7-10　美国国债收益率曲线的前三个因子（2005 年 8 月至 2013 年 7 月）

应该如何解读表 7-6 中的数据？数据显示，如果第一个因子出现大小为一个标准差的正向变化（化为标准正态分布后），到期期限为 0.25 年的美国国债的收益率将下降 0.2089%，到期期限为 0.50 年的美国国债的收益率将下降 0.2199%，以此类推，到期期限为 30 年的美国国债的收益率将下降 0.3102%。由于所有利率的变化方向相同，幅度相当，对第一个因子的合理解释是，它描述了收益率曲线的整体上下平行移动。

考察第二个因子，可以看到其一个标准差的正向变化似乎提高了较短期限的收益率（例如，到期期限为 0.25 年的美国国债的收益率增加了 0.5071%），但降低了较长期限的收益率（例如，到期期限为 20 年和 30 年的美国国债利率分别下降了 0.3645% 和 0.3514%）。我们有理由将这个因子解释为导致收益率曲线坡度或斜率变化的因素。我们注意到，这个因子的 R^2 为 17%，远不如与收益率曲线平移相关的第一个因子，第一个因子的 R^2 为 77%。

第三个因子贡献的 R^2 更小，仅为 3%，我们将这个因子与收益率曲线的曲率（弯曲度）变化联系在一起，因为这个因子的正向变化会导致短期收益率和长期收益率的正向变化，但会造成中间期限收益率的负向变化。

将主成分分析法用于 2005 年 8 月至 2013 年 7 月的其他政府债券市场时，显示了类似的结果。图 7-11 和图 7-12 反映了日本和韩国市场的结果。在这些国家，利率期限结构的变化也可以很好地用水平、斜率、曲率等因子解释，按重要性递减顺序排列。请注意，在图 7-10、图 7-11、图 7-12 中，横坐标上的数字都代表政府债券到期期限，以年为单位。

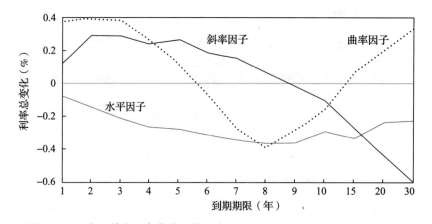

图 7-11　日本国债收益率曲线的前三个因子（2005 年 8 月至 2013 年 7 月）

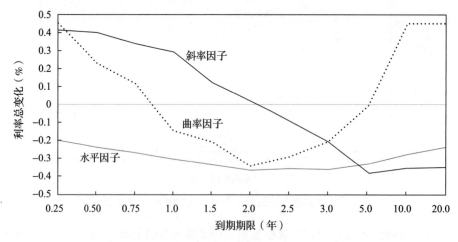

图 7-12　韩国国债收益率曲线的前三个因子（2005 年 8 月至 2013 年 7 月）

与任何其他时间序列模型或回归模型一样，这些因子的影响可能会因为所选择的研究时间段不同而变化。但如果选定了用于估计这些因子的样本时间段后，这些因子的线性组合一般都可以很好地解释这段时间的收益率曲线变化。

7.6.3　收益率曲线波动率的期限结构

在现代固定收益投资管理中，对利率波动率的量化研究是非常重要的，至少有两方面的原因。第一，大多数固定收益投资工具和衍生品都嵌入了期权。这些期权以及其被嵌入的固定收益投资工具的价值，在很大程度上取决于利率波动率的水平。第二，利率风险管理显然是固定收益投资管理过程的重要组成部分，而利率风险管理需要控制利率波动率对固定收益投资工具价格波动的影响。

利率波动率的期限结构通常被表达为不同到期期限的零息票债券的收益率波动率的形式。这样的波动率曲线（也称"vol"）或波动率期限结构衡量的是收益率曲线风险。

收益率曲线上不同期限的利率波动率是不一样的。在典型的对数正态模型假设下，利率不确定性的常用衡量指标是债券收益率的相对变化在特定时间间隔内的年化标准差。例如，如果时间间隔周期是一个月，那么指定的时间间隔为 1/12 年。这个衡量指标通常被称作利率波动率，记作 $\sigma(t,T)$，是到期期限为 T 的债券在时刻 t 的利率波动率，利率波动率期限结构的具体表达式如式（7-19）所示：

$$\sigma(t,T)=\frac{\sigma[\Delta r(t,T)/r(t,T)]}{\sqrt{\Delta t}} \tag{7-19}$$

表 7-7 展示了美国国债利率波动率的期限结构，为了更好地说明，我们在 2008 年金融危机之前结束了数据序列，避免出现一些不同寻常的波动幅度。

表 7-7　美国国债利率波动率期限结构历史数据（2005 年 8 月至 2007 年 12 月）

到期期限（年）	0.25	0.50	1	2	3	5	7	10	20	30
$\sigma(t,T)$	0.3515	0.3173	0.2964	0.2713	0.2577	0.2154	0.1885	0.1621	0.1332	0.1169

我们以表中到期期限为 3 个月（0.25 年）的短期国债为例解读数据，0.3515 代表年化标准差为 35.15%，所以月度标准差为 0.1015，也就是 10.15%，年化公式为：

$$0.1015\div\sqrt{\frac{1}{12}}=0.3515=35.15\%$$

利率波动率期限结构显示，短期利率的波动率通常比长期利率更大。研究表明，短期利率的波动与货币政策的不确定性相关度最高，而长期利率的波动与实体经济和通货膨胀的不确定性相关度最高。此外，大部分短期利率波动率和长期利率波动率之间的共同运动似乎取决于这三个因素（货币政策、实体经济和通货膨胀）之间不断变化的相关性。在 2005 年 8 月至 2007 年 12 月，长期利率波动率是低于短期利率波动率的，利率波动率从 0.25 年期的 35.15%逐渐下降至 30 年期的 11.69%。

7.6.4　管理收益率曲线风险

收益率曲线风险（由收益率曲线的意外变化引起的投资组合价值下降的风险）可以通过衡量投资组合价格对收益率曲线变化敏感性的几种指标来进行管理。收益率曲线风险管理的具体过程包括通过证券或衍生品市场的交易，将初始风险敞口改变为期望值（具体内容在固定收益投资组合管理的相关章节，不在本章讨论范围内）。

有效久期是衡量债券价格对收益率曲线敏感性的一个可行指标，它衡量的是债券价格对基准收益率曲线的小幅度平行移动的敏感性。另一个指标是关键利率久期，它衡量的是债券价格对基准收益率曲线中特定期限的利率的微小变化的敏感性。在 7.6.2 节中建立的因子模型的基础上，还可以进行更精准的衡量。使用关键利率久期和因子模型还可以识别和管理"形变风险"，即债券或投资组合对基准收益率曲线形状变化的敏感性。而仅与收益率曲线平移变化相关的风险可以通过有效久期得到充分管理。

为了使讨论更加具体，我们考虑一个由 1 年期、5 年期和 10 年期零息票债券组成的投资组合。假设每个期限头寸的价值为 100 美元，因此投资组合的总价值为 300 美元。考虑如表 7-8 所示的一组因子：

表 7-8 中的水平因子衡量平行移动，意味着所有利率变化相等的幅度，在本例中该因子变动会造成所有期限的利率变化一个单位。斜率因子衡量坡度的变动，会影响收益率曲线的斜率，在本例中该因子变动会造成

表 7-8

年	1	5	10
水平因子	1	1	1
斜率因子	-1	0	1
曲率因子	1	0	1

长期利率上升一个单位，短期利率下降一个单位。曲率运动是指短期利率和长期利率都上升一个单位，而中期利率保持不变。这些运动需要被定义，就像在这里一样，以使得任何一个运动都不是其他两个运动的线性组合。接下来，我们讨论各种收益率曲线敏感度指标的计算。

因为这些债券是零息票债券，所以每只债券的有效久期与债券的到期期限相同。[⊖] 投资组合的有效久期是每个债券头寸的有效久期以价值为权重的加权平均值，对于本例中的等权重投资组合，有效久期为：

$$0.333 \times (1+5+10) = 5.333$$

要计算**关键利率久期**，需要考虑收益率曲线上不同期限的利率的变化。我们首先假设 1 年期利率变化了 100 个基点，而其他利率不变；投资组合对这一变化的敏感度为：

$$1/[(300) \times (0.01)] = 0.3333$$

因此我们可以得出结论，该投资组合的 1 年期关键利率久期 $D_1 = 0.3333$。

同理可以计算该投资组合的 5 年期关键利率久期 D_5、10 年期关键利率久期 D_{10}，分别为 1.6667 和 3.3333。关键利率久期之和为 5.333，与投资组合的有效久期相同。这个事实是符合直觉的，因为关键利率久期衡量的是投资组合对每个关键利率的风险敞口。如果所有关键利率的变动幅度相同，那么收益率曲线就发生了平行移动，其结果就是投资组合价值的变化必须与有效久期预测的一致。基于关键利率久期计算收益率曲线风险的模型为：

$$\left(\frac{\Delta P}{P}\right) \approx -D_1 \Delta r_1 - D_5 \Delta r_5 - D_{10} \Delta r_{10} = -0.3333 \Delta r_1 - 1.6667 \Delta r_5 - 3.3333 \Delta r_{10} \tag{7-20}$$

接下来，我们可以根据 7.6.2 节中所做的将收益率曲线的运动分解为水平因子、斜率因子和曲率因子的方法来计算收益率曲线风险。假设 D_L、D_S 和 D_C 分别为投资组合价值对水平因子、斜率因子和曲率因子微小变化的敏感性。根据该因子模型，式（7-21）给出了水平因子的微小变化（Δx_L）、斜率因子的微小变化（Δx_S）以及曲率因子的微小变化（Δx_C）导致的投资组合价值变化比例：

⊖ 当使用连续复利时为严格相同。

$$\left(\frac{\Delta P}{P}\right) \approx -D_L \Delta x_L - D_s \Delta x_s - D_C \Delta x_C \tag{7-21}$$

其中 D_L 是投资组合价值对水平因子的敏感性，在本例中，水平因子每变动一个单位（表 7-8 中的水平因子）造成的投资组合价值的变化为：

$$D_L = 16 / [(300) \times (0.01)] = 5.3333$$

接下来，计算投资组合价值对斜率因子的敏感性。当斜率因子增加 100 个基点时，将导致 1 年期利率下降 100 个基点，收益 1 美元，10 年期利率上升，损失 10 美元。因此，投资组合的总价值变化为（1-10）美元，本例中的 D_s 为：

$$D_s = 3.0 = -(1-10)/(300 \times 0.01)$$

最后，计算投资组合价值对曲率因子的敏感性 D_C：

$$D_C = 3.6667 = (1+10)/(300 \times 0.01)$$

因此，对于例子中的债券投资组合，我们可以用式（7-22）分析其收益率曲线风险：

$$\left(\frac{\Delta P}{P}\right) \approx -5.3333 \Delta x_L - 3.0 \Delta x_s - 3.6667 \Delta x_C \tag{7-22}$$

例如，如果 $\Delta x_L = -0.0050$、$\Delta x_s = 0.002$、$\Delta x_C = 0.001$，投资组合价值的预期变化比例将为 +1.7%。在这个例子中，关键利率久期与水平因子、斜率因子和曲率因子是直接相关的，一组敏感性指标可以由另一组导出。可以用数值验证：[⊖]

$$D_L = D_1 + D_5 + D_{10}$$
$$D_S = -D_1 + D_{10}$$
$$D_C = D_1 + D_{10}$$

例 7-11 回顾了本节和前面几节中的概念。

▌例 7-11 期限结构动态变化

1. 实证发现解释收益率曲线变化最重要的因子是：

A. 水平因子   B. 曲率因子   C. 斜率因子

2. 对短期利率下降 150 个基点，长期利率下降 50 个基点的收益率曲线变化的最佳描述为：

A. 由水平因子和斜率因子的变化引起的收益率曲线倾斜

B. 收益率曲线因水平因子和斜率因子的变化而变陡

C. 由斜率因子和曲率因子的变化引起的收益率曲线变陡

3. 在收益率曲线的变动中，短期利率和长期利率分别上升了 100 个和 75 个基点，中期利率上升了 10 个基点，对上述变动的最佳描述是：

⊖ 要验证这一点，可以使用表 7-8 中的假设将 Δr_1、Δr_5 和 Δr_{10} 分解为三个因子——水平因子、斜率因子和曲率因子。

$$\Delta r_1 = \Delta x_L - \Delta x_S + \Delta x_C$$
$$\Delta r_5 = \Delta x_L$$
$$\Delta r_{10} = \Delta x_L + \Delta x_S + \Delta x_C$$

将这些方程代入基于关键利率久期的投资组合变化表达式并化简，我们可以得到：

$$\frac{\Delta P}{P} = -D_1(\Delta x_L - \Delta x_S + \Delta x_C) - D_5(\Delta x_L) - D_{10}(\Delta x_L + \Delta x_S + \Delta x_C)$$
$$= -(D_1 + D_5 + D_{10})\Delta x_L - (-D_1 + D_{10})\Delta x_S - (D_1 + D_{10})\Delta x_C$$

    A. 只有水平因子变化

    B. 只有曲率因子变化

    C. 水平因子和曲率因子均发生了变化

4. 通常情况下，短期利率：

    A. 比长期利率波动小   B. 比长期利率波动大   C. 与长期利率波动差不多

5. 假设对于一个给定的投资组合，关键利率被认为是 1 年期、5 年期和 10 年期收益率。关键利率久期估计值分别为 $D_1 = 0.50$，$D_2 = 0.70$，$D_3 = 0.90$。如果收益率曲线的平行移动导致所有收益率下降 50 个基点，那么投资组合价值的百分比变化估计值是：

    A. −1.05%   B. +1.05%   C. +2.10%

解答 1：A 是正确答案。研究表明，收益率曲线的平行上移和下移可以解释超过 75% 的收益率曲线总变化。

解答 2：B 是正确答案。短期利率和长期利率都有所下降，表明收益率曲线的水平因子发生了变化。短期利率的下降幅度超过长期利率，表明收益率曲线的斜率因子发生了变化。

解答 3：C 是正确答案。短期利率和长期利率都有所上升，表明收益率曲线的水平因子发生了变化。然而，中期利率的上升幅度超过了短期利率和长期利率，说明曲率因子也发生了变化。

解答 4：B 是正确答案。一个可能的解释是，与影响短期利率的相关预期相比，影响长期利率的对长期通胀和实体经济情况的预期变化更慢。

解答 5：B 是正确答案。利率下降会导致债券投资组合价值增加：

$$-0.50 \times (-0.005) - 0.70 \times (-0.005) - 0.90 \times (-0.005) = 0.0105 = 1.05\%$$

本章内容小结

- 给定期限的即期利率可以表示为短期利率和一系列远期利率的几何平均值。

- 当即期利率曲线向上（向下）倾斜时，远期利率曲线位于即期利率曲线上方（下方），而当即期利率曲线水平时，远期利率等于即期利率。

- 如果未来实现的即期利率就是当前的远期利率，那么所有债券，无论期限长短，在短期中的已实现收益率都将相同，并且等于这段时间的短期即期利率。

- 如果即期利率曲线向上倾斜且保持不变，那么每只债券都会沿着该曲线"往下滚"，赚取其中隐含的远期利率。（例如到期期限为 T^* 的零息票债券，一期过后滚动为到期期限仅为 $T^* - 1$ 的债券，并赚取期限为 T^* 的远期利率）。这意味着如果即期利率曲线向上倾斜，长期债券的预期收益率将超过短期债券，也就是说，长期债券会获得期限溢价。

- 主动型债券投资组合经理认为今天的远期利率曲线不能准确反映对未来即期利率的预期。

- 利率互换曲线提供了货币时间价值的另一种衡量标准。

- 互换市场对国际固定收益证券市场具有重大的意义，因为互换经常被用于对冲利率风险敞口。

- 互换利差、I 利差和 Z 利差是常用的几种债券报价惯例，可以用于确定债券价格。

- 利率互换曲线和国债收益率曲线可能因信用风险、流动性和供求等其他因素的差异而有所不同。
- 局部预期理论、流动性偏好理论、市场分割理论和习惯优先理论为收益率曲线的形状提供了传统解释。
- 现代金融理论试图利用量化模型来解释收益率曲线的形状，并利用收益率曲线模型为债券（包括嵌入期权的债券）和相关衍生品定价。均衡期限结构模型和无套利模型是这类模型的两种主要形式。
- 无套利模型经常被用于对带有内嵌期权的债券进行估值。与均衡期限结构模型不同，无套利模型从观察参考金融工具的市场价格开始，其基本假设是金融工具均被正确定价。
- 历史收益率曲线的运动表明，它们可以用三个因子运动的线性组合来解释：水平因子、斜率因子和曲率因子。
- 可以用历史数据来估计利率波动率的期限结构，并用它来描述收益率曲线形变风险。
- 债券价值对收益率曲线变化的敏感性指标可以选用有效久期，关键利率久期，也可以选用债券价格对水平因子、斜率因子和曲率因子的敏感性。利用关键利率久期或债券价格对水平因子、斜率因子和曲率因子的敏感性，可以测量和管理收益率曲线形变风险。

无套利估值框架

史蒂文·V. 曼，博士

■ 学习目标

学完本章内容后，你将有能力完成以下任务：

- 解释什么是固定收益工具的无套利估值方法。
- 会计算无内嵌期权的固定利率债券的无套利价值。
- 描述利率二叉树模型框架。
- 描述倒向归纳估值方法，并会根据该方法计算已知现金流固定收益工具在每个节点的价值。
- 描述校准利率二叉树以匹配特定期限结构的过程。
- 将使用零息票债券收益率曲线方法的定价与使用无套利利率二叉树定价方法进行比较。
- 描述在利率二叉树框架中使用路径估值法估值的过程，能够在给定每条路径上的现金流的前提下，对一种固定收益工具进行估值。
- 描述蒙特卡洛远期利率模拟及其应用。

8.1 本章内容简介

市场价格将会持续调整，直到没有套利机会，这一观点支撑了固定收益证券、金融衍生品和其他金融资产的估值。这一原理的直觉性众所周知。对于一项给定的投资，如果净投资为零（例如买卖相同金额的股票），且风险为零，那么回报也应该为零。金融工具的价值必须满足无套利条件。本章的目的是开发一套符合这一原理的债券估值工具。

这一章是围绕学习目标编写的。在一个简短的介绍之后，8.2 节定义了什么是套利机会，并讨论了无套利原理对固定收益证券估值的影响。8.3 节介绍了利用利率二叉树模型分析收益率曲线所需的一些基本思想和工具。在这一节，我们发展了利率二叉树模型的基本框架，并使用该框架为无内嵌期权债券估值。本节还将介绍校准利率二叉树的参数以匹配当前收益率曲线的方法，这样做可以确保利率二叉树与零息票债券隐含的收益率曲线（即期利率曲线）一致。本节的最后一个主题是对路径估值法的介绍。8.4 节描述了如何用蒙特卡洛方法模拟远期利率及其应用。最后一节给出了本章主要内容的汇总。

8.2 无套利估值的定义

无套利估值是指在不存在套利机会的假设下确定证券价值的一种估值方法。**套利机会**是指不需要任何净投资就可以获得无风险利润的交易机会。在运行良好的市场中，价格会持续调整直到市场上不存在套利机会，这就是无套利原理。它是无套利估值实际有效的基础。无套利原理本身可以被认为是同样的资产应以相同的价格出售这一理念的扩展。

我们将在后文更详细地解释这些概念。为了说明如何用它们为债券估值，我们首先考虑一个虚构的世界，其中的金融资产都没有风险，基准收益率曲线是平坦的。收益率曲线平坦意味着无论现金流何时交付，收益率都是相同的。⊖债券的价值等于其未来现金流的现值。因为现金流是确定的，在对它们进行贴现时，投资者会使用无风险利率；又因为收益率曲线是平坦的，所以存在一个单一的无风险利率，适用于所有期限的现金流。这是人们所能想到的最简单的债券定价情形。当我们离开这个假想的情形，进入更现实的环境时，会发现债券的现金流是有风险的（也就是说，借款人有可能违约），基准收益率曲线也不是平坦的，那么我们的估值方法应该如何改变呢？

估值的一个基本原则是，任何金融资产的价值都等于其预期未来现金流的现值。这一原则适用于任何金融资产，从零息票债券到利率互换都是如此。因此，金融资产的估值涉及以下三个步骤：

步骤 1：估计未来的所有现金流。
步骤 2：确定一个合适的贴现率或分别适用于每笔现金流的贴现率序列。
步骤 3：使用步骤 2 中确定的贴现率或贴现率序列，计算步骤 1 中得到的预期未来现金流的现值。

传统的债券估值方法会用相同的贴现率为所有的现金流贴现，就像收益率曲线是平坦的一样。但更合理的方法是将债券看作零息票债券的组合或投资组合，组合中的每一只零息票债券都应该用对应期限的贴现率进行估值，贴现率的大小取决于收益率曲线的形状以及对应现金流的支付时间。这些贴现率的期限结构被称为即期利率曲线。经由这种程序确定的由零息票债券的现值加总后得出的债券价值可以被证明是无套利的。⊜在不考虑交易成本的情况下，如果债券的市场价格远远小于其每一笔现金流价值的总和，交易者就会发现套利机会，在购买债券的同时出售每一笔现金流，无风险地将多余的价值收入囊中。尽管相关细节有待进一步讨论（见 8.2.2 节），但将债券看作零息票债券的组合，使用即期利率曲线进行估值是无套利估值的一个例子。不管债券有多复杂，组成该债券的每笔现金流都必须有一个无套利价值。那些内嵌期权的债券价值可以视为无内嵌期权债券（即没有内嵌期权的债券）的无套利价值和每个内嵌期权的无套利价值之和。

8.2.1 一价定律

金融经济学的核心思想是，金融资产的市场价格会不断调整，直到不存在套利机会。后文将详细定义什么是套利机会，但现在我们暂且认为它就是"白送的钱"。价格会不断调整，直到没有"白送的钱"可拿。套利机会的出现违反了所谓的**一价定律**。一价定律指出，在不存在交易成本的情况下，两种可以完全相互替代的商品必须以相同的当前价格出售。两种商品毫无差别、同时同地交易，价格也应该一样。否则，如果交易是无成本的，人们就会买进

⊖ 在本章中，"收益率""利率"和"贴现率"三个术语可以互换使用。
⊜ 零息票债券是一种贴现金融工具。

价格较低的商品，同时卖出价格较高的商品，无风险地赚取价格差额，并且可以无限制地重复这一交易，直到两种商品价格一致。这些市场力量的含义看似简单，实则是根本原则。如果你不投入自己的钱，不承担任何风险，你的预期回报就应该是零。

8.2.2 套利机会

有了前面的铺垫，现在我们来更精确地定义什么是套利机会。套利机会是一种无须支出现金就能获得无风险利润的交易机会，有两种具体的方式。套利机会的第一种定义通常被称为**价值可加性**，简单地说，整体价值应等于各部分价值之和。考虑两种无风险投资，今天的价格和一年后的收益如表 8-1 所示。资产 A 是一种简单的无风险零息票债券，一年后的收益为 1，今天的价格为 0. 952 381。资产 B 是包含 105 份资产 A 的投资组合，一年后的收益为 105，今天的价格为 95。在这里，投资组合的价值不等于各部分价值的总和。投资组合（资产 B）比以 100 的价格购买 105 份资产 A 要便宜。

表 8-1 无风险投资今天的价格和一年后的收益

资产	今天的价格	一年后的收益
A	0. 952 381	1
B	95	105
C	100	105
D	200	220

所以精明的投资者会以 105×0. 952 381 = 100 的价格出售 105 份资产 A，同时以 95 的价格购买一份资产 B。这样建仓可以获得无风险收益，今天获得 5（= 100-95）的净收益；一年后的支付净额为 0，因为持有 1 份资产 B 的现金流入与出售 105 份资产 A 的现金流出金额恰好匹配。投资者可以反复进行这种交易，直到资产的价格调整到位。

套利机会的第二种定义通常被称为**占优套利**，简单地说，具有未来无风险收益的金融资产今天的价格必须为正。考虑资产 C 和 D，都是无风险零息票债券，它们今天的价格和一年后的收益如表 8-1 所示。仔细观察可以发现，资产 D 似乎比资产 C 便宜。如果两种资产都是无风险的，它们应该适用于同一个贴现率。为了赚取无风险利润，可以以 200 的价格出售两份资产 C，并使用获得的收益以 200 的价格购买一份资产 D。构建该投资组合在今天的现金支出净额为 0。构建该投资组合在今天不需要支付任何资金，而在一年后会产生 10 的无风险利润，因为一份资产 D 将产生 220 的现金流入，而出售的两单位资产 C 将只产生 210 的现金流出。

这两种套利机会的存在都应该是短暂的。意识到这种错误定价的投资者将会无限量地交易错误定价的证券。资产价格会因此得到调整，直到套利机会消失。

例 8-1 套利机会

下列哪一组投资对象包含套利机会？

债券 A：票面利率为 3%、每年付息的 10 年期债券在纽约的到期收益率为 2.5%。同样的债券在芝加哥的售价为每 100 美元面值 104. 376 美元。

债券 B：票面利率为 3%、每年付息的 10 年期债券在香港的到期收益率为 3.2%。同样的债券在上海的售价为每 100 元面值 97. 220 元。

解答：债券 B 包含套利机会。债券 B 的无套利价格为：

$$3/1.032+3/1.032^2+\cdots+103/1.032^{10}=98.311（元）$$

高于其在上海的售价，因此存在套利机会。具体套利方法为，在上海以 97. 220 元买入债券，在香港以 98. 311 元卖出。每 100 元面值的债券交易可以赚 1. 091 元。

债券 A 的无套利价格为：

$$3/1.025+3/1.025^2+\cdots+103/1.025^{10}=104.376(美元)$$

与其在芝加哥的售价一致。因此，在这个市场上不存在套利机会。

8.2.3 无套利估值对固定收益证券的影响

根据无套利估值，任何固定收益证券都可以被视为零息票债券的组合或投资组合。因此，5 年期、票面利率为 2% 的美国国债可以被视为 11 个零息票债券的组合，因为有 10 次每半年支付一次的息票，其中一次在到期时与本金一起支付。美国国债的市场机制使这种拆分方法成为真实可行的操作，因为它允许做市商拆分债券的每一笔现金流，并将其作为零息票债券单独交易。这个过程被称为**本息剥离**。此外，做市商还可以将不同的零息票债券打包，并复制出含息票的美国国债。这个过程叫作**本息重组**。全球主权债务市场的做市商都可以自由地参与这一过程。

当价值可加性不成立时，就可以进行套利。无套利估值不允许市场参与者通过本息剥离和本息重组获得套利利润。通过将任何证券视为零息票债券的组合，可以构建一个一致的、连贯的估值框架。在该框架下，可以将任何一种债券视为零息票债券的组合，或者将两种期限相同、票面利率不同的债券视为不同的零息票债券组合，并据此估值。此外，在同一时间交付的两笔具有相同风险的现金流将使用相同的贴现率进行估值，即使它们附属于两种不同的债券。

8.3 利率二叉树和无套利估值

本节的目标是找到一种方法，以计算无内嵌期权债券的无套利价值，并构建一个基于利率二叉树的估值框架。该框架具有足够的可扩展性，也可以应用于内嵌期权债券的估值。

对于无内嵌期权债券，最简单的无套利估值是使用基准即期利率曲线计算所有未来现金流的现值，该现值之和即为债券的无套利价值。基准即期利率是基准债券隐含的即期利率，基准债券是一种流动性强、安全的债券，其收益率可以作为某一特定国家或货币的其他利率的基准。最常见的基准债券是各国的主权债券，或者说国债。例如，美国的基准债券是新发行的美国国债，它们的收益率构成了平价收益率曲线，根据平价收益率曲线可以通过靴襻法生成即期利率曲线。金边债券是英国的基准债券。在主权债券市场流动性不足的国家，互换利率曲线是一个可行的选择。

在本章中，我们假设基准债券在市场上是正确定价的。我们建立的估值模型可以准确地再现基准债券的价格。

▌ 例 8-2 无内嵌期权债券的无套利价值

一年期基准债券的票面利率为 2%，两年期基准债券为 3%，三年期基准债券为 4%，均为每年付息一次。一种与基准债券具有相同的风险和流动性的三年期债券，票面利率为 5%，目前以 102.7751 的价格交易，收益率为 4%。在当前的期限结构下，该债券是否被正确定价了？

解答：首先要求解合适的即期利率或平价收益率。[⊖]上一章我们使用靴襻法根据每一期支付的现金流（PMT）计算过即期利率，使用的公式为：

$$100 = \frac{PMT}{(1+z_1)^1} + \frac{PMT}{(1+z_2)^2} + \cdots + \frac{PMT+100}{(1+z_N)^N}$$

一个类似的公式可以根据平价收益率计算即期利率：

$$1 = \frac{平价收益率}{[1+r(1)]^1} + \frac{平价收益率}{[1+r(2)]^2} + \cdots + \frac{平价收益率+1}{[1+r(N)]^N}$$

其中，平价收益率等于平价债券的 PMT 除以 100，$r(t)$ 为期限为 t 的即期利率。

根据题中数据，$r(1) = 2\%$，可以用下式求 $r(2)$：

$$1 = \frac{0.03}{[1+r(1)]^1} + \frac{0.03+1}{[1+r(2)]^2} = \frac{0.03}{(1+0.02)^1} + \frac{0.03+1}{[1+r(2)]^2}$$

$$r(2) = 3.015\%$$

同理可求 $r(3)$：

$$1 = \frac{0.04}{(1+0.02)^1} + \frac{0.04}{(1+0.030\,15)^2} + \frac{0.04+1}{[1+r(3)]^3}$$

$$r(3) = 4.055\%$$

利用这些即期利率可以求出目标债券的无套利价格：

$$P_0 = 5/1.02 + 5/1.030\,15^2 + 105/1.040\,55^3 = 102.8102$$

所以存在套利机会，每 100 面值套利空间为 0.0351。

对于无内嵌期权债券，用即期利率进行贴现即可得到无套利估值。对于内嵌期权债券，我们需要一种不同的方法。构建内嵌期权债券的估值框架面临一个挑战：这些债券在未来的现金流与未来的利率变化有关。如果债券没有内嵌期权，利率的变化不会对其现金流的规模和时间产生影响。但对于内嵌期权债券，利率的未来变化会影响期权被行权的可能性，进而影响债券的现金流。因此，要构建一个对有无内嵌期权的债券都能估值的框架，我们必须为利率设定一个波动率，允许利率在未来呈现不同的可能取值。实现这一目标的可用工具是一个利率"树"，它可以展现与所设波动率相一致的未来利率的可能取值。因为利率树类似于网格，这些模型通常也被称为"网格模型"。利率树在估值过程中执行两个功能：①产生依赖于利率的现金流；②提供用于确定现金流现值的利率。本章会使用这种方法对可赎回债券进行估值。

利率模型旨在确定可以解释利率动态变化的要素或因子。这些因子本质上是可变的或随机的，所以不能预知任何特定因子的路径。因此，利率模型必须设定一个随机过程来刻画这些因子的随机属性，这样才能够准确地展现利率的行为模式。有一点需要注意，最常用的利率模型的构建都围绕短期利率如何随着时间的推移而演变。因此，这些利率模型被称为单因子模型，因为随着时间的推移，只有利率这一个变量被建模。更复杂的模型会考虑不只一种利率变量随时间变化的情况（例如短期利率和长期利率），所以被称为双因子模型或多因子模型。

⊖ 平价收益率、即期利率和远期利率在 CFA1 级中有详细讨论。

我们的下一个任务是描述利率二叉树模型。我们试图构建的估值模型又被称为二叉树格点模型。之所以这样命名，是因为每往后走一个时间节点，短期利率都可以走向两个可能取值中的一个。两个可能取值由利率波动率设定和利率模型设定决定。我们很快就会发现，下一时期的两个可能的利率取值取决于以下三个因素：①利率模型设定的利率随机过程；②假设的利率波动率水平；③当前的基准收益率曲线。我们假设基准债券的价格是给定的，所以当使用我们的模型为基准债券估值时，可以完美得到每个基准债券目前的市场价格。通过这种方式，可以将模型与反映经济现实的当前基准收益率曲线联系起来。

8.3.1　利率二叉树

要展示利率二叉树模型，首先，我们用它为特定国家或货币的基准债券定价，也就是用利率二叉树模型还原基准平价收益率曲线。简单起见，我们以美国国债为例。同样的原则适用于所有国家和货币。表 8-2 提供了基准平价收益率曲线的数据。简单起见，我们假设其中的所有债券都是每年支付一次息票。表中的基准债券都以票面价格定价，因此到期收益率和债券的票面利率是相同的。从这些平价收益率出发，我们可以使用靴襻法得到表 8-3 中的即期利率。由于基准平价收益率曲线是向上倾斜的，所以 1 年后的即期利率会高于平价收益率。表 8-4 展示了用无套利的即期利率曲线推导出的一年期隐含远期利率。因为基准平价收益率曲线、即期利率曲线和远期利率曲线反映的是相同的利率信息，所以如果已知三条曲线中的一条，就可以生成另外两条。只有当收益率曲线平坦时，这三条曲线才会重合。

表 8-2　基准平价收益率曲线

到期期限（年）	平价收益率	债券价格
1	1.00%	100
2	1.20%	100
3	1.25%	100
4	1.40%	100
5	1.80%	100

表 8-3　基准债券的一年期即期利率

到期期限（年）	一年期即期利率
1	1.0000%
2	1.2012%
3	1.2515%
4	1.4045%
5	1.8194%

表 8-4　一年期隐含远期利率

到期期限（年）	远期利率
当前的一年期利率	1.0000%
一年后的一年期远期利率	1.4028%
两年后的一年期远期利率	1.3521%
三年后的一年期远期利率	1.8647%
四年后的一年期远期利率	3.4965%

回想一下之前的讨论，如果我们使用通过这些曲线得出的利率来给基准债券定价，将可以还原图表 8-2 中 5 种平价债券的价格。具体地说，平价收益率代表了适用于所有现金流的单一利率，可以生成平价债券的市场价格。用对应期限的即期利率分别对每笔现金流贴现也会得到相同的答案。远期利率是单笔现金流在单个时间周期的贴现率。只要我们用适当的贴现率对每笔现金流进行贴现，最终计算出的估值都应该与观察到的市场价格匹配。

当我们对那些现金流依赖于未来利率的债券进行估值时，必须明确允许未来利率发生变化（取不同的值）。我们可以通过引入可以刻画利率波动的利率二叉树来完成这项任务。利率二叉树是基于利率模型设定和利率波动率设定的未来利率可能取值的可视化表示。

一个简单的利率二叉树如图 8-1 所示。我们现在的目标是学习如何用利率填充这个树形结构。请注意那些带下标的 i 值，它们代表着不同的未来利率，可能会随着时间的推移而变化。当我们沿树状图从左向右移动时，利率的可能取值数量会增加。起始点是当前时点（以年为单位），记为时点 0。时点 0 显示的利率是在该时点计算下一时点现金流现值使用的贴现率。注意左右相邻的节点之间有一年的间隔，该间隔被称为"时间步长"，在本例中它与支付现金流的频率一致。图中的每一个 i 被称为节点。第一个节点被称为利率二叉树的根，即时点 0 的一年期利率。

现在我们来讨论一下如何确定一年后的远期利率的可能取值，这需要从两个设定入手：利率模型设定和利率波动率设定。利率模型设定决定了随机性的结构。本例中我们使用对数正态随机游走模型，该模型生成的利率二叉树通常被称为对数正态树。对数正态利率模型有两个吸引人的特性：①生成的利率是非负的；②利率更高时具有更高的波动性。在每个节点上，下一时刻的一年期利率都有两

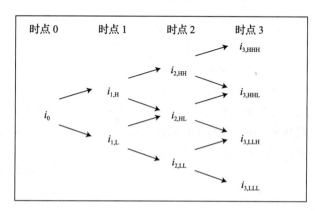

图 8-1 利率二叉树

种可能的取值。我们暂时假设每个取值的概率是相等的，而且两个利率取值将分别比一年期隐含远期利率更高和更低。

我们用 i_L（低值）表示低于隐含远期利率的利率取值，i_H（高值）表示高于隐含远期利率的利率取值。对数正态随机游走模型假设 $i_{1,L}$ 和 $i_{1,H}$ 之间存在如下关系：

$$i_{1,H} = i_{1,L}e^{2\sigma}$$

式中的 σ 为标准差，e 为自然常数 2.718 3，也被称为欧拉常数，是自然对数的底。[一]每个时点的利率的可能取值范围是以基准债券的隐含远期利率为中心的。这种快速而简单的关系带来不少便利，让我们可以将收益率曲线上的对应期限的隐含远期利率作为每个时点的利率可能值的平均值。[二]我们设定 i_L 比平均值（一年期隐含远期利率）低一个标准差，而 i_H 比平均值高一个标准差。因此高值和低值是成倍数关系的，倍数为 $e^{2\sigma}$。注意随着利率的标准差（波动率）增加，该倍数也会增加，两个利率之间的差距会拉大，但仍以隐含远期利率为中心。接下来，我们对此进行演示。

我们设定时点 1 的参数如下：

$$\sigma = 设定的一年期利率的波动率$$
$$i_{1,L} = 当前以时点 1 为起点的取低值的一年期远期利率$$
$$i_{1,H} = 当前以时点 1 为起点的取高值的一年期远期利率$$

○ e 是一个超越数且是一个无限不循环小数。

○ 原文描述不准确，应为 i_L 的对数比一年期隐含远期利率的对数低一个标准差，而 i_H 的对数比一年期隐含远期利率的对数高一个标准差，本章余同。——译者注

举例说明，假设 $i_{1,L}$ 为 1.194%，σ 为 15%，则：

$$i_{1,H} = 1.194\%(e^{2\times0.15}) = 1.612\%$$

在时点 2，一年期远期利率将有三个可能的取值，分别为：

$$i_{2,LL} = 时点 1 利率取低值时，时点 2 取低值的一年期远期利率$$

$$i_{2,HH} = 时点 1 利率取高值时，时点 2 取高值的一年期远期利率$$

$$i_{2,HL} = 时点 1 利率取低值时，时点 2 取高值的一年期远期利率$$

$$= 时点 1 利率取高值时，时点 2 取低值的一年期远期利率$$

利率的中间值将接近从即期曲线得到的两年后的一年期隐含远期利率，而其他两个利率在该值上下两个标准差左右。这样的利率二叉树被称为重合结构，因为有两条路径可以到达同一个中间利率值。这种结构的利率二叉树计算起来比较快，因为可能结果的数量是线性增长的，而不是指数增长的。

三种一年期利率可能取值的关系如下：

$$i_{2,HH} = i_{2,LL}(e^{4\sigma}), \quad i_{2,HL} = i_{2,LL}(e^{2\sigma})$$

在给定时点，利率二叉树中上下相邻的节点取值相差两个标准差。例如，如果 $i_{2,LL}$ 是 0.980%，σ 是 15%，计算可得：

$$i_{2,HH} = 0.980\%(e^{4\times0.15}) = 1.786\%$$

$$i_{2,HL} = 0.980\%(e^{2\times0.15}) = 1.323\%$$

时点 3 的一年期利率有四个可能取值，分别表示为 $i_{3,HHH}$、$i_{3,HHL}$、$i_{3,LLH}$ 和 $i_{3,LLL}$。同样，利率二叉树中的所有远期利率都是利率最低可能取值的倍数，利率取值之间的关系为：

$$i_{3,HHH} = (e^{6\sigma})i_{3,LLL}$$

$$i_{3,HHL} = (e^{4\sigma})i_{3,LLL}$$

$$i_{3,LLH} = (e^{2\sigma})i_{3,LLL}$$

图 8-2 使用上面的符号重写了四年期利率二叉树。我们进一步简化了符号，把一年期即期利率作为树根，将基准平价收益率曲线隐含的 t 时点一年期远期利率 i_t 作为每个时点的利率中间值。下标 t 表示利率是从该年到下一年的远期利率，所以 i_2 是时点 2 到时点 3 的远期利率。图 8-2 统一使用了这些符号。注意，利率二叉树中上下相邻节点的利率取值相差两个标准差。

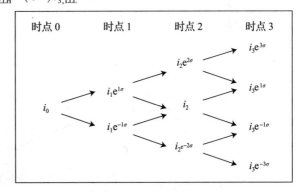

图 8-2　四年期利率二叉树

在正式构建利率二叉树前，我们还需要两个工具。下两个小节分别介绍它们。

8.3.2　波动率是什么，如何估计它

在概率统计中，方差是衡量分布离散程度的指标，标准差是方差的平方根，是与均值单位相同的波动度量指标。在简单的对数正态分布中，每个时期利率的变化幅度与同期的利率水平成比例。利率波动率也是以当前利率水平为基准来衡量的。可以表明，对于对数正态分

布，一年期利率的标准差等于 $i_0\sigma$ $\ominus$。例如，如果 σ 为10%，一年期利率 i_0 为2%，那么一年期利率的标准差为 2%×10% = 0.2%，或者说 20 个基点。因此，利率的波动在利率高的时候较大，在利率低的时候较小。对数正态分布的好处之一是，如果利率太接近于零，利率变化的绝对值会越来越小，不会出现负利率的情况。

有两种常用的利率波动率估计方法。第一种方法是根据历史数据来估计利率波动率，假设最近的利率波动率是衡量未来波动率的良好指标，那么就可以根据最近的利率数据来估计利率波动率。第二种方法是根据利率衍生品（如利率互换、利率顶、利率底）的市场价格来估计利率的波动率，通过这种方法得到的利率波动率被称为隐含波动率。

8.3.3 确定节点处的债券价值

为了得到利率二叉树上特定节点的债券价值，我们要使用倒向归纳法进行计算。不考虑发生违约的情形，债券在到期日的价值是我们明确知晓的，它就等于该债券的面值。因此，我们可以从到期日的债券价值开始，先将这些值填入利率二叉树的最右边一列，然后从右向左倒推，依次解出各节点上的债券价值。假设我们想确定时点 1 中最下面那个节点的债券价值。为了得到这个值，我们必须先计算该节点右边的两个相邻节点的债券价值，然后再进行下一步计算。

在任何节点上的债券价值取决于下一时点债券将要支付的息票（用 C 表示），以及下一时点债券价值的预期值。而债券价值的预期值等于下一时点的两个债券价值可能取值的平均值，一个是远期利率取较高值对应的债券价值，用 VH 表示；一个是远期利率取较低值对应的债券价值，用 VL 表示。在对数正态模型中这是一个简单平均，因为远期利率上升或下降的概率是相等的。上述过程可以用图 8-3 表示。在该图中，$T+1$ 时点支付的息票被放在了 T 时点节点的正右边，箭头则指向两种可能走向的未来债券价值，一个走向表示远期利率在 $T+1$ 时点上升，另一个走向表示远期利率下降。

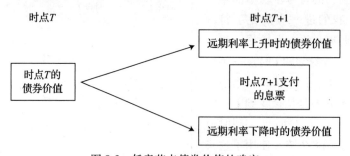

图 8-3 任意节点债券价值的确定

确定了时点 $T+1$ 支付的息票和债券价值的预期值后，下一步是将其贴现成时点 T 的现值，使用的贴现率是时点 T 的一年期远期利率 i。任何节点处的债券价值的计算公式为：

$$节点处债券价值 = \frac{C + (0.5 \times VH + 0.5 \times VL)}{1+i}$$

$\ominus$ 根据近似式 $e^{2\sigma} \approx 1 + 2\sigma$，一年期利率的标准差为：

$$\frac{re^{2\sigma} - r}{2} \approx \frac{r + 2\sigma r - r}{2} = \sigma r$$

例8-3 用利率二叉树为债券定价

利用图 8-4 中的利率二叉树,计算三年期、一年付息一次、票面利率为 5% 的债券的正确价格。

解答:图 8-5 为对应的债券价格二叉树。我们先求时点 3 的债券价值,再倒推其他节点的债券价值。到期时的现金流为 105,即债券面值加上最后一笔息票支付,所以时点 3 的所有债券价值均为 105。

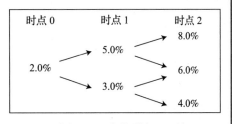

图 8-4 三年期利率二叉树

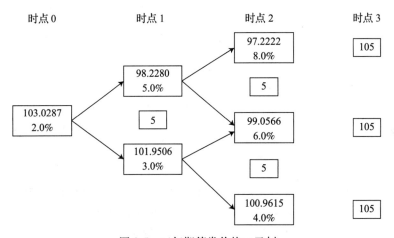

图 8-5 三年期债券价格二叉树

接下来利用对应节点的远期利率计算时点 2 的三个节点的债券价值:

$$105/1.08 = 97.2222$$
$$105/1.06 = 99.0566$$
$$105/1.04 = 100.9615$$

接下来是时点 1 的两个节点。

如果时点 1 的远期利率为 5.0%,则债券价值为:

$$\frac{5+(0.5\times97.2222+0.5\times99.0566)}{1.05}=98.2280$$

如果时点 1 的远期利率为 3.0%,则债券价值为:

$$\frac{5+(0.5\times99.0566+0.5\times100.9615)}{1.03}=101.9506$$

最后计算时点 0 的债券价值:

$$\frac{5+(0.5\times98.2280+0.5\times101.9506)}{1.02}=103.0287$$

8.3.4 利率二叉树的构建

构建利率二叉树需要多个步骤,但请始终记住我们试图达成的目标。我们对产生利率的随机过程和利率波动率做出了假设。第一步是对利率二叉树进行校准以匹配当前的利率期限结构，这样做是为了确保模型不存在套利机会。通过在每个节点填入合适的利率，让利率二叉树能够完全拟合当前的收益率曲线，这样模型就能复刻 8.3.1 节中介绍过的基准债券价格等信息。通过这样的步骤，我们将模型与经济现实联系了起来。

回顾一下表 8-2、表 8-3 和表 8-4 中的基准债券价格信息以及相关的基准平价收益率曲线、即期利率曲线和隐含远期利率曲线。要复刻这些信息，我们在波动率 σ 为 15% 的假设下，为票面利率为 1.20% 的两年期债券构建一个四年期利率二叉树。一个完整的四年期利率二叉树如图 8-6 所示。我们将演示如何确定利率二叉树中各节点的利率。假设目前的一年期即期利率是 1%，用 i_0 表示。

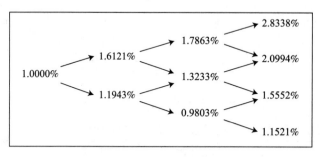

图 8-6 四年期利率二叉树

确定利率二叉树中的利率是一个迭代的过程，通过数值计算和试错法来找到合适的利率。时点 0 的利率我们已经知道了，而时点 1 的利率有两种可能的取值，一个是较高的利率，一个是较低的利率，具体哪一个会实现，一年后才能观察到。这两个利率的取值必须与利率波动率设定和利率模型设定一致，也要和观察到的基准债券的市场价格一致。根据我们之前的讨论，较低的利率应该低于一年期隐含远期利率，而较高的利率是较低利率的倍数。我们通过考虑约束条件的迭代过程搜寻合适的方案。如果我们选择了一对利率，如何知道它们是不是正确的？答案是，将它们代入利率二叉树并对债券定价，看是否能得到与两年期基准债券价格相匹配的估值。如果不能得到正确的价格，就需要另选一组远期利率，并重复这个过程。下面我们介绍校准利率二叉树以匹配特定期限结构的具体过程。

首先我们为时点 1 较低的利率 $i_{1,L}$ 选择一个试验值。前面说过，该利率应低于时点 1 开始的 1 年期隐含远期利率（1.4028%）。假设我们选择的 $i_{1,L}$ 值为 1.2500%，则另一个较高的远期利率 $i_{1,H}$ 就应该等于 1.6873% [= 1.2500% × ($e^{2\times0.15}$)]。如图 8-7 所示，根据本例中两年期债券在时点 0 的价格，其结果应该为 99.9363。具体计算过程如下：

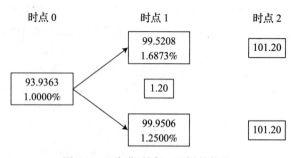

图 8-7 两年期利率二叉树的校准

$$101.20/1.016\,873 = 99.5208$$

$$101.20/1.012\,500 = 99.9506$$

$$\frac{1.20+(0.5\times99.5208+0.5\times99.9506)}{1.01}=99.9363$$

显然我们选择的 $i_{1,L}$ 太高了，所以需要降低一点儿来提高时点 0 债券的价值，最终达成让时点 0 的债券定价结果为 100.0000 的目的。我们可以继续进行试错法搜索，逐步接近正确的取值，也可以使用分析软件，如用 Excel 中的规划求解（Solver）函数来进行计算。我们可以将代表时点 0 债券价格的单元格的目标值设置为 100.0000，通过规划求解函数找到使其成立的时点 1 的利率 $i_{1,L}$。

Excel 给出的结果为 1.1943%。对应的远期利率的较高值是 1.6122% [= 1.1943% × $(e^{2\times0.15})$]。注意，这两个远期利率的平均值是 1.4032%，略高于该时点开始的一年期隐含远期利率。虽然利率二叉树围绕着远期利率曲线展开，但由于对数正态分布的假设，利率的平均值不会正好等于对应的隐含远期利率，而是会略高一点儿。

查看一下前面关于基准债券的信息，两年期债券在时点 2 将支付到期本金 100 和利息 1.20，所以时点 2 的债券价值为恒定的 101.20。如果时点 1 的利率实现值为较高值，则该时点的债券价值 VH 为 100.0056（ =101.20/1.011 943）；如果时点 1 的利率实现值为较低值，则该时点的债券价值 VL 为 99.5944（ = 101.20/1.016 122）。图 8-8 也显示，时点 1 的无套利远期利率分别为 1.6122% 和 1.1943%，此时时点 0 的债券价值恰好为 100.0000，这验证了校准结果是正确的：

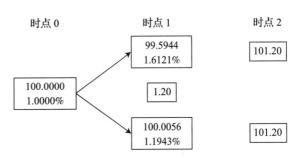

图 8-8 构建两年期利率二叉树

$$\frac{1.20+(0.5\times99.5944+0.5\times100.0056)}{1.010\ 000}=100.0000(美元)$$

下面我们将期限延长一年，重复同样的过程。这次要使用一个三年期基准债券，票面利率为 1.25%。现在要我们寻找时点 2 的三个远期利率，它们必须符合以下条件：①对数正态分布的利率模型假设，②15% 的利率波动率假设，③当前的一年期利率为 1.0%，④一年后（时点 1）的两个远期利率取值为 1.1943%（较低值）和 1.6121%（较高值）。

在时点 3，我们会收到债券的最后一笔息票和本金支付，共计 101.25，该数字被填入了利率二叉树的最后一列。在时点 1 和时点 2，我们会收到 1.25 的已知息票支付，这些已知信息都被填入了利率二叉树中。此外，我们还从上一个例子中知道了时点 1 的远期利率可能取值。现在需要确定的是时点 1 和时点 2 各节点的债券价值（图 8-9 中的"Value?"）和时点 2 各节点的远期利率（图 8-9 中的"?%"）。

这次我们要为时点 2 最中间的节点的远期利率 $i_{2,HL}$ 选择一个试验值。一个合理的选择是该时点的隐含远期利率为 1.3521%。这样时点 2 最高节点处的利率 $i_{2,HH}$ 就应该为 1.3521% $(e^{2\times0.15})$，而最低节点处的利率 $i_{2,LL}$ 应为 1.3521%/$(e^{2\times0.15})$。然后我们根据计算结果改变中间节点的利率，该时点其他节点的利率也会随之改变，直到模型计算出的目标债券在时点 0 的价值变为其市场价格——100.0000。结果显示，此时时点 2 三个节点的远期利率分别为 1.7863%、1.3233% 和 0.9803%。为了证实这些值的正确性，我们从图 8-9 中时点 3 的现金流开始反向计算其他节点的债券价值，完成的利率二叉树如图 8-10 所示。

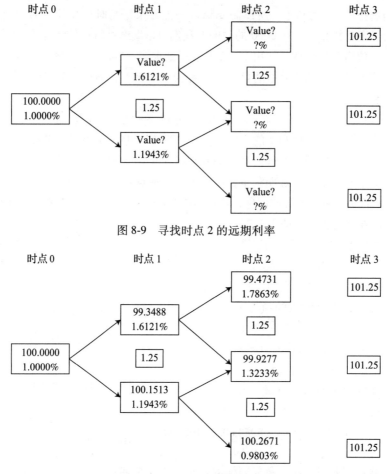

图 8-9　寻找时点 2 的远期利率

图 8-10　根据计算得到的完整版远期利率二叉树

　　下面我们看一看利率波动率的变化对利率二叉树中远期利率取值的影响。如果设定一个更高的利率波动率参数，比如 20%，那么远期利率的取值范围应该在当前的远期利率曲线周围扩散得更广。如果设定一个较低的波动率参数，比如 0.01%，远期利率取值范围应该收缩到当前的远期利率曲线附近。图 8-11 和图 8-12 分别是利率波动率为 20% 和 0.01% 时的利率二叉树，证实了上述预期结果。从图 8-12 中可以看到，在 0.01% 的利率波动率下，时点 1 的两个远期利率取值都非常接近表 8-4 中 1.4028% 的隐含远期利率。同样，时点 2 和时点 3 的各远期利率取值也分别在对应期限的远期利率 1.3521% 和 1.8647% 附近徘徊。事实上，如果令 $\sigma = 0$，利率二叉树上的远期利率就在隐含远期利率曲线上。

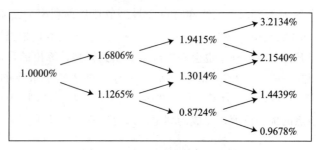

图 8-11　$\sigma = 20\%$ 的利率二叉树

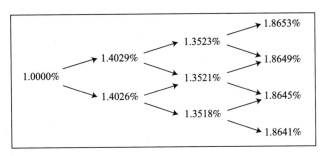

图 8-12　$\sigma = 0.01\%$ 的利率二叉树

例 8-4　校准二叉树以匹配特定的利率期限结构

跟例 8-2 一样，假设一年期平价债券收益率为 2.000%，两年期平价债券收益率为 3.000%，三年期平价债券收益率为 4.000%。对应的即期利率分别为 $S_0 = 2.000\%$，$S_1 = 3.015\%$，$S_2 = 4.055\%$；远期利率分别为 $F_0 = 2.000\%$，$F_1 = 4.040\%$，$F_2 = 6.166\%$。各期限的利率波动率都是 15%。请根据这些数据校准图 8-13 中的利率二叉树。

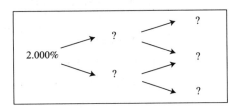

图 8-13　待校准的利率二叉树

解答：

时点 0：

平价债券收益率、即期利率、远期利率都一样，所以：

$$Y_0 = S_0 = F_0 = 2.000\%$$

时点 1：

我们需要使用试错法（或 Excel 中的规划求解函数）来找到时点 1 的两个远期利率可能取值，让票面利率为 3% 的两年期平价债券在时点 0 的估值结果为 100.0000。两个利率中较低的一个必须低于隐含远期利率——4.040%，例如，可以试试 3.500%，那么较高的利率就是 $3.500\% \times (e^{2 \times 0.15}) = 4.725\%$。根据这两个利率计算时点 0 的债券价格，结果为 99.936。该价格低于 100，因此需要试试更低的利率。重复该过程，最终可以得到校准后的远期利率可能取值，分别为 4.646% 和 3.442%。图 8-14 显示这些利率是正确的，因为根据它们得出的时点 0 的债券价格正好是 100.000。计算过程如下：

$$103/1.04646 = 98.427$$

$$103/1.03442 = 99.573$$

$$\frac{3 + (0.5 \times 98.427 + 0.5 \times 99.573)}{1.02} = 100.000$$

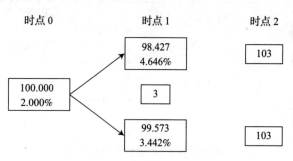

图 8-14　校准时点 1 的远期利率

时点 2：

用于试验的中间节点远期利率为 6.166%，此时上节点的远期利率为 8.323%[= 6.166% × (e^{2×0.15})]，下节点的远期利率为[4.568% = 6.166%/(e^{2×0.15})]。图 8-15 显示，用这些利率取值以及前面校准的时点 1 的远期利率算得时点 0 的票面利率为 4% 的三年期债券的定价结果为 99.898。这个值低于平价债券价格，所以需要稍微降低中间节点利率，才能让价格达到 100.000。最终的校准结果为，时点 2 的远期利率取值应该为 8.167%，6.050% 和 4.482%。计算过程如下：

$$104/1.08167 = 96.148$$
$$104/1.06050 = 98.067$$
$$104/1.04482 = 99.538$$

$$\frac{4+(0.5×96.148+0.5×98.067)}{1.04646} = 96.618$$

$$\frac{4+(0.5×98.067+0.5×99.539)}{1.03442} = 99.382$$

$$\frac{4+(0.5×96.618+0.5×99.382)}{1.02000} = 100.000$$

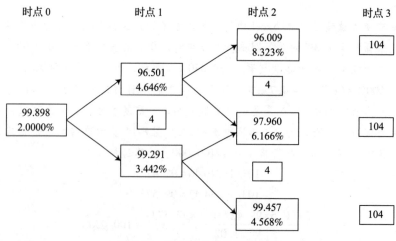

图 8-15　校准时点 2 的远期利率

从图 8-16 中可以看到，我们得到的利率二叉树给出了一年期、二年期和三年期基准平价债券的正确价格，所以可以说"通过校准，该利率二叉树满足了无套利条件"。利用校准后的利率二叉树可以正确地为所有无内嵌期权的基准债券定价，包括用于确定即期利率曲线的零息票债券。并且，在确定了合适的利率随机过程和利率波动率后，利率二叉树还可以用于为内嵌期权的债券定价，并确定其风险参数。

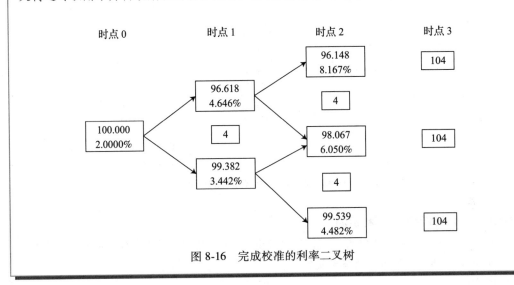

图 8-16　完成校准的利率二叉树

8.3.5　使用利率二叉树为无内嵌期权的债券定价

我们的下一个任务分为两步。第一步，计算无内嵌期权的固定利率附息债券的无套利价值；第二步，比较使用零息票债券收益率曲线和无套利利率二叉树两种方法得到的价格。因为这两种估值方法都是基于无套利原理的，所以两个值必须相同。

考虑一种无内嵌期权的债券，期限为 4 年，票面利率为 2%。该债券不是一个基准债券，它的票面利率高于对应的四年期基准平价债券收益率，后者可以从表 8-2 中查到。使用表 8-3 中的即期利率对该债券的现金流贴现，结果如下：

$$\frac{2}{(1.01)^1}+\frac{2}{(1.012\,012)^2}+\frac{2}{(1.012\,515)^3}+\frac{102}{(1.014\,044)^4}=102.3254(美元)$$

使用校准后的利率二叉树估值应该得到与现金流贴现相同的结果。使用利率二叉树得到的无内嵌期权债券价格应该与用即期利率对现金流贴现得到的结果一致，因为该利率二叉树也是遵循无套利原理的。

让我们来验证一下，用上一节校准过的利率二叉树进行一次测试，对 4 年期、票面利率为 2% 的无内嵌期权债券定价。假设基准收益率曲线如表 8-2 所示，那么对应的利率二叉树就如图 8-6 所示。图 8-17 列出了使用利率二叉树贴现过程中需要的各种数据，最终得到的债券价格为 102.3254。使用利率二叉树得到的债券价格与使用即期利率贴现得到的结果相同，因此利率二叉树与标准估值模型是一致的。

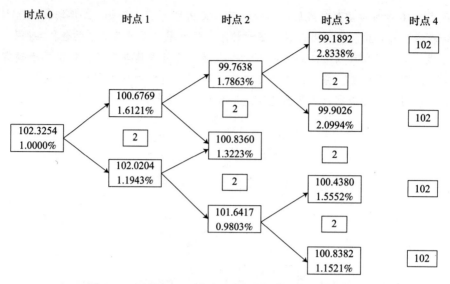

图 8-17 用利率二叉树对无内嵌期权的债券进行估值

📖 例8-5 确认债券的无套利价值

假设某 3 年期债券一年付息一次，票面利率为 5%。请用例 8-4 中校准的利率二叉树，即图 8-16 中的利率二叉树为该债券定价。

解答：

如图 8-18、图 8-19 所示：

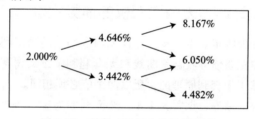

图 8-18 利率二叉树中的远期利率

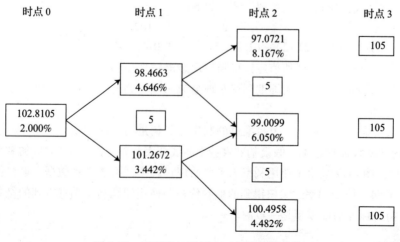

图 8-19 用利率二叉树为三年期债券估值

从图 8-19 中可以看到，定价结果为 102.8105。该结果与用即期利率贴现的结果基本一致，微小的差异是由于四舍五入。

8.3.6　路径估值法

除了倒向归纳法，还有一种利用利率二叉树估值的方法是路径估值法。利率二叉树已经给出了所有潜在利率路径，每一条利率路径上从当前时点到债券到期日为止的所有短期利率都是确定的。路径估值法沿着每一条潜在利率路径计算待估值债券的现值，并将这些现值的平均值作为债券的估值。下面我们用路径估值法来为无内嵌期权的债券定价，并证明其结果与倒向归纳法相同。路径估值法涉及以下步骤：①列出利率二叉树上的所有潜在利率路径，②确定每条潜在路径的债券现值，③计算所有潜在路径债券现值的平均值。

确定所有潜在利率路径的过程就像下面的实验一样。假设你正在抛一枚均匀的硬币，并记录正面和反面出现的次数。其结果可以用一个名为帕斯卡三角的图表示，如图 8-20 所示。帕斯卡三角的构建方式如下：在三角形顶部填入数字 1，下面方框中的数字是上面两个相邻方框中的数字之和，位于三角形左右两边的方框中的数字都是 1。比如，阴影方框中的数字表示 3 是 2 和 1 的和。现在我们抛硬币，同时记录可能得到的结果。可能出现的正反面组合列在图 8-21 中，H 代表正面，T 代表反面。

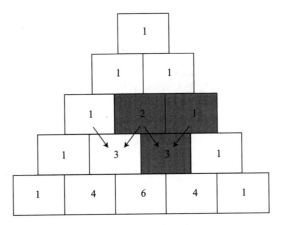

图 8-20　帕斯卡三角

抛硬币次数	结果	帕斯卡三角
1	H T	1, 1
2	HH HT TH TT	1, 2, 1
3	HHH HHT HTH THH HTT THT TTH TTT	1, 3, 3, 1

图 8-21　抛硬币结果

该实验完美反映了利率二叉树中潜在利率路径的数量。利用帕斯卡三角可以很容易地确定不同周期或到期年份下的利率路径总数。让我们通过一个 3 年期零息票债券的例子来展示这一点。从帕斯卡三角可以看到，有四种可能的路径到达第 3 年，对应的抛硬币结果为"HH、HT、TH 和 TT"。使用与 8.3.4 节中图 8-6 相同的利率二叉树，可以确定这四条路径以及每条路径上的远期利率。根据这些远期利率可以计算每条路径上的债券现值，其结果如表 8-5 所示，最右侧一列显示了每条路径上零息票债券的现值，右下角是所有路径债券现值的平均值。

表 8-5　3 年期零息票债券的四条利率路径

路径	第一年远期利率	第二年远期利率	第三年远期利率	现值（美元）
1	1.0000%	1.6121%	1.7863%	95.7291
2	1.0000%	1.6121%	1.3233%	96.1665
3	1.0000%	1.1943%	1.3233%	96.5636
4	1.0000%	1.1943%	0.9803%	96.8916
				96.3377

下面我们可以对利率二叉树使用倒向归纳法来验证我们的计算结果。详情如图 8-22 所示。其结果确实与路径估值法相同。

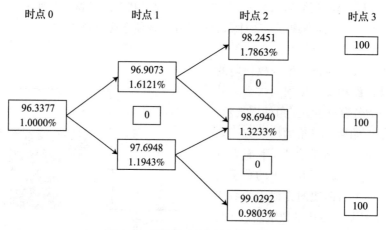

图 8-22　用倒向归纳法估值的结果

📕 例 8-6　基于利率二叉树的路径估值法

根据例 8-2、例 8-4 和例 8-5 中的平价收益率曲线，一年期平价到期收益率为 2%，两年期为 3%、三年期为 4%。下面我们要验证，如果根据同一个利率二叉树，用路径估值法为例 8-5 中的三年期债券估值，结果应该仍然为 102.8105。

三年期的利率二叉树有 4 条可能路径。⊖用路径估值法对 4 条路径上的现金流贴现，并取现值的平均值，其结果如表 8-6、表 8-7、表 8-8 所示。

表 8-6　现金流

路径	时点 0	时点 1	时点 2	时点 3
1	0	5	5	105
2	0	5	5	105
3	0	5	5	105
4	0	5	5	105

⊖ 一棵节点重合的"N 期"利率二叉树在第 N 期时有 $N+1$ 个终端节点。通过该树到达这 $N+1$ 个节点有 2^N 条路径。因此，一个"3 期"利率二叉树有 4 个终端节点和 8 条到达这些节点的路径。然而，对于那些所有路径的终期支付/价值都相同的金融工具，例如支付固定息票的债券，我们实际上只需要在 0，1，…，$N-1$ 这些时点上的利率。也就是说只需要一棵 $N-1$ 期的树，因此只有 2^{N-1} 条路径。因此，对一只每年付息一次的 3 年期债券进行估值，实际上只有 4 条路径，而不是 8 条。请注意，对于那些终期支付取决于到期时（即第 N 期）的利率的金融工具，我们需要用到所有 2^N 条路径。举例而言，对于"后定利率"互换就是如此。

表 8-7　贴现率				
路径	时点 0	时点 1	时点 2	时点 3
1	2.000%	4.646%	8.167%	
2	2.000%	4.646%	6.050%	
3	2.000%	3.442%	6.050%	
4	2.000%	3.442%	4.482%	

表 8-8　现值	
路径	时点 0 的价值
1	100.5298
2	102.3452
3	103.4794
4	104.8877
平均值	**102.8105**

现值是将表 8-6 中的现金流用表 8-7 中的远期利率贴现计算出来的。例如，路径 1 的债券现值为：

$$\frac{5}{1.02} + \frac{5}{(1.02)(1.04646)} + \frac{105}{(1.02)(1.04646)(1.08167)} = 100.5298$$

路径 3 的债券现值为：

$$\frac{5}{1.02} + \frac{5}{(1.02)(1.03442)} + \frac{105}{(1.02)(1.03442)(1.06050)} = 103.4794$$

使用路径估值法得到的债券现值平均值为 102.8105，这与图 8-19 中用倒向归纳法得到的结果一致。

8.4　蒙特卡洛方法

蒙特卡洛方法也是一种估值方法，通过模拟足够数量的潜在利率路径，分析证券的价值是如何受到各种因素影响的。该方法通过多次随机选择路径，来近似模拟完整版路径估值的结果。当证券的现金流具有路径依赖性时，通常会使用蒙特卡洛方法估值。现金流是路径依赖的，意味着在特定时点收到的现金流不仅取决于当前时点的利率水平本身，还与到达当前时点的利率水平所遵循的路径有关。例如抵押贷款支持证券，其估值在很大程度上取决于提前还款率，这跟利率路径有关，所以是路径依赖的。

使用蒙特卡洛方法时，要在一定的概率分布和波动率假设下生成利率路径，并匹配当前的基准利率期限结构。通过让所有基准债券的蒙特卡洛模拟定价结果等于其实际的市场价格，重现基准债券价格隐含的即期利率期限结构。因此该模型和 8.3 节中讨论的校准利率二叉树一样遵循无套利原理。

假设我们要用蒙特卡洛方法为一只 30 年期债券估值。简单起见，假设债券每月都会支付息票（像抵押贷款支持证券那样）。估值要经过以下步骤：①在一定的波动率和概率分布假设下，模拟多条月利率路径（比如 500 条），②根据模拟的月利率路径生成即期利率曲线，③确定每条月利率路径上的现金流，④计算每条路径的债券现值，⑤计算所有月利率路径的债券现值的平均值。

如果只是按照上述过程定价，蒙特卡洛方法模拟的基准债券价格与所有基准债券的市场价格相等只会是某种偶然事件。要确保该事件是必然的，让模型既能匹配当前的即期利率曲线，又能满足无套利条件，需要进行一项技术性调整。我们要在所有的短期利率上增加一个合适的常数项，使每个基准债券的平均现值等于其市场价格。这个被加到所有短期利率上的常数项被称为漂移项。当采用这种技术性调整时，我们称我们对模型进行了漂移项调整。

蒙特卡洛方法的一个问题是模拟多少条路径才合适。增加路径的数量可以在统计意义上增加估计的准确性，但这并不意味着估值一定会更接近证券真正的价值，因为蒙特卡洛方法结果的好坏取决于它所使用的估值模型和所输入数据的准确性。

收益率曲线构建者经常在蒙特卡洛方法中纳入的另一个要素是均值回归。均值回归基于一个常识性的观念：历史上的利率几乎从未过高或过低，至于什么是过高和过低，这是由构建者决定的。可以通过对生成未来利率的随机过程施加上界和下界来实现均值回归，加入均值回归可以让蒙特卡洛方法生成的利率向收益率曲线隐含的远期利率靠拢。

例 8-7　用蒙特卡洛方法给债券定价

将例 8-6 中的利率路径替换为随机生成的路径，并用相同的初始即期利率曲线和平价收益率曲线进行校准，如表 8-9 所示。

表 8-9　贴现率

路径	时点 0	时点 1	时点 2
1	2.000%	2.500%	4.548%
2	2.000%	3.600%	6.116%
3	2.000%	4.600%	7.766%
4	2.000%	5.500%	3.466%
5	2.000%	3.100%	8.233%
6	2.000%	4.500%	6.116%
7	2.000%	3.800%	5.866%
8	2.000%	4.000%	8.233%

同样为例 8-6 中的票面利率为 5% 的 3 年期债券定价，我们得到的结果为 102.8103（见表 8-10）。这说明蒙特卡洛方法已经被校准了。与前面的路径定价法相比，蒙特卡洛方法生成了足够数量的不同路径，因而可以为路径依赖的证券定价，比如抵押贷款支持证券，抵押贷款支持证券难以用利率二叉树定价。

表 8-10　现值

路径	时点 0 的价值
1	105.7459
2	103.2708
3	100.9104
4	103.8543
5	101.9075
6	102.4236
7	103.3020
8	101.0680
平均值	**102.8103**

本章内容小结

本章提出了固定收益证券无套利估值的原则和工具。大部分讨论都集中在利率二叉树模型上，该模型可以广泛应用于无内嵌期权债券和内嵌期权债券的估值中。以下是这一章的要点：

- 估值的一个基本原则是，在合适的贴现率下，任何金融资产的价值都等于其预期未来现金流的现值。

- 固定收益证券可以视为零息票债券的投资组合。

- 每个期限的零息票债券都有对应的贴现率，大小取决于收益率曲线的形状以及对应现金流的支付时间。

- 在运转良好的市场中，金融资产的市场价格会不断调整，直到不存在套利机会。

- 一价定律指出，在不存在交易成本的情况下，两种可以完全相互替代的商品必须以相同的当前价格出售。

- 套利机会是指无须支出现金就能获得无风险利润的交易机会。

- 根据无套利估值，可以将任何固定收益证券视为零息票债券的组合，或者将两种期限相同、票面利率不同的债券视为不同的零息票债券的不同组合，并据此估值。

- 对于无内嵌期权的债券来说，无套利价值就是使用基准即期利率曲线对未来现金流贴现的现值之和。

- 利率二叉树允许下一时点的短期利率从两个可能取值中二选一，两个可能取值由利率波动率设定和利率模型设定决定。

- 利率二叉树是基于利率模型设定和利率波动率设定的未来利率可能取值的可视化表示。

- 利率二叉树中任何时点的利率可能取值取决于以下三个因素：①利率模型设定的利率随机过程，②假设的利率波动率水平，③当前的基准收益率曲线。

- 如果采用对数正态分布的假设，利率二叉树中上下邻近的两个利率是成倍数关系的，倍数为 $e^{2\sigma}$。

- 对数正态分布的好处之一是，如果利率太接近于零，利率变化的绝对值会越来越小，不会出现负利率的情况。

- 我们使用倒向归纳法计算利率二叉树中的债券价值，从到期日的债券价格开始，将这些已知值填入最右边的节点，然后从右到左计算各个节点的债券价值。

- 通过校准，让利率二叉树生成的基准债券价格与它们的市场价格一致，以匹配当前的即期利率曲线。这样得到的债券价格是无套利的。

- 使用利率二叉树得到的无内嵌期权债券的价格应该与用即期利率对现金流贴现得到的结果一致。

- 路径估值法沿着每一条潜在利率路径计算待估值债券的现值，并将这些现值的平均值作为债券的估值。

- 蒙特卡洛方法是路径估值法的一种替代方法，通过模拟足够数量的潜在利率路径而不是全部已知路径，分析证券的价值是如何受到各种因素影响的。

内嵌期权债券的估值与分析

莱斯利·阿布里欧，金融工程硕士

扬尼斯·乔治乌，注册金融分析师

安德鲁·考洛陶伊，博士

■ 学习目标

学完本章内容后，你将有能力完成以下任务：

- 描述包含内嵌期权的固定收益证券。
- 解释可赎回债券或可回售债券与其基础无内嵌期权债券（一般债券）和内嵌期权之间的价值关系。
- 描述如何使用无套利估值框架来为内嵌期权的债券估值。
- 解释利率波动率是如何影响可赎回债券或可回售债券的价值的。
- 解释收益率曲线的水平变化和形状变化是如何影响可赎回债券或可回售债券的价值的。
- 利用利率二叉树计算可赎回债券或可回售债券的价值。
- 解释期权调整利差的计算方法和用途。
- 解释利率波动率是如何影响期权调整利差的。
- 计算和解释可赎回债券或可回售债券的有效久期，比较可赎回债券、可回售债券和一般债券的有效久期。
- 描述如何使用单边久期和关键利率久期来评估内嵌期权债券的利率敏感性。
- 比较可赎回债券、可回售债券和一般债券的有效凸性。
- 计算带利率顶或利率底的浮动利率债券的价值。
- 描述可转换债券的定义和特征。
- 计算和解释可转换债券各组成部分的价值。
- 描述如何在无套利框架下为可转换债券估值。
- 比较可转换债券的风险收益特征及其与一般债券和普通股票的差别。

9.1 本章内容简介

固定利率且无内嵌期权的债券，一般可以通过确定未来的现金流，和以适当的利率贴现等步骤来估值。但如果债券包含一个或多个内嵌期权，估值过程会变得更加复杂，因为这些内嵌期权的价值通常取决于利率的随机变化。

了解该如何评估和分析带有内嵌期权的债券对从业者来说是很重要的。债券发行者经常通过在债券中加入看涨期权等内嵌期权来管理利率风险敞口。可赎回债券的投资者必须意识到自己购买的债券面临被赎回的风险，投资者对这种风险的认知已经体现在了市场对可赎回债券的报价上，即相对于其他特征类似的无内嵌期权债券，可赎回债券往往会提供更高的票面利率或更高的预期收益率。发行人和投资者还必须了解其他类型的内嵌期权，如看跌期权、转股期权、利率顶和利率底等，是如何影响债券价值的，以及相关债券对利率变动的敏感性有何不同。

在本章的 9.2 节中，我们将简要介绍各种类型的嵌入式期权，然后重点讨论包含看涨期权和看跌期权的债券。在 9.3 节中，我们讨论了在前一章中讨论的无套利估值框架（简称无套利框架）如何应用于对可赎回债券和可回售债券的估值，首先在没有利率波动的情况下，然后在加入利率波动率的情况下。我们还讨论了如何利用期权调整利差来评估有风险的可赎回和可回售债券。9.4 节讨论债券价格对利率的敏感性，重点介绍使用有效久期（包括单边久期和关键利率久期）和有效凸性来评估利率变化对可赎回债券和可回售债券价值的影响。然后，我们将转向讨论包含其他类型嵌入式期权的债券。

9.5 节重点讨论了带利率顶和利率底的浮动利率债券的估值。9.6 节将介绍可转换债券。可转换债券通常都是可赎回的，大多数也是可回售的。其估值非常复杂，不仅取决于利率的变动，还取决于发行人的普通股价格的未来变化。

9.7 节简要介绍债券分析软件在债券估值和分析中的作用。最后一节对本章内容进行了总结。

9.2　嵌入式期权概述

"债券嵌入式期权"或**内嵌期权**是指债券契约或发行通知书中规定的或有条款。这些期权给予其拥有者利用利率变动获利的权利。有权利行权的既可能是债券发行人，也可能是债券持有人，期权还有可能根据利率的走势自动行权。例如，看涨期权允许债券发行人通过提前赎回已经发行的债券，并以更低的成本进行再融资，从更低的利率中获利。看跌期权则允许债券持有人从更高的利率中获利，方法是将债券卖给发行者，并以更高的收益率再投资。这些期权不是独立于债券的，因此不能单独交易，这就是"嵌入"这个形容词的含义。在本节中，我们将介绍一些常见的嵌入式期权。

内嵌期权或内嵌期权组合都依附于某种对应的基础债券，该债券具有特定的发行人、发行日期、到期日、本金金额、票面利率、计价货币等。在本章中，我们将这些无内嵌期权的债券称为**一般债券**。债券的息票支付方式分为固定息票和浮动息票两种。固定息票债券的利率可以在整个存续期内恒定不变，也可以根据设定的息票时间表逐步上升或下降。浮动息票债券的息票会根据一个参考利率加上信用利差的公式定期重置，例如，6 个月 Libor+100 个基点。除了带利率顶和利率底的浮动利率债券，本章主要讨论单一利率的固定息票债券，或简称为固定利率债券。

9.2.1　简单嵌入式期权

看涨期权和看跌期权是嵌入式期权的标准例子。事实上，绝大多数内嵌期权债券要么是可赎回的，要么是可回售的，或两者兼而有之。可赎回条款是目前最常见的嵌入式期权类型。

9.2.1.1 看涨期权

可赎回债券是一种内嵌看涨期权的债券。看涨期权是一种由发行人拥有的期权，是否行使期权由债券发行人自行决定。赎回条款允许发行人在债券到期之前将其赎回。发行人赎回债券通常是因为有机会用更划算的债券替换高息票债券，一般发生在利率下降或发行人的信用状况改善的时候。

20世纪90年代之前，美国大多数长期公司债券都允许发行人在5年或10年后赎回。首次看涨期权执行价格（行权价格）通常会高于债券的票面价格，溢价的程度取决于具体的票面利率。在到期前，行权价格会逐渐下降到票面价格。如今，大多数投资级公司债券基本上都是不可再融资的，但可能会拥有一个"升水赎回权"，之所以叫这个名字，是因为看涨期权执行价格被设定得较高，让债券持有人在放弃债券的同时得到超额补偿。行权价格通常是基准债券价格加一个较窄的价差，参考的基准证券通常是主权债券的新券，如发行不久的美国国债或英国国债。因此发行人便宜地赎回债券几乎是不可能的，投资者不必担心手中的债券被以低于其市场价值的价格赎回。

大多数可赎回债券都有一个**锁定期**，在此期间发行人不能赎回债券。例如，10年期可赎回债券可能有3年的锁定期，即第一次可以赎回债券的日期是债券发行后第3年。锁定期可能短至一个月，也可能长达数年。比如高收益公司债券通常在发行后较短时间内就可以赎回，因为这类债券的持有者通常更关心违约的可能性，而不是债券是否会被提前赎回。当然，如果债券发行人的信用状况得到改善，投资者的看法在债券存续期内也会发生变化。

可赎回债券包含的看涨期权可以分为不同类型。欧式可赎回债券的发行人只能在锁定期后的某特定日期行使看涨期权。美式可赎回债券的发行人可以在锁定期结束到债券到期前的任何日期行权。百慕大式可赎回债券的发行人只能在锁定期结束后的几个特定日期行权，这些日期在债券契约或发行说明书中有明确规定。

除了少数例外，美国政府支持的机构（如房利美、房地美、联邦住房贷款银行和联邦农业信贷银行等）发行的债券都是可赎回的。这些债券往往期限相对较短（5~10年），锁定期更短（3个月至1年）。看涨期权执行价格几乎总是票面价值的100%，而且看涨期权的类型往往是百慕大式。

美国发行的免税市政债券是一种非主权政府债券，一般都允许在第10年结束后的任何时间以100%面值的行权价格赎回。也有一些市政债券允许提前赎回，这是一个过于专业的话题，在这里我们不予讨论。

尽管美国政府支持的机构发行的债券和市政债券在全球发行和交易的可赎回债券中占据了大部分份额，但在亚太地区、欧洲、加拿大以及中南美洲等其他国家和地区，也可以看到其他包含赎回条款的债券。绝大多数可赎回债券以美元或欧元计价，因为投资者对以这些货币发行的可赎回债券需求较大。此外，在澳大利亚、英国、日本和挪威等国家都有以当地货币计价的可赎回债券市场。

9.2.1.2 看跌期权和展期期权

可回售债券是一种内嵌看跌期权的债券。看跌期权是一种投资者持有的期权，即是否行使期权由债券持有人自行决定。可回售条款允许债券持有人在债券到期前将债券回售给发行人，债券持有人通常会选择在利率上升时或有更高收益率的债券可供购买时行权。

与可赎回债券类似，大多数可回售债券都有锁定期。看跌期权可以是欧式的或百慕大式的（比例较少），但是几乎没有美式的可回售债券。

与看跌期权类似的一种内嵌期权是展期期权，内嵌展期期权的债券被称为**可展期债券**，其持有人有权在债券到期后继续保留该债券数年，并继续获得利息，但可能以另一种票面利率计息。在这种情况下，债券契约或发行说明书中的条款会相应调整，但债券仍处于未清偿状态。比如加拿大皇家银行 2013 年 7 月发行的可展期债券，该债券的票面利率为 1.125%，每半年付息一次，于 2016 年 7 月 22 日到期，但持有人有权展期至 2017 年 7 月 21 日。我们将在 9.3.5.2 节中讨论可回售债券和可展期债券之间的相似之处。

9.2.2　复杂内嵌期权

可赎回债券和可回售债券是最常见的内嵌期权债券，除此之外，还有包含其他类型的期权或期权组合的债券。

有些债券既是可赎回的，又是可回售的。例如德国发行人 DIC 资产管理公司在 2013 年 7 月发行的债券，到期日为 2016 年 5 月 16 日，票面利率为 5.875%。该债券既可以由发行人赎回，也可以由债券持有人回售。

可转换债券也是一种包含内嵌期权的常见债券，债券中包含转股期权。转股期权允许债券持有人将持有的债券转换为发行人的普通股。可转换债券通常也带有可赎回条款，让发行人有权利用较低的利率再融资，也可以促使投资者转股。我们将在 9.6 节详细讨论可转换债券。

当行权选项取决于某些特定事件时，事情就会更加复杂。一些消费金融债券为投资者提供了遗产看跌期权——也被称为幸存者期权。比如美国的通用金融公司在 2013 年 7 月发行的可赎回债券，票面利率为 5%，半年付息一次。该债券于 2018 年 3 月 15 日到期，但如果持有人死亡，他的继承人可以以票面价值回售该债券。因为只有在债券持有人死亡的情况下，遗产看跌期权才会发挥作用，所以债券的价值取决于持有人的寿命，这引入了另一种不确定性。

▍专栏 9-1

内嵌遗产看跌期权的债券

有一种俗称"死亡看跌期权"的债券，内嵌了遗产看跌期权，债券持有人的继承人在继承该债券时可以选择按票面价值回售债券。只有当债券处于折价状态，也就是债券价格低于票面价值时，继承人才会行使回售权，否则就应该选择在市场上以更高的价格出售债券。

发行人在某一特定年份接受回售的债券本金金额通常是有上限的，例如债券本金总额的 1%。发出遗产回售申请的债券本金总额超过这一上限将导致发行人按照所有发出申请债券的购买时间顺序决定回售份额。

该债券的价值和债券持有人的预期寿命有关。债券持有人的预期寿命越短，遗产看跌期权的价值就越高。一个复杂的原因是，大多数内嵌遗产看跌期权的债券也是可赎回的，通常允许发行人在发行之日起 5 年内以票面价格赎回。如果发行人提前赎回债券，则遗产看跌期权失效。显而易见，要为遗产看跌期权和可赎回债券估值需要专门的工具。要记住的关键概念是，这种债券的价值不仅取决于利率的变动，还取决于投资者的预期寿命，利率的变动会影响所有内嵌期权债券。

有些债券包含几个相互关联的发行人期权，而不包含任何投资者期权。一个典型的例子是**偿债基金债券**，它要求发行人定期预留资金以备完成债券偿付，因而具有较低的信用风险。这种债券通常都是可赎回的，并且很可能包含一些偿债基金债券特有的期权，如加速偿债期权和债券交割期权。

▌专栏 9-2

偿债基金债券实例

这种债券具有摊销结构，总期限 30 年的债券从第 11 年底开始每年偿还部分本金，每年支付原始本金的 5%。一只典型的偿债基金债券可能包含以下期权：

- 行权价格高于票面价值，且行权价格不断下降的标准看涨期权，从第 10 年底开始可以行权，因此从第 10 年起发行人可以随时将所有债券赎回。
- 加速偿债期权，最典型的是"三倍条款"。这一规定允许发行人在任何预定的偿债基金日，以票面价格回购三倍规定金额的债券，例如，在本例中，回购原始本金金额的 15%。假设发行者希望在第 11 年底将债券全部赎回，与其以溢价的方式赎回全部未偿金额，不如以票面价值"偿债"15%，然后以溢价的方式赎回其余部分，收益会更高。如果利率下降，加速偿债期权还能为发行人提供额外收益。
- 债券交割期权，即允许发行人用债券代替现金交付给债券受托人，以满足偿债基金的偿付要求的期权。[⊖]如果债券目前的交易价格低于票面价值，比如是票面价值的 90%，那么发行人从投资者手中赎回债券以满足偿债基金的要求，比直接支付票面价值收益更高。如果利率上升，债券交割期权对发行人有利。当然，只有在债券市场流动性较高的情况下，这种收益才能成为现实。投资者可以采取一些防御措施，比如囤积债券或拒绝折价出售。

从发行人的角度看，看涨期权和债券交割期权的组合实际上是一种"跨式期权组合"。[⊜]因此，在利率下降和利率上升的情况下，偿债基金债券对发行人都是有利的。为包含这三个期权的标的债券定价是相当具有挑战性的。

▌例 9-1　内嵌期权的种类

1. 可回售债券持有人最有可能从以下哪种情况中获利：

A. 利率变动　　　　　B. 发行人信用评级的变化　　　C. 发行人普通股价格的变动

2. 行使可展期债券内嵌期权的决定由以下哪一方做出：

A. 发行人　　　　　B. 债券持有人　　　　　C. 发行人或债券持有人

3. 可转换债券中的转股期权是由以下哪一方持有的权利：

A. 发行人　　　　　B. 债券持有人　　　　　C. 发行人和债券持有人共有

⊖ 债券受托人通常是拥有信托权力的金融机构。它是由发行人指定的，但会以受托人的身份与债券持有人合作。在公开发行过程中，通常由受托人来决定（可能以抽签的方式）哪些债券将被赎回。

⊜ 跨式期权组合是一种期权策略，构建方式是同时购买同一标的资产的相同行权价格和到期日的看跌期权和看涨期权。在到期日，如果标的资产价格高于行权价格，则看跌期权没有价值，而看涨期权有价值。相反，如果标的资产价格低于行权价格，则看涨期权没有价值，而看跌期权有价值。因此，无论标的资产的价格上涨还是下跌，跨式期权组合的投资者都有收益。资产价格上涨或下跌的幅度越大（或者说，标的资产的波动性越大），投资者收益就越高。

　　解答 1：A 是正确答案。可回售债券使债券持有人有权利利用利率上升的机会，将债券回售给发行人，并将回售债券的收益再投资于收益率更高的债券。

　　解答 2：B 是正确答案。可展期债券包含一份展期期权，使债券持有人有权在债券到期后继续持有数年，但可能以不同的票面利率计息。

　　解答 3：B 是正确答案。可转换债券内嵌一份股票的看涨期权，赋予债券持有人将债券转换为发行人普通股的权利。

　　内嵌期权的存在会影响债券的价值。为了量化这种影响，需要用到一些金融理论和金融技术。下面我们将介绍内嵌期权债券的估值和分析。

9.3　可赎回债券和可回售债券的估值和分析

　　根据无套利原理，内嵌期权债券的价值等于其各组成部分的无套利价值之和。本节我们首先讨论可赎回债券、可回售债券、一般债券的价值与看涨期权或看跌期权价值之间的关系，然后讨论如何在不同的风险假设和利率波动假设下对可赎回债券和可回售债券进行估值。

9.3.1　可赎回债券、可回售债券、一般债券的价值和内嵌期权价值之间的关系

　　根据无套利原理，内嵌期权债券的价值等于一般债券的无套利价值与内嵌期权的无套利价值之和。

　　对于可赎回债券，行使看涨期权的权利归债券发行人所有，作为债券多头的投资者是看涨期权的空头。因此从投资者的角度来看，相比于一般债券，看涨期权的存在减少了可赎回债券的价值：

$$可赎回债券价值 = 一般债券价值 - 看涨期权价值$$

　　其中，一般债券的价值可以通过使用适当的利率对债券的未来现金流贴现得到，我们将在 9.3.2 节复习这一过程。最难的部分是评估看涨期权的价值，因为它取决于未来的利率，具体而言是指，发行人是否赎回以及何时赎回债券取决于发行人以较低成本再融资的能力。在实践中，看涨期权的价值一般通过一般债券的价值与可赎回债券的价值之差来倒算，即式（9-1）：

$$看涨期权价值 = 一般债券价值 - 可赎回债券价值 \qquad (9\text{-}1)$$

　　对于可回售债券，行使看跌期权的权利归投资者所有，因此投资者对债券和看跌期权都持有多头头寸。所以相比于一般债券，看跌期权的存在增加了可回售债券的价值：

$$可回售债券价值 = 一般债券价值 + 看跌期权价值$$

　　同理可以得到式（9-2）：

$$看跌期权价值 = 可回售债券价值 - 一般债券价值 \qquad (9\text{-}2)$$

　　虽然大部分专业投资人士不必是债券估值方面的专家，但他们应该对下一节介绍的债券基本分析方法有扎实的理解。

9.3.2　无违约风险且无内嵌期权的债券的估值

一项资产的价值等于该资产未来现金流的现值。对于无违约风险且无内嵌期权的债券，其未来的现金流是确定的。唯一的问题是，应该用什么利率对这些现金流贴现呢？答案是：每笔现金流对应期限的即期利率。尽管即期利率无法直接观察到，但可以从现有的市场信息中推断出来，通常是从交易活跃的各种期限的主权债券的市场价格中推断出来。这些价格可以转化为即期利率、平价收益率或远期利率。即期利率、平价收益率和远期利率是传递了同样信息的等价形式，知道其中任何一组就可以确定其他两组。

假设我们想对一只票面利率为4.25%、一年付息一次的三年期债券进行估值。表9-1给出了一年期、两年期和三年期收益率曲线的三个等价形式。

表9-1　收益率曲线的三个等价形式

到期期限（年）	平价收益率（%）	即期利率（%）	一年期远期利率（%）	
1	2.500	2.500	0年后开始	2.500
2	3.000	3.008	1年后开始	3.518
3	3.500	3.524	2年后开始	4.564

假设我们从第二列的平价收益率出发。因为债券是一年付息一次的，一年期即期利率就等于一年期平价收益率。假想的一年期平价债券收益率为2.500%，第一年的现金流为102.500（本金加息票）⊖。为了得到100的现值，需要将这笔未来现金流除以1.025，所以一年期即期利率或贴现率是2.500%。

两年期平价债券的收益率为3.000%，该债券有两笔现金流，第一年为3，第二年为103。根据平价债券的定义，两笔现金流的现值之和必须等于100。我们已经知道第一年的贴现率是一年期即期利率2.500%，现在通过求解以下方程来确定两年期即期利率S_2：

$$\frac{3}{(1.025)}+\frac{103}{(1+S_2)^2}=100$$

接下来用类似的方法，求解以下方程确定三年期即期利率S_3：

$$\frac{3.500}{(1.025\,00)}+\frac{3.500}{(1.030\,08)^2}+\frac{103.500}{(1+S_3)^3}=100$$

一年期远期利率可以通过遵循无套利原理的方程确定。假设投资者有两年的投资期限，他可以以两年期即期利率直接投资两年；或者以一年期即期利率投资一年，然后以一年后开始的一年期远期利率$F_{1,1}$再投资一年。使用这两种方法进行投资的结果应该是相同的，否则就会出现套利机会。因此$F_{1,1}$满足下述方程：

$$(1+0.030\,08)^2=(1+0.025\,00)\times(1+F_{1,1})$$

同理，两年后开始的一年期远期利率$F_{2,1}$也可以用以下公式计算：

$$(1+0.035\,24)^3=(1+0.030\,08)^2\times(1+F_{2,1})$$

现在可以使用即期利率为票面利率为4.25%的三年期债券估值：⊖

⊖　在本章中，所有的现金流和价格都以票面价值百分比的形式表示。

⊖　本章中的例子都是使用微软的Excel软件生成的。由于计算精度的原因，数字可能和直接用计算器得到的结果有差异。

$$\frac{4.25}{(1.025\,00)}+\frac{4.25}{(1.030\,08)^2}+\frac{104.25}{(1.035\,24)^3}=102.114$$

也可以使用一年期远期利率为债券估值，和使用即期利率估值的结果相同：

$$\frac{4.25}{(1.025\,00)}+\frac{4.25}{(1.025\,00)(1.035\,18)}+\frac{104.25}{(1.025\,00)(1.035\,18)(1.045\,64)}=102.114$$

9.3.3　零利率波动率下无违约风险可赎回债券和可回售债券的估值

在为包含内嵌期权的债券估值时，使用远期利率比使用即期利率能构建一个更好的框架。因为估值过程中需要用到债券在未来不同时点的价值，以确定内嵌期权是否会在这些时点被执行。

9.3.3.1　零利率波动率假设下可赎回债券的估值

我们来看一个百慕大式可赎回债券的例子，该债券一年付息一次，票面利率为 4.25%，到期期限为 3 年，发行人有权在第 1 年或第 2 年结束时按票面价格赎回债券。因为债券发行人是借钱方，所以如果债券的市场价格高于买入价格（行权价格），发行人就会行使看涨期权。表 9-2 介绍了如何使用表 9-1 中的一年期远期利率来计算该债券的价值。

表 9-2　零利率波动率假设下，票面利率为 4.25% 的三年期无违约风险可赎回债券的估值

	今天	1 年后	2 年后	3 年后
现金流		4.250	4.250	104.250
贴现率		2.500%	3.518%	4.564%
可赎回债券价值	$\frac{100+4.250}{1.025\,00}=101.707$	$\frac{99.700+4.250}{1.035\,18}=\overline{100.417}$	$\frac{104.250}{1.045\,64}=99.700$	
是否赎回		以 100 的价格赎回	不赎回	

首先，用 2 年后的一年期远期利率（4.564%）对到期时的现金流（104.250）贴现，得到第 2 年的可赎回债券价值为 99.700。因为该价值低于 100 的看涨期权执行价格，所以理性的发行人不会在该时点赎回债券。

接着，我们将第 2 年的现金流（4.250）与第 2 年的债券价值（99.700）相加，然后用 1 年后的一年期远期利率（3.518%）贴现，得到第 1 年的债券价值为 100.417。此时理性的发行人会以 100 的价格赎回债券，因为债券的市场价格要比赎回价格更高。

最后，我们将第 1 年的现金流（4.250）与第 1 年的债券价值（100.000）相加，并以 2.500% 的利率贴现，结果为 101.707，这就是可赎回债券的价值。

我们可以应用式（9-1）来计算这个可赎回债券包含的看涨期权的价值。一般债券的价值即 9.3.2 节中计算的无违约风险且无内嵌期权债券的价值，因此：

$$\text{看涨期权价值}=102.114-101.707=0.407$$

回想之前关于可赎回债券价值、一般债券价值和看涨期权价值之间关系的讨论，即投资者是债券多头和看涨期权空头，所以相对于无内嵌期权债券而言，看涨期权的存在会降低可赎回债券的价值。

9.3.3.2　零利率波动率假设下可回售债券的估值

我们现在将此框架应用于百慕大式可回售债券的估值，该债券同样一年付息一次，票面利率为4.25%，到期期限为3年，投资者有权在第1年或第2年结束时按票面价格回售债券。因为投资者是借出资金的一方，所以当债券价格低于看跌期权执行价格时，投资者就会执行回售权。表9-3说明了如何计算该债券的价值。

表9-3 零利率波动率假设下，票面利率为4.25%的三年期无违约风险可赎回债券的估值

	今天	1年后	2年后	3年后
现金流		4.250	4.250	104.250
贴现率		2.500%	3.518%	4.564%
可回售债券价值	$\dfrac{100.707+4.250}{1.025\,00}=102.397$	$\dfrac{100+4.250}{1.035\,18}=100.707$	$\dfrac{104.250}{1.045\,64}=99.700$	
是否回售		不回售	以100的价格回售	

我们可以用式（9-2）来计算看跌期权的价值：

$$看跌期权价值=102.397-102.114=0.283$$

因为投资者同时是债券和看跌期权的多头，相对于无内嵌期权的债券而言，看跌期权增加了可回售债券的价值。

表9-2和表9-3展示了在没有利率波动的情况下，可赎回债券和可回售债券的估值方法。在现实生活中，利率确实会波动，所以期权持有人必须考虑利率曲线随时间变化产生的影响。

专栏9-3

期权的最优执行时点

内嵌期权的持有者可以提前终止债券契约或修改债券契约的条款。假设期权目前是可执行的，那么显而易见的问题是，行权是否值得。假设答案是肯定的，接下来的问题是，现在行使期权更好还是等一等再行权更好。

让我们先考虑第一个问题：行权是否有利可图。答案通常很直接：比较一下行权的收益和不行权的收益。例如，假设一种债券目前的回售价格是100。如果债券的市场价格超过100，直接出售债券的现金收益将超过100，因此回售没有任何意义。相反，如果债券的市场价格是100，就可以考虑回售。请注意，债券的市场价格不能低于100，因为这种情况创造了套利机会：购买价格低于100美元的债券，并立即将其以100的价格回售。

发行方是否赎回的决策逻辑是类似的。如果债券的市场价格明显低于赎回价格，那么赎回就是愚蠢的，因为可以在市场上以更低的价格购回债券。或者，如果市场价格非常接近赎回价格，那么赎回可能是有意义的。

假设我们已经确定了执行期权是有利可图的。如果正在考虑的期权是欧式的，很明显应该执行该期权，没有理由不这样做。但如果这是一个美式期权或百慕大式期权，我们面临的挑战是决定应该现在直接行权还是等待未来更好的机会。问题在于，环境可能变得更好，也可能变得更糟。因此，期权持有者必须考虑到各种可能性，并根据自己的风险偏好决定直接行权还是等待。

本章介绍的内嵌期权债券估值方法均假设期权持有者是风险中性的，无论是发行人还是投资者。当且仅当行权的收益超过等待的预期收益时，期权持有者才会行权。实际上，期权持有者可能是厌恶风险的，可能会提前行权，即使保留期权比行权更有价值。

> **例 9-2 无违约风险可赎回债券和可回售债券的估值**
>
> 投资组合经理乔治·卡希尔已经确定了将三种由主权政府发行的五年期每年付息的债券作为投资标的。这三种债券的其他特征相同，债券 A 是无期权债券，债券 B 是两年后和三年后可按票面价值赎回的债券，债券 C 是两年后和三年后可按票面价值赎回和回售的债券。
>
> 1. 相对于债券 A，债券 B 的价值会：
>
> A. 更低 　　　　　　　　　B. 一样 　　　　　　　　　C. 更高
>
> 2. 相对于债券 B，债券 C 的价值会：
>
> A. 更低 　　　　　　　　　B. 一样 　　　　　　　　　C. 更高
>
> 3. 在收益率曲线急剧向上倾斜的情况下，债券 C 最有可能：
>
> A. 被发行人赎回
>
> B. 被债券持有人回售
>
> C. 内嵌期权不会被执行并被持有至到期
>
> 解答 1：A 是正确答案。债券 B 是可赎回债券，而债券 A 是无内嵌期权的普通债券。债券 B 的看涨期权是发行人的期权，它降低了债券对投资者的价值。如果利率下降，债券价格通常会上涨，但债券 B 的价格上涨将低于债券 A 的价格上涨幅度，因为发行人可能会以较低的价格赎回债券并进行再融资。
>
> 解答 2：C 是正确答案。相对于债券 B，债券 C 包含一个看跌期权。看跌期权是一种能为投资者增加价值的期权，因此债券 C 的价值高于债券 B 的价值。
>
> 解答 3：B 是正确答案。当利率上升时，债券价格下跌，债券持有人将有动力行使看跌期权，因为他们能以更高的收益率将回售债券获得的收益再投资。

9.3.4　利率波动率对可赎回债券和可回售债券价值的影响

在本节中，我们将讨论利率波动率以及收益率曲线的水平和形状变化对期权价值的影响。

9.3.4.1　利率波动率

任何内嵌期权的价值，无论是哪种类型的期权，都会随着利率波动率的增加而增加。因为利率波动率越大，内嵌期权被行权的机会就越多。对于发行人和投资者来说，理解利率的波动对内嵌期权债券价值的影响至关重要。利率波动的影响可以用利率二叉树进行分析，如图 9-1 所示。利率二叉树的起点代表今天，每当从左向右走到下一个节点，利率都可能上升

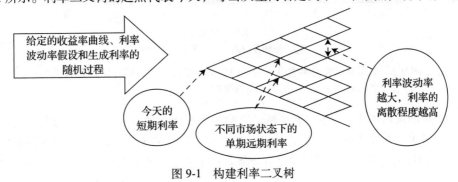

图 9-1　构建利率二叉树

或下降。继续往右走，利率可能再次上升或下降。利率二叉树上这些上下节点利率之间的离散程度是由市场上的给定的收益率曲线、利率波动率假设以及生成利率的随机过程决定的。

图 9-2 和图 9-3 分别展示了利率波动率对可赎回债券价值和可回售债券价值的影响。

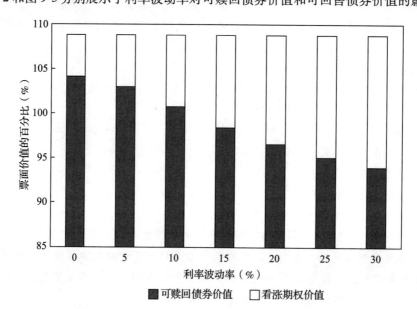

图 9-2　不同利率波动率假设下的可赎回债券价值，假设债券期限为 30 年，票面利率为 4.5%，收益率曲线平坦

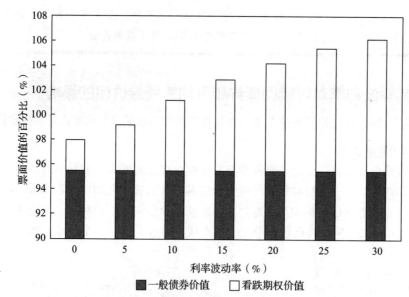

图 9-3　不同利率波动率假设下的可回售债券价值，假设债券期限为 10 年，票面利率为 4%，收益率曲线平坦

图 9-2 中的条形图代表了不受利率波动影响的一般债券的价值。白色部分代表看涨期权的价值，将它从一般债券的价值中去掉后，就得到了可赎回债券的价值，也就是阴影部分。在其他条件相同的情况下，看涨期权价值会随着利率波动率增加而增加。在零利率波动率假

设下，看涨期权的价值为票面价值的 4.60%；而在 30% 的利率波动率假设下则为 14.78%。随着利率波动率的增加，可赎回债券的价值下降。

在图 9-3 中，阴影部分代表一般债券价值，白色部分代表看跌期权的价值，条形图代表可回售债券的价值。在其他条件相同的情况下，看跌期权价值会随着利率波动率增加而增加。在零利率波动率假设下，看跌期权的价值为票面价值的 2.30%；而在 30% 的波动率假设下则为 10.54%。随着利率波动率的增加，可回售债券的价值上升。

9.3.4.2　收益率曲线水平和形状变化的影响

可赎回债券或可回售债券的价值也会受到收益率曲线水平和形状变化的影响。

1. 收益率曲线变化对可赎回债券价值的影响

图 9-4 显示了在假设利率波动率为 15%、收益率曲线平坦的情况下，图 9-2 中的可赎回债券在不同利率水平下的价值。

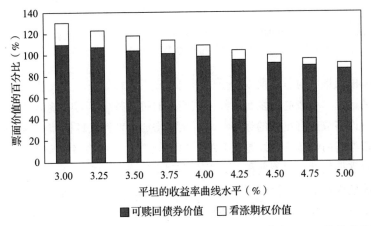

图 9-4　不同利率水平下可赎回债券的价值，假设利率波动率为 15%，收益率曲线平坦，债券期限为 30 年，票面利率为 4.50%

图 9-4 显示，一般债券的价值随着利率下降而上升，但上升幅度被看涨期权价值的上升抵消了一部分。例如，如果平坦的收益率曲线水平是 5%，一般债券的价值为票面价值的 92.27%，看涨期权的价值是票面价值的 5.37%，那么可赎回债券的价值是票面价值的 86.90%。如果收益率曲线水平下降到 3%，一般债券的价值上升了 40%，变为票面价值的 129.54%，但可赎回债券的价值只增加了 27%，变为票面价值的 110.43%。可赎回债券的价值增长幅度低于一般债券，限制了投资者在上行行情中的获利潜力。

看涨期权以及可赎回债券的价值也会受到收益率曲线形状变化的影响，如图 9-5 所示。

在其他条件相同的情况下，看涨期权的价值随着收益率曲线斜率的下降而增加。如果收益率曲线向上倾斜，短期利率为 2%，长期利率为 4%（左数第一个条形图），则看涨期权的价值约为票面价值的 8%。如果收益率曲线平坦，收益率水平为 4%（左数第二个条形图），则看涨期权的价值约为票面价值的 10%。如果收益率曲线倒挂，看涨期权的价值会进一步增加。从图 9-5 中可以看到，如果收益率曲线向下倾斜，短期利率为 6%，长期利率为 4%（左数第三个条形图），看涨期权的价值会超过票面价值的 12%。收益率曲线倒挂的情况很少见，但确实可能出现。

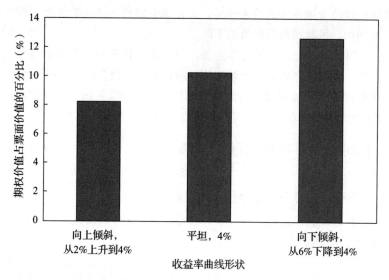

图 9-5 不同收益率曲线形状下看涨期权的价值，假设利率波动率为 15%，
债券期限为 30 年，票面利率为 4.50%

针对收益率曲线形状对看涨期权价值的影响的直观解释如下。当收益率曲线向上倾斜时，利率二叉树上的远期利率较高，发行人赎回该债券的机会较少。当收益率曲线变平或倒挂时，利率二叉树上的许多节点有更低的远期利率，从而增加了发行人赎回债券的机会。

假设发行债券时的收益率曲线是正常的、向上倾斜的，那么以票面价格发行的可赎回债券中所包含的看涨期权就是虚值期权。如果在零利率波动率的假设下，远期利率满足无套利条件，那么看涨期权就不会被行权。如果像美国市政部门经常做的那样，以较高的溢价发行可赎回债券，则看涨期权是实值期权，如果远期利率满足无套利条件，看涨期权将会被行权。

2. 收益率曲线变化对可回售债券价值的影响

图 9-6 和图 9-7 展示了收益率曲线水平和形状的变化如何影响图 9-3 中的可回售债券价值。

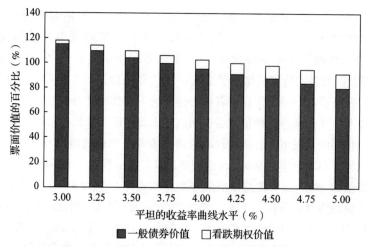

图 9-6 不同收益率水平下可回售债券的价值，假设利率波动率为 15%，
收益率曲线平坦，债券期限为 30 年，票面利率为 3.75%

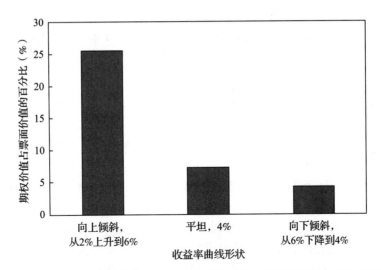

图 9-7　不同收益率曲线形状下可回售债券的价值，假设利率波动率为 15%，
债券期限为 30 年，票面利率为 3.75%

　　图 9-6 说明了为什么看跌期权被视为利率上升情况下对投资者的一种保护。随着利率上升，一般债券的价值会下降，但这种下降会被看跌期权价值的上升抵消掉一部分。例如，当收益率曲线水平从 3% 上升到 5%，一般债券的价值下降了 30%，但可回售债券的价值只下降了 22%。

　　在其他条件相同的情况下，看跌期权的价值随着收益率曲线斜率的下降而降低。收益率曲线从向上倾斜到平坦，再到向下倾斜，看跌期权价值依次下降。当收益率曲线向上倾斜时，利率二叉树中的远期利率逐渐升高，为投资者创造了更多的机会来回售该债券。随着收益率曲线趋平或倒挂，回售的机会减少了。

9.3.5　无违约风险可赎回债券和可回售债券的估值，存在利率波动的情形下

　　在存在利率波动的情形下，对内嵌期权债券估值的过程如下：

- 基于给定的收益率曲线和利率波动率假设，生成利率二叉树。
- 在利率二叉树的每个节点上，判断内嵌期权是否会被行权。
- 使用倒向归纳法计算债券的价值，也就是从到期日的债券价值出发，从右向左计算债券价值。

　　让我们以 9.3.3.1 节和 9.3.3.2 节讨论过的票面利率为 4.25%、一年付息一次的三年期无违约风险债券为例，来说明如何执行这个估值过程。债券的其他特征跟前面一样。一年期、两年期和三年期的平价收益率分别为 2.500%、3.000% 和 3.500%，收益率曲线如表 9-1 所示。但我们现在假设利率波动率为 10% 而不是 0%，由此构建的利率二叉树显示了以现在为起点的第 0 年、第 1 年和第 2 年的一年期远期利率，如图 9-8 所示。假设

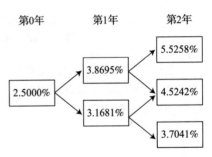

图 9-8　利率波动率为 10% 时的利率二叉树

从每个节点分叉向上（up）和向下（down）的概率相等。

我们在第 8 章讨论过利率二叉树的校准。如前所述，第 0 年的一年期平价收益率、一年期即期利率和一年期远期利率是相同的，均为 2.500%。由于没有闭式解，1 年后的一年期远期利率由以下两个约束条件迭代确定：

（1）上升节点的远期利率 R_u 由下式决定：

$$R_u = R_d \times e^{2\sigma\sqrt{t}}$$

其中 R_d 是下降节点的远期利率，σ 是利率波动率（本例中为 10%），t 是两个左右相邻节点的时间间隔（本例中为 1 年）。

（2）使用这些远期利率贴现，两年期平价债券（本例中票面利率为 3.000%）的现金流现值等于 100。

在图 9-8 中，在第 1 年的节点上，R_d 为 3.1681%，R_u 为 3.8695%。在确定了能正确匹配给定的平价收益率曲线的一年期和两年期远期利率取值后，我们保留这些利率的取值，并继续迭代至下一个时点，以确定 2 年后 3 个状态下的一年期远期利率。使用和前面一样的约束条件，即①上下相邻节点的远期利率之比为 $e^{2\sigma\sqrt{t}}$，②使用这些远期利率贴现，三年期平价债券（本例中票面利率为 3.500%）的现金流现值等于 100。

在确定了所有的一年期远期利率后，我们就可以用它们为票面利率为 4.25% 的三年期可赎回债券和可回售债券估值，并判断这些债券是否会在 1 年后或 2 年后被按票面价值赎回或回售。

9.3.5.1　存在利率波动的情形下可赎回债券的估值

图 9-9 描绘了利率波动率为 10% 的情况下可赎回债券的估值过程。

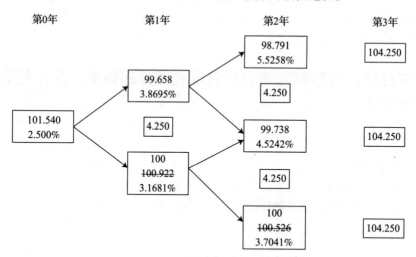

图 9-9　利率波动率为 10% 的情况下可赎回债券的估值（票面利率为 4.25%、
一年付息一次、无违约风险的三年期可赎回债券）

包括息票和本金在内的每期现金流直接放在贴现适用的远期利率的右侧。每个节点的债券价值放在该节点的远期利率上方。我们首先用三个可能的远期利率对第 3 年的现金流贴现，计算第 2 年的债券价值。

$$98.791 = \frac{104.250}{1.055\,258}$$

$$99.738 = \frac{104.250}{1.045\,242}$$

$$100.526 = \frac{104.250}{1.037\,041}$$

为判断债券在第 2 年是否会被以面值赎回,我们检查该时点的每个节点,以确定未来现金流在该时点的现值是否高于看涨期权执行价格,如果是的话,发行人会赎回债券。只有底部的节点可能出现这种情况,其远期利率为 3.7041%,因此我们将该节点的债券价格从 100.526 重置为 100。

第 1 年每个节点的债券价值等于该时点支付的息票,加上当前节点到达的下一时点的两个未来节点的债券价值的平均值,然后用当前节点的远期利率贴现。上面节点的债券价值为:

$$99.658 = \frac{4.250 + (0.5 \times 98.791 + 0.5 \times 99.738)}{1.038\,695}$$

分子的第一项是息票支付,第二项是在下一年的预期债券价值。在目前模型的假设中,移动到高节点和低节点的概率是相同的,均为 0.5。下面节点的债券价值为:

$$100.922 = \frac{4.250 + (0.5 \times 99.738 + 0.5 \times 100)}{1.031\,681}$$

注意,在利率为 3.1681% 的较低节点,债券也可能被赎回,所以我们将该节点的债券价格重置为 100。

在第 0 年,可赎回债券的价值是 101.540。具体计算过程为:

$$101.540 = \frac{4.250 + (0.5 \times 99.658 + 0.5 \times 100)}{1.025\,000}$$

用一般债券的价值减去可赎回债券的价值,得到的看涨期权价值为 0.574(= 102.114 − 101.540)。在利率波动率为 10% 时,看涨期权的价值大于利率波动率为 0% 时的价值(0.407),这与我们之前关于期权价值随利率波动率增加而增加的讨论是一致的。

例 9-3　已知利率波动率情况下的可赎回债券估值

回到前面的票面利率为 4.25%、三年期的百慕大式可赎回债券的估值,发行人有权在从现在起一年至两年内按票面价值赎回债券,如图 9-9 所示。一年期、两年期和三年期无风险债券的平价收益率分别为 2.500%、3.000% 和 3.500%,利率波动率为 10%。

1. 假设相对于初始设置没有其他变化,但利率波动率现在是 15% 而不是 10%。可赎回债券的新价值会:

A. 低于 101.540　　　　B. 等于 101.540　　　　C. 高于 101.540

2. 假设与初始设置相比,除了债券的赎回价格变为 102 而不是 100,没有其他变化。可赎回债券的新价值最接近:

A. 100.000　　　　B. 102.000　　　　C. 102.114

解答 1:A 是正确答案。较高的利率波动率增加了看涨期权的价值。因为可赎回债券的价值等于一般债券的价值减去看涨期权的价值,所以看涨期权的价值越高,可赎回债券的价值就越低。因此,可赎回债券在 15% 的利率波动率下的价值低于在 10% 的利率波动率下的价值,即小于 101.540。

解答 2:C 是正确答案。看一下图 9-9,新的看涨期权执行价格太高,在任何情况下发行人都不会行权。因此,看涨期权的价值为零,可赎回债券的价值等于一般债券的价值,即 102.114。

9.3.5.2 存在利率波动的情形下可回售债券的估值

图 9-10 描绘了利率波动率为 10%时，一只期限为 3 年、票面利率为 4.25%、一年付息一次的可回售债券的估值过程。估值方法与上一小节介绍的可赎回债券的估值方法非常相似，区别在于在每个节点要将债券价值与看跌期权执行价格进行比较。投资者会在债券价值低于看跌期权执行价格时将债券回售给发行人，此时需要在利率二叉树中将对应节点的债券价值重置为看跌期权执行价格（100）。从图 9-10 中可以看到，可能发生的回售都在第 2 年，共有两次，在远期利率分别为 5.5258%和 4.5242%的节点。投资者不会在第 1 年行使看跌期权，因为该时点的债券价值均超过了看跌期权执行价格。

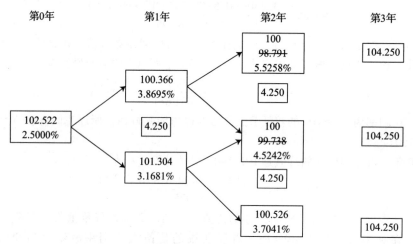

图 9-10　利率波动率为 10%的情况下可回售债券的估值（票面利率为 4.25%、一年付息一次、无违约风险的三年期可回售债券）

最后得到的可回售债券的当前价值为 102.522。看跌期权的价值为可回售债券价值和一般债券价值之差，结果为 0.408(＝102.522－102.114)。正如预期的那样，看跌期权的价值在利率波动率为 10%时大于在利率波动率为 0%时（0.283）。

▎例 9-4　已知利率波动率情况下的可回售债券估值

回到前面的票面利率为 4.25%、三年期的百慕大式可回售债券的估值，债券持有人有权在从现在起一年至两年内按票面价值回售债券，如图 9-10 所示。一年期、两年期和三年期无风险债券的平价收益率分别为 2.500%、3.000%和 3.500%，利率波动率为 10%。

1. 假设与初始设置相比没有其他变化，但利率波动率现在是 20%而不是 10%。可回售债券的新价值会：

　　A. 低于 102.522　　　　　　B. 等于 102.522　　　　　　C. 高于 102.522

2. 假设与初始设置相比没有其他变化，但债券的回售价格变为 95 而不是 100。可回售债券的新价值最接近：

　　A. 97.522　　　　　　　　　B. 102.114　　　　　　　　　C. 107.522

解答 1：C 是正确答案。较高的利率波动率增加了看跌期权的价值。因为可回售债券的价值等于一般债券的价值加上看跌期权的价值，所以看跌期权的价值越高，可回售债券的价值就越高。因此可回售债券在 20% 的利率波动率下的价值高于在 10% 的利率波动率下的价值,即高于 102.522。

　　解答 2:B 是正确答案。看一下图 9-10,新的看跌期权执行价格太低,在任何情况下都不会被行权。因此看跌期权的价值为零,可回售债券的价值等于一般债券的价值,即 102.114。

专栏 9-4

可回售债券与可展期债券的比较

　　可回售债券和可展期债券是等价的,差异只在于无期权一般债券。考虑一只在第 2 年可回售的票面利率为 3.30% 的三年期可回售债券,它的价格应该与票面利率为 3.30% 的两年期可展期一年的债券完全相同。否则,就会有套利机会。很明显,这两种债券的现金流直到第 2 年结束为止是相同的。第 3 年的现金流取决于两年后的一年期远期利率。无论第 2 年底的利率水平如何,这两种债券在第 3 年的现金流都将是相同的。

　　如果第 2 年底的一年期远期利率高于 3.30%,可回售债券将被回售,因为债券持有人可以将回售债券的收益以更高的收益率再投资,因为同样的原因,可展期债券将不会被展期。两种债券都以 3.30% 的票面利率支付两年的利息,并在两年后到期。反过来说,如果第 2 年底的一年期远期利率低于 3.30%,可回售债券将不会被回售,因为债券持有人不希望以较低的收益率再投资,而可展期债券将被展期以保留较高的收益率。因此两种债券都以 3.30% 的票面利率支付三年的利息,然后到期。

例 9-5　已知利率波动率情况下的内嵌期权债券的估值

　　KMR 资本的固定收益分析师西德利·布朗正在分析利率波动率对天气分析公司发行的可赎回债券和可回售债券价值的影响。天气分析公司为主权政府所有,因此其债券被认为是无违约风险的。布朗目前正在研究天气分析公司的 3 只债券,收集的信息如表 9-4 所示:

表 9-4　天气分析公司的债券信息

特征	债券 X	债券 Y	债券 Z
到期期限	3 年	3 年	3 年
票面利率	每年 5.2%	无相关信息	每年 4.8%
债券类型	1 年后和 2 年后可按票面价值赎回	1 年后和 2 年后可按票面价值赎回	2 年后可按票面价值回售
价格(票面价值的百分比)	无相关信息	101.325	无相关信息

　　一年期、两年期和三年期平价政府债券的票面利率分别为 4.400%、4.700% 和 5.000%。根据估计,利率波动率为 15%,布朗构建了如图 9-11 所示的利率二叉树:

　　请回答下列问题。

　　1. 债券 X 的价格最接近:

　　A. 票面价值的 96.057%　　　B. 票面价值的 99.954%　　　C. 票面价值的 100.547%

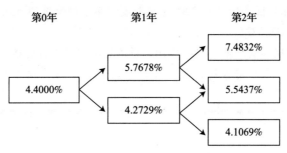

图 9-11　布朗构建的利率二叉树

2. 债券 Y 的票面利率最接近：

A. 4.200%　　　　　　　　B. 5.000%　　　　　　　　C. 6.000%

3. 债券 Z 的价格最接近：

A. 票面价值的 99.638%　　B. 票面价值的 100.340%　　C. 票面价值的 100.778%

布朗目前正在分析利率波动对天气分析公司债券价格的影响。

4. 相对于利率波动率为 15% 时的价格，债券 X 在利率波动率较低时的价格会：

A. 更低　　　　　　　　　B. 一样　　　　　　　　　C. 更高

5. 相对于利率波动率为 15% 时的价格，债券 Z 在利率波动率较高时的价格会：

A. 更低　　　　　　　　　B. 一样　　　　　　　　　C. 更高

解答 1：B 是正确答案，如图 9-12 所示。

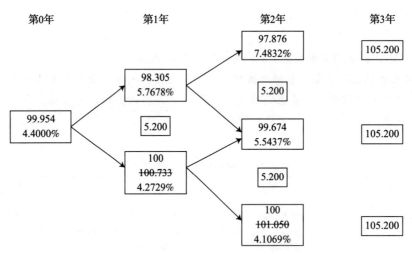

图 9-12　债券 X 的利率二叉树

　　解答 2：C 是正确答案，如图 9-13 所示。

　　虽然可以使用上面的利率二叉树找到正确答案，但如果意识到其他两个答案显然是错误的，那么就有可能直接找到正确答案。如果三年期平价收益为 5%，那么三年期票面利率为 5% 的一般债券的价格等于票面价值。因为看涨期权的存在降低了可赎回债券的价格，所以一个三年期票面利率为 5% 的可赎回债券的价格应该低于其票面价值，并且在本题的收益率曲线和利率波动率假设下，肯定低于 101.325，所以 B 是不正确的。票面利率为 4% 的债券的价值更低，所以 A 是不正确的。因此 C 一定是正确答案。

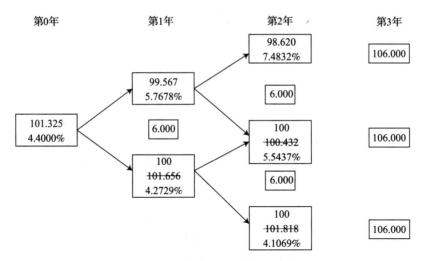

图 9-13　债券 Y 的利率二叉树

解答 3：B 是正确答案，如图 9-14 所示。

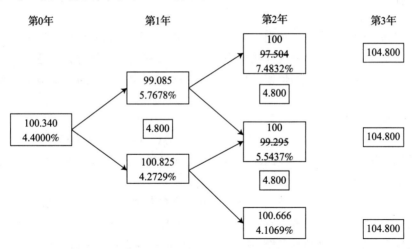

图 9-14　债券 Z 的利率二叉树

解答 4：C 是正确答案。债券 X 是可赎回债券。如式（9-1）所示，看涨期权的存在使债券 X 的价值比无期权一般债券的价值更低。当利率波动率降低时，看涨期权的价值降低，因此债券 X 的价值会更高。

解答 5：C 是正确答案。债券 Z 是一个可回售债券。根据式（9-2），看跌期权的存在使债券 Z 的价值比无期权一般债券的价值更高。随着利率波动率的增加，看跌期权的价值增加，因此债券 Z 的价值也会增加。

9.3.6　有风险的可赎回债券和可回售债券的估值

前文描述的无违约债券的估值方法可能适用于主权政府以本国货币发行的债券，但市场上交易的大多数债券都是可能发生违约的有风险债券。因此，我们必须将估值框架扩展到有风险债券的估值。

为有风险债券估值有两种截然不同的方法。第一种行业标准方法是提高贴现率，让贴现率高于无风险利率，以反映债券违约风险。较高的贴现率意味着较低的现值，因此有风险债券的价值将低于其他特征相同的无违约风险债券。9.3.6.1 节将讨论如何为有风险债券确定合适的收益率曲线。

为有风险债券定价的第二种标准方法是明确引入违约概率，即为未来的每个时点分配一个违约概率。例如，第一年的违约概率可能是 1%；第 2 年的违约概率可能是 1.25%（在第 1 年没有违约的条件下），等等。该方法还需要指定回收率（例如，债券面值的 40%）。有关违约概率和回收率的详细介绍参见"信用违约互换"部分，这是第 11 章将要讨论的重要话题。

9.3.6.1 期权调整利差

根据掌握的不同信息，我们可以从两种标准方法中选择一种来构建适合有风险债券的收益率曲线。理论上更好但不容易实现的一种是使用与特定发行人对应的收益率曲线，代表发行人在各个期限范围内的借款利率。不幸的是，大多数债券专业人士也无法获得这样的信息。一个更容易实现、效果相对令人满意的替代方案是，在根据无风险债券的基准收益率曲线计算出的远期利率之上，加上一个固定统一的利差。这个固定利差是根据信用水平相似的债券的市场价格估算出来的，被称为零波动率利差，或 Z 利差。

为了说明如何做到这一点，我们回到 9.3.2 节中介绍的票面利率为 4.25% 的三年期无内嵌期权债券。其他条件不变，但现在我们假设这是一只有风险的债券，合适的 Z 利差为 100 个基点。为了计算债券的无套利价值，我们必须将表 9-1 中给出的一年期远期利率都增加 100 个基点：

$$\frac{4.25}{(1.035\,00)}+\frac{4.25}{(1.035\,00)(1.045\,18)}+\frac{104.25}{(1.035\,00)(1.045\,18)(1.055\,64)}=99.326$$

正如预期的那样，有违约风险的债券的价值（99.326）低于其他特征相同但没有违约风险的债券的价值（102.114）。

同样的方法也可以应用到利率二叉树中，用于给有内嵌期权的有风险债券估值。在这种情况下，使用的是**期权调整利差**（OAS）。如图 9-15 所示，OAS 也是一个固定利差，将它加到利率二叉树上所有的远期利率上作为贴现率，得到的债券无套利价值恰好等于其市场价格。请注意，无内嵌期权债券的 Z 利差就是零利率波动率假设下的 OAS。

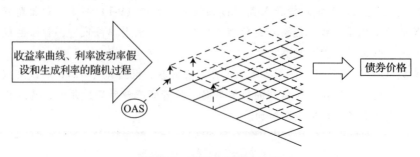

图 9-15 利率二叉树和 OAS

一旦给定了债券的价格，则可以通过试错法来确定 OAS。例如，一只一年付息一次、票面利率为 4.25%、可在一年后和两年后赎回的三年期可赎回债券的市场价格为 101.000，与图 9-9 中的债券相同，不同之处在于该债券是有风险债券而不是无风险债券。

为了确定 OAS，我们可以尝试通过添加一个固定利差来改变所有节点的一年期远期利率。例如，在原一年期远期利率的基础上加上 30 个基点，得到的可赎回债券的价值为 100.973，低于目标价格。根据债券价格与贴现率之间的反比关系，这一结果意味着贴现率过高，所以我们可以尝试一个稍低一点儿的 OAS。28 个基点的 OAS 会算得可赎回债券的价值为 101.010，这有点儿太高了。通过试错发现 28.55 个基点的 OAS 可以算得 101.000 的市场价格，如图 9-16 所示。所以通过校准，最终确定的 OAS 就是 28.55 个基点。

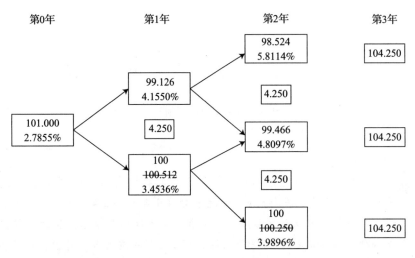

图 9-16　利率波动率为 10% 时可赎回有风险债券的 OAS（三年期、票面利率为 4.25%）

如图 9-16 所示，每个节点上的债券价值也根据看涨期权是否被执行而做了相应调整。OAS 抵消了期权风险带来的债券价值变化，这就是利差被冠以"期权调整"这一前缀的原因。

OAS 常被用于衡量债券价格相对于基准高低。如果某个债券的 OAS 低于具有相似特征和信用水平的债券，则表明该债券定价过高，不值得购买。如果某个债券的 OAS 高于具有相似特征和信用水平的债券，则表明该债券定价过低，可以考虑捡漏。如果 OAS 与具有相似特征和信用水平的债券接近，那么该债券的价格看起来是公平的。例子中的债券在利率波动率为 10% 时的 OAS 为 28.55 个基点，可以将该值与具有相似特征和信用水平的债券的 OAS 进行比较，以判断该债券的吸引力。

9.3.6.2　利率波动率对期权调整利差的影响

利率二叉树上的利率离散程度与利率波动率的大小有关，OAS 也是如此。图 9-17 表明了利率波动率对一只可赎回债券的 OAS 的影响。该债券是一年付息一次的债券，票面利率为 5%，还有 23 年到期，3 年后可赎回，定价为票面价值的 95%。假设收益率曲线平坦，收益率水平为 4%。

图 9-17 显示，随着利率波动率的增加，可赎回债券的 OAS 在降低。OAS 从利率波动率为 0% 时的 138.2 个基点，下降到了波动率为 30% 时的 1.2 个基点。这个例子清楚地说明了利率波动率假设的重要性。回到图 9-16 的例子，在 10% 的利率波动率假设下，可赎回债券的价格可能被低估。然而，如果投资者假设了更高的利率波动率，那么当前的 OAS 将会下降，与之对应的，债券定价看起来也就没有那么低了。

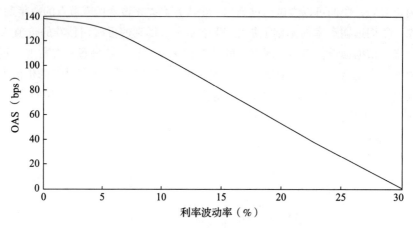

图 9-17　利率波动率对可赎回债券 OAS 的影响

例 9-6　期权调整利差

投资组合经理罗伯特·卓丹刚刚对一家法国公司发行的年息为 7% 的债券进行了估值。这只债券还有 3 年到期，发行人可按票面价值在 1 年后和 2 年后赎回。卓丹在估值时使用了基于法国政府债券的收益率曲线。一年期、两年期和三年期平价政府债券的票面利率分别为 4.600%、4.900% 和 5.200%。基于 15% 的利率波动率估计值，卓丹构建了如下的利率二叉树：

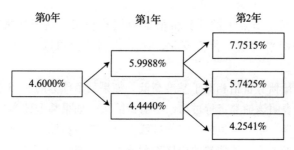

图 9-18　卓丹构建的利率二叉树

卓丹对该可赎回债券的估值为债券票面价值的 102.294%。然而，卓丹的同事指出，由于公司债券的风险高于法国政府债券，因此估值应该使用 200 个基点的 OAS。

1. 为了更新他对法国公司债券的估值，卓丹应该：

A. 从所有债券的票面利率中减去 200 个基点

B. 为利率二叉树中的所有利率加上 200 个基点

C. 从利率二叉树中的所有利率中减去 200 个基点

2. 在其他条件相同的情况下，可赎回债券在 15% 的利率波动率下的价值最接近：

A. 票面价值的 99.198%

B. 票面价值的 99.247%

C. 票面价值的 104.288%

3. 根据上一题计算的价格，可赎回债券在 20% 的利率波动率下的 OAS 会：

A. 更低　　　　　　　　　B. 一样　　　　　　　　　C. 更高

解答 1：B 是正确答案。OAS 是一个固定利差，它被加到利率二叉树中的所有节点的远期利率上，使给定的债券市场价格合理。

解答 2：B 是正确答案，计算过程如图 9-19 所示。

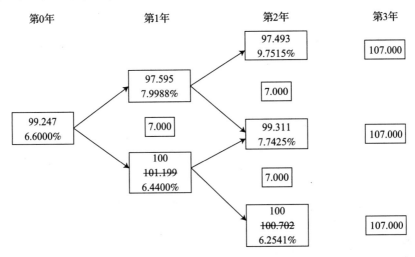

图 9-19　15% 的利率波动率下的债券价值计算

解答 3：A 是正确答案。如果利率波动率从 15% 增加到 20%，可赎回债券的 OAS 将下降。

专栏 9-5

内嵌期权债券投资的情景分析

OAS 的另一个应用是对特定投资期限的内嵌期权债券的情景分析。在考虑利息和本金的再投资时，期权的估值也是非常重要的，因为可赎回债券和可回售债券可能会被行权，提前实现的收益需要在投资期限内再投资。相关情景分析需要分析最优的期权行权策略，这涉及对 OAS 的大量计算，因为看涨期权或看跌期权的行权决策必须考虑持有期内利率的变化。

特定投资期限内投资业绩的表现需要在现金流再投资和债券价值变化之间权衡。让我们以还有 5 年到期的票面利率为 4.5% 的债券为例，假设投资期限为 1 年。如果债券是无内嵌期权的，较高的利率会增加再投资收益，但会导致投资期限结束时的债券出售价值降低。由于投资期限较短，再投资收益相对较小，投资业绩受到的影响将以债券价值的变化为主，因此，更低的利率会带来更好的业绩。

但如果债券是可赎回的，那么利率变化如何影响投资业绩就不那么明显了。例如，假设该债券在 6 个月后可赎回，其当前的市场价格为 99.74。利率急剧上升会压低债券的价格，投资业绩肯定会受到影响。但利率急剧下降可能也是有害的，因为债券会更有可能被回购，利息和本金将不得不以更低的利率再投资。图 9-20 展示了票面利率为 4.5% 的债券在 1 年内的投资回报率，该债券 6 个月后可赎回，还有 5 年到期，收益率曲线平坦，收益率水平为 4%。

图 9-20 清楚地说明，较低的利率不一定能保证可赎回债券更高的收益率。需要记住的一点是，债券可能会在投资期限结束之前被赎回。因此，在对内嵌期权债券进行情景分析时，对期权是否被行权的合理预测至关重要。

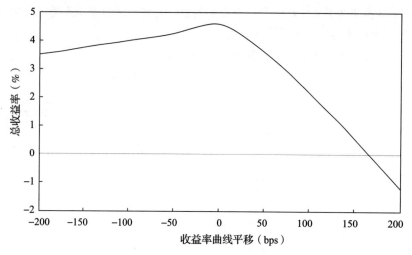

图 9-20　利率变化对可赎回债券总收益率的影响

9.4　内嵌期权债券的利率风险

衡量和管理利率风险是固定收益投资组合管理的两项重要任务，其应用范围覆盖从投资组合风险对冲到金融机构的资产负债管理等领域。投资组合经理的业绩通常是基于某个基准来衡量的，投资组合经理还需要监测其投资组合相对于基准的利率风险。在本节中，我们将介绍衡量利率风险的两个关键指标：久期和凸性。

9.4.1　久期

债券的久期衡量债券的全价（包含应计利息）对债券的到期收益率变化的敏感性（即收益率久期的衡量指标）或对基准利率变化的敏感性（即收益率曲线久期的衡量指标或曲线久期的衡量指标）。收益率久期的衡量指标，如修正久期，只能用于无内嵌期权债券，因为使用这些衡量指标需要假设债券的预期现金流不会随着收益率的变化而变化。该假设对于内嵌期权的债券而言一般是错误的，因为内嵌期权的价值往往取决于利率。对于内嵌期权债券，唯一合适的久期指标是曲线久期的衡量指标，即有效期或期权调整久期。由于有效期限既适用于一般债券，也适用于内嵌期权的债券，所以无论分析哪种债券，从业者都倾向于使用它。

9.4.1.1　有效久期

有效久期衡量在债券信用利差不变的假设下，债券价格对基准收益率曲线平行移动（比如政府债券平价收益率曲线移动 100 个基点）的敏感性。[⊖]债券有效久期的计算公式为：

$$有效久期 = \frac{(PV_-) - (PV_+)}{2 \times (\Delta Curve) \times (PV_0)} \quad (9\text{-}3)$$

⊖ 虽然可以探讨利率的任意一种变化对债券价格的影响，但在实践中最经常讨论的变化为基准收益率曲线的平行移动。

式中　ΔCurve——基准收益率曲线平行移动的幅度；

　　　　PV_-——基准收益率曲线下移 ΔCurve 后的债券全价；

　　　　PV_+——基准收益率曲线上移 ΔCurve 后的债券全价；

　　　　PV_0——当前的债券全价（即收益率曲线不移动）。

这个公式在实践中如何应用？如果没有债券当前的市场价格，我们需要一条发行者特有的收益率曲线来计算 PV_-、PV_+ 和 PV_0。但从业人员通常可以获得债券的当前市场价格，因此可以通过以下步骤计算：

（1）给定一个价格（PV_0），计算在适当的利率波动率假设下基准收益率曲线隐含的 OAS。

（2）将基准收益率曲线向下平移，生成一个新的利率二叉树，然后使用第（1）步计算的 OAS 对债券重新估值，得到 PV_-。

（3）将基准收益率曲线向上平移与第（2）步相同的幅度，生成一个新的利率二叉树，然后使用第（1）步计算的 OAS 对债券重新估值，得到 PV_+。

（4）使用式（9-3）计算债券的有效久期。

让我们以前面用过的票面利率为 4.25% 的三年期债券为例，同样假设一年后和两年后可赎回，假设同样的平价收益率曲线（即一年期、两年期和三年期平价收益率分别为 2.500%、3.000% 和 3.500%），以及同样的利率波动率（10%）。与 9.3.6 节一样，我们假设该债券目前的全价是 101.000，应用我们刚才描述的步骤：

（1）如图 9-16 所示，给定价格 PV_0 为 101.000、利率波动率为 10% 时的 OAS 为 28.55 个基点。

（2）我们将平价收益率曲线向下平移 30 个基点，生成一个新的利率二叉树，然后以 28.55 个基点的 OAS 对债券重新估值。结果如图 9-21 所示，PV_- 为 101.599。

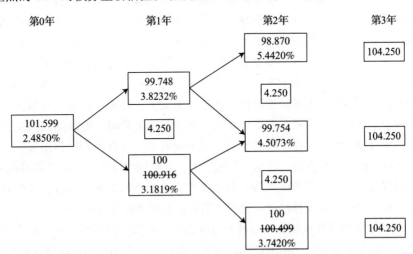

图 9-21　平价收益率曲线向下平移 30 个基点时，10% 的利率波动率假设下，票面利率为 4.25%，OAS 为 28.55 个基点，一年后和两年后可赎回的三年期债券估值

（3）我们将平价收益率曲线向上平移 30 个基点，生成一个新的利率二叉树，然后以 28.55 个基点的 OAS 对债券重新估值。结果如图 9-22 所示，PV_+ 为 100.407。

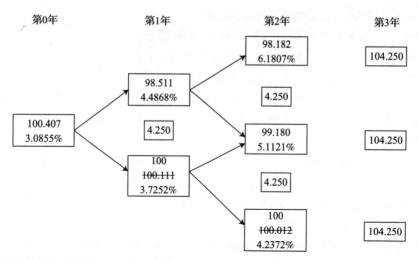

图 9-22　平价收益率曲线向上平移 30 个基点时，10%的利率波动率假设下，票面利率为 4.25%，OAS 为 28.55 个基点，一年后和两年后可赎回的三年期债券估值

（4）因此：

$$有效久期 = \frac{101.599 - 100.407}{2 \times 0.0030 \times 101.000} = 1.97$$

有效久期为 1.97，意味着基准利率平行上升 100 个基点，将使这个票面利率为 4.25% 的三年期可赎回债券的价值下降 1.97%。

可赎回债券的有效久期不会超过类似的一般债券。如果利率高于债券的票面利率，则看涨期权会处于虚值状态，债券不太可能被赎回。因此当利率上升时，利率变化对可赎回债券价格的影响与对无内嵌期权的一般债券价格的影响非常相似，可赎回债券和一般债券的有效久期也非常接近。而当利率下降时，看涨期权会处于实值状态。回想一下，看涨期权赋予了发行人以特定价格赎回债券的权利，因此在利率下降时，可赎回债券的升值空间有限。

同理，相对于一般债券，看跌期权也降低了可回售债券的有效久期，因此可回售债券的有效久期也不会超过相应的一般债券的有效久期。如果利率低于债券的票面利率，看跌期权就会处于虚值状态，因此不太可能被执行。在这种情况下，可回售债券的有效久期与其他特征相同的无内嵌期权债券的有效久期非常接近。而当利率上升时，看跌期权就会处于实值状态，从而限制了可回售债券价格下降的空间，因为投资者可以将债券回售给发行人，并以更高的收益率将收回的本金再投资。相对于一般债券，看跌期权降低了可回售债券的有效久期。

当内嵌期权（看涨期权或看跌期权）处于深度实值状态时，内嵌期权债券的有效久期与在第一个行权日到期的一般债券接近，说明该债券极有可能在当日被行权。

图 9-23 比较了无内嵌期权债券、可赎回债券和可回售债券的有效久期。所有债券都是一年付息一次，票面利率为 4%，到期期限为 10 年。其中的看涨期权和看跌期权都是欧式期权，可在两个月后行权。假设收益率曲线平坦，收益率水平为 4%，利率波动率为 10%。

图 9-23 显示，无内嵌期权债券的有效久期受利率变动的影响很小。正如预期的那样，当利率上升时，看跌期权转为实值，这限制了可回售债券的贬值空间，缩短了其有效久期。相对应地，当利率下降时，可赎回债券的有效久期会缩短，此时看涨期权转为实值，限制了可赎回债券的升值空间。

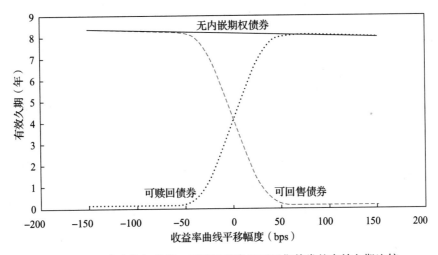

图 9-23　无内嵌期权债券、可赎回债券和可回售债券的有效久期比较

▌ 专栏 9-6

有效久期的实际应用

有效久期是投资组合中实际使用频率最高的概念。因此，了解各种类型金融工具的有效久期有助于对投资组合久期管理的理解。表 9-5 中展示了现金和常见债券类型的有效久期的一些特征⊖：

一般来说，债券的有效久期不会超过其到期期限。不过，也有一些例外，比如在税后的基础上分析免税债券时。

当你需要改变投资组合的久期时，了解每种债券的有效久期是很有用的。例如，如果一个投资组合经理想要缩短固定利率债券投资组合的有效久期，他可以添加一些浮动利率债券。对于公司或其他发行债券的实体的债务管理人来说，缩短有效久期的方法是发行可赎回债券。

表 9-5　现金和常见债券类型的有效久期特征

现金/债券类型	有效久期
现金	0
零息票债券	≈到期期限
固定利率债券	<到期期限
可赎回债券	≤一般债券的久期
可回售债券	≤一般债券的久期
浮动利率债券	≈距离下次利息重置日的时间（年）

9.4.1.2　单边久期

有效久期通常是通过对基准收益率曲线上下平行移动相同幅度所产生的价格变化取平均值来计算的。该指标用于无内嵌期权债券时效果很好，但如果债券存在内嵌期权，结果可能会产生误导。问题在于，当内嵌期权处于深度实值状态时，如果该债券是可赎回的，其价格上行潜力有限；如果该债券是可回售的，其价格下行潜力有限。因此这些内嵌期权债券的价格对相同幅度的利率正负变化的敏感性并不是对称的。

举个例子，一只票面利率为 4.5% 的五年期可赎回债券，目前可以以 100 的价格赎回。在 4% 的平坦收益率曲线和 15% 的利率波动率假设下，该债券的价值是 99.75。如果利率下降 30

⊖　由于式（9-3）中有效久期计算公式的分母中的曲线移动是以每年的移动表示的，因此，有效久期的单位为年。然而，在实践中，有效久期并不被视为时间的度量，而被视为利率风险的度量，也就是说，它反映的是利率每 100 个基点的变化所引发的债券价格变化百分比。

个基点，价格将上升到 100。事实上，无论利率下降多少，该可赎回债券的价格都不会超过
100，因为投资者支付的价格不会超过发行人立即赎回债券支付的价格。相反，如果利率上
升，价格下跌幅度就没有限制。因此，有效久期提供的信息不如价格上升时的单边上升久期
和价格下降时的单边下降久期提供的信息有用。

表 9-6 和表 9-7 说明了为什么单边有效久期，即利率上升或下降时的单方向有效久期，比
双边有效久期更能反映可赎回债券或可回售债券的利率敏感性，特别是当内嵌期权处于实值
状态时。

表 9-6　可赎回债券的久期（到期期限为 5 年、票面利率为 4.5%，可立即按票面价值赎回，
利率波动率为 15%）

	收益率水平为 4% 的 平坦收益率曲线	收益率上升 30 个基点	收益率下降 30 个基点
债券价格（美元）	99.75	99.17	100.00
久期指标	有效久期	单边上升久期	单边下降久期
	1.39	1.94	0.84

表 9-7　可回售债券的久期（到期期限为 5 年，票面利率为 4%，可立即按票面价值赎回，
利率波动率为 15%）

	收益率水平为 4% 的 平坦收益率曲线	收益率上升 30 个基点	收益率下降 30 个基点
债券价格	100.45	100.00	101.81
久期指标	有效久期	单边上升久期	单边下降久期
	3.00	1.49	4.51

表 9-6 显示，利率上升 30 个基点比利率下降 30 个基点对可赎回债券价值的影响更大。单
边上升久期高于单边下降久期证实了可赎回债券价值对利率上升比利率下降更敏感。

表 9-7 中的单边久期也表明，可回售债券价值对利率下降比利率上升更敏感。

9.4.1.3　关键利率久期

有效久期是通过假设基准收益率曲线平行移动来计算的。但在现实中，利率的变动没有这
么简单。许多投资组合经理和风险管理经理喜欢将债券价格对基准收益率曲线上不同关键期限
利率变化的敏感性分开考虑。例如，如果两年期基准利率上调 5 个基点，债券价格会发生怎样
的变化？反映债券价格对基准收益率曲线上特定期限的利率变化的敏感性的**关键利率久期**，可
以解答这个问题。因此关键利率久期能帮助投资组合经理和风险管理经理识别债券面对的收益
率曲线形变风险，即债券对收益率曲线形状变化的敏感性（如收益率曲线变陡或变平）。

计算关键利率久期的步骤和公式与计算有效久期的类似，但这次不是移动整条基准收益
率曲线，而是每次移动一个关键利率。所以每个关键利率的有效久期是单独计算的。

表 9-8、表 9-9 和表 9-10 显示了几个债券在 4% 的平坦收益率曲线上的关键利率久期。
表 9-8 中都是无内嵌期权债券，表 9-9 和表 9-10 分别是可赎回债券和可回售债券。

如表 9-8 所示，对于不以票面价值交易的无内嵌期权债券（非阴影行），改变任何期限的
基准利率对债券的价值都有影响，但改变期限与债券到期期限相同的利率（在这个例子中是
10 年）对债券价值的影响最大。原因很简单，固定利率债券最大的一笔现金流发生在最后息
票和本金同时支付的时候。

表 9-8　无内嵌期权债券的关键利率久期（到期期限为 10 年，假设收益率曲线平坦收益率水平为 4%）

票面利率（%）	债券价格（占面值的百分比）	总有效久期	2 年期利率	3 年期利率	5 年期利率	10 年期利率
				关键利率久期		
0	67.30	9.81	−0.07	−0.34	−0.93	11.15
2	83.65	8.83	−0.03	−0.13	−0.37	9.37
4	100.00	8.18	0.00	0.00	0.00	8.18
6	116.35	7.71	0.02	0.10	0.27	7.32
8	132.70	7.35	0.04	0.17	0.47	6.68
10	149.05	7.07	0.05	0.22	0.62	6.18

对于以票面价值交易的无内嵌期权债券（阴影行），期限匹配的利率是能影响债券价值的唯一利率，这是由平价收益率的定义决定的。如果这条曲线上的 10 年期平价收益率是 4%，那么在 OAS 为 0 时，票面利率为 4% 的 10 年期债券用这条曲线定价，结果将等于其票面价值，不管该曲线上其他期限的利率是多少。换句话说，平价收益率曲线上除 10 年期利率以外的任何利率变动，都不会改变以平价交易的 10 年期债券的价值。平价收益率曲线上某个到期期限的平价收益率向上或向下移动，分别会提高或降低在该到期期限的贴现率，这一点对下一段的分析很有用。

如表 9-8 所示，如果债券是零息票债券或票面利率很低，关键利率久期有时可能是负的，因为关键利率的期限短于被分析的债券的到期期限。我们可以以零息票债券为例（表 9-8 中第一行）来解释为什么会出现这种情况。如上一段所述，如果我们提高 5 年期的平价收益率，以面值交易的 10 年期债券的价值会保持不变，因为 10 年期平价收益率没有改变。但由于 5 年期平价收益率的上升，5 年期零息票债券的贴现率已经上升。因此，以面值交易的 10 年期债券在第 5 年支付的息票的价值将低于收益率增加前。但由于以面值交易的 10 年期债券的价值必须保持不变，因此剩余的现金流，包括发生在第 10 年的现金流，必须以略低的利率贴现以补偿价值的变化。这使得 10 年期零息票债券（其唯一的一笔现金流在第 10 年）的价值随着 5 年期平价收益率的上升而上升。因此，10 年期零息票债券的 5 年期关键利率久期为负（−0.93）。

与无内嵌期权债券不同，内嵌期权债券的关键利率久期不仅取决于债券到期时间，还取决于期权行权时间。表 9-9 和表 9-10 以 30 年期可赎回债券和可回售债券为例说明了这种现象。其中的看涨期权和看跌期权都是 10 年可执行的欧式期权，假设 4% 的平坦收益率曲线和 15% 的利率波动率。

表 9-9　可赎回债券的关键利率久期（到期期限为 30 年，10 年后可赎回，假设 4% 的平价收益率曲线，利率波动率为 15%）

票面利率（%）	债券价格（占面值的百分比）	总有效久期	2 年期利率	3 年期利率	5 年期利率	10 年期利率	30 年期利率
					关键利率久期		
2	64.99	19.73	−0.02	−0.08	−0.21	−1.97	22.01
4	94.03	13.18	0.00	0.02	0.05	3.57	9.54
6	114.67	9.11	0.02	0.10	0.29	6.00	2.70
8	132.27	7.74	0.04	0.17	0.48	6.40	0.66
10	148.95	7.14	0.05	0.22	0.62	6.06	0.19

从表 9-9 第一行可以看到，票面利率为 2% 的债券不太可能被赎回，因此和 30 年期无内嵌期权债券一样，其有效久期主要取决于 30 年期平价收益率的变动。因此，对该可赎回债券价值影响最大的利率是期限匹配的 30 年期利率。债券的票面利率越高，被赎回的可能性也就越大，因此债券的总有效久期缩短，对债券价值影响最大的利率从 30 年期逐渐转变为 10 年期。在 10% 的极高票面利率下，由于被赎回的风险很大，可赎回债券的表现就像 10 年期无内嵌期权债券一样；30 年期关键利率久期（0.19）与 10 年期关键利率久期（6.06）相比可以忽略不计。

表 9-10 可回售债券的关键利率久期（到期期限为 30 年，10 年后可赎回，假设 4% 的平坦收益率曲线，利率波动率为 15%）

票面利率（%）	债券价格（占面值的百分比）	关键利率久期					
		总有效久期	2 年期利率	3 年期利率	5 年期利率	10 年期利率	30 年期利率
2	83.89	9.24	-0.03	-0.14	-0.38	8.98	0.81
4	105.97	12.44	0.00	-0.01	-0.05	4.53	7.97
6	136.44	14.75	0.01	0.03	0.08	2.27	12.37
8	169.96	14.90	0.01	0.06	0.16	2.12	12.56
10	204.38	14.65	0.02	0.07	0.21	2.39	11.96

从表 9-10 中可以看到，如果可回售债券的票面利率较高，其价格对 30 年期利率更为敏感，因为它不太可能被回售，因此表现得与无内嵌期权债券无异。其中票面利率为 10% 的可回售债券对 30 年期利率的变化最为敏感，30 年期关键利率久期为 11.96。在另一个极端，低票面利率的可回售债券对 10 年期利率的波动最为敏感。它极有可能被回售，因此表现得就像在回售日到期的无内嵌期权的债券。

9.4.2 有效凸性

由于债券价格的实际变化不是线性的，特别是内嵌期权债券，久期只是债券价格对利率变化反应的近似值。因此测量债券的**有效凸性**是有用的，也就是久期对利率变化的敏感性，或者说债券价格对利率变化的二阶敏感性。计算有效凸性的公式为：

$$有效凸性 = \frac{(PV_-)+(PV_+)-[2\times(PV_0)]}{(\Delta Curve)^2 \times (PV_0)} \tag{9-4}$$

式中 $\Delta Curve$——基准收益率曲线平行位移的幅度；

PV_-——基准收益率曲线下移 $\Delta Curve$ 后的债券全价；

PV_+——基准收益率曲线上移 $\Delta Curve$ 后的债券全价；

PV_0——当前的债券全价（即收益率曲线不移动）。

让我们回到一年后和两年后可以按票面价值赎回的票面利率为 4.25% 的三年期可赎回债券。我们仍然假设与之前相同的平价收益率曲线（一年期、两年期、三年期平价收益率分别为 2.500%、3.000%、3.500%）和 10% 的利率波动率，但现在假设债券的全价为 100.785，而不是 101.000。因此隐含的 OAS 是 40 个基点。在基准收益率曲线偏移 30 个基点的情况下，所得到的 PV_- 和 PV_+ 分别为 101.381 和 100.146。利用式（9-4）可以计算有效凸性：

$$\frac{101.381+100.146-2\times100.785}{(0.003)^2\times100.785}=-47.41$$

9.4.1.1节中的图9-23虽然展示的是有效久期，但也可以用于说明无内嵌期权债券、可赎回债券和可回售债券的有效凸性。无内嵌期权债券表现出较低的正凸性，也就是说，当利率下降时，无内嵌期权债券价格的上升幅度略大于利率上升同等幅度时价格的下降幅度。

当利率较高而看涨期权价值较低时，可赎回债券和一般债券受利率变化的影响非常相似。它们都具有正凸性。但当看涨期权接近平值状态时，可赎回债券的有效凸性变为负值，就像上一个例子所示，这表明可赎回债券价格的上行空间比下行空间小得多。原因是当利率下降时，如果又接近行权日期，可赎回债券的价格会受到看涨期权的限制。

相反，看跌期权总是具有正凸性。当看跌期权接近平值状态时，可回售债券的价格上行空间远大于价格下行空间，因为在接近行权日期时，可回售债券的价格会受到看跌期权的影响。

而当利率下降时，可回售债券价格比其他条件相同的可赎回债券有更大的上行潜力。当利率上升时，可回售债券的下跌风险也比其他条件相同的可赎回债券低。

▌ 例9-7 利率敏感性

投资组合经理恩娜·史密斯想在她的投资组合中加入两种固定利率债券，一只是可赎回债券X，另一只是可回售债券Y，如表9-11所示。她想研究这两种债券对基准收益率曲线平行变化的利率敏感性。假设利率波动率为10%，她的估值显示了这些债券的价格在30个基点的利率变化下是如何上下波动的：

表9-11 债券X、Y的估值

	债券X	债券Y
到期期限	三年后	三年后
票面利率	每年3.75%	每年3.75%
债券类型	一年后可按票面价值赎回	一年后可按票面价值回售
当前价格（占票面价值的百分比）	100.594	101.330
当基准收益率曲线向下移动30个基点时的价格（占票面价值的百分比）	101.194	101.882
当基准收益率曲线向上移动30个基点时的价格（占票面价值的百分比）	99.860	100.924

1. 债券X的有效久期最接近：

A. 0.67   B. 2.21   C. 4.42

2. 债券Y的有效久期最接近：

A. 0.48   B. 0.96   C. 1.58

3. 当利率上升时，有效久期的变化为：

A. 债券X的有效久期缩短了

B. 债券Y的有效久期缩短了

C. 债券X对应的无期权一般债券的有效久期延长了

4. 如果债券Y中的期权处于实值状态，单边久期很可能表明该债券：

A. 对利率下降更加敏感

B. 对利率上升更加敏感

C. 对利率的下降或上升同样敏感

5. 债券 X 的价格：

A. 只受一年期平价收益率变化的影响

B. 只受三年期平价收益率变化的影响

C. 受所有期限平价收益率平行移动的影响，但对一年期和三年期平价收益率变动最为敏感

6. 债券 X 的有效凸性：

A. 不会为负

B. 当内嵌期权接近平值状态时为负

C. 当内嵌期权为虚值状态时为负

7. 以下哪一种说法最准确？

A. 债券 Y 具有负凸性

B. 当利率下降时，债券 X 价格的上升潜力小于债券 Y

C. 债券 Y 对应的无期权一般债券呈现负凸性

解答 1：B 是正确答案。债券 X 的有效久期为：

$$有效久期 = \frac{101.194 - 99.860}{2 \times 0.003 \times 100.594} = 2.21$$

A 是不正确的，因为只在一年后有一笔现金流的债券的久期大约是一年，所以 0.67 太低了，即使假设该债券一年后肯定会被赎回也不会这么低。C 是不正确的，因为 4.42 已经超过了债券 X 的期限。

解答 2：C 是正确答案。债券 Y 的有效久期是：

$$有效久期 = \frac{101.882 - 100.294}{2 \times 0.003 \times 101.330} = 1.58$$

解答 3：B 是正确答案。当利率上升时，看跌期权进入实值状态，可回售债券更有可能被回售。此时它的表现就像期限较短的债券，有效久期也会缩短。A 是不正确的，因为当利率上升时，看涨期权会进入虚值状态，因此可赎回债券不太可能被赎回。C 是不正确的，因为无内嵌期权债券的有效久期对利率变动的反应很小。

解答 4：A 是正确答案。如果利率上升，投资者以票面价值回售债券的权利限制了价格的下跌幅度。而当利率下降时，债券价格的上涨是没有限制的。因此可回售债券的价格对利率下降更敏感。

解答 5：C 是正确答案。影响赎回决定的主要因素是一年后的两年期远期利率。该利率受一年期和三年期平价收益率变动的影响最为显著。

解答 6：B 是正确答案。在看涨期权接近平值状态时，可赎回债券的有效凸性变为负值，因为可赎回债券价格对较低利率的反应受到了看涨期权的限制。这表明在利率下降的情况下，发行人将赎回债券并以较低的利率再融资，所以对投资者来说，可赎回债券价格的上行潜力受到了限制。

解答 7：B 是正确答案。当利率下降时，看涨期权的价值上升而看跌期权的价值下降。债券 X 中的看涨期权限制了其升值潜力，但债券 Y 没有这样的限制。因此，债券 X 价格的上行潜力小于债券 Y。A 是不正确的，因为可回售债券总是正凸性的，也就是说，债券 Y 价格的上行潜力大于下行潜力。C 是不正确的，因为无内嵌期权的一般债券表现出低的正凸性。

9.5　有利率上限和下限的浮动利率债券的估值和分析

浮动利率债券的常见内嵌期权包括利率顶和利率底，一般会根据利率的变化自动行权。也就是说，如果利率上升或下降到预设的阈值，利率顶和利率底就会自动生效。与可赎回债券和可回售债券类似，有利率顶和利率底的浮动利率债券也可以用无套利框架进行估值。

9.5.1　有上限浮动利率债券的估值

有上限浮动利率债券内嵌的利率顶可以防止债券的票面利率超过某个指定的最高利率，可以保护发行人免受利率上升的影响，因此是发行人所有的一种期权。因为投资者是债券多头，但是是内嵌期权的空头，所以相对于一般债券的价值，利率顶的存在降低了附带该内嵌期权的浮动利率债券的价值：

$$有上限浮动利率债券价值＝一般债券价值－利率顶价值 \qquad (9-5)$$

为了说明如何为有上限浮动利率债券估值，我们考虑一只三年期的浮动利率债券，其票面利率等于一年期的 Libor，每年支付一次息票，利率后定，附有利率上限为 4.500% 的利率顶。"利率后定"是指在计息周期结束时再确定票面利率，付息日期与利率设定日期相同。为简单起见，我们假设发行人的信用水平适用的收益率与 Libor 互换收益率曲线非常接近（即不存在信用利差），平价收益率曲线与图 9-1 所示的平价收益率曲线相同（即一年期、两年期和三年期平价收益率分别为 2.500%、3.000% 和 3.500%），再假设利率波动率为 10%。

图 9-24 为用利率二叉树为该浮动利率债券估值的具体过程。

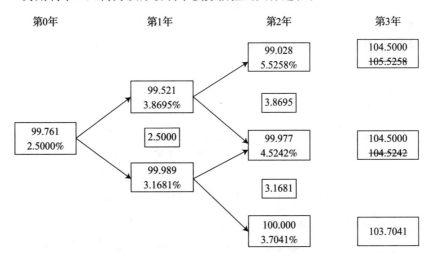

图 9-24　有上限浮动利率债券的估值（利率上限为 4.500%，利率波动率为 10%）

如果没有利率顶，该浮动利率债券的价值将等于其面值 100，因为其每次支付的浮动利率都等于贴现率。但由于票面利率面临 4.500% 的封顶，低于利率二叉树中的最高利率，因此有上限浮动利率债券的价值将低于一般浮动利率债券的价值。

对于每个节点，我们要检查是否会触发利率顶。如果触发了，该节点右边节点处的现金流要做相应调整。例如，在第 2 年最高的节点，对应的 Libor（5.5258%）高于 4.500% 的利率上限，所以第 3 年的息票要按照利率上限支付，息票额为 4.500。总现金流也要从不考虑利率顶时的 105.5258 向下调整为根据利率上限计算的 104.5000。第 2 年的第 2 个节点处的 Libor 为 4.5242%，也超过了利率上限。

正如预期的那样，最终得到的有上限浮动利率债券的价值低于 100，为 99.761。利率顶的价值可以用式（9-5）计算：

$$利率顶价值 = 100 - 99.761 = 0.239$$

📖 专栏 9-7

棘轮债券："自动驾驶"式债务管理

棘轮债券是一种浮动利率债券，内嵌发行人和投资者所有的期权。与传统的浮动利率债券一样，其票面利率会根据一个基于参考利率和信用利差的公式定期重置。浮动利率上限可以保护发行人免受利率上升的影响。棘轮债券提供的是极端的保护：在利率重置时，票面利率只能下降，永远不能超过现有水平。随着时间的推移，票面利率会逐渐下降。

田纳西河流域管理局（TVA）是棘轮债券的第一个发行人。1998 年，它发行了 5.75 亿美元、票面利率为 6.75% 的 "PARRS" 棘轮债券，该债券于 2028 年 6 月 1 日到期。票面利率于 2003 年 6 月 1 日设定，并在其后每年重置。图 9-25 展示了 2003 年以来的票面利率重置情况：[一]

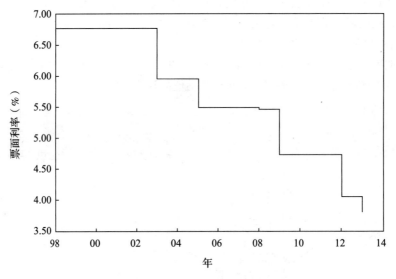

图 9-25 TVA 的棘轮债券票面利率重置情况

该棘轮债券使得 TVA 在没有再融资的情况下将借款利率降低了 292 个基点。你可能想知道为什么会有人买这样的债券。答案是，在发行时，棘轮债券的票面利率要比标准的浮动利率债券高得多。事实上，最初的票面利率远远高于该发行人的长期无内嵌期权借款利率，以补偿投资者随着时间的推移可能损失的利息收入。就这一点而言，棘轮债券与传统的可赎回债券相似：当债券被赎回时，投资者必须在利率较低的环境下购买替代品。可赎回债券高于市场利率的初始票面利率反映了这种可能性。

㊀ 参见 Kalotay 和 Abreo 在 1999 年的论文。

棘轮债可以被看作一种可赎回债券，其生命周期内有多次可能的赎回，每次债券都被另一种可赎回债券所取代，直至原始到期期限结束。该债券对发行人的吸引力在于，这些"赎回"不需要任何交易成本，赎回决策是"自动驾驶"的。

棘轮债也包含归投资者所有的期权。每当票面利率重置时，投资者有权按票面价值将债券回售到发行者手中。这种内嵌期权被称为或有看跌期权，因为只有在票面利率被重置时，投资者才拥有该看跌期权。棘轮债的票面利率重置公式是为了确保在发行人的信用状况不恶化的情况下，票面利率重置时债券的市场价格高于票面价值。因此，该或有看跌期权为投资者提供了对不利信用事件的保护。不用说你也能想到，棘轮债的估值相当复杂。

9.5.2 有下限浮动利率债券的估值

有下限浮动利率债券内嵌了一个利率底条款，可以防止债券的票面利率低于指定的最低利率。因此有下限浮动利率债券可以保护投资者不受利率下降的影响，是对投资者有利的一种期权。因为投资者同时是债券和内嵌期权的多头，所以相对于一般浮动利率债券，利率底的存在增加了有下限浮动利率债券的价值，债券和期权之间的价值关系满足式（9-6）：

$$有下限浮动利率债券价值 = 一般债券价值 + 利率底价值 \tag{9-6}$$

为了说明如何对有下限浮动利率债券进行估值，我们回到有上限浮动利率债券的例子，但现在假设内嵌期权是利率下限为 3.500% 的利率底，而不是 4.500% 的利率顶，其他假设保持不变。有下限浮动利率债券的估值过程见图 9-26。

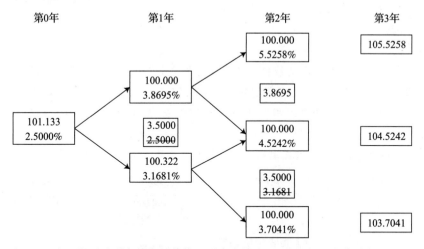

图 9-26　有下限浮动利率债券的估值（利率下限为 3.500%，利率波动率为 10%）

和有上限浮动利率债券一样，如果没有利率底，有下限浮动利率债券的价值将等于其面值 100，因为支付的浮动利率将恰好等于贴现率。但由于利率底的存在，有下限浮动利率债券可能会产生更高的现金流，因此其价值必须等于或高于一般债券的价值。

根据图 9-26，第 0 年的 Libor（2.5000%）低于利率下限（3.5000%），因此会触发利率底。同样，在第 1 年较低的节点处，Libor 为 3.1681%，也会触发利率底。所以对应节点的第 1 年和第 2 年的息票不会按实际市场利率支付，而会按利率底支付最低金额 3.5000。因此，该有下限浮动利率债券的价值超过 100，为 101.133。利率底价值可以用式（9-6）计算，结果为：

$$利率底价值 = 101.133 - 100 = 1.133$$

例9-8 有上限和有下限浮动利率债券的估值

1. 三年期浮动利率债券每年支付一次利息，票面利率等于 Libor（后定利率），利率上限为 5.600%。假设 Libor 互换曲线如表 9-1 所示（即一年期、两年期和三年期平价收益率分别为 2.500%、3.000% 和 3.500%），利率波动率为 10%，则该有上限浮动利率债券的价格最接近：

A. 100.000　　　　　B. 105.600　　　　　C. 105.921

2. 三年期浮动利率债券每年支付一次利息，票面利率等于 Libor（后定利率），利率下限为 3.000%。假设 Libor 互换曲线如表 9-1 所示（即一年期、两年期和三年期平价收益率分别为 2.500%、3.000% 和 3.500%），利率波动率为 10%，则该有下限浮动利率债券的价格最接近：

A. 100.000　　　　　B. 100.488　　　　　C. 103.000

3. 欧元区的一家债券发行人希望出售三年期浮动利率债券，票面利率为 12 个月 Libor + 300 个基点。由于 12 个月 Libor 目前处于历史低点，而发行人希望保护自己不受利息成本突然上升的影响，因此其顾问建议将信用利差扩大至 320 个基点，并将票面利率限制在 5.50% 以内。假设利率波动率为 8%，顾问构建了如图 9-27 所示的利率二叉树：

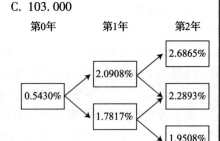

图 9-27 利率二叉树

该有上限浮动利率债券的价值最接近：

A. 92.929 美元　　　　　B. 99.916 美元　　　　　C. 109.265 美元

解答1：A 是正确答案。如图 9-24 所示，债券的利率上限高于利率二叉树上票面利率重置时的任何利率。因此债券的价值应该跟没有利率上限时一样，也就是 100。

解答2：B 是正确答案（见图 9-28）。首先可以排除 C，因为如图 9-26 所示，在其他条件相同的情况下，具有较高利率下限（3.500%）的债券的价格为 101.133。利率下限为 3.000% 的债券的价格不能比它更高。直观上看，B 可能是正确答案，因为一般债券的价格为 100。但仍然有必要计算有利率下限浮动利率债券的价值，因为如果利率下限太低，

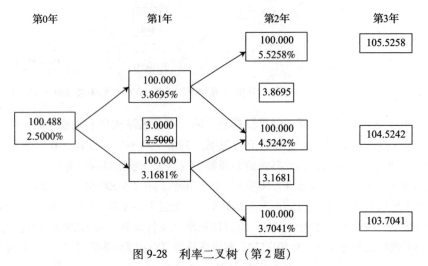

图 9-28 利率二叉树（第 2 题）

它可能是没有价值的。计算结果是，利率下限使一般债券的价值增加了 0.488。如果利率下限是 2.500%，有下限浮动利率债券和一般债券的价格都等于票面价值。

解答 3：B 是正确答案，如图 9-29 所示。

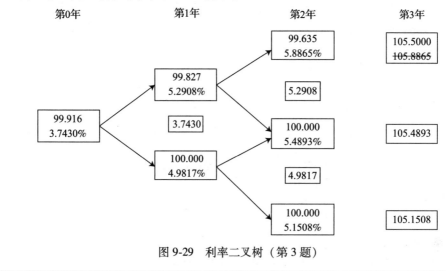

图 9-29　利率二叉树（第 3 题）

9.6　可转换债券的估值与分析

到目前为止，我们已经讨论了由发行人（可赎回债券）、债券持有人（可回售债券）行权，以及通过预先设定的合同安排（有上限浮动利率债券和有下限浮动利率债券）行权的内嵌期权债券。本节将介绍可转换债券，可转换债券与前面讨论的债券的区别在于，其内嵌的转股期权行权会导致该债券变成发行人的普通股。我们先介绍可转换债券的定义和特征，然后讨论如何分析和评估这类债券。

9.6.1　可转换债券的定义和特征

可转换债券是一种混合证券。其传统形式由无内嵌期权债券和内嵌的转股期权组成。其中，转股期权是对债券发行人普通股的一种认购期权，它赋予债券持有人在预定期间（称为**转股期**）以预定价格（称为**转股价格**）将债权转换为股权的权利。

可转换债券从 19 世纪 80 年代开始发行和交易，对发行人和投资者都有很大的吸引力。在购买可转换债券时，投资者愿意接受的票面利率低于其他特征类似的不可转换债券的票面利率，因为他们有机会通过转股从潜在的股票价格上涨中获利。也就是说，如果发行人的普通股价格超过了债券的转股价格，债券持有人可以以低于市场价格的成本将其债权转换为股票。受益于较低的票面利率，发行人也愿意发行可转换债券。在发生转股的情况下，发行人能够获得一个潜在的好处，那就是不再需要偿还已经转换为股权的债务。

但看似双赢的局面并不是"免费的午餐"，无论对于发行人还是投资者来说都是如此。因为如果转股发生，发行人现有股东的权益将被稀释。此外，如果标的股票价格仍然低于转股价格，债券没有被转换，发行人必须偿还债务或进行再融资，这可能要付出更高的成本。对于债券持有人而言，如果不能转股，意味着白白失去了投资另一只类似的不可转换债券的机会，这种债券将提供更高的票面利率，所以投资者损失了两者之间的利差。

我们将利用图 9-30 中的案例信息来介绍可转换债券的特征，然后说明如何分析它。该案例是美国废弃物管理公用事业有限公司（WMU 公司）发行的可赎回可转换债券，该公司在伦敦证券交易所上市。

以下内容节选自《WMU 公司债券发售说明书》
- 发行日期：2012 年 4 月 3 日。
- 等级：优先无担保，非次级。
- 利率：除非已被赎回或转换，每年支付名义价值（面值）的 4.50%，每年年底支付，首次利息支付日期为 2013 年 4 月 3 日。
- 发行价格：拟以约定面值的金额发行每张面值为 10 万英镑的债券，之后再增发每张 1000 英镑的债券。
- 转股期：2012 年 5 月 3 日至 2017 年 3 月 5 日。
- 初始转股价格：每股 6.00 英镑。
- 转股比率：每份面值为 10 万英镑的债券可转换为 16 666.67 股普通股。
- 股息阈值：每股 0.30 英镑。
- 控制权变更转股价格：每股 4.00 英镑。
- 发行人看涨期权执行价格：发行两年后可以以面值 110% 的价格赎回；发行三年后可以以面值 105% 的价格赎回；发行四年后可以以面值 103% 的价格赎回。

市场信息
- 2013 年 4 月 4 日的可转换债券价格：每张面值为 10 万英镑的债券价格为 127 006 英镑。
- 发行日的股价：4.58 英镑。
- 2013 年 4 月 4 日的股价：6.23 英镑。
- 每股股息：0.16 英镑。
- （截至 2013 年 4 月 4 日）股价年化波动率：25%。

图 9-30　WMU 公司可赎回可转换债券，2017 年 4 月 3 到期，总面值为 1 亿英镑，票面利率为 4.50%

投资者将债券转换为普通股的适用价格被称为转股价格。在图 9-30 的例子中，转股价格被设定为每股 6 英镑。

投资者将债券转换为股票时，每张债券能换到的普通股的数量称为转股比率。在本例中，如果投资者购买的是一张 10 万英镑的债券，并将其转换为股票，投资者将获得 16 666.67（= 100 000 英镑÷6 英镑）股。在债券存续期内，投资者可以在特定期间或几个间隔期中行使转股权，可以行使转股权的期间也就是所谓的转股期。为了适应股价波动和技术结算要求，类似图 9-30 所示的超长转股期并不少见，即转股期从可转换债券发行后不久开始，在债券到期前不久结束。

图 9-30 中的转股价格被称为"初始转股价格"，因为它反映的是债券发行时的转股价格。公司行为，如股票拆分、发放红利、发行认股权证等，会影响公司的股价，并有可能降低可转换债券持有人的转股收益。因此可转换债券的发行条款包含了相关的详细信息，说明了在债券存续期间出现这些公司行为时，转股价格和转股比率要如何调整。例如，假设 WMU 公司对普通股进行了一拆二的股权拆分，那么转股价格将被调整为每股 3.00 英镑，而转股比率将被调整为每 10 万英镑面值的债券换 33 333.33 份股票。

只要可转换债券仍未到期且未被转股，债券持有人就会收到利息支付（在 WMU 的例子中是每年支付一次）。同时，如果发行人的股票发放股息，其普通股股东将获得股息。如果发行人在可转换债券存续期间支付了股息，一种极端情况是，发行条款规定完全不必补偿可转换债券持有人；另一种极端情况下，发行条款会要求在发生任何金额的股息支付后相应调整转股价格，向债券持有人提供完全的保护。更常见的情况是，在发行条款中设定一个股息阈值（在 WMU 的例子中为每股 0.30 英镑），低于股息阈值的年度股息支付对转股价格没有影响，但如果年度股息支付高于股息阈值，则会向下调整转股价格以补偿可转换债券持有人。

如果发行人在债券存续期间被另一家公司收购或合并，债券持有人可能不再愿意继续持有新公司的债券。如何处理控制权变更事件在发售说明书中有明确说明。如果出现这种事件，可转换债券持有人通常可以在下面两个选项中做出选择：

- 一份可以在控制权变更事件之后的特定时间内行权的看跌期权，如果行权可以获得价值相当于所持债券全部名义本金的支付；
- 一次调低转股价格的机会，调整后的转股价格会低于之前设定的初始转股价格。通过调整，可转换债券持有人有机会以更有利的条件更早将债券转换为股票，从而以普通股股东的身份参与新的合并或收购。

除了在发生控制权变更事件时额外提供的看跌期权，可转换债券主条款中包含一个可在特定期间行权的普通看跌期权也并不罕见。这些看跌期权可以分为"硬看跌期权"和"软看跌期权"两类。对于硬看跌期权，发行人必须用现金赎回可转换债券。如果是软看跌期权，投资者可以选择行权，但发行人可以选择支付方式。发行人可以用现金、普通股、次级票据或三种形式的组合来赎回可转换债券。

可转换债券中更经常包含的内嵌期权是看涨期权，该期权赋予了发行人在某个或某几个特定时点赎回债券的权利。根据前面章节的分析，在市场利率下降或公司的信用评级上调时，发行人可能会行使看涨期权并提前赎回债券，以更低的成本发行新债券。除了这些情况以外，对于可转换债券来说，还有一种情况发行人也会选择赎回债券，那就是发行人根据自己的业绩或经济和行业形势判断，公司股价将在未来大幅上涨。在这种情况下，发行人可能会选择最大化其现有股东的利益，而不是考虑债券持有人的利益，通过提前赎回可转换债券来避免债券持有人以优惠的价格获得股票。为了向面对提前赎回风险的可转换债券持有人提供保护，这些债券条款中通常会规定赎回锁定期，锁定期结束后发行人才可以赎回。赎回通常以溢价的形式进行，溢价幅度会随着债券剩余期限的减少而降低。案例中的可转换债券在发行两年后才可赎回，赎回要付出的溢价为票面价值的 10%。在债券发行三年后再赎回，溢价将降至5%，四年后则降至 3%。

如果可转换债券是可赎回的，那么当股票的市场价格高于可转换债券的转股价格时，发行人就会有赎回债券以避免支付更多息票的动机。这样的事件被称为**强制转换**，因为它会迫使债券持有人尽快将手中的债券转换为股票。否则，一旦债券发行人选择赎回，债券持有人获得的赎回金额会低于转股获得的价值，这会导致债券持有人的损失。所以即使市场利率没有下降，发行人的信用评级也没有提高，因而没有以更低的成本再融资的机会，但只要标的股价超过转股价格，可转换债券的发行人就有可能选择赎回债券。发行人利用有利的股票价格提前赎回债券的可能性会促使债券持有人珍惜将债券转换为股票的机会，这就是强制转换的含义。强制转换加强了可转换债券发行人的资本结构，降低了股票价格的后续调整阻碍转股的风险，减轻了发行人在债券到期时偿还本金的压力。

9.6.2　可转换债券分析

可转换债券有许多投资指标和比率，有助于对可转换债券进行分析和估值。下面我们介绍其中几种。

9.6.2.1　转股价值

可转换债券的**转股价值**或平价价值是判断可转换债券价值的指标，是指以发行人股票目前的市场价格计算，将可转换债券转换成股票后，可转换债券的价值。

$$转股价值 = 标的股价 \times 转股比率$$

根据图 9-30 提供的信息，我们可以分别计算 WMU 公司的可转换债券在发行日和 2013 年 4 月 4 日的转股价值：

发行日：

$$转股价值 = 4.58 \times 16\,666.67 = 76\,333.33\ 英镑$$

2013 年 4 月 4 日：

$$转股价值 = 6.23 \times 16\,666.67 = 103\,833.33\ 英镑$$

9.6.2.2　可转换债券的最低价值

可转换债券的最低价值的定义是下面二者中的较大值。

- 转股价值。
- 无内嵌期权的一般债券的价值，也称直接价值。理论上，可以用同一发行人发行的与可转换债券具有相同特征但没有看涨期权的债券的市场价值来估算一般债券的价值，但实际上这样的债券很可能并不存在。所以要通过无套利框架，用适当的利率将债券的未来现金流贴现来得到一般债券的价值。

可转换债券的最低价值也被称为地板价值，但这是一个"移动"地板，因为一般债券的价值不是固定的，它会随着利率和信用利差的波动而变化。如果利率上升，一般债券的价值就会下降，导致地板价值下跌。同样，如果发行人的信用评级从投资级降至非投资级，导致信用利差增加，可转换债券的地板价值也会随之下跌。

根据 9.6.2.1 节计算的转股价值，可以计算 WMU 公司的可转换债券在发行日的最低价值，计算过程如下：

$$发行日的最低价值 = \max(76\,333.33, 1\,000\,000) = 1\,000\,000(英镑)$$

因为是平价发行的，发行价格为面值的 100%，所以在发行日，该债券的直接价值为 10 万美元。但随着时间推移，直接价值会发生波动，所以要计算 2013 年 4 月 4 日可转换债券的最低价值，首先需要使用无套利框架计算当天一般债券的价值。从图 9-30 来看，债券的票面利率为 4.50%，每年支付一次利息。假设收益率曲线是水平的且收益率水平为 2.5%，那么 2013 年 4 月 4 日该债券的直接价值为：

$$\frac{4500}{(1.025\,00)} + \frac{4500}{(1.025\,00)^2} + \frac{4500}{(1.025\,00)^3} + \frac{100\,000+4500}{(1.025\,00)^4} = 107\,523.95(英镑)$$

由此可知，2013 年 4 月 4 日 WMU 公司发行的可转换债券的最低价值为：

2013 年 4 月 4 日的最低价值 $= \max(103\,833.33, 107\,523.95) = 107\,523.95(英镑)$

如果可转换债券的价值低于转股价值和直接价值中的较大值，则会出现套利机会。下面我们用两个场景来说明这个概念。回到 WMU 公司的例子，假设可转换债券在 2013 年 4 月 4 日的售价为 103 833.33 英镑，也就是说低于债券的直接价值 107 523.95 英镑。在这种情况下，可转换债券比同等类型的一般债券更便宜，或者说，可转换债券的收益率高于其他特征相同的不可转换债券。这时投资者会发现可转换债券具有更大的吸引力，会买入可转换债券并推高其价格，直至可转换债券价格回到其直接价值、套利机会消失为止。

再来看第二个场景。假设 2013 年 4 月 4 日，该不可转换债券收益率为 5.00%，而不是 2.50%。使用无套利框架定价，得到的直接价值为 98 227.02 英镑。如果可转换债券以这个价格出售，则低于其转股价值 103 833.33 英镑。在这种情况下，套利者可以以 98 227.02 英镑的价格买入可转换债券，将其转换为 16 666.67 份股票，然后以每股 6.23 英镑的价格出售股票。套利者获得的利润等于转股价值与直接价值之间的差值，即 5606.31 英镑。随着越来越多的套利者遵循同样的策略，可转换债券的价格会不断上涨，直到不再低于其转股价值、套利机会消失为止。

9.6.2.3 市场转股价格、市场转换溢价和市场转换溢价率

许多投资者不在一级市场上购买新发行的可转换债券，而是选择债券发行后在二级市场上购买。**市场转换溢价**可以帮助投资者确定购买可转换债券而不是直接购买发行人的普通股时，所支付的溢价或折价[注]。其计算方法为：

$$市场转换溢价 = 市场转股价格 - 标的股票价格$$

其中：

$$市场转股价格 = \frac{可转换债券价格}{转股比率}$$

市场转股价格是指投资者在购买可转换债券并将其转换为股票时，实质上为普通股支付的价格。这是一个盈亏平衡价格，即一旦标的股票价格超过市场转股价格，标的股票价格的任何进一步上涨都肯定会使可转换债券的价值增加至少相同的百分比（我们将在 9.6.4 节讨论为什么会出现这种情况）。

根据图 9-30 提供的信息，例子中的可转换债券在 2013 年 4 月 4 日的市场转股价格为：

$$市场转股价格 = \frac{127\,006}{16\,666.67} = 7.62（英镑）$$

而当天的市场转换溢价为：

$$市场转换溢价 = 7.62 - 6.23 = 1.39（英镑）$$

市场转换溢价率表示投资者必须支付的溢价或获取的折价占标的股票当前价格的百分比，计算公式为：

$$市场转换溢价率 = \frac{市场转股价格}{标的股票价格}$$

例子中的可转换债券在 2013 年 4 月 4 日的市场转换溢价率为：

$$市场转换溢价率 = \frac{1.39}{6.23} = 22.32\%$$

[注] 虽然折价很少见，但考虑到可转换债券和普通股在不同的市场交易，有不同类型的市场参与者，理论上是可能发生折价的。例如，股价高度波动时导致的市场转股价格低于标的股票价格。

为什么投资者愿意支付溢价来购买可转换债券？回想一下，直接价值是可转换债券价格的底线。因此，即使标的股票价格下跌，可转换债券价格也不会跌至直接价值以下。所以可转换债券的市场转换溢价相当于看涨期权的价格。购买看涨期权的投资者在股票价格下跌时的损失不会超过看涨期权的价格（市场转换溢价）。同样，购买可转换债券时支付的溢价可以让投资者将下行风险限制在直接价值以内。但看涨期权的买家和可转换债券的买家之间有一个根本的区别，前者确切知道自己下行风险的大小，而后者只知道他们最大的损失是可转换债券价格与直接价值之间的差异，因为直接价值是不固定的。

9.6.2.4　可转换债券的下行风险

许多投资者使用直接价值来衡量可转换债券的下行风险，并使用以下公式来计算该指标：

$$相对于直接价值的溢价 = \frac{可转换债券价格}{直接价值} - 1$$

在其他条件相同的情况下，相对于直接价值的溢价越高，可转换债券的吸引力就越小。在 WMU 公司的例子中：

$$相对于直接价值的溢价 = 127\,006/107\,523.95 - 1 = 18.11\%$$

尽管在实践中经常被使用，但相对于直接价值的溢价是一个有缺陷的下行风险衡量标准。其原因正如前面提到的，直接价值不是固定的，而是会随着利率和信用利差的变化而波动。

9.6.2.5　可转换债券的上行潜力

可转换债券的上行潜力主要取决于普通股的前景，因此可转换债券的投资者有必要熟练掌握评估和分析普通股的技术。这些技术将在其他章节中介绍。

9.6.3　可转换债券的估值

从历史上看，可转换债券的估值一直具有挑战性，因为这类证券结合了债券、股票和期权的特点，因此需要了解是什么在影响利率、股票和衍生品的价值。由于市场创新以及证券条款和条件的不断增加，可转换债券的复杂性也在随着时间的推移而增加。比如，目前可转换债券已经出现了"或有可转换债券"和"可转换或有债券"等变种，它们的估值和分析更加复杂。[⊖]

许多发行人在编写债券发售说明书或注销通告时，经常需要聘请一位独立的金融估值专家来确定不同情况下的转股价格（本质上就是可转换债券的价值），这一事实也说明了可转换债券估值的复杂性。由于这种复杂性，许多市场都对可转换债券的出售做出了一些限制。它们通常以非常高的面值进行大额销售，而且只卖给专业投资者或机构投资者。因为监管机构认为，散户投资者直接投资该类证券的风险太大。

与其他固定收益工具一样，可转换债券的投资者应该对发行人进行风险回报分析，包括分析其偿付利息和偿还本金的能力，以及审查债券发行条款（比如担保品、信用增强措施和

⊖　或有可转换债券又称"CoCos"，跟其他特征相同的不可转换债券相比，它们支付更高的票面利率，但通常被评为深度次级，可能在资本比率跌破监管值时被转换为股权或面临本金减记。可转换或有债券又称"CoCoCos"，它将传统可转换债券和"CoCos"结合了起来。其投资者可以酌情选择是否转换，所以在公司股价上升时提供了潜在的获利可能，但在资本比率跌破监管值时它们也可能被转换为股票或面临本金减记。CoCos 和 CoCoCos 的发行人通常是金融机构，尤其是欧洲的金融机构。

或有条款等）。此外，可转换债券投资者还需要分析影响债券价格的常见因素，比如利率变动等。由于大多数可转换债券的契约比其他类似的不可转换债券的契约更复杂，而且经常以次级债券的形式发行，因此可转换债券的估值和分析可能会非常复杂。

可转换债券的投资特性还取决于标的股票的价格变化，因此，可转换债券的投资者还需要分析可能影响发行人普通股的因素，包括股息支付和发行人的其他行动（如并购或出售资产、配股等）。即使发行人的业绩良好，不利的市场条件也可能压低股价，导致没有转股机会。因此，可转换债券的投资者还必须找出并分析可能对可转换债券造成负面影响的外在原因。

学者和从业者已经开发了众多复杂的可转换债券估值模型，但最常用的模型仍然是基于无套利框架的。传统的可转换债券可以被看作一份一般债券加上一份发行人普通股的看涨期权的组合，所以：

$$可转换债券价值＝一般债券价值＋发行人股票看涨期权价值$$

许多可转换债券都会内嵌一个看涨期权，赋予发行人在特定时期或特定时点赎回债券的权利。这种债券的价值可以拆分为：

$$可赎回可转换债券价值＝一般债券价值＋发行人股票看涨期权价值－发行人看涨期权价值$$

如果可转换债券也是可赎回债券，那么其中还包含了一份看跌期权，该期权赋予债券持有人要求发行人以约定价格购回债券的权利。这种债券的价值可以分拆为：

$$可赎回可转换债券的价值＝一般债券价值＋发行人股票看涨期权价值－$$
$$发行人看涨期权价值＋投资者看跌期权价值$$

无论债券中嵌入了多少期权，估值程序都是一样的。其过程包括，根据给定的收益率曲线和利率波动率假设生成利率二叉树，再在利率二叉树的每个节点上确定内嵌期权是否会被执行，然后用倒向归纳法计算债券的现值。

9.6.4　可转换债券、一般债券和普通股的风险收益特征比较

以最简单的形式为例，可转换债券可以看作一份一般债券加一份发行人普通股的看涨期权。当标的股票价格远低于转股价格时，可转换债券又被称为"丧失转股价值的可转换债券"，主要表现出债券的风险收益特征。也就是说，此时可转换债券的风险收益特征类似于无内嵌期权的一般债券。在这种情况下，看涨期权是严重虚值的，所以股价的变动不会显著影响看涨期权的价格，进而影响可转换债券的价格。因此，可转换债券的价格与一般债券的价格变动相关性较低，而与利率变动和信用利差变动等因素相关性很高。当看涨期权处于虚值状态且转股期又接近尾声时，可转换债券会表现出更强的债券风险收益特征，因为期权的时间价值接近零，有极大的可能在转股期权到期时变得毫无价值。

而当标的股价高于转股价格时，可转换债券的风险收益特征主要表现为股票的风险收益特征，也就是说，可转换债券的风险收益特征与标的普通股相似。在这种情况下，看涨期权是实值的，因此，看涨期权和可转换债券的价格都会受到股价波动的显著影响，但在很大程度上不受那些影响其他特征相同的无内嵌期权的一般债券价格变化的因素影响，例如利率波动等因素。因为当看涨期权处于实值状态时，它有较大的可能被债券持有人行权，转换后的股票价值高于债券的赎回价值。这时，可转换债券的交易价格与其转股价值密切相关，会出现与标的股票价格类似的走势。

在债券和股票之间，可转换债券就像一种混合型投资工具。值得注意的是下面两种情况下可转换债券的风险收益特征：①当标的股价低于转股价格，且逐渐上涨，向转股价格靠拢时；②当标的股价高于转股价格，且逐渐下降，向转股价格靠拢时。

在第一种情况下，标的股价逐渐接近转股价格，可转换债券中包含的看涨期权的价值会显著增加。在此期间，可转换债券的价值也会显著增加，但增幅低于标的股价的涨幅，因为股价尚未达到转股价格。当标的股价超过转股价格并继续上涨时，可转换债券的价值变化会与标的股价的变化趋同。这就是我们在9.6.2.4节中指出，当标的股价超过市场转股价格时，标的股价的任何进一步上涨必定会使可转换债券的价值至少增加相同百分比的原因。

在第二种情况下（即标的股价高于转股价格，且逐渐下降，向转股价格靠拢），由于可转换债券的价格是有下限的，其价格的相对变化小于标的股价的变化。如前所述，这个下限就是可转换债券的最低价值，在这种情况下等于无内嵌期权的一般债券的价值。

图9-31生动地说明了可转换债券的价格表现和普通股价格之间的关系。

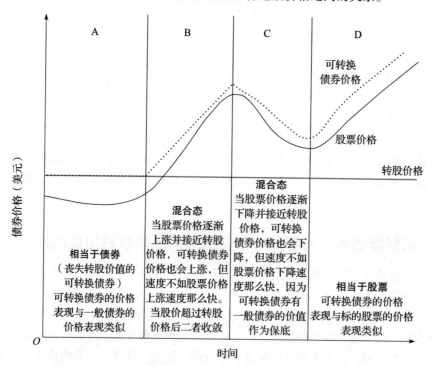

图9-31　可转换债券的价格表现和普通股价格之间的关系

当标的股价高于转股价格时，比如在图9-30中的B、C、D区域，投资者为何不将转股期权行权？一个可能是，允许投资者将债券转换为发行人普通股的转股期权是欧式期权，现在不能行权，等到预定期限才能行权。另一个可能是，即使转股期权是美式期权，可以随时将可转换债券转换为股权，但在转股期结束前，行权未必是可转换债券持有人的最佳选择。正如9.3.3.2节讨论的那样，有时等待比行权更好。投资者也可能倾向于直接出售可转换债券，而不是将转股期权行权来获得股票。

除了丧失转股价值的可转换债券，影响可转换债券价值的最重要因素是标的股价。但利率或信用利差的大幅变动也可能会对可转换债券的价值产生重大影响。对于固定息票的可转换债券，在其他条件相同的情况下，利率的大幅下降会导致其价值和价格的上升，而利率的大幅上升会导致其价值和价格的下降。同样，在其他条件相同的情况下，发行人信用状况的显著改善会导致可转换债券的价值和价格上升，而发行人信用状况的恶化则会导致可转换债券的价值和价格下降。

▌例 9-9　可转换债券估值

尼克·安德鲁斯是一名固定收益投资分析师，他的主管要求他准备一份化学工业公司重元素公司发行的可转换债券的分析报告，提交给投资委员会。安德鲁斯从该可转换债券的发售说明书和市场信息中收集了以下数据：

发行人：重元素公司

发行日期：2010 年 9 月 15 日

到期日：2015 年 9 月 15 日

票面利率：年息 3.75%

发行规模：1 亿美元

发行价格：每张面值 1000 美元

转股比率：23.26

可转换债券价格（2012 年 9 月 16 日）：1230 美元

股票价格（2012 年 9 月 16 日）：52 美元

1. 转股价格最接近：

A. 19 美元　　　　　　　　B. 43 美元　　　　　　　　C. 53 美元

2. 2012 年 9 月 16 日的转股价值最接近：

A. 24 美元　　　　　　　　B. 230 美元　　　　　　　C. 1209 美元

3. 2012 年 9 月 16 日的市场转换溢价最接近：

A. 0.88 美元　　　　　　　B. 2.24 美元　　　　　　　C. 9.00 美元

4. 在 2012 年 9 月 16 日，该可转换债券的风险收益特征最可能接近：

A. 丧失转股价值的可转换债券

B. 重元素公司的普通股

C. 一种与可转换债券相似但没有转股期权的重元素公司债券

5. 由于有利的经济条件，化工行业的信用利差收窄，导致重元素公司的债务利率下降。在其他条件不变的情况下，重元素公司的可转换债券价格很有可能会：

A. 显著下降　　　　　　　B. 几乎不变　　　　　　　C. 显著上升

6. 假设 2012 年 9 月 16 日，该可转换债券在二级市场以 1050 美元的价格交易。套利者可以通过以下方法获得无风险利润：

A. 买入标的公司普通股，做空可转换债券

B. 购买可转换债券，行使转股期权，并出售转股后获得的股票

C. 做空可转换债券，并购买可在转股日以转股价格行权的标的普通股看涨期权

7. 几个月过去了，由于一个竞争对手所在地的湖水中发生化学物质泄漏事件，政府引入了非常昂贵的环境隔离措施。其结果是，包括重元素公司在内的几乎所有上市化工企业的股价都大幅下跌。目前，重元素公司的股价为 28 美元。现在，可转换债券的风险

收益特征很可能类似于：

    A. 一支普通债券   B. 一种混合工具   C. 重元素公司的普通股

解答1：B是正确答案。转股价格等于可转换债券的面值除以转股比率，即1000美元/23.26股≈43美元/股。

解答2：C是正确答案。转股价值等于标的股价乘以转股比率，即52×23.26=1209美元。

解答3：A是正确答案。每股市场转换溢价等于可转换债券价格除以转股比率再减去标的股价，即（1230/23.26）-52=52.88-52=0.88美元。

解答4：B是正确答案。标的股价（52美元）远高于转股价格（43美元）。换句话说，可转换债券表现出与标的普通股相似的风险收益特征。A是不正确的，因为失去转股价值的可转换债券的标的普通股价格显著低于转股价格。C是不正确的，因为它描述的是失去转股价值的可转换债券。

解答5：B是正确答案。标的股价（52美元）远高于转股价格（43美元）。因此，可转换债券主要表现为股票的风险收益特征，其价格主要受标的股价的驱动。因此，信用利差的缩小对可转换债券价格的影响不大。

解答6：B是正确答案。可转换债券价格（1050美元）低于其最低价值（1209美元）。因此套利者可以以1050美元的价格购买可转换债券，转换为23.26份标的股票，然后以每股52美元的价格出售，总共获得1209美元，获利159美元。A和C是不正确的，因为在这两个选项中，套利者做空了定价较低的资产（可转换债券），做多了定价过高的资产，会遭受损失。

解答7：A是正确答案。标的股价（28美元）现在远低于转股价格（43美元），因此该可转债是一种丧失转股价值的可转换债券，表现出的主要是债券的风险收益特征。B是不正确的，因为要使可转换债券的风险收益特征与混合工具相似，其标的股价必须接近转股价格。C是不正确的，因为要使可转换债券的风险收益特征与公司普通股相似，其标的股价必须远远超过转股价格。

9.7 债券分析软件

20世纪80年代中期，OAS分析的引入标志着现代债券估值理论的诞生。该方法在数学上是优雅的、稳健的、广泛适用的。但在实际应用中，该方法在很大程度上依赖于数据处理。无论是计算与价格对应的OAS，为带有内嵌期权的债券估值，还是估算关键利率久期，计算机在这一过程中都至关重要。不用说，从业人员必须依赖能够正确且及时地执行需要完成的数据处理的分析软件。大多数从业人员依赖各种商业分析软件，但部分市场参与者，特别是金融机构，可能会使用自己内部开发的分析软件。

在实践中如何判断所选的软件是否够用？首先，软件应该能够报告正确的现金流、贴现率和现金流的现值。贴现率可以通过手工计算或电子表格来验证。在实际操作中，不可能检查每一个计算，但进行一些相对简单的测试可能是有用的，下面我们展示三个常见的测试。

此外，即使很难验证某个结果是否正确，也有一些办法判断它是否错误。

检查看涨看跌期权平价是否成立。对期权估值的一个简单测试是检查看涨看跌期权平价——这是欧式期权价格的重要关系式。根据看涨看跌期权平价：

看涨期权价值(C)−看跌期权价值(P)= PV(债券在行权日的远期价格−行权价格)

其中 C 和 P 分别表示同一标的债券、相同行权日期、相同行权价格的欧式看涨期权和欧式看跌期权的价格；PV 表示现值。如果软件的计算结果不能通过这个测试，就必须寻找其他的方法。

检查无内嵌期权的一般债券的价值是否与利率的波动率无关。为了检验利率二叉树校准的完整性，设置一个看涨期权行权价格很高的可赎回债券，比如，看涨期权行权价格为债券面值的150%。该债券的价格应该与不受利率波动影响的一般债券的价值相同。同样的结论也适用于回售价格很低的可回售债券，比如，看跌期权行权价格为票面价格的50%。

检查利率波动率期限结构是否向下倾斜。如前所述，模型设定的利率波动率是短期利率的波动率。该波动率隐含了长期利率的波动率。为了使利率的变化过程保持稳定，隐含利率波动率应该随着期限的延长而下降。

本章内容小结

本章内容涵盖了各种内嵌期权债券的估值和分析。以下是本章要点：

- 内嵌期权代表一种权利，可以由债券发行人或债券持有人决定是否行权，也可以根据利率的未来变化自动行权。它内嵌于一种被称为一般债券的无内嵌期权债券中。
- 常见的内嵌期权包括看涨期权、看跌期权和展期期权。可赎回债券和可回售债券可以在到期前因为赎回或回售而被提前清偿，前者由发行人决定，后者由债券持有人决定。可展期债券赋予债券持有人在到期后延长该债券期限的权利。可回售债券和可展期债券在其他方面是一样的，只是基础的无内嵌期权债券不同。
- 复杂的内嵌期权结构包括其他类型的期权或期权组合。例如，可转换债券中包含了允许债券持有人将债券转换为发行公司普通股的转股期权。内嵌幸存者期权债券的债券持有人的继承人可以选择在以遗产的形式继承该债券时将其回售给发行人。偿债基金债券要求发行人定期预留资金以完成债券偿付，这种债券通常也是可赎回的，可能还包含加速还款期权和交割方式期权。对带有复杂期权结构的债券进行估值和分析是一项挑战。
- 在无套利框架下，内嵌期权债券的价值等于其各部分的无套利价值之和，即一般债券的无套利价值加上各种内嵌期权的无套利价值。
- 由于看涨期权是一种由发行人所有的期权，相对于其他特征相同但不可赎回的债券，看涨期权的存在会降低可赎回债券的价值。相反，由于看跌期权是由投资者所有的期权，相对于其他特征相同但不可回售的债券，看跌期权的存在会增加可回售债券的价值。
- 在不考虑违约和利率波动的情况下，债券的未来现金流是确定的。利用利率二叉树，可赎回债券或可回售债券的估值可以通过考虑在每一个节点期权拥有者是否会选择行权，然后使用适当的远期利率对债券的未来现金流进行贴现来计算。如果债券是可赎回的，则当债券的未来现金流价值高于看涨期权执行价格时，债券发行人会选择行权。相反，如果债券是可回售的，则当债券的未来现金流价值低于看跌期权执行价格时，债券持有人会选择行权。

- 在实践中，利率是波动的，而利率波动率会影响内嵌期权的价值。因此在为带有内嵌期权的债券估值时，要考虑收益率曲线随时间变化的影响。

- 可以将利率波动率纳入利率二叉树模型。利率波动率越高，可赎回债券的价值就越低，而可回售债券的价值就越高。

- 在一定的利率波动率假设下，对内嵌期权债券估值需要通过三个步骤：①基于给定的收益率曲线和利率波动率生成利率二叉树；②在利率二叉树的每个节点，确定内嵌期权是否会被行权；③运用倒向归纳法计算债券的现值。

- 为有风险债券估值时，最常用的方法是提高贴现率，让贴现率高于无违约利率，以反映违约风险。

- 期权调整利差（OAS）是指被统一加到利率二叉树上的每一个远期利率上，使得生成的债券价格恰好等于当前债券价格的单一利差。期权调整利差对利率波动率很敏感，利率波动率越高，可赎回债券的期权调整利差就越低。

- 对于带有内嵌期权的债券，评估其价格对基准收益率曲线平行移动的敏感性的最佳指标是有效久期。可赎回债券或可回售债券的有效久期不会超过一般债券的有效久期。

- 一般债券的有效凸性可以忽略不计，而内嵌期权债券的有效凸性则难以忽略不计。当看涨期权接近平值期权时，可赎回债券的凸性为负，表明可赎回债券价格的上行潜力比下行潜力小得多；但可回售债券的凸性为正，表明可回售债券价格的上行潜力比下行潜力大得多。

- 由于可赎回债券和可回售债券的价格对相同幅度的利率上涨和下跌的反应是不对称的，因此在衡量内嵌期权债券的利率敏感性时，单边久期是比（双边）有效久期更有用的指标。

- 关键利率久期衡量的是基准收益率曲线上特定期限的利率变化的影响，而不是整条收益率曲线变化的影响。

- 无套利框架可用于对有利率上限和下限的浮动利率债券进行估值。有上限浮动利率债券内嵌了一个归发行人所有的利率顶，可以防止其票面利率上升到超过某个指定的最高利率，保护发行人免受利率上升的影响。因此有上限浮动利率债券的价值等于或小于一般浮动利率债券的价值。相比之下，有下限浮动利率债券内嵌了一个归投资者所有的利率底，可以防止债券的票面利率下降到指定的最低利率以下，所以有下限浮动利率债券的价值等于或高于一般浮动利率债券的价值。

- 可转换债券的关键指标包括转股价格和转股比率。转股价格可能会根据公司行为进行调整，如股票拆分、发放红利、发行认股权证等。当发行人向普通股股东支付股息时，可转换债券持有人有时可以获得补偿；在公司控制权发生变更的情况下，会允许可转换债券持有人以更有利的条件更早将债券转换为股票。

- 可转换债券有许多投资指标和比率，有助于对其进行分析和估值。转股价值表示以发行人股票目前的市场价格计算，将可转换债券转换成股票的价值。可转换债券的最低价值决定了可转换债券的价格下限，等于可转换债券的转股价值和直接价值中的较大值。由于直接价值是不固定的，该价格下限是会变化的。市场转股价格是指投资者购买可转换债券并立即将其转换为股票实际支付的股票价格。按股票的市场价格计算，每股市场转换溢价代表购买可转换债券而不是直接购买发行人的普通股所支付的溢价或折价。

- 由于可转换债券结合了债券、股票和期权的特征，以及潜在的其他特征，因此对其估值和分析具有很大的挑战性。可转换债券投资者不仅要考虑债券价格的影响因素，还要考虑股票价格的影响因素。

- 无套利框架可以用于可转换债券的估值，包括可赎回和可回售的可转换债券。债券的每个组成部分（一般债券、转股期权、看涨期权和看跌期权）可以单独估值。

- 可转换债券的风险收益特征取决于标的股价相对于转股价格的高低位置。当标的股价远低于转换价格时，可转换债券没有转股价值，主要表现为债券的风险收益特征，对利率变动更敏感。当标的股价远高于转股价格时，可转换债券主要表现为股票的风险收益特征，其价格与标的股票的价格走势相似。在这两个极端之间时，可转换债券表现出混合型投资工具的特征。

参考文献 [⊖]

⊖　本章参考文献请访问机工新阅读网站（www.cmpreading.com），搜索本书书名。

信用分析模型

詹姆斯·F. 亚当斯,博士,注册金融分析师

唐纳德·J. 史密斯,博士

■ 学习目标

学完本章内容后,你将有能力完成以下任务:

- 解释预期风险敞口、违约损失率、违约概率和信用估值调整等概念。
- 解释信用评分和信用评级。
- 根据给定的信用评级转移矩阵计算债券的预期回报。
- 解释评估公司信用风险的结构模型和简约模型,比较它们的假设、优势和弱点。
- 在一定的信用风险参数假设下计算信用债券的价值和信用利差。
- 解读信用利差的变化。
- 解释信用利差期限结构的决定因素,解读信用利差期限结构的构成。
- 比较证券化债务信用分析与公司债务信用分析的异同。

10.1 本章内容简介

本章内容涵盖了信用分析的重要概念、工具和应用。10.2 节的主题是信用风险建模。信用风险建模的输入变量是预期风险敞口、违约损失率和违约概率。我们将一一解释这些术语,并使用一个数值计算的例子来说明如何对公司债券进行信用估值调整,以及如何确定信用债券的信用利差,也就是收益率中高于政府债券利率等无违约风险利率的部分。

10.3 节讨论信用评分和信用评级。信用评分是衡量信用风险的一种方法,适用于小规模贷款市场,信用评级则更常见于债券批发市场。10.4 节解释了实践中使用的两种类型的信用分析模型:结构模型和简约模型。这两个模型都是高度数学化的,对模型的详细介绍超出了本章的范围。因此,我们只提供一个概述,重点介绍它们背后的关键思想和两者之间的异同。

10.5 节介绍如何使用无套利框架和利率二叉树在不同的利率波动率假设下为有信用风险的固定利率债券和浮动利率债券估值。10.6 节建立在信用分析模型的基础上,解释由于违约概率、回收率或违约损失敞口的变化而产生的信用利差的变化。10.7 节将介绍信用利差的期限结构。10.8 节比较了证券化债务信用分析与公司债券信用分析。

10.2 信用风险建模与信用估值调整

公司债券与期限相同的政府债券的到期收益率之差是衡量信用风险最常用的指标,我们

称之为信用利差或 G 利差。它揭示了对公司债券投资者因承担发行人的违约风险，即发行人未能在到期日足额支付约定款项的风险，以及因违约而遭受潜在损失的补偿。

违约风险和信用风险这两个术语在实践中经常互换使用，但我们将在本章中对两者做一定的区分。违约风险是一个更狭义的术语，仅涉及发生违约事件的可能性。信用风险是一个更广义的术语，既考虑了违约概率又考虑了违约事件发生时的预期损失。例如，抵押贷款可能违约风险很高，但信用风险很低，特别是当抵押品的价值足以覆盖违约贷款金额的时候。

本章假设公司债券和无违约风险的政府债券具有相同的税收待遇和流动性。当然，这是一个简化的假设。实际上，政府债券的流动性通常比公司债券更强。此外，不同公司债券的流动性也存在很大的差异。政府债券的供应量往往超过流动性最强的公司债券，而且政府债券来自机构投资者的需求更旺盛。此外，在回购交易中和集中清算衍生品时，政府债券是更容易被认可的抵押品。在某些国家，它们的税收待遇也存在差异。例如，美国联邦政府和州政府都会对公司债券的利息收入征税，但政府债券在州一级是免税的。但不考虑税收待遇和流动性的差异，可以让我们集中精力分析违约风险和预期损失等信用利差的决定因素。

信用风险建模要考虑的第一个因素是违约事件发生时的**预期风险敞口**。该指标是指如果发生违约事件，在考虑回收率之前，投资者可能损失的预期金额。虽然最常见的违约事件是会导致启动破产程序的未能支付利息或本金的事件，但债券招股说明书中可能还会定义其他类型的违约事件，如未能履行各种其他义务或违反财务契约等。

考虑一只以票面价值定价的 1 年期公司债券，票面利率为 4% 且一年付息一次。在年底偿付前，面值为 100 的该债券的预期风险敞口为 104。后面我们将介绍多个计息周期和不同利率波动性假设下的预期风险敞口计算。这些因素让预期风险敞口的计算变得更加复杂，因为我们需要考虑利率变化时债券价格的概率分布。在这个简单的例子中，预期风险敞口就等于最后一期的息票支付加上本金。

信用风险建模要考虑的第二个因素是设定的**回收率**，即从已违约的债券中收回损失的百分比。回收率因发行人所处行业、债券在资本结构中的优先级、资本结构的总杠杆率，以及是否有抵押品或其他形式的担保而异。我们假设上述公司债券的回收率为 40%，这是实践中常见的基准假设。给定回收率后，我们就可以计算**违约损失率**（LGD）了，即在发生违约的情况下每 100 面值损失的金额。例子中债券的违约损失率为每 100 面值 62.4，即 104×(1−0.40)= 62.4。另一个相关术语是损失严重程度，如果回收率为 40%，则损失严重程度为 60%。⊖

图 10-1 给出了上述公司债券预期现金流的示意图。如果没有发生违约事件，投资者将得到 104 的支付。如果发生违约，投资者只能收到 41.6，即 104 乘以 40%。我们假设回收是瞬时完成的，这是另一个简化的假设。实际上，从违约发生到最终收回现金之间可能会有很长一段时间。在本章中，我们还假定同一个回收率既适用于本金，又适用于利息。最后要注意的一点是，在本章的展示中，由于中间步骤的四舍五入，计算结果可能会和软件计算结果略有差异。

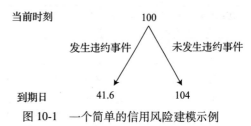

图 10-1　一个简单的信用风险建模示例

⊖　本章计算中，回收率、违约损失率、预期风险敞口、违约损失、CVA 均以每 100 面值对应数值的形式表示。回收率、违约损失率的用法与前章叙述的百分比形式的一般用法不同。——译者注

信用风险建模要考虑的第三个因素是设定的**违约概率**，即债券发行人不能按期履行合同义务的概率。在信用风险建模中，区分风险中性违约概率和实际（或历史）违约概率是非常重要的。风险中性这个词来自期权定价的术语。在期权定价的风险中性法中，可以将衍生品的价格写成预期回报的无风险利率贴现。关键是在计算期望值的过程中，需要使用与回报相关的风险中性概率。同样的道理也适用于公司债券的估值。

假设一家信用评级机构收集了大量关于 1 年期公司债券违约情况的历史数据，这些债券的发行人都与前面例子中的发行人具有相似的业务概况。据观察，其中 99% 的债券都没有发生违约，并能在到期时全额支付息票和本金。只有 1% 的债券违约，平均回收率为 40%。根据这些数据，该信用评级机构可以合理地假设例子中的公司债券的实际违约概率也为 1%。

如果用实际违约概率来计算公司债券的预期回报，结果为 103.376：

$$(104 \times 0.99) + (41.6 \times 0.01) = 103.376$$

假定无风险率为 3%，该预期回报的现值为 100.365：

$$103.376 / 1.03 = 100.365$$

虽然在风险中性估值中，也使用无风险利率而不是债券本身的到期收益率来贴现。但关键是，上面的计算结果 100.365 高估了债券的价格，因为实际交易价格为 100。问题就出使用的违约概率上，我们需要的是让定价结果为 100 的违约概率，而不是实际的违约概率。

假设风险中性违约概率为 P^*，那么不违约的概率为 $1-P^*$。假设公司债券实际价格为 100，那么可以通过求解下面的方程来得到 P^*，解得 $P^* = 1.60\%$：[⊖]

$$100 = \frac{[104 \times (1-P^*)] + (41.6 \times P^*)}{1.03}$$

实际违约概率和风险中性违约概率有差异的一个原因在于，实际违约概率中不包含与违约带来的不确定性相关的违约风险溢价。另一个原因是，有风险债券获得的超出无风险债券的利差，除了反映信用风险，还反映了流动性和税收方面的考虑。

为了进一步观察预期风险敞口、违约损失率和违约概率等信用风险参数之间的关系，下面我们考虑一个 5 年期的零息票公司债券。我们的目标是根据其信用风险、到期收益率以及与期限匹配的政府债券的利差等信息，确定该债券的公允价值。

表 10-1 是上述债券的**信用估值调整**（CVA）的计算过程。信用估值调整是以现值衡量的信用风险价值或者说价值减值。在表中，LGD 表示违约损失率，POD 表示给定日期的违约概率，POS 表示给定日期的生存概率，DF 表示贴现因子。

表 10-1　5 年期零息票公司债券

违约日期 (1)	预期风险敞口 (2)	回收率 (3)	LGD (4)	POD (5)	POS (6)	预期损失 (7)	DF (8)	预期损失的现值 (9)
0								
1	88.8487	35.5395	53.3092	1.2500%	98.7500%	0.6664	0.970 874	0.6470
2	91.5142	36.6057	54.9085	1.2344%	97.5156%	0.6778	0.942 596	0.6389
3	94.2596	37.7038	56.5558	1.2189%	96.2967%	0.6894	0.915 142	0.6309
4	97.0874	38.8350	58.2524	1.2037%	95.0930%	0.7012	0.888 487	0.6230
5	100.0000	40.0000	60.0000	<u>1.1887%</u>	93.9043%	0.7132	0.862 609	<u>0.6152</u>
				6.0957%			CVA =	3.1549

⊖ 本例改编自 Duffie 和 Singleton（2003）中的一个类似例子。

第一步是获得面临违约损失的预期风险敞口。表中第二列显示了这一数据。我们假设各期限政府债券的收益率均为3.00%。此外,我们还假设违约只发生在年底,以年份1、2、3、4、5表示,而且违约不会发生在0时点,即当前日期。第5年的预期风险敞口是100,其他年份的预期风险敞口可以通过用无风险利率将到期日的现金流贴现到对应日期得到,即:

$$100/(1.0300)^4 = 88.8487$$
$$100/(1.0300)^3 = 91.5142$$
$$100/(1.0300)^2 = 94.2596$$
$$100/(1.0300)^1 = 97.0874$$

注意,本例中没有引入利率波动。在10.5节中,我们将使用无套利框架来构建特定利率波动下的利率二叉树。可以通过校准,得到利率二叉树中每个节点的风险中性违约概率,然后计算每个日期的预期风险敞口。

表中的第三列显示了发生违约时的回收率,这里采用了预期风险敞口的固定百分比的形式。一般来说,当考虑利率波动时,该指标会被设定为预期风险敞口的一定百分比,其中预期风险敞口也会包含利息支付的敞口。在这个例子中,我们假设回收率为预期风险敞口的40%,因此第三栏显示的数值是预期风险敞口乘以0.40:

$$88.8487×0.40 = 35.5395$$
$$91.5142×0.40 = 36.6057$$
$$94.2596×0.40 = 37.7038$$
$$97.0874×0.40 = 38.8350$$
$$100.0000×0.40 = 40.0000$$

第四列显示了每个日期对应的违约损失率,它等于该日的预期风险敞口减去回收。如果发行人在第4年违约,投资者的预期损失为每100面值58.2524,即97.0874减去38.8350。

下一个参数是每个日期对应的风险中性违约概率(POD),在表中的第五列。第1年的风险中性违约概率为1.25%。这些都是条件违约概率,即在截止前一年为止没有发生违约的条件下,在当年发生违约的概率。初始违约概率即第1年的POD,在统计学上也被称为风险率(hazard rate),可以根据它来计算剩余的POD。

第六列报告了每年的生存概率(POS)。从第1年生存到第2年的概率为98.75%,即100%减去1.25%。第2年的POD等于第1年的POS(98.75%)乘以风险率1.25%,结果为1.2344%;而第2年的POS等于第1年的POS减去第2年的POD,结果为97.5156%。同理,第3年的POD等于第2年的POS(97.5156%)乘以风险率1.25%,结果为1.2189%,POS则为96.2967%。在5年中该公司债券的累计违约概率为6.0957%,如第五列最后一行所示。因此该债券存续至到期的概率为93.9043%。注意,6.0957%加上93.9043%刚好等于100%。

另一种计算每年POS的方法,也就是本章后面要用到的方法,是直接用100%减去风险率,再进行对应期限的乘方运算:

$$(100\%-1.25\%)^1 = 98.7500\%$$
$$(100\%-1.25\%)^2 = 97.5156\%$$
$$(100\%-1.25\%)^3 = 96.2967\%$$

$$(100\%-1.25\%)^4=95.0930\%$$
$$(100\%-1.25\%)^5=93.9043\%$$

不需要假定每年的风险率都相同。在后面的一些例子中，我们将假设它会在债券的存续周期中发生变化。

第七列给出了每个日期发生违约的预期损失。这个值等于 LGD 乘以 POD。例如，如果违约发生在第 3 年，那么预期损失是每 100 面值 0.6894。因为预期风险敞口为 94.2596、回收率为 40% 时，LGD 为 56.5558。假设之前没有发生过违约，那么该日期的 POD 为 1.2189%。所以预期损失为 56.5558 乘以 1.2189%，最终得到的结果为 0.6894。

第八列给出了无违约风险贴现因子，是根据各期限收益率水平均为 3.00% 的平价政府债券收益率曲线计算的。比如，第 5 年的贴现因子 0.862 609 等于 $1/(1.0300)^5$。

最后，第九列显示了每年预期损失的现值，该指标等于预期损失乘以贴现因子。其中第 5 年的预期损失现值为每 100 面值 0.6152，等于该日期对应的预期损失 0.7132 乘以贴现因子 0.862 609。

第九列各项之和为 3.1549，该金额被称为有风险债券的**信用估值调整**（CVA）。我们可以根据它来计算 5 年期零息票公司债券的公允价值。如果是没有违约风险的无风险债券，它的公允价值将是 86.2609，即用面值 100 乘以第 5 年的贴现因子。只要从无风险债券的公允价值中减去 CVA，就能得到有风险债券的公允价值，本例中结果为 83.1060。

现在可以计算公司债券的信用利差了。假设公司债券价格为 83.1060，则公司债券到期收益率为下式中"yield"的解，结果为 3.77%：

$$\frac{100}{(1+\text{yield})^5}=83.1060$$

因为 5 年期零息票政府债券的收益率为 3.00%，所以该公司债券的信用利差为 3.77% 减去 3.00%，即 77 个基点 [⊖]。对投资者的信用风险补偿可以用两种方式来表示：①每 100 面值的 CVA 为 3.1549，②每年的信用利差为 77 个基点。

图 10-2 显示了该债券的预计现金流和年收益率，两者都会根据违约发生的时间和情况变化而变化。在第 0 年，零息票公司债券的价值等于我们上面得到的公允价值，即每 100 面值 83.1060。如果发行人在第 1 年发生违约，投资者能获得的回收金额为 35.5395。计算可得年收益率为 -57.24%，即下列方程中内部

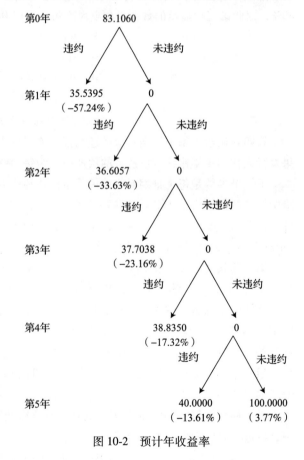

图 10-2 预计年收益率

<hr>

⊖ 在实践中经常使用一种近似算法来计算信用利差，即用初始违约概率（风险率）乘以 1 减去回收率。在本例中用该方法计算的信用利差约为 0.75%[=1.25%×(1-0.40)]。

收益率（IRR）的解：

$$83.1060 = \frac{35.5395}{1+\text{IRR}}$$

$$\text{IRR} = -0.5724$$

如果第 1 年没有发生违约，投资者会在年末收到应当支付的息票或本金，在本例中因为是未到期的零息票债券，该值为零。

如果发行人在第 2 年违约，则年收益率为-33.63%：

$$83.1060 = \frac{0}{(1+\text{IRR})^1} + \frac{36.6057}{(1+\text{IRR})^2}$$

$$\text{IRR} = -0.3363$$

以此类推，如果违约发生在到期日，年收益率将"提高"至-13.61%：

$$83.1060 = \frac{0}{(1+\text{IRR})^1} + \frac{0}{(1+\text{IRR})^2} + \frac{0}{(1+\text{IRR})^3} + \frac{0}{(1+\text{IRR})^4} + \frac{40.0000}{(1+\text{IRR})^5}$$

$$\text{IRR} = -0.1361$$

如果始终没有发生违约，这是最有可能的情况，因为至到期为止的生存概率是93.9043%，那么该债券实现的回报率是3.77%。这提醒我们，有风险债券的到期收益率的确是对投资者回报的衡量，但那衡量的是在不发生违约情况下的回报。

从这个例子中可以观察到的一个关键现象是，投资者在投资有风险债券时面临的各种结果，很大程度上取决于违约发生的时间。这是违约风险溢价的一个来源，通常已经在债券定价过程中被考虑进去了。换句话说，信用分析模型中使用的（风险中性）违约概率中包含了违约发生的可能时间以及发生时间的不确定性等因素的影响。

虽然这显然是信用分析模型的一个过度简化的例子，但它确实有助于说明不同时点的预期风险敞口、回收率、违约损失率、违约概率、预期损失和预期损失的现值等变量之间的相互作用。可以通过调整模型让它变得更加复杂和符合现实情况。比如这里用于计算条件违约概率和回收率的初始违约概率（风险率）每年都是相同的，但这些参数也可以逐年变化。这里假设政府债券收益率曲线是平坦的，但也可以假设向上或向下倾斜，在这种假设下，需要通过一个被称为靴襻法的过程来依次计算贴现因子。10.5 节将提供一个包含上述变化的例子。

在这个例子中，我们假设违约概率和回收率，来计算有风险公司债券的公允价值。反过来操作也是可以的。假设我们已经观察到该五年期零息票债券的市场价格为83.1060，其信用利差为77 个基点，那么我们可以通过试错法算得使债券价格一致且回收率为40%的违约概率。我们会算得初始违约概率为1.25%。我们也可以改变回收率的假设，假设它是预期风险敞口的30%。根据观察到的债券价格和信用利差，计算可得初始违约概率为1.0675%。在这种情况下，较低的回收率被较低的违约概率所抵消，得到了同样的债券价格。同理，更高的回收率需要更高的违约概率来抵消。一般来说，在给定债券价格和信用利差时，违约概率和回收率是正相关的。

▌例 10-1 信用风险分析（1）

一位固定收益分析师正在考察她的债券投资组合中目前持有的三种公司债券明年的信用风险。她对预期风险敞口、违约概率和回收率的评估总结在表 10-2 中：

表 10-2 债券投资组合信用风险分析

公司债券	预期风险敞口（票面价值的百分比）	违约概率	回收率（票面价值的百分比）
A	104	0.75%	40
B	98	0.90%	35
C	92	0.80%	30

虽然这三种债券的到期收益率非常接近，但由于票面利率不同，预期风险敞口出现了差异。基于这些假设，她将如何对这三种债券在未来一年的信用风险从高到低进行排序？

解答：她需要得到每个债券的违约损失率（LGD），并将其乘以违约概率（POD），得到预期损失。其中 LGD 等于预期风险敞口减去假定回收率。计算结果如表 10-3 所示：

表 10-3 债券投资组合风险分析

公司债券	LGD（票面价值的百分比）	POD	预期损失
A	64	0.75%	0.480
B	63	0.90%	0.567
C	62	0.80%	0.496

从预期损失来看，债券 B 的信用风险最高，债券 A 的信用风险最低。所以最后排名是 B、C、A。注意，这里没有足够的信息来推荐交易策略，因为没有给出债券的当前价格。

例 10-2 信用风险分析（2）

一家对冲基金的固定收益交易员观察到，一种 3 年期、年化票面利率 5% 的公司债券以每 100 面值 104 的价格交易。该对冲基金的研究团队发现，在回收率为 40% 的情况下，用于计算债券每个日期的条件违约概率的风险中性违约概率为 1.50%。政府债券收益率曲线水平稳定在 2.50%。

基于这些假设，该交易员会认为公司债券估值过高还是过低？高估或低估了多少？如果交易者以 104 的价格买入债券，那么预计的年化收益率是多少？

解答：交易者需要构建一个类似于表 10-1 的表格，如表 10-4 所示：

表 10-4 例 10-2 的 CVA 计算

日期	预期风险敞口	回收率	LGD	POD	POS	预期损失	DF	预期损失的现值
0								
1	109.8186	43.9274	65.8911	1.5000%	98.5000%	0.9884	0.975 610	0.9643
2	107.4390	42.9756	64.4634	1.4775%	97.0225%	0.9524	0.951 814	0.9066
3	105.0000	42.0000	63.0000	1.4553%	95.5672%	0.9169	0.928 599	0.8514
				4.4328%			CVA =	2.7222

其中预期风险敞口等于债券的价格加上每个日期的利息支付，假设到期收益率为 2.50%。在还有两年到期的日期 1，预期风险敞口为 109.8186。

$$5+\frac{5}{(1.0250)^{1}}+\frac{5}{(1.0250)^{2}}=109.8186$$

日期 1 的回收率为 43.9274（=109.8186×0.40），预期违约损失为 65.8911（=109.8186-43.9274），预期损失是 0.9884（=65.8911×0.0150）。日期 1 的贴现因子为 0.975 610 [=1/(1.0250)^{1}]。

预期损失的现值为 0.9643(=0.9884×0.975 610)。

该债券的 CVA 为 2.7222，等于预期损失的现值之和。如果该债券无违约风险，其价格将为 107.1401。

$$\frac{5}{(1.0250)^1}+\frac{5}{(1.0250)^2}+\frac{5}{(1.0250)^3}=107.1401$$

因此，在假设的信用风险参数下，债券的公允价值为 104.4178(=107.1401-2.7222)。该对冲基金的一名固定收益交易员认为，如果该公司债券的交易价格为 104，则该公司债券被低估了 0.4178。

如果债券在日期 1、2、3 发生违约，预期年化收益率分别为 57.76%、33.27% 和 22.23%。如果不发生违约，预期年化收益率为 3.57%，等于到期收益率。请注意，这些收益率忽略了息票再投资风险，因为内部收益率计算的隐含假设是，可以以相同的利率再投资。具体计算过程如下：

$$104=\frac{43.9274}{(1+IRR)^1}$$

$$IRR=-0.5776$$

$$104=\frac{5}{(1+IRR)^1}+\frac{42.9756}{(1+IRR)^2}$$

$$IRR=-0.3327$$

$$104=\frac{5}{(1+IRR)^1}+\frac{5}{(1+IRR)^2}+\frac{42.0000}{(1+IRR)^3}$$

$$IRR=-0.2223$$

$$104=\frac{5}{(1+IRR)^1}+\frac{5}{(1+IRR)^2}+\frac{105}{(1+IRR)^3}$$

$$IRR=0.0357$$

10.3 信用评分和信用评级

信用评分和信用评级是贷款人在决定是否向借款人提供贷款和确定合同相关条款时经常参考的依据。信用评分主要用于面向小公司和个人的零售贷款市场。信用评级则更常见于信用批发市场，比如大公司和政府机构发行的债券或资产支持证券（ABS）。

信用评分的方法五花八门。在一些国家，评分依据只包括是否存在负面信息，如拖欠支付或违约的历史。这种方法基本上假定每个人的初始信用评分都很好，除非有证据证明不是这样。其他国家会用更广泛的信息来决定分数，分数反映实际观察到的因素。一般来说，由于各国法律制度和隐私保护的不同，一种信用评分方法最多只能在一国范围内使用。

在美国，约 90% 的零售贷款机构使用 FICO 信用评分来评估客户的信用，该评分方法是费尔艾萨克公司的联邦注册商标。⊖FICO 信用评分根据负责征信评估的三个美国国家信用机

⊖ 费尔艾萨克公司从 1989 年开始发布 FICO 评分。1956 年，数学家威廉·费尔和工程师厄尔·艾萨克创办了这家公司，对收集到的大量信用卡数据进行多元分析。

构的消费者信用档案数据计算得到，这三个国家信用机构分别是 Experian，Equifax 和 TransUnion。用于评分的专有算法将信息分为五个主要因素：

- 偿付历史记录（占比 35%）：包括是否存在拖欠、破产、法院判决、重获所有权和取消抵押品赎回权等记录。
- 债务负担（占比 30%）：包括信用卡债务占信用卡限额的比率、余额为正的账户数量以及欠款总额。
- 信用账户使用期限（占比 15%）：包括信用账户的平均使用期限和信用账户的最长使用期限。
- 各种信用渠道使用情况（占比 10%）：包括分期支付、消费金融和抵押贷款的使用记录。
- 最近信用查询数量（占比 10%）：包括消费者申请新贷款时必须执行的"硬"信用查询，但不包括一些"软"查询，如员工验证或分数自查。

费尔艾萨克公司在其网站上标注了 FICO 信用评分中不包含的项目，比如种族、肤色、国籍、性别、婚姻状况、年龄、工资、职业、就业历史、家庭住址和子女抚养义务等。该公司还会不定期报告分数的分布情况，从最低的 300 分到满分 850 分。表 10-5 显示了三个特定月份的分数分布：金融危机前的 2005 年 10 月，金融危机最严重的 2009 年 10 月，以及金融危机较长时间后的 2015 年 4 月。很明显，随着经济状况的恶化，得分较低的人所占的比例有所上升，但在金融危机结束后这一比例又有所下降。使用直线插值法得到的 FICO 信用评分中值从 709.4 分增加到 710.0 分，后来又增加到了 713.5 分。

表 10-5 FICO 评分分布

FICO 评分区间	2005 年 10 月	2009 年 10 月	2015 年 4 月
300~499	6.6%	7.3%	4.9%
500~549	8.0%	8.7%	7.6%
550~599	9.0%	9.1%	9.4%
600~649	10.2%	9.5%	10.3%
650~699	12.8%	11.9%	13.0%
700~749	16.4%	15.9%	16.6%
750~799	20.1%	19.4%	18.2%
800~850	16.9%	18.2%	19.9%

资料来源：费尔艾萨克公司网站。

例 10-3 信用评分

苔丝·威尔史密斯是一名年轻的金融从业人员，她计划最终买一套两家合住的房子，自住一个单元并出租另一个单元，以帮助支付抵押贷款。她是一个谨慎的理财经理，每年都会检查自己的 FICO 信用评分。她很高兴看到分数从去年的 760 分提高到今年的 775 分。下列因素中哪一个可以解释这种提升？

A. 她现在大了一岁，并且这一年来没有拖欠过信用卡

B. 她所在的银行将她的信用卡额度从 1000 美元提高到了 2500 美元，但她每月的平均债务余额保持不变

C. 她向信用合作社申请并获得了一笔新的汽车贷款

D. 她没有像她的一些朋友那样每月查看自己的 FICO 信用评分

解答：选项 A、B、C 有助于解释这种分数提升。下面是原因：

A. 年龄本身并不是费尔艾萨克公司用来确定信用评分的因素。然而，信用账户的平均使用期限和信用账户的最长期限是一个评分因素。因此，在其他条件相同的情况下，时间的推移往往会提高分数。一般来说，年龄和信用评分高度相关。

B. 信用卡债务占信用卡限额比率是债务负担的组成部分之一。在相同的平均债务余额下，拥有较高的信用卡限额可以降低该比率，提高信用评分。

C. 由于汽车贷款是一笔新的贷款，还没有任何逾期付款的问题，因此对信用评分有积极的影响。

D. 是否检查自己的信用评分没有任何影响。自检被认为是一种"软查询"，不计入 FICO 信用评分的校准因素。

尽管信用评分是零售信用证券市场最常用的信用风险指标，但公司债券和主权债券市场更广泛使用的是信用评级。全球三大信用评级机构包括穆迪投资者服务公司、标准普尔公司和惠誉国际评级公司。它们既为发行人进行信用评级，也为发行的特定债务提供信用评级。信用评级和信用评分一样，都是专注于违约概率的排名式等级。表 10-6 按信用评级类别列出了 1995~2014 年的历史违约数据。可以看到，在发行时被评为投资级的公司债务，之后发生违约的情况是非常罕见的。而高收益债券确实存在较大的违约可能性，尤其是在这些证券的信用评级被降至 B 级以下时。

表 10-6　按信用评级划分的公司违约历史数据　　　　（单位：%）

	AAA	AA	A	BBB	BB	B	CCC/CC/C
1995	0.00	0.00	0.00	0.17	0.99	4.58	28.00
1996	0.00	0.00	0.00	0.00	0.45	2.91	8.00
1997	0.00	0.00	0.00	0.25	0.19	3.51	12.00
1998	0.00	0.00	0.00	0.41	0.82	4.63	42.86
1999	0.00	0.17	0.18	0.20	0.95	7.29	33.33
2000	0.00	0.00	0.27	0.37	1.15	7.67	35.96
2001	0.00	0.00	0.27	0.34	2.94	11.52	45.45
2002	0.00	0.00	0.00	1.02	2.88	8.20	44.44
2003	0.00	0.00	0.00	0.23	0.58	4.06	32.73
2004	0.00	0.00	0.08	0.00	0.43	1.45	16.18
2005	0.00	0.00	0.00	0.07	0.31	1.74	9.09
2006	0.00	0.00	0.00	0.00	0.30	0.82	13.33
2007	0.00	0.00	0.00	0.00	0.20	0.25	15.24
2008	0.00	0.38	0.39	0.49	0.81	4.08	27.00
2009	0.00	0.00	0.22	0.55	0.75	10.92	49.46
2010	0.00	0.00	0.00	0.00	0.58	0.85	22.73
2011	0.00	0.00	0.00	0.07	0.00	1.66	16.42
2012	0.00	0.00	0.00	0.00	0.30	1.56	27.33
2013	0.00	0.00	0.00	0.00	0.09	1.63	24.18
2014	0.00	0.00	0.00	0.00	0.00	0.77	17.03

资料来源：标准普尔公司，《2014 年度全球公司违约研究与评级变化》，2015 年 4 月 30 日。

信用评级机构采用所谓"微调"的方法来区分同一发行人违约带来的不同债务的预期违约损失金额差异。这是对发行人评级的一种调整，以反映该发行人特定债务的索赔优先权或从属关系。发行人评级等级通常等于其优先级无担保债务的评级。然后，发行人的次级债务的评级会被微调，比如调降一两个等级，例如从 A+ 降至 A，或进一步降至 A−。这相当于在违约概率的基础上考虑预期违约损失，这也解释了为什么它们被称为信用评级而不仅仅是违约评级。

除了用字母表示的信用评级，信用评级机构还会提供对发行人前景的看法（正面、稳定或负面），并在该发行人受到关注的时候用"展望"表示。例如，以下是标准普尔公司对消费电子领域的睿侠公司的发行人信用评级的历史数据。该公司的信用评级从 1969 年的 BBB−，到 1978 年的 BB+ 和 1983 年的 AAA，再到 2006 年 10 月的 BB，最终在 2015 年发生违约：⊖

- 1969 年 5 月 2 日　　　　　BBB−
- 1978 年 10 月 13 日　　　　BB+
- 1980 年 12 月 12 日　　　　BB
- 1981 年 4 月 1 日　　　　　BBB+
- 1982 年 1 月 7 日　　　　　A
- 1983 年 1 月 10 日　　　　　AAA
- 1984 年 11 月 28 日　　　　A+/负面展望
- 1991 年 8 月 8 日　　　　　A/稳定
- 1993 年 1 月 4 日　　　　　A/负面展望
- 1993 年 2 月 25 日　　　　　A−AA/稳定
- 1993 年 5 月 27 日　　　　　A−AA/正面展望
- 1994 年 1 月 17 日　　　　　A−AA/稳定
- 1996 年 10 月 17 日　　　　A−AA/负面
- 1999 年 2 月 24 日　　　　　A−/稳定
- 2005 年 5 月 13 日　　　　　A−/负面展望
- 2005 年 8 月 8 日　　　　　BBB+/稳定
- 2006 年 4 月 21 日　　　　　BBB−/稳定
- 2006 年 7 月 24 日　　　　　BBB−/负面
- 2006 年 10 月 25 日　　　　BB/负面
- 2008 年 8 月 12 日　　　　　BB/稳定
- 2011 年 11 月 21 日　　　　BB−/稳定
- 2012 年 3 月 2 日　　　　　B+/负面
- 2012 年 7 月 30 日　　　　　B−/负面
- 2012 年 11 月 21 日　　　　CCC+/负面
- 2013 年 8 月 1 日　　　　　CCC/负面
- 2013 年 12 月 20 日　　　　CCC+/负面

⊖ 该历史数据来源为标准普尔在 2015 年 4 月 20 日发布的《2014 年度全球企业违约研究与评级转移报告》表 54。

- 2014 年 6 月 16 日 　　　　　　　CCC/负面
- 2014 年 9 月 11 日 　　　　　　　CCC−/负面
- 2015 年 2 月 6 日 　　　　　　　　D

　　睿侠公司的信用评级转移历史表明，信用评级可以在很长一段时间内保持不变。该公司信用评级从 1984 年到 1991 年都是 A+，从 1993 年到 2005 年是 A−。信用评级机构会根据他们统计的历史数据估计一个信用评级转移矩阵。表 10-7 就是一个典型的例子，它列出了某一特定信用评级的公司在第二年发生信用评级调整的概率。从表中可以看到，信用评级为 A 的发行人，在一年后保持该信用评级的概率为 87.50%，升至 AAA 级（就像 1983 年的睿侠消费电子公司一样）的概率为 0.05%，升至 AA 级的概率为 2.50%，降至 BBB 级的概率为 8.40%，降至 BB 级的概率为 0.75%，降至 B 级的概率为 0.60%，降至 CCC 级、CC 级或 C 级的概率为 0.12%，降至 D 级或者说违约的概率为 0.08%。

　　表 10-7 还显示了对应信用评级的代表性发行人所发行的 10 年期公司债券的信用利差。根据表 10-7 中的信用评级转移矩阵和信用利差，固定收益分析师可以估算出在信用评级可能发生转移但仍未违约的情况下，各信用评级公司债的一年期预期收益率。假设收益率和信用利差稳定，信用评级为 A 的 10 年期公司债券的修正久期为 7.2。对于每个可能的信用评级转移情景，分析师都可以计算相应的债券价格变动百分比，它就等于修正久期和信用利差变化的乘积，其结果如下：

表 10-7　代表性发行人的一年期信用评级转移矩阵　　　　　（单位:%）

从/到	AAA	AA	A	BBB	BB	B	CCC、CC、C	D
AAA	**90.00**	9.00	0.60	0.15	0.10	0.10	0.05	0.00
AA	1.50	**88.00**	9.50	0.75	0.15	0.05	0.03	0.02
A	0.05	2.50	**87.50**	8.40	0.75	0.60	0.12	0.08
BBB	0.02	0.30	4.80	**85.50**	6.95	1.75	0.45	0.23
BB	0.01	0.06	0.30	7.75	**79.50**	8.75	2.38	1.25
B	0.00	0.05	0.15	1.40	9.15	**76.60**	8.45	4.20
CCC、CC、C	0.00	0.01	0.12	0.87	1.65	18.50	**49.25**	29.60
信用利差	0.60%	0.90%	1.10%	1.50%	3.40%	6.50%	9.50%	

　　从 A 变为 AAA：

$$-7.2 \times (0.60\% - 1.10\%) = +3.60\%$$

　　从 A 变为 AA：

$$-7.2 \times (0.90\% - 1.10\%) = +1.44\%$$

　　从 A 变为 BBB：

$$-7.2 \times (1.50\% - 1.10\%) = -2.88\%$$

　　从 A 变为 BB：

$$-7.2 \times (3.40\% - 1.10\%) = -16.56\%$$

　　从 A 变为 B：

$$-7.2 \times (6.50\% - 1.10\%) = -38.88\%$$

　　从 A 变为 CCC、CC、C：

$$-7.2 \times (9.50\% - 1.10\%) = -60.48\%$$

将每种情景下的债券价格变化百分比分别乘以该情景的信用评级转移概率再相加，就得到了在未来一年债券价格的百分比变化的预期值。具体计算过程及结果如下：[⊖]

$$(0.0005 \times 3.60\%) + (0.0250 \times 1.44\%) + (0.8750 \times 0\%) + [0.0840 \times (-2.88\%)] +$$
$$[0.0075 \times (-16.56\%)] + [0.0060 \times (-38.88\%)] + [0.0012 \times (-60.48\%)]$$
$$= -0.6342\%$$

因此，假设没有发生违约，以到期收益率衡量，10年期A级债券未来一年的预期收益率会降低0.6342%。考虑信用评级转移通常会降低预期收益率，原因有二。第一，转移概率不是对称分布的，信用评级转移更倾向于降级而不是升级。第二，信用评级下调造成的信用利差增幅远大于评级上升带来的信用利差降幅。

▌例10-4 信用评级转移对预期收益率的影响

曼努埃尔·佩雷洛是几个拉丁美洲家庭的财富管理经理，这些家庭希望将一部分资产投资于高质量的公司债券。佩雷洛解释说，这些债券的到期收益率应该根据可能出现的信用利差扩大进行调整，以更好地衡量在未来一段时间的预期收益率。在给其中一个家庭做演示时，他使用了一种10年期AAA级公司债券，今年年底，该债券的修正久期为7.3年。利用表10-7中的信用评级转移矩阵，佩雷洛得出结论，该债券明年的预期回报率可以用到期收益率减去32.5个基点来计算，以解释即使没有违约，也可能出现的信用降级。请演示他是如何得出这个结论的。

解答：首先用修正久期和信用利差的变化计算预期价格变化百分比：

从A变为AAA：

$$-7.3 \times (0.90\% - 0.60\%) = -2.19\%$$

从A变为AA：

$$-7.3 \times (1.10\% - 0.60\%) = -3.65\%$$

从A变为BBB：

$$-7.3 \times (1.50\% - 0.60\%) = -6.57\%$$

从A变为BB：

$$-7.3 \times (3.40\% - 0.60\%) = -20.44\%$$

从A变为B：

$$-7.3 \times (6.50\% - 0.60\%) = -43.07\%$$

从A变为CCC、CC、C：

$$-7.3 \times (9.50\% - 0.60\%) = -64.97\%$$

然后利用公司信用评级转移矩阵中的概率，计算债券价值在一年内的预期变化百分比：

$$(0.9000 \times 0\%) + [0.0900 \times (-2.19\%)] + [0.0060 \times (-3.65\%)] + [0.0015 \times (-6.57\%)] +$$
$$[0.0010 \times (-20.44\%)] + [0.0010 \times (-43.07\%)] + [0.0005 \times (-64.97\%)]$$
$$= -0.3249\%$$

⊖ 在计算中我们忽略了信用评级突然变化到违约状态的微小概率。如果债券不是投资级，则该概率需要予以考虑。

10.4　信用分析的结构模型和简约模型

信用分析模型可以分为结构模型和简约模型两大类。[一]信用分析的结构模型可以追溯到 20 世纪 70 年代费希尔·布莱克、迈伦·斯科尔斯和罗伯特·默顿对金融理论的开创性贡献。其核心思想为，如果一家公司的资产价值低于其负债金额，那么公司就会发生违约，而且该事件发生的概率具有类似期权的特征。

简约模型的各种变体出现在 20 世纪 90 年代，罗伯特·贾罗、斯图尔特·特恩布尔、达雷尔·杜菲和肯尼斯·辛格尔顿都对此做出过重大贡献。[二]简约模型避免了结构模型的一个根本性问题。布莱克-斯科尔斯-默顿期权定价模型假设期权的标的资产（比如公司的股票）是活跃交易的。该假设对于股票期权大致是成立的，但用于信用分析时，标的资产变成了公司的所有资产，而后者通常不会进行频繁的交易。简约模型通过不将违约视为内生变量来解决这个问题。相反，在简约模型中，违约被当作一个随机发生的外生变量。与旨在解释为什么会发生违约的结构性模型不同（比如当资产价值低于负债金额时），简约模型旨在从统计意义上分析何时会发生违约（又被称为违约时间），可以用泊松随机过程来建模。这个过程中的关键参数是违约强度，即下一个微小时间增量中的违约概率。因此，信用分析的简约模型也被称为基于违约强度的随机违约概率模型。

两种信用分析模型各有利弊。结构模型提供了对信用风险本质的洞察，但在建模过程中可能会遇到困难。建模者需要确定公司价值的变化规律，包括其波动性，还要结合公司的负债金额确定违约门槛。在典型的结构模型中，当公司的资产价值低于违约门槛时，就会发生违约。虽然在理论上这很简单，但由于现实中数据的局限性，在实际操作中可能会遇到困难。公司隐藏债务的例子比比皆是，比如安然、泰科、世通、帕玛拉特和雷曼等案例，这些突显了判断违约门槛的挑战性，尤其是在公布违约概率的变化对投资者最有利的时候。

简约模型的优点是，输入变量都是可观察的，比如历史违约数据等。违约强度可以通过对公司的特征变量（如杠杆率、净收入资产比、现金资产比等）和宏观经济变量（如失业率、GDP 增长率、股票市场波动率等）的回归分析估计得到。模型具有足够的灵活性，可以在信用风险测量过程中直接反映经济周期等因素。

但简约模型也有缺点。与结构模型不同，它们不能解释导致违约的经济原因。此外，简约模型假设违约会突然出现，并且随时可能发生。事实上，违约事件很少以意外的形式出现，因为发行人通常在最终违约之前已经被降级了好几次，就像我们在前面讨论过的睿侠公司那样。

图 10-3 描述了违约的结构模型。纵轴表示公司的

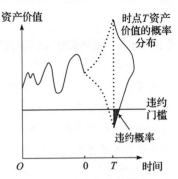

图 10-3　违约的结构模型

资料来源：改编自杜菲和辛格尔顿（2003）。

[一]　本节内容源自 Fabozzi 在 2013 年的一书中的"信用风险建模"章节。
[二]　参见 Black 和 Scholes（1973）的 637 至 654 页，以及 Merton（1974）的 449 至 470 页。
[三]　参见 Jarrow 和 Turnbull（1995）的第 53 至 86 页，以及 Duffie 和 Singleton（1999）的 687 至 720 页。

资产价值。因为模型是根据公司资产负债表的结构构建的，即依据资产、负债、权益等构建的，所以被称为"结构模型"。它也可以被称为公司价值模型，因为模型的关键变量是公司的资产价值。在图 10-3 中，资产价值在时间 0 之前持续波动，但一直保持在代表违约门槛的水平线之上。如果资产价值低于违约门槛，公司就会违约。

图中还给出了时点 T 资产价值的概率分布。违约概率是结构模型的内生变量，它是资产价值位于违约门槛之下的概率。违约概率会随未来资产价值的方差增加而增加，也会随着时点 T 的距离和财务杠杆率的增加而增加。资本结构中的负债降低会导致图中的横线下移，违约概率也会随之下降。这些因素都反映了信用风险与期权定价理论的关联性。

结构模型的一个重要特征是，用期权的方式来解释债务和股权价值的关系。设 $A(T)$ 为时点 T 的随机资产价值。为了简化，我们假设负债是都在时点 T 到期的零息票债券。债券的总面值为 K，对应图 10-3 中的违约门槛。时点 T 公司的债务及股权分别用 $D(T)$ 和 $E(T)$ 表示，两者都取决于 $A(T)$ 与 K 之间的关系：

$$D(T)+E(T)=A(T) \tag{10-1}$$
$$E(T)=\max[A(T)-K,0] \tag{10-2}$$
$$D(T)=A(T)-\max[A(T)-K,0] \tag{10-3}$$

式（10-1）代表时点 T 公司资产负债表上的债务加上股权的市场价值，等于公司的资产价值。式（10-2）表明，股权本质上可以视为公司资产的看涨期权，行权价格是债务的总面值。持有股权相当于看涨期权的多头仓位，因为当公司资产价值上升时，股权的价值也会上升。此外，与期权一样，股权价值也不会出现负值。式（10-3）表明债权人"拥有"公司的资产，但也向公司的股东卖出了一份看涨期权。我们可以将债权人卖出期权获得的期权费，解释为在资产价值低于 K 的情况下拥有公司剩余资产优先索取权的代价。如果发生该情况，股权的价值会降为零，债权人则将获得公司的剩余资产。

如果在时点 T 有 $A(T)>K$，那么股东手中的看涨期权是处于实值状态的。因此 $E(T)=A(T)-K$ 而 $D(T)=A(T)-[A(T)-K]=K$。相反，如果 $A(T)<K$，那么看涨期权就变成了虚值状态，债务就会违约。在这种情况下，$E(T)=0$ 而 $D(T)=A(T)-0=A(T)$。在这两种情况下，以及当 $A(T)=K$ 时，资产负债表恒等式都成立。请注意，有限责任是这个模型的固有假设。在这一假设下，股权价值就像期权一样，不会出现负值。

📙 例 10-5　债务和股权的期权等价解释

卡罗尔·菲利是一家主要国际信用评级机构的初级信用分析师。她明白，在标准的结构模型中，股权可以被解释为公司资产价值的看涨期权。但她对这样一种假设感到不安——这一假设隐含拥有这些资产并对其发行看涨期权的是债权人。她声称，该模型应该这样理解：股东拥有公司的净资产，即 $A(T)-K$，而他们承担的有限责任的价值本质上是执行价格为 K 的看跌期权的多头头寸的价值。此外，债权人持有一份在时点 T 的价值为 K 的"无风险债券"，以及一份看跌期权的空头头寸，而这份看跌期权的多头头寸由股东持有。

请证明菲利女士的"内嵌看跌期权"解释提供了与更常见的内嵌看涨期权结构模型相同的债务价值和股权价值。

解答：执行价格为 K 的看跌期权的多头头寸，其价值为：

$$\max[K-A(T),0]$$

当 $K>A(T)$ 时，该看跌期权对其持有者具有内在价值；而当 $K\leqslant A(T)$ 时，该看跌期权没有内在价值。根据菲利女士的模型，$E(T)$ 和 $D(T)$ 在时点 T 的值是：

$$E(T)=A(T)-K+\max[K-A(T),0]$$
$$D(T)=K-\max[K-A(T),0]$$

如果在时点 T，$A(T)>K$，则该看跌期权是虚值的，则：

$$E(T)=A(T)-K+0=A(T)-K$$

且：

$$D(T)=K-[K-A(T)]=A(T)$$

该解释表明，股东的有限责任价值是他们从债权人手中购买的看跌期权的价值。菲利的解释是正确的，因为它得出了与内嵌看涨期权解释相同的回报。

尽管可以观察到信用风险与期权定价有内在的联系，但正是结构模型的应用为固定收益分析提供了实际价值。许多信用评级机构和咨询公司，比如穆迪 KMV 公司，都使用了期权定价方法来估计信用风险的各种参数，比如违约概率和违约损失率等。在经典的布莱克-斯科尔斯-默顿模型和一些后续模型的基础上，建模者利用公司股票价格的历史数据来估计波动率，这是期权定价模型的一个关键输入变量。

两类模型的优缺点表明，信用分析模型的选择取决于如何使用和由谁使用。结构模型需要用到一些公司经理（可能还有商业银行家和信用评级机构）最为熟悉的信息，所以更适用于内部风险管理，比如银行内部信用风险管理，或者更专业的公开信用评级。简约模型只需要用到在金融市场上普遍可得的信息，这表明简约模型更适用于信用债务、信用证券以及信用衍生品的定价过程。

10.5 使用无套利框架为有风险债券定价

在本节中，我们将使用无套利框架，在允许利率波动的情形下分析公司债券的信用风险。[⊖]在 10.2 节中，我们介绍过如何在无波动利率和政府债券收益率曲线平坦的假设下，计算有风险债券的信用估值调整和信用利差。本节将介绍如何利用基准债券收益率的利率二叉树来计算违约损失的预期风险敞口。此外我们还将分析基准债券收益率曲线向上倾斜的情况。我们假设风险中性违约概率是给定的，就像已经用某种结构模型或简约模型计算过了。我们还假设违约发生时的回收率符合债务的优先级和资产的性质。

第一步，在无套利假设下，构建利率二叉树。表 10-8 展示了用于构建利率二项树的基准政府债券的数据，息票为一年支付一次。可以看到，这是平价收益率曲线上的数据，因为每只债券的价格都是 100。平价债券的票面利率等于到期收益率，因为到期年份都是整数，因此均没有应计利息。一年期政府债券的收益率为负数，这反映了金融市场的某些状况。一年期平价债券其实是一种溢价交易的零息票债券，每 100 票面价值的价格为 100.2506。但在平

⊖ 10.5 节和 10.6 节的内容均基于史密斯的文章（2017）。

价收益率曲线上，所有债券的价格都是 100，所以票面利率为负。

表 10-8 平价收益率曲线、即期利率、贴现因子和远期利率 ⊖

期限	票面利率	价格	贴现因子	即期利率	远期利率
1	-0.25%	100	1.002 506	-0.2500%	
2	0.75%	100	0.985 093	0.7538%	1.7677%
3	1.50%	100	0.955 848	1.5166%	3.0596%
4	2.25%	100	0.913 225	2.2953%	4.6674%
5	2.75%	100	0.870 016	2.8240%	4.9664%

贴现因子和即期利率是用基准债券的现金流计算的。贴现因子的具体求解过程如下：

$$100 = (100 - 0.25) \times DF_1$$
$$DF_1 = 1.002 506$$
$$100 = (0.75 \times 1.002 506) + (100.75 \times DF_2)$$
$$DF_2 = 0.985 093$$
$$100 = (1.50 \times 1.002 506) + (1.50 \times 0.985 093) + (101.50 \times DF_3)$$
$$DF_3 = 0.955 848$$
$$100 = (2.25 \times 1.002 506) + (2.25 \times 0.985 093) + (2.25 \times 0.955 848) + (102.25 \times DF_4)$$
$$DF_4 = 0.913 225$$
$$100 = (2.75 \times 1.002 506) + (2.75 \times 0.985 093) + (2.75 \times 0.955 848) + (2.75 \times 0.913 225) + (102.75 \times DF_5)$$
$$DF_5 = 0.870 016$$

即期利率（即隐含的零息票债券利率）可以根据贴现因子计算。例如，两年期即期利率的计算结果为 0.7538%：

$$\left(\frac{1}{0.985 093}\right)^{1/2} - 1 = 0.007 538$$

而四年期即期利率为 2.2953%：

$$\left(\frac{1}{0.913 225}\right)^{1/4} - 1 = 0.022 953$$

远期利率可以由贴现因子的比率算得。比如，两年后的一年期远期利率是 3.0596%：

$$0.985 093 / 0.955 848 - 1 = 0.030 596$$

四年后开始的一年期远期利率为 4.9665%：⊖

$$0.913 225 / 0.870 016 - 1 = 0.049 665$$

遵循第 8 章"无套利估值框架"中的方法，我们构建了与上述基准债券价格一致的一年期远期利率的利率二叉树，并假设未来利率会发生波动。这里我们假设利率波动率为 10%。得出的利率二叉树如图 10-4 所示。

每个利率下面的数字是到达该节点的概率。从当前（时点 0）节点出发，远期利率有可能从 -0.25% 变为时点 1 的 1.9442%，或变为 1.5918%，概率均为 0.5。时点 2 的 1 年期远期利率可能取值为 3.7026%、3.0315% 或 2.4820%，概率分别为 0.25、0.50 和 0.25。时点 4 的远期利率可能高达 7.2918%，也可能低至 3.2764%。对于每个时点，利率的可能取值分布在

⊖ 在本表和后面的一些表格中，计算都是在电子软件中完成的，文中报告的只是四舍五入的结果。
⊖ 请注意，因为图表与展示 9 中的数字是通过 excel 软件输入的，所以表 5 年期远期利率的精确值为 4.9664%。

如表 10-8 所示的远期利率周围。

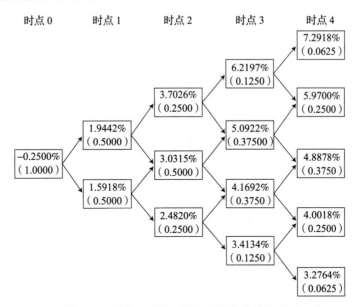

图 10-4　利率二叉树，假设利率波动率为 10%

　　为了验证生成的利率二叉树是无套利的，我们用它来计算票面利率为 2.75% 的政府债券的价格。从表 10-8 中可以看到，该债券的价格应该等于其票面价值。图 10-5 展示了用利率二叉树定价的结果，在时点 0 的价值确实是 100.0000。请注意，当年的息票和本金支付被放在利率二叉树中对应远期利率的右边。

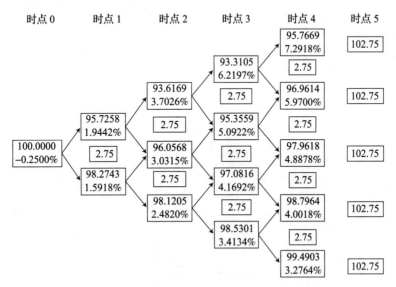

图 10-5　年化票面利率 2.75% 的政府债券的估值

　　在时点 5，该债券已经到期，债券价格为最后一期的本金加息票支付，即 102.75。
　　时点 4 有 5 个节点，每个节点的债券价格分别为：
$$102.75 / 1.072\,918 = 95.7669$$

$$102.75/1.059\ 700 = 96.9614$$
$$102.75/1.048\ 878 = 97.9618$$
$$102.75/1.040\ 018 = 98.7964$$
$$102.75/1.032\ 764 = 99.4903$$

时点 3 有 4 个节点，每个节点的债券价格分别为：

$$\frac{[(0.5\times95.7669)+(0.5\times96.9614)]+2.75}{1.062\ 197} = 93.3105$$

$$\frac{[(0.5\times96.9614)+(0.5\times97.9618)]+2.75}{1.050\ 922} = 95.3559$$

$$\frac{[(0.5\times97.9618)+(0.5\times98.7964)]+2.75}{1.041\ 692} = 97.0816$$

$$\frac{[(0.5\times98.7964)+(0.5\times99.4903)]+2.75}{1.034\ 134} = 98.5301$$

继续应用倒向归纳法计算，最终可以得到时点 0 的债券价格 100.000 0，这表明该利率二叉树已被正确校准。

现在考虑一只票面利率为 3.50% 的 5 年期公司债券，一年付息一次。固定收益分析师认为该债券的年违约概率（风险率）为 1.25%，回收率为 40%，再假定基准利率的波动率为 10%。分析师的问题是，如何在这些假设下计算该债券的公允价值。具体分为两步：

- 首先，确定在不发生违约的情况下，该债券的无违约价值（VND）。
- 然后，计算该债券的信用估值调整（CVA）。债券的公允价值就等于 VND 减去 CVA。

可以用图 10-4 中的利率二叉树来计算 VND。图 10-6 展示了具体的计算过程，最终结果为每 100 票面价值的价格为 103.545 0。

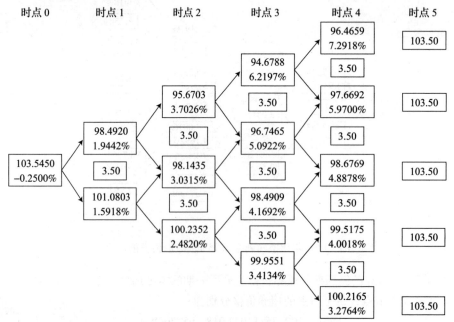

图 10-6 计算公司债券的 VND，假设利率波动率为 10%

当然也可以用贴现因子直接计算 VND，具体计算过程如下：

$(3.50 \times 1.002\,506) + (3.50 \times 0.985\,093) + (3.50 \times 0.955\,848) + (3.50 \times 0.913\,225) + (103.50 \times 0.870\,016)$
$= 103.5450$

使用利率二叉树来计算 VND 有一个好处，那就是可以用同一个利率二叉树来计算违约损失的预期风险敞口，后者是信用风险分析建模的一个关键步骤。

CVA 的具体计算过程如表 10-9 所示，最终计算结果为每 100 票面价值 3.5394。

表 10-9 计算公司债券的 CVA，假设利率波动率为 10%

时点	预期风险敞口	LGD	POD	贴现因子	每时点的 CVA 贡献
0					
1	103.2862	61.9717	1.2500%	1.002 506	0.7766
2	101.5481	60.9289	1.2344%	0.985 093	0.7409
3	101.0433	60.6260	1.2189%	0.955 848	0.7064
4	102.0931	61.2559	1.2037%	0.913 225	0.6734
5	103.5000	62.1000	1.1887%	0.870 016	0.6422
			6.0957%	CVA =	3.5394

首先根据每个节点的债券价值、到达该节点的概率和息票支付计算预期风险敞口，比如，时点 4 的预期风险敞口为 102.0931，具体计算公式为：

$[(0.0625 \times 96.4659) + (0.25 \times 97.6692) + (0.375 \times 98.6769) + (0.25 \times 99.5175) + (0.0625 \times 100.2165)] + 3.50$
$= 102.0931$

因为回收率被设定为预期风险敞口的 40%，所以时点 4 的违约损失率（LGD）为：

$$102.0931 \times (1 - 0.40) = 61.2559$$

在之前没有发生违约的条件下，时点 4 的违约概率（POD）为 1.2037%，计算公式为：

$$1.25\% \times (100\% - 1.25\%)^3 = 1.2037\%$$

其中 $(100\% - 1.25\%)^3$ 是时点 3 的生存概率，1.25% 是时点 4 的违约概率（风险率）。将 LGD 和 POD 相乘就得到了预期损失，而预期损失的现值就是该时点对总 CVA 的贡献值，比如时点 4 的 CVA 贡献值就是 0.6734。将所有时点的贡献值加总就得到了债券的总体 CVA。

将计算得到的 VND 和 CVA 相减，该固定收益分析师得出的结论是，公司债券的公允价值为每 100 面值 100.0056：

$$103.5450 - 3.5394 = 100.0056$$

比较债券当前的市场价格与计算得到的公允价值，分析师就能给出买入或卖出的建议。

根据公司债券的公允价值，可以计算公司债券的到期收益率（YTM）：

$$100.0056 = \frac{3.50}{(1+YTM)^1} + \frac{3.50}{(1+YTM)^2} + \frac{3.50}{(1+YTM)^3} + \frac{3.50}{(1+YTM)^4} + \frac{103.50}{(1+YTM)^5}$$

$$YTM = 0.034988$$

从表 10-8 中可以看到，五年期平价政府债券的到期收益率为 2.75%。因此公司债券与基准债券的信用利差为 0.7488%。在实践中，信用利差通常是用相近期限的政府债券的实际收益率来衡量的，后者可能以溢价或折价交易。

我们可以用两种方式来衡量该公司债券的信用风险：以 CVA 来衡量为每 100 票面价值 3.5394，而以信用利差来衡量为每年 74.88 个基点。这些结论都假设观察到的信用利差完全来源于信用风险，但现实中政府债券和公司债券之间通常还在流动性和税收待遇等方面存在差异。本章忽略了这些差异，只针对信用风险进行分析。换句话说，流动性和税收待遇等差异造成的影响也被包含在信用利差中了。

例 10-6　使用信用分析辅助投资决策

罗莉·波乐儿是一位固定收益基金经理，专门做多她认为被低估的高收益公司债券。她特别关注那些与政府证券的信用利差似乎表明违约概率过高或违约发生后回收率过低的债券。目前，她正在考察一只 3 年期、年利率为 4.00% 的债券，定价为每 100 票面价值 104。在她看来，这只债券的定价应该反映出在回收率为 40% 的情况下，每年 2.25% 的违约概率（风险率）。波乐儿认为未来几年政府债券收益率的波动率大约为 10%。她应该考虑购买这只债券作为其投资组合的一部分吗？请使用表 10-8 中的平价收益率曲线和图 10-4 中的利率二叉树。

解答：波乐儿女士需要根据她对信用风险参数的假设，计算 3 年期、年利率为 4% 的公司债券的公允价值。结果如表 10-10 所示。

表 10-10　3 年期、4% 年化票面利率债券的公允价值

时点	预期风险敞口	LGD	POD	贴现因子	每时点的 CVA 贡献
0					
1	107.0902	64.2541	2.2500%	1.002 506	1.4493
2	104.9120	62.9472	2.1994%	0.985 093	1.3638
3	104.0000	62.4000	2.1499%	0.955 848	1.2823
			6.5993%	CVA =	4.0954

债券的 VND 是 107.3586。用利率二叉树计算债券价值的过程如下：

$$104/1.037\,026 = 100.2868$$
$$104/1.030\,315 = 100.9400$$
$$104/1.024\,820 = 101.4812$$
$$\frac{[(0.5\times100.2868)+(0.5\times100.9400)]+4}{1.019\,442} = 102.6183$$
$$\frac{[(0.5\times100.9400)+(0.5\times101.4812)]+4}{1.015\,918} = 103.5621$$
$$\frac{[(0.5\times102.6183)+(0.5\times103.5621)]+4}{0.997\,500} = 107.3586$$

在年违约概率为 2.25% 和回收率为 40% 的假设下，该债券的 CVA 是 4.0954。下面是时点 1 和时点 2 预期风险敞口的计算：

$$[(0.50\times102.6183)+(0.50\times103.5621)]+4 = 107.0902$$
$$[(0.25\times100.2868)+(0.50\times100.9400)+(0.25\times101.4812)]+4 = 104.9120$$

LGD 的计算过程如下：

$$107.0902\times(1-0.40) = 64.2541$$
$$104.9120\times(1-0.40) = 62.9472$$
$$104\times(1-0.40) = 62.4000$$

时点 2 和时点 3 的 POD 计算过程如下：
$$2.25\% \times (100\% - 2.25\%) = 2.1994\%$$
$$2.25\% \times (100\% - 2.25\%)^2 = 2.1499\%$$

根据她假设的信用风险参数，波乐儿女士确定的高收益公司债券的公允价值为 103.2632（=107.3586-4.0954）。鉴于该债券的交易价格为 104 美元，她可能不会购买该债券，因为该债券的估值过高。

可以证明，利率波动率的变化对公司债券的公允价值影响较小。通常情况下，利率波动率变化的影响只能通过影响债券中内嵌期权的价值表现出来，就像前面章节介绍的可赎回债券或可回售债券那样。在本节中，我们可以看到利率波动率还可以通过影响 CVA 的计算结果，对不包含内嵌期权的公司债券造成影响。图 10-7 和表 10-11 说明了这一点，它们显示了在利率波动率提高到 20% 的情况下，用利率二叉树对前述 5 年期、票面利率为 3.50% 的公司债券估值的结果，这里使用的信用风险参数与前面的例子中一样。

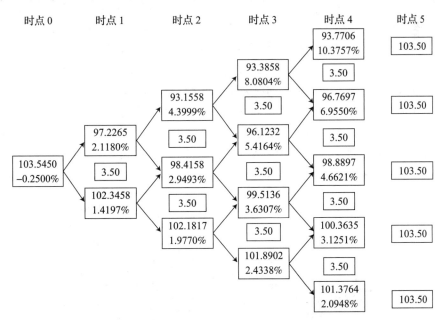

图 10-7　计算公司债券的 VND，假设利率波动率为 20%

表 10-11　计算公司债券的 CVA，假设利率波动率为 20%

时点	预期风险敞口	LGD	POD	贴现因子	每时点的 CVA 贡献
0					
1	103.2862	61.9717	1.2500%	1.002 506	0.7766
2	101.5423	60.9254	1.2344%	0.985 093	0.7408
3	101.0233	60.6140	1.2189%	0.955 848	0.7062
4	102.0636	61.2382	1.2037%	0.913 225	0.6732
5	103.5000	62.1000	1.1887%	0.870 016	0.6422
			6.0957%	CVA =	3.5390

从图 10-7 中可以看到，在 20% 的利率波动率假设下，每个时点的远期利率取值范围都扩大了。在 10% 的利率波动率假设下，时点 4 的利率取值从 3.2764% 的低点到 7.2918% 的高点不等；但在 20% 的利率波动率假设下，利率波动区间变为从 2.0948% 到 10.3757%。但最重要的是，利率波动率改变后，债券的 VND 仍然为 103.5450。这表明该利率二叉树已被正确校准，且未来的利率波动率对无违约风险的政府债券的价格没有影响。只有在存在内嵌期权的情况下，或者在如表 10-11 所示存在信用风险的情况下，利率波动率的变化才会导致公司债券公允价值的变化。

表 10-11 给出了在 20% 的利率波动率假设下计算 CVA 的表格。可以看到，与利率波动率为 10% 的表 10-9 相比，时点 2、3、4 的预期风险敞口降低了一点儿。这些小的变化贯穿整个表格，降低了总体的预期违约损失和各个时点对总体 CVA 的贡献。最终的 CVA 为每 100 票面价值 3.5390；债券的公允价值为 100.0060，与波动率为 10% 时的 100.0056 相比略有增加。

利率波动率对有风险债券的公允价值影响较小的原因是利率模型采用了对数正态假设，因此这一假设下产生的远期利率存在一定的不对称性。在构建的利率二叉树中，远期利率的取值范围位于每个时点的隐含远期利率的两侧，假设的利率波动率越高，远期利率取值的分布范围就越大。但这个区间并不是完全以隐含远期利率为中心对称的。例如，从表 10-8 中可以看到，4 年后的 1 年期隐含远期利率为 4.9665%。在利率波动率为 20% 的情况下，利率二叉树中时点 4 的顶部节点的远期利率比该隐含远期利率高了 5.4092%，而底部节点的远期利率只比隐含远期利率低了 2.8717%。由此造成的净效应是降低了违约损失的预期风险敞口。利率二叉树顶部的高利率意味着潜在的损失较小，足以抵消利率二叉树底部更大的损失。

无套利框架也可以用于为有风险的浮动利率债券估值。考虑一只五年期浮动利率债券，每年支付一次息票，票面利率为一年期基准利率加上 0.50%。这 50 个基点被称为**报价利差**，通常在证券的整个存续周期内都是固定的。图 10-8 展示了使用利率二叉树计算该浮动利率债

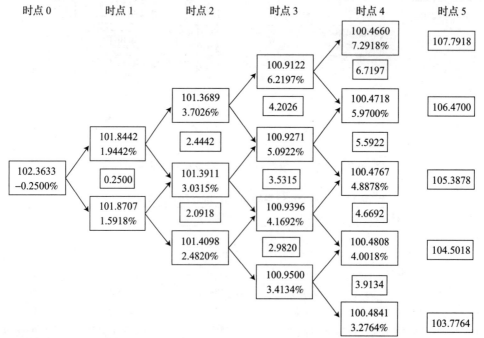

图 10-8　计算浮动利率债券的 VND，利率波动率为 10%

券 VND 的过程。在利率波动率为 10% 的假设下，最终计算结果为每 100 面值 VND 为
102.3633。注意，息票均根据"后定利率"计算，这意味着利率设定在期初，息票支付在期
末。所以每个利率右侧的息票支付是根据利率二叉树中对应的已设定的参考利率加上报价利
差计算得到的。比如，时点 1 的利息支付是 0.25，是根据时点 0 的参考利率 -0.25% 计算的：

$$(-0.25\% + 0.50\%) \times 100 = 0.25$$

再比如，时点 5 的最后一笔支付是根据时点 4 的利率计算的。如果时点 4 的利率为
4.8878%，则时点 5 的支付为：

$$(4.8878\% + 0.50\%) \times 100 + 100 = 105.3878$$

可以看到，虽然每个时点的远期利率相差较大，但债券价值是非常接近的。这也是发行
浮动利率债券的目的之一，即降低利率风险。如果该债券以基准利率支付利息，也就是说报
价利差为零，那么债券价格将恰好为 100.0000。VND 的最终计算结果为 102.3633，是通过倒
向归纳法得到的。比如时点 4 各节点债券价值的计算过程为：

$$107.7918/1.072\,918 = 100.4660$$
$$106.4700/1.059\,700 = 100.4718$$
$$105.3878/1.048\,878 = 100.4767$$
$$104.5018/1.040\,018 = 100.4808$$
$$103.7764/1.032\,764 = 100.4841$$

时点 3 各节点债券价值的计算过程为：

$$\frac{[(0.5\times100.4660)+(0.5\times100.4718)]+6.7197}{1.062\,197} = 100.9122$$
$$\frac{[(0.50\times100.4718)+(0.5\times100.4767)]+5.5922}{1.050\,922} = 100.9271$$
$$\frac{[(0.5\times100.4767)+(0.5\times100.4808)]+4.6692}{1.041\,692} = 100.9396$$
$$\frac{[(0.5\times100.4808)+(0.5\times100.4841)]+3.9134}{1.034\,134} = 100.9500$$

时点 2 各节点债券价值的计算过程：

$$\frac{[(0.5\times100.9122)+(0.5\times100.9271)]+4.2026}{1.037\,026} = 101.3689$$
$$\frac{[(0.5\times100.9271)+(0.5\times100.9396)]+3.5315}{1.030\,315} = 101.3911$$
$$\frac{[(0.5\times100.9396)+(0.5\times100.9500)]+2.9820}{1.024\,820} = 101.4098$$

最后是时点 1 和时点 0 各节点债券价值的计算过程：

$$\frac{[(0.5\times101.3689)+(0.5\times101.3911)]+2.4442}{1.019\,442} = 101.8442$$
$$\frac{[(0.5\times101.3911)+(0.5\times101.4098)]+2.0918}{1.015\,918} = 101.8707$$
$$\frac{[(0.5\times101.8442)+(0.5\times101.8707)]+0.2500}{0.997\,500} = 102.3633$$

表 10-12 显示了该浮动利率债券的 CVA 计算表格。我们假设前三年的年违约概率（风险率）为 0.50%，回收率为 20%。之后发行人的信用状况恶化，最后两年的违约概率上升到了 0.75%，而回收率则下降到了 10%。这是一个风险率在债券的存续周期内发生变化的例子。

表 10-12 计算浮动利率债券的 CVA，报价利差为 0.50%

时点	预期风险敞口	LGD	POD	贴现因子	每时点的 CVA 贡献
0					
1	102.1074	81.6859	0.5000%	1.002 506	0.4095
2	103.6583	82.9266	0.4975%	0.985 093	0.4064
3	104.4947	83.5957	0.4950%	0.955 848	0.3955
4	105.6535	95.0881	0.7388%	0.913 225	0.6416
5	105.4864	94.9377	0.7333%	0.870 016	0.6057
			2.9646%	CVA =	2.4586

注：信用风险参数假设为，第 1~3 日，风险率 = 0.5%，回收率 = 20%；第 4~5 日，风险率 = 0.75%，回收率 = 10%。

在预期风险敞口的计算过程中要注意，计算每个时点的债券价值时要使用对应时点的概率，而计算可能的利息支付时要使用前一个时点的概率。例如，时点 4 违约损失的预期风险敞口的计算过程为：

$$[(0.0625×100.4660)+(0.25×100.4718)+(0.375×100.4767)+(0.25×100.4808)+$$
$$(0.0625×100.4841)]+[(0.125×6.7197)+(0.375×5.5922)+$$
$$(0.375×4.6692)+(0.125×3.9134)]$$
$$=105.6535$$

第一个中括号中的项是使用时点 4 的概率计算的，根据时点 4 的五种可能利率的对应概率来计算预期债券价值。第二个中括号中的项是使用时点 3 的概率计算的，根据时点 3 的四种可能利率的对应概率来计算预期利息支付。

时点 2 的预期 LGD 为 82.9266：

$$103.6583×(1-0.20)=82.9266$$

时点 4 的预期 LGD 为 95.0881：

$$105.6535×(1-0.10)=95.0881$$

表 10-12 中的 POD 反映了每年的生存概率。在时点 1 没有发生违约的情况下，时点 2 的 POD 为 0.4975%：

$$0.50%×(100%-0.50%)=0.4975%$$

时点 3 的 POD 为 0.4950%：

$$0.50%×(100%-0.50%)^2=0.4950%$$

第四年的生存概率为 98.5075%：

$$(100%-0.50%)^3=98.5075%$$

由于假定信用状况会恶化，时点 4 的 POD 上升至 0.7388%：

$$0.75%×98.5075%=0.7388%。$$

所以第 5 年的生存概率为 97.7687%：

$$98.5075%-0.7388%=97.7687%$$

时点 5 的 POD 为 0.7333%：

$$0.75%×97.7687%=0.7333%$$

该浮动利率债券存续周期内的累计违约概率为 2.9646%。

在这些信用风险参数的假设下,该浮动利率债券的 CVA 是 2.4586,公允价值为 99.9047,也就是 102.3633 的 VND 减去 CVA。由于价格低于票面价值,其实际的**贴现利差**必然高于 0.50% 的报价利差。贴现利差是浮动利率债券常用的收益率指标,使用方法与固定利率债券的信用利差相同。

可以通过试错法,用校准过的利率二叉树来确定浮动利率债券的贴现利差(也可以使用 Excel 中的单变量求解和规划求解功能)。试着在利率二叉树的每一个节点的利率上增加一个固定的贴现利差,再计算浮动利率债券的价值。然后根据结果与公允价值 99.9047 的差异来调整贴现利差,最终找到与公允价值匹配的贴现利差。图 10-9 显示,该浮动利率债券的贴现利差为 0.520 46%,略高于报价利差,这与该债券以略低于票面价值的价格折价交易的事实相符。

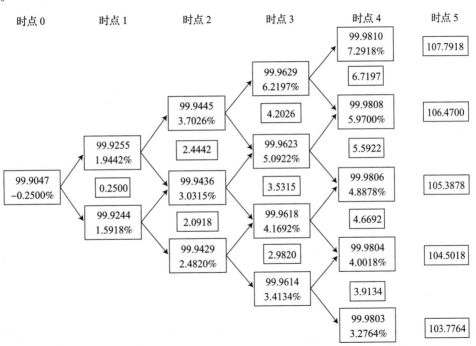

图 10-9 计算浮动利率债券的贴现利差,利率波动率为 10%

比如,时点 2 的债券价格计算过程为:

$$\frac{[(0.5\times99.9629)+(0.5\times99.9623)]+4.2026}{1+0.037\,026+0.005\,204\,6}=99.9445$$

$$\frac{[(0.5\times99.9623)+(0.5\times99.9618)]+3.5315}{1+0.030\,315+0.005\,204\,6}=99.9436$$

$$\frac{[(0.5\times99.9618)+(0.5\times99.9614)]+2.9820}{1+0.024\,820+0.005\,204\,6}=99.9429$$

在利率二叉树的所有节点上,将某个固定的贴现利差加到基准利率上,这也是信用风险的一种度量方法。经过试错法,0.520 46% 的贴现利差能给出 99.9047 的时点 0 债券价格,与使用 VND 和 CVA 的模型得到的价格相同。

◢ 例 10-7　浮动利率债券估值

奥马尔·亚辛是一家固定收益投资公司的资深信用分析师。他目前的任务是评估高收益公司债券的潜在购买机会。亚辛的一个有趣的评估目标是一只 3 年期的浮动利率债券，一年付息一次，票面利率为基准利率加上 2.50%。该债券的评级为 CCC，价格为每 100 票面价值为 84。根据各种研究报告和发行人的信用违约互换价格，亚辛认为该债券明年违约的可能性约为 30%。如果发行人真的破产了，他预计回收率至少为 50%。由于发行人持有一些有价值的房产，这一比例可能高达 60%。他还认为，如果该公司能够挺过明年，那么剩下两年的违约概率仅为每年 10% 左右。根据这些关于信用风险参数的假设和利率波动率为 10% 的预期，亚辛是否应该建议公司购买该浮动利率债券？

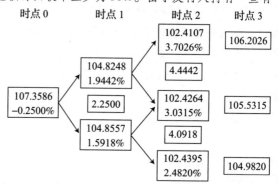

图 10-10　3 年期浮动利率债券的公允价值

解答：亚辛在假设了违约概率，并假设了回收率介于 50% 和 60% 之间的情况下，计算了该 3 年期浮动利率债券的公允价值。结果如图 10-10 所示。

如果假设 50% 的回收率，CVA 的计算如下（见表 10-13）：

表 10-13　计算浮动利率债券的 CVA，回收率为 50%

时点	预期风险敞口	LGD	POD	贴现因子	每时点的 CVA 贡献
0					
1	107. 0902	53. 5451	30. 0000%	1. 002 506	16. 1038
2	106. 6938	53. 3469	7. 0000%	0. 985 093	3. 6786
3	105. 5619	52. 7810	6. 3000%	0. 955 848	3. 1784
			43. 3000%	CVA =	22. 9608

此时公允价值 = 107. 3586 - 22. 9608 = 84. 3978。

如果假设 60% 的回收率，CVA 的计算如下（见表 10-14）：

表 10-14　计算浮动利率债券的 CVA，回收率为 60%

时点	预期风险敞口	LGD	POD	贴现因子	每时点的 CVA 贡献
0					
1	107. 0902	42. 8361	30. 0000%	1. 002 506	12. 8830
2	106. 6938	42. 6775	7. 0000%	0. 985 093	2. 9429
3	105. 5619	42. 2248	6. 3000%	0. 955 848	2. 5427
			43. 3000%	CVA =	18. 3686

此时公允价值 = 107. 3586 - 18. 3686 = 88. 9900。

利率二叉树中的每一个预期利息支付都是年初的基准利率加上 2.50%，再乘以 100。时点 0 时利率为 -0.25%，时点 1 的利息支付为 2.2500[= (-0.25% + 2.50%) × 100]。如果时点 2 的利率是 2.4820%，那么在时点 3，债券到期时的现金支付是 104.9820[= (2.4820% + 2.50%) × 100 + 100]。

该浮动利率债券的 VND 为 107.3586。使用利率二叉树计算债券价值的过程如下：

$$106. 2026 / 1. 037 026 = 102. 4107$$

$$105.5315/1.030\,315 = 102.4264$$

$$104.9820/1.024\,820 = 102.4395$$

$$\frac{[(0.5\times102.4107)+(0.5\times102.4264)]+4.4442}{1.019\,442} = 104.8248$$

$$\frac{[(0.5\times102.4264)+(0.5\times102.4395)]+4.0918}{1.015\,918} = 104.8557$$

$$\frac{[(0.5\times104.8248)+(0.5\times104.8557)]+2.2500}{0.997\,500} = 107.3586$$

以下是对违约损失的预期风险敞口的计算:

$$[(0.5\times104.8248)+(0.5\times104.8557)]+2.2500 = 107.0902$$

$$[(0.25\times102.4107)+(0.5\times102.4264)+(0.25\times102.4395)]+[(0.5\times4.4442)+(0.5\times4.0918)] = 106.6938$$

$$[(0.25\times106.2026)+(0.5\times105.5315)+(0.25\times104.9820)] = 105.5619$$

我们假设时点 1 的违约概率是 30%。那么时点 2 的 POD 是 7.00%,等于第二年的生存概率 70% 乘以 10% 的违约概率。第三年的生存概率为 63%(=70%-7%),所以时点 3 的 POD 为 6.30%(=10%×63%)。

是否考虑购买该浮动利率债券归根结底取决于对回收率的假设。表 10-13 首先显示了预期回收率为 50% 的结果。此时时点 2 的 LGD 为 53.3469[=106.6938×(1-0.50)]。总 CVA 为 22.9608,公允价值为 84.3978(=107.3586-22.9608)。接下来,表 10-14 显示了 60% 回收率下的结果。在该假设下,时点 2 的 LGD 仅为 42.6775[=106.6938×(1-0.60)]。更高的回收率使总 CVA 降低到了 18.3686,浮动利率债券的公允价值是 88.9900。

亚辛应该建议公司购买该高收益浮动利率债券。尽管在三年内的某一时点违约的概率高达 43.3%,但在 50% 的回收率假设下,该债券定价在 84 似乎是相当合理的;而在 60% 的回收率假设下,该债券则明显被低估了。

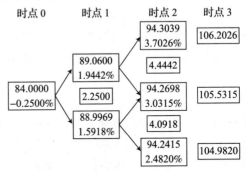

图 10-11　3 年期浮动利率债券的贴现利差

此外,该债券仍有 57.7%(=100%-43.3%)的可能性不违约。图 10-11 显示了贴现利差的计算过程。贴现利差是在假设没有发生违约的情况下,对投资者的收益率的衡量(就像固定利率债券的到期收益率)。通过试错法发现,贴现利差为 8.9148%,大大高于报价利差,因为浮动利率债券的报价有很大的折扣。

时点 1 和时点 0 的债券价值的计算过程如下:

$$\frac{[(0.5\times94.3039)+(0.5\times94.2698)]+4.4442}{1+0.019\,442+0.089\,148} = 89.0600$$

$$\frac{[(0.5\times94.2698)+(0.5\times94.2415)]+4.0918}{1+0.015\,918+0.089\,148} = 88.9969$$

$$\frac{[(0.5\times89.0600)+(0.5\times88.9969)]+2.2500}{1-0.0025+0.089\,148} = 84.0000$$

10.6   信用利差变化的解读

公司债券和基准债券的收益率以及它们之间的信用利差每天处于变化之中。固定收益分析师面临的挑战是如何理解并解释收益率和信用利差变化的原因。图10-12列出了债券收益率的主要组成部分。一般来说，基准收益率反映了能影响所有债券的宏观经济因素，比如预期通货膨胀率和预期实际收益率。风险厌恶的投资者也可能要求对这些变量的不确定性进行补偿。

公司债券获得的基准收益率之上的利差，则反映了和发行人和债券本身有关的微观经济因素。其中最重要的因素是可能发生的违约带来的预期损失。此外，公司债券与基准债券的流动性和税收待遇也存在差异。这些因素是相伴而生、很难分开的。对于那些分析师也难以评估违约概率和回收率的债券，其流动性无疑也会降低。同样，如果债券的税收待遇存在不确定性，估值的时间和成本也会增加。这些都会造成债券的流动性降低。在观察到的公司债券和基准债券的利差中，另一个组成部分可能是风险厌恶的投资者对信用风险、流动性和税收待遇不确定性要求的风险补偿。

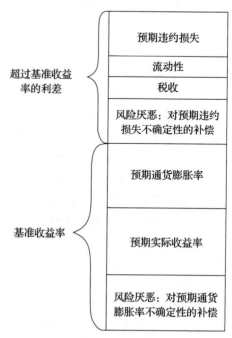

图10-12   公司债券收益率的组成部分
资料来源：史密斯（2017）。

银行和咨询公司的各研究小组一直致力于开发相关模型，以更好地将交易对手的信用风险、融资成本、流动性和税收影响纳入金融衍生品的估值过程。首先，可以用基准贴现因子贴现的方法计算一个价值，实践中这些贴现因子可能来自隔夜指数互换（OIS）的利率。OIS的标的是某个基准利率日利率的平均值，例如美国的联邦基金利率。通过这一步得到的衍生品价值与上一节计算的 VND 相当，可以在此基础上根据其他因素进行估值调整。这些估值调整被统称为"XVA"，其中信用评估调整（CVA）是目前应用最广泛的调整方法。其他"XVA"还包括融资估值调整（FVA）、流动性估值调整（LVA）和税收估值调整（TVA）。原则上，同样的方法也适用于公司债券，此时这些"XVA"就构成了观察到的公司债券和基准债券收益率之间的利差。在本章中，我们只关注关于信用风险的部分，即 CVA。

下面我们用一个无套利框架下的信用分析模型来检验违约概率、回收率和信用利差之间的联系。这当然是一个简化的模型，与实践中使用的更复杂的模型相比，只能起到说明的作用。复杂的模型（称为"XVA引擎"）通常涉及用蒙特卡洛方法模拟的数千种可能的利率路径。我们使用的五年期利率二叉树只有 16 条路径，所以只是实际模型的简化。

再次考虑 10.5 节中的五年期，票面利率为 3.50% 的公司债券。根据图 10-6 中的计算结果，VND 值为每 100 票面价值 103.5450。现在，让我们使用信用分析模型来计算违约概率，假设的信用利差和回收率（40%）保持一致。假设的信用利差如表 10-7 所示，AAA 级债券信用利差为 0.60%。通过试错法可以发现，1.01% 的年违约概率（风险率）可以使信用利差刚好等于 60 个基点。CVA 计算的表格如表 10-15 所示。可以看到，预期风险敞口和预期违约损失与表 10-9 相同，只有每个时点的违约概率和 CVA 贡献会发生变化。

表 10-15　计算公司债券的 CVA，违约概率为 1.01%，回收率为 40%

时点	预期风险敞口	LGD	POD	贴现因子	每时点的 CVA 贡献
0					
1	103.2862	61.9717	1.0100%	1.002 506	0.6275
2	101.5481	60.9289	0.9998%	0.985 093	0.6001
3	101.0433	60.6260	0.9897%	0.955 848	0.5735
4	102.0931	61.2559	0.9797%	0.913 225	0.5481
5	103.5000	62.1000	0.9698%	0.870 016	0.5240
			4.9490%	CVA =	2.8731

该债券的 CVA 为每 100 票面价值 2.8731，公允价值为 100.6719。因此到期收益率为 3.35%：

$$100.6719 = \frac{3.50}{(1+\text{YTM})^1} + \frac{3.50}{(1+\text{YTM})^2} + \frac{3.50}{(1+\text{YTM})^3} + \frac{3.50}{(1+\text{YTM})^4} + \frac{103.50}{(1+\text{YTM})^5}$$

$$\text{YTM} = 0.0335$$

重复该过程，我们可以得到表 10-7 所示的其他信用评级债券的信用利差对应的违约概率。对每一个信用评级，都使用试错法来获得与 CVA、公允价值和利差对应的初始 POD。表 10-16 显示了五年内的年违约概率和累积违约概率的计算结果。

表 10-16　不同信用评级的违约概率，回收率为 40%

信用评级	信用利差	年违约概率	累积违约概率
AAA	0.60%	1.01%	4.95%
AA	0.90%	1.49%	7.23%
A	1.10%	1.83%	8.82%
BBB	1.50%	2.48%	11.80%
BB	3.40%	5.64%	25.19%
B	6.50%	10.97%	44.07%
CCC, CC, C	9.50%	16.50%	59.41%

表 10-16 中的违约概率看起来偏高，尤其是与表 10-6 中的历史数据比较。自 1995 年以来，没有一家 AAA 级公司发生过违约；但我们的模拟结果却显示，第一年的违约概率就超过了 1%，接下来的五年则接近 5%。但正如 10.2 节所讨论的那样，这些违约概率都是从市场价格中提取的风险中性违约概率，肯定是高于实际概率的，因为市场价格反映了违约时间的不确定性。公司债券的投资者担心信用利差的扩大，尤其是在他们不打算持有债券至到期的时候。正如表 10-7 所示，即便是高质量的投资级公司债券，信用评级在不同年份间的频繁变化也令人担忧。这些都会反映在风险中性违约概率中。此外，市场上观察到的信用利差不仅反映了信用风险，还包含了流动性和税收待遇的影响，这进一步加大了风险中性违约概率和实际违约概率之间的差异。

回收率和信用利差之间的关系也可以用前面的信用分析模型检验。假设 5 年期、票面利率为 3.50% 的公司债券的初始违约概率为 1.83%。在表 10-16 中可以看到，在回收率为 40%时，该债券的信用利差为 1.10%。如果假设回收率为 30%，结果会如何？表 10-17 显示了新回收率假设下 CVA 的计算过程。

表 10-17 计算公司债券的 CVA，初始违约概率为 1.83%，回收率为 30%

时点	预期风险敞口	LGD	POD	贴现因子	每时点的 CVA 贡献
0					
1	103.2862	72.3003	1.8300%	1.002 506	1.3264
2	101.5481	71.0837	1.7965%	0.985 093	1.2580
3	101.0433	70.7303	1.7636%	0.955 848	1.1923
4	102.0931	71.4652	1.7314%	0.913 225	1.1300
5	103.5000	72.4500	1.6997%	0.870 016	1.0714
			8.8212%	CVA =	5.9781

回收率从 40% 降低到 30%，LGD 和每时点的 CVA 贡献都会受到影响。从表 10-17 中可以看到，总体 CVA 为每 100 票面价值 5.9781。因此债券的公允价值变为 97.5670（= 103.5450 - 5.9781），到期收益率为 4.05%：

$$97.5670 = \frac{3.50}{(1+YTM)^1} + \frac{3.50}{(1+YTM)^2} + \frac{3.50}{(1+YTM)^3} + \frac{3.50}{(1+YTM)^4} + \frac{103.50}{(1+YTM)^5}$$

$$YTM = 0.0405$$

所以信用利差为 1.30%（= 4.05% - 2.75%）。从这个例子中可以看到，信用评级公司是如何进行信用等级的微调的，或者说，在给公司债券评级时，如何在同样的违约概率下考虑预期违约损失的影响。假设该公司的发行人评级为 A，公司发行的优先无担保债务的违约概率为 1.83% 且回收率为 40%，那么信用利差为 1.10%，与其他评级为 A 的公司相当。假设该公司另一只债券为次级债券，信用评级机构分析师认为预期回收率应该为 30%，那么该次级债的评级可能会被降至 A-级或 BBB+级。

◢ 例 10-8　估计信用利差参数变化的影响

爱德华·卡皮利是一家大型货币中心银行固定收益交易部门的暑期实习生。他的主管让他使用利率二叉树模型在 20% 的利率波动率和当前的基准债券平价收益率曲线的假设下，为一只 3 年期、每年付息、票面利率为 3% 的公司债券进行估值（使用图 10-7 中的利率二叉树）。假设年违约概率为 1.50%，回收率为 40%。

他的主管问卡皮利，违约概率翻倍至 3.00%，或者回收率减半至 20%，两种情况中哪一种对该公司债券收益率与 3 年期基准债券收益率（使用表 10-8，即 1.50%）的信用利差的影响更大？卡皮利的直觉是，违约概率翻倍对信用利差的影响更大。他的直觉正确吗？

解答：在初始信用风险参数的假设下，卡皮利首先确定了该 3 年期、票面利率为 3% 的公司债券的公允价值。利率二叉树和信用风险模型计算过程分别如图 10-13、表 10-18 所示。

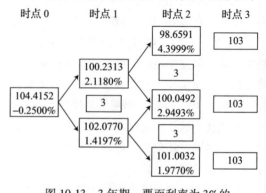

图 10-13　3 年期、票面利率为 3% 的
公司债券的公允价值

表 10-18 信用风险模型计算

时点	预期风险敞口	LGD	POD	贴现因子	每时点的 CVA 贡献
0					
1	104. 1541	62. 4925	1. 5000%	1. 002 506	0. 9397
2	102. 9402	61. 7641	1. 4775%	0. 985 093	0. 8990
3	103. 0000	61. 8000	1. 4553%	0. 955 848	0. 8597
			4. 4328%	CVA =	2. 6984

公允价值 = 104. 4152 - 2. 6984 = 101. 7168。

该债券的 VND 为 104. 4152, CVA 为 2. 6984, 公允价值为每 100 票面价值 101. 7168。到期收益率为 2. 40%, 信用利差为 0. 90%(= 2. 40% - 1. 50%)。到期收益率计算过程如下:

$$101. 7168 = \frac{3}{(1+YTM)^1} + \frac{3}{(1+YTM)^2} + \frac{103}{(1+YTM)^3}$$

$$YTM = 0. 0240$$

接下来, 卡皮利要根据新的信用风险参数计算公允价值, 首先计算违约概率翻倍的情形, 然后计算回收率减半的情形。这些结果见图表与展示 27。

表 10-19 违约概率翻倍的公允价值计算

违约概率为 3. 00%, 回收率为 40%

时点	预期风险敞口	LGD	POD	贴现因子	每时点的 CVA 贡献
0					
1	104. 1541	62. 4925	3. 0000%	1. 002 506	1. 8795
2	102. 9402	61. 7641	2. 9100%	0. 985 093	1. 7705
3	103. 0000	61. 8000	2. 8227%	0. 955 848	1. 6674
			8. 7327%	CVA =	5. 3174

公允价值 = 104. 4152 - 5. 3174 = 99. 0978。

表 10-20 回收率减半的公允价值计算

违约概率为 1. 50%, 回收率为 20%

时点	预期风险敞口	LGD	POD	贴现因子	每时点的 CVA 贡献
0					
1	104. 1541	83. 3233	1. 5000%	1. 002 506	1. 2530
2	102. 9402	82. 3522	1. 4775%	0. 985 093	1. 1986
3	103. 0000	82. 4000	1. 4553%	0. 955 848	1. 1463
			4. 4328%	CVA =	3. 5978

公允价值 = 104. 4152 - 3. 5978 = 100. 8173。

当违约概率提高到 3. 00%, 回收率保持在 40% 时, 该公司债券的公允价值降至 99. 0978。VND 保持在 104. 4152, 而 CVA 上升到 5. 3174。到期收益率上升到 3. 32%, 信用利差上升到 1. 82%(= 3. 32% - 1. 50%)。

$$99. 0978 = \frac{3}{(1+YTM)^1} + \frac{3}{(1+YTM)^2} + \frac{103}{(1+YTM)^3}$$

$$YTM = 0. 0332$$

当回收率降低一半至 20%，违约概率维持在 1.50% 时，该公司债券的公允价值降至 100.8173，CVA 上升到 3.5978 时，VND 仍保持在 104.4152。到期收益率上升到 2.71%，信用利差上升到 1.21%。

$$100.8173 = \frac{3}{(1+YTM)^1} + \frac{3}{(1+YTM)^2} + \frac{103}{(1+YTM)^3}$$

$$YTM = 0.0271$$

卡皮利的直觉是正确的：违约概率翻倍对信用利差的影响要大于回收率减半。

10.7　信用利差的期限结构

正如基准收益率曲线由单一政府发行人的不同期限的利率组成一样，信用利差曲线显示了某个（类）公司发行人从短期到长期的未偿付固定收益证券相对于基准收益率的利差的曲线。例如，图 10-14 显示了特定期限的美国国债收益率与信用评级分别为 AA、A、BBB 和 BB 级的公司债券之间的相对关系。这些债券的总收益率显示在图的上半部分，高于基准国债的利差显示在图的下半部分。

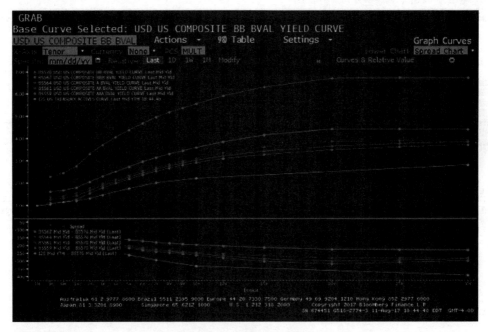

图 10-14　综合收益率图

资料来源：彭博客户端。

信用利差期限结构是债券发行人、承销商和投资者衡量某一发行人或某类发行人（以信用评级或行业分类）不同期限的债券的风险与回报权衡关系的有用指标。债券发行人通常会与承销商合作，根据不同期限的相对信用利差，来考虑新发行债券的条款设置或是否赎回某个已发行债券。投资级债券投资组合经理可能会使用某个发行人的现有信用利差曲线，来确定其对一级市场新发行债券的报价，或为其在二级市场的债券交易决策提供帮助。在某些情况下，投资者、发行人或承销商可能会使用某一特定信用评级或公司的信用利差期限结构，来导出新发行证券的预期定价，或确定已流通债券的公允价值或信用利差，这是矩阵定价的一种扩展。高收益债券投资者可能会利用信用利差的期限结构来衡量不同期限的债券之间的风险回报。由于货币政策和财政政策对高风险债务市场的巨大影响，政策制定者也将他们的监控目标从无违约风险收益率曲线扩展到了信用利差的期限结构。

信用利差的期限结构有几个关键的影响因素。影响信用利差期限结构的第一个重要因素是信用状况。对于信用评级最高、利差极低的投资级债券，考虑到隐含信用利差的下限为零，信用利差只可能往一个方向变化。因此，信用评级最高的债券的信用利差期限结构往往是平坦或略微向上倾斜的。信用状况较差的债券对信用周期更敏感，与高收益相伴的更高的违约可能性通常会导致信用利差曲线更陡峭，无论是在经济走弱导致信用利差扩大的情况下，还是在长期信用利差收窄导致信用利差曲线倒挂的情况下。随着债券信用评级往高收益债券方向进一步移动，进入更糟糕的信用评级，到期现金流的支付变得不那么确定，而违约的可能性变得越来越高，不良债务的价值向回收率对应的美元价值收敛，不管还有多长时间到期都是如此。这将导致陡峭且倒挂的信用利差期限结构，稍后我们将更详细地审视这种情况。

影响信用利差期限结构的另一个重要因素是经济环境。从宏观经济角度看，债券的信用风险受预期经济增长和预期通货膨胀率的影响。强劲的经济增长通常对应较高的基准利率，但由于经济增长时期公司债券发行人的违约概率下降，信用利差会降低（因为此时公司的现金流往往会改善，盈利能力也会提高）。因此，在整个经济周期中，信用利差通常与基准利率之间呈现逆周期关系。

影响信用利差曲线的另一个重要因素是市场供求动态。与发达国家的无风险政府债券不同，公司债券的流动性相对差异很大，绝大多数债券不是每天都有交易的。刚发行和最近发行的券种往往占交易量的最大比例，并且是信用利差波动的主要影响因素，因此交易最频繁的券种对信用利差曲线的影响最大。例如，当某借款人用长期债务再融资的方式借入短期资金时，人们可能会预期其信用利差曲线会变陡，但这种影响可能会被较长期限信用利差收窄的效应抵消。信用利差收窄的现象也可能出现在某一特定信用评级的信用利差曲线之中，或者出现在市场参与者预计特定期限的债券将大量供应时。交易不频繁的债券偶尔出现买卖价差较大的交易也会影响信用利差曲线的形状，因此衡量债券在各个期限中的交易规模和交易频率以确保信用利差的一致性是很重要的。

最后，从微观经济的角度来看，10.4 节中讨论过的结构模型是信用利差期限结构的另一个关键影响因素。在传统的信用分析中，发行人所处的行业以及关键的财务比率（如现金流、杠杆率和相对于同行业和相同信用等级公司的盈利能力）都会被考虑在内。这是基于基本指标的公司基本面分析，这种分析得到了一些概率性的、前瞻性的公司估值的结构模型的补充。这些模型会考虑股票市场估值、股票价格波动率和资产负债表信息等，得出公司的隐含违约概率。在保持其他因素不变的情况下，任何会增加隐含违约概率的微观经济因素，比如股票价格波动率上升，往往都会推动信用利差曲线变得更加陡峭，而股票价格波动率下降等因素则相反。

从业人员在分析信用利差期限结构时经常会同时使用前面的各种指标，来对信用利差期限结构进行综合分析，以确定公司债券的公允价值。例如，图 10-15 中的彭博违约风险综合分析（DRSK）结合了公司价值分析和一些基本信用比率，对加拿大天然气传输和电力服务公司进行了综合分析。

图 10-15　违约风险综合分析

资料来源：彭博客户端。

　　在进一步分析信用利差期限结构时，还有两个重要的因素需要考虑。第一个需要考虑的是用于确定信用利差的无风险利率或基准利率。发达国家市场通常会选择交易活跃、期限最接近的政府债券的收益率作为基准，它们代表着最低的违约风险，因此是合乎逻辑的选择。但流动性最好或刚发行的政府债券的久期和期限正好与二级市场上交易的公司债券相匹配的情况是很少见的，因此经常需要在期限最接近的两种政府债券的收益率之间进行插值。由于插值可能会影响对流动性较差的期限的分析，实践中也经常用基于银行间利率的利率互换曲线来取代基准收益率曲线，因为互换市场上流动性好的期限会更多。图 10-16 为基于后一种方法的彭博客户端分析结果，分析对比了 BBB 级美国工业行业的发行人与基准美元互换曲线的收益率。可以看到，该图中不同期限的信用利差期限结构呈正向倾斜的现状。

　　第二个需要考虑的因素是超过基准利率的全部利差。信用利差期限结构分析应该集中分析具有类似信用特征的债券，通常是发行人的优先无担保债券。任何带有内嵌期权、第一或第二留置条款或其他独特条款的发行人债券都应排除在分析之外。同样需要注意的是这类证券经常会包含的交叉违约条款，如果存在该类条款，当一只债券发生违约时，同一发行人所有尚未到期的债券都会被回收。

　　利用前几节中提出的模型，我们可以证明，随着时间的推移，市场预期违约概率的变化是信用利差期限结构的关键影响因素。下面我们在表 10-1 中的零息票公司债券的基础上，通过改变预期违约概率来验证这一点。我们保持 40% 的回收率假设不变，并将违约概率从

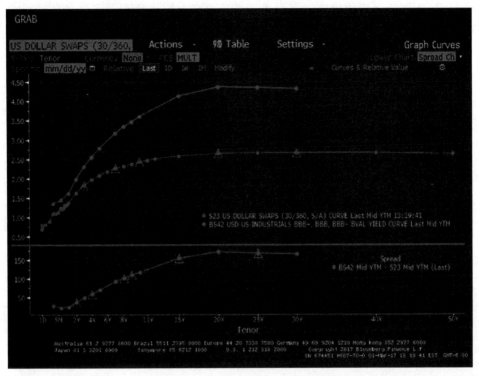

图 10-16　信用利差高于互换利率

资料来源：彭博客户端。

1.25% 更改为 1.50%，将使信用利差从 77 个基点提高到 92 个基点。计算结果如表 10-21 所示：

表 10-21　提高零息票公司债券违约概率的后果

时点	预期风险敞口（美元）	回收金额	LGD（美元）	POD	POS	预期违约损失（美元）	DF	预期违约损失的现值（美元）
0								
1	88. 8487	35. 5395	53. 3092	1. 5000%	98. 5000%	0. 7996	0. 970 874	0. 7763
2	91. 5142	36. 6057	54. 9085	1. 4775%	97. 0225%	0. 8113	0. 942 596	0. 7647
3	94. 2596	37. 7038	56. 5558	1. 4553%	95. 5672%	0. 8231	0. 915 142	0. 7532
4	97. 0874	38. 8350	58. 2524	1. 4335%	94. 1337%	0. 8351	0. 888 487	0. 7419
5	100. 0000	40. 0000	60. 0000	1. 4120%	92. 7217%	0. 8472	0. 862 609	0. 7308
				7. 2783%			CVA =	3. 7670

公允价值 = 86. 2609 - 3. 7670 = 82. 4939

到期收益率 = 3. 9240%

信用利差 = 3. 9240% - 3. 00% = 0. 9240%

　　平坦的信用利差曲线意味着预期违约概率将在一段时间内保持相对稳定，而向上倾斜的信用利差曲线则意味着投资者对发行人较长时期内的违约风险要求更多的补偿。我们可以用信用利差曲线来说明这一点，将 3 年期、5 年期和 10 年期的基准利率保持在 3.00%，同时让违约概率随着期限的延长而增加。虽然可以假设违约概率每年都增加，但我们在表 10-22 中假设第 1、2、3 年的年违约概率（风险率）为 1.00%，第 4 年和第 5 年的年违约概率为 2.00%，第 6 年到第 10 年的年违约概率为 3.00%，回收率始终为 40%。可以看到，信用利差从 62 个基点升至 86 个基点，再升至 132 个基点。

表 10-22a　随到期期限增加的违约概率的影响（3 年）

时点	预期风险敞口	回收率	LGD	POD	POS	预期违约损失	DF	预期违约损失的现值
0								
1	94.2596	37.7038	56.5558	1.0000%	99.0000%	0.5656	0.970 874	0.5491
2	97.0874	38.8350	58.2524	0.9900%	98.0100%	0.5767	0.942 596	0.5436
3	100.0000	40.0000	60.0000	0.9801%	97.0299%	0.5881	0.915 142	<u>0.5382</u>
				2.9701%			CVA =	1.6308

$$公允价值 = 91.5142 - 1.6308 = 89.8833$$

$$到期收益率 = 3.6192\%$$

$$信用利差 = 3.6192\% - 3.00\% = 0.6192\%$$

表 10-22b　随到期期限增加的违约概率的影响（5 年）

时点	预期风险敞口	回收率	LGD	POD	POS	预期违约损失	DF	预期违约损失的现值
0								
1	88.8487	35.5395	53.3092	1.0000%	99.0000%	0.5331	0.970 874	0.5176
2	91.5142	36.6057	54.9085	0.9900%	98.0100%	0.5436	0.942 596	0.5124
3	94.2596	37.7038	56.5558	0.9801%	97.0299%	0.5543	0.915 142	0.5073
4	97.0874	38.8350	58.2524	1.9406%	95.0893%	1.1304	0.888 487	1.0044
5	100.0000	40.0000	60.0000	1.9018%	93.1875%	1.1411	0.862 609	<u>0.9843</u>
				6.8125%			CVA =	3.5259

$$公允价值 = 86.2609 - 3.5259 = 82.7350$$

$$到期收益率 = 3.8633\%$$

$$信用利差 = 3.8633\% - 3.00\% = 0.8633\%$$

表 10-22c　随到期期限增加的违约概率的影响（10 年）

时点	预期风险敞口	回收率	LGD	POD	POS	预期违约损失	DF	预期违约损失的现值
0								
1	76.6417	30.6567	45.9850	1.0000%	99.0000%	0.4599	0.970 874	0.4465
2	78.9409	31.5764	47.3646	0.9900%	98.0100%	0.4689	0.942 596	0.4420
3	81.3092	32.5237	48.7855	0.9801%	97.0299%	0.4781	0.915 142	0.4376
4	83.7484	33.4994	50.2491	1.9406%	95.0893%	0.9751	0.888 487	0.8664
5	86.2609	34.5044	51.7565	1.9018%	93.1875%	0.9843	0.862 609	0.8491
6	88.8487	35.5395	53.3092	2.7956%	90.3919%	1.4903	0.837 484	1.2481
7	91.5142	36.6057	54.9085	2.7118%	87.6801%	1.4890	0.813 092	1.2107
8	94.2596	37.7038	56.5558	2.6304%	85.0497%	1.4876	0.789 409	1.1744
9	97.0874	38.8350	58.2524	2.5515%	82.4982%	1.4863	0.766 417	1.1391
10	100.0000	40.0000	60.0000	2.4749%	80.0233%	1.4850	0.744 094	1.1050
				19.9767%			CVA =	8.9187

$$公允价值 = 74.4094 - 8.9187 = 65.4907$$

$$到期收益率 = 4.3235\%$$

$$信用利差 = 4.3235\% - 3.00\% = 1.3235\%$$

正向倾斜的信用利差曲线可能会出现在一个稳定行业中具有优势竞争地位的高质量的债券发行人身上，特别是当发行人杠杆较低、现金流强劲、利润率较高时。这类发行人的短期信用利差往往很低，但随着期限增加，宏观经济环境变化、竞争格局的潜在不利变化、技术变革的可能性等因素会带来更大的不确定性，会导致隐含违约概率变高，长期信用利差扩大。学术界的实证研究也支持投资级债券组合的信用利差曲线向上倾斜的结论。[⊖]

与之相对，周期性行业的高收益债券发行人有时会因为发行人本身或所在行业的原因，面临向下倾斜的信用利差曲线。例如，杠杆收购或私募股权收购导致的所有权变化往往会伴随着公司杠杆率的显著增加，以及倒挂的信用利差曲线。这可能是因为投资者预期在重组完成后，新的公司所有者会使得公司的效率更高，从而改善公司的未来现金流，增强公司的盈利能力，使长期债务的投资者受益。另一个信用利差曲线倒挂的情况可能发生在周期性行业（如石油、天然气勘探或零售）的发行人身上，该行业可能正处于经济周期的底部，而投资者对行业复苏的预期会造成信用利差随着期限的延长而降低。

区分下面两种情况非常重要，一种情况是，有风险债券有望按合同约定支付现金流，另一种情况是，在违约概率非常高的情况下，投资者只期望按照预期回收率收回不良债务。违约可能性非常高的债券，交易价格往往会趋同于按照预期回收率所能回收的现金数量，而不是根据高于基准利率的利差计算得到的。这也会导致倒挂的信用利差期限结构，但这应该被视为某种"假象"，而不是对同一个发行人的长期债券与短期债券的相对风险和回报的真实反映。下面的例子将说明这一点。[⊜]

让我们回到前面零息票债券的例子，假设 5 年期零息票债券和 10 年期零息票债券的持有人均预期即将发生违约，两种债券的回收率均为 40%。

如果在违约概率为 1.25% 的假设下计算两只债券的公允价值和信用利差，我们可以像前面一样分别得到 5 年期债券和 10 年期债券的 VND。但如果假设存在交叉违约条款，不同期限的债券会同时违约并按预期回收率回收，代表总预期损失的信用估值调整（CVA）就仅仅是 VND 和债券回收金额之间的差值。

对于 5 年期债券，我们可以计算得到 VND 为 86.2609，CVA 为 46.2609，债券公允价值（回收价值）为 40，到期收益率为 20.1124%，与政府债券的信用利差为 17.1124%。而 10 年期债券的 VND 为 74.4094，CVA 为 34.4094，公允价值（回收价值）为 40，到期收益率为 9.5958%；信用利差为 6.5958%。我们最终得到的是一条陡峭且倒挂的信用利差曲线。

针对信用利差期限结构的准确解读，对于寻求利用与信用利差曲线所反映的市场观点不同的市场观点的主动型投资者来说非常重要。例如，如果某个投资组合经理不认可市场对短期违约概率较高的预期（对应倒挂的信用利差曲线），她或他可以在信用违约互换市场出售短期保护，购买长期保护。在发行人不发生违约的情况下，投资者可以赚取保费差额，还可以通过持有或回售长期保护实现收益。

⊖ 可以参见 Bedendo、Cathcart 和 El-Jahel（2007）的第 237 页至 257 页。
⊜ 参见 Berd、Mashal 和 Wang（2004）。

10.8 证券化债务的信用分析

大多数私营公司或主权政府发行的固定收益证券，从性质上来看属于一般性债务义务，需要以公司的整个资产负债表做背书。证券化债务则不同，它允许发行人以特定的一组资产或应收账款（如抵押贷款、汽车贷款或信用卡应收账款）为背书融资，无须用整个资产负债表对债务负责。通过将债务证券化，发行人能够增强自己的负债能力，也可以降低维持监管要求所需的资本或风险准备金，这让他们有动机使用该类证券进行融资。与单独发行一般债务的融资方式相比，证券化资产的破产隔离属性通常能降低相对融资成本。通过释放资本，证券化的发起者也能够通过继续发起下一个证券化项目持续获得收入。证券化资产的投资者也可以从更多样化、更稳定和更可预测的现金流中获益，并获得超过相同信用评级的其他债券的回报率，但也要接受与抵押债务相关的更大的复杂性。由于牵涉多个抵押品、发起方和服务方，以及在发行及交易过程中经常采用的各种结构性安排和信用增强手段，对证券化债务等结构性融资工具进行信用分析需要使用与分析其他有风险债券完全不同的方法。

当然，首先要能够区分和识别在全球发行的种类繁多的证券化债务，了解其常见的类型和形式。表 10-23 汇总了各类结构性融资工具，并按照德国评级机构 Scope Ratings AG 提供的信用评估方法进行了分类。可以看到，不仅可以按照期限和抵押品分类，还可以基于颗粒度和同质性等在信用分析中需要用到的资产特征分类。

表 10-23 核心结构性金融资产分类和特征汇总

交易类型	抵押品	风险期限	颗粒度	同质性	信用分析方法
资产支持商业票据	商业贴现，纯信用或信用增强	短期	高颗粒度	同质资产	账簿分析
汽车贷款 ABS	汽车抵押贷款或租赁	中期	高颗粒度	同质资产	投资组合分析
商业地产抵押贷款支持证券	商业地产抵押贷款	通常为长期	非颗粒	异质资产	逐笔贷款分析
消费 ABS	消费贷款	中期	高颗粒度	同质资产	投资组合分析
CRE 贷款	商业房地产贷款	长期	非颗粒	异质资产	逐笔贷款分析
信用卡	信用卡贷款	短期	高颗粒度	同质资产	账簿分析
信用联结票据	任何金融资产	通常为中期	通常为单一资产	—	过手评级/逐笔资产分析
杠杆贷款抵押证券	有杠杆公司债务	中期	非颗粒	异质资产	逐笔贷款分析
项目融资抵押证券	项目融资债券	长期	非颗粒	异质资产	逐笔贷款分析
住房抵押贷款支持证券	住房抵押贷款	长期	高颗粒度	同质资产	逐笔贷款分析/投资组合分析
中小公司 ABS	中小公司贷款	通常为中期	高颗粒度	混合资产	信用分析方法
可交易应收票据	商业信用	短期	通常为高颗粒度	同质资产	账簿分析

资料来源：Scope Ratings AG（2016）。

同质性是指一个结构性金融工具的资产池中，各笔债务在基础特征上的相似程度。比如，投资者或信用分析师可能会认可信用卡贷款或汽车抵押贷款的同质资产属性，因为每笔纳入资产池的债务都经历过严格标准的审查。而杠杆贷款、项目融资或不动产交易则需要进一步逐一审查，基于它们的证券化资产被归类为异质性资产。

投资组合的颗粒度是指构成结构性金融工具的实际债务数量。一个颗粒度非常高的资产池可能有数百个类似的基础债权人，这表明根据投资组合的简要统计数据而不是对每个借款人进行调查，得出有关信用的结论是合适的。如果一个资产池的投资项目更少或差异化更大，就会被归类为非颗粒，那么就有必要对每一项债务单独进行信用分析。

资产类型和信用期限，以及基础债务的颗粒度和同质性，共同决定了对给定工具进行信用分析的合适方法。例如，对于具有高颗粒度、基于同质资产的短期结构性金融工具，往往需要使用基于统计的方法来评估现有贷款。而对于中等期限、高颗粒度、基于同质资产的结构性金融工具，合适的分析工具就变成了投资组合分析法，因为投资组合不是静态的，可能随着时间的推移而变化。如果资产池由差异化大或非颗粒的异质资产组成，逐笔对贷款进行信用分析的方法更为合适。下面一个信用卡证券化的例子提供了进一步的细节。

表 10-24 是一个资产支持票据的招股说明书摘要，该票据由信客利信用卡信托公司于 2016 年 3 月发行，发行规模为 7.5 亿美元。招股说明书中阐明，票据是由信用卡应收账款支持的，信用评分分布如表 10-24 所示：

这类资产支持证券的投资者不会对单个应收账款的借款人进行信用分析，只能基于借款人的 FICO 信用评分分布，估计平均违约概率、回收率和投资组合的方差。招股说明书中还提供了一系列细节，不仅包括对借款人 FICO 评分的进一步深入分析，还包括应收账款的到期时间、平均未偿余额和拖欠率等。

但一个由较少贷款组成的异质资产组合，则需要一种完全不同的信用分析方法。在这种情况下，需要对资产池内的每一项债务单独进行分析，以确定每一笔商业地产项目或杠杆贷款是否能够

表 10-24　一个结构性债务的例子，根据 FICO 信用评分排列

FICO 信用评分范围	应收账款规模（美元）	应收账款占比
低于或等于 599	995 522 016	6.6%
600 ~ 659	2 825 520 245	18.7%
660 ~ 719	6 037 695 923	39.9%
720 或更高	5 193 614 599	34.4%
无评分	64 390 707	0.4%
总计	15 116 743 490	100%

资料来源：信客利信用卡信托公司 2016-1 系列资产支持票据招股说明书，第 93 页。

履行 ABS 合同规定的支付义务。在这里，每一项资产的预期违约概率和回收率是衡量资产组合在各种情况下表现的最佳指标。

在分析证券化资产的信用风险敞口时，第二个要注意的关键因素是与证券化的发起人和服务方。招股说明书和其他相关文件明确这些关联方的角色和责任。在证券化完成后，资产支持证券的投资者依靠发起人和服务方建立和执行贷款维持标准，签订和保管相应的文件和记录，并在发生违约的情况下最大限度地索赔并执行合同。在资产池被确定后，投资者在资产支持证券的整个存续周期内还面临关联方的操作风险和交易对手风险。在交易的整个存续周期内，投资者依赖于服务方有效管理和服务投资组合的能力。对于汽车贷款 ABS，这可能是在借款人无力支付的情况下，及时回售并以尽可能高的价格出售二手车辆的能力；而对于商业地产抵押贷款支持证券，这可能涉及识别和更换不良租户的能力。如果资产组合的构成随着时间的推移而变化，投资者也面临着债务人随着时间的推移而改变的风险。在所有这些情况下，不仅服务方的信誉很重要，服务方履行服务义务的历史记录也很重要，这些信息需要通过分析服务方在多个信用周期中的服务表现来获取。

例如，在信客利信用卡信托公司票据的例子中，信客利金融公司充当了信托的服务方；而信客利银行作为次级服务商负责接收和处理应收账款的托收。因此，票据潜在的投资者可能不仅要评估支持票据的信用卡应收账款等其他债务的表现，还要评估信客利金融公司和信客利银行的未偿付票据，及其相对于竞争对手的长期服务表现。

对证券化资产进行信用分析的最后一个关键因素是抵押或担保结构。担保结构最重要的因素是义务方本身的性质。义务方通常是一个特殊目的实体（SPE），成立的唯一目的是持有特定资产池并为 ABS 融资。担保结构还包括是否使用了任何信用增强手段，这可能包括超额抵押和信用分级等。

义务方本身的性质中最重要的是其与证券化发起人的关系，或者说债务人的破产是否与发起人的破产相关。如果有破产隔离的设定，资产从发起人转移到 SPE 的过程会被认定为真正的资产出售行为，之后发起人和 SPE 之间的风险就不会相互传递。

额外的信用增强手段也是一个关键的结构性要素，在进行信用风险分析时需要重点评估。除了采用具备破产隔离属性的 SPE，ABS 通常还会采用其他形式的信用增强手段。例如，ABS 通常会附带支付或业绩触发机制，在发生不利事件时为投资者提供保护。与 ABS 服务方或卖方有关的某些事件，如未能支付准备金或发生其他违约事件等，会触发证券的提前偿还。对于以信用卡贷款或汽车贷款为基础的消费类 ABS，投资者抵御资产质量下降的主要保护措施是要求高于资产池的预期损失或根据历史数据计算的损失的额外回报。这个额外回报通常被称为超额利差。发行者通过创造次级债务，为评级较高的债券提供额外的保护，并在整个融资过程中为履行超额利差提供缓冲。

作为最古老的担保债务形式之一，**资产担保债券**与结构性金融工具有一些相似之处，但也有一些根本性的区别，值得在进行信用分析时予以特别考虑。资产担保债券起源于 18 世纪的德国，此后被欧洲、亚洲和澳大利亚的发行人广泛采用。资产担保债券是金融机构发行的一种优先级债务，它既给予债券持有人对发起人或发行人一般资产的追索权，又用预先确定的基础资产池作为担保。每个国家或监管机构都规定了可以用于资产担保债券的合格担保品类型以及允许的具体结构。资产担保债券通常以符合特定标准的商业地产抵押贷款或住宅抵押贷款，以及公共部门发行的贷款作为基础抵押品。

自几个世纪前于欧洲诞生以来，对发行债券的金融机构和基础资产池的双重追索权一直是资产担保债券的一个特点，双重追索权在欧盟《银行复苏与处置指令》（BRRD）中也得到了进一步加强。[⊖]BRRD 规定，在发生重组或监管干预等事件的情况下，资产担保债券在银行负债中享有独特的保护。因此，信用评级机构对有担保债券的信用评级往往比发行该债券的金融机构的信用评级高出几个小等级。

虽然双重追索权原则在评估资产担保债券的信用风险方面至关重要，但基础抵押品也发挥了一定的作用。对资产池的要求在不同的司法管辖区有所不同，但资产池通常由住宅抵押贷款或公共部门债务组成。如果资产池由住宅抵押贷款构成，可以使用基于资产类型的标准违约率来确定平均违约概率和预期违约损失，而由公共部门债务支持的证券化资产的信用表现则取决于法律规定和资产类型。

⊖　参见欧洲 Scope 评级公司的案例（2016a）。

本章内容小结

本章介绍了信用风险分析中的几个重要主题，其中的重点包括：

- 信用风险建模中最重要的三个因素是预期风险敞口、回收率和违约损失率。

- 可以根据这三个因素计算有风险债券的信用估值调整（CVA），从无违约风险债券的价值中减去信用估值调整就可以得到给定信用风险的有风险债券的公允价值。信用估值调整等于债券剩余存续期内每个阶段的预期损失的现值之和。在计算预期损失时必须使用风险中性违约概率，贴现时必须使用对应期限的无风险利率。

- CVA 反映了投资者因承担违约风险而获得的补偿。该补偿也可以用信用利差来衡量。

- 信用评分和信用评级都是第三方信用评估机构提供的信用指标，分别适用于不同的市场。

- 分析师可以使用信用评级和信用评级转移矩阵来估计有风险债券的到期收益率，以反映信用评级变化的可能性。信用利差变化的可能性通常会降低预期收益率。

- 信用风险模型分为两大类：结构模型和简约模型。

- 结构模型是将公司利益相关者的头寸看作期权来进行分析的方法。债券持有人被认为拥有公司的资产，股东则拥有资产的看涨期权。

- 简约模型只试图预测何时可能发生违约，不像结构模型那样试图解释背后的原因。简约模型与结构模型的不同点还在于它只基于可观察的变量建模。

- 在存在利率波动的假设下，可以在无套利估值框架下对债券的信用风险进行分析。

- 浮动利率债券的贴现利差相当于固定利率债券的信用利差。可以用无套利估值框架来计算贴现利差。

- 可以用无套利估值框架来判断信用利差对各信用风险参数变化的敏感性。

- 信用利差的期限结构取决于众多宏观和微观因素。

- 出于对宏观因素的考虑，在经济活动疲弱的情况下信用利差曲线往往会变得更陡、更宽。市场供求的变化也很重要，交易最频繁的证券决定了曲线的形状。

- 发行人或行业的一些特有因素，比如未来杠杆率下降的可能性，会导致信用利差曲线平坦或倒挂。

- 当一家公司很可能违约时，其发行的不同期限债券的价格都会趋于回收价值，此时的信用利差曲线并不能反映信用风险和期限之间的关系。

- 对于证券化债务，要根据背后的资产组合的特点选择最合适的信用风险分析方法。重要的考虑因素包括资产的颗粒度和它们在信用风险方面的相似性或异质性。

参考文献 [⊖]

⊖ 本章参考文献请访问机工新阅读网站（www.cmpreading.com），搜索本书书名。

信用违约互换

布赖恩·罗斯

唐·M. 钱斯，博士，注册金融分析师

■ 学习目标

学完本章内容后，你将有能力完成以下任务：

- 描述信用违约互换（CDS）、单标的 CDS 和 CDS 指数的概念以及给定 CDS 产品的参数的定义。
- 描述与 CDS 有关的信用事件和结算协议。
- 阐明 CDS 市场定价的基本原则和影响因素。
- 描述如何使用信用违约互换来管理信用风险，以及如何根据对信用利差曲线形状和水平变化的看法来交易 CDS。
- 描述如何根据债券、贷款、股票和股票挂钩工具等不同市场之间的估值差异来交易 CDS。

11.1 本章内容简介

信用衍生品是金融衍生工具的一个类别，其标的是衡量借款人信用质量的指标。四种常见的信用衍生品包括①总收益互换，②信用利差期权，③信用联结票据，④信用违约互换，即CDS。[⊖] 前三种可能很多人并不经常遇到，但 CDS 显然已成为信用衍生品的最主要类型，也是本章的主题。在 CDS 中，一方向另一方支付保费，并在第三方发生违约时获得承诺的补偿。

在任何金融衍生品中，收益都依赖于（或者说衍生于）某个金融工具、利率或资产的表现，我们称后者为"标的"。[⊜] 对于信用违约互换，其标的是借款人的信用质量。从最基本的层面来说，CDS 可以在违约时提供保护，也可以在违约之前提供保护，比如市场对借款人信用质量的看法发生变化的时候。如果人们对违约可能性的看法发生改变，CDS 的价值也会发生涨跌。实际违约的事件可能永远不会发生。

金融衍生品被归类为或有债权，这意味着其持有者能否获得收益，取决于特定事件或结果是否发生。对于股票期权，该事件是股票价格在到期时是否高于（对看涨期权而言）或低于（对看跌期权而言）行权价格。对于 CDS 而言，则依赖于更难识别的信用事件。在金融市

⊖ 无论是单数形式还是复数形式的信用违约互换，在本书中我们都用 CDS 来表示，而不是用 CDSs 或 CDS's。

⊜ 与行业惯例一致，我们将"标的"一词作为名词使用，尽管它通常作为修饰词放在其他名词前，例如"标的资产"。由于衍生品可以基于信用和其他非资产形式，因此在衍生品背景下常常直接将"标的"作为名词使用。

场上，违约是否已经发生有时并不清楚。破产似乎是一种违约，但许多公司宣布破产后仍然偿还了所有债务。一些公司会重组其债务，通常在得到债权人的同意后，没有正式宣布破产。如果债务没有得到偿付、没有按时偿付或以不同于承诺的方式偿付，债权人的利益显然会受到损害。但如果债务得不到偿付的可能性增加，债权人也会受到损害。债权人的利益受到损害的程度也很难确定。当投资者认为违约的可能性增加时，债券价格会下跌，这对债券持有人来说是一个非常真实的损失。CDS 旨在保护债权人免受此类信用事件的影响。鉴于界定违约的复杂性，该行业付出了巨大努力，就 CDS 合约应该涵盖哪些信用事件提供了明确的指导。但就像所有努力提供一份完美合同的领域一样，这样的合同并不存在，争议偶尔会出现。我们稍后将详细讨论这些问题。

本章的组织如下：11.2 节探讨了 CDS 的基本定义和概念，11.3 节介绍了估值和影响价格的因素。11.4 节讨论了一些应用。最后一节总结了本章要点。

11.2　基本定义和概念

我们先给出**信用违约互换**的定义："信用违约互换是信用保护买方和信用保护卖方之间缔结的一种衍生品合约，买方向卖方定期支付现金，并在第三方发生预先约定的信用事件时，获得相当于违约所造成的信用损失的赔偿。"

在 CDS 合约中有两个交易对手方，分别为信用保护买方和信用保护卖方。信用保护买方同意在合同期内定期向信用保护卖方支付固定额度的款项（具体额度在合同启动时确定）。作为回报，信用保护卖方承诺在第三方发生违约事件时向信用保护买方支付赔偿，并且一旦发生违约事件，信用保护买方向信用保护卖方的定期支付将被终止。图 11-1 显示了 CDS 的现金流支付结构。

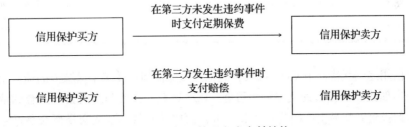

图 11-1　CDS 的现金流支付结构

信用违约互换在很多方面类似于看跌期权。看跌期权的持有人有权在标的资产价格低于行权价的情况下，将标的资产卖给看跌期权的卖方。因此，期权持有人可以因标的产品表现不佳而得到补偿。CDS 的运作方式与此类似。如果发生违约，说明债务或债券的市场表现不佳，因此信用保护买方有权要求信用保护卖方给予补偿。这种补偿如何执行以及能提供多少信用保护，是我们接下来要讨论的问题。[⊖]

⊖　注意，CDS 并不能消除信用风险，它只是将 CDS 买方的信用风险转移给了 CDS 卖方。尽管不能保证 CDS 卖方不会违约（就像 2007 年金融危机中几家大型金融机构的情况那样），但大多数 CDS 卖方都是相对优质的借款人，否则，就不可能成为 CDS 的主要卖家。

大多数 CDS 的标的都是公司借款人发行的债务，这也是本章介绍的重点。但请注意，CDS 的标的也可以是主权政府、州政府和其他地方政府的债务。此外，CDS 的标的还可以是信用贷款、抵押贷款或其他债务证券的投资组合。

11.2.1　CDS 的类型

有三种常见的 CDS：单标的 CDS、CDS 指数和分层 CDS。[⊖] 只针对某一特定借款人提供保护的 CDS 被称为**单标的 CDS**，该借款人被称为 CDS 的**参考实体**。CDS 合同中还会约定**参考债务**，即借款人发行的被指定为违约保护对象的特定债务工具。被指定的通常是优先无担保债券，对应的 CDS 被称为优先级 CDS，但参考债务并不是 CDS 覆盖的唯一债务工具。借款人发行的任何与参考债务等级（优先级）相当或更高的债务都被包括在 CDS 的保护范围内。CDS 的偿付额是由**最便宜可交割债务工具**决定的，也就是购买和交割成本最低但与参考债务具有相同优先级的债务工具。

例 11-1　最便宜可交割债务工具

假设某家同时有几笔债务在市场上交易的公司申请破产（即发生了信用事件）。下面哪个可能是该公司信用违约互换合约的最便宜可交割债务工具？

A. 以票面价格的 20% 交易的次级无担保债券

B. 以票面价格的 50% 交易的五年期优先无担保债券

C. 以票面价格的 45% 交易的两年期优先无担保债券

解答：C 是正确答案。交割成本最低或价格最低的工具是两年期优先无担保债券，以票面价格的 45% 交易。尽管选项 A 中的债券以较低的价格交易，但它属于次级债券，因此不具备优先级信用违约互换的交割资格。请注意，即使信用违约互换持有者手中持有的是五年期债券，他仍将根据 CDS 的最便宜可交割债务工具获得偿付，而不是根据他持有的特定债务。

第二种信用违约互换，即 **CDS 指数**，其保护覆盖范围涉及多个借款人的债务组合。这种金融工具的出现让 CDS 指数的交易成为可能。CDS 指数允许参与者对公司组合的信用风险建立头寸，就像投资者交易由不同公司的股票组合而成的指数基金或交易所交易基金那样。收益相关性是影响投资组合表现的一个重要因素。对于 CDS 指数，对应的概念是**信用相关性**，它是决定 CDS 指数价值的关键因素。分析这些相关性的影响是一个高度专业化的主题，超出了 CFA 课程覆盖的范围。但读者应该意识到，如何在实际建模中将某些公司的违约概率与其他公司的违约概率联系起来是一个重要的努力方向。违约的相关性越高，为两家公司的组合购买保护的成本就越高。相比之下，为违约相关性较低的公司组合购买保护的成本要低得多。

第三种信用违约互换是**分层 CDS**，它也覆盖多个借款人的债务组合，但保护只限于预先规定的损失水平，就像资产支持证券被划分为不同的层级，每个层级覆盖特定的损失水平一样。分层 CDS 只占 CDS 市场的一小部分，我们不做过多赘述。

⊖　除了 CDS 本身外，还存在 CDS 的期权，后者通常被称为 CDS 互换期权。在这里我们不会介绍该金融工具。

11.2.2 CDS 市场的重要特征和工具

正如我们稍后将更详细地描述的那样，CDS 市场是一个巨大的、全球性的、组织良好的市场。一个非官方的行业管理机构是国际互换和衍生品协会（ISDA），它发布行业通用的合约并促进市场的运作。CDS 合约的当事人通常会同意采用符合 ISDA 规范的合约条款。这些条款在一份名为 **ISDA 主协议**的文件中被明确规定，CDS 的双方当事人都会签署该协议。在欧洲，标准的 CDS 合约被称为"标准欧洲合约"，在美国和加拿大，它被称为"标准北美合约"。还有一些针对亚洲、澳大利亚、拉丁美洲和一些特定国家的标准化合约。

每一份 CDS 合约都会规定一个**名义金额**，即购买保护的金额。例如，如果一家公司的债券发行总额为 1 亿欧元，那么 CDS 合约的规模可能会在 1 亿欧元以内。名义金额可以被认为是 CDS 合约的规模。重要的是要明白，CDS 合约的总名义金额可能会超过参考实体的未偿债务总额。⊖正如我们稍后将具体介绍的那样，信用保护买方不必是持有参考实体风险敞口的实际债权人（即持有贷款、债券或其他债务工具）。它可以是任何认为参考实体的信用质量将会发生变化的实体或个人。

与所有其他金融衍生品一样，CDS 合约也有一个或多个到期日，违约保护仅在到期日之前有效。最常见的期限为 1~10 年，其中 5 年是最常见且交易最活跃的期限，但理论上只要双方协商一致可以设定任何期限。到期日通常被设定为 3 月、6 月、9 月或 12 月的最后一天，其中 6 月和 12 月到期的合约最受欢迎。与债券一样，一份特定 CDS 合约的期限实际上只是暂时有效的。例如，从技术上讲，5 年期的 CDS 合约在一天之后剩余期限就不足 5 年了。随着 CDS 合约期限的缩短，新的 5 年期 CDS 合约会被发行，5 年期 CDS 合约的名称就会归新 CDS 合约所有。当然，这一点和普通的债券没有什么不同。

CDS 合约的买方向卖方定期支付的保费被称为 **CDS 利差**，这相当于信用债券的收益率中高于同样期限 Libor 的部分，用以防范信用风险。CDS 利差有时也被称为信用利差。从概念上讲，CDS 利差与债券上的信用利差相同，是承担信用风险的补偿。CDS 利差的计算需要用到比较复杂的估值模型，这超出了 CFA 课程的范围。

尽管如此，理解 CDS 利差的概念是非常重要的，我们将在后文进行更多讨论。CDS 发展过程中的一个重要进展是 CDS 合约的标准年化票面利率这个概念的出现。⊖最初，该票面利率是根据信用利差确定的。如果一份 CDS 合约要求支付 4% 的利差来补偿保护卖方所承担的信用风险，那么保护买方每年要按照 4% 的年化利率支付保费，每个季度支付一次。现在，CDS 合约的票面利率已经被标准化了，最常见的票面利率是 1% 和 5%。1% 的票面利率通常用于投资级公司或指数，5% 的票面利率则常用于高收益级公司或指数。显然，这两种标准化的票面利率不大可能恰好是补偿卖方的适当费率。因为并非所有投资级公司的违约概率都相等，也

⊖ 这一点稍后会进行更详细的讨论，但现在我们先来回答一个显而易见的问题：总保护额度为什么有可能超过总风险？用期权行权的例子来类比，假设已经发行了大量期权，那么在期权行权时，看涨期权持有者可能有权购买比公司现有股票数量更多的股票，而看跌期权持有者则可能有权出售比公司现有股票数量更多的股票。但在现实中这种情况从未发生过。在 CDS 市场中，通常不在股票期权中使用的现金结算功能解决了这个问题。我们稍后将介绍现金结算功能是如何发挥作用的。

⊖ 读者应该意识到这里的"票面利率"一词可能引起的混淆。参考债券的支付款项被统称为息票，按照其自身的票面利率支付。而参考债券的 CDS 又有自己的票面利率，后者是根据预期收益计算的。此外，随着 CDS 票面利率的标准化，很可能会出现第三笔以票面利率为名的支付。读者必须关注上下文。

并非所有高收益级公司的信用风险都一样。实际上，对于具体的 CDS 合约而言，标准票面利率可能过高或过低。解决这一差异的方法是支付**预支款项**，通常也称为**预付保费**。实际信用利差与标准票面利率之间的差额被转换为现值的形式。因此，如果信用保护买方以标准票面利率支付的保费不足以补偿信用保护卖方，就需要支付预付保费。同样，如果信用利差低于标准票面利率，就会导致信用保护卖方向信用保护买方支付预支款项。

无论 CDS 合约双方是否支付预支款项，在合约履行期间，参考实体的信用质量都可能发生变化，从而导致 CDS 的价值也发生变化。这些变化会反映在 CDS 的市场价格上。假设有一家信用利差为 5% 的高收益级公司，其 CDS 合约的票面利率也为 5%，所以没有预付保费。信用保护买方同意在 CDS 合约的整个存续期限内按照 5% 的年化利率支付保费。假设在存续期内的某一天，参考实体的信用等级下降了。现在的信用利差应该高于 5%，但信用保护买方仍然只需按 5% 的年化利率支付保费。信用保护卖方提供的保护范围和收到的保险费用没有变化，但是承保的风险更大了。因此，CDS 买方的头寸价值增加了，如果愿意，他可以选择平仓以获取收益。信用保护卖方遭受了价值损失，因为他只得到了每年 5% 的补偿，不足以弥补比签订合同时更高的信用风险。很明显，如果不考虑对参考实体的其他风险敞口，当参考实体的信用质量下降时，信用保护买方将获利，而信用保护卖方会遭受损失。[⊖]CDS 的市场价格则反映了这些收益和损失。

由于 CDS 的这些特点，人们可能会混淆哪一方在做多，哪一方在做空。通常我们认为买方在做多，卖方在做空，但在 CDS 领域，情况好像恰恰相反。由于信用保护买方承诺在未来支付一系列的款项，他被认为是看空的。这与金融领域认知中的一个事实是一致的，即当情况变糟时，做空者应该会受益。信用质量是基础债务的一种属性，当信用质量改善时，信用保护卖方受益，当信用质量恶化时，信用保护买方受益。因此，CDS 业内认为信用保护卖方为多头，信用保护买方为空头。该观点可能会导致混淆，因为这实际上意味着信用保护买方在做空，而信用保护卖方在做多。

11.2.3　信用事件和继承事件

信用事件是对参考实体违约的定义，即可以触发信用保护卖方向信用保护买方赔偿的事件。信用事件必须是能够明确定义的：它是发生了，还是没有发生？要让市场正常运转，这个问题的答案必须明确。

一般有三种类型的信用事件：破产、无法偿付和重组。**破产**是一国法律明确规定的一种声明，通常涉及进入法定程序等步骤，迫使债权人推迟清算他们手中的债权。破产实质上是在公司周围建立了一道临时围栏，使债权人无法通过。在破产过程中，违约方与债权人和法院合作，试图建立一个偿还债务的计划。如果该计划失败，很可能会导致对公司进行全面清算，届时将由法院来决定对各类债权人的偿付。在清算发生之前，公司通常会继续经营。许多公司没有被清算，最终能够摆脱破产。参考实体的破产申请被普遍认为是 CDS 合约的一种信用事件。

⊖　这里的一个关键因素是有没有对参考实体的任何其他风险暴露。信用保护买方可能持有大量参考实体的债务，而 CDS 只覆盖其中部分债务。因此，正如文中所述，信用保护买方可能在 CDS 上获利，但在整体头寸上仍然是亏损的。

标准 CDS 合约中认可的另一种信用事件是**无法偿付**，这是指借款人在宽限期过后，在没有正式申请破产的情况下，没有对未偿债务履行约定的本金或利息支付义务。第三类信用事件**重组**是一系列可能事件的统称，包括本金或利息的减免或转移，债务的优先级或等级的变化，或用于支付本金或利息的货币的改变。要想被称为信用事件，重组必须是非自愿的，这意味着它是由愿意接受重组条款的债权人强加给借款人的。[⊖]在美国，重组不被认为是一种信用事件，因为破产通常是美国公司的首选途径。在美国以外的国家中，重组则更加常见，且被认为是一种信用事件。希腊债务危机是重组引发的信用事件的一个很好的例子。

ISDA 中一个 15 人的小组负责确定一个信用事件是否发生，该小组被称为"违约确认委员会（DC）"。全球每个地区都有一个违约确认委员会，由 10 家 CDS 做市商银行和 5 家非银行终端客户组成。要宣布信用事件，必须通过 12 名成员同意的绝对多数投票。

违约确认委员会在决定是否发生了**继承事件**方面也发挥作用。当参考实体的公司结构发生变化时，例如经历了合并、剥离、分拆或任何造成债务的最终责任不明确的类似行动，就会发生继承事件。例如，如果收购目标公司的全部股份，就会继承目标公司的原有债务。但有许多复杂的合并，可能只涉及收购部分股份。分拆和资产剥离也可能涉及某些债务的责任确定性。当出现这样的问题时，对 CDS 持有者来说，如何认定继承事件就变得至关重要。这个问题通常被提交给违约确认委员会，其裁决通常涉及对合同条款和国家法律的复杂法律解释。如果宣布发生继承事件，CDS 合约将被修改，以反映违约确认委员会对于谁继承了原债务的债务人身份的解释。最后，CDS 合约也可能会被多个实体瓜分。

11.2.4 结算协议

如果违约确认委员会宣布发生了信用事件，CDS 合约的双方有权利但无义务进行结算。结算通常发生在违约确认委员会声明发生信用事件后 30 天。CDS 的结算可以以实物结算或现金结算的方式进行。前者不太常见，它涉及债务票据的实际交付，以换取信用保护卖方对合同名义金额的支付。在现金结算中，信用保护卖方直接向信用保护买方支付现金赔偿。赔偿金额的确定是一个关键因素，因为大家对实际损失金额的看法可能不同。支付金额应该等于信用保护买方购买相应数量的债券所会遭受的损失，但这个数额的确定过程并不简单。债务违约并不意味着债权人将失去全部欠款。部分损失可能会被追回。追回损失的百分比被称为**回收率**。它就是信用保护买方回收的相对总欠款金额的百分比。回收率和 1 的差额被称为**赔付比率**，它本质上是对预期违约损失率的估计值。**赔付金额**则等于赔付比率乘以名义金额。[⊖]

$$赔付比率 = 1 - 回收率(\%)$$
$$赔付金额 = 赔付率 \times 名义金额$$

但实际的回收可能是一个非常漫长的过程，而且可能发生在 CDS 合约的偿付日期之后。为了确定合适的赔付比率，该行业会进行拍卖，主要银行和做市商在拍卖中对最便宜的违约债务投标和报价。该过程确定了市场对回收率和赔付比率的预期，CDS 合约双方同意接受拍

⊖ 虽然我们重点讨论公司债务，但主权政府和地方政府有时也会宣布暂停偿债，或者更激烈地宣布拒绝偿还债务，这两种情况通常也被称为信用事件。

⊖ 不要把这个赔付比率与股票分析中的分红率混淆，分红率是股息支付占公司总收益的百分比。

卖的结果，即使最终的实际回收率可能相差很大。如果信用保护买方也持有参考实体的债务，回收就是一个非常重要的过程。

例 11-2 结算偏好

一家法国公司申请破产，触发了多个 CDS 合约。它有两个系列的优先级债券尚未清偿：债券 A 的交易价格为票面价值的 30%，债券 B 的交易价格为票面价值的 40%。投资者 X 拥有 1000 万欧元的债券 A 和 1000 万欧元的 CDS 保护。投资者 Y 拥有 1000 万欧元的债券 B 和 1000 万欧元的 CDS 保护。

1. 确定两个 CDS 合约的回收率。

2. 解释投资者 X 是倾向于以现金结算还是以实物结算她的 CDS 合约，或者她认为两者没有差别。

3. 解释投资者 Y 是倾向于以现金结算还是以实物结算他的 CDS 合约，或者他认为两者没有差别。

解答 1：债券 A 是交割成本最低的债券，交易价格为票面价值的 30%，因此两种 CDS 合约的回收率均为 30%。

解答 2：投资者 X 对结算方式没有偏好。她可以选择 700 万欧元的现金结算，以 300 万欧元出售她的债券，总收益为 1000 万欧元。或者，她可以将自己的 1000 万欧元票面价值的债券全部交付给对手方，以换取 1000 万欧元现金。

解答 3：投资者 Y 更倾向于现金结算，因为他拥有的债券 B 价值高于最便宜可交割债券。他将从 CDS 合约中获得 700 万欧元收益，并以 400 万欧元出售自己手上的债券 B，总收益为 1100 万欧元。如果他选择全部用实物结算，他只能得到 1000 万欧元，也就是他手中债券的面值。

11.2.5 CDS 指数类产品

到目前为止，我们主要讨论的都是单标的 CDS。如前所述，市场上还存在 CDS 指数类产品。一家名为 Markit 的公司在 CDS 指数的编制方面发挥着重要作用。当然，就像股票指数本身不是可交易的产品一样，CDS 指数本身也不是可交易的工具。但与主要的股票指数一样，行业内创建了基于 Markit 指数的各种金融工具。这些金融工具也属于 CDS，在指数涵盖的任何实体发生违约事件时便会产生收益。

Markit 指数先按地区分类，再根据信用质量进一步分类（或划分）。两个最常见的地区类别是北美和欧洲。北美的相关指数用符号"CDX"标识，欧洲、亚洲和澳大利亚的指数用符号"iTraxx"标识。在每个地区类别中都有投资级指数和高收益指数。前者分别被标识为"CDX IG"和"iTraxx Main"，每个指数包含 125 个实体。后者被标识为"CDX HY"（由 100 个实体组成）以及"iTraxx Crossover"（由 50 个高收益实体组成）。[Θ]投资级 CDS 指数通常按信用利差报价，而高收益 CDS 指数则按价格报价。这两种产品都使用了标准化票面利率。在

Θ Markit 还创建了其他种类的 CDS 指数，包括新兴市场、主权债券、市政债券、高收益/高贝塔公司和高波动公司等。

上述 CDS 指数中，所有的实体都是等权重的。因此如果指数中有 125 个实体，每个实体的结算金额占名义金额的 $1/125$。[〇]

Markit 公司每六个月更新一次各个指数的成分实体，在保留旧系列的同时创建新的系列。最新创建的系列被称为"**新发**"系列，而较老的系列被称为"**旧发**"系列。当投资者将旧发系列的仓位转向新发系列时，这种行为被称为**滚动**。当指数中的实体出现违约时，该实体会被从指数中删除，并根据其在指数中的相对比例以单标的 CDS 的形式结算，然后该指数会以更小的名义金额继续交易。

CDS 指数经常被用于对指数能涵盖的部门的信用风险建仓，或者为与指数组成成分类似的债券投资组合提供保护。标准化的目的是增加交易量，这在单标的 CDS 的市场中是有一定限制的，因为市场上有大量高度多样化的实体。由于 CDS 指数建立在标准化投资组合的基础上，而这些投资组合对应已被充分识别的公司的信用风险，因此市场参与者愿意进行大规模的交易。实际上，CDS 指数通常比单标的 CDS 流动性更强，日均交易量是单标的 CDS 的好几倍。

⬛ 例 11-3　利用 CDS 指数进行套期保值和建立风险敞口

假设一位投资者出售了 5 亿美元的 CDS 指数 "CDX IG" 保护。该投资者关注的是指数中一些成分公司的信用情况，对冲了每个成分公司的一部分信用风险。对于 A 公司，他购买了 300 万美元的单标的 CDS 保护，而 A 公司随后发生了违约。

1. 投资者对 A 公司的净名义风险敞口是多少？
2. 投资者对冲了多少比例的 A 公司风险敞口？
3. 投资者的 CDS 指数交易中，剩余的名义价值是多少？

解答 1：投资者通过 CDS 指数做多了 400（= 5 亿美元/125）万美元 A 公司，通过单标的 CDS 做空了 300 万美元 A 公司。他的净名义风险敞口是 100 万美元。

解答 2：投资者对冲了 75% 的风险敞口（400 万美元中的 300 万美元）。

解答 3：投资者的 CDS 指数名义价值还剩 4.96 亿美元。

11.2.6　市场特征

信用违约互换通常在由银行和其他金融机构组成的场外市场进行交易。为了更好地了解这个市场，我们将首先回顾信用衍生品的历史，特别是 CDS 的历史。

作为金融中介机构，银行从储蓄盈余部门（主要是消费者）吸收资金，并将其引导到储蓄赤字部门（主要是公司），所以公司贷款是银行业务的核心要素。当一家银行向公司发放贷款时，它承担了两种主要风险。一种是借款人不能偿还本金和利息的风险，另一种是利率发生变化造成银行赚取的回报不及市场上同类金融工具的风险。前者被称为**信用风险**或**违约风险**，后者被称为利率风险。管理利率风险的方法很多。[〇]但直到 20 世纪 90 年代中期，信用

〇　部分 CDS 指数用价格报价而其他有些却用利差报价，这可能会引起一些混淆，但在报价中同时使用价格和利差是债券市场的惯例。例如，一只国债既可以被描述为价格为 120 也可以被描述为收益率为 2.75%。结合债券的其他特征，这两个术语隐含着相同的含义。

〇　这些方法包括基于久期的策略、缺口管理和利率衍生品的使用等。

风险还是只能通过一些传统的方法来管理，比如对借款人、行业和宏观经济的分析，以及一些控制方法，比如信贷限额、监控和抵押品。这两组技术只是内部信用风险管理的方法。实际上，防范信用风险唯一有效的办法是不发放贷款，或发放贷款但要求抵押（抵押品的价值也存在风险），或发放贷款并密切监控借款人，寄希望于任何问题都能在违约发生前被预见和处理。

1995 年前后，信用衍生品应运而生，为管理信用风险提供了一种新的、可能更有效的方法。⊖它允许贷款人将信用风险转移到第三方身上。它促进了利率风险与信用风险的分离。这样，银行就可以专注于提供其最重要的服务——贷款，因为银行在需要的时候可以将信用风险转移给第三方。转移信用风险的能力使银行显著扩大了其贷款业务。由于贷款市场在任何经济体中都是庞大且重要的组成部分，信用衍生品的出现促进了经济增长，并快速扩展到短期、中期和长期债券市场，并最终以这些市场为主要服务对象。事实上，信用衍生品在债券市场比在银行贷款市场更有效率，因为债券市场的条款和条件更加标准化。在四种信用衍生品中，信用违约互换是使用最广泛的工具。事实上，在如今的市场上，CDS 几乎是唯一被广泛使用的信用衍生品。

原则上，还可以签订允许信用风险从一方转移到另一方的保险合同。信用保险已经存在多年，但其增长一直受到一个事实的限制，即保险产品大多面对消费者而不是企业。由于保险是如此重要的一种消费产品，它受到了非常严格的监管。对于保险产品来说，向由不同部门监管的新领域扩张的成本非常高。因此，一个相对标准的产品以类似形式超越监管边界的能力是有限的。CDS 工具的出现和发展在一定程度上就是为了应对这一问题。通过将 CDS 与保险区分开来，CDS 行业有效地摆脱了保险行业的监管。CDS 行业提供了一种要求买方支付一系列款项以换取对违约损失赔偿的产品，这种产品从经济意义上看几乎与信用保险完全一样，但在法律意义上则截然不同。⊜

CDS 在场外市场交易，通过电话、即时消息或彭博客户端进行。交易信息向一家被称为**存托信托和结算公司**的机构报告，该公司是一家总部位于美国的实体，除资产托管和资产信托服务外，还为多种证券提供交易后的清算、结算和信息服务。在美国，新的监管规定要求几乎所有的 CDS 都进行集中清算，这意味着交易各方将通过清算交易所缔结合约，清算和分配款项，并按规定缴纳一定的保证金，或根据市价的变化调整头寸。这样做可以消除相当一部分系统性风险。

国际清算银行的一份报告称，截至 2012 年 6 月，CDS 的名义本金总额约为 26.9 万亿美元，市场价值为 1.2 万亿美元 ⊝。如果发生所有可能的违约，对净名义支付或承诺支付的粗略估计是约占名义本金总额的 10%。单标的 CDS 约占信用衍生品市场的 60%。

这个市场规模比几年前要小得多。例如，2007 年 12 月 CDS 的名义本金总额为 57.9 万亿美元，约为 2011 年 12 月的 2 倍。CDS 使用量的下降是 2008 年金融危机的后果。当时 CDS 曾

⊖　一些证据表明，第一种信用衍生品是由摩根大通董事总经理布莱德·马斯特斯首创，曾被用来管理埃克森美孚在阿拉斯加州瓦尔迪兹附近发生漏油事件后违约的潜在风险。

⊜　在信用违约互换发展过程中，最重要的一步可能是不要将其称为"保险"，否则大概率会引发一系列监管问题。目前不清楚为什么它们被称为互换。正如课程中关于衍生品主题的其他部分所介绍的那样，互换涉及一系列双边支付，交易双方需要交换一系列现金流。从本质上看，CDS 显然更像是期权的一种变体，而不是互换。

⊝　相比之下，同期利率互换的名义本金约为 379 万亿美元。这些数据都来自国际清算银行对衍生品情况的半年度调查。

被许多金融机构广泛使用，但由于过度使用和管理不善，这些机构最终不得不请求政府和央行纾困。这些机构认为自己的风险敞口是多样化的或者是被它们花了数百万美元和多年时间开发的复杂模型所有效控制的。当然，那次金融危机在很大程度上是由房地产崩盘和次级抵押贷款的过度泛滥造成的。但事实证明，信用风险是一种全球性的系统性风险，美国国际集团（AIG）等许多知名机构的风险管理人员没有预见到这种可能性。由于 CDS 市场的许多大型参与者实际上已经破产，或被纾困、接管，抑或不得不大幅减少交易量，CDS 的使用量也随之大幅下降。尽管如此，CDS 的全球市场规模仍然非常可观，值得我们关注。

2010 年之前，CDS 基本上还是不受监管的场外金融工具。由于前面讨论过的那些事件，CDS 现在几乎在所有国家都受到政府的严密监管，或是受证券和衍生品法规的约束。这些法规要求大多数 CDS 交易必须集中报告，而且如前所述，必须在得到授权的清算交易所进行清算。

11.3 估价和定价的基础知识

衍生品的估值通常是通过设计衍生品和基础资产之间的对冲方案，从而产生无风险头寸，并按无风险收益率获得回报。通过这样的方式，我们就可以用基础资产的价格和一些其他变量来计算衍生品的价格。对于 CDS 来说，该定价过程意味着在给定票面利率的情况下确定 CDS 的信用利差或预支款项。反过来，这一过程也暗示了 CDS 的价格。[⊖]

对于传统的衍生品来说，该定价原理的应用是相对容易的，但对信用衍生品来说就有些困难了。因为传统衍生品的标的资产通常在活跃的市场上交易。例如，荷兰皇家壳牌公司的股票期权、德国政府债券的期货和日元互换的估值都相对容易，因为它们的标的资产的交易都非常活跃。但 CDS 的标的是信用，这是一个有点模糊的概念。信用不是传统意义上的可交易资产，而是隐性存在于债券和贷款市场中。与股票、利率和货币的衍生品相比，信用衍生品的估值要难得多，因为它涉及信用风险价格的确定。

在 CDS 定价模型中准确应用上述概念是一个高级主题，它超出了 CFA 课程的范围。尽管如此，CFA 证书持有人还是有必要对决定 CDS 定价过程的各种因素有较好的把握，只是不必掌握所有细节。

11.3.1 定价的基本概念

CDS 定价中最重要的因素是违约概率。除少数情况外，贷款或债券涉及一系列承诺偿付。未能支付这些偿付中的任何一笔都是违约事件。为了说明这一点，我们来考虑一个简单的例子：一笔为期两年、利率为 5%、名义本金为 1000 美元的贷款，一年支付一次利息。该贷款共有两笔偿付，第一次为一年后支付 50 美元的利息，第二次为两年后支付最后一笔利息和本金共 1050 美元。每一笔偿付都有违约的可能。

用同一个概率来衡量所有偿付违约的可能性会让人有点困惑。第一笔偿付违约的概率可

⊖ 回想一下，我们有时会区分远期、期货和互换的估值和定价，但没有区分期权的估值和定价。尽管信用违约互换名称里面有个"互换"，但它们实际上是期权。因此其估值和定价是同一个概念。

能是 2%，但后一笔利息加本金的偿付违约的可能性更大，因为需要支付的金额更大，到期期限也更长。一般来说期限越长违约的概率也越大。[一]

所以在违约分析中引入了统计学中的一个概念——风险率。风险率是违约事件在之前尚未发生的条件下会在未来发生的概率。因为违约事件一旦发生，就没有再次发生的可能性了。风险率也可以看作条件概率。它是某件事在之前尚未发生的条件下发生的概率。在人寿保险行业，死亡概率显然符合风险率的特征。

如果一个人已经死了，他就不会再死一次。类似地，在信用风险领域，违约也是这样处理的[二]。在我们的例子中，假设第一次利息支付的风险率为 2%，最后一次利息和本金支付的风险率为 4%。其中 4% 是在第一年没有发生违约的条件下，第二年发生违约的概率。我们保持回收率为 40% 的假设，这是优先无担保债券的常见假设。如果 50 美元的利息支付发生违约，债券持有人将收到 20（=50×40%）美元，如果 1050 美元的最终支付发生违约，债券持有人将收到 420（=1050×40%）美元。图 11-2 显示了各种可能发生的情况。可以看到，一共有三种结果：①债券持有人第 1 年收到 50 美元，第 2 年收到 1050 美元，概率为 94.08%（=98%×96%）。②债券持有人第 1 年收到 50 美元，第 2 年收到 420 美元，概率为 3.92%（=98%×4%）。③债券持有人第 1 年收到 20 美元，第 2 年收到 420 美元，概率为 2%。[三]三种情况的概率加起来是 100%。

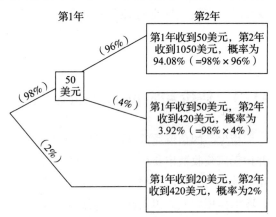

图 11-2 2 年期本金为 1000 美元、年化票面利率为 5% 的贷款的违约可能性

现在，假设我们问一个问题："违约概率是多少？"这里有几个可能的答案，因为实际上里面包含好几个问题。第一次支付违约的概率是 2%，而第二次支付违约的概率是 4%。从更一般的意义上说，我们想知道的可能是发生任何违约的概率，或者从互补的意义上说，贷款的**生存概率**是多少？在这个问题中，贷款生存到最后的概率是 98% 乘以 96%，约为 94.08%。因此贷款在其存续期内某一时刻发生违约的概率为 5.92%（=100%−94.08%）。

信用分析中的一个重要概念是**违约损失率**，它是指在发生违约的条件下损失的预期金额或百分比。在本例中，无法精确指出该指标是多少，因为它必须对应特定的某次违约。若借款人在第一次支付时违约，则损失为第一次支付的 30 美元和第二次支付的 630 美元，总违约损失率为 660 美元。如果借款人只在第二次支付时违约，违约造成的损失是 630 美元，违约损失率也为 630 美元。根据给定的违约损失率可以计算**预期损失**，即全部待偿金额减去预期

○ 在更长的时间内违约的可能性通常会更大，因为借款人的财务状况有更多的机会恶化。但也有一些例外。比如，那些在短期内大概率陷入财务困境的借款人，从长远来看可能会有更好的前景。

○ 从技术上讲，一家公司可以违约不止一次。它可以宣布破产、重组、继续经营，甚至还可能在破产数年后再次违约。在美国的航空业和汽车行业就有很多这样的例子。信用风险建模通常不考虑这种可能性，因为它相当罕见。就我们的目的而言，CDS 将在第一个信用事件发生时终止，因此这一事件是主要焦点。

○ 虽然我们用了"第 1 年"和"第 2 年"，但我们真的不知道一年中什么时候会发生支付。在图 11-2 中，我们简单地假设现金流恰好发生在"第 1 年（或第 2 年）结束时"，但它可能发生在该年度更早的时点。此外，对于第三种情况，我们假设第一笔付款发生违约，第二笔付款也发生违约，而第二笔付款的回收率还能达到与第一笔付款完全相同的水平。在实践中可能不是这样的，但不难根据具体情况进行调整。

回收金额，或违约损失率乘以违约概率：

$$预期损失＝违约损失率×违约概率$$

在本例中，损失 660 美元的概率为 2%，损失 630 美元的概率为 $0.98×0.04＝0.0392$ 即 3.92%。所以不考虑货币时间价值的话，预期损失为：

$$0.02×660＋0.0392×630＝37.90（美元）$$

上述计算表明，预期损失是通过将违约损失率（分别为 660 美元和 630 美元）乘以违约概率（分别为 2% 和 3.92%）再加总后得到的。

现在考虑另一种概率。假设某 10 年期债券每年的风险率为 2%，我们想知道借款人在整个 10 年中都不会发生违约的概率。[一]当然我们可以尝试绘制一张 10 年期的树状图，就像图 11-2 那样，我们仍然可以得到这个问题的答案，但它会变得非常混乱。10 年内某个时刻发生违约的概率等于 1 减去 10 年内均不违约的概率。而 10 年内均不违约的概率为：

$$0.98×0.98×\cdots×0.98＝(0.98)^{10}＝0.817$$

所以 10 年内不发生违约的概率为 $1-0.817＝0.183$，即 18.3%。这个简单的例子说明在单独一个时期的低违约概率，在较长时期内会演变成一个惊人的高违约概率。

▎例 11-4　风险率和生存概率

假设一家公司的风险率是恒定的每年 8%，或每季度 2%。某投资者出售了该公司的 5 年期 CDS 保护，在未来 5 年内每季度收取保费。

1. 该公司第一季度的生存概率是多少？
2. 该公司第二季度存活的条件概率是多少？
3. 能存活到第二季度的概率是多少？

解答 1：第一季度的生存概率是 98%（100% 减去 2% 的风险率）。

解答 2：第二季度存活的条件概率也是 98%，因为风险率恒定在 2%。换句话说，如果公司能挺过第一季度，那么第二季度仍然有 2% 的违约概率。

解答 3：存活到第二季度的概率是 96.04%。第一季度的生存概率是 98%，第二季度存活的条件概率也是 98%。因此，存活到第二季度的可能性是 98%×98%＝96.04%。换句话说，3.96%（＝1-96.04%）是前两个季度发生违约的概率。

认识到一份 CDS 合约本质上有两端（或"两条腿"），有助于理解 CDS 定价的概念。一端是**保护端**，也就是信用保护卖方需要向信用保护买方支付的或有款项；另一端是**保费端**，也就是信用保护买方承诺向信用保护卖方定期支付的保费。

要估计保护端的价值，必须考虑参考实体履行每笔承诺支付的概率、时间和贴现率。[二]总体来说，我们需要确定参考实体所有承诺支付的预期回报。在估计了每笔支付的违约概率之后，我们首先将根据预期回收率调整过的支付乘以生存概率，然后以适当的利率贴现，就得

[一] 风险率不太可能每年都一样，但我们在这里使用一个简化的例子以便于计算。

[二] 真实违约概率与风险中性违约概率在技术上存在区别。定价使用的是风险中性违约概率，而不是真实违约概率。风险中性概率的介绍包含在 CFA 一级的衍生品阅读材料中。在本章中，我们不会明确区分，但应该记住这一点。

到了该笔支付的预期回报。所有支付预期回报的总和就是债券或贷款的总预期回报，这应该也是债券或贷款在市场上交易的价格。接下来我们假设债券没有违约的可能性，用无风险利率对所有支付贴现，以获得债券的无信用风险价值。债券价格与债券的无信用风险价值的差值就是信用风险的价值。换句话说，投资者为包含信用风险的债券支付的价格，减去投资者为没有信用风险的债券支付的价格，就是消除信用风险的成本。该金额也就是保护端的价值，是信用保护卖方对信用保护买方的或有债务的现值。虽然我们可以从债券的市场价格中获得债券的价值和隐含的信用溢价，但必须假设债券市场对信用风险的定价是合理的。实际情况可能并不是这样，我们稍后会讨论相关细节。

接下来我们要评估保险买方支付给保险卖方的保费的现值。在固定的标准化票面利率下，这种计算看起来很简单，但需要考虑一个比较复杂的问题。例如，对于5年期的CDS，信用保护买方承诺在5年内定期支付一系列保费，但如果在这5年期间的任何时点发生了信用事件，定期支付将被终止。因此在计算保费端的价值时也必须考虑各种风险率。

保护端和保费端的价值差异决定了预付保费。回报现值较大的一方必须在合同开始履行之时补足现值的差额。所以：

$$预付保费 = 保护端的现值 - 保费端的现值$$

如果结果大于（小于）零，则信用保护买方（卖方）需要向信用保护卖方（买方）支付预付保费。实际的计算过程比这里描述的要复杂一些。正如前面所提到的，在CFA课程中我们采用鸟瞰的方式来介绍信用违约互换，并将细节留给信用衍生品专家。

11.3.2 信用利差曲线

债务工具的信用利差是指投资者获得的预期回报中高于Libor的部分，这是对债务工具持有者所承担的信用风险的补偿。[⊖]信用利差可以大致表示为违约概率乘以违约损失率，后者以百分比表示。[⊜]不同期限公司债的信用利差构成了该公司的**信用利差曲线**。信用利差曲线有点类似于利率的期限结构，后者是一组不同期限的无违约风险债务的利率，但信用利差曲线的适用对象是非政府借款人，并将信用风险纳入每个期限的利率中。

针对特定借款人的CDS市场是与该借款人的信用利差曲线紧密结合的。事实上，考虑到CDS市场的快速演化和高效率，现实中的信用利差曲线基本上都是基于CDS的利率计算的。该曲线受到多种因素的影响，其中一个关键因素就是前面提到的风险率。恒定的风险率会使信用利差曲线趋于平坦。[⊜]向上倾斜的信用利差曲线意味着在长期中违约的可能性更大，而向下倾斜的信用利差曲线意味着在头几年违约的可能性更大。向下倾斜的信用利差曲线不太常见，通常是金融市场近期承压的结果。

⊖ Libor并非无风险利率，它本身包含一定的信用风险。Libor是伦敦一家银行向另一家银行贷款的利率。考虑到借款银行承担一定的违约风险，Libor通常高于政府债的利率。

⊜ 我们之前的分析已经表明，预期损失也是以货币单位表示的违约损失率乘以违约概率。如果用名义利率的百分比表示，该关系式就是信用利差的定义。这些都是粗略的估计，因为真实的关系式因多次支付和折扣而变得复杂。

⊜ 由于贴现的存在，即使风险率是恒定的，信用曲线也不会完全平坦。例如，对于一家发行5年期和10年期零息票债券的公司来说，两种债券违约的可能性可能相等，因此预期收益也可能相等。但是收益的现值是不一样的，因此使现值与预期收益相等的贴现率也不一样。恒定的风险率会使曲线趋于平坦，但不会完全平坦，除非所有期限的风险率均为零。

> **例 11-5　信用利差曲线的变化**
>
> 　　一家公司的 5 年期 CDS 交易的信用利差为 300 个基点，10 年期 CDS 交易的信用利差为 500 个基点。
>
> 　　1. 公司的 5 年期 CDS 交易的信用利差保持不变，但 10 年期 CDS 交易的信用利差增加了 100 个基点。描述这一信用利差曲线变化的含义。
>
> 　　2. 公司的 10 年期 CDS 交易的信用利差不变，但 5 年期 CDS 交易的信用利差增加了 500 个基点。描述这一信用利差曲线变化的含义。
>
> 　　解答 1：该变化意味着，尽管该公司在短期内没有风险，但其长期信用的吸引力降低了。也许公司目前有足够的流动资金，但 5 年后必须开始偿还债务，否则预计将出现现金流动困难。
>
> 　　解答 2：该变化意味着该公司目前的短期信用风险要比长期信用风险大得多。事实上，如果公司能在未来 5 年存活下来，违约的可能性就会大幅降低。也许公司遇到了必须尽快解决的流动性问题，如果不解决，公司将会违约。

11.3.3　CDS 定价惯例

　　对于公司债券，我们通常用价格或利差来衡量它们的价值。利差是比价格更能说明问题的指标。人们对正常的利率范围较为熟悉，因此很容易将利差与利率进行比较。比较价格则更为困难。如果高收益债券的票面利率与其预期收益率相等，那么债券的价格就等于其票面价值。与此同时，对于到期期限相同的低收益债券来说，当票面利率等于预期收益率时，债券的价格也等于其票面价值。这两种债券的价格在交割日也是相同的，所以两者的价格可能在存续周期的大部分时间里都很接近，但它们是截然不同的债券。因此，只关注价格不会获得多少有用的信息。利差中的信息则更加丰富。以 Libor 或无风险利率为基准，在利差的基础上，投资者可以根据价格、期限和票面利率判断信用风险的大小和程度。CDS 也是如此。尽管 CDS 也有自己的价格，但其利差包含的信息量要大得多。

　　我们前面简要描述过，信用违约互换市场的惯例是对投资级债券支付 1% 的固定票面利率，对高收益债券支付 5% 的固定票面利率。显然，参考实体债务的信用利差未必会刚好等于这两个固定利率中的任何一个。因此，信用保护买方向信用保护卖方的承诺支付的现值可能超过或低于参考债券的预期支付。实际上，相对于风险而言，支付的金额要么太大，要么太小。其现值的差额以一方向另一方支付预付保费的形式结清。预付保费应该等于信用利差的现值减去固定票面利率的现值。当然，这个规范是通用的。行业中广泛使用的一个粗略估计方式是：预付保费=(信用利差-固定票面利率)×CDS 的久期。[⊖]此外，该规范是以利率的形式表述的，必须转化为 CDS 的价格，这是通过从 100 中减去预付保费百分比来实现的。

　　这些关系总结如下：

$$信用利差的现值 = 预付保费 + 固定票面利率的现值$$

⊖　回想一下，久期是债券期限的一种现金流的加权平均。对于 CDS 来说，如果发生违约则付款将终止。因此，我们不能假设所有付款都是确定的，久期计算必须考虑到每一笔付款的这种不确定性。从理论上说，人们应该根据信用损失调整债券的久期，然而，除非所使用的债券定价模型考虑了信用利差的随机性质，否则在实践中通常不会这样做。

通过用久期计算预付保费的近似式，可以很好地估算出一系列支付的现值：

预付保费 ≈（信用利差−固定票面利率）×久期

信用利差 ≈（预付保费/久期）+固定票面利率

每 100 面值的 CDS 价格 = 100−预付保费（%）

预付保费（%）= 100−每 100 面值的 CDS 价格

例 11-6 保费和信用利差

1. 假设一家高收益公司的 10 年期信用利差为 600 个基点，其 CDS 的存续期为 8 年。购买 10 年期 CDS 保护所需的预付保费大约是多少？假设高收益公司的 CDS 有 5% 的固定票面利率。

2. 想象一下，一位投资者出售一家投资级公司的 5 年期 CDS 保护，必须向买方支付 2% 的预付保费。假设 CDS 的久期为 4 年，则该公司的信用利差和每 100 票面价值的 CDS 价格各是多少？

解答 1：要购买 10 年期 CDS 保护，投资者必须支付 500 个基点的固定票面利率，加上票面利率与当前市场上信用利差（600 个基点）的现值。因此预付保费大约为 100 个基点×8（久期），或 CDS 名义本金的 8%。

解答 2：预付保费的价值等于预付保费（−2%）除以久期（4），等于负 50 个基点。预付保费是负的，因为卖方是在支付保费而不是收取保费。信用利差等于固定票面利率（100 个基点）加上前期保费的当前价值（−50 个基点），等于 50 个基点。需要提醒的是，由于该公司的信用利差小于固定票面利率，因此信用保护卖方必须向信用保护买方支付预付保费。每 100 票面价值的 CDS 价格将等于 100 减去预付保费，但后者是负的，所以价格是：100−（−2）= 102。

11.3.4 CDS 在存续周期内的估值变化

与任何可交易的金融工具一样，CDS 的价值在其存续周期内会发生波动。该价值是在市场竞争中被决定的。市场参与者不断评估参考实体当前的信用质量，以确定其价值和信用利差。显然，在 CDS 的存续周期中，许多因素都有可能发生变化。根据定义，久期会随着时间的推移而缩短。同样地，违约概率、违约损失以及信用利差曲线的形状都会随着信息的更新而改变。即使 CDS 的估值模型与最初发行时完全相同，新的输入变量也会导致估值发生变化。CDS 的新市场价值会给交易双方带来收益和损失。

参考下面的例子，一个固定票面利率为 1% 的 5 年期 CDS，参考实体的信用利差为 2.5%。如果一家公司承诺支付每年 1% 的利息来获得保险，以抵消价值为 2.5% 的利差的信用风险，那么保护端的现值就超过了保费端的现值。要通过预付保费的方式弥补这个差额，由 CDS 买方向 CDS 卖方支付。在 CDS 的存续期内，如果参考实体的信用质量有所改善，信用利差更新为 2.1%。假设现在新创建一个具有相同剩余存续期，固定票面利率仍为 1% 的 CDS，那么保费端的现值仍将小于保护端的现值，但两者的差额将小于创建最初那个 CDS 时的差额，因为现在的信用风险更小。很明显，对于最初那个 CDS 而言，卖方获利了，买方亏损了。原始预付保费与新预付保费之间的差额就是卖方的收益和买方的损失。对于给定的信用利差变化，CDS 价格变化的近似值计算公式 ⊖ 为：

信用保护买方的利润 ≈ 信用利差变化(基点数)×久期×名义价值

或者，我们也可能对 CDS 价格变化的百分比感兴趣，其计算公式为：

CDS 的价格变化(%)= 信用利差变化(基点数)×久期

📗 例 11-7　信用利差变化带来的损益

投资者购买了 1000 万美元的 5 年期 CDS 保护，CDS 合约的久期为 4 年。标的公司的信用利差最初是 500 个基点，后来又增加到 800 个基点。

1. 投资者（信用保护买方）从信用利差的变化中是受益还是受损？
2. 估计信用违约互换价格的变化和投资者的利润。

解答 1：投资者拥有信用保护，因此他在经济意义上是空头，并受益于公司信用利差的增加。他可以以更高的保费出售手中的信用保护。

解答 2：价格变动百分比估计值等于信用利差变化（300 个基点）乘以久期（4），结果为 12%。投资者的利润是名义本金（1000 万美元）的 12%，即 120 万美元。

11.3.5　损益的货币化

与任何金融工具一样，CDS 价格的变化会带来平仓的机会，不管是为了获利出局还是割肉止损。该过程也被称为**损益的货币化**。请记住，信用保护卖方实际上是参考实体债务的多头。他签订了一份合同，为参考实体的债务提供保险，为此他会收到承诺的定期支付，可能还会收到一笔预付保费。如果参考实体的信用质量改善，他显然会受益，因为他能继续得到相同的补偿，且承担更小的风险。与之相对的是，信用保护买方将受益于参考实体信用质量的恶化。⊖因此，信用保护卖方或多或少看多标的公司，信用保护买方或多或少看空标的公司。随着公司信用质量的变化，CDS 的市场价值会发生变化，CDS 交易双方的损益也会随之变化。交易双方可以通过一份新的类似合约的相反头寸，来抵消原有合约并实现收益或损失，实际上相当于出售了手中的 CDS 头寸。

回到上一节的例子，假设在 CDS 的存续周期内，参考实体的信用质量有所改善。如果一个新 CDS 的期限与原始 CDS 调整后的期限相匹配，其隐含的预付保费就等于原始 CDS 现在的市场价值。新 CDS 的买方也要向卖方支付预付保费，但额度比原来的 CDS 要小。

现在，假设原始 CDS 的买家想平仓。他可以以信用保护卖方的身份参与新 CDS，并获得新 CDS 的预付保费。正如上一段提到的，这个额度比他最初支付的要少。同样地，信用保护卖方也可以通过以信用保护买方的身份参与新 CDS 的方式来抵消他原来的头寸。他支付的预付保费

⊖ 前几章关于固定收益的内容说明，债券价格的百分比变化近似于收益率的变化乘以修正久期，因此读者应该对这两个计算公式所表达的关系有所了解。在这种情况下，以基点衡量的收益率的变化类似于利差的变化。CDS 的久期类似于 CDS 的参考债券的久期。在久期前面使用"修正"一词代表一个小调整，需要除以（1+周期性收益率）。

⊖ 同样，重要的是要记住这些声明仅限于信用保护买方或信用保护卖方在 CDS 中的头寸，不包含任何一方持有的任何其他金融工具。

比他最初得到的要少。通过这样的操作，原始 CDS 的信用保护买方变现了损失，信用保护卖方实现了收益。解除 CDS 的交易不需要以同一原始交易方为对手，尽管这样做会带来一些便利。随着 CDS 被更广泛地集中到清算所进行结算，平仓交易应该会变得更普遍且更容易完成。

至此我们已经确定了实现 CDS 盈利或亏损的两种方法。一是将 CDS 行权，以应对违约。另一种是通过在市场上参与一份新 CDS 的相反仓位来平仓。还有第三种也是最不常见的一种方法，这种方法可以在没有发生违约的情况下使用。一方可以简单地持有该头寸直到到期，此时信用保护卖方已获得所有保费，且没有被迫支付任何赔偿，信用保护卖方的支付义务将被终止。此时 CDS 的利差将降至零，就像债券在临近到期时价格会趋同于票面价值一样。CDS 卖方明显获利了，因为他们收到了承担违约风险的报酬，而且违约的可能性越来越小，而 CDS 买方则蒙受了损失。[⊖]

11.4　信用违约互换的应用

如前所述，利用信用违约互换可以转移信用风险。尽管这个概念看起来很简单，但 CDS 在不同的情况下有很多不同的应用方式。在这一节中，我们介绍这一工具的一些应用。

任何衍生工具都有两种最普遍的用途。一是利用潜在的市场预期波动。与基础资产相比，衍生品通常只需要较少的资本就可以撬动较大的名义头寸，是一种更容易建立短期风险敞口的工具。衍生品市场可能更有效，这意味着它可以对信息做出更快的反应，比标的市场拥有更好的流动性。要对标的资产的新信息或预期做出反应，通过衍生品市场比直接交易标的资产往往能达到更好的效果。

衍生品带来的另一类交易机会是利用衍生品与标的资产之间的估值差异。如果衍生品相对于标的资产的定价有误，投资者可以在衍生品中持有适当的头寸，并在标的资产上持有抵消风险的头寸。如果投资者的估值判断是正确的，而其他投资者稍后也得出相同的结论，那么衍生品和标的资产的价值就会趋同，该投资者将获得基本无风险的回报。因为通过持有多空头寸，标的资产的风险已经得到了对冲。该结果是否会按计划发生，既取决于市场的效率，也取决于估值模型的质量。同一标的资产的不同衍生品之间的估值错位也可以照此操作。

这两种衍生品普遍使用于 CDS。我们可以将它们统称为信用风险敞口管理，即根据预期或估值差异的变化来增加或减少信用风险敞口。在利用估值差异的时候，重点是 CDS 市场的信用风险定价与基础债券的信用风险定价之间的差异。

11.4.1　信用风险敞口管理

信用违约互换最基本的应用是增加或减少信用风险敞口。最明显的这类应用是贷款机构通过购买 CDS 来减少其对某个借款人的信用风险敞口。对于 CDS 卖家来说，这种交易增加了他们的信用风险敞口。贷款方使用 CDS 的理由似乎是显而易见的，他们可能觉得自己承担了

⊖　事实上，信用保护买方在 CDS 上蒙受了损失，因为他为违约保护支付了保费，而违约并未发生。虽然从技术上讲是亏损，但信用保护买方很可能是参考实体的债权人，因此信用保护买方的整体头寸并没有亏损。我们已经提到，CDS 有点像保险，因此信用保护买方可能不会把它视为一种损失，就像一个人可能不会仅仅因为房子没有被烧毁就把即将到期的火灾保险合同视为损失一样。

太多的信用风险，但又不愿直接将债券或贷款出售，因为这样要付出巨大的交易成本，也因为之后可能又有收回债券或贷款的需要，抑或因为债券或贷款市场的流动性相对较差。如果风险是暂时的，那么通过交易 CDS 来降低风险几乎总是更好的选择。除了金融机构之外，其他任何有信用风险的组织也都有可能使用 CDS 来管理风险头寸。

信用保护卖方的交易理由就不那么明显了。信用保护卖方可能是 CDS 的做市商，其目标是通过为 CDS 市场做市来获利。做市商一般通过分散化来降低信用风险，或通过与另一方进行交易来对冲信用风险，例如做空参考实体的债务或股权，一般还涉及同时将部分资金投资于回购协议。如果做市商能有效地管理风险，当承担风险的报酬超过了消除风险的成本时，因为卖出 CDS 所承担的风险基本上就被抵消了。成功实现这一结果需要复杂的信用风险建模，这是一个超出 CFA 课程范围的话题。

尽管做市商在 CDS 卖家中占很大比例，但并非所有卖家都是做市商。考虑到任何债券持有人都必须同时成为信用风险和利率风险的多头，如果某个投资者只想承担信用风险，他可以通过出售 CDS 来获得纯粹的信用风险敞口，这需要的资金要少得多，而且与购买债券相比，可能只要付出更低的整体交易成本。此外，CDS 的流动性很容易超过债券，因此建立和接触 CDS 头寸要容易得多。

贷款方需要信用保护的原因很明显，但没有参考实体信用风险敞口的个人或机构也可能会购买信用保护。这种头寸被称为**信用违约互换裸头寸**，在监管和政界引发了一些争议。在建立信用违约互换裸头寸时，投资者认为该实体的信用质量将下降，而卖方认为该实体的信用质量将改善。[一]引起争议的是买方的立场。一些监管机构和政界人士认为，没有风险的一方通过押注借款人的财务状况恶化来获利是不合适的。在 2008~2009 年的金融危机期间，由于许多投资者持有这些信用违约互换裸多头头寸并从危机中受益，相关争议也更为剧烈。

但反对者反驳说，在金融市场的其他领域，类似的押注一直以看跌期权多头、期货空头以及卖空股票和债券等形式进行。这些金融工具通常被认为是一种保护自己免受金融市场表现不佳影响的手段。同样地，CDS 也是一种保护自己不受糟糕经济状况影响的手段。难道在金融危机中，每个人都必须一起受苦吗？难道就不允许存在一种交易方式让那些与大多数投资者背道而驰并最终被证明是正确的投资者获得回报吗？此外，没有持有某一参考实体的债务头寸并不意味着没有信用风险敞口。比如主权政府或市政当局等参考实体的违约会给大量公民和组织带来成本，即使后者不直接持有相关债权。[二]信用违约互换裸头寸的其他支持者认为，信用违约互换裸头寸为信用市场带来了流动性，潜在地提高了市场的稳定性。尽管如此，针对主权债务的信用违约互换裸头寸的交易在欧洲还是被禁止的，但在其他地区通常是被允许的。

CDS 交易策略，无论是否采用裸风险敞口，都可以用下面几种形式完成。正如我们之前讨论过的，一方可以完全做多或做空。或者可以在一种 CDS 上做多，在另一种 CDS 上做空，这被称为多空交易。[三]其中一个 CDS 可能以一个参考实体为标的，另一个 CDS 则建立在不同的

[一] 需要澄清的是，信用违约互换裸头寸并不意味着交易双方都对标的没有风险敞口。其中一方没有敞口或双方都没有敞口都是可能的。信用违约互换裸头寸只是指其中一方的头寸，无法确定其交易对手方是否有风险敞口。

[二] 对参考实体的另一个明显的裸风险敞口来自在同一家银行的大量商业存款，无论是传统存款还是作为另一笔交易的抵押品。如果该银行违约，这些资金可能面临风险。但从技术上讲，这不是裸风险敞口，因为它不以传统贷款或债券的形式存在。

[三] 在期权和期货交易领域，这种交易通常被称为价差组合。

参考实体上。这种交易也是一种押注，赌的是一个参考实体的信用状况相对于另一个参考实体将有所改善。这两个实体可能高度相关，或者在生产替代产品。例如，有人可能会认为，由于豪华汽车行业的竞争和变化，戴姆勒的信用质量将会提高，而宝马的信用质量将会相对下降，所以做多戴姆勒的 CDS 同时做空宝马的 CDS 是合适的策略。同样地，投资者可能会基于其他因素进行多空交易，如环境、社会和公司治理（ESG）方面的考虑。例如，投资者可能会担心一家公司相对于另一家公司而言，与 ESG 相关的实践和政策表现很差。在这种情况下，投资者可以做空 ESG 实践和政策表现较差的公司的 CDS，做多 ESG 实践和政策表现较好的公司的 CDS。

例 11-8　多空交易的 ESG 考量

背景概述

一位分析师正在评估两家美国服装公司：阿特利耶公司和庞巴迪公司。阿特利耶公司是一家专注于高端服装品牌的大公司，尽管成本很高，但该领域还是有利可图的。庞巴迪公司的规模比阿特利耶公司更小，利润也更低。庞巴迪公司专注于不太昂贵的服装，并努力保持低成本。这两家公司都从世界各地的供应商采购商品。这位分析师认识到，服装公司必须对供应商进行充分监督，以控制声誉受损和库存中断的风险。供应商问题对阿特利耶公司和庞巴迪公司尤其重要，因为这两家公司的主要供应商全球纺织品公司的工厂最近发生了火灾。这场火灾造成了多人伤亡并上了负面的新闻头条。

这位分析师注意到阿特利耶公司和庞巴迪公司在处理 ESG 问题的方式上有一个显著的不同。在其供应商发生火灾后，阿特利耶公司签署了一份关于火灾和建筑安全的协议，这是一份在全球服装制造商、零售商和火灾发生地的工会之间具有法律约束力的协议。签署协议后，阿特利耶公司努力修复和改进其供应商工厂的机器，其目标是显著提升工作场所安全性，减少因工厂事故造成的员工工时损失，以及工厂事故和死亡率。

投资者对阿特利耶的公司治理体系评价很高，因为管理层的利益和利益相关者的利益非常一致。阿特利耶公司的董事会中独立董事的比例很高，非常多样化。相比之下，庞巴迪公司的创始人是公司的大股东，并担任 CEO 和董事会主席。此外，庞巴迪公司的董事会主要由行业专业知识水平较低的个人组成。结果是，庞巴迪公司的董事会没能充分应对全球纺织品公司的大火。鉴于庞巴迪公司董事会缺乏独立性和专业知识，投资者认为庞巴迪公司的治理体系很差。由于庞巴迪公司强调低成本且其董事会缺乏经验，庞巴迪公司选择不签署关于火灾和建筑安全的协议。

对 CDS 的影响

阿特利耶公司和庞巴迪公司的单标的 CDS 在市场上交易活跃，但庞巴迪公司的 CDS 流动性较差。在全球纺织品公司发生火灾之前，庞巴迪公司的 5 年期 CDS 的信用利差为 250 个基点，阿特利耶公司的 5 年期 CDS 的信用利差为 150 个基点。信用利差的差异反映了庞巴迪公司较低的交易流动性和信用质量（主要反映了其较小的规模和较低的盈利能力），因此相对于阿特利耶公司具有较高的违约风险。

在全球纺织品公司发生火灾之后，服装行业所有公司的 CDS 的信用利差均大幅扩大。阿特利耶公司 5 年期 CDS 的信用利差扩大了 60 个基点（至 210 个基点），庞巴迪公司 5 年期 CDS 的信用利差扩大了 75 个基点（至 325 个基点）。这位分析师认为，从长远来看，与阿特利耶公司相比，全球纺织品公司的火灾对庞巴迪公司将产生更加不利的影响。这位分析师的观点在很大程度上反映了庞巴迪公司与 ESG 相关的风险较高，特别是人们认为其工厂的安全性较低，公司治理体系较弱。该分析师认为，庞巴迪公司的 CDS 的信用利差将继续扩大，高于火灾前 250 个基点的水平，但阿特利耶公司的 CDS 的信用利差将回到火灾前 150 个基点的水平。

请描述分析师如何使用 CDS 来利用潜在的交易机会。

解答：分析师可以尝试通过购买庞巴迪公司 5 年期 CDS 的保护（做空）和出售阿特利耶公司 5 年期 CDS 的保护（做多）来利用潜在的交易机会。该交易可以利用庞巴迪公司相对于火灾前的预期信用利差水平持续扩大，以及阿特利耶公司的信用利差逐渐恢复到火灾前的较低水平的趋势。例如，假设阿特利耶公司的 5 年期 CDS 的信用利差从 210 个基点回到 150 个基点，而庞巴迪公司的 5 年期 CDS 的信用利差从 325 个基点收窄至 300 个基点。两家公司的 CDS 之间的信用利差将从工厂火灾发生后的 115 个基点（325 个基点减去 210 个基点）扩大到 150 个基点（300 个基点减去 150 个基点）。该分析师可以从 CDS 多空交易中获得 35 个基点的利润（不考虑交易成本）。

与涉及单个参考实体的多空交易类似，投资者可以在一个 CDS 指数上做多，在另一个 CDS 指数上做空。例如，对经济走弱的预期可能促使人们做空高收益 CDS 指数，做多投资级 CDS 指数。另一个例子是，对亚洲经济相对于欧洲经济将走强的预期，可能促使人们做空欧洲的 CDS 指数，做多亚洲的 CDS 指数。[⊖]

另一种类型的多空交易被称为信用利差曲线交易，具体操作为在买入一个期限的 CDS 的同时卖出同一参考实体的另一个期限的 CDS。为了简单起见，我们将这两个 CDS 分别称为短期 CDS 和长期 CDS。我们假设信用利差曲线向上倾斜，这意味着长期 CDS 的利率高于短期 CDS。如果曲线形状发生改变，它会变得更陡或更平坦。一条更陡峭（平坦）的曲线意味着长期信用风险相对于短期信用风险增加（减少）。[⊖]如果投资者认为长期信用风险相对于短期信用风险会增加，那么他可以做空长期 CDS，做多短期 CDS。从短期来看，认为曲线趋陡的交易是看涨的，因为这意味着参考实体短期内出问题的可能性较低。从短期来看，认为曲线趋平的交易是看跌的，因为这意味着参考实体的短期前景看起来比长期前景更糟糕，反映了对参考实体近期将出现问题的预期。

例 11-9　曲线交易

一个投资者拥有一家公司发行的中期债券，他担心该公司短期的违约风险，但他不太担心长期的违约风险。该公司的 2 年期 CDS 目前的交易价格为 350 个基点，4 年期 CDS 的交易价格为 600 个基点。

1. 描述一个潜在的曲线交易，让投资者可以对冲违约风险。

⊖ 提醒一下，CDS 卖方是信用多头，CDS 买方是信用空头。信用质量的改善有利于 CDS 卖方，但不利于 CDS 买方。

⊖ 在信用曲线向下倾斜这一相对不常见的场景中，上述分析有相反的解释。曲线更陡峭意味着短期信用风险相对于长期信用风险增加。更不常见的是平坦的信用曲线，在这种情况下，更陡峭的曲线可能会出现在长期信用风险相对于短期信用风险增加或减少时。

2. 请解释为什么投资者更喜欢使用曲线交易来对冲公司的违约风险，而不是在一个 CDS 上直接做空。

解答 1：投资者预期信用利差曲线会逐渐变缓，可以通过做空（买入保护）2 年期 CDS，同时做多（卖出保护）4 年期 CDS 来利用这种可能性。

解答 2：做空一种 CDS 同时做多另一种 CDS 可以降低部分风险，因为这两种头寸对参考实体违约风险的反应相似（尽管不是完全相同的）。此外，一个头寸的成本将被另一个头寸获得的保费部分或全部抵消。

当然，信用利差曲线可能会发生其他形式的变化，比如曲线总体水平的平行变化，即所有期限 CDS 利率的同时上升或下降，且幅度大致相同。就像长期债券与短期债券的关系，长期 CDS 的价格比短期 CDS 更敏感。举个例子，一个相信所有期限 CDS 利率都会上升的交易员可以直接做空 CDS，但他也会意识到，长期 CDS 的降幅将超过短期 CDS，所以更合适的策略是做空长期 CDS 的同时做多短期 CDS，并通过平衡仓位的大小，让他认为会升值的 CDS 仓位大于其他 CDS 的仓位，这样就可以在控制风险的同时获得收益。如果愿意冒更大的风险，他可能会选择只交易一条腿，即波动更大的那条。

11.4.2 估值差异与基差交易

不同的投资者会对信用风险的价格有不同的判断。这样的意见分歧会导致估值差异。显然，只有一个合适的价格可以消除信用风险，但这个价格不容易确定。对信用风险的价格有最佳估计的一方可以利用其知识或能力从另一方身上获利。这种比较优势可以通过交易 CDS、参考实体的债务和股权或这些债务和股权的衍生品来获利，但这种交易严重依赖于定价模型中信用风险部分的建模准确性。如上所述，这些模型超出了 CFA 课程的范围，但是理解其基本的思想是很重要的。

CDS 参考实体发行的债券的收益率中包含一个反映信用风险的成分。从原则上讲，债券收益率中包含的信用风险利差应与 CDS 上反映的信用利差相同。毕竟它们都是支付给承担信用风险一方的补偿，无论风险是由债券持有人承担还是由 CDS 卖方承担。但在现实中，债券市场和 CDS 市场隐含的信用风险补偿可能存在差异。这个定价差异可能仅仅来源于两个市场参与者观点的不同，但也有可能是两个市场参与者使用的模型不同、两个市场的流动性不同或回购市场的供求情况变化等造成的。回购市场是购买债券的主要融资来源。这两个市场的信用利差差异是所谓**基差交易**策略的基础。

大多数基差交易背后的普遍逻辑是，任何此类定价差异都可能是暂时性的，当市场认识到这种差异时，价格应该恢复一致。例如，假设债券市场的信用风险溢价为 5%，而 CDS 市场的信用风险溢价为 4%。交易员不知道哪个是正确的，但相信这两种利差最终会趋同。从 CDS 的角度来看，其提供的信用风险溢价相对于债券的信用风险溢价偏低，意味着其价格过高。从债券的角度来看，其溢价相对于 CDS 市场偏高，意味着其价格过低。可能是 CDS 市场的信用风险补偿过低，也可能是债券市场的信用风险补偿过高。两个市场都可能是正确的，但这无关紧要。投资者可以购买 CDS，从而以看似低得不合理的利率购买信用保护，并购买债券，从而以看似过高的补偿承担信用风险。信用风险被对冲掉了，因为债券违约的可能性受到了 CDS 的保护。[⊖]如果最终信用利差趋同，交易者将获得1%的无风险收益。

为了确定这种交易的盈利潜力，有必要将债券收益率分解为无风险利率、融资利差和信用利差之和。[⊜]无风险利率加上融资利差实质上就是 Libor。那么信用利差就是债券收益率高于 Libor 的超额部分，可以与 CDS 市场的信用利差进行比较。如果债券（CDS）市场的信用利差比 CDS（债券）市场的信用利差高，就称为出现了负（正）基差。

▌例 11-10　债券 vs 信用违约互换

投资者希望做多某家公司的信用风险。这家公司的债券目前收益率为 6%，期限为 5 年。类似的 5 年期 CDS 合约的信用利差为 3.25%。投资者可以在市场上以 2.5% 的利率借款。

1. 计算债券的信用利差。

2. 确定一种利用当前形势的套利交易。

解答 1：债券的信用利差等于收益率（6%）减去投资者的融资成本（2.5%）。因此该债券的信用利差目前为 3.5%。

解答 2：债券市场和 CDS 市场的信用利差不同。CDS 市场的信用利差比债券市场的低。投资者应该在 CDS 市场上以 3.25% 的价格购买保护，并做多债券，从而在不承担信用风险的情况下获得 3.5% 的收益。

另一种使用 CDS 的交易可以发生在单一实体发行的金融工具中。信用风险是几乎所有无担保债务工具或公司发行的资本租约的一个组成部分。所以每一种此类债务工具的定价都会反映公司的信用风险。投资者可以利用 CDS 市场，首先判断这些工具中信用风险的定价相对于 CDS 的定价而言是否正确，然后买进较便宜的，卖出较贵的。当然，其中隐含了市场将调整到正确价格的假设。这是一种更为复杂的交易类型，因为不同的债权具有不同的优先权，这意味着如果真发生违约，并非所有债务工具都能得到同等的偿付。

▌例 11-11　在杠杆收购中使用 CDS

投资者认为，一家公司将进行杠杆收购（LBO）交易，通过这种方式，它将发行大量债务，并使用所得资金回购所有公开交易的股票，使公司由管理层和少数内部人士拥有。

1. 在此过程中 CDS 利差为何会发生变化？

2. 如果投资者预期公司会采取这样的行动，他可以进行怎样的股票与信用交易？

解答 1：承担额外的债务大概率会增加违约的可能性，从而扩大 CDS 利差。

解答 2：投资者可能会考虑购买该公司股票并购买 CDS 保护。如果杠杆收购发生，两个头寸都将获利，因为当杠杆收购造成信用利差扩大（反映违约概率增加）时，股价会上涨，CDS 价格也会上涨。

⊖　债券持有人确实承担债券的利率风险，但这种风险可以通过久期策略或使用利率衍生工具进行对冲。其总体思路是消除所有风险，并利用债券市场和 CDS 市场之间信用风险价格的差异。

⊜　在实践中，这种分解可能会因为嵌入式期权的存在而变得复杂，比如可赎回债券和可转换债券，或者当债券没有以接近面值的价格出售时。这些因素都需要在计算中剔除。

CDS 指数还为另一种套利交易提供了机会。如果 CDS 指数的成本不等于指数组成部分的总成本，那么就存在做多较便宜的一方、做空较昂贵的一方的机会。同样地，这里做了一个隐含的假设，即价格收敛会真实发生。假设的确如此，投资者就在基本不冒风险的同时获得了收益。

担保债务凭证（CDO）是通过将债务类证券组合打包成资产池，并以资产池为基础，以分层的形式发行债权而产生的。不同层级的债权有不同的优先级，一些级别比其他级别更早地承担信用风险损失。还有一种被称为合成 CDO 的工具，是通过将无违约风险的债券与信用违约互换组合打包而构建的。无违约风险的债券加上 CDS 头寸之所以被称为合成 CDO，因为它们实际上合成出了可以出现违约的债务类证券。如果一家机构能够以低于实际 CDO 的成本来组装合成 CDO，那么它就可以买入前者，卖出后者，从而获得某种套利利润。

本章内容小结

本章介绍了信用违约互换，提供了对这些工具的特征及其市场的基本介绍。本章要点如下：

- 信用违约互换（CDS）是在两个参与方之间缔结的一种合约，一方向另一方购买保护，以防止因第三方借款人在一定期限内违约造成的损失。

- CDS 以第三方的债务为标的，这个第三方被称为参考实体，相关债务被称为参考债务，通常是优先级无担保债券。

- 以特定参考债务为标的的 CDS 通常也默认为参考实体具有同等或更高优先级的所有债务提供保护。

- 信用违约互换的双方分别被称为信用保护买方和信用保护卖方，前者被认为是看空参考实体的信用，后者被认为是看多参考实体的信用。信用保护卖方（买方）之所以被称为多头（空头），是因为卖方对参考实体未来的财务状况看涨（看跌）。

- CDS 卖方有义务在信用事件发生时支付赔偿，信用事件包括破产、无力偿付，在一些国家还包括债务重组。

- 信用违约互换的结算可以通过以下方式完成：现金结算下信用保护卖方直接向信用保护买方支付现金（由参考实体的最便宜可交割债权的价格决定）；或者在实物结算下由信用保护买方将参考债务实物交付给信用保护卖方，并收到 CDS 的全部名义本金。

- 现金结算的支付额是通过拍卖基准公司的债务来确定的，这取决于市场对回收率的评估。信用保护买方必须接受拍卖的结果，即使最终的实际回收率可能有所不同。

- CDS 可以构建在单个实体上，也可以以包含多个实体的指数为标的。

- CDS 买方向 CDS 卖方定期支付的保费通常被设定为标准化固定利率，投资级 CDS 为年化利率 1%，高收益 CDS 为年化利率 5%。

- CDS 的估值是通过评估保护端和保费端支付的现值来确定的。保护端的支付是在发生违约的时候，信用保护卖方向信用保护买方支付的赔偿；而支付端的支付包括信用保护买方向信用保护卖方定期支付的保费。这两个现值的差异会导致支付现值更低一方向另一方提前支付一笔预付保费。

- 预期支付金额的一个重要决定因素是风险率，即在之前尚未违约的情况下，之后一段时间中违约的概率。
- CDS 通常以信用利差的形式报价，即信用保护卖方从信用保护买方那里获得的定期保费隐含的基点数，作为提供信用保护的合理补偿。
- 信用利差通常以信用利差曲线的形式被呈现，它表示同一借款人的不同期限债券的信用利差之间的关系。
- 随着参考实体的信用质量发生变化，CDS 在其存续周期内的价值也会发生变化，这将带来交易双方的收益和损失，即使违约事件尚未发生，也可能永远不会发生。
- CDS 的交易双方都可以通过参与一份与原始 CDS 条款匹配的相反头寸来将累积的收益或损失变现。
- 信用违约互换可以被用来增加或减少信用风险敞口，或利用与参考实体相关的不同工具（如债务、股权以及债务和股权的衍生品）中信用风险的定价差异来获利。

第三部分

固定收益投资组合管理

固定收益投资组合管理概述

贝恩德·汉克，博士，注册金融分析师

布赖恩·J. 亨德森，博士，注册金融分析师

■ 学习目标

学完本章内容后，你将有能力完成以下任务：

- 讨论固定收益证券在投资组合中的作用。
- 描述如何对固定收益授权策略进行分类，并比较不同授权策略的特点。
- 描述债券市场的流动性，包括子市场之间的差异，并讨论流动性对固定收益投资组合管理的影响。
- 描述并解释固定收益资产的收益率分解模型。
- 讨论杠杆的作用。各种加杠杆的方法以及使用杠杆给固定收益投资组合带来的风险。
- 讨论为应税和免税投资者管理固定收益投资组合过程中的区别。

12.1 本章内容简介

在全球范围内，固定收益证券市场是金融市场中最大的资产类别，大多数投资者的投资组合都包括了固定收益投资。固定收益证券市场包括公开交易的证券（如商业票据、中期票据和长期债券）和非公开交易的工具（如贷款和私募债权）。贷款还可以被证券化，成为资产支持证券的资产池的一部分。

本章讨论了为什么投资者应该在自己的投资组合中加入固定收益证券，并提供了固定收益投资组合管理的概述。12.2 节讨论了固定收益证券在投资组合中的各种作用，包括分散化、提供定期现金流和对冲通货膨胀的潜力等。12.3 节描述了主要的两种固定收益投资组合授权策略类型：负债驱动的（结构化）授权策略和基于总收益的授权策略。本节还介绍了执行这些授权策略的方法。12.4 节讨论了债券市场的流动性及其对定价和投资组合结构的影响。12.5 节介绍了一个分解债券投资组合总预期收益率的模型。该模型能帮助大家更好地理解固定收益证券预期收益率背后的驱动因素。12.6 节讨论了固定收益投资组合中杠杆的使用。12.7 节描述了含税和免税投资者管理固定收益投资组合时的不同考虑。最后一节是本章的要点总结。

12.2 固定收益证券在投资组合中的作用

固定收益证券在投资组合中扮演着重要的角色，能起到分散投资、提供定期现金流和

对冲通货膨胀风险等作用。固定收益证券与股权类证券的相关性虽然有各种可能，但将固定收益证券加到包含股权类证券的投资组合中，通常是获得分散化收益的有效途径。固定收益证券通常会规定本金偿还和利息支付的时间表。其按计划提供现金流的性质使个人投资者和机构投资者都能够在一定程度的可预测性下，为已知的未来债务融资，如支付学费或履行公司养老金义务。一些固定收益证券，如通货膨胀联结债券，还可以为通货膨胀提供对冲。

12.2.1　风险分散化收益

在包含其他类别资产的投资组合中加入固定收益证券，可以提供资产分散化收益。回想一下，投资组合能够有效地降低风险的一个主要原因是，将收益不完全相关（即相关系数小于 1.0）的证券组合在一起可以分散风险。资产之间的相关性越低，投资组合的风险就越低。分散风险的挑战在于找到相关系数远低于 1.0 的资产。

图 12-1 展示了 2003 年 1 月至 2015 年 9 月几个债券市场指数与标准普尔 500 指数的相关性矩阵。矩阵中的债券市场指数包括美国债券市场的四个投资级债券指数：

①彭博巴克莱美国综合债券指数（包含以美元计价且期限超过 1 年的债券，包括美国国债、其他政府证券和公司证券、抵押贷款支持证券、资产支持证券和商业抵押贷款支持证券）。

②彭博巴克莱美国 10 年期国债指数（包含期限为 7~10 年的美国国债）。

③彭博巴克莱美国公司债券指数（包含以美元计价且期限超过 1 年的公司债券）。

④彭博巴克莱美国通货膨胀保值债券指数（L 系列）（包含期限超过 1 年的美国财政部通货膨胀保值债券）。

除了投资级债券，该矩阵还包括一个高收益（非投资级）债券市场指数：彭博巴克莱美国高收益公司债券指数（包含以美元计价且期限超过 1 年的高收益公司债券）。该矩阵还包括两个国际债券指数：彭博巴克莱全球综合债券指数（包含全球的投资级债券）和摩根大通全球新兴市场政府债券指数（简称 GBI-EM Global）。

2003 年 1 月至 2015 年 9 月的相关性矩阵表明：

- 美国债券市场的四个投资级指数之间的相关系数非常高，为 0.77~0.95。
- 全球综合债券指数与美国综合债券指数的整体相关系数为 0.54。由于美国综合债券指数和全球综合债券指数中包含的美国综合债券指数部分的相关系数为 1.0，非美国投资级债券与美国投资级债券的相关性肯定更低。所以在此期间将美国投资级债券和非美国投资级债券同时纳入投资组合具有显著的分散化收益。
- 美国投资级债券与股票指数、美国高收益债券和新兴市场债券的相关系数较低（在某些情况下甚至为负）。国际投资级债券也表现出与股票和美国高收益债券的低相关性，但与新兴市场债券的相关性适中。低相关性或负相关性表明，如果将投资级债券与其他波动性更大的资产类别都加入投资组合，将带来显著的分散化收益。
- 高收益债券、新兴市场债券和股票之间呈现出相关系数为 0.32~0.47 的正相关关系。

根据图 12-1，将投资级债券、高收益债券、新兴市场债券和股票组合起来，似乎可以带来较大的投资组合分散化收益。固定收益投资与其他资产类别（如房地产和大宗商品）的低相关性也能提供额外的分散化收益。

指数	彭博巴克莱美国综合债券指数	彭博巴克莱美国10年期国债指数	彭博巴克莱美国公司债券指数	彭博巴克莱美国通货膨胀保值债券指数	彭博巴克莱全球综合债券指数	彭博巴克莱美国高收益公司债券指数	摩根大通全球新兴市场政府债券指数	标准普尔500指数
彭博巴克莱美国综合债券指数	1.00	0.95	0.92	0.81	0.54	0.03	−0.01	−0.27
彭博巴克莱美国10年期国债指数	0.95	1.00	0.88	0.79	0.50	−0.13	−0.12	−0.35
彭博巴克莱美国公司债券指数	0.92	0.88	1.00	0.77	0.50	0.16	0.04	−0.25
彭博巴克莱美国通货膨胀保值债券指数	0.81	0.79	0.77	1.00	0.49	0.07	0.08	−0.21
彭博巴克莱全球综合债券指数	0.54	0.50	0.50	0.49	1.00	0.09	0.46	0.04
彭博巴克莱美国高收益公司债券指数	0.03	−0.13	0.16	0.07	0.09	1.00	0.47	0.32
摩根大通全球新兴市场政府债券指数	−0.01	−0.12	0.04	0.08	0.46	0.47	1.00	0.36
标准普尔500指数	−0.27	−0.35	−0.25	−0.21	0.04	0.32	0.36	1.00

图 12-1　相关性矩阵

资料来源：作者根据 2003 年 1 月至 2015 年 9 月"巴克莱风险分析和指数解决方案"、摩根大通指数研究和标准普尔指数的数据自行计算。

　　但这些相关系数不是一成不变的。在一个较长的历史时期中，两种资产类别收益率的平均相关系数可能很低，但任何特定时点的相关系数可能会不同于平均相关系数。相关系数可能会根据测量时的资本市场动态而发生变化。资产类别之间的相关性可能增强也可能减弱，取决于当时的市场情况。在市场压力大的时期，投资者可能会表现出追逐安全性的倾向，更多地购买政府债券等更安全的资产并推高其价格，同时出售股票和高收益债券等风险更高的资产并压低其价格。这些举措可能会降低政府债券与股票和高收益债券之间的相关性。与此同时，股票和高收益债券等风险较高的资产之间的相关性可能会增强。

　　资产之间的相关性是分散化收益和能否降低投资组合风险的主要决定因素，但每种资产类别的波动性也会影响投资组合的风险。债券的波动性一般低于股票等其他主要资产类别。参考图 12-1 所示的指数在同一时期（2003 年 1 月至 2015 年 9 月）的每日收益的标准差。彭博巴克莱美国综合债券指数的年化收益率标准差约为 4%，彭博巴克莱美国高收益公司债券指数和摩根大通全球新兴市场政府债券指数是债券市场中风险较高的板块，年化收益率标准差分别为 6.3% 和 9.8%。相比之下，标准普尔 500 指数的年化收益率标准差为 19.4%。所以以将固定收益头寸纳入投资组合，既可以享受风险分散化的好处，又替代了部分波动率更高的其他类别资产的风险敞口，可以显著降低投资组合的风险。

值得注意的是，与相关性类似，不同类别资产收益率的波动性（标准差）也会随着时间的推移而变化。如果利率的波动率上升，债券尤其是长期债券的短期波动率可能会高于历史平均波动率。信用质量较低的（高收益）债券的收益率标准差在金融危机时期可能会显著上升，因为随着信用质量下降和违约概率增加，投资者会认为这些债券更接近股票。

12.2.2　提供定期现金流

固定收益投资通常会为投资组合带来定期的现金流。定期现金流使个人投资者和机构投资者可以按计划可预测地履行已知的未来义务，如支付学费、履行养老金义务或赔付人寿保险等。在这些情况下，未来的负债义务可以被相对确定地估计。固定收益证券经常被"专买专用"，为未来负债融资。在构建专买专用的投资组合过程中，可以通过选择合适的固定收益证券，使其现金流的时间和规模与预期未来负债的时间和规模相匹配。

通常情况下，投资者可以通过在整个投资周期内错开债券的到期日来提升债券投资组合的表现，这是一种可以平衡价格风险和再投资风险的方法。购买并持有的投资组合也可以根据投资者的投资期限进行调整。例如，如果投资者希望在 10 年的时间中获得稳定的收益，那么 10 年左右到期的息票债券就是其构建投资组合的良好资产。

值得注意的是，获得定期现金流的前提是不会发生信用事件（如发行人不能完成预定的利息或本金支付）或其他市场事件（如市场利率下降，这会导致抵押贷款的提前支付，进而影响抵押贷款支持证券的回报）。这些事件可能会导致固定收益证券的实际现金流与预期现金流出现差异。如果发生了信用事件或市场事件，投资组合经理可能需要立刻对投资组合进行调整。

12.2.3　对冲通货膨胀的潜力

一些固定收益证券可以为通货膨胀提供对冲。浮动利率债券可以保护利息收入不受通货膨胀的影响，因为参考利率会根据通货膨胀进行调整。到期时的本金支付不受通货膨胀的影响。通货膨胀联结债券的回报与消费者价格指数直接挂钩，并可以根据通货膨胀调整本金，为投资者提供了宝贵的免受通货膨胀影响的收益。通货膨胀联结债券的结构有许多变种。有只对本金支付进行通货膨胀调整的零息票债券，还有票面利率固定但本金随通货膨胀变化调整的资本指数化债券。

通货膨胀联结债券的收益包括实际收益加上与通货膨胀率挂钩的额外收益。通货膨胀联结债券的收益波动通常低于传统债券和股票，因为它取决于实际利率（而非名义利率）的波动。实际利率的波动性通常低于决定债券和股票收益率的名义利率的波动性。

许多发达国家，包括美国、英国、法国、德国、瑞典和加拿大，以及一些发展中国家，如巴西、智利和阿根廷，其政府都发行了与通货膨胀挂钩的债券。许多公司也会发行通货膨胀联结债券，其中既有金融机构，也有非金融行业的公司。对于投资期限较长的投资者，尤其是那些面临长期负债的机构（如固定福利养老金计划和人寿保险公司），通货膨胀联结债券特别有用。

表 12-1 展示了不同类型债券所能提供的通货膨胀保护。

在多样化的债券和股票投资组合中加入与通货膨胀挂钩的债券，通常能带来更高的风险调整实际收益率。这是因为通货膨胀联结债券实际上可以代表一个单独的资产类别，它提供的回报率不同于其他资产类别，并提高了市场完全

表 12-1　不同类型债券提供的通货膨胀保护

	利息	本金
固定利率债券	无通货膨胀保护	无通货膨胀保护
浮动利率债券	有通货膨胀保护	无通货膨胀保护
通货膨胀联结债券	有通货膨胀保护	有通货膨胀保护

性。在资产配置策略中引入通货膨胀联结债券，可能会带来更高的均值方差有效边界。

例 12-1　在投资组合中添加固定收益证券

　　鉴于最近一段时间股市波动加剧，玛丽·贝克对自己管理的投资组合的风险水平感到焦虑。她的大部分财富都投资于多元化的全球股票投资组合。

　　贝克联系了两家财富管理公司——大西洋投资公司和西海岸资本公司，寻求建议。在与每位投资顾问的交谈中，她表示希望降低投资组合的风险，并希望在 15 年的投资期限内拥有能产生稳定购买力的现金流。

　　贝克建立的多元化全球股票投资组合与一个充分分散化投资的固定利率债券投资组合的相关系数为-0.10，与一个充分分散化的通货膨胀联结债券投资组合的相关系数为 0.10。上述固定利率债券投资组合与通货膨胀联结债券投资组合的相关系数为 0.65。

　　大西洋投资公司的顾问建议将她一半的资产分散投资于名义固定利率债券。西海岸资本公司的顾问也建议分散投资，但建议贝克将 25% 的投资资产投资于固定利率债券，另外 25% 投资于通货膨胀联结债券。

　　根据每位投资顾问在降低投资组合风险和产生现金流方面的意见，评估其给贝克的建议。推荐贝克应该遵循的建议，确保在你的回答中讨论以下概念：①分散化收益，②现金流收益，③通货膨胀对冲收益。

　　解答：

　　来自大西洋投资公司的建议：考虑到固定利率债券与股票的相关系数为-0.1，投资于固定利率债券将在降低投资组合整体波动率（风险）方面获得巨大的分散化收益。以标准差衡量的波动率会低于多元化全球股票投资组合和多元化固定利率债券投资组合的加权标准差。投资组合将产生定期现金流，因为它包括固定利率债券。但这一建议并没有满足贝克希望现金流随着时间的推移保持购买力（对冲通货膨胀）的愿望。

　　来自西海岸资本公司的建议：分散投资固定利率债券和通货膨胀联结债券，除了能享受固定利率债券所带来的收益外，还能享受额外的分散化收益。全球股票和通货膨胀联结债券之间的相关性只有 0.10。名义固定利率债券与通货膨胀联结债券的相关性为 0.65，也小于 1.0。由于包含了固定利率债券和通货膨胀联结债券，该投资组合将产生稳定的定期现金流。增加对通货膨胀联结债券的投资至少在一定程度上满足了贝克希望在投资期限内保持购买力的愿望。

　　根据她所表达的愿望和以上的分析，贝克应该遵循西海岸资本公司提供的建议。

12.3　固定收益授权策略

前文讨论了固定收益证券在投资组合中的作用以及它为投资者提供的收益。当投资的授权策略中包含固定收益证券时，投资者需要决定以何种方式在投资组合中加入固定收益证券。固定收益授权策略可以大致分为负债驱动的授权策略和总收益授权策略。负债驱动的授权策略要求未来现金流与预期负债相匹配，或能够满足未来的支付要求。因此它也被称为结构化授权策略、资产负债管理（ALM）或负债驱动的投资（LDI）。这类授权策略的目标是确保某项负债或一系列负债（例如公司的养老金义务）能够得到覆盖，并将任何资金短缺或现金流入不足导致无法完成支付义务的风险降至最低。

总收益授权策略的目标通常是跟踪或跑赢彭博巴克莱全球综合债券指数等固定收益证券市场基准。负债驱动的授权策略和总收益授权策略表现出一些共同的特征，比如都是在一组约束条件下试图获得最高的风险调整收益（或最高收益率）。但这两种授权策略有着完全不同的目标。

一些固定收益授权策略要求在投资过程中考虑环境、社会和公司治理（ESG）因素。在考虑这些因素时，分析师或投资组合经理可能会寻找证据来确定投资组合中是否包含履行ESG责任尽职或不尽职的公司，以及这些公司的行为和资源管理是否反映了可持续的商业模式。例如，分析师或投资组合经理可能会考虑一个公司是否涉及造成重大环境污染的事件，是否采用过不合理的用工政策，或是否出现过诚信方面的问题。对于在ESG评分中表现不佳的公司，投资者可能会认为它们未来更有可能遭遇会带来严重声誉和财务损失的ESG相关事件。如果发生这种情况，公司的信用质量将受到影响，公司债券的价格和包含该债券的投资组合的业绩也会随之下降。

12.3.1　负债驱动的授权策略

使用负债驱动的授权策略的用户包括要为特定现金流和生活方式提供资金的个人，以及银行、保险公司和养老基金等机构。这些机构需要将未来负债（如人寿保险赔付和养老金支出）与相应的现金流入相匹配。养老基金可能是负债驱动的授权策略的最大用户。许多国家的监管机构规定了养老金需要维持的最低资金水平，以确保退休人员养老金的安全。保险公司会根据投保人的预期索赔率来预测未来的现金支出。此外，人寿保险公司可能会提供年金和保本类金融产品合同，这两种合同都需要长期且固定的现金流支出。

有两种主要的方法来实现负债驱动的授权策略：**现金流匹配法**和**久期匹配法**，这两个都属于免疫方法。免疫是指通过构建和管理固定收益投资组合，达到在规定时间期限内收益率方差最小化的目标。方差来自未来利率的波动。免疫方法是一种常见的资产负债管理方法，通过对债券投资进行结构调整，减少或消除与市场利率变化有关的风险。此外，还有一些方法属于免疫方法的变种或结合了免疫方法的思路，包括或有免疫法和期限匹配法等。⊖下面我们分别介绍这些方法。

⊖　Leibowitz（1986a 和 1986b）对其中的主要方法进行了深刻的总结。

12.3.1.1　现金流匹配法

现金流匹配法是一种免疫方法，可能是匹配负债和现金流最简单和直观的方法。该方法不同于后面要介绍的久期匹配法，本质上不需要额外的潜在假设。现金流匹配法试图确保所有未来负债的支付与来自债券或固定收益衍生品（如利率期货、期权或互换）的现金流回报精确匹配。图 12-2 显示了对负债现金流和债券投资组合应用现金流匹配法的结果。债券投资组合产生的息票和本金支付刚好能满足未来的负债支付。债券的现金流入与负债的现金流出完全一致，因此没有现金流再投资的需求。

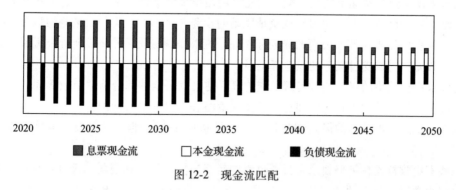

图 12-2　现金流匹配

在实际操作中，很难实现现金流的完美匹配。一方面很难找到一个与所需现金流支出的时间和数量完全匹配的固定收益证券组合。此外，即使用定量优化技术尽可能地降低构建匹配投资组合的成本，实施现金流匹配法也可能需要相对较高的交易成本。一般会允许一定的时间错配，比如一些现金流入略先于相应的现金支出的情况。因为不精确匹配的现金流可能成本更低，也更实际。但这种错配会导致一定程度的再投资风险。

虽然从理论上讲，现金流匹配的投资组合一旦建立就不需要再重新调整，但实际上一定的调整常常是可取的或必要的。随着市场条件的变化，符合现金流成本最低的投资组合可能会发生变化。因为可纳入投资组合的证券范围会发生变化，原有证券的特征也会发生变化。因此投资组合经理仍然有动机定期重新调整投资组合，尽管会产生交易成本。

对于某些类型的固定收益证券，现金流的产生时间或数量可能会发生变化。例如，公司债券发行人可能会违约，随后会停止支付现金流；而可赎回债券可能会在到期前被赎回。尽管这种不完美的情况通常可以通过限制合格证券的范围和在投资组合中只包含特定类型的债券（如政府债券）来避免，但这样做通常不是最优的选择。因为未被包括在投资范围内的证券可能会提供更好的风险收益。

12.3.1.2　久期匹配法

久期匹配法是一种基于资产久期和负债久期的免疫方法。理想情况下可以让负债（负债投资组合）和资产（债券投资组合）受到的利率变化的影响完全一致。使用久期匹配法实现免疫需要满足的条件包括：①债券投资组合的久期必须与负债投资组合的久期相等。②债券投资组合的资产现值必须等于当前利率水平下负债的现值。最终达到的效果是，无论利率上升还是下降，债券投资组合的市值变化都与负债投资组合的市值变化完全一样。

如果利率上升或下降，再投资收益的变化和债券价格的变化不受利率变化的影响。如果利率下降，减少的再投资收益会被债券价格的上涨抵消。如果利率上升，更高的再投资收益抵消了债券价格的下降。使用久期匹配法实现免疫的一个关键缺陷是它只能免疫收益率曲线的平行变化，也就是说所有期限的利率变化幅度都相同。但在现实中，债券市场环境的变化可能会导致收益率曲线形状发生变化，如变陡、变平或曲率变化等。因此，使用久期匹配法实现免疫并不是完美的，在设计策略时必须给误差留出一定的空间。

构建免疫组合时需要考虑的其他一些因素也很重要，具体包括：

- 一个投资组合只能在特定的时间点免疫。随着市场条件的变化，免疫条件将被打破，因此需要定期对投资组合进行重新调整，以继续实现免疫目标。
- 重新调整的需要使得流动性变得更加重要。此外，如果债券组合现金流（例如计划的利息和本金支付）与免疫方法下的负债现金流不完全匹配，可能也需要卖出部分债券头寸来满足负债导致的现金流支出。
- 投资组合调整和债券头寸出售的需要会导致投资组合的高换手率。
- 免疫方法需要假设债券发行人不会违约，而且无法防范债券发行人信用等级或特定债券利率的变化，例如个别债券发行人的信用质量变化所导致的利率变化。
- 免疫方法也可以使用带有嵌入式期权的债券（如某些公司债券和抵押贷款支持证券），有时需要将输入变量从债券久期换成有效久期。有效久期可以捕捉未来利率变化对内嵌期权债券的预期现金流的影响。

总之，久期匹配法要求投资组合的再投资风险和债券价格波动的风险相互抵消。但在实践中，一定程度的免疫风险几乎是无法避免的。一个例外是使用与负债现金流匹配的零息票债券投资组合。在这种情况下，由于零息票债券均被持有至到期，利率变化对价格的影响是无关紧要的，而且中途没有现金流再投资的需求。实际上，不存在价格风险和再投资风险，因此也不存在免疫风险，尽管信用风险仍然存在。

表 12-2 总结并比较了久期匹配法和现金流匹配法的一些关键特征。

表 12-2　负债驱动的授权策略：关键特征

	久期匹配法	现金流匹配法
收益率期限假设	收益率曲线平行移动	没有
机制和原理	通过匹配负债与资产的久期与现值，将现金流短缺的风险降至最低	匹配债券投资组合的现金流与负债的现金流
基本准则	来自债券投资组合的息票和本金偿还刚好能抵消负债的现金流	债券投资组合的现金流（息票和本金偿还）与负债的现金流抵消
投资组合再调整	经常需要再调整	一般不需要但有时有帮助
复杂性	高	低

12.3.1.3　或有免疫法

久期匹配法和现金流匹配法都存在各种变种。当资产投资组合的价值超过负债组合的现值时，将免疫方法与主动管理相结合的**或有免疫法**，是一种常用的混合型管理方法。换句话说，该方法可以获得盈余，允许投资组合经理主动管理资产投资组合或资产投资组合的一部

⊖　经典免疫方法有一些扩展（详见 Redington 1952），例如可以纳入非平行的产量曲线变化（见 Fong 和 Va-sicek 1984）。但这些方法更加复杂，在这里不进行讨论。

分，只要保证投资组合的价值超过一个指定的阈值就行。主动管理的投资组合部分可以投资于任何资产类别，包括股票、固定收益证券和另类投资。如果主动管理的投资组合价值下降到指定的临界值，主动管理将被停止，并改用传统的久期匹配法或现金流匹配法。

12.3.1.4 期限匹配法

期限匹配法是另一种混合方法，它结合了现金流匹配法和久期匹配法。根据这种方法，负债分为短期负债和长期负债。短期负债部分（通常以 4 年或 5 年为限）采用现金流匹配法，而长期负债则采用久期匹配法。这种方法结合了两种免疫方法的优点，让投资组合经理在确定性较低的长期限资产选择中拥有更大的灵活性，并且仍然可以确保满足更确定的短期义务。

▌ 例 12-2 负债驱动的授权策略（1）

戴夫·威尔逊是一位固定收益分析师，他的经理要求他为一位养老基金客户分析不同的负债驱动的授权策略。该养老基金目前拥有的资产跟负债相比有很大的盈余。请评估免疫方法和或有免疫方法哪一个更适合该养老基金客户。

解答：由于该养老基金目前的资产跟负债相比有很大的盈余，或有免疫方法将是最合适的。单纯的免疫方法是不合适的，因为该方法的一个关键假设是基金的资产现值等于其负债的现值。或有免疫方法允许养老基金的投资组合经理进行一定程度的主动管理，只要保证投资组合的价值高于某个预定值即可。使用或有免疫方法时，在养老基金的投资组合价值下降一定幅度后，就会改用久期匹配法或现金流匹配法等免疫方法，以确保得到充足的资金以满足负债要求。

▌ 例 12-3 负债驱动的授权策略（2）

如果收益率曲线进行了一次性的幅度为 1% 的平行移动，对于久期匹配法和现金流匹配法，投资组合的资产和负债之间的匹配可能分别会受到什么影响？

解答：对于久期匹配法或现金流匹配法的投资组合来说，资产与负债之间的匹配不会受任何影响。久期匹配法确保了收益率曲线的一次性平行移动不会产生任何不利影响。相比之下，在久期匹配法下，非平行移动才会导致资产和负债之间的不匹配。在现金流匹配法下，即使市场条件发生变化，资产和负债的匹配也会保持不变。

12.3.2 总收益授权策略

与以负债为基础的授权策略不同，总收益授权策略并不试图与未来的负债相匹配。总收益授权策略以获得特定数额的绝对收益或相对收益为目标。总收益授权策略的具体目标通常是跟踪或跑赢某一特定的债券指数，这也是本节讨论的重点。总收益和风险是这类授权策略的关键考虑因素，**主动收益**和**主动风险**则是关键的衡量指标。主动收益的定义是投资组合回报率减去基准回报率。主动风险是主动收益的年化标准差，也可以被称为**跟踪误差**（有时也称为**跟踪风险**）。

总收益授权策略可以根据其目标、主动收益和主动风险水平分别采用不同的方法。具体方法涵盖从以零主动收益和零主动风险（跟踪误差）为目标的纯指数方法，到大幅偏离基准并试图产生显著超额（或主动）收益的完全主动方法等。与股票指数相比，试图构建和监控与债券指数密切匹配的投资组合更具挑战性。

12.3.2.1　纯指数方法

纯指数方法试图尽可能地复制债券指数。在此方法下，设定的目标主动收益和目标主动风险均为零。在实际操作中，即使跟踪误差为零，由于交易成本和管理费用等，投资组合的收益也几乎总是低于相应指数的收益。从理论上说，投资组合包含的基础债券的比例应该与指数完全相同。但要精确地复制大多数债券指数通常是非常困难和昂贵的，因为许多被纳入标准指数的债券流动性都很差。发行规模小、投资者对债券发行人不太熟悉和期限较长的债券，其流动性通常都很差。为了应对债券市场流动性不足的问题，投资组合经理通常被允许在选券以复制指数时保留一定的灵活性，以降低成本并让实际构建投资组合的过程更具可操作性。

虽然执行指数策略的投资组合经理在选券方面拥有一定的灵活性，但他们构建的投资组合必须与基准指数的各种风险敞口相匹配，如久期、信用风险、行业风险、赎回风险和提前还款风险等。这样就可以尽可能匹配所有或大部分已知的系统风险因子。如果基准指数和投资组合都足够分散化，这种风险可以在很大程度上得到缓解。总的来说，与精确复制指数的要求相比，允许在选券方面有一定灵活性的纯指数方法通常成本更低，也更容易实现。纯指数方法的投资组合的换手率通常与基准指数的换手率一致，远低于那些需要主动管理的方法。[⊖]

12.3.2.2　指数增强法

指数增强法仍然要求投资组合与基准指数保持密切的联系，但也试图获得至少适度高于基准收益率的超额表现。与纯指数方法一样，指数增强法允许构建的债券组合与基准指数有微小偏差，但需要非常密切地跟踪基准指数的主要风险敞口（尤其是久期）。但与纯指数方法不同的是，指数增强法允许轻度的风险敞口错配（比如在行业或信用风险上下注）。错配的目的是获得高于基准收益率的回报。目标主动风险或跟踪误差通常小于每年 50 个基点。这种方法的换手率一般只比纯指数投资组合略高。指数增强法的潜在超额收益可能很有限。因此投资组合经理需要严格控制换手率和相关的交易成本，以实现能覆盖净费用和成本的主动收益。指数增强投资组合的管理费通常高于纯指数投资组合。更高的佣金在很大程度上反映了投资组合经理跑赢指数的努力，但指数增强投资组合的管理费用通常大大低于完全主动管理的投资组合。

12.3.2.3　主动管理法

跟纯指数方法和指数增强法相比，主动管理法允许更大的风险敞口错配。这种错配可能导致主动管理投资组合与基准投资组合之间出现显著的回报差异。最值得注意的是，主动型投资组合经理可能会在久期上下注，使得投资组合的久期与基准债券指数的久期存在显著差异。为了在不断变化的市场环境中抓住潜在的机会，主动型投资组合经理的投资组合可能具有较高的换手率，往往比基础指数的换手率高得多。主动型投资组合经理收取的管理费通常也高于那些管理纯指数或指数增强投资组合的同行。更高的管理费用和交易成

⊖　总体而言，债券指数的换手率显著高于股票指数的换手率。这是事实，因为债券会到期或被发行人赎回，还会定期支付息票，这都会带来更高的现金流。来自股票指数的现金流通常低于债券指数，前者主要来自股息和公司行为。债券指数换手率在很大程度上取决于该指数的平均债券期限和久期。因为期限更短，短期债券指数的本金偿还频率更高，这些本金需要再投资于加入这些指数的新债券。因此，短期债券指数的换手量往往往更高。

本增加了主动收益超过净费用和成本的难度。

与指数增强法一样，主动管理投资组合追求跑赢基准债券指数的业绩。但在实践中，在扣除管理费用和交易成本后，大多数主动管理基金经理（包括固定收益基金和股票基金）的历史表现都不如基准指数。债券指数基金的历史表现也不如基准指数，但没有主动管理固定收益基金那么差，因为债券指数基金的换手率和管理费用更低。投资者面临的另一个关键挑战是，无法提前确定哪些投资组合经理的表现会超过基准指数。

表 12-3 总结了前面讨论的各种总收益授权策略的一些关键特征。

表 12-3   总收益授权策略：关键特征

	纯指数方法	指数增强法	主动管理法
目标	尽可能匹配基准指数	收益略超基准指数（一般 20~30 个基点）且主动风险不能太高（50 个基点或更低）	收益远超基准指数（一般 20~30 个基点）且主动风险更高
投资组合权重	最好与基准指数完全一样，只允许轻微偏离	小幅度偏离基准指数	显著偏离基准指数
风险敞口匹配	所有风险敞口完全匹配	大部分风险敞口匹配（尤其是久期）	风险敞口显著异于基准指数（尤其是久期）
换手率	与基准指数相当	略高于基准指数	显著高于基准指数

◢ 例 12-4   不同总收益授权策略的特征

黛安娜·沃克是一家大型企业养老基金的顾问。作为该养老基金全球固定收益配置的一部分，她正在考察 3 只基金（基金 X、基金 Y、基金 Z）。这三只基金都使用彭博巴克莱全球综合债券指数作为基准。表 12-4 提供了截至 2016 年 2 月各基金和指数的特征。

表 12-4   基金 X、基金 Y、基金 Z 和彭博巴克莱全球综合债券指数的特征

风险与回报特征	基金 X	基金 Y	基金 Z	彭博巴克莱全球综合债券指数
平均期限（年）	8.61	8.35	9.45	8.34
修正久期（年）	6.37	6.35	7.37	6.34
平均收益率（%）	1.49	1.42	1.55	1.43
凸性	0.65	0.60	0.72	0.60
信用质量				
AAA	41.10	41.20	40.11	41.24
AA	15.32	15.13	14.15	15.05
A	28.01	28.51	29.32	28.78
BBB	14.53	14.51	15.23	14.55
BB	0.59	0.55	1.02	0.35
无评级	0.45	0.10	0.17	0.05
期限风险敞口				
0~3 年	21.43	21.67	19.20	21.80
3~5 年	23.01	24.17	22.21	24.23
5~10 年	32.23	31.55	35.21	31.67
10 年以上	23.33	22.61	23.38	22.30
国家风险敞口				
美国	42.55	39.44	35.11	39.56
日本	11.43	18.33	13.33	18.36

（续）

风险与回报特征	基金 X	基金 Y	基金 Z	彭博巴克莱全球综合债券指数
法国	7.10	6.11	6.01	6.08
英国	3.44	5.87	4.33	5.99
德国	6.70	5.23	4.50	5.30
意大利	4.80	4.01	4.43	4.07
加拿大	4.44	3.12	5.32	3.15
其他国家	19.54	17.89	26.97	17.49

注：信用质量、期限风险敞口和国家风险敞口以每只基金和指数的总敞口的百分比表示。由于四舍五入的关系，权重的总和并不总是100。

来源：巴克莱研究所。

解答：基金 X 最有可能使用了指数增强方法。基金 X 的修正久期和凸性与基准基金非常接近，但仍有细微差别。基金 X 的平均期限略长于基准基金的平均期限，而基金 X 的平均收益率略高于基准基金的平均收益率。基金 X 在信用质量、期限风险敞口和国家风险敞口方面也偏离了基准指数，进一步证明了其采用了某种指数增强方法。有些偏差是有意义的，例如，基金 X 对日本的敞口权重相对较低。

基金 Y 最有可能使用了纯指数方法，因为它提供了与彭博巴克莱全球综合债券指数最接近的各项指标。基金 Y 的风险和收益特征与基准指数几乎相同。此外，信用质量、期限风险敞口和国家风险敞口偏离基准指数的幅度都非常小。

基金 Z 最有可能使用了主动管理法，因为其风险和回报特征、信用质量、期限风险敞口和国家风险敞口都与基准指数有显著差异。差异最明显的表现是修正久期的错配（基金 Z 为 7.37，基准指数为 6.34）。基金 Z 和指数之间还存在其他差异，但相当大的久期错配是采用主动管理方法的最有力证据。

12.4　债券市场流动性

证券的流动性好是指可以快速完成交易，且交易对证券价格的影响很小。固定收益证券的流动性差别很大。主权政府债券中最近发行的"新券"可能流动性非常好，交易频繁且买卖价差很小。其他债券，如公司债券和非主权政府债券，流动性可能非常差。这些债券的交易可能很不频繁，每次交易量很小，甚至可能一直没有交易；偶尔有交易的时候，买卖价差可能非常大。

与股票市场相比，固定收益证券市场的流动性普遍较差。全球固定收益证券市场包含大量具有不同特征的债券。许多发行人都发行过多种债券，它们有自己独特的到期日、票面利率、提前赎回特征和其他特定特征。换句话说，即使是对单一发行人来说，债券也是异质的。相反，同一公司的普通股都具有相同的特征。投资者必须了解不同特征对债券价值的影响，这需要付出很高的成本。

影响流动性的一个重要的结构性特征是，固定收益证券市场是典型的场外交易市场。债券市场存在显著的对手搜寻成本（找到一个有意愿的交易对手的成本），因为投资者可能难以找到想要的债券。此外,当买入或卖出时,投资者可能不得不从各种做市商那里获取报价,以寻找最有利的价格。由于交易和报价的来源有限(尽管有所改善),债券市场的透明度通常不如股票市场。流动性、对手搜寻成本和价格透明度与发行人的类型及其信用质量密切相关。投资者可能会发现,与信用质量较低的公司债券相比,信用等级更高的政府债券的流动性更强,价格透明度更高,对手搜寻成本也更低。

债券的流动性通常在刚发行时最高。例如,一个高信用等级的主权实体刚发行的新券,通常比具有类似特征的其他债券(包括同一实体之前发行的旧券)流动性更强。即使旧券是在一两个月前才发行的,其流动性也与那些新券有明显差距。造成这种现象的一个原因是,债券发行后不久,做市商的库存中尚有不少债券存量,但随着时间的推移和债券的交易,大部分债券会集中到买入并持有的投资者手中。一旦债券到了这些投资者手中,就不会再到市场上交易了。通常情况下,在债券发行后不久,市场供应就会显著减少,流动性也大幅减弱。

流动性通常会影响债券的收益率。要让债券投资者投资于流动性差的证券,该证券需要提供比流动性好的同类证券更高的收益率。较高的收益率补偿了投资者在到期前出售非流动性债券时可能产生的成本。这些成本包括寻找交易对手等带来的机会成本,以及买卖价差(这是一种直接的财富损失)。投资者持有非流动性债券所要求的额外收益被称为流动性溢价。流动性溢价的大小通常取决于发行人、发行规模和到期期限等因素。例如,10 年期美国国债旧券的收益率通常比同样期限的新券高出几个基点。

12.4.1 债券子市场的流动性比较

不同债券子市场的流动性差异较大。这些子市场可能是根据发行人类型、信用等级、发行规模和到期期限等关键特征进行分类的。全球债券市场包括主权政府债券、非主权政府债券、政府相关债券、公司债券和证券化债券(如资产支持证券和商业抵押贷款支持证券)。为简单起见,本节主要讨论主权政府债券和公司债券。

主权政府债券通常比公司债券和非主权政府债券更具流动性。主权政府债券的流动性好与它的发行规模大、被用作基准债券、在回购市场上被接受为担保品以及发行人得到高度认可等特征有关。高信用质量的主权政府债券通常比低信用质量的主权政府债券具有更好的流动性。

与主权政府债券相比,公司债券由许多不同的公司发行,信用质量也参差不齐。对于信用质量较差的公司债券,很难找到库存中恰好有该证券或愿意将其纳入库存的交易对手。很少发行债券的公司发行的债券,其流动性往往低于发行过大量债券的公司发行的债券,因为市场参与者可能对很少发行债券的公司不太熟悉。

不同债券子市场之间的流动性也可能因发行规模和期限范围等其他因素而导致差异。例如,在公司债券市场,发行规模较小的债券通常比发行规模较大的债券流动性更差,因为发行规模较小的债券通常被排除在符合最低发行规模要求的主要债券指数之外。此外,市场参与者通常不太愿意投入资源去监控规模较小的发行人,因为这些发行人的债券可能只占投资者投资组合的一小部分。期限较长的债券往往比期限较短的债券流动性差,因为投资者购买债券往往是为了持有至到期,因此长期债券可能在很长时期中没有交易。

12.4.2　流动性对固定收益投资组合管理的影响

流动性问题以多种方式影响固定收益投资组合管理，包括定价、投资组合构建和对债券替代品（如衍生品）的考虑等。

12.4.2.1　定价

如前所述，债券市场的定价通常不如股票市场透明。债券（尤其是公司债券）的近期交易数据并非总是唾手可得。值得注意的趋势是，一些债券市场的价格透明度正在改善。例如，在美国，金融业监管局建立的"交易报告和合规引擎系统（TRACE）"和市政证券规则制定委员会建立的"市政电子市场准入系统（EMMA）"等电子交易系统，有助于提高美国公司债券和市政债券的市场透明度。在美国之外，交易公司债券的市场交易所在提高定价透明度方面发挥着与 TRACE 类似的作用。但在大多数国家的债券市场，公司债券交易缺乏透明度仍然是一个待解决的问题。

由于许多债券无人交易，或者交易频率不高，用最近的交易价格来代表当前价值是不现实的。最近一笔交易的价格可能已经是过时的价格，不能反映当前的市场条件，而且可能导致错误的交易决策。公司债券价值的决定因素，包括市场利率、信用利差和流动性溢价等，都会频繁发生变化。

对于交易频率较低的债券，投资者常用的估值方法是矩阵定价法。矩阵定价法利用其他可比债券的近期交易价格来估计交易频率较低的债券的市场贴现率或要求回报率。选取的可比债券应该与非流动性债券具有相似的特征，如信用等级、到期期限和票面利率等。矩阵定价法的一个好处是，它不需要对债券的市场特征（如期限结构和信用利差）建立复杂的金融模型。缺点是不同债券之间的一些与价值相关的特征（如赎回特征）可能会被忽略。

12.4.2.2　投资组合构建

投资者的流动性需求会直接影响投资组合的构建。在构建投资组合的过程中，投资者必须考虑收益率和流动性之间的权衡。如前所述，流动性差的债券通常收益率较高；追求收益率的买入并持有型投资者可能会偏好流动性较差的债券以获得较高的收益率。相比之下，强调流动性的投资者可能会放弃一些收益，而选择流动性更强的债券。一些投资者可能会把他们投资组合中的债券限制在一定的范围内。该限制可以降低通过出售债券来获得所需现金流的需求。在这种情况下，预期自己未来有流动性需求的投资者放弃了长期债券常见的较高收益率。除了回避较长期限的债券外，对流动性有顾虑的投资者也可能会回避其他流动性较差的债券，例如小规模发行的公司债券或私募债券。

投资组合构建的另一个挑战与许多债券市场采用的做市商制度有关。由于买单和卖单不会同时到达，债券做市商通常必须持有部分债券的库存。做市商不能确定这些债券会在其库存中停留多久。跟流动性好的债券相比，流动性较差的债券可能在库存中停留的时间更长。做市商有义务对其选择的债券提供买卖报价（即其愿意购买或出售该债券的价格）。一些流动性差的债券找不到愿意提供报价的做市商，尤其是买价的报价。许多不同的因素决定了买卖价差。风险较高的债券通常有更高的买卖价差，因为做市商不愿在库存中持有这些债券，债券做市商必须为自己的库存融资，而这类债券的融资和持有过程中都会产生额外的成本。

做市商会尝试通过提高买卖价差来收回成本并获利,因此,流动性差的债券买卖价差也会更高,这进一步延长了这些债券在库存中停留的时间。

债券的买卖价差也与债券的复杂性和市场参与者对发行人进行信用分析的容易程度有关。政府债券的买卖价差通常低于公司债券或结构性金融工具(如资产支持证券)。传统的(一般)公司债券的买卖价差通常比非标准或具有复杂特征(如嵌入式期权)的公司债券更低。信用质量好的大型公司发行了许多还在流通的债券,这些公司发行的债券是公司债中流动性最强的,与信用质量较差的小型公司相比,它们的买卖价差也相对较低。

流动性不足直接增加了债券的买卖价差,从而增加了交易成本。较高的交易成本降低了主动管理投资组合决策的优势,可能也降低了投资组合经理调整投资组合以利用新出现的机会的意愿。

12.4.2.3 直接投资债券的替代方案

如上所述,由于全球许多债券市场的流动性较低,在完成固定收益证券的交易时可能会遇到挑战。作为一种替代方案,投资者可以使用固定收益证券的衍生品,其流动性通常比基础债券更好。这些固定收益证券的衍生品包括在交易所交易的衍生品(如债券期货和期货期权)和场外交易的衍生品(如利率互换和信用违约互换)。特别是债券期货,它是一种可在交易所交易且标准化的期货,为投资者提供了一个具有高度流动性的投资标的债券的渠道。

以名义本金计算,利率互换是全球使用最广泛的场外交易的衍生品。一些利率互换具有较好的流动性,有多家互换做市商发布竞争性的双向报价。除了利率互换之外,固定收益投资组合经理还使用通货膨胀互换、总收益互换和信用互换来调整他们的固定收益投资组合。由于互换交易是在场外市场进行的,因此可以根据投资者的具体需要提供定制化合约。

固定收益证券交易所交易基金(ETF)和集合投资工具(如共同基金)也已经成为债券交易的另一种备选方案。ETF 往往比标的个券具有更强的流动性,因此可以为寻求高流动性固定收益投资的投资者提供新的机会。ETF 可能允许某些合格的金融机构(授权参与商)通过实物交割的方式交易,即直接用对应的债券投资组合购买和交付 ETF。在流动性较差的债券子市场,如高收益公司债券市场,固定收益投资组合经理可能会选择购买对应的 ETF,然后以赎回 ETF 的形式获得实际的债券投资组合。在这个赎回过程中,ETF 的授权参与商通常会充当赎回 ETF 的投资组合经理和提供债券投资组合的 ETF 发起人之间的中介。

12.5 一个固定收益证券收益率的分解模型

投资者通常会对收益率曲线的未来变化做出判断,并相应地调整投资组合的结构。投资策略的表现应该根据预期收益率来评估,而不仅仅是到期收益率。债券头寸的到期收益率只能提供对其预期收益率的不完全衡量。相反,除了到期收益率之外,固定收益证券的预期收益率中还包括许多不同的组成部分。研究这些组成部分有助于更好地理解预期收益率背后的驱动因子。我们把重点放在预期收益率而不是已实现收益上,但已实现收益也可以用类似的方式进行分解。

12.5.1　分解预期收益率 [⊖]

对固定收益证券预期收益率的分解可以让投资者分辨收益率的几个重要的组成部分。一般来说，预期收益率（下面用 E(R) 表示）可以按以下方式（大致）分解：

E(R) ≈ 利息收益率+骑乘收益率+E(基于投资者对收益率和利差的判断的债券价格变化)−
　　　　E(信用损失)+E(汇率导致的损益)

其中 E(...) 表示括号内项的预期值对预期收益率的贡献。该分解只是近似式，所以用了约等号。根据证券类型的不同，它可能是一个更好或更差的近似式。但它适用于所有类型的固定收益证券，从信用质量最高的以本国货币计价的主权政府债券，到信用质量较低的以非投资者本国货币计价的高收益公司债券。该分解可以帮助投资者更好地了解自己的投资头寸，以及这些头寸中反映的任何假设。下面的讨论均基于年度收益率，但同样的模型可以推广到其他周期。此外，为了简化，我们暂时不讨论税收的影响。

利息收益率是指投资者从债券价格中获得的利息收入以及收益再投资的利息收入。如果没有收益再投资，利息收益率就等于债券的年化当前收益率。

利息收益率(或当前收益率)= 当年利息支付/当前债券价格

骑乘收益率是在利率波动为零的假设下，债券的到期期限随着时间推移而减少，债券收益率沿着收益率曲线向下滚动（骑乘）的结果。也就是说，即使市场贴现率不变，债券价格也会随着时间的推移而变化。债券价格随时间推移的变化方向通常是向票面价值靠拢。可以用固定收益价格轨迹来说明该效应下债券价格的变化，它显示了债券在相对票面价值溢价或折价交易时被拉向面值的现象。如果发行人没有发生违约，债券的价格就会随着到期期限趋向于零而逐渐向面值靠拢。

骑乘收益率等于在整个投资策略的持续期内，收益率曲线保持不变的假设下，债券价格随时间自然变动的百分比。以高于票面价值的价格交易的债券，将会在剩余期限内遭受资本损失，而相对于票面价值折价交易的债券，将会在剩余期限内获得资本收益。

为了计算骑乘收益率，就要在收益率曲线保持不变的假设下，计算在策略期结束时的债券价格。年化骑乘收益率的计算公式如下：

$$骑乘收益率 = \frac{策略期末债券价格−策略期初债券价格}{策略期初债券价格}$$

利息收益率与骑乘收益率之和又被称为债券的滚动收益率（rolling yield）。

在预期收益率的表达式中，基于投资者对收益率和利差的判断的债券价格变化的期望值这一项，反映了投资者对投资期限内收益率和利差变化的预期。如果投资者预期收益率曲线和利差曲线均保持不变，则该项的取值为零。假设投资者确实认为收益率曲线会发生变化，则这个预期收益的计算公式如下：

E(基于投资者对收益率和利差的判断的债券价格变化)

$$= \left[-MD×\Delta 收益率 \right] + \left[\frac{1}{2}×凸性×(\Delta 收益率)^2 \right]$$

⊖ 本节部分材料改编自 Hanke 和 Seals（2010）。Ilmanen（199a、1995b 和 2011）对美国政府债券的预期收益进行了更详细的分析。

其中 MD 是债券的修正久期，Δ 收益率是收益率曲线和利差的预期变化产生的收益率预期变化，凸性是指债券的凸性或收益率曲线对债券价格的非线性影响。[⊖]需要注意的是，对于内嵌期权的债券，公式中使用的久期和凸性要分别换成有效久期和有效凸性。此外，与固定息票债券不同的是，浮动息票债券的修正久期接近于零。

预期信用损失是指违约造成的债券价值损失的预期百分比。预期信用损失等于债券的违约概率（也称预期违约率）乘以违约发生后的违约损失率。从过去的历史数据来看，预期信用损失通常很低。例如，美国投资级债券 1980~2015 年平均每年的违约概率仅为 0.1%。[⊖]

如果投资者持有的债券是以非本国货币计价的，则还需要考虑在投资期内汇率波动带来的预期损益。该预期值可以基于投资者自己对汇率的判断来计算，也可以来自调查信息或某种定量模型。当然也有可能是根据可以用衍生品锁定的远期汇率计算的结果。

例 12-5 展示了预期收益率分解的一个应用，其中的预期收益率及其组成部分均为年化数据，所有息票都为每年支付一次。

▋例 12-5　预期收益率分解

安·史密斯在一家美国投资公司的伦敦办事处工作。她管理着该公司以英镑计价的公司债券投资组合。她在纽约的部门主管要求史密斯就她的美元投资组合明年的预期收益率以及该收益率的组成部分递交一份报告。表 12-5 展示了该投资组合的一些信息，以及史密斯对下一年的一些预期。假设没有再投资收益，计算史密斯债券投资组合的预期收益率。

表 12-5　投资组合的特征和预期

投资组合名义本金（百万英镑）	100
平均债券息票（每 100 英镑面值）	2.75 英镑
付息频率	一年一次
投资期限	1 年
当前平均债券价格	97.11 英镑
一年后预期平均债券价格（假设收益率曲线不变）	97.27 英镑
平均债券凸性	18
平均债券修正久期	3.70
预期平均收益率和利差变化	0.26%
预期信用损失	0.10%
预期汇率损失（对美元贬值率）	0.50%

解答：根据投资组合的平均债券息票 2.75 英镑和当前平均债券价格 97.11 英镑可以计算利息收益率：

$$利息收益率 = 2.75/97.11 \times 100\% = 2.83\%$$

骑乘收益率可以根据收益率曲线不变且利率波动为零的假设下一年后的预期平均债券价格计算：

$$骑乘收益率 = (97.27 - 97.11)/97.11 \times 100\% = 0.16\%$$

⊖ Leibowitz, Krasker 和 Nozari（1990）对利差久期进行了详细的分析。

⊖ 根据 Vazza 和 Kraemer（2016）的研究，1981~2015 年全球企业平均每年累计违约率为：投资级债券 0.10%，投机级（高收益）债券 3.80%，所有评级债券 1.49%。但每年的违约率各不相同，在 1981~2015 年，所有评级债券的累计违约率在 0.14%（1981 年）至 4.18%（2009 年）之间。

滚动收益率等于利息收益率与骑乘收益率之和：

$$滚动收益率 = 2.83\% + 0.16\% = 2.99\%$$

也就是说，从史密斯对收益率和收益率利差的看法出发，得到的预期价格变化为 -0.96%。该投资组合的修正久期为3.70，凸性统计量为0.18。（必须仔细解释凸性统计量的含义，因为没有关于它们缩放规模的通用约定。报告的凸性数值通常是"原始"凸性数值除以100。因此，这里显示的投资组合的平均凸性18，对应缩放前的凸性为0.18。一般来说，如果收益率以百分比表示，比如将299个基点表示为2.99%，则报告的凸性数值为原始凸性数值除以100。）史密斯预计平均收益率和收益率利差变化均为0.26%。根据该判断，史密斯预计债券价格会下降且回报会减少。基于投资者对收益率和利差的判断的预期债券价格变化，可以根据史密斯预期的平均收益率和利差变化，以及投资组合的久期和凸性计算：

$$E(基于投资者对收益率和利差的判断的债券价格变化)$$

$$= [-3.70 \times 0.0026] + \left[\frac{1}{2} \times 0.18 \times (0.0026)^2\right]$$

$$= -0.96\%$$

因此，基于史密斯的判断，预期收益率将减少0.96%。

史密斯认为自己管理的充分分散化的高等级投资组合面临0.1%的预期信用损失。

史密斯预期一年内英镑相对美元贬值幅度为50个基点，所以汇率变动造成的预期损失为0.50%。

将所有成分加总后，我们可以得到总预期收益率，结果为1.43%。表12-6汇总了所有计算结果。

表 12-6 收益率分解计算结果

收益率成分	公式	计算结果
利息收益率	当年利息支付/当前债券价格	2.75/97.11=2.83%
+骑乘收益率	$\dfrac{期末债券价格-期初债券价格}{期初债券价格}$	(97.27-97.11)/97.11=0.16%
=滚动收益率	利息收益率+骑乘收益率	2.83%+0.16%=2.99%
+E（基于史密斯对收益率和利差变化的判断的价格变化）	$[-MD \times \Delta 收益率] + \left[\frac{1}{2} \times 凸性 \times (\Delta 收益率)^2\right]$	$[-3.70 \times 0.0026] + \left[\frac{1}{2} \times 0.18 \times (0.0026)^2\right] = -0.96\%$
-E（信用损失）	直接给定	-0.10%
+E（汇率导致的损益）	直接给定	-0.50%
=总预期收益率		1.43%

12.5.2 输入变量的估计

在前面讨论的固定收益债券预期收益率分解模型中，一些收益率组成部分比其他部分更容易估计。最容易估计的部分是利息收益率。骑乘收益率的估计虽然仍然相对容易，但依然取决于所使用的收益率曲线拟合技术。

收益率成分中最不确定的部分是投资者对收益率曲线和利差变化的预期、预期信用损失和预期汇率损益。这些部分的估计通常基于纯粹的定性（主观）准则、调查信息或定量模型。虽然定量方法似乎更为客观，但鉴于相关模型种类众多，选择哪一个定量模型在很大程度上也是主观的。

12.5.3 预期收益率分解的局限性

12.5.1 节介绍的预期收益率分解模型是一个近似式，因为仅使用了久期和凸性来分析债券价格和收益率的关系。此外，该模型还隐含地假设了债券的所有中期现金流都可以按该债券自己的到期收益率进行再投资，这导致不同债券的利息再投资利率不同。

该模型还忽略了一些其他因素，如局部贫富效应以及潜在的融资优势差异。局部贫富效应是利率曲线拟合过程中产生的偏差，表现为局部期限的拟合收益率偏高或偏低。收益率曲线拟合技术会产生相对平滑的曲线，这与实际数据相比可能会有轻微的偏差。在回购市场上，特定期限的债券可能具有更大的融资优势。回购市场为政府证券做市商提供了一个方便的短期借款渠道，他们可以将手中的政府债券暂时出售给其他市场参与者，并约定后期（通常是在第二天）再将其买回。在大多数情况下，局部贫富效应和融资优势的影响往往相对较小，因此没有被包括在我们的预期收益率分解模型中。

▌ 例 12-6　预期收益率的组成部分

凯文·塔克管理着一个全球债券投资组合。在最近的一次投资委员会会议上，塔克与另一位委员会成员讨论了他的投资组合中国内（高信用等级）政府债券的配置。另一位委员认为，如果预期收益率曲线保持不变，那么决定国内政府债券预期收益率的唯一因素就是息票支付和价格。

解释为什么该委员的观点是不正确的，解释中包括预期收益率其他组成部分的详细描述。

解答：根据债券的息票支付和价格只能计算其利息收益率。利息收益率不是衡量债券预期收益率的唯一指标。对于国内政府债券，除了要考虑利息收益率外，还需要考虑骑乘收益率。骑乘收益是由于债券随着到期日的缩短而被拉至票面价值，即使预期收益率曲线在投资期限内保持不变也能获得的收益。在全球投资组合中还需要考虑汇率变动造成的收益和损失。由于投资组合由信用质量非常高的政府债券组成，对信用利差和预期信用损失的判断与塔克的投资组合不太相关。然而，对于信用质量较低的政府债券和公司债券，信用利差和信用损失也需要被视为额外的收益率组成部分。

12.6　杠杆

杠杆是利用借来的资金增加投资组合仓位的手段，是固定收益投资组合经理的重要工具。通过使用杠杆，固定收益投资组合经理有机会获得更高的收益率。

投资组合经理可以持有的证券类型通常会受到某种限制。同时，投资组合经理可能被要求完成难以实现的收益率目标，特别是在低利率环境下。通过使用杠杆，投资组合经理可以有效增加自己的投资敞口，并有机会从通常收益率较低的固定收益资产上获得更高的收益率。

但更高的收益率潜力是以承担更大的风险为代价的：如果发生损失，损失幅度将远高于未使用杠杆的头寸。

12.6.1 使用杠杆

如果投资组合中的证券收益高于借贷成本，那么就有机会通过杠杆增加投资组合的收益率。在没有使用杠杆的投资组合中，投资组合的收益率（r_P）等于投资基金的收益率（r_I）。但如果投资组合经理使用了杠杆，投资基金的资产规模就会超过投资组合的权益，两者的差额就是借贷金额。

杠杆投资组合的收益率 r_P，可以表示为每单位投入资本的总投资收益率的形式：

$$r_P = \frac{投资组合收益率}{投资组合权益} = \frac{[r_I \times (V_E + V_B) - (V_B \times r_B)]}{V_E}$$

式中 V_E——投资组合的权益；

V_B——借贷金额；

r_B——借贷利率（融资成本）；

r_I——投资基金的收益率（投资回报率）；

r_P——杠杆投资组合的收益率。

公式中的分子表示投资组合资产的收益率，也就是毛收益率 $r_I \times (V_E + V_B)$ 减去借贷成本 $V_B \times r_B$。分母是投资组合的权益。

杠杆投资组合的收益率可以被进一步分解，以更好地识别杠杆对收益率的影响：

$$r_P = \frac{[r_I \times (V_E + V_B) - (V_B \times r_B)]}{V_E}$$

$$= \frac{(r_I \times V_E) + [V_B \times (r_I - r_B)]}{V_E}$$

$$= r_I + \frac{V_B}{V_E}(r_I - r_B)$$

该表达式将杠杆投资组合的收益率分解为投资基金的收益率加上杠杆造成的影响。如果 $r_I > r_B$，那么第二项是一个正值，因为投资基金的收益率超过了借贷利率。在这种情况下，杠杆的使用增加了投资组合的收益率。如果 $r_I < r_B$，那么第二项是负值，因为投资基金的收益率小于借贷利率。在这种情况下，杠杆的使用降低了投资组合的收益率。杠杆的使用造成的投资组合收益率的增加量或减少量与杠杆比率 V_B / V_E 成正比，也与投资基金的收益率与借贷利率之差（$r_I - r_B$）成正比。

12.6.2 固定收益投资组合加杠杆的方法

固定收益投资组合经理可以使用多种工具来创建杠杆化投资组合头寸，最常见的是利用金融衍生品或利用抵押品从货币市场借款。利用金融衍生品或借贷是明显的加杠杆手段。其他形式的杠杆，如结构性金融工具的使用，则更为隐蔽。

12.6.2.1 期货合约

期货合约的杠杆率很高，因为它们允许交易者获得标的资产的巨额风险敞口，但不必实际交易标的资产。期货合约通常以保证金的形式交易，只需较少的资金就能撬动较大的头寸。期货合约的名义价值等于标的资产的当前价值乘以合约乘数，后者是合约所代表的标的资产的数量。

期货杠杆率是指期货风险敞口（超过保证金的额度）与控制该名义金额的期货所需保证金的比率。我们可以用下面的公式计算期货杠杆率：

$$期货杠杆率 = \frac{名义本金 - 保证金}{保证金}$$

12.6.2.2 互换协议

利率互换可以被视为债券的投资组合。在利率互换中，固定利率支付方实际上做空了固定利率债券，做多了浮动利率债券。当利率上升时，固定利率支付方的互换价值会增加，因为固定利率债券负债的现值在下降，而收到的浮动利率支付会增加。利率互换协议中的固定利率债券接收方实际上持有了固定利率债券多头头寸，同时持有了浮动利率债券的空头头寸。如果利率下降，固定利率接收方的互换价值就会增加，因为固定利率资产的现值会增加，浮动利率支付则会减少。

由于利率互换从经济意义上看等同于债券的多空投资组合，它们也提供了对债券的杠杆敞口。参与互换协议所需的唯一成本是交易对手方要求的抵押品。利率互换协议的抵押品安排在历史上曾经完全由交易的两个（或更多）对手方之间协商达成。但现在越来越多的利率互换和其他互换的交易被要求通过中央清算所完成。推动这一转变的最重要因素是2008～2009年的全球金融危机，以及随后推出的场外衍生品监管政策。通过中央清算所进行结算提高了利率互换的标准化程度，降低了交易对手风险。

12.6.2.3 结构性金融工具

结构性金融工具（或结构化产品）的设计目的是重新包装和分配风险。许多结构性金融工具都会嵌入杠杆。一个例子是逆浮动利率债券，其票面利率与市场利率（如Libor）成反向关系。举个例子，某逆浮动利率债券的票面利率由以下公式决定：

$$票面利率 = 15\% - (1.5 \times 3 个月期 Libor)$$

这只逆浮动利率债券使用了杠杆，提高了债券价格与利率之间反向关系的幅度。其票面利率取值范围为0%～15%。如果3个月期Libor升至少10%，票面利率将为0%。在另一个方向上，如果3个月期Libor降至0%，票面利率为15%。值得注意的是，该逆浮动利率债券的结构使得票面利率不能低于0%。建立该逆浮动利率债券的多头头寸的固定收益投资经理，可能认为在债券存续期内利率将保持在低位或可能下降。但不管怎样，该债券嵌入的杠杆为固定收益投资者提供了价格波动的额外来源。

12.6.2.4 回购协议

回购协议是固定收益证券做市商和其他金融机构短期资金的重要来源，每年进行的回购交易额累计高达数万亿美元。在回购协议中，证券所有者同意以特定的价格出售证券，并同时约定在未来某个特定日期（通常是一天后）以特定的价格回购该证券。因此，回购实际上相当于一笔抵押贷款。回购通常是站在借款人立场的合约名称；从贷款人的角度来看，这些协议被称为**逆回购**。

回购协议的利率，即回购利率，是出售证券的价格与回购证券的价格之间的差额。例如，

假设一个债券做市商希望用回购协议为一个 1500 万美元的债券头寸融资。做市商可以以 5%
的回购利率签订隔夜回购协议。我们可以计算出她在一天后回购这批债券的价格，等于借款
当天的本金 1500 万美元加上一天的利息。利息金额的计算公式如下：

$$美元利息 = 本金金额 \times 回购利率 \times (回购期限/360)$$

在这个例子中，美元利息 = 1500 万 × 5% × (1/360) = 2083.33 美元。所以该做市商第二天
必须以 15 002 083.33 美元的价格回购该债券。

回购协议的期限以天为单位，隔夜回购最为常见，尽管它们经常被展期以获得更长期的
资金。回购协议可以是现金驱动的，也可以是证券驱动的。现金驱动交易的特点是一方拥有
债券并希望借到现金，就像上面的例子中那样。现金驱动交易通常以所谓"一般抵押品"为
特征，即回购标的为投资者和做市商普遍接受的证券，如美国国债。在证券驱动交易中，资
金出借人通常只接受某种特定的证券作为标的，其动机可能是对冲、套利或投机。

在回购协议中，信用风险是一个值得关注的问题，尤其是对出借资金的交易方而言。对借
款人违约的保护主要来自作为担保品的标的证券。额外的信用保护来自"减记"，即抵押品的价
值超过回购本金的金额。优质政府债券的减记幅度通常为 1%~3%，其他类型的债券的减记幅度
可能会更高。减记不仅可以保护贷款人免受借款人潜在违约的影响，还可以限制借款人使用杠
杆的能力。一般来说，随着基础抵押品价格波动性的增加，减记的幅度也会增加。

回购协议根据结算方式可以分为双边回购协议和三方回购协议。双边回购是直接在两个
机构之间进行的，而结算通常以"同时交付和支付"的形式进行，这意味着现金和抵押品的
交换会通过一个中央托管方（例如美国的存托信托公司）同时进行。双边回购协议通常用于
证券驱动交易。三方回购协议是指由第三方提供结算和抵押品管理服务的回购。大多数以一
般抵押品为标的的现金驱动交易以三方回购协议的方式进行。

12.6.2.5　融券

融券是另一种抵押借款的形式，与回购市场密切相关。融券交易的主要动机是卖空证券，
这涉及出售非自己所有的证券。卖空者必须从某处借入他要卖空的证券，以便在交易结算时
交割。融券交易的另一个动机是融资，或抵押借款。在以融资为目的的抵押借款中，债券持
有人将债券借给另一个投资者以换取现金。

融券交易通常以现金或高信用等级的债券作为抵押品。在美国，大多数交易以现金为抵
押品，但在许多其他国家，高信用等级的债券也可以被用作抵押品。当债券被用作抵押品时，
证券监管机构通常会要求抵押品的价值超过所借证券的价值。例如，如果优质政府债券被用
作抵押品，贷款人可能要求债券价值为所借证券价值的 102%。额外 2% 的功能与回购市场的
"减记"相同，可以为借款人违约提供额外的保护。如果用信用质量较低的债券作为抵押品，
所需的抵押品价值将会增加。

在以现金作为抵押品的融券交易中，融券者通常需要向证券出借人支付相当于所借出证
券价值一定百分比的融券费用。对于那些可以轻易借到的证券，这一费用很低。证券出借人
还可以通过将现金抵押品再投资获得额外的收益。如果融券是证券出借人为了融资主动发起
的，融券费用通常是负的，这表明证券出借人需要向融券者支付费用，以换取现金的使用权。

当以债券作为融券的抵押品时，抵押品的收益率经常会超过融券的利率；此时证券出借
人（持有债券作为抵押品）通常要向融券者返还部分债券抵押品的利息。**返还利率**是指证券
出借人从获得的债券抵押品收益率中返还给融券者的那一部分。这种关系可以用下式表示：

$$返还利率 = 抵押品收益率 - 融券利率$$

当证券不容易借到的时候，返还利率可能是负的，这意味着融券的费用大于抵押品的收益率。在这种情况下，融券者除了放弃抵押品的利息外，还要向证券出借人额外支付一笔费用。

回购协议和融券交易之间有重要的区别。与回购协议不同，融券交易通常是开放式的。证券出借人可以随时召回该证券，迫使融券者通过回购或从其他出借人那里融券的方式交还该证券。同样，融券者也可以在任何时候将所借证券返还给出借人，迫使出借人或其代理人返还抵押品（现金或债券），并寻找其他融券者。

12.6.3 杠杆过高的风险

杠杆改变了投资组合的风险回报特性。一个杠杆率过高的投资组合可能遭受重大损失，即使在投资组合中的资产只遭遇中等程度的估值下降时也是如此。

过高的杠杆会带来强制清算的风险。如果投资组合的价值降低，投资组合的权益与借贷金额的比例就会下降，投资组合的杠杆率就会增加。投资组合经理可能会被迫出售投资组合中的资产以偿还借款和降低杠杆率。如果投资组合中的资产没有被清算，那么整体杠杆率就会增加，相应的风险水平也会更高。即使在市场环境不利于出售资产的时候，例如在金融危机期间，高杠杆投资组合价值的下降也会导致强制清仓。"资产甩卖"是专门用来描述由于卖方需要立即清盘，不得不以低于公允价值的价格强制清盘的情况。降低杠杆率、资产价值下降和强制出售有可能形成螺旋效应，导致资产价值严重下降和市场流动性枯竭。

此外，在极端的市场条件下往往也会伴随着市场参与者对交易对手风险的重新评估，正如发生在 2008~2009 年金融危机中的那样。在金融危机期间，高杠杆机构的短期融资安排（如信贷额度、回购协议和融券协议）的对手方可能不愿再履行融资承诺。融资承诺的取消会削弱高杠杆的市场参与者维持其投资风险敞口的能力，所以他们可能会被迫在资产价格低迷的最糟糕时刻出售自己的头寸。

12.7 税收对固定收益证券组合的影响

免税投资者的目标是在扣除费用和交易成本后获得尽量高的风险调整收益率。应税投资者还需要考虑税收对预期和已实现净收益率的影响。考虑税收影响通常会导致投资决策复杂化。

传统上，投资管理行业都是根据税前收益率做出投资决策的，不会考虑对投资者税负的影响（比如许多国家的养老基金）。[⊖]但世界上大多数资产的购买者都是应税投资者，他们关心的是税后收益率而不是税前收益率。

不同类型的投资者、不同的国家、不同的收入来源（如利息或资本利得）往往面临不同的税收待遇。在许多国家，养老基金是免税的，但公司的投资收入通常需要纳税。许多国家批准了一些可供个人投资者使用的免税投资计划（在一定的限额内）。这些免税投资计划通常可以免缴部分投资收益的税款，或允许延迟缴税，即等投资者从免税投资计划中提取收益

⊖ 参见 Rogers（2006）。

时再缴税（通常是在退休之后）。这种免税投资计划可以让投资者在退休前获得免税收益，从而累积成可观的总收益。对于应税投资者来说，在获得固定利息的情况下，息票支付（利息收入）通常按该投资者的正常所得税税率征税。而资本利得的实际税率可能会低于投资者的正常所得税税率。在一些国家，一些特殊类型的固定收益证券，如主权政府、非主权政府或各种政府机构发行的债券，可能会享受较低的有效税率，甚至免税。

讨论更具体的税收规则超出了本章的范围，因为各国的税收规则各不相同。在全球范围内比较税收对投资者收益率的影响，或讨论在考虑税收影响时投资者应该如何执行投资组合最优化策略，都是特别具有挑战性的工作。尽管会计准则在全球范围内逐渐趋同，但各国之间任何形式的税收一致化都不太可能会很快发生。投资者应该考虑取得投资收益所在国的税收情况，以及投资收益汇回本国时的税收待遇。国家间的相关合约可能会影响投资收益的税收待遇。税收是复杂的，会使投资决策变得困难。为应税个人投资者管理资产的投资组合经理需要考虑一系列问题。

12.7.1　固定收益产品的征税原则

虽然各国的税法各不相同，但在固定收益投资的税收方面，大多数国家使用了一些共同的原则：

- 影响固定收益证券征税的两个主要收入来源是息票支付（利息收入）和资本损益。
- 一般来说，只会对实际收到的资本利得和利息收入征税。一些国家会将零息票债券作为例外，征收一种被称为"无息债券税"的税种。该税种独特的计算方法使得零息票债券在全部存续周期中被均匀征税，其原理是不将零息票债券的到期收益完全当作资本利得来征税。
- 资本利得的实际税率往往低于利息收入的税率。
- 资本损失一般不能用来抵扣除资本利得以外的应税收入。资本损失可以用来抵扣同一纳税年度产生的资本利得。如果某一年度的资本损失超过了资本利得，它们通常可以"向前结转"并用于抵扣未来几年的资本利得；在一些国家，资本损失也可以"向后结转"，用于抵扣之前几年支付的资本利得税。但资本损失可以向前或向后结转的年限通常是有限制的。
- 在一些国家，短期资本利得适用的税率与长期资本利得不同（通常短期资本利得适用的税率更高）。

投资者或投资组合经理通常无法控制收到利息的时间，因而也无法控制与之相关的所得税支付。但是，他通常可以决定出售资产的时间，因此对实现资本利得和资本损失的时间有一定的控制能力。这种控制能力对应税投资者来说是有价值的，因为他们可以通过延后获得利润或提早实现损失来控制纳税额度。这种税收驱动的投资组合战略行为被称为"投资损失节税策略"。

管理应税固定收益投资组合的要点如下：

- 可以出于节税目的调整实现资本利得和资本损失的时间。
- 如果短期资本利得的税率高于长期资本利得，那么在实现短期收益时要谨慎。

- 实现损失时要考虑其税收后果，因为从税收角度来看它可以用来冲销当期或未来的应税资本利得。
- 要控制基金的换手率。一般来说，换手率越低，资本利得税递延的时间就越长。
- 要考虑资本收益和纳税额度之间的权衡。

12.7.2 投资工具与税收

投资工具的选择常常会影响投资收益在最终投资者层面的征税方式。在集合投资工具中（有时被称为集体投资计划），如共同基金，利息收入通常以最终投资者为对象进行征税，无论该基金是选择将利息收入再投资还是直接支付给投资者。也就是说，即使基金没有将利息收入实际支付给投资者，在计算税款时也会被视为在收到利息的当年分配了利息收入。在不同的国家，对个人投资的基金所产生的资本利得的征税规定往往是不同的。

一些国家，如美国，对共同基金的资本利得采用所谓的"穿透规则"。基金买卖证券实现的净资本利得被视为在其出现的年度就被分配给了投资者，所以投资者需要在自己的纳税申报单上将这些收益包括在内。其他国家，如英国，没有采用穿透规则。基金买卖证券产生的已实现资本利得虽然会增加投资者持有的基金份额的资产净值，但投资者要等到出售基金股份时才会对净资本利得交税。这种税务处理导致资本利得税被延期缴纳。因此，英国的投资组合经理关于何时实现资本利得或资本亏损的决定不会影响投资者缴纳资本利得税的时间。

对于那些单独管理的账户，投资者通常必须在标的证券交易发生时就将已实现收益纳税。因为投资者名义上直接持有了这些证券，而不是通过基金份额间接持有。对于单独管理的账户，投资组合经理在做出投资决策时需要考虑投资者的税务后果。

我们之前将投资损失节税策略定义为通过延迟实现资本收益和提前实现资本损失的节税方式，允许投资者在税前的基础上累积收益。税收递延增加了投资者的投资现值。

■ 例 12-7 应税和免税投资组合的管理

一个债券投资组合经理需要筹集 1000 万欧元现金来弥补她所管理的投资组合的现金流出。满足现金需求，她考虑了两种可能出售的公司债券头寸——A 头寸和 B 头寸。出于税收考虑，基金实现的净资本利得在当年就被视为分配给了投资者。假设资本利得税税率为 28%，利息所得税税率为 45%。表 12-7 提供了两只债券的部分相关数据。

该投资组合经理认为 A 头寸被略微高估，B 头寸被略微低估。假设两只债券的

表 12-7 两只债券的部分数据

	A 头寸	B 头寸
当前市场价值	10 000 000 欧元	10 000 000 欧元
资本利得（损失）	1 000 000 欧元	−1 000 000 欧元
票面利率	5.00%	5.00%
剩余期限	10 年	10 年
利息所得税税率	45%	
资本利得税税率	28%	

所有其他相关特性是相同的。如果投资组合经理要主动管理投资组合，在下面两种情况下，她应该如何最优地平仓债券头寸？

1. 如果她是免税投资者。
2. 如果她是应税投资者。

解答 1：对资本利得和资本损失征税对免税投资者的影响极小。与投资组合经理的投

资观点一致，该投资组合经理可能会平仓 A 头寸，因为她认为 A 头寸的估值略高；而不会平仓 B 头寸，因为她认为 B 头寸的估值略低。

　　解答 2：在其他条件相同的情况下，为应税投资者服务的投资组合经理应该有动机推迟缴纳资本利得税，并尽早实现资本损失（投资损失节税策略），这样损失就可以用来抵消当前或未来的资本利得税。尽管 B 头寸被轻微低估，但投资组合经理可能会平仓 B 头寸，因为其内在的资本损失将导致投资者当期的已实现净资本收益较低。该决策需要做这样一个假设，即投资组合中没有其他资本损失可以用来抵消资本收益。尽管 A 头寸估值略高，但由于需要缴纳资本利得税，对应税投资者来说平仓 A 头寸并非好的选择。

本章内容小结

本章描述了固定收益证券在投资组合中的作用，并介绍了固定收益证券组合管理的概况。本章的重点包括：

- 固定收益证券能为投资组合提供风险分散化收益。该收益源于固定收益证券与股票等其他主要资产类别的相关性普遍较低。
- 固定收益证券能提供稳定的现金流，这有利于在未来满足确定性负债的融资需求。
- 浮动利率债券和通货膨胀联结债券可以用来对冲通货膨胀风险。
- 负债驱动的固定收益授权策略要求投资组合的未来现金流与预期负债相匹配，或能够满足未来的支付要求。
- 对于负债驱动的授权策略，投资组合的构建遵循两种主要方法——现金流匹配法和久期匹配法，以便将固定收益资产与未来的负债匹配。
- 现金流匹配法是一种通过将债券现金流与负债的支付匹配达到免疫的方法。
- 久期匹配法是一种通过让资产和负债的久期匹配达到免疫的方法。
- 久期匹配法和现金流匹配法可以混合形成其他匹配方法，包括或有免疫法和期限匹配法。
- 总收益授权策略的目标通常是跟踪或跑赢某个基准指数。
- 总收益授权策略可以根据具体目标、主动收益水平和主动风险水平分为不同的方法。具体包括纯指数方法、指数增强法和主动管理法。
- 流动性是固定收益投资组合管理的一个重要考虑因素。
- 债券的流动性通常不如股票，而且不同债券子市场的流动性差异很大。
- 流动性会影响固定收益证券的定价过程，因为许多债券要么长期不交易，要么交易不频繁。
- 流动性会影响投资组合的构建，因为投资组合经理需要在流动性和收益率之间进行权衡。在其他条件相同的情况下，流动性较差的债券收益率较高，对买入并持有的投资者来说可能更有吸引力。但预期未来流动性需求较高的投资者可能会放弃更高的收益率，转而购买流动性更强的债券。
- 固定收益衍生品、固定收益证券交易所交易基金（ETF）和集合投资工具的流动性往往高于其标的债券，为投资经理提供了交易非流动性标的债券的替代方案。

- 在评估固定收益投资策略时，考虑预期收益率的分解和理解预期收益率的不同组成部分是很重要的。
- 对固定收益投资组合的预期收益率进行分解，可以让投资者了解在债券市场各种条件和预期的变化下收益率的不同来源。
- 一只固定收益证券的预期收益率可以分解为以下组成部分：利息收益率、骑乘收益率、基于投资者对收益率和利差的判断的债券价格变化、预期信用损失和汇率变化带来的预期损益。
- 杠杆是通过借入资金增加投资组合头寸的操作。通过杠杆，固定收益投资组合经理有机会从通常收益率较低的固定收益资产上获得更高的收益率。但杠杆在提高收益率潜力的同时也增加了风险。
- 为固定收益投资组合加杠杆的方法包括使用期货合约、互换协议、结构性金融工具、回购协议和融券等。
- 考虑税收的影响会让固定收益投资组合管理的决策更加复杂。复杂性的产生是由于不同投资者、国家和收入来源（利息收入或资本收益）面临不同的税收政策。

参考文献 ⊖

⊖ 本章参考文献请访问机工新阅读网站（www.cmpreading.com），搜索本书书名。

第13章 ❀ CFA Institute

负债型驱动和基于指数的策略

詹姆斯·F. 亚当斯，博士，注册金融分析师

唐纳德·J. 史密斯，博士

■ 学习目标

学完本章内容后，你将有能力完成以下任务：

- 描述负债驱动型投资组合。
- 评估单一负债免疫策略。
- 比较单一负债免疫策略和多重负债免疫策略，包括不同的执行手段。
- 评估不同利率情景下负债驱动策略的表现，并能根据投资组合目标选择策略。
- 解释在特定负债结构下管理投资组合的相关风险。
- 讨论债券指数，以及管理固定收益投资组合以模拟债券指数特征过程中的挑战。
- 比较被动建立债券市场风险敞口的各种替代方案。
- 讨论选择基准债券指数时应该遵循的准则，并就基准债券指数的选择做出解释。
- 描述梯式投资组合的结构、收益、限制和风险回报特征。

13.1 本章内容简介

固定收益工具占投资者可参与的全球金融资产的近 3/4，因此债券会成为大多数投资组合的关键组成部分毫不奇怪。本章将介绍固定收益投资策略中的结构化策略和被动总收益率策略。"被动"并不一定意味着"买入并持有"，因为我们要讨论的几种主要策略（比如免疫和指数化）也涉及债券投资组合的频繁再调整。"被动"固定收益策略是与"主动"固定收益策略比较而言的，后者是基于特定投资组合经理对利率和信用市场现状和走势的看法制定策略的。

13.2 节至 13.6 节讨论了如何在考虑投资者资产负债表的资产和负债两方面约束时，最好地构建固定收益投资组合。在投资时对自己未来财务义务的时间和相对确定性有一个全面的了解是很重要的。因为很难找到与债务完全匹配的债券投资产品，所以我们引入了通过结构化债券投资组合匹配具有债券性质的一笔或多笔负债的未来现金流的构想。资产负债管理（ALM）策略是投资者将利率敏感资产和利率敏感负债同时纳入投资组合决策过程的策略。负债驱动型投资（LDI）策略是指在给定的负债下进行资产管理，可以用于保险公司投资组合、养老金计划、退休后的个人预算等。[⊖]与 LDI 策略有关的技术和风险将在单一负债的背景

⊖ 本章中的"负债驱动"和"基于负债"是同一个意思，有时会轮换使用这两个词。

下一——介绍，然后再扩展到现金流匹配和久期匹配等多重负债策略。这些策略被统称为免疫策略，可以被视为利率对冲的特殊情况。值得注意的是，只要保证资产价值超过预先确定的阈值，投资者也可以使用利率衍生品作为管理负债的工具，同时采用更主动的方法来管理债券投资组合，这就是或有免疫法。13.5 节通过一个固定福利养老金计划的例子详细地总结了这些概念。13.6 节回顾了与这些策略相关的风险，比如模型风险和度量风险等。

与根据特定的负债类型来调整投资的方法相比，投资者更经常使用指数化投资策略来增加对固定收益证券市场的风险敞口。13.7 节至 13.9 节介绍了这些策略。与后面两章要介绍的主动管理策略相比，指数化策略的优势在于风险分散程度更高，成本也更低。但是，债券市场的深度和广度使得创建和跟踪某个指数的操作比股票市场更具挑战性。固定收益基金经理在跟踪债券指数时面临多种选择，既可以完全复制，也可以采用分层抽样法或只复制主要风险因子的指数增强策略。我们还会介绍投资组合经理和投资者是如何通过共同基金或交易所交易基金以及其他替代手段建立特定固定收益产品的风险敞口的。鉴于固定收益工具种类繁多，根据组合久期和风险偏好等目标选择最适合投资者的基准债券指数至关重要，我们会对此过程做简要分析。在私人财富管理领域，建立一个梯式投资组合以匹配个人投资者的期限和风险偏好往往是一个有效的策略，13.10 节讨论了这种方法。

13.2　负债驱动型投资

让我们从一个 45 岁投资者的例子开始，他计划在 65 岁退休，并希望在此后获得稳定的收入来源。他目前很可能拥有一个多样化的投资组合，包括了债券、股票，可能还有其他类别的资产。我们这里的重点是他整体投资组合中的固定收益部分。我们假设该投资者已经建立了一个债券投资组合，并逐年增加仓位。退休后，他计划卖掉这些债券，购买一份年金，并在晚年定期收到固定的收益。该投资者的计划投资期限为 20 年，这个周期对于识别和衡量未来利率波动对退休收入的影响是至关重要的，与其他信息一起构成了理解和处理利率风险的初始参考框架。

一般来说，参考框架是以由对利率敏感的资产和负债组成的资产负债表的形式呈现的。对于例子中的 45 岁投资者而言，资产是不断增长的债券投资组合，负债是该投资者为满足老年需求所需购买的年金的现值。资产负债管理（ALM）策略是在投资组合决策过程中同时考虑资产和负债的策略。20 世纪 70 年代，随着油价的飙升和通货膨胀的加剧，ALM 策略开始流行。随着通货膨胀加剧导致美国利率剧烈波动，银行经理首先开始实施 ALM 策略，以更好地平衡其资产和负债的利率敞口。在 ALM 策略流行之前，银行经理经常分别确定存款利率和贷款利率，导致贷款资产的期限构成与存款等负债之间出现了意想不到的差异。它们意识到，通过协调存贷款利率控制资产和负债之间的期限结构差距可以降低利率风险。于是这些金融机构纷纷成立了资产负债委员会（ALCO），专门负责监测和管理存贷款期限差距并协调利率的确定过程。例如，如果银行购买了长期固定利率资产，它就会提高长期存款的利率，提高这些期限的存款对储户的吸引力，使银行能够在该期限上保持收支平衡。20 世纪 80 年代，人们又开始普遍使用利率互换等衍生品，通过合成 ALM 策略来管理这些期限缺口。

负债驱动型投资（LDI）和资产驱动型负债（ADL）都是资产负债管理（ALM）的特例。

关键区别在于，ADL 是在给定的资产下，通过调整负债的结构来管理利率风险；而 LDI 是在给定的负债下动态管理资产。一家人寿保险公司以其销售团队卖出的保险义务作为负债约束，去构建能满足未来支付要求的投资组合，这是 LDI 的一个例子。另一个例子是固定福利养老金计划，该养老金计划的投资经理需要创建的是一个能匹配其利率敏感型负债的投资组合。在上面的例子中，负债都是在日常业务和财务管理决策过程中确定和产生的。这些负债的现值取决于当前的利率。人寿保险或养老金经理在做出投资组合决策时，第一步就需要估计负债的利率敏感性。正如本章 13.5 节所讨论的，在该过程中经常需要对负债建模。

在 ADL 中，资产负债表的资产部分来自公司的基础业务，负债管理人的目标是通过调整负债结构来减少利率风险。一个例子是一家有大量短期合同的租赁公司，它可能会选择用短期债务来为业务融资。该公司的目标是使其资产和负债的期限相匹配，并将风险降到最低。另一个例子是发现自己的营业收入与商业周期高度相关的制造业公司。由于货币政策的逆周期性，利率与商业周期之间存在正相关关系。各国央行会在经济疲弱时降低政策利率，在经济强劲时提高政策利率。因此该公司对浮动利率负债有自然的偏好，以使营业收入和利息费用同时上升和下降。[⊖]

LDI 策略的第一步是分析负债的规模和时间。表 13-1 显示了这类分析常用的分类方法。[⊖]

同样的分类方法也适用于金融资产，但我们这里的重点是负债和 LDI 策略，后者比 ADL 更常见。第一类负债来自在预定的日期到期的固定数额的财务合同。一个例子是没有嵌入期权的传统固定收益债券。需要支付（或收到）多少利息和本金，以及支付的时

表 13-1　负债分类

负债类型	现金支出金额	现金支出时点
Ⅰ	已知	已知
Ⅱ	已知	不确定
Ⅲ	不确定	已知
Ⅳ	不确定	不确定

间，都是提前知晓的。本章接下来的两节都针对第一类负债，首先是单笔支付，然后是多只债券。现金流的规模和时间已知有一个好处，即可以用收益率久期统计量来衡量负债的利率敏感性，比如麦考利久期、修正久期、货币久期和基点价值（PVBP）等。

第二类负债的现金支出金额是已知的，但支付的时间不确定。这类负债的例子有可赎回债券和可回售债券。可赎回债券的看涨期权执行价格是预先知道的，但何时或是否会赎回债券是不确定的。同样，可回售债券的发行人也不知道投资者何时或是否会行权。另一个例子是定额定期人寿保险。虽然不知道被保险人未来的死亡时间，但是拥有大量保单的人寿保险公司可以根据概率学中的"大数定律"设计业务。也就是说，保险公司可以用精算学来预测自己的支出，计算每年到期的平均负债的数额，因此也可以很好地预测在未来某年中需要支付的现金流的数额。

第三类负债的支付时间是已知的，但金额不确定。浮动利率债券是一个典型的例子，因为利息支付取决于未来的货币市场利率。此外，一些结构性票据的本金金额与大宗商品价格或利率指数挂钩。许多政府都在发行的通货膨胀联结债券是另一个例子。美国财政部发行了通货膨胀保值债券，虽然票面利率已知，其本金兑付额是根据证券发行期间消费者物价指数的变化而不断调整的，因此其利息和本金支付金额都是不确定的。

第四类负债的未来支付金额和时间都是不确定的，因此其 LDI 策略最难设计。出售财产

⊖　利用利率互换将固定利率负债转化为综合浮动利率负债，以及更多的例子请参见 Adams 和 Smith（2013）。
⊖　本分类方法取自 Fabozzi（2013）。

保险和意外伤害保险的保险公司就是一个很好的例子。虽然部分保险的金额和时间可能会遵循一个已知的模式（例如汽车保险），但灾难性天气事件造成的损失等（例如龙卷风、地震和洪水）本质上是难以预测的。

对于第二、三、四类负债，需要使用一个被称为有效久期的利率曲线统计量来估计利率的敏感性。[⊖] 该统计量是用模型计算的，首先在关于一组收益率曲线的初始假设下计算金额和时间均不确定的负债的现值，然后让收益率曲线上下移动，以获得对负债现值的新估计。我们将在 12.5 节中的一个例子中演示这个过程，该例子的主角是一家具有第四类负债的固定福利养老金。

▌例 13-1

现代抵押贷款公司是一家储蓄银行，该公司决定建立一个 ALCO 来改善其风险管理和协调存贷款利率设定的过程。现代抵押贷款公司的主要资产是长期的、固定利率的、按月支付的、完全分期偿还的住房抵押贷款。这些住房抵押贷款是优质贷款，平均 LTV 为 80%。贷款的房主有权按票面价值赎回贷款且无须支付罚金。现代抵押贷款公司还持有不同期限的不可赎回、固定利率政府债券（被认为没有违约风险）的投资组合，以管理其流动性需求。其主要负债是由政府存款保险基金完全担保的活期存款和定期存款。活期存款可通过支票或借记卡兑付。定期存款的利率是固定的，期限从 90 天到 3 年不等，在到期前可以支付一笔金额较小的罚息来提前支取。现代抵押贷款公司所在国的银行监管部门对该国的储蓄银行提出了新的资本金要求。根据要求，储蓄银行需发行长期或有可转换债券，出售给机构投资者。该债券的主要特点是，如果住房抵押贷款的违约率达到一定水平，或储蓄银行的资本充足率低于金融监督部门规定的水平，债券将以指定转股价格转换为股票。

作为任务的第一步，ALCO 需要确定资产和负债的类型，参考表 13-1 中的负债分类方案。第一类资产或负债的现金流有确定的金额和日期；第二类资产或负债的现金流金额已知，但日期不确定；第三类资产或负债有具体的日期，但现金流金额不确定；第四类资产或负债的现金流的金额和日期均不确定。

判断及解释下列资产或负债的类别：

1. 住房抵押贷款

2. 政府债券

3. 活期存款和定期存款

4. 或有可转换债券

解答 1：现代抵押贷款公司的住房抵押贷款属于第四类资产。由于房主持有提前还款期权，利息和本金的现金流的时点是不确定的。这种类型的看涨期权是非常复杂的。房主选择提前还款可能出于各种原因，包括打算出售房产，或者想利用利率下降时的再融资机会。因此，需要一个提前还款模型来预测未来现金流的时点。违约风险也会影响现金

⊖ 在本章中，我们只讨论固定收益债券的收益率久期和曲线久期统计量的应用。在学术文献中，久期的计算通常用与每笔现金流的日期相对应的即期利率（或零息票利率）贴现。用这种方法得到的久期统计量被称为 Fisher-Weil 久期。虽然该久期在理论上是正确的，但由于有风险债券缺乏可观察的即期利率，在实践中很难操作。

流的预期金额。即使平均 LTV 为 80%，该公司的住房抵押贷款大部分属于高质量抵押贷款，其中一些贷款的 LTV 比率也可能更高，更容易违约，特别是在房价下跌的情况下。

解答 2：固定利率政府债券属于第一类资产，因为息票和本金的支付日期和金额在发行时就确定了。

解答 3：活期存款和定期存款是储蓄银行的第二类负债。存款金额是已知的，但储户可以在存款到期前赎回存款，这就造成了时间的不确定性。

解答 4：或有可转换债券是第四类负债。转股期权的存在使得现金流的金额和时间都不确定。

13.3　利率免疫策略：管理单一负债的利率风险

负债驱动型投资在大多数情况下被用于管理多元负债的利率风险。在本节中，我们先介绍单一负债的情况，以展示被称为利率免疫策略的经典投资策略所要用到的技术和风险。⊖免疫是一种构建和管理固定收益债券投资组合的过程，目的是在已知的时间范围内最小化已实现收益率的方差。⊖该方差是由未来利率的波动引起的。在这里我们暂时忽略违约风险，投资组合中所有债券的违约概率都被假定为接近零。

规避单一负债的利率风险最显而易见的方法是购买在债务到期日到期的零息票债券。债券的票面价值与负债的金额相等。只要将零息票债券持有至到期，就没有现金流再投资风险，因为零息票债券不会支付息票，且零息票债券到期按面值偿付，因此也没有价格风险。在债券的存续周期内，任何利率波动都与该资产偿还债务的能力无关。问题是，在许多金融市场上，对应期限的零息票债券不存在。但上述零息票债券提供的完美免疫，为使用附息债券实现免疫提供了标准。

图 13-1 说明了免疫与传统附息固定收益债券久期之间的联系。

假设现在该债券按票面价值定价，收益率曲线瞬时完成一次性的向上平移，债券的价值将下降，如图 13-1 的上半部分所示。价格下跌的幅度可以根据债券的货币久期来估计。债券的货币久期等于债券的修正久期乘以债券价格。随着到期日的临近，债券价格将被"拉向面值"（当然前提是没有发生违约）。还有另一个因素在起作用，假设利率继续走高，债券的利息收入再投资的未来价值就会上升。随着收到的利息越来越多，并以更高的利率进行再投资，现金流再投资的远期价值将不断上升。

在图 13-1 中需要注意的一个关键细节是，在某个时间点上，价格效应和利息再投资效应会相互抵消。图 13-1 的下半部分显示了收益率曲线下降的情况，同样存在一个价格效应和利息再投资效应相互抵消的时间点。这个时间点对应的期限就是债券的麦考利久期（零息票债券的麦考利久期是它的到期期限）。因此，如果投资者的投资期限与债券的麦考利久期相等，就大大降低了或者说免疫了利率风险，而息票再投资效应则抵消了更高或更低的利率对价格的影响。

⊖　本节内容基于 Smith（2014）的第 9~10 章。
⊖　英国精算师 F. M. Redington1952 年在《精算师协会杂志》上发表的文章《对"生活-办公室估值原则"的评论》中首次使用了"免疫"一词。

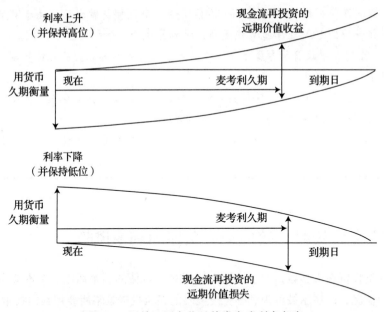

图 13-1　用单一固定收益债券完成利率免疫

下面我们来看一个例子，这个例子表明将投资期限与麦考利久期匹配的策略在债券组合上和单只债券上一样有效。假设某公司有一笔于 2023 年 2 月 15 日到期的本金为 2.5 亿欧元的单一负债。现在的日期为 2017 年 2 月 15 日，所以投资期限为 6 年。该公司的资产管理部门希望建立一个由三种债券组成的投资组合，以提供足够偿还该债务的未来收益。

表 13-2 展示了所选投资组合的价格、收益率、风险统计参数（包括麦考利久期和凸性）和票面价值。该投资组合目前的市场价值是 200 052 250 欧元(= 47 117 500 欧元+97 056 750 欧元+55 878 000 欧元)。每年的 2 月 15 日和 8 月 15 日是债券的半年度付息日。按每 100 票面价值的价格报价，到期收益率是以华尔街惯例的半年付息频率为基础计算的（即一年有两个付息周期的年化利率）。麦考利久期和凸性都是年化过的。（注意在实践中，彭博等债券数据供应商报告的凸性可能会预先除以 100。）

表 13-2　对单一负债实施利率免疫的债券投资组合

	2.5 年期债券	7 年期债券	10 年期债券
息票率	1.50%	3.25%	5.00%
到期期限	2019 年 8 月 15 日	2024 年 2 月 15 日	2027 年 2 月 15 日
价格	100.25	99.75	100.50
到期收益率	1.3979%	3.2903%	4.9360%
票面价值	47 000 000	97 300 000	55 600 000
市场价值	47 117 500	97 056 750	55 878 000
麦考利久期	2.463	6.316	7.995
凸性	7.253	44.257	73.747
配置比例	23.55%	48.52%	27.93%

表 13-3 显示了用于获得投资组合相关统计指标的现金流和计算过程。其中第三列现金流为三种债券在每个日期收到的利息和本金之和。

表 13-3　投资组合的各统计量

时点	日期	现金流	现金流的现值	权重	时点×权重	离散度	凸性
0	2017 年 2 月 15 日	−200 052 250					
1	2017 年 8 月 15 日	3 323 625	3 262 282	0.0163	0.0163	1.9735	0.0326
2	2018 年 2 月 15 日	3 323 625	3 202 071	0.0160	0.0320	1.6009	0.0960
3	2018 年 8 月 15 日	3 323 625	3 142 971	0.0157	0.0471	1.2728	0.1885
4	2019 年 2 月 15 日	3 323 625	3 084 962	0.0154	0.0617	0.9871	0.3084
5	2019 年 8 月 15 日	50 323 625	45 847 871	0.2292	1.1459	11.2324	6.8754
6	2020 年 2 月 15 日	2 971 125	2 656 915	0.0133	0.0797	0.4782	0.5578
7	2020 年 8 月 15 日	2 971 125	2 607 877	0.0130	0.0913	0.3260	0.7300
8	2021 年 2 月 15 日	2 971 125	2 559 744	0.0128	0.1024	0.2048	0.9213
9	2021 年 8 月 15 日	2 971 125	2 512 500	0.0126	0.1130	0.1131	1.1303
10	2022 年 2 月 15 日	2 971 125	2 466 127	0.0123	0.1233	0.0493	1.3560
11	2022 年 8 月 15 日	2 971 125	2 420 610	0.0121	0.1331	0.0121	1.5972
12	2023 年 2 月 15 日	2 971 125	2 375 934	0.0119	0.1425	0.0000	1.8527
13	2023 年 8 月 15 日	2 971 125	2 332 082	0.0117	0.1515	0.0116	2.1216
14	2024 年 2 月 15 日	100 271 125	77 251 729	0.3862	5.4062	1.5434	81.0931
15	2024 年 8 月 15 日	1 390 000	1 051 130	0.0053	0.0788	0.0473	1.2610
16	2025 年 2 月 15 日	1 390 000	1 031 730	0.0052	0.0825	0.0825	1.4028
17	2025 年 8 月 15 日	1 390 000	1 012 688	0.0051	0.0861	0.1265	1.5490
18	2026 年 2 月 15 日	1 390 000	993 997	0.0050	0.0894	0.1788	1.6993
19	2026 年 8 月 15 日	1 390 000	975 651	0.0049	0.0927	0.2389	1.8533
20	2027 年 2 月 15 日	56 990 000	39 263 380	0.1963	3.9253	12.5585	82.4316
			200 052 250	1.0000	12.0008	33.0378	189.0580

例如，时点 4 的现金流 3 323 625 欧元是 2019 年 2 月 15 日三只债券支付的利息之和：

（1.50%×0.5×47 000 000 欧元）+（3.25%×0.5×97 300 000 欧元）+（5.00%×0.5×55 600 000 欧元）
= 352 500 欧元+1 581 125 欧元+1 390 000 欧元= 3 323 625 欧元

2019 年 8 月 15 日第一只债券已经到期，要兑付 47 000 000 欧元的本金，所以总现金流为 50 323 625 欧元。接下来的八笔现金流只包含第二只债券和第三只债券的息票支付，以此类推。

第三列中的 20 个半年度现金流的内部收益率（包括 2017 年 2 月 15 日按照初始市值构建投资组合的负现金流）为 1.8804%。年化处理后，该投资组合的现金流的内部收益率为 3.7608%（= 2×1.8804%）。该收益率明显高于根据表 13-2 计算的单只债券的市值加权平均收益率，后者仅为 3.3043%：

（1.3979%×0.2355）+（3.2903%×0.4852）+（4.9360%×0.2793）= 3.3043%

产生差异的原因是收益率曲线存在斜率，而且免疫策略的目标是实现接近 3.76% 的收益率，而不是 3.30%。

表 13-3 的第四列显示了每一个总现金流的现值，使用内部收益率（1.8804%）作为贴现率计算。例如，2024 年 2 月 15 日到期的 100 271 125 欧元的现值为 77 251 729 欧元：

$$\frac{100\ 271\ 125}{(1.018\ 804)^{14}} = 77\ 251\ 729$$

第四列的现值总和为 200 052 250 欧元，等于该债券投资组合当前的市场价值。

第六列是计算该投资组合的麦考利久期的过程。麦考利久期等于时间的加权，以对应时间收到的现金流的现值占总现金流的现值的比例作为权重。第五列显示了该权重，它等于现金流的现值除以总现值（200 052 250 欧元）。将收到现金流的时点（即第一列）乘以权重，然后求和就得到了麦考利久期。例如，于 2018 年 2 月 15 日支付的第二次现金流对投资组合久期的贡献为 0.0320（=2×0.0160）。第六列最后一行显示了该列所有值之和，结果为 12.0008，此值为投资组合以半年为单位的麦考利久期。年化后的麦考利久期为 6.0004（=12.0008/2）。现在，这家公司的资产管理部门会构建这样的投资组合的原因就很清楚了：该投资组合的麦考利久期与 6 年的投资期限刚好匹配。

在实践中经常根据成分债券的麦考利久期，用市值加权平均的方法来估计投资组合的久期。[⊖]根据表 13-2 中每只债券的久期和配置比例，平均麦考利久期的计算结果为：

$$(2.463×0.2355)+(6.316×0.4852)+(7.995×0.2793)=5.8776$$

与现金流收益率和市值加权平均收益率之间的差异一样，投资组合的真实麦考利久期与平均麦考利久期之间也存在差异，它们都是收益率曲线不平坦的结果。当收益率曲线向上倾斜时，平均久期（5.8776）会小于投资组合的久期（6.0004）。这些久期统计量的差异是非常重要的，因为这说明在构建免疫投资组合时使用平均久期而不是投资组合的真实久期会引入模型风险。本章 13.6 节将讨论模型风险的问题。

表 13-3 中第七列之和是投资组合的**离散度**统计量。麦考利久期是收到现金流的加权平均时间，而离散度则是加权方差。它衡量了现金流在所有期限中的分散程度。例如，2019 年 8 月 15 日第 5 笔现金流对投资组合离散度的贡献为 11.2324：

$$(5-12.0008)^2×0.2292=11.2324$$

以半年为单位计算，投资组合的离散度为 33.0378。年化后为 8.2594（=33.0378/4）。麦考利久期的年化要除以每年的付息频率（每年两次）；离散度（以及凸性）的年化要除以付息频率的平方。

投资组合的凸性计算过程在第八列。将收到每笔现金流的时点乘以时点加 1，再乘以该时点的现值比例（即表 13-3 中的权重）就得到了每笔现金流的凸性贡献，最后将所有时点的凸性贡献加起来再除以 1 加现金流收益率的平方。例如，2024 年 2 月 15 日第 14 笔现金流的凸性贡献为 81.0931（=14×15×0.3862）。第八列所有项之和为 189.0580，所以以半年为频率计算的凸性为 182.1437：

$$\frac{189.0580}{(1.018\,804)^2}=182.1437$$

该投资组合的年化凸性为 45.5359（=182.1437/4）。该结果略高于表 13-2 中报告的三只债券的凸性以市值加权计算的平均值：

$$(7.253×0.2355)+(44.257×0.4852)+(73.747×0.2793)=43.7786$$

与平均收益率和久期一样，这种差异来源于收益率曲线的斜率。与只使用久期的方法相比，加入凸性统计量可以改进对利率变化导致的投资组合市场价值变化的估计。因为凸性是利率变化引发价格变化的二阶效应，而久期是一阶效应。

⊖ 另一种在理论上更正确的获得投资组合久期的方法是使用即期（或零息票）利率对每笔现金流进行贴现。但这种计算方法在实践中很难实现。

投资组合的凸性、麦考利久期、离散度和现金流收益率之间存在一个有趣的联系[⊖]：

$$凸性=\frac{麦考利久期^2+麦考利久期+离散度}{(1+现金流收益率)^2} \tag{13-1}$$

以半年为周期，该组合的麦考利久期为 12.0008，离散度为 33.0378，现金流收益率为 1.8804%，代入式（13-1）可得：

$$凸性=\frac{12.0008^2+12.0008+33.0378}{(1.018\ 804)^2}=182.1437$$

投资组合的离散度和凸性统计量可以用来评估利率免疫策略的结构性风险。结构性风险来自收益率曲线可能发生的偏移和扭曲。本节后面会详细讨论该风险。

表 13-4 告诉了我们为什么麦考利久期与投资期限匹配可以达到利率免疫的效果。

表 13-4　利率免疫效果

时点	日期	现金流	总回报（3.7680%）	总回报（2.7680%）	总回报（4.7680%）
0	2017 年 2 月 15 日	−200 052 250			
1	2017 年 8 月 15 日	3 323 625	4 079 520	3 864 613	4 305 237
2	2018 年 2 月 15 日	3 323 625	4 004 225	3 811 992	4 205 138
3	2018 年 8 月 15 日	3 323 625	3 930 319	3 760 088	4 107 366
4	2019 年 2 月 15 日	3 323 625	3 857 777	3 708 891	4 011 868
5	2019 年 8 月 15 日	50 323 625	57 333 230	55 392 367	59 332 093
6	2020 年 2 月 15 日	2 971 125	3 322 498	3 225 856	3 421 542
7	2020 年 8 月 15 日	2 971 125	3 261 175	3 181 932	3 341 989
8	2021 年 2 月 15 日	2 971 125	3 200 984	3 138 607	3 264 286
9	2021 年 8 月 15 日	2 971 125	3 141 904	3 095 871	3 188 390
10	2022 年 2 月 15 日	2 971 125	3 083 914	3 053 718	3 114 258
11	2022 年 8 月 15 日	2 971 125	3 026 994	3 012 138	3 041 850
12	2023 年 2 月 15 日	2 971 125	2 971 125	2 971 125	2 971 125
13	2023 年 8 月 15 日	2 971 125	2 916 287	2 930 670	2 902 045
14	2024 年 2 月 15 日	100 271 125	96 603 888	97 559 123	95 662 614
15	2024 年 8 月 15 日	1 390 000	1 314 446	1 333 991	1 295 282
16	2025 年 2 月 15 日	1 390 000	1 290 186	1 315 827	1 265 166
17	2025 年 8 月 15 日	1 390 000	1 266 373	1 297 911	1 235 750
18	2026 年 2 月 15 日	1 390 000	1 242 999	1 280 238	1 207 018
19	2026 年 8 月 15 日	1 390 000	1 220 058	1 262 806	1 178 955
20	2027 年 2 月 15 日	56 990 000	49 099 099	51 070 094	47 213 270
			250 167 000	250 267 858	250 265 241

我们来看表 13-4 的第四列，假设现金流收益率保持在 3.7608% 的水平，该列的数值为对应时点收到的现金流在 2023 年 2 月 15 日的远期价值或现值。例如，2017 年 8 月 15 日收到的现金流为 3 323 625 欧元的利息支付，其在 2023 年 2 月 15 日的远期价值为 4 079 520 欧元：

$$3\ 323\ 625\times\left(1+\frac{0.037\ 608}{2}\right)^{11}=4\ 079\ 520$$

⊖　式（13-1）的推导，以及计算固定收益债券的离散度和凸性的其他例子，都来自 Smith（2014）。

表 13-4 中最后一行，2027 年 2 月 15 日的现金流金额为 5699 万欧元，其在 2023 年 2 月 15 日的现值为 49 099 099 欧元：

$$\frac{56\,990\,000}{\left(1+\dfrac{0.037\,608}{2}\right)^{8}}=49\,099\,099$$

上述计算有一个隐含假设，那就是在 2023 年 2 月 15 日之前收到的现金流都可以按同样的现金流收益率再投资，在该日期之后才会收到的现金流都能以同样的现金流收益率贴现的现值出售。第四列的总和是 250 167 000 欧元，足以偿还 2.5 亿欧元的预期债务。6 年的持有期收益率（ROR）为 3.7608%。这是根据投资组合的原始市场价值和总回报计算的，下式是 ROR 的求解过程：

$$200\,052\,250=\frac{250\,167\,000}{\left(1+\dfrac{\text{ROR}}{2}\right)^{12}}, \quad \text{ROR}=0.037\,608$$

可以看到，持有期收益率恰好等于投资组合的现金流收益率。这并非巧合，而是一个在单只债券中众所周知的结论的多债券版本：当可以将所有利息以相同的收益率再投资，并且债券被持有至到期或在固定收益率价格轨道上的点出售时，持有期收益率才会与到期收益率相等。

表 13-4 的第五列在收益率一次性下降 100 个基点的假设下，再次计算了 2017 年 2 月 15 日各现金流的远期价值或现值。所有的未来价值都下降了，因为现在的再投资收益率为 2.7608% 而不是之前的 3.7608%。例如，2019 年 8 月 15 日支付的 50 323 625 欧元，其中包括 2.5 年期债券的本金赎回，远期价值增长至 55 392 367 欧元：

$$50\,323\,625\times\left(1+\dfrac{0.027\,608}{2}\right)^{7}=55\,392\,367$$

最后一笔现金流的现值则变得更高了，因为它现在使用更低的现金流收益率贴现：

$$\frac{56\,990\,000}{\left(1+\dfrac{0.027\,608}{2}\right)^{8}}=51\,070\,094$$

一个重要的结果是，截至投资期结束，投资组合提供的总回报为 250 267 858 欧元。这表明该投资组合的现金流再投资效应与价格效应刚好抵消。持有期收益率为 3.7676%。

$$200\,052\,250=\frac{250\,267\,858}{\left(1+\dfrac{\text{ROR}}{2}\right)^{12}}, \quad \text{ROR}=0.037\,676$$

最后我们来看第六列，该列报告了现金流收益率上升 100 个基点，即从 3.7608% 上升到 4.7608% 的相关结果。此时现金流再投资的未来价值变高了，但在投资期结束后才支付的现金流贴现后的价值则变得更低。尽管如此，在 6 年的投资期结束后，该投资组合提供的总计 250 265 241 欧元的总回报足以偿还债务。这种情形下的持有期收益率为 3.7674%：

$$200\,052\,250=\frac{250\,265\,241}{\left(1+\dfrac{\text{ROR}}{2}\right)^{12}}, \quad \text{ROR}=0.037\,674$$

上述数值案例展示了如何用固定收益债券组合达到利率免疫的效果。实际上，无论现金流收益率上升还是下降，案例中的总收益率与持有期收益率一直都是相同的，微小的差异来源于凸性。但表 13-3 还是有一些误导，因为它表明免疫策略似乎是一种买入并持有的被动投资策略。它表明该公司只要在 2023 年 2 月 15 日持有相同的头寸，即 1 年期票面利率为 3.25% 和 4 年期票面利率为 5% 的债券，并在当天将这些债券出售，就能达到利率免疫的目标。该建议是有误导性的，因为投资组合必须经常重新调整，才能保持其目标久期。随着时间的推移，投资组合的麦考利久期会发生变化，但不一定会与预期投资期限的变化完全一致。例如，5 年后的 2022 年 2 月 15 日，距离预期投资期限仅剩 1 年。此时我们希望投资组合的麦考利久期为 1.000。到那时，资产管理部门的投资经理将不得不执行一些交易，大幅减持手中票面利率为 5% 的 5 年期债券。该投资经理也可能基于投机目的交易一些资产，以提高投资组合的收益率、信用质量或其他特征，但同时保持总久期不变。

　　图 13-2 提供了另一种解释利率免疫的角度。免疫策略本质上是"零息票债券复制策略"。我们知道，能够锁定 6 年的持有期收益率的完美债券是面值与 2.5 亿欧元债务完全一致的 6 年期零息票债券。所以基本思路是先构建一个有息债券的投资组合，然后随着时间的推移动态管理这个投资组合，让它能在各个时期复制对应期限的零息票债券的表现。因此，利率免疫本质上只是一种利率对冲策略。随着零息票债券收益率的涨跌，将会出现未实现的损益。在图 13-2 中，零息票债券的价值沿固定收益价格轨迹上下移动说明了这一点。零息票债券收益率有两种可能路径：路径 A 应用于较低的利率（和较高的债券价值），路径 B 应用于较高的利率（和较低的债券价值）。无论走哪条路径，随着到期日的临近，零息票债券的市场价值都将被拉回票面价值。

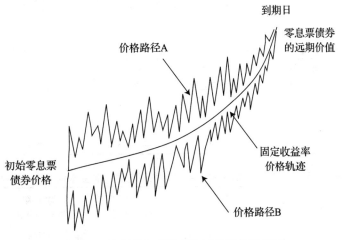

图 13-2　将利率免疫解释为零息票债券复制

　　使用有息债券进行免疫是通过在收益率曲线变化过程中持续调整投资组合，让投资组合的麦考利久期跟零息票债券的麦考利久期保持一致，即使该零息票债券可能是虚构的，在现实中并不存在。此外，债券投资组合的初始市场价值必须等于或超过零息票债券的现值。这只可能是虚构的零息票债券的久期，总是等于投资者的目标投资期限。如果债券投资组合的现金流收益率的变化始终等于零息票债券到期收益率的变化，就可以实现免疫。因为这两个收益率的一致性将确保债券投资组合的市值变化无限接近于零息票债券的市值变化。因此，在 6 年的投资期限结束时，无论此过程中利率的走势如何，债券投资组合的市场价值都应该达到或超过零息票债券的面值。

　　实现免疫的关键假设是，债券投资组合的现金流收益率的任何后续变化等于零息票债券到期收益率的变化。一个充分但不必要的条件是收益率曲线只发生平行移动变化（或者说无形变），即所有期限的收益率的变化幅度相同。充分是指如果收益率曲线平移，且债券投资组合现金流收益率的变化等于零息票债券到期收益率的变化，就肯定能保证免疫。但要实现免疫不一定非得要求收益率曲线只发生平行移动。在某些情况下，免疫特性即使在非平行的收益率曲线运动中也能保持，例如上行且变陡的移动（有时被称为熊市变陡），上行且趋平的移动（熊市趋平），下行且变陡的移动（牛市变陡），下行且趋平的移动（牛市趋平）。

　　表 13-5 证明了这一结论。假设有三只期限分别为 2.5 年、7 年和 10 年的债券。表 13-5a 显示了三种不同的收益率曲线向上偏移的情况。在第一种情况下，收益率曲线平行移动，三只债券的收益率都上升了 102.08 个基点。在第二种情况下，收益率曲线发生了上行且变陡的移动，三只债券的收益率分别上升了 72.19 个基点、94.96 个基点和 120.82 个基点。第三种情况是上行且趋平的移动，三只债券的收益率分别上升了 145.81 个基点、109.48 个基点和 79.59 个基点。关键在于，这三种收益率曲线变模式都会导致投资组合的现金流收益率从 3.7608% 变为 4.7608%，即增加 100 个基点。此外，收益率曲线的每一次移动实际上都会导致投资组合的市场价值减少。

　　表 13-5b 显示了收益率曲线三次向下偏移的结果。第一种情况是 102.06 个基点的平行下移。第二种和第三种情况分别对应下行且变陡（2.5 年期、7 年期和 10 年期债券收益率分别下降 129.00 个基点、104.52 个基点和 92.00 个基点）和下行且趋平（三只债券的收益率分别下降 55.76 个基点、86.32 个基点和 134.08 个基点）。每一次收益率曲线变都会导致投资组合的现金流收益率从 3.7608% 变为 2.7608%，即下降 100 个基点。而投资组合的市值也会随之增加。

表 13-5a　在收益率曲线偏移中实现利率免疫：收益率曲线上行变化

	2.5 年期 收益率变化	7 年期 收益率变化	10 年期 收益率变化	现金流 收益率变化	投资组合 市值变化
上行平移	+102.08bps	+102.08bps	+102.08bps	+100bps	−11 340 537
上行且变陡	+72.19bps	+94.96bps	+120.82bps	+100bps	−11 340 195
上行且趋平	+145.81bps	+109.48bps	+79.59bps	+100bps	−11 340 183

表 13-5b　在收益率曲线偏移中实现利率免疫：收益率曲线下行变化

	2.5 年期 收益率变化	7 年期 收益率变化	10 年期 收益率变化	现金流 收益率变化	投资组合 市值变化
下行平移	−102.06bps	−102.06bps	−102.06bps	−100bps	12 251 212
下行且变陡	−129.00bps	−104.52bps	−92.00bps	−100bps	12 251 333
下行且趋平	−55.76bps	−86.32bps	−134.08bps	−100bps	12 251 484

　　从表 13-4 中可以看到，是否能对利率变化免疫只取决于现金流收益率上升或下降 100 个基点的过程中投资组合价值的变化，没有必要假设投资组合的价值变化一定是收益率曲线的平行移动造成的。同样，图 13-2 所示的免疫特性只要求投资组合的价值变化，即麦考利久期与投资期限相匹配的投资组合的价值变化，与能提供完美免疫的零息票债券的价值变化极为接近。表 13-5 表明，收益率曲线的非平移变化和平移变化都有可能满足这些条件。当然，还有许多其他的不满足这些条件的非平行移动。

一般来说，免疫策略的利率风险来源于免疫投资组合的现金流收益率变化与理想的零息票债券之间的差异。差异的来源是收益率曲线形状的扭曲，以及一些非平移变化。⊖图 13-3 给出了两个这类变化的例子。为了夸大风险，假设已经完成免疫的投资组合有一个杠铃式结构，即一半由短期债券组成，另一半由长期债券组成。该杠铃式投资组合的投资期限为 6 年。能提供完美利率免疫的零息票债券的期限（以及麦考利久期）也是 6 年。

图 13-3a 是收益率曲线变陡的情形。变陡围绕的中心期限为 6 年期，因此该期限的零息票债券的价值没有被改变。更短期限的收益率下降了，而更长期限的收益率则上升了大致相同的幅度。杠铃式投资组合的价值会下降，因为长期头寸的损失超过了短期头寸的收益。该差异的产生是因为长期限债券的久期更长，而我们假设收益率变化同样的幅度，久期长的头寸价格变化会更大。因此，这种情况下该投资组合无法跟踪零息票债券的价值变化。

图 13-3b 显示了收益率曲线形状的一种戏剧性变化。短期收益率和长期收益率都上行，而 6 年期附近的收益率却在下行。这样的变化被称为"正向蝶式"（与之对应的是负向蝶式，即短期和长期收益率下降，中期收益率上升）。此时免疫投资组合的价值随着其收益率的上升而下降，但 6 年期零息票债券的价值却在上升。同样，该投资组合无法跟踪能提供完美免疫的零息票债券的价值变化。对于那些追求利率免疫的投资者来说，幸运的是这些类型的变化是相对罕见的。大多数收益率曲线的变化以接近平移的形式完成，特别是曲线中较长期限部分，变陡或变平只是偶尔出现。

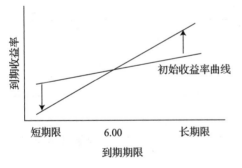

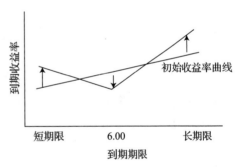

图 13-3a　导致免疫失效的收益率曲线变化：　　图 13-3b　导致免疫失效的收益率曲线变化：
　　　　　收益率曲线变陡　　　　　　　　　　　　　　　收益率曲线正向蝶式变化

图 13-3 还说明了如何降低免疫策略的**结构性风险**。结构性风险产生于投资组合设计，特别是投资组合的资产配置选择。该风险是指收益率曲线的扭曲和非平移变化导致投资组合的现金流收益率变化与提供完美免疫的零息票债券的到期收益率不匹配的风险。可以通过最小化投资组合的分散度指标来降低结构性风险，比如从杠铃式的资产配置变更为子弹式的资产配置，即将投资组合中的债券期限集中在目标投资期限附近。做到极致的就是与单一负债的期限匹配的零息票债券，从设计上讲没有结构性风险。

式（13-1）表明，在给定的麦考利久期和现金流收益率下，最小化投资组合的离散度也就是最小化投资组合的凸性。用凸性来衡量结构性风险程度有一个优点，投资组合的凸性可以用单只债券的凸性的市值加权平均来近似。分散度指标则不能使用该操作，因为用

⊖　在本章中，我们区分了收益率曲线的"非平行移动"和"扭曲"。在非平行移动中，所有收益率的上升或下降幅度不同。而在收益率曲线扭曲中，一些期限的收益率上升，而另一些期限的收益率下降。

单只债券的分散度统计来估计投资组合的分散度可能会产生误导。考虑一个由各种不同期限的零息票债券构成的投资组合，每只债券的分散度均为零（因为每只债券都只有一次现金流支付），因此它们的市值加权平均值也是零。但显然，投资组合整体上可以有明显非零的离散度。

综上所述，为单笔负债构建的利率免疫债券投资组合具有以下特征：①其初始市场价值等于或超过负债的现值；②具有与负债到期日相匹配的麦考利久期；③具有最小化凸性统计量。该投资组合必须定期重新调整以维持目标久期，因为投资组合的麦考利久期会随着时间的推移和收益率曲线的变化而改变。投资组合经理需要在重新调整产生的交易成本和允许一些久期误差之间进行权衡。免疫策略的其他风险，例如使用利率衍生品来匹配资产久期与投资期限的风险，将在 13.6 节中介绍。

例 13-2

一家机构客户要求固定收益投资顾问推荐一个投资组合，以免疫一项 10 年期债务。可以理解的是，所选择的投资组合需要随着时间的推移重新调整，以保持对目标久期的匹配。因为没有合适的零息票债券，他的投资顾问推荐了两个付息政府债券的投资组合。两个投资组合的市场价值相同。该机构客户的目标是让 10 年内实现的收益率的方差最小化。两个投资组合的风险和回报统计量如表 13-6 所示。

表 13-6

	投资组合 A	投资组合 B
现金流收益率	7.64%	7.65%
麦考利久期	9.98	10.01
凸性	107.88	129.43

这些统计量是基于构成投资组合的债券的利息和本金现金流的汇总；它们不是单只债券收益率、久期和凸性按市值加权的平均值。现金流收益率是以半年付息债券的收益率为基础的；麦考利久期和凸性是年化的。

说明该投资顾问应该推荐的投资组合，并解释原因。

解答：首先，注意到这两个投资组合的现金流收益率实际上是相同的，而且这两个投资组合的麦考利久期都非常接近负债的久期。虽然投资组合 B 的收益率更高，而且更接近 10 年的投资期限，但推荐它将是错误和带有误导性的。实际上，1 个基点的收益率差异不太可能是显著的，年化久期 0.03 的差异也不太可能显著。

考虑到投资组合的收益率和久期基本一样，选择取决于凸性的差异。凸性在 129.43 和 107.88 之间的差异是有意义的。一般来说，凸性是固定收益债券的有益属性。在其他条件相同的情况下（即收益率和存续期相同），与凸性较低的债券相比，凸性更高的债券在收益率下降时收益更多，在收益率上升时损失更少。

但客户的目标是使 10 年内已实现收益率的差异最小化。该目标可以通过建立久期匹配组合和最小化组合凸性的保守免疫策略来实现。这种方法将现金流在麦考利久期周围的分散程度降至最低，使投资组合更接近零息票债券，后者能提供完美的免疫，正如式（13-1）展示的那样。

> 免疫策略的结构性风险在于收益率曲线可能出现非平行的变化和扭曲，这将带来现金流收益率的变化，而这种变化无法用零息票债券收益率的变化拟合。可以通过选择具有较低凸性（和现金流离散度）的投资组合来最小化风险。
>
> 请注意，在此讨论中我们忽略了违约风险，因为投资组合由政府债券组成，其违约概率可能接近零。

13.4　利率免疫策略：管理多重负债的利率风险

除单笔负债外，利率免疫策略还可以用于多重负债。现在，我们继续假设这些负债都属于第一类负债，即现金流的金额和支付日期都是已知的。再进一步假设这些负债就是表 13-2 和表 13-3 中的三种债券，也就是在单一负债免疫的例子中构成免疫资产组合的资产，现在它们本身就是作为免疫目标的负债。因此我们可以继续使用上一节的投资组合统计数据。在本节的例子中，一家公司的负债如表 13-3 第三列（即现金流那一列）所示，其财务管理者希望对从时点 1 到时点 20 的现金流支出完成利率免疫的目标，因此需要构建一个资产组合，使其回报能够支付这些现金流。如 13.3 节所述，公司债务的现值是 200 052 250 欧元，现金流收益率为 3.76%，麦考利久期为 6.00，凸性为 45.54。我们使用的都是投资组合的实际统计量而非市值加权平均的数据，因为它们能更好地描述第一类负债。

在本节中，我们将讨论几种管理多重负债的方法：

- 现金流匹配法，这需要建立一个专用的零息票债券或固定息票债券投资组合，以确保有足够的现金流满足预期的现金支出；
- 久期匹配法，也就是将上一节的思路扩展到多重负债；
- 衍生品覆盖策略，尤其是如何在免疫策略中使用政府债券的期货合约；
- 或有免疫法，该策略允许主动管理债券投资组合，直到利率风险达到最低阈值，该阈值是根据利率免疫策略确定的。

13.4.1　现金流匹配法

消除多重负债的利率风险的一个经典策略是，建立一个专用的高等级固定收益债券的资产组合，并使其回报尽可能与计划中的现金流支出的金额和时间匹配。专用意味着资产组合中的债券会被持有至到期。一个很自然的问题是，如果公司有足够的现金来建立专门的债券投资组合，为什么不直接用这些现金回购和偿还负债呢？答案是，如果公司的债务是被"买入并持有"的机构投资者和散户投资者广泛持有，那回购策略实施起来会很困难，成本也很高。大多数公司债券的流动性相当差，因此在公开市场上买回它们很可能会推高价格。而使用现金流匹配法可以更好地利用现有的现金资产。

使用现金流匹配法的公司还可能出于融资动机，目的是提高公司的信用等级以降低融资成本。只要公司证明自己拥有足够的现金资产来偿还债务就能做到这一点，而建立专用债券资产组合能有效地实现这一目标。在某些情况下，公司甚至可以通过**会计冲销**，将专用资产和债务型负债同时从资产负债表中移除。会计冲销也被称为实质冲销，是一种通过准备足够的优质证券（如美国国债）以偿还债务，从而消除债务义务的方式。[⊖]

　　图 13-4a 展示了与债务现金流相匹配的专用资产组合。这些资产可以由零息票债券或传统的付息固定收益证券组成。图 13-4b 表示负债的现金流支出的金额和时间。数额来自表 13-3 的第三列，是构成债务的三只债券的息票和本金支付之和。

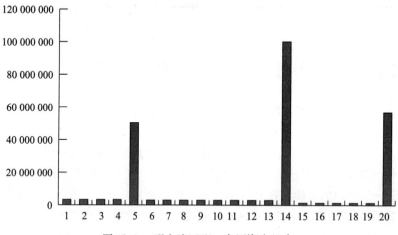

图 13-4a　现金流匹配：专用资产组合

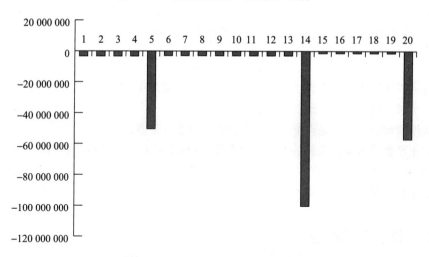

图 13-4b　现金流匹配：债务型负债

　　实施该策略的一个核心考虑因素是现金流提前到期约束。也就是说因为在履行债务义务之前不应该出售证券，但在每个债务支付日或之前必须有足够的资金来履行债务义务。传统债券会定期支付固定息票，并在到期时兑付一笔金额大得多的本金，如果负债的现金流不像图 13-4 所示的那样有长有短，而是每年固定额度的年金，这就会带来问题。这可能会导致在两个支付日之间持有大量现金，因此面临现金流再投资风险，特别是在低风险短期投资的收益率很低（甚至为负）的时候。

⊖　请注意，这里提到会计冲销是为了说明被动型固定收益策略的可能动机，而不是为了教授此类交易的会计细节。

例 13-3

阿尔弗雷德·西蒙松是一家瑞典木材公司的助理司库。公司刚刚出售了一大片土地，现在有足够的现金来偿还部分债务。该公司的会计部门向西蒙松保证，如果可以通过购买瑞典政府债券达到与公司债务的利息和本金相匹配的效果，公司的外部审计机构将批准进行债务的会计冲销。表 13-7 展示了公司计划冲销的 2017 年 6 月到期债务的支付时间表。

表 13-8 展示了可用的瑞典政府债券。债券的利息在每年的 5 月支付。

表 13-7		表 13-8	
负债到期日	负债金额	票面利率	到期期限
2018 年 6 月	371 万瑞典克朗	2.75%	2018 年 5 月
2019 年 6 月	662 万瑞典克朗	3.50%	2019 年 5 月
2020 年 6 月	441 万瑞典克朗	4.75%	2020 年 5 月
2021 年 6 月	525 万瑞典克朗	5.50%	2021 年 5 月

假设每种债券的最低面值为 1 万瑞典克朗，西蒙松需要购买票面价值为多少的政府债券来抵消债务？

解答：西蒙松可以从 2021 年 6 月的最后一笔负债 525 万瑞典克朗开始，逐步建立现金流匹配投资组合。如果没有最低购买面值，该债务可以用 2021 年 5 月到期的票面利率 5.50% 的政府债券提供资金，需要购买的票面价值为 4 976 303（=5 250 000/1.0550）瑞典克朗。不过，因为每张政府债券的面值为 1 万瑞典克朗，西蒙松只能购买面值为 498 万瑞典克朗的政府债券。该债券到期时会支付 5 253 900（=4 980 000×1.0550）瑞典克朗。该债券还会在 2018 年、2019 年和 2020 年的 5 月分别支付 273 900（=4 980 000×0.0550）瑞典克朗的利息。

接下来是 2020 年 6 月的债务，减去从上一只债券上收到的 273 900 瑞典克朗的利息后，该笔债务为 4 136 100（=4 410 000−273 900）瑞典克朗。西蒙松可以购买 2020 年 5 月到期的票面利率为 4.75% 的政府债券，购买的票面价值为 395 万瑞典克朗。该债券到期时会支付 4 137 625（=3 950 000×1.0475）瑞典克朗，并在 2018 年 5 月和 2019 年 5 月分别支付 187 625 瑞典克朗的利息。

扣除前面两只长期债券的利息后，公司在 2019 年 6 月的净债务为 6 158 475（=6 620 000−273 900−187 625）瑞典克朗。西蒙松可以购买面值 595 万瑞典克朗，票面利率为 3.50% 的政府债券，该债券于 2019 年 5 月到期。到期时，该债券支付 6 158 250（=5 950 000×1.0350）瑞典克朗。225（=6 158 475−6 158 250）瑞典克朗的小缺口会得到弥补，因为 5 月收到的资金将被再投资到 6 月。该债券还会在 2018 年 5 月支付 208 250 瑞典克朗的利息。

最后，西蒙松需要购买 2018 年 5 月到期的票面利率为 2.75% 的政府债券，购买面值为 296 万瑞典克朗。该债券将在 2018 年 5 月支付 3 041 400（=2 960 000×1.0275）瑞典克朗。包括最终息票和本金，加上票面利率分别为 5.50%、4.75% 和 3.50% 的债券的利息，总计 3 711 175（=3 041 400+273 900+187 625+208 250）瑞典克朗。该金额可以用于支付 2018 年 6 月的 371 万瑞典克朗的债务。请注意，多余的资金可以存入银行账户，以弥补 2019 年的资金短缺。

汇总一下，西蒙松购买的投资组合如表 13-9 所示。

表 13-9

债券	票面价值	债券	票面价值
2.75%，2018 年 5 月到期	296 万瑞典克朗	4.75%，2020 年 5 月到期	395 万瑞典克朗
3.50%，2019 年 5 月到期	595 万瑞典克朗	5.50%，2021 年 5 月到期	498 万瑞典克朗

图 13-5 显示了与债券投资组合相匹配的现金流：每条柱状图表示当年到期债券的票面金额加上尚未到期债券的利息支付。例如，2018 年的柱状图包括票面价值为 296 万瑞典克朗，票面利率为 2.75% 的债券到期支付的本金，加上 2019 年到期的票面利率为 3.5% 的债券、2020 年到期的票面利率为 4.75% 的债券和 2021 年到期的票面利率为 5.5% 的债券的利息支付。

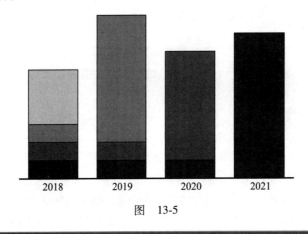

图 13-5

13.4.2 久期匹配法

让多重负债免疫的久期匹配法所依据的原则与上一节单一负债的例子中使用的原则类似。通过构建一个结构化固定收益债券投资组合，并设法复制能完美锁定债务现金流的零息票债券的表现。这里的债务现金流如表 13-3 所示。在单一负债的情况下，免疫策略的实施方法是让投资组合的麦考利久期等于预期投资期限。此外，初始投资额要等于或超过负债的现值。这两个条件可以合并起来，重新表述为免疫投资组合的货币久期必须与预期债务的货币久期相匹配。货币久期，在北美通常被称为美元久期，等于投资组合的修正久期乘以市场价值。而修正久期等于投资组合的麦考利久期除以 1 加现金流收益率。对于多重负债而言，根据货币久期进行匹配才是有效的，因为资产和负债的市场价值和现金流收益率不一定相等。

在我们的例子中，债务的货币久期为 1 178 237 935 欧元：

$$\left[\frac{6.0004}{\left(1+\frac{0.037\,608}{2}\right)}\right]\times 200\,052\,250 = 1\,178\,237\,935$$

中括号内的项是债券投资组合的年化修正久期。为了使这些数字可控，我们使用基点价值（BPV）来衡量货币久期。基点价值等于货币久期乘以 1 个基点，所以上面的货币久期化为 BPV 为 117 824 欧元(=1 178 237 935×0.0001 欧元)。该数字表明现金流收益率每变化 1 个基点,投资组合的市场价值就会变化约 117 824 欧元。这是一种近似,因为没有考虑凸性。与之相关的另一个风险指标是基点现值(PVBP),也被称为 PV01(意思是 1 个基点的现值),在北美也会用 DV01(一个基点的美元现值)。PVBP 指标考虑了凸性的影响,但在利率只变动 1 个基点的假设下,凸性的影响可能不会很明显。

表 13-10 显示了公司的资产管理部门在 2017 年 2 月 15 日购买的 3 只债券。当天的现金支出总额为 202 224 094 欧元。表 13-11 是用于计算现金流收益率和各风险统计量的表格。年化现金流收益率为 3.5822%,等于现金流的内部收益率乘以 2。该投资组合的年化麦考利久期为 5.9308(=11.8615/2),年化修正久期为 5.8264(=5.9308/(1+0.035 822/2))。年化离散度和年化凸性统计量分别为 12.3048(=49.2194/4)和 48.6846(=[201.7767/(1+0.035 822/2)^2]/4)。请注意,表 13-11 中的前几项现金流小于表 13-3 中的负债现金流支出。该差异表明需要将资产组合中的一些债券出售以满足债务支出需要。

表 13-10 对多重负债实施利率免疫的债券投资组合

	1.5 年期债券	6 年期债券	11.5 年期债券
票面利率	1.00%	2.875%	4.50%
到期期限	2018 年 8 月 15 日	2023 年 2 月 15 日	2028 年 8 月 15 日
市场价格	99.875	99.75	100.25
到期收益率	1.0842%	2.9207%	4.4720%
票面价值	41 825 000	100 000 000	60 550 000
市场价值	41 772 719	99 750 000	60 701 375
麦考利久期	1.493	5.553	9.105
凸性	2.950	34.149	96.056
配置比例	20.657%	49.326%	30.017%

表 13-11 投资组合统计

时点	日期	现金流	现金流的现值	权重	时点×权重	离散度	凸性
0	2017 年 2 月 15 日	-202 224 094					
1	2017 年 8 月 15 日	3 009 000	2 956 054	0.0146	0.0146	1.7245	0.0292
2	2018 年 2 月 15 日	3 009 000	2 904 040	0.0144	0.0287	1.3966	0.0862
3	2018 年 8 月 15 日	44 834 000	42 508 728	0.2102	0.6306	16.5068	2.5225
4	2019 年 2 月 15 日	2 799 875	2 607 951	0.0129	0.0516	0.7970	0.2579
5	2019 年 8 月 15 日	2 799 875	2 562 062	0.0127	0.0633	0.5965	0.3801
6	2020 年 2 月 15 日	2 799 875	2 516 981	0.0124	0.0747	0.4276	0.5228
7	2020 年 8 月 15 日	2 799 875	2 472 692	0.0122	0.0856	0.2890	0.6847
8	2021 年 2 月 15 日	2 799 875	2 429 183	0.0120	0.0961	0.1791	0.8649
9	2021 年 8 月 15 日	2 799 875	2 386 440	0.0118	0.1062	0.0966	1.0621
10	2022 年 2 月 15 日	2 799 875	2 344 449	0.0116	0.1159	0.0402	1.2753
11	2022 年 8 月 15 日	2 799 875	2 303 196	0.0114	0.1253	0.0085	1.5034
12	2023 年 2 月 15 日	102 799 875	83 075 901	0.4108	4.9297	0.0079	64.0865
13	2023 年 8 月 15 日	1 362 375	1 081 607	0.0053	0.0695	0.0069	0.9734
14	2024 年 2 月 15 日	1 362 375	1 062 575	0.0053	0.0736	0.0240	1.1034
15	2024 年 8 月 15 日	1 362 375	1 043 878	0.0052	0.0774	0.0508	1.2389

（续）

时点	日期	现金流	现金流的现值	权重	时点×权重	离散度	凸性
16	2025 年 2 月 15 日	1 362 375	1 025 510	0.0051	0.0811	0.0869	1.3794
17	2025 年 8 月 15 日	1 362 375	1 007 465	0.0050	0.0847	0.1315	1.5245
18	2026 年 2 月 15 日	1 362 375	989 738	0.0049	0.0881	0.1844	1.6738
19	2026 年 8 月 15 日	1 362 375	972 323	0.0048	0.0914	0.2450	1.8271
20	2027 年 2 月 15 日	1 362 375	955 214	0.0047	0.0945	0.3129	1.9839
21	2027 年 8 月 15 日	1 362 375	938 406	0.0046	0.0974	0.3875	2.1439
22	2028 年 2 月 15 日	1 362 375	921 894	0.0046	0.1003	0.4686	2.3067
23	2028 年 8 月 15 日	61 912 375	41 157 805	0.2035	4.6811	25.2505	112.3462
			202 224 094	1.0000	11.8615	49.2194	201.7767

免疫固定收益债券的市值为 202 224 094 欧元，该市值高于负债的价值，后者为 200 052 250 欧元。在 2017 年 2 月 15 日出现该差异的原因是现金流收益率的差异。公司负债免疫所需的高等级资产的现金流收益率为 3.5822%，低于负债本身的现金流收益率 3.7608%。因为资产收益积累的速度更慢，因此一开始需要较高的市值。如果我们以 3.5822% 的贴现率对表 13-3 第三列中的债务进行贴现，其现值为 202 170 671 欧元，这表明在初始阶段，免疫投资组合的资金略高了一点。但重要的是，资产组合的 BPV 为 117 824 欧元，与债务类负债的 BPV 相当。

在资产和负债的投资组合结构上，还存在另一个有意义的差异。虽然两者的货币久期相等，但资产的离散度和凸性统计量均大于负债，离散度为 12.30 比 8.26，凸性为 48.68 比 45.54。这是实现多重负债免疫需要的差异。从直觉的角度出发，这种现象来源于一个普遍的结果，即在相同的期限内，凸性较高的投资组合通常优于凸性较低的投资组合（因为凸性较高的投资组合在收益率下降时涨得多，在收益率上升时跌得少）。但是，就像单一负债免疫的情况一样，资产的离散度应尽可能低，最好大于或等于负债的离散度，以抵消收益率曲线非平移变化的影响。注意，根据式（13-1），当麦考利久期和现金流收益率相等时，较高的离散度意味着较高的凸性。

下面我们通过一些数值例子来说明多重负债免疫本质上是一种利率风险对冲策略。基本思路是，无论利率上升还是下降，资产组合的市场价值的变化都应该与债务的价值变化匹配。表 13-12 展示了这种动态。

表 13-12　多重负债免疫展示

利率上行平行移动	免疫投资组合	债务类负债	差异
市值变化	-2 842 408	-2 858 681	16 273
现金流收益率变化	0.2437%	0.2449%	-0.0012%
投资组合 BPV 变化	-2370	-2207	-163
利率下行平行移动	**免疫投资组合**	**债务类负债**	**差异**
市值变化	2 900 910	2 913 414	-12 504
现金流收益率变化	-0.2437%	-0.2449%	0.0012%
投资组合 BPV 变化	2429	2256	173
利率曲线变陡	**免疫投资组合**	**债务类负债**	**差异**
市值变化	-1 178 071	-835 156	-342 915
现金流收益率变化	0.1004%	0.0711%	0.0293%
投资组合 BPV 变化	-984	-645	-339

（续）

利率曲线变平	免疫投资组合	债务类负债	差异
市值变化	1 215 285	850 957	364 328
现金流收益率变化	−0.1027%	−0.0720%	−0.0307%
投资组合 BPV 变化	1016	658	358

　　首先，我们允许收益率曲线以平移的方式向上移动，即表 13-10 所示的债券收益率在 2017 年 2 月 15 日资产组合被购买之后，利率瞬间上升了 25 个基点，这将导致投资组合的市场价值下跌 2 842 408 欧元。表 13-3 中债券的收益率也上升了 25 个基点，市场价值下降了 2 858 681 欧元。两者之差为 16 273 欧元，对于本金总额超过 2 亿欧元的投资组合来说，这个差额是很小的。这里假设公司的信用风险没有变化。接下来，我们让收益率曲线向下平移 25 个基点。资产和负债市场价值的变化也几乎相同，只相差 12 504 欧元。

　　可见在收益率上升或下降时该策略都是成功的，背后的驱动因素是资产和负债投资组合的久期匹配，所以现金流收益率的变化非常接近：资产端为 24.37 个基点，负债端为 24.49 个基点。[⊖]如前文所述，平行移动是免疫的充分条件，但不是必要条件。尽管没有在表 13-12 中显示，但 1.5 年期债券 15.9 个基点、6 年期债券 23.6 个基点和 11.5 年期债券 27.5 个基点的上行并非平行移动，所导致的投资组合市场价值变化（2 842 308 欧元）与 25 个基点的平行移动几乎相同。之所以选择这些特定的利率变化，是因为它们会导致现金流收益率出现 24.37 个基点的大致相同的变化。

　　免疫策略的结构性风险在表 13-12 的第三种情况中很明显。此时高等级债券的短期收益率下降而长期收益率上升，导致收益率曲线变陡。假设 1.5 年期国债收益率下降 25 个基点，6 年期国债收益率不变，11.5 年期国债收益率上升 25 个基点。这样的变化会导致资产组合损失 1 178 071 欧元的市值，因为现金流收益率增加了 10.04 个基点。负债的期限将不同于资产的期限。为了简单起见，我们假设各期限收益率的变化幅度跟该期限与 6 年期的期限差异成比例。所以 2.5 年期国债收益率会下降 19.44 个基点，7 年期国债收益率上升 4.55 个基点，10 年期国债收益率上升 18.18 个基点。由于现金流收益率增加了 7.11 个基点，负债的市值仅下降了 835 156 欧元。资产价值下降的幅度大于负债，差额为 342 915 欧元。收益率曲线变陡是该差额出现的原因。

　　第四种情况的结果表明，如果高等级债券的长期收益率下降而短期收益率上升，即在收益曲线变平的情形下，可能会产生类似的收益。我们对收益率变化的比例做了与上一段同样的假设。在这种情况下，资产的现金流收益率下降得更多，因此市场价值的上升高于负债。显然，一个追求多重负债免疫的实体希望收益率曲线变陡的影响可以被收益率曲线变平的影响抵消，而且大多数收益率曲线的变化以平移的方式进行。

　　表 13-12 还报告了资产和负债投资组合的 BVP 的变化。在收益率曲线平移和扭曲之前，两者的 BVP 都是 117 824 欧元。之后出现了一个小的错配。从理论上说，资产管理部门需要立即重新调整投资组合。在实践中，投资组合经理可能会等到错配程度大到足以证明为出售部分债券并购买另一些债券付出的交易成本是合理的时，才会执行调整操作。另一种重新调整投资组合的方法是使用利率衍生品。

⊖ 敏锐的读者可能已经在表 13-12 中注意到了，当收益率曲线以平行移动的方式下降 25 个基点时，资产组合的增幅略低于负债。因此，尽管资产的凸性较大，仍然损失了 12 504 欧元。这一差异可以解释为负债的现金流收益率略有下降。

📌 **例 13-4**

一家日本公司最近出售了自己的一项业务，并希望用这笔现金来抵消部分为资产融资而产生的债务。这些债务的期限从 3 年到 7 年不等，总体统计数据为：市值总计 1104 亿日元，投资组合的修正久期为 5.84，投资组合凸性为 46.08，基点价值为 6447 万日元。

一家与公司合作的投资银行为实现该目标提供了三种选择：

1. 直接买回债券。公司可以在公开市场上以高于市场价格的溢价回购自身债务。该公司目前的信用评级为 A，并有望通过偿还债务改善其资产负债表状况，从而获得更高的评级。这家投资银行预计，为了吸引债券持有人出售债券，出价必须与 AAA 评级的债券相称。公司的债券目前被多个国内外机构投资者广泛持有。

2. 现金流匹配法。公司可以通过购买与负债的利息和本金尽量匹配的政府债券组合来冲销债务。投资银行认为，由于购买的债券是政府债券，因此外部审计机构很有可能会同意进行会计冲销。会计冲销将允许公司从资产负债表上同时移除用于冲销的资产组合和被冲销的负债。

3. 久期匹配法。公司可以通过购买与债务的久期相匹配的高质量公司债券组合来冲销债务。随着时间的推移和收益率的变化，可以用利率衍生合约来保持目标久期。投资银行认为，外部审计师不太可能同意这一策略符合会计冲销的条件。但公司可以在其年度财务报告的管理部分向投资者和评级机构解释，该策略的目标是"有效地降低"债务。如表 13-13 所示，为了实施这一策略，这家投行建议投资 3 种不同的投资级公司债券的投资组合，债券期限从 2 年到 10 年不等。每个投资组合的市值约为 1150 亿日元，被认为足以偿还债务。

表 13-13

	投资组合 A	投资组合 B	投资组合 C
修正久期	5.60	5.61	5.85
凸性	42.89	50.11	46.09
基点价值（百万日元）	64.50	64.51	67.28

经过深思熟虑和与投资银行和外部审计师的讨论后，公司的首席财务官选择了策略 3，即久期匹配法。

1. 指出使得公司首席财务官选择久期匹配法而不是直接买回债券或使用现金流匹配法的可能权衡因素。

2. 指出企业实施久期匹配法应选择的投资组合。

解答 1：可能需要权衡的是直接从投资者手中购买债券的成本，通过现金流匹配法实现会计冲销从而从资产负债表上移除债务或负债的成本，以及久期匹配法的成本。直接买回债券需要以 AAA 级债券的价格购买债券，价格将大大高于 A 级债券。现金流匹配法需要购买更昂贵的政府债券。由于资产组合由成本较低的投资级债券组成，因此可以以较低的成本实施久期匹配法。公司的首席财务官选择了成本最低的策略，尽管债务仍将留在资产负债表上。

解答 2：投资银行应该推荐投资组合 B。投资组合 C 与负债的修正久期（以及凸性）非常匹配。但当资产和负债的市场价值不一致时，久期匹配就需要通过匹配货币久期完成，特别是基点价值。尽管投资组合 A 和投资组合 B 的基点价值都接近负债，但因为基点价值更接近负债而选择投资组合 A 是不正确的。

投资组合 A 和投资组合 B 的重要区别在于凸性。为了免疫多重负债，资产的凸性（和现金流的分散度）需要大于负债。因此，投资组合 A 不满足该条件。

回想一下例 13-2，正确的免疫投资组合是凸性较低的投资组合，它可以将策略的结构性风险最小化。但是，这种债券投资组合的凸性仍然大于零息票债券，后者可以提供完美免疫。免疫投资组合的凸性更大是因为零息票债券的分散度为零且久期保持不变。如式（13-1）所示，分散度越低则凸性统计量越小。

13.4.3　衍生品覆盖策略

利率衍生品是一种成本低效率高的久期调整工具，可以在免疫投资组合调整中使用，使其在收益率曲线变化及时间推移过程中保持目标久期。假设在 13.4.2 节的久期匹配例子中，2017 年 2 月 15 日收益率曲线有一个更大的瞬时向上移动，所有期限的收益率都上升了 100 个基点。因为收益率和久期是负相关的，所以投资组合的久期统计量都会下降，市场价值也会下降。免疫资产组合的 BPV 从 117 824 欧元下降到 108 679 欧元，下降了 9145 欧元。负债的 BPV 下降到了 109 278 欧元，下降了 8546 欧元。现在的久期缺口为 599 欧元。投资组合经理当然可以卖出一些 1.5 年期债券，再买进一些 11 年期债券，以缩小货币久期缺口。但更有效、成本更低的调整策略可能是买入或做多一些利率期货合约。

为了搞清楚需要多少期货合同来填补或缩小久期缺口，我们将例子中的货币从欧元改为美元。这样做可以让我们用芝加哥商品交易所的 10 年期美国国债期货合约来进行所需期货合约数量的计算。假定公司债务的现值为 200 052 250 美元。风险和收益统计量与计价货币无关，因此投资组合的麦考利久期仍为 6.0004，BPV 为 117 824 美元。

但跟前面的例子不同，我们假设资产管理部门这次用高等级短期债券构建资产投资组合。该投资组合的市场价值为 222 750 000 美元，麦考利久期为 0.8532，现金流收益率为 1.9804%。将表 13-3 第三列中的债务以 1.9804% 的利率贴现，现值为 222 552 788 美元。该数值表示免疫投资组合在 2017 年 2 月 15 日出现了资金过剩。资产组合的 BPV 为 18 819 美元：

$$\left[\frac{0.8532}{\left(1+\dfrac{0.019\,804}{2}\right)}\right] \times 222\,750\,000 \times 0.0001 = 18\,819$$

投资组合经理选择用短期债券而不是中长期债券构建投资组合的原因有很多。或许短期市场的流动性更强，或许定价更合理。另一种可能是公司面临流动性限制，需要持有这些短期债券以满足监管要求。可以使用衍生品覆盖策略来缩小久期差距，同时保持基础投资组合不变。一般来说，衍生品覆盖策略可以改变基础投资组合的某些特征，比如外汇衍生品可以改变货币，信用违约互换可以改变信用风险。在这里，利率衍生品被用来改变投资组合的利率风险，目标是将投资组合的 BPV 从 18 819 美元增加到 117 824 美元。

尽管利率期货合约的细节在其他章节中已有介绍，但芝加哥商品交易所 10 年期美国国债合约的一些具体特征对这个例子来说很重要。每份合同的票面价值为 10 万美元，交割月份分别为 3 月、6 月、9 月和 12 月。符合交割条件的国债期限从 6.5 年到 10 年不等。合约卖方或者说空头用于交割的合格债券，要通过转换因子调整为可比价格。期限收益率为 6.00% 的标准债券的转换因子被设定为 1。如果符合条件的国债票面利率低于（高于）6.00%，转换因子低于（高于）1。买方在合约到期时所支付的发票价格，即多头头寸，等于期货价格乘以转换因子，再加上应计利息。这种设计的逻辑是，如果合约卖方选择交付一种符合条件的、票面利率低于（高于）6.00% 的国债，买方应该支付更低（更高）的价格。

尽管经过转换因子的调整后符合条件的国债大致上是等价的，其中一种还是会被认定为最便宜的可交付（CTD）券。更重要的是，10 年期国债期货合约的久期被假定为 CTD 券的久期。确定 CTD 券的过程的一个关键细节是，每只合格证券的转换因子都是基于到期收益率为 6.00% 的标准券计算的。在实践中，当收益率低于 6.00% 时，CTD 券通常是期限最短的合格国债。因此 10 年期国债期货合约实际上成了 6.5 年期国债期货合约。

为了说明使用 CTD 券的风险统计量的重要影响，表 13-14 展示了两种虚构的 2017 年 3 月 10 年期期货合约的合格可交割券。一只为 6.5 年期国债，票面利率为 2.75%，2023 年 11 月 15 日到期。假定该债券在 2017 年 2 月 15 日的定价收益率为 3.8088%，每 10 万美元面值的 BPV 为 56.8727 美元，转换因子为 0.8226。另一只是新发行的 10 年期国债，票面利率为 4.00%，2027 年 2 月 15 日到期。其 BPV 为 81.6607 美元，转换因子为 0.8516。

表 13-14　2017 年 3 月到期的 10 年期国债期货合约的两只合格债券在 2017 年 2 月 15 日的数据

	6.5 年期国债	10 年期国债
票面利率	2.75%	4.00%
到期期限	2023 年 11 月 15 日	2027 年 2 月 15 日
每 10 万美元面值的全价（美元）	94 449	99 900
到期收益率	3.8088%	4.0122%
修正久期	6.0215	8.1742
每 10 万美元的 BPV（美元）	56.8727	81.6607
转换因子	0.8226	0.8516

所需的期货合约数量 N_f 满足下面的关系式：

$$\text{资产投资组合的 BPV} + N_f \times \text{期货合约的 BPV} = \text{负债投资组合的 BPV} \tag{13-2}$$

式（13-2）表达了一个重要思想：尽管每日盯市的结算规则导致期货合约的市值为零，但仍然可以通过它们对资产组合的 BPV 进行增减。重新整理后可以分离出 N_f：

$$N_f = \frac{\text{负债投资组合的 BPV} - \text{资产投资组合的 BPV}}{\text{期货合约的 BPV}} \tag{13-3}$$

如果 N_f 是一个正数，投资组合经理需要购买或做多相应数量的期货合约。这样做会提高资产的货币久期，使其与负债的久期相匹配。如果 N_f 是一个负数，投资组合经理需要出售或做空期货合约，以减少资产的货币久期。在我们的例子中，资产的 BPV 为 18 819 美元，负债的 BPV 为 117 824 美元。因此 N_f 是一个很大的正数，它与期货合约本身的 BPV 有关。但期货合约 BPV 的精确公式是非常复杂的，超出了本章的范围。它与合同到期的天数、这段时间的利率以及可交割券的应计利息等细节有关。为了简化，我们使用了一个实际中常见的近似公式：

$$\text{期货合约的 BPV} \approx \frac{\text{CTD 券的 BPV}}{\text{CTD 券的转换因子}} \tag{13-4}$$

如果 CTD 券是表 13-4 中的 6.5 年期国债，则期货合约的 BPV 估计值为 69.1377 美元，所需的期货合约数量约为 1432 份：

$$\frac{117\,824-18\,819}{69.1377}=1432$$

但是，如果 CTD 券是 10 年期国债，则期货合约的 BPV 是 95.8909 美元。为了缩小资产和负债之间的久期差距，所需购买的合约数量只有 1032 份：

$$\frac{117\,824-18\,819}{95.8909}=1032$$

显然，要使用衍生品覆盖策略的投资组合经理必须了解哪只债券是 CTD 券。400 份期货合约的差异实在是太大了。

这位投资组合经理建立了一个合成"杠铃型策略"，在收益率曲线的短期和长期部分都有头寸。合成一词的意思是通过创建衍生品。投资组合中的基础资产则集中在短期部分。衍生品投资组合位于收益率曲线的 6.5 年或 10 年区间。芝加哥商品交易所的 2 年期和 5 年期美国国债期货合约的交易也很活跃。因此，资产管理人可以选择将期货合约分散到收益率曲线的其他部分。这种多样化可以降低免疫策略因曲线的非平行移动和扭曲而产生的结构性风险。

例 13-5

总部位于法兰克福的一家资产管理公司利用在洲际期货交易所交易的德国超长期债券期货合约，来管理因德国政府债券投资组合的"久期漂移"而产生的久期缺口，该政府债券投资组合被用于对该公司的一组债务实施免疫策略。该期货合约的名义本金为 10 万欧元，名义票面利率为 6%。符合期货交割条件的德国政府债券的期限必须在 8.5 年至 10.5 年之间。

目前，公司债务的市值为 330 224 185 欧元，修正久期为 7.23，基点价值为 238 752 欧元。政府债券投资组合的市值为 332 216 004 欧元，修正久期为 7.42，基点价值为 246 504 欧元。之所以出现久期漂移，是因为随着利率整体下行，公司债券和政府债券收益率之间的利差不断扩大。收益率更低的政府债券的修正久期相对于公司债券而言变得更大了。

根据市场上的可交割债券情况，资产管理经理估计每份期货合约的基点价值为 65.11 欧元。

1. 资产管理经理应该做多（买入）还是做空（卖出）期货合约？
2. 资产管理经理需要买进或卖出多少期货合约来弥补久期缺口？

解答 1：以 BPV 衡量的资产的货币久期大于负债的货币久期。该关系也适用于修正久期，但货币久期是更好的衡量缺口的指标，因为资产和负债的市场价值不同。所以这家资产管理公司需要做空（或卖出）德国超长期债券期货合约。

解答 2：可以根据式（13-3）得到需要出售的期货合约数量。

$$N_f=\frac{负债投资组合的\,BPV-资产投资组合的\,BPV}{期货合约的\,BPV}$$

将负债投资组合的 BPV=238 752，资产投资组合的 BPV=246 504，期货合约的 BPV=65.11 代入上式：

$$N_f=\frac{238\,752-246\,504}{65.11}=-119.06$$

该结果表示需要做空（或卖出）119 份期货合约以缩小久期缺口。

13.4.4 或有免疫法

上面介绍的最后两个例子表明，免疫资产组合的初始市场价值可以根据投资组合经理所选策略的变化而调整。在久期匹配的例子中，资产组合的初始市值为202 240 094欧元，而负债为200 052 250欧元。在衍生品覆盖的例子中，是持有一个市场价值为222 750 000美元的短期债券组合和1432份10年期期货合约（假设CTD券是6.5年期国债），来为价值200 052 250美元的债务免疫。

资产与负债的市场价值差额就是**盈余**。久期匹配例子中初始盈余为2 171 844欧元，衍生品覆盖例子中初始盈余为22 697 750美元。大量盈余的存在使得资产管理者可以考虑一种被称为**或有免疫法**的被动主动混合策略。"或有免疫法"背后的理念是，只要盈余超过指定的阈值，资产管理公司就可以采取主动型投资策略，就像在总收益授权策略下操作一样。但如果主动管理业绩不佳，导致盈余消失，就必须恢复到纯粹的被动策略，即建立一个久期匹配的投资组合，然后对其进行管理以保持久期匹配。

原则上，可用盈余可以配置到任何资产类别，包括股票、固定收益证券和另类投资。盈余也可用于购买虚值商品期权合约或信用违约互换。其目标是在主动管理的基金上获得收益，以减少偿还债务的成本。显然，流动性是选择投资标的的一个重要标准，因为如果损失导致盈余接近临界值，就需要立刻平仓。

或有免疫法是在固定收益衍生品覆盖策略的基础上实施的。假设前面衍生品覆盖例子中的投资组合经理不购买或做多恰好1432份10年期国债期货合约，而是有意进行过度对冲或部分对冲，到底如何操作取决于他对国债收益率曲线中6.5年期利率波动的看法。期限的选择很重要，因为10年期国债期货合约价格会对CTD券的收益率变化做出反应。如果他预期6.5年期国债收益率将下降（上升），所以期货价格会上升（下降），就可以购买更多（更少）的期货合约，而不是正好1432份。

假设在2017年2月15日，10年期国债期货合约的报价为121-03。这说明期货价格是10万美元的百分之121又3/32，合同的规模为10万美元。因此，3月份的交割价格为121 093.75美元乘以转换因子，再加上应计利息。对投资组合经理来说，重要的是期货结算价格每天的变化。对每一份期货合约而言，期货价格每变动1/32，损益为31.25美元，按10万美元的百分之1/32计算。

现在，假设投资组合经理预期收益率曲线会向上移动。这种变化将导致美国国债现货市场和期货市场的价格双双下跌。假设3月份期货报价从121-03跌至119-22。也就是说发生了百分之45/32的价格变化，每一份合同的损失为1406.25（=45×31.25）美元。如果投资组合经理持有1432份期货合约多头，当天的损失是2 013 750美元。但如果允许部分对冲，他本可以大幅减少期货合约的做多数量，甚至可能在预期价格上涨的情况下做空。盈余的存在使管理者有机会对利率进行观察，并节省一些偿还债务的策略成本。理想的操作是在预期收益率下降时进行过度对冲，在预期收益率上升时进行部分对冲。

⚡ 例13-6

某资产管理公司被要求建立和管理固定收益债券的投资组合，以冲销多笔公司负债。这些负债的市值为50 652 108英镑，修正久期为7.15，货币久期为36 216英镑。

该投资组合经理购买了一个由英国政府债券组成的资产组合，其市值为 64 271 055 英镑，修正久期为 3.75，货币久期为 24 102 英镑。初始盈余 13 618 947 英镑和负的货币久期缺口 12 114 英镑是有意维持的。保留盈余使投资组合经理可以采用或有免疫法，以较低的成本（有可能比更保守的久期匹配法成本更低）偿还债务。货币久期缺口要求投资组合经理买入或做多利率期货合约以弥补缺口，但投资组合经理也可以根据市场情况选择过度对冲或部分对冲。

该投资组合经理可以购买的期货合约以面值 10 万英镑的 10 年期金边债券为标的。据估计，每份期货合约的货币久期为 98.2533 英镑。目前，这家资产管理公司已经购买或做多了 160 份期货合约。

下面哪句话最好地描述了该资产管理公司的对冲策略和对未来 10 年期英国国债利率的看法？该资产管理公司：

A. 过度对冲并认为 10 年期国债收益率将会上升

B. 过度对冲并认为 10 年期国债收益率将会下降

C. 对冲不足并认为 10 年期国债收益率将会上升

D. 对冲不足并认为 10 年期国债收益率将会下降

解答：B 是正确答案。这家资产管理公司过度对冲，因为其对利率的判断是 10 年期债券收益率将会下降。首先计算完全对冲（或免疫）负债所需的期货合约数量 N_f。根据式（13-2）：

资产投资组合的 BPV+N_f×期货合约的 BPV＝负债投资组合的 BPV

将资产投资组合的 BPV 为 24 102 英镑，期货合约的 BPV 为 98.2533 和负债投资组合的 BPV 为 36 216 代入得：

$$24\,102+(N_f \times 98.2533)=36\,216$$

$$N_f=123.3$$

所以该资产管理公司过度对冲了，因为持有了 160 份长期期货合约的头寸，超过了填补久期缺口所需的数量。当利率期货价格上涨而利率下降时，利率期货合约的多头头寸就会获利。在这种情况下，过度对冲的策略所带来的收益将进一步增加投资组合的盈余，并降低偿还债务的成本。

13.5　负债驱动型投资：一个固定福利养老金计划的例子

在 13.2 节中，我们介绍了四种类型的负债。在 13.3 节和 13.4 节中，我们研究了第一类负债，其现金流的数量和时间都是投资组合经理事先知晓的，这允许投资组合经理考虑免疫策略，根据收益率久期统计量（如麦考利久期、修正久期和货币久期）构建免疫投资组合。第二类负债的一个例子是可赎回债券。公司发行人知道，债券可以在赎回日按预先设定的看涨期权执行价格回购，如果没有发生提前赎回，到期时将按面值赎回。浮动利率债券是第三类负债的一个例子。发行人知道利息支付的时间，但不知道利息金额，因为后者取决于未来的利率。这两种情况下都需要建立模型来预测现金流的金额或日期，并计算可赎回债券和浮动利率债券的有效久期。由于现金流的金额或时间不确定，到期收益率没有明确的定义，因此麦考利久期等收益率久期统计指标和修正久期都不适用。

固定福利养老金计划的负债是现金流金额和日期都不确定的第四类负债。[一]为该类负债构建资产组合需要使用 LDI 策略，其第一步是对负债建模。我们先介绍一些假设，带大家进入这个复杂的财务模型问题，从一个享受该养老金计划的代表性雇员的工作时间和退休概况的设定开始。我们假设该员工已经工作了 G 年，该时长足够确保退休福利达到某个既定值。该员工预计会再工作 T 年，然后退休，退休后会继续存活 Z 年。图 13-6 说明了相关时间线。

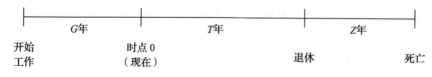

图 13-6 代表性员工的时间线假设

虽然世界各地有各种类型的养老金计划，在这里我们的建模对象是一个美国的固定福利养老金计划。原则上，可以建立类似的模型来说明其他国家的养老金计划。在本例中，退休雇员根据其退休时的工资领取固定的终身年金，用 W_T 表示。一些退休金计划会将年度退休福利与通货膨胀挂钩。在我们的例子中，假设年金以名义价格计算，计算方法为最终工资 W_T 乘以乘数 m，再乘以工作的总年数 $G+T$。

在时点 0 衡量退休金支付义务可以使用两种衡量指标，分别被称为累积福利义务（ABO）和预计福利义务（PBO）。ABO 根据目前已工作的年限 G 和当前的年工资 W_0 计算负债，尽管在该员工退休后实际要收取的年金是基于 W_T 和 $G+T$ 的工作年限计算的。ABO 使用当前的年度工资和工作年限，因为它代表了养老金计划发起人在今天的法律责任，即如果计划要提前终止，或受益人想转换到另一种类型的养老金计划（如固定缴款计划），发起人需要承担的义务。ABO 以年金现值的形式呈现，以高等级公司债券的年收益率 r 贴现。[二]为简单起见，我们假设该利率适用于所有期限。ABO 的计算公式为：

$$\text{ABO} = \frac{1}{(1+r)^T} \times \left[\frac{m \times G \times W_0}{1+r} + \frac{m \times G \times W_0}{(1+r)^2} + \cdots + \frac{m \times G \times W_0}{(1+r)^Z} \right]$$

中括号内的项是从 T 年开始持续 Z 年的年金的价值，该价值又被从 T 年贴现到时点 0。

PBO 指标则在计算 Z 年期年金时使用了预期工资，而不是当前工资。其计算公式为：

$$\text{PBO} = \frac{1}{(1+r)^T} \times \left[\frac{m \times G \times W_T}{1+r} + \frac{m \times G \times W_T}{(1+r)^2} + \cdots + \frac{m \times G \times W_T}{(1+r)^Z} \right]$$

虽然计划发起人当前的法律义务是 ABO，但是在财务报表中报告的负债是 PBO，PBO 被用于评估计划的财务融资状况。如果资产当前的公允价值大于（小于）承诺的退休福利的现值，那么该计划就是过度融资（融资不足）的。

下一步是考虑工资在时点 0 到 T 之间如何演变。我们用 w 表示员工剩余工作年限中的平均年工资增长率。因此，W_0 和 W_T 之间的关系是：$W_0 \times (1+w)^T$。

经过代数变换，两个负债衡量指标可以写成如下形式：

[一] 本节内容基于 Adams 和 Smith（2009）。

[二] 在美国，政府监管机构和会计主管部门允许使用高等级公司债券的收益率对未来负债进行贴现。

$$\text{ABO} = \frac{m \times G \times W_0}{(1+r)^T} \times \left[\frac{1}{r} - \frac{1}{r \times (1+r)^z} \right]$$

$$\text{PBO} = \frac{m \times G \times W_0 \times (1+w)^T}{(1+r)^T} \times \left[\frac{1}{r} - \frac{1}{r \times (1+r)^z} \right]$$

可以看到，如果名义工资保持正增长，PBO 总是大于 ABO，两者之比为 $(1+w)^T$。⊖

从这个简单的模型中，我们可以看到使用 LDI 策略来管理第四类负债需要做出的几个重要假设。第一个关键假设是退休后的寿命 Z。Z 越高，衡量负债的 ABO 和 PBO 指标就越高。养老金计划面临**长寿风险**，即员工在退休后的寿命比模型中假设的更长带来的风险。一些融资不足的计划不得不增加资产，因为监管机构会要求它们承认预期寿命的延长。另一个关键假设是退休的时间 T。在 ABO 指标中，T 的增加会减少负债。当 w 小于 r 时，该结论对 PBO 指标也成立。假设 w 小于 r 是合理的，因为员工工资的增长应该只包括对物价上涨的补偿，以及实际经济增长和劳动生产率提高带来的一部分红利，但总体增长率应该低于高等级公司债券的名义收益率。

我们现在用一个数值例子来说明如何计算 ABO 和 PBO 负债指标的有效久期。设 $m = 0.02$，$G = 25$，$T = 10$，$Z = 17$，$W_0 = 5$ 万美元，$r = 0.05$。再假设工资增长率 w 是高等级公司债券收益率的一定比例，比如 $w = 0.9r$，因此 $w = 0.045(= 0.9 \times 0.05)$。基于这些假设，代表性员工的 ABO 和 PBO 的计算结果分别为 173 032 美元和 268 714 美元：

$$\text{ABO} = \frac{0.02 \times 25 \times 50\,000}{(1.05)^{10}} \times \left[\frac{1}{0.05} - \frac{1}{0.05 \times (1.05)^{17}} \right] = 173\,032$$

$$\text{PBO} = \frac{0.02 \times 25 \times 50\,000 \times (1.045)^{10}}{(1.05)^{10}} \times \left[\frac{1}{0.05} - \frac{1}{0.05 \times (1.05)^{17}} \right] = 268\,714$$

如果该计划覆盖 10 000 名类似的员工，则总负债约为 17.3 亿美元 ABO 和 26.87 亿美元 PBO。假设该养老金计划的资产市值为 27 亿美元，从两种负债衡量标准来看，该计划目前都处于过度融资状态。

一般来说，资产或负债的有效久期是通过提高和降低收益率曲线，并使用估值模型重新计算投资组合现值的方式计算的。具体计算公式为：

$$\text{有效久期} = \frac{(\text{PV}_-) - (\text{PV}_+)}{2 \times \Delta\text{Curve} \times (\text{PV}_0)} \tag{13-5}$$

其中 PV_0 为投资组合的初始价值，PV_- 为收益率曲线下降 ΔCurve 幅度后的新价值，PV_+ 为收益率曲线上升同样幅度后的价值。在这个收益率曲线平行移动的简单模型中，我们将 r 从 0.05 提高到 0.06（因此 w 也从 0.045 提高到 0.054），再将 r 从 0.05 降低到 0.04（因此 w 也从 0.045 降低到 0.036），即 $\Delta\text{Curve} = 0.01$。一个更现实的模型可能会允许收益率曲线变形，并考虑收益率变化与其他变量的相互作用。例如，可以模拟高等级金融资产收益率的增加会让员工退休时间提前的情形。

在我们目前的假设下，ABO_0 是 173 032 美元。在更高和更低的 r 和 w 下进行重新计算，得到 ABO_+ 为 146 261 美元，ABO_- 为 205 467 美元。所以 ABO 的有效久期为 17.1：

$$\text{ABO 的有效久期} = \frac{205\,467 - 146\,261}{2 \times 0.01 \times 173\,032} = 17.1$$

⊖ 上述表达式中等号右边的第二项作为年金的现值因子，部分读者可能对此比较熟悉。

对 PBO 负债指标重复上述计算过程，PBO_+ 为 247 477 美元，PBO_- 为 292 644 美元。假设 PBO_0 为 268 714 美元，那么 PBO 的有效久期为 8.4：

$$PBO = \frac{292\ 644 - 247\ 477}{2 \times 0.01 \times 268\ 714} = 8.4$$

这些计算表明了这位投资组合经理面临的挑战。以 ABO 衡量，负债规模为 17.3 亿美元，有效久期为 17.1；按照 PBO 标准，负债规模为 26.87 亿美元，有效久期为 8.4，两者之间存在显著差异。ABO 的 BPV 为 2 958 300（= 17.3 亿×17.1×0.0001）美元，PBO 的 BPV 为 2 257 080（= 26.87 亿×8.4×0.0001）美元。计划发起人必须决定根据哪一种负债衡量指标来进行风险管理和资产配置。例如，如果公司预期它可能成为收购的目标，而收购方可能想要将养老金计划从固定福利转换为固定贡献，那么 ABO 指标比 PBO 指标更重要。

假设发起人认为自己是一个会保留现行养老金计划设计的独立运营机构，那么 PBO 是衡量养老金计划负债的合适指标。该计划的资金是充足的，因为资产的市场价值为 27 亿美元，超过了 PBO（26.87 亿美元）。目前盈余仅为 1300 万（= 27.7 亿-26.87 亿）美元。如果作为贴现率的高等级公司债券收益率下降约 5~6 个基点，那么该盈余就会消失，因为将盈余除以 PBO 的 BPV 的结果为 5.76（= 1300 万/2 257 080）。利率风险是计划发起人主要关注的问题，因为融资状况的变化会通过利润表影响财务报表中的每股收益。

收益率下降还会提高资产的市场价值，幅度取决于这些资产的配置方式。我们假设当前的资产配置是 50% 的股权、40% 的固定收益证券和 10% 的另类投资。固定收益投资组合的管理方法是跟踪一个充分多样化的公司债券指数。本章后面将介绍这类指数。在这里我们假设所选债券指数的修正久期为 5.5。

问题是如何为股票和另类投资分配一个久期。从保守的角度考虑，我们假设这些资产类别的估值与市场利率之间不存在稳定和可预测的关系。因此，股权和另类投资的久期被设定为零。假设久期为零并不意味着股票和另类投资没有利率风险。有效久期衡量因名义利率变动而引起的价值变动百分比。利率对股票和另类投资的影响仅取决于名义利率变化的原因，尤其是在利率变化没有被市场广泛预期的情况下。预期通货膨胀率的变化、货币政策的变化或宏观经济条件的变化都可能导致利率的升高或降低。只有固定收益证券的市场价值和收益率曲线之间存在明确的联系。但这类假设是模型风险的来源，下一节将讨论此问题。

在这些假设下，资产的 BPV 为 59.4 万美元：

$$2.7 亿 \times [(0.50 \times 0) + (0.40 \times 5.5) + (0.10 \times 0)] \times 0.0001 = 59.4 (万美元)$$

中括号内的项是资产组合的有效久期估计值，以市值份额为权重计算。显然，该养老金计划存在明显的久期缺口。在使用 PBO 衡量的情况下，资产的 BPV 为 594 000 美元，远低于负债的 BPV，后者为 2 257 080 美元。如果所有期限的收益率均下降 10 个基点，资产的市值将增加约 594 万美元，负债的现值将增加 2257.1 万美元。养老金计划将出现赤字，并被视为融资不足。

养老金基金经理可以选择使用衍生品覆盖策略来缩小，甚至消除久期缺口。例如，假设芝加哥商品交易所的超 10 年期美国国债期货合约的 BPV 为 95.8909 美元，一只新发行的国债是 CTD 券。根据式（13-3），该养老金计划需要买入或做多 17 343 份期货合约，才能完全对冲久期缺口带来的利率风险。计算过程如下：

$$\frac{2\ 257\ 080 - 594\ 000}{95.8909} = 17\ 343$$

我们将在下一节讨论与 LDI 相关的衍生品覆盖风险。使用期货进行对冲的一个问题是需要对头寸进行日常管理。每日调整的原因是期货合约采用了每日盯市制度，需要在每个交易日结束时根据盈亏调整保证金账户。假设该基金确实买入了 17 343 份期货合约，而 10 年期美国国债收益率上升了 5 个基点。依据期货的 BPV 为 95.8909 美元计算，当日的损失超过了 831.5 万美元：

$$95.8909 \times 5 \times 17\ 343 = 8\ 315\ 179(美元)$$

该损失会被尚未实现的负债降低所抵消。如此庞大的期货合约头寸将使得大量的日间现金流入和流出。因此，养老金计划的对冲问题往往是通过场外利率互换合约，而非交易所交易的期货合约来解决的。

假设该养老金计划的投资经理可以参与一项 30 年期的互换交易，收取固定利率并支付 3 个月期的 Libor。互换的固定利率为 4.16%，有效久期为 16.73，每 100 美元名义本金的 BPV 为 0.1673。图 13-7 演示了该互换的现金流。

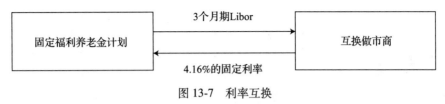

图 13-7　利率互换

利率互换的风险统计量可以通过将互换合约视为债券的组合来计算。从养老金计划的角度来看，该互换相当于从互换做市商那里购买了一份 30 年期利率为 4.16% 的固定利率债券，并通过发行利息为 3 个月 Libor 的 30 年期浮动利率债券进行融资。[⊖] 互换的久期被认为是固定利率债券的（高）久期减去浮动利率债券的（低）久期。这解释了为什么互换固定端有正的久期。从互换做市商的角度来看，该合约相当于购买（低久期）浮动利率债券，并通过发行（高久期）固定利率债券进行融资。因此，对互换做市商来说，互换的久期为负。

根据式（13-6）可以计算出将久期差距缩小到零所需的利率互换的名义本金（NP）：

$$资产的\ BPV + \left(名义本金 \times \frac{互换的\ BPV}{100}\right) = 负债的\ BPV \qquad (13\text{-}6)$$

式（13-6）与使用期货合约的式（13-2）相似。假设使用 PBO 衡量的资产的 BPV 为 594 000 美元，负债的 BPV 为 2 257 080 美元，则 BVP 为 0.1673 的固定收益互换所需的名义本金约为 9.94 亿美元：

$$594\ 000 + \left(名义本金 \times \frac{0.1673}{100}\right) = 2\ 257\ 080, 名义本金 = 994\ 070\ 532$$

我们用"套期保值比率"这个术语来表示利率风险管理的程度。套期保值比率为 0% 表明完全没有做利率对冲。如果不进行对冲，该养老金计划会保留显著的久期缺口并面临公司债券收益率下降的风险。套期保值比率为 100% 表明试图完全对冲，或试图让资产和负债对利率变化的影响免疫。要达到该目标，养老金计划投资经理可以建立名义本金为 9.94 亿美元的利率互换固定端头寸。在实际操作中，部分套期保值较为常见，投资经理的任务是在 0% ~ 100%

⊖　互换合约通常以固定利率平价换 Libor 的形式进行报价，这意味着没有利差。与 Libor 的差异计入固定利率。例如，4.00% 的 Libor 平价互换与 4.25% 的 Libor+0.25% 互换是一样的。

选择套期保值比率。刚使用衍生品时需要不断学习。重要的是，要让养老金计划的所有利益相关者都了解利率对冲策略。这些利益相关者包括养老金计划的发起人、监管当局、会计师、被养老金覆盖的员工，甚至还可能包括员工工会代表。利率互换的初始价值通常为零。如果互换利率上升，固定收益端的价值就会变为负数，利益相关者将会对这些损失要求一个解释。如果合同需要抵押品，养老金计划投资经理将不得不向互换做市商交付一定的现金或有价证券。我们将在下一节进一步讨论抵押品的问题。在这里我们要指出，对于养老金计划投资经理来说，最谨慎的做法很可能是使用部分对冲，而不是试图将久期缺口缩小到零。

　　一种可能的情况是，养老金计划发起人允许投资经理在选择套期保值比率方面拥有一定的灵活性。这种套期保值比率选择的灵活性也被称为策略性套期保值。例如，养老金计划规定投资经理可以将套期保值比率控制在 25%~75%。当该投资经理预测市场利率将下降、利率互换多头收益将上升的时候，他更愿意将套期保值比率控制在上限附近。另外，如果预计市场（互换）利率将会上升，该投资经理可以将套期保值比率降低到区间的下限。策略性套期保值决策的绩效可以用维持固定套期保值比率（如 50%）的策略来衡量。后面这种策略意味着要建立名义本金为 4.97 亿美元的利率互换多头头寸，这大约是使该养老金计划免疫利率风险所需的名义本金的一半。

　　养老金计划投资经理需要考虑的另一个问题是，是否要使用基于期权的衍生品覆盖策略。该养老金计划可以使用互换期权，获得在未来购买固定端利率互换的权利，而不是直接进行 30 年期、利率为 3 个月期 Libor 的固定利率互换交易。该期权合约被称为固定端利率互换期权。假设期权的行权价格为 3.50%。因为当前的 30 年期互换的固定利率被假定为 4.16%，所以固定端利率互换期权是虚值的。互换利率必须下降 66（= 4.16% - 3.50%）个基点，该期权才有内在价值。假设根据利率波动水平和到期期限计算，期权费为 100 个基点。也就是说，如果名义本金为 4.97 亿美元，该养老金计划需要支付 497（= 4.97 亿美元×0.0100）万美元来购买期权。（例子中我们忽略了 3.50% 的互换的有效久期和 BPV 比 4.16% 的互换更高的问题。）

　　当期权到期时，如果 30 年期互换利率低于 3.50%，该养老金计划可以将期权行权。该养老金计划既可以通过期权交割的方式获得利率互换头寸，用支付 3 个月期 Libor 换取收取高于市场水平的固定利率。或者该养老金计划可以结束自己之前与对手建立的互换合约，并获得以期权合约规定的 3.50% 的利率与当前互换市场的固定利率之间的差额为收益率、以期权的名义本金为本金的年金的现值。该收益可以部分抵消养老金计划因为更高的负债价值而遭受的损失。如果 30 年期互换利率在期权到期时等于或高于 3.50%，该养老金计划可以让期权直接失效。

　　还有一个衍生品覆盖策略是使用利率互换期权领式组合。该策略同样涉及购买一份固定端利率互换期权，但不是以现金支付 497 万美元的期权费，而是通过卖出一份浮动端利率互换期权来融资。假设浮动端利率互换期权的行权价格为 5.00%，支付 100 个基点的预付期权费。该组合是一个零成本领式组合，至少在初始费用方面是这样。如果 30 年期互换利率在到期时低于 3.50%，则买入的固定端利率互换期权为实值的，可以将该期权行权。如果互换利率在 3.50%~5.00%，两种互换期权都为虚值。但如果互换利率超过 5.00%，则浮动端利率互换期权是实值，交易对手会选择行权。作为期权空头，该养老金计划有义务在市场利率较高的时候接受 5.00% 的固定利率的互换合约。该养老金计划可以选择履行该互换合约，但在实践中，它更有可能通过向交易对手支付合同的公允价值来结束交易。

对冲决策涉及诸多因素，包括衍生品覆盖策略中适用的衍生品的会计和税务处理等。一个重要的考虑因素是各利益相关者对衍生品损失的敏感性。显然，如果收益率突然下降使得三种衍生品覆盖策略（固定端利率互换、固定端利率互换期权、利率互换期权领式组合）中的任何一种获得巨额收益，那么养老金计划的投资经理就会被视为英雄。请注意，固定端利率互换期权不必要在互换利率降低到 3.50% 以下才能产生即时增益。如果市场利率下降，期权的市场价值就会上升，而且可以以高于购买价的价格被出售。然而，如果收益率突然出乎意料地上升，导致对冲组合出现重大损失，投资经理就会面临质疑。对冲会被一些利益相关者认为是管理上的错误吗？购买固定端利率互换期权的一个好处是，就像保险合同一样，它的成本是预先支付的已知金额。固定端利率互换和利率互换期权领式组合的潜在损失是有时间延迟和利率依赖的，因此也是不确定的。

执行何种衍生品覆盖策略的一个决定因素是投资经理对未来利率的看法，尤其是下一次报告负债时对高等级公司债券收益率的看法。利率风险管理的一个讽刺之处在于，对利率的看法是决策的一部分，即使规避未来利率的不确定性是管理的目标之一。图 13-8 展示了这三种衍生品的收益和盈亏平衡点，以及合约选择的条件。

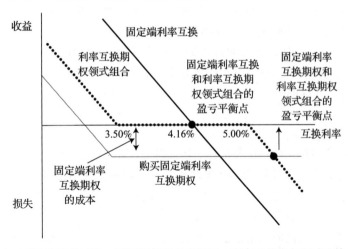

图 13-8 固定端利率互换、固定端利率互换期权、利率互换期权领式组合的收益

首先考虑固定端利率互换的向下倾斜的回报线，我们假设它的名义本金为 4.97 亿美元（对冲比率为 50%）。如果 30 年期互换利率低于（高于）4.16%，就会出现收益（损失）。实际的回报线并不是图 13-8 中那样的直线。假设互换利率下降到 4.10%，每期现金流的收益为 14.91（= (0.0416−0.0410)×0.5×49 700）万美元，在未来 30 年期中每半年支付一次。假设正确的贴现率为 4.10%，则收益的总现值约为 512 万美元：

$$\frac{149\ 100}{\left(1+\dfrac{0.0410}{2}\right)^{1}}+\frac{149\ 100}{\left(1+\dfrac{0.0410}{2}\right)^{2}}+\cdots+\frac{149\ 100}{\left(1+\dfrac{0.0410}{2}\right)^{60}}=5\ 120\ 670$$

如果互换利率上升到 4.22%，年金仍为 14.91 万美元。但在 4.22% 的贴现率下，现金流现值约为 505 万美元：

$$\frac{149\,100}{\left(1+\dfrac{0.0422}{2}\right)^1}+\frac{149\,100}{\left(1+\dfrac{0.0422}{2}\right)^2}+\cdots+\frac{149\,100}{\left(1+\dfrac{0.0422}{2}\right)^{60}}=5\,047\,526$$

购买固定端利率互换期权的收益如图 13-8 中的粗线所示。该收益考虑购买成本。假设报价为 100 个基点,名义本金为 4.97 亿美元,在购买该期权时需支付 497 万美元的期权费。图 13-8 中虚线表示利率互换期权领式组合的收益,它由 3.50% 的固定端利率互换期权多头和 5.00% 的浮动端利率互换期权空头组成。如果互换利率低于 3.50%,该组合会得到收益,如果互换利率高于 5.00%,则会遭受损失。

盈亏平衡点的计算有助于决策。"利率是会高于还是低于某个数字"的问题更好回答,比为未来利率陈述一个清晰的概率分布要容易得多。图 13-8 显示了两个盈亏平衡点。如果养老金计划投资经理预计互换利率等于或低于 4.16%,则优先选择固定端利率互换。此时使用它的收益高于其他两个衍生品覆盖策略。但如果投资经理预计互换利率高于 4.16%,那么利率互换期权领式组合更有吸引力,因为此时互换会带来损失。在 5.00% 以上的某个点上,固定端利率互换期权表现最好,因为它的损失是有限的。具体的盈亏平衡点可以通过试错搜索法寻找。我们的任务是找出让固定端利率互换期权损失超过 497 万美元的收购价格的互换利率。

假设在报告负债的当天,互换利率上升到了 5.07%。要计算行权价为 5.00% 的浮动端利率互换期权的公允价值,我们先计算 30 年年金的价值:

$$(0.0507-0.0500)\times0.5\times4.97\ \text{亿美元}=173\,950\ \text{美元}$$

约 533 万美元的损失是该年金以 5.07% 的贴现率计算的现值:

$$\frac{173\,950}{\left(1+\dfrac{0.0507}{2}\right)^1}+\frac{173\,950}{\left(1+\dfrac{0.0507}{2}\right)^2}+\cdots+\frac{173\,950}{\left(1+\dfrac{0.0507}{2}\right)^{60}}=5\,333\,951$$

因此,如果投资经理预计互换利率在 5.07% 以上,就应该首选固定端利率互换期权。

总之,固定福利养老金计划的 LDI 策略涉及许多决策。在给出了计算资产 BPV 和负债 BPV 要用到的假设后,还要在 ABO 和 PBO 两个负债衡量指标之间做出选择,如果养老金计划投资经理选错了指标,就会面临一个巨大的久期缺口。套期保值比率,即需要填补的久期缺口的百分比,是一个关键的决策变量,可能取决于投资经理对未来利率的看法,尤其是对用于衡量负债的高等级公司债券收益率的看法。在确定了套期保值比率后,还要进行衍生品覆盖策略的选择,该选择也取决于多种因素,包括对未来利率的看法。

例 13-7

一家公司正在关注自己为工会雇员所准备的固定福利养老金计划。由于最近公司债券收益率的下降和股票投资的疲弱表现,该养老金计划只有 80% 左右的资金充足率。事实上,这已经引起了员工和评级机构的担忧。目前,该养老金计划的精算顾问们推算的负债现值(PBO)约为 13.21 亿美元。该公司没有关闭该固定福利养老金计划的打算,但担心必须在财务报表中报告资金状况的问题。养老金计划的资产组合的市值为 10.32 亿美元,所以资金缺口约为 2.89 亿美元。

该养老金计划的资产配置相当激进,70% 是股票,10% 是另类资产,只有 20% 是固定收益证券。养老金计划的投资经理认为股市的复苏将扭转赤字,并最终使该养老金计划恢复到资金充足的状态。但这位投资经理也担心随着经济形势好转，公司债券的收益率会收窄。在此情形下可能会出现较低的贴现率，导致负债的现值大幅增加，抵消股票市场上涨带来的任何收益。

该养老金计划聘请了一位合格专业资产经理（QPAM）以获取衍生品覆盖策略的建议，并让其负责与一家商业银行协商和执行相关合同。该 QPAM 建议，养老金计划应考虑使用利率衍生品，以部分缩小资产与负债之间的久期缺口。养老金计划的精算顾问估计，负债的有效久期为 9.2 年，所以基点价值为 121.5 万美元。公司要求投资经理假设股票和另类资产的有效久期为零。固定收益投资组合主要由长期债券组成，包括大量零息票政府债券，其有效久期大约为 25.6 年。综合起来，资产的基点价值为 528 384 美元。资产和负债的负久期缺口很大。

QPAM 已与商业银行协商了三种利率衍生品，第一种是参照 3 个月期 Libor 的 30 年期利率为 3.80% 的固定端利率互换。该利率互换的有效久期为 17.51，货币久期为每 100 美元名义本金 0.1751。第二种是执行价为 3.60% 的固定端利率互换期权。使用该期权需预先支付 145 个基点的期权费，以购买作为固定利率接受者参与 30 年期利率互换的权利。互换到期期限与养老金计划下次报告资金状况的日期相匹配。第三种是利率互换期权领式组合，即同时买入 3.60% 的固定端利率互换期权和卖出 4.25% 的浮动端利率互换期权。两个期权的期权费刚好抵消，所以这是一个零成本的领式期权组合。

在与商业银行的利率部门进行讨论，并与银行的战略小组进行交谈之后，养老金计划的投资经理指示 QPAM 选择利率为 3.80% 的固定端利率互换。此外，投资经理还选择了 75% 的对冲比率。

1. 计算要达到 75% 的对冲比率，固定端利率互换的名义本金是多少。

2. 说明投资经理对未来 30 年期互换固定利率的可能判断，作为他决定选择固定端利率互换而不是固定端利率互换期权或利率互换期权领式组合的理由。

解答 1：首先，用式（13-6）计算将资产和负债之间的期限差距缩小为零所需的名义本金。式（13-6）如下：

$$资产的 BPV + \left(名义本金 \times \frac{互换的 BPV}{100}\right) = 负债的 BPV$$

将资产的 BPV 为 528 384 美元，互换的 BPV 为每 100 名义本金 0.1751，负债的 BPV 为 121.5 万美元代入式（13-6）。

$$528 384 + \left(名义本金 \times \frac{0.1751}{100}\right) = 1\ 215\ 000；名义本金 = 392\ 127\ 927$$

100% 的对冲比率需要名义本金约为 3.92 亿美元的固定端利率互换。若对冲比率为 75%，则需要名义本金约 2.94（=392×0.75）亿美元。

解答 2：投资经理的判断可能是，未来 30 年期的互换利率将低于 3.80%。因此，固定端利率互换的收益会超过购买执行价格为 3.60% 的固定端利率互换期权，如图 13-8 所示。如果他的判断是互换利率将超过 3.80%，购买固定端利率互换期权或利率互换期权领式组合将是首选。如果预期互换利率在 3.80%~4.25%，则首选利率互换期权领式组合。只有在预计互换利率略高于 4.25% 的情况下，才会优先选择固定端利率互换期权，在这种情况下，其损失仅限于所支付的期权费。

> 值得一提的是，这种对利率的判断也与对较低的公司债券收益率和相对较高的对冲比率的担心是一致的。

13.6　负债驱动型投资的风险

在前面的章节中，我们已经提到了单一负债和多重负债的 LDI 策略的一些风险。在本节中，我们将总结这些风险并介绍一些新的风险。式（13-7）概括了完全利率套期保值中的基本关系式：

资产 BPV×资产收益率变化+套期保值 BPV×套期保值收益率变化 ≈ 负债 BPV×负债收益率变化

$$(13-7)$$

其中资产收益率变化、套期保值收益率变化和负债收益率变化以基点数衡量。式（13-7）描述了一种利率免疫策略（对冲比率为100%），其目的是在收益率变化过程中匹配资产负债表两边的市场价值变化。这样做需要匹配资产和负债的货币久期。但我们也知道，公司可能会选择低于100%的对冲比率来部分对冲利率风险。在任何情况下，式（13-7）都可以用来说明 LDI 策略的风险来源。式（13-7）中的约等号表明我们忽略了高阶项（比如凸性）的影响。

在金融建模中，每当我们对未来事件做出假设，并使用近似式来衡量关键参数时，就会遇到模型风险。该风险意味着相关假设可能被证明是错误的，近似可能是不准确的。例如，在 13.5 节的固定福利养老金计划的例子中，我们假设股票和另类资产的有效久期为零。该假设引入了这样一种风险，即如果实际上这些资产的市场价值会随着收益率曲线的移动而变化，那么资产的 BPV 就被错误度量了。模型的问题在于，对这些资产类别的影响是不可预测的还是稳定的取决于名义利率变化的原因。与固定收益债券不同，预期通货膨胀率上升和预期实际利率上升对股票和另类资产估值的影响可能截然不同。

资产 BPV 的测量误差甚至可能出现在第一类负债的经典免疫策略中，虽然这类负债的现金流有固定的金额和日期。在实践中，经常用投资组合中成分债券的久期的加权平均值作为投资组合久期的近似值。但更好的方法是用现金流收益率直接对投资组合未来的息票和本金收入贴现。当收益率曲线是平坦的，或者未来现金流集中在曲线最平坦的期限段时，误差是最小的。

在估计 BPV 时也出现了类似的问题。在 13.4.3 节关于使用衍生品覆盖策略来实现免疫的例子中，我们使用了期货 BPV 的一个常见近似式，也就是式（13-4），该公式用 CTD 券的 BPV 除以其转换因子作为期货的 BPV。但如果用更完美的计算方法，将短期利率和应计利息的影响考虑在内，则对冲利率风险所需的合约数量就可能会发生变化。尽管近似值带来的误差可能不大，但它仍然是对冲策略表现不佳的一个可能原因。

在 13.5 节的固定福利养老金计划的例子中，负债 BPV 衡量指标的模型风险是显而易见的。衡量固定福利养老金计划的负债是一个困难的金融建模问题，即使是关于两种负债衡量标准（ABO 和 PBO）的简单建模也必然需要对未来进行诸多假设，包括员工退休的日期和他们在那个时候的工资水平等。由于养老金计划所覆盖的退休人员的寿命难以预测，又带来了长寿风险，即养老金计划发起人没有提供足够的资产来实现长于预期的福利支付的风险。为了处理第四类负债，需要做出更多和更复杂的假设，从而导致模型的输出面临更大的不确定性。

式（13-7）隐含了一个假设，即所有收益率会变化相同数量的基点，或者说资产收益率变化、对冲收益率变化和负债收益率变化都相等。这是一个强有力的假设，固定收益资产、衍生品和负债可能位于基准债券收益率曲线上的不同位置且利率各不相同，所以该假设也是一个风险来源。在 13.3 节中，在通过构造和管理固定收益债券的投资组合来免疫单一负债的利率风险的过程中，我们指出，收益率曲线只会发生平移变化是达到预期结果的充分条件，但不是必要条件。收益率曲线的非平行移动和扭曲会导致免疫组合的现金流收益率变化，与提供完美免疫的零息票债券的收益率变化不匹配。将现金流在资产组合中的分散程度最小化可以降低这种风险。

一般来说，考虑利率风险的框架以基准债券收益率曲线的变化为建模对象，比如政府债券的收益率曲线。然而，在实践中，资产收益率变化和负债收益率变化通常取决于各种类型的公司债券收益率。在 13.5 节的例子中，养老金计划持有的资产是固定收益债券的投资组合，该投资组合跟踪多样化的公司债券指数，其中可能包括非投资级证券。退休福利支付义务的现值取决于高等级公司债券的收益率。因此这里也存在利差风险，即公司债券指数和高等级公司债券的利率变化，与政府债券收益率曲线的变化并不一致带来的风险。在 13.4.2 节对第一类多重负债构造免疫资产组合的例子中，也存在类似的利差风险。不同之处在于，在后面这个例子中，资产的信用等级比负债高。

利差风险在 LDI 的衍生品覆盖策略中也很明显。在 13.4.2 节和 13.4.4 节中，我们阐述了如何利用期货合约来对冲多重负债的利率风险，无论是以被动管理还是或有免疫的形式。在前文的例子中，衍生品为 10 年期美国国债期货合约，而负债是公司债券。公司债券和国债收益率的利差的变动会给对冲策略带来风险。通常情况下，高等级公司债券的收益率比流动性更强的美国国债的收益率波动更小。因为政府债券被机构投资者用于各种各样的对冲和投机交易策略。此外，流入美国的国际资金通常会选择投资政府债券，至少在它们被配置到其他资产类别之前是这样。这些因素导致美国国债的收益率比可比期限的公司债券波动更大。

利差风险的另一个来源是使用利率互换执行衍生品覆盖策略。在 13.5 节中，我们展示了如何用固定端利率互换、固定端利率互换期权、利率互换期权领式组合减少养老金计划的资产和负债之间的久期缺口。在这个例子中，套期保值收益率的变化指的是参考 3 个月期 Libor 的固定利率互换。利差风险来自高等级公司债券收益率和互换利率之间的差异。通常情况下，公司债券收益率与互换利率之间利差的波动性比公司债券收益率与国债利率之间利差的波动性要小，因为 Libor 和公司债券收益率都包含了国债上不存在的信用风险。因此，用利率互换对冲公司债券风险是有优势的，该类衍生品的利差风险低于美国国债期货合约。

如果利率互换是无担保的（这是 2008 ~ 2009 年金融危机之前的常见情形），交易对手的信用风险就非常令人担忧。假设图 13-7 所示的利率互换没有使用国际互换和衍生品协会（ISDA）提供的标准合约，也没有担保协议或信用支持附件（CSA）。例子中的养老金计划将面临信用风险，即互换做市商在互换的固定利率低于 4.16% 的时候选择违约。同样，互换做市商也面临信用风险，即在互换的市场利率高于 4.16% 时养老金计划选择违约。因此，信用风险依赖于两个变量的联合概率，一个变量是交易对手违约的可能性，另一个是能决定互换头寸是否处于盈利状态的市场利率的变化。

自 2008 ~ 2009 年金融危机以来，场外衍生品越来越多地在 ISDA 合约中加入 CSA，以降低交易对手的信用风险。抵押品的规定各有不同。典型的 CSA 要求的阈值为零，这意味着只有互换交易对手的市场价值为负时，才需要提供抵押品。抵押品通常采用现金的形式，但也可能是具有高度流动性的证券。CSA 可以是单方面的（当互换的市场价值为负时，只有"较弱"的交易对手需要提交抵押品），也可以是双向的（当互换的市场价值为负时，任何一方都有义务提交抵押品）。阈值可以是正的，这意味着在要求提供抵押品之前，互换价值必须曾为负值。另一种可能是，一方或双方都需要提供一定数量的抵押品，该数量被称为独立数量，即使互换的价值为零或正数。该规定使 CSA 更接近使用保证金账户在交易所交易的期货合约。

用于 LDI 策略的衍生品担保引入了一个新的风险因子，即可用担保品耗尽的风险。就 13.5 节的例子来说，该风险尤其重要。在该例子中，养老金计划将需要参与一个相当大的衍生品覆盖合约，即使在只使用 50% 对冲比率的情况下也是如此，更不用说完全对冲的情况，因为资产和负债之间的久期缺口太大，特别是对于有大量股权配置的养老金计划来说。因此，在允许进行战略性套期保值的情况下，抵押品耗尽的概率是影响套期保值比率的一个重要因素，也是影响套期保值比率可行范围的一个重要因素。

在使用交易所交易的期货合约的时候，人们对现金管理和抵押品的可获得性也产生了同样的担忧。这些合约要求每日盯市，并在保证金账户中结算。该流程会带来每天调整投资组合的需要，因为现金会在每个交易日结束时流入或流出保证金账户。相比之下，互换协议中的 CSA 通常允许交易方在几天内追加现金或有价证券；此外，一般还会设置一个最低转账金额，以减少不重要的小额支付导致的交易成本。

在将主动投资与被动固定收益投资组合管理相结合的策略中，资产流动性成为一个重要的风险因子。该风险因子对于或有免疫特别重要，比如 13.4.4 节中的那个例子。例子中允许主动管理部分或全部盈余，但如果盈余减少到某个最低数额，就需要抛售头寸，并恢复到用高等级债券组成的固定收益投资组合匹配目标久期的被动策略。2008 ~ 2009 年金融危机的教训之一是，那些难以估值的不良资产，如次级抵押贷款支持证券的一些层级，会面临缺乏流动性的风险。

总而言之，LDI 管理者面临的根本选择是，利用资产配置管理利率风险，还是利用衍生品覆盖策略管理利率风险。就像所有的财务管理决策一样，在某些情况下衍生品可能会被认为过于昂贵或风险过高，尤其是相对可用的抵押品和持有的现金而言。因此，投资经理可能会转而选择增持长久期的长期限高等级债券。政府零息票债券供给的增加，如美国财政部发行的 STRIPS（利息和本金分开交易的证券），促进了这一资产重新配置过程。

例 13-8

一名衍生品顾问曾在伦敦一家大银行担任利率互换交易主管。一家西班牙公司要求他设计一种衍生品覆盖策略，以"有效冲销"一笔巨额债务。这意味着要安排专门的资产来偿还该债务，即使资产和负债都需要被保留在资产负债表上。该公司目前有足够的以欧元计价的现金资产来收回这些负债，但银行不建议这么做，因为现在直接购买这些负债将会非常昂贵。

公司发行的 10 年期固定利率债券可以在第三年按票面价值赎回。该看涨期权是一次性期权。如果发行人到期不行使期权，在债券剩余期限内将不可再赎回。公司首席财务官预计，未来几年中基准利率将会上升。因此，将可用资金投资 3 年，然后赎回债务的策略是值得怀疑的，因为嵌入式看涨期权在赎回日到来时可能处于虚值状态。此外，届时在公开市场上购买该债券的成本很可能仍将令人望而却步。

该公司考虑使用现金流匹配法，购买与公司负债的信用等级相同、赎回结构（赎回日期和赎回价格）相近的其他公司债券。然而，与首席财务官合作的那家银行一直无法找到一种可接受的债券。相反，银行建议公司购买一只 10 年期的不可赎回固定利率公司债券，并使用互换期权来模拟嵌入式看涨期权的特性。其思路是通过互换期权将可赎回债券（负债）转化为不可赎回债券。这样新买入的不可赎回债券就可以有效冲销转化后的不可赎回债券。

为了确认银行对衍生品覆盖策略的建议是否可靠，首席财务官咨询了衍生品顾问，询问公司应该建立哪一种互换期权头寸：①购买一份固定端利率互换期权；②购买一份浮动端利率互换期权；③卖出一份固定端利率互换期权；④卖出一份浮动端利率互换期权。这些互换期权的标的时间安排都与负债的嵌入式看涨期权一致。它们都是"3y7y"的互换期权合约，允许购买者在 3 年后参与一份为期 7 年的利率互换。该首席财务官还会询问顾问所推荐的互换期权头寸的风险情况。

1. 说明衍生品顾问应该向公司推荐的互换期权头寸。
2. 说明使用衍生品覆盖策略的风险。

解答 1：衍生品顾问应建议公司选择第四个期权，即卖出一份浮动端利率互换期权，该期权赋予互换期权买方参与互换并接收固定利率和支付浮动利率的权利。当公司发行可赎回债券时，它实际上购买了一份看涨期权，在利率或企业的信用利差缩小时赋予公司以较低的借款成本进行再融资的灵活性。通过卖出一份浮动端利率互换期权，公司实际上卖出了手中的看涨期权，收到的互换期权的期权费相当于将嵌入式看涨期权的价值变现了。假设 3 年后的市场利率高于互换期权的执行利率和负债的收益率，那么两种期权，即负债中内嵌的看涨期权和互换期权，都将以虚值状态到期。届时公司的资产和负债都还剩 7 年到期，且都不可赎回。假设市场利率下降造成债券价格上升，使得两种期权都处于实值状态。那么公司可以出售购买的 7 年期债券（资产），并以票面价值将债券赎回。该交易的收益可以抵消与互换期权交易对手平仓时的损失。

解答 2：使用互换期权的潜在风险包括①信用风险（如果互换期权交易没有抵押品）；②抵押品耗尽风险（如果互换期权交易有抵押品）；③互换固定利率和公司资金成本之间的利差风险。对于第一种风险，假设浮动端利率互换期权没有抵押品。一般来说，期权的信用风险是单边风险，买方承担了卖方的信用风险。单边风险假设期权费在签订期权合同时已全额支付，所以买方已经履行了他们的全部义务。因此，公司作为互换期权的卖方没有额外的信用风险敞口。对于第二种风险，假设互换期权是有抵押品的。作为期权卖方，公司需要定期向交易对手或第三方清算机构提交现金抵押品或有价证券。风险在于公司用尽了其可用的现金或持有的有价证券仍然无法维持头寸。对于第三种风险，由于 3 年后内嵌看涨期权的价值取决于届时包含信用利差的资金成本，因此存在利差风险。互换期权的价值只取决于 3 年后的 7 年期互换固定利率。特别是在基准利率较低，两种期权都值得行权时，公司的资金成本和互换利率的利差会扩大。如果公司债券收益率与基准利率之间的利差上升，在嵌入式看涨期权上的收益就会减少。如果同一基准利率的互换利差下降了，在互换期权上的损失就会加大。幸运的是，公司债券收益率和互换利率对基准利率的利差通常是正相关的，但利差发生意外变化的风险仍然值得注意。

13.7 债券指数以及用投资组合匹配债券指数的挑战

希望通过利率免疫策略来消除负债的利率风险的投资者必须构建满足特定条件的债券投资组合，但许多投资者寻求更大范围的固定收益投资敞口。这些投资者可能被债券市场的风险与回报特性所吸引，或者想配置一些固定收益资产作为分散良好的多资产种类投资组合的一部分。无论哪种情况，基于债券市场指数的投资策略都让他们轻松获取更大范围的固定收益产品的投资敞口。基于指数的投资通常也能让投资者享受更大的分散化程度和更低的相关费用，并且能避免主动管理以寻求长期正超额收益率等策略固有的下行风险。

希望通过利率免疫策略来消除负债利率风险的投资者会根据不同的利率情景下所选债券与已有负债的匹配程度来衡量其策略的成功与否。相反，如果投资者希望自己获取的收益率与债券市场指数的收益率相匹配，则会根据所选投资组合与目标债券市场指数的收益率的接近程度来衡量投资策略是否成功。所选投资组合的收益率与债券市场指数收益率的偏差被称为**跟踪风险**或跟踪误差。肯尼斯·福尔佩特（2012）总结了几种投资者跟踪基础市场指数的常见策略。首先是**纯指数方法**，投资者的目标是通过购买指数的全部成分证券来复制现有的市场指数，最大限度地降低跟踪风险。买入一个指数内所有证券的方法也被称为**完全复制法**。如果采用分层抽样法来复制指数，投资者购买的证券数量少于指数全部成分股的数量，但仍然会在所有主要风险因子上与指数匹配。跟完全复制法或纯指数方法相比，该策略旨在更有效地复制不同利率市场情景下的指数表现。**指数增强策略**仍然保持与基准指数的密切联系，但试图获得高于基准指数的适度的超额收益。指数增强策略允许轻微的风险因子错配（例如，行业或质量押注）。**主动管理策略**建立的投资组合在主要风险因子上与债券指数有明显的差异，目标是获得大幅超过基准指数的超额收益。

金融市场观察人士通常会用股票市场指数来衡量整体金融市场的情绪。这些指数的成分股通常只包括一部分代表性证券，例如，道琼斯工业平均指数包含 30 只美国股票，在巴黎泛欧交易所交易的 CAC40 指数包含 40 只欧洲股票，占中国香港股市一半以上市值的恒生指数有 50 只成分股。当提及债券市场时，经常被作为参照的是最近发行的基准政府债券的价格和收益率，而不是债券市场指数。该对比一定程度上反映了债券市场的麻烦程度，对普通投资者和金融专业人士来说都一样麻烦。

尽管财经媒体很少强调，但基于债券市场指数策略的投资组合在所有投资者持有的金融资产中占了很大的比例。固定收益证券市场具有难以追踪的特征，因此投资者在复制债券市场指数过程中面临重大挑战。这些挑战包括债券市场的规模和广度、固定收益证券的各种复杂特征、债券相对于其他证券的独特发行和交易模式，以及这些模式对指数的构建、定价和估值的影响。我们将逐一探讨这些问题及其对固定收益投资者的影响。

固定收益证券市场的规模比股票市场大得多，包含的证券也多得多。根据全球麦肯锡研究所的数据，2010 年全球金融工具的总价值达到了 212 万亿美元，其中近 3/4 是固定收益类金融工具和贷款，只有 54 万亿美元是股票类证券。[○]不仅债券和股票之间的相对市值规模差

⊖ 参见 Roxburgh、Lund 和 Piotrowski（2011）的第 2 页，包含 79 个国家的样本。

距较大，未偿付的固定收益证券的数量也多得多，正如广义市场指数所反映的那样。例如，MSCI 全球指数囊括了 23 个发达市场国家的股票和每个市场 85% 的市值，由 1642 种证券组成；而彭博巴克莱全球综合债券指数涵盖了 24 个国家的投资级债券，由 16 000 多种证券组成。与少数能发行股票的公司相比，能发行固定收益债券的借款人覆盖的范围要大得多。例如，作为历史最悠久、市场承认度最高的美国债券市场指数 "彭博巴克莱美国综合债券指数" 是构成彭博巴克莱全球综合债券指数的四个地区性指数之一，其成分证券涵盖美国国债、政府机构证券、公司债券、抵押贷款支持证券、资产支持证券和商业抵押贷款支持证券等多种固定收益证券。虽然大量的指数成分证券提供了一个分散风险的渠道，但对投资者来说，在实践中复制一个覆盖范围如此之广的固定收益证券市场指数既不可行也不经济。

不同的到期期限、信用评级、可赎回/可回售特征，以及不同的安全性和债券等级，使得投资者可以投资的公募和私募债券的种类大大增加。表 13-15 选择性展示了全球主要发行人公募发行的固定收益证券和股权类证券的数量。

表 13-15　全球主要发行人的流通的债券和股票数量

发行人	固定收益证券	普通股证券	优先股证券
荷兰皇家壳牌有限公司	39	1	0
必和必拓有限公司	36	1	0
美国强生公司	26	3	0
福特汽车公司	243	2	0

资料来源：彭博，2015 年 2 月 28 日。

截至 2015 年底，荷兰皇家壳牌有限公司有 39 只债券在流通，涉及 4 种计价货币，其中一部分是固定利率证券，还有一些是浮动利率证券，到期期限短则不超过 1 年，最长的 2045 年才到期。一个发行人拥有多种债券的现实表明，对于寻求采用指数增强策略的投资者而言，可能存在许多近似的替代品。这些债券的相对流动性和表现特征可能会有很大的差异，取决于该债券发行的时间以及其票面利率与当前按面值定价的要求收益率的接近程度。

与主要在交易所交易的股票不同，固定收益证券市场主要在场外交易，高度依赖经纪商和做市商，使用基于报价的订单执行流程，而不是股票市场常见的基于订单的交易系统。自 2008 年金融危机以来，固定收益证券市场的传统场外交易模式发生了一些变化。[⊖]由于巴塞尔协议 III 的资本要求，经纪商和做市商资产负债表上风险加权资产的维持成本不断上升，对固定收益证券的交易和流动性产生了不利影响。由于资金成本上升，经纪商和做市商减少了部分债券的库存。由于库存较低，做市商不愿意以较窄的买卖价差进行报价，也不愿意支持大宗交易，只希望执行规模较小的交易。最后，做市商自营交易的大幅减少对流动性较差的债券或 "旧券" 的定价产生了更大影响。尽管也有不少人认为固定收益证券交易的这些结构性变化是促进交易向电子化转换的催化剂，但这一趋势可能只会出现在发达市场中流动性最强的固定收益证券上，对全球范围内那些交易频率较低的固定收益证券的影响将更为缓慢。

虽然许多市场的固定收益证券交易数据难以跟踪，但在世界最大的债券市场所在地美国，监管机构从 2001 年开始开发一种名为 "交易报告和合规引擎系统"（TRACE）的交易数据报告平台，以促进对合格的固定收益证券的场外交易进行强制性报告。所有拥有金融行业监管

⊖　参见麦肯锡公司和格林威治联合公司 2013 年 8 月发布的《公司债券电子交易：同样的游戏，新的竞技场》。

局（FINRA）成员公司资格的经纪商和做市商必须在公司债券交易发生后 15 分钟内通过该平台提交报告。对 TRACE 交易数据的分析揭示了固定收益证券交易与股票交易的不同特点。例如，根据领先的电子交易数据提供商"MarketAxess"的数据，2012 年，在 37 000 只符合 TRACE 要求的固定收益证券中，有 38% 根本没有交易，另有 23% 在一年中只进行过几次交易，而每个交易日都有交易的证券只占全部证券的 1%。[一]另一个值得注意的数据是，以美元计算，美国投资级债券市场的平均交易规模大约是股票市场平均交易规模的 70 倍。

大多数固定收益工具的较差流动性给资产管理公司带来了定价和估值方面的挑战。对于交易不活跃并因此没有可观测历史价格的固定收益工具，通常使用**矩阵定价法**或评估定价法进行估值。矩阵定价法利用流动性更好的可观测基准证券（比如期限和久期相似的国债）的收益率，以及期限、信用等级和证券类型相似的其他债券的利差来估计低流动性或尚未上市债券的市场收益率和价格。在实践中，资产管理公司通常会将这一任务外包给全球信托人或外部供应商。该类估计分析是指数表现和投资组合收益率之间差异的另一个潜在来源。

交易和评估单一固定收益证券已经如此复杂了，这进一步凸显了管理基于指数的债券组合所面临的挑战。例如，标准普尔和花旗集团在 20 世纪 20 年代推出的早期债券指数仅衡量了公司债券的平均收益率。直到 20 世纪 70 年代计算机性能显著提升后，才出现了第一个广泛适用的基于收益率的固定收益指数（现称为彭博巴克莱美国综合债券指数）。[二]由于新债券发行和存续债券到期等因素，固定收益指数会频繁发生变动。评级变化和债券可赎回性也会影响指数的适用性。因此债券市场指数通常会每月重新调整一次，而不像股票指数那样每半年或一年才重新调整。追求纯指数化投资策略的固定收益投资者还必须承担维护与指数相符的债券组合所产生的更高的交易成本。

鉴于跟踪债券指数存在重大障碍，资产管理公司通常只追求通过多元化投资组合跟踪固定收益指数的主要风险因子。福尔佩特（2012）将这些主要风险因子总结如下[三]：

- **投资组合的修正久期或期权调整久期**。有效久期（即债券价格对基准收益率曲线变化的敏感性）是衡量指数对利率变化敞口的第一个重要因素。最重要的是期权调整久期，以便分析反映带有嵌入式看涨期权风险的证券。更大的利率变动下还应该考虑二阶影响以提高精度，比如凸性调整。
- **关键利率久期**。虽然有效久期在衡量较小的收益率曲线平行变化的影响时效果很好，但关键利率久期可以用来分析某个特定期限的利率发生变化而收益率曲线上其他期限的利率保持不变的情形。该久期指标可以衡量债券指数对收益率曲线非平行变化的敏感性。通过有效地匹配投资组合和基准债券指数之间的关键利率久期，投资组合经理可以大幅减少投资组合受收益率曲线变化影响的风险敞口。
- **债券子市场和信用等级的配置比例**。假设久期参数已经得到了匹配，匹配债券指数收益率最有效的方法是，让投资组合中不同债券子市场和信用等级的证券的配置比例与目标债券指数中的分配权重相同。

[一] 参见麦肯锡公司和格林威治联合公司（2013，PP. 10—11）。
[二] 该指数由雷曼兄弟于 1973 年创建，并于 2015 年 12 月被宣布出售给彭博公司。
[三] 本节内容摘自 Volpert（2012，PP. 1133—1138）。

- **债券子市场和债券等级的利差久期**。通过让投资组合与指数在发行人所在的债券子市场和债券等级的利差久期相匹配，投资组合经理可以最大限度地减少与基准债券指数的偏差。债券子市场的利差久期是指债券发行人的发行人类型和所属行业。债券等级的利差久期是指债券价格会因特殊利率而非整体市场收益率的变化而变化的风险，也被称为利差风险。对于非主权政府发行的固定收益证券，我们可以将到期收益率分解为基准收益率（通常是到期时间最接近的政府债券新券的收益率）加上反映特定证券收益率与基准收益率差异的利差两个部分。**利差久期**指的是非基准债券的价格在利差扩大或缩小时的变化。将投资组合与固定收益指数之间的相对债券等级匹配，可以使这种风险最小化。
- **不同债券子市场/息票率/久期的可赎回债券比例**。除了有效久期的匹配之外，资产管理公司在匹配价格与收益率敏感性方面还面临许多挑战。尽管凸性是一个有用的二阶指标，可以用来改进近似效果。但可赎回债券的负凸性可能带来误导，扭曲指数的赎回风险敞口，并在利率变化时造成代价高昂的再调整成本。因此，投资经理应该根据不同的债券子市场、息票率和久期来匹配可赎回债券权重。在抵押贷款领域，这样做尤为重要，因为其中的高息票证券可能是以低息票债券作为融资渠道的。
- **发行人敞口**。如果投资组合中证券的发行人过于集中，会使资产管理公司暴露于特定发行人的事件风险。因此，投资组合经理应设法使投资组合在每个发行人上的久期与标的债券指数相匹配。

另一种用于调整投资组合对收益率曲线上利率变化的敏感性的方法被称为**现金流分布现值法**。该方法寻求近似和匹配某个基准债券指数在离散时间段内的收益率曲线风险，每个时间段内的总现金流被称为现金流突柱。该方法涉及以下几个步骤：

首先，投资经理将基准债券指数中的所有不可赎回证券的现金流分割成离散的半年周期并分段加总；然后将可赎回证券的现金流根据该时间段的赎回概率加权后加总。

其次，计算每个时间段的总现金流的现值，所有时间段的现金流现值之和应该等于债券指数的现值。计算每个现金流突柱的现值占债券指数现值的百分比。

再次，将每个时间段的期限乘以对应时间段的总现金流现值。因为每一笔现金流都很接近对应期限内的零息票债券的支付，所以期限就反映了每一笔现金流的久期贡献。例如，第3个时间段的久期贡献可能是 1.5 年乘以 3.0%，或者说 0.045 年。

最后，将每个时间段的久期贡献相加，就得到一个能代表债券指数久期的数值。通过将投资组合在特定时间段到期的现值与指数的现金流突柱相匹配，可以在很大程度上避免收益率曲线变化造成的与基准债券指数偏离的风险。

匹配指数的主要风险因子的目标是让给定投资组合的收益率与基准指数之间的差异最小化，即最小化跟踪误差。跟踪误差被定义为给定时间段内投资组合的主动收益率的标准差，而主动收益率的定义如下：

$$主动收益率 = 投资组合收益率 - 基准指数收益率$$

如果我们假设收益率服从标准正态分布，那么从统计角度来看，68% 的收益率将位于均值的一个标准差之内。因此，如果一只基金的跟踪误差是 50 个基点，那么在大约 2/3 的被观察时间周期中，该基金的收益率高于或低于指数的幅度不会超过 50 个基点。

例 13-9

中国香港投资组合经理辛蒂·程建立了"全亚飞龙基金",这是一只固定收益基金,旨在跑赢 Markit iBoxx 的亚洲本地债券指数(ALBI)。ALBI 追踪以下市场以本地货币计价的高流动性债券的总体表现:中国大陆、中国香港、印度、印度尼西亚、韩国、马来西亚、菲律宾、新加坡、中国台湾和泰国。该指数既包含政府债券,也包含非政府债券,设定了投资于不同国家和地区的比例和成分选择准则,并通过设计权重来平衡对流动性和稳定性的要求。$^{\ominus}$

单只债券的权重以市值为基础,每年调整一次市场权重。这些权重的设定取决于这些国家和地区债券的市场规模和市值、债券二级市场的流动性、外国投资者的投资便利性以及支持固定收益投资和交易的基础设施(如信用评级、收益率曲线和衍生品)的发展情况。

鉴于该指数中包含数量众多的债券,程使用了具有代表性的债券样本来构建该基金。她在选择债券时,要使基金的久期、市场权重和行业/评级权重与 ALBI 紧密匹配。考虑到在这些国家和地区市场管理债券投资的复杂性,程的目标跟踪误差是 1.25%。

1. 解读程对全亚飞龙基金的目标跟踪误差。

2. 程最大的机构投资者之一鼓励她降低跟踪误差。请就程可以采取的措施提出建议,以减少基金的风险。

解答 1:假设收益率是正态分布的,1.25% 的目标跟踪误差意味着在 68% 或者说 2/3 的时间段内,全亚飞龙基金的收益率应该在 ALBI 收益率的 1.25% 以内。

解答 2:除了调整选择的久期、市场权重和行业/评级权重以外,程可以使用前面介绍过的现金流分布现值法来进一步减少跟踪误差。通过这种方法,她可以根据信用质量来调整来自每个市场、部门和发行人类型的债券对投资组合久期的贡献。

程应该考虑匹配来自每个行业的指数久期,并匹配不同信用等级的政府债券和非政府债券的指数久期,以最小化跟踪误差。

最后,程应该评估来自每个发行人的投资组合久期,以最小化事件风险。同样,这种评估应该以久期为基础,而不是以市值的百分比为基础,以更准确地量化与作为基准的 ALBI 之间的风险敞口。

13.8　建立被动型债券市场敞口的替代方法

为什么被动型债券市场敞口对投资者会有吸引力?固定收益证券市场上的**被动投资**是一种投资策略,它试图模仿具有某个信用等级、借款人类型、到期期限或久期的固定收益子市场的普遍特征和总体表现,而不是通过主动操作表达特定的市场观点。该方法与有效市场假说是一致的,因为投资组合经理只是寻求复制固定收益证券市场或子市场的总体表现,而不是跑赢市场。建立被动型债券市场敞口不需要通过深入的分析来实现高于市场的回报,也不

$\ominus$　详见 Markit 公司的《Markit iBoxx ALBI 指数指南》,2016 年 1 月。

需要主动管理过程中的高换手率，这些都可以降低管理和维持投资组合的成本。此外，其跟踪基础债券指数表现的目标符合投资组合的风险分散化原则。

建立被动型债券市场敞口有几种方法。在接下来的内容中，我们将探索完全复制法和分层抽样法等跟踪指数的方法，并比较使用这些方法的风险、成本和相对流动性。

直接复制债券市场指数是投资经理模拟指数表现最直接的方法。其中的完全复制法反映了这样一种信念或期望，即经过风险调整后，主动型基金无法跑赢指数。最早的完全复制法不需要投资经理进行分析，只要完全按照债券指数的具体比例购入对应的证券即可，其中许多证券可能交易量稀少。在完全复制法中，投资经理的任务除了管理资金的流入和流出外，还包括在指数发生变化时及时买进或卖出债券。例如，如果某只证券因为到期或等级下降不再符合指数标准，投资经理就不得不将其卖出。[一]此外，投资经理必须购买任何新发行的符合指数标准的证券，以保持完全复制，有些指数可能经常发生这样的事件。债券期限的滚动，以及符合纳入指数条件的新券频繁发行，推动了大多数固定收益指数的月度再调整。对于大多数债券指数而言，维持精确配置比例所需的证券买入和卖出数量非常重要。因此，尽管购入指数的全部成分证券可能是分散风险的最佳手段，但实际上，投资者追求全面复制广泛的固定收益指数既不可行，也不具有经济性。

完全复制法的许多缺陷可以通过使用**分层抽样法**（或称**分组法**）来弥补。这种方法的目标是只模拟最重要的指数特征，虽然仍要求随着时间的推移密切跟踪指数的表现，但会购买更少的证券。首先根据某些特征对指数的成分证券进行分组。然后固定收益投资组合经理根据每个分组的特征购买代表性债券或能提供债券风险敞口的衍生品。最后要随着时间的推移调整每个分组的头寸，以保持现有投资组合与指数匹配。例如，假设一个固定收益指数包含1000种固定收益证券，其中10%的证券是 AAA 评级。为了模仿指数中 AAA 级证券的表现，投资组合经理可能会在第一个分组中放入 5~10 只 AAA 级证券。

对于考虑环境，社会或其他因素的投资者来说，这是一种重要的选择固定收益投资组合的方法。**环境、社会和公司治理**（ESG），也被称为社会责任投资，是指在构建投资组合时明确要求所选证券符合某些关于道德、环境或社会责任的标准。[二]例如，ESG 投资者可能会避开酒类、赌博或烟草有关的行业，或者会根据非财务标准（如是否遵守环境保护或劳工保障标准）来评估潜在发行人。

福尔佩特（2012）还介绍了一些投资组合经理常用的增强策略，以减少投资组合管理过程中的费用和交易成本造成的跟踪误差，这些策略包括[三]：

- **降低成本增强**。降低成本是最明显的改进手段，比如通过降低融资成本或引入更具竞争性的交易流程以降低买卖价差成本。
- **发行选择增强**。使用债券估值模型来计算新发债券的隐含价值，识别出那些价值被低估的债券，寻求获得更高的收益率的机会。
- **收益率曲线增强**。利用分析模型衡量和判断利率期限结构的相对变化，然后据此制定策略，增加被低估的期限的配置，或降低定价过高的期限的配置。

[一] 对于彭博巴克莱美国综合债券指数，当固定收益证券的期限不足一年或被降级至最低评级（穆迪、标普和惠誉评级分别为 Baa3、BBB-和 BBB-）以下时，该固定收益证券将失去入选资格。
[二] 参见 Hayat 和 Orsagh（2015）。
[三] 详见 Volpert（2012），PP. 1138—1145。

- **债券子市场/债券等级增强**。该策略涉及在商业周期过程中增持特定债券子市场和特定信用等级的债券以提高收益率。当然其他债券子市场和信用等级的权重也会相应降低。该策略可能会基于对商业周期的分析高配或低配特定债券子市场或信用等级的债券，也可能会偏重于单位久期收益率更高的公司债券或短期债券。

  例如，当预期信用利差将大幅扩大时，投资组合经理可能会增加对美国国债的配置，降低公司债券的配置；而如果预期利差缩小的可能性更大，则投资组合经理可能会反过来配置。

- **可赎回风险敞口增强**。用有效久期衡量利率风险的方法仅在利率变化相对较小时有效，较大的预期收益率变化可能会显著影响债券投资组合的表现，特别是当预计持有至到期的债券被提前赎回时。较大的预期收益率变化会大幅增加看涨期权的价值，所以任何偏离指数风险敞口的策略都必须考虑可赎回债券对跟踪误差的影响，以及这种影响隐含的市场观点。例如，预期收益率下降可能会导致可赎回债券的定价从与到期收益率挂钩转向与赎回收益率挂钩。在给定的有效久期下，高于票面价值的可赎回固定收益债券（根据赎回收益率定价）的价格敏感性往往低于按到期收益率定价的普通固定收益债券，这表明在这种情况下，投资组合经理在调整风险敞口时应使用有效久期以外的指标。

分层抽样法让投资组合经理得以利用比完全复制法更少的证券实施这些增强策略，进而优化投资组合的表现。通过近似而不是完全跟踪指数的表现，投资组合经理还有机会实现一些其他的目标，包括将跟踪误差降至最低，减少对低流动性证券的买卖，以及避免在精准匹配指数时频繁调整投资组合。

例 13-10

"超级阿德莱德"退休基金向其会员提供了一系列固定福利（或固定收益）投资选择。退休基金是澳大利亚政府支持的一种金融安排，让澳大利亚工人为退休储蓄。它根据政府规定的最低工资比例由雇主缴纳一部分，另一部分由员工自愿缴纳并可以享受税收优惠。退休基金类似于美国、欧洲和亚洲常见的固定福利养老金。

超级阿德莱德退休基金提供的主要选择如下：

邓迪澳洲固定收益基金。该基金的投资目标是在中长期内跑赢彭博澳洲债券综合指数。该指数覆盖了符合澳大利亚法律要求并在澳大利亚债券市场发行的期限在一个月以上的投资级固定利率债券，包括政府债券、半政府债券、信用债券、超国家债券和地方政府债券。指数只包括澳元计价的债券。投资策略是匹配该指数的久期，但也通过基本面和模型驱动的收益增强策略增加价值。

纽卡斯尔澳大利亚债券基金。该基金的目标是在三年滚动期中表现优于彭博澳洲债券综合指数（不考虑管理费和税费等），可以使用多种策略，如久期策略、收益率曲线策略、信用利差策略和行业轮换策略，力图使该基金能够在各种市场条件下利用固定收益市场的机会。

佩斯利固定利息基金。该基金的目标是通过多元化投资澳大利亚的固定收益资产，在考虑相关费用后提供超出基准指数（彭博澳洲债券银行票据指数和彭博澳洲债券综合指数（同等权重））的投资回报。与主动管理型基金不同，佩斯利固定利息基金试图通过买入并持有策略将交易成本降至最低。澳洲债券银行票据指数基于该国的银行票据市场，该市场是一个短期融资市场（90 天或更短），澳大利亚的银行在该市场上用银行票据互相借贷。

　　将这三只固定收益基金按风险排序，并对一位典型的澳大利亚雇员提出建议，说明哪一只基金是最合适她的选择。

　　解答：考虑到其选择的标的债券指数（一半是短期证券）以及不采用主动管理的策略，佩斯利固定利息基金是三种基金中风险最低的。对于接近退休的雇员，佩斯利固定利息基金可能是最适合的选择，可以在最低的风险配置下寻求收益。

　　选择彭博澳洲债券综合指数作为基准并采用指数增强策略的邓迪澳洲固定收益基金属于中等风险的选择。对于寻求在投资组合中增加风险适度和收益略高的固定收益成分的中年工人来说，该基金可能是最佳选择。

　　纽卡斯尔澳大利亚债券基金是三个选择中风险最高的，因为它是一只主动管理型基金。该基金的任务是在主要风险因素（如久期和信用利差）上建立风险敞口，以求产生超额收益。对于一个年轻的工人而言该基金可能是一个合适的选择，因为他愿意承担更高的风险来获得更高的潜在收益。

　　除了直接投资固定收益证券，投资经理还有许多其他替代投资手段，包括通过债券市场共同基金或固定收益证券**交易所交易基金**（ETF）间接投资固定收益证券，以及通过基于债券指数的总收益互换等合成手段。在考虑采用直接投资还是间接投资时，资产管理公司必须权衡与共同基金和 ETF 相关的管理费用及直接投资指数标的证券的成本。此外，投资经理还可能为满足特定要求而购买特定发行人、到期期限和其他特征的证券，只要债券没有被赎回且发行人在规定的到期日前没有违约，投资经理就会面临已知的利息和本金现金流。在考虑替代方案时，除了要在成本和多样化之间进行权衡，还需要考虑下面介绍的一些因素。

　　共同基金是一种集合投资工具，其份额代表了对某个标的投资组合一定比例的所有权。就开放式共同基金而言，新份额可按基金在每个交易日结束时所确定的**资产净值**自由购买或出售，而资产净值等于基金的资产价值减去负债价值，再除以流通的份额总数。在每天的截止时间后收到的共同基金购买或出售订单，将在下一个营业日按当时的资产净值进行结算。

　　与直接投资固定收益工具相比，开放式债券型共同基金还有一些其他的特点。对于资金较少的投资者来说，选择投资共同基金而不是直接投资债券的主要原因可能是想获得规模经济带来的好处。由于每只债券的最低交易规模通常为 100 万美元或更高，要想成功复制一个代表性债券指数，可能需要数亿美元的投资。因此，付出额外的前期和年度管理费购买共同基金可能是非常值得的。一个资金规模较大的基金也能通过购买更多的固定收益证券实现更大的分散化。共同基金必须明确说明其投资目标和费率，但其实际的证券持仓可能只会在事后提供。与标的证券不同，债券型共同基金没有到期日，基金经理会持续买卖债券以追踪债券指数的表现，而且每月的利息支付也会随基金持仓情况而波动。最后，虽然许多基金对在购买股票后 90 天内就出售的投资者设置了提前赎回罚金，但债券型共同基金的投资者仍然得益于以基金的资产净值赎回所持份额的优势，不必面临出售流动性较差的头寸的风险。

　　交易所交易基金具有一些与共同基金相似的特征，但具有更多的可交易性特征。ETF 会引入被称为**授权参与商**的经纪商或做市商，授权参与商会与 ETF 的发起人签署协议，约定以所谓的创建单元（即用一篮子基础固定收益证券合成的 ETF 份额）的形式从基金购买或出售份额。授权参与商可以对 ETF 进行长期投资，也可以仅作为做市商，通过提供创建单元与 ETF 份额的双向交换服务来提供流动性，并确保 ETF 的盘中价格接近其资产净值。

与共同基金相比，债券型 ETF 的流动性更好，投资者可以在交易日以略高于或低于标的债券资产净值的价格购买或出售手中的份额。如果基础固定收益证券投资组合的市场价格与 ETF 的资产净值之间出现较大的价格差异，会吸引授权参与商参与套利，即从两种价格的差异中获利。许多固定收益证券要么交易量稀少，要么根本没有交易，所以债券型 ETF 与标的证券之间的价格差异会比股票型 ETF 更大也更持久。

合成策略提供了另一种获得指数敞口的方法。就像前面提到的投资组合免疫策略一样，场外交易和交易所交易是投资组合经理管理指数敞口的两种选择。场外交易能提供定制化的交易或产品，由交易双方参照基础市场价格或指数通过协商达成一致；而交易所交易的产品则在有组织的交易所交易，是具有标准化条款、规范文件和公开报价的金融工具。

总收益互换（TRS）是最常见的场外投资组合衍生品策略，结合了利率互换和信用衍生品的元素。与利率互换类似，签订总收益互换合约的双方要在整个合约期内定期交换现金流。不同之处在于，在利率互换中交易双方通过交换固定利率与浮动基准利率（如 Libor）来将固定资产或负债转化为可变的风险敞口，总收益互换则涉及某参考资产（包括股票、大宗商品或债券指数等）收益率的定期交换。图 13-9 概述了最基本的总收益互换机制。**总收益接收方**收取标的债券指数的现金流，以及该期间指数的升值，并支付 Libor 加上预先确定的利差。**总收益支付方**要支付标的债券指数的现金流并将其升值返还给总收益接收方，也将从总收益接收方收取对指数贬值和违约损失的补偿。

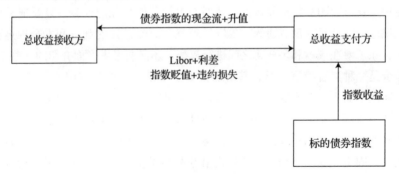

图 13-9 总收益互换机制

总收益互换是基于 ISDA 主协议的场外衍生品合约。合约会规定名义本金、定期现金流金额和最终到期期限，以及与交易有关的信用安排和其他法律规定。历史上总收益互换的吸引力源于其能将参考债券秘密地从一个交易方有效地转移给另一个交易方，而不需要像购买共同基金或 ETF 那样支付全部的现金。事实上，从另一个角度来看，总收益互换是一种合成担保融资交易，可以让投资者（总收益接收方）分享做市商（通常是总收益支付方）才拥有的更有利的融资条件，这大大促进了总收益互换的交易。

与直接购买或使用共同基金或 ETF 相比，总收益互换的交易成本更低，初始现金支出更少，报价成本可能也更低，这是很多人考虑用总收益互换来增加固定收益敞口的原因。尽管如此，在许多情况下，一些其他方面的考虑可能会抵消这些好处。首先，投资者并不合法拥有标的资产，他们只是在市场风险和信用风险方面持有指数的多头头寸，能否兑现取决于总收益支付方的表现。鉴于这些合约的期限较短，而投资者的目标投资期限通常较长，总收益接收方必须对其交易对手进行必要的信用尽职调查，并在合约到期时面临能否以合理价格和条款续签合约的展期风险。其次，作为一种融资成本套利交易，总收益互换可以让投资者获得特定固定收益证券子市场的头寸，如银行贷款或高收益债券，这些金融工具的市场流动性可能相对较差，或者维护由这些金融工具构成的投资组合的成本和管理复杂性让投资者望而却步。最后，市场的结构性变化、对衍生品市场更严格的监管，以及对做市商有深远影响的"巴塞尔协议Ⅲ"中资本金规则的变化，都增加了这些交易的成本和操作负担。对按市价计价的头寸提供担保的需要、在 T+1 或更短时间内将担保品提供到位的要求以及对执行和结算专业知识的需求，都大大增加了总收益互换的操作风险。[一]

随着市场环境的变化和投资者需求的变化，在交易所交易的利率产品的品种和特征也在不断变化。多年来，欧洲期货交易所、洲际交易所和芝加哥商品交易所等全球期货交易所提供的最常见的高流动性利率期货和期权合约的标的都仅限于单一固定收益证券，包括作为欧洲美元期货和期权标的的货币市场工具，以及长期政府债券（如美国国债、英国国债和德国国债）。在交易所交易的债务指数衍生品则进展缓慢。直到 2006 年美国商品期货交易委员会（CFTC）和美国证券交易委员会（SEC）联合发布最终规则，允许进行债券指数期货交易，这类工具才在美国合法化。[二]金融危机之后，尽管在场外交易上用总收益互换合约来处理债券指数敞口的交易仍屡见不鲜，但交易所交易的债券指数期货已经不那么受欢迎了。芝加哥商品交易所在 2015 年 6 月将巴克莱美国综合债券指数合约退市，其他交易所推出此类工具的进程也逐步放缓。[三]同样，尽管芝加哥商品交易所在 2005 年推出了股票指数 ETF 期货，提供了获得股票指数敞口的便捷工具，但该交易所在 2010 年停止了新合约的上市，原因是这些工具缺乏流动性。[四]与期货市场的发展相反，与利率相关的 ETF 期权市场相对更活跃一点。截至 2015 年底，芝加哥期权交易所已经上市了一系列以实物结算的美式 ETF 期权，标的资产包括国债基金、高收益公司债券、投资级公司债券和通货膨胀保值债券等。基于固定收益指数的交易所交易衍生品工具的跌宕起伏给长期依赖此类策略的投资者带来了挑战，让他们更依赖场外交易的类似产品。

13.9 基准债券指数的选择

除了被动与主动策略的抉择和投资形式的选择外，基准债券指数的选择可能是投资组合经理最重要的一个决定。基准债券指数的选择是整个资产配置过程的最后步骤之一。

资产配置过程始于投资组合经理对投资目标和投资目的的清晰界定。投资目标可能包括资产保值（特别是规避通货膨胀的影响），跟踪或复制较大范围的市场表现，在可接受的风

　㊀　详见 Aakko 和 Martel（2013）。

　㊁　详见美国商品期货交易委员会发布的新闻稿 PR5195-06，以及 CFTC 和 SEC 于 2006 年 7 月 10 日发布的《债务证券指数合约期货交易规则》。

　㊂　详见芝加哥商品交易所集团 2015 年 6 月 8 日发布的咨询公告第 15-156 号《产品修改摘要：巴克莱美国综合债券指数合约摘牌》。

　㊃　参见 Yesalavich（2010）。

险程度下尽可能提高预期收益，或者通过投机操作获得最大的绝对回报。投资组合经理必须与资产所有者、受益人和其他利益相关者就投资政策达成一致，规定好目标收益率、风险容忍度，以及在庞大的资本市场中选择哪些投资标的来满足这些目标。这一过程的结果是限定每个资产类别的投资权重的**战略资产配置**，以及规定投资组合经理在市场变化时短期偏离上述权重的限度并提供一定灵活性的**战术资产配置**。

债券在大多数资产配置中占据显著位置，因为它在全球资本市场中占比最大，发行机构范围广泛，而且作为债务类工具拥有优先索取权，理论上应该具有比股票更低的风险。但应该选择哪种指数作为固定收益资产组合的基准是一个因人而异的问题，因为投资者通常已经在自己的资产和负债投资组合中有一定程度的固定收益敞口，就像前面的免疫策略和负债驱动型投资策略的例子那样。因此，投资组合经理在选择固定收益基准时必须考虑这些隐性或显性的久期偏好。

在选择基准时必须考虑发行人的广泛程度和固定收益证券市场的特点。一般来说，一个被市场广泛接受的基准，需要在入选规则和权重、可投资性、每日估值和历史数据的可得性等方面有明确、透明的规则，并且具备较好的流动性。与股票指数不同，由于多种原因，固定收益证券市场的动态变化可能导致投资者无法稳定跟踪市场基准。首先，静态投资组合中债券的期限是有限的，久期会随着时间的推移而下降。其次，市场动态和发行人偏好往往会造成指数的发行人构成和期限选择的变化。例如，如表 13-16 所示，在 2008 年金融危机前后，彭博巴克莱美国综合债券指数的构成发生了显著变化，危机前大比例配置了证券化债务，危机后政府债务的比例则大幅增加。

表 13-16 彭博巴克莱美国综合债券指数配置情况（特定年份）

年份	政府债券	公司债券	证券化债务
1993	53.0%	17.0%	30.0%
1998	46.0%	22.0%	32.0%
2000	38.0%	24.0%	39.0%
2005	40.2%	19.5%	40.2%
2008	38.6%	17.7%	43.7%
2010	45.8%	18.8%	35.5%
2015	44.8%	24.2%	31.0%

资料来源：雷曼兄弟和巴克莱公司。

另外，使用公司债务指数的投资者可能会发现，如果有发行人将即将到期债券再融资以延长期限，就会提高债务的整体久期，他的基准选择就不再可取。在价值加权指数中，流通债务最多的借款人在指数中所占比例更高，导致杠杆率更高的发行人或行业获得了更高的权重。信用等级与杠杆率一般是负相关的。随着某一特定发行人或行业的借款增多，那些跟踪相关价值加权指数的投资者将自动增加对这些借款人的固定收益敞口。在杠杆率更高的借款人身上配置更多的资产被称为"游民问题"（bums problem）。[⊖]"游民问题"在几乎所有固定收益证券子市场上都存在，具体例子包括 2000 年全球电信业相关的债务融资大幅增加，以及 2008 年金融危机前美国抵押贷款支持证券的融资增加。这两个例子中的投资者都遭受了损失，在价值加权指数的"指引"下，这些投资者都高配了这些杠杆率上升的行业。

⊖ 参见 Siege（2003）。

固定收益证券市场瞬息万变，这要求投资者在选择基准指数时更积极地理解和定义他们的基本久期偏好，以及固定收益资产配置过程中在预期风险和预期收益上的目标和权衡。如果换种方式表达，久期可以被认为是投资组合的"贝塔"，目标久期就是投资者愿意承担的久期敞口。一旦这些参数明确下来，投资者可能希望将几个定义良好的次级基准类别组合成一个整体基准。次级基准类别可能包括美国国债（或国内主权债券）、美国政府机构债券或其他资产支持证券、公司债券、高收益债券、银行贷款、发达市场全球债券或新兴市场债券等。

固定收益投资者一方面寻求降低主动管理的成本，另一方面还要处理"游民问题"等系统性偏差，因此第三种替代方案——"聪明贝塔"（smart beta）策略应运而生。聪明贝塔策略使用简单、透明、基于规则的策略作为投资决策的基础。聪明贝塔策略的第一步是对成熟的静态策略进行分析，这些策略往往会带来超额的投资收益。从理论上讲，能够将部分资金隔离出来并执行这类策略的资产管理公司可以获得这些超额收益中的很大一部分，而无须承担主动管理导致的高得多的费用。尽管聪明贝塔策略的使用在股票投资经理中更为普遍，但固定收益投资经理也在增加对这一技巧的使用。[⊖]

例 13-11

鉴于 2008 年金融危机后债券的本地发行量显著上升，未来欧洲资产管理有限公司（以下简称"未来欧洲公司"）希望通过吸引新的欧元区本地投资者，投资于更广泛的固定收益市场，并扩大其管理的资产规模。下面是未来欧洲公司提出的几个可以作为投资目标的指数。

标准普尔欧元区主权债券指数。该指数由欧元区国家政府向国内市场公开发行的固定利率主权债务组成，有多种期限，分别为 1~3 年、3~5 年、5~7 年、7~10 年和 10 年以上。例如，截至 2015 年 12 月 31 日，1~3 年期标准普尔欧元区主权债券指数的加权平均期限为 1.88 年，修正久期为 1.82 年。

彭博欧元区投资级欧洲公司债券指数（BERC）。BERC 指数由欧元区国家在本国发行的、以欧元计价的公司债券组成，截至 2016 年 1 月有效久期为 5.39。

彭博欧元区高收益公司债券指数（BEUH）。该指数由位于欧元区的公司发行的以欧元计价的非投资级债券组成。截至 2016 年 1 月，其有效久期为 4.44。

富时潘德布雷夫债券指数。潘德布雷夫债券是德国抵押贷款银行发行的一种债券，以房地产或公共部门贷款等长期资产作为抵押品。这些证券属于抵押债券，并被当作其他欧洲国家发行类似债券的样板。富时潘德布雷夫债券指数包括来自德国大型发行人的潘德布雷夫债券，以及来自其他欧元区国家的结构和信用等级相当的潘德布雷夫债券。该指数也分为不同期限，包括 1~3 年、3~5 年、5~7 年、7~10 年和 10 年以上。

以上哪个指数适合下面各投资者构建投资组合？

1. 高度厌恶风险的投资者，对投资组合价值的波动非常敏感。

2. 一所新的德国私立大学建立的打算长期投资的捐赠基金。

3. 一家丹麦人寿保险公司，希望依靠未来欧洲公司管理的固定收益投资组合来满足短期赔付并冲销既定的长期债务。

⊖ 参见 Staal（2015）等。

解答1：考虑到这类投资者对风险的高度厌恶，使用短期或中期久期、信用风险有限的指数来限制市值风险是最合适的。在上述选择中，1~3年标准普尔欧元区主权债券指数和1~3年富时潘德布雷夫债券指数将是合适的选择。

解答2：该投资者有很长的投资期限，BERC指数是一个合适的指数，因为它的久期是所有指数中最长的。此外，长期限（10年期以上）的标准普尔欧元区主权债券指数或富时潘德布雷夫债券指数也可能是合适的选择。"未来欧洲"应该在与捐赠基金的讨论中重点考虑久期与风险之间的权衡。

解答3：丹麦人寿保险公司面临两种未来债务，即短期赔付支出和未来的长期限债务。对于短期敞口，市场价值的稳定性是首要考虑因素，保险公司会寻求市场风险较低的指数。在以上的选择中，1~3年期标准普尔欧元区主权债券指数或富时潘德布雷夫债券指数是最好的选择。对于未来的长期义务，解答2中的长期替代方案是最合适的。

13.10 梯式投资组合

财富管理行业有一种流行的固定收益投资策略，就是为客户构建一个梯式投资组合。图13-10展示了这种构建方法，以及另外两种基于久期的策略：子弹式投资组合和杠铃式投资组合。梯式投资组合中债券的到期期限和票面价值大致沿收益率曲线均匀分布。子弹式投资组合的债券头寸集中在收益率曲线上的某一点，而杠铃式投资组合的债券头寸集中在收益率曲线的短期和长期两个端点。从理论上看，这三类投资组合都可能拥有相同的久期指标，并且在收益率曲线发生平行移动的过程中，价值变化也大致相同。但当收益率曲线发生非平行偏移或扭曲时，子弹式投资组合和杠铃式投资组合的表现会与梯式投资组合大不相同。梯式投资组合的一个明显优势是不受收益率曲线偏移和扭曲的影响，因为现金流被充分分散到了不同的期限上。

随着时间的推移，梯式投资组合的"分散化"现金流可以让投资者在利率风险的两个来源（现金流再投资和市场价格波动）之间处于一个平衡的位置。如果使用梯式投资组合，每年都会有债券到期，并需要以较长的期限进行再投资，利率通常高于短期债券。同时随着时间的推移，梯式投资组合中可能既包含了利率高时购买的债券，也包含了利率低时购买的债券。熟悉"美元平均成本"的投资者将会看到似曾相识的地方。此外，当债券到期时，再投资可以让投资组合的整体久期保持稳定。

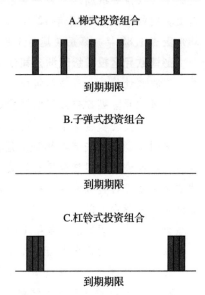

图13-10 梯式、子弹式和杠铃式投资组合

梯式投资组合另一个有吸引力的特征是凸性。从技术上讲，在给定到期收益率变化的情况下，凸性衡量了收益率对资产或负债价值的二阶影响。重要的是它会受到现金流分散程度

的影响，如式（13-8）所示：

$$凸性 = \frac{麦考利久期^2 + 麦考利久期 + 离散度}{(1+现金流收益率)^2} \tag{13-8}$$

如果上述三类投资组合的久期（和现金流收益率）相等，那么杠铃式投资组合显然具有最高的凸性，子弹式投资组合的凸性最低。梯式投资组合具有较高的凸性，因为其现金流被设计为分散在时间线上。但与杠铃式投资组合相比，梯式投资组合的现金流再投资风险要小得多。

在实践中，梯式投资组合最令人满意的方面也许是其流动性管理的便利程度。如果债券交易不活跃，就像许多公司债券那样，该方面的优势尤其重要。随着时间的流逝，该组合中总有债券是接近到期的。这些债券的久期会很短，所以即使在利率高波动时期，价格也会相当稳定。如果客户急需现金，这种即将到期的债券可以作为个人贷款或机构回购合约的优质抵押品。每当债券到期时，收到的息票和本金可用于消费或再投资于梯式投资组合后面的长期债券。

投资经理为客户构建梯式投资组合的另一种方式是使用固定期限公司债券 ETF。这些 ETF 有一个指定的到期期限和目标信用风险等级，例如 2021 年到期的投资级公司债券。这些 ETF 属于被动管理（因此管理成本较低）的基金，试图复制一个指数的表现，例如 50 只有代表性的持有至 2021 年到期的投资级公司债券。正如前面所讨论的，ETF 投资经理可以使用分层抽样法等方法来跟踪指数。

假设在 2017 年，财富管理公司为客户购买了到期期限从 2018 年到 2025 年不等的固定期限公司债券 ETF 头寸，期限均匀分布。这些交易创造了一个梯式投资组合，提供与直接持有相关债券相同的收益率。由于其中快到期的 ETF 价格稳定，所以该投资的子弹式投资组合具有更大的凸性。此外，使用 ETF 构建的头寸应该比直接用债券构建的头寸流动性更强。

但梯式投资组合并非没有缺陷。对于许多投资者来说，在决定是否建立一个梯式投资组合时，应该与购买固定收益共同基金的方案做比较，尤其是在投资组合中只包含有限数量的公司债券的情况下。显然，共同基金的信用风险更加分散。此外，债券的实际购买成本可能会比共同基金高得多。当需要出售资产时，赎回共同基金份额也比出售债券更快，而且可能在价格上也具有优势。

例 13-12

郑子龙是一名上海的财富顾问和 CFA。他的一个主要客户王氏家族将大部分资产投资于地产和股票。郑子龙建议王氏家族建立一个政府债券的梯式投资组合。他建议构建表 13-17 中债券组成的投资组合，于 2017 年 1 月 1 日结算：

表　13-17

票面利率	利息支付频率	到期期限	净价（元）	收益率（s. a.）	票面价值（元）	市场价值（元）
3.22%	年度	2018 年 3 月 26 日	101.7493	1.758%	1000 万	10 422 826
3.14%	年度	2020 年 9 月 8 日	102.1336	2.508%	1000 万	10 312 292
3.05%	年度	2022 年 10 月 22 日	101.4045	2.764%	1000 万	10 199 779
2.99%	半年一次	2025 年 10 月 15 日	101.4454	2.803%	1000 万	10 208 611
					4000 万	41 143 508

前三种债券的到期收益率已由 1 年付息一次转换为 1 年付息两次的收益率，以便统一成半年付息债券的收益率，这也是 "（s.a.）" 的含义。投资组合的总市值为 41 143 508 元。该投资组合的现金流收益率为 2.661%，而市值加权平均收益率为 2.455%。

在向王氏家族的高级成员做报告时，需要注意其 30 笔现金流的时间表（见表 13-18）：

表 13-18

时点	日期	现金流	时点	日期	现金流
1	2017 年 3 月 26 日	322 000	16	2020 年 9 月 8 日	10 314 000
2	2017 年 4 月 15 日	149 500	17	2020 年 10 月 15 日	149 500
3	2017 年 9 月 8 日	314 000	18	2020 年 10 月 22 日	305 000
4	2017 年 10 月 15 日	149 500	19	2021 年 4 月 15 日	149 500
5	2017 年 10 月 22 日	305 000	20	2021 年 10 月 15 日	149 500
6	2018 年 3 月 26 日	10 322 000	21	2021 年 10 月 22 日	305 000
7	2018 年 4 月 15 日	149 500	22	2022 年 4 月 15 日	149 500
8	2018 年 9 月 8 日	314 000	23	2022 年 10 月 15 日	149 500
9	2018 年 10 月 15 日	149 500	24	2022 年 10 月 22 日	10 305 000
10	2018 年 10 月 22 日	305 000	25	2023 年 4 月 15 日	149 500
11	2019 年 4 月 15 日	149 500	26	2023 年 10 月 15 日	149 500
12	2019 年 9 月 8 日	314 000	27	2024 年 4 月 15 日	149 500
13	2019 年 10 月 15 日	149 500	28	2024 年 10 月 15 日	149 500
14	2019 年 10 月 22 日	305 000	29	2025 年 4 月 15 日	149 500
15	2020 年 4 月 15 日	149 500	30	2025 年 10 月 15 日	10 149 500

请指出郑先生在向王氏家族高级成员介绍该梯式投资组合时应强调的要点。

解答：郑先生应该强调该投资组合的三个特点：

①信用质量高。鉴于王氏家族已持有大量易受价格波动和风险影响的地产和股票，政府债券对王氏家族来说是一种风险极低的资产类别。

②流动性好。现金流时间表显示每年都能收到利息。这些资金可以用于满足任何现金需求，包括家庭开支。大量的本金支付可以再投资于梯式投资组合后面的长期政府债券。

③收益率曲线多元化。债券投资分布在政府债券收益率曲线的四个部分。如果投资集中在一个点上，投资组合就面临那个期限点的利率上升的风险。该投资组合以梯形的形式分散了资产的到期期限，具有分散化投资的好处。

本章内容小结

本章介绍了结构型和被动型的固定收益策略，包括单一负债免疫策略和多重负债免疫策略、指数化策略和梯式投资组合。本章要点包括：

- 被动型固定收益投资从一个参考目标出发构建债券投资组合。参考目标可以简单如个人的退休时间，也可以复杂如公司资产负债表中对利率敏感的资产和负债的风险管理。

- 资产负债管理策略会同时考虑资产和负债方面的目标。
- 负债驱动型投资以给定的负债为条件，根据负债的利率风险特征和风险管理目标来构建资产组合。
- 资产驱动型负债以给定的资产为条件，根据资产的利率风险特征来发行和创建负债。
- 可以根据现金流的数额和时间的确定程度来对资产和负债进行分类。第一类资产和负债的现金流数额和时间都是确定的，比如不包含嵌入期权的传统固定利率债券。对于第一类资产和负债，可以使用麦考利久期、修正久期和货币久期等到期收益率久期统计量衡量利率风险。第二、三、四类资产和负债的现金流，要么金额不确定，要么支付的时间不确定。对于第二、三、四类资产和负债，需要使用有效久期等收益率曲线久期统计量来衡量利率风险。有效久期通过构建估值模型，利用收益率曲线上下移动相同幅度后的模型估值结果估计久期统计量。
- 免疫是在一个已知的投资期限内通过构建和管理固定收益投资组合，实现最小化收益率差异的目标。
- 在单一负债的情况下，可以通过将债券组合的麦考利久期与目标久期匹配来实现利率免疫。随着时间的推移和债券收益率的变化，久期会发生变化，需要对投资组合进行再调整。再调整可以通过买卖债券或使用利率衍生品（如期货合约和利率互换）来完成。
- 免疫策略的目标是锁定投资组合的现金流收益率（即全部现金流的内部收益率，它不等于投资组合中全部成分债券收益率的加权平均值）。
- 免疫可以被解释为零息票债券的复制过程，即让债券组合在投资期限内的表现复刻能提供完美免疫的零息票债券。该零息票债券的期限与单一负债的日期一致，没有息票再投资风险，也没有价格风险。因为该债券会被持有至到期（假设没有违约）。
- 免疫策略的风险在于，在收益率曲线偏移和扭曲的过程中，债券投资组合的现金流收益率与能提供完美免疫的零息票债券收益率的变化是不一致的。
- 免疫的一个充分但非必要条件是收益率曲线只发生平移变化（或者说形状保持不变），即所有期限的收益率在同一方向上发生相同幅度的变化。
- 如果现金流收益率的变化与被复制的零息票债券的收益率变化相等，即使收益率曲线出现非平移变化，也可以实现免疫。
- 免疫策略的结构性风险来自收益率曲线的非平移变化和形变。可以通过最小化投资组合的现金流分散度来降低该风险，这个目标可以通过最小化投资组合的凸性统计量来实现。其原理是通过将现金流集中在负债的到期期限附近，使免疫投资组合密切跟踪能提供完美免疫的零息票债券。
- 多重负债的一种免疫方法是现金流匹配法。通过购买高等级零息票债券或固定收益债券构建投资组合，并使其现金流的金额和时间尽可能与负债相匹配。
- 现金流匹配的可能动机包括通过"会计冲销"让资产和负债被一同移出资产负债表。
- 多重负债的另一种免疫策略是久期匹配法。可以通过构建和管理固定收益债券的投资组合，让资产和负债的货币久期相互匹配。货币久期等于修正久期乘以市场价值。基点价值是货币久期的一种度量方式，等于货币久期乘以 0.0001。
- 多重负债达到利率免疫的条件包括：①资产的市场价值大于或等于负债的市场价值；②资产的基点价值等于负债的基点价值；③资产的现金流离散度和凸性大于负债的相应指标。

- 衍生品覆盖策略可以用来让单一负债或多重负债免疫，比如使用利率期货。

- 达到利率免疫所需的期货合约数量为负债的基点价值减去资产的基点价值，再除以期货的基点价值。如果结果是正数，则买入或做多期货合约。如果结果是负数，则卖出或做空期货合约。期货的基点价值可以用最便宜可交割券的基点价值除以最便宜可交割券的转换因子来近似。

- 或有免疫法允许对盈余进行主动管理以降低负债的总成本。盈余是资产和负债市场价值之间的差异。原则上主动管理过程中可以投资任何资产类别，也可以通过在衍生品覆盖过程中采用过度对冲或部分对冲来完成主动管理。

- 负债驱动型投资（LDI）策略通常用于复杂的利率敏感型负债，例如固定福利养老金计划，雇员的退休福利取决于许多变量，比如工作年限、退休年龄、退休时工资水平和预期寿命等。对于养老金计划的负债有不同的衡量指标，比如基于当前工资计算的累积福利义务（ABO）和基于预期未来工资计算的预计福利义务（PBO）。不管用哪一种负债衡量指标，都需要使用一个模型来提取有效久期和基点价值。

- 可以用利率互换来减少以基点价值衡量的资产和负债的久期缺口。对于养老金来说，其久期缺口通常很大，因为养老金会持有大量有效久期较低或为零的股票资产，而其负债的久期都较高。

- 套期保值比率是指用衍生品对冲掉的久期缺口的百分比。套期保值比率为零意味着没有进行任何套期保值。套期保值比率为100%意味着利率免疫，即完全消除了利率风险。

- 战略性套期保值就是通过调节套期保值的比率实现投资组合的主动管理。在典型的养老基金中，资产的基点价值要小于负债的基点价值，因此衍生品覆盖需要使用固定端利率互换。由于固定端利率互换会随着市场利率下降而增值，因此基金经理可以在预期市场利率下降时提高对冲比率，并在预期市场利率上升时降低对冲比率。

- 固定端利率互换的一个替代方案是购买固定端利率互换期权。该期权赋予买方在未来购买固定端利率互换的权利。因为养老金计划面临负的久期缺口（资产基点价值小于负债基点价值），当利率下降时，典型的养老金计划会遭受损失，可能会出现资金不足的情况。当利率下降时，固定端利率互换期权的收益可以抵消资产负债表上的损失。

- 另一种选择是利率互换期权领式组合，即通过购买固定端利率互换期权并卖出浮动端利率互换期权构建的组合。卖出浮动端利率互换期权收到的期权费可以抵消购买固定端利率互换期权所需的期权费。

- 养老金投资经理对未来利率的判断决定了其在固定端利率互换、固定端利率互换期权、利率互换期权领式组合之间的选择。如果预期利率会很低，固定端利率互换通常是首选的衍生品。如果预期利率升高，利率互换期权领式组合会变得更有吸引力。如果预期利率超过了某个与期权费和执行价格有关的阈值，固定端利率互换期权就会成为最受欢迎的选择。

- LDI策略的模型风险来源于各种假设和测量关键参数过程中使用的近似算法。例如，固定福利养老金计划的负债基点价值取决于衡量负债的指标的选择（ABO还是PBO）和模型中关于未来事件的假设（例如工资水平、退休时间和死亡时间）。

- LDI策略还面临利差风险，因为在计算对冲需要的期货合约数量或利率互换的名义本金时，经常会假设资产、负债和对冲工具的收益率变化幅度相等，以获得特定的对冲比率。

但资产和负债通常由公司债券构成，它们与基准收益率之间的利差可能会随着时间的推移而变化。

- 标准 ISDA 互换协议的信用支持附件（CSA）要求合同一方或双方提供担保品。该要求引入了可作为抵押品的证券或现金资产耗尽的风险。

- 投资一只追踪债券市场指数的基金，可以享受分散投资和降低管理成本的好处。该基金与指数之间的收益率偏差被称为跟踪风险或跟踪误差。当基金经理选择只购买部分指数的成分证券时，跟踪风险就会出现，这种策略被称为指数增强策略。考虑到固定收益债券领域庞大的债券数量，完全复制指数可能不切实际。

- 公司债券往往缺乏流动性。巴塞尔协议Ⅲ的资本金要求降低了经纪商和做市商维持低流动性证券库存的动力。缺乏活跃的交易是对证券估值的一个挑战。此时可以使用矩阵定价法，利用可比证券的数据来估计非流动性债券的公允价值。

- 跟踪债券指数的投资者面临的主要风险因素包括如何计算久期（在遇到可赎回债券时要用期权调整久期，在预期利率会有较大变动时要考虑凸性，在收益率曲线发生非平移变化时要用关键利率久期）和如何确定投资组合的权重（在不同子市场、信用等级、到期期限、票面利率和发行人上的分配比例）。

- 复制指数策略是建立被动债券市场敞口的一种方法。该策略只在指数发生变化时才买入或卖出债券。完全复制的成本可能很高，而且购入包括许多非流动性债券在内的全部指数成分债券可能也不可行。

- 可以用几种增强策略来降低跟踪债券指数的成本：降低交易成本、使用模型来识别被低估的债券、比较收益率曲线上不同期限证券的相对价值、在商业周期中对特定信用部门超配或低配，以及评估特定债券的赎回特征以确定在收益率变化较大的情况下的投资机会。

- 投资者可以利用跟踪债券指数的共同基金和 ETF 来获得债券市场的被动型敞口。共同基金的份额可以在购买一天后以资产净值的价格赎回。ETF 的优势在于它是在交易所交易的。

- 总收益互换是一种场外衍生品，允许机构投资者将资产或负债从一种资产类别转换为另一种资产类别。比如 Libor 转换为特定债券指数的总收益。

- 与直接投资债券共同基金或 ETF 相比，总收益互换有一些独有优势。总收益互换的交易成本更低，初始现金支出更少，报价成本可能也更低。但总收益互换也面临着交易对手的信用风险。作为一种定制的场外交易产品，总收益互换可以用于建立一些难以直接购买的资产的风险敞口，比如一些高收益债券和商业贷款。

- 对于固定收益投资经理来说，选择何种债券指数作为基准是一个重要的决定。选择时要有明确的目标和目的，并认识到债券指数的几个特征：①鉴于债券的期限是有限的，指数的久期会随着时间的推移而下降。②指数的构成会随商业周期过程中对发行人和期限偏好的变化而变化。③价值加权指数会将权重更多地分配给高负债的借款人，导致债券指数投资者过度暴露于高杠杆公司。

- 梯式投资组合是财富管理行业常用的投资策略。与子弹式投资组合或杠铃式投资组合相比，梯式投资组合的现金流被充分分散到了收益率曲线的不同期限上。在稳定的、向上倾斜的收益率曲线环境中，该结构尤其具有吸引力，因为到期的短期债务会逐渐被收益率更高的长期债务所取代。

- 梯式投资组合的凸性会逐渐增加，因为它比现金流更集中的投资组合（比如子弹式投资组合）具有更大的分散度。
- 梯式投资组合提供了更强的流动性，因为它总是包含一些即将到期的债券。如果有资金需要，这些短期债券可以随时成为回购合约的高质量、低久期的抵押品。
- 梯式投资组合可以用固定期限的公司债券 ETF 来构建，这些 ETF 各有一个指定的到期期限和目标信用风险等级。

参考文献 ⊖

⊖ 本章参考文献请访问机工新阅读网站（www.cmpreading.com），搜索本书书名。

收益率曲线策略

罗伯特·W. 科普拉施，博士，注册金融分析师

史蒂文·V. 曼，博士

■ 学习目标

学完本章内容后，你将有能力完成以下任务：

- 描述收益率曲线策略的主要类型。
- 解释如何执行套息交易。
- 解释固定收益投资组合经理选择改变投资组合凸性的可能原因和方式。
- 在给定的远期利率和利率方向性看法下制定投资组合的持仓策略。
- 解释如何使用衍生品来实施收益率曲线策略。
- 利用投资组合的关键利率久期及其基准来评估投资组合对曲线斜率变化的敏感性。
- 讨论市场间曲线策略。
- 构建一个久期中性的政府债券投资组合，并从收益率曲线曲率的变化中获利。
- 评估收益率曲线策略的预期收益和风险。

14.1　本章内容简介

主动型投资组合管理寻求获得超过基准的收益率。投资组合的收益率通常基于一个与投资经理的授权策略或风格特征一致的基准来评估。管理主动型投资组合的基金经理试图通过构建一个不能完全代表指数的投资组合来跑赢基准指数。任何与基准指数的差异通常都是有意为之，而不是流动性不足或不便的结果。

主动型收益率曲线策略旨在利用对收益率曲线水平、斜率或形状（曲率）的预期获得超额收益。本章集中介绍在实施主动型固定收益投资组合策略过程中可能遇到的各种挑战，用到的主要变量是收益率曲线的动态。在大多数情况下，出于数据可得性的考虑，我们选择用美国国债曲线来说明策略和动态。同样的策略可以在任何发达的主权债务市场，即定期发行不同到期期限的债券且具有较高流动性的主权债务市场上实施。

14.2 节讨论了理解收益率曲线策略需要的一些基本概念，并扩展了收益率曲线的三种基本变化类型：水平变化、斜率变化和曲率变化。这一节还介绍了凸性，这是固定收益投资组合经理的一个重要工具。14.3 节讨论投资组合经理如何使用策略来表达对利率的方向性看法。14.4 节介绍了投资组合经理如何以及为何在各种收益率曲线场景下选择投资组合的特定仓位。14.5 节讨论了市场间曲线策略以及如何恰当对冲外国市场收益率对本国货币的风险。14.6 节比较了不同久期中性投资组合在多种收益率曲线场景下的表现。14.7 节介绍了一个分析收益率曲线策略的预期回报和风险的框架。最后是本章要点的小结。

14.2 收益曲线主动管理策略要用到的一些基本概念

理解收益率曲线及其行为对于理解固定收益证券市场的运作是必要的。收益率曲线有三种主要形式，包括平价收益率曲线、即期利率曲线和远期利率曲线，其中都包含了非常有用的信息。挑战在于如何提取和解释这些信息，以便做出更好的投资决策。提取收益率曲线中包含的信息是固定收益专业人士、央行官员和其他市场参与者关注的焦点。

◢ 专栏 14-1

什么是收益率曲线

当有人提到收益率曲线时，隐含的假设是有一条适用于特定市场上所有投资者的曲线。实际上，收益率曲线是市场中的投资者在不同期限上可获得的收益率的一种形式化表示。要建立收益率曲线的模型，必须做出一定的假设，而这些假设可能会因投资者或收益率曲线的预期用途而有所不同。收益率曲线建模涉及的问题包括以下几个方面：

- 曲线上不同期限收益率的观测不同步。
- 在期限之间需要进行插值或平滑。
- 与相邻期限收益率观察值不一致。
- 某些债券在会计或监管处理方面存在差异，可能使它们看起来像异常值。

举例来说，新券收益率曲线可能与包含旧券的收益率曲线存在显著差异，尤其是在危机期间，此时通常会出现"奔向高质量债券"的现象，投资者会被流动性更强的新券所吸引。看看 1998 年长期资本管理公司危机期间的情况就明白了，如图 14-1 所示。

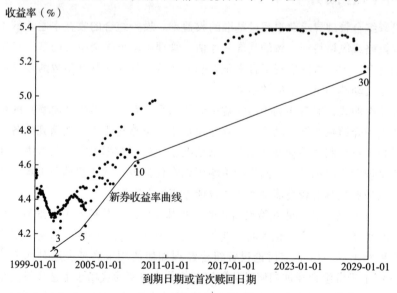

图 14-1 经周末调整的附息国债收益率（截至 1998 年 10 月 30 日）

注：3 年期国债当时没有发行新券，图中的"3"处使用了最近发行的 3 年期国债的收益率，它的期限只比当时的两年期国债新券略长。

资料来源：所罗门兄弟公司。

请注意（插值得到的）新券收益率曲线，如图 14-1 中的实线所示，显然并不能充分代表在国债市场上可购买的证券。在图 14-1 中，插值得到的 2017 年 1 月到期的国债收益率约为 4.85%，但当时可以从市场上买到的 2017 年 1 月到期的国债收益率约为 5.35%。考虑购买相似期限的非美国国债债券的投资者可能会得出两种截然不同的关于投资吸引力的结论，这取决于他们使用的是插值得到的新券收益率曲线还是旧券收益率曲线。

14.2.1 收益率曲线动态回顾

回顾收益率曲线的历史可以发现，固定收益投资组合经理可以从收益率曲线的各种变化中获利。图 14-2 描述了过去 40 年美国国债新券的收益率曲线（按季度抽样）的水平、斜率和曲率的变化。显然，该收益率曲线是动态的。收益率曲线的各种变化可以概括为三种基本变化类型：①水平变化（收益率曲线平移）、②斜率变化（收益率曲线变平或变陡）和③曲率变化。下面我们分别讨论这三种基本变化。

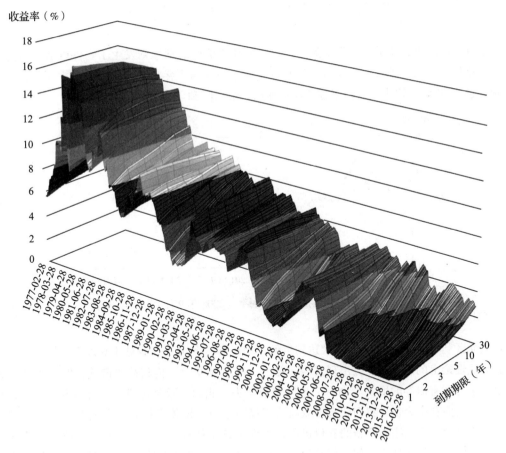

图 14-2　美国国债新券的收益率曲线，月收益率，1977~2016 年
资料来源：美联储。

当曲线上的所有收益率变化的基点相同时，水平变化就发生了。这种变化通常被称为平移。为简单起见，投资组合经理对收益率曲线变化的影响进行建模时，通常会假设收益率曲线只以平移的方式变化。但图 14-2 清楚地表明这种假设是不可靠的。

图 14-3 展示了 2016 年为止的 34 年间的收益率水平，根据 10 年期美国国债新券的数据计算得到。可以看到，在整个时间跨度内，收益率几乎一直在下降，导致全球主要固定收益证券市场的收益率处于历史低位。

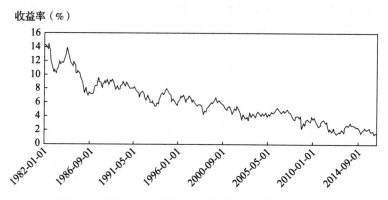

图 14-3 1982~2016 年的 10 年期美国国债新券收益率

资料来源：收益率手册。

在这段时间里，美国利率降至新低，而世界其他地区的利率则发生了一件以前被认为不可能的事情：它们已进入负值区间。图 14-4 显示了欧元区 5 年期政府债券的利率走势，可以看到，在 10 年的时间中，该利率逐渐向 0 移动，最后降到了 0 以下。[⊖]

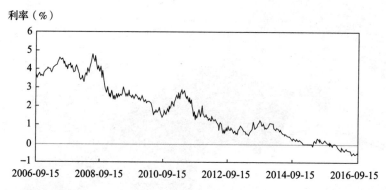

图 14-4 欧元区 5 年期政府债券利率（2006 年 9 月~2016 年 9 月）

资料来源：收益率分析系统。

欧元区利率在 2015 年 4 月首次达到负值，2016 年全年几乎一直处于 0 以下。尽管负利率不会造成理论上的问题，但会出现其他问题。一些政府发行了负收益率债券，但主要是票面利率为正的现有债券的增发。[⊜]如果负利率持续下去，我们可能会看到票面利率为负的新券发行。如果票面利率为负，我们就有了双向信用风险敞口，即债券持有人定期向发行人支付利息的信用风险。我们还需要新的支付机制，以促进息票从投资者流向发行人。此外，债券分析必须适应一个新的现实，如果债券的票面利率为负，这些债券的修正久期将大于到期期限。

收益率曲线的斜率由长期债券收益率与短期债券收益率之间的利差衡量。例如，美国国

⊖ 欧洲央行使用交易活跃的欧元区中央政府发行的以欧元计价的债券来估算欧元区的零息债券收益率曲线。

⊜ 在增发时，发行人会出售更多已经存在于市场上的债券。新债券与现存债券具有相同的票面利率、到期期限，甚至具有相同的证券代码。

债收益率曲线的斜率可以由 30 年期国债收益率（30s）和 2 年期国债收益率（2s）之间的差值决定。如果 2 年期基准收益率为 0.625%，30 年期基准收益率为 2.875%，那么曲线的斜率就是两者之差 2.250%，也就是 225 个基点。当利差增加或变宽时，收益率曲线就会变陡。当利差收窄时，收益率曲线就会趋平。当利差变为负值时，收益率曲线被描述为"反转"。这些变化都是投资经理们试图预测和利用的斜率变化。大多数时候利差是正的，收益率曲线向上倾斜。因此斜率为正的收益率曲线也被称为正常收益率曲线。

图 14-5 绘制了收益率曲线的斜率，用 30 年期的新券收益率减去 2 年期的新券收益率作为斜率的代表。该利差也被称为"2s-30s"利差。

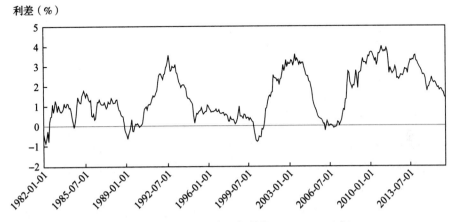

图 14-5　"2s-30s"收益率利差，1982～2016 年

资料来源：收益率分析系统。

收益率曲线的曲率是曲线的短端、中端和长端收益率之间关系的函数。衡量收益率曲线曲率的常用方法是**蝶式利差**，见式（14-1）：

$$蝶式利差 = -短端收益率 + 2 \times 中端收益率 - 长端收益率 \tag{14-1}$$

收益率曲线的曲率越大，蝶式利差的值就越大。一个被广泛使用的衡量蝶式利差的方法分别用 2 年期、10 年期和 30 年期国债新券的收益率作为短端、中端和长端收益率来计算：

$$-（2 年期国债新券收益率）+ 2 \times（10 年期国债新券收益率）-（30 年期国债新券收益率）$$

图 14-6 显示了用该方法计算的美国国债收益率曲线曲率的历史数据。

收益率曲线形状的三种变化不是单独发生的，它们会相互关联。比如说，利率水平的某些方向性变动常常与曲线形状的某些变化有关。当水平上移时，收益率曲线通常会变平，还会变得不那么弯曲。相反，当水平下移时，收益率曲线通常会变陡，也会变得更加弯曲。这一现象的出现是因为短期利率比长期利率波动性更高，所以收益率曲线发生方向性变化时，短期利率比长期利率的变化要大得多。⊖

14.2.2　久期和凸性

以下为各种久期指标的简要回顾。

⊖　例如，可以参考 Bulent Baygün、Janet Showers 和 George Cherpelis 的《主成分分析原理》，以及 Salomon Smith Barney（2000）。

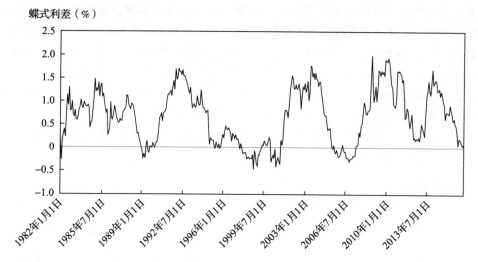

图 14-6 "2s/10s/30s" 蝶式利差，1982~2016 年

资料来源：收益率分析系统。

- **麦考利久期**类似于债券的有效久期，考虑了债券的所有预期现金流，包括本金和利息。它等于债券现金流收取时间的加权平均，权重为每笔现金流的现值与现金流总现值的比例。

- **修正久期**提供了一个更直接的方法来衡量债券收益率变化与价格变化百分比之间的关系。修正久期等于麦考利久期除以（1+周期性收益率）。它提供了在到期收益率变化 1%（100 个基点）时债券价格变化百分比的估计。注意，修正久期估计的是债券全价的变化百分比，包含了应计利息。鉴于过去几年发行的大多数政府债券票面利率都很低，忘记这一细节只会导致很小的估计误差。但在较高的票面利率水平下，债券有明显的应计利息，估计误差可能会更大。

- **有效久期**是指债券价格对基准收益率曲线变化的敏感性（而不是债券本身收益率变化导致的价格变化，后者有可能是基准收益率变化以外的因素造成的）。有效久期的形式有点儿像修正久期，但它更加灵活，可以在债券嵌入期权的情况下使用。比如可赎回债券的现金流取决于未来的利率，当利率下降时，发行人可以根据其再融资的能力选择赎回债券。这类债券的现金流带有不确定性，无法计算修正久期和麦考利久期。

- **关键利率久期**（也称为部分久期）是衡量债券对特定期限点或期限段基准收益率曲线变化的敏感度的指标。关键利率久期有助于识别债券或投资组合的形变风险，即债券或投资组合对基准收益率曲线形状变化的敏感性（例如收益率曲线变得更陡或更平，曲率增加或降低）。

- 债券的**货币久期**是用债券的计价货币单位衡量债券的价格变化的指标。货币久期可以按每 100 货币单位面值的规格来计算，也可以根据债券在投资组合中的实际仓位大小来计算。在美国，货币久期通常也被称为美元久期。

- **基点价值**（PVBP）是在到期收益率变化 1 个基点的情况下，对债券价格变化的估计值。PVBP 是货币久期的倍数，因此它也可以被解释为参考利率每变动一个基点以货币衡量的债券价值增减。它也被称为"0.01 的美元价值"，简写为 DV01。它一般以每 100 货币单位债券面值的规格计算。例如 0.08 美元的 DV01 相当于每 100 点基差变动对应 8 美分的债券价值变动。（PVBP 和 DV01 可互换使用。）

久期是衡量一阶效应的指标，捕捉债券价格和到期收益率之间的线性关系。**凸性**是衡量二阶效应的指标，可以捕捉收益率发生较大波动时的债券价格行为。它反映了收益率和债券价格关系偏离线性关系的程度。如果债券具有正凸性，那么利率下降时债券价格的上升幅度会比只使用久期估计的更大（在利率上升时则下降幅度更小）。换句话说，如果利率发生变化，凸性为正的债券的预期收益将高于相同久期但凸性较低的债券。这样的价格表现对投资者来说是有价值的，因此，凸性较高的债券的预期收益率可能会低于久期相近但凸性较低的债券。

当预计利率会发生变化时，凸性是有价值的；而当预计利率波动率会增大时，凸性的价值会更大。这是因为当凸性有机会变得更有价值时，投资者会抬高较长期限债券（凸性更高）的价格，收益率曲线的长端利率会因此下降甚至倒挂（或严重倒转），这会导致收益率曲线的曲率上升。

对于现金流随利率变化而变化的证券，不能用麦考利久期和修正久期来衡量其价格风险。同样，计算名义凸性时也假设在收益率变化过程中债券的现金流不会发生变化。**有效凸性**，就像有效久期一样，可以用于现金流会随着收益率变化而变化债券（如可赎回债券或抵押贷款支持债券证券）。该指标可以用于分析内嵌期权的债券的价格行为。

理解凸性的一个有用的经验是，对于零息票债券：

- 麦考利久期随期限线性增加，所以 30 年期零息票债券的麦考利久期是 10 年期零息票债券的 3 倍。
- 凸性与久期的平方近似成正比，所以 30 年期零息票债券的凸性约为 10 年期零息票债券的 9 倍。
- 相同久期的付息债券比零息票债券有更高的凸性，比如久期约为 18 年的 30 年期付息债券比 18 年期零息票债券有更高的凸性。债券在久期点附近的现金流越分散，它的凸性就会越高。因此，在相同久期的所有债券中，零息票债券的凸性最低。

虽然在构建投资组合头寸时，凸性是一个有价值的工具，但要记住，凸性只是二阶效应，它的重要性在久期之后，在收益率变化很小的情况下基本上可以忽略。但如果凸性的来源是使用衍生品的结果，那它对收益率的影响可能是极其重要的。该效应将在本章后面进行详细论证。负凸性也可能是影响债券或投资组合收益的一个重要因素。对于在其结构中嵌入了期权空头头寸的债券（如 MBS 或可赎回债券）或包含期权空头头寸的投资组合，凸性的影响可能会很大。

在投资组合中增加凸性并不是免费的：凸性较高的投资组合通常收益率也较低。当投资者预期收益率的变化足以弥补目前收益率的损失时，他们才愿意为增加凸性买单。当收益率

○ 在 20 世纪 70 年代初，研究人员注意到，如果有人使用微积分方法求债券在收益率发生微小变化时波动性的闭式解，那会涉及一个复杂的表达式，可以简化为麦考利久期除以（1+周期性收益率）。这个公式后来被称为"修正"久期。但是，该表达式的推导需要假设当利率变化时，现金流不会发生变化。因此，在分析不满足这一假设的证券时，不能使用修正久期，例如可赎回证券和抵押贷款支持证券等。

○ 这种说法对麦考利久期而言是正确的，但由于多了一个除数（1+y），这种说法仅近似适用于修正久期。

○ Robert Kopprasch 在《固定收益证券手册（第 2 版）》的第 5 章"理解持续时间和凸性"中解释了这一点。

的波动性更大时，凸性会更有价值。

　　投资组合的凸性可以通过改变投资组合中债券期限和久期的分布来改变，即可以添加具有期望凸性特点的实物债券，也可以使用衍生品。我们将在讨论具体收益率曲线策略时更详细地讨论这些方法。

14.3　收益率曲线策略的主要类型

　　本章侧重于"主动型"收益率曲线策略。虽然"主动"一词似乎意味着活跃或频繁的交易，但也有一些主动型策略只需要很少的交易或基本不需要交易。因此"主动型策略"一词只意味着基金经理会主动或者说故意偏离基准债券指数的风险特征，试图跑赢该基准收益率。

　　从根本上看，固定收益投资组合的回报要么来自收益（通常用与投资组合相关的现金流定义），要么来自测算回报的时间段内的资产价格变化。在当前的低利率环境下，通过收益获取高额回报是一个困难的挑战，因此投资经理会使用各种方法来提高投资组合的收益。最明显的两个方法是①延长久期（如果收益率曲线向上倾斜的话）和②购买低信用等级的证券。还有一些其他方法，我们将在下面的章节中讨论它们。然而，收益积累需要很长时间，而且积累的收益可能很快就会被价格的反向变化淹没。因此，对于基金经理来说，如何利用价格变化预期来提高收益，或者保护投资组合不受意外价格变化的影响以保持收益，显得尤为重要。我们将在接下来的小节中讨论这两种方法中的第一种。

　　我们可以根据收益率曲线环境将主动型投资策略大致分为两组。但正如你将在本章的讨论中看到的那样，每种策略可能都可以在多个环境中使用。

　　1. 稳定收益率曲线假设下的主动型策略。

- 买入并持有。
- 收益率曲线向下滚动或收益率曲线骑乘。
- 卖出凸性。
- 套息交易。

　　2. 变动收益率曲线假设下的主动型策略，包括水平、斜率和曲率的变动。

- 久期管理。
- 买入凸性。
- 子弹式和杠铃式投资组合结构。

　　投资组合经理可以通过使用几种工具来获得高于基准收益率的相对价值。最强大的工具是久期调整，但杠杆率、行业权重和凸性的相机调整也可以用来提高投资组合的收益率。具体如何应用这些策略取决于以下几个因素：

- 雇用投资经理时设定的投资目标。
- 资产所有人设定的投资规则，特别是关于久期或久期偏离基准的程度、信用等级、地域限制、换手率、集中度等方面的规则。

- 投资经理对未来收益率曲线变动的预期以及对这些预期的自信程度。
- 犯错的成本——可以用直接损失、较差的相对业绩、客户损失或声誉损失来衡量。

14.3.1 稳定收益率曲线假设下的策略

当投资组合经理预计收益率曲线将保持稳定，水平、斜率或曲率都不会改变时，他可以使用的主要策略是：①买入并持有；②收益率曲线骑乘；③卖出凸性；④套息交易。

关于投资组合的读者注意事项

本章中的例子使用了大量的投资组合。一些例子使用了虚构的债券，另一些则使用了撰写本书时可用的真实国债。通常情况下，后者是刚发行的国债新券。相同的债券出现在不同的例子中，有时头寸大小也相同，这使它们看起来一样。但请注意，它们的定价时间可能略有不同，因此分析结果（收益率、久期等）也略有不同。这些差异不是错误，而是对市场快速变化的反映。

14.3.1.1 买入并持有

在买入并持有的主动型策略中，投资组合经理会构建各方面特征不同于基准指数的投资组合，并在一段时间内不进行活跃的交易，让投资组合基本保持不变。如果投资组合经理认为收益率曲线会保持稳定，他可能会主动构建久期更长、到期收益率更高的投资组合，以获得高于基准的回报。或者他也可以瞄准收益率曲线上价格变化对投资组合总收益不会产生重大影响的部分。不能频繁调整投资组合让这种策略显得很被动，但与此同时它也可能成为相当激进的策略。

14.3.1.2 收益率曲线骑乘

收益率曲线骑乘是一种基于如下前提的策略：随着债券剩余期限逐渐减少，如果收益率曲线向上倾斜，债券的收益率将下降。这种现象也可以被描述为债券沿收益率曲线向下滚动。该策略与"买入并持有"策略有一些相似之处，在购买债券后也不会进行频繁交易。但从投资期限和预期收益积累的角度看，该策略不同于"买入并持有"策略。投资经理不仅在积累利息收入，还期望通过在短期内以更低的收益率出售债券来增加收益。

当投资组合经理预计收益率曲线不会变化，就会使用收益率曲线骑乘策略。该策略要求收益率曲线向上倾斜，此时，投资经理会购买债券，期望随着债券到期时间的缩短从价格上涨中获利。举个例子，如果 5 年期平价债券以 5% 的到期收益率出售，而 4 年期平价债券以 4% 的到期收益率出售。随着时间的推移，5 年期债券会自动变成 4 年期债券，其价格会上升到到期收益率为 4% 的水平。除了在此期间获得的利息收入，投资组合经理还能从债券价格上升中受益。如果投资经理的目标是收益率曲线上相对陡峭的部分，且随着债券到期时间的缩短价格会大幅上涨，那么该策略可能会特别有效。

如果投资经理对收益率曲线的观点发生了变化，可以选择将该交易"平仓"，投资组合将根据该投资经理修正后的预期重新配置。

14.3.1.3 卖出凸性

前面提到过，与久期相同但凸性较低的债券相比，凸性较高的债券在利率下降时价格上涨的幅度更大，而在利率上升时价格下跌的幅度更小。如果利率发生变化，凸性较高的债券的预期（瞬时）收益率将高于同久期低凸性债券的收益率。通常情况下，如果凸性较高的债券收益率较低，而投资组合经理认为收益率曲线很可能会保持不变，那么在投资组合中增加凸性对他来说没有什么价值。持有这些高凸性债券意味着放弃了一定的收益率。在这种情况下，他可能会选择执行卖出凸性策略。

　　要卖出凸性，投资组合经理可以卖出投资组合中已有债券的看涨期权，也可以卖出他希望持有的债券的看跌期权（如果看跌期权会被执行的话）。在这两种情况下，卖出期权的操作都可以增加投资组合的收益率并降低投资组合的凸性。如果投资经理预期未来的利率波动率会小于当前的期权价格所隐含的波动率，那么他收到的期权费足以补偿凸性下降的损失。[⊖]

　　虽然收到的期权费能为投资组合提供额外的回报，但传统固定收益投资组合经理很少使用直接卖出凸性的策略，因为许多资产所有者不愿让他们的固定收益投资组合经理进行卖出期权的交易。

　　有些证券的内在特性为那些在其他方面受到约束的投资经理提供了卖出期权的便利。可赎回债券就是一个例子。为了在一开始获得更高的收益率，可赎回债券的持有者实际上已经向债券发行人出售了一份看涨期权。但投资者能获得的高收益是有限的，如果收益率下跌幅度过大，以至于债券价格超过了内嵌看涨期权的执行价格，他的债券就有被赎回的风险。这样的价格表现通常被称为负凸性。虽然不能将内嵌期权从债券中分离出来，但它在很大程度上仍然是一种看涨期权头寸。

　　抵押贷款支持证券是另一个例子，提供了另一个卖出期权的机会。购房者是基础抵押贷款的发行人（他们发行的抵押贷款被银行购买了）。购房者最终必须偿还本金，但通常有权提前还款，或者说，赎回抵押贷款。MBS通常具有更高的收益率（与期限相似的不可提前还款的债券相比），因此投资经理愿意为了收益率接受一定的负凸性。尽管其内嵌的期权非常复杂，很难理解和估值，但读者应该意识到，在投资组合中拥有MBS就相当于卖出了期权。

14.3.1.4　套息交易

　　还有一种利用静态收益率曲线的投资组合构建方法是利用两种利率之间的利差。一般来说，**套息交易**指的是以低于某证券收益率的利率融资并购买该证券。在一种常见的套息交易中，投资经理借入低利率国家的货币，将其转换为高利率国家的货币，然后投资于高利率国家的收益率更高的债券。这种交易经常会使用较高的杠杆率，并承担外汇风险。该交易目标是赚取两个国家利率之间的利差，希望在收益率较高的证券上获得的收益，比为收益率较低的证券（融资工具）支付的成本更多。为了成功地执行该交易，投资经理必须在利率和汇率的变化造成的损失超过赚取的利差之前平仓。尽管经常被提及的是跨货币交易的形式，但使用同一种货币的两种头寸也可以很容易地执行套息交易。单一货币的套息交易也被称为市场内套利交易，几乎总是利用向上倾斜（正常）的收益率曲线。由于久期错配，这类交易可能伴随着巨大的利率风险。

　　要从稳定且向上倾斜的收益率曲线中获利，至少可以使用三种基本的套息交易方法：

　　（1）购买债券并在回购市场融资。

⊖ 请注意，卖出看涨期权也会减少投资组合的久期，而卖出看跌期权则会增加久期。为了保持投资组合的久期不变，投资经理可以出售适当的看涨期权和看跌期权组合。

（2）在利率互换中接收固定利率并支付浮动利率。

（3）持有债券期货合约多头。

前两种方法涉及在收益率曲线的短端融资，并将融到的资金投资于收益率曲线的长端，以获得更高的收益。具体来说，第一种方法是创建负债来购买资产，而第二种方法是复制与资产和负债相关的现金流。套息交易通常需要建立两个头寸，但第三种方法是一个例外，因为债券期货合约的多头头寸可以单独构成一笔套息交易。标准的套利理论表明，期货合约的价格应该等于今天购买债券和至期货交割日为其融资的成本，减去交割前获得的债券收益。如果期货的价格较高，期货合约的卖方可以通过购买债券并为其融资，然后根据约定的价格交付债券来套利。如果期货价格较低，期货合约的买方可以在今天卖空债券，将收益投资到货币市场，然后通过交割期货合约来获得债券，从而获得套利利润。⊖在现货价格和期货价格之间存在套利关系的情况下，期货价格在到期日将向现货价格收敛，而期货多头方将隐性获得债券应计利息并需支付融资成本。

涉及一种以上货币的套息交易被称为市场间套息交易，其形式更加多样化也更复杂。首先，这些交易不只依赖于一条收益率曲线。其次，投资者必须承担或以某种方式对冲汇率风险。最后，可能还有久期错配的问题。我们把对这些问题的详细讨论放到 14.5 节。现在，我们概述一些实现此类交易的方法。

如果投资者愿意接受汇率风险敞口，市场间套息交易的本质就是借入低利率货币，借出高利率货币。以下是实现这种交易的几种方法：

1. 从银行借入利率较低的货币，转换成利率较高的货币，并投资于以该货币计价的债券。

2. 利用货币互换，接收较高利率货币的现金流，并支付较低利率货币的现金流。

3. 借入利率较高的货币并投资于以该货币计价的金融工具，然后通过外汇远期将融资头寸转换为利率较低的货币（购买将利率较高货币换成利率较低货币的外汇远期合约）。

原则上，投资者可以自由选择对交易双方有利的期限，因为套息交易的主要动机是利用两国收益率曲线之间的利差，所以无须进行期限错配。例如，所选货币互换的结构可以是固定汇率换浮动汇率、浮动汇率换浮动汇率或固定汇率换固定汇率。请注意，在上面列出的第三种方法中，货币变换的方式是使用外汇远期头寸而不是直接借入低利率货币。这样做的理由是，用与融资资产相同的货币借入资金，比如通过回购市场融资，可以获得更优惠的贷款条件。

图 14-7 说明了这些交易是如何组合的。在初始时刻，投资者从债券做市商那里购买以高收益货币计价的债券，同时将其出售给回购对手方并承诺在未来以包含融资利率的约定价格购回该债券。在此过程中，债券的实质拥有者仍为该投资者，所以债券在此期间产生的任何回报也应该归其所有。在图 14-7 中，债券购买和回购融资交易是分开的，但债券做市商同时是回购对手方的情形也很常见。⊜投资者还签署货币远期合约，同意在到期时支付 $X_{\text{LH}}P_B(1+r_L)$ 单位的

⊖ 可以由套利模型（连续复利）得到下式：

$$F_0(T) = S_0 e^{(r_c + \theta - \gamma)T}$$

其中 T 为到期时间，期货价格 $F_0(T)$ 等于现货价格 S_0 以无风险利率 r_c 加上其他套利成本 θ，减去便利性收益 γ 计算连续复利。在本例中 γ 是收益率，θ 等于零。

⊜ 在实际操作中，由于回购交易对手不会借出担保品价值 100% 的资金，交易的"现金"端不会完全抵消。其中的差额，比如说抵押物价值的 2%，被称为"折扣"。

低利率货币，以换取 $P_B(1+r_H)$ 单位的高利率货币。在这里，P_B 表示投资者为购买债券支付的价格，X_{LH} 是初始时刻的即期汇率（以较高利率货币可以换取多少较低利率货币的形式表示），r_H 和 r_L 分别表示较高和较低的利率。该汇率远期合约隐含着以 r_L 的利率借入 $X_{LH}P_B$ 并以 r_H 的利率借入 P_B。抛补利率套利确保了这些隐含利率能反映每种货币的实际（无担保）贷款利率。在结束时，投资者从外汇远期合约中获得 $P_B(1+r_H)$ 的高利率货币足以回购债券。投资者还需支付 $X_{LH}P_B(1+r_L)$ 单位的低利率货币，以解除汇率远期的隐性贷款。相互抵消后，相当于投资者以较低的利率（r_L）融资购买债券。事实上，实际的净融资成本可能会更低。因为回购协议具有担保贷款的性质，同一货币的回购利率通常会低于无担保贷款的利率（r_H）。从以上分析可以看到，该策略可以降低投资者套息交易的净成本，这可能是投资者采用这种复杂方式进行套息交易的原因。

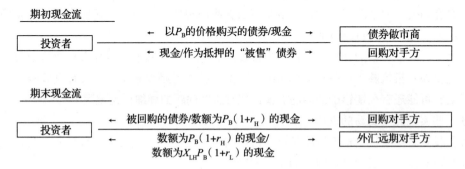

图 14-7　结合债券、回购和外汇远期的套息交易

读者可能还记得 CFA 二级相关章节的非抛补利率平价理论。该理论认为两种货币短期利率的利差将与高利率货币的贬值逐渐抵消。如果该结果成立，就意味着平均而言，无法通过市场间套息交易收割短期利率的利差（尽管较长期利率的套息交易可能仍然有利可图）。经验性研究一致表明，非抛补利率平价理论并不成立。换句话说，利率较高的货币没有系统性贬值的趋势，市场间套息交易获利的可能性较大。但套息交易的收益率分布既是厚尾的，也是负偏的，这意味着当发生损失时，损失规模可能很大。[⊖]

为了在市场间套息交易中消除汇率风险敞口，投资者必须明确或隐含地在每一种货币上同时借入和借出资金。这种交易的本质是只利用两国收益率曲线斜率的差异，而非总体利率水平的差异。假设两国的收益率曲线都是正常的，即都是向上倾斜的。在相对陡峭的收益率曲线上，在长端借出资金，在短端借入资金；在相对平坦的收益率曲线上，在长端借入资金，在短端借出资金。以下是实现这种交易的方法。

- 在收益率曲线更陡峭的货币上接收固定利率，支付浮动利率；在收益率曲线更平坦的货币上支付固定利率，接收浮动利率。
- 在收益率曲线更陡峭的货币上做多债券期货，在收益率曲线更平坦的货币上做空债券期货。

⊖ 关于考虑汇率的同资产类别和跨资产类别套利交易的更复杂的例子，可以参考 R. S. J. Koijen、T. J. Moskowitz、L. H. Pedersen 和 E. B. Vrugt 2016 年 11 月 1 日的工作论文 "Carry"。

专栏 14-2

总部位于伦敦的全球宏观对冲基金威塞克斯环球公司的投资组合经理、CFA 拥有者索尼娅·亚历克西斯认为，未来 6 个月，全球的收益率曲线将保持稳定。在英国利率非常低、收益率曲线相当平坦的情况下，她正在考虑在其他市场进行套息交易，作为获得更高收益率的一种方式。她指出，新西兰的收益率曲线相对陡峭，墨西哥的利率虽高但收益率曲线平坦，这两个国家可能是不错的套息候选者。三种货币的互换利率见表 14-1，均以每年支付两次息票的年化利率报价。

表 14-1　各种期限的英镑、新西兰元和墨西哥比索的互换利率

	6 个月期 互换利率	1 年期 互换利率	2 年期 互换利率	3 年期 互换利率	4 年期 互换利率	5 年期 互换利率
英镑	0.47%	0.68%	0.59%	0.68%	0.76%	0.84%
新西兰元	2.03%	2.07%	2.28%	2.56%	2.76%	2.92%
墨西哥比索	7.19%	7.28%	7.24%	7.21%	7.22%	7.25%

根据这些信息，亚历克西斯计算了每个市场内的最佳潜在套息机会以及最优的市场间头寸。她的研究结果见表 14-2。

表 14-2　使用英镑、新西兰元和墨西哥比索进行市场内和市场间的套利交易

头寸	计算过程	6 个月套息收益
市场内套息		
付 6 个月期英镑/收 5 年期英镑	(0.84−0.47)/2=	18.5 个基点
付 6 个月期新西兰元/收 5 年期新西兰元	(2.92−2.03)/2=	44.5 个基点
付 6 个月期墨西哥比索/收 1 年期墨西哥比索	(7.28−7.19)/2=	4.5 个基点
市场间套息		
付 6 个月期英镑/收 5 年期新西兰元	(2.92−0.47)/2=	122.5 个基点
付 6 个月期英镑/收 1 年期墨西哥比索	(7.28−0.47)/2=	340.5 个基点

如果她相信墨西哥的利率不会上升，因而不会导致套息交易恶化，并且墨西哥比索对英镑不会大幅贬值，那么收取 1 年期墨西哥比索并支付 6 个月期英镑是目前最好的套息交易。该市场间交易能在 6 个月获得 340.5 个基点的套息收益。墨西哥比索的市场内套息交易几乎没有利润，该交易没有承担任何墨西哥比索的汇率风险。

相比之下，无论是否存在汇率风险，新西兰市场都提供了具有吸引力的套息交易机会。此外，新西兰元的收益率曲线相对陡峭，特别是 5 年期和 4.5 年期之间。如果 6 个月后新西兰元的收益率曲线保持不变，5 年期互换利率将下降至 2.84%（2.92% 和 2.76% 的平均值），带来了约 33 个基点的潜在收益率。[⊖] 相反，如果新西兰元的互换利率曲线反映了当前的隐含远期利率，那么 4.5 年期互换利率将从 2.84% 上升 19 个基点至 3.03%，导致的损失将完全抵消套利应计收益，而付 6 个月期新西兰元/收取 5 年期新西兰元的互换将刚好盈亏平衡。亚历克西斯一开始对这个结果感到惊讶，但后来她意识到，如果新西兰元互换曲线刚好反映远期

⊖ 在收益率曲线稳定且剩余期限为 4.5 年的情况下，互换的固定利率端的修正久期为 4.218。如果收益率下降 8 个基点（从 2.92% 下降到 2.84%），则该值将增加约（4.218×0.08）= 0.3374，即 33.74 个基点。实际增加值略低，反映了使用即期利率曲线（即零息票收益率曲线）中的特定利率对每笔到期现金流进行贴现的影响。

利率，那么所有期限的收益都将持平。根据构造过程，远期利率是嵌入当前所有互换价格中的未来一期贴现率序列。在第一期结束时，当前的短期（6个月期）利率将从序列中退出。如果这个序列的其余部分保持不变，也就是说收益率曲线会向远期利率滚动，那么每一个互换的固定端利率将会以当前的短期利率获得收益。当然，这是互换浮动端支付的利率，因此每个期限的收益都是一样的。

▌ 专栏 14-3

拥堵风险和日元套利交易

日本一直试图通过压低日元相对于美元和其他货币的汇率来刺激经济。因此对冲基金和其他机构经常以接近于零的极低利率借入日元，并将日元兑换成美元，然后将这些美元以远高于借入日元成本的收益率投资于美国国债。这是利用利率的利差创造的"正向套息交易"。当大量买入时，会推高美国债券的价格。

套息交易的利润来自该交易的三个方面：美国和日本利率之间的利差、美国债券价格的上涨以及美元兑日元的升值。成功与否取决于收益率曲线是否稳定和的日元汇率是否降低（至少稳定）。

过于流行的套息交易存在拥堵风险，在这种情况下，交易由如此多的投资者完成，以至于退出变得拥挤，因为所有人都试图在短时间内完成交易。澳元套利交易就是这种拥堵风险的一个很好的例子。2007年初，澳元提供了6.4%的平均利率，而日元的利率约为0.4%，出现了6%的利差。2007年底，投资者大量涌入二者的套息交易。2008年全球金融危机爆发时，这类交易出现了大规模平仓，导致澳元下跌了近50%。同样，20世纪90年代中期的新兴市场套息交易非常流行，当时投资者借入日本或美国等利率较低国家的货币，然后投资于收益率高得多的新兴国家债券。随着对新兴市场违约的担忧加剧，投资者纷纷退出，大量资金从新兴市场货币中流出，引发了一场新兴市场危机，随后是全球市场崩盘。

然而，自2008年全球金融危机以来，许多发达国家的短期利率一直接近于零，这抑制了人们进行日元套息交易的热情，但却使更广泛的套息交易变得非常受欢迎和有利可图。

14.3.2 在市场收益率水平、斜率和曲率等因子变动时的策略

投资者通常对收益率曲线抱有个性化预期，这些预期是他们通过经济分析、数据挖掘、跟随货币政策和央行行动或其他方式得出的。从某种程度上说，如果投资者根据这些预期来配置投资组合，就说明他们不认同隐含在当前收益率曲线中的未来利率预期。如果他们的预期被证明是正确的，就可以获得更高的收益率。但如果他们的预期没有实现，就有可能遭受更大的损失。没有令人信服的证据表明，有任何一位投资者能始终做出准确的方向性判断。这是许多固定收益投资组合经理受到严格的久期限制的原因之一。下面我们介绍投资经理在预期利率水平或收益率曲线的斜率或形状发生变化时，可能使用的主要策略。

14.3.2.1 久期管理

久期管理策略的最简单形式是在预期利率上升（债券价格下降）时缩短投资组合的久期，在预期利率下降（债券价格上升）时延长投资组合的久期。该策略要求投资经理正确预测利率的变化方向。如果该策略成功，投资经理可以利用久期管理获得比大多数其他策略更

高的主动收益。

正如图 14-3 中显示的那样，债券毫无疑问经历了长期牛市。在近 35 年的时间里，尽管偶尔会出现收益率上升的现象，但做多久期策略（选择久期长于基准的证券构建投资组合）总体而言是一个成功的主动型策略。

尽管很难预测利率变化的方向或幅度，但久期管理是固定收益基金经理对投资组合进行仓位调整的主要工具之一，目的是在收益率下降时提高收益率，或在收益率上升时将损失降到最低。

修正久期可以用于估计在给定的利率变化下，债券价格（或投资组合价值）的变化百分比，如式（14-2）所示：

$$债券价格变化百分比 = -修正久期 \times 利率变化 \tag{14-2}$$

注意，当利率变化为负数时，计算出的债券价格变化是正的，因为在方程右边有一个负号。

因此，如果债券（或投资组合）的修正久期为 5，人们预期利率会有 1%（100 个基点）的变化，那么预期的债券价格变化将是 5%。

如果投资经理预计利率将会下降，他可以增加投资组合的久期，这样利率下降带来的投资组合价值增长（利润）将比久期保持不变时更大。如果她预计利率将会上升，可以采用更具防御性的策略，减少投资组合的久期。

但这也不仅仅是增加或减少久期的问题，投资经理增加或减少久期会影响最终结果。由于收益率曲线很少平行移动，因此同样幅度的久期调整可能会导致不同的结果。虽然建立了高于基准久期的投资组合仓位，但当收益率曲线变陡或变平时，基金经理获得的收益率也会增加或减少。

例如，考虑一个简单的投资组合，配置三个头寸：三分之一的现金，三分之一久期为 4 年的主权债券，三分之一久期为 8 年的主权债券。该投资组合的市值加权久期约为 4 年。假设投资经理想要将久期增加到 6 年，他有很多方法可以选择。表 14-3 介绍了两种备选方案。

表 14-3 同样的收益率变化下，久期接近的投资组合的价格反应也可能会非常不同

	久期（年）	投资组合配置		
		当前投资组合	备选方案 1	备选方案 2
头寸 1（现金）	0	33%	0	33%
主权债券 1	4	33%	50%	0
主权债券 2	8	33%	50%	0
主权债券 3	6	0	0	33%
主权债券 4	12	0	0	33%
市值加权久期		4	6	6

第一个方案是将现金头寸降为零，用一半现金购买久期为 4 的债券，另一半购买久期为 8 年的债券（备选方案 1）。第二个方案是保持现金头寸不变，卖出所有久期为 4 年和久期为 8 年的债券，然后买入久期为 6 年和久期为 12 年的债券（备选方案 2）。

两种备选方案的市值加权久期是相等的，但由于它们的结构不同，在收益率曲线发生非平移变动时的反应也会不同。假设收益率曲线上的长端利率，也就是适用于久期长于 9 年债券的利率、发生了倒挂（长期利率的下跌幅度大于短期利率），那么备选方案 2 的表现将优

于备选方案 1。由于没有任何久期超过 8 年的债券敞口，备选方案 1 无法从此次收益率曲线倒挂中获益。可以看到，债券的久期分布（或者说债券在不同到期期限上的分布）在收益率曲线发生非平行变化时非常重要。

对于没有嵌入期权的一般债券来说，久期、债券价格变化和收益率变化之间的关系是比较直接的〔见式（14-2）〕。如果收益率曲线只会发生平行移动，我们可以根据对收益率的预测和投资组合中各债券的久期计算债券的预期价格变化，再简单加总就得到了投资组合的预期价值变化。或者在久期变化一定幅度的情况下，预测投资组合的额外价格波动。这些预测是相对准确的。我们也可以考虑凸性的影响来获得更精确的结果，特别是在预测收益率会发生较大变化的时候，尽管考虑凸性的预测没有根据久期得到的线性预测那么直观。

但是，如果收益率曲线上的不同点的变化幅度不一致，线性预测的准确性就会大幅下降。投资组合可能某些部分表现得比预期更好，某些部分的表现符合预期，而其他部分的表现则不如预期。不同期限的收益率变化缺乏完美的相关性，这意味着根据投资组合久期进行的计算只是一种近似，而不是对利率敏感性的精确度量。投资经理必须仔细监控投资组合中的久期分布，特别是相对基准久期的偏离情况。监控久期分布的一个基本工具是关键利率久期，我们将在本章后面的内容进一步讨论具体步骤。

使用衍生工具改变投资组合的久期

如果一个投资组合已经满仓，缩短久期往往比延长久期更容易。可以简单地通过出售一些债券并持有现金来缩短久期。但要延长久期（不使用衍生品），就必须卖出较短久期的证券，同时买入较长久期的证券。通过同时买卖证券来改变久期，投资经理可能会发现自己不得不卖出自己更愿意保留的证券，比如说那些很难买到的、流动性低的、交易成本高的证券。

使用利率衍生品来改变投资组合的久期要方便得多。⊖使用衍生品覆盖策略，可以将证券选择和久期延长或缩短分开操作，而且不需要改变投资组合的基本结构。（衍生品覆盖策略使用衍生工具来获得、冲销或替代投资组合的某些风险敞口，但不必实际买入或卖出投资组合中的证券。）

使用利用衍生品调整投资组合久期的一种方法是使用期货合约。固定收益产品的期货合约对标的债券的价格变化很敏感。除了初始保证金和维持保证金外，持有期货合约不需要支出任何现金。计算改变投资组合的久期所需的期货合约数量需要用到两个重要的概念：货币久期和基点价值（PVBP）。

货币久期等于市场价值乘以修正久期。它可以用投资组合中债券持仓规模的形式表示，也可以除以 100，用每 100 面值的形式表示。⊜基点价值等于市场价值乘以修正久期再除以 10 000（或乘以 0.0001）。基点价值是适当缩放货币久期得到的指标，可以被解释为参考利率每变化一个基点带来的货币收益或损失。例如，如果一个投资组合的市值为 1000 万美元、修

⊖ 我们在这里只针对"利率衍生品"，因为"衍生品"一词对不同领域的固定收益参与者而言有不同的含义。例如，MBS 经理可能会使用这个术语来表示只付利息剥离债券和只付本金剥离债券（也称为 IO 和 PO）。其他人可能会想到抵押担保债券（CMO），其现金流来自更基本的 MBS。结构性票据有时也被称为衍生品。在这一段中，我们讨论的是简单的利率衍生品，例如债券和利率期货的看跌期权和看涨期权（虽然利率期货自己也被称为衍生品）。我们还会考虑利率顶和利率底（通常针对 Libor）和各种互换期权（互换的期权）。

⊜ 当我们使用"久期"一词作为债券价格变动的衡量标准时，我们指的是修正久期或有效久期（该久期总是根据修正久期进行校准）。其中，有效久期用于内含期权的证券。

正久期为6，则基点价值为6000美元，计算方法如下：

$$（1000 万美元 \times 6）/10\,000 = 6000 美元$$

换句话说，美国国债收益率曲线每向上（向下）移动1个基点，该投资组合就会损失（或获利）6000美元。要将投资组合的久期延长到7，我们必须在不改变投资组合规模的情况下增加1000美元的基点价值。使用期货合约可以轻松实现该目标。以美国10年期国债期货合约为例，该合约的基点价值为85美元。要为1000万美元的投资组合增加1000美元的基点价值，我们需要购买12份期货合约，计算过程如下：

$$需要增加的基点价值/期货合约的基点价值 = 所需期货合约数量$$

$$1000/85 = 11.76 或 12 份合约$$

除了使用期货，还可以用杠杆买入的方式来延长投资组合的久期。以上述例子中久期为6的1000万美元的投资组合为例。要将有效久期延长到7，我们需要增加1000美元的基点价值。投资组合经理可以用杠杆买入167万美元的债券，这些债券的久期与投资组合相同，均为6。下面的计算可以估计所需债券的价值。

需要增加的基点价值	1000 美元
÷融资买入的债券的久期	÷6
×10 000	×10 000
=需要用杠杆买入的债券金额	≈167 万美元

要计算用杠杆买入债券后投资组合的有效久期，可以使用以下公式：

$$\frac{投资组合名义价值}{投资组合权益} \times 久期 \approx 投资组合的有效久期$$

$$\frac{1167 万美元}{1000 万美元} \times 6 \approx 7$$

在这个等式中，"久期"仅指资产（包括用杠杆买入的债券）的久期，不考虑为其提供资金的负债的久期。⊖等式的第一项（投资组合名义价值/投资组合权益）代表了久期的调整幅度。

从本例中可以看到，如果可以融资买入的话，使用同样久期（这里是6年）的债券就可以获得更长的久期，没有必要使用久期更长的债券。这是杠杆能达到的效果，表明在调整投资组合久期时，除了久期外，头寸的基点价值（这里是7000美元）也很重要。当然，没有规定说只能使用久期为6年的债券。我们可以用久期为3年的债券，但这需要融资买入两倍市值的债券，以达到预期的基点价值，而且利息成本会更高。或者我们可以选择长期债券，然后用更低的市值和更少的借款来达到同样的效果。这两种方法都会给投资组合增加一些收益率曲线风险，因为现在它持有的债券会受到收益率曲线上较短或较长期限的收益率变化的影响。

杠杆增加了利率风险，因为它增加了投资组合对利率变化的敏感性（毕竟久期变长了）。请注意，在包含信用风险的投资组合中使用杠杆会放大信用风险和流动性风险。

也可以用利率互换来延长久期。尽管互换的流动性不如期货，短期内也不如使用杠杆灵

⊖ 这里有一个隐含假设，即头寸的融资利率等于隔夜贷款利率，因此负债的久期为零。如果使用定期融资（例如3个月贷款），则负债的久期必须扣除购买的额外债券的久期，以确定达到久期目标所需的债券数量。下面使用互换代替额外债券的例子说明了这种计算的机制。

活，但互换覆盖的期限范围更广，而且不限于债券或债券期货的标准期限。尽管互换与期货或杠杆之间的法律处理和流动性考虑有所不同，但从理论上讲它们的原理都是一样的。互换交易中的固定端头寸（收取固定利率，支付浮动利率）本质上相当于长期债券的多头头寸加短期证券的空头头寸，也很像用短期融资杠杆买入长期债券的头寸，或期货合约的债券多头和回购空头构成的头寸。

利率互换与期货的一个共同特点令一些投资者感到不安——它们没有定义明确的久期。如果我们使用"久期"这个概念，也就是 100 个基点的利率变动所带来的价值百分比变化，那么该定义对利率互换和期货来说是没有意义的。因为一个新的期货头寸或一个新的互换头寸没有市场价值。但期货和互换都可以用来增加投资组合的美元（或货币）波动性，因为它们的价值会随着利率的变化而变化。货币久期或基点价值可以用来捕捉它们对投资组合的这种影响。

确定需要被添加到投资组合中的互换的名义价值的过程（通过作为互换的固定收取端来延长久期，或作为互换的固定支付端来缩短久期）与前面期货合约数量的计算过程相同。我们首先确定改变投资组合久期所需的基点价值，然后评估多少互换头寸可以增加这么多基点价值。因为互换交易不像期货那样有一个标准化的合约规模，所以我们以 100 万美元来计算金额，并相应地调整规模。

考虑表 14-4 所示的三种利率互换（浮动端参考利率均为 3 个月期 Libor）。

表 14-4

期限	固定收取端的有效基点价值	浮动支付端的有效基点价值	净有效基点价值	每 100 万美元的基点价值
5 年	0.0485	0.0025	0.0460	460
10 年	0.0933	0.0025	0.0908	908
20 年	0.1701	0.0025	0.1676	1676

使用跟之前一样的例子，假设起始投资组合为 1000 万美元，久期为 6 年，所以基点价值为 6000 美元，我们需要添加多少互换头寸才能像之前那样使投资组合的久期达到 7 年？我们需要增加 1000 美元的基点价值来将投资组合的久期从 6 年延长到 7 年。

- 使用 5 年期互换，我们将需要增加 1000/460 百万，即约 217 万美元的互换。
- 使用 10 年期互换，我们将需要增加 1000/908 百万，即约 110 万美元的互换。
- 如果使用 20 年期互换，我们需要增加 1000/1676 百万，即约 60 万美元的互换。

注意这些答案与前面期货的例子是一致的。使用期货时，我们必须增加大约 12 份期货合约，即 120 万美元的面值。如果使用 10 年期互换，我们将增加 110 万美元。之所以会出现轻微的差异，是因为期货合约的最便宜可交割券的久期比 10 年期国债的更短。20 年期互换的波动性高于 10 年期互换，对于同样的风险敞口所需的面值也更低。同样，对于波动性更低的5 年期互换，就必须使用更多的名义本金才能改变同样的利率风险敞口。

在收益率曲线的平行变化中（假设互换利差保持不变），这三种头寸中的每一种都会给投资组合增加相同的美元波动。但不同互换的风险敞口分布在收益率曲线的不同部分，如果曲线以非平行的方式移动，这些互换的表现就不会完全相同。显然，方案选择过程引入了一些固有的收益率曲线风险。

14.3.2.2 买入凸性

投资经理可以选择在不改变久期的情况下改变投资组合的凸性，以增加或减少投资组合对收益率曲线预期变化的敏感性。回想一下，凸性衡量的是久期对收益率变化的敏感性。如果收益率上升，一个给定久期但凸性较高的投资组合，价格跌幅将小于一个久期相近但凸性较低的投资组合。同样，如果收益率下降，较高凸性的投资组合的表现将优于久期相近但凸性较低的投资组合。

如表 14-3 所示，通过改变投资组合中债券的分布来增加凸性，可以提高收益率，但这种策略的效果可能相当有限。如果投资组合的授权策略范围更广，允许包含信用证券，其业绩评估也是相对于信用证券基准的，那么投资组合通常会包含数百种证券。投资经理们会发现很难快速改变这种投资组合的结构。由于信用证券固有的非流动性（因此投资组合中可能包含投资经理不愿或难以出售的债券），改变投资组合结构使其更像子弹式结构（具有期限集中的特点）或更像杠铃式结构（具有期限分散的特点）可能是非常麻烦的。具有更广泛策略范围的投资组合可以利用期权、互换、可赎回债券和抵押担保证券等衍生品来改变凸性。

我们之前已经说过，增加凸性的目标是降低价格下跌时的损失，并提高利率下降导致的价格上涨幅度（超过根据久期计算的上涨幅度）。这个概念的另一种表述方式是，投资经理想要在其投资组合的价格收益率函数中增加更多的曲率。最直接的方法是增加一些在收益率变化时价格以曲率的方式响应的金融工具。图 14-8 显示了债券看涨期权的价值与债券价格的关系。

期权展示了投资经理认为非常有价值的曲率。随着标的债券价格的下跌，期权价值也会下跌，但速度比债券本身更慢（而且越来越慢）。如果债券价格低于期权的执行价格，期权的内在价值为零；债券价格的任何进一步下跌将不会对期权的到期价值产生影响。当债券的价格上涨时，期权的价值会迅速上升，其涨幅将越来越接近债券的价格涨幅（其 delta，即期权价格对债券价格变化的敏感性，会接近于 1.0）。这种较大的曲率，或价格对收益率变化加速或减速的反应，对于增加投资组合的凸性非常有效。

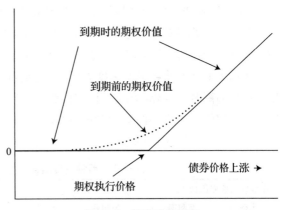

图 14-8 债券看涨期权

如果期权的 delta（以绝对价格变化衡量）被正确计算到投资组合的久期中，delta 的快速变化会在利率下降和价格上涨时转化为投资组合久期的增加，在价格下跌时转化为久期的减少。这样的动态过程反映了凸性的意义。

为了使投资组合从更高的凸性中受益，预期的利率下降必须在短时间内发生。在其他条件相同（比如久期相同）的情况下，凸性较高的债券收益率低于凸性较低的债券。较低的收益率拖累最终的回报率。如果收益率变化需要的时间太长，所牺牲的收益率将大于预期的价格变化。

下一节将讨论如何利用子弹式和杠铃式投资组合结构从收益率曲线斜率和曲率的变化中获利。

14.3.2.3 子弹式和杠铃式投资组合结构

由于收益率曲线的变动通常不是平行变动，因此投资经理们通常会利用这种非平行变动（斜率或曲率的变化）来构建投资组合。利用这些非平行变动的最常见策略是子弹式和杠铃式投资组合结构。

这两种投资组合可能有相同的久期，但在收益率曲线变化时可能具有截然不同的结构。**子弹式投资组合**由收益率曲线上某个目标期限附近的证券组成，在目标期限更长或更短的期限上只有很小的风险敞口或没有风险敞口。[⊖]该结构通常被用于从收益率曲线变陡的过程中获利。如果长期利率上升导致收益率曲线变陡，子弹式投资组合的损失将小于久期相似但期限敞口在收益率曲线上分布更均匀的投资组合。如果收益率曲线因短期利率下降而变陡，那么考虑到收益率曲线短端价格变化幅度很小，该投资组合放弃的利润很少。

杠铃式投资组合是集中投资于短期证券和长期证券的投资组合（因此中间期限证券的持有量较少）。该组合通常被用来从收益率曲线变平的过程中获利。如果长期利率的下跌幅度大于短期利率导致收益率曲线趋于平缓，那么杠铃式投资组合中的长期证券就能从利率下跌中获得投资中期证券无法获得的好处。如果收益率曲线因短期利率上升而趋于平缓，那么杠铃式投资组合就会因为短期收益率变化对价格敏感度较低而损失有限。

可以用关键利率久期来识别子弹式和杠铃式投资组合。关键利率久期也被称为部分久期，它可以用来估计债券价格对基准收益率曲线形状变化的敏感性。关键利率久期衡量的是固定收益工具对收益率曲线上特定期限利率，如 2 年期、5 年期、7 年期、10 年期和 30 年期利率的久期。

当然，关键利率久期的总和必须接近债券或投资组合的有效久期。否则，对于基准收益率曲线的平行移动，关键利率久期将表现出与有效久期不一致的利率敏感性。[⊖]

考虑表 14-5 中展示的两个投资组合。它们都是由美国国债构成的投资组合，是包括国债旧券在内的更多类型债券的美国国债指数的两种临时替代品。构建投资组合 1 的最初目标是匹配美国国债指数的一般久期特征。构建投资组合 2 的目标是对投资组合 1 进行修正，使总久期保持不变，但特征更接近杠铃式投资组合。

表 14-5 两种投资组合：相似的久期，不同的凸性

A 板块：投资组合 1

代码	票面利率	到期日	YTM	有效久期	名义本金（千）	市值	有效凸性
2 年	0.75	2018 年 1 月 31 日	0.816	1.979	19 000	18 975	—
3 年	0.75	2019 年 2 月 15 日	0.987	2.96	16 000	15 888	—
5 年	1.375	2021 年 1 月 31 日	1.345	4.842	10 500	10 515	—
10 年	2.25	2025 年 11 月 15 日	1.935	8.887	7500	7745	—
30 年	3.00	2045 年 11 月 15 日	2.762	20.142	7000	7380	—
投资组合 1	1.325		1.333	5.834	60 000	60 503	0.779
指数	2.012		1.430	5.853			0.801

⊖ 当我们使用术语"子弹式投资组合"时，我们指的是债券到期日均接近某个区间中心的投资组合，而不是到期日集中在某个区间两端的杠铃式投资组合。虽然有可能存在 30 年期子弹式投资组合或 1 年期子弹式投资组合，但我们在这里专注于比较两个期限相似但期限结构截然不同的投资组合。

⊖ 事实上，对于复杂的证券，如具有显著的建模复杂性的 MBS，需要检查关键利率久期这个概念是否在整个建模环境中是有意义的。

（续）

B 板块：投资组合 2							
代码	票面利率	到期日	YTM	有效久期	名义本金（千）	市值	有效凸性
2 年	0.75	2018 年 1 月 31 日	0.816	1.979	31 000	30 959	
3 年	0.75	2019 年 2 月 15 日	0.987	2.96	9000	8937	—
5 年	1.375	2021 年 1 月 31 日	1.345	4.842	5000	5007	—
10 年	2.25	2025 年 11 月 15 日	1.935	8.887	7000	7228	—
30 年	3.00	2045 年 11 月 15 日	2.762	20.142	8000	8435	—
投资组合 2	1.294		1.290	5.714	60 000	60 566	0.877
指数	2.012		1.430	5.853			0.801

从中可以看到：

- 两个投资组合的有效久期都接近于指数的久期（5.85）。
- 投资组合 1 的凸性也接近于指数（0.779vs0.801）。[⊖]
- 投资组合 2 的凸性高于投资组合 1（0.877vs0.779），也高于指数（0.877 vs 0.801）。

在表 14-6 中，我们比较了根据每个投资组合和指数的关键利率久期计算的部分基点价值。图 14-9 给出了两种投资组合的部分基点价值的分布。

表 14-6　部分基点价值

	部分基点价值（关键利率基点价值）						
	总计	1 年	2 年	3 年	5 年	10 年	20 年	30 年
投资组合 1	0.059	0	0.0056	0.0073	0.0126	0.0127	0.0014	0.0191
投资组合 2	0.059	0	0.0096	0.0040	0.0074	0.0119	0.0018	0.0238
指数	0.061	0.0017	0.0033	0.0063	0.0147	0.0093	0.0085	0.0173

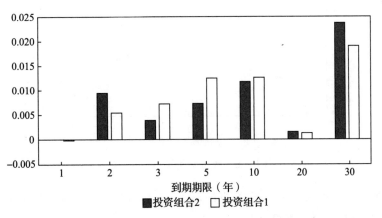

图 14-9　各投资组合的部分基点价值分布

⊖ 必须总是仔细地解释凸性统计量，因为没有关于它们如何缩放的统一约定。如前所述，零息票债券的凸性近似等于其久期的平方。5 年期零息票债券的久期约为 5 年，因此我们应该预计其凸性在 25 左右。但在报告凸性时经常将"原始"数字除以 100。我们在本章中始终遵循这种做法。因此，这里显示的指数凸性为 0.801 相当于缩放前的 80.1。恰当地考虑凸性的缩放是特别重要的，特别是当它们被用于计算近似收益率时，就像我们在本章后面要做的那样。

从中可以看到：

- 两个投资组合的部分基点价值之和相同（0.059），都接近于基准指数的基点价值之和（0.061）。
- 投资组合1的关键利率基点价值在收益率曲线上的分布相对均匀，跟指数相比，5年期和20年期的权重更低，2年期、3年期、10年期和30年期都有相当的权重，更接近于子弹式投资组合。
- 跟指数相比，投资组合2在2年期和30年期的权重更高，而在3年期、5年期、10年期和20年期的权重更低，更接近于杠铃式投资组合。

　　在收益率曲线平行移动时，投资组合2的表现可能与投资组合1和指数的表现相似，因为它们的总久期差不多。但是在收益率曲线趋平的情况下，特别是在有额外曲率的情况下，比如在表14-7和图14-10中那样，投资组合2将由于其杠铃式结构而表现得更好。

表14-7　收益率曲线趋平的情景

关键利率曲线变化			
到期期限	开始时的曲线	结束时的曲线	曲线变化
2年	0.816	0.816	0.0
3年	0.987	1.037	5.0
5年	1.345	1.445	10.0
10年	1.935	2.185	25.0
20年	2.349	2.324	-2.5
30年	2.762	2.462	-30.0
"2s-30s"利差	1.946	1.646	-30.0
蝶式利差	0.292	1.092	

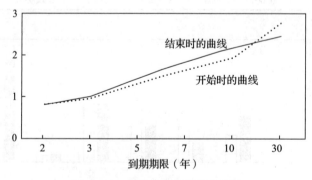

图14-10　收益率曲线趋平的情景

　　在表14-8中我们可以看到，正如预期的那样，杠铃式投资组合（投资组合2）的表现远优于非杠铃式投资组合（投资组合1）。

表14-8　收益率曲线趋平时的投资组合价值变化

到期期限	部分基点价值		收益率曲线变化（个基点）	投资组合名义价值（美元）	价值变化（美元）	
	投资组合1	投资组合2			投资组合1	投资组合2
2年	0.0056	0.0096	0.0	60 000 000	—	—
3年	0.0073	0.0040	5.0	60 000 000	(21 900)	(12 000)

（续）

到期期限	部分基点价值		收益率曲线变化（个基点）	投资组合名义价值（美元）	价值变化（美元）	
	投资组合 1	投资组合 2			投资组合 1	投资组合 2
5 年	0.0126	0.0074	10.0	60 000 000	(75 600)	(44 400)
10 年	0.0127	0.0119	25.0	60 000 000	(190 500)	(178 500)
20 年	0.0014	0.0018	-2.5	60 000 000	2100	2700
30 年	0.0191	0.0238	-30.0	60 000 000	343 800	428 400
					57 900	**196 200**

例 14-1 收益率曲线策略

在孟买的萨吉特资本管理公司最近的一次投资委员会会议上，该公司旗下固定收益基金的投资经理被要求讨论他们对未来 12 个月印度利率的预期。英迪拉·古普塔预计，收益率曲线将大幅变陡，短期利率将在政府刺激经济的计划的推动下下降，而长期利率将上升，因为非国内投资者将抛售债券，以应对可能出现的主权信用评级下调。维克拉姆·夏尔马也认为，随着印度央行大幅下调政策利率以刺激经济增长，短期利率将下降，但他预计长期利率将保持不变。他对曲线长期端的预测只有中等的信心。阿肖克·帕尔不同意同事的观点，他认为印度经济表现相当不错，预计明年利率将保持稳定。

从下面找出三个投资经理最可能使用的能表达他们对收益率曲线观点的收益率曲线策略并论证。

策略如下：

- 卖出凸性。
- 久期管理。
- 买入凸性。
- 子弹式投资组合。
- 杠铃式投资组合。

解答：古普塔极有可能建立子弹式投资组合，将投资集中在久期与指数的久期密切匹配的债券上。因为她认为收益率曲线将显著变陡，短期利率将下降，长期利率将上升，而子弹式投资组合结构提供了对收益率曲线变陡的保护。

基于短期利率将显著下降而长期利率将保持不变的观点，夏尔马不太可能缩短久期，但仍可能采用子弹式投资组合结构。他可能会避免投资较长期的证券，使投资组合免受收益率曲线长端可能发生的不利波动的影响。鉴于他对长期利率的看法更为温和，他持有的投资组合的久期分布可能没有古普塔那么集中。

根据利率将在未来 12 个月保持稳定的观点，帕尔最有可能卖出未来一年的凸性。由于对利率稳定的预期，他认为目前投资组合提供的凸性价值不大。帕尔可以通过出售其投资组合中债券的期权来卖出凸性，或者他可以用可赎回债券或抵押贷款支持证券替换部分当前头寸。

14.4 根据对市场的观点来制定投资组合调仓策略

现在，我们将从描述策略转向演示如何在给定收益率曲线变化预期的情况下，使用这些策略来配置投资组合。我们将探索各种不同的场景。

根据预期的收益率曲线变化来调整投资组合前需要满足以下几点要求：

- 对评估投资组合表现的基准债券指数和投资组合在客户的总体投资组合中所扮演的角色有清晰的理解。
- 了解客户施加的约束目标，如目标久期、最低信用等级和整体信用等级、多样化程度或杠杆率。
- 详细了解当前投资组合的特点。
- 对收益率做出预测。
- 根据对收益率做出的预测，了解最适用于预期收益率曲线环境的投资组合调仓策略。

下面我们来看看一个投资经理可以如何应对投资组合调仓的各种挑战。

14.4.1 预期收益率曲线平行上升时的久期调整策略

希拉里·劳埃德是澳大利亚银行的投资经理。她管理的投资组合以 XYZ 短期和中期主权债券指数为基准，如表 14-9 所示，该指数的到期收益率为 2.30%，有效久期为 2.000。根据授权策略，她的投资组合久期可以在基准指数久期上下浮动 0.30。她目前的债券投资组合构成如表 14-10 所示。

表 14-9 基准指数特征

XYZ 基准指数（短期和中期主权债券指数）：	
到期收益率	有效久期
2.30%	2.000

表 14-10 当前的投资组合

到期期限	票面利率	价格	YTM	名义本金	市值	市值占比	期初有效久期	期末有效久期
1 年	1.50	100	1.50	5000	5000	5%	0.985	0.000
2 年	1.91	100	1.91	65 000	65 000	65%	1.944	0.979
3 年	2.23	100	2.23	24 000	24 000	24%	2.871	1.930
4 年	2.50	100	2.50	3000	3000	3%	3.762	2.846
5 年	2.74	100	2.74	2000	2000	2%	4.614	3.726
6 年	2.95	100	2.95	1000	1000	1%	5.426	4.566
投资组合	2.01		2.01	100 000	100%		2.261	1.305

劳埃德认为，未来 12 个月中收益率将上升 60 个基点，并对自己的预测非常有信心。研究部门根据她的预测准备了一张预期收益表，如表 14-11 所示。劳埃德现在必须决定要出售哪些证券，购买哪些证券，以便在明年实现收益最大化，同时不超出投资组合授权策略的限制。

表 14-11　在收益率曲线稳定和平行移动条件下的预期收益率（平移幅度为正 60 个基点）

证券特征 （均为平价债券）			在收益率曲线稳定的 假设下，未来 12 个月的 价格和收益率预期		隐含远期收益率 和隐含收益率变化		在收益率上升 60 个基点的 预测下，未来 12 个月的 收益率预期和持有期 收益率估计值	
到期期限	票面利率	当前价格	滚动后的 新价格[1]	持有期 收益率	隐含远期 收益率[2]	隐含收益率 变化	收益率曲 线预期值	持有期 收益率[3]
1 年	1.50%	100	100.00	1.50%	2.33%	0.83%	2.10%	1.50%
2 年	1.91%	100	100.40	2.31%	2.61%	0.70%	2.51%	1.72%
3 年	2.23%	100	100.62	2.85%	2.85%	0.62%	2.83%	1.69%
4 年	2.50%	100	100.78	3.28%	3.07%	0.57%	3.10%	1.56%
5 年	2.74%	100	100.90	3.64%	3.27%	0.53%	3.34%	1.41%
6 年	2.95%	100	100.97	3.92%	3.46%	0.51%	3.55%	1.18%

[1] 尽管如何计算滚动后的债券价格不是本章的重点，但我们在这里给出一个演示性方法。在给定市场贴现率的情况下，计算债券价格的一般公式如下：

$$PV = \frac{PMT}{(1+r)^1} + \frac{PMT}{(1+r)^2} + \cdots + \frac{PMT+FV}{(1+r)^n}$$

其中 PV 为现值（即债券价格）；PMT 为每期的息票支付；FV 是在到期时支付的未来价值（债券面值）；r 是每个付息周期的市场贴现率或要求收益率；n 是整个期限内包含的等间隔付息周期的数目。例如，在表 14-10 的 D 列中，2 年期债券在"滚动"成为 1 年期债券后的新价格可以使用以下数据来计算：FV = 100，PMT = 1.91，$r = 1.50\%$，$n = 1$。计算可得滚动后的新价格是 PV = 100.40。

[2] 隐含远期收益率是指当前利率期限结构所隐含的使得投资者对到期日无所谓的收益率。在最简单的零息票债券的例子中，我们可以购买收益率为 1.91% 的 2 年期零息票债券，也可以购买收益率为 1.50% 的 1 年期零息票债券。如果我们购买 2 年期零息票债券，两年后，每 1 美元投资会获得 1.0386 美元 [$(1+0.0191)^2$]。如果我们购买 1 年期零息票债券，一年后将得到 1.015 美元（1+0.015）。一年后的 1 年期利率是多少，会让我们对今天购买 1 年期零息票债券还是 2 年期零息票债券无所谓？这个问题的答案就是 1 年期隐含远期利率。远期利率的推导需要即期零息票债券收益率曲线（可以通过"靴襻法"从平价收益率曲线中推导）作为输入信息。

[3] 假设收益率上升 60 个基点（1 年期利率从 1.50% 上升到 2.10%），2 年期债券的 1 年期持有收益率可以使用以下数据来确定：FV = 100，PMT = 1.91，$r = 2.10\%$，$n = 1$。新的价格是 PV = 99.81。1 年期持有收益率的计算式为 $[(99.81-100.00)+1.91]/100 = 0.0172$，即 1.72%。

其中第 E 列是收益率曲线滚动后对应债券的收益率，如果收益率曲线保持不变。回想一下，如果即期利率按照当前远期利率曲线隐含的趋势发展，那么不管债券的期限是多少，在一年内的收益率总是等于 1 年期无风险利率。如果劳埃德认为收益率曲线会保持稳定，她可能会尽可能持有更多的长期债券，因为在稳定的收益率曲线滚动时，这些债券的收益率是最高的。

但考虑以下几点：

- 如果劳埃德对收益率上升 60 个基点的预测是正确的，那么 2 年期债券的收益率最高（1.72%）。
- 5 年期和 6 年期债券的预期收益率（它们会变成 4 年期和 5 年期债券）高于相应的隐含远期收益率。因此它们的持有期收益率将低于 1.50% 的 1 年期即期利率。
- 2 年期和 3 年期债券的预期收益率均低于其隐含远期收益率，因此它们的持有期收益率高于 1.50% 的 1 年期即期利率。任何隐含远期收益率变化大于预期收益率增长的债券，如果预期实现，一年内的持有期收益率就会高于 1 年期即期利率。

最佳债券是由实际收益率与预期收益率（或隐含收益率变化与预测收益率变化）的收益

率利差和债券久期两个因素的组合决定的。在我们的例子中，随着债券到期期限变短，收益率利差会增加，久期会缩短。最佳债券这两项的乘积是最高的。

以 2 年期债券为例。如果该债券一年后的预期收益率与 F 列的隐含远期收益率 2.33%一致，则持有期收益率为 1.50%。但是，如果该债券的收益率没有改变 83 个基点并达到隐含远期收益率，而是仅仅改变了 60 个基点并达到 2.10%的预期收益率（H 列），那么这 23 个基点的未实现远期收益率可以被认为是即将到来的价格反弹。对于届时久期不到一年的债券，这 23 个基点的价格反弹将使原本接近平价的债券价格上涨不到 23 个基点。使用式（14-3）来计算持有期收益率，该 2 年期债券的持有期收益率为 1.72%，比移动到其隐含远期收益率的情形要高 22 个基点。[⊖]

$$总收益率 \approx -1 \times 期末有效久期 \times 期末到期收益率 - 期初到期收益率 + 期初到期收益率$$
$$\approx -1 \times 0.98 \times (2.10 - 1.91) + 1.91$$
$$\approx 1.72\% \tag{14-3}$$

根据从预期收益表中获得的信息，没有投资组合约束的投资经理应该卖出除 2 年期债券外的所有现有债券。他会用所有出售债券的收入购买更多的 2 年期债券，因为该债券具有最高的一年期回报。投资组合久期将变为 1.944（见表 14-12），并将满足久期为 2.00±0.30 的要求。

表 14-12　调整后的投资组合

到期期限	票面利率	价格	YTM	名义面值（千）	市值（千）	市值占比	期末有效久期
1 年	1.50%	100.00	1.50%	—		0.0%	0.985
2 年	1.91%	100.00	1.91%	100 000	100 000	100.0%	1.944
3 年	2.23%	100.00	2.23%	—		0.0%	2.871
4 年	2.50%	100.00	2.50%	—		0.0%	3.762
5 年	2.74%	100.00	2.74%	—		0.0%	4.614
6 年	2.95%	100.00	2.95%	—		0.0%	5.426
投资组合	1.91%	100.00	1.91%	100 000	100 000	100.0%	1.944

14.4.2　预期利率变动方向不确定时的投资组合调整策略

斯蒂芬妮·约恩克为一家德国大型银行管理着一个新兴市场政府债券投资组合。投资授权策略要求投资组合的有效久期必须与作为基准的彭博新兴市场主权债券指数相当。她预计，由于联邦政府选举在即，巴西的利率在未来一年将变得非常不稳定。根据银行内部的经济预测和自己的分析，她预测明年利率将变化 250 个基点，但变化的方向将取决于选举的结果。

为了从该预测中获利，约恩克计划增加投资组合的凸性。与没有增加凸性的投资组合相比，新的投资组合在利率下降的环境中会获得更多的收益，且在利率上升的环境中会损失更少。她愿意放弃部分当前收益率来提高她的预期收益率。

约恩克目前持有一只巴西政府发行的 10 年期债券，加上她投资组合中的其他头寸，目前其投资组合有效久期与基准债券指数保持一致。市场上可用的其他证券包括期限为 6 个月、3 年和 30 年的巴西国债。表 14-13 显示了这些证券的细节。

⊖ 式（14-3）中使用了结束时的久期，因为假设价格变化在 1 年的期限结束的瞬间发生。

表 14-13　巴西政府债券

证券	票面利率	到期日期	价格	YTM	有效久期	有效凸性
6 个月期巴西国债	6.000	2017 年 1 月 17 日	102.70	1.110	0.538	0.006
3 年期巴西国债	8.875	2019 年 10 月 14 日	119.75	2.599	2.895	0.105
10 年期巴西国债	6.000	2026 年 4 月 7 日	104.80	5.361	7.109	0.666
30 年期巴西国债	5.000	2045 年 1 月 27 日	82.50	6.332	13.431	2.827

约恩克可以通过出售 10 年期巴西国债，并将所有收益投资于期限较短和期限较长的债券来构造杠铃式投资组合，从而增加凸性，如表 14-14 所示。

表 14-14

		久期	凸性
卖出	10 年期巴西国债	7.109	0.666
买入	3 年期巴西国债	2.895	0.105
	30 年期巴西国债	13.431	2.827

为了保持投资组合和指数之间的有效久期匹配，买入债券组合的加权久期（3 年期巴西国债和 30 年期巴西国债）必须等于她出售的 10 年期巴西国债的久期[⊖]：

7.109 = 3 年期巴西国债的久期×3 年期巴西国债的权重+

30 年期巴西国债的久期×30 年期巴西国债的权重

$7.109 = 2.895x + 13.431(1-x)$

求解可得 $x = 0.60$。

因此将出售 10 年期巴西国债收益的 60% 用来购买 3 年期巴西国债，40% 用来购买 30 年期巴西国债，买入债券组合的久期为：

$(60\% \times 2.895) + (40\% \times 13.431) = 7.109$

凸性增加量为 0.528：

$(60\% \times 0.105) + (40\% \times 2.827) - (100\% \times 0.666) = 0.528$

放弃的当前收益率为 -127 个基点：

$(60\% \times 2.599\%) + (40\% \times 6.332\%) - (100\% \times 5.361\%) = -0.127$，或 -1.27%

如果预测的利率变化没有实现，"收益率拖拽"会导致凸性较高投资组合的收益低于凸性较低的初始投资组合。

14.4.3　给定收益率曲线变化，久期中性的子弹式、杠铃式和蝶式投资组合的表现

在本节中，我们将比较久期中性的子弹式、杠铃式和蝶式投资组合在收益率曲线平行移动以及收益率曲线斜率变化时的不同表现。

14.4.3.1　子弹式和杠铃式投资组合

图 14-11 显示了收益率曲线的平行变化，曲线上标记了三种债券：A、B 和 C。子弹式投资组合（投资组合 B）由 100% 的债券 B 组成；杠铃式投资组合（投资组合 AC）由债券 A 和

⊖　当然，为了保持投资组合的货币久期不变，市场价值也必须相等。

C 组成，对债券 A 和债券 C 分别配置了 50% 的市场价值。

　　投资组合 AC 具有比投资组合 B 更高的凸性。该凸性会影响投资组合在收益率曲线平移和收益率曲线斜率变化时的表现。为了便于讨论，我们将使用几种零息票债券来构建投资组合 AC 和投资组合 B。这样做并不会限制结论的适用性，但会使计算更容易。为了完成这个例子，我们做了一些假设，如表 14-15 所示：

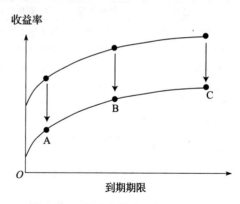

图 14-11　收益率曲线平行向下移动

- 无风险隔夜货币市场基金（头寸 A）、5 年期债券（头寸 B）和 10 年期债券（头寸 C）的半年计息债券等价收益率分别为 2%、3% 和 3.4%。
- 头寸 A 的久期几乎为零。
- 头寸 B 是久期为 5.075 年的零息票债券，修正久期为 5(= 5.075/1.015)。[⊖]
- 头寸 C 是久期为 10.17 年的零息票债券，修正久期为 10(= 10.17/1.017)。
- 投资组合 AC 的修正久期为 5(= 50%×0+50%×10)，50% 投资于债券 A，50% 投资于债券 C。

表 14-15　仓位和组合特征

	证券			投资组合	
	A	B	C	B	AC
到期期限（年）	0.0027	5.075	10.17	5.075	5.086
半年计息债券等价收益率	2.00%	3.00%	3.40%	3.00%	2.70%
修正久期	0.00	5.00	10.00	5.00	5.00

　　现在我们来看看，当收益率曲线经历瞬时的平行向下移动、趋平或变陡等变化时，这些投资组合的表现如何。

　　在收益率曲线瞬时平行向下移动时，结果如图 14-11 所示，高凸性的杠铃式投资组合 AC 的表现将略优于子弹式投资组合 B，因为投资组合 AC 对收益率下降和价格上涨更敏感。

　　假设收益率曲线趋平，债券 A 和债券 C 的收益率差异会减小。我们假设收益率曲线的长期利率不变，但短期利率上升，如图 14-12 所示。在这种情况下，债券 A（无风险隔夜货币市场基金）因为久期接近于零所以不会贬值。债券 C（10 年期国债）的价值也没有变化，因为它的收

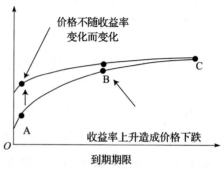

图 14-12　收益率曲线趋平：短期利率上升

⊖ 回想一下，零息票债券的麦考利久期等于其到期期限。修正久期等于麦考利久期除以 1 加每期收益率。修正久期提供了在债券到期收益率发生变动的情况下，对债券价格变动百分比的估计。

益率没有变化。但债券 B（5 年期国债）的收益率会上升，导致投资组合 B 发生亏损。在这种收益率曲线趋平的情形下，杠铃式投资组合（AC）的表现优于子弹式投资组合（B）。

现在让我们看看另一种简单的收益率曲线趋平场景，如图 14-13 所示。这次我们假设收益率曲线的短期利率上升而长期利率下降，B 点则保持不变：

债券 B 的价格不受影响，因为该期限的收益率保持不变。鉴于债券 A 的久期为零（类似于现金），其价格也保持不变。债券 C 的价格会随着收益率的下降而上涨。总体而言，投资组合 AC 的价值上升，而投资组合 B 的价值保持不变。同样，杠铃式投资组合（AC）的表现优于子弹式投资组合（B）。

接下来我们观察收益率曲线变陡时两种投资组合的表现。图 14-14 展示了这种情况，假设曲线的 C 点固定，债券 A 和债券 B 的收益率下降。

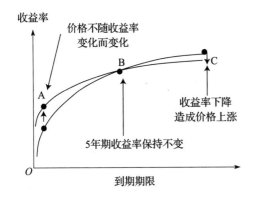

图 14-13　收益率曲线趋平：短期利率上升，
长期利率下降

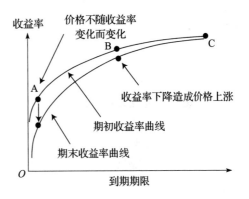

图 14-14　收益率曲线变陡：短期利率和
中期利率下降

在这种情况下，子弹式投资组合 B 的表现优于杠铃式投资组合 AC，这与收益率曲线趋平时发生的情况相反。债券 A 和债券 C 的价格没有变化，而债券 B 的价值增加。（所以如果某个投资经理表示，他已经为收益率曲线趋平做好了准备，那么你就可以推断出，他的投资组合与基准指数相比更接近杠铃式。如果某投资经理表示，他已准备好迎接更陡峭的曲线，那么他的投资组合相对于基准而言就更接近子弹式。）

虽然我们略显浮夸的杠铃式投资组合 AC 和子弹式投资组合 B 代表的是极端的情形，但通过它们很容易说明两个要点：

（1）杠铃式投资组合，考虑到其债券在曲线上的位置，在收益率曲线趋平时表现会优于子弹式投资组合。

（2）出于类似的原因，如果收益率曲线变陡，子弹式投资组合的表现会优于杠铃式投资组合。

让我们看一个案例，看一个投资经理如何使用杠铃式结构来增加投资组合的凸性，并建立收益率曲线趋平时的头寸。我们还将介绍关键利率久期（部分久期），以及与之相关的部分 DV01 和部分 PVBP 指标。由于例子中要用到这些部分指标，我们先简要回顾一下如何计算部分指标。

专栏 14-4

如何计算部分指标？

部分久期的计算方法是，只移动收益率曲线上的一个点，插值得到其相邻期限的利率的变化，然后计算新的远期收益率和由此产生的现金流，从而确定债券价格对曲线上该点移动的敏感性。可以对收益率曲线上的每个期限点进行该计算。对于投资组合来说，计算部分久期的期限必须反映投资组合和基准收益率曲线的期限范围。对于期限从 1 个月到 30 年不等的投资组合，所使用的部分久期数量必须在是否能有效地表示曲线和计算复杂性之间权衡。"收益率系统"是一种固定收益分析系统，本章使用了许多该系统的例子，它可以计算 1 年、2 年、3 年、5 年、10 年、20 年和 30 年的部分久期。注意，在我们的一些例子中，有投资组合中包含 7 年期债券的头寸，不包含 20 年期债券的头寸，但没有计算 7 年期的部分久期，而是计算了 20 年期的部分久期。因为虽然我们没有 7 年期的部分久期，但 7 年期债券的价格敏感性可以通过 5 年期部分久期和 10 年期部分久期插值得到。此外我们需要 20 年期的部分久期才能可靠地估计 10 年期至 30 年期债券的价格敏感性。

一个简单的替代方法是观察债券（或投资组合）在某个期限的利率上升 10 个基点和下降 10 个基点的情况下的价格差异，并将其标准化为 1 个基点的变化（除以 20）。该过程得到的敏感性指标被称为部分基点价值（PPVBP）或部分 DV01（PDV01）。在接下来的一些例子中，我们会使用 PPVBP 来分析相对于基准曲线的风险敞口。

哈斯克尔资产管理公司　丹·哈斯克尔是哈斯克尔资产管理公司的首席执行官和首席投资组合经理。最近，他的公司在与金字塔资本管理公司的一项 6000 万美元投资组合管理业务的竞争中（以微弱劣势）失败了。投资者对哈斯克尔的投资过程和业绩给予了好评，但指出金字塔资本管理公司提供的收益一致性是决定性因素。该投资组合原定于 1 月 29 日（周五）进行融资，但在周四晚上，金字塔资本管理公司的首席投资组合经理宣布，他将出于健康原因请长假。周五早上，投资者打电话给哈斯克尔，告诉他他幸运地获得了该业务。当天下午，哈斯克尔的投资组合将获得 6000 多万美元的现金。基准指数是一个美国投资级债券指数，类似于花旗银行的泛美投资级债券指数（USBIG）。（USBIG 追踪以美元计价的美国投资级债券的表现。）哈斯克尔打算在指数中增持公司债券、抵押贷款支持证券（MBS）和资产支持证券（ABS），因为他认为这些工具比美国国债更"便宜"。在资金到位后，投资绩效评价立即开始。

哈斯克尔考虑以下投资环境情况：

- 由公司债券、抵押贷款支持证券（MBS）和资产支持证券（ABS）组成的信用/抵押投资组合不可能在周五下午就构建完成。
- 最近市场波动很大，如果在构建投资组合的非国债部分过程中市场出现反弹，那么保留 6000 万美元的现金可能会导致表现严重落后于市场。
- 哈斯克尔知道他必须抢先购买投资组合中的信用债券部分，但他对交易成本很敏感。
- 他还认为，收益率曲线很有可能出现趋于平坦的形变，2024 年以前到期债券的收益率会上升，而较长期限债券的收益率会下降。

考虑到这些因素，哈斯克尔决定购买高流动性的美国国债投资组合，这些国债的久期与基准指数的久期大致相当。目前的国债新券交易几乎没有买卖价差，因此哈斯克尔在未来几周的任何投资组合调整都有可能以最低的交易成本来完成。全部由美国国债构成的投资组合的收益率将低于基准指数，但他同时预计，该投资组合将拥有更高的凸性，因其不持有 MBS 或可赎回债券。表 14-16 显示了该预估投资组合的情况。

表 14-16　由国债新券组成的预估投资组合（投资组合 1）

债券期限	票面利率	到期日期	YTM	有效久期	面值（千）	市值	有效凸性
2 年	0.75	2018 年 1 月 31 日	0.816	1.979	17 000	16 978	—
3 年	0.75	2019 年 2 月 15 日	0.987	2.960	14 700	14 597	—
5 年	1.375	2021 年 1 月 31 日	1.345	4.842	9500	9514	—
7 年	1.75	2023 年 1 月 31 日	1.649	6.629	6300	6342	—
10 年	2.25	2025 年 11 月 15 日	1.935	8.887	6500	6712	—
30 年	3.00	2045 年 11 月 15 日	2.762	20.142	6000	6326	—
投资组合	1.355		1.356	5.821	60 000	60 469	0.779
基准指数	2.012		1.430	5.853			0.801

　　哈斯克尔意识到，他必须调整投资组合，以免投资组合市值超过 6000 万美元的初始资金。预估投资组合的有效久期和凸性几乎与基准指数相当。正如图 14-15 和表 14-17 所示的关键利率久期，在大多数期限，美国国债的收益率曲线敞口都与基准指数匹配。

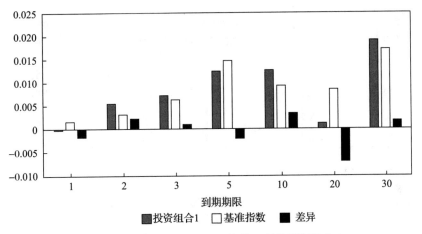

图 14-15　部分 PVBP 与基准指数，预估投资组合 1

表　14-17

关键利率 PVBP	总计	1 年	2 年	3 年	5 年	10 年	20 年	30 年
预估投资组合 1	0.059	0	0.0056	0.0073	0.0126	0.0127	0.0014	0.0191
基准指数	0.061	0.0017	0.0033	0.0063	0.0147	0.0093	0.0085	0.0173

　　哈斯克尔指出，他的预估投资组合以部分 PVBP 衡量与基准指数的收益率曲线敞口非常接近，但 20 年附近的区域除外。基准指数明显有可观的 30 年期债券旧券的敞口，而他的预估投资组合没有。（图表中显示的小敞口来自更长期限债券的息票。）但哈斯克尔对 10 年期和 30 年期的债券略微超配，因此他对目前追踪基准的结构感到满意。

　　由于哈斯克尔预计收益率曲线可能趋平，他正在寻求构建一个更接近杠铃式的投资组合结构，同时继续与基准指数的久期保持一致。他调整后的投资组合见表 14-18。他还将这个新投资组合的关键利率久期与原投资组合的关键利率久期进行了比较（见表 14-19 和图 14-16）。

表 14-18 更接近杠铃式的投资组合 2

债券期限	票面利率	到期日期	YTM	有效久期	面值（千）	市值	有效凸性
2 年	0.75	2018 年 1 月 31 日	0.816	1.979	29 000	28 962	
3 年	0.75	2019 年 2 月 15 日	0.987	2.960	8000	7944	
5 年	1.375	2021 年 1 月 31 日	1.345	4.842	4700	4707	
7 年	1.75	2023 年 1 月 31 日	1.649	6.629	4300	4329	
10 年	2.25	2025 年 11 月 15 日	1.935	8.887	6500	6712	
30 年	3.00	2045 年 11 月 15 日	2.762	20.142	7500	7908	
投资组合	1.330		1.317	5.800	60 000	60 562	0.877
基准指数	2.012		1.430	5.853			0.801

表 14-19 关键利率久期，预估投资组合 1 vs 更接近杠铃式的投资组合 2

关键利率 PVBP	总计	1 年	2 年	3 年	5 年	10 年	20 年	30 年
预估投资组合 1	0.059	0	0.0056	0.0073	0.0126	0.0127	0.0014	0.0191
更接近杠铃式的投资组合 2	0.059	0	0.0096	0.0040	0.0074	0.0119	0.0018	0.0238

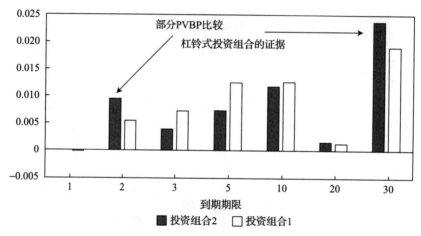

图 14-16 关键利率久期，采用杠铃式投资组合的证据

在这两个投资组合的比较中，哈斯克尔采用杠铃式投资组合结构的证据可以在 2 年期和 30 年期部分较高的柱状图中看到，而较低的部分则出现在到期期限范围的中间。

调整后更接近杠铃式的投资组合的有效久期几乎与原投资组合相同（5.80 和 5.82）。杠铃化后有效凸性如预期那样从 0.779 增加到 0.877。调整后的投资组合的 2 年期和 30 年期的部分久期比原来的更长，中期的部分久期则更短，这与哈斯克尔寻求的杠铃式投资组合结构一致。

如果收益率曲线像哈斯克尔预期的那样趋平，该投资组合的表现会如何？

由于其结构更像杠铃，投资组合 2 预计会在收益率曲线趋平中获得超过投资组合 1 的收益率。表 14-20 显示了债券层面的结果。表 14-21 则表明，使用部分 PVBP 来评估投资组合结构是一种合理的方法。

表 14-20 分析软件提供的市场价值变化

债券期限	票面利率	到期日期	预估投资组合 1				更接近杠杆式的投资组合 2			
			面值	初始市值	事后市值	市值变化	面值	初始市值	事后市值	市值变化
2 年	0.75	2018 年 1 月 31 日	17 000	16 978	16 916	−62	29 000	28 962	28 857	−105

（续）

债券期限	票面利率	到期日期	预估投资组合 1				更接近杠杆式的投资组合 2			
			面值	初始市值	事后市值	市值变化	面值	初始市值	事后市值	市值变化
3 年	0.75	2019 年 2 月 15 日	14 700	14 597	14 527	−70	8000	7944	7906	−38
5 年	1.38	2021 年 1 月 31 日	9500	9514	9466	−48	4700	4707	4683	−24
7 年	1.75	2023 年 1 月 31 日	6300	6342	6313	−29	4300	4329	4309	−20
10 年	2.25	2025 年 11 月 15 日	6500	6712	6727	15	6500	6712	6727	15
30 年	3.00	2045 年 11 月 15 日	6000	6326	6557	231	7500	7908	8196	288
总计			60 000	60 469	60 506	37	60 000	60 562	60 678	116

表 14-21 使用部分 PVBP 估计的市值变化

债券期限	关键利率曲线变化（个基点）	投资组合面值（千美元）	预估投资组合 1		更接近杠杆式的投资组合 2	
			部分 PVBP	预期市值变化（千美元）	部分 PVBP	预期市值变化（千美元）
2 年	18.3	60 000	0.0056	−61.5	0.0096	−105.4
3 年	16.3	60 000	0.0073	−71.4	0.0040	−39.1
5 年	10.4	60 000	0.0126	−78.6	0.0074	−46.2
7 年		60 000	—	—		
10 年	−3.5	60 000	0.0127	26.7	0.0119	25.0
20 年	−11.3	60 000	0.0014	9.5	0.0018	12.2
30 年	−19.1	60 000	0.0191	218.9	0.0238	272.7
总计				43.5		119.2

如表 14-7 所示，利用部分 PVBP 预测的市值变化是这样计算的：

$$预期市值变化 = 投资组合面值 \times 部分 PVBP \times (-关键利率变化)$$

原投资组合的 43 500 美元和调整后投资组合的 119 200 美元的预期市值变化，可以分别与原投资组合的 37 000 美元和调整后投资组合的 116 000 美元的实际市值变化进行比较（见表 14-20）。两个结果足够接近，可以证明在收益率曲线趋平的情况下，将部分 PVBP 作为投资组合结构和投资组合表现预测的指标是非常合理的。

可以看到，表 14-21 中没有提供 7 年期的关键利率久期，而是提供了 20 年期的关键利率久期，即使哈斯克尔的预估投资组合并没有持有 20 年期债券。回想一下前面"如何计算部分指标？"中的解释，我们可以选择移动收益率曲线中的一部分，而无须将关键利率久期与投资组合中的期限进行特别对齐。

▌例 14-2 用部分久期估计投资组合对收益率曲线变化的敏感性

假设哈斯克尔改变了自己的收益率曲线预测，他的新预测如表 14-22 所示：2 年期至 10 年期国债收益率将各下降 5 个基点，30 年期国债收益率上升 23 个基点。

表 14-22 收益率曲线更陡，曲线更平缓

	收益率曲线变化		
债券期限	初始收益率曲线	变化后收益率曲线	曲线变化量
2 年	0.816	0.767	−5.0
3 年	0.987	0.937	−5.0

（续）

收益率曲线变化			
债券期限	初始收益率曲线	变化后收益率曲线	曲线变化量
5 年	1.345	1.296	-5.0
7 年	1.649	1.600	-5.0
10 年	1.935	1.885	-5.0
30 年	2.762	2.991	23.0
"2s-20s" 利差	1.946	2.224	28.0
"2/10/30" 蝶式利差	0.292	0.012	

使用表 14-22 中的数据，我们比较了哈斯克尔正在考虑的两个投资组合的部分久期，如表 14-23 所示。

表 14-23

关键利率 PVBP	总计	1 年	2 年	3 年	5 年	10 年	20 年	30 年
预估投资组合 1	0.0587	0	0.0056	0.0073	0.0126	0.0127	0.0014	0.0191
更接近杠铃式的投资组合 2	0.0585	0	0.0096	0.0040	0.0074	0.0119	0.0018	0.0238

在这种情况下，哈斯克尔更愿意持有哪个投资组合？

解答：如果收益率曲线变得更陡且更不弯曲，哈斯克尔直觉上应该优先选择投资组合 1。因为与投资组合 2 相比，投资组合 1 在 3 年和 5 年这两个中间期限上的部分久期明显更长，而在较短（2 年）和较长（30 年）期限上的部分久期明显更短。因此，在收益率曲线变陡、曲率减小的情况下，投资组合 1 的表现有望超过投资组合 2。该观点的确认如表 14-24 所示，它使用投资组合的关键利率久期预测了投资组合的市值变化。

表 14-24 使用关键利率久期预测市值变化

到期期限	实际变化（个基点）	投资组合面值（千美元）	关键利率 PVBP 预估投资组合 1		更接近杠铃式的投资组合 2	
			部分 PVBP	市值变化（千美元）	部分 PVBP	预期市值变化（千美元）
2 年	-5.0	60 000	0.0056	16.8	0.0096	28.8
3 年	-5.0	60 000	0.0073	21.9	0.0040	12.0
5 年	-5.0	60 000	0.0126	37.8	0.0074	22.2
7 年	-5.0	60 000	0	—	0	—
10 年	-5.0	60 000	0.0127	38.1	0.0119	35.7
20 年	9.0	60 000	0.0014	-7.5	0.0018	-9.7
30 年	23.0	60 000	0.0191	-263.5	0.0238	-328.4
总计				**-156.5**		**-239.5**

14.4.3.2 蝶式投资组合

子弹式和杠铃式投资组合结构可以进一步组合成多空结构。蝶式投资组合就是由杠铃式投资组合（形如蝴蝶翅膀）和子弹式投资组合（形如蝴蝶身体）进一步组合构成的。因此，蝶式投资组合会包含三种不同期限的证券：短期、中期和长期。回顾一下表 14-15 中的证券和投资组合。

蝶式投资组合可以由一个杠铃式投资组合多头（投资组合 AC 多头）和一个子弹式投资组合空头（投资组合 B 空头）组成，或者反过来由杠铃式投资组合空头和子弹式投资组合多头组成。要通过调整投资组合的权重使蝶式投资组合呈现货币久期中性，即多头头寸和空头头寸的货币久期应该大小相等但符号相反。在收益率曲线平移的时候，这些投资组合头寸的价值变化可以相互抵消。蝶式结构通常涉及使用杠杆。在无杠杆投资组合的基础上做空"翅膀"（或"身体"），意味着相对于基准，投资组合低配了相应部分。

因为蝶式结构是货币久期中性的，所以在参考收益率曲线发生一个小的平移变化时，蝶式投资组合的价值基本保持不变。

"多翅空身"（翅膀向上）的蝶式投资组合具有正凸性，因为它由凸性更高的杠铃式投资组合多头和凸性更低的子弹式投资组合空头组成。该投资组合将受益于收益率曲线趋平的变化。由于在利率波动较大的环境下，凸性更有价值，因此在利率波动幅度更大时，多翅空身的蝶式投资组合也能获得少量额外利润。⊖

"空翅多身"（翅膀向下）的蝶式投资组合由杠铃式投资组合空头和子弹式投资组合多头组成，适用于收益率曲线稳定（因为卖出了凸性）或收益率曲线变陡（受益于其投资组合结构）的情形。如果市场价格反映了对利率波动的担忧，而投资组合经理却相信利率将会保持稳定，那么凸性对他来说就没有那么有价值。他可能认为目前对凸性的定价过高，并愿意通过做空蝶式投资组合的翅膀（杠铃式投资组合）并做多蝶式投资组合的身体（子弹式投资组合）来卖出凸性。如果他的预测是对的，就可以依靠低凸性的投资组合获得额外的收益率。

有各种方法构造蝶式投资组合的翅膀（或选择权重），其中最常见的有三种：①久期中性权重，②50/50 权重和③回归权重。⊖

久期中性权重让翅膀的久期等于身体的久期，让翅膀和身体的市场价值也相同。因此投资组合是货币久期中性的。

可以使用杠杆的投资组合可能会采用 50/50 权重，做空蝴蝶身体并将做空收益分配给两个翅膀，这样，久期价值的一半权重被分别分配给了杠铃式投资组合的两侧。只有在巧合的情况下，整体的货币久期才会是中性的。这种方法主要用于需要为其头寸融资的市场参与者（例如做市商）。投资组合经理可能认为蝴蝶身体（子弹式投资组合）相对于翅膀（杠铃式投资组合）而言价格过高，但可能不知道该价格异常会以何种形式结束。

例如，假设一位投资经理认为，相对于 2 年期国债和 10 年期国债，5 年期国债的收益率太低了。或者我们可以说，他认为收益率曲线太直了或太线性了。如果他的观点是正确的，那么这种定价异常可以通过 5 年期收益率上移、2 年期收益率下移、10 年期收益率下

⊖ 利率波动率必须大于市场预期，才会导致曲线的曲率更大且/或整体利率的变动更大。增加蝶式投资组合利润的并不是利率波动率本身的大小。

⊖ 一些投资组合经理会使用回归分析，根据曲线长端和短端之间的收益率波动差异调整权重。通常，分析会使用相对较短的回顾期（30 到 45 天），以捕捉证券最新的市场环境中的表现，并忽略一些可能与当前交易无关的较长期关系。

移或这三者的某种组合来解决。

类似的交易还可以通过其他方式构造。例如，另一个版本的曲率交易使用了四个期限的收益率，像一个身体拉长了的蝶式投资组合（见图 14-17）。投资经理可以在收益率曲线短端构建一个久期中性组合，在收益率曲线变陡时获得收益；并在收益率曲线长端也构建一个久期中性组合，在收益率曲线变平时获得收益（例如一个 2 年期债券多头和 5 年期债券空头构成的货币中性组合，加一个 10 年期债券空头和 30 年期债券多头构成的货币中性组合）。

如果收益率曲线曲率上升，每对组合都将产生利润。没有一个单一的公式决定仓位的配置，两个组合的相对权重可以酌情而定。如果收益率曲线曲率确实上升了，那么单独的"2 年期/5 年期"多空组合应该会获得利润，而单独的"10 年期/30 年期"多空组合也会获得利润。杠杆的程度（以及整个交易的规模）也是可以酌情确定的。这样的四期限投资组合有时被称为秃鹰式投资组合，可能是因为它与同样被冠以"秃鹰"之名的期权组合有相似之处（尽管也有很大的不同）。

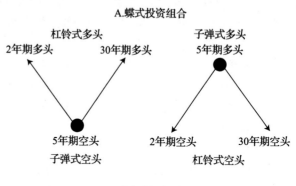

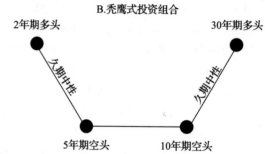

图 14-17 蝶式和秃鹰式投资组合

▋ 例 14-3 子弹式和杠铃式投资组合

观察表 14-25 中的三个美国国债构成的投资组合：基准投资组合、投资组合 A 和投资组合 B。每个投资组合的市值都是 6000 万美元。然而，由于不同的投资组合结构，它们的一些关键特征存在显著差异，包括到期收益率、有效久期和有效凸性。

表 14-25 三个美国国债投资组合比较

基准投资组合

证券	票面利率	到期日期	市场价格	面值	权重	到期收益率	有效久期	有效凸性
2 年期美国国债	0.750	2018 年 2 月 28 日	99.836	17 000 000	0.28	0.840	1.920	0.046
3 年期美国国债	1.000	2019 年 3 月 15 日	99.992	14 500 000	0.24	1.000	2.940	0.101
5 年期美国国债	1.125	2021 年 2 月 28 日	99.008	9 500 000	0.16	1.330	4.810	0.259
7 年期美国国债	1.500	2023 年 2 月 28 日	99.000	6 500 000	0.11	1.650	6.630	0.485
10 年期美国国债	1.625	2026 年 2 月 15 日	97.781	6 500 000	0.11	1.870	9.220	0.936
30 年期美国国债	2.500	2046 年 2 月 15 日	96.453	6 000 000	0.10	2.670	21.850	5.959
				60 000 000	1.00	1.339	5.918	0.828

（续）

投资组合 A

证券	票面利率	到期日期	市场价格	面值	权重	到期收益率	有效久期	有效凸性
2 年期美国国债	0.750	2018 年 2 月 28 日	99.836	45 000 000	0.75	0.840	1.920	0.046
3 年期美国国债	1.000	2019 年 3 月 15 日	99.992		0.00	1.000	2.940	0.101
5 年期美国国债	1.125	2021 年 2 月 28 日	99.008		0.00	1.330	4.810	0.259
7 年期美国国债	1.500	2023 年 2 月 28 日	99.000	—	0.00	1.650	6.630	0.485
10 年期美国国债	1.625	2026 年 2 月 15 日	97.781	—	0.00	1.870	9.220	0.936
30 年期美国国债	2.500	2046 年 2 月 15 日	96.453	15 000 000	0.25	2.670	21.850	5.959
				60 000 000	**1.00**	**1.298**	**6.903**	**1.524**

投资组合 B

证券	票面利率	到期日期	市场价格	面值	权重	到期收益率	有效久期	有效凸性
2 年期美国国债	0.750	2018 年 2 月 28 日	99.836	—	0.00	0.840	1.920	0.046
3 年期美国国债	1.000	2019 年 3 月 15 日	99.992		0.00	1.000	2.940	0.101
5 年期美国国债	1.125	2021 年 2 月 28 日	99.008	5 000 000	0.08	1.330	4.810	0.259
7 年期美国国债	1.500	2023 年 2 月 28 日	99.000	45 000 000	0.75	1.650	6.630	0.485
10 年期美国国债	1.625	2026 年 2 月 15 日	97.781	10 000 000	0.17	1.870	9.220	0.936
30 年期美国国债	2.500	2046 年 2 月 15 日	96.453	—	0.00	2.670	21.850	5.959
				60 000 000	**1.00**	**1.660**	**6.910**	**0.541**

讨论在下列收益率曲线情景下，哪个投资组合（A 或 B）会比基准投资组合更受青睐。

- 情景 1：由于短期利率和中期利率下降，长期利率保持稳定，预计"2s-30s"利差将扩大 100 个基点。此外，预计明年利率波动率将较低。
- 情景 2：由于中期和短期利率上升且长期利率下降，预计"2s-30s"利差将收窄 100 个基点。此外，预计明年的利率波动率将会很高。

你的回答应该参考收益率曲线的预期形状变化、在选定的投资组合中配置的票据和债券，以及所选投资组合的有效久期、有效凸性和到期收益率。

解答：
对于情景 1

- 利差扩大表明收益率曲线趋陡。
- 更陡峭的收益率曲线和较低的利率波动率有利于子弹式投资组合（集中配置中间期限的 5 年期、7 年期和 10 年期债券），因为在预期的陡峭收益率曲线的情景下，中间期限的债券应该比配置短端和长端头寸的投资组合表现更好。
- 投资组合 B 是最适合此情景的投资组合。
- 当中间期限利率下降时，投资组合 B 相对于基础投资组合更高的有效久期（6.910）将使投资组合 B 受益。
- 投资组合 B 也将受益于放弃 0.287（= 0.541 - 0.828）的凸性换取的 32.1 个基点（= 1.660% - 1.339%）的收益率增幅。

对于情景 2

- 利差收窄表明收益率曲线趋平。
- 趋平的收益率曲线和高利率波动率有利于杠铃式投资组合（集中投资于短期和长期债券，比如 2 年期债券和 30 年期债券）。
- 投资组合 A 是最适合此情景的投资组合。
- 总的来说，在预期的收益率曲线趋平的情景下，曲线短端和长端的债券应该比中间期限的债券表现更好。注意，在相同的利率上升幅度下，短期债券将比投资组合 B 中的中间期限债券损失更小。
- 当长期利率下降时，投资组合 A 相对于基准投资组合的有效久期（6.903）更高，这将使投资组合 A 受益。
- 收益率的小幅牺牲（1.298% - 1.339%）为投资组合增加了 0.696（= 1.524 - 0.828）的凸性，这一交换是合理的。

14.4.4　使用期权

由于较短期限的证券凸性相对较低，如果不购买较长期限的证券，就很难增加投资组合的凸性，如表 14-26 所示。使用期权来延长久期和增加凸性是更简单的方法。在下面的例子中，我们将使用债券期货期权来完成上述任务。

我们的初始投资组合是一个由国债新券组成的等权重梯式投资组合，债券包括 2 年期、3 年期、5 年期、7 年期、10 年期和 30 年期国债，如表 14-26 所示。[⊖]

表 14-26　交易前的投资组合（截至 2016 年 3 月 18 日）

证券	票面利率	到期日	有效凸性	市场		久期		金额（千）	
				YTM	价格	修正	有效	面值	市值
2 年期美国国债	0.750	2018 年 2 月 28 日	0.046	0.84	99.836	1.92	1.92	10 000	9988
3 年期美国国债	1.000	2019 年 3 月 15 日	0.101	1.00	99.992	2.93	2.94	10 000	10 001
5 年期美国国债	1.125	2021 年 2 月 28 日	0.259	1.33	99.008	4.78	4.81	10 000	9908
7 年期美国国债	1.500	2023 年 2 月 28 日	0.485	1.65	99.000	6.56	6.63	10 000	9909
10 年期美国国债	1.625	2026 年 2 月 15 日	0.936	1.87	97.781	9.08	9.22	10 000	9794
30 年期美国国债	2.500	2046 年 2 月 15 日	5.959	2.67	96.453	20.72	21.85	10 000	9670
总计	1.417	9.4 年	1.276	1.55	98.693	7.59	7.82	60 000	59 270
投资组合									

为了展示如何利用期权调整凸性，我们将执行三个步骤：

- 出售 30 年期债券头寸的一部分，为购买期权提供资金。
- 出售额外的 30 年期债券头寸，以确保投资组合的货币久期保持不变。
- 用剩余的资金建立现金（货币市场）头寸。

⊖　本节所有数据和分析均来自 2016 年 3 月 18 日的收益率分析系统数据。

我们将使用短期债券的平价或接近平价的期权来执行交易，因为它们拥有极高的凸性。在 2016 年 3 月 18 日，将于 2016 年 6 月 30 日到期的美国国债期货合约的交易价格为 163.22；2016 年 5 月到期的 30 年期看涨期权（代码为 US161F6）的执行价格为 161，该期权为期货期权。在我们进行交易时，期货的最便宜可交割券是票面利率为 4.50%、到期日为 2036 年 2 月 15 日的债券。表 14-27 是一些有用信息的汇总。

表　14-27

工具	基点价值	价格	delta	凸性
看涨期权	0.149	3.97	0.644	826.041
30 年期债券期货	0.2354	163.22		
30 年期债券	0.2113	106.82		

可以看到，看涨期权的基点价值大幅低于 30 年期债券的基点价值。因此，要保持投资组合的久期不变，就需要买入名义本金大于它所取代的长期债券票面价值的期权。要计算所需期权的名义本金，就要将债券的票面价值乘以债券与期权的基点价值之比，后者为 1.418（＝0.2113/0.149）。所以如果要卖出面值为 6800 的 30 年期债券，就要购买名义本金为 9640（近似等于 6800×1.418）的期权期权。最终的投资组合如表 14-28 所示。在市场价值和久期相等的情况下，它的有效货币久期与交易前的投资组合相等。

表 14-28　用看涨期权调整过的债券投资组合

证券	票面利率	到期日	有效凸性	有效久期	YTM	市场 价格	市场 应计利息	金额（千）面值	金额（千）市值
现金	0.508	2016 年 3 月 23 日	0	0	0.508	100.000	0	6193	6193
US161F6	0	2016 年 5 月 20 日	826.041	375.30	n/a	3.970	0	9640	383
2 年期美国国债	0.750	2018 年 2 月 28 日	0.046	1.92	0.835	99.836	0.045	10 000	9988
3 年期美国国债	1.000	2019 年 3 月 15 日	0.101	2.94	1.003	99.992	0.019	10 000	10 001
5 年期美国国债	1.125	2021 年 2 月 28 日	0.259	4.81	1.333	99.008	0.067	10 000	9908
7 年期美国国债	1.500	2023 年 2 月 28 日	0.485	6.63	1.653	99.000	0.090	10 000	9909
10 年期美国国债	1.625	2026 年 2 月 15 日	0.936	9.22	1.871	97.781	0.161	10 000	9794
30 年期美国国债	2.500	2046 年 2 月 15 日	5.959	21.85	2.673	96.453	0.247	3200	3094
总计 投资组合	1.031	5.3 年	5.952	7.82	1.32	85.791	0.067	69 033	59 270

注：请注意该期权极高的凸性（826.041）。

我们以 25 个基点为增量，让收益率曲线在-75 个基点到 75 个基点之间变化，并分析不同场景下两个投资组合的相对表现。假设调整发生在相对较短的时间内，并在期权到期之前完成。总持有期收益率（未年化）如表 14-29 所示。

表 14-29　不同收益率曲线场景下的总收益

收益率场景	−75	−50	−25	0	+25	+50	+75
				总收益率			
调整前的投资组合	6.495	4.358	2.309	0.344	−1.542	−3.354	−5.097
调整后的投资组合	7.321	4.820	2.417	0.113	−1.645	−2.920	−4.149
差异	+0.826	+0.462	+0.108	−0.231	−0.103	+0.434	+0.948

图 14-18 说明相对于调整前的投资组合，用期权头寸调整后的投资组合具有更高的凸性。

图 14-19 绘制了两个投资组合的收益率差异（调整后的投资组合收益率减去调整前的投资组合收益率）与收益率曲线变化量之间的关系。

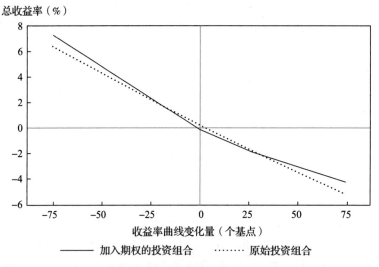

图 14-18 利用期权增加凸性

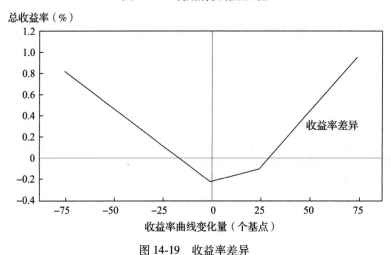

图 14-19 收益率差异

从图 14-19 中可以看到，当收益率曲线没有发生明显的上升或下降时，增加凸性对总收益率有负面作用。这是收益率拖拽的结果，所涉及的成本包括期权的初始购买成本和卖掉的 30 年期债券的利息收入。但同样明显的是，无论变化的方向如何，只要收益率曲线发生了大幅波动（超过 25 个基点），加入期权的投资组合表现都明显优于未加入期权的投资组合。

在利率上升的情况下，即使看涨期权到期时毫无价值，调整后的投资组合的总体表现还是优于调整前的投资组合。如果收益率曲线下降，期权带来的额外凸性会增加投资组合的价值——期权的表现会优于 30 年期债券，提升投资组合的整体表现。图 14-20 显示，随着收益率曲线持续下降，期权收益率的增长速度会逐渐加快。

我们故意使用了较为极端的数据，目的是展示利用期权增加凸性的效果。但凸性不是免费的，得花钱才能买到。如果每个人都担心利率的极端波动，并且不确定波动的方向，那么期权的价格以及获得凸性的成本，可能会非常高。

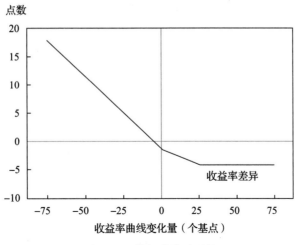

图 14-20　期权的美元回报

14.4.4.1　利用内嵌期权的证券来改变凸性

在前面的例子中，我们购买了期权来增加凸性。如果想降低凸性，我们可以选择卖出期权或买入抵押贷款支持证券。如果一个投资经理认为收益率曲线会在未来一段时间中保持相对稳定，他可能会选择卖出凸性的策略。

在下面的例子中，我们将通过购买 MBS 来间接出售期权，因为这些证券中内嵌了看涨期权，期权的所有者是借入了基础抵押贷款的房主。

我们的初始头寸是 1000 万美元的美国国债，票面利率为 1.375%，于 2021 年 1 月 31 日到期（这是一张 5 年期国债"旧券"[⊖]）。该债券的有效久期为 4.72。因为这位投资经理预期短期内收益率波动的可能性较小，他决定通过卖出美国国债并购买 30 年期联邦国家抵押贷款协会（FNMA）的 3% 的 MBS 来实施卖出凸性策略。MBS 的有效久期为 4.60，比国债略短。

短期内（1 个月零 20 天）的收益率如表 14-30 所示。图 14-21 的左图显示了收益率，右图显示了收益率差异。

表 14-30　MBS vs 国债：不同收益率曲线情景下的总收益率

收益率曲线情景	-75	-50	-25	0	+25	+50	+75
30 年期 MBS	2.647	2.204	1.458	0.432	-0.855	-2.340	-3.941
30 年期美国国债	3.774	2.588	1.417	0.262	-0.879	-2.005	-3.117
差异	-1.127	-0.384	0.041	0.17	0.024	-0.335	-0.824

如图 14-21 所示，在利率变化不大的情况下，配置 MBS 带来了收益率上的优势。但如果利率变动更明显（大于 25 个基点），MBS 的表现就会受到影响。MBS 的负凸性意味着，与被其取代的国债相比，它对利率的上升更为敏感，对利率的下降则不那么敏感。（随着利率上升，基础抵押贷款的提前还款减少，增加了 MBS 的久期，使其对利率上升更加敏感。随着利率下降，基础抵押贷款的提前还款增加，从而减少了 MBS 的有效久期，并降低了其对利率的

⊖　在本期债券之前一期出售的国债被称为旧券，之前两期出售的国债被称为两朝旧券。在 2016 年 3 月，正如例子中所展示的那样，2021 年 2 月 28 日到期的是 5 年期国债的新券，而 2021 年 1 月 31 日到期的为 5 年期国债的旧券。

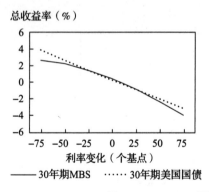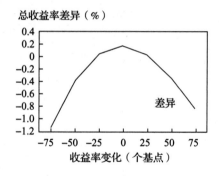

图 14-21 MBS vs 国债：1 个月和 20 天的期限

敏感性。这些表现与正凸性证券恰好相反。）此外，由于投资期限较短，几乎没有机会积累 MBS 带来的超额收益率。正如预期的那样，如果利率波动不大，卖出凸性（或买入负凸性）效果不错；如果利率波动较大，效果就不好。

14.5 市场间曲线策略

在第 14.3.1.4 节套息交易的讨论中我们提到过，市场间交易涉及多个国家的收益率曲线，要求投资者要么接受汇率风险，要么以某种方式进行风险对冲。⊖在多市场交易中，交易可以通过明确买卖头寸的形式完成，也可能采用潜在头寸的形式。简单地在国外进行投资，反映的是人们认为国外投资比国内投资更有吸引力的判断，因此也可以被看作一种市场间交易。事实上，这可能是只被允许做多的投资组合经理最常见的市场间交易类型。

前面讨论的任何一种策略都可以用于市场间交易，且既可以用于两国中的一个市场，也可以同时用于两国市场。市场间交易的分析需要引入的新因素是收益率曲线与汇率之间的关系。

除了前面讨论过的市场间套息交易，市场间交易的主要推动力是对市场间的收益率利差收窄或扩大的预测。收益率斜率或曲线形状的各种变化也可以包括在广义的利差变化中。如果我们认为投资者在各种期限上都持有头寸，或者至少持有潜在头寸，那么在每个期限内，投资者都希望投资于综合考虑套息收益、收益率曲线骑乘收益和预期利差变化等因素的影响，表现最有利的市场中。在大多数投资期限上，利差显著变化的影响会超过套息收益和收益率曲线骑乘收益的影响，从而主导投资者在两国市场间的选择。

但只根据市场间的利差进行交易回避了这样一个问题：这种利差是否能够持续下去？如果可以，原因何在？为什么不同国家的市场没有一条共同的全球收益率曲线？换句话说，在什么情况下两个市场会共用一条收益率曲线？第一个条件是，在市场之间必须有完美的资本流动性，确保风险调整后的预期收益率达到均衡。有人可能会说，至少在世界主要发达国家间，上述条件相当不错地得到了满足。但第二个条件则更为苛刻：各国货币之间的汇率必须

⊖ 为了讨论，这里的"市场"是指金融工具以何种货币计价，该市场的"收益率曲线"要么反映主权发行人以本国货币计价的债务，要么反映"Libor 平价"互换利率曲线。

固定且永远固定。[注] 也就是说，投资者必须相信未来两种货币以另一个汇率交换的风险是不存在的。否则就会出现收益率差异（可能从更长期限的证券开始），导致两个市场的风险和收益预期不同，每个市场都根据自己的基本面进行交易。

因此，正是由于缺乏可靠的固定汇率，各个国家的无风险收益率曲线和债券收益率并不是完全相关的。从这个意义上说，所有的市场间套利其实都与汇率有关。而且我们将看到，即使我们对冲了汇率风险，情况仍然如此。

例 14-4　趋同交易

迈克尔·科斯托斯是法兰克福一家大型人寿保险公司的资产管理人，也是 CFA。他认为，欧洲经济增长正处于加速的边缘，这种增长将使希腊能够稳定其财政，保持欧洲经济与货币联盟的成员地位，并偿还其待偿还的欧元债务。他预计，未来几年，希腊债券与其他成员国债券的收益率利差将大幅收窄。然而，由于欧元利率极低，利差收窄的很大一部分可能来自欧元收益率曲线的普遍上升。当科斯托斯检查市场数据时，他看到了如下的收益率，如表 14-31 所示。

表 14-31　不同期限的政府债券和欧元互换收益率

	3 个月	6 个月	2 年	10 年
希腊政府债券	1.56%	—	5.21%	5.91%
德国政府债券	-0.92%	-0.72%	-0.66%	0.43%
欧元互换	-0.33%	-0.25%	-0.15%	0.79%

注：债券和互换的固定端每年支付一次。互换的浮动端每半年支付一次，以 6 个月期利率计算。收益率均年化。

科斯托斯正在考虑购买 2 年期希腊国债（票面利率为 4.75%，2019 年 4 月 17 日到期，价格为 99.18）或 10 年期希腊国债（票面利率为 3%，2027 年 2 月 17 日到期，价格为 78.86）。他可以直接购买债券，但也在考虑进行资产互换。就 10 年期希腊国债而言，这意味着支付 3% 的固定利率，以匹配债券 3% 的票面利率，并收取 6 个月期浮动利率加利差。一位交易商表示，10 年期资产互换的利差可以达到 220 个基点。

投资委员会的一名成员提出下列问题：

（1）这种贸易可以被认为是市场间套息交易吗？

（2）2 年期和 10 年期希腊国债的优缺点分别是什么？

（3）进行资产互换的成本和收益是什么？

科斯托斯应该如何回应？

解答 1：是的。这是一种典型的趋同交易，就像 20 世纪 90 年代欧元区成立时涉及的所谓外围市场交易一样。当时的问题是，这些国家能否很好地调整经济，以加入欧元区。现在的问题是，希腊能否充分重组其经济，以留在欧元区。一些金融经济学家会说，希腊国债的交易似乎表明，希腊可能会用"新德拉克马"而不是欧元来偿还债务。这里隐含着两种货币——欧元和新德拉克马，以及两条收益率曲线。他们假设希腊的未偿债务在按照新德拉克马的收益率曲线交易。只要希腊继续留在欧元区，新德拉克马就与欧元等

○　这些条件是永久收敛的充分必要条件。详细推导见 Scott D. Stewart、Christopher D. Piros 和 Jeffrey C. Heisler 的《运行资金：专业投资组合管理》（麦格劳-希尔出版，2011 年）第 10 章。

值。然而，如果希腊离开欧元区，并用新德拉克马支付债务，这种平价将被打破。希腊国债的高收益率反映了市场的预期，即新德拉克马的价值将远远低于欧元。

解答2：购买2年期希腊国债似乎比购买10年期希腊国债更安全。它提供的现金流较高（4.75%比3%），久期较短，对希腊不确定性风险的敞口也较小。此外，2年期希腊国债与2年期德国国债的利差（2年期为5.87%，10年期为5.48%），以及2年期希腊国债与2年期欧元互换之间的利差（2年期为5.36%，10年期为5.12%）较大。但是，10年期希腊国债的收益率较高，有更多机会从利差收窄的判断中获利。如果希腊国债的收益率下降，即使德国国债收益率和欧元互换利率上升，更长的久期也会导致更高的潜在收益。相应地，更长的期限意味着购买10年期希腊国债可以在10年内获得当前希腊的高收益率——要么通过长期持有积累收益，要么在市场收益率下降时提前出售。相比之下，购买2年期希腊国债只能在较短的时间内获得当前的高收益率。

解答3：进行资产互换可以让科斯托斯对总体久期和利差久期分开做出判断。由于他预计欧元收益率曲线将上升，他不希望增加投资组合的总体久期。然而，他希望从希腊国债利差将收紧的观点中获得尽可能多的好处。要做到这一点，他应该买入10年期希腊国债，并在资产互换中支付固定利率并收取浮动利率，以抵消总体久期的影响。此外，进行资产互换可以让该头寸在利差收紧、希腊国债收益率下降或欧元互换利率上升的情况下均获利。但进行资产互换确实需要放弃部分现金收入，因为即使与6个月期Libor有220个基点的利差，浮动端的最初支付也将远低于10年期债券3%的票面利率：

$$\text{Libor+利差} = 0.25\% + 2.20\% = 1.95\%$$

资产互换的利息支付现金流见图14-22。由于希腊债券实际上是9.75年到期且每年支付利息（黑色部分），互换的固定利率现金流支付的部分（灰色部分）也在同样的日期，所以两个利息可以相互抵消。债券和互换的第一次固定支付是在0.75年后。互换浮动端每半年支付一次（白色部分），其他支付时点与债券和互换固定端是对应的。第一笔浮动端支付是0.25年后，第二笔是0.75年后。每次浮动端支付等于该计息周期开始时Libor利率的一半加上利差的一半（220个基点/2 = 110个基点）。由于互换固定端支付抵消了债券的息票，互换浮动端支付也是净利息流。为了达到图14-22的演示目的，我们假定Libor遵循远期利率的路径。

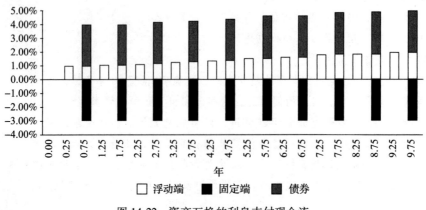

图14-22 资产互换的利息支付现金流

> 投资者以票面价值的 78.86% 购买长期债券,在没有违约的情况下,在到期时可获得 100% 的票面收益。互换交易无须支付本金。

由于各个市场的收益率曲线并不是完全相关的,汇率对冲并不能消除通过市场间交易增加价值的机会。换句话说,汇率对冲涉及的外国债券和本国债券并不是完美的替代品。这是一个重要的警示。抛补利率套利指的是在外汇远期市场上对一只外国债券的现金流进行汇率对冲,消除来自外国收益率曲线和汇率的风险敞口。[一]通过这种操作,外国债券与套期保值头寸的现金流的整体表现,相当于一只以本国货币计价的债券,以本国的收益率曲线进行交易的现金流。

在实际操作中,投资组合经理可以买入外国债券(比如 10 年期债券),然后卖出等额的远期外汇(比如 3 个月远期外汇)进行汇率对冲。[二]然后每 3 个月将对冲头寸滚动一次,以保持汇率风险中性。抛补利率套利意味着投资组合经理实际上是以 3 个月期浮动利率借入了外国货币,以 3 个月期浮动利率借出了本国货币,并做多了 10 年期外国收益率曲线。从一阶近似的角度看,外币即期汇率的变化对投资经理的收益率没有影响。[三]但是,如果三个月期本币利率与三个月期外币利率之间的利差会随着时间的推移而增大(减小),滚动对冲头寸就会产生利润(亏损)。因此汇率对冲头寸相当于对两国收益率曲线短端利差的押注。

重要的是,无论是否利用对冲将外币利率风险敞口转化为本币风险敞口,市场间交易的收益都与对冲头寸隐含的收益率有关(基于远期汇率而不是预期即期汇率)。根据定义,本币市场的收益率是以不同的货币计价的,因此不具有可比性。将外币的未对冲收益按即期汇率折算成本币,但未用远期汇率对冲,也是不具有可比性的。未对冲收益中包含了外币的汇率风险,并不能反映消除这些风险的成本或收益。

当所有资产都被对冲为一种共同货币时,投资组合的基础货币就与市场间套息交易决策无关了。不论基础货币是什么,最好的资产都是一样的。在选定了资产后,是否对冲汇率风险敞口的决定应基于预期即期汇率相对于当前远期汇率是升值还是贬值,而不是预期即期汇率本身是升值还是贬值。该方法确保了对增加或消除汇率风险的成本或收益的正确核算。[四]

▌例 14-5 市场间头寸

西蒙·米尔萨普管理着以发达市场主权债券指数为基准的国际债券投资组合。这些债券的计价货币都是美元。他预计,在未来 6 个月里,随着美联储继续收紧货币政策,美国利率将上升,收益率曲线将略微变平。他还认为,英国国债收益率将与美国国债收益率一

[一] 一般来说,以这种方式创建的合成金融工具不会按投资者的基础货币提供稳定不变的息票,因为不同期限的息票将以不同的远期外汇汇率转换。因此,它的表现不会完全符合固定利率债券的表现。

[二] 在实践中,投资组合经理通常不会逐项资产去对冲货币风险。相反,他们会根据对特定货币的总体敞口进行对冲。外汇交易商公布的标准期限的远期利率报价最长至 180 天左右,但市场最活跃且买卖价差相对较小的是期限较短的品种。90 天(即 3 个月)是最有吸引力的期限,因为它对应收益率曲线上定期报价和大量交易的点,而且它的期限已经足够长,在对冲时不需要频繁滚动合约。

[三] 债券的未来外币价值是不确定的,因此不能通过预先确定的固定数量外汇的离散调整来完美对冲。但有一种称为 Quanto 的数量调整工具可以消除剩余的货币风险。准确地说,使用该工具可以将风险转移给交易对手。关于 Quanto 以及估值的细节,可以参考 Christopher D. Piros 的"完美的对冲:使用 Quanto 或不使用 Quanto",该文收录于 Pavid F. DeRosa 编辑的《货币衍生品:定价理论、奇异期权和对冲应用》一书中,由约翰·威利父子出版公司于 1998 年出版。

[四] 关于这些问题的更全面的阐述可以在 Stewart、Piros 和 Heisler 的《运行资金:专业投资组合管理》第 10 章中找到。

起上升，而相对于美国国债的利差将在所有期限上一致扩大。与此同时，他预计欧洲央行将把政策利率调回零附近，而所有期限的德国国债收益率将均转为正值。这三个国家政府债券的当前收益率如表 14-32 所示。表 14-33 给出了这些政府债券的修正久期。

表 14-32　美国、英国和德国各期限政府债券的收益率

	2 年	5 年	10 年	30 年
美国	1.30%	1.90%	2.40%	3.00%
英国	0.15%	0.55%	1.10%	1.80%
德国	-0.65%	-0.30%	0.45%	1.25%

表 14-33　美国、英国和德国政府债券的修正久期

	2 年	5 年	10 年	30 年
美国	1.48	4.29	8.42	11.69
英国	1.50	4.44	9.03	12.75
德国	1.50	4.48	9.27	13.22

表 14-34 展示了每个国家和每个到期期限的两个数字。第一个数字是米尔萨普对未来 6 个月各债券的固定期限（CM）收益率变化的预测。第二个数字是考虑了收益率曲线滚动导致的期限下降后，今天购买该债券并持有 6 个月的预期净收益率变化值。例如，假设今天购买 5 年期美国债券，其固定期限（5 年）收益率预计将上升 25 个基点，在抵消了收益率曲线向下滚动导致的 15 个基点的下降后，预计债券收益率净上升 10 个基点。

表 14-34　收益率曲线滚动导致的美国、英国和德国政府债券预期收益率变化

	2 年	5 年	10 年	30 年
美国	+35bps/-10bps	+25bps/-15bps	+20bps/-5bps	+15bps/0bps
英国	+25bps/0bps	+15bps/-10bps	+10bps/-10bps	+5bps/0bps
德国	+80bps/0bps	+60bps/-5bps	+25bps/-15bps	0bps/0bps

欧元和英镑对美元的即期汇率和 6 个月远期汇率见表 14-35。

表 14-35　欧元和英镑对美元的即期汇率和远期汇率

	即期汇率	6 个月远期汇率
欧元兑美元	1.0998	1.1091
英镑兑美元	1.2982	1.3045

管理该投资组合的投资政策文件禁止建立裸空头头寸，但投资组合已经持有了足够数量的各种债券，因此对任何特定债券的卖空都没有真正的限制。

为了准备下一次策略会议，米尔萨普要求你帮他总结可用的投资机会，并提出潜在的交易建议。第一步是分解每只债券的本币收益率，如表 14-36 所示。

表 14-36　美国、英国和德国债券 6 个月持有期本币收益率分解

		利息收益率	滚动收益率	CM 收益率变化	6 个月本币总收益率
美国	2 年	0.65%	0.15%	-0.52%	0.28%
	5 年	0.95%	0.64%	-1.07%	0.52%
	10 年	1.20%	0.42%	-1.68%	-0.05%
	30 年	1.50%	0.00%	-2.87%	-1.37%

（续）

		利息收益率	滚动收益率	CM 收益率变化	6 个月本币总收益率
英国	2 年	0.07%	0.00%	-0.37%	-0.30%
	5 年	0.27%	0.45%	-0.67%	0.05%
	10 年	0.55%	0.91%	-0.91%	0.55%
	30 年	0.90%	0.00%	-1.14%	-0.24%
德国	2 年	-0.35%	0.00%	-1.19%	-1.51%
	5 年	-0.15%	0.22%	-2.65%	-2.58%
	10 年	0.23%	1.40%	-2.32%	-0.70%
	30 年	0.63%	0.00%	0.00%	0.63%

　　为了说明这些结果是如何得出的，考察一下 5 年期的美国国债。它的票面利率为 2.0%，恰好 5 年到期，目前定价为 100.4748，收益率为 1.90%。它将在 6 个月的投资期限结束时支付票面价值 1%（＝2%/2）的息票。为了计算收益率的各个组成部分，我们需要计算投资期结束时它在三种不同收益率水平下的价格：收益率不变（1.90%）、在稳定收益率曲线上向下滚动的水平（1.75%＝1.90%-0.15%）、变化为预期收益率的水平（2.00%＝1.90-0.15+0.25）。投资期结束时债券离到期还有 4.5 年，三种收益率水平对应的债券价格如表 14-37 所示。

表　14-37

收益率	债券价格
1.90%	100.4293
1.75%	101.0773
2.00%	100.0000

收益率各组成部分的计算过程如下：

$$利息收益率 = \frac{息票 + 1.90\% 收益率水平下的债券价格}{100.4748} - 1 = \frac{1.00 + 100.4293}{100.4748} - 1 = 0.95\%$$

$$滚动收益率 = \frac{1.75\% 收益率水平下的价格 + 1.90\% 收益率水平下的债券价格}{100.4748}$$

$$= \frac{101.0773 - 100.4293}{100.4748} = 0.64\%$$

$$CM 收益率变化 = \frac{2.00\% 收益率水平下的价格 + 1.75\% 收益率水平下的债券价格}{100.4748}$$

$$= \frac{100.000 - 101.0773}{100.4748} = 1.07\%$$

　　可以看到，利息收益率包括息票和债券价格的小幅下降带来的收益。在收益率不变的情况下，随着剩余期限的减少，债券价格会逐渐被"拉向票面价格"。

　　1. 简要描述各国的预期本币收益率是如何受到当前收益率曲线状况影响的。

　　2. 如果只考虑预期固定期限收益率曲线的变化，确定杠铃式结构和子弹式结构哪个更优，分别采用"2s/5s/10s"和"5s/10s/30s"两组期限的国债收益率。

3. 单独考察每个国债市场收益率的所有组成部分,找出最有吸引力的现金中性、久期中性交易。假设每一种债券的最大头寸被设置为 100 万美元。⊖

4. 综合考虑所有国家的市场和期限,找出最有吸引力的现金中性、久期中性的交易。

[提示:首先请确保你使用了正确的收益率——用美元对冲的英国债券和德国债券的收益率(使用 6 个月远期利率)。然后遵循以下步骤:

- 如问题 3 所示,将任何债券的最大头寸设置为 100 万美元。
- 从问题 3 中特定国家市场的最优交易开始,但金额均为 100 万美元(即忽略比例)。
- 在每个到期期限,寻找所有能提升收益率的市场间交易。
- 计算每个到期期限的净久期,然后寻找一个跨期限的交易,实现久期中性并尽量提升收益率。]

5. 如何对冲英国债券和德国债券固有的汇率风险?

解答 1:由于美国国债收益率在每个期限都远高于英国国债和德国国债,所以无论期限如何,美国市场都提供了显著更高的利息收益率。2 年期和 5 年期德国债券的负收益率代表了一种不寻常的情况,即它们的利息收益率实际上是负的。2 年期和 5 年期美国国债之间的收益率曲线相对陡峭,因此美国 5 年期国债提供的滚动收益率最高,不管是跟其他期限的美国国债相比还是跟其他国家相同期限的国债相比。相比之下,5 年期和 10 年期德国国债之间的收益率曲线非常陡峭,所以德国的 10 年期国债的滚动收益率是所有市场中最高的。

解答 2:如果仅考虑预期固定期限收益率的变化,三个国家收益率曲线的"2s/5s""5s/10s""10s/30s"段都将趋于平缓。因此,如果投资期限非常短,可以忽略利息收益率和滚动收益率,那么"2s/10s"段构成的杠铃式投资组合就比"5s"构成的子弹式投资组合表现好,而"5s/30s"段构成的杠铃式投资组合就比"10s"构成的子弹式投资组合表现好。

解答 3:根据要求,我们希望在每个市场中找到一种零成本(现金中性)的组合,在不改变久期的情况下尽可能提升收益率。

先从美国国债市场开始。使用表 14-36 中的总收益率,买入并卖出任意两个期限的债券的潜在收益如表 14-38 所示。

表 14-38 美国国债市场:配对交易收益率的潜在变化

买入	卖出			
	2s	5s	10s	30s
2s	—	-0.24%	0.33%	1.65%
5s	0.24%	—	0.58%	1.89%
10s	-0.33%	-0.58%	—	1.31%
30s	-1.65%	-1.89%	-1.31%	—

⊖ 在实践中,像这样的问题会涉及更多的证券,只能通过使用最优化软件(例如 Excel 中的规划求解插件)来解决。在这里描述的具体例子中,每种货币的解决方案都具有很容易识别的模式。在每种情况下,它都由两个零成本的成对交易组成,第一个交易可以非常显著地增加收益,第二个交易则要用到另外两个期限的头寸,以抵消第一个交易对久期的影响。需要注意的是,对更一般的情况来说,最优的交易组合很可能涉及各种规模的头寸,但这些头寸的总成本为零。事实上,如果我们去掉头寸规模的下界或上界,情况就会是这样。

每一项都是表 14-36 中相应的总收益率之间的差额。注意，对角线以下的交易，例如买入"5s"和卖出"2s"，会增加久期；而对角线以上的交易则会减少久期。买入"5s"卖出"30s"的收益率的绝对增长是最大的（1.89%），如果买入的是"2s"或"10s"，同时卖出"30s"，收益率的增长仍然是可观的。当然，我们还需要考虑对久期的影响。同时使用表 14-33 中的久期以及表 14-36 中的总收益率，我们可以计算每一笔潜在的配对交易的单位久期变化带来的收益率变化，如表 14-39 所示。

表 14-39 美国国债市场：配对交易中"收益率/久期"的变化

买入	卖出			
	2s	5s	10s	30s
2s	—	−0.0854%	0.0476%	0.1616%
5s	0.0854%	—	0.1380%	0.2554%
10s	−0.0476%	−0.1380%	—	0.4037%
30s	−0.1616%	−0.2554%	−0.4037%	—

例如，买入"5s"卖出"2s"，总收益率增加了 0.24%，久期增加了 2.81（=4.29−1.48），即每增加一个单位的久期，总收益率增加了 0.0854%（=0.24%/2.81）。在计算这些比率时，久期的变化总是被视为正的，以便表格中的条目反映收益率变化的符号。

可以看到，买入"5s"/卖出"30s"提供了最大的绝对收益率涨幅（1.89%），买入"10s"/卖出"30s"提供了最大的单位久期收益率涨幅（0.4037%）。由于任何配对交易都会降低久期，所以它必须与将久期增加相同数量的交易相结合才能达到久期中性。买入"5s"/卖出"30s"的同时买入"10s"/卖出"2s"，每单位久期的收益率会降低 0.0476%。买入"10s"/卖出"30s"的同时买入"5s"/卖出"2s"，每单位久期的收益率会增加 0.0854%。考虑下面每一种配对交易：

买入"10s"/卖出"30s"，买入"5s"/卖出"2s"

买入 100 万美元的"10s"，卖出 100 万美元的"30s"，可以减少 3.27（8.42−11.69=−3.27）的久期。买入 100 万美元的"5s"，卖出 100 万美元的"2s"，可以增加 2.81（=4.29−1.48）的久期，这不足以抵消"10s"/"30s"的久期头寸。由于交易规模限制在 100 万美元，我们不能进行更大规模的"5s"/"2s"交易，所以必须将"10s"/"30s"的交易规模减少到 85.93 万美元（=100 万美元×2.81/3.27）。这种组合交易的收益率将会增加：

$$(0.8593×1.31\%)+0.24\%=1.3657\%$$

买入"5s"/卖出"30s"，买入"10s"/卖出"2s"

买入 100 万美元的"5s"，卖出 100 万美元的"30s"，久期减少了 7.40（4.29−11.69=−7.40）。买入 100 万美元的"10s"，卖出 100 万美元的"2s"，久期增加了 6.94（=8.42−1.48），这不足以抵消"5s"/"30s"的久期头寸。由于我们不能进行更大规模的"10s"/"2s"交易，只能将"5s"/"30s"交易的规模减少到 93.78 万美元（=100 万美元×6.94/7.40）。这种组合交易的收益率将会增加：

$$(0.9378×1.89\%)+(-0.33\%)=1.4424\%$$

买入"5s"/卖出"30s"和买入"10s"/卖出"2s"的组合会带来更大的收益率增

长，因此是美国国债市场上最好的交易。⊖

接下来看看英国国债市场。该市场所有配对交易收益率的潜在变化如表 14-40 所示。

表 14-40　英国国债市场：配对交易收益率的潜在变化

买入	卖出			
	2s	5s	10s	30s
2s	—	−0.35%	−0.85%	−0.06%
5s	0.35%	—	−0.50%	0.29%
10s	0.85%	0.50%		0.79%
30s	0.06%	−0.29%	−0.79%	—

显然，最大的收益率增长同样来自买入"5s"和"10s"并卖出"2s"和"30s"，唯一的问题是如何配对。

买入"10s"/卖出"30s"，买入"5s"/卖出"2s"

买入 100 万美元的"10s"，卖出 100 万美元的"30s"，久期减少了 3.72(9.03−12.75 = −3.72)。买入 100 万美元的"5s"，卖出 100 万美元的"2s"，久期增加了 2.94(= 4.44−1.50)，这不足以抵消"10s"/"30s"头寸的久期。由于我们不能进行更大规模的"5s"/"2s"交易，只能将"10s"/"30s"交易的规模减少到 79.03 万美元(= 100 万美元×2.94/3.72)。这种组合交易的收益率将会增加：

$$(0.7903×0.79\%) +0.35\% = 0.9744\%$$

买入"5s"/卖出"30s"，买入"10s"/卖出"2s"

买入 100 万美元的"5s"，卖出 100 万美元的"30s"，久期减少了 8.31(4.44−12.75 = −8.31)。买入 100 万美元的"10s"，卖出 100 万美元的"2s"，久期增加了 7.53(= 9.03−1.50)，这不足以抵消"5s"/"30s"头寸的久期。由于我们不能进行更大规模的"10s"/"2s"交易，只能将"5s"/"30s"交易的规模减少到 90.61 万美元(= 100 万美元×7.53/8.31)。这种组合交易的收益率将会增加：

$$(0.9061×0.29\%) +(0.85\%) = 1.1128\%$$

买入"5s"/卖出"30s"和买入"10s"/卖出"2s"的组合会带来更大的收益率增长，因此是英国国债市场上最好的交易。

最后，德国所有市场内配对交易收益率的潜在变化如表 14-41 所示。

表 14-41　德国国债市场：配对交易收益率的潜在变化

买入	卖出			
	2s	5s	10s	30s
2s	—	1.07%	−0.81%	−2.14%
5s	−1.07%	—	−1.88%	−3.21%
10s	0.81%	1.88%	—	−1.33%
30s	2.14%	3.21%	1.33%	—

⊖　还有第三种可能的交易组合：买入"2s"/卖出"30s"和买入"10s"/卖出"5s"。读者可以自行确认，这种交易组合并不会带来更好的结果。对于一般的问题，最好的组合可能也会涉及各种各样的头寸，而不仅仅是零成本的不同期限的组合。

很明显，我们想买入"30s"卖出"5s"。如果我们同时购买"30s"和"10s"，就无法实现久期中性。因此，需要买入"30s"和"2s"，并卖出"5s"和"10s"。这又是一个如何配对的问题。

买入"30s"/卖出"10s"，买入"2s"/卖出"5s"

买入 100 万美元的"30s"，卖出 100 万美元的"10s"，久期增加了 3.95 (= 13.22 - 9.27)。买入 100 万美元的"2s"，卖出 100 万美元的"5s"，久期减少了 2.98 (1.50 - 4.48 = -2.98)，这不足以抵消"30s"/"10s"头寸的久期。由于我们不能进行更大规模的"2s"/"5s"交易，只能将"30s"/"10s"交易的规模减少到 75.44 万美元 (= 100 万美元×2.98/3.95)。这种组合交易的收益率将会增加：

$$(0.7544×1.33\%)+1.07\% = 2.0734\%$$

买入"30s"/卖出"5s"，买入"2s"/卖出"10s"

买入 100 万美元的"30s"，卖出 100 万美元的"5s"，久期增加了 8.74 (= 13.22 - 4.48)。买入 100 万美元的"2s"，卖出 100 万美元的"10s"，久期减少了 7.77 (1.50 - 9.27 = -7.77)，这不足以抵消"30s"/"5s"头寸的久期。由于我们不能进行更大规模的"2s"/"10s"交易，只能将"30s"/"5s"交易的规模减少到 88.90 万美元 (= 100 万美元×7.77/8.74)。这种组合交易的收益率将会增加：

$$(0.8890×3.21\%)+(-0.81\%) = 2.0437\%$$

买入"30s"/卖出"10s"和买入"2s"/卖出"5s"的组合会有更高的收益率，因此是德国市场上最好的交易。

解答 4：上面给出的是以本地货币计算的收益率，并不能直接相互比较。要使英国国债和德国国债的收益率具有可比性，需要先用美元进行对冲。以即期汇率买入英镑，并以 6 个月远期汇率卖出英镑，收益率为 0.49% (= 1.3045/1.2982-1)。对于欧元，收益率则为 0.85% (= 1.1091/1.0998-1)。以美元计算的对冲后收益率是通过将这些收益率与各国的本地货币收益率相结合来确定的。例如，对冲成美元的英国 10 年期债券收益率为 1.04% (= 0.55%+0.49%)。表 14-42 展示了将本地货币对冲为美元后的收益率。

表 14-42　对冲为美元后英国和德国债券收益率

	2 年	5 年	10 年	30 年
美国	0.28%	0.52%	-0.05%	-1.37%
英国	0.19%	0.54%	1.04%	0.25%
德国	-0.66%	-1.73%	0.15%	1.48%

考虑到货币对冲因素后，两个国家的债券市场的吸引力更强了，尽管德国市场的短期限债券仍将面临巨大损失。

使用上面问题 3 的结果，我们首先假设在美国的"5s"和"10s"、英国的"5s"和"10s"、德国的"2s"和"30s"上分别购买 100 万美元的头寸，并卖出所有其他相应头寸。对冲后的收益率表明，买入美国国债"2s"并卖出德国国债"2s"是更好的选择。同样，卖出美国的"10s"并买入德国的"10s"也是更好的选择。这里没有用到"5s"或"30s"的优势配对交易。表 14-43 将这些调整与问题 3 中最初的各国最优交易策略结合起来，展示了这一阶段的暂定交易方案。注意，这些策略的买入和卖出金额相同，所以都是现金中性的。但它们还不是久期中性的。

表 14-43 市场间暂定交易方案汇总

	2 年期国债	5 年期国债	10 年期国债	30 年期国债
美国	卖出→买入	买入	买入→卖出	卖出
英国	卖出	买入	买入	卖出
德国	买入→卖出	卖出	卖出→买入	买入

注：阴影单元格表示交易抵消。

这些交易的净久期影响如下：

- 2s：-1.52（=1.48-1.50-1.50）；买入美国国债，卖出英国国债，卖出德国国债。
- 5s：+4.25（=4.29+4.44-4.48）；买入美国国债，买入英国国债，卖出德国国债。
- 10s：+9.88（=-8.42+9.03+9.27）；卖出美国国债，买入英国国债，买入德国国债。
- 30s：11.22（=-11.69-12.75+13.22）；卖出美国国债，卖出英国国债，买入德国国债。

总久期增加量为 1.39 ［=-1.52+4.25+9.88+（-11.22）］。

为了使久期回归中性，我们需要减持久期相对较长的债券。从上面总结的试探性交易开始，我们寻找一种额外的交易，以实现必要的久期缩短。一旦我们确定了交易，我们就可以确定每种债券的最终持有量净变化。

目前被购买的长期债券是德国的 10 年期国债、英国的 10 年期国债和德国的 30 年期国债。由于交易规模的限制，我们无法卖出更多其他长期债券。由于德国 10 年期国债的预期收益率（0.15%）是三种国债中最低的，所以是可供出售的债券。[○]哪些短期债券应该被买入或降低卖出量呢？目前已卖出的短期债券包括德国的"2s"、德国的"5s"和英国的"2s"，所以调整久期交易中购买的对象也应该在这里面考虑。其中德国的"2s"和"5s"的收益率很低（甚至为负），所以最适合购买的是英国的 2 年期短期国债。等额卖出德国"10s"并买入英国"2s"可以大大缩短久期：1.50-9.27=-7.77。当然，我们可以简单地在这一配对交易的每一边选择一个较小的金额（100 万美元×1.39/7.77=17.89 万美元），以实现久期减少 1.39 的目标。但还有一个更好的选择方法。

初步计划中包含出售英国的 30 年期国债的头寸。但该债券的预期收益率（0.25%）高于英国的 2 年期国债（0.19%）或德国的 10 年期国债（0.15%）。因此，卖出尽可能多的 10 年期德国国债是有意义的，我们可以用更高的收益来购买 2 年期和 30 年期英国国债，而不是只购买 2 年期。

将购买 100 万美元的德国 10 年期国债（根据初步计划）改为出售 100 万美元的德国 10 年期国债，能释放出 200 万美元的资金用于投资其他债券，并将久期缩短 2×9.27=18.54。假设需要购买 X 百万美元的 30 年期英国国债和（2-X）百万美元的 2 年期英国国债，那么久期的增加量为：

$$12.75X+1.50(2-X)=3.00+11.25X$$

由于需要弥补的久期净减少量为 1.39，因此对英国 30 年期国债的投资金额必须满足：

○ 请注意，之前我们做过的调整之一是从出售德国国债"10s"转向购买它们。现在我们又发现还是需要卖掉它们。这里是出了什么问题吗？并非真的如此。因为之前的调整，即在第三问中反转美国和德国 10 年期债券的买入/卖出决定，是近似于久期中性的，但它提高了回报。这是一个明显的改善。现在我们需要减少整体久期，所以转而卖出 10 年期德国国债是一个可行的方法。然而我们并没有反转我们早期调整的另一个头寸——卖出 10 期美国国债而不是买入。在这种情况下，解决复杂问题不能直来直往。

$$-18.54+(3.00+11.25X)=-1.39$$

求解得 $X=1.2578$，这意味着我们的久期调整交易最终需要购买 125.78 万美元的 30 年期英国国债，以及 74.422 万美元 [=100 万美元×(2.0-1.2578)] 的 2 年期英国国债，并卖出 200 万美元的 10 年期德国国债。现在我们可以确定这三种债券的最终净头寸了。最终方案不是出售 100 万美元的 30 年期英国国债，而是购买 25.78 万美元 [=100 万美元×(-1+1.2578)] 的 30 年期英国国债。类似地，最终方案不是卖出 100 万美元的 2 年期英国国债，而是只卖出 25.78 万美元 [=100 万美元×(1+0.7422)]。最终方案不是购买价值 100 万美元的 10 年期德国国债，而是卖出 100 万美元 [=100 万美元×(+1-2)] 的 10 年期德国国债。

表 14-44 提供了我们考虑过的交易方案的汇总。从问题 3 的方案出发，箭头表示在问题 4 中发生变化的后续交易决策。其中有 7 个头寸保持不变（白色单元格），4 个头寸被撤销（阴影单元格），一个涉及 10 年期德国国债的卖出交易被更改为买入，然后又切换回最初的卖出。

表 14-44　市场间最终交易方案汇总

	2 年期国债	5 年期国债	10 年期国债	30 年期国债
美国	卖出→买入	买入	买入→卖出	卖出
英国	卖出	买入	买入	卖出→买入
德国	买入→卖出	卖出	卖出→买入→卖出	买入

将所有结论汇总，表 14-45 总结了为实施最佳市场间套息交易所建立的所有头寸。

表 14-45　市场间最终交易方案头寸汇总

	2 年期国债	5 年期国债	10 年期国债	30 年期国债	净头寸
美国	+1.000 百万美元	+1.000 百万美元	-1.000 百万美元	-1.000 百万美元	0
英国	-0.258 百万美元	+1.000 百万美元	+1.000 百万美元	+0.258 百万美元	+2.000 百万美元
德国	-1.000 百万美元	-1.000 百万美元	-1.000 百万美元	+1.000 百万美元	-2.000 百万美元
净头寸	-0.258 百万美元	+1.000 百万美元	-1.000 百万美元	+0.258 百万美元	

最终汇总结果是在英国国债市场上净买入，在德国国债市场上净卖出，在 5 年期和 30 年期上净买入，在 2 年期和 10 年期上净卖出。同时，针对所有国家的市场而不是针对单个市场施加久期中性和现金中性条件，可以捕获每个到期期限上三个市场的最佳机会，以及每条收益率曲线上的最佳到期期限。最终结果是将资金集中到了美国收益率曲线的短端部分（2s 和 5s）、英国收益率曲线的中间部分（5s 和 10s）和德国收益率曲线的长端部分（30s）。

解答 5：如问题 4 开头所示，对英镑和欧元的汇率对冲分别带来了 6 个月期的 49 个基点和 85 个基点的收益。除非这些货币在未来 6 个月内对美元的升值幅度超过上述水平，否则就应该对冲这些汇率敞口。

14.6　各种久期中性投资组合在利率曲线不同变化场景下的表现

在本章中，我们多次讨论了凸性作为主动型收益率曲线策略中的一个有用工具。但凸性真的那么有用吗？在本节中，我们将评估在各种收益率曲线变化场景下，与基准投资组合（梯式投资组合）相比，不同凸性特征的投资组合（比如杠铃式和子弹式）的表现有何不同。

14.6.1 基准投资组合

假设我们有一个投资组合，由 6 只权重相等的美国国债新券组成。这是一个经典的梯式投资组合，证券在不同到期期限上均匀分布。表 14-46 展示了这个投资组合的一些细节。[⊖]

表 14-46　梯式投资组合

债券编号	期限	市值（百万）	票面利率	到期日	价格	YTM	有效久期
1	2 年	10	0.875	2017 年 11 月 30 日	99.828	0.964	1.939
2	3 年	10	1.250	2018 年 12 月 15 日	99.891	1.287	2.946
3	5 年	10	1.625	2020 年 11 月 30 日	99.672	1.694	4.785
4	7 年	10	2.000	2022 年 11 月 30 日	99.656	2.053	6.550
5	10 年	10	2.250	2025 年 11 月 15 日	99.859	2.266	8.992
6	30 年	10	3.000	2045 年 11 月 15 日	100.172	2.991	20.364
投资组合		60				1.876	7.596

该投资组合的收益率为 1.876%，市值为 6000 万美元，有效久期为 7.596。我们将该投资组合作为久期中性点，在构建后面的投资组合时，以相同的久期作为目标。我们以该投资组合为基准投资组合来评估其他投资组合的结构。

14.6.2 收益率曲线变化场景

我们在表 14-47 中定义了 6 种收益率曲线变化场景。起始收益率曲线如表中第 2 列所示，6 种变化场景如第 3 到第 8 列所示。

表 14-47　收益率曲线变化场景

		收益率曲线变化场景					
1	2	3	4	5	6	7	8
期限（年）	起始收益率	平移 −100 个基点	平移 +100 个基点	变平	变陡	曲率变小	曲率变大
2	0.964	0.010	1.964	**0.964**	**0.964**	0.892	1.036
3	1.287	0.287	2.287	1.269	1.305	1.174	1.400
4	1.490	0.490	2.490	1.455	1.526	1.337	1.644
5	1.694	0.694	2.694	1.640	1.748	1.499	1.889
7	2.053	1.053	3.053	1.964	2.142	1.776	2.330
10	2.266	1.266	3.266	2.123	2.409	1.866	2.666
20	2.629	1.629	3.629	2.308	2.950	2.429	2.829
30	2.991	1.991	3.991	2.491	3.491	2.991	2.991

第 3 列和第 4 列描述了两个常见的收益率曲线变化场景，向下平移或向上平移 100 个基点。为了避免利率为负，这里将利率下限定为 10 个基点。受此限制影响，2 年期国债的收益率下降了 95 个基点而不是 100 个基点，但这 5 个基点的差异对后面的计算和结果几乎没有影

⊖　该分析使用 2015 年 12 月 15 日的价格在收益率分析系统软件上运行，并假设当日结算。

响。顺便说一句，Yield Book 已经改变了它的代码，现在已经允许大多数利率取负值。[⊖]

第 5 列和第 6 列定义了变平和变陡的收益率曲线，如图 14-23 和表 14-48 所示。这两种变化过程中，2 年期收益率被当作了一个固定点。

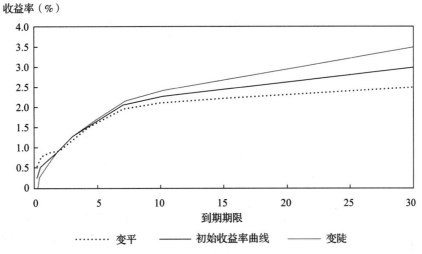

图 14-23　变平和变陡的收益率曲线

表 14-48　变平和变陡的收益率曲线

"2s-20s" 利差	2s	30s	利差
初始收益率曲线	0.964	2.991	2.027
变平	0.964	2.491	1.527
变陡	0.964	3.491	2.527

最后，第 7 列和第 8 列分别定义了曲率变小和曲率变大的收益率曲线变化，如图 14-24 和表 14-49 所示。通过计算蝶式组合的收益率变化，也可以确认曲率的变小和变大。

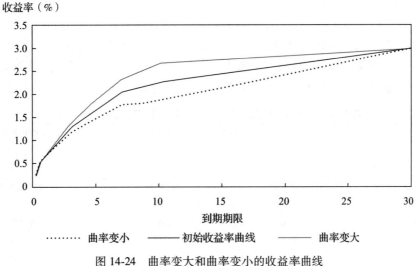

图 14-24　曲率变大和曲率变小的收益率曲线

⊖　但此时（也就是 2016 年）收益率分析系统软件的 MBS 提前支付模型还无法处理负利率。

表 14-49 曲率变大和曲率变小的收益率曲线

蝶式利差	2s	10s	30s	利差
初始收益率曲线	0.964	2.266	2.991	0.577
曲率变小	0.892	1.866	2.991	-0.151
曲率变大	1.036	2.666	2.991	1.305

注：蝶式利差＝-2年期国债收益率+(2×10年期国债收益率)-20年期国债收益率。

为了评估凸性的影响，我们构建了两种极端的投资组合，一种是杠铃式，一种是子弹式，并检查每种投资组合在不同收益率曲线变化场景下的表现。

14.6.3 极端杠铃式投资组合 vs 梯式投资组合

如表 14-50 所示，我们的极端杠铃式投资组合由 2 年期和 30 年期债券组成，其有效久期与基准投资组合几乎相同。该杠铃式投资组合在目前给定的投资组合约束条件下具有最高的凸性，其有效久期为 7.595（基准投资组合为 7.596），凸性为 1.578（基准投资组合为 1.134）。杠铃式投资组合放弃了近 30 个基点的收益率。虽然我们在分析中使用了收益率曲线瞬时变化的假设，但请注意，如果变化发生在更长的时间内，杠铃式投资组合将会因放弃收益率而遭受损失。

表 14-50 极端杠铃式投资组合

债券编号	期限	市值（百万）	票面利率	到期日期	价格	YTM	有效久期
1	2 年	41.58	0.875	2017 年 11 月 30 日	99.828	0.964	1.939
2	3 年		1.250	2018 年 12 月 15 日	99.891	1.287	2.946
3	5 年		1.625	2020 年 11 月 30 日	99.672	1.694	4.785
4	7 年		2.000	2022 年 11 月 30 日	99.656	2.053	6.550
5	10 年		2.250	2025 年 11 月 15 日	99.859	2.266	8.992
6	30 年	18.42	3.000	2045 年 11 月 15 日	100.172	2.991	20.364
投资组合		60.00				1.586	7.595

前面说过，凸性更高的投资组合在收益率曲线发生平移变化时会有更好的表现。这在表 14-51 中可以得到确认。但杠铃式结构固有的高凸性带来的收益率增益在收益率曲线平移变化中是相对较小的，只有 22 到 28 个基点。投资组合经理若能正确预测变化的方向，杠铃式结构的收益率优势在收益率曲线斜率和曲率变化时更为明显。可以看到，在收益率曲线变平时，杠铃式投资组合的表现比基准投资组合高了超过 100 个基点。

表 14-51 极端杠铃式投资组合与基准投资组合的收益率对比

	极端杠铃式投资组合	基准投资组合
久期	7.595	7.596
凸性	1.578	1.134

收益率曲线场景	收益率	收益率	收益率差异
-100	8.517	8.241	0.276
+100	-6.823	-7.041	0.218
变平	3.243	2.125	1.118
变陡	-2.971	-1.974	-0.997
曲率变小	0.107	1.146	-1.039
曲率变大	-0.107	-1.124	1.017

在调整投资组合并向杠铃式结构变化时，投资组合经理必须确定收益率曲线不会变陡或曲率变小，因为这些收益率曲线变化场景可能会导致新的投资组合表现不佳，而不是像预期的那样使其获得更好的表现。

14.6.4　极端子弹式投资组合

杠铃式投资组合在曲率变小时表现不佳，主要是因为它没有收益率曲线中间部分的头寸，而中间部分是在收益率曲线曲率变小时表现相对较好的债券。因此，如果一个经理预测曲线将变得不那么弯曲，他应该采用子弹式投资组合结构。我们用两个久期在 7.596 附近的债券构建子弹式投资组合结构，如表 14-52 所示。（如果目标久期恰好等于其中一种债券的久期，那么可以将所有的资金投资于这一种债券来构成最终的子弹式投资组合。）

表 14-52　极端子弹式投资组合

债券编号	期限	市值（百万）	票面利率	到期日期	价格	YTM	有效久期
1	2 年		0.875	2017 年 11 月 30 日	99.828	0.964	1.939
2	3 年		1.250	2018 年 12 月 15 日	99.891	1.287	2.946
3	5 年		1.625	2020 年 11 月 30 日	99.672	1.694	4.785
4	7 年	34.25	2.000	2022 年 11 月 30 日	99.656	2.053	6.550
5	10 年	25.75	2.250	2025 年 11 月 15 日	99.859	2.266	8.992
6	30 年		3.000	2045 年 11 月 15 日	100.172	2.991	20.364
投资组合		60.00				2.144	7.598

从表 14-53 可以看到，该投资组合的收益率符合我们的预期，具体表现为：

- 对于收益率曲线的平行移动（±100 个基点），无论利率上升还是下降，由于子弹式投资组合缺乏凸性，其收益率都低于基准投资组合的收益率。
- 之前我们看到杠铃式投资组合在收益率曲线变平时表现良好，但子弹式投资组合在这种收益率变化场景中表现较差。
- 在收益率曲线变陡时，子弹式投资组合表现良好，收益率比基准组合高了 110 个基点。因为把所有资产集中在了收益率曲线的中间（在这里是 7 年期和 10 年期），如果曲线的曲率变小，投资组合就会获得一个非常高的正收益。但如果收益率曲线曲率变大，资产集中在曲线中间的策略就会使投资组合表现得相对较差。

表 14-53　极端子弹式投资组合与基准投资组合的收益率对比

	极端子弹式投资组合	基准投资组合
久期	7.598	7.596
凸性	0.643	1.134
收益率曲线场景	收益率	收益率	收益率差异
-100	7.939	8.241	-0.302
+100	-7.277	-7.041	-0.236
变平	0.881	2.125	-1.244
变陡	-0.875	-1.974	1.099
曲率变小	2.590	1.146	1.444
曲率变大	-2.534	-1.124	-1.410

14.6.5 不极端的杠铃式投资组合 vs 梯式投资组合

表 14-51 表明，在收益率曲线平移的情况下，极端杠铃式投资组合相对于基准投资组合收益率优势有限（约 25 个基点）。它还揭示了在收益率曲线变陡和曲率变小等场景下，杠铃式投资组合的表现可能落后于基准投资组合 100 个基点以上。如果这些风险敞口蕴含的风险过高，投资组合经理对其收益率预测并没有完全的把握，那么使用如表 14-54 所示的修正版杠铃式投资组合可能更加合适。这是一个不那么极端的杠铃式投资组合，由 4 种证券而不是2 种证券构建而成，增加了 3 年期和 10 年期国债头寸来投资收益率曲线的中间部分，这在极端杠铃式投资组合中是没有的。调整后投资组合的有效久期为 7.601，非常接近目标。

表 14-54 不极端的杠铃式投资组合

债券编号	期限	市值（百万）	票面利率	到期日	价格	YTM	有效久期
1	2 年	17.66	0.875	2017 年 11 月 30 日	99.828	0.964	1.939
2	3 年	12.65	1.250	2018 年 12 月 15 日	99.891	1.287	2.946
3	5 年		1.625	2020 年 11 月 30 日	99.672	1.694	4.785
4	7 年		2.000	2022 年 11 月 30 日	99.656	2.053	6.550
5	10 年	19.35	2.250	2025 年 11 月 15 日	99.859	2.266	8.992
6	30 年	10.34	3.000	2045 年 11 月 15 日	100.172	2.991	20.364
投资组合		60.00				1.801	7.601

这个由 4 种证券构成的投资组合在到期收益率、有效久期和有效凸性方面都更接近基准投资组合。其凸性（1.183）显著低于极端杠铃式投资组合的凸性（1.578）。

表 14-55 显示了在 6 种收益率曲线变化场景下，这种不那么极端的杠铃式投资组合的表现与基准投资组合的比较。可以看到两者的偏离程度相对较小：最高 +14 个基点，最低 -13个基点。虽然该组合将最大损失幅度降到了最小，但也减少了相对于基准投资组合的增值机会。

表 14-55 不极端的杠铃式投资组合与基准投资组合的收益率比较

	不极端的杠铃式投资组合	基准投资组合	
久期	7.601	7.596	
凸性	1.183	1.134	
收益率曲线场景	收益率	收益率	收益率差异
-100	8.269	8.241	0.028
+100	-7.012	-7.041	0.029
变平	2.239	2.125	0.114
变陡	-2.083	-1.974	-0.109
曲率变小	1.287	1.146	0.141
曲率变大	-1.256	-1.124	-0.132

14.6.6 极端和不极端的杠铃式投资组合的比较

在本节中，我们将两种杠铃式投资组合直接进行比较，而不是与基准投资组合比较，看看能从它们之间的差异中发现什么规律。表 14-56 显示了这两种投资组合的收益率。

表 14-56　极端与不极端的杠铃式投资组合收益率对比

	极端的杠铃式投资组合	不极端的杠铃式投资组合
久期	7.595	7.601
凸性	1.578	1.183

收益率曲线场景	收益率	收益率	收益率差异
-100	8.517	8.269	0.248
+100	-6.823	-7.012	0.189
变平	3.243	2.239	1.004
变陡	-2.971	-2.083	-0.888
曲率变小	0.107	1.287	-1.180
曲率变大	-0.107	-1.256	1.149

从表中的数据可以看到：

- 极端的杠铃式投资组合的凸性为 1.578，而不极端杠铃式投资组合的凸性为 1.183。
- 正如预期的那样，在收益率曲线平移时，凸性更高的极端杠铃式投资组合的收益率比不极端杠铃式投资组合稍微高一点。
- 如果收益率曲线变平，极端杠铃式投资组合因为大量持有了最长期限的债券（30 年期美国国债），在收益率上领先了 100 个基点。
- 如果收益率曲线变陡，极端杠铃式投资组合持有的长期债券头寸会遭受严重损失，收益率的优势会消失，比不那么极端的杠铃式投资组合低了 89 个基点。
- 在曲率变化的场景下，不那么极端的杠铃式投资组合对收益率曲线中间期限的"参与"更多（因为持有 3 年期和 10 年期美国国债）。
- 如果曲率变小（收益率曲线中间部分相对反弹），中间期限的敞口会让不那么极端的杠铃式投资组合的收益率比极端杠铃式投资组合高 118 个基点。
- 如果曲率变大，中间期限的敞口会让不那么极端的杠铃式投资组合的收益率比极端的杠铃式投资组合低约 115 个基点。

这些例子说明，凸性是有价值的，但要增加收益率，投资组合经理必须增加一个有意义的凸性。凸性的变化可以通过改变投资组合的结构来实现，但新的结构也会带来新的风险和收益。在前面的杠铃式投资组合中，如果投资组合经理对收益率曲线变化的预测是错误的，就会面临业绩不佳的风险。这是一个很好的例子，说明在根据预期的收益率曲线变化调整债券投资组合时必须进行权衡。

表 14-57 比较了子弹式和杠铃式投资组合在不同收益率曲线变化场景下的相对表现。

表 14-57　不同收益率曲线变化场景下子弹式和杠铃式投资组合的相对表现

收益率曲线变化场景		子弹式投资组合	杠铃式投资组合
水平变化	平移	表现更好	表现更差
斜率变化	变平	表现更好	表现更差
	变陡	表现更差	表现更好
曲率变化	曲率变小	表现更差	表现更好
	曲率变大	表现更好	表现更差
利率波动率变化	减少	表现更差	表现更好
	增加	表现更好	表现更差

例 14-6 曲率和斜率变化时的调仓策略

希瑟·威尔逊是一位 CFA 证书持有人，就职于纽约的一家对冲基金，为其管理着一个美国国债投资组合。她的任务是搜寻从收益率曲线曲率的变化中获利的调仓策略。威尔逊的持仓必须是久期中性的，30 年期债券的持仓上限是 1 亿美元。目前市场上的国债新券的特征如表 14-58 所示：

表 14-58

到期期限	票面利率	价格	YTM	久期	PVBP（每百万美元）
2 年	1.0%	100	1.0	1.98	198
5 年	1.5%	100	1.5	4.80	480
10 年	2.5%	100	2.5	8.80	880
30 年	3.0%	100	3.0	19.72	1972

如果威尔逊持有的 30 年期债券量为最大允许头寸，且 4 个期限的头寸都具有相同的货币久期（绝对值），那么何种同时涉及 2 年期、5 年期、10 年期和 30 年期头寸的投资组合结构可以从收益率曲线曲率变小中获利？

解答：为了从收益率曲线曲率变小中获利，威尔逊应该构造一个秃鹰式投资组合：卖出 2 年期债券，买入 5 年期和 10 年期债券，同时卖出 30 年期债券。如果收益率曲线曲率变小，2 年期和 30 年期债券的空头头寸将随着曲线两端利率的上升而获利，而 5 年期和 10 年期债券的多头头寸价值将保持不变。如果曲率因中间期限（5 年期和 10 年期）收益率的下降而变小，中间期限债券的多头头寸可能会获利，而 5 年期和 10 年期债券的空头头寸价值将保持不变。

下面确定投资组合的具体仓位：

- 1 亿美元 30 年期债券的空头头寸货币久期为 100×1972＝197 200（根据允许的最大仓位计算）。
- 建立其余期限的债券头寸，使每个头寸的货币久期相同：
  - 10 年期债券的仓位应该是 197 200/880＝224.09 百万美元或 2.24 亿美元（多头）。
  - 5 年期债券的仓位应为 197 200/480＝410.83 百万美元或 4.11 亿美元（多头）。
  - 2 年期债券的仓位应该是 197 200/198＝995.96 百万美元或 9.96 亿美元（空头）。

所以威尔逊的最终仓位是，做空 9.96 亿美元 2 年期债券，做多 4.11 亿美元 5 年期债券，做多 2.24 亿美元 10 年期债券，做空 1 亿美元 30 年期债券。投资组合的具体仓位如表 14-59 所示。

表 14-59

国债工具	2 年期	5 年期	10 年期	30 年期
PVBP（每百万美元）	198	480	880	1972
仓位限制（美元）	—	—	—	100 000 000
美元久期限制	—	—	—	197 200
方向	空头	多头	多头	空头
仓位（美元）	(995 959 596)	410 833 333	224 090 909	(100 000 000)
美元久期	(197 200)	197 200	197 200	(197 200)
美元久期（2 年期+5 年期和 10 年期+30 年期）	0			0

14.7　一个评估收益率曲线交易的框架

预期收益率分解模型的一个扩展版本可以帮助我们理解收益率的各个组成部分对投资组合策略的成功或失败的相对贡献。

完整的预期收益率分解模型如式 14-4 所示。

$$
\begin{aligned}
E(R) \approx\ & 利息收益率+ \\
& 骑乘收益率+ \\
& E(基于投资者对收益率和利差的判断的债券价格变化)- \\
& E(信用损失)+ \\
& E(汇率导致的损益)
\end{aligned}
\tag{14-4}
$$

其中，$E(\ )$ 表示分析师基于自己的预测计算的期望值。下面的几个场景展示了该模型在分析收益率曲线投资组合策略中的应用。

维多利亚·利姆是美国一家大型财富管理公司驻新加坡办事处的固定收益投资组合经理。公司的客户大多是美国的高净值人士。利姆擅长利用亚太新兴市场主权证券构建短期收益率曲线策略。她的目标投资期限是一年，正在考虑两种策略：①买入并持有，②收益率曲线骑乘。实施买入并持有策略需要购买泰国政府发行的以泰铢计价的 1 年期零息票债券，该债券目前的收益率为 1.0%。收益率曲线骑乘策略涉及买入 2 年期零息票政府债券，并在一年后卖出。该 2 年期零息票债券也以泰铢计价，目前收益率为 2.0%。每种收益率曲线策略的泰铢收益都将在一年的投资期限结束时转换为美元。该公司的经济预测部门发布了对 12 个月后汇率的预测，预计泰铢对美元的汇率将上升 1.5%，且泰国国债的收益率将保持稳定。表 14-60 总结了利姆正在考虑的两个收益率曲线策略的一些关键信息。

表 14-60　收益率曲线稳定的假设下两种策略的比较

投资组合策略	买入并持有策略	收益率曲线骑乘策略
投资期限（年）	1.0	1.0
购买时的债券期限（年）	1.0	2.0
票面利率	0.00%	0.00%
到期收益率	1.00%	2.00%
投资组合中债券的平均价格	99.0090	96.1169
一年后投资组合中债券的预期平均价格（美元）	100.00	99.0090
预期汇率收益或损失	1.5%	1.5%

利姆的投资组合在每种收益率曲线策略下的预期收益率可以用前面提到的模型进行分解，分解结果如表 14-61 所示。

表 14-61　稳定收益率曲线策略的预期收益率分解

收益率成分	公式	投资组合表现	
		买入并持有	收益率曲线骑乘
利息收益率	当年利息支付÷当前债券价格	0	0
+骑乘收益率	$\dfrac{(期末债券价格-期初债券价格)}{期初债券价格}$	(100.00-99.009) ÷99.009=1.00%	(99.0090-96.1169) ÷96.1169=3.01%

（续）

收益率成分	公式	投资组合表现	
		买入并持有	收益率曲线骑乘
=滚动收益率	利息收益率+给定的骑乘收益率	0+1.00%=1.00%	0+3.01%=3.01%
+E（汇率导致的损益）		+1.50%	+1.50%
=总预期收益率		=2.50%	=4.51%

考虑到购买的证券是以泰铢计价的零息票债券，投资组合的预期收益率中应当包括汇率导致的预期收益或损失。

可以看到，收益率曲线骑乘策略的预期收益率要高于买入并持有策略。这是由于2年期零息票债券在投资期限内的价格升幅较大（2年期零息票债券的骑乘收益率为3.01%，1年期零息票债券为1.00%）。当2年期零息票债券沿收益率曲线滚动时，其到期时间缩短至1年，收益率从2.0%下降至1.0%。

为什么在稳定的利率环境下，收益率曲线骑乘策略的表现明显优于买入并持有策略？根据前面给出的信息，我们可以计算出未来一年的隐含远期利率：

$$(1.02)^2/1.01-1=3.01\%$$

当前收益率曲线隐含的一年期远期利率为3.01%。因此，收益率曲线反映了一年期利率将在12个月内上升的预期。这与银行预测的1年后仍为1%的利率形成了对比。银行的预测中隐含的假设是，与收益率曲线反映的预期相比，未来利率会下降，因此2年期零息票债券的价格将会升高。简单地说，如果某一特定债券的预期收益率低于（高于）远期利率，则可以预期它将获得高于（低于）短期即期利率的收益率。

下一个例子显示了当预期政府债券收益率曲线在投资期限内发生变化时，债券投资组合的预期收益率的反应。除了骑乘收益率，现在投资者的投资组合还会发生预期收益率变化导致的价值变化，下面的例子是由于预期收益率上升而产生了预期资本损失。

拉蒙特·克兰斯顿是美国一家投资银行政府证券部门的交易员。他对利率有自己的看法，认为未来12个月中，美国国债零息票债券收益率曲线将上行50个基点。克兰斯顿正在考虑两种策略：子弹式投资组合和杠铃式投资组合。他的子弹式投资组合将把100%的资金投资于5年期零息国债，后者目前的价格为94.5392。他的杠铃式投资组合将用62.97%的资金投资于2年期零息票美国国债，目前的价格为98.7816，其余37.03%的资金将被投资于10年期零息票美国国债，目前的价格为83.7906。此外，他使用了一些其他假设，总结在表14-62中。

表14-62　子弹式和杠铃式投资组合策略的假设

	子弹式投资组合	杠铃式投资组合
投资期限（年）	1.0	1.0
目前投资组合的平均债券价格	94.5392	92.6437
一年后投资组合的预期平均债券价格（假设收益率曲线保持稳定）	96.0503	94.3525
目前投资组合的修正久期	4.97	4.93
投资组合的预期修正久期（到期时）	3.98	3.98
投资组合的预期凸性（到期时）	0.1782	0.3257
美国零息票债券收益率的预期变化	0.50%	0.50%

他的目标是计算两种投资组合在一年的投资期限内的预期收益。可以根据预期收益率分解公式，先计算两种投资组合各预期收益率成分的值，再进行加总。

可以利用投资组合的修正久期和凸性来估计交易员预期的利率变化对投资组合预期收益率的影响。杠铃式投资组合凸性较高，可以减少资本损失。在预期收益率曲线上所有点都向上平移 50 个基点的情况下，我们可以用下式来计算预期损失：

$$[-\text{修正久期}\times\text{收益率变化}]+\left[\frac{1}{2}\times\text{凸性}\times(\text{收益率变化})^2\right]$$

$$\text{子弹式投资组合：}(-3.98\times0.005)+\left[\frac{1}{2}\times0.1782\times(0.005)^2\right]=-1.9898\%$$

$$\text{杠铃式投资组合：}(-3.98\times0.005)+\left[\frac{1}{2}\times0.3257\times(0.005)^2\right]=-1.9896\%$$

因为这两个投资组合都只包含零息票债券，所以没有利息收益率。计算骑乘收益率的公式为：

$$\frac{\text{期末债券价格}-\text{期初债券价格}}{\text{期初债券价格}}$$

所以两种投资组合的骑乘收益率分别为：

$$\text{子弹式投资组合：}(96.0503-94.5392)\div94.5392=1.5984\%$$

$$\text{杠铃式投资组合：}(94.3525-92.6437)\div92.6437=1.8444\%$$

因此，在一年期投资期限内，子弹式投资组合的总预期收益率为-0.369%；杠铃式投资组合的总预期收益率为-0.105%。表 14-63 总结了预期收益率的计算过程。

表 14-63　子弹式和杠铃式策略的预期收益率

收益率成分	公式	投资组合表现	
		子弹式投资组合	杠铃式投资组合
利息收益率	当年利息支付÷当前债券价格	0	0
+骑乘收益率	$\frac{\text{期末债券价格}-\text{期初债券价格}}{\text{期初债券价格}}$	= 1.5984%	= 1.8444%
=滚动收益率	利息收益率+骑乘收益率	= 1.5984%	= 1.8444%
+E（预期利率变化带来的收益率）	$[-\text{期末修正久期}\times\text{收益率变化}]$ $+\left[\frac{1}{2}\times\text{凸性}\times(\text{收益率变化})^2\right]$	= -1.9898%	= -1.9896%
=总预期收益率		**= -0.3914%**	**= -0.1452%**

如果交易员的收益率预测成为现实，杠铃式投资组合的表现将超过子弹式投资组合约 25 个基点，且几乎都是由骑乘收益率带来的。骑乘收益率来源于杠铃式投资组合中 10 年期零息票债券的大幅升值，是收益率曲线滚动时长期债券在走向更短期限和更低收益率的过程中获得的收益。

例 14-7　预期收益率分解

在 14.4.1 节中，我们介绍了澳大利亚银行的固定收益投资组合经理希拉里·劳埃德，并演示了她是如何在预期收益率曲线平行向上移动 60 个基点的情况下选择投资组合的。回想一下，当时她坚信利率将会上升，并根据自己的预测将隐含远期利率与投资组合中债券的预期收益率进行了比较。她得出的结论是，将 100% 的资金投入 2 年期债券的投资组合将获得最佳的预期收益率。现在我们来评估一下这个投资决策。

表 14-64 提供了这种情况下关于劳埃德构建的最终投资组合特征的一些信息。信息中

包含了她的初始投资组合（没有调整过的）在收益率曲线保持不变和平行移动+60个基点的两种情况下，在预定投资期限内的表现和其他特征。⊖

使用本节介绍的收益率分解框架，计算每个投资组合的预期收益率，并讨论导致收益率有差异的因素。

表14-64 希拉里·劳埃德初始和调整后投资组合的特征

	收益率曲线变化		
	初始投资组合	初始投资组合	调整后的投资组合
投资期限（年）	1.0	1.0	1.0
投资组合的平均年化票面利率	2.01%	2.01%	1.91%
投资组合的平均初始债券价格	100.000	100.000	100.000
投资组合的平均期末债券价格（滚动且收益率曲线不变的假设下）	100.463	100.463	100.404
投资组合的预期有效久期（在投资期限内）	1.313	1.305	0.979
投资组合的预期凸性（在投资期限内）	3.586	3.545	1.920
政府债券收益率曲线的预期变化	—	0.60%	0.60%

表14-65显示了将投资组合预期收益率分解为利息收益率、骑乘收益率和预期利率变化带来的收益率的过程。初始投资组合持有所有的共6种（短期至中期）的债券。期末投资组合只持有2年期债券，也就是预期收益率最高的债券。

表14-65 希拉里·劳埃德初始和调整后投资组合的预期收益率

收益率成分	公式	初始投资组合（稳定收益率曲线）	初始投资组合（+60个基点）	调整后的投资组合（+60个基点）
利息收益率	当年利息支付÷当前债券价格	$2.01/100.00=2.01\%$	$2.01/100.00=2.01$	$1.91/100.00=1.91\%$
+骑乘收益率	（期末债券价格−初始债券价格）÷期初债券价格	$(100.463-100.00)$ $\div100.00=0.463\%$	$(100.463-100.00)$ $\div100.00=0.463\%$	$(100.404-100.00)$ $\div100.00=0.404\%$
=滚动收益率	利息收益率+骑乘收益率	$=2.473\%$	$=2.473\%$	$=2.314\%$
+E（预期利率变化带来的收益率）	$[-$期末修正久期$\times$收益率变化$]$ $+\left[\dfrac{1}{2}\times$凸性$\times($收益率变化$)^2\right]$	—	$[-1.305\times0.006]+$ $\left[\dfrac{1}{2}\times3.545\times(0.006)^2\right]$ $=-0.7766\%$	$[-0.979\times0.006]+$ $\left[\dfrac{1}{2}\times1.920\times(0.006)^2\right]$ $=-0.5839\%$
=总预期收益率		$=2.47\%$	$=1.70\%$	$=1.73\%$

在劳埃德预测的利率上升情形中，调整后的投资组合产生的总预期收益率为1.73%，而初始投资组合的总预期收益率为1.70%。

只持有2年期债券的投资组合放弃了10个基点的利息收益率和6个基点的骑乘收益率，以换取19个基点的价格保护，所以相对于初始投资组合，其总体表现高了3个基点。

初始投资组合的利息收益率为2.01%，调整后投资组合的利息收益率为1.91%。该差异是6种债券组合中包含高息票债券的结果，比如中等期限的高息票债券。

初始投资组合的骑乘收益率为0.463%，略高于调整后的投资组合的0.404%。初始投资组合中的中等期限债券使该投资组合获得更高的滚动收益率，这些中等期限债券经历了比短

⊖ 实际上，如果劳埃德在整整一年的时间里持有100%的2年期债券，她将在这一年的前三到四个月内跌破久期约束的下限。

期债券（2 年期）更大幅度的价格上涨，后者是调整后的投资组合中唯一的债券。

　　对利率的准确判断导致的价格变化对调整后投资组合的影响为 -0.5839%，而对初始投资组合的影响为 -0.7766%。主要原因是调整后的投资组合久期相对于初始投资组合更短（1.305 比 0.979），其损失比初始投资组合的损失更少。

　　综上所述，这些因素解释了在预期利率上升的情况下，调整后的投资组合表现高 3 个基点的原因。

　　收益率分解也为分析风险提供了一个有用的起点。注意，风险不在于预期值是多少，而在于预期值的偏差会有多大。根据定义，利息收益率和骑乘收益率是不会引入风险的，因为它们是可以提前确定的值。信用损失通常与基准收益率曲线本身无关，因此目前我们先将它们放在一边。正如在介绍市场间套息交易的时候强调的那样，汇率和收益率曲线有着内在的联系。如果非抛补利率平价假设成立，货币贬值和资本损失应该会刚好抵消高收益率带来的优势。例如，如果美国国债的收益率比日本国债高 3%，市场的预期应该是美元兑日元的汇率将贬值 3%。但在实际操作中，收益率曲线变动和同时发生的汇率变动之间的关系过于多变，因此我们不能确定汇率风险是收益率曲线偏离的唯一原因。现在我们还没有分析的就只剩下投资者对收益率曲线的预期对偏离的影响了。

　　有了债券定价模型，我们几乎可以评估任何一组风险场景。但并不是所有的场景都是同等重要的。此外，一旦分析的场景数量过多，单个场景就会迅速失去意义。大量的场景对于计算统计数据、标准偏差、百分比等都是有用的，但提供的信息可能还不如少数几个明显相关的重要场景。

　　如果只使用少量的可选场景，应该如何选择？一种方法是根据考察的具体交易或仓位定制方案。但定制的程度越深或对某一特定观点的依赖度越高，对成功或失败有重大影响的特殊因素的作用就越明显。对于目标狭窄的交易而言，最有用的一种风险分析场景可能是交易依赖的理论完全失效的情形。

　　每一笔交易都在收益率曲线上的特定点或特定部分有一定量的风险敞口。但对于跨越较宽曲线段的交易或投资组合来说，来自收益率曲线变动的大部分风险可以用少量的标准场景充分捕捉。图 14-25 显示了名为"位移"（非平行水平变化）、"扭曲"（斜率变化）和"蝶式"（曲率变化）的三种收益率曲线运动，分别可以解释美国国债收益率变化的 82%、12% 和 4%。⊖这些因素加起来可以解释收益率每周变化的 98%。每条曲线都反映了对应因素一个标准差的移动造成的影响。这三种由经验推导出来的运动模式与早期交易策略中强调的更程式化的运动模式是一致的。⊖

　　⊖　这些变动是用主成分分析方法从美联储公布的固定期限收益率的周变化中提取的。从 2006 年 2 月 15 日开始，即 30 年期债券增发时，至 2017 年 4 月 26 日结束。这种收益率分解已经成为收益率曲线分析的标准方法，这在很大程度上是因为其定性结果是可靠且稳健的。三个因子可以解释曲线上几乎所有的移动：第一个，也是最重要的因子是一个非平行的"位移"，第二重要的因子是平坦/陡峭的"扭曲"，第三个因子是一种"蝶式"变化。但应该指出的是，该数据中发现的"位移"因子的非平行性，即较高的收益率与陡峭的收益率曲线和更大的曲率相伴，与 14.2.1 节中描述的典型情况是不同的。样本、所包含的期限、观测频率、数据是否反映收益率水平或收益率变化等因素都会影响收益率分解的结果。

　　⊖　注意，最典型的"位移"因子是平行的，最典型的"扭曲"因子是向下倾斜的直线。实证的位移不是平行的，实证的扭曲也不是线性的。但每个因子都保留了关键特征。"位移"意味着所有收益率都向同一个方向移动，"扭曲"意味着最长和最短期限收益率向相反的方向移动，中间期限收益率大致按比例移动。

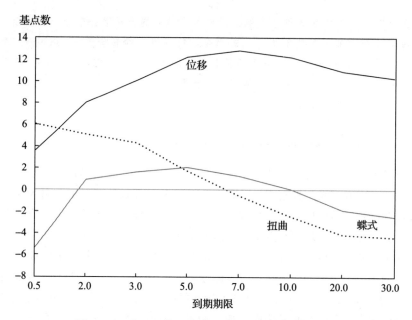

图 14-25 美国国债收益率曲线运动的关键组成部分

　　这三种运动是不相关的（至少在历史数据中是这样），所以我们可以简单地将它们组合起来创建复合场景。复合场景对某一特定债券的影响是该债券对上述每种基本运动的影响的组合，对交易或投资组合的影响则是对其成分债券的影响的组合。

例 14-8 评估收益率曲线变动的风险

　　阿思本·萨米特公司用梯式投资组合打造了其客户投资组合的核心固定收益部分。该方法在许多年前就被采用了，当时的收益率要高得多，提高固定收益资产收益率的其他组成部分的压力很小。总体而言，该公司的客户对这种方法感到满意，部分原因是可以忽略短期波动的总体影响，理由是这些债券将被持有至到期。该公司的新任首席投资官希望采用更主动的投资方式，包括主动管理收益率曲线风险敞口等策略。在此之前，她希望衡量收益率曲线变动带来的风险，并要求你分析一下如表 14-66 所示的三个美国国债投资组合的风险。每个投资组合的有效（修正）久期均为 7.01。

表 14-66 阿思本·萨米特公司的美国国债投资组合

	投资组合权重		
	梯式投资组合	杠铃式投资组合	子弹式投资组合
1. 250%2019 年 4 月 30 日（2s）	16.7%	31.0%	
1. 500%2020 年 4 月 15 日（3s）	16.7%	24.0%	
1. 875%2022 年 4 月 30 日（5s）	16.7%		10.0%
2. 000%2024 年 4 月 30 日（7s）	16.7%		48.0%
2. 250%2027 年 2 月 15 日（10s）	16.7%	25.0%	42.0%
3. 000%2047 年 2 月 15 日（30s）	16.7%	20.0%	

　　第一步是计算三种主要类型的收益率曲线变化对每个投资组合价值的影响，每一种变化的幅度均为一个标准差。这些变化的具体信息见表 14-67。

表 14-67　收益率曲线变动对国债投资组合的影响

	梯式投资组合	杠铃式投资组合	子弹式投资组合
位移运动	−0.855%	−0.834%	−0.895%
扭曲运动	0.090%	0.118%	0.085%
蝶式运动	−0.001%	0.032%	−0.057%

1. 总结并解释每种类型的收益率曲线运动所导致的收益率变化模式。

解答 1：尽管这些投资组合都具有相同的久期，但位移因子变化对子弹式投资组合的影响最大（绝对值），对杠铃式投资组合的影响最小。该结果反映了收益率曲线的实际位移非平行的事实。中等期限利率的大幅增长不成比例地影响了子弹式投资组合。随着短期利率的上升和长期利率的下降，扭曲这种运动会有利于杠铃式投资组合，因为长端带来的收益大于短端的损失。蝶式变化也有利于杠铃式投资组合，该投资组合不会受到中间期限利率上升的影响，但会从收益率曲线的长端和短端利率的下降中获利。

本章内容小结

本章重点讨论了固定收益投资组合经理根据自己对收益率曲线未来变化的预测制定的各种投资组合策略。

- 麦考利久期是获得债券现金流的时间的加权平均值。
- 修正久期等于麦考利久期除以 1 加每个时期的到期收益率。它提供了在到期收益率变化 100 个基点的情况下，对债券价格变化百分比的估计。
- 有效久期是指债券价格对基准收益率曲线变化的敏感性，而不是债券本身收益率变化导致的价格变化。它的形式有点儿像修正久期，但它的计算是灵活的，允许在债券有嵌入期权的情况下使用。
- 关键利率久期衡量债券对特定期限点或期限段基准收益率曲线变化的敏感性。关键利率久期有助于确定投资组合对基准收益率曲线形状变化的敏感性。
- 债券的货币久期是用债券的计价货币单位衡量债券的价格变化的指标。
- 基点价值和货币久期是倍数关系，可以被解释为参考利率每变动一个基点，债券货币价值的增加或减少量。
- 对于固定收益基金经理来说，收益率曲线的三种基本变化是水平变化、斜率变化和曲率变化。
- 收益率曲线的曲率可以用蝶式利差来衡量，蝶式利差描述了短端收益率、中端收益率和长端收益率之间的关系。
- 久期管理是固定收益投资组合经理使用的主要工具。
- 凸性可以捕捉收益率发生较大波动时的债券价格变化，是久期的一种补充。调整凸性是一种重要的投资组合管理工具。
- 通过买入实物债券来增加投资组合的凸性通常需要放弃一定的收益率。
- 对于两个久期相同的投资组合，凸性较高的投资组合在收益率下降时的利率敏感性更高，在收益率上升时的利率敏感性更低。

- 使用利率衍生品可以有效地增加投资组合的凸性。
- 当预计收益率曲线将保持稳定时，可以使用四种主要的投资组合策略，分别是买入并持有、收益率曲线骑乘、卖出凸性和套息交易。
- 套息交易是指以低于某证券收益率的利率融资并购买该证券。
- 要从稳定且向上倾斜的收益率曲线中获利，至少可以使用三种基本的套息交易方法：①购买债券并在回购市场融资；②在利率互换中接收固定利率并支付浮动利率；③持有债券期货合约多头。
- 市场间套息交易可能涉及也可能不涉及期限错配。
- 有汇率风险的市场间套息交易有以下几种方法：①从银行借入利率较低的货币，转换成利率较高的货币，并投资于以该货币计价的债券；②借入利率较高的货币并投资于以该货币计价的金融工具，然后通过外汇远期将融资头寸转换为利率较低的货币；③利用货币互换，接收较高利率货币的现金流，并支付较低利率货币的现金流。
- 在没有汇率风险的情况下，市场间套息交易可以通过以下方式进行：①在收益率曲线更陡峭的货币上接收固定利率，支付浮动利率；在收益率曲线更平坦的货币上支付固定利率，接收浮动利率。②在收益率曲线更陡峭的货币上做多债券期货，在收益率曲线更平坦的货币上做空债券期货。
- 当市场收益率水平、斜率和曲率等因子将发生变动时，可以采用的主要策略包括久期管理、买入凸性和子弹式和杠铃式投资组合结构。
- 卖出凸性可以通过以下方式实现：卖出已持有债券的看涨期权、卖出希望持有的债券的看跌期权或购买凸性为负的证券（比如可赎回债券或抵押贷款支持证券）。
- 在延长或缩短久期时，应该考虑久期在整个投资组合中的分布。同样的久期变化可以通过任何数量的交易来实现，每一笔交易对收益率曲线的变化都有自己的敏感性。
- 投资组合的久期可以用期货、期权或杠杆来调整。
- 子弹式投资组合由收益率曲线上某个目标期限附近的债券组成，债券期限集中在投资组合的目标久期周围。该结构通常被用于从收益率曲线变陡的过程中获利。
- 与目标久期相比，杠铃式投资组合将短期债券和长期债券（中间期限则较少）组合在一起。该组合通常被用来从收益率曲线变平的过程中获利。
- 杠铃式投资组合结构具有比子弹式投资组合结构更高的凸性。
- 关键利率久期可以用来估计债券价格或投资组合对收益率曲线形状变化的敏感性，也可以用来识别子弹式和杠铃式结构。
- 蝶式投资组合是由杠铃式投资组合和子弹式投资组合进一步组合构成的多空结构。
- "多翅空身"（翅膀向上）的蝶式投资组合具有正凸性，因为它由凸性更高的杠铃式投资组合多头和凸性更低的子弹式投资组合空头组成。该投资组合将受益于收益率曲线趋平的变化。
- "空翅多身"（翅膀向下）的蝶式投资组合由杠铃式投资组合空头和子弹式投资组合多头组成，适用于收益率曲线稳定或收益率曲线变陡的情形。
- 将远期收益率（隐含收益率变化）与基金经理的预测收益率进行比较，可以帮助确定哪些债券会在预测期内表现最佳。
- 期权可以用来提高或降低投资组合的凸性。

- 市场间交易涉及多条收益率曲线，其投资者要么接受汇率风险，要么以某种方式对冲汇率风险。

- 除了套息交易，市场间交易的主要推动力是对市场间的收益率利差收窄或扩大的看法。

- 由于缺乏可靠的固定汇率，各个国家的无风险收益率曲线和债券收益率并不是完全相关的。

- 汇率对冲并不能消除通过市场间交易增加价值的机会。市场间交易的收益都与对冲头寸隐含的收益率有关。

- 市场间交易的收益都与对冲头寸隐含的收益率有关。

- 是否对冲汇率风险敞口的决定应基于预期即期汇率相对于当前远期汇率是升值还是贬值，而不是预期即期汇率本身是升值还是贬值。

- 固定收益投资组合的预期收益率可以用下面的公式来估计

$$E(R) \approx 利息收益率 + 骑乘收益率 +$$
$$E(价格变化) - E(信用损失) + E(汇率导致的损益)$$

- 收益率曲线水平和形状的变化可以分解为三种类型的运动，它们能解释几乎所有的国债收益率变化：①所有收益率的非平行增加或减少（位移），②收益率曲线变陡或变平（扭曲），和③曲率的变化（蝶式）。

- 收益率曲线交易的风险，或者更一般的投资组合对收益率曲线的敏感性，可以通过三个基本运动的组合来描述和衡量：位移、扭曲和蝶式。

固定收益主动管理：信用策略

坎普·古德曼，注册金融分析师

奥列格·梅伦特耶夫，注册金融分析师

■ 学习目标

学完本章内容后，你将有能力完成以下任务：

- 描述投资级和高收益公司债券投资组合中的风险考虑因素。
- 比较各种信用利差指标在投资组合构建中的应用。
- 讨论制定信用策略的自下而上法。
- 讨论制定信用策略的自上而下法。
- 讨论信用证券市场的流动性风险，以及如何管理信用证券投资组合的流动性风险。
- 描述如何评估和管理信用证券投资组合中的尾部风险。
- 讨论在构建和管理国际信用证券投资组合时的考虑因素。
- 描述如何在信用证券投资组合中使用结构性金融工具作为公司债券的替代品。

15.1 本章内容简介

本章介绍信用证券投资组合构建和管理的策略。信用证券投资组合主要由信用风险是重要影响因素的证券组成。信用证券市场是固定收益证券市场的重要组成部分，包括公开交易的债务类证券（如公司债券、主权和非主权政府债券、超国家债券和商业票据）和非公开交易的债券工具（如贷款和私募证券）。信用证券市场还包括结构性金融工具，如抵押贷款支持证券、资产支持证券和担保债务凭证等，无论是公开还是非公开交易的。

公司债券是信用证券市场中最大的组成部分。15.2节比较了投资级和高收益公司债券，并强调了这两类债券的区别对投资组合构建和管理的影响。15.3节描述了用于评估信用证券的基本工具，包括信用利差和信用证券的超额收益。15.4节讨论了制定信用策略的两种主要方法，即自下而上法和自上而下法，用于构建和管理信用证券投资组合。15.5节探讨了如何管理信用证券投资组合中两种重要的非信用风险，即流动性风险和尾部风险。

在管理国际信用证券投资组合时，投资组合经理需要考虑各种全球影响因素。15.6节讨论了与国际信用证券投资组合相关的问题和风险。除了公司债券，信用证券投资者还可以考虑结构性金融工具，如抵押贷款支持证券、资产支持证券、担保债务凭证和担保债券。15.7节介绍如何在信用证券投资组合中使用结构性金融工具。最后一节是对本章的总结。

15.2　投资级和高收益公司债券组合

以彭博巴克莱全球综合债券指数为代表的全球信用证券市场，超过一半由公司债券构成。截至 2015 年 12 月 31 日，公司债务余额接近 7.4 万亿美元，约占全球信用证券总额的 54%。[⊖]

公司债券投资者对投资级债券和高收益债券进行了重要的区分。投资级债券的信用评级高于高收益债券，通常具有较低的信用风险和违约风险，收益率也较低。与投资级债券相比，高收益债券的信用评级较低，信用风险和违约风险较高，收益率较高。[⊜]

在本章中，我们将根据信用评级来区分投资级债券和高收益债券。在实践中，信用证券投资组合经理和分析师在评估债券发行人的信用时并不会完全依赖信用评级机构的评级。相反，他们通常会自己进行分析，并对发行人的信用进行独立评估。投资组合经理和分析师可以使用"4C"或"5C"信用分析法，也可以使用信用风险模型来估计公司的违约风险。在此过程中，投资组合经理和分析师可能会使用与信用评级机构类似的评级方法。

在为投资组合选择信用债券时，信用证券投资组合经理有时必须将投资标的限定于某些评级。例如，投资组合经理的投资指导方针可能会禁止他们投资信用评级比投资级债券低一级或低几级的债务。

15.2.1　信用风险

信用风险是指交易对手或债务人未能履行承诺的支付而导致损失的风险。信用风险由两部分构成：①**违约风险**，即借款人违约或未能根据债务条款履行足额及时支付本息义务的概率；②**违约损失率**，即发生违约时的预期损失金额或百分比。

虽然投资级债券和高收益债券主要是根据其信用风险来定义的，但实际上它们在其他方面也存在差异，包括对利率变化的敏感性等。信用风险和违约风险、利率敏感性和流动性差异对信用证券投资组合的构建具有启示意义。

从历史上看，投资级债券的信用风险和违约风险以及信用损失率远低于高收益债券。信用损失率表示一组债券因违约而造成的票面价值损失的百分比。信用损失率等于债券违约概率乘以违约损失率。由于违约损失率不能超过 100%，因此信用损失率小于等于违约概率。

图 15-1 与表 15-1 显示了从 1983 年到 2015 年由穆迪投资者服务公司评级的所有公司债券的年度信用损失率。在此期间，投资级债券的最高信用损失率为 0.42%，平均损失率仅为 0.06%。高收益债券的平均信用损失率为 2.55%，而且有好几年超过了 5%，这通常发生在经济衰退期间。

⊖　其中，全球公司债务情况用彭博巴克莱全球公司债券综合指数代表，全球信贷情况用彭博巴克莱全球综合指数代表。

⊜　在本章中"投资级债券"和"高收益债券"均指公司债券，除非另有说明。"高收益"是这一资产类别中投资者最常用的术语。信用评级机构通常将高收益债券称为"投机级债券"，本章偶尔也会使用这个术语。穆迪投资者服务公司将评级从 AAA 级至 Baa3 级的债券定义为投资级债券，将评级低于 Baa3 级的债券定义为投机级债券。标准普尔和惠誉评级公司都将评级从 AAA 级至 BBB-级的债券定义为投资级债券，将评级低于 BBB-级的债券定义为投机级债券。金融媒体则经常使用"垃圾债券"这一术语指代高收益债券。

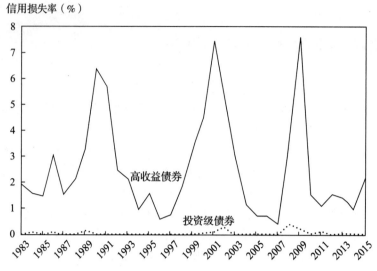

图 15-1　公司债券的年度信用损失率，1983～2015 年

正如图 15-1 和表 15-1 所表明的那样，高收益债券的信用损失率要高得多，是投资级债券的 40 多倍，且波动性更大。

高收益债券具有较高的信用损失率，意味着信用风险是高收益债券投资组合经理最需要考虑的因素。相比之下，对于投资级债券投资组合经理而言，公司债券固有的其他风险，比如信用迁移（或信用降级）风险、信用利差风险，尤其是利率风险，通常才是最需要考虑的因素。

表 15-1　公司债券的年度信用损失率，1983～2015 年

	高收益债券	投资级债券
平均值	0.06%	2.55%
标准差	0.10%	1.96%
最大值	0.42%	7.61%
最小值	0.00%	0.42%

注：根据发行人加权平均违约概率和发行人加权高级无担保债券回收率计算。

资料来源：穆迪投资者服务公司。

15.2.2　信用迁移风险与信用利差风险

尽管与高收益债券相比，投资级债券的信用损失率较低，但信用风险仍是推动投资级债券收益率变化的重要因素。投资级债券的信用状况可能会出现恶化，这被称为"信用迁移风险"。随着风险增加，它们的信用利差通常会扩大。另外，如果一家公司的债券被一个或多个信用评级机构下调到投资级以下，持有这些债券的投资组合管理人又不被允许持有高收益债券，他们就有可能被迫出售这些债券。强制出售可能会导致投资组合遭受重大损失。

与直接的信用违约损失相比，信用利差波动对投资级债券的影响更大，投资级债券组合中的风险通常是用**利差久期**来衡量的。

利差久期是确定投资组合对信用利差变化的敏感性的一个有用的指标。久期表示利率变化对债券价格的影响，而利差久期则衡量利差变化对债券价格的影响。利差久期反映了当信用利差下降 1% 时，债券价格会有大约多少个百分点的上升（反之亦然）。

例如，2016 年 5 月，澳大利亚西太平洋银行发行了一只票面利率为 2.10%，到期日为 2021 年 5 月 13 日的债券，其修正久期和利差久期均为约 4.70 年。该债券的交易价格为 99.60，相当

于 0.80% 的信用利差，即 80 个基点。如果该债券的信用利差减少 20 个基点至 60 个基点，而利率保持不变，那么其价格将上升到约 100.54，即 $99.60\{1+[-4.70\times(0.0060-0.0080)]\}$。

对于不可赎回的固定利率公司债券，利差久期通常非常接近于修正久期。换句话说，利率变化和利差变化对不可赎回的固定利率公司债券有着几乎相同的影响。但对于浮动利率债券和一些其他类型的债券而言，利差久期可能与修正久期差异很大。

例如，澳大利亚西太平洋银行还有一笔浮动利率债券，与固定利率债券一样在 2021 年 5 月 13 日到期。该债券的利差久期也为 4.70 年，但其修正久期仅为 0.21 年。该浮动利率债券的交易价格为 100.55 美元，信用利差为 88 个基点。如果它的信用利差缩小 20 个基点，就像上面的例子一样，那么它的价格就会上升到大约 $101.50=100.55\{1+[-4.70\times(-0.0020)]\}$。价格的涨幅与固定利率债券的涨幅类似。

然而，如果利率下降 20 个基点（利差保持不变），那么浮动利率债券的价格只会上升到 $100.59=100.55\{1+[-0.21\times(-0.0020)]\}$。浮动利率债券的价格几乎不会因为利率的变化而变化，因为债券的久期很短。而固定利率债券的修正久期约等于其利差久期，利率下降 20 个基点或信用利差缩小 20 个基点，固定利率债券会经历相同的价格变化。

上述例子说明，由浮动利率债券组成的投资级投资组合的利差风险应该用利差久期来衡量，而不是修正久期。

与投资级债券相比，高收益债券的信用损失率要高得多，这导致在评估高收益债券风险时必须强调信用风险和仓位的市场价值。强调仓位的市场价值的原因是，在发行人的资本结构中具有相同优先级的所有债券在发生违约时通常会得到平等的对待，因此所有债券都将有相同的违约损失率，无论它们的到期期限或利差久期是否一样。因此，在违约的情况下，投资者可能只关心自己的头寸规模，而不是利差久期。在优先级相同且发行人相同的情况下，100 万欧元的低利差久期头寸所遭受的损失，与 100 万欧元的高利差久期头寸遭受的损失相同。

谨慎的做法是，投资级和高收益信用证券投资组合经理要注意利差风险和违约风险，要同时了解基于市值和基于利差久期的风险衡量标准。投资级债券确实也会出现违约，因此大量集中持有这些债券可能是不明智的。举个极端的例子，考虑一个只持有一种投资级债券的投资组合。这类投资组合的违约风险是二元的：要么不会出现违约损失，要么所持债券发生违约导致其损失远远大于大多数投资者对典型投资级债券投资组合的预期。还要注意的是，高收益债券与投资级债券一样，即使在没有违约的情况下，利差也会发生重大变化。因此，高收益投资组合经理仍应关注其投资组合的利差久期。

15.2.3　利率风险

高收益投资组合通常比投资级投资组合面临更高的信用风险，但投资级投资组合比高收益投资组合面临更高的利率风险。为了理解为什么会这样，我们要重新审视久期的概念。

理论上，利率的变化对无风险债券（被认为没有违约风险的债券）的影响与对有风险债券的影响是相同的。债券收益率可以看作无违约风险利率加上利差。对于无风险债券，利差等于（或接近）零，对于有风险债券，利差通常为正。无风险利率的变化在理论上对利差没有影响，所以在其他条件相同的情况下，无风险利率的变化对无风险债券和有风险债券收益率的影响应该完全相同。

但在实践中，信用利差往往与无风险利率呈负相关。造成这种现象的一个重要原因是，关键的宏观因素，如经济增长、违约率和货币政策，通常会对无风险利率和利差产生相反的影响。例如，较好的经济环境通常会带来较高的无风险利率和较小的信用利差，而较差的经济环境通常会导致较低的无风险利率和较大的信用利差。由于无风险利率和信用利差之间经常呈负相关关系，无风险利率的变化对公司债券收益率产生的影响往往比理论上由久期指标反映的要小。该效应在信用风险更高、信用利差更大的证券上表现得更明显，所以信用利差较大的债券对利率变化的敏感性会低于信用利差较小的债券。因此，高信用风险债券的价格行为往往更像股票，而不是固定收益债券。

经验久期是一种衡量利率敏感性的指标，是根据市场数据计算的久期。计算债券的经验久期的一种常见方法是用债券价格收益率对基准利率变化进行回归。例如，可以用 10 年期欧元计价公司债券的价格收益率对 10 年期德国国债收益率或 10 年期欧元银行间拆借利率进行回归。

图 15-2 显示了两种衡量利率敏感性的指标，即有效久期和经验久期，对象是所有穆迪评级的美国公司债券。[注]投资级债券是指评级为 Baa 及以上的债券。对于所有信用评级的债券，经验久期都比根据理论计算的有效久期要小。[注]对于高收益债券（Ba、B 和 Caa 级的债券），有效久期和经验久期之间的差异最大。值得注意的是，Ba 级和 B 级债券对利率变化几乎没有经验敏感性，

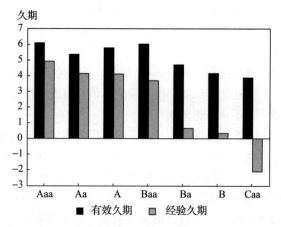

图 15-2　根据评级类别区分的有效久期和经验久期
资料来源：巴克莱资本和威灵顿管理公司。

Caa 级债券的经验久期实际上为负。该发现表明当无风险利率下降（或上升）时，Caa 级债券信用利差的上升（或下降）幅度超过了利率变化的幅度。

由于投资级公司债券对利率具有明显的敏感性，投资级投资组合经理通常会密切管理其投资组合的久期和收益率曲线风险敞口。相比之下，高收益投资组合经理不太可能过于关注利率和收益率曲线动态，会更关注信用风险。但对高收益投资者来说，重要的是要记住，当违约损失较小、信用利差相对较小时，高收益债券的表现往往更像投资级债券，或者说，对利率更敏感的债券。

图 15-3 显示了期权调整利差（OAS）水平与 20 年期美国公司债券的经验久期之间的关系。OAS 是广泛使用的信用利差衡量指标，我们将在后面更详细地讨论。该图表明，信用利差较小的公司债券往往具有较大的经验久期。信用利差与经验久期的这种关系与之前在图 15-2 中看到的信用评级与经验久期的关系是一致的。评级较高的债券通常信用利差较低，但经验久期更大。

图 15-4 显示了 2001 年至 2015 年全球投资级债券和高收益债券的 OAS，使用的代表数据是彭博巴克莱全球公司债券综合指数和彭博巴克莱全球高收益债券指数。

⊖　每个评级类别的有效久期代表彭博巴克莱指数从 1997 年 8 月至 2016 年 2 月的"修正久期"月末值的平均值。每个评级类别的经验久期代表彭博巴克莱指数基于同期月末数据得出的美国 10 年期国债月度收益率。
⊖　严格来说，Baa3 级才是穆迪的最低投资评级。由于数据的可得性问题，图 15-2 使用了更广义的评级类别。

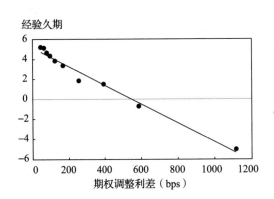

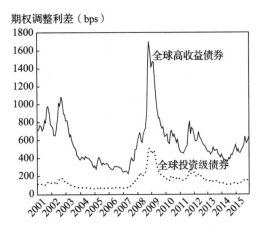

图 15-3　经验久期与 OAS

资料来源：巴克莱资本和威灵顿管理公司。

图 15-4　2001～2015 年全球公司债券的 OAS 历史

资料来源：巴克莱资本。

从图 15-4 中可以看到，自 2001 年以来，投资级债券的平均信用利差通常低于 200 个基点，只有在 2008～2009 年全球金融危机期间才超过了 400 个基点。个别投资级债券的利差可能远高于平均水平，但整体利差几乎总是远低于 400 个基点。

图 15-4 也验证了之前的观点，即平均而言，高收益债券比投资级债券有更大的信用利差和更大的波动性。有趣的是，在 2008～2009 年全球金融危机之前的 4 年里，高收益债券指数的平均信用利差等于或低于 400 个基点。4 年间的平均信用利差较低，反映了当时较好的经济环境导致债券投资者面临的感知风险较低。当高收益债券市场的信用利差接近投资级债券市场的信用利差时，说明高收益债券投资者忽视了利率风险。

信用证券市场的所有投资者都应该记住，观察到的利率和信用利差之间的关系是经验推导出来的，而不是真理。在某些时期，信用利差会与利率呈正相关。例如，2013 年 5 月 22 日，美联储宣布将开始缩减其抵押贷款和国债的购买计划。这一声明开启了一个持续约一个月的特殊时期（通常被称为"缩减恐慌"）。在此期间，利率上升，信用利差大幅增加，许多信用证券表现出的经验久期超过了其理论久期。

15.2.4　流动性和交易

流动性被定义为以接近公允市场价值的价格快速、轻松地购买或出售资产的能力。买卖价差是衡量债券市场流动性的常用指标。买卖价差越小，流动性越强。单个债券的流动性与债券的发行规模和债券所在市场的规模呈正相关。投资级债券市场规模大于高收益债券市场规模，投资级债券平均发行规模大于高收益债券平均发行规模。这两个特征有助于解释为什么投资级债券的流动性平均而言高于高收益债券。

债券做市商也是影响债券市场流动性的一个因素。流动性往往与做市商的库存规模呈正相关：做市商库存中持有某债券的规模越大，其流动性通常就越强。出于监管和风险管理的原因，做市商往往持有更多波动性较小、信用评级较高的债券。因此，做市商持有的高收益债券的库存通常要少于投资级债券。基于以上原因，与投资级债券相比，高收益债券的流动性相对较差。

高收益债券和投资级债券之间的流动性差异对投资组合管理具有很重要的意义。高收益债券的买卖价差比期限相似的投资级债券要大，因此高收益债券投资组合的换手成本要高于投资级债券投资组合。信用债券主要在场外市场交易，许多债券的买卖通常很困难，即使它们是主要债券指数的组成部分。这些困难在高收益债券市场上表现得尤为明显：许多高收益债券的交易很不频繁。一个为新的高收益基金构建投资组合的高收益投资组合经理可能无法购买到其他投资组合中已持有的相同债券，因此需要寻找替代品。投资级债券市场有时也会出现这种情况，尤其是长期债券。

债券的报价方式在投资级市场和高收益市场之间也存在差异。投资级债券通常以相对于基准政府债券的利差的形式报价。该惯例将投资级债券表示为具有信用利差的无风险债券。高收益债券的表现往往更像股票，而不是投资级债券，通常以价格的形式报价。不同的报价方式反映了投资级债券对利差变化的相对敏感性，以及违约损失对高收益债券的相对重要性。

> **▌例 15-1 投资级和高收益债券投资组合**
>
> 与投资级债券投资组合经理相比，高收益债券投资组合经理最有可能更强调：
>
> A. 信用风险　　　　　B. 利差风险　　　　　C. 利率风险
>
> 解答：A 是正确答案。信用风险通常是高收益投资组合经理最重要的考虑因素，因为与投资级债券投资组合相比，高收益债券投资组合的信用风险和信用损失率都更高。对于投资级债券投资组合的投资经理来说，利率风险、信用利差风险和信用迁移（信用降级）风险通常是更重要的考虑因素。

15.3 信用利差

在构建信用证券投资组合时，投资组合经理往往有意将他们对利率风险的分析与对其他风险（如信用利差风险、信用迁移风险、违约风险和流动性风险）的分析分离开来。其他风险也被称为与信用有关的风险。特别是，投资组合经理发现，分析与信用有关的风险和收益占总风险和总收益的比例是有用的。本节主要讨论信用利差，包括信用利差的一些衡量指标和超额收益，后者是与信用有关的风险产生的回报。

15.3.1 信用利差衡量指标

信用利差可能是投资者在信用证券选择中使用的最重要的一个指标。信用利差指标提供了一种快速判断投资者承担与信用有关的风险所能获得的补偿的方法。作为证券选择和定价的关键因素，债券的信用利差是多种因素的函数，包括其违约可能性、违约造成的损失、信用迁移风险和市场流动性风险。信用利差指标在信用证券投资组合的构建以及投资者对投资组合风险和收益的预期中也发挥着重要作用。

15.3.1.1 基准利差和 G 利差

计算信用利差的一种简单方法是，用期限接近的信用证券的收益率减去信用风险很小或完全没有信用风险的证券（基准债券）的收益率。该方法得到的利差也被称为**基准利差**。基准债券通常是对应期限的国债新券，也就是在该期限上最近发行且规模达到"基准要求"的国债。[^1]

基准利差的一个问题是信用证券与基准债券之间可能存在的期限错配。如果存在期限错配，除非基准收益率曲线完全平坦，否则使用不同的基准债券将产生不同的信用利差。

当基准债券是政府债券时，经常被使用的是 G 利差。G 利差是以实际交易的政府债券收益率或插值得到的政府债券收益率为基准的基准利差。当不存在与信用证券期限完全相同的政府债券时，可以对期限最接近的两个政府债券新券的收益率进行线性插值，并将插值得到的收益率当作对应基准利率。这种方法通常会在两个政府债券的收益率之间进行加权，让它们的加权平均期限与信用证券的期限恰好匹配。简单是 G 利差的一个关键优势：它很容易计算和理解。不同的投资者通常使用相同的方法来计算它。

从投资组合构建的角度来看，G 利差也是非常有用的，因为其计算过程也隐含了一种对冲信用证券利率风险的方法。投资者可以通过在投资组合中出售这两种基准政府债券（金额根据期限加权中的权重计算）来对冲信用证券的利率风险（或者在不持有这些基准政府债券的情况下通过卖空完成操作）。

对于没有内嵌期权的固定利率信用证券，G 利差可以用来根据预期收益率变化计算信用证券价格变化。这一点是有帮助的，因为就像前面介绍的那样，许多信用证券交易不频繁，缺少定期公布的价格。在利率发生微小变化时，G 利差可以很好地估计信用风险造成的信用证券收益率变化。基准国债收益率的变化会改变插值收益率。假设插值收益率的变化会造成信用证券收益率的同步变化，根据插值收益率的变化和信用证券的久期对应的收益率变化就可以估计信用证券的新价格。

例 15-2　使用 G 利差计算利率风险对冲和价格变化

2016 年 3 月 31 日，投资组合经理收集了以下债券的信息：

（1）花旗集团 2024 年 6 月 16 日到期的利率为 3.75% 的债券。

（2）2023 年 3 月 31 日到期的利率为 1.5% 的美国国债（7 年期美国国债新券）。

（3）2026 年 2 月 15 日到期的利率为 1.625% 的美国国债（10 年期美国国债新券）。

这三种债券的价格、收益率和有效久期如表 15-2 所示。

表 15-2

	价格（美元）	收益率	到期期限	有效久期
花旗集团 2024 年 6 月 16 日到期的利率为 3.75% 的债券	103.64	3.24%	7.96	7.0
2023 年 3 月 31 日到期的利率为 1.5% 的美国国债	99.80	1.53%	7.00	6.7
2026 年 2 月 15 日到期的利率为 1.625% 的美国国债	98.70	1.77%	9.88	9.1

之后，该投资组合经理注意到 7 年期美国国债收益率从 1.53% 下降到了 1.43%，而 10 年期美国国债收益率保持不变。

1. 如果信用利差保持不变，花旗集团债券的新收益率是多少？

2. 根据利率变化，花旗集团债券的新价格是多少？

[^1]: 对于多大的发行规模能被视为达到了"基准要求"是因市场而异的，并随着时间的推移而变化，甚至在不同投资者之间也可能有所不同。

解答1：假设信用利差保持不变，花旗集团债券目前的收益率为3.17%。首先，计算花旗集团债券的G利差。

以7年期美国国债66.7%、10年期美国国债33.3%的权重计算得到的加权久期，与花旗集团债券7.96年的到期期限相匹配：

$$(9.88-7.96)\div(9.88-7.00)=66.7\%$$
$$(55.7\%\times7.00)+(33.3\%\times9.88)=7.96$$

因此7.96年基准期限的线性插值收益率为1.61%，计算过程为：

$$(66.7\%\times1.53)+(33.3\%\times1.77)=1.61\%$$

所以花旗集团债券的G利差为163个基点（收益率与插值收益率之差）：

$$3.24\%-1.61\%=1.63\%$$

接下来，求出利率变化后新的插值国债收益率：

$$(66.7\%\times1.43)+(33.3\%\times1.77)=1.54\%$$

插值国债收益率从1.61%下降到1.54%，下降了7个基点。将163个基点的G利差与插值得到的美国国债收益率相加，花旗集团债券的新收益率为3.17%。

$$1.54\%+1.63\%=3.17\%$$

解答2：花旗集团债券的新价格可以根据其收益率变化和久期来估计。其价格由103.64上涨至104.15。

$$103.64\times[1+(7\times0.07\%)]=104.15$$

绝对涨幅为0.51，百分比涨幅为0.49%。

15.3.1.2 I利差

I利差，或称内插利差，是一个在概念上与G利差非常相似的利差衡量指标。但I利差不使用政府债券收益率作为基准利率，而是以与信用证券相同的货币计价的互换利率为基准利率。

对于信用证券投资者来说，使用互换利率而不是国债收益率的一个关键优势在于，互换曲线可能比国债收益率曲线更平滑（没那么多不连续点）。政府债券收益率曲线有时会受到特定期限政府债券的供求关系影响，尤其是那些新发行的债券。图15-5显示了2016年4月13日美元Libor互换利率曲线（实线）和美国国债收益率曲线（虚线）的相对平滑性。

信用证券投资者在评估G利差和I利差时应该牢记两点。首先，基准利率最好能代表无信用风险的利率。如果市场认为一个国家的政府债券或银行存在信用风险，那么该国的政府债

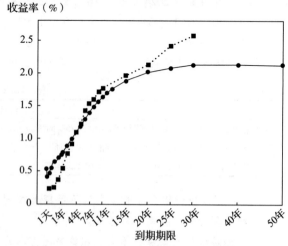

图15-5 2016年4月13日美国国债收益率曲线和美元Libor互换利率曲线

券收益率或银行间利率就不一定能很好地代表无风险利率。

其次，信用证券投资者有时会使用基准债券来对冲利率风险。如果投资者计算债券的 I 利差，但使用政府债券来对冲风险，那么他实际使用的利差可能会与计算的利差不同。需要对利率风险敞口进行套期保值的投资者，套期工具的选择也应与利差测度的选择相对应。

15.3.1.3　Z 利差和期权调整差价

基准利差、G 利差和 I 利差对于信用证券的定价和对冲特别有用，但投资者在比较信用证券之间的相对价值时，通常会使用另外两种衡量指标，那就是 Z 利差和期权调整利差。

Z 利差，也被称为零波动率利差，是一个固定收益率利差，如果将其加到当前即期利率曲线上的每一个点上，刚好可以让信用债券现金流的现值等于该债券当前的市场价格。对于没有嵌入期权的固定利率债券，Z 利差是衡量单个债券信用利差的一个良好指标。

期权调整利差（OAS）是 Z 利差的一个更广义的版本。OAS 也是一个固定收益率利差，如果将其加到利率二叉树上所有节点的远期利率上，刚好可以让债券的无套利价值等于其市场价格。对于信用证券投资组合经理而言，OAS 在比较具有不同特征的债券（例如内嵌期权）的信用利差时非常有用。

OAS 的主要缺点是它依赖于对未来利率波动和分布的假设。此外，带有内嵌期权的债券实际实现的信用利差不太可能刚好等于 OAS；实际实现的利差可能大于也可能小于 OAS，取决于内嵌期权是否被行权。因此 OAS 是一个相当理论化的信用利差衡量指标。尽管有这些缺点，OAS 仍然是包含内嵌期权和其他会引入现金流不确定性特征的债券最常用的信用利差衡量指标。

▌例 15-3　信用利差衡量指标的应用

查特通信公司将发行 2024 年 1 月 15 日到期的票面利率为 5.75% 的债券，该债券的可赎回时间如表 15-3 所示。

表　15-3

在该日期或之后可赎回	赎回价格	在该日期或之后可赎回	赎回价格
2018 年 7 月 15 日	102. 875	2020 年 7 月 15 日	100. 958
2019 年 7 月 15 日	101. 917	2021 年 7 月 15 日	100

2016 年 4 月 11 日，该债券的发行价格为 104。各信用利差指标的数值如下：

G 利差	367	Z 利差	371
I 利差	369	OAS	297

根据所提供的信息，解释为什么 OAS 与其他利差有显著不同，该利差差异意味着什么，以及为什么 OAS 是查特通信公司债券相对价值的最佳衡量指标。

解答： 由于该债券的交易价格明显高于它可以被赎回的价格，因此该债券在下一个赎回日被赎回的概率相当高。债券内嵌的看涨期权是由投资者卖给发行人的。发行人只有在行权对其有利时才可能行权。

该债券 297 个基点的 OAS 显著低于其 G 利差、I 利差和 Z 利差，这是由于债券的看涨期权处于深度实值的状态。OAS 与其他价差指标之间的差异表明看涨期权的价值约为 70 个基点。期权调整价差是衡量查特通信公司债券价值的最佳指标，因为只有它反映了内嵌期权的价值。

15.3.1.4 投资组合中的信用利差衡量指标

信用利差衡量指标也可以用于衡量投资组合的信用利差。大多数多样化的投资组合中会包含子弹式债券（到期时支付全部本金）和内嵌期权的债券。将 G 利差、I 利差或 Z 利差应用于多样化水平较高的信用证券投资组合是具有挑战性的，因为这些利差指标都没有考虑债券隐含的期权特征。所以衡量投资组合信用利差最合适的指标是 OAS。在计算投资组合的 OAS 时，可以先计算每只债券的 OAS，再根据其市场价值进行加权。

例 15-4 投资组合的 OAS

一个投资组合包含两种债券，债券 A 和债券 B。表 15-4 显示了该投资组合中债券的相关信息。计算该投资组合的 OAS。

表　15-4

	面值（美元）	价格（美元）	应计利息（美元）	OAS（bps）
债券 A	10 亿	95	1.5	125
债券 B	20 亿	97	2.0	150

注：价格和应计利息都为每 100 美元票面价值对应的值。

解答：

投资组合中债券 A 的市值 = 10 亿美元×（0.95+0.015）

= 9.65 亿美元

投资组合中债券 B 的市值 = 20 亿美元×（0.97+0.02）

= 19.8 亿美元

投资组合市值 = 9.65 亿美元 + 19.8 亿美元

= 29.45 亿美元

债券 A 的投资组合权重 = 9.65 亿美元/29.45 亿美元

= 32.8%

债券 B 的投资组合权重 = 19.8 亿美元/29.45 亿美元

= 67.2%

投资组合的 OAS =（0.328×125 个基点）+（0.672×150 个基点）≈ 142 个基点

15.3.2　超额收益

信用证券投资者通常会选择将利率风险和与信用有关的风险分开评估和管理。除了前面讨论的信用利差指标外，评估和管理与信用有关风险的另一个有用工具是超额收益。对于信用证券而言，超额收益是指债券在对冲掉利率风险后获得的收益。

超额收益可以被认为是信用证券投资者因承担与信用有关的风险而获得的补偿。也就是说，超额收益是投资者因为购买信用证券而不是利率敏感性相同但没有信用风险的证券而获得的超额收益。

当信用证券投资组合经理使用超额收益作为证券选择和投资组合构建的工具时，他们通常会将投资组合的利率风险和与信用有关的风险分开管理。之所以要分开，是因为超额收益的定义就要求扣除利率变化带来的收益或风险。

债券的信用利差与超额收益是相关的。在持有证券期间，如果证券的收益率和市场利率都没有发生变化，且证券没有发生违约，信用利差就等于超额收益。但信用利差的变化通常会导致债券的超额收益偏离其利差。

式（15-1）是信用证券超额收益率的一个近似公式：

$$XR \approx (s \times t) - (\Delta s \times SD) \tag{15-1}$$

其中 XR 为持有期的超额收益率，s 为持有期开始时的利差，t 为以年为单位的持有时间，Δs 为持有期间信用利差的变化，SD 为债券的利差久期。

式（15-1）假设没有违约损失。但违约是一个二元事件，要么发生，要么不发生，这意味着在式（15-1）中难以表示已实现的超额收益率。但可以将未来发生违约损失的可能性纳入预期超额收益率中，于是得到了式（15-2）：

$$EXR \approx (s \times t) - (\Delta s \times SD) - (t \times p \times L) \tag{15-2}$$

其中 EXR 为持有期的预期超额收益率，p 为年度预期违约概率，L 为预期违约损失率。注意，p 和 L 的乘积等于预计年度信用损失。

▌例 15-5　计算超额收益率

公司债券的利差久期为 5 年，信用利差为 2.75%（275 个基点）。

1. 如果债券持有期为 6 个月，信用利差收窄了 50 个基点至 2.25%，超额收益率大约是多少？假设利差久期保持在 5 年，债券没有发生违约。

2. 计算当利差上升到 3.25% 时的瞬时（持有时间为零）超额收益率。

3. 假设该债券的年化预期违约概率为 1%，违约时的预期违约损失率为 60%。如果债券持有期为 6 个月，信用利差降至 2.25%，预期超额收益率是多少？

解答 1：根据式（15-1），该债券的超额收益率约为 3.875%。

$$(2.75\% \times 0.5) - [(2.25\% - 2.75\%) \times 5] = 3.875\%$$

解答 2：根据式（15-1），该债券的瞬时超额收益率约为 -2.5%。

$$(2.75\% \times 0) - [(3.25\% - 2.75\%) \times 5] = -2.5\%$$

解答 3：根据式（15-2），该债券的预期超额收益率约为 3.575%。

$$(2.75\% \times 0.5) - [(2.25\% - 2.75\%) \times 5] - (0.5 \times 1\% \times 60\%) = 3.575\%$$

15.4　信用投资组合策略

信用投资组合策略通常会设置收益率和风险参数。信用投资组合策略通常在一定约束条件下实现某个目标，比如"构建和管理一个投资组合，并在给定的风险范围内实现收益最大化"，或者"构建和管理一个投资组合，仅使用投资级债券，获取超过给定基准 $x\%$ 的收益率"。在接下来的大部分讨论中，我们假设投资者的目标是跑赢给定的基准指数，如彭博巴克莱美国信用证券指数、彭博巴克莱欧洲公司债券指数或美银美林美国高收益债券指数。

本节将讨论两种重要的信用投资组合策略构建方法。它们都属于主动型管理方法。

15.4.1 节讨论了**自下而上法**，该策略涉及从一组具有相似特征（通常是相同行业和相同注册地）的债券或发行人中选出投资者认为具有最佳相对价值的债券或发行人。15.4.2 节讨论了**自上而下法**，该策略涉及投资者对主要宏观经济趋势（如经济增长和公司违约率）的看法，然后根据投资者对未来的看法选出会在预期环境中表现最好的债券。

15.4.1   自下而上法

自下而上的信用投资组合构建策略有时也被称为"择券"策略。自下而上法的主要特点是需要评估发行人或债券的相对价值。该方法最适用于分析信用风险相似的公司，而不是那些信用风险差异很大的公司（如投资级公司和高收益公司之间的比较）。

15.4.1.1   划分信用证券宇宙

按照自下而上法，投资者的第一步是确定自己的合格债券范围，然后根据电信、资本品等行业或领域划分这一范围。投资者可以进一步细分每个行业领域，例如电信行业可以细分为无线通信和有线通信，或亚洲、欧洲和美国的公司。在每个领域中，投资者可以使用相对价值分析来确定估值最具吸引力的债券。

投资者识别行业领域的起点是基准供应商提供的行业领域分类。但精明的投资者可以通过分析这些分类在哪些地方过于宽泛或不正确来进一步改进。例如，目前被彭博巴克莱分类为"中游行业"的油气管道公司，在 2014 年中之前被其归类为公用事业公司。但当石油和天然气价格下跌时，油气管道公司的表现大大落后于传统的公用事业公司，因此被重新归类了。

关于基准分类是过于宽泛还是过于精细，目前还没有明确的规定。但投资者通常希望每个领域都包含一定数量的公司，并且这些公司的公司层面风险（而非行业或宏观风险）是其价值变化的主导因素。例如，"全球银行业"这个类别可能过于宽泛，不同国家的银行往往拥有差异很大的业务模式，它们受不同的监管制度管理，其信用等级往往与当前的经济环境密切相关。

如果投资组合不是以某个基准为参照对象来管理的，投资者就不必参照该基准的分类标准来将投资组合划分为多个板块。但投资者必须决定在比较相对价值时，是根据相对宽泛的行业分类还是相对精细的行业分类。

> **▌例 15-6   划分信用证券范围**
>
> 一位投资者正在对零售业的债券发行人进行相对价值分析。他试图确定全球服装零售业是不是一个具有足够细分度（狭义定义）的行业。通过研究，他得出了以下结论：
> - 大型服装零售商业务遍布欧洲、亚洲和美洲。
> - 小型服装零售商往往只在这三个地区中的一个地区销售。
> - 服装零售是一个周期性的行业，这三个地区的经济增长周期存在很大差异。
>
> 描述投资者在决定如何划分零售板块时可能考虑的因素。
>
> 解答：投资者通常希望每个细分板块包含一组公司，这些公司的风险是公司层面的，而不是由行业因素或宏观风险主导的。根据该投资者的分析，较小的服装零售商与较大的零售商有很大的不同。较小的零售商只在一个地区销售，而较大的零售商同时在全球许多地区销售。

该投资者可能想把全球服装零售行业分成大公司板块和小公司板块。大型服装零售商可能被合理地视为一个单一板块，因为它们在全球范围内是多元化的。但该投资者可能想把欧洲、亚洲和美洲的小型零售商分别视为三个独立的板块，因为它们的宏观经济趋势影响因子不同。

15.4.1.2 自下而上法中的相对价值分析

在将信用证券范围划分为不同的板块后，投资者下一步就可以在每个板块中找出相对价值最高的债券。在信用证券投资组合管理中，相对价值比较的关键是权衡与信用有关的风险的补偿（即预期超额收益）和与信用有关的风险的预期大小。信用相关风险包括信用利差风险、信用迁移风险、违约风险和流动性风险。

如果投资者认为两个发行人有相似的信用相关风险，那么他就可以进一步比较信用利差指标，并购买利差较高的债券，因为这些债券有提供更高超额收益的潜力。对于具有不同信用风险的发行人，投资者必须判断额外的利差是否足以补偿其承担的额外信用风险。在比较具有不同信用风险的发行人时，需要考虑的因素包括以下几点：

- 不同信用评级类别的历史违约率信息可以帮助投资者确定承担额外的违约风险需要多少补偿。
- 不同行业的平均利差水平和信用评级的资料也很有用。例如，如果投资者发现一家评级为 BBB 的制药公司的债券利差比其他评级为 BBB 的制药公司的债券平均利差更大，那么投资者可能需要进一步调查背后的原因。类似地，投资者可能想要分析目前 BBB 级制药公司和 A 级制药公司之间的利差是否处于历史高位。

回想一下式（15-1）和式（15-2），它们分别是超额收益率和预期超额收益率的计算式。这两个公式在分析债券的信用相关风险时很有用。注意，在式（15-1）中，信用利差、持有期限和利差久期由投资者决定；但信用利差的变化量是事先未知的，投资者必须对这个变量做出预判。如果信用利差在持有期间没有变化，式（15-1）中的第二项为零。如果投资者要在期限相近的债券之间做出选择，信用利差变化的可能性是很重要的考虑因素。如果投资者计划持有债券至到期，且债券没有违约，那么在整个持有期间，信用利差的变化不会产生影响。但如果投资者的持有期限比债券的到期期限短，或者投资者要比较不同期限的债券，那么信用利差的预期变化也是一个考虑因素。

在信用利差不变的情况下，信用相对价值分析实质上是在违约损失和信用评级迁移等风险造成的未知前景与信用利差提供的已知补偿之间进行权衡。如果投资者比较了两种债券，并认为两者预期违约损失相当，那么他一般会倾向于购买信用利差较大的债券。当投资者在两种信用利差相似的债券中选择时，他会评估哪一种债券的预期违约损失更低。违约损失风险较大的债券通常会有更大的信用利差，因为信用利差是为违约风险提供的补偿。

尽管信用证券投资者更可能选择预期超额收益率最高的证券，但有时也会考虑那些预期超额收益率较低的债券。因为流动性、投资组合多样化和风险都是择券决策的重要考虑因素。例如，如果两种债券的风险或流动性差异很大，那么投资者可能会选择风险较低的债券，即使该债券的预期超额收益率较低。

还可能的情形是，如果投资者没有对冲利率风险，或者没有将利率风险和信用风险分开管理，那么他可能会根据自己对总收益率的预期而不是预期超额收益率来选择债券。

例 15-7 使用预期收益率进行相对价值分析

一位投资者收集了他正在考虑购买的四种债券的信息，见表 15-5。

表 15-5

债券	利差久期	收益率	Z利差（bps）	信用评级	债券	利差久期	收益率	Z利差（bps）	信用评级
W	2	3.5%	200	Baa2	Y	5	5.5%	225	Ba2
X	5	4.0%	100	A2	Z	5	6.5%	350	B2

他使用表 15-6 关于年度违约概率的历史信息来估计违约概率。他假设所有违约的回收率均为 40%（即预期违约损失率为 60%）。

表 15-6

信用评级	平均年度违约概率	信用评级	平均年度违约概率
A1	0.24%	Ba1	1.20%
A2	0.27%	Ba2	1.28%
A3	0.31%	Ba3	2.37%
Baa1	0.36%	B1	2.93%
Baa2	0.43%	B2	3.19%
Baa3	0.61%	B3	3.65%

该投资者的投资期限为 6 个月。

1. 根据预期超额收益率，如果投资者预期利差保持不变，他最有可能购买哪一种债券？

2. 如果投资者预期在持有期内利差将缩小 50 个基点，确定该投资者最有可能购买哪一种债券。如果债券选择与第 1 问不同，请解释原因。

3. 解释为什么投资者在相对价值决策中需要考虑预期超额收益率以外的因素。

解答 1：根据年度违约概率，四种债券基于各自评级类别的预期年度违约概率如表 15-7 所示。

表 15-7

债券	信用评级	年度预期违约概率	债券	信用评级	年度预期违约概率
W	Baa2	0.43%	Y	Ba2	1.28%
X	A2	0.27%	Z	B2	3.19%

可以用式（15-2）计算每种债券的预期超额收益率。比如对于债券 W，预期超额收益率为 0.87%：

$$(2\% \times 0.5) - (0 \times 2) - (0.5 \times 0.43\% \times 60\%) = 0.87\%$$

表 15-8 总结了四种债券的相关计算结果。

表　15-8

债券	信用评级	年度预期 违约概率（p）	利差 久期（SD）	Z 利差（s）	预期违约 损失率（L）	预期超额 收益率（EXR）
W	Baa2	0.43%	2	200	60%	**0.87%**
X	A2	0.27%	5	100	60%	**0.42%**
Y	Ba2	1.28%	5	225	60%	**0.74%**
Z	B2	3.19%	5	350	60%	**0.79%**

根据预期超额收益率，投资者最有可能购买 W 债券。虽然该债券在四种债券中收益率最低，但预期超额收益率最高。

解答 2：预期超额收益率计算现在包含了债券利差的变化。对于 W 债券，预期超额收益率为 1.87%：

$$(2\% \times 0.5) - (-0.5\% \times 2) - (0.5 \times 0.43\% \times 60\%) = 1.87\%$$

表 15-9 总结了四种债券的相关计算结果。

表　15-9

债券	信用评级	年度预期违约 概率（p）	利差 久期（SD）	Z 利差（s）	预期利差 变化（Δs）	预期违约 损失率（L）	预期超额 收益率（EXR）
W	Baa2	0.43%	2	200	-50	60%	1.87%
X	A2	0.27%	5	100	-50	60%	2.92%
Y	Ba2	1.28%	5	225	-50	60%	3.24%
Z	B2	3.19%	5	350	-50	60%	3.29%

基于预期超额收益率，投资者最有可能购买 Z 债券。债券的选择与前一问不同，是因为 W 债券的利差久期较短，利差收窄对它的影响较小。

解答 3：信用证券投资者可以选择预期超额收益率最高的证券，但其他因素，如流动性、投资组合的多样性水平和风险，也会发挥作用。债券是在考虑整体投资组合的背景下进行选择和管理的。债券在风险、流动性和与投资组合中其他资产的相关性等方面各不相同，投资者可能更喜欢风险较低、流动性较高的债券，或者提供更高的投资组合多样性水平的债券，即使预期平均收益率较低。

在问题 2 中，选择 Z 债券是因为它的预期超额收益率高于其他三种债券。然而，Z 债券的信用评级比其他债券更低，这意味着它的信用风险更高，流动性可能比其他债券要差。因此，投资者可能更喜欢信用评级高于 Z 债券的 Y 债券，即使他预计 Y 债券的平均收益率略低。他甚至可能更喜欢信用评级最高的 X 债券，即使根据他的分析，X 债券的预期超额收益率低于 Y 债券或 Z 债券。

15.4.1.3　信用利差曲线

在一个特定行业内进行相对价值分析的关键是确定具有最高相对价值的发行人。此时，预期超额收益率的计算公式是有用的，因为它提供了一种总结和理解在利差、违约损失和利差变化之间权衡的方法。

许多发行人同时发行了多种债券，通常每一种债券具有不同的期限和久期。为了反映不同的期限，可以为该发行人绘制一条**利差曲线**，这非常有助于进行相对价值分析。利差曲线是一个发行人名下每一种债券的信用利差与该债券的到期期限或久期的拟合曲线。

图 15-6 绘制了 2015 年 12 月 4 日威瑞森电信公司（VZ）和美国电话电报公司（T）所发行债券的 Z 利差和利差久期的关系。这两家公司都来自美国的电信行业。

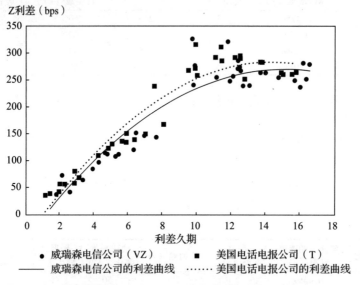

图 15-6 威瑞森电信公司和美国电话电报公司的利差曲线

在同样的久期上，两个发行人的利差曲线上的利差非常接近。对于大多数期限，美国电话电报公司债券的利差略大于威瑞森电信公司的债券。如果投资者认为两个发行人的债券具有相似的市场流动性，那可能市场认为美国电话电报公司的信用风险略高于威瑞森电信公司。

如果某个投资者认为美国电话电报公司实际上比威瑞森电信公司更有信用，他可以根据自己的相对价值观点采取行动。具体采取何种行动取决于他的投资组合目标和限制。如果他的目标是跑赢基准，并且不能使用衍生品或做空，那么他可以增持美国电话电报公司的债券，减持或不增持威瑞森电信公司的债券。如果他的目标是获得正的绝对回报，减持或回避威瑞森电信公司的债券是不合适的，因为这些行动只有在以基准为参考对象的背景下才有意义。如果规则允许，他可以通过购买信用违约互换（CDS）或看跌期权，或者直接做空威瑞森电信公司的债券来表达他的预期。

美国电话电报公司和威瑞森电信公司的一些债券的利差明显高于或低于拟合的利差曲线。投资者可能认为这些债券具有潜在的吸引力，但在采取行动之前，他应该对这些债券进行进一步调查。也许这些债券具有不同的特点，其风险或流动性特征可能与其他债券有很大的不同。风险或流动性差异可能导致个别债券的利差严重偏离发行人的利差曲线。例如，债券可能是由不同的子公司发行的，也可能有不同的优先级。在根据利差判断债券是否具有吸引力之前，了解每种债券的结构特征是非常重要的。

15.4.1.4 自下而上法的相对价值分析的其他注意事项

在自下而上法的相对价值分析中，除了超额收益率和利差曲线外，还需要考虑以下几点：

- 债券结构。在进行相对价值分析时，投资者必须仔细考虑债券的特点及其在资本结构中的优先级。例如，次级债务通常具有比优先债务更高的信用利差。又如，可赎回债券的期权调整利差通常比其他特征类似的不可赎回债券更大。

- 发行日期。如果发行人经常发行债券，其最近发行的债券的买卖价差往往较窄，每天的交易量也较大。如果投资者的目标持有期限较短，那么他可能更愿意交易这些流动性更强的基准债券。但基准债券也有一些缺点。基准债券的信用利差通常较窄，对投资者的补偿也低于同一发行人更早发行的债券（即旧券）。基准债券可能无法在整个期限内保持高流动性，因为发行人可能会再次发券，新发行的债券会替代它成为发行人的基准债券。即使发行人不再发新券，之前的新券也会慢慢变旧，可能会失去一些流动性。投资者在选择购买或回避基准债券时，应考虑自己的持有期限和流动性需求。

- 供应。当发行人宣布要发行新的公司债券时，其现有债券的价格通常会下降，利差也会扩大。这种价格下降和利差扩大的现象通常被市场参与者解释为债券供应增加的结果。现有债券利差扩大还可能由于需求不是完全弹性的，新发行的债券通常会被给予价格优惠，以吸引借款者购买新券。这种价格优惠可能导致发行人所有现有债券重新被定价，以与新发行债券相对更大的利差一致。另外，债券发行越多，发行人的信用风险就越高。

- 发行规模。不同信用债券的发行规模及发行规模对估值的影响可能各不相同。发行规模较大的债券可能会被更多的市场参与者交易和持有。与发行规模较小的债券相比，这可能会增加债券的流动性和价值，减小债券的利差。不同固定收益基准的受欢迎程度也可能与发行规模相互作用，对债券的估值产生不同的影响。大多数传统债券指数都是按未偿债务规模加权计算的。这种加权方法有助于增加对大型债券发行人的需求，因为一些信用证券投资组合经理不希望偏离基准权重太多。但更大的发行规模并不总是导致利差收窄。在某些情况下，大型公司发行人可能会发现他们的债券比同等评级但规模更小的发行人的债券具有更大的利差。投资者应该意识到，发行规模和利差之间的关系并不总是明确的。

例 15-8　使用信用利差曲线进行相对价值分析

2016 年底，一位分析师即将对一家公司发行的以下债券进行相对价值分析。在他进行分析时，所有这些债券都可以在市场上买到。这些债券的情况如表 15-10 所示。

表　15-10

债券	票面利率	到期日期	到期期限（年）	信用评级	发行规模	久期	价格	收益率	信用利差（bps）
A	2.40%	2018 年 12 月 31 日	2	A2/A	2 000 000 000	2.0	100	2.40%	40
B	3.50%	2021 年 12 月 31 日	5	A2/A	1 500 000 000	4.6	100	3.50%	50
C	8.00%	2022 年 9 月 30 日	5.7	Ba1/BB+	50 000 000	4.7	109.5	6.02%	299
D	5.00%	2046 年 12 月 31 日	30	A2/A	1 000 000 000	15.8	100	5.00%	100

1. 该分析师是否应将 C 债券纳入相对价值分析。

假设公司正在发行新的 10 年期债券，其特征如表 15-11 所示。

表　15-11

债券	票面利率	到期日期	到期期限（年）	信用评级	发行规模	久期	价格	收益率	信用利差（bps）
E	4.00%	2026 年 12 月 31 日	10	A2/A	3 000 000 000	8.2	100	4.00%	80

2. 该分析师应该如何比较公司新发行债券的相对价值与未发行债券的相对价值？

解答 1：C 债券的收益率比其他债券高很多。在将 C 债券纳入相对价值分析之前，分析师应尝试确定这种差异的原因。从表中可以看到，C 债券的票面利率较高，信用评级较低，因此风险较高。此外，C 债券在公司资本结构中可能处于次级地位。C 债券的发行规模也比其他债券要小得多，这意味着该债券的流动性可能会比其他债券更差。流动性相对较差的债券通常有较大的利差，以弥补投资者。最后，C 债券价格更高可能意味着其违约时遭受的损失更大。综上所述，将 C 债券纳入相对价值分析很可能是不合适的。

解答 2：该公司没有 2026 年左右到期的未偿还债券。不过，2026 年到期的债券的信用利差可以用市场上已经发行的债券进行粗略地插值。该利差应该在 B 债券和 D 债券的信用利差之间。根据债券的期限进行插值，我们发现插值后的利差约为 66 个基点：

$$50+\{[(8.2-4.6)/(15.8-4.6)]\times(100-50)\}=66$$

而新发债券的利差为 80 个基点，与该公司目前尚在流通的债券相比，其估值似乎具有一定的吸引力。

15.4.1.5　自下而上的投资组合构建

在自下而上的投资组合构建中，投资者选择一个模范投资组合，根据该投资组合的行业和个券配比来确定自己要构建的投资组合的理想仓位。然后投资者可以购买模型投资组合中最能代表所需风险敞口的债券。

由于投资者按照自下而上的方法将整个市场划分为了多个板块，这些板块的权重为仓位规模提供了合理的指导。衡量仓位规模最简单的指标是市场价值。因此，在每个板块的配置中，投资者可以根据市值权重来选择购买的仓位，或者瞄准那些他认为估值最具吸引力的债券，增加这些债券的仓位。

另一个常用的判断指标是我们在 15.2 节中讨论过的利差久期。

考虑一个使用利差久期的例子，假设一个投资组合经理正在考虑两只投资级债券。他预计两只债券会有类似的信用利差波动。A 债券的利差久期是 5 年，而 B 债券的利差久期是 10 年。他可能认为为 A 债券配置 2% 的投资组合权重，与为 B 债券配置 1% 的投资组合权重具有几乎相同的风险。也就是说如果他的投资组合持有 2% 的 A 债券和 1% 的 B 债券，任何一只债券的信用利差增加 1%（100 个基点），都将对投资组合贡献约-0.10% 的收益率。

在选择市场价值或利差久期作为投资组合权重的判断标准时，一个关键因素是违约损失风险与信用利差风险的相对重要性。如果违约损失是一个更大的问题，那么市场价值是一个更好的指标。如果违约不太可能发生，利差变化是更相关的风险，那么利差久期通常是一个更好的判断标准。两者的区别往往与投资级债券和高收益债券投资组合之间的区别有关：利差久期更常用于投资级债券，而市场价值更常用于高收益债券。

在决定投资组合的仓位权重时，投资组合经理可以严格按照基准投资组合中的行业权重配置。但自下而上的投资组合经理在相对价值分析中经常发现，一些板块似乎有更多有吸引力的债券，而其他板块的优质债券则较少。自下而上的投资组合经理有时会在那些机会更充足的板块购买更多的债券，或持有更大规模的债券。因此，投资组合经理可以配置不同于基准权重的行业权重。

因为有时想要的债券是不容易获得的，投资者通常会使用几种替代方法来解决这个难题：

- 替换。一个行业中第二（或第三，依次类推）有价值的证券可能是投资者最青睐的债券的合理替代品。
- 指数化。构造一个投资组合模拟特定指数的方法被称为**指数化**。基准债券、基准指数的总收益互换、信用违约互换指数衍生品和交易所交易基金是一些流动性相对较强的工具，投资者可以利用它们在无法获取想要的债券的时候获得市场敞口。
- 现金。如果投资者预期他想要的债券很快就能买到，那么持有现金作为替代品可能是一个有用的选择。但在较长时期内持有现金会对收益率产生负面影响，尤其是在专注于长期债券或高收益债券的投资组合中。

15.4.2　自上而下的投资组合构建

自下而上的信用投资组合策略侧重于分析单个债券和单个发行人。相比之下，自上而下的信用投资组合策略侧重于分析宏观因素，或者说那些同时影响大多数行业和个别发行人及债券的因素。对信用证券投资至关重要的宏观因素主要包括：经济增长、公司整体盈利能力、违约率、风险偏好、预期市场波动的变化、信用利差的变化、利率、行业趋势和汇率波动等。

采用自上而下法的投资组合经理通常会根据自己对宏观因素的看法，来判断信用证券市场中哪些领域具有更大的吸引力或更高的相对价值。然后，投资组合经理通过购买这些领域的债券来增加相应的投资权重。与之相对，投资组合经理可以通过减持（或做空）那些宏观前景相对不利的领域的债券来减少相应的投资权重。

自上而下法和自下而上法之间的一个重要区别是，自上而下的投资者使用的债券分类通常比自下而上的投资者使用的分类更宽泛。例如，自上而下投资者预期信用利差即将收窄时，可能会比较高收益债券部门和投资级债券部门的相对价值。而将所有投资级债券或所有高收益债券分别当作一类可能并不是自下而上法的常见方式，在自上而下法中并不罕见。

15.4.2.1　信用等级

对于许多自上而下的信用证券投资者来说，一个重要的决定是确定可以进入他们投资组合的证券的理想信用等级。该决定与股票投资组合关于贝塔值的选择类似。贝塔值大于 1 的股票投资组合在市场上涨时的表现通常会优于大盘，而在市场下跌时表现不佳。同样，当信用利差收窄、违约率较低或下降时，持有比信用证券市场基准信用等级更低的债券的信用证券投资组合通常会跑赢市场基准。当信用利差扩大、违约率较高或上升时，高信用等级资产构成的信用证券投资组合的表现通常会优于市场基准。

投资者信用等级决策的两个关键因素是对信用周期的预期和对信用利差变化的预期。对信用周期的预期反映在随时间的变化的违约率上。信用利差变化和信用周期都受到宏观因素的严重影响。图 15-7 显示了 1976 年至 2015 年加拿大、法国、德国、意大利、日本、英国和美国七个主要经济体的实际 GDP 增长率（右轴）和全球投机级债券的违约率（左轴）的关系。实际 GDP 增长率绘制在颠倒的刻度上，以更好地显示两个数据序列之间的相关性。图 15-7 显示，经济增长率的急剧下降往往伴随着违约率的大幅上升。推而广之，商业周期和信用周期在某些时期似乎是相关的，尽管不是完全相关。

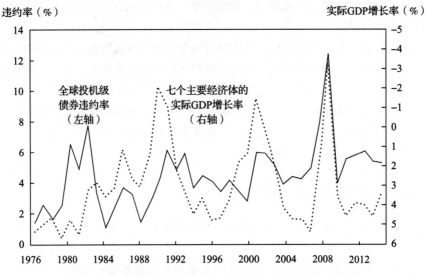

图 15-7　全球投机级债券违约率和实际 GDP 增长率之间的关系，1976~2015 年

　　投资组合经理或分析师可以在投资决策过程中使用违约率和实际 GDP 增长率之间的关系。例如，他对实际 GDP 增长率的预期可能高于目前的市场预期，并以此得出违约率可能低于市场预期的结论。

　　正如图 15-7 所示，违约率和实际 GDP 增长之间存在一定的相关性。违约率和信用利差之间的相关性则更高。图 15-8 显示了 1995 年至 2015 年全球投机级债券违约率和美国高收益债券利差（用彭博巴克莱美国高收益指数的 OAS 衡量）之间的关系。该图表明，信用利差的变化通常可以很好地预测未来一年违约率的变化。

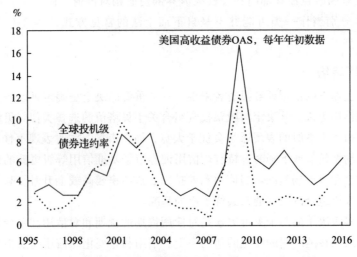

图 15-8　全球投机级债券违约率和美国高收益债券利差的关系，1995~2015 年

　　图 15-8 显示，寻求跑赢市场的投资者可能需要一年以上的预测时间。如果投资者对一年以后的 GDP 增长预期高于市场上的普遍预期，他可能会得出信用利差将收窄的结论，并可以相应地调整投资组合。

1. 自上而下法中信用质量的度量

在确定了投资组合目标证券的信用等级后，投资组合经理可能会发现评估一下投资组合的整体信用质量是有用的。投资组合经理通常使用以下一种或多种指标来评估投资组合的信用质量。

平均信用评级。要计算该指标，先要给每个信用评级分配一个数值权重，如表 15-12 所示。权重选择是一项重要的决策。使用算术加权的一个问题是，许多债券风险（尤其是违约风险）在不同的信用评级类别之间并不是线性变化的。例如，当发行人的信用评级下降时，违约风险通常会加速增加。非算术加权是处理债券风险非线性关系的一种方法。

我们用一个例子来比较使用算术加权和非算术加权的影响。假设一个投资组合中 50% 的债券评级为 A1/A+，剩余 50% 的债券评级为 Ba3/BB−。如果使用算术加权（表 15-12 中的算术因子），其平均信用质量评分为 9[=(50%×5)+(50%×13)]，根据算术因子查询，9 分对应的平均信用评级是 Baa2/BBB。如果使用非算术加权（表 15-11 中的穆迪评级因子），投资组合的平均信用得分为 918[=(50%×70)+(50%×1766)]，根据穆迪评级因子查询，918 分最接近 Ba1/BB+ 的平均信用评级。使用非算术加权的平均信用评级比使用算术加权的评级低了两个等级。

综上所述，当投资组合中债券的信用评级范围很广时，使用算术加权来评估投资组合的信用质量可能会高估其信用质量，低估其信用风险。如果采用非算术加权，由同一评级类别的债券组成的投资组合的信用风险要小于由不同评级类别的债券组成的投资组

表 15-12　信用评级的数字加权方法

穆迪评级	标普评级	惠誉评级	算术因子	穆迪评级因子
Aaa	AAA	AAA	1	1
Aa1	AA+	AA+	2	10
Aa2	AA	AA	3	20
Aa3	AA−	AA−	4	40
A1	A+	A+	5	70
A2	A	A	6	120
A3	A−	A−	7	180
Baa1	BBB+	BBB+	8	260
Baa2	BBB	BBB	9	360
Baa3	BBB−	BBB−	10	610
Ba1	BB+	BB+	11	940
Ba2	BB	BB	12	1350
Ba3	BB−	BB−	13	1766
B1	B+	B+	14	2220
B2	B	B	15	2720
B3	B−	B−	16	3490
Caa1	CCC+	CCC+	17	4770
Caa2	CCC	CCC	18	6500
Caa3	CCC−	CCC−	19	8070
Ca	CC	CC	20	10 000

资料来源：惠灵顿管理公司和穆迪公司。

合。例如，只由 Baa2/BBB 级债券组成的投资组合的穆迪评级因子为 360，而由 Baa1/BBB+级债券和 Baa3/BBB 级债券组成的投资组合的穆迪评级因子为 435[=(50%×260)+(50%×610)]。

平均 OAS。一个投资组合的信用质量也可以用 OAS 来估计。为了计算投资组合的 OAS，可以先计算每只债券的 OAS 再根据其市场价值进行加权。

平均利差久期。平均 OAS 是投资组合信用质量的有效衡量指标，但它不能完全解释信用利差波动的风险。例如，一个由平均 OAS 为 100 的 30 年期公司债券组成的投资组合，与平均 OAS 相同的 2 年期债券组成的投资组合相比，对信用利差的变化更为敏感。加权平均利差久期可以用来解释信用利差波动的风险。

久期乘以利差。久期乘以利差（DTS）也是衡量信用质量的一个指标，它试图同时考虑平均 OAS 和平均利差久期。债券的 DTS 就等于它的久期乘以它的 OAS。推而广之，投资组合的 DTS 是其单个债券 DTS 的加权平均值。DTS 比平均 OAS 或平均利差久期更全面，但不如后两种指标那么直观。

2. 自上而下法的超额收益率

在使用自上而下法时，投资组合经理可以使用他对违约损失和信用利差变化的预期来计算投资组合的预期超额收益率。为了计算近似的预期超额收益率，可以参考前面提到过的式（15-2）。

$$\text{EXR} \approx (s \times t) - (\Delta s \times \text{SD}) - (t \times p \times L)$$

例 15-9　自上而下法中的超额收益率

投资者已经收集了相关信息，并形成了对四个债券指数的预期。每个指数都包含一个唯一的评级类别中的债券。如表 15-13 所示。

表　15-13

指数包含的信用评级	当前 OAS（bps）	一年后的预期 OAS（bps）	预期信用损失率（p×L）	利差久期（SD）
A	244	118	0.00%	5.6
Baa	334	206	0.04%	6.1
Ba	571	370	0.08%	4.4
B	736	510	0.31%	3.9

假设投资者的投资期限为一年，他打算购买单一评级类别的债券，并在四个指数所代表的类别中进行选择。根据预期超额收益率，确定投资者最有可能选择哪个评级类别（假设一年期的持有期内利差久期保持不变）。

解答：表 15-14 总结了不同评级类别的预期超额收益率（EXR）的估计值：

表　15-14

信用评级	预期超额收益率（估计值）
A	$(0.0244 \times 1) - [(0.0118 - 0.0244) \times 5.6] - (1 \times 0) = 0.0950 \approx \textbf{9.5\%}$
Baa	$(0.0334 \times 1) - [(0.0206 - 0.0334) \times 6.1] - (1 \times 0.0004) = 0.1111 \approx \textbf{11.1\%}$
Ba	$(0.0571 \times 1) - [(0.0370 - 0.0571) \times 4.4] - (1 \times 0.0008) = 0.1447 \approx \textbf{14.5\%}$
B	$(0.0736 \times 1) - [(0.0510 - 0.0736) \times 3.9] - (1 \times 0.0031) = 0.1586 \approx \textbf{15.9\%}$

根据投资者对违约损失和信用利差变化的预期，Ba 级和 B 级债券的表现有望超过评级较高的 A 级和 Baa 级债券。仅根据预期超额收益率，投资者最有可能选择的是 B 级债券。投资者必须权衡预期收益率与更不稳定、流动性更差的低质量债券的其他性质，并据此构建投资组合。

15.4.2.2　行业配置

行业配置（或权重）是自上而下法的信用投资组合策略的重要组成部分。自上而下法中的行业配置主要基于投资组合经理的宏观观点。例如，2013 年至 2015 年，新兴市场经济放缓导致石油和主要工业金属价格大幅下跌，对这些大宗商品生产商的债券估值产生了负面影响。又如，美国高收益能源债券的违约率从 2014 年的 2% 大幅上升到 2016 年初的 20%，导致这些债券的整体利差扩大到了 1000 个基点以上。投资组合经理可能会在这些时期的早期阶段决定减持石油或能源债券，以获得相对于市场基准更高的投资表现。

投资组合经理可能会使用定量工具，例如回归分析，来做出行业配置决策。例如，可以用特定行业的高收益债券的平均利差对同一行业的投资级债券的平均利差进行回归。又如，可以将评级类别中特定行业债券的平均利差与同一评级类别但不包括所选行业的债券的平均利差进行比较。图 15-9 比较了 2011 年至 2016 年 4 月期间发达市场以美元计价的 BB 级媒体行业债券与 BB 级非媒体行业债券的利差。图 15-9 显示，2016 年 4 月，媒体行业 BB 级债券的平均利差比非媒体行业 BB 级债券的平均利差低了约 60 个基点。这是这 5 年间利差最低的水平。

图 15-9　2011~2016 年行业利差回归结果

　　投资组合经理可能会根据某一行业的利差信息和其他因素，例如他对信用证券基本面的看法，来决定相对于基准而言该行业应该被增持、减持还是保持一致。例如，一个投资组合经理可能会解释说，媒体行业债券的相对利差较窄表明市场认为媒体行业 BB 级债券的信用质量优于 BB 级债券的平均信用质量。但是，如果投资组合经理认为媒体行业债券的信用质量并不比其他 BB 级债券好，那么他可能会选择减持或做空媒体行业债券。

　　投资组合经理也可以在行业配置中使用财务比率分析。例如，经理可以比较行业利差和行业杠杆率，杠杆率可以被定义为整个行业的总债务或净债务除以 EBITDA（息税折旧及摊销前利润）。一般而言，更高的杠杆率意味着更高的信用风险以及更大的利差。投资组合经理可以在利差和杠杆的基础上比较不同的行业，以确定相对价值的大小。

15.4.2.3　自上而下策略中的利率衡量和管理

　　利率变化是影响投资级债券收益的一个重要因素，在一定程度上也影响着高收益债券的收益。使用自下而上法的投资组合经理通常试图减少投资组合受到的利率变动的影响。但一个使用自上而下法的投资组合经理可能会根据对未来利率变化和未来利率波动的预期主动管理投资组合的利率风险敞口。

1. 衡量利率风险敞口

　　证券投资组合中的利率风险敞口通常通过有效久期进行监测和管理，因为该指标可以处理投资组合中部分证券附带的内嵌期权。例如，如果一位投资组合经理预计收益率下降的幅度将超过市场价格中隐含的幅度，那么他可能会调整其投资组合的有效久期，使其大于基准的久期（或者让绝对收益投资组合的有效久期大于零）。相反，如果他预计收益率增长的幅度将超过市场价格中隐含的幅度，他可能会将其投资组合的有效久期设置得比基准更小（或者让绝对收益投资组合的有效久期小于零）。

有效久期在收益率曲线小幅平移时很有用，但它并不能完全衡量收益率曲线非平行移动的风险。要衡量投资组合对收益率曲线非平行移动的敞口，投资组合经理可以使用关键利率久期。例如，如果一位投资组合经理认为收益率曲线将趋平，那么他可能会让自己的投资组合对长期利率的变化更加敏感，而对短期利率的变化不那么敏感。投资组合的关键利率久期在较长的期限上可能会超过基准的关键利率久期，而在较短的期限上低于基准的关键利率久期。

信用证券投资组合经理也可能希望监控和管理投资组合对利率波动的风险敞口，特别是当投资组合包含了嵌入期权的债券，如可赎回公司债券或抵押贷款支持证券的时候。有效凸性可以衡量债券或投资组合的久期对利率变化的敏感度，经常被信用证券投资组合经理用于管理对利率波动的风险敞口。

如果投资组合经理预期利率波动将会很大，他可能会让投资组合具有比基准更高的凸性。这样投资组合就能在利率变化中处于有利位置，因为投资组合的久期将随着利率下降而延长，随着利率上升而缩短。如果投资组合经理预期利率波动会较小，可能会将投资组合的凸性设置得比基准更低。凸性低于基准的投资组合将在利率变化中做出不利反应，但持有低（或负）凸性债券带来的额外利差收入可能会补偿利率风险。

2. 管理利率风险

投资组合经理可以使用多种方法来管理投资组合中的利率风险。

久期管理。投资组合经理可以通过买卖适当的信用证券来改变投资组合的有效久期和关键利率久期。这种方法的主要优点是不需要使用衍生品就可以完成。但该方法也有缺点，包括以下几点：

- 信用利差曲线管理和信用证券选择无法独立于久期管理和收益率曲线管理。例如，如果要通过买入长期信用证券获得高信用利差，就不得不同时接受对长期利率的风险。
- 由于理想的公司债券并非在所有期限都有，因此可能很难与关键利率久期完全匹配。例如，一个投资组合经理在组建一个新的投资组合时，可能会发现，除了最近发行的债券，购买其他债券的成本都很高，或者几乎不可能。
- 一个追求绝对收益的投资组合经理可能希望投资组合有很低的利率风险敞口或零利率风险敞口。如果不使用衍生品，这几乎是不可能实现的目标，除非投资组合完全由期限很短的债券或浮动利率债券组成。

衍生品。投资组合经理可以购买他认为有吸引力的公司债券，然后使用期货或利率互换等衍生品来管理投资组合的有效久期和关键利率久期。

这种方法的主要优点是久期管理可以独立于信用利差曲线管理，而且利率衍生品市场的高流动性使得很容易改变风险敞口。这种方法的主要缺点是，不是所有的投资者都愿意或能够使用衍生品。对于规模较小的投资组合来说，使用衍生品尤其不现实。

波动率管理。投资组合对利率波动的风险敞口可以通过信用证券或衍生品来管理，可以使用可赎回债券、过手抵押贷款或期权等衍生品。

15.4.2.4 国家和汇率风险

信用证券投资组合经理可以在本国之外进行投资，也可以投资非本国货币计价的信用证券。这样做可以获得更高的潜在收益，但也可能面临额外的风险。与汇率或国家有关的观点和判断可以应用于自上而下法中的信用证券或衍生品交易。

　　如果投资者认为两国之间的利差会发生变化，就可以购买以预计收益率会下降的货币计价的信用证券，并出售以预计收益率会上升的货币计价的信用证券。除非投资者能对冲汇率风险，否则他的投资组合将同时受到汇率波动和利率变化的影响。投资者还可以通过购买其他货币计价的债券来表达汇率观点，并在其投资组合中承担汇率风险。

　　更常见的做法是使用远期和期货来表达对国家或汇率的观点，或管理汇率风险。这些工具通常具有很高的流动性，并且允许投资者将汇率风险与其他投资组合风险分开管理。例如，假设一位投资者认为，在汇率风险对冲的基础上，欧洲公司债券的表现将优于日本公司债券。在参照了全球债券基准管理的投资组合中，他可能会选择增持欧洲公司债券并减持日本公司债券。因为欧洲公司债券主要以欧元发行，而日本公司债券以日元发行，她可能会卖出欧元远期，买进日元远期，以对冲不必要的汇率风险。

15.4.2.5　自上而下法中的利差曲线

　　利差曲线可以用自上向下的方法在更大的信用证券部门中构建，如行业、货币、指数。使用自上而下法的投资者可能希望在他的投资组合中表达对利差曲线的许多不同看法。这些观点包括一条特定的信用利差曲线会变平或变陡，或者两条利差曲线会收敛或发散等。

　　例如，在 2016 年 4 月，一位投资者考察了 10 年期 BB 级债券和 3 年期 BB 级债券之间的相对价值。图 15-10 显示了从 2010 年到 2016 年 4 月这两种 BB 级债券之间的利差。值得注意的是，两条利差曲线都将能源行业排除在外，以减少这一时期能源行业不良水平上升的影响。2016 年 4 月，10 年期 BB 级债券的平均利差比 3 年期 BB 级债券的平均利差最多高了约 100 个基点。投资组合经理可能会根据这一信息在其投资组合中增持 10 年期 BB 级债券或减持 3 年期 BB 级债券。需要注意的是，投资组合经理需要考虑正在评估的利差曲线的行业组成，比如像图 15-10 中那样，将能源行业排除在利差曲线的行业组成之外。

图 15-10　10 年期和 3 年期 BB 级债券的利差曲线 ⊖

15.4.3　自下而上法和自上而下法的比较

　　投资者可以使用自下而上法、自下而上法或结合两者来构建投资组合。每种方法都有

　　⊖　原书该图纵坐标疑似有误，最上面三个刻度从下到上应为 100、150、200。——译者注

优点和缺点。

自下而上法的主要优点是，投资者可能会发现分析个别公司或个别债券比分析整个市场更容易获得信息优势。使用该方法，投资者可以仔细分析一小部分公司，并识别可能被市场忽视的风险。因为信用证券收益率中的相当一部分可以归因于宏观因素的影响，但如果不将投资组合（有意或无意地）暴露于宏观因素、杠杆或做空等宏观敞口，就很难通过择券获得可观的回报。如果一名投资者找到了某一行业或某一国家最具吸引力的债券，但这个国家或行业的宏观因素与其他国家或行业相比表现不佳，他可能会获得令人失望的回报。许多投资者在使用杠杆策略时受限，且杠杆本身显然带有财务风险。

自上而下法的主要优点是，很大一部分信用证券收益率受宏观因素影响。但自上而下法可能难以实施，因为市场参与者会在利率、经济周期和其他宏观影响的预期上进行军备竞赛，许多时候，信用证券的市场价格合理地反映了这些预期。因此，投资者很难通过自上而下法获得信息优势。

在实践中，投资者通常会将自上而下法和自下而上法相结合。例如，投资者可能从自上而下的投资组合决策开始，但专注于某一特定行业和地区，例如欧洲金融行业债券。这样，他就可以将自下而上的相对价值分析局限在欧洲金融公司发行的债券上。同时，关注自下而上法的投资者可能会选择监控和管理投资组合中主要的自上而下因素，这样证券选择就会成为投资组合收益的主要驱动力。例如，想要专注于自下而上分析的投资者可能会通过将重要的投资组合风险指标（如信用等级、久期和信用利差）与基准指数保持一致，努力将信用周期变化的影响降到最低。

▌ 例 15-10 选择信用证券投资策略

一位信用证券投资者对欧洲的化学产品和消费必需品行业进行了广泛的研究。他正在构建一个由这些行业的公司发行的信用债券组成的投资组合。这位投资者的目标是跑赢由欧洲化学产品和消费必需品公司发行的债券组成的基准债券指数。

评估一下自上而下法还是自下而上法更适合这位投资者。

解答：对这位投资者来说，自下向上法比自上向下法更合适。自下而上信用证券投资策略的一个关键特征是要评估单个债券或发行人的相对价值。这位投资者对行业内的公司进行了广泛的研究，在这方面具有一定的优势。相比之下，自上而下法首先要确定哪些行业具有吸引力，然后在这些行业中选择债券。自上而下法需要更广泛的对宏观因素的判断，公司层面研究的相对重要性会下降。

15.4.4 信用证券投资组合管理中的 ESG 考虑因素

一些固定收益授权策略要求，投资经理在投资过程中考虑环境、社会和公司治理（ESG）因素。固定收益投资组合授权策略的信用部分与 ESG 因素尤其相关。信用证券投资组合管理可以通过以下一种或多种方式将 ESG 因素纳入考虑范围。

相对价值的考虑。ESG 实践不佳的公司和行业可能有更高的信用风险。一些例子如下：

- 排污大户面临环境诉讼和罚款的风险。

- 苛待员工的公司可能容易受到频繁罢工、抵制或诉讼的影响。如果它们被迫遵守严格的劳动法规，可能会失去盈利能力。
- 董事会监督薄弱（治理不善）的公司可能存在策略激进或会计欺诈的风险。

准则的约束。一些投资组合的投资政策声明会禁止购买从事某些活动的实体发行的债券。例如：

- 从有争议的产品（如烟草）或活动中获得相当大比例收入（通常至少 5%）的公司。
- 社会记录不佳的政府。信用证券投资组合是投资者表达对政府 ESG 政策看法的一种手段。

投资组合层次的风险措施。信用证券投资组合经理可以选择以几种不同的方式将 ESG 因素纳入投资组合管理过程：

- 监测对 ESG 相关风险因子的敞口。例如，一个投资组合经理可能会限制或避免次级贷款行业的敞口，因为该行业的一些商业行为正遭受抗议。相关风险敞口可能包括次级贷款机构发行的公司债券、以次级贷款为抵押品的资产支持证券，甚至包括从次级贷款中获得相当大比例收入的银行的风险敞口。
- 设定 ESG 投资组合的平均得分目标。投资组合经理可以通过内部评分或使用从提供 ESG 评级或评分的外部供应商获得的评分，构建一个 ESG 平均评分达到或超过某个目标的投资组合。他可能会购买一些 ESG 评分较低的债券，如果这些债券的其他相对价值特征足够吸引人，同时购买 ESG 评分较高的债券作为补偿。他也可以选择避开那些没有达到特定 ESG 评分的公司发行的债券。

有积极影响的投资机会。ESG 的要求不仅仅局限于避开具有负面 ESG 因素的债券，投资组合经理还可以将投资组合的一定比例投资于对社会或环境产生积极影响的发行人发行的债券。绿色债券是最常被引用的有积极影响的债券的例子。绿色债券用于资助对环境或气候有益的项目。非营利性医院和低收入住房项目发行的债券也是可能产生积极社会影响的债券类型。

15.5　信用证券投资组合中的流动性风险和尾部风险

在本节中，我们将讨论信用证券市场的流动性风险，以及投资者如何在实践中管理流动性风险。我们还将讨论信用证券投资组合中的尾部风险，以及如何评估和管理这种风险。

15.5.1　流动性风险

流动性是信用证券投资的一个重要考虑因素。与大型发达国家市场的主权债券（如美国国债、德国国债和日本政府债券）相比，公司债券的流动性相对较差。市场数据包括价格数据和评估流动性所需的交易数据，大多数主要市场的主权债券的市场数据都是容易获得的。相比之下，用于评估公司债券流动性的市场数据更有限，也更不易获得。TRACE（交易报告和合规引擎系统）是美国公司债券投资者常用的系统，但在定价一致性方面仍有局限性。

2008~2009 年全球金融危机之后，信用证券投资者对流动性风险的担忧加剧。新的监管约束的引入导致许多经纪商和做市商大幅降低了它们的公司债券库存。由于经纪商和做市商持有的公司债券支持了二级市场的交易，它们库存的降低使信用证券市场的流动性变弱。

好消息是，电子交易平台的发展有可能改善信用证券市场的流动性。这类平台代表着一种将信用证券市场从做市商主导的市场转向更开放、竞争更激烈的市场的尝试。但电子交易平台在改变信用证券市场动态方面是否能取得成功还有待观察。

15.5.1.1　二级市场信用证券流动性的衡量方法

二级信用证券市场的流动性可以通过多种指标进行评估，包括交易量、利差对资金流出的敏感性以及买卖价差。

在本节中，我们将使用可得性较好的美国数据来评估流动性。其他市场的数据可能不太容易获得，这会影响信用证券投资组合的流动性风险，以及在国际市场上管理的信用证券投资组合的流动性风险。

交易量。随着经纪商和做市商减持公司债，信用证券市场的交易量在 2008~2009 年全球金融危机之后有所下降。图 15-11 显示了 2006~2016 年 6 月美国高收益债券和投资级债券市场的交易量，以市场总规模（总市值）的百分比表示。该图显示了投资级债券和高收益债券的日均交易量占各市场总规模的百分比。2015 年，美国高收益债券市场日均交易量占美国高收益债券市场总规模的 0.7%，美国投资级债券市场日均交易量占美国投资级债券市场总规模的比例略高于 0.4%。2006 年，也就是全球金融危机爆发的两年前，美国高收益债券市场的这一比例为 1.2%，美国投资级债券市场的这一比例略低于 1.0%。

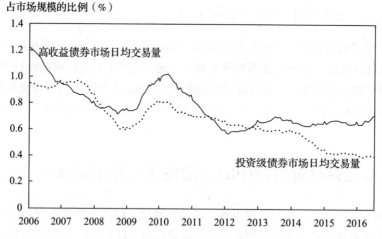

占市场规模的比例（%）

图 15-11　2016 年 6 月，美国高收益债券和投资级债券的交易量占市场规模的比例

美国信用证券市场和美国国债市场通常是相互关联的，同期美国国债的交易量也有所下降。2015 年，美国国债相对于市场规模的日均交易量约为 4%，低于 2006 年的约 13%。对投资者来说，正确理解信用证券市场的流动性环境及其影响是很重要的。尽管许多投资者知道高收益债券的流动性较差，但与质量更高的美国投资级债券市场相比，美国高收益债券的流动性变化相对较小。

利差对资金流出的敏感性。还有一个用来评估流动性的指标是利差对投资者从信用证券

投资基金中大量撤出资金的敏感性。大规模的撤资可能导致基金出售资产。图 15-12 显示了
2004~2016 年美国信用证券投资基金大规模撤资对美国高收益债券和投资级债券信用利差的
影响。这张图中的利差敏感性是用利差增加量除以美国高收益基金和投资级基金的资金流出
百分比来衡量的。该图表明，一定比例的资金流出对高收益债券价格和利差的影响通常大于
对投资级债券的价格和利差的影响。换句话说，根据这一指标，高收益债券市场的流动性似
乎低于投资级债券市场。

图 15-12　利差对资金流出的敏感性

从图 15-12 中得出的一个关键结论是，利差敏感性不是恒定的，它受经济条件的影响。
在高收益和投资级债券市场中，利差增加量除以资金流出百分比的值在全球金融危机期间及
其刚发生时最大。其他金融冲击也被证明会影响信用利差。

买卖价差。买卖价差也可以用来评估信用证券市场的流动性。图 15-13 显示了 2010~2016 年
美国高收益债券和投资级债券市场的买卖价差（12 周平均值），以高收益债券的美元价格和
投资级债券的基点利差衡量。正如我们在 15.2 节中所讨论的，投资级债券和高收益债券市场
的报价惯例不同：高收益债券通常按价格报价，而投资级债券通常按对基准政府债券的利差
报价。

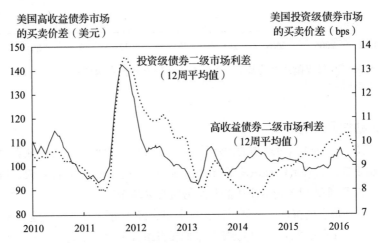

图 15-13　美国高收益债券和投资级债券二级市场的买卖价差，2010~2016 年

一般来说，对买卖价差数据的分析应该谨慎，因为只有当市场稳定时，这些信息才是稳定的。波动较大的市场状况通常会对买卖价差产生严重影响。该影响通常是暂时的，表明买卖价差水平在短暂的波动之后会趋于稳定。

15.5.1.2   行业结构性变化与流动性风险

2008~2009年全球金融危机后，信用证券市场经历了重大的结构性变化。信用市场的参与者依赖做市商群体获取流动性。危机发生后，做市商的资金成本大幅增加，在资产负债表上维持大量债券头寸的能力和意愿大幅下降。发生这些变化有两个原因。其一，新的监管规定（如美国的沃尔克规则）限制了做市商承担风险、持有库存以及从事某些交易活动的能力，而这些交易活动在过去可能有助于为信用证券市场提供流动性。其二，做市商普遍变得更加厌恶风险，选择主动降低风险敞口、缩减资产负债表规模，甚至超出了监管机构的要求。

并非信用证券市场的所有结构性变化都会导致流动性降低且流动性风险上升。图15-14显示了10只规模最大的基金管理的美国高收益债券和投资级债券占总市场规模的比例。可以看到，从2007年到2014年，美国高收益和投资级债券领域的十大基金管理的资产占比持续下降，说明行业集中度有所下降。行业集中度的下降会提高市场的流动性，因为更多的独立市场参与者可能会具有多样化的市场观点，并对发行人和债券进行不同的选择。

图15-14   10只规模最大的基金，美国高收益债券和投资级债券，2007~2014年
资料来源：德意志银行。

15.5.1.3   流动性风险管理

在流动性下降、流动性风险增加的大环境下，流动性风险管理对信用证券投资组合经理来说变得越来越重要。管理流动性风险的方法包括持有现金、控制仓位规模、持有流动性强的非基准债券，以及利用CDS指数衍生品和交易所交易基金。

现金作为流动性最强的资产，是信用证券投资组合经理进行流动性风险管理的重要工具。在许多情况下，信用证券投资组合经理会增加他们投资组合中现金的比例。在2008~2009年全球金融危机之前，现金约占信用证券投资组合的2%~3%，金融危机后最高提高到5%~7%。

仓位规模可以根据流动性情况调整。一般来说，在其他条件相同的情况下，流动性更强的信用证券在投资组合中的权重更大。持有更多的高流动性信用证券和现金可能会降低预期收益率，但这些资产的流动性可能是投资组合经理日益重视的考虑因素。

投资组合经理参考基准之外的高流动性信用证券也可以作为现金的替代品。例如，高收益债券投资组合经理可以使用流动性高的投资级债券作为现金替代品，投资级债券投资者可以使用美国国债作为现金替代品。这类头寸通常能提供比现金更高的收益，并且可以相对容易地平仓，以筹集现金并满足投资组合管理的需要。

投资组合经理还可以使用 CDS 指数衍生品（如 CDX 指数和 iTraxx 指数）来管理流动性风险。CDS 指数衍生品市场比信用证券市场更为活跃。例如，2015 年美国高收益债券和美国投资级债券的 CDX 指数日均交易量分别为 70 亿美元和 250 亿美元。[一]相比之下，2015 年美国高收益债券的日均交易量为 80 亿美元，投资级债券的日均交易量为 150 亿美元。[二]换句话说，高收益债券的一种 CDS 指数衍生品的交易量与整个高收益债券市场的交易量相当，而投资级债券的 CDX 指数的交易量明显高于整个美国投资级债券市场的交易量。

全球金融危机后大幅增长的 ETF 也是投资组合经理管理流动性风险的一种选择。截至 2016 年 3 月 31 日，高收益债券和投资级债券 ETF 的总市值分别为 400 亿美元和 900 亿美元，而金融危机前几乎为零。信用证券 ETF 使投资者能够更快地获得信用证券市场的多样化敞口，其代价是投资者无法主动选择单个信用证券。一些信用证券投资者担心的一个问题是，由于 ETF 易于交易，在信用利差高度波动期间，这些基金可能会经历不同寻常的市场波动，其价格可能会偏离资产净值。

15.5.2　尾部风险

尾部风险是指尾部事件的实际发生概率比模型预测的要高的风险。作为尾部风险的一个例子，在截至 2008 年 8 月的 25 年期间，广泛使用的彭博巴克莱美国公司债券指数的月收益率标准差为 2.1%。然而，在 2008 年的最后四个月，该指数的月收益率依次为 7.8%、6.4%、4.1% 和 6.8%。这些月收益率分别偏离了长期平均值 3.7，3.0，2.0 和 3.2 个标准差。在正态分布的假设下，基于历史收益的模型几乎不可能预见这种可能性。

尾部风险事件很难建模，几乎不可能预测。但这类事件确实会在信用证券市场发生，并常常导致意外的巨额损失。信用投资者对尾部风险事件的可能性进行管理是非常重要的。

15.5.2.1　评估信用证券投资组合中的尾部风险

从定义上讲，尾部风险是很难通过风险模型来衡量的，因为风险模型只是试图根据过去的证券价格行为推断未来的收益。尾部风险评估需要能反映非常规收益的工具。

1. 情景分析

情景分析是评估信用证券投资组合尾部风险的常用工具。它是一种风险评估技术，检查在特定情景下投资组合的表现。情景分析的主要目的是在合理但非常规的情景下测试投资组合的表现。对信用证券投资组合的情景分析涉及在公司债券价格出现大幅波动（因为

㊀　数据来源为美国存款信托与清算公司（DTCC）。
㊁　数据来源为美国金融业监管局（FINRA）。

价格的小幅变化并不罕见）或利差出现大幅变化时预测投资组合的收益，它可能包括基于实际发生过的历史事件或假设事件的情景分析。

2. 历史情景分析和假设情景分析

过去证券价格表现异常的时期是尾部风险的历史情景分析的好对象。例如，2000～2002年的高收益债券的长违约周期，以及2008～2009年的全球金融危机。违约集中在某一领域的时期，如21世纪初的电信行业或2008年的房地产行业，对历史情景分析也很有用。

由于尾部风险是极端非常规事件发生的风险，一个有用的方法是假设那些尚未发生但可能导致证券价格大幅波动的事件。假设的情况可能包括利率、汇率、信用利差、石油或其他大宗商品价格的大幅波动。

3. 情景分析的相关性

信用证券的情景分析通常涉及评估证券价格之间的相关性的潜在变化。这种相关性的变化可能很重要，因为许多投资组合的风险管理依赖于分散化。在金融危机期间，很多资产的相关系数会接近1.0。

当相关性显著增加时，一个看似充分分散的投资组合可能会受到意外的价格波动的影响。例如，在2008～2009年全球金融危机期间，美国房地产行业普遍出现违约，信用证券市场的其他行业也经历了重大损失。商业抵押贷款支持证券等部分领域证券的收益率与人们根据历史数据估计的平均收益率相差10个或更多的标准差。结果许多投资者发现，他们的投资组合不如他们的风险模型所预测的那样分散化。

正如我们所讨论的，大多数信用证券在某种程度上缺乏流动性。在金融危机期间，流动性较差的证券可能会变得更加缺乏流动性。因此，对金融危机的风险敞口可以作为评估流动性风险的一种方式。"流动性等级"或"流动性评分"是信用证券投资者用来衡量投资组合对这种尾部风险的风险敞口的工具。

15.5.2.2 管理信用证券投资组合中的尾部风险

一旦投资者在他的信用证券投资组合中发现了潜在的尾部风险事件，就应该尝试管理这些尾部风险。投资者经常使用投资组合分散化和尾部风险对冲来管理尾部风险事件。

1. 投资组合分散化

投资组合分散化策略是防范尾部风险发生的一种有效方法。例如，假设某投资者发现，与基准相比，自己的投资组合中石油生产商的比重明显过高。该投资者担心如果油价大幅下跌，投资组合的收益将受到影响。一个潜在的解决方案是增加航空公司和消费品公司等通常会受益于油价下跌的行业的仓位。

使用分散化策略对冲尾部风险的一个关键优势是，该策略可能只需要少量的额外成本。如果上述例子中的投资者认为航空和消费品是估值有吸引力的行业，那么增加这两个行业的仓位可以在改善其投资组合的风险特征的同时获得他认为有吸引力的行业的敞口，相当于没有付出额外的成本。

投资组合分散化也有潜在的局限性。投资者可能会发现很难找到有吸引力的投资机会来针对投资者可以预见的每一种尾部风险。此外，投资组合多样化可能不能完全实现投资者对冲尾部风险的目标。以油价为例，航空公司和消费品公司对油价变化的敏感性可能不如石油生产商。如果油价下跌，航空公司和消费品公司可能无法提供投资者预期的针对油价下跌的保护。

2. 尾部风险对冲

尾部风险对冲策略涉及针对发生尾部事件的场景使用证券或衍生品作为"保险"。尾部风险对冲允许投资者单独管理那些最重要的风险。

尾部风险对冲策略中最常用的工具是 CDS 和期权。回到投资组合中石油生产商的比重过大的例子。投资者可以考虑购买石油期货合约的看跌期权。他也可以购买他认为风险较大的石油生产商的 CDS 或信用利差期权。这些选择让投资者能够对冲油价波动或石油生产行业发行人违约的风险。

尾部风险对冲的主要缺点是，像保险一样，它通常是有成本的。因此，如果尾部风险事件没有发生，它会降低投资组合的收益率。不足为奇的是，尾部风险事件似乎最有可能发生的时候，往往也是尾部风险对冲最昂贵的时候。因此，投资者必须仔细考虑尾部风险对冲的成本和收益。如果投资者认为不良事件发生的概率足够高，他可能愿意为防范这种可能性而支付费用，即使这不会提高投资组合的预期收益率。

不能使用衍生品的投资者在对冲尾部风险方面面临额外的挑战。衍生品往往是信用证券市场上最便宜、资金效率最高的尾部风险对冲工具，不能使用衍生品的投资者可能无法对冲某些尾部风险。

15.6　国际信用证券投资组合

许多信用证券投资组合中包含了在多个国家以多种货币发行的债券，因此，信用证券投资组合经理往往需要考虑影响其投资组合收益的国际因素。截至 2015 年底，彭博巴克莱全球信用证券指数包含了逾 1.5 万种以 14 种货币计价的证券，发行人注册地遍及 114 个国家。

关注单一国家发行的，以该国货币计价的债券的投资组合经理，也应该意识到这些债券受到的国际因素影响。对于许多公司，尤其是大型公司来说，它们的收入有相当大一部分来自本国以外。此外，许多公司在本国以外购买或生产很大一部分产品。例如，2015 年，总部位于美国的苹果公司超过 60% 的收入来自美国以外，并在美国以外拥有大量业务。

15.6.1　国际信用证券投资组合的相对价值

当信用周期、信用评级构成、行业构成或市场因素出现国家或区域间差异时，信用证券投资组合经理有时可以识别出相对价值投资的机会。

信用周期通常会影响全球的债券，但不同地区受到的影响程度不同。例如，1997 年和 1998 年，集中的公司债券违约主要发生在新兴市场；几年后的 2001 年和 2002 年，美国和欧洲公司的违约率很高，但新兴市场公司的违约率相对较低。2008~2009 年全球金融危机期间，违约主要集中在美国信用证券市场；但几年后的欧洲在主权债务危机中有更高的违约水平。一般来说，确定信用周期疲软的时间和地点，是全球信用证券投资组合经理使用自上而下法时一个重要的相对价值考虑因素。

发行人的信用评级分布通常因地区而异。例如，欧洲高收益指数中 BB 级债券的集中度更高，而美国高收益指数中 CCC 级债券的集中度更高。鉴于信用评级的地区性差异，投资者可能预计，在一个看涨的市场环境中，美国高收益债券市场的表现将优于欧洲高收益债券市场。

行业构成也因地区而异。例如，能源行业在美国信用证券市场指数中的比例高于在欧洲信用证券市场指数中的比例（无论是投资级还是高收益债券）。这种行业构成的差异是 2014 年和 2015 年油价大幅下跌期间欧洲信用证券市场表现优于美国信用证券市场的原因。

市场因素包括供应和需求两个方面，它们对全球范围内不同地区的影响往往不同。例如，在美国，2015 年新发行的投资级公司债券规模达到了历史最高水平。这说明美国市场的公司债券供应旺盛，这在一定程度上导致 2015 年美国投资级信用证券市场表现逊于全球其他地区，其他地区的公司债券发行没有那么火爆。对公司债券的需求可能因投资者类型的构成而有所不同。一些投资者（如养老基金）倾向于投资本国的资产或市场，或根据法律规定必须如此投资。需求也可能因投资者的偏好而不同。例如 2015 年和 2016 年初，欧洲的负利率导致许多投资者更青睐欧洲信用证券，而不是主权债券，以获得更好的收益机会。欧洲信用证券投资的增加也导致了欧洲信用证券市场与美国信用证券市场之间显著的估值差异。

图 15-15 展示了 2011~2016 年美国和欧洲（限欧盟国家）高收益信用证券市场之间的估值差异。此图显示了美国与欧洲医疗保健行业和汽车行业的高收益证券之间的比较。从 2013 年到 2015 年，这两个行业的信用利差水平基本一致，但当美国和欧洲信用证券市场的市场动态存在较大差异时，这两个行业有时会出现显著的估值差异。估值差异可能反映不同的宏观趋势、行业信用等级以及不同地区的投资者流动情况。

图 15-15 2010~2016 年美国和欧洲高收益证券市场的利差

15.6.2 新兴市场信用证券

新兴市场信用证券领域的快速发展为信用证券投资者创造了更多的投资机会。根据德意志银行的指数，从 2005 年到 2015 年，新兴市场公司债券市场规模从 2100 亿美元增加到了1.25 万亿美元。截至 2015 年，新兴市场公司债券市场的规模与美国高收益信用证券市场的规模大致相当。

新兴市场国家的信用证券市场与发达国家的信用证券市场之间存在着一些区别，主要包括：

- 集中于大宗商品和银行业。大宗商品生产商和银行在新兴市场指数中所占比例远高于发达市场指数。由于新兴市场银行的贷款组合往往高度暴露于大宗商品行业，因此大宗商品对新兴市场的直接或间接影响可能更为明显。
- 政府所有。许多新兴市场债券发行人为政府所有，或由当地政府持有部分股权或控制性股权。投资于政府所有的公司发行的信用证券有好有坏。一个主要优势是，当公司出现危险的财务状况时，它们有可能获得显性或隐性的支持。一个主要缺点是，在债务重组的过程中，非本国债券持有人的合同权益和利益不确定性。从历史上看，新兴市场债券违约的平均回收率低于发达市场。穆迪估计，1982 年至 2013 年间，拉美公司发行的优先无担保债券的平均回收率为 34%，而美国公司发行的优先无担保债券的平均回收率为 42%。
- 信用评级。与发达市场相比，新兴市场的信用证券投资组合高度集中在投资级评级区间的较低部分和高收益评级区间的较高部分。信用评级的集中很大程度上反映了新兴市场的主权信用评级。评级机构通常会将债券所在国的主权债券评级作为全球范围内公司发行人的评级上限，这意味着（很少有例外）公司的评级通常不会高于其注册地的主权信用评级。

15.6.3 全球流动性的考虑

流动性对全球信用证券投资组合有着重要的影响。所有信用证券市场往往都存在流动性问题，但流动性不足的程度因国家和地区而异。美国信用证券市场是流动性最强的市场之一，这反映了其在市场规模、做市商及投资者数量、新债券发行的规模和频率等方面的优势。此外，像 TRACE 这样能提高信息透明度的交易报告系统，在世界其他地方几乎不存在。与美国相比，新兴市场的流动性状况往往尤其受限。在新兴市场，定期交易的债券数量相对较少，这通常导致投资者要求更高的溢价。一般而言，信用证券投资组合经理在寻求将其投资组合选择范围扩大到全球信用证券市场时，需要认识到全球流动性不足的问题，包括其对估值的影响。

15.6.4 全球信用证券投资组合中的汇率风险

非本国货币币值的波动是投资全球信用证券市场的一个主要风险。当利率非常低时，汇率风险尤其重要。虽然以本币计价的投资级信用证券收益率不高，但以外币计价的信用证券的预期收益很容易被汇率波动抹去。一种处理汇率风险的实用方法是对冲外汇风险敞口。全球信用证券投资组合经理经常使用货币互换来对冲外汇风险敞口。采用盯住汇率制的货币，如人民币和港元，可以在提供地域多元化的同时限制汇率波动和对冲的需要。

15.6.5 法律风险

各国法规和法律（如破产法）的差异，是国际信用证券投资组合经理面临的又一个风险来源。几乎所有国家都有复杂的破产法，如果投资者对这些法律缺乏充分的了解，在公司债券违约的情况下，可能会面临低于预期的回收率。在美国，信用证券投资者面对统一的联邦破产法，但在欧盟等地区情况有所不同，每个国家都有自己独特的破产法。在一些欠发达市场，债权人有时必须面对易受政府官员和股权持有人影响的司法过程。

15.7 结构性金融工具

结构性金融工具是由抵押品或资产池支持的证券，它们可以将风险重新打包。常见的结构性金融工具包括抵押贷款支持证券（MBS）、资产支持证券（ABS）、担保债务凭证（CDO）和担保债券。关于结构性金融工具的术语因地区和市场而异。值得注意的是，虽然抵押贷款支持证券是资产支持证券的一种，代表着从抵押贷款组合中获得现金流的权利。但在美国，抵押贷款支持证券和其他类型的资产支持证券之间存在区别是很常见的。

投资者可以从在信用证券投资组合中使用结构性金融工具中受益。与传统的固定收益证券相比，使用结构性金融工具的投资组合的收益率可能更高，这对投资者来说是一个好处。许多结构性金融工具被划分为具有不同风险和收益率的多个层级（并伴有不同的信用评级）。在这种结构下，风险厌恶型投资者可以选择购买潜在风险和收益率较低的优先级债券层级，而风险容忍型投资者可以选择购买潜在风险和收益率较高的中间债券层级。

使用结构性金融工具的另一个好处是潜在的高相对价值机会。这种机会是可能存在的，因为公司信用证券和结构性金融工具往往在特征、估值和风险敞口等方面存在差异。如果投资者希望投资于特定市场或宏观经济因素，如房地产、利率波动或消费信贷，结构性金融工具提供的投资机会可能是难以通过公司债券获取的。使用结构性金融工具还有一个好处，它改善了投资组合的多样性。例如，从2006年到2015年的10年间，彭博巴克莱全球公司债券综合指数的年化收益率为4.3%，年化标准差为7.0%。如果一个投资组合将75%的资产投资于彭博巴克莱全球公司债券综合指数，25%的资产投资于彭博巴克莱全球证券化指数，收益率与仅投资彭博巴克莱全球公司债券综合指数几乎相同，但波动性会降低近1%（或100个基点）。能够支持结构性金融证券的抵押品类型相当多元化，可能具有与公司债券或政府债券截然不同的价值驱动因素。

因为美国是世界上最大的结构性金融工具市场，所以本节的讨论和例子经常使用美国的数据。但许多非美国投资者的投资组合也会持有美国发行人发行的结构性金融工具，尤其是MBS。

15.7.1　抵押贷款支持证券

抵押贷款支持证券，尤其是住宅抵押贷款支持证券（RMBS），在结构性金融领域占有最重要的份额。除了投资组合多样化之外，相对于公司债券，抵押贷款支持证券可能还有其他优势：

1. 流动性更好。机构 RMBS 是由美国政府机构或美国政府支持的公司（房利美和房地美）支持的证券，是公司债券的一个有吸引力的替代选择。与优质公司债券相比，机构 RMBS 可以提供类似的收益率和更好的流动性。美国机构 RMBS 市场是全球流动性最强的信用证券市场之一。根据美联储 2014 年的一项研究，在前两年，流动性最强的美国机构 RMBS 日均交易量在 100 亿至 800 亿美元之间，与美国国债市场的交易量相当，是 100 种流动性最强的美国公司债券的日均交易量（约 1500 万至 4000 万美元）的许多倍。[⊖]

2. 提供了对房地产市场的敞口。跟公司债券相比，MBS 可以更直接地表达对房地产市场的投资观点，包括住宅地产（RMBS）和商业地产（CMBS）。虽然某些类型的公司发行的公司债券，如房地产开发商、房地产投资信托和某些银行，可能也能提供少量对房地产市场的敞口，但 MBS 可以用来表达对房地产部门的针对性的或杠杆式投资观点。

3. 提供了对利率波动预期变化的敞口。机构 MBS 的违约风险较低，因为它们的利息和本金的支付由美国政府机构或美国政府支持的公司担保。机构 MBS 的一个主要风险是提前还款风险，即由于利率下降，实际现金流入的时间会早于计划时间的风险。机构 MBS 还受延期风险的影响，即由于利率上升，实际现金流入的时间不同于预期，发生在预期现金流入时间之后的不确定性。因此，机构 MBS 的表现与利率波动预期密切相关。如果投资者想表达对利率波动性降低的预期，他可以在自己的投资组合中购买机构 MBS。具有内嵌期权的公司债券也对利率波动预期有很高的敏感性，但它们通常比机构 MBS 的流动性更低，违约风险也更高。

当投资者对信用周期和房地产周期有独特看法时，MBS 是一个有用的投资工具。这些周期可能在不同的经济条件下表现出不同的特征。例如，出于对全球增长放缓和大宗商品价格下跌的担忧，2014 年 7 月至 2015 年底，公司债券的利差扩大。在同一时期，美国商业房地产价格保持了相对稳定，美国房地产支持的 CMBS 等证券化资产表现相对良好。图 15-16 显示了这一时期的价格表现，以美国公司债券和美国 CMBS 的 OAS 为例。如图所示，在此期间，CMBS 的利差明显比公司债券的利差稳定。如果在 2013 年或 2014 年初，投资者认识到美国公司和商业房地产市场的基本面趋势存在差异，那么他就可以通过出售（或减持）美国公司债券，购买（或增持）美国 CMBS 来提高投资组合的回报率，并降低投资组合的波动性。

⊖　该研究标题为《使用交易数据衡量机构抵押支持证券市场流动性（2014 年 1 月 31 日）》。美国国债的交易量被定义为每日各交易商之间流通的 10 年期美国国债的名义交易量。机构抵押支持证券的交易量被定义为票面利率为 3.0%、3.5% 和 4.0% 的 30 年期、刚发行的房利美抵押支持证券的每日交易量的平均值。公司债券的交易量被定义为前 100 只交易最频繁的投资级债券的日交易量。

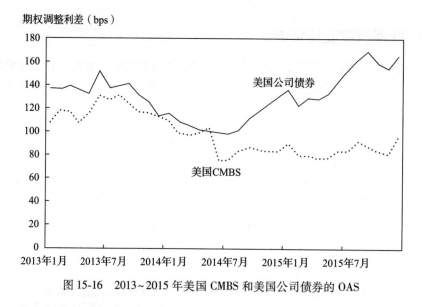

图 15-16   2013~2015 年美国 CMBS 和美国公司债券的 OAS

15.7.2　资产支持证券

几种类型的非房地产抵押贷款资产也经常被用作资产支持证券的抵押品，包括汽车贷款、汽车租赁应收账款、信用卡应收账款、学生（或其他个人）贷款、银行贷款和应收账款。

除了可能的投资组合多样化和收益，资产支持证券还可以为投资者提供一种表达对消费信贷的观点的方式。2015 年底，彭博巴克莱美国综合指数的信用卡和汽车贷款部分的市值总计超过 970 亿美元，该指数中的消费周期服务业的市值约为 510 亿美元。相对于公司债券，资产支持证券是表达对某些行业看法的流动性更强的选择。

15.7.3　担保债务凭证

担保债务凭证（CDO）是由一种或多种债务支持的证券。几乎所有的 CDO 都包含某种形式的从属结构或者说信用分层。在有从属结构的情况下，CDO 包含不止一个债券类别或层级，例如优先级债券层级、中间债券层级（信用评级介于优先级和次级之间的债券类别）、次级债券层级（通常也被称为剩余层或股权层）。

CDO 的抵押品通常是公司贷款或债券。因此，与公司债券相比，CDO 并没有提供太多的多元化优势，而且它们也不能提供针对某个行业或市场因素的单一敞口。但将 CDO 纳入信用证券投资组合也有一些潜在好处：

1. 更高的相对价值。CDO 的估值可能因担保品而异。例如，在全球金融危机期间，许多 CDO 的交易价格远低于理论水平，这是基础抵押品的违约率预期造成的。所有由标准普尔评级为 AAA 级和 AA 级的 CLO（杠杆贷款支持的 CDO）都平稳度过危机，没有发生违约或本金损失。但在此期间的某些时期，AAA 级和 AA 级 CLO 的利差大幅上升，与高收益公司债券的利差相当。投资期限足够长的投资者可以利用这一机会，卖出或卖空投资级公司债券的信用违约互换，并购买利差大于这些公司债券信用利差的

CLO 层级。随着 CLO 价格回升，或投资者持有至到期并且没有出现违约损失，他的投资组合可能会获利。

2. 违约相关性风险敞口。CDO 的抵押品预期违约率的相关性会影响 CDO 优先级层级和次级层级之间的相对价值：随着相关性增加，相对于优先级层级和次级层级，中间层级的价值通常会增加。

为了理解这一现象，我们考虑一种由优先级层级（A 类）和次级层级（B 类）组成的 CDO，每个层级的发行规模都是 100 亿。假设抵押品池包含两笔贷款，每笔贷款的金额也都是 100 亿。最后，假设在发生违约的情况下，任何一笔贷款的回收价值均为零。

如果这两笔贷款的预期违约相关系数为 -1，那么必然有一笔贷款违约，另一笔贷款不会违约。在这种情况下，次级层级没有什么价值（它可能会得到一些利息，但会失去所有本金）。但优先级层级会获得全部本金，因此具有更大的价值。如果投资者预期违约的相关系数实质上是负的，他可以尝试通过卖出（或卖空）B 类债券并买入 A 类债券来获利。

然而，如果贷款之间的违约相关系数是 1，那么要么两笔贷款都违约，要么都不违约。在这种情况下，优先级层级和次级层级获得本金偿付的机会是相同的。如果次级层级支付比优先级层级更高的利率，那么它实际上可能比优先级层级更有价值。如果投资者预期相关性是高度为正的，他可以尝试通过卖出（或卖空）A 类债券并买入 B 类债券来获利。

当使用更现实的相关性假设和更多的 CDO 层级时，数学的复杂性会增加，但基本结论仍然存在。CDO 的市场价格在一定程度上基于投资者对信用违约相关性的预期，投资者可以利用 CDO 的不同层级来表达这种观点。

3. 信用杠杆敞口。CDO 的中间层级和次级层级为投资者提供了一种机制，让他们能在标的抵押品收益率较高的情况下获得额外的回报。相反，在不利的信用环境中，这些层级也将面临更高的损失风险。中间层级和次级层级的这种风险收益特征本质上提供了对标的抵押品的信用杠杆敞口。

15.7.4　担保债券

还有一类结构性金融工具是担保债券。担保债券是一种由金融机构（通常是银行）发行的债券，并由被称为担保池的独立资产池作为担保。在发生违约的情况下，债券持有人对金融机构本身和担保池中的资产都拥有追索权。由于对债权人有双重保护，与其他方面类似的公司债券或 ABS 相比，担保债券的信用风险通常更低，收益率也更低。

投资者通常将担保债券视为金融债券的低风险替代品。如果投资者想降低金融领域的风险，可以出售银行发行的公司债券，购买担保债券。最常见的担保债券是由德国银行发行的德国政府担保债券（Pfandbriefe ⊖）。该债券市场是以欧元计价的欧洲私募债券市场中最大的一块。⊜

⊖　Pfandbriefe 是复数形式，其中一只债券被称为 Pfandbrief。
⊜　详见欧洲中央银行的 Orazio Mastroeni 所写的 Pfandbrief-Style Products in Europe。

例 15-11　结构性金融工具

描述投资者如何从将结构性金融工具添加到信用证券投资组合中获益。

解答：在信用证券投资组合的构建中加入结构性金融工具，可能会带来多方面的好处。第一个潜在的好处是，与公司信用证券相比，加入结构性金融工具的投资组合收益率可能更高，且结构性金融工具可能存在潜在的相对价值机会，因为与公司信用证券相比，其特征、估值和风险敞口均不同。结构性金融工具的第二个好处是，可以更有针对性地获得某个市场或行业的风险敞口。例如，如果投资者希望投资于房地产行业，但难以通过投资一般的信用证券获得敞口，就可以利用结构性金融工具提供的投资机会。最后，结构性金融工具提高了信用投资组合的多样化程度。

本章内容小结

本章内容涵盖了构建和管理信用证券投资组合的策略和风险考虑因素。要点包括：

- 信用风险通常是高收益债券投资组合经理最需要考虑的因素。对于投资级债券投资组合经理来说，利率风险、信用利差风险和信用迁移（或信用降级）风险通常是最需要考虑的因素。
- 投资级债券投资组合的风险通常用利差久期来衡量。
- 信用利差通常与无风险利率呈负相关。
- 当违约损失率较低、信用利差相对较小时，高收益债券的表现往往更像投资级债券。也就是说，其利率敏感性会更高。
- 高收益债券往往比投资级债券流动性更差，因为高收益债券市场的收益率波动性更高；经纪商和做市商持有的高收益债券库存往往少于投资级债券；与投资级债券市场相比，高收益债券市场的规模更小。
- 作为高收益债券和投资级债券之间流动性差异的因素，高收益债券的买卖价差更大。
- 利差的衡量指标包括基准利差、G 利差、I 利差、Z 利差和期权调整利差。每种方法在使用中都有优点和缺点。
- 超额收益是债券投资者因承担信用风险而获得的报酬。在考虑超额收益时，信用证券投资组合经理通常会单独管理利率风险。
- 信用投资组合策略的自下而上法涉及从一组具有相似特征（通常来自同一行业和同一国家）的债券或发行人中选择具有最佳相对价值的券或发行人。
- 利差曲线是一个发行人的每一种债券的信用利差与该债券的到期期限或久期的拟合曲线。在进行自下而上的相对价值分析时，利差曲线可能是有用的参考。
- 在自上而下的信用投资组合策略，中投资者对主要宏观经济趋势（如经济增长和公司违约率）形成看法，然后选择在预期环境中会表现最好的债券。
- 自上而下的投资组合经理通常使用几种指标来衡量其投资组合的信用等级：①平均信用评级；②平均 OAS；③平均利差久期；④久期乘以利差。
- 在实践中，投资者通常采用自上而下法和自下而上法相结合的信用投资组合策略。
- 一些固定收益授权策略要求投资组合经理在投资过程中考虑环境、社会和公司治理因素。

ESG 因素与固定收益投资组合授权策略中的信用风险部分尤其相关。

- 流动性风险在信用证券市场尤为突出，特别是在全球金融危机之后。衡量二级市场流动性的指标包括交易量、利差对资金流出的敏感性和买卖价差。
- 信用证券投资组合经理使用的流动性风险管理方法包括持有现金、控制仓位规模，以及利用 CDS 指数衍生品、交易所交易基金和基准以外的高流动性债券。
- 情景分析是评估信用证券投资组合尾部风险的常用工具。投资者用于管理尾部风险的两种主要工具包括投资组合分散化和尾部风险对冲。
- 许多投资者管理的债券在多个国家以不同的计价货币发行，因此需要考虑全球影响因素。
- 信用证券投资组合经理可以通过地域多元化（投资于不同的国家和地区）来提高收益。地域多元化的风险包括地缘政治风险、流动性风险、汇率风险和法律风险。
- 信用证券投资者有时会使用结构性金融工具作为公司债券的替代品。常见的结构性金融工具包括抵押贷款支持证券、资产支持证券、担保债务凭证和担保债券。

参考文献 [⊖]

⊖　本章参考文献请访问机工新阅读网站（www.cmpreading.com），搜索本书书名。

术语表

会计冲销　Accounting defeasance　也称为实质性冲销，是一种通过拨备足够数量的高质量证券来确保偿还债务的方法。

应计利息　Accrued interest　已获得但尚未支付的利息。

主动管理　Active management　投资组合经理寻求获得超过给定基准的收益率的一种投资方法。

主动收益　Active return　投资组合的收益率超过投资组合基准的部分。

主动风险　Active risk　主动收益的年化标准差，也称为跟踪误差（有时也称为跟踪风险）。

利率加点　Add-on rates　银行存单、回购和 Libor 与 Euribor 等指数都是以利率加点的形式报价的（债券收益率的等价形式）。

机构债券　Agency bonds　见准政府债券条目。

机构 RMBS　Agency RMBS　在美国，该名词指由联邦机构担保或由两家政府支持企业（房利美和房地美）之一提供担保的住房抵押贷款支持证券。

摊销债券　Amortizing bond　有定期偿还计划的债券，发行人必须定期支付利息和偿还本金。

摊销贷款　Amortizing loan　有定期偿还计划的贷款，借款人必须定期支付利息和偿还本金。

套利机会　Arbitrage opportunity　可以进行套利的机会，即在不承担风险和无资金净投入的情况下获得预期为正的净利润的机会。

无套利模型　Arbitrage-free models　利率期限结构模型的一类，根据现有的期限结构来预测未来的利率路径，并基于无套利条件得到最终价格。

无套利估值　Arbitrage-free valuation　一种确定证券价值的估值方法，得到的价值与不存在套利机会的情况一致。

资产互换　Asset swap　将特定债券的定期固定息票率交换为 Libor 等浮动利率加点或减点的合约。

资产支持证券　Asset-backed securities　一种由被称为特殊目的实体的法人实体以划归为其名下的一系列资产作为担保发行的债券，还包括以应收账款和抵押贷款以外的贷款为担保的证券。

拍卖　Auction　一种债券发行机制，通常用于采用竞价形式的主权债券。

授权参与商　Authorized participants　与基金分销商签订协议的经纪商或交易商。

平均寿命　Average life　见加权平均寿命条目。

备用信贷额度　Backup lines of credit　银行向商业票据发行机构提供的一种信用增级服务，用以确保发行机构在无法发行新票据的情况下有足够的流动资金偿还到期的商业票据。

期末整付　Balloon payment　债券到期时需要支付的一笔大额款项，用以偿还债券的未偿付本金。

破产　Bankruptcy　根据一国的法律规定做出的声明，通常涉及债权人强制推迟其债权偿付的法律程序。

杠铃式投资组合　Barbell　一种固定收益投资组合，组合集中投资于相对基准指数而言期限更短和更长的证券。

基点 Basis point 用于衡量利差的单位，一个基点等于百分之一个或者说 0.01 个百分点。

基差交易 Basis trade 一种基于债券市场上信用利差定价与信用违约互换市场上相同主体的信用利差存在差异的交易。要执行基差交易，可以做多定价过低的信用证券，做空定价过高的信用证券。当空头和多头头寸之间的信用利差定价趋同时，就能获取利润。

无记名债券 Bearer bonds 不记录所有人的债券，只有清算系统知道债券持有人是谁。

基准 Benchmark 一个用于比较的投资组合，作为衡量业绩的参照或比较对象。

基准发行 Benchmark issue 在某个期限上最近发行的主权债券。它是比较具有相同特征但由不同类型发行人所发债券的基准。

基准利率 Benchmark rate 通常是指与信用债券到期时间相同或接近的政府债券的到期收益利率。

基准利差 Benchmark spread 信用证券相对于类似期限基准债券的收益率利差。

尽力而为式发售 Best effort offering 投资银行或券商作为发行人的代理人，承诺尽其最大努力出售证券，但不保证出售的具体金额。

买卖价差 Bid-ask spread/Bid-offer-spread 经纪商从客户那里回收证券（买）和向其提供证券（卖）之间的价格差异。它经常被用作流动性指标。

双边贷款 Bilateral loan 由单一贷款人向单一借款人提供的贷款。

债券 Bond 发行人与债券持有人之间的契约。

债券等价收益率 Bond equivalent yield 用 365 与到期天数之比进行年化计算的收益率。债券等价收益率使得计息周期不同的证券的收益率具有可比性。

债券契约 Bond indenture 债券适用的法定信用协议，通常以招股说明书参考条款的形式发布，又称债券信托书。

靴襻法 Bootstrapping 一种根据近似分布的性质估计样本分布的统计方法。

自下而上法 Bottom-up approach 一种信用投资组合策略，涉及从一组具有相似特征的信用债券或发行人中选择投资者认为相对价值最好的单个债券或发行人。

过桥融资 Bridge financing 在永久性融资安排到位之前提供临时资金的融资。

子弹式投资组合 Bullet 一种固定收益投资组合，由集中于利率曲线某一特定期限的证券构成。

子弹式债券 Bullet bond 全部本金都在到期时偿还的债券。

蝶式组合（利差） Butterfly spread 可能是指一种期权投资组合策略，该组合由两个牛市价差或熊市价差策略构成，并涉及三个行权价格；也可能是指一种衡量收益率曲线曲率的指标。[⊖]

赎回权保护期 Call protection 不允许债券发行人行使赎回权的保护期。

可赎回债券 Callable bond 内嵌看涨期权的债券，发行人有权在到期前赎回，通常是在利率下降或发行人信用质量改善时。

能力 Capacity 借款人按时偿还债务的能力，4C 分析法中的一个指标。

资本市场证券 Capital market securities 发行时期限大于一年的有价证券。

资本结构 Capital structure 公司为其业务融资而构建的债务和股权的组合，或特指公司长期融资的组合。

有上限浮动利率债券 Capped floater 有利率上限规定的浮动利率债券，以防止票面利率超过指定的最高利率。它可以保护发行人免受利率急剧上升的影响。

套息交易 Carry trade 一种交易策略，通常指以低于某证券收益率的利率融资买入该证券的交易。

账面价值 Carrying value 资产负债表上显示的资产或负债净额；也可以指公司总资产超过总负债的部分。对债券来说，可能是指购买价格加上（或减去）折价（或溢价）的摊销额。

现金担保账户 Cash collateral account 一种外部信用增级形式，发行人立即借入信用增级所

⊖ 蝶式组合和蝶式利差的英文均为"butterfly spread"。——译者注

需的金额，然后将这笔资金投于高评级的短期商业票据。

现金流匹配法　Cash flow matching　一种利率免疫方法，试图确保所有未来债务支付与持有的债券或固定收益衍生品（如利率期货、期权或互换）的对应现金流精确匹配。

现金流收益率　Cash flow yield　一系列现金流的内部收益率。

现货市场证券　Cash market securities　货币市场证券等以"当日结算"或"现金结算"方式结算的证券。

现金结算　Cash settlement　在某些衍生品交易中使用的一种结算方式，它要求多方和空方在交割衍生品时支付与合约净值等值的现金。

CDS 利差　CDS spread　CDS 的买方向卖方定期支付的费用，以在 Libor 的基础上加点的形式报价，目的是防范信用风险。

分组法　Cell approach　见分层抽样法条目。

中央银行基金市场　Central bank funds market　在该市场中，在本国央行有超额准备金的存款银行可以向需要资金的银行提供贷款，期限从隔夜到一年不等。在美国也称为联邦基金市场。

中央银行基金利率　Central bank funds rates　中央银行资金市场上购买（借入）和出售（借出）债券的利率，期限从隔夜到一年不等。在美国也称为联邦基金利率。

定期存单　Certificate of deposit　一种以一定期限和利率将一定数额的资金存入银行的工具。定期存单以各种面额发行，可能可流通，也可能不可流通。

控制权变更回售权　Change of control put　债券可能带有的一种条款，在借款者被收购的情况下，赋予债券持有者回售债券的权利，通常以票面价值回购，或在票面价值的基础上存在一定比例的溢价。

品质　Character　发行人管理的性质和质量，4C 分析法中的一个指标。

最便宜可交割券　Cheapest-to-deliver　可以以最低的成本购买和交割的债务工具，但与参考债券具有相同的优先级。

抵押品管理人　Collateral manager　管理 CDO 的基础资产组合（即抵押品），通过买卖债务凭证以产生足够的现金流来满足对 CDO 债券持有人的应付义务。

抵押信托债券　Collateral trust bonds　由普通股、其他债券或其他金融资产等有价证券担保的债券。

担保债务凭证　Collateralized debt obligation　通用术语，用于描述由一种或多种债务或债券组成的多元化资产池支持的证券。

抵押贷款担保凭证　Collateralized mortgage obligation　一种通过将一堆抵押贷款相关产品（包括抵押贷款过手证券或抵押贷款池）证券化而生成的证券。

抵押品　Collaterals　作为债务担保的资产或财产，其数额通常会超出发行人承诺的支付。

商业票据　Commercial paper　一种短期的、可转让的、无担保的本票，代表发行人的债务义务。

固定收益价格轨迹　Constant-yield price trajectory　在到期收益率不变的假设下，固定收益债券价格随时间变化的曲线。它的轨迹显示了债券价格相对票面价值溢价或折价的影响。

或有条款　Contingency provision　法律文件中的一种条款，允许在特定事件或情况发生时采取相应的行动。

或有可转换债券　Contingent convertible bonds　是指在特定事件或情况下，如发行人的权益资本低于监管机构规定的最低限度时，自动转换为股权的债券。也叫"CoCos"。

或有免疫法　Contingent immunization　一种利率免疫方法，当资产组合的价值超过负债组合的现值时，将免疫与主动管理方法相结合的混合方法。

合同利率　Contract rate　见抵押贷款利率条目。

缩期风险　Contraction risk　当利率下降时，抵押贷款支持债券的到期时间预计将比购买时更短的风险，因为借款人可以以较低的新利率进行再融资。

传统债券　Conventional bond　参见普通债券。

转股期　Conversion period　在该期限内，可转换债券的持有人有权将该债券转换为发行人的股票。

转股价格 Conversion price 可转换债券转换为股票时的每股价格。

转股比率 Conversion ratio 可转换债券的持有人通过将债券转换为股票而获得的普通股的数量。

转股价值 Conversion value 可转换债券按股票市价转换后的债券价值。有时也称为平价价值。

可转换债券 Convertible bond 具有嵌入式转股期权的债券，该债券持有人有权在预先确定的期限内以预先确定的价格将债券转换为发行人的普通股。

凸性 Convexity 衡量利率敏感性随利率变化程度的一种指标。

凸性调整 Convexity adjustment 对某种债券来说，该项等于年化或近似凸性统计量的一半乘以到期收益率变化量的平方。

债券合约条款 Covenants 是债券发行人必须遵守的贷款协议的条款和条件；它们规定了发行人有义务执行（肯定性条款）或禁止从事（否定性条款）的行为。

资产担保债券 Covered bond 一种由被称为担保池的独立资产池担保的优先级债务。其发行方必须持续保证资产池对债务的覆盖能力，在发生违约的情况下，债券持有人对发行人和担保池都有追索权。

CIR 模型 Cox-Ingersoll-Ross model 一种局部均衡期限结构模型，该模型假设利率是均值回归的，且利率波动率与利率水平成比例。

创建单元 Creation units ETF 份额与一篮子标的证券交易过程中的最小单元。

信用相关性 Credit correlation CDS 指数中不同信用主体违约或利差的相关性。

信用利差曲线 Credit curve 显示发行人名下不同到期期限的可比债券的到期期限与信用利差之间关系的曲线，通常是向上倾斜的形状。

信用违约互换 Credit default swap 一种买卖双方之间缔结的衍生品合同，买方向卖方定期支付一系列现金，换取在第三方违约造成信用损失时获得赔偿的承诺。

信用衍生品 Credit derivative 一种衍生工具，其标的是衡量某个参考借款人信用质量的指标。

信用增级 Credit enhancements 可用于降低债券发行的信用风险的条款。

信用事件 Credit event 可以触发信用保护卖方向信用保护买方付款的事件。

信用迁移风险 Credit migration risk 债券发行人的信用状况恶化或信用等级下降。又称降级风险。

信用保护买方 Credit protection buyer 信用违约互换的一方，买方需向卖方定期支付一系列现金，并获得在违约造成信用损失时得到赔偿的承诺。

信用保护卖方 Credit protection seller 信用违约互换的一方，卖方从买方那里收到一系列现金，并承诺对违约造成的信用损失进行赔偿。

信用风险 Credit risk 是指因交易对手或债务人未能及时付款，或因该原因导致金融工具价值变化而造成损失的风险。

信用分层 Credit tranching 一种用于重新分配与抵押品相关的信用风险的结构安排，信用分层可以生成一组不同级别的债券，允许投资者选择他们愿意承担的信用风险。

信用估值调整 Credit valuation adjustment 是指以现值的形式体现的债券的信用风险价值。

信用联结息票债券 Credit-linked coupon bond 当债券的信用等级发生变化时，息票率会随之变化的债券。

信用联结票据（CLN） Credit-linked note（CLN） 一种固定收益证券，在信用事件发生时，该证券允许发行人将信用事件的不利影响转移给投资者。

交叉违约条款 Cross-default provisions 同一发行人的违约事件（如未能支付某债券的利息）触发其所有未偿债务违约的条款；这意味着该发行人的所有债务违约概率相同。

可选货币债券 Currency option bonds 一种特殊的债券，赋予债券持有人选择获得利息和本金的货币的权利。

当前收益率 Current yield 等于一年内收到的票面收益总和除以票面价格；又称直接收益率或运行收益率。

曲率因子 Curvature 可以从经验上解释大部分

收益率曲线形状变化的三个因素之一（另外两个是水平因子和斜率因子）。对曲率因子的冲击会影响中间期限的利率，导致利率期限结构变成驼峰状。

利率曲线久期 Curve duration 债券价格（或金融资产或负债的市场价值）相对于基准收益率曲线的敏感性。

利差曲线交易 Curve trade 一种信用交易方式，在买入一个期限的 CDS 的同时卖出同一参考实体的另一个期限的 CDS。

公司信用债券 Debentures 信用债券的一种，分为有担保或无担保的类型。

违约风险 Default risk 指借款人违约或未能按照债务约定的条款全额及时支付本金和利息的概率。又称违约概率。

递延息票债券 Deferred coupon bond 指在发行后头几年不支付息票，但随后会在剩余的时间里支付比正常情况下更高息票的债券。又称分离息票债券。

存托信托和结算公司 Depository Trust and Clearinghouse Corporation 一家总部设在美国的提供场外证券交易后清算、结算和信息服务的公司。

贴现 Discount 根据距离未来付款时间的远近来决定现金流价值的方法，用于计算未来现金流的现值。另外，也被用于描述一种金融工具的定价低于其票面价值的幅度。

贴现因子 Discount factor 指用适当的即期利率贴现得到的某期限一单位无风险支付的现值或价格。

贴现函数 Discount function 所有可能期限的贴现因子组成的函数。从贴现函数可以推导出即期利率曲线，反之亦然。

贴现利差 Discount margin 详见要求利差条目。

贴现利率 Discount rates 一般来说是指用来计算现值的利率。但在货币市场中，贴现利率是指一种特定类型的报价利率。

离散度 Dispersion 收到现金流的时间的加权方差；它衡量了在不同期限中现金流支付的分散程度。

占优套利 Dominance 当某个未来能提供无风险收益的金融资产今天的价格不为正时产生的套利机会。

降级风险 Downgrade risk 因为债券发行人的信用等级下降或信用质量恶化，导致投资者认为其违约风险较高的风险。又称信用迁移风险。

双货币债券 Dual-currency bonds 以一种货币支付息票，到期时以另一种货币支付本金的债券。

久期缺口 Duration gap 债券的麦考利久期减去预期投资期限。

久期匹配法 Duration matching 通过让资产和负债的久期相匹配达到利率免疫的方法。理想情况下，匹配后的负债（或负债组合）和资产（或债券组合）受到的利率变化影响应该一致。

提早还款期权 Early repayment option 详见提前还款期权条目。

有效年化利率 Effective annual rate 将一单位货币投资于某证券后，在一年内的增长率，包括利息在内。

有效凸性 Effective convexity 一种利率敏感性指标，描述债券利率敏感性随收益率变化而变化的二阶效应。当债券的未来现金流会随着利率的变化而变化时（如可赎回债券或抵押贷款支持证券），就应该使用有效凸性。

有效久期 Effective duration 假设债券的信用利差没有变化，有效久期等于债券价格对基准收益率曲线平行移动 100 个基点的敏感性。

嵌入式期权 Embedded options 一种在债券合约或发行文件中约定的或有条款，赋予期权拥有者利用利率变动采取相应行动的权利。是否行使期权可能由发行人或债券持有人决定，也可以根据利率的走势自动执行。

经验久期 Empirical duration 一种根据市场数据估计得到的利率敏感性指标。

指数增强策略 Enhanced indexing strategy 一种指数化投资组合构建方法，允许轻微的风险因子错配（例如高配某些行业或公司），试图产生略微高于基准指数的投资表现。

环境、社会和公司治理（ESG） Environmental, social, and corporate governance（ESG） 也被称为社会责任投资，指在构建投资组合

时明确将伦理、环境或社会因素作为标准。

设备信托凭证 Equipment trust certificates 由特定类型的设备或实物资产作为担保的债券。

欧洲债券 Eurobonds 一种在国际市场发行的债券类型，不受债券计价货币国家的管辖。

对比定价法 Evaluated pricing 详见矩阵定价法条目。

交易所交易基金 Exchange-traded fund 一种混合投资产品，简称ETF。它具有共同基金的许多特征，也结合了普通股或债券的交易特征。ETF通常是股票、债券或大宗商品的投资组合，像普通股一样可以全天候交易。

预期风险敞口 Expected exposure 在不考虑回收率的情况下发生违约时投资者可能损失的金额。

预期损失 Expected loss 等于违约概率乘以发生违约时的条件损失；也等于所欠的全部金额减去预期回收金额。

可展期债券 Extendible bond 一种内嵌期权的债券，赋予债券持有人在债券到期后继续持有数年的权利，延长期可能会采用不同的票面利率。

延期风险 Extension risk 住房抵押贷款支持证券投资者面临的一种利率上升时，提前还款率降低的风险，因为房主不愿放弃此时看起来很低的合同利率带来的好处，所以证券的投资期限可能会比投资者购买时预期的要长。

未能支付事件 Failure to pay 违约事件的一种，即借款人在宽限期后未能按期偿还债务的本金或利息。

坚定承诺式发行 Firm commitment offering 详见包销发行条目。

第一留置权债务 First lien debt 以一定资产作为抵押的债务，这些资产可能包括建筑物，也可能包括财产、设备、许可证、专利、品牌等。

第一抵押债务 First mortgage debt 以特定房产作为抵押的债务。

债券净价 Flat price 等于债券的全价减去应计利息，又称报价或净价。

浮动利率债券 Floating-rate notes 支付的利息不固定，是根据存续期间参考利率的变化而变化的票据。

有下限浮动利率债券 Floored floater 有防止票面利率低于指定最低利率条款的浮动利率债券。它可以保护投资者免受利率下降的影响。

强制转换 Forced conversion 就可转换债券而言，当发行人赎回债券，并迫使债券持有人将其债券转换为股票时就引发了强制转换。这种情况通常发生在标的股价高于转股价格时。

止赎权 Foreclosure 允许贷款人在借款人违约时收回抵押财产，然后将其出售以收回资金的法定权利。

远期利率曲线 Forward curve 不同期限的一系列远期利率构成的曲线。

远期市场 Forward market 远期交割的市场，与结算期较短的现货市场相对。

远期定价模型 Forward pricing model 描述远期合约估值的模型。

远期利率 Forward rate 一方承诺在未来某一日期借入或借出一笔钱的利率。远期利率可以用即期利率曲线估计得到。

远期利率模型 Forward rate model 用即期利率和远期利率的形式表示的远期定价模型。

债券全价 Full price 包含应计利息的债券价格；又称发票价格或脏价。

完全复制法 Full replication approach 一种指数化投资组合构建方法，将对应指数中的每一只成分证券都加到投资组合中，并且与在指数中的权重大致相同。

政府债券等价收益率 Government equivalent yield 一种将"30/360"计息惯例重新表达为"实际/实际"计息惯例的到期收益率。

灰色市场 Grey market 即将发行（但尚未发行）的债券的远期市场。又称"假定发行"市场。

G利差 G-spread 以实际交易或根据插值得到的政府债券收益率为基准的基准利差。

担保凭证 Guarantee certificate 一种为投资者提供资本保障的结构性金融工具。它结合了零息票债券和某些基础资产的看涨期权。

折扣 Haircut 详见回购保证金条目。

风险率 Hazard rate 违约事件在之前尚未发生的条件下会在未来发生的概率。

Ho-Lee 模型 Ho-Lee model 一种无套利期限结构模型。Ho-Lee 模型会根据市场数据进行校准，并使用利率二叉树方法生成未来可能利率的分布。

期限匹配法 Horizon matching 一种利率免疫方法，是结合了现金流匹配法和久期匹配法的混合方法。这种方法会将负债分为短期负债和长期负债分别匹配。

持有期收益率 Horizon yield 债券总收益（即息票再投资收益与债券出售或赎回收益的和）与购买价格之间的内部收益率。

利率免疫策略 Immunization 一种资产负债管理方法，通过让债券类资产的结构与负债的加权平均久期相匹配消除利率风险，是一种被动投资策略。

隐含远期利率 Implied forward rates 根据即期利率曲线计算得到的远期利率，是一种盈亏平衡再投资利率，可以将期限较短的零息票债券的投资回报率与期限较长的零息票债券的投资回报率联系起来。

CDS 指数 Index CDS 一种信用违约互换，涉及多个借款人。

指数化投资 Indexing 一种常见的被动投资方式，涉及构建旨在复制特定证券指数收益率的证券投资组合。

指数联结债券 Index-linked bond 息票支付或本金偿还额与特定指数挂钩的债券。

通货膨胀联结债券 Inflation-linked bond 一种指数联结债券，将债券的息票支付或本金偿还额与某个消费价格指数挂钩，使投资者免受通货膨胀的影响。

银行间市场 Interbank market 银行间进行资金借贷的市场，期限从隔夜到一年不等。

利率风险 Interest rate risk 利率变化导致所赚取的回报与市场上同类金融工具不相称的风险。

纯付利息抵押贷款 Interest-only mortgage 一种在一定年限内无须偿还本金的抵押贷款。

插值利差 Interpolated spread 一种以同一期限同一计价货币的标准互换利率作为基准利率的利差。

逆浮动利率债券 Inverse floater 一种嵌入了杠杆的结构性金融工具。其现金流会定期调整，并与参考利率的变动方向相反。

ISDA 主协议 ISDA Master Agreement 国际互换和衍生品协会公布的标准协议或主协议。该主协议为参与交易的各方确定了常用的条款。

I 利差 I-spread 信用债券相对于互换利率（以相同的货币计价）的利差。也称为插值利差。

关键利率久期 Key rate duration 债券价格对基准收益率曲线上特定期限变化的敏感性。也称为部分久期。

一价定律 Law of one price 一种金融定价原理。如果无论未来发生什么，两项投资都具有相同或相等的现金流，那么这两项投资应具有相同的当前价格。

信用证 Letter of credit 一种外部信用增级形式，由金融机构向发行人提供一定的信用额度，以弥补支持发行的资产的现金流不足。

水平因子 Level 从经验上看能解释收益率曲线形状大部分变化的三个因子之一（另外两个是斜率因子和曲率因子）。对水平因子的冲击会使所有期限的利率发生几乎相同的变化。

Libor-OIS 利差 Libor-OIS spread 伦敦银行间同业拆借利率与隔夜指数互换利率之间的利差。

留置权债务限制条款 Limitations on liens 对发行人可以拥有的有担保债务的数量进行限制的债券条款。

流动性偏好理论 Liquidity preference theory 一种利率期限结构理论，该理论认为流动性溢价的存在是为了补偿投资者在投资长期债券时所面临的额外的利率风险。

流动性溢价 Liquidity premium 指投资者对长期债券所要求的溢价或更高的收益率。

房贷价值比率 Loan-to-value ratio 房屋的购买价格与抵押贷款金额的比率。

局部预期理论 Local expectations theory 一种利率期限结构理论，该理论认为各种债券在很短期限内的预期回报率都等于无风险利率。

锁定期 Lockout period 在此期间内可赎回债券发行人不能赎回该债券。

伦敦银行间同业拆借利率（Libor） London interbank offered rate（Libor） 指若干银行认为

自己可以在伦敦银行间市场上以不同货币和不同借款期限（从隔夜到一年）从其他银行借入无担保资金的多个利率的统称。

多空交易 Long/short trade 一种 CDS 投资策略，在持有一种 CDS 的多头头寸的同时持有另一种 CDS 的空头头寸。

违约损失率 Loss given default 指违约发生时的损失金额或百分比。

麦考利久期 Macaulay duration 等于债券现金流的加权平均期限，其权重是现金流的现值除以债券价格。该指标类似于债券的有效久期，可以用于在给定收益率变动百分比的情况下，估计债券价格的变动百分比。

维持条款 Maintenance covenants 银行贷款协议中常见的一种附加条款，该条款要求借款人在未偿还贷款前满足一定的财务比率条件。

市场转换溢价 Market conversion premium per share 可转换债券的市场转股价格与标的股票价格之间的差额，这使投资者在购买可转换债券代替标的公司的普通股时，可以确定所支付的溢价或折价。

市场转换溢价率 Market conversion premium ratio 以股票当前市场价格的百分比表示的可转换债券的市场转换溢价。

市场贴现率 Market discount rate 投资者在考虑了债券的风险后所要求的收益率，也可称为要求收益率或要求回报率。

市场流动性风险 Market liquidity risk 投资者的实际成交价格与市场上的报价不同的风险。

矩阵定价法 Matrix pricing 一种以具有类似属性（如信用评级、到期期限或行业部门）的、交易更频繁的证券的价格，来估计交易量很少的证券价格的方法。

到期结构 Maturity structure 解释其他方面相同但到期日不同的债券收益率差异的因素，也称为期限结构。

中期票据（MTN） Medium-term note 一种公司债券，最初是发行人为了填补期限介于商业票据与长期债券之间的资金缺口而使用的融资手段，可以由发行人的代理人持续向投资者发售。

修正久期 Modified duration 一种久期指标，等于麦考利久期统计量除以 1 加每个周期的到期收益率。该指标提供了在债券到期收益率变化 1%（或 100 个基点）的情况下，债券价格变化百分比的一个估计值，可以在不同的息票支付安排下更精确地计算债券价格的变化。

货币化 Monetizing 将金融交易的损益兑现为货币的过程。

货币凸性 Money convexity 一种凸性指标，等于债券的年化或近似凸性乘以全价。

货币久期 Money duration 一种久期指标，可以在债券到期收益率发生变化的情况下，用债券的计价货币单位来衡量预期价格变化。

货币市场证券 Money market securities 发行期限为一年或一年以下的固定收益证券。

抵押贷款 Mortgage loan 一种以不动产作为抵押品的贷款，借款人必须向贷款人支付预先确定的一系列款项。

抵押贷款过手证券 Mortgage pass-through security 一种抵押贷款支持证券，构建方法是用一笔或多笔抵押贷款组成一个抵押贷款池，然后直接出售其中的份额或参与凭证。

抵押贷款利率 Mortgage rate 抵押贷款的利率，又称合同利率或票据利率。

抵押贷款支持证券 Mortgage-backed securities 以抵押贷款池（最常见的是住房贷款）作为支持的证券，该证券持有者有权获得池中抵押贷款的所有现金流。

市政债券 Municipal bonds 在美国指州政府或其他地方政府发行的非主权债券。它经常（但不总是）能获得所得税减免。

共同基金 Mutual funds 一种由专业管理人员构建投资池的基金，其投资者通常可以按比例对基金的收益和价值享有索赔权。

信用违约互换裸头寸 Naked credit default swap CDS 持有者在标的信用实体上没有其他头寸。

基金净值 Net asset value 在每个交易日结束时，将基金的所有现有资产减去负债的估值再除以已发行份额总数所确定的价值。

非机构 RMBS Non-agency RMBS 在美国指由私人实体发行的没有联邦机构或 GSE 担保的 RMBS。

无追索权贷款　Non-recourse loan　贷款人对借款人没有差额索赔权的贷款，在发生违约时，贷款人只能依靠作为抵押的房产来收回贷款余额。

非主权债券　Non-sovereign bonds　详见非主权政府债券条目。

非主权政府债券　Non-sovereign government bonds　由国家级以下的政府发行的债券，如省、地区、州或市政府发行的债券。

信用微调　Notching　对同一借款人发行的不同债券赋予不同信用评级的调整方法。

票据利率　Note rate　详见抵押贷款利率条目。

名义本金　Notional amount　在 CDS 中指购买的保护金额。

旧券　Off-the-run　跟新券对应，指非最近发行的有一定券龄的债券，一般不作为基准债券。通常指政府债券。

单边久期　One-sided durations　当利率上升或下降时的有效久期，该指标能更好地衡量带有内嵌期权的债券对利率的敏感性，因为这些期权对幅度相同但方向不同的利率变化的反应并不对称。

新券　On-the-run　最近发行的、交易最活跃的主权证券。

公开市场操作　Open market operations　指中央银行为执行货币政策而购买或出售债券的操作。交易的债券通常是本国政府发行的主权债券。

期权调整价格　Option-adjusted price　内嵌期权的价值与普通债券价格之和。

期权调整利差（OAS）　Option-adjusted spread　一个常数利差，当在利率二叉树上的所有远期利率上添加该利差时，恰好可以使内嵌期权债券的无套利价格等于其市场价格。

期权调整收益率　Option-adjusted yield　指根据期权调整价格计算的市场贴现率。

交易所　Organized exchange　可以为买卖双方撮合并安排交易的证券市场。

超额担保　Overcollateralization　内部信用增级的一种形式，通过提供超过债务金额的抵押品提高信用保护的过程。

场外交易市场　Over-the-counter（OTC）mar-kets　一种分散结构的证券市场，从不同地点发起的买卖订单通过通信网络进行匹配。

平价收益率曲线　Par curve　由一系列假想中的附息债券的收益率构成的曲线，这些不同期限的政府债券被假设为全部按票面价格定价。

平价互换　Par swap　一种利率互换，其固定端利率被设定为使得在合约开始时不需要进行货币交换。

票面价值　Par value　债券的本金数额。

平行移动　Parallel shift　收益率曲线平行移动意味着所有利率在同一方向上以相同的幅度变化。

同等权益条款　Pari passu　赋予债券持有人享有同等权利的条款。

部分久期　Partial duration　详见关键利率久期条目。

局部均衡模型　Partial equilibrium models　一种利率期限结构模型，直接利用假设的利率随机过程进行建模，利率变化背后的风险因素，如利率变化对经济的影响，没有被纳入模型。

被动投资　Passive investment　一种投资组合构建方式，旨在模仿某个投资品种在信用等级、借款人类型、期限和久期等方面的平均特征，而不是表达一种特定的市场观点。

过手利率　Pass-through rate　抵押贷款过手证券的票面利率。

赔付金额　Payout amount　CDS 的卖方向买方预期支付的金额，等于赔付比率乘以名义本金。

赔付比率　Payout ratio　在 CDS 中对预期信用损失的估计。

计息频率　Periodicity　一年中计息的周期数，通常与实际支付息票的频率相匹配。

永续债券　Perpetual bonds　没有规定到期日的债券。

永续年金　Perpetuity　一组永不终止的定期等额现金流，第一次现金流支付在从现在起算的下一个周期。相当于一个永不到期的债券。

实物结算　Physical settlement　在 CDS 中是指买方实际交付相关债务工具，以换取信用保护卖方支付合同规定的名义金额。

普通债券　Plain vanilla bond　在债券存续期内

定期支付息票，到期时一次性支付本金的债券。也称传统债券。

习惯优先理论 Preferred habitat theory 一种期限结构理论，认为投资者有期限偏好，在购买优先偏好期限以外的债券时会要求额外回报。

溢价 Premium 对债券而言，溢价是指其定价高于票面价值的金额。对期权而言，期权费是建立期权多头需要预先支付的金额。⊖

保费端 Premium leg 在 CDS 中指信用保护买方承诺向信用保护卖方支付的一系列款项。

提前还款期权 Prepayment option 住房抵押贷款的一种常见条款，允许借款人在预定到期日前提前偿还全部或部分本金。

提前还款罚金抵押贷款 Prepayment penalty mortgages 一种特殊的抵押贷款，当借款人在某些时间段行使提前还款期权时需要额外缴纳一定数量的金额作为惩罚，该期限最长可延至贷款的全部存续期限。

提前还款风险 Prepayment risk 一种实际现金流发生的时间与贷款协议中规定的预定时间不同而带来的不确定性，因为借款人有权提前支付（通常是在利率变动对他们有利的时候）。

现金流分布现值法 Present value of distribution of cash flows methodology 一种用于调整投资组合对收益率曲线上利率变化的敏感性的方法，该方法试图在离散的时间段内接近并匹配某个基准债券指数的收益率曲线风险。

基点价值 Price value of a basis point 货币久期的一个版本，它等于到期收益率变化 1 个基点的情况下，对债券全价变化的估计量。

债券一级市场 Primary bond markets 首次向投资者出售新债券以筹集资金的市场。

一级交易商 Primary dealers 授权经营新发行主权债券的金融机构作为负责发行主权债券机构的交易对手方。

本金额 Principal amount 发行人同意在到期日向债券持有人偿还的金额。

主成分分析法 Principal components analysis 简称 PCA，是一种从高维数据中提取信息的非参数方法，利用变量之间的相关性将其重组为易于处理的低维形式。

本金 Principal 最初投资于项目或者金融工具的资金，或到期时需支付的面值。

无套利原理 Principle of no arbitrage 该原理认为在运转良好的市场中，金融资产的价格会不断调整，直到没有套利机会。

偿付优先级 Priority of claims 违约时，债权人得到偿付的优先级，高等级或优先级的债务对发行人的现金和资产享有优先索取权。

私募发行 Private placement 通常指某种无承销商且未经登记的证券的发行，该证券只能出售给单个投资者或一小群投资者。它可以在发行人和投资者之间直接完成，也可以通过投资银行来完成。

违约概率 Probability of default 债券发行人不能按期履行合同义务的概率。

生存概率 Probability of survival 债券发行人按期履行合同义务的概率。

发售说明书 Prospectus 描述新发行债券的条款，并帮助投资者对该债券进行分析的文件。

保护端 Protection leg 在 CDS 中指信用保护卖方需要向信用保护买方支付的或有赔偿。

公开发行 Public offering 一种面向所有公众的新证券出售方式。

纯贴现债券 Pure discount bonds 见零息票债券条目。

纯预期理论 Pure expectations theory 一种传统利率期限结构理论，该理论认为远期利率是对未来即期利率的无偏预测。也叫无偏预期理论。

纯指数方法 Pure indexing 一种投资组合构建策略，使用该方法的投资者试图尽可能地复制某个债券指数，目标是通过按照指数中的比例购买指数中的所有成分证券以最小化跟踪风险。

可回售债券 Putable bonds 允许债券持有人在约定期限以预先确定的价格将债券卖回给发行者的债券。

准政府债券 Quasi-government bond 由主权政府拥有或赞助的实体发行的债券。也叫机构债券。

⊖ 在英文中，债券价格的"溢价"、期权的"期权费"以及 CDS 的"保费"均称为 premium。——译者注

报价利差　Quoted margin　浮动利率债券报价中高于基准利率的固定利差部分，用于补偿投资者承担的债券发行人的信用风险与参考利率隐含的信用风险的差异。

返还利率　Rebate rate　证券出借人从获得的债券抵押品收益率中返还给融券者的那一部分。

本息重组　Reconstitution　债券交易商用合适的零息票债券复制附息国债的过程。

有追索权贷款　Recourse loan　抵押贷款的一种，其贷款人在用于抵押的房产不足以偿还贷款余额时，可以继续从借款人的其他资产和收入中寻求补偿。

回收率　Recovery rate　发生违约时回收金额占总损失的百分比。

参考实体　Reference entity　CDS 中约定的能触发保护的相关借款人。

参考债务　Reference obligation　CDS 中约定的能触发保护的特定债务或票据。

记名债券　Registered bonds　以名称或编号登记所有权的债券。

回购　Repo　一种抵押贷款的形式，卖方在出售证券的同时同意以约定价格和日期从买方手中买回同样的证券。在签订回购协议之初出售证券并在到期时回购的一方相当于向另一方借入款项，先售出后回购的证券相当于抵押品。

回购保证金　Repo margin　回购中作为抵押品的证券的市场价值与贷款额度之间的差额。

回购利率　Repo rate　通过回购借款的利率。

回购协议　Repurchase agreement　一种抵押贷款形式，在出售一种证券的同时，卖方同意以约定的价格在约定的日期从买方手中买回同一种证券。在回购协议生效时出售证券并在到期时买回的一方相当于在向另一方借钱，而被出售并随后被买回的证券充当了抵押品的角色。

回购日　Repurchase date　签订回购协议之初约定的卖出证券的一方从买方手中回购证券的日期。

回购价格　Repurchase price　签订回购协议之初约定的卖出证券的一方从买方手中回购证券的价格。

要求利差　Required margin　让浮动利率债券在利率重置日以票面价值定价的报价利差。

要求回报率　Required rate of return　见市场贴现率条目。

要求收益率　Required yield　见市场贴现率条目。

要求收益率利差　Required yield spread　新债券的到期收益率与基准利率之间的差额；衡量了投资者因新债券与政府债券在风险和税收地位上的差异而要求的额外补偿。有时也被称为基准利差。

储备账户　Reserve accounts　一种内部信用增级的形式，指创建专门的账户并在这些账户中存入可用于吸收违约损失的现金。也叫储备基金。

储备基金　Reserve funds　见储备账户条目。

限制支付条款　Restricted payments　一种债券合约条款，通过限制在一段时间内可向股东支付的最大分红数额来保护债权人。

财务重组　Restructuring　对企业的财务结构进行重组。

逆回购　Reverse repo　现金借入方视角下的回购协议。

收益率曲线骑乘策略　Riding the yield curve　利用不变的收益率曲线的一种期限交易策略，涉及购买期限长于预期投资期限的债券。也叫收益率曲线向下滚动策略。

滚动　Roll　投资者从一个投资系列转移到另一个投资系列的操作。

收益率曲线向下滚动策略　Rolling down the yield curve　一种期限交易策略，涉及购买期限长于预期投资期限的债券。也被称为收益率曲线骑乘策略。

运行收益率　Running yield　见当前收益率条目。

情景分析　Scenario analysis　一种风险评估技术，通过构建可能发生的未来场景来检查投资组合的表现。

第二留置权债务　Second lien　对某些用于抵押的资产享有索赔的权益，在担保和优先级方面均低于第一留置权债务。

二级债券市场　Secondary bond markets　投资者之间交易已发行债券的市场。

有担保债券　Secured bonds　由某些资产或财

产作为担保的债券，以确保在发行人违约的情况下也能偿还债务。

有担保债务 Secured debt 由某些资产或财产作为担保的债务。

资产证券化 Securitization 将资产转移到一个特殊法律实体名下，然后由该实体用这些资产作为担保来发行证券。

被证券化资产 Securitized assets 用于创建资产支持证券的支持资产。例如，当银行将一个贷款池证券化时，这些贷款被称为被证券化资产。

市场分割理论 Segmented markets theory 一种利率期限结构理论，该理论认为收益率是对应期限资金供求关系的函数。

半年计息债券等价收益率 Semiannual bond basis yield 假设一年计息两次的到期收益率，又称半年计息债券式收益率。

优先级 Seniority ranking 各种债务在偿付时的优先顺序。

序贯到期日结构 Serial maturity structure 债券发行时采用的一种本金支付结构，到期日在债券的生命周期中均匀分布，每年都有一定数量的债券到期并偿付。

结算 Settlement 交易完成后证券被交付给买方，卖方收到现金的过程。在 CDS 中是指信用事件发生后合同双方履行各义务的过程。

结算日 Settlement date 买方支付现金，卖方交付证券的日期。

形变风险 Shaping risk 债券价格对收益率曲线形状变化的敏感性。

储架式发行 Shelf registration 证券公开发行的一种方式，允许发行人提交一次发行通告并涵盖一系列后续发行。

简单收益率 Simple yield 息票支付的总和加上按线性规则平摊的资本收益或损失，再除以净价。

单标的 CDS Single-name CDS 只针对一个特定借款人的信用违约互换。

偿债基金安排 Sinking fund arrangement 要求发行人每年偿还部分债券本金，从而降低债券信用风险的规定。

偿债基金债券 Sinking fund bond 一种带有偿债基金安排的债券，要求发行人在一段时间内拨出资金以赎回部分债券本金，从而降低信用风险。

聪明贝塔 Smart beta 一种战术资产配置策略，涉及使用简单、透明、基于规则的策略作为投资决策的基础。

特殊目的实体 Special purpose entity 为实现特定目的而设立的非经营性实体，如租赁资产或将应收账款证券化；可以采用公司、合伙企业、信托公司、有限责任公司或部分所有权等形式，以推进某种特定类型的商业活动。也被称为特殊目的的公司或可变利益实体。

分离息票债券 Split coupon bond 见递延息票债券条目。

即期利率曲线 Spot curve 零息票债券的到期收益率组成的序列。

即期利率 Spot rate 是指今天确定的在未来某一特定日期的单笔无风险支付的利率。通常从零息票债券的到期收益率中推导得到。

即期收益率曲线 Spot yield curve 当前贷款的即期收益率的期限结构。

利差 Spread 不同固定收益证券之间的收益率之差，特别是证券的到期收益率与基准收益率之间的差额。

利差曲线 Spread curve 某个发行人从短期至长期的未偿付固定收益证券相对于基准债券收益率的利差曲线。

利差久期 Spread duration 用于确定投资组合对信用利差变化敏感性的一种度量指标。

对基准利率的利差 Spread over the benchmark 见要求收益率利差条目。

利差风险 Spread risk 有信用风险的债券的利差变化带来的债券价格风险；反映了市场对信用迁移（或降级）风险和市场流动性风险的评估和判断。

斜率因子 Steepness 在经验上能解释大部分收益率曲线形状变化的三个因子之一（另外两个是水平因子和曲率因子）。对斜率因子的冲击对短期收益率的影响大于对长期收益率的影响。

升息债券 Step-up coupon bond 票面利率会在一些事先设定的日期以一定的幅度逐渐增加的

债券，息票可采用固定或浮动形式。

一般债券 Straight bond 无内嵌期权的基础债券，有特定的发行人、发行日期、到期日、本金金额、偿还结构、票面利率、支付结构以及计价货币。

战略资产配置 Strategic asset allocation （1）基金经理将资金配置到基金投资政策允许的资产类别的过程，该过程将投资者的目标收益率、风险容忍度和投资约束与资本市场的长期预期结合起来。（2）上述过程的结果也称为政策投资组合。

分层抽样法 Stratified sampling 一种抽样方法，该方法让资产管理者得以用比完全复制法更少的证券实施指数增强策略。又称代表性抽样法或分组法。

华尔街惯例 Street convention 计算收益率的一种方式，计算过程中忽略了周末和节假日的影响；按照该惯例，所有支付均发生在预定日期，即使该日期是周末或节假日。

本息剥离 Stripping 交易商将债券的单笔现金流分离出来，并将其作为零息票债券进行交易。

结构性风险 Structural risk 在投资组合设计过程中产生的风险，特别是投资组合配置方式的选择。

结构性从属关系 Structural subordination 当采用控股公司结构的公司同时以母公司和运营子公司的名义发行债务时，运营子公司的债务将优先用子公司的现金流和资产来支付，剩余的资金才可以由控股公司支付。

结构性金融工具 Structured financial instruments 经历过风险重新打包过程的金融工具，包括资产支持证券、担保债务凭证和其他类型的结构性金融工具，如保本类、收益增强型、参与型和杠杆型金融工具。

次级债务 Subordinated debt 一种无担保债务，其等级低于高等级的无担保债务。

等级化 Subordination 内部信用增强的一种形式，通过创建多个债券等级，由资产产生的现金流将按照不同的优先级分配给各个等级的债券，等级最高的层级被称为高级或优先级，等级较低的层级被称为次级或劣后级。也叫信用

分层。

继承事件 Succession event 当参考实体的公司结构发生变化时，例如经历了合并、剥离、分拆或任何造成债务的最终责任不明确的类似行动，就称发生了继承事件。

支持层级 Support tranche CMO 创建过程中生成的一个等级或层级，用于保护 PAC 层级远离提前偿付风险。

超国家债券 Supranational bonds 由超国家机构，如世界银行发行的债券。

履约保险 Surety bond 一种外部信用增强形式，由有评级和受监管的保险公司做出保证，如果发行人违约将补偿债券持有人所遭受的任何损失，最高赔偿金额不超过某个规定限额。

盈余 Surplus 在债券投资组合分析中是指资产价值与负债价值之间的差额。对于保险公司而言，是指总资产与总负债之间的净差额（相当于互助保险公司的投保人盈余和股份公司的股东权益）。

互换曲线 Swap curve 互换利率的期限结构曲线。

互换利率曲线 Swap rate curve 互换利率的期限结构曲线。

互换利率 Swap rate 利率互换中固定端的利率。

互换利差 Swap spread 利率互换的固定端利率与同等期限的国债利率之间的差额，它反映了市场上信用风险的一般水平。

辛迪加贷款 Syndicated loans 又称银团贷款，是由一群贷款机构共同向单个借款人提供的贷款。

辛迪加发行 Syndicated offering 由一组投资银行共同承销的债券发行。

合成 CDO Synthetic CDO 由其他结构性证券的信用违约互换组合支持的担保债务凭证。

战术资产配置 Tactical asset allocation 基于对资产类别间相对表现的预测来对资产类别权重进行短期调整的资产配置方法。

尾部风险 Tail risk 指概率分布尾部的实际发生概率比模型所预测的要大的风险。

TED 利差 TED spread 一种衡量信用风险的指标，由 Libor 与同期限的国债收益率之差确定。

票期　Tenor　债券或衍生品合约的剩余期限。也称为到期期限。

固定期限结构　Term maturity structure　债券发行的一种结构，在到期时一次性支付债券的名义本金。

期限溢价　Term premium　相对于以短期利率持续滚动投资同样的期限，投资者对长期债券要求的额外回报。

信用利差期限结构　Term structure of credit spreads　有风险债券的收益率与无风险（或基准）利率的利差与到期期限之间的关系。

收益率波动率的期限结构　Term structure of yield volatility　债券到期收益率的波动率与到期时间之间的关系。

时间分层　Time tranching　在资产支持证券/抵押贷款支持证券中创建具有不同到期期限的类别或层级。

自上而下法　Top-down approach　一种信用证券投资组合的构建方法，涉及形成对主要宏观经济趋势的看法，然后选择投资者预计会在预期环境中表现最佳的债券。

总收益支付方　Total return payer　总收益互换的参与方之一，负责向总收益接收方支付参考资产的现金流和回报，并从接收方获得债券指数任何贬值或投资组合违约所造成损失的补偿。

总收益接收方　Total return receiver　总收益互换的参与方之一，负责支付标的债券指数的现金流并将其升值返还给总收益支付方，但也将从总收益支付方收取对指数贬值和违约损失的补偿。

总收益互换　Total return swap　一种场外衍生品，涉及某参考资产（包括股票、大宗商品或债券指数等）收益率的定期交换。如果参考资产是债券，它通常被当作信用衍生品。

跟踪误差　Tracking error　主动型投资组合收益率与基准收益率之差的标准差；是主动风险的同义词。也叫跟踪风险。

跟踪风险　Tracking risk　见跟踪误差条目。

分层CDS　Tranche CDS　一种信用违约互换，它覆盖了多个借款人，但保护只限于预先规定的损失水平。

真实到期收益率　True yield　是指使用实际日历（包括周末和银行假日）计算的现金流内部收益率。

债券信托书　Trust deed　规定债券的形式、发行人的义务和债券持有人权利的法律合同。也称为债券契约。

无偏预期理论　Unbiased expectations theory　一种利率期限结构理论，认为远期利率是未来即期利率的无偏预期。也叫纯预期理论。

承销商　Underwriter　从发行人手中购买新发行的证券，然后再转卖给投资者或交易商，从而保证以与发行人协商一致的价格出售证券的机构，通常是投资银行。

包销发行　Underwritten offering　一种证券发行机制，由投资银行保证以与发行人协商一致的价格将全部证券售出。也被称为坚定承诺式发行。

无担保债务　Unsecured debt　只给予债权人对发行人资产和现金流的一般索求权的债务。

预支款项　Upfront payment　如果CDS买方支付的标准费率不足以补偿CDS卖方，则需要支付预付款项，额度为信用利差与标准费率之间的差额。又称预付保费。

预付保费　Upfront premium　见预支款项条目。

价值可加性　Value additivity　整体价值应等于各部分价值之和，可以用来判断是否有套利机会。

Vasicek模型　Vasicek model　一种局部均衡利率期限结构模型，该模型假设利率是均值回归的，并且利率的波动率是常数。

权证　Warrant　一种附属性期权，其持有人有权在到期日之前以固定的行权价格购买发行公司的股票。

加权平均票面利率　Weighted average coupon rate　以抵押贷款池中每笔贷款的未偿付贷款余额占整个贷款池的总未偿付贷款余额的百分比为权重，对抵押贷款的利率加权得到的平均票面利率。

加权平均寿命　Weighted average life　一种指标，用来告诉投资者，假设利率保持在当前水平，因而提前还款率也跟预期的一样，他们手中的抵押贷款支持证券预计多久会被偿还。也叫平均寿命。

加权平均期限 Weighted average maturity 根据抵押贷款余额计算得到的抵押贷款池中每笔抵押贷款的剩余到期月数。

收益率曲线因子模型 Yield curve factor model 一种描述收益率曲线变动的模型，与历史数据相比可以被认为是现实的。

收益率久期 Yield duration 债券价格相对于债券本身的到期收益率的敏感性。

到期收益率 Yield to maturity 投资者从债券上获得的年回报率，如果投资者购买债券并持有至到期的话。它等于使债券到期前的预期现金流现值与债券价格相等的贴现率。又称赎回收益率。

赎回收益率 Yield to redemption 参见到期收益率条目。

最坏收益率 Yield-to-worst 可赎回债券的到期收益率、首次赎回收益率、第二次赎回收益率等赎回收益率序列中最低的一个。

零波动率利差 Zero volatility spread（Z-spread） 在信用债券的收益率相对于政府债券（或利率互换）的即期利率曲线有一个固定的收益率利差的假设下计算出的利差。也称 Z 利差。

零息票债券 Zero-coupon bonds 在债券存续期内不支付利息的债券。它以低于票面价值的价格发行，并以票面价值赎回。也称为纯贴现债券。

Z 利差 Z-spread 见零波动率利差条目。

詹姆斯·F. 亚当斯博士是注册金融分析师（CFA），纽约大学坦登工程学院（位于纽约市布鲁克林区）金融与风险工程系兼职教授。亚当斯博士拥有超过 25 年的金融行业从业经验，曾担任摩根大通集团企业与投资银行部总经理，负责衍生品、利率、外汇和投资者服务等业务，服务对象包括来自各行业和地区的大型企业和机构。他在《应用公司金融》和《金融分析师》等期刊上发表过多篇学术论文。在通过 CFA 认证之前，亚当斯博士在俄亥俄州立大学获得了经济学博士学位。他是 CFA 协会和纽约 CFA 协会的成员，还担任索科曼矿业公司和维森塔特公司的独立董事，这两家公司都是多伦多交易所的上市公司。

唐纳德·J. 史密斯是波士顿大学奎斯特罗姆商学院金融学副教授。他是《债券计算：公式背后的逻辑》第 2 版和《在 CVA、DVA 和 FVA 的世界中进行估值：债务证券和利率衍生品教程》两本教材的作者。两本教材中的部分内容扩展成了他与詹姆斯·F. 亚当斯合写的本书中的相应内容。史密斯先生是一位获得过各种荣誉的优秀教师，并在学术类和应用类金融期刊上发表过多篇文章。

关于 CFA 课程

注册金融分析师（CFA）证书是全球公认的高含金量资质认证，是衡量投资专业人士能力和诚信的卓越标准。要获得 CFA 证书，考生必须成功完成 CFA 课程。该课程是一个全球性的研究生水平的自学课程，结合了各种专业课程和专业规范要求，可以帮助有志于从事各种投资类职业的人员做好准备。

CFA 课程以实践为导向，集中介绍专业人士认为对投资决策过程至关重要的各种知识。定期进行的大规模实践调查保证了课程知识体系能始终紧跟最新的行业变化。课程涵盖 10 个一般主题领域，从股票和固定收益分析到投资组合管理，再到公司融资，所有主题都非常强调职业道德在专业实践中的应用。CFA 课程以其严谨和内容广泛而闻名，突出了各国市场的共同原则，从而使获得 CFA 资格的专业人士具有完整的全球投资视角和对全球市场的深刻理解。

推 荐 阅 读

宏观金融经典

这次不一样：八百年金融危机史	[美] 卡门·M.莱因哈特（Carmen M. Reinhart） 肯尼斯·S.罗格夫（Kenneth S. Rogoff）
布雷顿森林货币战：美元如何通知世界	[美] 本·斯泰尔（Benn Steil）
套利危机与金融新秩序：利率交易崛起	[美] 蒂姆·李(Tim Lee) 等
货币变局：洞悉国际强势货币交替	[美] 巴里·艾肯格林（Barry Eichengreen）等
金融的权力：银行家创造的国际货币格局	[美] 诺美·普林斯(Nomi)
两位经济学家的世纪论战（萨缪尔森与弗里德曼的世纪论战）	[美] 尼古拉斯·韦普肖特（Nicholas Wapshott）
亿万：围剿华尔街大白鲨（对冲之王史蒂芬·科恩）	[美] 茜拉·科尔哈特卡（Sheelah Kolhatkar）
资本全球化：一部国际货币体系史（原书第3版）	[美] 巴里·埃森格林（Barry Eichengreen）
华尔街投行百年史	[美] 查尔斯 R.盖斯特（Charles R. Geisst）

微观估值经典

估值：难点、解决方案及相关案例（达摩达兰估值经典全书）	[美] 阿斯瓦斯·达莫达兰（Aswath Damodaran）
新手学估值：股票投资五步分析法 （霍华德马克思推荐，价值投资第一本书）	[美] 乔舒亚·珀尔（Joshua Pearl）等
巴菲特的估值逻辑：20个投资案例深入复盘	[美] 陆晔飞（Yefei Lu）
估值的艺术：110个解读案例	[美] 尼古拉斯·斯密德林（Nicolas，Schmidlin）
并购估值：构建和衡量非上市公司价值（原书第3版）	[美] 克里斯 M.梅林（Chris M. Mellen） 弗兰克 C.埃文斯（Frank C. Evans）
华尔街证券分析：股票分析与公司估值（原书第2版）	[美] 杰弗里 C.胡克（Jeffrey C.Hooke）
股权估值：原理、方法与案例（原书第3版）	[美] 杰拉尔德 E.平托（Jerald E. Pinto）等
估值技术（从格雷厄姆到达莫达兰过去50年最被认可的估值技术梳理）	[美] 大卫 T. 拉拉比（David T. Larrabee）等
无形资产估值：发现企业价值洼地	[美] 卡尔 L. 希勒（Carl L. Sheeler）
股权估值综合实践：产业投资、私募股权、上市公司估值实践综合指南 （原书第3版）	[美] Z.克里斯托弗·默瑟（Z.Christopher Mercer） 特拉维斯·W. 哈姆斯（Travis W. Harms）
预期投资：未来投资机会分析与估值方法	[美] 迈克尔·J.莫布森(Michael J.Mauboussin) 艾尔弗雷德·拉帕波特(Alfred Rappaport)
投资银行：估值与实践	[德] 简·菲比希（Jan Viebig）等
医疗行业估值	郑华 涂宏钢
医药行业估值	郑华 涂宏钢

债市投资必读

债券投资实战（复盘真实债券投资案例，勾勒中国债市全景）	龙红亮（公众号"债市夜谭"号主）
债券投资实战2：交易策略、投组管理和绩效分析	龙红亮（公众号"债市夜谭"号主）
信用债投资分析与实战（真实的行业透视 实用的打分模型）	刘婕（基金"嘎姐投资日记"创设人）
分析 应对 交易（债市交易技术与心理，笔记哥王健的投资笔记）	王健（基金经理）
美元债投资实战（一本书入门中资美元债，八位知名经济学家推荐）	王龙（大湾区金融协会主席）
固定收益证券分析（CFA考试推荐参考教材）	[美]芭芭拉S.佩蒂特（Barbara S.Petitt）等
固定收益证券（固收名家塔克曼经典著作）	[美]布鲁斯·塔克曼(Bruce Tuckman)等

推 荐 阅 读

A股投资必读	金融专家，券商首席，中国优秀证券分析师团队，金麒麟，新财富等各项分析师评选获得者
亲历与思考：记录中国资本市场30年	聂庆平（证金公司总经理）
策略投资：从方法论到进化论	戴 康 等（广发证券首席策略分析师）
投资核心资产：在股市长牛中实现超额收益	王德伦 等（兴业证券首席策略分析师）
王剑讲银行业	王 剑（国信证券金融业首席分析师）
荀玉根讲策略	荀玉根（海通证券首席经济学家兼首席策略分析师）
吴劲草讲消费业	吴劲草（东吴证券消费零售行业首席分析师）
牛市简史：A股五次大牛市的运行逻辑	王德伦 等（兴业证券首席策略分析师）
长牛：新时代股市运行逻辑	王德伦 等（兴业证券首席策略分析师）
预见未来：双循环与新动能	邵 宇（东方证券首席经济学家）
CFA协会投资系列	全球金融第一考，CFA协会与wiley出版社共同推出，按照考试科目讲解CFA知识体系，考生重要参考书
股权估值：原理、方法与案例（原书第4版）	[美]杰拉尔德 E.平托（Jerald E. Pinto）
国际财务报表分析（原书第4版）	[美]托马斯 R.罗宾逊（Thomas R. Robinson）
量化投资分析（原书第4版）	[美]理查德 A.德弗斯科（Richard A.DeFusco）等
固定收益证券：现代市场工具（原书第4版）	[美]芭芭拉S.佩蒂特（Barbara S.Petitt）
公司金融：经济学基础与金融建模（原书第3版）	[美]米歇尔 R. 克莱曼（Michelle R. Clayman）
估值技术（从格雷厄姆到达莫达兰过去50年最被认可的估值技术梳理）	[美]大卫 T. 拉拉比（David T. Larrabee）等
私人财富管理	[美]斯蒂芬 M. 霍兰（Stephen M. Horan）
新财富管理	[美]哈罗德·埃文斯基（Harol Evensky）等
投资决策经济学：微观、宏观与国际经济学	[美]克里斯托弗 D.派若斯（Christopher D.Piros）等
投资学	[美]哈罗德·埃文斯基（Harol Evensky）等
金融投资经典	
竞争优势：透视企业护城河	[美]布鲁斯·格林沃尔德（Bruce Greenwald）
漫步华尔街	[美]伯顿·G.马尔基尔（Burton G. Malkiel）
行为金融与投资心理学	[美]约翰 R. 诺夫辛格（John R.Nofsinger）
消费金融真经	[美]戴维·劳伦斯（David Lawrence）等
智能贝塔与因子投资实战	[美]哈立德·加尤（Khalid Ghayur）等
证券投资心理学	[德]安德烈·科斯托拉尼（André Kostolany）
金钱传奇：科斯托拉尼的投资哲学	[德]安德烈·科斯托拉尼（André Kostolany）
证券投资课	[德]安德烈·科斯托拉尼（André Kostolany）
证券投机的艺术	[德]安德烈·科斯托拉尼（André Kostolany）
投资中最常犯的错：不可不知的投资心理与认知偏差误区	[英]约阿希姆·克莱门特（Joachim Klement）
投资尽职调查：安全投资第一课	[美]肯尼思·斯普林格（Kenneth S. Springer）等
格雷厄姆精选集：演说、文章及纽约金融学院讲义实录	[美]珍妮特·洛（Janet Lowe）
投资成长股：罗·普莱斯投资之道	[美]科尼利厄斯·C.邦德（Cornelius C. Bond）
换位决策：建立克服偏见的投资决策系统	[美]谢丽尔·斯特劳斯·艾因霍恩（Cheryl Strauss Einhorn）
精明的投资者	[美]H.肯特·贝克(H.Kent Baker)等